Direito do Trabalho e Crise Sanitária da Covid-19

Direito do Trabalho e Crise Sanitária da Covid-19:
leituras críticas desde o GPTC-USP

Coordenadores:
Gustavo Seferian
Jorge Luiz Souto Maior

LACIER

LACIER
Lacier Livraria e Editora
www.livrarialacier.com.br

Rua Doutor Quirino, 808 – Centro
CEP 13015-081 – Campinas, SP – Brasil

Abril, 2021

Diretor: *Lacier José de Rezende*
Diretor assistente: *Eduardo Soares Aureliano*
Projeto de capa: *Fabio Giglio*
Projeto gráfico e editoração eletrônica: *Peter Fritz Strotbek – The Best Page*

Ficha Catalográfica

Dados Internacionais de Catalogação na Publicação (CIP)
(Câmara Brasileira do Livro, SP, Brasil)

Direito do trabalho e crise sanitária da covid-19 : leituras críticas desde o GTPC-USP / coordenação Gustavo Seferian , Jorge Luiz Souto Maior. -- 1. ed. -- Campinas, SP : Lacier Editora, 2021.

Vários colaboradores.

ISBN 978-65-88805-05-3

1. COVID-19 - Direito 2. Direito do trabalho - Brasil I. Seferian, Gustavo. II. Maior, Jorge Luiz Souto.

21-615537 CDU-34:331(81)

Índices para catálogo sistemático:

1. Brasil : Direito do trabalho 34:331(81)

Aline Graziele Benitez - Bibliotecária - CRB-1/3129

Colaboradores

Alessandro da Silva — Juiz do Trabalho Substituto no TRT-12/SC, mestre e doutor em Direito do Trabalho pela Faculdade de Direito do Largo São Francisco, Universidade de São Paulo.

Alexandre Tortorella Mandl — Graduado e especialista em Direito Constitucional pela PUC-Campinas. Mestre em Desenvolvimento Econômico pela Unicamp. Membro da Rede Nacional de Advogada(o)s Populares e do GPTC (Grupo de Pesquisa Trabalho e Capital).

Amanda de Souza Camargo — Mestra em Direito na Universidade Metodista de Piracicaba – UNIMEP, com bolsa pelo programa PROSUP/CAPES, na área de Direito e Relações Internacionais, com projeto de pesquisa voltado à temática das condições de trabalho dos migrantes internacionais no Brasil. Especialização em Direito Constitucional Aplicado pelo Programa de Extensão da Universidade Estadual de Campinas (UNICAMP). Possui graduação em Filosofia também pela UNICAMP e em Direito pela Pontifícia Universidade Católica de Campinas.

Ana Carolina Jardim do Prado — Estudante da Universidade São Judas Tadeu, cursando o 3º semestre de Direito. Participante do GPTC (Grupo de Pesquisa Trabalho e Capital) e LMC (Lidando com as Mudanças Climáticas).

Ana Clara Passos Presciliano — Mestranda em Direito pela Faculdade de Direito da Universidade Federal de Minas Gerais (2019-2021), desenvolvendo o projeto de pesquisa intitulado "O lugar do direito na Crítica da Economia Política de Karl Marx", sob orientação do Prof. Dr. David F. L. Gomes. Membra do Grupo de Pesquisa Trabalho e Capital USP/UFMG, orientado pelo Prof. Dr. Gustavo Seferian Scheffer Machado e do Núcleo de Estudos "Direito, Modernidade e Capitalismo", conduzido pelo Prof. Dr. David F. L. Gomes.

Ana Maria Andrade Lara — Graduanda em Direito pela Universidade Federal de Lavras (UFLA). Membra do Grupo de Pesquisa Trabalho e Capital (GPTC USP/UFLA).

Andrea C. Rodrigues Peine Jara — Mestre pela Faculdade de Educação da Universidade de São Paulo – FE/USP; Docente; Integrante dos grupos de pesquisa: Pedagogias Multiplicadas – FE/USP; Cibernética Pedagógica – Laboratório de Linguagens Digitais – ECA/USP; Trabalho e Capital – FD/USP; e Teoria Crítica da Sociedade e Teorias Críticas Latino-Americanas e Educação – TCTCLAE-USF/SP.

Bárbara Caramuru — Doutoranda em Antropologia Social na UFSC. Mestra em Antropologia pela UFPR. Bacharela em História na UFPR.

Beatriz Mascarenhas — Advogada trabalhista formada pela Pontifícia Universidade Católica de São Paulo. Membro do Grupo de Pesquisa Trabalho e Capital (GPTC-USP).

Caio Rodrigues da S. Peine Jara — Advogado. Pesquisador do Grupo de Pesquisa Trabalho e Capital pela Faculdade de Direito USP.

Caio Silva Melo — Economista. Técnico do IBGE. Bacharelando em Direito.

Caio Spazzapan Meloni — Advogado trabalhista na cidade de São Paulo. Especialista em Direito do Trabalho e Processo do Trabalho pela Universidade de São Paulo. Membro do Grupo de Pesquisa Trabalho e Capital (GPTC-USP).

Carla Denise Theodoro — Advogada. Pós-graduada em Direito do Trabalho pela Faculdade de Direito da USP. Pós-graduada em Direito Empresarial pela Universidade Mackenzie. Pesquisadora junto ao Grupo de Pesquisas Trabalho Capital pela Faculdade de Direito da USP–GPTC-USP. Pesquisadora junto ao Grupo de Pesquisas Trabalho Capital - Gênero pela Faculdade de Direito da USP - GPTC-USP-Gênero. Aluna especial no curso de pós-graduação *stricto sensu* Faculdade de Saúde Pública na Universidade São Paulo. Professora no curso de Pós Graduação na Associação dos Advogados Trabalhistas de São Paulo - AATSP.

Carol Matias Brasileiro — Mestranda da área de estudos Direito do Trabalho e Crítica da UFMG. Especialista em Direito do Trabalho pela PUC Minas. Bacharel em Direito pela UFMG. Membro do Grupo de Pesquisa Trabalho e Capital e do Grupo de Pesquisa Trabalho e Resistências. Advogada.

Clarissa Maçaneiro Viana — Advogada. Doutoranda em Direito na USP.

Claudia Caroline Nunes da Costa — Bacharel em Direito pela Pontifícia Universidade Católica de Campinas no ano de 2017. Pós-graduada em Direito Processual Previdenciário pelo Instituto de Estudos Previdenciários, Trabalhistas e Tributários em junho de 2020. Advogada previdenciária associada de Cascone Advogados Associados e associada ao Instituto Brasileiro de Direito Previdenciário — IBDP.

Cristiane Bibiano Silva — Bacharela em Ciências Sociais pela Universidade de São Paulo. Mestra em Educação pela Faculdade de Educação da mesma universidade.

Daiana Monteiro Santos — Juíza do Trabalho do Tribunal Regional do Trabalho da 2ª Região. Membro do Grupo de Pesquisa Trabalho e Capital da Universidade de São Paulo. Especialista em Direito e Processo do Trabalho pela Pontifícia Universidade Católica de São Paulo. Mestre em Direito Social Pela Universidade Paris 1 - Panthéon - Sorbonne.

Daniel de Almeida Alves — Graduado em Direito pela Pontifícia Universidade Católica de Campinas. Especialista *lato sensu* em Direito do Trabalho e Processual do Trabalho pela Pontifícia Universidade Católica de Campinas. Especialista *lato sensu* em O novo Processo Civil Brasileiro pela Pontifícia Universidade Católica de Campinas. Advogado Trabalhista.

Daniel de Faria Galvão — Professor da Universidade Federal de Juiz de Fora (UFJF). Mestre e doutorando em Direito pela Universidade Federal de Minas Gerais (UFMG). Integrante dos grupos de pesquisa Trabalho e Capital (GPTC – USP) e Trabalho e Resistências (UFMG).

Daniel Teixeira Silva — Professor de Direito Material e Processual do Trabalho da Universidade Federal de Lavras (UFLA). Advogado. Doutorando em Ciências da Linguagem pela Universidade do Vale do Sapucaí (UNIVÁS). Mestre em Direito do Trabalho pela Faculdade de Direito do Sul de Minas (FDSM).

Daniel Vitor de Castro — Doutorando no Programa de Pós-Graduação em Direito da Universidade Federal de Minas Gerais.

Danilo Uler Corregliano — Professor de Direito e Processo do Trabalho. Mestre e Doutor pela Faculdade de Direito da USP. Coordena do Grupo de Pesquisa Trabalho e Capital na Universidade São Judas.

Déborah Maria Pedroso — Graduanda em Direito na Universidade Federal de Lavras – UFLA.

Denise Borbarelli Grecco — Advogada. Pós-graduada em Direito Empresarial pela Universidade Mackenzie. Pós-graduada em Direito Processual Civil e em Direito do Trabalho pela Pontifícia Universidade Católica de São Paulo (PUC-SP).

Diego Alex Toloto — Graduado em Direito pela UNESP em 2011. Pós-graduado em Direito Previdenciário pela LFG/Anhanguera e Pós-graduando em Economia do Trabalho e Sindicalismo pelo CESIT – Unicamp. Advogado e militante.

Diego Varas Villalón — Graduado em Direito pela *Universidad Andrés Bello* (Chile). Assessor jurídico da Vice-Presidência de Relações Internacionais da *Central Unitaria de Trabajadores* (CUT Chile) e pesquisador da *Fundación Instituto de Estudios Laborales* (FIEL).

Eduardo Felipe Lezo Zamboni — Graduado em Direito pela PUC-Campinas em 2018. Pós-graduando em Direito do Trabalho pela Faculdade de Direito da USP e Pós-graduando em Economia do Trabalho e Sindicalismo pelo CESIT – Unicamp. Advogado Trabalhista e militante.

Erazê Sutti — Advogado Trabalhista desde 1997 e Sindical desde 1999. Pesquisador integrante do GPTC-USP desde 2018. Integrante do atual corpo docente da Escola da ABRAT (Associação Brasileira dos Advogados Trabalhistas) desde 2018. Graduado (1996) e Pós-graduado (2018/2019) em Especialização em Direito e Processo do Trabalho pela Faculdade de Direito da USP.

Erik Chiconelli Gomes — Doutorando em História Econômica no PPGHE-USP. Mestre em História Econômica (PPGHE-USP). Especialista em Economia do Trabalho (2016), IE-Unicamp e Especialista em Direito do Trabalho pela Universidade de São Paulo (2018). Graduado em Ciências Sociais (USP) e em Direito (USP). Coordenador Acadêmico na Escola Superior de Advocacia da OAB/SP.

Fabrício Máximo Ramalho — Advogado. Especialista em Direito do Trabalho pela Faculdade de Direito da USP. Pós-Graduando em Economia do Trabalho e Sindicalismo pelo Instituto de Economia da UNICAMP. Membro do Grupo de Pesquisa Trabalho e Capital – GPTC da Faculdade de Direito da USP, São Paulo/SP, Brasil.

Francine Rossi Nunes Fernandes de Oliveira — Graduada em Ciências Sociais pela Faculdade de Ciências e Letras da UNESP Araraquara-SP e em Direito pela PUC--Campinas-SP. Integrante do Grupo de Pesquisa Trabalho e Capital – GPTC/USP.

Gabriel Julião Monteiro Goes Pacheco — Estudante – Universidade São Judas Tadeu de São Paulo.

Gabriela Caramuru — Professora de Direito do Trabalho. Doutoranda em Direito na USP. Mestra e Bacharel em Direito pela UFPR. Mestra em Tecnologia pela UTFPR.

Gabriela Oliveira Chikitani — Advogada. Graduada pela Universidade Estadual Paulista (UNESP). Especialista em Direito do Trabalho pela Universidade de São Paulo (USP). Membra do Grupo de Pesquisa Trabalho e Capital (GPTC-USP).

Gabriela Soares Pommot Maia — Advogada. Pós-graduanda em direito do trabalho e processo do trabalho pela Universidade de São Paulo. Mestra em ciências jurídico--empresariais com menção em direito laboral pela Universidade de Coimbra. Graduada em direito pela Universidade Federal de Mato Grosso.

Giovana Labigalini Martins — Advogada trabalhista e sindical. Doutoranda em Direito do Trabalho e da Seguridade Social pela FD-USP. Mestra em Direito pela FDRP-USP. Especialista em Direito do Trabalho e Processo do Trabalho e Bacharela em Direito pela PUC-Campinas. Integrante do Grupo de Pesquisa Trabalho e Capital (GPTC), vinculado à FD-USP e do "Grupo das Terças".

Giovanna Maria Magalhães Souto Maior — Mestra e Especialista em Direito do Trabalho pela Faculdade de Direito da USP. Integrante do Grupo de Pesquisa Trabalho e Capital - GPTC-USP.

Giselle Scavasin — Advogada formada pela Universidade de São Paulo. Aluna do curso de Especialização em Direito do Trabalho da USP. Membro do GPTC-USP.

Glória Troggo — Advogada trabalhista. Especialista em Direito Público pela PUC-Minas, mestranda em Direito do Trabalho e da Seguridade Social na USP.

Gustavo Seferian — Professor da Faculdade de Direito da Universidade Federal de Minas Gerais. Bacharel em Direito (2008), mestre (2012) e doutor (2017) em Direito do Trabalho pela Universidade de São Paulo.

Helena Pontes dos Santos — Especialista em Direito do Trabalho pela FDUSP. Membra do GPTC/USP (Grupo de Pesquisa Trabalho e Capital) e GPTC-Gênero.

Ingrid Caroline Siqueira de Farias — Graduanda em Direito pela Universidade São Judas Tadeu (USJT). Egressa do Grupo de Pesquisa Direito e Capital (GPTC) desenvolvido pela FDUSP em parceria com a USJT. Pesquisadora a nível de graduação com o tema: A política do esquecimento como falha na redemocratização brasileira: o movimento feminino pela anistia em análise decolonial.

Isabela Pimentel de Barros — Mestranda em Direito do Trabalho pela UERJ. Pós-graduada em Direito do Trabalho e Processo do Trabalho. Advogada. Membra efetiva do Instituto dos Advogados Brasileiros (IAB). Diretora da Associação Carioca dos Advogados Trabalhistas (ACAT- 2019-2021). Membra da Comissão de Direito Sindical da OAB/RJ.

Joana Roberta Gomes Marques — Advogada. Pesquisadora do Grupo de Pesquisa Trabalho e Capital da Universidade de São Paulo (GPTC USP).

Jorge Luiz Souto Maior — Professor Associado da Faculdade de Direito do Largo de São Francisco - Universidade de São Paulo. Desembargador do Tribunal Regional do Trabalho da 15ª Região.

José Carlos Callegari — Advogado. Bacharel em Direito. Mestre e Doutorando em Direito do Trabalho pela Faculdade de Direito da Universidade de São Paulo (FD-USP).

Júlia Bielskis — Estudante de Direito na Universidade Federal de Lavras. Integrante do Grupo de Pesquisa Trabalho e Capital.

Juliana Benício Xavier — Advogada popular. Doutoranda em Direito do Trabalho e Seguridade Social pela Faculdade de Direito da Universidade de São Paulo. Integrante do Grupo de Pesquisa Trabalho e Capital (GPTC-USP) e do Grupo de Pesquisa Direitos da Personalidade e Direito do Trabalho (GPDP-USP).

Karine Rodrigues Fagundes — Graduanda em Direito pela UFLA. Membra do Grupo de Pesquisa Trabalho e Capital (UFLA).

Kathiuça Bertollo — Assistente Social. Mestre e Doutora em Serviço Social pela Universidade Federal de Santa Catarina (UFSC). Professora do Departamento de Serviço Social da Universidade Federal de Ouro Preto (UFOP).

Kátia Albuquerque Ferreira Teixeira — Mestre e Especialista em Direito do Trabalho pela Pontifícia Universidade Católica de São Paulo (PUC/SP). Pesquisadora integrante do Grupo de Pesquisa Trabalho e Capital - USP, e do GPTC-Gênero. Advogada.

Laís Vital Oliveira — Graduanda em Direito na Universidade Federal de Lavras - UFLA.

Larissa do Vale Teixeira — Graduanda do 10º período de Direito pela Universidade Federal de Lavras (UFLA). Membra do Grupo de Pesquisa Trabalho e Capital (GPTC-USP/UFLA).

Leonardo Herrero Domingos — Pesquisador no Grupo de Pesquisa Trabalho e Capital – USJT. Fundador e corresponsável acadêmico do Grupo de Estudos Direito e Desporto (GEDD) São Judas. Intercambista na Universidad Finis Terrae e graduando em Direito na Universidade São Judas.

Leonardo Hiroyuki Kojima — Bacharelando em Direito pela Faculdade Escola Paulista de Direito. Membro do Grupo de Pesquisa Trabalho e Capital da Universidade São Judas Tadeu.

Lorena Rodrigues Boaventura — Advogada. Especialista em Direito Ambiental. Membro dos grupos de pesquisa GPTC/FDUSP e NTADT/FDUSP.

Luana Duarte Raposo — Mestranda em Direito do Trabalho pela Universidade de São Paulo (USP). Membra do Grupo de Pesquisa Trabalho e Capital (GPTC-USP). Assessora jurídica na PRT 15ª Região.

Maira Sato — Graduanda em Direito pela Universidade São Judas Tadeu (USJT). Egressa do Grupo de Pesquisa Direito e Capital (GPTC), desenvolvido pela FDUSP em parceria com a USJT. Estagiária do Projur, um programa de orientação jurídica destinada à população carente, mantida pelo CIEE com a colaboração da OAB-SP. Iniciação científica em curso com o tema: Do não enquadramento da CLT no trabalho do preso em regime fechado, sob a perspectiva da mitigação das penas de Michel Foucault.

Marcelle Conegundes — Graduanda em Ciências do Estado pela Universidade Federal de Minas Gerais com formação complementar na área trabalhista. Desenvolve Iniciação Científica em Direito do Trabalho, com o tema "DIVISÃO INTERNACIONAL DO TRABALHO, DESGLOBALIZAÇÃO E DIREITOS TRABALHISTAS", sob orientação do Prof. Dr. Gustavo Seferian.

Marco Túlio Botelho Barbosa Lima — Graduando do Curso de Direito pela Universidade Federal de Lavras.

Mariane Lima Borges Brasil — Mestranda em Direito do Trabalho e Seguridade Social pela Faculdade de Direito da Universidade de São Paulo (FD-USP). Integrante do Grupo de Pesquisa Trabalho e Capital (GPTC-USP) e do Grupo de Pesquisa Direitos da Personalidade e Direito do Trabalho (GPDP-USP).

Matheus Karl Schmidt Schaefer — Mestrando em Direito, na área de estudos "Direito do Trabalho e Crítica", na Universidade Federal de Minas Gerais (UFMG). Bacharel em Direito pela Pontifícia Universidade Católica de Minas Gerais (PUC/MG). Advogado.

Mayda Romaica — Bacharel em Direito pela Universidade São Judas Tadeu (2020). Membro do Grupo de Pesquisa Trabalho e Capital da Universidade São Judas Tadeu.

Nahir Antonio Velasco — Doutor em Direito pela *Universidad Nacional Autónoma de México*. Ex-Presidente da Associación Nacional de Abogados Democráticos (ANAD). Advogado do Sindicato Nacional Minero (México).

Natalia Cristina Budini Abud — Cursando Especialização em Direito e Processo do Trabalho pela Faculdade de Direito da Universidade de São Paulo (previsão: 2021). Advogada Trabalhista (2016). Bacharel em Direito pela Faculdades Metropolitanas Unidas (2016). Pesquisadora integrante dos Núcleos de Pesquisa e Extensão: "O Trabalho além do Direito do Trabalho", "Grupo de Pesquisa Trabalho e Capital" e "Grupo de Pesquisa em Migração e Direito Internacional do Trabalho", do Departamento de Direito do Trabalho e Seguridade Social da Faculdade de Direito da Universidade de São Paulo.

Nathália G. Navarra — Graduanda em Direito na Universidade Federal de Lavras e Bolsista do CPNq pelo PIBIC/UFLA. Coordenadora do NEDRi (Núcleo de Estudos em Direito e Relações Internacionais) e pesquisadora do Grupo de Pesquisa Trabalho e Capital.

Nicolly Carolyn Monteiro — Graduada em Direito e Especialista em Direito Material e Processual do Trabalho pela Faculdade de Direito do Sul do Minas (FDSM). Integrante do Grupo de Pesquisa Trabalho e Capital – GPTC/USP.

Patrícia Maeda — Juíza do Trabalho Substituta – TRT 15 (Campinas/SP). Doutora em Direito do Trabalho e Seguridade Social (USP).

Paulo de Carvalho Yamamoto — Doutorando em Direito do Trabalho e da Seguridade Social pela Faculdade de Direito da USP. Membro do Grupo de Pesquisa Trabalho e Capital (GPTC-USP). Advogado Trabalhista.

Rayann Kettuly Massahud de Carvalho — Bacharel em Direito pela UFLA. Mestre em Direito pela UFMG. Membro do Núcleo de Estudos Direito, Modernidade e Capitalismo (UFMG) e do Grupo de Pesquisa Trabalho e Capital (UFMG).

Renan Bernardi Kalil — Doutor em Direito pela Universidade de São Paulo (USP). Procurador do Trabalho. Secretário Adjunto de Cooperação Internacional Trabalhista. Atuou como pessoal associado na Relatoria Especial sobre Direitos Econômicos, Sociais, Culturais e Ambientais (REDESCA) da Comissão Interamericana de Direitos Humanos (CIDH) em 2019.

Rodolfo da Costa Arruda Silva — Graduado em Direito pela Faculdade de Direito da Universidade São Judas Tadeu. Advogado e pesquisador convidado do GPTC São Judas.

Rodrigo Junio Soares — Bacharelando em Ciências do Estado pela UFMG. Co-coordenador do projeto de extensão "Motriz: práxis política em movimento na região metropolitana de Belo Horizonte". Bolsista de Iniciação Científica pelo CNPq, sob orientação de Gustavo Seferian.

Silas Pereira Alves Ramos — Graduando na Faculdade de Direito da Universidade de São Paulo.

Susana Oliveira Santos — Graduanda no 9º semestre do curso de direito, pela Universidade São Judas Tadeu. Integrante do grupo de pesquisa, trabalho e capital (GPTC). Tendo foco e ênfase na realização de estudos e pesquisas referente as áreas de direito do trabalho e civil.

Talita Tavares Borges — Graduanda em Direito pela Universidade Federal de Lavras. Membra do Grupo de Pesquisa Trabalho e Capital USP-UFLA.

Thales Ribeiro Corrêa — Bacharel em Direito pela Universidade Federal de Lavras (UFLA. Mestrando em Direito pela Universidade Federal de Minas Gerais (UFMG). Membro do Grupo de Pesquisa Trabalho e Capital (UFMG). Mesmo no Grupo de Pesquisa Trabalho e Resistências (UFMG).

Tuane Virginia Tonon Pires de Farias — Pesquisadora integrante do Grupo de Pesquisa Trabalho e Capital – USP, e do GPTC-Gênero. Advogada.

Valdete Souto Severo — Doutora em Direito do Trabalho pela USP/SP. Pós-doutoranda em Ciências Políticas pela UFRGS/RS. Professora. Coordenadora do Grupo de Pesquisa Trabalho e Capital da UFRGS/RS. Juíza do Trabalho. Membra do RENAPEDTS – Rede Nacional de Pesquisa em Direito do Trabalho e Seguridade Social. Presidenta da AJD – Associação Juízes para a Democracia. Membra da Diretoria da ALTJ Associação Latinoamericana de Jueces del Trabajo.

Victor Emanuel Bertoldo Teixeira — Mestre em Direito do Trabalho e da Seguridade Social pela Faculdade de Direito da Universidade de São Paulo. Juiz do Trabalho no Tribunal Regional do Trabalho da 2ª Região.

Vinicius Pessoa Almeida — Estudante – Universidade São Judas Tadeu de São Paulo.

Yasmin Silveira Martins — Graduanda em Direito pela UFLA. Membra do Grupo de Pesquisa Trabalho e Capital (UFLA).

Sumário

Apresentação

A pandemia da Covid-19 alçou o drama vivido pela maioria da população mundial a níveis ainda mais alarmantes. A crise sanitária — expressão permanente da existência das pessoas oprimidas e exploradas no seio do modo de produção capitalista, que tem suas condições de saúde fragilizadas pelas péssimas condições de trabalho, alimentação, moradia e atenção de políticas públicas — se viu acentuada pela irrupção de uma nova doença, com graus combinados de letalidade e transmissibilidade que colocaram o mundo que nos cerca de pernas pro ar, reclamando uma revisitação do modo de vida dominante, sobretudo ao perceber seu fluxo de "normalidade" repentinamente interrompido.

De modo desigual, seus efeitos recaíram ao conjunto da população de todo globo. Afetando de forma mais contundente — como outras epidemias de outrora, como revela Mike Davis em sua obra *O monstro bate à nossa porta* (São Paulo: Record, 2006) — as pessoas mais pobres, e dentre elas as do sul global, negras e negros, mulheres e populações tradicionais, a pandemia da Covid-19 trouxe à ordem do dia, violentamente, uma série de questões concernentes ao mundo do trabalho: o trabalho reprodutivo, o cuidado, a "essencialidade" das atividades profissionais, a incisão da tecnologia na mediação e conformação do labor, a excepcionalidade na aplicação do Direito do Trabalho como regra, entre outras infindas questões, que não cessaram de pulular os debates e lutas postas na esfera pública nos últimos meses.

A presente obra ambiciona lançar olhares a esta realidade, tanto em seu momento de apreensão inicial quanto no transcorrer de seus fatos — ainda largamente experimentados, percebendo que no presente momento os efeitos da pandemia seguem sendo ainda mais duros, tanto no Brasil quanto no mundo, quanto nos momentos em que ela foi originariamente gestada —, buscando trazer sínteses críticas de pesquisadores e pesquisadoras que compõem o Grupo de Pesquisa Trabalho e Capital — ou simplesmente GPTC —, coletivo registrado no Conselho Nacional de Desenvolvimento Científico e Tecnológico (CNPq) e vinculado à Universidade de São Paulo (USP).

O GPTC, que neste ano de 2021 comemora 8 anos de existência, não mais limita seus espaços de atuação e formulações às salas da Faculdade de Direito do Largo de São Francisco, dado a sua vinculação radical com a USP. Com núcleos na Universidade Federal de Lavras (desde 2016), na Universidade Federal do Rio Grande do Sul (desde 2018), na Universidade Federal de Minas Gerais (desde 2019) e na

Universidade São Judas Tadeu (também desde 2019), passa no transcorrer de seus anos de consolidação a ter a colaboração de um ainda mais heterogêneo e potente conjunto de pesquisadores e pesquisadoras, que se voltam às complexas determinações que compõem o mundo do trabalho contemporâneo. Neste volume, ainda, parte dos artigos contaram — em conjunto com pesquisadores e pesquisadoras do GPTC — com a colaboração de outros intelectuais que compartilham conosco um mesmo referencial para leitura juslaboral.

É de se ressaltar que o mesmo quadro pandêmico que convulsionou a civilização capitalista, industrial, moderna e ocidental trouxe impasses também à rotina do GPTC. As noites de quartas-feiras, sempre reservadas aos encontros em São Paulo, deixaram de ambientar as reuniões. Com as instituições de ensino fechadas, também foram inibidas as trocas mais intensas, intelectuais e pessoais, que sempre marcaram nosso grupo, em cada um de seus núcleos.

Mesmo sem ter experimentado, nos primeiros meses da pandemia, sua dinâmica tradicional de leituras de textos, encontros e trocas, adaptou-se, cada núcleo ao seu tempo, cada conjunto de pesquisadores e pesquisadoras ao seu modo, às passadas da virtualidade, viabilizando a retomada de sua rotina adaptada de modo geral nesse ano que se abre, a fim que em breve possamos, assim como esperamos e lutamos por, transicioná-la para atividades presenciais novamente, tão logo a pandemia esteja controlada.

Mas não nos satisfaz aqui falar apenas da dimensão institucional do grupo com a afetada nesse período. É fundamental que tratemos também de nossas vidas pessoais. O trabalho de pesquisa, enquanto tal, se viu afetado em suas próprias bases de efetivação, isso pelo fato do trabalho reprodutivo e de cuidado, em todas as suas dimensões, se colocarem com maior presença e urgência na vida de todas e todos, afetando de modo desigual e mais intenso nossas companheiras pesquisadoras e trabalhadoras.

Tudo a enunciar um sintomático exemplo de como o trabalho — no caso o de pesquisa, atravessado que é pelas diversas dimensões de nossa existência — se viu solapado no último período.

Mas ainda assim resistimos. Esse volume é exemplo disso, e fruto de nossa caminhada coletiva.

É assim que este se coloca como o primeiro esforço de conjugação de elaborações que transbordam formulações as formulações de pesquisadores e pesquisadoras centradas no núcleo da USP — como foram as sínteses presentes em *O Mito: 70 anos da CLT*(Organizado por Gustavo Seferian, Jorge Luiz Souto Maior e Paulo de Carvalho Yamamoto, São Paulo: LTr, 2015), *Mulheres em luta: a outra metade da história do Direito do Trabalho* (organizado por Jorge Luiz Souto Maior e Regina Stela Corrêa Vieira, São Paulo:2017) e *O "novo" direito e processo do trabalho: um olhar crítico* (organizado pelo GPTC-Gênero, Belo Horizonte: Letramento, 2019), muito embora o conjunto de pesquisadores e pesquisadoras do GPTC tenha fortemente contribuído com as elaborações presentes nas obras da série *Resistência*, organizadas por Jorge Luiz Souto Maior e Valdete Souto Severo, publicadas pela editora Expressão Popular.

Pela viabilização da publicação, agradecemos encarecidamente ao livreiro, difusor do Direito do Trabalho e amigo Lacier, que com sua editora proporciona que este grande volume chegue às mãos de cada um e cada uma de vocês.

Às e aos colegas do GPTC, um ainda maior agradecimento.

Que estes textos, que muito embora amparados nas percepções de cada um dos pesquisadores e pesquisadoras deste grupo, escoram-se firmemente no paradigma de proteção dos trabalhadores e trabalhadoras, nos sirvam à boa luta em prol do Direito do Trabalho, sobretudo em tempos tão duros quanto os que hoje vivemos.

Com votos de vacina para todas e todos, já, desejamos uma boa leitura!

Belo Horizonte e São Paulo, janeiro de 2021.

Gustavo Seferian e *Jorge Luiz Souto Maior*
Pesquisadores-líderes do GPTC-USP

PARTE I

Crise Sanitária e Direito do Trabalho: Considerações Gerais

Crise do Capitalismo e os Seus Impactos nos Direitos Sociais no Contexto Latino-Americano

Rayann Kettuly Massahud de Carvalho
Yasmin Silveira Martins

1. Introdução

O presente artigo tem o objetivo de analisar a correlação entre a crise contemporânea do modo de produção capitalista e o ataque aos direitos sociais — "saúde, educação e trabalho"(1) —, bem como as especificidades que essa correlação assume no contexto social de países no bojo do capitalismo dependente e periférico, mais especificamente na América Latina.

O trabalho se justifica, pois, não obstante o capitalismo ser um modo de produção atravessado por contradições internas — guiado por uma lei imanente, a busca incessante pela autovalorização do valor,(2) ela se se desdobra dialeticamente, ao longo da história, em um movimento de crises cíclicas.(3) Referida contradição afeta de modos distintos a periferia e o centro, sendo aquela impactada em um maior grau(4) — isso, em grande medida, está correlacionada com a sua condição geopolítica própria(5), bem

(1) CARVALHO NETTO, Menelick de; SCOTTI, GUILHERME. O direito do trabalho e o estado democrático de direito: uma reflexão sobre o individual e o coletivo no exercício da autonomia do trabalhador. In: VIANA, Márcio Túlio; ROCHA, Cláudio Jannotti da (Orgs.). *Como aplicar a CLT à luz da Constituição:* alternativas para os que militam no foro trabalhista. 1. ed. São Paulo: LTr, 2016. p. 70.

(2) MARX, Karl. Prefácio da primeira edição. In: MARX, Karl. *O Capital — Crítica da economia política*. Livro 1, O processo de produção do capital. Trad. Rubens Enderle. São Paulo: Boitempo, 2013. p. 406.

(3) MARX, Karl. *O Capital — Crítica da economia política*. Livro 3, O processo global da produção capitalista. Trad. Rubens Enderle. São Paulo: Boitempo, 2017. p. 249-269.

(4) DUSSEL, Enrique. *1492:* o encobrimento do outro (a origem do "mito da modernidade") — Conferências de Frankfurt. Tradução de Jaime A. Clasen. Petrópolis: Vozes, 1993. p. 51.

(5) QUIJANO, Aníbal. "Colonialidad y modernidad/racionalidad". In: BONILLA, Heraclio (Comp.). *Los conquistados:* 1492 y la población indígena de las Américas. Quito: FLACSO; Librimundi; Bogotá: Tercer Mundo, 1992. p. 07.

como a relação de dominação, de exploração e de exclusão que o centro exerce sobre a periferia(6).

Para isso, o trabalho será dividido em três partes, primeiramente apresentar-se-á, ainda que brevemente, as relações entre crise do capitalismo e o ataque aos direitos sociais e entre direito e lutas sociais. Em seguida, analisar-se-á algumas das especificidades latino-americanas em relação a exploração capitalista, bem como sobre a correlação entre crise e a tentativa de redução de direitos. Por fim, serão apresentados exemplos dos referidos impactos nos direitos sociais em diferentes países da América Latina.

2. Crise do capitalismo e direitos sociais

Para tentar analisar a correlação entre a crise do capialismo e o ataque à direitos sociais é preciso, em um primeiro momento, entender que o capitalismo funciona guiado pela busca por autovalorizar o valor(7) e, como desdobramento, pela lógica de "autovalorização do capital".(8) Os direitos sociais, por sua vez, funcionam segundo uma lógica outra, eles são a expressão de expectativas normativas de igualdade provenientes do interior da própria sociedade.(9) Isto é, os direitos sociais expressam a busca da própria sociedade por constituir uma sociedade mais livre e igualitária.(10)

Pois, o direito, em sociedades complexas como a capitalista, expressa um conjunto de lutas e conquistas sociais sedimentadas ao longo do tempo(11), muitas delas contra a dominação e a exploração típicas do modo de produção capitalista. Pois o direito sempre foi luta e ele é "luta permanente".(12) Sendo assim, os direitos sociais não são meras concessões do capital, mas também expressam a cristalização de lutas sociais realizadas no bojo do capitalismo.

(6) DUSSEL, Enrique. Meditações Anti-Cartesianas sobre a Origem do Anti-Discurso Filosófico da Modernidade. In: SANTOS, Boaventura; MENESES, Maria Paula (Orgs.). *Epistemologias do Sul.* Coimbra: Almedina, 2010. p. 308-309.

(7) MARX, Karl. Prefácio da primeira edição. In: MARX, Karl. *O Capital — Crítica da economia política.* Livro 1, O processo de produção do capital. Trad. Rubens Enderle. São Paulo: Boitempo, 2013. p. 406.

(8) *Ibidem*, p. 553.

(9) GOMES, D. F. L. *A Constituição de 1824 e o problema da modernidade:* o conceito moderno de Constituição, a história constitucional brasileira e a teoria da Constituição no Brasil. Tese (Doutorado) – Universidade Federal de Minas Gerais, Belo Horizonte, 2016. p. 205.

(10) GOMES, D. F. L. A perífrase esquecida: coragem e constituição. In: CATTONI DE OLIVEIRA, Marcelo Andrade; GOMES; David F. L. (Orgs.). *1988-2018:* O QUE CONSTITUÍMOS?: Homenagem a Menelick de Carvalho Netto nos 30 Anos da Constituição de 1988. Belo Horizonte: Conhecimento, 2019. p. 120-121.

(11) GOMES, D. F. L.; MASSAHUD DE CARVALHO, R. K. Boaventura Santos. Direito e crítica: da regulação à possibilidade de emancipação. *Libertas: Revista de Pesquisa em Direito*, v. 6, n. 1, p. e-202002, 15 maio 2020, p. 27.

(12) CARVALHO NETTO, Menelick de. A tensão entre memória e esquecimento nos 30 anos da Constituição de 1988. In: CATTONI DE OLIVEIRA, Marcelo Andrade; GOMES; David F. L. (Orgs.). *1988-2018:* O QUE CONSTITUÍMOS? Homenagem a Menelick de Carvalho Netto nos 30 Anos da Constituição de 1988. Belo Horizonte: Conhecimento, 2019. p. 386.

Dessa forma, como os direitos sociais funcionam segundo uma lógica distinta — ainda que, na modernidade, em permanente tensão com a lei imanente que guia o modo de produção capitalista[13] —, eles funcionam como um mecanismo que tende a limitar referida autovalorização[14]. Pois, o "capital não tem [...] a mínima consideração pela saúde e duração da vida do trabalhador, a menos que seja forçado pela sociedade a ter essa consideração".[15]

Consequentemente, em momento de crise — quando o modo de produção capitalista não consegue efetivar a autovalorização do valor no maior grau possível[16] —, há ataques aos direitos sociais, buscando que as restrições colocadas por eles deixem de existir e o capitalismo consiga, uma vez mais, seguir o seu movimento próprio. Sendo assim, quando referido modo de produção está em crise os direitos sociais são fortemente impactados.

A partir deste entendimento — dos direitos sociais como expressão de luta social contra a dominação e exploração e luta por uma sociedade mais livre e menos desigual — é possível uma compreensão mais nítida sobre a correlação entre os momentos de crise do capitalismo e a tentativa de limitação e de restrição de direitos conquistados no transcurso da história.

Não obstante, é necessário pontuar que, o direito por si só não gera transformação, mas apenas garante melhores condições para que o agente transformador, a sociedade, possa se insurgir e pautar os termos da mudança[17]. Se os direitos sociais, por si sós, não são capazes de alterar o *status quo* e romper com o modo de produção capitalista, eles permitem que os indivíduos consigam galgar maiores condições de produção e de reprodução da vida social e, assim, terem os meios para alterar as bases da sociedade para além da capitalista.

3. América Latina e dependência

Depois de evidenciar a correlação entre crise do capitalismo e os seus impactos nos direitos sociais, passa a ser analisado as especificidades que a crise e a tentativa de restrição de direitos assumem na periferia. Pois, não obstante o modo de produção

(13) GOMES, D. F. L. *A Constituição de 1824 e o problema da modernidade:* o conceito moderno de Constituição, a história constitucional brasileira e a teoria da Constituição no Brasil. Tese (Doutorado) - Universidade Federal de Minas Gerais, Belo Horizonte, 2016.

(14) *Ibidem*, p. 205.

(15) MARX, Karl. Prefácio da primeira edição. In: MARX, Karl. *O Capital — Crítica da economia política*. Livro 1, O processo de produção do capital. Trad. Rubens Enderle. São Paulo: Boitempo, 2013. p. 342.

(16) MARX, Karl. *O Capital — Crítica da economia política*. Livro 3, O processo global da produção capitalista. Trad. Rubens Enderle. São Paulo: Boitempo, 2017. p. 249-269.

(17) GOMES, D. F. L.; MASSAHUD DE CARVALHO, R. K. Boaventura Santos, direito e crítica: da regulação à possibilidade de emancipação. *Libertas: Revista de Pesquisa em Direito*, v. 6, n. 1, p. e-202002, 15 maio 2020.

capitalista ser guiado por uma lei imanente[18], como dito anteriormente, ele se organiza de formas distintas e assume diferentes roupagens no centro e na periferia.

Nas regiões periféricas ou de capitalismo dependente continua vigendo a busca pela autovalorização do valor[19], no entanto, enquanto no centro a exploração da força de trabalho está limitada à relações sociais assalariadas — de compra e venda da força de trabalho — na periferia, ao lado do trabalho assalariado coexistem uma infinidade de formas de exploração da força de trabalho mais precárias e brutais, como, a escravidão e a servidão.[20] Além disso, há um imenso contingente populacional que realiza trabalho informal.

Como, em regra, os direitos sociais não exercem limitações sobre essas múltiplas formas de controle da produção e da reprodução do trabalho, elas permitem uma exploração da força de trabalho em grau mais elevado[21] e, como desdobramento, uma maior valorização do valor.

Para além disso, a "força de trabalho"[22] assim como toda e qualquer mercadoria, é mensurada pelo valor,[23] pelo "tempo de trabalho em média necessário ou tempo de trabalho socialmente necessário".[24] Na periferia, o valor da força de trabalho dos trabalhadores e das trabalhadoras é menor do que o valor da força de trabalho no centro, pois é necessário menos tempo de trabalho para que eles e elas tenham condições mínimas de sobrevivência — alimentação, moradia, vestuário, algum lazer — e possam retornar aos postos para vender sua força de trabalho. Isso contribuiria para a explicação a motivação econômica, por exemplo, da transferência das linhas de produção de diferentes empresas de países centrais para os países periféricos.

Nesse momento, seria razoável questionar o motivo que leva o valor da força de trabalho ser menor na periferia do que no centro. Dialeticamente, entre as concausas está a constituição de direitos sociais de menor intensidade naquela região e, consequentemente, oferecem menos limitações à lógica de exploração e de expansão

---

(18) MARX, Karl. Prefácio da primeira edição. In: MARX, Karl. *O Capital — Crítica da economia política*. Livro 1, O processo de produção do capital. Trad. Rubens Enderle. São Paulo: Boitempo, 2013. p. 116-117, p. 553.

(19) *Ibidem*, p. 406.

(20) QUIJANO, Aníbal. Colonialidad del poder, eurocentrismo y América Latina. In: LANDER, Edgardo (Org.). *La colonialidad del saber:* eurocentrismo y ciencias sociales. Perspectivas latinoamericanas. Buenos Aires, CLACSO/UNESCO, 2000a. p. 204.

(21) QUIJANO, Aníbal. Colonialidade, Poder, Globalização e Democracia. In: *Novos Rumos*, n. 37. 2002, p. 04-05.

(22) MARX, Karl. *O Capital — Crítica da economia política*. Livro 1, O processo de produção do capital. Trad. Rubens Enderle. São Paulo: Boitempo, 2013. p. 242.

(23) MARX, Karl. Prefácio da primeira edição. In: MARX, Karl. *O Capital — Crítica da economia política*. Livro 1, O processo de produção do capital. Trad. Rubens Enderle. São Paulo: Boitempo, 2013. p. 116-117.

(24) *Idem*.

típica do modo de produção capitalista. Ou seja, a organização do Capital na periferia está correlacionada com a constituição de direitos sociais menos consolidados nessas regiões em relação ao centro. Simultaneamente, a configuração específica que os direitos sociais assumem na periferia possibilita o desenvolvimento do modo de produção capitalista em maior grau.

Nesse quadro, se faz necessário evidenciar o papel das elites nacionais dos países periféricos na constituição e consolidação de direitos sociais na região. Para isso é imprescindível entender a história latino-americana, pois os traços e as marcas da colonização e do período colonial ainda permanecem presentes.(25)

Mesmo com o fim do colonialismo, o exercício da dominação legítima foi transferido da Metrópole para uma pequena parcela da sociedade, as elites nacionais. Essas, se autocompreendem como sendo superiores ao restante da população(26) e, por isso, entendem que os seus interesses estão mais próximos dos interesses das classes dominantes do centro.(27) Contudo, essa suposta hierarquia não se sustenta, pois não há superioridade alguma. Essa distinção está ancorada na manutenção de alguns privilégios dessa parcela da população, que são sustentados exatamente pela contínua dominação e exploração do restante da população.(28)

Na América Latina, enquanto região pós-colonial e periférica, nunca houve uma democratização do âmbito da autoridade coletiva(29) — as relações sociais intersubjetivas para decidir sobre quais são as melhores formas de viver em sociedade e de organizar a vida social(30) — que diferentemente do centro nunca veio a se tornar pública. Uma vez que a comunidade política na periferia não é composta por toda a população, a

(25) CASTRO-GÓMEZ, Santiago; GROSFOGUEL, Ramón. Prólogo. Giro decolonial, teoría crítica y pensamiento heterárquico. In: CASTRO-GÓMEZ, Santiago; GROSFOGUEL, Ramón (Coords.). *El giro decolonial:* reflexiones para una diversidad epistêmica más allá del capitalismo global. Bogotá: Siglo del Hombre, Universidad Central, Instituto de Estudios Sociales Contemporáneos, Pontificia Universidad Javeriana, Instituto Pensar, 2007, p. 13-15.

(26) QUIJANO, Aníbal. El fantasma del desarrollo en América Latina. *Rev. Venez. de Econ. y Ciencias Sociales*, vol. 6, n. 2 (maio/ago.), 2000b, p. 85.

(27) QUIJANO, Aníbal. Colonialidad del poder, eurocentrismo y América Latina. In: LANDER, Edgardo (Org.). *La colonialidad del saber:* eurocentrismo y ciencias sociales. Perspectivas latinoamericanas. Buenos Aires: CLACSO/UNESCO, 2000a. p. 235.

(28) QUIJANO, Aníbal. El fantasma del desarrollo en América Latina. *Rev. Venez. de Econ. y Ciencias Sociales*, vol. 6, n. 2 (maio/ago.), 2000b. p. 85.

(29) QUIJANO, Aníbal. Colonialidad del poder, eurocentrismo y América Latina. In: LANDER, Edgardo (Org.). *La colonialidad del saber:* eurocentrismo y ciencias sociales . Perspectivas latinoamericanas. Buenos Aires: CLACSO/UNESCO, 2000a. 234-235.

(30) QUIJANO, Aníbal. Colonialidade, Poder, Globalização e Democracia. In: *Novos Rumos*, n. 37, 2002, p. 12.

pretensão de igualdade e de cidadania, em grande medida, é restrita apenas a uma parcela minoritária da sociedade,[(31)] enquanto a maioria permanece excluída.[(32)]

Devido ao exposto, como a autoridade coletiva é mais limitada, há uma maior dificuldade de institucionalizar as expectativas normativas de igualdade oriundas da própria sociedade. Como desdobramento, os direitos sociais nessas regiões são, em regra, menos consolidados e mais fáceis de serem retirados do que nos países centrais.

Dessa forma, as elites nacionais não possuem interesse algum de alterar essa condição, pois é ela que permite a afirmação da sua suposta superioridade. As elites dos países centrais, por sua vez, também não buscam alterar o *status quo*, pois essa condição é o que permite a realização, em alguma medida, de melhores condições de vida nessas regiões. Em outros termos, a condição de possibilidade para a manutenção de algumas benesses do capitalismo — o desenvolvimento tecnocientífico e a constituição de uma sociedade menos desigual[(33)] — é a contínua e permanente dominação e exploração da mão de obra e dos recursos naturais nos países de capitalismo dependente[(34)] e, como desdobramento, a consolidação precária de direitos sociais nesses locais.

Portanto, dado o exposto acerca das especificidades que o capitalismo assume em regiões periféricas, bem como as singularidades na constituição e na consolidação dos direitos sociais em regiões pós-coloniais, em momentos de crise do modo de produção capitalista referidas regiões são mais fortemente impactadas, pois devido a essas condições o capitalismo, guiado por lei imanente, consegue extrair na periferia uma quantidade maior de mais-valor e, consequentemente, garantir uma vez mais a sua sobrevida.

4. Uma análise dos impactos da ofensiva neoliberal na América Latina

Com o objetivo de destacar alguns pontos de similitudes do processo de redução dos direitos sociais nas regiões periféricas, passa-se a realizar uma análise, ainda que breve, das experiências de três países latino-americanos: Brasil, Bolívia e Chile.

4.1. Brasil — a dificuldade de cristalização de direitos sociais

Com a adoção do Plano Real em 1994, objetivando controlar a inflação, o Brasil foi convertido em uma plataforma de valorização do capital financeiro

---

(31) QUIJANO, Aníbal. Colonialidad del poder, eurocentrismo y América Latina. In: LANDER, Edgardo (Org.). *La colonialidad del saber:* eurocentrismo y ciencias sociales. Perspectivas latinoamericanas. Buenos Aires, CLACSO/UNESCO, 2000a. 234-235.

(32) QUIJANO, Aníbal. El fantasma del desarrollo en América Latina. *Rev. Venez. de Econ. y Ciencias Sociales*, vol. 6, n. 2 (maio/ago), 2000b. p. 85.

(33) WALLERSTEIN, Immanuel. La creación del sistema mundial moderno. In: BERNARDO, L. *Um mundo jamais imaginado.* Bogotá: Editorial Santillana, 1992. p. 7-8.

(34) DUSSEL, Enrique. *1492:* o encobrimento do outro (a origem do "mito da modernidade") — Conferências de Frankfurt. Tradução de Jaime A. Clasen. Petrópolis: Vozes, 1993. p. 51.

internacional.[35] A valorização da moeda barateou as importações, o que trouxe impacto direto na produção nacional, verificando-se acelerada desnacionalização do campo produtivo, enquanto as privatizações, impulsionadas com dinheiro público, via Banco Nacional de Desenvolvimento Econômico e Social (BNDES), golpeavam fortemente a soberania nacional.[36]

A adoção de tal modelo, cria uma hierarquia no gasto público, isso, pois, é dada prioridade máxima aos credores financeiros internacionais, em detrimento de políticas sociais e investimento público. Logo, tem-se um país permanentemente dependente, haja vista que, questionar o referido modelo econômico, pode gerar fuga de capitais.[37] Assim, torna-se cada vez mais difícil a cristalização de direitos sociais, haja vista que, priorizá-los demandaria uma postura do Estado em cumprir com as expectativas dos cidadãos e das cidadãs, ao invés da do capital financeiro internacional.

Na gestão petista, houve um momento de crescimento econômico, alavancado pelo aumento do preço das *commodities*, face à expansão chinesa — mercado exportador do Brasil. Todavia, o fato de o Brasil se tornar dependente das exportações primárias resultou em um apoio incondicional ao agronegócio e à mineração, levando a um processo de desindustrialização e acentuando problemas socioambientais.[38] Para lidar com a relação entre capital e trabalho, alguns programas foram desenvolvidos ou ampliados com o fito de mediar a desigualdade posta, como: o Minha Casa Minha Vida o programa do Bolsa Família, o FIES e o PROUNI. [39] Entretanto, "a reversão da conjuntura internacional favorável às *commodities* [...] colocava um cenário diferente para o governo".[40] A queda nas exportações contribuiu para acentuar os problemas socioeconômicos. Além disso, a crise exigia medidas reformistas e antipopulares, como: as contrarreformas da previdência e a trabalhista, que evidenciam a tensão típica de contextos periféricos, entre o capitalismo dependente e os direitos sociais conquistados pela sociedade.

4.2. Bolívia — o proceso de cambio de Evo Morales

Quanto à Bolívia, sua história recente é marcada por crises e por intensos conflitos políticos, bem como pela radicalização de medidas neoliberais, além de constante

(35) SANTOS, F. L. B. dos. *Uma história da onda progressista sul-americana (1998-2016)*. São Paulo: Elefante, 2018. p. 103.

(36) SANTOS, F. L. B. dos. *Além do PT:* a crise da esquerda brasileira em perspectiva latino-americana. 2. ed. São Paulo: Elefante, 2017. p. 40-41.

(37) *Ibidem*, p. 42-43.

(38) SANTOS, F. L. B. dos. *Uma história da onda progressista sul-americana (1998-2016)*. São Paulo: Elefante, 2018. p. 105-110.

(39) *Ibidem*, p. 121-125.

(40) SANTOS, F. L. B. dos. *Além do PT:* a crise da esquerda brasileira em perspectiva latino-americana. 2. ed. São Paulo: Elefante, 2017. p. 110 (destaque nosso).

ingerência dos Estados Unidos. Seguindo os presidentes anteriores, o ditador Hugo Banzer (derrubado em 1978, mas eleito em 1997), aderiu à política estadunidense de erradicação da coca. Foi nesse momento que *os cocaleros* foram projetados nacionalmente, fazendo com que o movimento liderado por Morales se insurgisse. Ele associava a folha de coca à práticas ancestrais e ao nacionalismo boliviano, questionando a intromissão estrangeira no país.(41)

A falência das medidas neoliberais na Bolívia ficou marcada, especialmente, pela *Guerra da Água*, que eclodiu em Cochabamba, nos anos 2000. Essa se deu quando o Banco Mundial assumiu o compromisso, em 1997, de perdoar a dívida milionária do país se o sistema de águas de Cochabamba fosse privatizado, o que foi feito em 1999. "A ideia de pagar pelo uso da água feria os *usos y constumbres* associados ao modo de vida comunitário enraizado entre os camponeses do país".(42) Pouco tempo depois, em 2003, já na gestão do presidente Sánchez de Lozada, ele divulgou um plano de exportação do gás boliviano para Califórnia, nos Estados Unidos, o que feria a sensibilidade nacional popular, ao ressoar a histórica exploração estrangeira dos recursos naturais do país. Assim, eclodia a *Guerra del Gas*.(43)

O campo popular foi ganhando força até que, em 2005, Evo Morales foi eleito presidente, iniciando o chamado *proceso de cambio*. O governo de Evo foi desde o princípio tido como progressista, em reação ao neoliberalismo, estabelecendo antagonismo aos Estados Unidos.(44) Entretanto, em 2006, as contradições começaram a se tornarem evidentes, a "nacionalização" dos hidrocarbonetos ficou bem distante de uma assunção de monopólio estatal do setor, pois os direitos das empresas estrangeiras foram integralmente respeitados, sob o fundamento de que o investimento externo era imprescindível. Assim, em 2010, o custo do combustível seria elevado em 70%, o que foi divulgado como medida necessária para frear o enorme gasto público tido com o modelo adotado para a nacionalização do setor. Ademais, a exportação primária foi intensificada entre os hidrocarbonetos, minérios e agronegócio, o que, por sua vez, trouxeram como consequência o rebaixamento da proteção ambiental para permitir a expansão de tais atividades.(45)

---

(41) SANTOS, F. L. B. dos. *Uma história da onda progressista sul-americana (1998-2016)*. São Paulo: Elefante, 2018. p. 229.

(42) SANTOS, F. L. B. dos. *Além do PT:* a crise da esquerda brasileira em perspectiva latino-americana. 2. ed. São Paulo: Elefante, 2017. p. 203.

(43) SANTOS, F. L. B. dos. *Uma história da onda progressista sul-americana (1998-2016)*. São Paulo: Elefante, 2018. p. 231.

(44) BARBOSA DOS SANTOS, F. L. As tensões destruidoras do proceso de cambio na Bolívia. *Estudos Internacionais: revista de relações internacionais da PUC Minas*, v. 5, n. 1, p. 63-82, 25 nov. 2017.

(45) SANTOS, F. L. B. dos. *Além do PT:* a crise da esquerda brasileira em perspectiva latino-americana. 2. ed. São Paulo: Elefante, 2017. p. 210.

Nesse sentido, a economia boliviana foi se tornando cada vez menos produtiva, a importação cresceu substancialmente, sendo que, o modo de vida associado à relação orgânica com a terra passou por constante desaceleração. O cultivo de transgênicos, ora proibido em 2008, passou a ser permitido em 2011,parecendo demonstrar uma aproximação com o agronegócio. Além disso, estima-se que, atualmente, 79% dos alimentos consumidos na Bolívia sejam comprados da agroindústria.(46) Desse modo, fica evidente a dependência assumida em relação ao mercado externo, sujeitando à população as incertezas de uma política baseada em enfraquecimento dos setores nacionais e fortalecimento do capital internacional.

4.3. Chile — o papel da Concertación no assentamento do neoliberalismo chileno

Em sua quarta tentativa disputando a presidência, reivindicando o marxismo e a revolução, Salvador Allende elegeu-se presidente do Chile, em 1970. Um de seus principais fundamentos era retomar a soberania sobre o cobre, que representava mais de 80% das exportações do país, assim, o setor foi nacionalizado sem indenizações. Tal medida também foi estendida ao ferro, ao salitre e ao carvão, o que marcou uma ampliação da nacionalização dos recursos naturais.(47) Além disso, a reforma agrária também foi viabilizada e cerca de 6,4 milhões de hectares foram expropriados. Internacionalmente, o partido de Allende, *Unidad Popular*, optou pelo não alinhamento aos Estados Unidos, além de condenar a subserviência da Organização dos Estados Americanos (OEA) ao país.(48)

Nesse momento, ficou nítido para a oposição que não seria possível derrotar a via chilena institucionalmente, seria necessário recorrer ao golpe militar, o que ocorreu em 1973, sob o comando do general Augusto Pinochet, com marcado apoio norte-americano. A partir daí, foram geradas condições suficientes para refundar o país sob as bases do neoliberalismo. Um dos pilares de Pinochet foi reverter a reforma agrária anteriormente realizada, além de fomentar uma acelerada desindustrialização do país, restaurando as condições para a exploração estrangeira se assentar novamente.(49) Todavia, "a liberalização econômica imposta pela ditadura levou o país à beira do colapso. Em 1982, o Chile foi um dos países latino-americanos mais abalados pela crise da dívida [...]",(50) demonstrando os riscos inerentes ao neoliberalismo radical

(46) SANTOS, F. L. B. dos. *Uma história da onda progressista sul-americana (1998-2016).* São Paulo: Elefante, 2018. p. 249.

(47) *Ibidem*, p. 375.

(48) SANTOS, F. L. B. dos. *Além do PT:* a crise da esquerda brasileira em perspectiva latino-americana. 2. ed. São Paulo: Elefante, 2017. p. 152.

(49) SANTOS, F. L. B. dos. *Uma história da onda progressista sul-americana (1998-2016).* São Paulo: Elefante, 2018. p. 380-381.

(50) *Ibidem*, p. 382.

praticado até o momento. Essa situação se alongaria até 1990, que iniciaria um novo capítulo na história chilena, uma sequência de governos da *Concertación*[51].

Num primeiro momento, o legado deixado pela ditadura não foi alterado sob a pecha de se estar protegendo a estabilidade econômica e política, porém, com o tempo ficou claro que houve uma passiva acomodação às estruturas. Dessa forma, "a *Concertación* emergiu então como a alternativa ideal, ao manter as determinações econômicas do modelo, mas prescindindo do terror".[52] Assim, foram promovidos altos níveis de investimento estrangeiro, além de um aceleramento na desindustrialização do país. Ademais, foi em um desses governos que o Chile assinou tratados bilaterais de livre-comércio com os Estados Unidos e com a União Europeia. Segue-se que o país continuou sendo dependente das exportações primárias, especialmente do cobre. Portanto, evidencia-se que uma política que pretenda superar o neoliberalismo exigirá instrumentos e práticas alternativas,[53] jamais podendo se apoiar em desvalorização dos setores nacionais em detrimento do capital financeiro internacional.

5. Considerações finais

Diante do que foi exposto, se torna claro a condição latino-americana — periférica e de dependência em face aos países centrais. Nesse sentido, dado que os direitos sociais assumem um papel de limitador da autovalorização — feita às expensas da classe trabalhadora — do capital no maior grau possível, em momentos de crise tais direitos são fortemente atacados. Assim — com base na análise dos países Brasil, Bolívia e Chile — nota-se um padrão nos momentos de crise do capitalismo: a busca por retirar os direitos sociais conquistados. Portanto, enquanto a América Latina permanecer nessa posição periférica e de capitalismo dependente haverá pressões externas, e por vezes internas, visando implementar o modelo econômico ancorado na busca na contínua reprodução do modo de produção capitalista. Logo, os países latino-americanos necessitam de alternativas antissistêmicas que tenham como horizonte o fim da referida condição e, no limite, do próprio modo de produção capitalista. Para isso, é necessário a realização do fortalecimento do poder popular, dando condições materiais para que a próprio sociedade transforme a realidade e construa um projeto outro.

6. Referências bibliográficas

CARVALHO NETTO, Menelick de. A tensão entre memória e esquecimento nos 30 anos da Constituição de 1988. In: CATTONI DE OLIVEIRA, Marcelo Andrade; GOMES; David F. L. (Orgs.). *1988-2018:* O QUE CONSTITUÍMOS? Homenagem a Menelick de Carvalho

(51) A Concertación foi uma coalisão entre partidos políticos chilenos de centro-esquerda, que unem social-democratas e democratas-cristãos.

(52) SANTOS, F. L. B. dos. *Uma história da onda progressista sul-americana (1998-2016).* São Paulo: Elefante, 2018. p. 389.

(53) *Ibidem*, p. 414.

Netto nos 30 Anos da Constituição de 1988. Belo Horizonte: Conhecimento, 2019. p. 383-387.

______; SCOTTI, GUILHERME. O direito do trabalho e o estado democrático de direito: uma reflexão sobre o individual e o coletivo no exercício da autonomia do trabalhador. In: VIANA, Márcio Túlio; ROCHA, Cláudio Jannotti da. (Orgs.). *Como aplicar a CLT à luz da Constituição:* alternativas para os que militam no foro trabalhista. 1. ed. São Paulo: LTr, 2016. p. 70.

CASTRO-GÓMEZ, Santiago; GROSFOGUEL, Ramón. Prólogo. Giro decolonial, teoría crítica y pensamiento heterárquico. In: CASTRO-GÓMEZ, Santiago; GROSFOGUEL, Ramon (Coords.). *El giro decolonial:* reflexiones para una diversidad epistêmica más allá del capitalismo global. Bogotá: Siglo del Hombre, Universidad Central, Instituto de Estudios Sociales Contemporáneos, Pontificia Universidad Javeriana, Instituto Pensar, 2007.

CATTONI DE OLIVEIRA, Marcelo Andrade; GOMES, D. F. L. História e tempo presente: o debate constituinte brasileiro nas décadas de 1980-1990 e a atual proposta de uma nova Assembleia Constituinte. *Revista Culturas Jurídicas*, v. 3, p. 67-97, 2016.

DUSSEL, Enrique. Meditações Anti-Cartesianas sobre a Origem do Anti-Discurso Filosófico da Modernidade. In: SANTOS, Boaventura; MENESES, Maria Paula (Orgs.). *Epistemologias do Sul*. Coimbra: Almeidina, 2010.

______. Para um diálogo Inter-filosófico Sul-Sul. *Filosofazer: Revista do Instituto Superior de Filosofia Berthier*, n. 41, p. 11-30, 2012.

______. *Filosofías del Sur:* descolonización y transmodernidad. México: Akal, 2015.

______. *1492:* o encobrimento do outro (a origem do "mito da modernidade") – Conferências de Frankfurt. Tradução de Jaime A. Clasen. Petrópolis: Vozes, 1993.

GOMES, D. F. L. *A Constituição de 1824 e o problema da modernidade:* o conceito moderno de Constituição, a história constitucional brasileira e a teoria da Constituição no Brasil. Tese (Doutorado) – Universidade Federal de Minas Gerais, Belo Horizonte, 2016.

______; MASSAHUD DE CARVALHO, R. K. Boaventura Santos, direito e crítica: da regulação à possibilidade de emancipação. *Libertas: Revista de Pesquisa em Direito*, v. 6, n. 1, p. e-202002, 15 maio 2020.

MARX, Karl. *O Capital — Crítica da economia política*. L. 1, O processo de produção do capital. Trad. Rubens Enderle. São Paulo: Boitempo, 2013.

______. *O Capital — Crítica da economia política*. L. 3, O processo global da produção capitalista. Trad. Rubens Enderle. São Paulo: Boitempo, 2017.

MASSAHUD DE CARVALHO, R. K. *Colonialidade, transmodernidade e diferença colonial:* para um direito situado na periferia. Dissertação (Mestrado) – Universidade Federal de Minas Gerais, Belo Horizonte, 2020.

QUIJANO, Aníbal. Colonialidad del poder, eurocentrismo y América Latina. In: LANDER, Edgardo (Org.). *La colonialidad del saber:* eurocentrismo y ciencias sociales. Perspectivas latinoamericanas. Buenos Aires, CLACSO/UNESCO, 2000a.

______. Colonialidade, Poder, Globalização e Democracia. In: *Novos Rumos*, n. 37. 2002.

______. "Colonialidad y modernidad/racionalidad". In: BONILLA, Heraclio (Comp.). *Los conquistados:* 1492 y la población indígena de las Américas. Quito: FLACSO; Librimundi; Bogotá: Tercer Mundo, 1992.

______. El fantasma del desarrollo en América Latina. *Rev. Venez. de Econ. y Ciencias Sociales,* vol. 6, n. 2 (maio/ago.), p. 73-90, 2000b.

SANTOS, F. L. B. dos. *Além do PT:* a crise da esquerda brasileira em perspectiva latino-americana. 2. ed. São Paulo: Elefante, 2017.

______. As tensões destruidoras do proceso de cambio na Bolívia. *Estudos Internacionais: revista de relações internacionais da PUC Minas*, v. 5, n. 1, p. 63-82, 25 nov. 2017.

______. *Uma história da onda progressista sul-americana (1998-2016).* São Paulo: Elefante, 2018.

WALLERSTEIN, Immanuel. La creación del sistema mundial moderno. In: BERNARDO, L. *Um mundo jamais imaginado.* Bogotá: Editorial Santillana, 1992.

Conjunção de Crises ou Crise do Capitalismo?

Quando os corpos passarem,
eu ficarei sozinho
desfiando a recordação
do sineiro, da viúva e do microcopista
que habitavam a barraca
e não foram encontrados
ao amanhecer
esse amanhecer
mais noite que a noite.

Carlos Drummond de Andrade[1]

Glória Troggo

Notas Introdutórias

Em 29 de julho de 2020, dia da redação final deste artigo, o Brasil atinge mais de 90 mil mortos pelo novo Coronavírus. Entretanto, infelizmente essa informação se tornará obsoleta em dias, semanas, meses, quando a marcha da morte avançar mais e mais. A crise está nos jornais, nas casas, nas vidas, nas ruas todos os dias. Começamos citando o poema Sentimento do Mundo, publicado em 1940, como parte de uma coletânea de mesmo nome que expressa as angústias do poeta mineiro com a Segunda Guerra Mundial, elucidando as dores, os conflitos e os desafios do seu tempo. Não poderia ser um texto mais atual: a morte que nos cerca nessa passagem

(1) DRUMMOND, Carlos. *Nova Reunião* — 23 livros de poesia — volume 1. Sentimento do Mundo. Rio de Janeiro: BestBolso, 2009. p. 83.

de corpos que se contam aos milhares diariamente; o alerta para não nos prendermos ao medo; os privilégios de classe tão evidenciados no número mais alto de mortes entre pobres, negras e negros e no posicionamento firme contra o isolamento social da grande maioria da classe dominante brasileira. Neste terraço, mediocremente confortável, bebemos cerveja e olhamos o mar. Sabemos que nada nos acontecerá[(2)]. E o até profético poema Inocentes do Leblon[(3)], bairro da elite carioca em que os bares encheram quando a crise sanitária se ampliava na cidade do Rio de Janeiro. Leiamos o poeta itabirano com os olhos de 2020. Estamos prontas e prontos para iniciar esta reflexão sobre o nosso tempo.

Partimos da negação de que a conjunção de crises atual seja episódica ou aleatória. O filósofo franco-brasileiro Michel Löwy, em um artigo publicado há dois anos, aborda este caráter total da crise de 2008.

> A crise econômica e a ecológica resultam do **mesmo fenômeno**: um sistema que transforma tudo — terra, água, ar que respiramos, seres humanos — em mercadoria e não reconhece nenhum outro critério além da expansão dos negócios e acumulação de lucros. As duas crises são aspectos interconectados de uma crise mais geral, **a crise da civilização capitalista industrial moderna.**[(4)] (grifo nosso)

A atualidade é impressionante e não é casual. O que estamos vivendo neste momento é um dramático capítulo de um problema já colocado por diversas pensadoras e pensadores. A pandemia de Covid-19 trouxe para o centro do debate público a atual **crise do capitalismo** e seu caráter **endógeno, sistêmico, social e ecológico.** Neste artigo pretendemos apontar, jamais exaurir, algumas ideias para um debate necessário àquelas e àqueles que ousam (re)pensar o direito.

O caráter endógeno da crise atual

A crise atual, em todos os seus aspectos e dimensões, se formou e se desenvolveu através das **próprias características do capitalismo**. Ela não é causada por elementos externos, inesperados e nem mesmo imprevistos pelo sistema. Ao contrário, a crise é parte do funcionamento regular do capitalismo, ela é, portanto, resultado de seu bom funcionamento e não produto de um defeito ou falha.

Os economistas contemporâneos a Marx buscavam ressaltar o aspecto harmônico e auto regulador do capitalismo. A produção geraria seu próprio consumo, o consumo geraria mais produção, ambos se auto regulando harmonicamente. Até hoje

(2) DRUMOND, Carlos. *Nova Reunião* — 23 livros de poesia — volume 1. Privilégio do Mar. Rio de Janeiro: BestBolso, 2009. p. 92.

(3) *Ibidem*, p. 93.

(4) Löwy, Michel. "Crise ecológica, crise capitalista, crise civilizatória: a alternativa ecossocialista". Disponível em: <https://razonyrevolucion.org/crisis-ecologica-crisis-capitalista-crisis-civilizatoria-la-alternativa-ecosocialista/>.

prestigiadas defensoras e defensores do liberalismo econômico apostam nessa ideia: o sistema seria capaz de se autogerir e autorregular. O mercado livre teria um funcionamento coerente, o problema viria da interferência de terceiros: governos, sindicatos, Justiça do Trabalho, etc. Os desequilíbrios são provocados desde fora, uma imagem que remete à velha metáfora das mãos livres do mercado. O atual Ministro da Economia do Brasil, Paulo Guedes, fez referência inúmeros vezes a esse propósito no seu projeto econômico.(5)

Há inúmeros trabalhos científicos que elucidam como esse discurso do liberalismo e do neoliberalismo nunca significou na prática a não intervenção. É, por conseguinte, decisivo para uma análise séria, separar o que é a propaganda desse projeto econômico das reais medidas implementadas nas grandes crises. Podemos citar dois momentos emblemáticos contemporâneos: o início da crise econômica de 2008, em que governos do mundo inteiro injetaram trilhões de dólares para recuperar bancos e empresas, e o agressivo plano de intervenção econômica do Governo Trump diante da pandemia nos Estados Unidos, que incluiu até mesmo medidas como a reconversão industrial na General Motors.

A visão desenvolvida por Marx é oposta à liberal de que o capitalismo seria um sistema autorregulado. Para o pensamento marxista, a acumulação do capital tende à crise e somente pode ocorrer por meio da interrupção periódica da própria acumulação. Um dos pontos fortes da ideologia burguesa é dar racionalidade e legitimidade ao funcionamento do capitalismo. A crítica da economia política de Marx é a crítica dessa legitimidade, demonstrando em longas explicações a partir do cerne da economia capitalista que o seu funcionamento é anárquico, irracional e engendrado por profundas contradições. Ao contrário das crises de escassez típicas das formações econômicas pré-capitalistas, a crise capitalista é uma crise da acumulação, uma crise de superprodução.(6)

Toda a visão política de Marx sobre as crises em geral, o que podemos chamar de teoria das crises de Marx, consiste em demonstrar que não é no conflito consumo/produção que reside o problema fundamental. A grande questão encontra-se na própria lógica da acumulação que tende à busca desenfreada pelo lucro, que por sua vez tende à luta permanente pela diminuição do tempo de trabalho socialmente necessário, o que aprisiona o capitalista numa lógica de ferro. A cada revolução tecnológica que permite que a mais-valia relativa seja ampliada, mais trabalho morto é utilizado (capital constante) em detrimento do trabalho vivo (capital variável), o que explica a queda

---

(5) O ministro da Economia do Brasil, Paulo Guedes, prometeu encerrar anos de fracassadas intervenções do Estado, por meio de grandes reformas de livre mercado, no governo do presidente Jair Bolsonaro. Disponível em: <https://www.correiodopovo.com.br/not%C3%ADcias/economia/paulo-guedes-promete-grandes--reformas-manter-gastos-sociais-e-acabar-com-privil%C3%A9gios-1.319124>.

(6) ROMERO, Daniel (Org.). *Sobre as crises econômicas do capitalismo*. São Paulo: Sundermann, 2009.

tendencial da taxa de lucro.[7] O aspecto que queremos ressaltar, retomando a explicação de Marx para as crises capitalistas, é que elas são endógenas, ou seja, prosperidade e crise são faces da mesma moeda nesse modo de produção.

Essa explicação das crises econômicas em geral deve nos fazer refletir sobre a crise atual, em particular. A pandemia não encontrou a economia mundial a todo vapor. Ao contrário, a economia mundial vinha caminhando em uma lenta recuperação desde 2008, ainda não totalmente superada. Porém, a equação tornou-se muitíssimo mais complexa no caso atual, já que a pandemia colocou no centro da crise inúmeras contradições do sistema, além da econômica: a relação ser humano-natureza; a transformação do campo em indústria; a intensa internacionalização da produção; as contradições políticas perante as escolhas que pressionam governos de todo mundo em direção à única medida eficaz de combate ao vírus, o isolamento social, que acaba por interromper fluxo de circulação de mercadorias, afetando drasticamente um dos pilares desse modo de produção; as contradições sociais do trabalho precarizado, sem vínculo e sem direitos sociais garantidos; a intensificação do trabalho na esfera da reprodução social com a cumulação do trabalho formal e doméstico em larga escala, devido à paralisação das escolas; as intensas desigualdades sociais que implicaram na criação de novos grupos de risco de vulnerabilidade ao vírus. Portanto, a crise não é sanitária, nem econômica, nem política, nem social, nem ecológica, ela é tudo isso ao mesmo tempo.

O caráter sistêmico da crise

A expressão crise civilizatória tem sido frequentemente utilizada para se referir ao contexto atual. Partimos de um ponto comum com essa visão, já que ela amplia o foco da análise, reconhecendo que o problema é muito mais amplo, não podendo ser explicado estritamente dentro de um conceito de crise sanitária. Por outro lado, trazemos uma crítica à utilização desse conceito de civilização a-histórico e atemporal. É preciso acrescentar um adjetivo importante para precisar permitir uma melhor compreensão desse conceito: crise da civilização capitalista, ou ainda **crise da civilização capitalista industrial moderna ocidental**[8]. É típico da dominação burguesa a extensão dos seus valores como universais, o que faz com que a crise do capitalismo seja frequentemente associada à ideia de crise da humanidade. Os valores capitalistas são considerados como valores humanos. E essa identificação ideológica, no sentido de falsa consciência, avança para todos os terrenos, associando interesses, projetos e programas burgueses como se fossem interesses gerais e universais.

---

(7) Taxa de lucro: mais valia/ (capital constante + capital variável).

(8) SEFERIAM, Gustavo. *Curso DTB e Ecossocialismo*. 2020. Disponível em: <https://www.youtube.com/watch?v=NQKn069Zxsc&feature=youtu.be>. Acesso em: 29 jul. 2020.

Alysson Mascaro no livro Crise e Pandemia aponta que: Qualquer constatação crítica que seja rigorosa cientificamente e fecunda só pode analisar a crise presente, exponenciada pela pandemia, tendo em vista que se trata de crise do capitalismo(9).

Assim sendo, só podemos falar em crise civilizatória na medida em que a enquadramos como crise do capitalismo. Importante ressalvar que é impossível isolar seus elementos, a não ser para estudo e análise, porém, sempre compreendendo sua dimensão total e sistêmica. Todos os seus aspectos sanitários, econômicos, sociais, políticos e ecológicos estão profundamente interligados, de modo que a separação feita neste artigo é simplesmente analítica.

O caráter ecológico da crise atual

Não temos estudos confirmados sobre a origem do vírus, mas vários estudos científicos prévios mostram a probabilidade do desenvolvimento deste tipo de pandemia pelo grau e velocidade da destruição ambiental praticada. Inúmeras e inúmeros cientistas alertam há anos para o aumento da probabilidade de epidemias e pandemias.(10) O tema já havia saído dos estudos científicos e chegado às telas de cinema com filmes como Contágio de 2011(11), Epidemia de 1995(12) e até mesmo a série documental Pandemia de 2019(13) da *NetFlix*.

O caráter ecológico da crise é indissociável das características do modo de produção capitalista. Não por acaso, o surgimento de epidemias tem coincidido com regiões de rápida urbanização e industrialização. Uma das marcas da expansão do capital nas últimas décadas foi a industrialização do campo, que mudou completamente o processo de criação de animais, elevou a destruição da natureza a escalas inéditas. Isso aumentou a possibilidade de contato com tipos de vírus que causam doenças em animais e passam para humanos não raramente em formas mais gravosas. Como nos explica a jornalista e pesquisadora Sonia Shah:

Desde 1940, centenas de micróbios patogênicos apareceram ou reapareceram em regiões onde, por vezes, nunca tinham sido observados antes. Por exemplo, o HIV

---

(9) MASCARO, Alysson. *Crise e Pandemia*. São Paulo: Boitempo, 2020. p. 49 (edição *e-book*).

(10) OMS. Documento A Word At Risk, O Mundo em Risco. 2019. Pag. 4. Embora a doença sempre faça parte da experiência humana, uma combinação de tendências globais, incluindo alterações climáticas inseguranças e extremas, aumentou o risco. A doença prospera na desordem e tem avançado — os surtos têm aumentado nas últimas décadas e o espectro de uma emergência de saúde global se aproxima. Se é correto dizer "o que é passado é prólogo", então existe uma ameaça muito real de uma pandemia altamente letal que se move rapidamente através de um patógeno respiratório matando 50 a 80 milhões de pessoas e destruindo quase 5% da economia mundial. Uma pandemia global nessa escala seria catastrófica, criando um caos generalizado, instabilidade e insegurança. O mundo não está preparado. Disponível para consulta em: <https://reliefweb.int/sites/reliefweb.int/files/resources/GPMB_annualreport_2019.pdf>. Acesso em: 30 jul. 2020.

(11) CONTÁGIO. Direção: Steven Soderbergh. Estados Unidos, 2011. (106 min).

(12) EPIDEMIA. Direção: Wolfgang Petersen. Estados Unidos, 1995. (128 min).

(13) PANDEMIA. Série Documental da Netflix. Estados Unidos, 2019.

e o ebola na África ocidental ou o zika no continente americano. A maioria deles (60%) é de origem animal. Alguns vêm de animais domésticos ou de criação, mas quase todos (mais de dois terços) vêm de animais selvagens.

Ora, esses bichos não têm culpa nenhuma. Em que pesem os artigos que, brandindo fotografias, designam a fauna selvagem como ponto de partida de epidemias devastadoras, é falso que esses animais estejam particularmente infestados de agentes patogênicos mortais, prontos a nos contaminar. Na realidade, grande parte de seus micróbios vive neles sem lhes fazer mal algum. O problema está em outra parte: com o desmatamento, a urbanização e a industrialização desenfreados, nós oferecemos a esses micróbios meios de chegar e se adaptar ao corpo humano.[14]

A velocidade com que a doença causada pelo novo Coronavírus expandiu-se pelo mundo só pode ser explicada pelo intenso grau de articulação internacional dos mercados que corresponde a interesses do capital na corrida pela valorização do valor e não a qualquer tipo de integração cultural emancipadora.

Não estamos perante uma novidade, ou um fator externo. Estamos diante de um risco previsto, portanto, passível de prevenção e controle. Entretanto, esse planejamento preventivo somente seria possível de ser realizado em escala internacional se contrariasse uma das regras do funcionamento deste sistema, que é a migração de capitais para as atividades mais rentáveis, que não por acaso são as que envolvem intensa exploração e espoliação do trabalho e da natureza.

Assim, estamos assistindo aos testes dos limites do planeta em todos os níveis: na produção de alimentos, na criação de energia, na fabricação de tudo que existe, no nosso modo de produzir a vida. Esse modelo não é sustentável a longo prazo e já preocupa parcelas importantes da classe dominante, já que a questão colocada pela crise ambiental remete à sobrevivência da humanidade.

Nesse campo, as reflexões sobre a incapacidade de reagir aos alertas da ciência e o surgimento de correntes negacionistas não é um tema novo. O fenômeno que presenciamos com o questionamento da existência e gravidade do vírus, ou a defesa de tratamentos não comprovados é o mesmo do negacionismo climático. Essa corrente de pensamento contraria conclusões de pesquisas multidisciplinares e supranacionais e questiona evidências empíricas do aquecimento global. O que é novo é o peso político que esse tipo de pensamento adquiriu associado a políticos de extrema direita, como Donald Trump e Jair Bolsonaro.

A natureza é vista como coisa e esse processo de alienação e distanciamento não está dissociado da alienação do ser humano em relação si próprio. A destruição

---

(14) SHAH, Sonia. *Contra a pandemia, ecologia*. Disponível em: <https://diplomatique.org.br/contra-a-pandemia-ecologia/>. Acesso em: 30 jul. 2020.

ecológica nessa perspectiva é ao mesmo tempo causa e consequência da crise social, não podendo ser compreendida como um elemento em separado, e sim, como um fator sistêmico. Um futuro harmônico e sustentável do ponto de vista ambiental é indissociável, portanto, de uma nova sociedade.

A crise social: a formação de grupos de risco sociais

O vírus atua como uma espécie de catalisador, acelera, agudiza processos que já vinham se desenvolvendo. Ele aprofunda, portanto, tendências. Ao contrário da intensa propaganda ideológica feita diariamente por campanhas como a Solidariedade S/A, os números divulgados pela Oxfam comparando dados entre março e junho de 2020 revelam que o patrimônio das bilionárias e dos bilionários brasileiros teve uma alta significativa nos meses da pandemia, ampliando de US$ 123,1 para US$ 157,1 bilhões de dólares, o que representa um acréscimo de 27,61%.(15) Na América Latina este percentual foi menor, 17%. Todavia, também discrepante em relação à situação da grande maioria da população. O mesmo estudo aponta que 52 milhões de pessoas na América Latina e Caribe passarão a ser pobres com a crise e 40 milhões perderam seus empregos.

Esse contexto certamente tende a se agravar com o fim do auxílio emergencial. Tudo indica que a pandemia irá ampliar tanto a desigualdade, quanto a pobreza. Mas não se pode falar apenas em consequências sociais da pandemia sem abordar que a própria doença comportou-se de modos diferentes diante dos abismos sociais dessa sociedade. Nenhuma característica do vírus indica que a letalidade é maior em pessoas negras, contudo, foi assim que efetivamente se deu tanto nos Estados Unidos, como no Brasil. Nos EUA, as negras e os negros constituem 25% das pessoas mortas e são somente 13% da população do país.(16) O risco de morte aumenta de acordo com a cor da pele, o local de moradia, a renda e o acesso ao emprego formal.

Os estudos dos casos e mortes na cidade de São Paulo explicam o fator de risco social, em Cidade Tiradentes, bairro da Zona Leste da Capital. Na localidade em que há 24 vagas de empregos formais a cada 1.000 habitantes em idade para trabalhar, 223 mortes foram registradas entre o início da pandemia e o dia 02 de julho. Em contrapartida, na Barra Funda, zona oeste, o registro foi de 21 mortes no mesmo período, um índice 90 por cento menor, as vagas de emprego formal por mil habitantes na região são 5.920. A discrepância da oferta de emprego por bairro condiciona, entre outros fatores, a possibilidade de se deslocar sem o transporte público, e com menor tempo, o que na crise pandêmica significa menos potencial de contaminação. O estudo

(15) Disponível em: <https://valor.globo.com/brasil/noticia/2020/07/28/patrimonio-de-bilionarios-brasileiros--cresce-us-34-bi.ghtml>.

(16) Disponível em: <https://www.nytimes.com/2020/04/08/nyregion/coronavirus-race-deaths.html>.

também calculou a relação entre renda e o número de mortes, concluindo que na periferia os óbitos superam em 14 vezes os dos bairros nobres.[17]

Para a trabalhadora e o trabalhador urbano, precarizados, sem vínculo e sem direitos, o isolamento social, medida básica defendida pela OMS para combater a propagação do vírus, é uma medida inalcançável. Isso traz para o debate a dimensão da importância do vínculo empregatício para a saúde pública. O novo trabalho uberizado em que a relação laboral de exploração fica oculta pela ideologia do empreendedorismo mostra que não é mais que o privilégio da servidão[18], como explica Ricardo Antunes. Sem direito ao isolamento, sem direito à licença em caso de contaminação, sem direito à pensão em caso de morte, a trabalhadora e o trabalhador precarizados são vítimas de um conjunto de violências sociais.

Este ponto é um dos mais complexos para análise, porque o mais provável é que os impactos serão ainda maiores nos próximos meses. Esta tragédia social foi produto de escolhas feitas no passado, é resultado de um modo particular de funcionamento da sociedade, historicamente construído e, que portanto pode ser modificado. Porém, ao se tratar dos rumos da sociedade nossa análise não se refere à decisões individuais, e por conseguinte responsabilidades individuais. É preciso refletir sobre os sujeitos coletivos, ou seja classes sociais em luta na arena da história.

Do ponto de vista teórico o que queremos evidenciar é que existem sujeitos coletivos, sociais e políticos, detentores de direitos e interesses contrapostos. Isso é importante para estabelecer corretamente as responsabilidades sobre as escolhas do passado e também para pensar as soluções para o futuro.

Reflexões finais

A conjunção de crises não é produto de uma infeliz coincidência e sim o marco da crise do capitalismo. Esse modo de produção determinado que começou a ganhar hegemonia na Europa há 250 anos, pouco tempo do ponto de vista histórico, mostrou seus limites humanos e naturais. Inúmeras e inúmeros intelectuais e juristas propõem como saída estrutural a retomada dos valores da Revolução Francesa. O Ministro Luiz Roberto Barroso cunhou uma expressão que define bem a ideia: choque de iluminismo.[19]

Para essa visão, o sistema teria uma falha: retrocedemos ou não realizamos seu projeto original baseado nos valores da igualdade, da liberdade e da fraternidade.

(17) Estudo da Rede Nossa São Paulo. Disponível em: <https://noticias.uol.com.br/ultimas-noticias/agencia-estado/2020/07/11/pobres-de-sp-tem-mais-risco-de-morte-por-Covid-19.htm?cmpid=copiaecola>.

(18) ANTUNES, Ricardo. *O privilégio da servidão o novo proletariado de serviços na era digital*. São Paulo: Boitempo, 2018.

(19) BARROSO, Luiz. 2020. Disponível em: <https://www.conjur.com.br/2018-fev-23/artigo-barroso-defende-papel-iluminista-stf>.

Seria preciso retomar esses princípios. O Ministro cita valores e direitos fundamentais como justiça, igualdade, liberdade e democracia. Evidentemente, é inquestionável a necessidade de defesa desses direitos quando atacados, mesmo que eles tenham sido ao longo de nossa história sempre frágeis, formais e parciais.

A questão é que esses valores apenas se efetivaram do ponto de vista histórico para uma classe, para a classe das proprietárias e dos proprietários. Essa mesma questão deve nos fazer refletir sobre todos os conceitos tidos como universais: Democracia para melhor escolher as e os representantes que vão defender os interesses da propriedade privada; igualdade formal, perante a lei; justiça para o mercado. Assim, esse homem iluminista, universal e livre é a imagem que a burguesa e o burguês projetam de si mesmos para toda a sociedade.

Marx nos alerta que a emancipação política não é a emancipação humana[20] e faz uma crítica profunda ao conceito liberal de liberdade. Essa ideia é retomada na obra "O Capital" quando o autor explica que na sociedade capitalista os indivíduos aparecem como sendo livres, autônomos, independentes, iguais e proprietários, que se encontram no mercado para trocarem equivalentes. Maria vende sua força de trabalho para João, que compra a força de trabalho de Maria e faz sapatos. Essa é a igualdade jurídica, a liberdade jurídica formal, almejada por defensoras e defensores do liberalismo. Por todo o exposto, podemos afirmar que ser formal não é um defeito ou mal funcionamento, é a própria essência do capitalismo. Só assim ele pode garantir que algumas e alguns sejam "mais iguais" que outras e outros.

Iniciar um debate de saída para essa crise exige compreender que não se pode recuperar a imagem do ser humano portador abstrato de direitos, nem retornar aos igualmente abstratos conceitos da Revolução Francesa. A universalidade insurgente[21] que urge ser construída, será obra de trabalhadoras e trabalhadores, pobres, mulheres, negras e negras, em síntese os sujeitos sociais que podem contrapor o paradigma capitalista. Não foi uma falha no sistema que nos conduziu à crise atual, foi o seu pleno e perfeito funcionamento.

Parafraseando o poeta mineiro a esperança está na classe trabalhadora que tem apenas duas mãos e o sentimento do mundo[22].

---

(20) MARX, Karl. *A Questão Judaica*. São Paulo: Centauro, 2005.

(21) HAIDER, Asad. *Armadilhas da Identidade:* raça e classe nos dias de hoje. São Paulo: Veneta, 2019. Cap. 6. A universalidade.

(22) DRUMMOND, Carlos. *Nova Reunião* — 23 livros de poesia — vol. 1. Sentimento do Mundo. Rio de Janeiro: BestBolso, 2009. p. 83.

Crise Capitalista e Seus Impactos nos Direitos Social Brasileiro: Ditadura Empresarial-Militar e Redemocratização Formal (1964-1988)

Ingrid Caroline Siqueira de Farias
Maira Sato

Introdução

Em 31 de março de 1964, militares instalados na cidade de Juiz de Fora rebelaram-se e em 1º de abril do mesmo ano, parlamentares destituíram João Goulart. e deram início ao golpe, uma fase marcada pela supressão dos direitos, censura, cassações, torturas e assassinatos. Derrubando projetos que defendiam o bem estar social e suprimindo, entre eles, o direito trabalhista. Durante toda a vigência do golpe, foram criados decretos leis que davam, cada dia mais, mais poderes a cúpula militar, os chamados Atos Institucionais, em que totalizaram durante todo o governo 16 AIs, como eram chamados. No que tange o direito do trabalho, os movimentos sindicais e seu líderes foram de forma rápida e tácita colocados na ilegalidade, bem como tiveram seus membros perseguidos e, por vezes, assassinados. A criação do FGTS, o fim da estabilidade, as greves e o recomeço da frente sindical fazem parte de um período obscuro que deixam lacunas e perguntas sem respostas durante todo o período em que os militares tomaram o poder, por meio de um golpe, apoiado pela elite e por empresários, estes, largamente beneficiados com o arrocho salarial, sendo os principais detentores da atividade laboral e do capital, que gerava em seu cerne alta rotatividade e uma maior dificuldade de ação por parte dos sindicatos. O governo passa a ter total controle da população, que diante do medo e das incertezas, vivenciam esse período por duas décadas. Os trabalhadores urbanos e rurais passam a ser perseguidos e mortos, numa linha tênue entre o poder dos militares que gerava a supressão de seus direitos e a retomada dos movimentos sindicais.

A ditadura militar e a promessa da democracia

> *[...] os trabalhadores do campo já poderão, então, ver concretizada, embora em parte, a sua mais sentida e justa reinvindicação, aquela que lhe dará um pedaço de terra para trabalhar, um pedaço de terra para cultivar. Aí, então, o trabalhador e sua família irão trabalhar para si próprios, porque até aqui eles trabalham para o dono da terra, a quem entregam, como aluguel, metade de sua produção. E não se diga, trabalhadores, que há meio de se fazer reforma sem mexer a fundo na Constituição. Em todos os países civilizados do mundo já foi suprimido do texto constitucional parte que obriga a desapropriação por interesse social, a pagamento prévio, a pagamento em dinheiro [...].*

Esse discurso proferido por Jânio Quadros no Comício da Central do Brasil em 1964 marca a geração de um pensamento derrotado. É possível observar seu objetivo como governante, a luta contra o monopólio da terra, que teve uma pedra gigante colocada em seu caminho, onde mal podia se ver o outro lado da história, chamada Ditadura Militar.

Antes de iniciar qualquer contexto histórico é importante lembrar como o ocorre o mecanismo do Estado. Os portugueses nos deixaram uma herança. A moeda do poder sempre se mostrou dual, de um lado o estado como instituição e do outro aqueles que detêm capital, ou se assim preferirem o próprio capitalismo. Entender a relação íntima e dependente que existe entre ambos é entender como a máquina do Estado funciona. O primeiro são os que governam, os segundos aqueles que o influenciam. Compreender isso é primordial para que se possa visualizar a participação do empresariado de 1964 dentro da Ditadura Militar.

O governo de Jango tinha como base uma agenda política formada para a democratização da cidadania e propriedade. Suas políticas eram baseadas na reforma agrária. O discurso não era muito diferente daquele em que os trabalhadores detêm seu meio de produção e não devem ser servos daquele que detém o capital. Essa narrativa, muito conhecida pelos estudiosos, não soava bem aos ouvidos dos donos de terra, chamados latifundiários, muito menos aos dos liberais, e até mesmo antes disso, da nação norte americana que acabará de sair de um Guerra fria nos anos 50 e que havia cortado relações com Cuba, que aliás nesse momento era comandada pelos revolucionistas cubanos, dirigidos por Fidel Castro.

O golpe militar foi inspirado pela ameaça comunista decorrente das ideias americanas e a Guerra Fria. É importante ressaltar que havia mais de um interesse para que o golpe acontecesse. O Estados Unidos da América planejou e ajudou para que de fato houvesse uma intervenção militar no Brasil, com uma promessa de incisão cirúrgica que derrotasse o inimigo da nação e a democracia fosse estabelecida. Havia uma preocupação de tornar o movimento legítimo, para que se parecesse o certo a se fazer. A embaixada norte americana aqui no brasil, comandada por Lincoln Gordon agia de forma direta na vivência política brasileira para que os interesses do *"tio Sam"* fossem garantidos.

Quando falamos em golpe, a primeira imagem a surgir são militares na ruas contra a população, um embate memorável que poderia ser visto fisicamente, a luta entre dois lados opostos. Na verdade o que aconteceu no dia 31 de março e 1º de abril de 1964 não representa muito essa imagem. O golpe pode ser mais assimilado a uma manobra política do que de fato um embate de ideologia. Isso não significa que não houveram lutas pela verdadeira democracia.

Alguns pontos são importantes de serem ressaltados. A população a favor do golpe não se fazia de um só grupo da sociedade, mas sim de diversos deles, civis de diversas classes sociais (inclusive média e baixa), militares,políticos, empresários etc. A imprensa foi uma peça chave na manipulação da ideologia anticomunista na época. A chamada rede da democracia funcionava muito mais do que uma porta voz de notícias, sua real função era radicalizar os opositores com a tentativa de atingi-los e desacreditá-los. Os grandes empresários e detentores do capital não acreditavam mais na possibilidade do governo Jango controlar a economia favorável e abrir o mercado, fazendo com que se criasse um ambiente seguro.

Essa manobra da imprensa foi de grande impacto nas classes médias, tendo seu apoio a partir da manipulação do conhecimento. Esse manuseio de ideias também foi fortificado pelo medo da classe média ser associada aos proletários. Isso porque a organização desse grupo, juntamente com os camponeses era de reivindicação pelos seus direitos. Alterar elementos na base da pirâmide poderia fazer com que estruturas que alimentam a classe média se abalassem. Dessa forma o discurso anticomunista foi fortificado nos integrantes da burguesia brasileira reproduzindo o discurso emanado dos grandes empresários e jornais, a grande e velha oligarquia brasileira.

Esse foi um dos motivos que uma das possíveis formas de se nomear a Ditadura é o Golpe Civil-Militar. As Forças Armadas só tiveram força política para um golpe e para manter-se no poder devido ao apoio de, ao menos, parte da sociedade civil (MELO, 2012 *apud* MONTEIRO, p. 4)

É importante entender que o golpe teve um alto investimento estadunidense. Corporações como a CIA financiava o Instituto de Pesquisa e Estudos Sociais (Ipes) e o Instituto Brasileiro de Ação Democrática (Ibad). Essas instituições eram responsáveis pelas críticas antigoverno e anti reformista, como o sucesso não surgiu durante as eleições de 1962, sua atuação passou a ser investida no golpe. Foram de grande importância para criar as grandes figuras deste período, como representantes do capital, grandes empresários, sindicalistas anticomunistas etc.

> "Esta articulação ensejou a construção de um discurso anti governista coeso, ainda que ideologicamente difuso e plural, apontando o reformismo de

esquerda como a antessala do comunismo, sempre insidioso e esperando para se instalar no coração do Estado" (NAPOLITANO, 2014, p. 48).

A justificativa de um golpe da direita era baseada na possível existência de um golpe da esquerda. O pensamento que se formava era que o "golpe preventivo" fosse uma legítima defesa as proposta de justiça social e reforma agrária que eram, segundo eles, uma ofensa contra a própria democracia e liberdade. Portanto, existir um golpe ao governo, era a forma que se tinha de manter uma democracia. Não poderíamos deixar de apontar como aqui, naquela época e atualmente, um discurso pode ser distorcido para que uma ideologia seja legitimada.

Os latifundiários e grandes empresários da época ajudaram muito a oposição do governo na disseminação dessas ideias, porque se as reformas fossem levadas a diante e a constituinte fosse alterada a consequência seria direta, afetando seus patrimônios.

Essa parceria não se limitou às vésperas do golpe. Durante o regime esse grupo privilegiado investia no poder estatal para as ferramentas de contenção e repressão. Um exemplo foi a operação Bandeirante, que seria a origem do DOI-CODI (Destacamento de Operações Internas e Centro de Operações de Defesa Interna) em um futuro não muito distante, patrocinada pelo poderio econômico da época, que eram participantes da FIESP (Federação das Indústrias de São Paulo). As empresas foram convidadas a empreenderem em mecanismos com frente do estado a derrotar os opositores do Governo. Essas informações podem ser encontradas no texto 8 do volume II do relatório da Comissão Nacional da Verdade, que lista as empresas que financiaram a ditadura e como/em que instituições do regime elas investiram.

Mais do que entender como a ditadura é chamada, é de extrema importância saber o porque ela está sendo qualificada dessa forma, isso pode evidenciar muito sobre a ideia e conceito que será abordada dentro da explanação daquele que irá abordar o assunto.

Os direitos torturados

A repressão trazida a partir do golpe, dado em 1° de abril de 1964, vai além da intervenção estatal e a desarticulação dos mesmos, no que pesam os sindicatos. Lideranças presas e torturadas, imprensa proibida e uma mudança drástica no cenário político nacional.

Alvo das perseguições políticas, os trabalhadores sofreram com as diversas medidas tomadas pelo governo ditatorial militar. Os desaparecimentos, as execuções e as implantações dos atos institucionais abarcavam a piora das condições de trabalho e o supressão das mesmas, cenário este que recebia o apoio da elite, de forma ativa, onde financiaram o golpe em meio a ascensão das lutas populares, com temor as reformas que seriam benéficas aos trabalhadores e, por conseguinte, traria a diminuição dos privilégios sociais e o desenvolvimento das classes mais abastadas. A desarticulação dos sindicatos, principalmente no que tange os mais representativos, foi uma maneira imediata de conter sua ascensão.

No dia 9 de abril de 1964, o primeiro ato institucional foi promulgado pelo então presidente Castelo Branco.

A leitura de tal texto, que continha expressões como " a autêntica revolução", "a revolução vitoriosa","poder constituinte" elucidou o caráter simbólico e vanglorioso das forças armadas e como aqueles que supostamente eram a favor da democracia e da ordem tinham feito um bem maior a nação Brasileira na luta contra o comunismo.

O objetivo deste ato institucional era "a reconstrução econômica, financeira, política e moral do Brasil, de maneira a poder enfrentar, de modo direto e imediato graves e urgentes problemas de que dependem a ordem interna e o prestígio internacional da Pátria(1)". Isso porque era necessário tirar os "atrasos" promovidos por João Goulart. com sua agenda reformista que promovia a justiça social.

Logo no art. 7º o direito do trabalhador já se esvaia. Fazendo uma analogia com a atual constituinte de 1988, os direitos e garantias que são de posse do trabalhador se encontram no art. sétimo da Constituição Federal. Dizia então o art. que os direitos que garantem vitaliciedade e estabilidade ao empregado seriam suspensos dentro do período de 6 meses mediante investigação sumária. A palavra investigação durante o período militar pode ser assimilada a convicção de ideologia, isso significa que, se alguma autoridade meramente desconfiasse de sua posição política e ideológica a investigação já estaria feita.

Começa então, nesse período uma perseguição declarada aos empregados, operários, professores,sindicalistas,funcionários públicos etc.

A instabilidade que sofria o governo foi mascarada com o AI-2,em que declarava a suspensão dos direitos políticos por 10 anos. Os crimes contra o trabalho e o exercício de direito de greve eram de competência da Justiça Federal, que não por coincidência tinha seus juízes nomeado pelo chefe do poder executivo.

A ditadura a cargo de dar a "Disciplina do trabalho" promulgou diversas leis e decretos que violavam os direitos conquistados e concedidos pelos trabalhadores nos anos anteriores. A título de exemplo, a Lei n. 4.330 trazia o procedimento necessário para a implementação da greve (observa-se que as regras eram totalmente exaustivas a fim de que não se implementasse uma paralisação de qualquer gênero, e quando se instalavam eram censuradas sendo seus autores presos, numa tentativa ilusória de

(1) BRASIL. *Atos institucionais, atos complementares, decretos-leis.* Serviço Gráfico do Senado Federal, 1969.

mascarar o atual cenário da época). No exercício da greve, os trabalhadores não poderiam fixar ou ostentar cartazes ofensivos às autoridades ou aos empregadores, sob pena de demissão e responsabilidade criminal. O Decreto-lei n. 3 também fortaleceu esse controle do trabalho permitindo que o Ministério interferisse nas operações sindicais. Além disso, entendia que as reivindicações trabalhistas eram um atentado à segurança nacional.

Outra alteração que teve grande impacto nos direitos dos trabalhadores foi a criação do FGTS (Fundo de Garantia por Tempo de Serviço) em 1966. A sua natureza promovia a instabilidade do emprego. O tomador de serviço depositava em uma conta 8% do correspondente salarial. A retirada desse valor ocorria em duas hipóteses: demissão e aposentadoria. Sua criação teve origem de um projeto elaborado pela IPES. Alegavam que o surgimento desse novo dispositivo seria "sem dúvida um destacado marco em nossa legislação trabalhista"[(2)].

Além do fim da estabilidade, os empresários almejavam outros objetivos. O enfraquecimento da organização sindical era um deles, porque essa era uma forma de caução que os trabalhadores possuíam e agora com a implementação as atividades sindicais tinham suas ações de manifestações mais controladas. O fundo promovia benefícios ao empregador, como a facilitação do cálculo empresarial. O sistema de funcionamento é bem simples, como o depósito era feito mensalmente, o custo poderia ser repassado ao consumidor. Antes as demissões eram repensadas pela falta de capital líquido do patronato para pagar as indenizações. Agora não havia mais dificuldades na retirada de um empregado já que o FGTS seria a saída para o fim das indenizações e o valor desses 8% serem alocados no preço do produto final.

O objetivo era captar os recursos internos do fundo para posteriormente investir em empresas privadas. O banco Nacional de Habitação (BNH) teve uma Grande Participação nesse mecanismo, responsável por administrar o fundo. De acordo com Bertone (2018) o respectivo banco desempenhava as seguintes funções:

> 1) a rede bancária privada, responsável pela arrecadação do FGTS, só repassava os recursos ao BNH 45 dias após ser depositado, possibilitando a utilização destes em especulações financeiras;
>
> 2) vinculação de instituições financeiras e de crédito privadas no Sistema Financeiro de Habitação (SFH); e
>
> 3) revertia às empreiteiras privadas a construção de habitação.

Outra consequência foi a desvalorização da mão de obra, ou seja, o preço fornecido pelo empregador correspondente a força de trabalho que será prestada.

---

(2) Carta de Glycon de Paiva a João Baylongue, 08.03.67, ADM n. 67/0055. Acervo Instituto de Pesquisas e Estudos Sociais (IPES), Arquivo Nacional.

O motivo era porque agora a demissão poderia ser feita sem grandes empecilhos, e posteriormente a recontratação com um salário abaixo do acordado pelo sindicato.

Algumas revogações foram feitas, perdendo mais direitos, os trabalhadores, como a revogação do decreto conhecido como "decreto da Supra" que desapropriou às margens das terras de mais de cem hectares localizadas em uma faixa de dez quilômetros à margem de ferrovias e rodovias federais, que seriam destinadas à reforma agrária, revogou o decreto que determinava a nacionalização das refinarias como Manguinhos, do grupo Peixoto de Castro; e Alberto Pasqualini, do grupo Ipiranga. Ambos os decretos foram promulgados durante o Comício da Central do Brasil, Organizado pelo CGT. Ao contrário dessas revogações, permitiu e cedeu garantias mais liberais ao capital estadunidense, estabelecidas pelo Acordo de Garantia dos Investimentos Norte-Americanos no Brasil, mantendo a aliança alimentada no golpe.

Na mesma linha revogou a lei de remessa de lucros, que limitava o envio anual das empresas estrangeiras um lucro maior que 10% para o exterior, mantendo a maior porcentagem do capital estrangeiro dentro do Brasil. Caso as empresas ultrapassassem esse limite, seriam multadas pelo retorno de capital, devidamente proibido por lei. Já os lucros em excedentes seriam considerados como complementar, o que excluía a possibilidade de remessa futura referente a esse período. Claro que isso não agradava a nenhum capitalista que houvera investido tanto no regime e por isso a sua revogação.

Não deixemos de salientar que em 1966 foi criado o Instituto Nacional de Previdência Social (INPS), que provocou mais uma perda significativa de representatividade dos trabalhadores frente à máquina estatal.

A frente de trabalho

O Comando Geral dos Trabalhadores (CGT), organização intersindical criada em 1962 durante o IV Congresso Sindical Nacional dos Trabalhadores que teve como objetivo coordenar e dirigir o movimento sindical brasileiro. Nessa ótica o movimento sindical sofreu de forma drástica com o regime. Temos de forma exemplificada e exposta a leitura de Lucília Delgado:

> O CGT é uma entidade que conta na sua prática preferencialmente com uma liderança politizada de grande penetração junto à massa, mais do que com lideranças intermediárias ou organizações de bases capazes de sustentar o movimento sindical na ausência de seus principais líderes. È exatamente a falta desta base que contribui para o esfacelamento dos sindicatos logo após o golpe de abril, quando seus principais dirigentes são presos.

Com o regime instaurado no país, mesmo há poucos dias, vários membros do CGT foram cassados, enfraquecendo ainda mais o movimento sindical. Dados trazidos pela pesquisa de Gorender (1999) apontam que, aproximadamente 563 sindicatos foram destituídos até 1970. Formava-se, assim, uma base para o desenvolvimento do capitalismo em prol da burguesia, abrindo uma falésia social. Houve um crescimento considerável dos empregados da indústria de transformação, passando de 2,9 milhões para 8,5 milhões, 1/5 da população economicamente ativa da época em questão.

A repressão aos trabalhadores não era algo isolado nos centros urbanos, devemos angariar por caminhos que nem sempre são mencionados e lembrados, como no caso da concentração fundiária e grilagem, em que camponeses eram reprimidos em meio a terra onde tiravam seus sustento e residiam.

Em suma, demonstra-se que durante a vigência do regime, os trabalhadores lidaram com perdas e retomadas de direitos, uma história apregoada de lutas, do aniquilamento de sindicatos e, principalmente de uma incansável busca pela democracia.

As ações do Estado após a tomada do poder pelos militares, podem ser vistas como uma forma de repressão e ascensão da burguesia que financiou o golpe em benefício próprio. Os empresários motivados pelo crescimento do capital e menor poder daqueles que até então estavam em crescente ascensão, usou a anulação de direitos para deflagrar uma série de atos que culminaram na exclusão dos trabalhadores e enfraquecimento da classe em virtude dos inúmeros sindicatos anulados e seus líderes presos, desaparecidos e mortos.

A escalada repressiva ao movimento sindical tinha como enfoque o enfraquecimento do movimento, medida de cunho político para que houvesse maior controle dos trabalhadores.

Bortone (2018) comenta em sua tese que o objetivo da fragmentação e mitigação dos sindicatos, que nos anos 50 e 60 tinham ganhado grande autonomia, durante o regime foram retraídos por serem denominados como a os principais causadores da instabilidade política.

Para Celso Frederico, a repressão aos sindicatos foi imediata:

> Sessenta e três dirigentes sindicais tiveram seus direitos políticos cassado; houve intervenção em quatro Confederações, quarenta e cinco Federações e trezentos e oitenta e três sindicatos. Esses dados, entretanto, são insuficientes para nos dar uma ideia precisa do alcance da repressão que se abateu sobre o conjunto dos trabalhadores. Os militantes da época lembram que, além das intervenções, houve implacável perseguição policial aos quadros intermediários do movimento sindical e uma série de intimidações que criaram um clima de terror que manteve os ativistas paralisados por um longo período.

Nota-se, também, que a partir do que traz Celso, a questão passa a ser de cunho social e não mais apenas política. De forma cada vez mais rápida, o sindicalismo era minado. Agora era de poder do Estado fixar o índice de reajuste anual dos salários. Isso impedia os sindicatos de pressionar o patronato e a Justiça do Trabalho, além de todas as repressões que essas instituições sofriam A política salarial da ditadura consolidou-se através dos Decretos ns. 54.018/64 e 54.228/64, das Leis ns. 4.725/65 e 4.903/65 (MOMESSO, 2008).

Foi nos anos de 1964 a 1966 o marco conhecido como "compacta ação repressiva do governo e pela desarticulação e acefalia do movimento operário", em que tentava-se viabilizar e retomar os sindicatos, estes conhecidos como a melhor estratégia de resistência do movimento operário, porém a intimidade e repressão não os deixou vingar, embora pequenos grupos estivessem espalhados pelo país.

A partir de 1966 que o movimento operário retoma as tentativas para sua reestruturação, podendo assim se reorganizar. Dessa maneira, os operários, de forma lenta e gradual, iam se organizando novamente em seu ambiente laboral, e no governo de Costa e Silva é formado o MIA (Movimento Intersindical Antiarrocho). É válido ressaltar que o movimento era mantido na ilegalidade e criticado até por apoiadores.

Na mesma década, acontece a Greve de Contagem, em que operários desafiam a lei, forçando o primeiro reajuste salarial, onde metalúrgicos pedem um aumento de 25% em seus salários. Em contrapartida, as empresas oferecem-lhes 10%, aumento este recusado em assembleia. Após onze dias, em 26 de abril de 1968, os operários saem derrotados e sem o ajuste pretendido. Costa e Silva, então presidente, é obrigado a anunciar o aumento de 10% nos salários de todos os trabalhadores, e rompe pela primeira vez o arrocho. Não nos deixemos esquecer que os líderes, após o final da greve, sofreram perseguições, demissões e prisões decorrentes do movimento.

A luta do proletariado

A derrocada dos direitos fundamentais ao longo do regime militar aprimora o que havia de mais repressivo na CLT, aumentando o controle estatal sobre as organizações sindicais. Mesmo não podendo ser considerada como grave violação dos direitos, o que podemos acrescentar ser uma grande falácia, pois líderes eram perseguidos, violentados, caçados e assassinados, tinham seus documentos pessoais apreendidos e destruídos, quando os mesmos serviam, também, de fomento para a instauração de Inquéritos Policiais Militares contra sindicalistas.

Com a participação dos empresários no golpe de 64, não é difícil imaginar que os mesmos estariam colaborando com os agentes públicos, militares, numa atuação conjunta no plano operacional e, principalmente, no político, de forma a reprimir qualquer esboço de uma manifestação coletiva pró direitos. Uma das formas de maior controle era a chamada "lista negra", a qual continha nomes dos trabalhadores demitidos por razões políticas e que outras possíveis empresas temeriam e gostariam de evitar seu ingresso), integrando-se a um sistema maior de repressão.

Surgiu dentro das fábricas os Departamentos de Recursos Humanos, que faziam circular as informações das "listas negras", conforme depoimento de ex-representante da empresa Sulzer:

> Eu trabalhei com uma entidade chamada AAPSA, Associação dos Administradores do Pessoal de Santo Amaro, e lá se partilhava os conhecimentos da área de recursos humanos e também vinham informações sobre listas de pessoas que a gente teria que ter cuidado para contratar, porque eram pessoas ditas "ativistas", pessoas que iriam articular dentro das fábricas.

Sendo assim, os direitos foram se exaurindo, a CLT trouxe o que havia de mais perverso, o controle dos trabalhadores, num ambiente hostil e de controle total. O Estado usava seu poder para desmobilizar a mão de obra.

Os trabalhadores rurais

Muito se fala dos trabalhadores urbanos, dos operários, do labor nas fábricas e nas metalúrgicas, mas esquecemos dos trabalhadores que encontravam seu sustento nas pequenas terras de cultivo familiar e algo da grilagem e dos latifundiários. Esquecidos até os dias atuais, o trabalhador rural no período que antecede ao golpe, estavam numa crescente luta pela reforma agrária e por direitos sociais.

Mesmo tento surgido em 1945, as Ligas Camponesas tinha o enfoque de manter a luta pelos direitos dos trabalhadores rurais, mesmo se colocando como organizações apartidárias, exercendo atividade até a queda de João Goulart, em 1964, dificultando ainda mais a voz dos que viviam no campo e exerciam sua atividade nas lavouras.

Apesar da repressão violenta, as lutas dos trabalhadores rurais da Zona da Mata nordestina não cessaram de todo logo depois do golpe. Em 1968, houve uma greve de 10 mil canavieiros no Cabo, em Pernambuco. Elas não pararam por completo, mas, assim como outros movimentos, tiveram um recolhimento forçado nos anos de chumbo da ditadura, onde muitos foram presos e outros tantos assassinados.

As vítimas do Estado na época da ditadura passa despercebida muitas vezes, onde passam despercebidas e não contabilizadas pelas estatísticas oficiais. Dados apontam que entre 1962 a 1989, mesmo após o fim da era dos militares, 1566 trabalhadores rurais foram assassinados. Atualmente, o MST, se tornou um importante protagonista da política e das lutas sociais no Brasil, em que resultou em significativa luta pelo país.

Os direitos fundamentais

Elencados na Constituição Federal os Direitos Fundamentais são aqueles inerentes à proteção da Dignidade da Pessoa Humana.

Foi a partir da positivação dos direitos humanos que os direitos fundamentais surgiram, tendo seu reconhecimento pelas legislações positivas na esfera do direito constitucional, em um estado democrático de direito, podendo, assim, limitar e controlar o poder do Estado, coibindo abusos e assegurando aos cidadãos uma vida digna. Neste sentido, Alexandre de Moraes afirma que:

> "Os direitos humanos fundamentais, em sua concepção atualmente conhecida, surgiram como produto da fusão de várias fontes, desde tradições arraigadas nas diversas civilizações, até a conjugação dos pensamentos filosóficos-jurídicos, das ideias surgidas com o cristianismo e com o direito natural. (...) Assim, a noção de direitos fundamentais é mais antiga que o surgimento da ideia de constitucionalismo, que tão somente consagrou a necessidade de insculpir um rol mínimo de direitos humanos em um documento escrito, derivado diretamente da soberana vontade popular" (MORAES, 2011, p. 2-3).

Sendo assim, podemos entender que os direitos fundamentais decorrem de lutas de toda uma sociedade, onde busca manter a preservação dos direitos humanos desde o seu primórdio.

No escapo da reconstrução dos direitos humanos no período do golpe, tudo é supérfluo, desconexo e sem exatidão. No período em questão, e tendo os trabalhadores como vítimas, são inumeráveis as formas como se deram a prisão ilegal e arbitrária, a tortura, as execuções, os assassinatos, os massacres, os desaparecimentos forçados, as ocultações de cadáveres, as violações sexuais de trabalhadores. Algumas ações visavam gerar um grande impacto, um efeito de terror paralisante. É o caso de prisões efetuadas dentro das fábricas. Nestas, as empresas cooperavam com os órgãos policiais, agindo contra seus próprios trabalhadores. Nos dias que se passavam a partir do ano de 1964, voltavam-se para a classe trabalhadora em seu conjunto. A violência e a repressão pontuais eram não só dirigidas às lideranças, mas também àqueles que manifestavam maior combatividade. Eram frequentes os casos de militantes identificados pelos "pelegos" do sindicato em uma determinada fábrica e denunciados aos patrões, sendo demitidos em seguida.

Enquanto a classe média, em geral, possuía uma rede de proteção financeira para si ou para sua família (cônjuge e filhos, se os tivessem), trabalhadores que não fossem filiados a algum partido, em especial, ao Partido Comunista Brasileiro, não tinham como se manter e à sua família. Passavam, então, a viver às custas da solidariedade dos companheiros, eles e a família de forma muito precária, isolados, solitários. Muitos trabalhadores esconderam-se no interior do país, em regiões às vezes remotas, sempre carregando o medo imensurável de serem presos, torturados, mortos. Sempre atemorizados pelo que podia suceder com a sua família. Na clandestinidade do trabalhador, a falta de perspectiva era, certamente, o maior problema. Eles não eram clandestinos convivendo com outros companheiros e ainda militando, discutindo, tomando decisões no âmbito de uma organização insurgente. Quase sempre eles ficavam no vácuo, sozinhos, à deriva, sem trabalho.

A fase mais dura do regime foi instaurada após a promulgação do AI-5, durante o governo do general Costa e Silva baixado em 13 de dezembro de 1968 perdurando até dezembro de 1978. Seu papel foi de ceder aos militares decisões arbitrárias, não que isso não ocorresse antes da sua existência mas agora era assegurado por lei. É válido levantar nesse momento a ideia de justiça dentro da lei, porque ao contrário do que dizem os juspositivistas mais conservadores, aquilo que traz a lei não é necessariamente o melhor.

O AI-5 representou um terceiro ciclo de repressão. O primeiro marcado pela exclusão dos opositores diretos do governo, como os políticos, trabalhadores, camponeses etc. O segundo, (1965-1966) responsável por destituir as instituições democráticas e se legitimar com um governo militar repressivo. O terceiro foi marcado pelas lutas estudantis contra as ferramentas punitivas do Estado. Em todos eles há uma característica repetitiva, a alta violação aos direitos e garantias fundamentais, presentes nos porões da ditadura e nas ruas onde passavam os civis.

A transição

A Justiça de Transição é, então, uma reação crítica ao silêncio e esquecimento impostos pelo regime autoritário, buscando verificar se as regras, princípios e práticas respondem às expectativas e às necessidades das populações que antes haviam sido objeto de terrorismo do Estado. Entende-se como justiça de transição o conjunto de ações, dispositivos e estudos que surgem para enfrentar momentos de conflitos internos, violação sistemática de direitos humanos e violência massiva contra grupos sociais ou indivíduos.

Durante esse momento o papel dos trabalhadores já não lutavam pelas mudanças da legislação mas pelas suas consequências. O problema da desigualdade foi entre o trabalhador e empregado deixava de ser o foco para se pensar em questões particulares causadas pelo engessamento da Justiça do Trabalho. A luta ultrapassa o limite das melhores condições de trabalho para se posicionar contra a arbitrariedade do Governo.

A transição para a democracia fora negociada, que ocorre em um quadro de disputa regulada, em que o objetivo do acordo é manter o mínimo necessário para a sustentação do marco institucional, ou seja, os interesse militares, que foram assegurados pelo presidente Geisel, seu pronunciamento no dia 01 de agosto de 1975 quando diz:

> "... apresentada com a conotação exclusivamente política, visando, pelo que se diz, ao indispensável restabelecimento do chamado Estado de

> Direito... sente-se, nessas proposições, um indispensável saudosismo pelo passado não muito remoto. [...] Mas a distensão não deve ser apenas política — nem predominantemente política. O que almejamos para a Nação... é um desenvolvimento integral e humano, capaz, portanto, de combinar, social e econômico — da comunidade nacional. Com esse desenvolvimento é que alcançaremos a distensão —, isto é, a atenuação, se não eliminação, das tensões multiformes, sempre renovadas, que tolhem o progresso da Nação e o bem-estar do povo."(3)

Aqui se coloca uma crítica aos pesquisadores que entendem que o processo de redemocratização foi concedido a população. A história da ditadura é uma história de luta ideológica e física. Os direitos não são entregues em uma bandeja pela sociedade, possivelmente sem a resistência o regime se prolongasse por mais anos.

> A democratização não virá por outorga, nem como resultado aleatório do aprofundamento da crise do regime. Será uma conquista da frente política dos democratas e do movimento de massas. E que depende de uma descoberta política coletiva que fixe o que, por ser comum à oposição e mesmo aos setores simplesmente descontentes, una a todos e sirva como guia para a ação (VIANNA, 1983a, p. 72 *apud* PINHEIRO; FABRIZ, 2017).

A partir do final da década de 1970 o movimento operário ganha mais visibilidade com a mobilização dos metalúrgicos no ABC paulista e com a nova organização dos líderes sindicais da CUT E CGT, agora no governo de Geisel com a abertura política, esses sindicatos se juntaram com a resistência estudantil e feminina.

A crise que afetou o "milagre econômico" atingiu o setor político que sofreu a perda de legitimidade, ou seja, já não se conseguia manter a mesma imagem dos "revolucionários" de 1964. O primeiro objetivo era o direito de se ter direitos. O segundo fazer com que essas conquistas fossem e se tornassem eficazes. O ambiente era de subversão, diante do contexto, a oposição trazia a tona a inserção do povo brasileiro rejeitado de volta a debate, não somente se inserindo na política mas sim em todas as esferas que permeiam a sociedade já que o governo militar não se limitou a só atuar politicamente.

Com a grande persistência das greves dos metalúrgicos, o efeito se prorroga em outras categorias como como os petroleiros, os bancários e os professores. Evidenciando o caráter coletivo do protesto da população brasileira, isso devido, conjuntamente, a grande massa de operários.

(3) MATHIAS, Suzeley Kalil. O projeto militar de distensão notas sobre a ação política do Presidente Geisel. *Revista de Sociologia e Política*, n. 04-05, p. 149-159, 1995.

De acordo com Pinheiro e Fabris (2017) os movimentos possuíam uma nova roupagem, o movimento sindical brasileiro foi um dos eixos que possibilitaram a redemocratização, à medida que conquistaram espaço no cenário movido pela repressão que recaía há anos sobre o Brasil.

Destaca-se que o fim do regime militar e a persistência de diversos movimentos que fizeram parte da derrocada dos que, por meio do golpe, ocuparam o poder por vinte e um anos.

Tancredo Neves é eleito de forma democrática, em 15 de janeiro de 1985. É válido ressaltar que o povo não teve participação, sendo a eleição realiza de forma indireta no colégio eleitoral, com 480 em seu total. Um dia antes de sua posse, a notícia de sua morte é confirmada e seu vice, José Sarney, assume.

Diante de todos os fatos supracitados, fica o legado de que tudo que vivenciamos durante o poder dos militares encorajaram-nos a lutar, a sermos fortes e, principalmente valorizar o bom funcionamento do Congresso, do Judiciário, com a pluralidade de partidos políticos em um país democrático, com a independência política de cada um dos trabalhadores.

Referências

BORTONE, Elaine de Almeida. *O Instituto de Pesquisas e Estudos Sociais (IPES) e a Ditadura Empresarial-Militar:* O caso das empresas estatais federais e da indústria farmacêutica (1964-1967). 2018. 527 f. Tese (Doutorado) – Curso de História Social, Sociedade e Política, Universidade Federal do Rio de Janeiro, Rio de Janeiro, 2018.

COMPARATO, Fábio Konder. Compreensão histórica do regime empresarial-militar brasileiro. *Cadernos IHU Ideias.* São Leopoldo, RS, ano 2014, v. 12.

COSTA, Edmilson Silva. *A política salarial no Brasil, 1964-1985: 21 anos de arrocho salarial e acumulação predatória.* 1996. 311 f. Tese (Doutorado) – Curso de Economia, Instituto de Economia da Universidade Estadual de Campinas, Campinas, 1996.

DELGADO, Lucilia de Almeida Neves. O governo João Goulart. e o golpe de 1964: memória, história e historiografia. *Revista Tempo*, Niterói: UFF, 2010.

FREDERICO, Celso. (Org.). *A esquerda e o movimento operário* – Vol I. A resistência à ditadura (1964- 1971). 1. ed. São Paulo: Novos Rumos, 1987.

GORENDER, Jacob. *Combate nas trevas*. 5. ed. São Paulo: Ática, 1999.

LARA, Ricardo; SILVA, Mauri Antônio da. A ditadura civil-militar de 1964: os impactos de longa duração nos direitos trabalhistas e sociais no brasil. *Serviço Social & Sociedade*, [s. l.], n. 122, p. 275 293, jun. 2015. FapUNIFESP (SciELO). Disponível em: <http://dx.doi.org/10.1590/0101-6628.023>.

MATHIAS, Suzeley Kalil. O projeto militar de distensão notas sobre a ação política do Presidente Geisel. *Revista de Sociologia e Política*, n. 04-05, p. 149-159, 1995.

MEMORIAL DA DEMOCRACIA. *Jango assina lei de remessa de lucros:* congresso enfim aprova projeto; medida acirra conflito com interesses dos eua. Congresso enfim aprova projeto; medida acirra conflito com interesses dos EUA. 2015-2017. Disponível em: <http://memorialdademocracia.com.br/card/lei-da-remessa-de-lucros-e-aprovada>. Acesso em: 1º jun. 2020.

MOMESSO, Luiz. Lutas e organização sindical em 68, apesar da Ditadura. Pernambuco. *Revista Clio – Revista de Pesquisa Histórica*, v. 1, n. 26, 2008.

MONTEIRO, Carlos Arthur Vieira; DE SÁ, CNPq Profª. Drª. Alessandra; DA COSTA, Mello. *Memória, empresas e ditadura civil militar:* um estudo sobre as ligações financeiras entre empresas e o aparato repressivo do governo militar nos anos 1960 e 1970.

MORAES, Alexandre de. *Direitos humanos fundamentais*. 9. ed. São Paulo: Atlas, 2011.

NAPOLITANO, Marcos. O carnaval das direitas: o golpe civil-militar. In: NAPOLITANO, Marcos. *História do Regime Militar Brasileiro*. São Paulo: Contexto, 2014. Cap. 2. p. 43-65.

PINHEIRO, Priscila Tinelli; FABRIZ, Daury César. Movimentos sociais no contexto operário e o impacto na redemocratização. *Revista Direitos Humanos e Democracia*, [s. l.], v. 5, n. 10, p. 306, 31 out. 2017. Editora Unijui. Disponível em: <http://dx. doi. org/10. 21527/2317-5389. 2017. 10. 306-331>.

PRIORI, A. *et al. História do Paraná:* séculos XIX e XX [*online*]. Maringá: Eduem, 2012. *A Ditadura Militar e a violência contra os movimentos sociais, políticos e culturais*. p. 199-213. ISBN 978-85-7628-587-8.

Crise Capitalista e seus Impactos no Brasil: Ascenso Neoliberal

Marco Túlio Botelho Barbosa Lima

"Articular historicamente o passado não significa conhecê-lo "como ele de fato foi". Significa apropriar-se de uma reminiscência, tal como ela relampeja no momento de um perigo. Cabe ao materialismo histórico fixar uma imagem do passado, como ela se apresenta, no momento do perigo, ao sujeito histórico, sem que ele tenha consciência disso. O perigo ameaça tanto a existência da tradição como os que a recebem. Para ambos, o perigo é o mesmo: entregar-se às classes dominantes, como seu instrumento. Em cada época, é preciso arrancar a tradição ao conformismo, que quer apoderar-se dela. Pois o Messias não vem apenas como salvador; ele vem também como o vencedor do Anticristo. O dom de despertar no passado as centelhas da esperança é privilégio exclusivo do historiador convencido de que também os mortos não estarão em segurança se o inimigo vencer. E esse inimigo não tem cessado de vencer."

Walter Benjamin, *Teses sobre o conceito de história.*

O tempo de agora mostra-se revestido de perigo. A compreensão da reverberação nas esferas individuais e públicas do neoliberalismo não se faz apenas necessária, como também urgente. Na permissividade, o poder do neoliberalismo está concentrado, sendo oferecido como liberdade(1). Portanto, o sujeito que se encontra dominado não visualiza sobre si a dominação, visto que associa, pela tradição disciplinatória, a

(1) HAN, Byung-Chul. *Psicopolítica:* neoliberalismo y nuevas técnicas de dominação. 1. ed. Barcelona: Herner, 2015. p. 28.

dominação que se manifesta através de sua forma indireta: a negação de liberdade[2]. Aquém da atuação do poder neoliberal, especificamente no Brasil, deve-se, primeiro, definir a origem e o significado do termo.

Quanto à origem, o neoliberalismo tem seu marco de nascimento dividido entre teóricos. Alguns, como Marilena Chauí, atribuem a 1947 a data de surgimento deste, no seio da sociedade Saint Pélerin, presidida por Friedrich Hayek[3]. Outros, como Dardot e Laval, discordam da proposição acima, afirmando que seu nascimento seria anterior, no Colóquio Walter Lippmann, em 1938 (onde Hayek estava entre os presentes)[4]. Para estes autores, a escolha de uma data de nascimento não se configura como mero formalismo, pois defende-se que tais acontecimentos estão intimamente conectados. É em Walter Lippmann que se cria um Centro Internacional de Renovação para os Estudos do Liberalismo e que se confere importância intelectual de refundação doutrinária para "melhor assegurar sua vitória contra princípios adversários"[5]

Também é importante mencionar a pluralidade de visões acerca do neoliberalismo. As mutações advindas do capitalismo, de conflitos e de confrontos sociais fizeram emergir, consequentemente, dois tipos de liberalismo: o "novo liberalismo" e "neoliberalismo". O "novo liberalismo" busca, pela assimilação com os pensamentos de Keynes, um reexame dos meios econômicos, jurídicos, sociais e políticos para uma "sociedade de liberdade individual", em proveito de todos. Tomado tal conceito, tem-se que o Estado deveria ir além do *laissez faire*, preservando benefícios de uma sociedade liberal[6]. Já o "neoliberalismo" manifesta-se como uma resposta contrária ao "novo liberalismo", defendendo, por sua vez, não a não intervenção do Estado nas limitações do mercado, mas sim, através do estímulo estatal pela concorrência, meios jurídicos que tornem-a favorável[7]. No entanto, ambos compartilhavam de um inimigo temido pelas nações — o totalitarismo. Através deste, se configuraria a destruição da sociedade liberal[8]. Veremos que a expressão desse inimigo, quando apresentado pelo neoliberalismo, trata-se de uma falácia, pois tal modelo conseguirá preservar, com benefícios, o que parecia dicotômico, que é o totalitarismo numa sociedade liberal. A junção de ambos é possível pois, como nos diz Lefort, uma das características do

---

(2) *Ibidem*, p. 27.

(3) CHAUÍ, Marilena. *Pensar a democracia*. Casa do saber. 2018. Aula 8: A democracia na sociedade de classes. Disponível em: <https://app.casadosaber.com.br/pensarademocracia/class/gRn8K6By> Acesso em: 1º mar. 2020.

(4) DARDOT, Pierre. *A nova razão do mundo:* ensaio sobre a sociedade neoliberal/Pierre Dardot; Christian Laval. 1. ed. São Paulo: Boitempo, 2016. p. 71.

(5) *Ibidem*, p. 72

(6) *Ibidem*, p. 68

(7) *Ibidem*, p. 69

(8) *Ibidem*, p. 68

totalitarismo é a homogeneização da sociedade, homogeneidade esta que se realiza quando a esfera pública passa a se apresentar como uma esfera empresarial (Estado é reconhecido como uma empresa e indivíduos como empresas individuais)[(9)]. Relatada sua origem, deve-se agora analisar o significado de neoliberalismo. David Harvey o concebe como uma teoria político-econômica que visa o bem-estar humano por meio do consentimento às liberdades individuais e empreendedoras, protegidas por direitos à propriedade e ao livre comércio[(10)]. Ocorrem em erro, entretanto, aqueles que afirmam instintivamente a não participação interventiva do Estado no neoliberalismo como característica. Leis, contratos e a própria sociedade só existem devido aos direitos e garantias estabelecidos, sancionados e aplicados que se utilizam do mecanismo de coerção do Estado[(11)].No entanto, melhor se consegue entender do que se trata o neoliberalismo quando ele é visualizado decomposto na realidade. Liberdades individuais, citadas acima como cernes do neoliberalismo, são caracterizadas por Marx como uma astúcia, uma armadilha do capital. O autor vê, na livre competência, elemento da liberdade individual: a manifestação de uma relação do capital consigo mesmo[(12)]. O capital então se utiliza das liberdades para sua proliferação, visto que a livre competição tem por finalidade seu aumento. Logo a "liberdade individual que hoje adota uma forma excessiva, não é outra coisa que o excesso do capital"[(13)].

Como uma criação-resposta para crises do capital, o neoliberalismo não teve seu plano aceito de imediato. Quando tratou-se acima em sua origem, no Colóquio Walter Lippmann de 1938, a reunião preferiu adotar o "o novo liberalismo" em detrimento do outro, que adormeceu até a próxima crise do capital, na década de setenta. Assim, a aplicação se fez na instituição da criação do estado de bem-estar social, conhecido também como estado-providência[(14)]. Dentre as características da economia no estado de bem-estar social estão o fordismo na produção (controle desde a matéria-prima até a distribuição do produto no mercado, aliado ao controle de preços e à produção de estoques), a inclusão dos indivíduos no mercado de trabalho orientados pelo ideal de "pleno emprego" e, por último, o controle de monopólios e oligopólios que, independente de transnacionais ou multinacionais, são regulados pelo Estado nacional[(15)]. O estado de bem-estar social ainda se faz presente no financiamento da

---

(9) CHAUÍ, *op. cit.*, Aula 8.

(10) HARVEY, David. *O neoliberalismo*. 2. ed. São Paulo: Edições Loyola, 2008. p. 12.

(11) Walter Lippmann citado por Dardot e Laval. DARDOT, Pierre. *A nova razão do mundo:* ensaio sobre a sociedade neoliberal/Pierre Dardot; Christian Laval. 1. ed. São Paulo: Boitempo, 2016. p. 84.

(12) Karl Marx citado por Byung-Chul Han. *Psicopolítica:* neoliberalismo y nuevas técnicas de dominação. 1. ed. Barcelona: Herner, 2015. p. 15.

(13) *Ibidem*, p.15.

(14) CHAUÍ, *op. cit.*, Aula 8.

(15) *Ibidem*, Aula 9: O Estado de bem-estar social.

reprodução da força de trabalho, operando, via financiamento do fundo público, em gastos sociais como educação, previdência e direitos trabalhistas, dentre outros[(16)]. O neoliberalismo, contudo, pretende, desde suas primeiras manifestações, atacar o social, acabando por fortalecer noções antidemocráticas[(17)]. A democracia é vista com atenção, devendo ser, para os neoliberais, reduzida a uma elite competente, cujas qualidades "são o exato oposto da mentalidade mágica e impaciente das massas"[(18)]. Neste ponto, percebe-se nitidamente que o neoliberalismo é, por essência, contrário à democracia entendida como "soberania popular".

O neoliberalismo, antes abafado pelo Estado de bem-estar social, começa se fortalecer com a crise capitalista da década de setenta. Logo, em uma tentativa de culpabilizar o déficit fiscal do Estado, a sociedade Saint Pelerin indica trabalhadores e sindicatos como culpados por, segundo eles, estarem recebendo muito e, assim, destruindo os níveis de lucros das empresas[(19)]. Diante disso, os neoliberais sugerem seu pensamento como um antídoto à crise capitalista. A primeira medida seria um Estado forte para desmantelar o poderio de sindicatos e da classe operária, por efeito, cortando encargos sociais. Não apenas, é sugerido também primar a estabilidade da moeda, retirando encargos sociais e restaurando a taxa de desemprego, tomada não apenas como necessária à formação de trabalhadores de reserva, mas como um mecanismo de dissolução do poder sindical. Sugere-se, também, a criação de incentivos para investimentos privados através de uma reforma fiscal a fim de reduzir impostos sobre o capital e fortunas. No entanto, o direcionamento de maiores impostos se voltaria perante a renda individual. A última alteração seria o afastamento do Estado da economia, por meio de investimentos estatais na produção e de dura legislação antigreve e um intenso programa de privatização[(20)]. Adiante, para compreender como o neoliberalismo é disseminado pelo globo e afixado no Brasil, é primordial o entendimento do que venha a ser "acumulação por espoliação". Este termo está intimamente ligado à sobreacumulação, tanto de capital como de trabalho. A acumulação por espoliação, na função de solucionar tal crise originada pelo excesso de capital se baseia na redução de custo de ativos para fazer com que o próprio capital ainda seja lucrativo, atuando pela desvalorização da força de trabalho, principalmente[(21)]. Essa ação, enuncia Harvey, tem grande êxito, por ser apoiada, direta ou indiretamente, pelas poderosas nações e organizações internacionais, capazes de administrar conjuntamente com o mercado as

(16) *Ibidem*, Aula 9: O Estado de bem-estar social

(17) BROWN, Wendy. *Nas ruínas do neoliberalismo*. 1. ed. São Paulo: Editora Filosófica Politeia, 2019. p. 39.

(18) DARDOT, *op. cit.*, p. 98.

(19) CHAUÍ, *op. cit.*, Aula 8.

(20) *Idem*.

(21) HARVEY, David. *O novo imperialismo*. 2. ed. São Paulo: Edições Loyola, 2004. p. 124.

crises que ele produz(22). Em tal aspecto, os Estados com menores índices de fortuna submeter-se-iam, forçadamente, por pressões de órgãos como FMI, OMC e nações como os Estados Unidos a realizarem a privatização de suas estatais em troca de assistência financeira, de perdão de parte de dívidas e de acordos comerciais(23).

• Neoliberalismo no Brasil

Dentre os países da América Latina, o Brasil foi o último a implementar o neoliberalismo(24). Apesar de políticas e medidas neoliberais serem presentes nos governos de Figueiredo e Sarney, inexistia nestes um projeto neoliberal realizado em todas esferas do Estado, o qual se concretizou no governo Collor(25). A dificuldade na consolidação de tal projeto residia em corporificar interesses das "diversas frações do capital" aliada à oposição intensa de classes trabalhadoras, fortificadas via fundação do MST, CUT e PT além de constantes greves gerais entre 1983 e 1989(26). O país adotava, nesse período, o modelo de substituição de importações (MSI), o que levava à ampla participação do Estado na economia, fortalecendo empresas estatais e maximizando a geração de empregos(27). Sua similaridade às posturas adotadas pelos modelos fordistas e keynesianos recaíram também como medidas causadoras da crise econômica. Segundo Bianchi, a transformação do neoliberalismo do posto de doutrina a programa político decorre da crença de que a crise brasileira emergia do MSI, o qual deveria ser abortado(28). As ferramentas para mudança de programa político, explica Rozentino, não eram rígidas como apresentadas, e a globalização tardia brasileira não foi fundamentada na rigidez das leis trabalhistas, como era justificada. Segundo ele, leis como as de n. 5.105 de 13.09.1966 e n. 6.019 de 03.01.1974 que instituíram, respectivamente, a criação do Fundo de Garantia do Tempo de Serviço (FGTS) e a regulamentação do trabalho temporário "seriam conquistas pontuais e de alcance limitado o principal pretexto para a flexibilização e desregulamentação do direito do trabalho"(29)

A criação do FGTS, para efeitos de melhor entendimento, baseia-se na concepção de que a estabilidade se opõe à segurança do emprego, ou como acredita Roberto

(22) *Ibidem*, p. 125.

(23) *Ibidem*, p. 128, 147.

(24) FILGUEIRAS, Luiz. *O neoliberalismo no Brasil:* estrutura, dinâmica e ajuste do modelo econômico. Buenos Aires: CLASCO, 2006. p. 180.

(25) MACIEL, D. O Governo Collor e o Neoliberalismo no Brasil (1990-1992). *Revista UFG*, v. 13, n. 11, 1º ago. 2017, p. 98.

(26) FILGUEIRAS, *op. cit.*, p.180-181.

(27) *Ibidem*, p. 182.

(28) Bianchi citado por Filgueiras. *Ibidem*, p. 182.

(29) ALMEIDA, Gelsom Rozentino de. De Collor à Lula: Estado, Hegemonia e reformas no movimento sindical. *Anais do XXVI Simpósio Nacional de História – ANPUH*. São Paulo, 2011. p. 2.

Campos, a libertação dos "trabalhadores da escravidão (...) na espera (...) da estabilidade", devendo ser preferida uma opção mais flexível como o FGTS[(30)]. Era tomada como justificativa a proposição de que as taxas de desemprego diminuiriam e gerariam atrativos ao capital estrangeiro que sempre criticou, segundo Russomano, a estabilidade trabalhista brasileira[(31)].

Diante disso, Collor já possuía (desde as décadas de 60 e 70) aparatos legais para facilitar a implementação de sua agenda neoliberal. Ademais, sua campanha eleitoral invocava a caça aos marajás, pautando-se nos custos do Estado com pessoas que não exerciam atividades[(32)]. Com argumentos críticos, a administração estatal se valeu de medidas de privatização de empresas (Programa Nacional de Desestatização em 1990) e de reformas administrativas, como também do Plano Collor I, o qual previa uma redefinição na maneira capitalista de acumulação e o combate aos direitos sociais e trabalhistas[(33)]. Seu programa de privatizações ocasionou a venda de 18 estatais, sendo a maioria ligada à siderurgia e petroquímica, e demissões de funcionários públicos[(34)]. O impacto proporcionado pela abertura ao capital estrangeiro juntamente à recessão econômica visando estabilização monetária, levara o país a redução de força sindical e propiciou aumento nas taxas de desemprego. Este pode ser explicado pelas taxas de crescimento na produtividade e pelo excesso de mão de obra, os quais foram utilizados em interesse do governo Collor em conjunto à pressão internacional para extinção das noções de pleno emprego, a fim de impactar a degradação do salário e potencialização do mercado financeiro[(35)].

Após Collor sofrer processo de *impeachment* em dois anos de governo, o então vice-presidente Itamar Franco passou a assumir as funções do cargo. Seguindo os mesmos ideais de seu antecessor, políticas neoliberais permaneceram na retirada de direitos trabalhistas. Tem-se, exemplificando, a edição da Lei n. 8.949/94, conhecida como a Lei das Cooperativas. Seu maior ponto versa sobre a inexistência de vínculo empregatício entre cooperativas e cooperados, fazendo com que o acesso destes a direitos trabalhistas não sejam coerentes tanto à Constituição quanto à CLT, desencadeando em rendimentos abaixo do mínimo legal e jornadas de trabalho mais longas[(36)].

---

(30) Roberto Campos citado por Victor Teixeira. TEXEIRA, Victor Emanuel B. *Direito ao rompimento patronal imotivado:* o ataque contra a classe trabalhadora. Tese (mestrado). Universidade de São Paulo. São Paulo, 2018. p. 90-1.

(31) Russomano citado por Victor Teixeira. *Ibidem*, p. 93.

(32) PAULANI, Leda. *Brazil Delivery:* servidão financeira e estado de emergência econômico. 1. ed. São Paulo: Boitempo, 2008. p. 40.

(33) MACIEL, D. *Op. cit.*, p. 102.

(34) *Ibidem*, p. 102.

(35) ALMEIDA, Gelsom Rozentino de. *Op. cit.*, p. 2.

(36) CARDOSO JR., José Celso. Reforma do Estado e desregulamentação do trabalho no Brasil, nos anos 90. *Ensaios FEE*, vol. 38, n. 4, 2018, p. 906.

Mantendo espoliação e a financeirização como plano político, Fernando Henrique Cardoso (FHC), então ex-ministro da fazenda do governo Itamar, tomou posse em um mandato que duraria oito anos. Seu modelo de gestão, especificamente o do então Ministro do Trabalho Francisco Dornelles, tinha como intuito levar uma maior reforma no direito trabalhista, idealizando em caráter máximo: "o negociado prevalece sobre o legislado"(37). Nos evidencia Rozentino que:

> "Dentre as medidas implementadas, podemos destacar a extinção dos juízes classistas, a criação das Comissões de Conciliação Prévia e a Lei n. 9.957, que instituiu o procedimento sumaríssimo em processos trabalhistas para os dissídios individuais de valor inferior a 40 salários--mínimos." (p. 3)

FHC, além disso, não negava suas intenções neoliberais. Em 1996, enviou uma mensagem ao Congresso durante a abertura da sessão legislativa buscando ressaltar a necessidade de se reduzir os "custos de contratação e manutenção do empregado, resultando na geração de postos de trabalho"(38). Dois anos depois, tal governo se direciona a mudanças concretas na legislação trabalhista. Seguindo as "recomendações" impostas como condição de empréstimo pelo FMI, o país se comprometeu a realizar as reformas sociais de segunda geração, essas que se referem aos direitos trabalhistas e previdenciários(39). Como medidas, podem ser citadas a Lei n. 9.601/98, que permite o contrato de trabalho por prazo determinado para qualquer atividade, instituindo também o banco de horas, a MP n. 1.709-4/98 que regula a contratação parcial, podendo esta alterar a jornada integral pela parcial e, consequentemente ter as reduções salariais e de encargos sociais. Por fim, a MP n. 1.726/98, que permite a suspensão do contrato de trabalho(40).

A partir do tratamento de medidas econômicas neoliberais, ocorreu através da Lei Complementar n. 101 a valorização do credor financeiro, que na hierarquia dos gastos públicos posiciona-se a frente do destino de recursos de caráter social e distributivo(41). Nesse mesmo aspecto, ocorreu ainda a aprovação da Emenda Constitucional n. 37 que isenta de imposto os valores aplicados na bolsa de valores, remessa de lucros ao exterior pelas empresas e entre seus sócios(42). Deve-se ter atenção, por fim, na PL n. 4302/1998. Proposta por FHC, objetivava o aumento de terceirização para

(37) ALMEIDA, *op. cit.*, p. 3.

(38) GALVÃO, Andreia. *Neoliberalismo e reforma trabalhista no Brasil*. Tese (doutorado) – Unicamp. Campinas, 2003. p. 227.

(39) *Ibidem*, p. 235.

(40) *Ibidem*, p. 235.

(41) PAULANI, *op. cit.*, p. 97.

(42) *Ibidem*, p. 69.

todo tipo de atividade. Na época, foi arquivada, mas seus ideais eram de tamanha estima neoliberal que reencarnaram na Lei Ordinária n. 13.429/2017, conhecida como Lei da Terceirização. Esta virá a discussão após elencar os próximos governos.

Vence as eleições, após o governo FHC, um partido de esquerda, tendo então como presidente Lula. Era esperado um completo abandono de práticas neoliberais, redução da desigualdade e medidas de caráter social, porém Lula segue em um caminho contrário ao que se esperava(43). Leda Paulani afirma o neoliberalismo do governo Lula através de três razões: transformar o Brasil em uma plataforma de valorização financeira internacional, uma política ortodoxa para a macroeconomia e políticas compensatórias de renda(44). Pode incorrer em erro aqueles que entendem que políticas compensatórias de renda são uma medida esquerdista, pois elas operam de maneira contrária ao não propiciarem redução de desigualdade, ao contrário, agem como medida sancionadora das fraturas sociais provocadas pelo capital (tanto que o criador e disseminador da renda mínima foi Friedman)(45). Como exemplo, pode ser citado o Fome Zero, que não propõe discussão sobre reforma agrária e desigualdade social e apenas fornece um pequeno auxílio a população de baixa renda.

Sendo assim, o trabalho enquanto direito social torna-se um alvo, justamente por um partido de trabalhadores que se opunha nos governos antecedentes a medidas que ele mesmo passa a expandir, criar e consolidar. Como confirmação, a reforma da previdência, já alterada para o setor privado pelo governo FHC, no governo Lula se estende também aos servidores públicos. Com a eliminação de aposentadorias integrais, estabelecimento de teto semelhante ao do regime privado, redutores para os valores das pensões, taxação aos inativos e regime de aposentadoria complementar via entidades particulares, o projeto de Lula mostra seu desapreço ao público e proteção social e seu apreço pelo capital e instituições financeiras(46). Afirma Paulani que Lula abre ao capital privado toda a previdência com rendimentos estáveis, visto que a média de salário dos servidores são maiores e sem risco de desemprego(47).

O sindicalismo, ademais, é presente no governo Lula tanto em seus ministros como nas ideias que carregam(48). Para Boito Jr., o "núcleo duro do novo sindicalismo que chega ao poder não espera um afastamento do neoliberalismo, mas um neoliberalismo que gere empregos e crescimento econômico". Aceitam ainda, segundo o

(43) *Ibidem*, p. 69.

(44) *Ibidem*, p. 70-71.

(45) *Ibidem*, p. 71.

(46) ARAÚJO, Elizeu Serra de. As reformas da previdência de FHC e Lula e o sistema brasileiro de proteção. *Revista de Políticas Públicas*, São Luís, v. 13, n. 1, 2009, p. 36-8.

(47) PAULANI, *op. cit.*, p. 121.

(48) BOITO JR., Armando. A hegemonia neoliberal no governo Lula. *Revista Crítica Marxista*, Rio de Janeiro, Editora Revan, n. 17, 2003, p.15.

autor, parte do privatismo neoliberal que através da força sindical vem a defender seus interesses e melhorar a condição de vida dos trabalhadores[(49)]. Dessa maneira, Lula através da crença da livre negociação como forma de resolução de problemas trabalhistas, e não através da Constituição ou leis, se assemelhava ao pensamento do governo de FHC: o negociado prevalece sobre legislado.

Além disso, outro mecanismo neoliberal herdado do governo de FHC é a política de desregulamentação do trabalho. Inexistiu, em ambos governos, uma política de valorização do salário mínimo, visível no aumento da concentração de renda e queda no salário médio, em 2003[(50)]. Vale ressaltar que, independentemente do tamanho de uma empresa, a fragilidade ocasionada pela redução de salário e encargos sociais do trabalhador sempre a favorece, por diminuir seus custos de mão de obra e aumentar, consequentemente sua mais valia. O governo petista, entretanto, não herda de FHC a corrida pelas privatizações, em partes pela dificuldade de venda das empresas estatais que restaram, como os Correios, Banco do Brasil e Petrobrás[(51)]. Desta forma, coube a adoção de uma nova forma de privatização, as Parcerias Público-Privado, voltadas às áreas de infraestrutura. Tal acordo é benéfico ao capital por terem sua remuneração protegida pelo Estado, que assume os riscos do empreendimento, enquanto os lucros são cedidos às empresas "parceiras"[(52)].

O governo Dilma, mantendo o Partido dos Trabalhadores na presidência, não se diferencia do plano de governo de seu antecessor. Se alinham em não romper com o neoliberalismo e nem com o neodesenvolvimentismo, os quais mais beneficiam setores da burguesia[(53)]. Desse modo, ainda foi mantida a rolagem da dívida pública, baixo investimento estatal e abertura ao mercado externo, prejudiciais à indústria nacional[(54)]. Dilma, no entanto, busca romper com a macroeconomia ortodoxa por entende-la como inibidora ao desenvolvimento econômico[(55)]. Contudo, em relação a classe trabalhadora, as políticas compensatórias são ainda mantidas. O posicionamento inerte em relação à terceirização pode ser comprovado pelo aumento de trabalhadores terceirizados. Dados de 2013 obtidos pela CUT e DIEESE apontavam 12,7 milhões de terceirizados, que correspondiam 26,8% do mercado formal e ganhavam 24,7% a menos que trabalhadores com carteira assinada. Como comparação, os números de

(49) *Ibidem*, p. 16.

(50) BOITO JR., Armando. *As relações de classe na nova fase do neoliberalismo no Brasil*. Buenos Aires: CLASCO, 2006. p. 273.

(51) *Ibidem*, p. 273-4.

(52) *Ibidem*, p. 274.

(53) *Ibidem*, p. 274.

(54) PACCOLA, M.; ALVES, G. Neodesenvolvimentismo, neoliberalismo e a correlação de forças nos governos Lula e Dilma. *Plural – Revista de Ciências Sociais*, v. 25, n. 2, 2008, p. 271.

(55) Boito JR. Citado por Pacolla e Alves. *Ibidem*, p. 271.

trabalhadores terceirizados nos governos FHC (1995) e Lula (2005) eram de 1,8 e 4,1 milhões, respectivamente(56).

Após sua reeleição, Dilma retrocedeu para se manter no governo em benefício da política neoliberal, de forma a adotar velhas medidas de redução de intervenção estatal na economia, cortes em investimentos e no orçamento, além de elevação dos juros. Dessa forma, realizou a retirada de direitos trabalhistas através de medidas provisórias para restringir o acesso de trabalhadores ao auxílio desemprego e abono salarial, por meio da Lei n. 13.134/2015(57). Entretanto, essa postura não foi condizente às exigências elitistas, o que a fez cair do poder. Destituída do cargo através de um *impeachment*, foi seu vice, Michel Temer quem aprovou as maiores e mais rápidas medidas de sucateamento de direitos sociais.

Temer escancara o neoliberalismo ao deixar claro o descompromisso de seu governo com direitos sociais. Sua primeira medida foi a aprovação da PEC n. 55, que congela os gastos públicos por 20 anos, impossibilitando o cumprimento de direitos constitucionais e a obrigação do Estado de manter programas sociais(58). A segunda medida aprovada se pautou na reforma trabalhista, entendida por Souto Maior e Severo como desmonte de direitos, visto que são alterados 201 aspectos legais(59). Como exemplo de algumas estão a terceirização para todos tipos de atividades, introdução do contrato intermitente, demissões individuais e coletivas sem negociação sindical, rescisão do contrato via acordo com funcionário, jornada 12x36 para todos os setores, não cômputo das horas *in itinere*, dentre várias outras. Krein sinaliza o perigo dessa reforma para a alteração da regulação do trabalho, marcada historicamente como de inclusão, proteção e fundamento para se construir uma nação, que vem sendo utilizada para contratos atípicos, precarização de salários e fragmentação da força sindical(60). Esta desregulamentação gera impactos previdenciários em razão do aumento da parcela de não segurados e futuros não contribuintes, levando ao desfazimento dos laços de solidariedade social entre a classe trabalhadora e, por fim, à falência da previdência social. Percebe-se então que assim como no governo Lula, há interesse em destinar a

---

(56) Nos governos Lula e Dilma a terceirização saltou de 4 milhões para 12,7 milhões de trabalhadores. Notícias Unisinos. Disponível em: <http://www.ihu.unisinos.br/169-noticias/noticias-2015/541795-nos-governos-lula-e-dilma-a-terceirizacao-saltou-de-4-milhoes-para-127-milhoes-de-trabalhadores>. Acesso em: 05 jun. 2020.

(57) KREIN. José Darin. O desmonte dos direitos, as novas configurações do trabalho e o esvaziamento da ação coletiva. Consequências da reforma trabalhista. *Tempo Social*, v. 30, n. 1, 2018, p. 85.

(58) A restauração neoliberal sob o (des)governo Temer. Carta Capital. Disponível em: <https://www.cartacapital.com.br/blogs/brasil-debate/a-restauracao-neoliberal-sob-o-des-governo-temer/>. Acesso em: 10 jun. 2020.

(59) KREIN. José Darin. *op. cit.*, p. 87.

(60) *Ibidem*, p. 87.

previdência para vias privadas, as quais tendem a tratá-la como um seguro e não como direito, estabelecendo suas próprias condições vindas do capital financeiro.

Jair Bolsonaro, atualmente no poder, se aproveita do projeto previdenciário de Michel Temer, que não foi aprovado na época, para começar o desmantelamento do que resta de social no Brasil. Seu ministro da economia, Paulo Guedes, de formação como "Chicago Boy", é influenciado por pensamentos de Hayek e Friedman. Dessa forma, se utiliza dos mesmos argumentos da velha sociedade Saint Pélerin para atender aos interesses do capital internacional. Não obstante, aprovou-se a reforma da previdência com aumento do tempo de contribuição e idade mínima para a aposentadoria (EC n. 103/19). Há ainda propostas de privatização do restante das estatais, a fim de aniquilar a intervenção estatal na economia. O governo Bolsonaro, por fim, tem como medida econômica para a pandemia espoliar o que sobrou da classe trabalhadora com sua proposta de carteira verde-amarela (atualmente revogada, porém não descartada) que reduz drasticamente todos os encargos trabalhistas ao empregador e extingue direitos sociais do empregado.

Conclusão

Percebe-se que o neoliberalismo não pode ser considerado como algo novo, mas como a união de processos fragmentados historicamente. Esse, retira do imperialismo, capitalismo, liberalismo e totalitarismo o que possuem de "melhor" e os aplica simultaneamente de forma operacionalizada, fazendo com que seja silenciosa sua fixação na sociedade. Logo, as chances de defesa e mobilização tendem a diminuir. Ademais, ele é manifestado na liberdade de forma ideológica, sendo somente livres os "sem-patrões", os "empresários individuais". O Brasil, mesmo tentando resistir através de movimentos sociais, não ficou fora da operação neoliberal. E, até em governos de esquerda ele se fez presente, estimulado, levando uma nova ideologia ao trabalhador de que o neoliberalismo poderia ser benéfico em crises, afinal, o temor da perda do emprego aos pobres é maior que a perda de direitos. Dessa forma, entende-se que resta aos movimentos sociais o combate, visto que se manteram irredutíveis na história e não se venderam a política e ao mercado financeiro; por isso são tão violentados pelos governos e pela mídia. O neoliberalismo focará nos trabalhadores até conseguir os romper todos os laços de solidariedade, de união enquanto classe. Já não se legitimam conflitos, não se criam mais direitos, estes que são o seio da democracia. Após isso, qualquer forma antidemocrática será não só possível, como apoiada. O neoliberalismo está vencendo e, com ele, o capital.

Referências

ALMEIDA, Gelsom Rozentino de. De Collor à Lula: Estado, Hegemonia e reformas no movimento sindical. *Anais do XXVI Simpósio Nacional de História – ANPUH*. São Paulo, 2011.

ARAÚJO, Elizeu Serra de. As reformas da previdência de FHC e Lula e o sistema brasileiro de proteção. *Revista de Políticas Públicas*, São Luís, v. 13, n. 1, 2009

BOITO JR. Armando. A hegemonia neoliberal no governo Lula. *Revista Crítica Marxista*, Rio de Janeiro, Editora Revan, n. 17, 2003.

BOITO JR., Armando. *As relações de classe na nova fase do neoliberalismo no Brasil*. Buenos Aires: CLASCO, 2006.

BROWN, Wendy. *Nas ruínas do neoliberalismo*. 1. ed. São Paulo: Editora Filosófica Politeia, 2019.

CARDOSO Jr., José Celso. Reforma do Estado e desregulamentação do trabalho no Brasil, nos anos 90. *Ensaios FEE*, vol. 38, n. 4, 2018.

CHAUÍ, Marilena. *Pensar a democracia*. Casa do saber. 2018. Aula 8: A democracia na sociedade de classes.

DARDOT, Pierre. *A nova razão do mundo:* ensaio sobre a sociedade neoliberal/Pierre Dardot; Christian Laval. 1. ed. São Paulo: Boitempo, 2016.

FILGUEIRAS, Luiz. *O neoliberalismo no Brasil:* estrutura, dinâmica e ajuste do modelo econômico. Buenos Aires: CLASCO, 2006.

GALVÃO, Andreia. *Neoliberalismo e reforma trabalhista no Brasil*. Tese (doutorado) – Unicamp. Campinas, 2003.

HAN, Byung-Chul. *Psicopolítica:* neoliberalismo y nuevas técnicas de dominação. 1. ed. Barcelona: Herner, 2015.

HARVEY, David. *O neoliberalismo*. 2.ed. São Paulo: Edições Loyola, 2008.

HARVEY, David. *O novo imperialismo*. 2. ed. São Paulo: Edições Loyola, 2004.

KREIN. José Darin. O desmonte dos direitos, as novas configurações do trabalho e o esvaziamento da ação coletiva Consequências da reforma trabalhista. *Tempo Social*, v. 30, n.1, 2018.

MACIEL, D. O Governo Collor e o Neoliberalismo no Brasil (1990-1992). *Revista UFG*, v. 13, n. 11, 1º ago. 2017.

TEXEIRA, Victor Emanuel B. *Direito ao rompimento patronal imotivado:* o ataque contra a classe trabalhadora. Tese (mestrado). Universidade de São Paulo, São Paulo, 2018.

PAULANI, Leda. *Brazil Delivery:* servidão financeira e estado de emergência econômico. 1. ed. São Paulo: Boitempo, 2008.

PACCOLA, M.; ALVES, G. Neodesenvolvimentismo, neoliberalismo e a correlação de forças nos governos Lula e Dilma. *Plural – Revista de Ciências Sociais*, v. 25, n. 2, 2008.

Nos governos Lula e Dilma a terceirização saltou de 4 milhões para 12,7 milhões de trabalhadores. *Notícias Unisinos*. Disponível em: <http://www.ihu.unisinos.br/169-noticias/noticias-2015/541795-nos-governos-lula-e-dilma-a-terceirizacao-saltou-de-4-milhoes-para-127-milhoes--de-trabalhadores>. Acesso em: 05 jun. 2020.

Crise Capitalista e Seus Impactos no Direitos Social Brasileiro: Golpe e Contrarreformas Trabalhistas

Ana Clara Passos Presciliano

I

A exposição do trabalho se iniciará introduzindo alguns conceitos da obra de Karl Marx a fim de explicitar o funcionamento do modo de produção capitalista, para enfim culminar na análise daquilo que ele entende como crise dentro do capitalismo. Tendo isso em mente, será possível traçar os impactos potencialmente causados por ela no Direito Social brasileiro, a qual tem como um grave sintoma a série de contrarreformas trabalhistas pelas quais o Brasil tem passado desde que perpetrado o golpe de 2016. Finalmente, será possível concluir que o capitalismo, enquanto sistema que busca a constante autovalorização do valor, tende a aumentar a taxa de lucro produzida através do incremento da exploração da força de trabalho, fazendo uso, para isso, das contrarreformas na legislação trabalhista, enquanto meio de assegurar a maior extração de mais-valor possível.

Conforme anunciado anteriormente, a obra de Karl Marx insere-se no presente trabalho por ser a mais indicada para compreender a lógica de funcionamento do capitalismo, principalmente no que tange a sua lei interna mais premente, qual seja, o imperativo de autovalorização do capital, o qual, no limite, conforme será demonstrado, tende sempre à crise e contém em si mesmo o germe da sua própria destruição.

Em primeiro lugar, cumpre esclarecer alguns pressupostos fundamentais da Crítica da Economia Política desenvolvida pelo autor alemão, a fim de que possamos adentrar propriamente na discussão aqui proposta.

A Economia Política é uma disciplina ou ciência que se desenvolveu ao longo dos séculos XVIII e XIX, e constituiu-se como o estudo da Economia enquanto uma categoria social mais ampla, ou seja, interessou-se por explicar como a produção, a circulação e o consumo de bens influenciavam as relações sociais que as permeavam, criando uma interpenetração entre Economia e Política. Como principais expoentes é possível citar Adam Smith, David Ricardo e Thomas Malthus, que tratavam de temas como a divisão social do trabalho, o direito à propriedade privada e a dinâmica do mercado, bem como o papel que o Estado deveria desempenhar na economia. É possível destacar também o papel que Adam Smith e David Ricardo representaram na sistematização inicial da teoria do valor, buscando explicitar as relações entre valor e trabalho, além da importância da divisão do trabalho para o aumento da produção de bens materiais e geração de riqueza. A partir do estudo dessas teorizações, Marx pôde formular a sua Crítica da Economia Política, apontando os erros que os referidos autores cometeram, a começar pelos equívocos fundamentais no que tange à teoria do valor, o que é largamente exposto em sua obra *O Capital.*

O Capital é considerado o auge do estudo do modo de produção capitalista pelo autor, dividido em três volumes(1), sendo que, resumidamente, o primeiro deles versa sobre a esfera da produção, o segundo da circulação e o terceiro do processo global da produção capitalista. Os que mais nos interessam aqui são os Livros I e III(2), pois no primeiro são estabelecidos os aspectos essenciais da produção capitalista e o terceiro versa sobre o seu processo tendencial de crise.

De antemão, é possível afirmar que o capitalismo é um modo de produção que busca essencialmente a maior produção possível de mais-valor, o que é possibilitado pela exploração daquela mercadoria que é a única capaz de efetivamente gerar riqueza: a força de trabalho.

Cumpre explicitar que tratamos enquanto *valor* a quantidade de trabalho investida na produção de uma mercadoria (MARX, 2013, p.116). Nesse contexto, fazendo um recorte momentâneo a fim de demonstrar a extração de valor a partir da exploração da força de trabalho, passemos à análise de um dia de labor de um obreiro. Suponhamos que a jornada de trabalho designada ao empregado seja de oito horas diárias. De antemão, cumpre destacar que a mercadoria força de trabalho, assim como qualquer outra, possui custos relativos à sua produção, no caso do ser humano, alimentação, vestuário, abrigo e etc., algo que K. Marx intitula *trabalho necessário*. No caso do trabalhador, então, o pagamento desses custos se dá através da "cessão" da sua mão de obra por uma fração de tempo determinada, a qual tomaremos, a título de exemplo, o montante de quatro horas diárias. Nesse sentido, em oito horas, o trabalhador paga o que custou em quatro, enquanto as restantes são excedentes, identificadas pela rubrica

(1) K. Marx não conseguiu publicar os três volumes em vida, até por conta do caráter extenso da obra. Contudo, por ter produzido um grande volume de material, delegou a Friedrich Engels a tarefa de editar e publicar os livros II e III, a qual foi concluída com sucesso, apesar das inúmeras críticas no que tange à fidelidade às reais intenções do autor original.

(2) O Livro II também é imensamente rico e poderia contribuir para o debate que se coloca, contudo, fez-se necessário um recorte, por conta claramente da limitação de espaço, o que não exclui a hipótese de estender o diálogo para outras oportunidades.

mais-trabalho. Essas horas apropriadas sem contraprestação pertencem integralmente ao capitalista, bem como as mercadorias produzidas nesse intervalo de tempo. Ou seja, o capitalista compra a força de trabalho e os meios de produção, realizando um "adiantamento" de valor a fim de que possa produzir, e esse valor não se conserva estável na circulação, mas sim, acrescenta a si mesmo um mais-valor ou valorização, aumentando de grandeza, por conta do valor adicional gerado pela mercadoria força de trabalho. A isso K. Marx denomina *mais-valor*, que nada mais é do que a quantidade de dinheiro inicialmente adiantado na produção acrescido de um incremento, como na fórmula D-M-D', onde D' = D + ΔD, em que ΔD se refere a um excedente ao valor original (MARX, 2013, p. 227).

Nesse sentido, a busca incessante por mais-valor pode ser considerada enquanto um impulso desmedido de autovalorização do capital, em que há um prolongamento antinatural da duração da jornada de trabalho, causando um encurtamento da vida útil do trabalhador (MARX, 2013, p. 338). Nesse sentido, podemos definir o capital de duas maneiras: uma definição lógica e outra de feição sociológica.

A definição lógica do capital é, então, a de que ele é um movimento que permite a auto-valorização do valor: "o motivo que impulsiona e a finalidade que determina o processo de produção capitalista é a maior autovalorização possível do capital" (MARX, 2013, p. 553). A segunda preleciona que o capital é uma relação social na forma da compra e venda da força de trabalho, em que, para existir a troca mercantil e a sociedade capitalista, é necessária a transformação da força de trabalho em mercadoria, permitindo a auto-valorização do valor. Tendo isso em mente, podemos tratar de um dos conceitos-chave contido no Livro III: a lei tendencial da queda da taxa de lucro (MARX, 2015, p. 249-269).

Foi demonstrado que o modo de produção capitalista é um sistema que se reproduz cegamente através de leis internas próprias, buscando acima de tudo suprir o seu impulso de autovalorização do capital. Contudo, tal reprodução cega tem como consequência que, ao "atingir certo nível de desenvolvimento, ele engendra os meios materiais de sua própria destruição" (MARX, 2013, p. 831).

A referida lei permite compreender a forma com que tal sistema passa por um processo de crise continuada, desenvolvida globalmente de acordo com características regionais aparentemente peculiares e intrinsecamente constitutivas de sua estrutura fundamental. Cabe ressaltar, contudo, que se trata de uma lei de tendência, potencialmente oponível por tendências opostas (MARX, 2015, p. 271-279), como as expectativas normativas igualitárias advindas de um mundo da vida comunicativamente constituído[(3)], conforme será melhor tratado no tópico seguinte.

(3) Essa tensão é melhor explicitada pelo Prof. Dr. David F. L. Gomes em sua tese de doutoramento, intitulada "A Constituição de 1824 e o Problema da Modernidade: o Conceito Moderno de Constituição, a História Constitucional Brasileira e a Teoria da Constituição no Brasil".

Contudo, como é possível imaginar, a busca pela autovalorização do capital não pode se dar infinitamente: existem barreiras tanto naturais quanto estruturais aptas a lhe fazer frente. Em seu movimento prático, ele não se preocupa com a saúde e duração da vida do trabalhador, a menos que seja forçado pela sociedade a ter essa consideração. Isso não depende da vontade do capitalista industrial, pois a livre concorrência o impõe, como leis eternas inexoráveis, as leis imanentes da produção capitalista (MARX, 2013, p. 342).

Estruturalmente, a extração do mais-valor também não pode se dar sem limitação, pois ao tentar aumentar a sua taxa de lucro, o capitalista busca intensificar irrestritamente a exploração do trabalho através do implemento da maquinaria e da substituição do trabalhador pela máquina, o que, a longo prazo, detona internamente o seu negócio: ele elimina gradualmente sua fonte de riqueza, qual seja, a exploração da mercadoria força de trabalho, uma vez que a maquinaria não produz mais-valor, apenas transfere os valores requeridos na própria produção para as mercadorias que deu origem.(4)

Isso se deve ao fato de que o trabalho é capaz de criar valor e ao mesmo tempo conservar ou transferir o valor proveniente da matéria-prima e dos meios de produção utilizados na produção de uma mercadoria, como é possível observar da seguinte passagem:

> O trabalho adiciona novo valor ao objeto do trabalho por meio da adição de uma quantidade determinada de trabalho, não importando o conteúdo determinado, a finalidade e o caráter técnico de seu trabalho. Por outro lado, os valores dos meios de produção consumidos reaparecem como componentes do valor dos produtos, por exemplo, os valores do algodão e dos fusos incorporados no valor do fio. Desse modo, o valor dos meios de produção é conservado por meio de sua transferência ao produto, a qual ocorre durante a transformação dos meios de produção em produto — isto é, no processo de trabalho — e é mediada pelo trabalho. (MARX, 2013, p. 342).

Assim sendo, ao substituir a força de trabalho pela maquinaria, o capitalista deixa de trabalhar com a mercadoria que verdadeiramente é capaz de gerar capital e vê-se cercado apenas por meios de produção, que possuem como característica transferir valor e não aumentá-lo. A partir disso, a taxa de lucro tende a cair continuamente, podendo inclusive inviabilizar a produção como um todo, uma vez que o próprio capitalista dificultou a sua extração de mais-valor. A crise, no limite, então, é causada pelas dificuldades impostas à autovalorização do valor.

Mas como não poderia deixar de ser, por se tratar de um modo de produção com tendências universalizantes, os sintomas de crise se manifestam também nos

---

(4) Para entender melhor esse processo de transformação do mais-valor em capital, conferir o capítulo 22 do Livro I d'*O Capital*.

contextos de Estado de Bem-Estar Social, principalmente no século XX, bem como no Brasil. Assim sendo, o imperativo de autovalorização do capital se choca com as expectativas sociais de vida digna e justa construídas com o desenvolvimento do Estado de Bem-Estar Social (GOMES, 2016, p. 205), culminando em outro tipo de crise, uma crise de sociedade.

II

Nesse contexto o direito adentra na discussão, visto que o modo de produção capitalista engendra suas relações sociais e jurídicas correspondentes, criando um controle social que gera legislações que justificam os abusos desmedidos provocados pela sua necessidade de expansão, por exemplo, a uniformização artificial da jornada de trabalho e de suas pausas (MARX, 2013, p. 369).

Essa tendência do capital foi mais uma vez confirmada com o golpe de 2016, na forma do *impeachment* da ex-presidenta Dilma Rousseff, e as contrarreformas trabalhistas que surgiram desde então, sendo que o contexto de sua aprovação refletia um processo de recrudescimento de medidas neoliberais que vinham ocorrendo em todo o mundo. As justificativas para legitimá-las eram inúmeras, como a alegação patronal de que a legislação trabalhista brasileira não acompanhou as mudanças sociais ocorridas desde o seu surgimento e que a sua aprovação estaria acompanhada do advento de novos empregos, pois supostamente os encargos trabalhistas seriam os maiores empecilhos para a geração de postos de trabalho.

De acordo com autores do porte de Michel Löwy, o que tivemos foi um verdadeiro golpe de Estado, utilizando como fundamento manobras contábeis utilizadas para equilibrar as contas públicas, como se observa do seguinte trecho extraído do livro "Por que gritamos golpe? Para entender o *impeachment* e a crise política no Brasil":

> O que aconteceu no Brasil, com a destituição da presidente eleita Dilma Rousseff, foi um golpe de Estado. Golpe de Estado pseudolegal, "constitucional", "institucional", parlamentar ou o que se preferir, mas golpe de Estado. Parlamentares — deputados e senadores — profundamente envolvidos em casos de corrupção (fala-se em 60%) instituíram um processo de destituição contra a presidente pretextando irregularidades contábeis, "pedaladas fiscais", para cobrir déficits nas contas públicas — uma prática corriqueira em todos os governos anteriores! (LÖWY, 2016, p. 57)

Não obstante, fazendo uso da chave marxista presente na obra "18 de brumário de Luís Bonaparte", o golpe colocou-se como farsa, repetindo o golpe de Estado militar de abril de 1964 mas dessa vez em um caso tragicômico, como mais uma vez explana M. Lowy:

> Citando Hegel, Marx escreveu no 18 de brumário de Luís Bonaparte[a] que os acontecimentos históricos se repetem duas vezes: primeiro como tragédia, segundo como farsa. Isso se aplica perfeitamente ao Brasil. O golpe de Estado militar de abril de 1964 foi uma tragédia que mergulhou o Brasil em vinte anos de ditadura militar, com centenas de mortos e milhares de torturados. O golpe de Estado parlamentar de maio de 2016 é uma farsa, um caso tragicômico, em que se vê uma cambada de parlamentares reacionários e notoriamente corruptos derrubar uma presidente democraticamente eleita por 54 milhões de brasileiros, em nome de "irregularidades contábeis" (LÖWY, 2016, p. 57).

Uma das principais figuras desse processo foi o ex-presidente Michel Temer, que através do documento intitulado "Uma ponte para o futuro", buscava resgatar a agenda neoliberal, colocando-se contra as medidas "neodesenvolvimentistas" aplicadas pelo governo PT até o segundo mandato da ex-presidenta Dilma Rousseff. Ocorre que, conforme explana a economista e professora Leda Paulani, "essa Ponte, agora em construção pelo golpista Temer com auxílio dos tucanos, não mira apenas os programas sociais e políticas públicas petistas. Ele busca principalmente destruir a Constituição de 1988 e os direitos sociais que ela garante (PAULANI, 2016, p. 64). A contrarreforma trabalhista foi um instrumento eficaz para alcançar esse objetivo, tendo sido forçada a passar pelo Congresso Nacional em velocidade impressionante.

Assim sendo, no limite, o objetivo do golpe era o desmonte do Estado e dos direitos sociais garantidos pela Constituição de 1988, notadamente aqueles destinados à proteção do trabalhador e à garantia de condições mínimas de existência aos hipossuficientes, em prol do suposto crescimento econômico buscado pela agenda neoliberal.

III

Todo esse processo exposto resultou em uma agudização ainda maior da luta de classes no país, com um enfraquecimento dos sindicatos e da potência organizativa dos trabalhadores, e, como era de esperar, as promessas de aumento no número de empregos não se concretizou, pelo contrário, pois além da taxa de desemprego ter aumentado, intensificou-se a criação de postos informais, mascarados sob a rubrica do trabalho autônomo, e surgiu a figura do trabalho intermitente, que resulta na imprevisibilidade da prestação de serviços e diminuição da renda dos obreiros. Tudo isso sem dúvidas resulta em um aumento no risco à saúde e a própria vida dos trabalhadores, que através da extensão e intensificação das jornadas de trabalho têm sofrido com uma maior taxa de acidentes de trabalho, adoecimento e cronificação de casos clínicos, os quais passam a ser ocultados e subnotificados.

Para citar dados estatísticos, temos que, de acordo com o IBGE, a taxa geral de desemprego mudou pouco depois da aprovação da reforma, passando de 12,2%, em outubro de 2017 para 11,8% em 2019. No mesmo sentido, a taxa de subutilização — que considera os desempregados, os que gostariam de trabalhar mais horas e aqueles que estão em condições de trabalhar, mas desistiram que procurar um emprego formal, era de 23,7% antes da contrarreforma. Em 2019 estava em 24% (SENADO, 2018, p.1). Tais números estão longe de alcançar os 2 milhões de empregos prometidos pelo ex-presidente Michel Temer quando da aprovação da Lei n. 13.467/17 (UOL, 2017, p. 1).

Mas nem bem foi aprovada a Contrarreforma Trabalhista, surgiu no horizonte a Contrarreforma da Previdência, mais uma vez com a promessa de desonerar o Estado e assim gerar crescimento econômico. O que vimos foi apenas um aumento na idade da aposentadoria e tempo de contribuição, entre outras precarizações.

Nesse meio tempo houve ainda a Medida Provisória n. 905/19 (Contrato verde e amarelo), a qual reduzia a alíquota de contribuição para o Fundo de Garantia do Tempo de Serviço (FGTS) de 8% para 2%; reduzia a multa do FGTS em caso de demissão de 40% para 20%; isentava o pagamento da contribuição previdenciária patronal, do salário-educação e da contribuição social para as entidades do Sistema "S"; estendia o trabalho aos domingos para todas as categorias profissionais; deixava de considerar acidente de trabalho aquele sofrido pelo trabalhador no trajeto entre a residência e o local de trabalho, e uma série de outras flexibilizações (SENADO, 2018, p. 1). Felizmente, ela não foi convertida em lei, mas deixou os seus estragos nas relações de trabalho durante a sua vigência.

Indispensável abordar também as Medidas Provisórias editadas durante a pandemia do coronavírus, que foram utilizadas como oportunidade para promover a precarização trabalhista mesmo que em um momento de crise social e de saúde pública, com destaque para as MPs ns. 927/2020 e 936/2020. Dentre os principais regramentos estabelecidos tivemos a redução de jornadas e suspensão de contratos, o teletrabalho, o adiantamento de férias individuais e coletivas, suspensão de exigências administrativas em segurança e saúde no trabalho, a utilização do banco de horas e o diferimento do recolhimento do Fundo de Garantia do Tempo de Serviço. Aquela caducou por não ter sido submetida a votação no Congresso Nacional, já esta foi transformada na Lei n. 14.020/2020.

No limite, todas as contrarreformas aqui expostas coadunam a tese de que a tendência de autovalorização do valor utiliza-se das alterações legislativas para extrair a maior quantidade possível de mais-valor. Por isso também as contrarreformas estão sempre no horizonte da classe capitalista, que mal obtém a aprovação de uma e já tensiona para que outras ocorram. K. Marx tratou disso no Livro III d'*O Capital*, demonstrando que tal fenômeno se repete ao longo da história: no caso da citação a seguir, o autor explana sobre a os conflitos que envolveram a aplicação da Lei das 10 horas e da Lei dos cereais, sendo que a aprovação da primeira, que era uma pauta histórica da classe trabalhadora na busca pela redução da jornada de trabalho, foi condicionada à implantação da segunda, a qual visava a redução dos impostos sobre os cereais. Todavia, nem bem a segunda foi aprovada, o patronato voltou-se contra aquela, como se observa:

> A comparação com os preços da farinha no continente mostrava que o acréscimo no preço da farinha imposto ao fabricante em virtude das tarifas sobre os cereais alcançava, ele somente, £ 170.000. Para 1837, Greg o estimou em, no mínimo, £ 200.000 e mencionou uma firma para a qual o acréscimo no preço da farinha chegava a £ 1.000 anuais. Em consequência disso, "grandes fabricantes, homens de negócios precavidos e calculistas, disseram que 10 horas diárias de trabalho seriam absolutamente suficientes se as tarifas sobre os cereais fossem abolidas" (*Re.[orts of Inspectors of] Fact.[ories], Oct.[ober] 1848, p. 98*). As tarifas sobre os cereais foram abolidas; além delas, também a tarifa sobre o algodão e outras matérias-primas; porém, mal se atingira esse objetivo, a oposição dos fabricantes contra a *bill* [proposta de lei] das 10 horas foi mais violenta do que nunca. Quando, apesar disso, a jornada de trabalho de 10 horas nas fábricas logo se converteu em lei, a primeira consequência foi uma tentativa de redução geral dos salário (MARX, 2015, p. 138).

Com isso temos que a luta de classes entre capitalistas e trabalhadores se acirra cada vez mais com o passar do tempo, sendo que com a Contrarreforma Trabalhista esse cenário se mostrou ainda mais desigual, uma vez que os instrumentos de mobilização obreira, como os sindicatos, sofreram uma intensa fragilização.

IV

Do excurso realizado até aqui buscou-se demonstrar a forma com que estão interligados a teorização de K. Marx no que tange ao funcionamento do capitalismo e da sua concepção de crise e os acontecimentos que culminaram e se derivaram do golpe perpetrado em 2016, abordando as contrarreformas trabalhistas ocorridas desde então.

No limite, o ímpeto de autovalorização do valor se esconde por detrás da busca incessante pela maior exploração possível da força de trabalho, a única mercadoria efetivamente capaz de gerar riqueza dentro do modo de produção capitalista, sendo, então, as contrarreformas um instrumento para estender e intensificar tal exploração.

Assim sendo, como não poderia deixar de ser, o principal objetivo deste trabalho foi escancarar essa faceta do capitalismo a fim de aguçar os sentidos para que possamos estar atentos e atentas às manobras de precarização da classe trabalhadora perpetradas no campo jurídico, as quais requerem constante resistência.

Referências bibliográficas

ARAÚJO, Carla; FORMENTI, Lígia. Temer diz que reforma trabalhista fará desemprego cair mais. *Exame*, 13 jul. 2017. Disponível em: <https://exame.abril.com.br/economia/temer-diz-que-reforma-trabalhista-fara-desemprego-cair-mais/>. Acesso em: 10 jun. 2020.

BOITO JR, Armando. Os atores e o enredo da crise política. In: JINKINGS; DORIA; CLETO. *Por que gritamos golpe?:* para entender o *impeachment* e a crise política no Brasil. São Paulo, 2016.

BRASIL. *Constituição da República Federativa do Brasil de 1988*. Disponível em: <???>. Acesso em: 11 jun. 2019.

______. Consolidação das Leis do Trabalho. *Decreto-lei n. 5.452, de 1º de maio de 1943*. Disponível em: <???>. Acesso em: 10 jun. 2020.

______. *Lei n. 13.467, de 13 de julho de 2017*. Altera a Consolidação das Leis do Trabalho (CLT), aprovada pelo Decreto-lei n. 5.452, de 1º de maio de 1943, e as Leis ns. 6.019, de 3 de janeiro de 1974, 8.036, de 11 de maio de 1990, e 8.212, de 24 de julho de 1991, a fim de adequar a legislação às novas relações de trabalho. Brasília, 2017. Disponível em: <http://www.planalto.gov.br/ccivil_03/_ato2015-2018/2017/lei/L13467.htm>. Acesso em: 10 jun. 2020.

CENTRAL ÚNICA DOS TRABALHADORES. Secretaria Nacional de Relações de Trabalho; DEPARTAMENTO INTERSINDICAL DE ESTATÍSTICA E ESTUDOS SOCIOECONÔMICOS. *Terceirização e desenvolvimento:* uma conta que não fecha. São Paulo: CUT, 2014.

DATAFOLHA. *Avaliação da presidente Dilma Rousseff* (avaliação do Congresso Nacional, expectativas econômicas, operação Lava Jato, Petrobras) São Paulo: *Datafolha*, 2015. Disponível em: <http://media.folha.uol.com.br/datafolha/2015/04/13/avaliacao_governo_dilma.pdf>. Acesso em: 11 jun. 2020.

DEPARTAMENTO INTERSINDICAL DE ESTATÍSTICA E ESTUDOS SOCIOECONOMICOS – DIEESE. *A Reforma Trabalhista e os impactos para as relações de trabalho no Brasil.* São Paulo. Nota Técnica n. 178, 2017. Disponível em: <???>. Acesso em: 10 jun. 2020.

GHIRALDELLI, Reginaldo. (Contra) Reforma Trabalhista: "modernização" destrutiva no Brasil das desigualdades. v. 19 n. 02 (2019): *Revista Libertas*, jul./dez. 2019.

GOMES, David F. L. *A Constituição de 1824 e o Problema da Modernidade:* o Conceito Moderno de Constituição, a História Constitucional Brasileira e a Teoria da Constituição no Brasil. Tese (doutorado). Faculdade de Direito da Universidade Federal de Minas Gerais. Belo Horizonte, 2016.

IAMAMOTO, M. V. *Serviço social em tempo de capital fetiche:* capital financeiro, trabalho e questão social. São Paulo: Cortez, 2008.

LÖWY, Michel. Da tragédia à farsa: o golpe de 2016 no Brasil. In: JINKINGS; DORIA; CLETO. *Por que gritamos golpe?:* para entender o *impeachment* e a crise política no Brasil. São Paulo, 2016.

MARX, Karl. *O Capital – Crítica da economia política.* L. 1, O processo de produção do capital. Trad. Rubens Enderle. São Paulo: Boitempo, 2013.

______. *O Capital – Crítica da economia política.* L. 3, O processo global de produção do capital. Trad. Rubens Enderle. São Paulo: Boitempo, 2015.

PAULANI, Leda Maria. Uma ponte para o abismo. In: JINKINGS; DORIA; CLETO. *Por que gritamos golpe?:* para entender o *impeachment* e a crise política no Brasil. São Paulo, 2016.

RAMOS, Gustavo Teixeira, *et al.* (Eds.). *O Golpe De 2016 e a Reforma Trabalhista:* Narrativas de Resistência. CLACSO, 2017. JSTOR. Disponível em: <www.jstor.org/stable/j.ctvtxw31b>. Acesso em: 20 jun. 2020.

SENADO. *Comissão aprova MP do Contrato Verde e Amarelo, que flexibiliza regras trabalhistas.* 2020. Disponível em: <https://www12.senado.leg.br/noticias/materias/2020/03/17/comissao-aprova-mp-do-contrato-verde-e-amarelo-que-flexibiliza-regras-trabalhistas>. Acesso em: 30 jul. 2020.

______. *Reforma trabalhista gera desemprego e impede acesso à justiça, dizem debatedores.* 2018. Disponível em: <https://www12.senado.leg.br/noticias/materias/2018/05/14/reforma-trabalhista-gera-desemprego-e-impede-acesso-a-justica-dizem-debatedores>. Acesso em: 30 jul. 2020.

UOL. *Ministro diz esperar 2 milhões de empregos com novas regras trabalhistas, dizem debatedores.* 2018. Disponível em: <https://economia.uol.com.br/noticias/reuters/2017/11/20/ministro-diz-esperar-2-milhoes-de-empregos-com-novas-regras-trabalhistas.htm>. Acesso em: 30 jul. 2020.

VEJA *ONLINE*. *Reforma trabalhista vai tirar 1,5 milhão do desemprego, diz Itaú.* 2017. Disponível em: <https://veja.abril.com.br/economia/reforma-trabalhista-reduzira-desemprego-em-15-milhao-diz-itau/>. Acesso em: 10 jun. 2020.

A Destruição dos Direitos Sociais como Projeto de Governo Neoliberal Radical de Jair Bolsonaro

Talita Tavares Borges

A destruição do Estado Social é definitivamente um projeto econômico que vem se firmado aos poucos no país. Atualmente, o governo Bolsonaro tem estabelecido um eficaz controle ideológico das massas que permite o corte de direitos sociais com a aprovação dos próprios indivíduos, sendo eles de classes baixas ou altas. Essa conciliação aparente de classes antes conflitantes só se torna possível devido à retroalimentação dos sistemas de acumulação capitalista com o sucateamento da educação, aumento da pobreza e consequente dependência do universo do trabalho assalariado e suas novas formas constituintes.

Como é sabido, o Estado é a unificação histórica de Estados e grupos de Estados, criados a partir do estado burguês, de novas concepções de direito, política, economia, educação e consequentemente, de ética, estabelecendo uma unidade não apenas no plano jurídico formal, mas ideologicamente projetada para toda sociedade (SIMIONATTO, 2009). Desse modo, a incorporação da sociedade civil à esfera estatal ocorre através de diferentes mecanismos, especialmente na formação da opinião pública enquanto estratégia de fortalecimento da hegemonia política por parte do Estado em assuntos de seu interesse (SIMIONATTO, 2009).

A eleição de Bolsonaro representou, segundo essa lógica, a ascensão da hegemonia neoliberal conservadora, com a autorização do povo, para promover mudanças estruturais, políticas, jurídicas e econômicas, a fim de sustentar os interesses de uma elite empresarial sedenta por poder. Esse fato também acompanhou o desenvolvimento global de um controle político tecnológico das massas através de meios de comunicação que se estendem desde o entretenimento comum nas redes sociais até as novas formas de sujeição ao trabalho, como o *home office* e a chamada uberização, por exemplo. Nessa nova estrutura, o poder político continua a ser dominado pelas elites econômicas, que hoje podem ser chamadas de "elites do conhecimento".

A solubilidade das informações na era da *internet* provocou a perda de poder da imprensa e consequentemente o surgimento do espetáculo da subjetividade das informações, apelando para o sentimentalismo que frequentemente toma o lugar da racionalidade. Assim, houve o alinhamento entre defasagem educacional com a ascensão de um novo esquema de poder, que cresce através do domínio da tecnologia por grupos que comandam o capital mundial. Geralmente, as pessoas não percebem que estão sendo dominadas através da linguagem subliminar empregada nos sistemas tecnológicos que tomam conta da vida cotidiana.

Nesse momento, se torna bastante simples se apropriar da verdade e esvaziá-la de um conteúdo minimamente racional e objetivo. Assim, as necessidades urgentes de uma população podem ser então suprimidas através da produção de informações falsas a respeito da atuação dos governos. Isso porque o capitalismo alcançou o auge da separação entre os grupos e segregação de realidades através da demarcação social do espaço, tanto na realidade material como na *internet*. Os algoritmos, hoje, organizam o acesso à informação de acordo com a individualidade, ou seja, dificultam a diversificação de informações e a interação com realidades diferentes. Em conformidade, as bolhas sociais da *internet* derivam das novas formas de alienação social.

É de acordo com essa visão que Marx (2013) afirma que o problema não é o Estado, mas a sociedade capitalista que define a atuação estatal de acordo com os interesses da burguesia. Para a efetivação dessa relação de dominância, a burguesia cria a individualidade e a universalização da subjetividade para desmobilizar as manifestações sociais. Assim, questões particulares como gênero, sexualidade e raça, não fazem parte dos objetivos da administração do Estado.

Ter compreensão sobre as tecnologias transforma o mundo e por isso o conhecimento tem sido organizado para não ser acessível, mas para ser sistêmico e programado, sendo assim, a rede da Elite do Conhecimento é uma ferramenta poderosa, capaz de exercer forte influência sobre as massas (MONTERASTELLI, 2019, *Carta Capital*). Por exemplo, as mídias tem financiado campanhas políticas desde os anos 70 e 80, e as agendas dessas empresas estão longe de um Estado Social, mas refletem o interesse no crescimento saudável de corporações, que não querem ser taxadas nem regulamentadas (MONTERASTELLI, 2019).

A campanha política de Bolsonaro se pautou no uso massivo de redes sociais para a disseminação de informações falsas e criação da massa de militantes e eleitores que enxergam nas políticas sociais o empecilho do desenvolvimento econômico. Segundo apuração da Carta Capital (2018) empresas compraram pacotes de disparo de mensagens contra o PT no *WhatsAap* e entre as compradoras está a Havan, do empresário Luciano Hang. Esse mesmo foi proibido pela justiça de coagir seus funcionários a votarem no candidato do PSL na época.

Conforme apresentado, é possível compreender o papel nada inocente do Estado em relação à conformação da situação de coisas como se apresenta atualmente. O Brasil, historicamente, possui dificuldade de conciliar sua função de reproduzir o modo de exploração e preservação dos padrões de desigualdade de renda, riqueza e privilégios com o papel de transformação social através de políticas públicas que visam acelerar a acumulação de capital e impulsionar a expansão do capitalismo (SAAD FILHO, MORAIS, 2018). À vista disso, o Estado possui grande poder vertical, que pode ser percebido pela enorme opressão que oferece às massas subjugadas de negros e migrantes e pouco poder horizontal de conciliação de interesses dos grupos dominantes. Esses conflitos são resolvidos através da barganha institucional, ou seja, corrupção e negociação de vantagens políticas e jurídicas (SAAD FILHO, MORAIS, 2018). Nessa perspectiva, os direitos sociais são constantemente alvos das negociações de poder, como foram os direitos trabalhistas em 2017. Dessa forma, as classes menos favorecidas são constantemente atacadas, porem frequentemente mantidas em seu lugar na estrutura social.

Nesses moldes, todas as tentativas de conciliação de classes que tendiam a favorecer os mais pobres foram vistas com grande desprezo pelas elites que coordenam o poder político no país. Por isso, a deposição da presidenta Dilma Rousseff contou com o apoio dos três poderes, da polícia federal, do empresariado nativo e dos oligopólios da mídia que agiram como se fossem o "quarto poder", mediando todos os outros (BRAZ, 2017).

Diferentemente de um golpe militar, no Brasil criou-se uma forma democrática de se eliminar governos que já não servem para a manutenção do capital (BRAZ, 2017). Isso explica porque Bolsonaro se mantem por tanto tempo no poder mesmo tendo cometido inúmeros crimes contra a democracia, as instituições e o povo. A resposta se relaciona a própria construção hegemônica dos moldes de seu poder conservador. Enquanto ele estiver colaborando com as elites empresariais e estabelecendo reformas que favoreçam mais acúmulo de capital, não representa ameaça política.

No entanto, os retrocessos nos direitos sociais e individuais não podem ser aceitos como se qualquer tipo de democracia fosse melhor que uma ditadura, visto que a democracia burguesa tem limites visíveis e caros e não considera que o povo faça parte da direção/gestão do Estado (BRAZ, 2017). Ainda que, tanto governos liberais, populares e conservadores tenham efetivado políticas de conciliação de classes, foi após o *impeachment* de Dilma que a organização do Estado se alinhou aos ideais de dominação do capitalismo global atual. Para isso, reduziu os custos do trabalho no país e implementou novas formas de exploração com incremento tecnológico para baratear os custos; iniciou a caçada dos avanços sociais das minorias a fim de promover o retrocesso cultural e ideológico; readequou as políticas sociais ao novo panorama neoliberal mais radical para facilitar mudanças profundas na política de austeridade fiscal (BRAZ, 2017).

Nesse contexto, a elite empresarial e a mídia conseguiram minar a possibilidade de manutenção de um governo social democrático, com ênfase no Partido dos Trabalhadores e todas as reformas sociais passaram a ser taxadas como estratégias de governos de esquerda, ou de acordo com a ideologia radical do governo atual, como ameaças comunistas. Desse modo, intensificaram-se os ataques à educação pública e aos professores, aos direitos das minorias como LGBTQI+, das populações racializadas e deficientes, à preservação do meio ambiente, à saúde pública universal e acessível e aos direitos trabalhistas.

O primeiro dos grandes retrocessos acorreu no período do governo de transição de Temer. Ele foi marcado pela desconstrução do arcabouço social que vinha sendo construído e consolidado – desconstitucionalização dos direitos sociais -, asfixiando a área social com o congelamento de recursos para seu financiamento, e promovendo o empreendedorismo individual como substituto do trabalho com estabilidade (COHN, 2020). Além disso, nesse governo foi realizada a reforma das leis trabalhistas (Lei. 13.467 de 2017) que promoveu grande flexibilização e insegurança para os trabalhadores.

A partir de 2019 o neoliberalismo conservador do governo Bolsonaro tem construído um discurso de combate ao pacto de solidariedade social para instaurar o individualismo do cada um por si (COHN, 2020). Percebe-se que o desmanche dos direitos sociais foram progressivos, porém seu ápice chegou com o atual governo, que descredibiliza as ações sociais ao passo que dissolve os limites das instituições democráticas para alavancar o ideal de país que se comprometeu a entregar, tanto para as elites quanto para as massas persuadidas.

Nunca antes na história do país se investiu tanto em convencer a população a abrir mãos dos direitos fundamentais ao emprego, à aposentadoria e à renda digna, culpabilizando os pobres pela má gerência dos recursos públicos (CIMI REGIONAL SUL, 2019). Bolsonaro adota um discurso populista despudorado, que o aproxima das camadas populares da sociedade, que estão frustrados e descrentes da política habitual, e dessa forma consegue convencer que o problema do Estado é o excesso de garantias sociais, pois todos precisam ser exatamente iguais, reduzidos à mediocridade de se esforçar a vida toda para obter o mínimo de recursos e se orgulhar por isso. Entra na cabeça e na vida das pessoas com seu discurso e através do domínio tecnológico possibilitado pelas elites que o sustentam. O Estado capitalista hoje lucra com a subtração dos recursos que eram destinados a promoção de direitos sociais (CIMI, 2019).

Nesse governo, a reforma da previdência (Emenda Constitucional n. 103), por enquanto, é o ápice da desconstrução do pacto social sob o qual fundamos a nossa democracia (RODRIGUES, 2019, *Carta Capital*). Aprovada e homologada, ela destitui direitos, acompanhando o retrocesso promovido pela Reforma Trabalhista, proibindo o acúmulo de benefícios, acabando com a atualização dos valores a receber, além de aumentar a idade e tempo de contribuição, além de diminuir o valor dos benefícios. (COHN, 2020). Os formuladores da reforma desconsideraram as desigualdades de gênero e a profunda heterogeneidade socioeconômica provocada por um longo passado escravagista e pela industrialização tardia (FAGNANI, 2017).

Ademais, com o agravamento da crise social provocada pelo advento da pandemia mundial do Covid-19, as mudanças estabelecidas pelo governo atual foram sentidas profundamente pelos mais vulneráveis, como o previsível. O entristecedor é que inexiste qualquer sentimento de compaixão em relação à situação das populações marginalizadas, continuando sem culpa as reformas legislativas que apenas favorecem o setor empresarial brasileiro.

Dentre elas estão as PECs do horror em trâmite na câmara legislativa, como a PEC n. 188 que estabelece medidas de ajuste fiscal aplicáveis ao custeio da máquina pública e estende a proibição de vinculação de receitas de impostos a qualquer espécie de receitas públicas. Ela acrescenta ao art. 6º da Constituição Federal o parágrafo único que diz ser condicionada a promoção dos direitos sociais ao direito ao equilíbrio fiscal intergeracional. (RODRIGUES, 2019, *Carta Capital*). Enfatiza-se que o equilíbrio fiscal é uma função e uma atividade do Estado e não um direito, como se ele fosse uma pessoa física ou jurídica. Sendo assim, as futuras gerações devem ter o direito à saúde, à educação, à alimentação e à dignidade levados a sério, não tendo que se submeter ao crivo ambicioso das corporações que lucram com a privatização dos gastos públicos como os bancos, por exemplo.

Outro ponto importante a ser ressaltado é que o governo federal fez pouco caso das medidas de segurança a serem tomadas durante a pandemia e decididamente expôs inúmeros trabalhadores ao risco ao determinar que as atividades essenciais fossem mantidas, não sendo garantia que aqueles que escolhessem pela saúde em detrimento do emprego receberiam o auxílio emergencial, em razão da burocracia envolvida no processo. Muitos deles foram demitidos devido ao corte de gastos provocado pela recessão econômica do atual contexto Porém, Bolsonaro piorou a situação ao sancionar a Medida Provisória n. 936 que permitia a redução salarial ou a suspensão do contrato empregatício durante o estado de calamidade pública. Os objetivos da medida são preservar o emprego e a renda, garantir a continuidade das atividades laborais e empresariais e reduzir o impacto social e econômico. No entanto, o que se apresenta, hoje, no Brasil é o aumento da informalidade e da extrema pobreza (AMORIM, 2020, *Economia UOL*).

O conjunto de medidas tomadas pelo governo excluíram os pobres da agenda pública, como demonstra a operação "pente fino" da previdência, da assistência social e do Bolsa Família. Enquanto a população de rua aumenta nas grandes capitais o governo deixa de responder a inúmeros pedidos de benefícios previdenciários, totalizando 1,7 milhões de solicitações, inclusive de grávidas (COHN, 2020). Assim, o país volta mais uma vez para o Mapa da Fome e doenças antes praticamente erradicadas voltam a atingir as populações mais carentes, consolidando as estratégias governamentais para a separação de grupos sociais com o devido distanciamento social entre ricos e pobres (COHN, 2020).

Conforme o planejado, Bolsonaro tem seguido a agenda de adaptação social às novas formas de acumulação de capital e exploração do trabalho. O longo caminho percorrido pelo capital nos anais da acumulação primitiva chegou, no momento atual, ao seu auge com a financeirização e mundialização em escala global, introduzindo uma nova divisão do trabalho, que apresenta uma tendência repaginada com a intensificação da precarização e informalidade, se direcionando a intelectualização do trabalho (ANTUNES, 2018). Desse modo, ao invés de promover a diversificação dos postos de trabalho, ou a diminuição progressiva do trabalho humano com a substituição tecnológica, o que se verifica é o crescimento de um infoproletariado super-explorado, conectado pelos celulares nos mais diversos postos de prestação de serviços, o que se pode denominar segundo Ricardo Antunes de "escravidão digital" (ANTUNES, 2018).

Enquanto a economia e a política estiverem alinhadas à hegemonia do capital, as empresas sempre obterão lucros enormes, transferindo aos trabalhadores o ônus da maximização do tempo, do crescimento da produtividade, da redução de custos e da flexibilização das garantias trabalhistas (ANTUNES, 2018). Não importa, portanto, que os trabalhadores não tenham direitos sociais, desde que eles possam "livremente" dispor da sua autonomia para que a economia consiga enfim expandir e criar espaço para todos, desde que lutem com a própria vida por ele.

Como visto até aqui, a construção da hegemonia que se estabelece contra as classes baixas opera através da articulação de políticas restritivas de direitos, com o aumento da dependência institucional da população, pelo sucateamento da educação, serviços de saúde e segurança pública. Isso reforça o conformismo social, resultando na desestruturação das lutas das classes subalternas, reduzindo-as a interesses meramente econômicos-corporativos (SAMIONATTO, 2009). Desse modo, para que as classes subalternizadas tenham o poder de alteração da realidade social é preciso que haja uma "reforma intelectual e moral" (SAMIONATTO, 2009), para que se rompa o círculo de transmissão de ideais e valores das classes dominantes aos dominados, garantindo maior autonomia aos últimos para elaborarem suas demandas e reivindicações de grupo. Porém, não se pode desconsiderar que as manifestações de individualidades dentro do sistema capitalista são silenciadas pela violência do Estado e seus aparelhos ideológicos. Então, não será fácil a luta, mas deve ser constante e incansável.

Referências bibliográficas

AMORIM, Daniela. Informalidade cresce e é recorde em 20 estados. *UOL Economia*, 5 fev. 2020. Disponível em: <https://economia.uol.com.br/noticias/estadao-conteudo/2020/02/15/informalidade-cresce-e-e-recorde-em-20-estados.htm>. Acesso em: 9 ago. 2020.

ANTUNES, Ricardo. *O Privilégio da Servidão:* o novo proletariado de serviços na era digital. São Paulo: Boitempo, 2018.

BRASIL. *Emenda Constitucional n. 103, de 12 de novembro de 2019*. Altera o sistema de previdência social e estabelece regras de transição e disposições transitórias. Brasília, DF, nov. 2019.

______. *Lei n. 13.467, de 13 de julho de 2017*. Altera a Consolidação das Leis do Trabalho (CLT). Brasília, DF, jul. 2017.

______. *Medida Provisória n. 936, de 1º de abril de 2020*. Institui o Programa Emergencial de Manutenção do Emprego e da Renda. Brasília, DF, abr. 2020.

BRAZ, Marcelo. O golpe nas ilusões democráticas e a ascensão do conservadorismo reacionário. *Serv. Soc. Soc.*, São Paulo, n. 128, p. 85-103, jan./abr. 2017.

CARTA CAPITAL. Quem financia e quanto custa a campanha de Bolsonaro no WhatsAap?. *Carta Capital*, 18 out. 2018. Disponível em: <https://www.cartacapital.com.br/politica/empresarios-bancaram-campanha-anti-pt-pelo-whatsapp-diz-jornal/>. Acesso em: 9 ago. 2020.

CIMI REGIONAL SUL. O governo Bolsonaro faz avançar os programas neoliberais que restringem direitos individuais e coletivos. *CIMI Regional Sul*, 16 ago. 2019. Disponível em: <https://cimi.org.br/2019/08/governo-bolsonaro-faz-avancar-programas-neoliberais-restringem-direitos-individuais-coletivos/>. Acesso em: 9 ago. 2020.

COHN, Amélia. As políticas de abate social no Brasil contemporâneo. *Lua Nova*, São Paulo, n. 109, p. 129-160, abr. 2020. Disponível em: <http://www.scielo.br/scielo.php?script=sci_arttext&pid=S0102644520200001001298&l=en&nrm=iso>. Acesso em: 10 ago. 2020. Epub june 05,2020. Disponível em: <https://doi.org/10.1590/0102129160/109>.

FAGNANI, Eduardo. O fim do breve ciclo da cidadania social no Brasil (1988 – 2015). Texto para Discussão. Unicamp. Instituto de Economia, Campinas, n. 308, jun. 2017.

SAAD FILHO, Alfredo. MORAIS, Lécio. *Brasil:* neoliberalismo versus democracia. São Paulo: Boitempo. 2018.

MARX, Karl. *Crítica da Filosofia do Direito de Hegel*. São Paulo: Boitempo. 2005.

MONTERASTELLI, Alessandra. O controle das Think Tanks nos Estados Unidos e o alcance global de suas redes de poder. *Carta Maior*, 3 dez. 2019. Disponível em: <https://www.cartamaior.com.br/?/Editoria/Politica/O-controle-das-Think-Tanks-nos-Estados-Unidos-e--o-alcance-global-de-suas-redes-de-poder/4/45973>. Acesso em: 9 ago. 2020.

RODRIGUES, Rodolfo. Os gatilhos de Jair Bolsonaro atingem o coração dos direitos sociais. *Carta Capital*, 26 nov. 2019. Disponível em: <https://www.cartacapital.com.br/politica/os-gatilhos-de-jair-bolsonaro-atingem-o-coracao-dos-direitos-sociais/>. Acesso em: 9 ago. 2020.

SENADO FEDERAL. *Proposta de emenda à Constituição n. 188 de 2019*.

SIMIONATTO, Ivete. Classes subalternas, lutas de classe e hegemonia: uma abordagem gramsciana. *Revista Katál*, Florianópolis, v. 12, n. 1, p. 41-49, jan./jun. 2009.

PARTE II

Relações Históricas entre Direito do Trabalho e Saúde desde a Realidade Brasileira

Sistema de Saúde de Pessoas Escravizadas no Período Colonial

Daniel Vitor de Castro

Introdução

No atual cenário político internacional, os debates sobre a pandemia do novo coronavírus, somados os atos antirracistas de massas contra a violência policial, vemos diversas categorias sendo mobilizadas para explicar a centralidade da "raça" para a compreensão dessa crise sanitária, marcadamente econômica, social, política e civilizacional.

Buscando contribuir com a proposta deste livro, de compreender como se dão os rearranjos trabalhistas em meio à crise sanitária, propomos dar alguns passos para trás e observarmos como as bases materiais e ideológicas do colonialismo e escravidão trabalharam com a necessidade objetiva de reprodução da força de trabalho negra escravizada.

Este texto, assim, busca averiguar como se dava o acesso a serviços de saúde por pessoas escravizadas durante o período colonial brasileiro. Quais os danos que o ambiente de trabalho escravo e estrutura colonial causavam à saúde dessa população escravizada? Seria possível falar em atendimento médico, cura e cuidado de corpos desumanizados pela práxis colonial?

Para tanto, começamos o artigo discutindo as bases teóricas de compreensão do escravismo colonial moderno desde a perspectiva fanoniana de que o sofrimento físico e mental do sujeito colonizado e racializado como negro tem suas causas na estrutura colonial. Trouxemos, na segunda parte, como doenças que acometiam a população escravizada com maior intensidade aparecem na historiografia da saúde. E, por fim, procuramos pelas práticas de curas (institucionais, populares e auto-organizadas) que os escravizados tinham acesso, formando o que especialistas chama de "sistema de saúde do escravo".

1. Colonialismo e escravidão como diagnósticos

Em 1946, findado o curso de medicina, em Lyon, na França, o jovem martinicano Frantz Fanon teve sua tese em psiquiatria recusada pela banca, sob acusação de ser pouco científica, não enquadrando-se no rígido padrão clínico-positivista da época e local. Anos depois, o texto rejeitado veio a ser publicado sob o título *Pele Negra, Máscaras Brancas*(1) e defende a seguinte tese: a violência colonial produz as causas sociogênicas de uma série de complexos psíquicos e doenças psicossomáticas observáveis na experiência vivida do sujeito colonizado, racializado, e inferiorizado, como negro.

Posteriormente, somará ainda a essa tese o sofrimento mental acometido também sob agentes da violência colonial responsáveis pelas forças repressivas em contexto de guerra anticolonial: a dialética da opressão nua e crua do colonialismo desumaniza, e adoece, torturado e torturador(2). Mas nos atentemos aos primeiros.

Nos perguntando sobre o acesso de pessoas escravizadas à saúde encaramos uma primeira contradição: como cuidar e promover a vida em um sistema de morte e violência extrema?

Operados sob as necessidade do capital, o colonialismo e escravidão moderna, reorganizaram o mundo político-economicamente, mas também ontologicamente. A hierarquização de povos a serem espoliados teve na "raça" sua tecnologia mais sofisticada, que legitimou a práxis da violência colonial e possibilitou a invenção da modernidade, e, em particular, do negro a ser escravizado(3).

Enquanto a modernidade, vista apenas pela ótica de experiências intraeuropeias, produziu a ser humano abstrato, universal e sujeito de direitos; se observada desde a periferia do mundo, colonizada e escravizada, a modernidade também produziu o ser humano concreto, os *condenados da terra* que são marcados na pele pela desumanização como norma(4).

Sobre esta violência ontológica que estrutura a experiência vivida pelo negro escravizado, o filósofo camaronês Achille Mbembe afirma:

> Produto de um maquinário social e técnico indissociável do capitalismo, de sua emergência e globalização, esse termo foi inventado para significar exclusão, embrutecimento e degradação, ou seja, um limite sempre conjurado e abominado. Humilhado e profundamente desonrado, o negro

(1) FANON, Frantz. *Pele Negra, Máscaras Brancas*. Tradução de Renato da Silveira. Salvador: EDUFBA, 2008.

(2) FANON, Frantz. *Os Condenados da Terra*. Tradução de José Laurênio de Melo. Rio de Janeiro: Civilização Brasileira, 1968.

(3) FANON, Frantz. *Pele Negra, Máscaras Brancas*. Tradução de Renato da Silveira. Salvador: EDUFBA, 2008; MBEMBE, Achille. Crítica da Razão Negra. Tradução Sebastião Nascimento. São Paulo: n-1 Edições, 2018.

(4) Idem.

> é, na ordem da modernidade, o único de todos os humanos cuja carne foi transformada em coisa e o espírito em mercadoria — cripta viva do capital[5].

No Brasil, em nossos quase quatrocentos anos de escravismo colonial,

> a imediata exploração da nova terra se iniciou com o simultâneo aparecimento da raça negra fertilizando o solo brasileiro com suas lágrimas, seu sangue, seu suor e seu martírio na escravidão. Por volta de 1530, os africanos, trazidos sob correntes, já aparecem exercendo seu papel de "força de trabalho"; em 1535 o comércio escravo para o Brasil estava regularmente constituído e organizado, e rapidamente aumentaria em proporções enormes (...) Sem o escravo, a estrutura econômica do país jamais teria existido. O africano escravizado construiu as fundações da nova sociedade com a flexão e a quebra da sua espinha dorsal, quando ao mesmo tempo seu trabalho significava a própria espinha dorsal daquela colônia[6] (NASCIMENTO, 1978, p. 48-49).

Esta massa de pessoas negras escravizadas no Brasil não possuía direitos, eram tratados como animais e objetos, a "pão, pano e pau", submetidos a condições precárias e extenuantes de trabalho que iam de quatorze a dezesseis horas, pouca preocupação com sua reprodução social, distribuídos em todos os níveis da divisão do trabalho, e cotidianamente castigados e torturados sob técnicas disciplinares[7].

Clóvis Moura, ainda, divide o escravismo colonial brasileiro em dois grandes momentos: Escravismo Pleno (1550-1850) e Escravismo Tardio (1851-1888)[8]. A primeira periodização é marcada pela escravidão em sua plenitude, sendo sua estrutura a totalidade das relações sociais atravessadas pela polarização entre senhores e escravos, tendo a máxima repressão e constantes rebeliões radicalizadas como conflitos que movimentaram as instituições e suas práticas. Já no segundo momento, marcado pela modernização conservadora e transição para o capitalismo dependente e racismo estrutural, a práxis negra e técnicas de controle e disciplina da raça se deram de formas variadas e possibilitaram espaços de aparente mediação, ainda que sempre marcados pelo conflito estruturantes das classes do escravismo colonial.

---

(5) MBEMBE, Achille. *Crítica da Razão Negra*. Tradução Sebastião Nascimento. São Paulo: n-1 Edições, 2018. p. 21.

(6) NASCIMENTO, Abdias do. *O Genocídio do negro brasileiro: processo de um racismo mascarado*. Rio de Janeiro: Paz & Terra, 1978. p. 48-49.

(7) Clóvis Moura traz que, em geral, o principais instrumentos de aviltamento, tortura ou disciplina de trabalho eram: instrumentos de captura e contenção: correntes, gonilhas, gargalheiras, tronco, vira-mundo, algemas, cepo, corrente e peia; instrumentos de suplício: máscaras, anjinhos, palmatórias e bacalhau; instrumentos de aviltamento: libambo, ferro-para-marcar, placas de ferro com inscrições infames. MOURA, Clóvis. *História do negro brasileiro*. 2. ed. São Paulo: Ática, 1992. p. 17.

(8) MOURA, Clóvis. *Dialética radical do Brasil negro*. São Paulo: Editora Anita, 1994.

Trazemos esta caracterização para refletirmos sobre como a relação entre matar/deixar-morrer da estrutura escravista se dinamiza com a necessidade de reprodução social desta "força de trabalho" e como esta última é mobilizada também pela auto-organização da agência negra na produção de suas próprias práticas de cura e cuidado e como estas se relacionaram com saberes e práticas médicas institucionais na produção de um possível sistema de saúde da pessoa escravizada no período colonial brasileiro.

2. Doenças em pessoas escravizadas

Tendo que sobreviver com alimentação insuficiente e imprópria, sem moradia salubre nem vestimentas adequadas, com excesso de trabalho forçado em condições precárias e estresse contínuo pelo sofrimento da escravidão e seus métodos disciplinares e punitivos; os povos escravizados sofriam mais intensamente com as doenças típicas da época.

Como defende o historiador Carlos Alberto Cunha Miranda:

> Durante o período colonial, fica evidente a correlação entre as condições de vida dos escravos e as doenças reinantes. Era natural que as enfermidades fossem mais disseminadas entre os escravos, uma vez que estes eram submetidos a castigos corporais e psicológicos, a excessos de trabalho e, além disso, eram mal alimentados, desprovidos de roupas, calçados e moradia adequada.[(9)]

Para demonstrar sua tese, Miranda faz um extenso relatório das enfermidades mais comuns às pessoas escravizadas e de como suas causas estavam relacionadas aos maus-tratos e ambientação não compatível com a possibilidade de uma vida saudável.

A própria prática da monocultura da cana-de-açúcar, que destruiu solo, vegetação e fauna local, foi responsável por um empobrecimento de complexos alimentares regionais que passaram a depender de produções mais baratas e fáceis, com valores nutritivos menores, como a farinha de mandioca. O planejamento alimentar das pessoas escravizadas visava tão somente valor energético necessário para o trabalho diário, sem preocupação nutritiva nem vitamínica, causando uma série de perturbações alimentares patológicas, como raquitismo[(10)], inanição[(11)], beribéri[(12)], pelagra[(13)], xeroftalmia[(14)] e escorbuto[(15)].

---

(9) MIRANDA, Carlos Alberto Cunha. *A Arte de Curar nos Tempos da Colônia:* limites e espaços da cura. 3. ed. Recife: Editora UFPE, 2017. p. 422.

(10) Causado pela carência de vitamina D e de exposição ao sol.

(11) Deficiência calórica prolongada.

(12) Carência de tiamina e vitamina B1, comum em crianças gestadas por mães com este déficit vitamínico.

(13) Falta de ácido nicotínico, encontrado principalmente na proteína animal.

(14) Cegueira, ou danos na visão, causada pela falta de vitamina A.

(15) Carência de vitamina C.

Pelas condições já relatadas, somado o contato com água imprópria tanto para banho e consumo, infecções bacterianas e viróticas, além de parasitas e vermes, também eram enfermidades comuns que comprometiam a saúde dos escravizados. Tétano(16), tuberculose(17), sarampo, febre tifoide(18), carbúnculo(19), infecções hemínticas(20), ancilostomíase(21), lombrigas, bicho-da-costa(22), sarna(23), esquistossomose(24) e malária, figuravam causas frequentes de adoecimento e falecimento entre escravizados.

Doenças venéreas como sífilis, gonorreia e cancro, também alastravam-se com maior intensidade pela população escravizada. Além do sofrimento mental, típico das populações afro-diaspóricas, conhecido como "banto", sendo observado como uma melancolia profunda, saudade de sua terra natal, falta de vontade de viver, letargia e depressão que muitas vezes levavam ao suicídio.

No ambiente de trabalho, ainda, acidentes e maus-tratos atentavam à saúde dos trabalhadores escravizados. Nos engenhos, de tão comum os acidentes com os cilindros de moendas, deixava-se barra de ferro, martelo e lâmina afiada para a necessidade de arrancar o membro esmagado pela maquinaria. Nas plantações, picadas de animais venenosos eram facilitadas pela nudez dos pés. As caldeiras e fornadas deixavam seus usuários com cegueiras permanentes. E, nas minas, soterramentos, afogamentos e asfixia eram causas corriqueiras de mortes e danos permanentes.

O historiado Jorge Luiz Prata de Souza(25) se valeu de registros vitais (batizados, casamentos e óbitos), registros das fazendas, anúncios de fugas em jornais da época, inventários, registros dos locais de repressão, listas de recrutamento para a Guerra do Paraguai, registros portuários e literatura de viajantes para pesquisar como se davam os tratamentos dispensados aos escravizados em relação à sua saúde e doença, durante o escravismo tardio.

---

(16) Causada pelo contato de ferimentos com ambiente insalubres. Comum pela falta de calçados adequados, mordidas de alguns animais, lacerações dos açoitamentos, acidente de trabalho e tratamento inadequado dado às crianças recém-nascidas (corte do cordão umbilical, por exemplo).

(17) Conhecida também por "tísica", a tuberculose foi uma doenças comum no Brasil colonial, sendo a causa de algumas epidemias. Pelo seu contágio se dar por secreções respiratórias, via espirro e fala, tal como sarampo, se alastrou intensivamente pelos amontados de escravizados em senzalas, minas e porões.

(18) Causada pela ingestão de água e laticínios contaminados.

(19) Ou "antraz", seu contágio se dava pelo contato com animais infectados.

(20) Consumo de carne mal passada, principalmente a suína.

(21) Chamada também de "opilação", o parasita proliferava em condições anti-higiênicas e entrava no organismo humano pelos pés-descalços.

(22) Comumente chamado de "verme-da-guiné".

(23) Transmitida pelo contato físico com pessoas contaminadas.

(24) Contágio ao banhar-se em águas contaminadas.

(25) SOUSA, Jorge Luiz Prata de. Tráfico e Escravidão: cuidar da saúde e da doença dos africanos escravizados. *Almanack*, Guarulhos, n. 22, 2019.

Analisando os registros de óbitos da Santa Casa de Misericórdia do Rio de Janeiro, instituição hospitalar mais importante da colônia e do império, observou que

> Dos 587 registros de óbitos, há 148 casos prováveis de falecimento causado por diarreia(26), seguidos por 92 registros de óbitos por tuberculose. Essas duas *causae mortis* estão diretamente relacionadas às condições de vida dos doentes: condições de moradia, a falta d'água tratada, aglomeração de gente, descarte errado de águas servidas; enfim, condicionantes que potencializam a proliferação dos vírus, bactérias e parasitas. Verminoses (...) Mary Karasch, analisando a vasta documentação da Santa Casa de Misericórdia, identificou, para o período de 1833 a 1849, as moléstias infectoparasitárias e doenças do sistema digestivo como as mais presentes entre a população escrava da cidade do Rio de Janeiro(27).

Analisando os registros da Santa Casa de Misericórdia da Bahia, Gabriela Sampaio afirma que

> Entre dezembro de 1867 e março de 1872, período sobre o qual temos dados mais detalhados, 418 africanos deram entrada no hospital da Santa Casa de Misericórdia da Bahia, sendo 95 escravos e 323 livres. Desse total de 418, faleceram 196, representando 46,8% do total. As doenças eram de todo o tipo: de febres a tumores e feridas variadas, de anemia, sífilis e cirrose a tuberculose. Havia também os que tinham membros contundidos, ossos quebrados e até mesmo gangrena, como também os que sofriam de inanição ou de "decrepitude"(28).

Na Casa de Correção(29), que funcionava também como depósito de escravos, Souza observou, em pequena amostragem, que 30% dos óbitos eram causados por tuberculose e 15% por malária. As condições precárias e maus tratos da instituição mobilizaram documento de reivindicação de direitos dos presos intitulado "Representação dos presos existentes nos trabalhos da Casa de Correção e dos pretos africanos que trabalham nas obras públicas da nossa casa, pedindo a intervenção de S.M.I. para melhorar-lhes a insuportável situação em que viviam", fato que exemplifica a agência negra que utilizava-se, no escravismo tardio, também dos meios institucionais para resistirem à violência colonial.

---

(26) Problema reiteradamente noticiado pelos pesquisadores da história da saúde no Período Colonial é a confusão entre doença e sintomas, sendo a diarreia sintoma comum à maioria das enfermidades já citadas.

(27) SOUSA, Jorge Luiz Prata de. Tráfico e Escravidão: cuidar da saúde e da doença dos africanos escravizados. *Almanack*, Guarulhos, n. 22, 2019, p. 159.

(28) SAMPAIO, Gabriela dos Reis. Decrépitos, Anêmicos, Tuberculosos: africanos na Santa Casa da Misericórdia da Bahia (1867-1872). *Almanack*, Guarulhos, n. 22, 2019. p. 210.

(29) SOUSA, Jorge Luiz Prata de. Tráfico e Escravidão: cuidar da saúde e da doença dos africanos escravizados. *Almanack*, Guarulhos, n. 22, 2019, p. 171-174.

O tráfico de escravos em si também era causa de enfermidades. Com a apreensão forçada no continente africano, deslocamento marítimo em condições desumanas e chegada ao continente americano (com contato entre povos com diferentes formações imunológicas), de fato, poucos sobreviviam. Jorge Sousa traz que:

> Entre o aprisionamento, tráfico e venda, Joseph Miller calculou uma taxa de mortalidade de 40% para o período de aprisionamento. Entre 10 e 12% pereciam nos barracões costeiros antes de embarcados. Dos sobreviventes, 9% morriam no mar por ocasião da travessia e, dos que chegavam vivos ao Brasil, metade morria no período de aclimatação. Logo, para cada 1.000 escravos africanos traficados, somente 200 deles passavam por tudo isso vivos(30).

3. Sistema de saúde do escravizado

Mesmo sendo o descaso com a saúde do escravizado a norma, Ângela Pôrto(31) e Jorge Souza(32) defendem a existência de um "sistema de saúde do escravo" (Souza prefere falar em "sistemas", no plural). Este campo dos saberes e práticas medicinais engloba toda uma rede de cuidados, envolvendo medicina douta, instituições, práticas do próprio senhorio (como a mantença de farmácias, boticários e receituários de mezinhas), curandeirismos e técnicas terapêuticas dos próprios escravizados.

Esboçaremos aqui algumas das dimensões que compõe o acesso aos serviços de saúde pelo escravizado.

Inicialmente, o sujeito escravizado aparece na historiografia médica como vetor e portador de doenças e males vindos do continente africano que contaminam a colônia. Relacionando doença e raça, pouco, ou nada, preocupou-se a olhar o escravo doente como um sujeito que precisa de cuidados médicos.

Durante o escravismo pleno, "os grandes proprietários acreditavam ser mais lucrativo substituir, de imediato, o escravo desgastado do que diminuir sua jornada diária de trabalho"(33). Apenas com a proibição do tráfico de escravos, já no escravismo tardio, a valorização do escravo-coisa-mercadoria passa a demandar um sistema de cuidados mínimos.

---

(30) SOUSA, Jorge Luiz Prata de. Tráfico e Escravidão: cuidar da saúde e da doença dos africanos escravizados. *Almanack*, Guarulhos, n. 22, 2019, p. 197.

(31) PÔRTO, Ângela. O sistema de saúde do escravo no Brasil do século XIX: doenças, instituições e práticas terapêuticas. *História, Ciências, Saúde – Manguinhos*, Rio de Janeiro, v. 13, n. 4, 2006.

(32) SOUSA, Jorge Luiz Prata de. Tráfico e Escravidão: cuidar da saúde e da doença dos africanos escravizados. *Almanack*, Guarulhos, n. 22, 2019, p. 198-199.

(33) MIRANDA, Carlos Alberto Cunha. *A Arte de Curar nos Tempos da Colônia:* limites e espaços da cura. 3. ed. Recife: Editora UFPE, 2017. p. 383.

O abandono de escravos à própria sorte, resultava, quando não na morte certa, em pobreza e marginalização nas cidades, entregues à mendicância, acabavam por bater às portas da caridade cristã. Ilustra Miranda: "Muitas vezes, os escravos considerados incapazes para o trabalho — mutilados, cegos, doentes e idosos — eram abandonados pelos senhores e terminavam por sucumbir nas ruas e nas portas das igrejas"(34).

Este sentimentalismo cristão no trato ao doentes e miseráveis institucionalizava-se por meio das Santas Casas de Misericórdia, estruturas hospitalares de grande reconhecimento, com riquezas consideráveis a ponto de acumularem terras e escravos (que inclusive trabalhavam nos próprios hospitais), voltadas principalmente para o atendimento à pessoas pobres.

Sobre o funcionamento da Santa Casa do Rio de Janeiro, Souza mostra-nos que

> Em seu estatuto dos anos cinquenta do século dezenove, no primeiro capítulo, a finalidade do hospital foi definida como sendo prioritário atender aos pobres de ambos os sexos, e o hospital se estruturava em três sessões: a administrativa, a sanitária e a religiosa. Da sessão sanitária estabeleciam-se os serviços prestados aos escravos: atendê-los gratuitamente quando os senhores de escravos "não possuírem mais de um, sem meios de poderem pagar a despesas do curativo".(35)

Com enfoque na atuação da Santa Casa da Bahia, Gabriela Sampaio aponta que

> nas situações mais críticas, quando os remédios dos curandeiros não estivessem disponíveis, ou talvez quando não mais funcionassem, eles eram obrigados a recorrer aos médicos, no único local acessível aos pobres: a Santa Casa de Misericórdia. Não era exatamente uma opção: as pessoas iam para um hospital quando não tinham nenhum recurso, pois quem tinha alguma possibilidade chamava um médico em casa. Hospitais, no século XIX, eram locais onde se ia para morrer. E quem pudesse, evitava entrar num local daqueles.(36)

Os escravizados abandonados que escapassem da morte pelos serviços da Santa Casa não escapariam da escravidão, tornavam-se escravos do próprio hospital.

Analisando registros de fazendas e inventários, Jorge Souza observa uma série de práticas medicinais custeadas e mantidas pelos próprios senhores como boticários,

---

(34) MIRANDA, Carlos Alberto Cunha. *A Arte de Curar nos Tempos da Colônia:* limites e espaços da cura. 3. ed. Recife: Editora UFPE, 2017. p. 413.

(35) SOUSA, Jorge Luiz Prata de. Tráfico e Escravidão: cuidar da saúde e da doença dos africanos escravizados. *Almanack*, Guarulhos, n. 22, 2019, p. 163.

(36) SAMPAIO, Gabriela dos Reis. Decrépitos, Anêmicos, Tuberculosos: africanos na Santa Casa da Misericórdia da Bahia (1867-1872). *Almanack*, Guarulhos, n. 22, 2019, p. 211-212.

enfermarias, receituários e o emprego de alguns dos próprios escravizados na tarefa de barbeiros, parteiras e enfermeiras.

A próprias práticas de cura dos escravizados, e africanos livres, formavam uma medicina entre os escravos com base em saberes e técnicas terapêuticas populares. Numa época onde a medicina douta dava seus primeiros passos, o discurso médico oficial tinha ainda pouca inserção e enraizamento no senso comum. Preferia-se, em muitos casos, medicações e tratamentos vindos de pessoas e linguagens conhecidas. A procura por curandeiros, feiticeiros e medicamentos populares, mesmo que considerados ilegais sob a acusação de "charlatanismo", se dava por todas as camadas da sociedade e não apenas na falta de médicos e hospitais, mas como práticas que sobreviviam paralelamente(37). A própria Santa Casa chegou a ter barbeiros e sangradores nos seus quadros, observando uma "permeabilidade entre dois polos de medicina — a acadêmica e a popular. A prática médica no Brasil resulta de trocas e apropriações de experiências entre europeus, índios e africanos" (38).

Analisando o cenário mineiro setentista, desde as denúncias feitas aos órgãos repressores da Igreja, André Nogueira(39) aponta, ainda, que a crença em "doenças de feitiços" povoava o imaginário do senso comum no período colonial, e que os principais curandeiros de tais malefícios mágicos eram negros, livres ou escravizados. As técnicas de cura das "doenças de feitiço" envolviam rituais que advinham tanto de práticas tipicamente africanas, mas também de sínteses com ritos, cânticos e simbologias cristãs.

Considerações finais

Percebemos, nestas curtas páginas, que o acesso à saúde do trabalhador escravizado se dava de forma contraditória. O senhorio ora avaliava como menos oneroso substituir o escravo doente, e abandoná-lo à própria sorte, por uma nova aquisição; ora dispendia de uma rede de instrumentos, pessoas e práticas terapêuticas para curar o escravizado. Contradição essa explicável pelos diferentes conjunturas dos longos quase quatro séculos de escravidão no Brasil.

Certo é que a escravidão e o colonialismo eram e si mesmos causas desses males e enfermidades que adoecia e matava populações que foram racialmente hierarquizadas e escravizadas. O próprio Estado colonial não dispunha de serviços

(37) FRANCO, Sebastião Pimentel; NOGUEIRA, André Luis Lima. Curas Ilegais e Repressão no Oitocentos Espírito Santense: os casos de Trem e Olegário. *Almanack*, Guarulhos, n. 22, 2019.

(38) PÔRTO, Ângela. O sistema de saúde do escravo no Brasil do século XIX: doenças, instituições e práticas terapêuticas. *História, Ciências, Saúde – Manguinhos*, Rio de Janeiro, v. 13, n. 4, 2006, p. 1024.

(39) NOGUEIRA, André Luís Lima. *Entre cirurgiões, tambores e ervas: calunduzeiros e curadores ilegais em ação nas Minas Gerais (século XVIII)*. Tese (doutorado em História da Ciência e da Saúde). Rio de Janeiro: FIOCRUZ, 2013.

públicos que garantiam o direito à saúde, muito menos às pessoas escravizadas e negros livres, deixando à caridade cristã a tarefa de prestar auxílios institucionais aos pobres e miseráveis. Mesmo quando havia alguma preocupação esta se dava pela necessidade de reprodução da força de trabalho exercida pelo escravo-coisa, não por um direito inerente à humanidade do sujeito escravizado.

A formação de um "sistema de saúde do escravo" se deu principalmente pela articulação entre saberes e práticas populares com as técnicas terapêuticas dos próprios escravizados. O que também demonstra como a agência negra se fez presente por todo o período colonial, seja com as insurgências e rebeliões das senzalas, ou com ações cotidianas de autocuidado e sobrevivência. Sempre houve e haverá uma humanidade irredutível em corpos oprimidos e explorados que insiste, com estratégias plurais, em fazer-se sujeito da História.

A lógica colonial de matar e deixar-morrer no campo da saúde e trabalhista persiste com o racismo que ainda vige. Em tempos de pandemia, trazer a raça para o centro debate se mostra indispensável para fazermos frente aos desafios de garantir o direito à saúde e proteção dos trabalhadores em geral, e dos mais precarizados em particular.

Referências

FANON, Frantz. *Pele Negra, Máscaras Brancas*. Tradução de Renato da Silveira. Salvador: EDUFBA, 2008.

______. *Os Condenados da Terra*. Tradução de José Laurênio de Melo. Rio de Janeiro: Civilização Brasileira, 1968.

FRANCO, Sebastião Pimentel; NOGUEIRA, André Luis Lima. Curas Ilegais e Repressão no Oitocentos Espírito Santense: os casos de Trem e Olegário. *Almanack*, Guarulhos, n. 22, 2019.

LIMA, Silvio Cesar de Souza. *O Corpo Escravo como Objeto das Práticas Médicas no Rio de Janeiro (1830 – 1850)*. Tese (doutorado em História da Ciência e da Saúde). Rio de Janeiro: FIOCRUZ, 2011.

MBEMBE, Achille. *Crítica da Razão Negra*. Tradução Sebastião Nascimento. São Paulo: n-1 Edições, 2018.

MIRANDA, Carlos Alberto Cunha. *A Arte de Curar nos Tempos da Colônia:* limites e espaços da cura. 3. ed. Recife: Editora UFPE, 2017.

MOURA, Clóvis. *História do negro brasileiro*. 2. ed. São Paulo: Ática, 1992.

______. *Dialética radical do Brasil negro*. São Paulo: Editora Anita, 1994.

______. Escravismo, colonialismo, imperialismo e racismo. *Afro-Ásia*, n. 14, 1983.

NASCIMENTO, Abdias do. *O Genocídio do negro brasileiro:* processo de um racismo mascarado. Rio de Janeiro: Paz e Terra, 1978.

NOGUEIRA, André Luís Lima. *Entre cirurgiões, tambores e ervas:* calunduzeiros e curadores ilegais em ação nas Minas Gerais (século XVIII). Tese (doutorado em História da Ciência e da Saúde). Rio de Janeiro: FIOCRUZ, 2013.

PÔRTO, Ângela. O sistema de saúde do escravo no Brasil do século XIX: doenças, instituições e práticas terapêuticas. *História, Ciências, Saúde – Manguinhos*, Rio de Janeiro, v. 13, n. 4, 2006.

SOUSA, Jorge Luiz Prata de. Tráfico e Escravidão: cuidar da saúde e da doença dos africanos escravizados. *Almanack*, Rio de Janeiro, n. 22, 2019.

Raça, Trabalho e Saúde: Ideologias Raciais, Reprodução da Força de Trabalho e Sanitarismo no Brasil da virada do Século XIX para o XX

Carol Matias Brasileiro

1. Introdução

Pensar a crise sanitária contemporânea, resultante da pandemia do Covid-19, e seus efeitos desiguais no contexto brasileiro, requer a retomada dos princípios histórico-ideológicos que contornam a questão sanitária no Brasil. Fundamentalmente, o período desde meados do século XIX até a década de 1930 parece nos trazer respostas sobre como chegamos a um cenário de deliberada exposição à morte da população trabalhadora, periférica e negra(1).

A virada dos séculos XIX e XX é marcada pela construção da identidade nacional após o rompimento com a administração colonial portuguesa, que, entretanto, não findou com a dependência política e econômica determinadas pela divisão internacional do trabalho posta(2). Concomitantemente, os países centrais da ordem anunciavam o fim do tráfico negreiro e do escravismo, para a consequente formação do mercado de trabalho assalariado que possibilitasse a transição da economia colonial para o sistema capitalista globalizado(3). Esse cenário de conflitos econômicos e raciais circunscreve as reflexões sobre quem é o povo brasileiro feitas pelos movimentos nacionalistas à época.

---

(1) MAGALHÃES, Alexandre. As periferias na pandemia: explicitação da política de precarização e de exposição à morte. In: *Revista Tessituras*, Pelortas, RS, v. 8, s.1, jan./jun. 2020.

(2) SANTOS, Luiz Antonio de Castro. O pensamento sanitarista na Primeira República: Uma ideologia de construção da nacionalidade. Dados. *Revista de Ciências Sociais*, Rio de Janeiro, v. 28, n. 2, p. 193-210, 1985.

(3) BARBOSA, Alexandre Freitas. *A formação do mercado de trabalho no Brasil:* da escravidão ao assalariamento. Tese de doutoramento. Universidade de Campinas, 2003, p. 85.

Segundo Luiz Antônio Castro dos Santos, ao analisar a produção literária e sociológica, composta pelas elites proprietárias brancas, o debate travado sobre os rumos para o desenvolvimento nacional, ou melhor, nos termos da época, para o progresso, partia de posicionamentos com pressupostos racistas, num ideal de Brasil ariano e europeizado, que condenava o negro pelo atraso e pelo adoecimento da população(4).

Além disso, a despeito das insurgências quilombolas pela libertação do povo negro, as lideranças políticas e intelectuais brancas à época valeram-se da abolição da escravatura como oportunidade para marginalizar e promover o genocídio negro ao passo que se branqueava a população pelas imigrações europeias(5).

Ocorre que, em razão desta marginalização, os trabalhadores brasileiros encontravam-se adoecidos por surtos de febre amarela, malária, leishmaniose, tuberculose e hanseníase(6). Entretanto, baseados nas ideologias raciais que fundaram a colonização portuguesa do Brasil e no "racismo científico" de cunho eugenista, condenava-se a miscigenação e a herança africana pela baixa resistência às doenças dos trópicos, o que, nessa perspectiva, era o principal empecilho para a reprodução da força de trabalho e o progresso. Como aponta Andreas Hofbauer, a solução posta era segregar ou extinguir(7). Além disso, mesmo o movimento sanitarista, apesar de refutar pressupostos teóricos eugenistas, defendia medidas que subordinavam a saúde da população a finalidades econômicas, por vezes desprestigiando o acesso do povo negro ao atendimento médico(8).

Nesse sentido, a questão sanitária é considerada epicentro da construção da identidade nacional com potencial de desvendar nosso racismo fundante e se mostra como importante objeto de estudo para a compreensão da crise de saúde pública contemporânea. Ainda, é necessário sempre retomar o contexto abolicionista, pois, como afirma Lélia Gonzalez, nele configura-se o racismo como é visto hoje: uma ideologia tão sofisticada que se perpetua e se estilhaça. A ideologia do branqueamento é a base do "racismo por denegação", que classifica a verdade branca como superior e universal

---

(4) SANTOS, Luiz Antonio de Castro. O pensamento sanitarista na Primeira República: Uma ideologia de construção da nacionalidade. Dados. *Revista de Ciências Sociais*, Rio de Janeiro, v. 28, n. 2, p. 193-210, 1985.

(5) AZEVEDO, Celia Maria Marinho de. *Onda negra, medo branco:* o negro no imaginário das elites no séc. XIX. Rio de Janeiro: Paz & Terra, 1987. p. 163.

(6) LIMA, Nísia Trindade; HOCHMAN, Gilberto. Condenado pela raça, absolvido pela medicina: o Brasil descoberto pelo movimento sanitarista da primeira República. In.: MAIO, Marcos Chor; SANTOS, Ricardo Ventura (Orgs.). *Raça, ciência e sociedade*. Rio de Janeiro: Ed. Fiocruz, 1996.

(7) HOFBAUER, Andreas. O conceito de "raça" e o ideário do branqueamento. In: *Revista Teoria e Pesquisa*, n. 42 e 43, jan./jul. 2003.

(8) MAIO, Marcos Chor. Raça, doença e saúde pública no Brasil: um debate sobre o pensamento higienista no século XIX. In: MAIO, Marcos Chor. *Raça como questão:* história, ciência e identidades no Brasil. 22. ed. Rio de Janeiro: Ed. Fiocruz, 2010.

e sustenta o mito da "democracia racial", escondendo a estrutura social racialmente segregatória e genocida.(9)

Logo, a presente exposição tem por objetivo revisar como a questão sanitária era interprestada pelas ideologias raciais e pelo movimento sanitarista durante a transição do escravismo para o mercado de trabalho assalariado entre meados do século XIX até a década de 1930. A abordagem do objeto teve como eixos temáticos: i) as ideologias raciais que permearam a formação cultural brasileira — tradição portuguesa e "racismo científico"; ii) o ideal de desenvolvimento capitalista embranquecido e a exclusão do negro na formação do mercado de trabalho brasileiro; iii) o pensamento sanitarista e a absolvição da raça na construção da identidade nacional; iv) a importância das incursões sanitaristas para a reprodução da força de trabalho.

2. As ideologias raciais e a formação do mercado de trabalho

A constituição da América institui um novo padrão de poder forjado por hierarquias que articulam o mercado mundial, inaugurando a Modernidade. De acordo com Aníbal Quijano, a ideia de raça, até então pouco relevante, é o principal fator na coordenação das relações sociais surgidas neste tempo histórico, marcadas pela dominação dos colonizadores brancos europeus sobre índios, negros e mestiços(10).

A partir de então, desenvolve-se também um novo sistema econômico baseado na organização social do trabalho escravo, na unidade de produção latifundiária e na relação imbricada entre colônia e metrópole. Para Maria Sylvia Carvalho Franco, em leitura marxiana sobre a economia colonial, comparar as formulações pré-capitalistas e capitalistas é comparar, primeiramente, as condições de escravo e de trabalhador livre, que indicam regimes de propriedade distintos(11).

Essa comparação muito interessa ao objeto deste estudo, considerando que o século XIX representa a transição dentre estes dois sistemas econômicos no Brasil. Segundo a autora, a diferença fundamental está na abstração jurídica burguesa que distingue a forma pessoa — controle individual da própria força de trabalho para celebrar contratos — da forma coisa — a mercadoria em si, que é o escravo. A figura abstrata burguesa do indivíduo livre, com igualdade de poder perante os demais, representa a manutenção da violência nas relações de mercado, mas, certo é que, o

---

(9) GONZALEZ, Lélia. A categoria político-cultural de amefricanidade. In: *Tempo Brasileiro*, Rio de Janeiro, n. 92/93, jan./jun. 1988b, p. 69-82.

(10) QUIJANO, Aníbal. Colonialidade, eurocentrismo e América Latina. In: LANDER, Edgardo. *A colonialidade do saber:* eurocentrismo e Ciências Sociais — perspectivas latino-americanas. Buenos Aires: CLACSO, 2005. p. 118.

(11) FRANCO. Maria Sylvia de Carvalho. *Organização Social do Trabalho no Período Colonial.* s/d, p. 5-7. Disponível em: <https://doi.org/10.11606/issn.2318-8863.discurso.1978.37832>. Acesso em: 15 maio 2020.

escravo está excluído desta relação. Por outro lado, o que aproxima os dois sistemas, de acordo com Carvalho Franco, é o vínculo entre produção e dominação social[(12)].

Para a sustentação de relações sociais estruturalmente racistas, faz-se necessário um aporte ideológico que naturalize práticas cruéis como o tráfico de pessoas, o controle do trabalho pela estrutura escravagista e a desumanização do povo negro. No contexto brasileiro, as ideologias raciais eram e são vastas, sendo perceptíveis traços da tradição portuguesa, orientada pelas referências iluminista e católica, desde o início da colonização, e, já no século XIX, do "racismo científico" e do darwinismo social. Assim, o primeiro passo é compreender o que afirmam tais ideologias.

Apesar dos inúmeros fluxos migratórios pelos quais passou, o povo português sempre se identificou pela homogeneidade cultural. Por lá viveram Íberos, Lusitanos, Fenícios, Romanos, Celtas, Visigodos e Mouros. É certo que desde os primeiros reinados da dinastia Avis, a participação do negro na sociedade portuguesa, retratado tanto pelos mouros quanto pelos africanos, era voltada para serviços mais pesados e subalternizados, para o trabalho doméstico e do campo, e sujeitos a violento controle social e político[(13)]. Entretanto, segundo Rosa Cabecinhas foi na Era dos Descobrimentos que a ideia de superioridade racial foi traduzida pela "missão civilizatória". Para a autora, naquele momento,

> Caberia à Europa abrir-lhe o caminho, mostrando aos "povos selvagens" as formas de "domínio do homem sobre as forças da natureza pela ciência", ao mesmo tempo que se lhes inculcaria uma superioridade moral da civilização cristã "fundada na igualdade de todos os homens, na paridade de todas as raças e no progresso em comum de toda a humanidade" (1883/1887; citado por Alexandre, 1999, p.136).[(14)]

É irônico perceber que a ideia de superioridade racial do branco é difundida inicialmente pelo discurso da igualdade. O racismo está presente na identificação do outro como selvagem, algo repugnado pelo movimento iluminista, e na necessidade de torná-lo mais europeu e cristão. O crítico literário Alfredo Bosi, ao analisar escritos populares brasileiros do século XVIII, percebe uma recorrente menção ao mito cristão de Cam, empregando a escravização do povo africano como resultado da maldição jorrada aos descendentes do filho mais novo de Noé[(15)]. Segundo essa crença, o negro

---

(12) FRANCO. Maria Sylvia de Carvalho. *Organização Social do Trabalho no Período Colonial*. s/d, p. 8-11. Disponível em: <https://doi.org/10.11606/issn.2318-8863.discurso.1978.37832>. Acesso em: 15 maio 2020.

(13) GONZALEZ, Lélia. A categoria político-cultural de amefricanidade. In: *Tempo Brasileiro*, Rio de Janeiro, n. 92/93, jan./jun. 1988b, p. 69-82.

(14) CABECINHAS, Rosa. *Racismo e Etnicidade em Portugal:* uma análise psicossociológica da homogeneização das minorias. Tese de doutorado. Universidade de Minho, 2002, p. 77.

(15) BOSI, Alfredo. *A dialética da colonização*. 3. ed. São Paulo: Cia. das Letras, 1992. p. 256-260.

deve ser torturado por meio do trabalho para se redimir, como forma de sacrifício, o que demonstra como o racismo estava presente nas principais instituições da colonização portuguesa, inclusive e principalmente, de referência religiosa.

Sustentado nos valores racistas da colonização portuguesa, o Brasil tornou-se solo fértil para o desenvolvimento do "racismo científico" durante a segunda metade do século XIX, cujos apoiadores se preocupavam com a abolição da escravatura que se anunciava inevitavelmente com a pressão britânica. Não que fossem contrários à abolição, pois, influenciados por Miguel Lemos e Teixeira Mendes, positivistas liberais seguidores de Auguste Comte, os adeptos da corrente eugenista defendiam uma "sociedade industrial, já não mais feudal nem militar, trabalho livre e ditadura republicana"[(16)]. Entretanto, na visão deles, esse mesmo progresso capitalista somente seria possível numa sociedade branca e, uma vez libertos, os negros se tornariam um problema nacional, razão pela qual a abolição foi paulatina e ao máximo adiada, sendo tomadas medidas de exclusão da população negra liberta naquele período, como a promulgação da Lei de Terras em 1850, que manteve o acesso à terra a grandes latifundiários.

A mesma elite proprietária branca que promoveu a miscigenação da população brasileira pelo estupro das escravas negras, nesse período via a multirracialidade como um problema demográfico. Segundo Thomas Skidmore, poligenistas, como o escritor Silvio Romero, chegavam a propor a teoria da esterilidade do mulato, ainda que esta fosse tão claramente desmentida pela realidade social. O geneticista Nina Rodrigues, na década de 1890, sobre a degeneração física provocada pelo cruzamento de raças, afirmava que a influência do negro era o fator constituinte de nossa inferioridade como povo. Para ele, outra barreira ao desenvolvimento era a oposição do branco ao clima tropical. Skidmore demonstra como Nina Rodrigues defendia ainda que o ex-escravo seria incapaz de se adaptar ao trabalho assalariado e de se comportar como "civilizado". Outra figura foi o médico Renato Kehl, engajado na propaganda eugenista no Brasil, divulgando perante a comunidade médica e os intelectuais brasileiros as ideias do francês Conde de Gobineua sobre a desigualdade das raças humanas e anunciando como os não brancos estavam fadados à extinção[(17)].

Por tais escusas, iniciaram-se campanhas e políticas migratórias financiadas pelo Estado que possibilitassem o branqueamento da população. Ao invés de se incluir os negros libertos no projeto de desenvolvimento nacional, pelo acesso à terra e ao mercado de trabalho assalariado, preferiu-se investir e estimular a imigração de

---

(16) *Ibidem*, p. 275.

(17) SKIDMORE, Thomas. *Preto no Branco:* raça e nacionalidade no pensamento brasileiro. V. 9. Rio de Janeiro: Paz & Terra, 1976, cap. 4.

europeus, estes que seriam mais aptos ao trabalho assalariado e industrial rumo ao progresso do país, em deliberada marginalização econômica e social daqueles. Para Hofbauer,

> A partir do final do século XIX, a ideia do "branqueamento" se transformou num argumento importante para o discurso daquela parte da elite brasileira (políticos e cientistas) que queria mudanças econômicas, mas, ao mesmo tempo, preocupava-se em manter a velha estrutura de poder no país. Tanto as análises de tipo "cultural-antropológicas" como as abordagens mais "sociológicas" entendem que a ideologia do "branqueamento" nasceu num momento de incertezas, no contexto histórico-político da transformação da sociedade escravista em um novo modelo social, o sistema capitalista. Afirma-se que as "teorias raciais" clássicas, que ganharam força a partir da segunda metade do século XIX na Europa e nos EUA, e que condenavam a miscigenação, punham em xeque a viabilidade do projeto de modernização do país.(18)

Ou seja, a política do branqueamento populacional simboliza a natureza do capitalismo que aqui estava se formando, que não se desvincula e nem poderia existir sem contar com a base ideológica racista e exploratória formada no período colonial. O fim do tráfico negreiro associado às altas taxas de mortalidade em decorrência das mais aviltantes condições de vida às quais estavam expostos, que proliferavam epidemias e adoeciam, em momento algum foram colocados como hipótese para o expressivo declínio numérico da população negra e indígena na composição demográfica verificável pelos censos de 1872 e 1890. A justificativa mais razoável parecia condenar a raça como pretexto para segregar, promover genocídio, seja pelo abandono, seja pelo homicídio, seja pelo branqueamento da população e manter a dominação colonial do branco sobre o negro.

Nesse sentido, durante a longa transição do escravismo para o mercado de trabalho assalariado, desde a Lei Eusébio de Queiroz (1850), passando pela Lei do Ventre Livre (1871) e pela Lei do Sexagenário (1880), até finalmente a Lei Áurea (1888), o suposto problema da "escassez de braços", que por muito tempo vigorou como discurso oficial para as imigrações europeias, pela necessidade de se ofertar mão de obra para o novo sistema econômico porvir, como sustenta Alexandre Barbosa, mascarava a ideologia eugênica motivadora de tais políticas(19).

---

(18) HOFBAUER, Andreas. O conceito de "raça" e o ideário do branqueamento. In: *Revista Teoria e Pesquisa*, n. 42 e 43, Jan./jul. 2003, p. 68-70.

(19) BARBOSA, Alexandre Freitas. *A formação do mercado de trabalho no Brasil:* da escravidão ao assalariamento. Tese de doutoramento. Universidade de Campinas, 2003, p. 87-92.

3. O movimento sanitarista e a reprodução da força de trabalho

"O Brasil é um imenso hospital". A denúncia feita pelo médico Miguel Pereira, em 1916, com base nas revelações da expedição científica do Instituto Oswaldo Cruz, é o emblema da crítica social e política feita pelo movimento sanitarista. A mobilização da categoria médica pela prevenção de doenças no Brasil teve sua atenção voltada inicialmente ao meio urbano, com destaque na cidade do Rio de Janeiro e nos portos, e, em sua segunda fase, já na década de 1910, adentrou o interior do país[20].

A intenção crítica do discurso de Miguel Pereira se remetia, em primeira ordem, à decadência republicana e à identidade nacional construída no decorrer da Primeira Guerra Mundial na imagem da força do sertanejo. Entretanto, a análise feita por Nísia Trindade Lima e Gilberto Hochman revela que a afirmação de que é o adoecimento e o abandono das elites políticas e proprietárias a razão de ser da preguiça e da improdutividade do trabalhador rural tem o potencial de absolver a raça negra, até então condenada pela eugenia como responsável pelo atraso brasileiro[21].

No mesmo discurso em homenagem a Aloysio de Castro e Carlos Chagas, Miguel Pereira, reforçando certo corporativismo heroico e salvacionista, convoca a categoria médica a uma cruzada pela pátria para a redenção do país por meio do saneamento e da higienização, criticando a elite política e o modelo federalista adotado pela incapacidade de promover uma ação coordenada de atenção à saúde pública. Nesse momento, ocorre, então, um deslocamento da identidade nacional brasileira centrada na multirracialidade e na necessidade de substituir e branquear o povo para os novos elementos doença e isolamento do sertanejo, este último comunicado por Euclides da Cunha em "Os Sertões".

Segundo Castro Santos, o Relatório Neiva-Pena, trabalho de Belisário Pena e Artur Neiva, discute criticamente sobre como a organização social do sertão nordestino leva ao adoecimento: "a família não existia legalmente, por falta de registro civil; os filhos 'quase nunca são registrados'; 'os enterramentos realizam-se na ausência de qualquer formalidade legal'; a população rural vive atrelada ao poder do latifundiário; a pequena propriedade é praticamente inexistente"[22].

---

(20) TAMANO, Luana Tieko Omena. O Movimento Sanitarista no Brasil: a visão da doença como mal nacional e a saúde como redentora. In: *Khronos, Revista de História da Ciência*, n. 4, ago. 2017.

(21) LIMA, Nísia Trindade; HOCHMAN, Gilberto. Condenado pela raça, absolvido pela medicina: o Brasil descoberto pelo movimento sanitarista da primeira República. In.: MAIO, Marcos Chor; SANTOS, Ricardo Ventura (Orgs.). *Raça, ciência e sociedade*. Rio de Janeiro: Ed. Fiocruz, 1996.

(22) NEIVA, Artur; PENA, Belisário. *Viagem Científica pelo Norte da Bahia, Sudoeste de Pernambuco, Sul do Piauí e de Norte a Sul de Goiás:* Memórias do Instituto O. Cruz, v. 8, 1916. *Apud* SANTOS, Luiz Antonio de Castro. O pensamento sanitarista na Primeira República: Uma ideologia de construção da nacionalidade. Dados. *Revista de Ciências Sociais*, Rio de Janeiro, v. 28, n. 2, p. 193-210, 1985.

Ocorre que, a despeito do grande avanço epistemológico proporcionado pelo movimento sanitarista, que cumpre o importante papel de desmitificar o determinismo racial e climático vigente, é perceptível que a maior preocupação posta por seus representantes não é a promoção da dignidade do povo brasileiro em si, mas a necessidade de torná-lo saudável para que o Brasil pudesse se desenvolver. Isso, pois são constitutivos do sistema capitalista a produção e a reprodução da força de trabalho, ou seja, a disponibilidade de uma massa de despossuídos que sirva de mão de obra, mas que consiga suprir sua necessidade vital e que seja reposta quando da sua retirada.(23) Assim, o movimento sanitarista, atento a essa necessidade do capital, volta-se ao cuidado com a saúde. Mantém-se a histórica subordinação do povo brasileiro às finalidades econômicas. Tanto é que, como demonstra Marcos Chor Maio,

> Intelectuais médicos, subsumidos à lógica das elites econômicas e políticas, teriam privilegiado o combate à febre amarela, doença que incidia sobremaneira entre imigrantes, mão de obra estratégica na expansão econômica da virada do século XIX para o século XX, em vez de enfrentar o problema da tuberculose que atingiria a população pobre das grandes cidades.(24)

Em análise complexificadora, desse modo, são perceptíveis as contradições presentes no movimento sanitarista, que, na prática, não tinha uma preocupação humanista e, sim, em facilitar a reprodução da força de trabalho, inclusive desprestigiando o povo negro no acesso à saúde, a exemplo do descaso com o tratamento da tuberculose e da higienização privilegiada dos portos para as boas-vidas dos imigrantes europeus. Enquanto Lima e Hochman acreditam no potencial de absolvição da raça negra promovida pelo movimento sanitarista, Maio demonstra como seus representantes são discípulos dos eugenistas, em fiel alinhamento com a classe latifundiária, apenas alterando os fatores que prejudicam os interesses senhoriais, desconsiderando a genética, mas mantendo práticas racistas no decorrer das ações sanitaristas.

Outros indícios do espírito racista do sanitarismo são a violência empregada e os danos ambientais causados ao povo negro na plataforma de higienização urbana do Rio de Janeiro na virada do século para o controle de epidemias, que incluía limpeza urbana, remodelação de cortiços e favelas, demolição de morros e vacinação forçada da população. Pode-se perceber, então, que ainda é controvertida a leitura social feita sobre a importância histórica do movimento sanitarista contra o racismo.

---

(23) SILVA, Maria Moraes. O Estado e a reprodução da força de trabalho. *Perspectivas*, São Paulo, 7:1-11, 1984.

(24) MAIO, Marcos Chor. Raça, doença e saúde pública no Brasil: um debate sobre o pensamento higienista no século XIX. In: MAIO, Marcos Chor. *Raça como questão:* história, ciência e identidades no Brasil. 22. ed. Rio de Janeiro: Ed. Fiocruz, 2010.

Diante das diferentes perspectivas sobre o movimento sanitarista, acredita-se que é inegável o avanço epistemológico e científico proporcionado por seus membros, mas que ele não está ileso a críticas. Trata-se de um grupo de ativistas responsáveis por descobertas de tratamentos de inúmeras doenças endêmicas, os primeiros a se preocuparem com o diagnóstico sobre a saúde da população sertaneja no Brasil e que pressionaram por políticas públicas coordenadas, o que contribuiu imensamente para o bem-estar do povo. Além disso, sobre a contraposição com a ideologia eugenista, ponto central no objeto deste estudo, os sanitaristas foram responsáveis por visibilizar uma realidade social escondida até então, o que acaba por desmentir as inferências racistas sobre o adoecimento do brasileiro.

Entretanto, é preciso identificar as falhas do movimento, para que seja possível ir além. Oriundos das elites brancas e proprietárias, seus representantes falam de um lugar de manutenção do *status quo*. Não se pode escusar o tom igualmente nacionalista de seus representantes, mais preocupados com o desenvolvimento capitalista do Brasil e com a reprodução da força de trabalho do que com a valorização da vida e da dignidade do povo. Por mais que estejam longe de promover um discurso de inferioridade genética e pelo extermínio do povo negro como fizeram os eugenistas, é perceptível a influência racista nas escolhas por prioridades de estudo, bem como na violência empregada ao povo periférico nas incursões sanitaristas.

4. Considerações finais

No decorrer desta exposição, pôde-se constatar como as ideologias raciais foram parte elementar da formação cultural brasileira, sendo política fundamental à colonização portuguesa, com influência iluminista e cristã, e do processo abolicionista, orientado por pressupostos eugenistas. A escravização e a tortura do povo negro eram vistas como sacrifícios necessários à redenção de um povo amaldiçoado pela tradição cristã, cabendo à Europa a missão de civilizar os selvagens.

Já no fim do século XIX, quando a elite literária e intelectual refletia sobre a identidade nacional, o "racismo científico" condenava a raça negra pelo atraso socioeconômico brasileiro, alegando que o negro era inferior geneticamente, o que lhe tornava mais propenso ao adoecimento, sendo a miscigenação responsável pela degeneração do povo. Nesse sentido, para fugir da influência do negro, acreditava-se que a única forma de desenvolver o país era pelo branqueamento da população. Durante o longo processo abolicionista brasileiro, a necessidade do progresso, que remetia ao abandono da economia colonial para a introdução ao sistema capitalista globalizado, levou o Estado brasileiro, orientado pelo pensamento eugenista e pelos interesses da elite, a adotar políticas de segregação e abandono do povo negro, pela negação do acesso à Terra e pela exclusão do trabalho assalariado, ao passo em que se investia na imigração europeia, o que possibilitaria a política do branqueamento.

Pouco depois, durante a Primeira República, o movimento sanitarista, em sua fase rural dos anos de 1910, após expedições científicas pelo interior do país, revelou que a fonte do adoecimento da população sertaneja não era o clima, muito menos a raça, mas, sim, as opressivas e aviltantes condições de vida às quais era exposta no contexto latifundiário. Todavia, apesar da contraposição implicitamente feita à explicação racializada formulada pelos eugenistas, os sanitaristas preocupavam-se mais com o avanço capitalista e com a necessidade de reproduzir a força de trabalho do que com valores humanistas e antirracistas, sendo controvertida a visão contemporânea sobre seu papel histórico na luta contra o racismo. É certa a importância do legado deixado pelos sanitaristas na concepção da saúde pública como um valor social, o que não significa que devemos escusá-los dos traços burgueses e racistas permanentes em suas práticas.

Portanto, compreendendo como a prevenção contra o adoecimento e o fortalecimento da saúde pública no Brasil sempre foram caracterizados pelos sentidos de segregação negra e subordinação da vida aos interesses senhoriais e burgueses, é possível assimilar a racionalidade repleta de resquícios coloniais pelo completo abandono da população trabalhadora, negra e periférica no decorrer da contemporânea crise sanitária do Covid-19. Após séculos e séculos de inacessibilidade à saúde pública e do projeto de extermínio do povo negro em curso, não há mais sustentação ao racismo por denegação latinoamericano. Logo, falar das raízes sociais da questão sanitária no Brasil é falar do racismo e da superexploração da classe trabalhadora e, por consequência, a luta pela saúde pública universal e de qualidade deve ser, necessariamente, antirracista, anticolonial e anticapitalista.

Bibliografia

AZEVEDO, Celia Maria Marinho de. *Onda negra, medo branco:* o negro no imaginário das elites no séc. XIX. Rio de Janeiro: Paz & Terra, 1987.

BARBOSA, Alexandre Freitas. *A formação do mercado de trabalho no Brasil:* da escravidão ao assalariamento. Tese de doutoramento. Universidade de Campinas, 2003.

BOSI, Alfredo. *A dialética da colonização.* 3. ed. São Paulo: Cia. das Letras, 1992.

CABECINHAS, Rosa. *Racismo e Etnicidade em Portugal*: uma análise psicossociológica da homogeneização das minorias. Tese de doutorado. Universidade de Minho, 2002.

FRANCO, Maria Sylvia de Carvalho. *Organização Social do Trabalho no Período Colonial.* s/d. Disponível em: <https://doi.org/10.11606/issn.2318-8863.discurso.1978.37832>. Acesso em: 15 maio 2020.

GONZALEZ, Lélia. A categoria político-cultural de amefricanidade. In: *Tempo Brasileiro*, Rio de Janeiro, n. 92/93, jan./jun. 1988b, p. 69-82.

HOFBAUER, Andreas. O conceito de "raça" e o ideário do branqueamento. *Revista Teoria e Pesquisa*, n. 42 e 43, jan./jul. 2003.

LESSER, Jeffey. *A invenção da brasilidade:* identidade nacional, etnicidade e políticas de imigração. São Paulo: Editora Unesp, 2015.

LIMA, Nísia Trindade; HOCHMAN, Gilberto. Condenado pela raça, absolvido pela medicina: o Brasil descoberto pelo movimento sanitarista da primeira República. In.: MAIO, Marcos Chor; SANTOS, Ricardo Ventura (Orgs.). *Raça, ciência e sociedade.* Rio de Janeiro: Ed. Fiocruz, 1996.

MAGALHÃES, Alexandre. As periferias na pandemia: explicitação da política de precarização e de exposição à morte. In: *Revista Tessituras*, Pelotas, RS, v. 8, s. 1, jan./jun. 2020.

MAIO, Marcos Chor. Raça, doença e saúde pública no Brasil: um debate sobre o pensamento higienista no século XIX. In: MAIO, Marcos Chor. *Raça como questão:* história, ciência e identidades no Brasil. 22. ed. Rio de Janeiro: Ed. Fiocruz, 2010.

QUIJANO, Aníbal. Colonialidade, eurocentrismo e América Latina. In: LANDER, Edgardo. *A colonialidade do saber:* eurocentrismo e Ciências Sociais – perspectivas latino-americanas. Buenos Aires: CLACSO, 2005.

SANTOS, Luiz Antonio de Castro. O pensamento sanitarista na Primeira República: Uma ideologia de construção da nacionalidade. Dados. *Revista de Ciências Sociais*, Rio de Janeiro, v. 28, n. 2, p. 193-210, 1985.

SILVA, Maria Moraes. O Estado e a reprodução da força de trabalho. *Perspectivas*, São Paulo, 7:1-11, 1984.

SKIDMORE, Thomas. *Preto no Branco:* raça e nacionalidade no pensamento brasileiro. v. 9. Rio de Janeiro: Paz e Terra, 1976.

TAMANO, Luana Tieko Omena. O Movimento Sanitarista no Brasil: a visão da doença como mal nacional e a saúde como redentora. *Khronos, Revista de História da Ciência*, n. 4, ago. 2017.

Vigilância Sanitária, Relações de Trabalho e Direitos Sociais

Silas Pereira Alves Ramos

Resumo : O presente trabalho busca trazer elementos que dialogam com o estudo da saúde pública, no âmbito da vigilância sanitária inseridas nas relações de trabalho, seu abarcamento pela doutrina dos Direitos Sociais a partir de seu devir histórico, com ênfase no processo histórico da Reforma Sanitária. Considerando a correlação de forças entre as classes sociais e sua determinação política e social.

Introdução

No ordenamento jurídico brasileiro, os direitos sociais incluem-se na categoria dos direitos fundamentais de segunda geração, positivados nos arts. 6º e 7º da Constituição Federal. Neles incluem-se a positivação do Direito à Saúde e

O conjunto normativo que legisla acerca das questões sanitárias no âmbito das relações de trabalho de Direito Sanitário do Trabalho e é abarcado pelo conjunto normativo tanto da Constituição Federal, quanto da Consolidação das Leis do Trabalho.

No mundo capitalista, é incontestável a centralidade do trabalho humano no ciclo produtivo. Trabalho esse que por sua vez, só pode ser materializado uma vez que os indivíduos encontram-se suficientemente aptos a realizá-lo. A saúde do trabalhador também é um elemento central desse processo, pois é humanamente impossível que o trabalho se realize sem que as condições mínimas para tal estejam colocadas.

Nesse sentido, o ordenamento jurídico opera para alicerçar essas relações de produção e portanto, inclui nesse amálgama a responsabilidade com a saúde do trabalhador. Para que a produção se perpetue.

Cabe entretanto, uma perspectiva eminentemente crítica sobre o papel do Direito na estrutura social capitalista, bem como nas relações de trabalho, estruturantes para tal.

O presente artigo, busca expor elementos importantes para a compreensão da atuação do ordenamento jurídico na garantia da saúde do trabalhador, expor ainda que de forma sutil, a determinação política, contraditória e limitada do papel do Direito na garantia do bem-estar do trabalhador, compreendendo, a partir da ótica materialista-histórica, as subjetividades decorrentes das revoluções econômicas e sociais e sobretudo do modo de produção capitalista.

O trabalho em Marx e a saúde do trabalhador

O trabalho é um elemento central e fundamental da vida e sociabilidade humana, é através do trabalho que o ser humano se distingue de todos os outros animais.(1) Por intermédio do trabalho, enquanto ação humana que visa modificar a natureza, que o ser humano se torna capaz de modificar a história, pois para além disso, a satisfação das necessidades da vida material depende do trabalho. Desse modo, Marx, expõe que a organização de toda a vida social é determinada pela organização das forças produtivas e portanto, do trabalho como elemento basilar dentro da cadeia de produção de mercadorias e geração do valor, necessária a reprodução da vida humana, mas inerente à própria natureza acumulativa do capital.(2)

Dentro dessa dinâmica, a saúde do trabalhador é um elemento central para se pensar condições mínimas para a reprodução da relação entre capital e trabalho, não só porque trata do bem estar daquele que exerce o labor, mas também, pois é uma condição prima facie para que este execute seu papel no ciclo produtivo, garantindo a produção de mais-valia daquele que detém os aparatos necessários para a produção.

Inserido na lógica do capital e sua cadeia estrutural, o trabalho não é apenas uma ação humana, ele é atravessado pela lógica mercantil ao passo que a força de trabalho que assume a forma de mercadoria. Adentrando á um grau maior de abstração, as condições de vida do trabalhador — saúde pessoal, condições ambientais sanitárias, desenvolvimento de patologias laborais — podem ser lidas também, como uma forma de derivação do processo de valorização da mercadoria. Vejamos em Marx, ao versar sobre o processo de valorização.

Em Marx vemos:

> "... o capitalista controla o trabalhador para que este não desperdice nenhum segundo de trabalho. Ele comprou a força de trabalho por um período determinado e insiste em obter o que é seu. Não quer ser furtado. Por fim — é para isso que esse mesmo senhor possui seu próprio code penal [código penal] —, é vedado qualquer consumo desnecessário

(1) MARX, Karl. *O capital:* livro 1, o processo de produção do capital. São Paulo: Boitempo, 2013. v. 894.

(2) POPULAR, Expressão. *A ideologia Alemã*. vol. I. 4. ed. Portugal, 1984.

> de matéria-prima e meios de trabalho desperdiçados representam o dispêndio de trabalho objetivado, portanto, trabalho que não conta e não toma parte no produto do processo de formação de valor."(3)

Retomando novamente a abstração referente a necessidade de condições necessárias a cadeia produtiva a ao capital-trabalho. O adoecimento do trabalhador, para o burguês, representaria um efúgio ou vilipêndio do papel do trabalhador e de sua mercadoria, a força de trabalho no ciclo produtivo.

Neste, Marx demonstra certa sensibilidade com as condições impostas aos trabalhadores rurais norte-americanos, ao comentar, com base na obra de J. E. Cairnes, *The Slave Power*. A ideia de trabalhador enquanto produto a ser preservado se evidencia pelo trecho:

> "... segundo a expressão certeira dos antigos, o trabalhador é um *instrumentum vocale* [ferramenta falante]. Nesse modo de produção, vale o princípio econômico de empregar apenas os instrumentos de trabalho mais rudes e pesados, porém difíceis de danificar justamente em virtude desse seu irremediável desajeitamento. Até o início da guerra civil[norte americana], ainda se podiam encontra, nos estados escravistas do Golfo do México, arados construídos segundo o modelo dos antigos arados chineses, que reviravam a terra como um poro ou uma toupeira, em vez de sulcá-la."(4)

Desprendendo-se da abstração que a obra O Capital proporciona nesse sentido, as condições de vida e trabalho dos proletários, compõe também o conjunto da produção de Marx e Engels em várias situações. De forma brilhante, Friedrich Engels no clássico ensaio "A Situação da Classe trabalhadora na Inglaterra", no qual realiza tanto uma denúncia política, bem como uma análise concreta da classe trabalhadora, suas condições materiais de vida, dentro de um capitalismo em processo de consolidação, onde a máxima de Marx, referente a contradição entre valorização do capital e desvalorização vida humana.

Engels expõe:

> "Durante o período em que permaneci na Inglaterra, a causa direta da morte de vinte ou trinta pessoas foi a fome, em circunstâncias as mais revoltantes; mas, quando dos inquéritos, raramente se encontrou um júri que tivesse a coragem de testá-lo em público. Os depoimentos das testemunhas podiam ser os mais claros e inequívocos, mas a burguesia — à

(3) MARX, Karl. *O capital:* livro 1, o processo de produção do capital. São Paulo: Boitempo, 2013. v. 894, p. 272.

(4) Idem.

que pertenciam os membros do júri — encontrava sempre um pretexto para escapar ao terrível veredicto: morte por fome."(5)

Engels realiza uma análise qualificada, com loquacidade e sensibilidade necessária ao incipiente movimento operário europeu em formação, contribuição obtida através de um período de vivência do autor, na formação deste que se consagraria um clássico da doutrina marxista.

A consideração com as condições de vida do trabalhador e sua saúde laboral na tradição marxista e do movimento dos trabalhadores é extensa, nos limitamos neste momento à *Enquete Operária*, elaborada por Karl Marx a fim de compreender as particularidades inerentes a vida da classe trabalhadora francesa, a iniciativa teve como propósito adicional a formação política e ideológica dos trabalhadores franceses.(6)

A enquete balizou a os debates que levaram à elaboração do programa político do Partido dos Trabalhadores Franceses. Também se tornou uma prática comum em experiências socialistas, sob a liderança de Mao Tse Tung e também posteriormente, pelos movimentos de esquerda italianos, o Partido Comunista e o Partido Socialista, repetiram a fórmula somatória de um instrumento investigativo e ao mesmo tempo aparelho instrumental de propaganda política.(7)

Desse modo, evidencia-se a relação inerente entre o marxismo e as condições, seja ocupando a condição de método de análise e compreensão da realidade, guarnecendo categorias e conceitos sumários para entendimento do mundo capitalista, para além disso, como parte de uma práxis, conhecimento dedicado à transformação da realidade.

A história e o ordenamento jurídico brasileiro

Entendendo a subjetividade jurídica como uma derivação da forma mercantil, mas também, como elemento condicionante da reprodução capitalista e produção de mais-valor, mas também como o Direito como elemento alicerçante desta,e que portanto, a determinação do ordenamento vai no sentido de assegurar institucionalmente a lógica do capital-trabalho. Nesse sentido que a Constituição Federal positivou, no art. 7º, inciso XXII, o direito dos trabalhadores na diminuição de eventuais riscos decorrentes do trabalho, bem como a garantia de condições mínimas de saúde e segurança sanitária. A partir deste, que é um direito limitada, forma-se um complexo jurídico que dá origem ao que se chama de Direito Sanitário.

---

(5) ENGELS, Friedrich. *A situação da classe trabalhadora na Inglaterra:* segundo as observações do autor e fontes autênticas. São Paulo, Boitempo Editorial, 2015. p. 69.

(6) MARX, Karl; GUESDE, Jules. The Programme of the Parti Ouvrier. *Marxist Internet Archive*. [1880]. Disponível em: <https://www.marxists.org/archive/marx/works/1880/05/parti-ouvrier.htm>. Acesso em: 8 ago. 2020.

(7) ALVES, Júlio César Lopardo; JACKSON FILHO, José Marçal. Trabalho, saúde e formação política na enquete operária de Marx. *Trabalho, Educação e Saúde*, v. 15, n. 1, p. 13-31, 2017.

No Brasil, a Reforma Sanitária, ocorrida em meados da década de 1970 é um marco histórico fundamental para se pensar a questão da vigilância sanitária e suas mais variadas manifestações, uma vez que se configurou como um front de luta contra o então regime empresarial-militar, envolvendo o movimento sanitarista, mas também sindicatos bem como trouxe a reivindicação da democratização do Direito à Saúde enquanto um direito universal e portanto, a estruturação de um sistema de saúde que não fizesse acepção de qualquer indivíduo. No devir deste movimento, outros campos da vida social foram por ele contemplados, e com isso, ganha uma nova determinação o Direito Sanitário e seu desdobramento no mundo do trabalho.

A transformação das práticas e políticas de saúde não podem ser entendidas como um movimento isolado, mas sim, como um processo essencialmente político, determinado, por consequência pela correlação de forças entre capital e trabalho. Do mesmo modo, considerava o Direito à saúde não como dotado apenas de um caráter economicista, mas inserido nos circuitos sociais de modo que a saúde e a doença possuiria uma determinação social.

Como Marx afirma, são os homens que moldam as circunstâncias e não um processo contrário, nesse processo de modificação da natureza e transformação do mundo, aparece a luta dos homens pela sua libertação, como descrito por Engels na obra "O socialismo Jurídico" por vezes, essa luta assume a forma de reivindicações jurídicas. No processo inerente à reforma, observou-se uma determinação política produzida pela ampla mobilização e organização dos setores populares.

Em 2012, através da Portaria n. 1823, instituiu-se a Política Nacional de Saúde do Trabalhador e da Trabalhadora, um conjunto normativo com a finalidade de instituir, princípios e estratégias do Sistema Único de Saúde para atenção à saúde do trabalhador, tendo primazia a vigilância sanitária, tal política, alinhava-se à já existente Política Nacional de Segurança e Saúde no Trabalho (PNSST), instituída por meio do Decreto n. 7.602, de 7 de novembro de 2011[(8)].

Segundo essa lei, caberia aos empregadores a observância ao conjunto normativo de medicina e segurança do trabalho, através da adoção de práticas que reduzam, minimiza ou impeçam o desenvolvimento de doenças laborais ou em decorrência do trabalho.

Com o devir histórico do capitalismo brasileiro, dotado de característica dependente e localizando-se na periferia do capitalismo global. Os efeitos da crise do capital se reverberam nas mais diversas derivações que a lógica mercantil executa na sociabilidade capitalista. No que concerne às relações de trabalho e produção, essa

---

(8) Ministério da Saúde. Disponível em: <http://bvsms.saude.gov.br/bvs/saudelegis/gm/2012/prt1823_23_08_2012.html>. Acesso em: 10 ago. 2020.

dinâmica não se exclui. Na necessidade de reorganização das forças produtivas, urge que uma ofensiva do capital se lance contra a massa de trabalhadores, a fim de garantir a perpetuação do modelo de produção de capitalista.

Conclusão

Os direitos sociais, nos limites da jurisdição do estado burguês, representam conquistas fáticas da classe trabalhadora e suas lutas, a questão sanitária se insere nesse enquadramento. Conduto, a crítica não deve escapar dessa análise, sobretudo em terreno capitalista.

Bernard Edelman, estudioso do direito operário, descreve a conquista dos direitos sociais como produto de uma aliança entre capital e trabalho e portanto, uma conquista acompanhada de uma derrota política, ao passo que reduziria a luta dos trabalhadores à institucionalidade, desviando-se assim da luta de classes e portanto, contornando o que delineia Engels ao versar acerca da "adaptação jurídica do socialismo", que esta só poderia ocorrer com a superação do capitalismo(9), pensamento posteriormente superado pela óbra de Evguiéni Pachukanis, que definiu o Direito como produto próprio das relações sociais capitalistas, como forma derivada da mercadoria, expressa no núcleo da categoria *Sujeito de Direitos*(10).

Samora Machel, líder revolucionário moçambicano expressou a necessidade do trabalho sanitário para o progresso da revolução, centralizar os interesses populares em todo o campo da saúde, para Machel, é no trabalho sanitário que se centralizam os interesses do povo, coadunando-se com a concepção de emancipação humana.(11)

A partir da exposição da precarização das peculiaridades do processo de trabalho, com o direcionamento às condições sanitárias, observa-se como uma contradição inerente da oposição entre capital e trabalho.

A medida que a correlação de forças entre essa oposição indica maior força da classe laboriosa, em termos políticos, ideológicos e organizativos, há a observância de maiores ganhos materiais para os trabalhadores. Contudo, situando-se no plano institucional, são limitados ao amálgama do estado e da jurisdição capitalista.

Os reais ganhos são produto da organização de operárias e operários, e o movimento político real que supera o atual estado de coisas, no sentido da construção de um novo mundo, que supere a contradição entre capital e trabalho e suas derivações, o gênero, a raça e a classe.

---

(9) ENGELS, Friedrich; KAUTSKY, Karl. *O socialismo jurídico*. São Paulo: Boitempo Editorial, 2015. p. 22.

(10) PACHUKANIS, Evguiéni B. *Teoria geral do direito e marxismo*. São Paulo: Boitempo Editorial, 2017.

(11) "No Trabalho Sanitário Materializemos o Princípio de que a ...". 5 out. 2011. Disponível em: <https://www.marxists.org/portugues/machel/1971/mes/liberta.htm>. Acesso em: 10 ago. 2020.

Referências

ALVES, Júlio César Lopardo; JACKSON FILHO, José Marçal. Trabalho, saúde e formação política na enquete operária de Marx. *Trabalho, Educação e Saúde*, v. 15, n. 1, p. 13-31, 2017.

ENGELS, Friedrich. *A situação da classe trabalhadora na Inglaterra:* segundo as observações do autor e fontes autênticas. São Paulo: Boitempo Editorial, 2015.

ENGELS, Friedrich; KAUTSKY, Karl. *O socialismo jurídico*. São Paulo: Boitempo Editorial, 2015.

MARX, Karl. *O capital:* livro 1, o processo de produção do capital. São Paulo: Boitempo, 2013. v. 894.

MARX, Karl; GUESDE, Jules. *The Programme of the Parti Ouvrier*. Marxist Internet Archive. [1880]. Disponível em: <https://www.marxists.org/archive/marx/works/1880/05/parti-ouvrier.htm>. Acesso em: 8 ago. 2020.

Ministério da Saúde. *Decreto n. 7.602, de 7 de novembro de 2011*. Disponível em: <http://bvsms.saude.gov.br/bvs/saudelegis/gm/2012/prt1823_23_08_2012.html. Acesso em: 10 ago. 2020.

PACHUKANIS, Evguiéni B. *Teoria geral do direito e marxismo*. São Paulo: Boitempo Editorial, 2017.

POPULAR, Expressão. *A ideologia Alemã*. vol. I. 4. ed. Portugal, 1984.

"No Trabalho Sanitário Materializemos o Princípio de que a ...". 5 out. 2011. Disponível em: <https://www.marxists.org/portugues/machel/1971/mes/liberta.htm>. Acesso em: 10 ago. 2020.

Revolta da Vacina e Direitos Sociais

Daniel Vitor de Castro

Introdução

Este artigo busca compreender o contexto, os eventos e teses explicativas da Revolta da Vacina, de 1902, com a hipótese de que tal marco na história da rebeldia da classe trabalhadora brasileira e das forças repressivas do Estado traz rasgos fundamentais para a análise da relação complexa e contraditória entre políticas públicas e sociedade.

Para tanto, trouxemos uma análise do contexto histórico de reformas financeira, urbanas e sanitaristas que formaram a atmosfera de instabilidade política e desconfiança popular frente às instituições republicanas da época. Narramos, em curtas páginas, os eventos contraditórios do conflito entre população e forças repressivas. Por fim, sistematizamos as principais teses historiográficas que fornecem elementos explicativos às causas da Revolta da Vacina, buscando sínteses das múltiplas determinações que carregam a experiência concreta da história.

Intentamos com este texto encontrar chaves de leitura que facilitem o olhar para a realidade do tempo presente, onde a chamada crise sanitária se intersecciona com variadas outras crises (econômica, social, ecológica, política e civilizacional) em uma explosão contraditória de eventos complexos e multifacetados.

1. O contexto

Chegando ao fim do século XIX, finda-se também a era do Brasil Império para dar lugar ao tempo da República. Pelas quatro décadas que seguem, de 1889 a 1930, convencionou-se chamar este período de Primeira República, os menos condescendentes a tratariam como Velha ou das Oligarquias. Com uma experiência constitucional no currículo, os primeiros anos desta jovem, à época, República foram marcados pela espada e pela farda, sendo presidida por dois governos militares.

Em 1894 inicia-se o período civilista da presidência da República e a hegemonia de Minas Gerais e São Paulo na política nacional, famosa política "café com leite". Radicaliza-se, assim, o perfil oligárquico com um sufrágio universal (que de universal tinha quase nada) e com as mais variadas práticas eleitorais fraudulentas, tão variadas quanto os nomes que recebiam: curral, cabresto, bico de pena... que explicam a fama de a República dos Estados Unidos do Brasil ser uma grande fazenda.

Apesar de tudo, carregava-se na bandeira o novo lema: ordem e progresso. Que tal como a tempestade do anjo de Klee(1), impulsionaria a República para a modernidade, deixando o caminho em ruínas.

A ordem há de ser garantida combatendo tudo aquilo que for considerado perigoso à paz social, e o progresso é o caminho a ser trilhado ao encontro do espírito da época, a iluminada cultura europeia. Um novo processo civilizatório há de ser realizado pela modernização. Transformava-se o Brasil em um convidativo cartão postal.

A urbanização concentrava cada vez mais pessoas nas grandes cidades que formavam-se e se reestruturavam caoticamente e a miscigenação, incentivada pela política de imigrantes, diluía a marca do sangue negro em tempos em que o darwinismo social e as teorias raciais eram recepcionadas pela intelectualidade brasileira. Tendo em vista que o país já era irremediavelmente miscigenado após séculos de colonização que romantizou a violência sexual cometida pelo colonizador e pelo senhorio, haveria, pelo menos, que embranquecer o povo brasileiro. Pois como disse o médico baiano Nina Rodrigues, em 1894, afinado com a ideologia lombrosiana: "se um país não é velho para se venerar ou rico para se fazer representar, precisa ao menos tornar-se interessante" e como apontou o I Congresso Nacional das Raças, em 1911, "o Brasil mestiço de hoje tem no branqueamento em um século sua perspectiva, saída c solução" (SCHWARZ, 1994, p. 138).

É com essa missão civilizatória, chamada de Regeneração, que Rodrigues Alves assume a presidência da República em 1902. O governo anterior de Campos Sales havia promovido uma reforma financeira que agradou o Tesouro às custas de uma pauperização, que já deu a tônica de como a população pobre se organizaria nas cidades, em habitações precárias, causando insatisfação geral, que deixava já a marca de desconfiança do povo frente ao Estado.

---

(1) "Há um quadro de Klee que se chama Angelus Novus. Representa um anjo que parece querer afastar-se de algo que ele encara fixamente. Seus olhos estão escancarados, sua boca dilatada, suas asas abertas. O anjo da história deve ter esse aspecto. Seu rosto está dirigido para o passado. Onde nós vemos uma cadeia de acontecimentos, ele vê uma catástrofe única, que acumula incansavelmente ruína sobre ruína e as dispersa a nossos pés. Ele gostaria de deter-se para acordar os mortos e juntar os fragmentos. Mas uma tempestade sopra do paraíso e prende-se em suas asas com tanta força que ele não pode mais fechá-las. Essa tempestade o impele irresistivelmente para o futuro, ao qual ele vira as costas, enquanto o amontoado de ruínas cresce até o céu. Essa tempestade é o que chamamos progresso." (LÖWY, 2005, p. 87).

A Regeneração, que elegeu a capital Rio de Janeiro como cidade-modelo, estabeleceu três grandes metas:

> A modernização do porto, que estaria a cargo do engenheiro Lauro Muller; o saneamento da cidade, de cuja realização se incumbiria o médico sanitarista Oswaldo Cruz, e a reforma urbana, que caberia ao engenheiro Pereira Passos [a ser nomeado prefeito do Rio de Janeiro, então Distrito Federal], o qual conhecia de perto o projeto para Paris elaborado pelo barão de Haussmann (SCHWARZ, 2018, p. 327).

E claro, como a tempestade do progresso, a Regeneração combateria a "degeneração" (palavra-chave das ciências deterministas e teorias raciais em voga) e "desordem" objetivadas pelas "classes perigosas": ex-escravos, população pobre, favelados e amontoados em cortiços. Perigosas porque a crescente criminalidade urbana fortalecia discursos de criminalização(2), porque a precariedade de suas vidas os faziam portadores de doenças(3), porque sua cultura popular ameaçava o pleiteado aburguesamento e europeização, porque suas tradições e memórias contradiziam a ideologia do progresso modernizador(4), seus saberes contrariavam a ciência oficial(5) e porque, por fim, eram perigosas mesmo, como sua história de rebeldia e rebeliões já haviam demonstrado(6).

Como bem sintetiza Nicolau Sevcenko:

> Esse processo de reforma urbana foi saudado com entusiasmo pela imprensa conservadora, que a denominou de "a Regeneração". Essa era a voz dos beneficiários do replanejamento, aqueles que herdariam, para o

---

(2) "Não por acaso, em 1984 Nina Rodrigues publicou o livro As Raças Humanas e a responsabilidade penal no Brasil, propondo a existência de dois códigos penais, um para brancos e outro para negros, adaptados aos 'graus de evolução de cada grupo'" (SCHWARZ, 2018, p. 329).

(3) "As 'patologias do Brasil' pareciam atingir a todos, mas os grandes alvos foram os ex-escravos, habitantes pobres das cidades, os moradores dos cortiços e favelas, os imigrantes, trabalhadores e os camponeses" (SCHWARZ, 2018, p. 330).

(4) "Durante as transformações na capital, a cidade passou não só por uma transformação física, como também simbólica. A comunidade da Pequena África é um exemplo de uma comunidade que resistiu à tentativa de europeização e aburguesamento da cultura, pois ela vivia de uma maneira diferente do restante da cidade. Distante dos padrões desejados pela elite e pela classe dirigente, os negros estavam voltados para a África, mesmo essa África sendo distante ou construída no imaginário" (SILVA, 2019, p. 425-426).

(5) "Em um contexto no qual a própria medicina se mostrava objeto das mais vivas polêmicas e contestações, preferiam apostar em seu próprio saber, com o qual tinham contado por décadas, para buscar a imunização contra a doença" (PEREIRA, 2002, p. 30).

(6) "Certamente, sentindo-se forçada ante o império das circunstâncias — um ano antes mandara espingardear os escravos fugidos — deveria ter raciocinado como, tempos depois, frente ao problema da revolução que se aproximava, exprimiu-se um político brasileiro, exclamando: 'Façamos a abolição antes que os escravos a façam...' Era o medo da 'vingança bárbara e selvagem', de Nabuco, tomando forma jurídica: a Lei Áurea." (MOURA, 1988 p. 50). "A República procurou converter Canudos num grande exemplo: um exemplo da barbárie contra a civilização; do atraso contra a modernidade. O corpo de Antônio Conselheiro também fez parte da performance. Seu crânio foi levado ao Rio de janeiro, para que o médico Nina Rodrigues e a ciência dessem a última palavra sobre a loucura e a mestiçagem" (SCHWARZ, 2018, p. 334).

> seu impávido desfrute, um espaço amplo, controlado e elegante, onde antes não podiam circular, senão com desconforto e timidez. As vítimas são fáceis de identificar: toda a multidão de humildes, dos mais variados matizes étnicos, que constituíam a massa trabalhadora, os desempregados, os subempregados e os aflitos de toda espécie que povoavam a cidade. A ação do governo não se fez somente contra os seus alojamentos: suas roupas, seus pertences pessoais, sua família, suas relações vicinais, seu cotidiano, seus hábitos, seus animais, suas formas de subsistência e de sobrevivência, sua cultura enfim, tudo é atingido pela nova disciplina espacial, física, social, ética e cultural imposta pelo gesto reformador. Gesto oficial, autoritário e inelutável, que se fazia, como já vimos, ao abrigo de leis de exceção e bloqueavam quaisquer direitos ou garantias das pessoas atingidas. Gesto brutal, disciplinador e discriminador, que separava claramente o espaço do privilégio do espaço da opressão (SEVCENKO, 2018, posição 1033).

A "ditadura do bota-abaixo" da reforma urbana demoliu cortiços e habitações populares, desapropriou e expulsou moradores da região central para as periferias, ao passo que as "brigadas mata-mosquitos" da reforma sanitária promoviam uma higienização pública que destruía o estilo de vida cotidiano da maioria da população carioca:

> Proibiu cães vadios e vacas leiteiras na rua; mandou recolher a asilos os mendigos; proibiu a cultura de hortas e capinzais, a criação de suínos, a venda ambula de bilhetes de loteria. Mandou também que não se cuspisse nas ruas e dentro dos veículos, que não se urinasse fora dos mictórios, que não se soltassem pipas (CARVALHO, 2004, p. 95).

Neste cenário, em outubro de 1904, aprova-se a lei que implementava a obrigatoriedade da vacinação contra a varíola, posteriormente regulamentada, no mês seguinte, pelo médico sanitarista Oswaldo Cruz. Anunciava-se a tempestade e, com ela, o tempo da Revolta.

2. A revolta

A população carioca já estava profundamente abalada pelas reformas financeira, urbana e sanitarista que vim sendo aplicadas sem nenhuma abertura para o diálogo público. Mesmo vivenciando um verdadeiro surto epidêmico de varíola(7), a obrigatoriedade da vacina aparecia como a pá de cal sob os direitos da população.

(7) "Até o mês de junho haviam sido contabilizados oficialmente mais de 1800 casos de internações no Hospital de São Sebastião, no Distrito Federal, e o falta anual de óbitos devidos à varíola seria de 4201" (SEVCENKO, 2002, posição 1033).

Como confiar na medida de um Estado, que há muito vem desferindo ataques aos modos de vida da povo, que consistiria em, acompanhados da polícia, invadir as casas, desnudar coxas e braços de mulheres, aplicar uma injeção contendo o vírus que se dizia combater, com base em uma ciência que em nada dialogava com os saberes populares?

Com forte oposição dos jornais O Correio da Manhã e O Comércio do Brasil, além de uma vanguarda com pretensões políticas de restaurar o militarismo da República da Espada, os chamados florianistas ou jacobinos liderados pelo senador ex-militar Lauro Sodré, logo a luta contra a obrigatoriedade da vacina passou a se organizar, reunindo diversos setores da sociedade no Centro das Classes Operárias e fundando a Liga Contra a Vacina Obrigatória. Na data de fundação, dias antes da regulamentação da lei, um integrante da Liga discursou que, o trabalhador carioca voltaria todos os dia para casa

> Sem poder afirmar que a honra de sua família esteja ilesa, por haver aí penetrado desconhecido amparado pela proclamação da lei da violação do lar e da brutalização aos corpos de suas filhas e de sua esposa. A messalina entrega-se a quem quer, mas a virgem a esposa e a filha terão que desnudar braços e colos para os agentes da vacina. Não apelava para a Constituição por já estar poluída e esfarrapada. Contra a violência, apelava para a legítima defesa e essa se faz com as armas na mão (CARVALHO, 2004, p. 100-101).

Do dia 10 ao dia 16 de novembro seguiram os eventos da assim conhecida Revolta da Vacina. No primeiro dia de manifestação, mobilizada a cavalaria da política, se deu o primeiro conflito direto aos gritos de "Morra a Polícia! Abaixo a Vacina", pedras e espadas que resultaram em 15 prisões (CARVALHO, 2004, p. 101).

Nos dias seguintes, ainda que a Liga tenha tentado dirigir o processo, ela viu sua influência diluir-se dentro do movimento que já se organizava pela espontaneidade das massas. Assim, enquanto o grupo florianista de Lauro Sodré tentava arrogar para si os saldos políticos que resultasse num golpe, "para os amotinados não se tratava de selecionar líderes ou plataformas, mas, mais crucialmente, de lutar por um mínimo de respeito à sua condição de seres humanos" (SEVCENKO, 2018, posição 1.033).

O conflito agora generalizava-se, tornando se mais radical, tanto na revolta quanto na repressão. A cidade de Rio de Janeiro viu-se tornar palco de guerra: ruas, trilhos, veículos e lâmpadas de iluminação pública destruídos. Os instrumentos da reurbanização e símbolos do processo de modernização transformavam-se em materiais para barricadas e trincheiras. As forças repressivas mobilizam Exército, Marinha e Bombeiros, além de batalhões de São Paulo, Niterói e Minas Gerais, e já utilizam de armas de fogo e até de bombardeios costeiros. No dia 14 de novembro, o Jornal do Comércio, de caráter governista, publicava que:

> As arandelas do gás, tombadas, atravessavam-se nas ruas; os combustores da iluminação, partidos, com os postes vergados, estavam imprestáveis; os vidros fragmentados brilhavam na calçada; os paralelepípedos, revolvidos, que seriam de projetis para essas depredações, coalhavam a via pública; em todos os pontos destroços de bondes quebrados e incendiados, portas arrancadas, colchões, latas, montes de pedras, mostravam os vestígios das barricadas feitas pela multidão agitada (CARVALHO, 2004, p. 105).

Aproveitando o tumulto, Lauro Sodré e seus apoiadores mobilizaram o Levante da Escola Militar da Praia Vermelha, trazendo suas motivações às claras e sendo rapidamente contidos pelas forças repressoras. Apostando que sem a liderança e setor militar, a revolta estaria findada, o Estado viu-se surpreendido pela continuação da resistência popular que agora ganhava a adesão de setores massivos do operariado da fábrica de tecidos.

No dia 16, declara-se estado de sítio. Todas as forças militares, por terra e mar, concentram-se no assalto final ao que era o último grande reduto da Revolta: o Porto Artur no bairro da Saúde. A combatividade das barridas da Saúde moveram o imaginário social da época, tendo elegido como liderança histórica "o mais temido chefe das barricadas, Horácio José da Silva, famoso desordeiro conhecido pelo nome de Prata Preta. Na luta final ainda matou um soldado do Exercíto e feriu dois da polícia. Preto, alo, de uns 30 anos, esse personagem euclidiano aterrorizava a polícia lutando nos lugares mais perigosos" (CARVALHO, 2004, p. 110-111).

Mesmo com a completa repressão dos revoltosos, o governo revogou a obrigatoriedade da vacina antivariólica. No fim, sem contar as batidas policiais que seguiram nos dias seguintes nos morros e favelas, os eventos dos conflitos diretos resultaram 30 mortes, 100 pessoas feridas, 945 prisões e 461 deportações para o recém anexado Acre, a maioria sem direito ao devido processo legal, sequer havendo decisão condenatória.

3. As teses

Apresentaremos agora algumas das principais teses historiográficas que buscam explicar as múltiplas e complexas causas da Revolta da Vacina. Nos subsidiaremos com as perspectivas de Nicolau Sevcenko (2018), Sidney Chalhoub (1996), José Murilo de Carvalho (1987) e Leonardo Pereira (2002).

O historiador Nicolau Sevcenko dá centralidade ao processo de reformas urbanas da Regeneração. Estas causavam profunda indignação na população carioca, sendo a lei de vacinação obrigatório o estopim frente a tantos atropelos autoritários infligidos pelos governos da jovem República. Em suas palavras: "esse processo de reurbanização trouxe consigo fórmulas particularmente drásticas de discriminação, exclusão e controle social, voltadas contra os grupos destituídos da sociedade (SEVCENKO, 2018, posição 767).

Ainda que o autor tenha dado relativa importância às movimentações de oposicionistas ao governo civilista, por avistar a causa numa insatisfação popular que vinha sendo dourada há anos, Sevcenko conclui que a Revolta não teve líderes, nem programa política ou propostas objetivas, pois "sua reação não foi contra a vacina, mas contra a história. Uma história em que o papel que lhes reservaram pareceu-lhes intolerável e que eles lutaram para mudar" (SEVCENKO, 2018, posição 767):

> A revolta não visava o poder, não pretendia vencer, não podia ganhar nada. Era somente um grito, uma convulsão de dor, uma vertigem de horror e indignação. Até que ponto um homem suporta ser espezinhado, desprezado e assustado? Quanto sofrimento é preciso para que um homem se atreva a encarar a morte sem medo? E quando a ousadia chega nesse ponto, ele é capaz de pressentir a presença do poder que o aflige nos seus menores sinais: na luz elétrica, nos jardins elegantes, nas estátuas, nas vitrines de cristal, nos bancos decorados dos parques, nos relógios públicos, nos bondes, nos carros, nas fachadas de mármore, nas delegacias, agências de correio e postos de vacinação, nos uniformes, nos ministérios e nas placas de sinalização. Tudo que o constrange, o humilha, o subordina e lhe reduz a humanidade. Eis os seus alvos. Eis a fonte da sua revolta, e o seu objetivo é sentir e expor, ainda que por um gesto radical, ainda que por uma só e última vez, a sua própria dignidade (SEVCENKO, 2018, posição 35).

Chalhoub, em célebre obra, utiliza-se de ampla documentação manuscrita e oficial para investigar a história dos políticas públicas de saúde como parte da história conflituosa da cultura social, história das políticas públicas de saúde como parte da história social da cultura.

Ele introduz sua pesquisa com o clima de guerra já instaurado na cidade de Rio de Janeiro contra as assim chamadas "classes perigosas", afigurando a utilização da ideologia da higiene como central para a legitimar um processo social de exclusão e marginalização. Narra com prioridade as demolições de cortiços, colocando o episódio do famoso cortiço "Cabeça-de-Porco" como paradigmático para refletirmos a relação entre políticas públicas, poder e violência que seria a face do trato do Estado brasileiro para com sua população pobre.

Ainda, o historiador relaciona o trato seletiva da febre amarela pela saúde pública com as teorias raciais da época, demonstrando que, enquanto a febre amarela não se mostrava com uma grande ofensa à saúde de mão de obra que sustentava o Império, negra e escravizada, não era tratada com prioridade pelo poder público. Mas, com as política de embranquecimento e modernização, que tinham na vinda de imigrantes como central para combater a degeneração da mestiçagem e se mostrar ao mundo como uma nova Europa, a febre amarela, endêmica nessa nova massa de trabalhadores, tornava-se a grande inimiga das políticas públicas de saúde, no lugar de doenças que acometiam principalmente a população negra, como a tuberculose.

Sobre este fenômeno, escreveu Rui Barbosa linhas bem explicativas:

> Conservadora do elemento africano, exterminadora do elemento europeu, a praga amarela, negreira e xenófoba, atacava a existência da nação na sua medula, na seiva regeneratriz do bom sangue africano, com que a corrente imigratória nos vem depurar as veias da mestiçagem primitiva, e nos dava, aos olhos do mundo civilizados, os ares de um matadouro da raça branca (CHALHOUB, 1996, p. 57).

Por fim, mais diretamente sobre a Revolta da Vacina, Chalhoub demostra ser justificável a radical desconfiança da população frente à política de obrigatoriedade da vacinação contra a varíola, a que ele chama de vacinofobia, pela intensa história demostrada de racismo e truculência do poder público no trato com questões sanitárias e de saúde coletiva, e pela resistente e contraditória cultura popular fortemente influenciada pelas concepções africanas e afro-brasileiras de doença e cura. A ciência oficial, e sua ideologia da neutralidade, se mostrava como instrumento de poder e dominação, devendo ser analisadas, assim, à luz da luta de classes. Portanto, a Revolta da Vacina seria um marco no qual estas contradições se mostram de forma menos mediadas e mais visíveis.

> O mais trágico em toda essa história é que a alegação de "cientificidade", de neutralidade nas decisões administrativas, traz sempre em seu cerne a violência contra a cidadania. Se os administradores, os governantes, são eles próprios governados por imperativos ditos "científicos" — sejam esses imperativos uma criação das mentes férteis de higienistas, naquela época, ou de economistas, mais recentemente —, não há o que negocias com os cidadãos (CHALHOUB, 1996, p. 58).

O historiador José Murilo de Carvalho inscreve os eventos da Revolta da Vacina como uma marco na formação da cidadania do povo brasileiro. Ele concede maior ênfase para a cultura e moral da classe trabalhadora, que via-se atacada sistematicamente na suas práticas cotidianas, tendo as suas formas de auto-organização da vida serem profundamente ofendidas, atacando-os, assim, na sua humanidade.

> A justificação [da Revolta] baseava-se tanto em valores modernos como tradicionais. Para os membros da elite, os valores eram os princípios liberais da liberdade individual e de um governo não intervencionista (...).

> Para o povo, os valores ameaçados pela interferência do Estado eram os respeito pela virtude da mulher, da esposa, a honra do chefe de família, a inviolabilidade do lar (...) A fusão de valores populares com valores burgueses, gerando a ideologia do protesto. O inimigo não era a vacina em si mas o governo, em particular as forças de repressão do governo (CARVALHO, 1987, p. 136).

Dessa forma, contrariando a narrativa histórica que colocara o povo brasileiro no local de "bestializados" e apáticos frente às vicissitudes da política, Carvalho traz que a experiência concreta da classe trabalhadora brasileira demonstrava que esta estava muito bem antenada aos eventos da política, e que numa realidade estruturalmente oligárquica, respondia politicamente pelas vias da ação direta. O autor traz o relato de um revoltoso encontrado no jornal A Tribunal, em que diz que "era para não andarem dizendo que o povo é carneiro. De vez em quando é bom a negrada mostrar que sabe morrer como homem" (CARVALHO, 1987, p. 139).

Por fim, o também historiador Leonardo Pereira compartilha da tese de Carvalho e se propõe alargar seu alcance explicativo adicionando elementos simbólicos dotados de grande sentido para a classe trabalhadora carioca que também contribuíram para a Revolta, adentrando no universo de heranças culturais e sociabilidades comunitárias. Para o autor, "ao contrário do que postulavam tais explicações gerais para a revolta, o que se notava em meio às ruas era a explicitação das diferentes redes de identidade e solidariedade, que explicavam a participação dos mais diversos sujeitos" (PEREIRA, 2002, p. 64).

Pereira trabalha principalmente com a herança cultural africana que pulsava no cotidiano carioca, seja pela religiosidade e simbologia dos orixás, pelo samba de terreiro, pela culinária, nas casas das "tias baianas" da Praça Onze e nos clubes de lazer. Logo, a tentativa de modernização, que na prática era de aburguesamento, europeização e embranquecimento, encontrava radical contraposição na cultura de um povo marcadamente negro e herdeiro de África.

> A população em geral acreditava que a vacina trazia graves riscos de contaminação; e que o ato representava uma violação do corpo feminino e da ordem familiar. Além disso, para a numerosa população de origem africana, a varíola tinha características sagradas, que a vacina profanava (PEREIRA, 2002, p. 332).

O historiador ilustra a resistência aguerrida de Porto Artur, no qual tremulavam as bandeiras vermelho, branco e pretas, que segundo ele se remeteriam à cosmologia afro-brasileira: "Obaluaiê, um poderoso Orixá da varíola — cujas contas e roupas tinham no vermelho, no branco e no preto suas marcas" (PEREIRA, 2002, p. 100).

Considerações finais — Os saldos

Trazer à luz os emaranhados de contradições e relações complexas que atravessaram os conflitos da Revolta da Vacina carrega em si mesmo afirmação importante para os estudos das lutas sociais: estas, como tudo na sociedade, serão sempre contraditórias.

Ainda hoje aparecem teses que tentam reduzir as revoltas populares a leituras lineares de uma aparente falta de consciência política do povo brasileiro. Nesta linha, as jornadas de junho de 2013 seriam massa de manobra das forças políticas que mobilizaram o Golpe de 2016, as greves de caminhoneiros como *blackouts* organizados pelos patrões, chegando ao cúmulo de acusar uma passividade do movimento negro brasileiro frente à radicalidade vista nos protestos antirracistas e contra a violência policial nos EUA.

Estas teses perduram desde o escravismo colonial brasileiro, que nunca deram a devida atenção às rebeliões da senzala e quilombismo como as principais lutas que moveram o abolicionismo e anticolonialismo. Nesta herança de uma insurgência negra, sistematicamente ocultada, a Revolta da Vacina toma de assalto seu local na história da luta de classes e a reconta desde a olhar "dos de baixo".

A classe trabalhadora se forma culturalmente, desde o compartilhamento coletivo das labutas cotidianas, o reconhecimento recíproco da experiência vivida e movimentação concreta em prol de interesses comuns. A classe não é um dado, mas uma relação, como nos informa Edward Thompson, "acontece quando alguns homens [e mulheres], como resultado de experiências comuns (herdadas ou partilhadas), sentem e articulam a identidade de seus interesses entre si, e contra outros homens cujos interesses diferem (e geralmente se opõem) dos seus" (THOMPSON, p. 10).

A Revolta da Vacina ensina também que em todo progresso há retrocesso. Que a ideologia tecnicista-cientificista-desenvolvimentista de uma história que anda linearmente na superação de suas dificuldades rumo a um futuro de liberdade e emancipação é isso, pura ideologia. As bifurcações da história sempre apontam também para a barbárie permanente da exploração e da opressão e o pódio dos vencedores que experimentam a taça do progresso ofusca a história dos vencidos, condenados a uma vida de miséria indispensável para aqueles.

Percebe-se, ainda, que não podemos analisar as movimentações da classe tendo em mente apenas as movimentações de suas vanguardas, pois em um movimento de massas há sempre um espaço de possibilidades entre a organicidade e espontaneidade. O conjunto massivo da classe em movimento possui relativa autonomia frente às disputas de sua direção política.

Sobre as incertezas que a movimentação concreta da luta de classes abre no campo da política e da história, Bensaid traz que um programa e organização política carrega em si mais apostas do que certezas:

> Não poderia ser certeza absoluta, dogmática, doutrinária, mas antes ação e, por isso mesmo, necessariamente aposta. A evolução da aposta da graça à ação política, não significa banalmente ter dúvidas, mas antes experimentar "uma certeza prática que se mantém sempre consciente de uma possibilidade contrária. Assim, os que resistiram ao poder e à fatalidade, esse "príncipes do possível" que são heréticos e dissidentes, enganaram-se sem dúvida algumas vezes (...) Ao contrário e oposto à crença, o engajamento político, a aposta razoável (estratégica) sobre o futuro histórico, tem sempre a sua parte irredutível de erro e de risco dado que "todo o jogador aposta com certeza para ganhar com incerteza" (BENSAID, 1996, p. 09).

Por fim, os eventos da Revolta da Vacina apontam ainda para a compreensão da forma sistemática que o Estado trabalha com questões de saúde pública, em particular, e direitos sociais no geral. De lá pra cá a tônica sempre foi de um decisionismo que busca tutelar a população que na maioria das vezes produz direitos sociais nas suas próprias práticas comunitárias. Sem nenhum apreço democrático, os projetos de nação empregados pela burguesia nacional sempre utilizaram do apelo à violência institucional e mobilização de forças repressivas sempre prontas para a radicalização. A única forma que a classe trabalhadora consegue se fazer ouvir é pela sua auto-organização e insurgência.

Referências

BENSAID, Daniel. *Trabalhar para a Incerteza.* 1996. Disponível em: <https://www.marxists.org/portugues/bensaid/1996/03/trabalhar.htm>. Acesso em: jul. 2020.

CARVALHO, José Murilo de. *Os Bestializados:* o Rio de Janeiro e a República que não foi. 3. ed. São Paulo: Cia. das Letras, 1987.

CHALHOUB, Sidney, *Cidade Febril:* cortiços e epidemias na corte imperial. São Paulo: Cia. das Letras, 1996.

LÖWY, Michael. *Walter Benjamin:* aviso de incêndio. São Paulo: Boitempo, 2005.

MOURA, Clóvis. *Rebeliões da Senzala.* 4. ed. Porto Alegre: Mercado Aberto, 1988.

PEREIRA, Leonardo. *As Barricadas da Saúde:* vacina e protesto popular no Rio de Janeiro da Primeira República. São Paulo: Fundação Perseu Abramo, 2002.

SCHWARCZ, Lilia. O Espetáculo da Miscigenação. São Paulo: *Estudos Avançados*, v. 08, n. 20, 1994.

______; STARLING, Heloisa. *Brasil:* uma biografia. 2. ed. São Paulo: Cia. das Letras, 2018.

SEVCENKO, Nicolau. *A Revolta da Vacina.* São Paulo: Editora Unesp Digital, 2018. *E-book* Kindle.

SILVA, Maria Grazielle Consentino Ferreira da. A Reforma Urbana Pereira Passos: resistências de uma população excluída. *Revista de Ciências Sociais*, Fortaleza, v. 50, n. 01, 2019.

THOMPSON, Edward P. *A Formação da Classe Operária: a árvore da liberdade.* vol. 1. Tradução de Denise Bottmann. Rio de Janeiro: Paz & Terra, 1987.

Direito do Trabalho e HIV/AIDS

Gabriela Soares Pommot Maia

Introdução

A parada do orgulho LGBTQIA+[1] de 2021 terá como tema o HIV (vírus da imunodeficiência Humana) e a AIDS para rememorar os 40 anos da descoberta do aludido vírus[2]. A adoção desta temática não é em vão, porquanto embora a epidemia de HIV foi e ainda é uma questão de saúde pública que afeta todos os setores sociais, a comunidade LGBTQIA+ foi a que mais sofreu desde a descoberta do vírus, tanto pelos estigmas de se denominar a AIDS como "peste gay", quanto pela vulnerabilidade de contaminação.

A epidemia do HIV subsiste desde a década de 1980. A medicina evoluiu muito, os tratamentos se tornaram cada vez mais eficazes e, atualmente, as pessoas que vivem com referido vírus e que recebem o tratamento adequado jamais manifestarão o quadro clínico da AIDS. Isto significa que a terapia antirretroviral mantém a carga viral indetectável e impede a transmissão do vírus, de modo que o HIV se tornou uma doença crônica.

Apesar disso o tecido social ainda mantém os estigmas e preconceitos da década de 1980: atrela-se o HIV à promiscuidade, à homossexualidade e transexualidade (com alta dose de homofobia e transfobia no discurso) e também aos profissionais do sexo. E são o estigma e o preconceito que maltratam as pessoas que vivem com HIV e que lhes ceifam direitos fundamentais, inclusive o acesso a um trabalho digno e isento de discriminação.

---

(1) Trata-se de sigla para designar a comunidade de Lésbicas, Gays, Bissexuais, Transexuais, Transgêneros e Travestis, Queer (termo em inglês que se refere às pessoas que não se identificam com os padrões heteronormativos), Assexuais e outras identidades de gênero e orientações sexuais.

(2) DEMOCRACIA é o tema da Parada do Orgulho LGBT de São Paulo em 2020 e HIV/AIDS é o tema de 2021. *Associação da Parada do Orgulho LGBT de São Paulo, São Paulo*, 10 jan. 2020. Disponível em: <https://tecnoblog.net/247956/referencia-site-abnt-artigos/>. Acesso em: 10 jul. 2020.

A pandemia do Covid-19 trouxe necessárias reflexões sobre o que se deve reaproveitar a apreender das epidemias já vivenciadas. Logo, evidenciar-se-á as problemáticas que ressoam no mundo do trabalho em razão do estigma e do preconceito decorrentes da epidemia do HIV e demonstrar-se-á que as políticas públicas (ou a falta de) recentemente adotadas em relação ao HIV — focadas em invisibilização e desinformação — são deveras prejudiciais para os trabalhadores que vivem com esse vírus.

Essencial destacar que a epidemia de HIV traz lições que devem ser aplicadas para se evitar que os trabalhadores contaminados pela Covid-19 não sofram das mesmas mazelas: estigma, discriminação e preconceito.

1. O HIV no Brasil: o estigma que mata

O vírus da imunodeficiência humana, conhecido como HIV, foi descoberto há cerca de 40 anos e até hoje sua origem é desconhecida e objeto de variadas teorias. Desde então, essa epidemia assola a população mundial com temor, estigmas e preconceitos. Mesmo depois de tantos anos da sua descoberta, as raras ocorrências de cura decorreram de transplante de células tronco[(3)], conquanto, recentemente, uma pesquisa brasileira oriunda da UNIFESP e ainda em desenvolvimento, divulgou um caso de cura por terapia medicamentosa[(4)].

Em relação à história da descoberta do vírus, O filme *The Normal Heart*[(5)] (O coração normal, em tradução literal), a retrata e demonstra que por ter sido denominado de "peste gay"e atribuído unicamente à comunidade LGBTQIA+, a epidemia de HIV foi silenciada e inviabilizada, o que demandou muita mobilização para que fosse dada a devida importância ao HIV e às pessoas com doenças relacionadas. Os primeiros casos foram identificados em 1981, mas apenas em 1983 é que o vírus foi descoberto[(6)].

A história do HIV no Brasil é muito bem exposta no documentário Carta para Além dos Muros[(7)], que através de entrevistas com médicos, pessoas que vivem

(3) CIENTISTAS, relatam segundo caso de cura do HIV após transplante. *G1*, 03 fev. 2019. Disponível em: <https://g1.globo.com/ciencia-e-saude/noticia/2019/03/04/cientistas-relatam-segundo-caso-de-cura-do--hiv-apos-transplante.ghtml>. Acesso em: 07 jul. 2020.

(4) PESQUISA brasileira aponta que coquetel de medicamentos eliminou o vírus da Aids em paciente. *G1*, 07 jul. 2020. Disponível em: <https://g1.globo.com/bemestar/aids/noticia/2020/07/07/pesquisa-brasileira--apresenta-primeiro-medicamento-com-chance-de-eliminar-o-hiv.ghtml>. Acesso em: 07 jul. 2020.

(5) THE NORMAL HEART. Direção: Ryan Murphy. Produção de Blumhouse Productions, HBO films, Pan B Enterteinment, Ryan Murphy, Productions, 20th Century Fox Television. Estados Unidos da América. HBO, 2014. Telecine.

(6) CARTA para além dos muros. Direção: André Canto. Produção de Canto Produções. São Paulo: Descoloniza Filmes, 2019, Netflix.

(7) *Idem*.

com HIV e membros de associações que representam os soropositivos, discorre sobre as dores e as dificuldades do início da epidemia. Esse documentário faz um paralelo entre um jovem diagnosticado com HIV em Dezembro de 2017 e várias pessoas que vivem com o vírus há muitos anos e, apesar do abismo temporal em que descobriram que viviam com HIV, todos compartilham do receio de contar para a família e de que seus colegas de trabalho descubram.

Na época da descoberta do vírus no Brasil, o tema era tratado sem o mínimo de cuidado e conscientização, especialmente porque se entendia que apenas quem era do grupo de risco (homossexuais, hemofílicos haitianos e heironômanos) se contaminaria[8]. As associações a respeito do HIV/AIDS, em conjunto outras instituições atreladas ao movimento LGBT (na época denominado de movimento Gay) e artistas que publicizaram viver com HIV — como o Cazuza — foram de suma importância para propagar conscientização, prevenção e para se iniciar um processo de superação do estigma.

Diante da gravidade da epidemia e devido a inacessibilidade dos medicamentos no Brasil, criou-se um mercado clandestino por meio dos comissários de bordo da Varig que trabalhavam em voos internacionais e traziam os medicamentos de outros países por um custo mais acessível. Tamanho era o fluxo de medicamentos que havia no prédio da Varig ao lado do aeroporto Santos Dummond no Rio de Janeiro, um setor para a coleta dos medicamentos[9].

Foi após muita pressão das Organizações Não Governamentais e muitas ações judiciais exigindo a concessão gratuita da medicação, que, finalmente, foi publicada a Lei n. 9.313 em 13 de novembro de 1996, garantindo a concessão gratuita, por meio do Sistema Único de Saúde, de toda a medicação necessária para o tratamento dos portadores de HIV.

O Sistema Único de Saúde também concede gratuitamente profilaxia pré e pós exposição ao HIV, assim como preservativos.

Outros benefícios também são estendidos às pessoas que vivem com HIV, tais quais os arrolados na Lei n. 7.670/88, como aposentadoria, reforma militar, pensão especial, licença para tratamento de saúde (arts. 104 e 105 da Lei n. 1.711/52) e levantamento do saldo do Fundo de Garantia por Tempo de Serviço. Bem ainda, o art. 151 da Lei n. 8.213/91 assegura o direito ao auxílio doença ou aposentadoria por invalidez, independente de carência, às pessoas que vivem com HIV.

---

(8) O mesmo pensamento foi reproduzido em relação à epidemia de Covid-19, de que apenas quem está no grupo de risco está fadado a morte.

(9) CARTA para além dos muros. Direção: André Canto. Produção de Canto Produções. São Paulo: Descoloniza Filmes, 2019, Netflix.

Além disso, a discriminação aos portadores de HIV ou acometidos pela AIDS foi tipificada como crime em 2014, pela Lei n. 12.984. Saliente-se que negar emprego ou dispensar o empregado se enquadra neste tipo penal, punível com reclusão de 1 a 4 anos e multa.

Logo, existem políticas públicas eficientes em relação às pessoas que vivem com HIV, contudo falta pulverização da informação e acesso ao sistema de saúde para os brasileiros de todas as classes sociais.

Tanto assim o é que a Organização Mundial da Saúde classifica a infecção do HIV como crônica e manuseável, vez que o tratamento consiste na ingestão de dois comprimidos por dia, os quais mantêm a carga viral indetectável, preservam a imunidade e cujos efeitos colaterais são baixos. Ocorre que o HIV é, atualmente, uma epidemia social que acompanha o círculo de exclusão, porquanto a população excluída do acesso à saúde é vulnerável à infecção por HIV(10).

Nesta senda, é importante destacar que os casos de AIDS (quadro clínico de vulnerabilidade para as doenças oportunistas) caíram entre os homens homossexuais brancos, mas aumentaram entre os homens homossexuais negros e pardos, enquanto os casos de HIV aumentaram entre os homens homossexuais brancos(11). Isso significa que os brancos por terem mais acesso aos serviços de saúde não alcançam o quadro clínico da AIDS — e não é aceitável que algum brasileiro chegue nessa condição —, enquanto os homens negros e pardos ainda são suscetíveis ao desenvolvimento do quadro clínico de AIDS.

É notável que a história da descoberta do vírus está circundada de preconceito e, por tal motivo, a evolução social sobre o tema está aquém da evolução científica. É imprescindível que todos os brasileiros tenham acesso integral ao tratamento, métodos de prevenção e informações sobre transmissibilidade, assim como tem direito à um emprego que lhes confira dignidade. Para superarmos tamanha discriminação é indispensável a propagação de informações para todo o tecido social.

2. A proteção normativa não isenta a discriminação e o preconceito

Inevitavelmente, o estigma direcionado às pessoas que vivem com HIV afetou-as em todos os aspectos da vida, inclusive no trabalho. Por consequência disso iniciou-se o debate dos direitos fundamentais em voga, no que concerne a contratação de um empregado com HIV. De um lado considerava-se os direitos fundamentais à intimidade, à privacidade e à não discriminação do empregado que vive com HIV, e de

---

(10) CARTA para além dos muros. Direção: André Canto. Produção de Canto Produções. São Paulo: Descoloniza Filmes, 2019, Netflix.

(11) Idem.

outro lado considerava-se o direito da comunidade à saúde[(12)]. Este conflito aparente de direitos fundamentais carece de sentido, na medida em que a terapia antirretroviral mantém a carga viral indetectável e, portanto, não representa risco algum à saúde da comunidade.

Contudo, a discriminação no ambiente de trabalho em relação as pessoas que vivem com HIV ainda é uma realidade e podem ocorrer em todas as etapas do contrato de trabalho. No acesso igualitário ao emprego a discriminação opera como fator de exclusão de candidatos com HIV[(13)], o que pode ser averiguado por exigência de exame médico[(14)] e até mesmo por acesso as redes sociais dos candidatos ao emprego e coleta de informações pessoais; ao longo do pacto laboral pode ocorrer a divulgação do fato de que o empregado vive com HIV, o que pode acarretar violação aos direitos de personalidade por meio de exclusão e chacotas, por exemplo; já na etapa pós-contratual a afronta aos direitos fundamentos do empregado que vive com HIV consiste na divulgação do *status* soropositivo do ex-empregado, seja para outros empregadores na transmissão de referência seja para os antigos colegas de trabalho.

Acresça-se que a discriminação foi o vetor decisivo para muitas dispensas sem justa causa de empregados com HIV sob o argumento de se tratar de direito potestativo do empregador, que lhe assegura livre escolha de quem são seus empregados. Essa situação foi retratada no filme *Filadélfia*, de 1993, que relata a história de um advogado homossexual que vivia com HIV e foi desligado do escritório em decorrência disso. A trama se desenvolve a partir da ação judicial promovida pelo advogado em face do escritório visando a uma indenização porque sua dispensa foi fundamentada em discriminação pela sua orientação sexual e porque estava infectado com HIV[(15)].

A produção de Hollywood permanece atual, apesar dos diversos avanços legislativos no Brasil.

Cite-se como exemplo a decisão prolatada pela Subseção I de Dissídios Individuais do Tribunal Superior do Trabalho em recurso de Embargos, de fevereiro de 2000. Tratava-se de recurso interposto pelo Carrefour, em que se almejava a reforma

---

(12) BARROS, Alice Monteiro de. Aids no Local de Trabalho: um enfoque de Direito Internacional e comparado. *Revista do Tribunal Regional do Trabalho da 3ª Reg.*, Belo Horizonte, 32 (62): 67-86, jul./dez. 2000, p. 69.

(13) É proibido exigir o exame sorológico de HIV nos exames ocupacionais, conforme Recomendação n. 200 da OIT e Portaria n. 1.246/2010 do Ministério da Economia – Secretaria do Trabalho.

(14) GUNTHER, Luiz Eduardo. O HIV e a AIDS: preconceito, discriminação e estigma no trabalho — aplicação da Súmula n. 443 do Tribunal Superior do Trabalho. *Revista Eletrônica Discriminação no Trabalho do Trbunal Regional do Trabalho da 9ª Região*, Curitiba, v. 4, n. 42 , jul. 2015. Disponível em: <https://ead.trt9.jus.br/moodle/pluginfile.php/26202/mod_resource/content/1/Revista%20Eletr%C3%B4nica%20%28JUL%202015%20-%20n%C2%BA%2042%20-%20Discrimina%C3%A7%C3%A3o%20no%20Trabalho%29.pdf>. Acesso em: 07 jul. 2020, p. 46.

(15) FILADÉLFIA. Direção: Jonathan Demme. Produção de Jonathan Demme. Los Angeles, TriStar Pictures, 1993, Youtube.

da decisão proferida no Recurso de Revista que determinou a reintegração do empregado, dispensado por viver com HIV. Argumentou-se a inexistência de garantia provisória de emprego ao portador de doença grave, o que impedia a reintegração; a violação ao art. 7º da Constituição Federal, posto que carente de regulamentação e a inaplicabilidade da Lei n. 9.029/95 ao caso sob exame(16).

Dentre os fundamentos do acórdão, destaque-se a proteção legal ao empregado que sofre dispensa arbitrária e discriminatória e a necessidade de se analisar o caso concreto sob o prisma dos complexos princípios e das normas constitucionais e internacionais que vedam a discriminação (art. 7º, 5º *caput* e inciso XLI, da Constituição Federal; Convenções ns. 111 e 117 da OIT e Lei n. 9.029/25). Asseverou-se que não se trata de criação de estabilidade para além das previstas em lei, mas de cumprimento das previsões legais e constitucionais que proíbem a prática discriminatória dirigida a qualquer ser humano, o que justifica a ordem de reintegração quando o desligamento decorrer de dispensa arbitrária e nitidamente discriminatória(17).

Depreende-se do aludido julgado que o ordenamento jurídico já rechaçava condutas discriminatórias de maneira geral, o que obviamente se aplicava aos empregados(18). Todavia, permanecia em voga o debate de que ausência de norma específica no tocante aos empregados que viviam com HIV e também outras doenças graves obstava a reintegração, ante a inexistência de norma que a amparasse. Diante deste contexto e da vastidão de casos sobre a temática, o TST editou em 2012 a Súmula n. 443(19), cujo teor consiste na presunção de que é discriminatória a dispensa do empregado que vive com HIV ou outra doença grave objeto de estigma ou preconceito, assegurada a reintegração acaso a conduta lesiva seja praticada.

Dentre os diversos precedentes originadores do referido Verbete Sumular, há de se ressaltar o caso do empregado cuja vivência com o HIV foi exposta pelo empregador para os colegas de trabalho, com orientações expressas de que evitassem contato com ele, em notória afronta aos direitos fundamentais à privacidade e à intimidade(20).

---

(16) Acórdão TST E-RR-217791-22.1995.5.09.5555. Red. Min. Vantuil Abdala. Data do Julgamento: 07.02.2000. Subseção I Especializada em Dissídios Individuais. Data da Publicação: 02.06.00. Disponível em: <https://jurisprudencia.tst.jus.br/>. Acesso em: 28 jul. 2020.

(17) *Idem.*

(18) VIERA, Luiz Henrique; SILVA, Leda Maria da. Discriminação do portador de HIV/AIDS no ambiente de trabalho: Análise jurisprudencial. *Revista Jurídica Cesumar – Mestrado*, v. 11, p. 155-144, jan./jun. 2011, p. 141.

(19) PIMENTA, Raquel Betty de Castro. A Súmula n. 443 do TST e a reintegração do empregado portador do vírus HIV ou de outra doença grave. *Rev. TST, Brasília*, v. 79, n. 3, p. 26-232, jul./set. 2013, p. 225.

(20) Acórdão TST E-RR-36600-18.2000.5.15.0021. Rel. Min. Horácio Raymundo de Senna Pires. Data de Julgamento: 06.11.08. Subseção 1 Especializada em Dissídios Individuais. Data de Publicação: 14.11.08. Disponível em: <https://jurisprudencia.tst.jus.br/>. Acesso em: 12 jul. 2020.

Frise-se que desde 2004 o TST já havia consolidado jurisprudência com o fito de determinar a reintegração do empregado que vive com HIV e sofre dispensa discriminatória, porquanto tal possibilidade foi consagrada na Orientação Jurisprudencial n. 142 da Subseção II de Dissídios Individuais do TST, a qual consolida posicionamento de que inexiste direito líquido e certo a justificar a impetração de mandado de segurança em face do deferimento da reintegração de trabalhador com HIV e outras doenças graves por meio de tutela de urgência.

Fato é que a não discriminação do empregado que vive com HIV prescinde de norma específica, porquanto há uma vastidão de preceitos constitucionais (a eliminação do preconceito é, inclusive, um objetivo fundamental da República Federativa do Brasil, art. 3º, IV, da CRFB/88), atrelados à Lei n. 9.029/95 (específica para refutar a discriminação no ambiente de trabalho e cujo rol é exemplificativo e, portanto, as determinações legais açambarcam as doenças graves e estigmatizantes) e as Convenções ns. 111 (proibição de todo tipo de discriminação no emprego ou profissão) e 117 (supressão de toda discriminação por motivo de crença, raça, sexo e sindicalização) da OIT, cuja robustez na luta contra a discriminação no trabalho são inegáveis.

Contudo, o corpulento conjunto normativo de combate à discriminação ao trabalho, no qual se inclui Portaria n. 1.927/2014 do Ministério da Economia – Secretaria do Trabalho (orientações para combate à discriminação relacionada ao HIV e à AIDS no ambiente de trabalho), aliado com ações de conscientização e prevenção encampadas pela OMS, OIT, UNAIDS e outras entidades, não foram suficientes para impedir a reiteração de tão reprovável conduta no ambiente de trabalho.

A OIT, em atenção ao cenário alarmante de discriminação no trabalho dos empregados infectados com HIV, editou, em 2010 — cerca de 30 anos depois da descoberta do HIV – o primeiro instrumento internacional com conteúdo específico sobre HIV, AIDS e o mundo do trabalho: a Recomendação n. 200(21).

A Recomendação foi aprovada por todos os Estados-Membros e passou a estabelecer que o *status* de soropositividade não é óbice para o acesso igualitário ao emprego, assim como, de forma alguma influencia nas condições de trabalho, remuneração e acesso a benefícios , e muito menos justifica a dispensa do empregado que vive com HIV. Trata-se de documento internacional que deve nortear as políticas públicas, porquanto o HIV é uma questão que afeta o trabalho(22).

Mesmo diante de diversificado conjunto normativo e do entendimento jurisprudencial do TST consolidado no Enunciado 443, a discriminação em face dos

(21) DOUMBIA-HENRY, Cleopatra. Discriminação de gênero, pessoas com necessidades especiais e portadores do HIV-AIDS: a perspectiva da OIT. *Revista do Tribunal Superior do Trabalho*, Brasília, v. 76, n. 4, p. 144-148, out./dez. 2010, p. 145.

(22) *Ibidem*, p. 145 e 146.

empregados que vivem com HIV permanece e o Judiciário, por vezes, avaliza essas condutas.

A título de exemplo cite-se recente o caso de um empregado que, além da dispensa sem justa causa porque é soropositivo, o fato de que vive com HIV foi exposto aos colegas de trabalho e, por isso, o empregado sofreu assédio moral mediante exclusão de reuniões e chacotas a respeito do seu estado de saúde. Diante desses fatos, postulou indenização por assédio moral. As provas orais evidenciaram de forma robusta o assédio moral praticado em face do empregado e o desrespeito à sua privacidade e à sua intimidade mediante a divulgação do fato de que vivia com HIV para colegas e clientes. Apesar disso, a sentença julgou o pedido improcedente e foi necessária a interposição de recurso ordinário para a reforma da decisão pelo Tribunal Regional do Trabalho da 2ª Região[23].

Urge ressaltar que embora o assédio tenha perdurado por longo período do contrato de trabalho e que a conduta da Reclamada tenha violado frontalmente direitos fundamentais do empregado, especialmente a privacidade e a intimidade, a indenização foi limitada a R$ 30.000,00, montante que sequer se aproxima do *status quo* e, portanto, imprestável para a reparação a que se destina.

Ocorre que o ínfimo montante indenizatório é corriqueiro. Em uma outra reclamação trabalhista promovida em face da Tam Linhas Aéreas restou evidenciada a dispensa discriminatória decorrente do fato de que o empregado vivia com HIV e, portanto, o Juízo Singular determinou a reintegração do empregado e fixou indenização por danos morais em R$ 10.000,00. Evidente que o valor deferido a título indenizatório jamais cumprirá sua função inibitória, qual seja de constranger o agente para que não reproduza conduta deveras reprovável[24]. É um valor irrisório, especialmente quando se trata de questão social de extrema relevância que há tantos anos se luta contra a reprodução do estigma, do preconceito e da violência com as pessoas que vivem com HIV.

Somado a isso, a Lei n. 13.467/2017, ao incluir os art. 223-A e seguintes na Consolidação das Leis do Trabalho estabeleceu verdadeira tarifação de dano moral com espeque no último salário do ofendido. Isto é, além de obstar que a indenização corresponda com o exame detido do caso concreto e se aproxime da efetiva reparação da conduta, computa a indenização com base no último salário da vítima, o que salienta e acentua, indubitavelmente, a desigualdade social do Brasil.

---

(23) Acórdão TRT2-1001818-21.2016.5.02.0036. Relª. Desª. Soraya Galassi Lambert. Décima Oitava Turma. Data de Publicação 20.02.2019. Disponível em: <https://ww2.trt2.jus.br/jurisprudencia/jurisprudencia/pesquisa-jurisprudencial/>. Acesso em: 25 jul. 2020.

(24) Acórdão TRT2-1001435-04.2015.5.02.0319. Rel. Des. Álvaro Alves Noga. Décima sétima Turma. Data de Publicação 08.06.2017. Disponível em: <https://ww2.trt2.jus.br/jurisprudencia/jurisprudencia/pesquisa-jurisprudencial/>. Acesso em: 25 jul. 2020.

De todo modo, no tocante à questão social que envolve o HIV, é essencial trabalhar com políticas de mais informação, conscientização, e prevenção para assegurar que qualquer pessoa em idade produtiva tenha igualdade de acesso ao trabalho, independentemente da sua condição sorológica e, uma vez empregada, que lhe seja assegurado um ambiente de trabalho hígido.

Sobretudo, é importante a reflexão de que não foi a ausência de legislação específica que fomentou a discriminação no ambiente do trabalho, e tampouco a criação desta norma foi capaz de vetá-la, por si só. Isto porque, mesmo depois da Recomendação n. 200 da OIT e da consolidação jurisprudencial do TST por meio do Verbete Sumular n. 443, a discriminação ainda é perpetuada.

Um norma desprovida de consciência social sobre a mácula que a discriminação carrega jamais será capaz de garantir o meio ambiente de trabalho sadio aos empregados que vivem com HIV.

Sobremais, diante do histórico de discriminação focada, principalmente, na população vulnerável à infecção por HIV, é essencial apreender estas lições para evitar a reprodução das mesmas condutas reprováveis em relação à mais recente pandemia de Covid-19.

Isto porque existem casos de pacientes que ficaram com sequelas permanentes após a contaminação por Covid-19 (já existem relatos de pacientes que permaneceram com falta de ar e perderam o olfato[(25)]). Os estudos científicos acerca disso ainda são singelos, não sendo possível precisar em qual gravidade de sintomas haverão danos permanentes ou mesmo qual é a população vulnerável à manifestação mais grave da doença, que poderia deixar sequelas irreversíveis.

Desta feita, inevitável concluir que alguns pacientes terão sequelas permanentes e, tornando-se a Covid-19 endêmica, é essencial impedir que essas pessoas sejam alvo de dispensa discriminatória, assim como o são os empregados que vivem com HIV.

Nesta circunstância é crível — e extremamente frustrante — que empregados serão dispensados em razão das sequelas permanentes decorrentes de forma grave da Covid-19, a qual tem potencial para se tornar estigmatizada, a exemplo da epidemia do HIV. Na hipótese dessa situação se concretizar, é essencial que a Súmula n. 443 do TST seja um instrumento para conferir proteção à não discriminação destes empregados, garantindo-lhes a presunção de dispensa discriminatória e o direito a reintegração.

(25) CHALET, Aline. Covid-19 pode deixar sequelas permanentes, como falta de ar. *R7*, 15 jun. 2020. Disponível em: <https://noticias.r7.com/saude/Covid-19-pode-deixar-sequelas-permanentes-como-falta-de--ar-15062020>. Acesso em: 28 jul. 2020.

3. A corrosão das políticas públicas em relação ao HIV: lições para a Covid-19 e como isso afeta o trabalhador

Desde a campanha eleitoral o atual presidente do Brasil, Jair Bolsonaro, profere discurso repreensível em relação as pessoas que vivem com o vírus, da imunodeficiência humana, reproduzindo o preconceito que tanto se luta para superar[(26)]. Inevitavelmente, o Presidente seguiu a risca o seu projeto de campanha e iniciou o movimento de corrosão das políticas públicas — arduamente conquistadas, frise-se — em relação ao HIV, veja-se[(27)]:

1) Em janeiro de 2019 exonerou a médica Sanitarista que era diretora do Departamento de Vigilância, Prevenção e Controle das IST's, do HIV e Hepatites Virais;

2) Em abril de 2019 retirou o conceito de "redução de danos" da Política Nacional de Drogas, o que implica na desconsideração do fornecimento de seringas descartáveis aos usuários de drogas injetáveis para evitar compartilhamento e reutilização, como medida de prevenção à infecção por HIV;

3) Em abril de 2019, Jair Bolsonaro vetou um projeto de Lei que almejava dispensar da reavaliação pericial periódica pela autarquia previdenciária, os portadores do HIV aposentados por Invalidez. Posteriormente, as casas legislativas derrubaram o veto presidencial.

4) Em maio de 2019 modificou o nome do departamento de IST, AIDS e Hepatites Virais para Departamento de Condições crônicas e Infecções Sexualmente transmissíveis. Assim, concentrou mais atribuições ao departamento ao incluir outras doenças como hanseníase e tuberculose. A crítica foi no sentido de que a retirada da palavra AIDS do nome do departamento representa a invisibilização da epidemia, favorece a "desmobilização de Estados e Municípios"[(28)] e enfraquece os programas de prevenção e informação acerca do HIV e da AIDS. Além disso, sobrecarrega a estrutura e arrisca-se perder a relevância que a infecção por HIV demanda, especialmente por se tratar de um órgão cujas políticas são consideradas modelos em outros países[(29)];

---

(26) DECLARAÇÕES de Bolsonaro preocupam os soropositivos. Carta capital, 19 out. 2018. Disponível em: <https://www.cartacapital.com.br/blogs/dialogos-da-fe/declaracoes-de-bolsonaro-preocupam-os-soropositivos/>. Acesso em: 16 jul. 2020.

(27) LIRA, Juliana Domingos. Como o governo Bolsonaro trata a questão do HIV. *Nexo jornal*, 06 fev. 2020. Disponível em: <https://www.nexojornal.com.br/expresso/2020/02/06/Como-o-governo-Bolsonaro-trata-a-quest%C3%A3o-do-HIV>. Acesso em: 16 jul. 2020.

(28) GALVANI, Giovanna. Políticas preventivas de HIV/Aids estão ameaçadas, dizem especialistas. *Carta Capital*, 11 jul. 2019. Disponível em: <https://www.cartacapital.com.br/saude/politicas-preventivas-de-hiv-aids-estao-ameacadas-dizem-especialistas/>. Acesso em: 16 jul. 2020.

(29) MODELO no mundo, departamento de combate ao HIV do Brasil perde *status*. *Exame*, 23 maio 2019. Disponível em: <https://exame.com/brasil/modelo-no-mundo-departamento-de-combate-ao-hiv-do-brasil-perde-status/>. Acesso em: 16 jul. 2020.

5) Em julho de 2019 as redes sociais do departamento acima mencionado pararam de ser alimentadas, pois os conteúdos seriam concentrados na página do ministério da saúde, mitigando, mais uma vez, a importância de transmitir informações específicas sobre o HIV e a AIDS.

Vê-se que de fato se está diante de um projeto de desmobilização e desinformação sobre o HIV e a AIDS, o que restou evidenciado por duas campanhas do Governo Federal.

Em novembro de 2019 a campanha de combate às Infecções Sexualmente-Transmissíveis (ISTs) exibia imagens de jovens reagindo com repugnância às fotos de lesões de IST's. Por se tratar de uma abordagem ultrapassada e contraproducente, que aposta no medo e na culpa, e por ignorar que algumas IST's não tem sintomas visíveis, essa campanha foi duramente criticadas(30).

Já em fevereiro de 2020 , apesar do aumento do número de casos de infecção por HIV ter aumentado em 21% entre 2010 e 2018, adotou-se uma política pública de abstinência sexual denominada por Campanha Nacional de Prevenção à Gravidez na Adolescência. Além de ignorar a diversidade entre jovens atinente à orientação sexual e à identidade de gênero, posto que a campanha é voltada unicamente ao público heterossexual, ela se mostra ineficaz para prevenir sobre as IST's, posto que carece de dados sobre métodos contraceptivos e sobre serviços gratuitos acessíveis pelo sistema de saúde pública (como preservativos).

Dando continuidade ao seu programa de desmonte das conquistas das pessoas que vivem com HIV — por exemplo a terapia antirretroviral gratuita, testagem gratuita, profilaxia pré e pós exposição ao vírus gratuitas, dentre outras — o Presidente afirmou que uma pessoa com HIV representa apenas despesa para o país(31), reproduzindo, mais uma vez, preconceito e completo desconhecimento sobre a realidade social do Brasil, que, apesar dos muitos avanços, ainda precisa ampliar e aprimorar as campanhas de prevenção, informação e tratamento do HIV.

Consoante já asseverado, a falta de conhecimento sobre as formas de transmissão do HIV, a atuação do vírus no organismo, os métodos de prevenção e a eficácia dos tratamentos, foi a responsável pela propagação do estigma, do preconceito e pela acentuada discriminação em face das pessoas que vivem com HIV e dificultou, sobremaneira, a descoberta de tratamentos eficazes, assim como o acesso ao trabalho digno.

---

(30) PUTTI, Alexandre. Ministério da Saúde encerra redes sociais com informações sobre HIV/Aids. *Carta Capital*, 24 jul. 2019. Disponível em: <https://www.cartacapital.com.br/saude/ministerio-da-saude-encerra--redes-sociais-com-informacoes-sobre-hiv-aids/>. Acesso em: 16 jul. 2020.

(31) LIRA, Juliana Domingos. Como o governo Bolsonaro trata a questão do HIV. *Nexo jornal*, 06 fev. 2020. Disponível em: <https://www.nexojornal.com.br/expresso/2020/02/06/Como-o-governo-Bolsonaro-trata--a-quest%C3%A3o-do-HIV>. Acesso em: 16 jul. 2020.

Deste modo, está-se diante da ausência de informações fidedignas oriundas do governo federal acerca do HIV e da AIDS. Como se não bastasse, há um Chefe do Poder Executivo que constantemente demonstra seu preconceito com as pessoas que vivem com HIV, que ignora a formação do Sistema Único de Saúde, que não confere relevância ao Estado Social de Direito e tampouco aos Direitos Fundamentais assegurados pela Constituição da República e, via de consequência, avaliza e estimula condutas iguais ou piores que as suas.

Esse projeto do governo de corrosão das políticas públicas sobre HIV — alcançadas por meio intensos diálogos entre o poder públicos e as entidade que representam a população que vive com HIV — corresponde a um efetivo risco de aumento do número de infecções, de mortes por doenças oportunistas e de discriminação.(32)

Neste cenário, os trabalhadores estão a mercê do aumento da discriminação no ambiente de trabalho e, por corolário lógico, violação aos seus direitos fundamentais, assim como estão sujeitos a desligamentos apenas por viverem com HIV — práticas já corriqueiras no ambiente de trabalho, como demonstrado anteriormente.

Somado a isso, os avanços alcançados pelo Brasil na luta contra o HIV deveriam ter sido reaproveitados na pandemia da Covid-19. Alguns exemplos são: como tratar a população vulnerável sem denominá-la grupo de risco ,culpabiliza-la, isolá-la e estigmatiza-la, o que evitaria que idosos, hipertensos e diabéticos tornar-se-iam "(...) a versão hodierna do que os gays foram durante os primórdios da epidemia do HIV/AIDS"(33); como atuar de forma propositiva e fomentar políticas que colocam os direitos humanos no centro das respostas(34); utilizar a testagem de forma ampla; e prevenir, testar, tratar e acolher considerando a realidade social e econômica das pessoas para não reproduzir as tendências de estigma e discriminação.

Infelizmente, apesar de ter-se um arsenal de experiências, condutas médicas, acolhimento social e políticas públicas eficientes — que estão sob ameaça constante —, durante a crise da pandemia de Covid-19 o Brasil foi e permanece sendo governado como se nunca houvesse encarado epidemias severas(35) e, na contramão do esperado,

(32) LIMA FILHO, José Araújo. Os 100 dias do governo Bolsonaro são marcados pelo desmonte da política de AIDS. *Agência de notícias da AIDS*, São Paulo, 11 abr. 2019. Disponível em: <https://agenciaaids.com.br/artigo/os-100-dias-do-governo-bolsonaro-sao-marcados-pelo-desmonte-da-politica-de-aids/>. Acesso em: 17 jul. 2020.

(33) PARKER, RICHARD. Covid-19 e HIV/AIDS: paralelos e lições. *Associação Brasileira Interdisciplinar de Aids*, 17 abr. 2020. Disponível em: <http://abiaids.org.br/Covid-19-e-hiv-aids-paralelos-e-licoes/33941>. Acesso em: 20 jul. 2020.

(34) NILO, Alessandra. Covid-19, o movimento aids e a disputa pelo "novo normal". *Agencia de Notícias da Aids*, São Paulo, 04 jun. 2020. Disponível em: <https://agenciaaids.com.br/artigo/Covid-19-o-movimento-aids-e-a-disputa-pelo-novo-normal/>. Acesso em: 17 jul. 2020.

(35) ARAUJO, Mateus. Silêncio mata: por que a pandemia da Covid-19 lembra a do HIV. *Uol*, .18 abr. 2020. Disponível em: <https://tab.uol.com.br/noticias/redacao/2020/04/18/silencio-mata-por-que-a-pandemia-da-Covid-19-lembra-a-do-hiv.htm>. Acesso em: 03 jun. 2020.

acentuou a corrosão das políticas públicas voltadas para o HIV e adotou um negacionismo acerca da gravidade do coronavírus.

A falta de ações efetivas por parte do Governo Federal para conter a pandemia de Covid-19 repercutirá por algum tempo e afetará, sobremaneira, as pessoas que vivem com HIV, porquanto, além do esperado colapso do sistema de saúde, o isolamento social implica a suspensão ou redução de alguns serviços como: testagem para o HIV, acesso aos métodos gratuitos de prevenção, diminuição do estoque medicação antirretroviral — que pode implicar em falta para algumas pessoas. Diante disso, um estudo realizado pela I*mperial College London* estima que as mortes decorrentes do HIV aumentem em 10% nos próximos 5 anos como reflexo da pandemia de Covid-19[(36)].

Sobremais, a maioria das pessoas que vive com HIV carece de proteção social e muitas trabalham na informalidade. Portanto, há o risco efetivo de piora da situação das pessoas que vivem com HIV e já se encontram em condição social de marginalização[(37)].

É indispensável elaborar um diálogo social para que com a pandemia da Covid-19 ninguém fique para trás, inclusive as pessoas em situação de vulnerabilidade social. Portanto, é urgente que os países concentrem esforços para identificar os grupos vulneráveis e conceder auxílios para que suas condições não se agravem[(38)].

Conclusão

A epidemia do HIV deixou marcas sociais profundas e até hoje jamais superadas. O avanço científico conferiu tratamento eficaz e seguro para a população que vive com o vírus, mas até o momento não foi possível superar o estigma estabelecido tão logo a doença surgiu.

Mesmo depois de 40 anos, as pessoas que vivem com HIV também vivem com receio de que os familiares e os colegas de trabalho descubram, uma vez que isso pode impactar negativamente na vida desses seres humanos.

A vedação à discriminação é um dos objetivos fundamentais da República Federativa do Brasil e está inserta em diversos diplomas normativos que, numa

---

(36) HOGAN, Alexandra B; *et. al.* Potential impact of the Covid-19 pandemic on HIV, tuberculosis, and malaria in low-income and middle-income countries: a modelling study. *Lancet Global Health 2020,* 13 jul. 2020. Disponível em: <https://www.thelancet.com/journals/langlo/article/PIIS2214-109X(20)30288-6/fulltext>. Acesso em: 20 jul. 2020.

(37) Covid-19: Impact on people living with HIV. *International Labour Organization, Policy Breaf,* jun. 2020. Disponível em: <https://www.ilo.org/wcmsp5/groups/public/---dgreports/---gender/documents/publication/wcms_747263.pdf>. Acesso em: 1º ago. 2020, p. 2.

(38) *Ibidem*, p. 4.

interpretação lógico-sistemática, não deixam dúvidas de que o desligamento de um empregado com HIV, apenas por esse motivo, é ilícito e tem consequências jurídicas imediatas. Ainda que se discutisse a ausência de normas específicas que assegurassem a reintegração do aludido empregado — o que tampouco é aceitável —, nunca se considerou deixar irreparáveis as condutas discriminatórias em face dos empregados que vivem com HIV, e nem se deveria.

Outrossim, a corrosão das políticas públicas em relação ao HIV representa um retrocesso incalculável. É crucial restabelecer imediatamente os meios de comunicação específicos acerca do HIV e da AIDS no Brasil para que as medidas de prevenção e informação sejam implementadas de forma assertiva.

Espera-se que a Covid-19 não se some as doenças estigmatizantes que já marginalizam tantos brasileiros. O estigma fomenta a exclusão, leva muitos trabalhadores para a precarização da informalidade e contribui para a acentuação da desigualdade social.

É preciso ampliar as políticas públicas e avançar, o desmonte fatalmente prejudicará quem está no lado mais fraco.

Referências bibliográficas

ARAUJO, Mateus. Silêncio mata: por que a pandemia da Covid-19 lembra a do HIV. *Uol*, 18 abr. 2020. Disponível em: <https://tab.uol.com.br/noticias/redacao/2020/04/18/silencio-mata-por-que-a-pandemia-da-Covid-19-lembra-a-do-hiv.htm>. Acesso em: 03 jun. 2020.

BRASIL. Tribunal Regional do Trabalho da 2ª Região. *1001435-04.2015.5.02.0319*. Rel. Des. Álvaro Alves Noga. Décima Sétima Turma. Data de Publicação 08.06.2017. Disponível em: <https://ww2.trt2.jus.br/jurisprudencia/jurisprudencia/pesquisa-jurisprudencial/>. Acesso em: 25 jul. 2020.

______. Tribunal Regional do Trabalho da 2ª Região. *1001818-21.2016.5.02.0036*. Relª. Desª. Soraya Galassi Lambert. Décima oitava Turma. Data de Publicação 20.02.2019. Disponível em: <https://ww2.trt2.jus.br/jurisprudencia/jurisprudencia/pesquisa-jurisprudencial/>. Acesso em: 25 jul. 2020.

______. Tribunal Superior do Trabalho. *E-RR-36600-18.2000.5.15.0021*. Rel. Min. Horácio Raymundo de Senna Pires. Data de Julgamento: 06.11.08. Subseção 1 Especializada em Dissídios Individuais. Data de Publicação: 14.11.08. Disponível em: <https://jurisprudencia.tst.jus.br/>. Acesso em: 12 jul. 2020.

______. Tribunal Superior do Trabalho. *E-RR-217791-22.1995.5.09.5555*. Red. Min. Vantuil Abdala. Data do Julgamento: 07.02.00. Subseção I Especializada em Dissídios Individuais. Data da Publicação: 02.06.00. Disponível em: <https://jurisprudencia.tst.jus.br/>. Acesso em: 28 jul. 2020.

CARTA para além dos muros. Direção: André Canto. *Produção de Canto Produções*. São Paulo: Descoloniza Filmes, 2019, (93 min).

CHALET, Aline. Covid-19 pode deixar sequelas permanentes, como falta de ar. *R7*, 15 jun. 2020. Disponível em: <https://noticias.r7.com/saude/Covid-19-pode-deixar-sequelas-permanentes-como-falta-de-ar-15062020>. Acesso em: 28 jul. 2020.

CIENTISTAS, relatam segundo caso de cura do HIV após transplante. *G1*, 03 fev. 2019. Disponível em: <https://g1.globo.com/ciencia-e-saude/noticia/2019/03/04/cientistas-relatam-segundo-caso-de-cura-do-hiv-apos-transplante.ghtml>. Acesso em: 07 jul. 2020.

Covid-19: Impact on people living with HIV. *International Labour Organization*, Policy Breaf, jun. 2020. Disponível em: <https://www.ilo.org/wcmsp5/groups/public/---dgreports/---genp der/documents/publication/wcms_747263.pdf>. Acesso em: 1º ago. 2020.

DECLARAÇÕES de Bolsonaro preocupam os soropositivos. *Carta Capital*, 19 out. 2018. Disponível em: <https://www.cartacapital.com.br/blogs/dialogos-da-fe/declaracoes-de-bolsonaro-preocupam-os-soropositivos/>. Acesso em: 16 jul. 2020.

DEMOCRACIAé o tema da Parada do Orgulho LGBT de São Paulo em 2020 e HIV/AIDS é o tema de 2021. *Associação da Parada do Orgulho LGBT de São Paulo*, São Paulo, 10 jan. 2020. Disponível em: <https://tecnoblog.net/247956/referencia-site-abnt-artigos/>. Acesso em: 10 jul. 2020.

DOUMBIA-HENRY, Cleopatra. Discriminação de gênero, pessoas com necessidades espea ciais e portadores do HIV-AIDS: a perspectiva da OIT. *Revista do Tribunal Superior do Trabalho*, Brasília, v. 76, n. 4, p. 144-148, out./dez. 2010.

FILADÉLFIA. Direção: Jonathan Demme. *Produção de Jonathan Demme.* Los Angeles, TriStar Pictures, 1993, *Youtube.*

GALVANI, Giovanna. Políticas preventivas de HIV/Aids estão ameaçadas, dizem especialistas. *Carta Capital*, 11 jul. 2019. Disponível em: <https://www.cartacapital.com.br/saude/politicas-preventivas-de-hiv-aids-estao-ameacadas-dizem-especialistas/. Acesso em: 16 de julho de 2020.

GUNTHER, Luiz Eduardo. O HIV e a AIDS: preconceito, discriminação e estigma no trabalho — aplicação da Súmula n. 443 do Tribunal Superior do Trabalho. *Revista Eletrônica Discriminação no Trabalho do Trbunal Regional do Trabalho da 9ª Região.* Curitiba, v. 4, n. 42, jul. 2015. Disponível em: <https://ead.trt9.jus.br/moodle/pluginfile.php/26202/mod_resource/content/1/Revista%20Eletr%C3%B4nica%20%28JUL%202015%20-%20n%C2%BA%2042%20-%20Discrimina%C3%A7%C3%A3o%20no%20Trabalho%29.pdf>. Acesso em: 07 jul. 2020, p. 46.

HOGAN, Alexandra B; et. al. Potential impact of the Covid-19 pandemic on HIV, tuberculo9 sis, and malaria in low-income and middle-income countries: a modelling study. *Lancet Global Health 2020*, 13 jul. 2020. Disponível em: <https://www.thelancet.com/journals/langlo/article/PIIS2214-109X(20)30288-6/fulltext>. Acesso em: 20 jul. 2020.

INTERNATIONAL LABOUR ORGANIZATION. *Reccommendation concerning HIV and AIDS and the World of Work.* 2010. Disponível em: <https://www.ilo.org/global/topics/hiv-aids/WCMS_142706/lang--en/index.htm>. Acesso em: 15 jul. 2020.

LIMA FILHO, José Araújo. Os 100 dias do governo Bolsonaro são marcados pelo desmonte da política de aids. *Agência de notícias da AIDS*, São Paulo, 11 abr. 2019. Disponível em: <https://agenciaaids.com.br/artigo/os-100-dias-do-governo-bolsonaro-sao-marcados-pelo-desmonte-da-politica-de-aids/>. Acesso em: 17 jul. 2020.

LIRA, Juliana Domingos. Como o governo Bolsonaro trata a questão do HIV. *Nexo jornal*, 06 fev. 2020. Disponível em: <https://www.nexojornal.com.br/expresso/2020/02/06/Como-o-governo-Bolsonaro-trata-a-quest%C3%A3o-do-HIV>. Acesso em: 16 jul. 2020.

MODELO no mundo, departamento de combate ao HIV do Brasil perde *status*. *Exame*, 23 maio 2019. Disponível em: <https://exame.com/brasil/modelo-no-mundo-departamento-de-combate-ao-hiv-do-brasil-perde-status/>. Acesso em: 16 jul. 2020.

NILO, Alessandra. Covid-19, o movimento aids e a disputa pelo "novo normal". *Agencia de Notícias da Aids*, 04 jun. 2020. Disponível em: <https://agenciaaids.com.br/artigo/Covid-19-o-movimento-aids-e-a-disputa-pelo-novo-normal/>. Acesso em: 17 jul. 2020.

PARKER, RICHARD. Covid-19 e HIV/AIDS: paralelos e lições. *Associação Brasileira Interdisciplinar de Aids*, 17 abr. 2020. Disponível em: <http://abiaids.org.br/Covid-19-e-hiv-aids-paralelos-e-licoes/33941>. Acesso em: 20 jul. 2020.

PESQUISA brasileira aponta que coquetel de medicamentos eliminou o vírus da Aids em paciente. *G1*, 07 jul. 2020. Disponível em: <https://g1.globo.com/bemestar/aids/noticia/2020/07/07/pesquisa-brasileira-apresenta-primeiro-medicamento-com-chance-de-eliminar-o-hiv.ghtml>. Acesso em: 07 jul. 2020.

PIMENTA, Raquel Betty de Castro. A Súmula n. 443 do TST e a reintegração do empregado portador do vírus HIV ou de outra doença grave. *Rev. TST*, Brasília, v. 79, no 3, p. 26-232, jul./set. 2013.

PUTTI, Alexandre. Ministério da Saúde encerra redes sociais com informações sobre HIV/Aids. *Carta Capital*, 24 jul. 2019. Disponível em: <https://www.cartacapital.com.br/saude/ministerio da saude encerra redes sociais com informacoes sobre hiv aids/>. Acesso em: 16 jul. 2020.

THE NORMAL HEART. Direção: Ryan Murphy. *Produção de Blumhouse Productions, HBO films, Pan B Enterteinment, Ryan Murphy, Productions, 20th Century Fox Television.* Estados Unidos da América. HBO, 2014. Telecine.

VIERA, Luiz Henrique; SILVA, Leda Maria da. Discriminação do portador de HIV/AIDS no ambiente de trabalho: Análise jurisprudencial. *Revista Jurídica Cesumar* – Mestrado, v. 11, p. 155-144, jan./jun. 2011.

Direito do Trabalho e Doenças Tropicais Negligenciadas e Endêmicas: Leishmanioses e Malária

Giselle Scavasin

Introdução

A pandemia causada pelo Covid-19 deveria renovar a atenção sobre doenças endêmicas que acometem grupos de trabalhadores que têm em comum a posição geográfica do lugar de prestação de seu labor, as péssimas condições de trabalho, ausência de medidas sanitárias adequadas e cuidados com a saúde, e a realidade de extrema pobreza da classe trabalhadora, uma vez acometerem milhões de pessoas anualmente. São esses mesmos grupos de trabalhadores, já tão fragilizados pelo histórico de vida na miséria e inexistência de distribuição de renda no país, que mais estão sendo vitimados pela atual pandemia mundial, tanto nas periferias das grandes cidades, como nas regiões mais remotas do país.

As doenças aqui tratadas também têm relação com o aumento do desmatamento pela invasão predatória das florestas, atividades de uso e ocupação do solo, más condições de moradia, concentrações humanas desorganizadas, falta de infraestrutura sanitária, e afetam as regiões mais pobres e de maior exclusão social(1). Estudos verificaram que cada quilômetro quadrado de área impactada pelo desmatamento produziu 27 novos casos de malária na Amazônia Legal brasileira, mostrando relação do aumento da produção de soja, madeira, gado e óleo de palma com a maior incidência da moléstia.(2)

(1) SILVA, L. (2008). Endemias e epidemias na Amazônia: malária e doenças emergentes em áreas ribeirinhas do Rio Madeira. Um caso de escola. *Estudos Avançados*, 22(64), 111-141. Recuperado de: <http://www.revistas.usp.br/eav/article/view/10344>.

(2) CHAVES, Leonardo Suveges Moreira. *Sistema ecológico da malária*. São Paulo, 2018. Tese (Doutorado) -- Faculdade de Saúde Pública da Universidade de São Paulo, 2018.

Neste estudo são tratadas duas **doenças tropicais negligenciadas** consideradas endêmicas e que constam da lista nacional de doenças de notificação compulsória ao SINAN — Sistema de Informação de Agravos de Notificação, órgão ligado ao Ministério da Saúde, como determinado pela Portaria de Consolidação n. 4, de 28 de setembro de 2017, anexo V, Capítulo I: leishmaniose e malária. São doenças que atingem as populações mais vulneráveis dos países em desenvolvimento, sobretudo na faixa tropical do planeta.

As enfermidades tratadas neste artigo estão inseridas na agenda internacional de compromissos mundialmente assumidos, contempladas no Objetivo 3 de Desenvolvimento Sustentável (ODS) da Organização das Nações Unidas (ONU), que visa promover o bem-estar e uma vida saudável, com a meta de combater as epidemias de Aids, tuberculose, malária, hanseníase e outras doenças transmissíveis e tropicais negligenciadas, e combater a hepatite, doenças transmitidas pela água, e outas doenças transmissíveis, até o ano de 2030[(3)].

Podemos conceituar as **doenças tropicais** como aquelas transmitidas por insetos que encontram nos trópicos seu *habitat* natural . Tais doenças representam um inimigo que se aproveita da fragilidade social e econômica das regiões, em que afetam uma parte importante da população local que tem sua saúde, relações sociais e capacidade laborativa influenciadas pela proximidade das enfermidades e pelo descaso com que é tratada pelo poder político e poder econômico, que naturaliza a existência dos surtos como uma situação inevitável das regiões afetadas.

Por sua vez, são consideradas **doenças negligenciadas**[(4)] as causadas por agentes infecciosos ou parasitas predominantemente em populações da África, da Ásia e da América Latina, regiões tropicais e subtropicais em desenvolvimento[(5)], e que acometem pessoas em situação de vulnerabilidade principalmente pela pobreza, acesso limitado à água limpa, condições precárias de higiene e de saneamento, entre outros fatores comuns.

A Organização Mundial de Saúde (OMS) as considera como doenças negligenciadas por não receberem a devida atenção no atendimento médico, no desenvolvimento de medicamentos e métodos diagnósticos. A existência de tais doenças em determinadas regiões perpetua a condição de miséria e de desigualdades das áreas endêmicas, pois prejudica o desenvolvimento físico e intelectual das crianças, reduz a taxa de escolarização e muitas vezes desabilita os infectados para o trabalho, temporária

(3) *Vide:* <https://nacoesunidas.org/pos2015/ods3/>.

(4) As doenças tropicais negligenciadas incluem 20 doenças, mas as mais importantes são: malária, dengue, doença de chagas, leishmanioses, esquistossomose, tuberculose e hanseníase.

(5) Este grupo diverso de doenças prevalece em 149 países tropicais e subtropicais, afetando mais de 1 bilhão de pessoas no mundo.

ou permanentemente, o que acarreta consequências econômicas que se eternizam. Mais do que um problema para a saúde, as doenças negligenciadas configuram um entrave ao desenvolvimento humano e econômico das nações.

Antes de adentramos nas doenças que serão aqui tratadas (leishmaniose e malária) e suas implicações no Direito do Trabalho, importante apresentarmos uma rápida distinção dos termos pandemia, epidemia, endemia e surto de acordo com a epidemiologia. Basicamente, a diferenciação está em sua posição relativa em uma escala hierárquica de magnitude populacional do problema com relação à transmissão da doença na população, ao tempo de evolução do problema e ao tipo de evidência geradora.(6)

A **pandemia** diz respeito a acontecimento capaz de alcançar toda a população, com uma epidemia de grandes proporções espalhando-se por vários países, em mais de dois continentes, aproximadamente ao mesmo tempo, como aconteceu com a Gripe Espanhola, no inicio do século passado, e ocorre atualmente com a Covid-19. A **epidemia** tem por principal característica o elevado número de casos novos e sua rápida difusão. Representa um agravo acima da média histórica de sua ocorrência, cujo agravo causador geralmente tem aparecimento súbito e se propaga por determinado período de tempo em determinada região geográfica, acometendo elevado número de indivíduos(7). Por sua vez, a **endemia** se caracteriza pela ocorrência de um agravo dentro de um número esperado de casos para aquela região, naquele período de tempo, baseado na sua ocorrência em anos anteriores não epidêmicos(8). A endemia é considerada pelo fato de ser peculiar a um povo, país ou região, e estar presente em uma área permanente, o tempo todo, durante anos. Já o **surto** se caracteriza pelo aumento pouco comum no número de casos relacionados epidemiologicamente, de aparecimento súbito e disseminação localizada em uma região específica.

Malária

A malária é uma doença infecciosa aguda, causada por protozoários, transmitidos pela fêmea do mosquito *Anopheles*. Apresenta cura se for tratada em tempo oportuno e adequadamente. A malária não é uma doença contagiosa, já que uma pessoa doente não é capaz de transmitir a doença diretamente a outra pessoa, sendo necessário o vetor para realizar a transmissão.

---

(6) Módulos de Princípios de Epidemiologia para o Controle de Enfermidades. Módulo 5: pesquisa epidemiológica de campo — aplicação ao estudo de surtos / Organização Pan-Americana da Saúde ; Ministério da Saúde. Brasília: Organização Pan-Americana da Saúde, 2010.

(7) MOURA, Alexandre Sampaio. Endemias e epidemias: dengue, leishmaniose, febre amarela, influenza, febre maculosa e leptospirose. Alexandre Sampaio Moura e Regina Lunardi Rocha. Belo Horizonte: Nescon/UFMG, 2012. p. 17.

(8) *Idem.*

A malária é considerada um grave problema de saúde pública no mundo, sendo uma das doenças de maior impacto na morbidade e na mortalidade da população dos países situados nas regiões tropicais e subtropicais do planeta, e afeta, sobretudo, populações menos favorecidas socialmente. A Região Amazônica brasileira[9] é considerada área endêmica do país para malária com 99% dos casos autóctones, segundo dados do SINAN — Sistema de Informação de Agravos de Notificação, órgão ligado ao Ministério da Saúde. Nas áreas fora da região Amazônica, mais de 80% dos casos registrados são importados dos estados pertencentes à área endêmica, outros países amazônicos e do continente africano, mas existe transmissão residual de malária em estados da região extra-Amazônica, principalmente em áreas de Mata Atlântica. Dos casos importados de malária notificados no Brasil, no total de 1002 casos de janeiro a julho de 2020, verificou-se que 4 deles vieram do continente africano (Angola, África do Sul), 2 da Europa e 996 da América do Sul (Venezuela, Guiana, Guiana Francesa, Peru, Bolívia, Suriname e Colômbia).

A malária está fortemente relacionada à pobreza e a estimativa de mortalidade é maior em países com menor PIB *per capita*. No Brasil, 86% dos casos ocorrem em áreas rurais ou indígenas[10], garimpos[11] ou assentamentos, e nos seis estados com maior transmissão (Acre, Amazonas, Amapá, Pará, Rondônia e Roraima) do total de municípios prioritários para o Brasil Sem Miséria, devido ao baixo IDH, baixa renda per capita e outros indicadores de pobreza, 48% são também prioritários para malária, ou seja, possuem IPA ≥10.[12]

Também existem estudos mostrando que a malária está relacionada com os assentamentos agrícolas na Bacia Amazônica, que promovem mudanças ambientais

(9) A região amazônica compreende os Estados do Acre, Amazonas, Amapá, Pará, Rondônia, Roraima, Tocantins, Mato Grosso e Maranhão

(10) A malária agrava as condições de vida das populações afetadas. Em especial, as populações indígenas são mais vulneráveis, principalmente nas áreas de difícil acesso, fato que pode estar relacionado a alguns fatores como: alterações ambientais, dificuldade de acesso aos serviços de saúde, intensa migração da população para diferentes áreas de vulnerabilidade e receptividade de transmissão da malária, além de aspectos culturais que facilitam a exposição ao agente transmissor, em tarefas do cotidiano como a caça, a pesca, trabalhos nas roças, banhos às margens de rios e igarapés, formas variadas da arquitetura de habitação tradicional, que não favorecem a utilização dos métodos convencionais de controle vetorial.

(11) Nos garimpos, a precariedade das moradias, limitação de serviços de saúde, intenso fluxo de pessoas, regime intenso de trabalho que coincide com os picos de atividades dos insetos, localização em áreas de difícil acesso, além de questões de segurança e legalidade, são muitas vezes empecilhos para que haja diagnóstico oportuno, quebra da cadeia de transmissão, ações de controle vetorial, garantia de tratamento de qualidade e adesão ao tratamento.

(12) BRASIL. Ministério da Saúde. Organização Pan-Americana da Saúde no Brasil. *Doenças relacionadas ao trabalho:* manual de procedimentos para os serviços de saúde. Organizado por Elizabeth Costa Dias. Colaboradores Idelberto Muniz Almeida *et al.* Brasília: Ministério da Saúde do Brasil, 2001.

massivas através do desmatamento e de instalação de agrupamentos humanos próximos aos *habitats* dos vetores.(13)

A letalidade por malária na região Amazônica é baixa (1,6/100.000) enquanto no restante do país a letalidade chega a ser 128 vezes maior. O óbito nestas áreas ocorre, na maior parte, em pessoas que vêm infectadas de outros países ou de estados da região Amazônica e não recebem o diagnóstico e tratamento oportunos e adequados devido à dificuldade na suspeição de uma doença relativamente rara nestas áreas e desinformação dos viajantes a respeito dos seus riscos.

Pode-se contrair a malária por mais de uma vez e é muito comum que se aconteça, como nos casos de trabalhadores das regiões mais afetadas. Em casos de vários episódios de malária, alguns indivíduos podem atingir um estado de imunidade parcial, apresentando poucos ou mesmo nenhum sintoma, no entanto, uma imunidade esterilizante, que confere total proteção clínica, até hoje não foi observada.

A malária é uma doença com alto potencial epidêmico, sofrendo alterações bruscas de acordo com variações climáticas e socioambientais, e, principalmente, variações na qualidade e quantidade de intervenções de controle. A sazonalidade da malária é diferente em cada estado da Região Amazônica, mas, de forma geral, há um pico sazonal de casos de malária no período de transição entre as estações úmida e seca, uma vez que fatores como precipitação, temperatura e nível da água afetam a proliferação de mosquitos nos criadouros.

No campo dos Direitos Sociais, interessa saber que a infecção pela malária está relacionada com a redução da qualidade de vida e força de trabalho, causando grande impacto socioeconômico nas populações onde os casos de malária são frequentes, além da ocorrência de formas graves e de grande número de óbitos. O impacto social da malária acontece por diferentes caminhos, sejam pela redução da fertilidade, complicações no parto, ou pela redução da atividade escolar e da força de trabalho e mortalidade prematura.

De acordo com informações da Fiocruz, acredita-se que a malária retarde o crescimento anual em 1,3% em áreas endêmicas com alta prevalência.(14)

Para a prevenção dessa doença, além de recomendações para proteção individual e coletiva que devem ser reforçadas em todas as oportunidades junto às comunidades

---

(13) NUNES, Mônica da Silva; CODEÇO, Cláudia T.; MELAFRONTE, Rosely S.; SILVA, Natal S. da Silva; JUNCANSEN, Camila; MUNIZ, Pascoal T.; FERREIRA, Marcelo U. Malaria on the Amazonian Frontier: Transmission Dynamics, Risk Factors, Spatial Distribution, and Prospects for Control. *American Journal of Tropical Medicine and Hygiene*, 79(4), 2008, p. 624-635.

(14) FIOCRUZ. Disponível em: <http://www.fiocruz.br/ioc/cgi/cgilua.exe/sys/start.htm?infoid=1585&sid=32>. Acesso em: 06 ago. 2020.

vulneráveis, o saneamento ambiental, aplicação de inseticidas por meio de borrifação residual intradomiciliar e aplicação espacial, e utilização de mosquiteiros e roupas que protejam braços e pernas devem ser considerados.

Leishmanioses

As leishmanioses são doenças endêmicas e em franca expansão geográfica em 98 países, em sua maioria nações em desenvolvimento, e são responsáveis pela morte de aproximadamente 50 mil pessoas todos os anos. As leishmanioses apresentam-se como um importante problema de saúde pública nas Américas devido a sua ampla distribuição e elevada prevalência. Importante ressaltar que 90% dos novos casos se concentram no Brasil, Bangladesh, Índia, Etiópia, Nepal e Sudão.(15)

As formas mais comuns da doença são a leishmaniose visceral (LV), que leva à morte se não for tratada nas primeiras semanas, e a leishmaniose cutânea (LC), que provoca lesões crônicas ou de cura espontânea na pele e nas cartilagens. A transmissão se dá através da picada de insetos flebotomíneos infectados; por sua vez, animais silvestres e domésticos, como cães e gatos, se tornam repositório do parasita, contribuindo com a propagação da doença. O diagnóstico e o tratamento precoce evitam o agravamento da doença, que pode ser fatal se não for tratada.

A leishmaniose visceral é endêmica em 76 países, sendo que o Brasil concentra cerca de 90% dos casos da América Latina. Sua prevalência era restrita a ambientes silvestres e rurais , mas recentemente vem se expandindo para áreas urbanas de médio e grande porte. Nos últimos anos, houve um aumento da letalidade no país, que passou de 3.1% em 2000 para 7,1% em 2012. É uma doença sistêmica, caracterizada por febre de longa duração, perda de peso, astenia, adinamia e anemia, dentre outras manifestações. A Leismaniose Visceral (LV) é uma doença causada por um protozoário da espécie *Leishmania chagasi* , também conhecida por calazar, esplenomegalia tropical e febre dundum, transmitida ao homem pela picada de fêmeas do inseto vetor infectado, denominado flebotomíneo e conhecido popularmente como mosquito palha, asa-dura, tatuquiras, birigui, dentre outras denominações regionais.

Assim como na malária, os principais fatores de risco, resultantes dos processos sociais, econômicos e ambientais favorecem a transmissão e dificultam o controle da doença. Entre as ações importantes para o controle da doença, a OMS ressalta a importância do diagnóstico breve e tratamento adequado dos infectados, que pode ser local ou sistêmico e deve ser individualizado.

---

(15) ORGANIZACIÓN PANAMERICANA DE LA SALUD. *Leishmaniasis en las Américas:* recomendaciones para el tratamiento. Washington, D.C.: OPS, 2013.

Doenças endêmicas equiparadas a acidente do trabalho

Quando se fala em acidente de trabalho, não deve ser somente considerado o típico, mas também os previstos nos arts. 20 e 21 da Lei n. 8.213/1991: as moléstias profissionais e do trabalho e os acidentes equiparados aos do trabalho.

O reconhecimento de doenças endêmicas como relacionadas ao trabalho é de fundamental importância aos trabalhadores, diante das consequências desse reconhecimento, que podem ser, dentre outras: estabilidade do art. 118 da Lei n. 8.213/1991 (garantia de emprego pelo prazo mínimo de 12 meses após a cessação do auxílio doença acidentário[16], recolhimento de FGTS[17], benefícios e garantias previstos em dissídios coletivos e acordos coletivos de trabalho), e elaboração de políticas públicas específicas a determinadas atividades e condições de trabalho.

Além disso, o empregador pode ser responsabilizado e condenado ao pagamento de indenização por eventuais danos físicos e danos morais, nos termos do art. 7º, inciso XXVIII, que prevê "seguro contra acidentes do trabalho a cargo do empregador, sem excluir a indenização a que este está obrigado, quando incorrer em dolo ou culpa" e dos arts. 186 e 187, que tratam dos atos ilícitos, e art. 927, que dispões sobre a obrigação de indenizar, do Código Civil.

Assim, nos casos aqui tratados, a doença endêmica deve ser equiparada a acidente do trabalho quando o trabalhador se ativar em área onde esteja exposto a agentes patológicos atípicos e em ambiente onde o risco de vir a ficar doente é aumentado em virtude da infraestrutura precária, como em ambiente externo onde há maior contato com os vetores de doenças diante da proximidade de criadouros naturais dos mosquitos vetores (beira de rios e lagos, áreas alagadas ou coleções hídricas, região de mata nativa).

Desta maneira, o art. 20, II, da Lei n. 8.213/91 permite o reconhecimento como doença do trabalho daquelas adquiridas ou desencadeadas em função de condições especiais em que o trabalho é realizado e com ele se relacione diretamente. Além disso, o Decreto n. 3.048/1999, que aprova o Regulamento da Previdência Social, na lista B do Anexo II, inclui a malária (XIV) e a leishmaniose cutânea ou leishmaniose cutâneo-mucosa (XV) , no rol de doenças infecciosas e parasitária relacionadas com o trabalho.

Não basta ao empregador a observâncias das normas de prevenção de riscos ambientais, como a Norma Regulamentadora NR-09 (que estabelece Programa de Prevenção de Riscos Ambientais), Norma Regulamentadora NR-18 (que trata das

(16) *Vide* TRT/2ª Região. Processo n. 1000384-79.2018.5.02.0471

(17) Conforme dispõe o art. 15, § 5º, da Lei n. 8.036/1990.

condições e meio ambiente de trabalho na indústria da construção) e Norma Regulamentadora NR-24 (que trata das condições de higiene e conforto nos locais de trabalho), há de haver efetiva garantia de que o trabalhador não estará exposto a riscos que possam potencializar o contágio às doenças endêmicas.

Neste aspecto, deve-se considerar que existe o dever de indenizar quando o trabalhador estiver exposto a condições de trabalho que excedam os riscos normais a que todos estão sujeitos de forma habitual, e quando for determinado o desempenho de atividade que demande risco à sua integridade física. Deste modo, se o empregador obtém vantagens com a atividade, deve responder pelos danos causados e deve assumir seu papel na busca de melhores condições de trabalho e de vida aos trabalhadores. Pode-se considerar que responsabilidade decorre do risco sabidamente criado pelo empregador, que, ciente das circunstâncias envolvidas no negócio, ainda assim, para a obtenção de lucro, submete os trabalhadores ao risco de contrair a doença.(18)

Interessante ressaltar a existência de julgado que considera para o dever de indenizar, que o local de trabalho tenha índice endêmico superior ao local de residência do trabalhador, mesmo que localizado em área também endêmica.(19)

A malária e as condições de trabalho na visão dos tribunais brasileiros

São muitos os julgados que equiparam a malária a acidente do trabalho, mesmo quando o trabalho é prestado em locais de alto risco endêmico, como na Região Amazônica.

A ação do Judiciário brasileiro não se restringe a analisar as condições de trabalho no território nacional e tem se estendido a prestação de serviços realizada em outros países. Nas últimas décadas, as principais empreiteiras do país levaram elevado número de trabalhadores brasileiros para a construção de grandes obras de infraestrutura no continente africano e exploração de minas de diamantes.

Com a ilusão de ganhos muito superiores aos que conseguiam no Brasil, grande parte dos trabalhadores partiu para diversos países da África, como Angola, Moçambique, Mali, Guiné Equatorial, entre outros, sem ter suficiente conhecimento da extrema pobreza, das deficiências sanitárias e péssimas condições de trabalho que encontrariam nos canteiros de obras e seus arredores, além de conflitos internos, como guerra civil.

Um grande número desses trabalhadores acabou por contrair malária, muitos por mais de uma vez, já que estavam sujeitos a condições degradantes de trabalho, ofensivas à sua dignidade, tendo que se recuperar em ambientes precários, sem ajuda

(18) PROCESSO N.: 0010630-32.2014.5.01.0080

(19) TRT/21ª Região – Processo n. 0000536-82.2017.5.21.0041. 0001077-61.2017.5.11.0052.

econômica e/ou autorização para voltar ao país de origem para tratamento médico. Muitos, ainda, tiveram seus contratos de trabalho rompidos embora tivessem direito à estabilidade provisória pela legislação brasileira, que regia os contratos de trabalho celebrados no Brasil.

Em consulta a decisões de vários tribunais brasileiros[(20)], já que foram arregimentados trabalhadores de todo território nacional, verificamos que restou constatado que as grandes empreiteiras não respeitaram nem a legislação brasileira e nem a legislação dos países em que houve a prestação de trabalho, expondo os trabalhadores à real possibilidade de contrair malária, e outras doenças tropicais e/ou relacionadas com as péssimas condições sanitárias[(21)], precariedade dos alojamentos, falta de água potável, ausência de cuidados médicos quando infectados, péssima qualidade da alimentação, o que levou à condenações ao pagamento de indenizações aos trabalhadores pelos danos morais sofridos e reintegração ou indenização pelo reconhecimento de estabilidade acidentária, nos termos do art. 128 da Lei n. 8.213/91.

Para tanto, os Tribunais brasileiros reconheceram que a doença se manifesta em ambientes de pouco asseio e que as empregadoras descumpriram normas de higiene e segurança do trabalho, em evidente negligencia com a saúde dos trabalhadores, ao não fornecer condições mínimas que pudessem evitar a moléstia. As decisões analisadas constataram que a exposição ao mosquito vetor da doença poderia ser evitada com a manutenção de locais de trabalho salubres e pelo uso de equipamentos de proteção como mosquiteiros para dormir, roupas de manga comprida e uso de medicação antes, durante e depois de exposição dos trabalhadores às regiões endêmicas.

Na instrução de muitos dos processos em que são discutidos contratos de trabalho executados no exterior, as empregadoras não demonstraram que medidas preventivas foram adotadas, assim como ocorreu no Brasil em obras realizadas em locais reconhecidamente endêmicos, como em Carajás, no Pará, Jirau, em Rondônia, que ficam na Região da Amazônia.

Nos casos relatados, como a prestação de serviços se deu em favor de empresas de grande porte, que atuam em regiões do mundo todo, em que há riscos de diversas naturezas, a negligência com a saúde dos trabalhadores é de todo inconcebível e criminosa.

Surpreendentemente, desconsiderando todos os princípios protetivos do Direito do Trabalho, a realidade da prestação de serviços, e a ausência de medidas protetivas

---

(20) *Vide:* TRT/1ª Região: Processos ns. 0095800-37.2007.5.01.0073, 0079000-48.2007.5.01.0035, 0000801-32.2012.5.01.0004; TRT/20 – Processos ns. Processo 0000625-98.2012.5.20.0012. TST – 5ª T. – RR 866-40.2011.5.11.0018 – Processo n. 0000625-98.2012.5.20.0012

(21) Em Angola, os trabalhadores ainda eram submetidos a trabalho em locais perigosos, onde haviam minas terrestres restantes da guerra civil , *vide* processo n. 0079000-48.2007.5.01.0035

para os trabalhadores encontram-se decisões que não reconhecem a malária como doença ocupacional quando o trabalhador foi enviado ao estrangeiro para prestação de serviços em região endêmica, em que os cuidados do empregador deveriam ser mais zelosos(22), ou mesmo que não estavam presentes os requisitos para a responsabilização civil.(23)

Para alguns julgadores, estes casos estariam excepcionados pelo § 1º, *"d"*, do art. 20, da Lei n. 8.213/91, que dispõe que "§ 1º Não são consideradas como doença do trabalho: [...] d) a doença endêmica adquirida por segurado habitante de região em que ela se desenvolva, salvo comprovação de que é resultante de exposição ou contato direto determinado pela natureza do trabalho". Parece-nos distante da realidade o entendimento de que a mera prestação dos serviços em local em que a endemia se desenvolve, sem a comprovação de que a natureza do trabalho tenha importado no contato direto como vetor da malária, não permite reconhecer a natureza acidentária da doença contraída. Tal entendimento autoriza que o empregador mantenha trabalhadores em regiões endêmicas, em residência de caráter provisório, sem as necessárias medidas que assegurem a integridade de seu bem estar e saúde.

De acordo com a Lista B, do Decreto n. 3.048/1991, os fatores etiológicos ou fatores de risco de natureza ocupacional da malária são a "Exposição ocupacional ao *Plasmodium malariae; Plasmodium vivax; Plasmodium falciparum* ou outros protozoários, principalmente em atividades de mineração, construção de barragens ou rodovias, em extração de petróleo e outras atividades que obrigam a entrada dos trabalhadores em zonas endêmicas".

As leishmanioses e o Direito do Trabalho

Os Tribunais Trabalhistas de regiões onde a leishmaniose é considerada endêmica, reconhecem o nexo causal entre a doença e as condições de trabalho de empregados que se ativavam em região rural e áreas endêmicas e junto a comunidades indígenas.(24)

Reconhece-se que em atividades em que o contato com ambientes agressivos, como atividades de campo, em que há alto contágio de doenças tropicais, o uso de equipamentos de proteção não são suficientes para proteger os trabalhadores de doenças infecciosas e parasitárias.(25)

No sentido oposto do que acontece com a malária contraída em regiões de alto risco de contágio, existem julgados que não reconhecem a leishmaniose como doença

---

(22) *Vide* TRT/2ª Região. Processo n. 0218100-70.2008.5.02.0062.

(23) TRT/2ª Região. Processo n. 0000304-79.2011.5.02.0471.

(24) TRT/11 – Processos n. 0001046-90.2014.5.11.0005, n. 0000739-63.2019.5.11.0005.

(25) TRT/11 – Processo n. 0001186-01.2010.5.11.0010.

do trabalho em virtude de sua natureza endêmica, com o simples argumento de que é praticamente impossível responsabilizar alguém pela picada de um mosquito(26). Felizmente, entre as decisões analisadas, predomina o entendimento de que cabe ao empregador proteger os trabalhadores dos riscos inerentes à sua atividade, proporcionando a eles um ambiente saudável para o exercício de suas atividades.

Com relação às leshmanioses, os fatores etiológicos ou fatores de risco de natureza ocupacional da malária são "Exposição ocupacional à *Leishmania braziliensis*, principalmente em trabalhos agrícolas ou florestais e em zonas endêmicas, e outras situações específicas de exposição ocupacional", de acordo com a Lista B, do Decreto n. 3.048/1991.

A NR-15 (Atividades e operações insalubres), em seu Anexo XIV, prevê que atividades ou operações que exponham o trabalhador a agentes biológicos são insalubres. Dentre essas, estão as atividade profissionais em que o trabalhador esteja em contato com leishmaniose, como, por exemplo, na coleta de sangue de animais para verificação da presença de leishmaniose, ensejando o recebimento do adicional de insalubridade em grau máximo. Neste caso, basta que a exposição do empregado ao agente insalubre seja inerente a suas atividades laborais, mesmo que não continuas.

Conclusão

No Brasil existem doenças tropicais negligenciadas que atingem de forma endêmica as populações mais vulneráveis, já afetadas pela pobreza e fragilidade social, como é o caso da malária e tuberculose. Tais enfermidades estão no rol das consideradas pela Organização Mundial de Saúde — OMS como negligenciadas, pois não recebem atenção quanto ao atendimento médico, desenvolvimento de medicamentos e diagnósticos, além de estarem presentes em regiões onde há grande exploração da classe trabalhadora.

Essas duas doenças atingem países que têm em comum a fragilidade econômica, a concentração de renda nas mãos de uma parcela ínfima da população, condições precárias de higiene e de saneamento, e sistemas de saúde inacessíveis à maioria dos afetados, como países da África, da Ásia e da América Latina. Sua transmissão envolve fatores ecológico-ambientais, biológicos e sociais que se expressam na elevada vulnerabilidade social das populações afetadas.

A malária e a leishmaniose perpetuam o ciclo da pobreza ao imporem importante mortalidade, acarretarem em incapacidade laboral, temporária ou permanente, e contribuírem para o subdesenvolvimento físico e intelectual de uma parte considerável das populações das regiões endêmicas.

(26) TRT/24 – Processos ns. 00207-2007-051.24.00.0 e 00206-2007-051-24-00-6.

Embora a legislação brasileira permita que a malária e a leishmaniose sejam equiparadas ao acidente de trabalho, o que acarreta em uma maior segurança aos trabalhadores afetados, verifica-se que muitas das mais importantes empresas brasileiras não tomam as devidas medidas preventivas para assegurar a integridade dos trabalhadores a seu cargo dentro e fora do país, deixando-os desamparados quando se veem doentes.

Apesar disso, verifica-se que a jurisprudência trabalhista predomina no sentido de que o empregador deve ser responsabilizado caso não tome medidas eficazes e suficientes para garantir a integridade de seus empregados, de modo a compensar o descaso do capital com o bem estar do trabalhador.

Bibliografia

BRASIL. Ministério da Saúde. Organização Pan-Americana da Saúde no Brasil. *Doenças relacionadas ao trabalho:* manual de procedimentos para os serviços de saúde. Organizado por Elizabeth Costa Dias. Colaboradores Idelberto Muniz Almeida *et al.* Brasília: Ministério da Saúde do Brasil, 2001.

______. Ministério da Saúde. Secretaria de Vigilância em Saúde. Departamento de Vigilância Epidemiológica. *Guia de vigilância epidemiológica*. 7. ed. Brasília: Ministério da Saúde, 2009.

CALDERON, Leonardo de Azevedo; SILVA-JARDIM, Izaltina; ZULIANI, Juliana Pavan; SILVA, Alexandre de Almeida e; CIANCAGLINI, Pietro; SILVA, Luiz Hildebrando Pereira da Silva; STÁBELI, Rodrigo Guerino. Amazonian Biodiversity: A View of Drug Development for Leishmaniasis and Malaria. *J. Braz. Chem. Soc.*, vol. 20, n. 6, p. 1.011-1.023, 2009.

CAMARGO, E. (2008). Doenças tropicais. *Estudos Avançados*, 22(64), 95-110. Recuperado de: <http://www.revistas.usp.br/eav/article/view/10350>.

CATRAIO, Isabel Talina Fernando Ferreira; LAROCCA, Liliana Müller; MOREIRA, Suzana Dal Ri; MEDEIROS, Adeli Regina P. de; HIGAKI Neiva M. M. A determinação Social da Malária: Um Estudo de Caso na Epidemiologia Hospitalar. *Revista Uniandrade*, Curitiba, v. 12, n. 2.

CHAVES, Leonardo Suveges Moreira. *Sistema ecológico da malária.*São Paulo, 2018. Tese (Doutorado) – Faculdade de Saúde Pública da Universidade de São Paulo, 2018.

MOURA, Alexandre Sampaio; ROCHA, Regina Lunardi. *Endemias e epidemias:* dengue, leishmaniose, febre amarela, influenza, febre maculosa e leptospirose. Belo Horizonte: Nescon/UFMG, 2012.

NUNES, Mônica da Silva; CODEÇO, Cláudia T. ; MELAFRONTE, Rosely S.; SILVA, Natal S. da Silva; JUNCANSEN, Camila; MUNIZ, Pascoal T.; FERREIRA, Marcelo U. Malaria on the Amazonian Frontier: Transmission Dynamics, Risk Factors, Spatial Distribution, and Prospects for Control. *American Journal of Tropical Medicine and Hygiene*, 79(4), 2008, p. 624-635.

ORGANIZACIÓN PANAMERICANA DE LA SALUD. *Leishmaniasis en las Américas: recomendaciones para el tratamiento.* Washington, D.C.: OPS, 2013.

ORGANIZAÇÃO PAN-AMERICANA DA SAÚDE. *Módulos de Princípios de Epidemiologia para o Controle de Enfermidades.* Módulo 5: pesquisa epidemiológica de campo – aplicação ao estudo de surtos / Organização Pan-Americana da Saúde; Ministério da Saúde. Brasília: Organização Pan-Americana da Saúde, 2010.

Plano de eliminação da malária do Brasil. Disponível em: <http://www.saude.gov.br/saude-de-a-z/malaria>. Acesso em: 20jul. 2020.

SILVA, L. Endemias e epidemias na Amazônia: malária e doenças emergentes em áreas ribeirinhas do Rio Madeira. Um caso de escola. *Estudos Avançados*, 22(64), 111-141, 2008. Recuperado de: <http://www.revistas.usp.br/eav/article/view/10344>.

Direito do Trabalho e Epidemias de Hanseníase e Tuberculose

Giselle Scavasin

Introdução

Entre as doenças negligenciadas[1] consideradas endêmicas e que constam da lista nacional de doenças de notificação compulsória ao SINAN – Sistema de Informação de Agravos de Notificação, órgão ligado ao Ministério da Saúde[2], estão a hanseníase e a tuberculose[3].

Para que uma doença seja considerada negligenciada é necessário que se verifique que as opções de tratamento são inadequadas ou inexistentes, que o mercado de fármacos não atende ao anseio financeiro do setor privado e que não há suficiente interesse político e econômico para tratamento da patologia.[4]

As duas doenças estão associadas aos baixos níveis socioeconômicos da população especialmente atingida e são tradicionalmente consideradas doenças de pobre. A pobreza influencia na nutrição insatisfatória, na falta de saneamento básico, na qualidade habitacional baixa, com adensamento populacional em locais insalubres, e nas dificuldades de acesso aos sistemas de saúde.

A prevalência de tais enfermidades na geografia das doenças negligenciadas demonstra a negação do direito fundamental à saúde através da exclusão social de

(1) A Organização Mundial de Saúde (OMS) as considera como doenças negligenciadas por não receberem a devida atenção no atendimento médico, no desenvolvimento de medicamentos e métodos diagnósticos.

(2) Portaria de Consolidação n. 4, de 28 de setembro de 2017, anexo V, Capítulo I.

(3) As duas doenças estão inseridas na agenda internacional de compromissos mundialmente assumidos, contempladas no Objetivo 3 de Desenvolvimento Sustentável (ODS) da Organização das Nações Unidas (ONU), que visa promover o bem-estar e uma vida saudável, com a meta de combater as epidemias de aids, tuberculose, malária, hanseníase e outras doenças transmissíveis e tropicais negligenciadas até o ano de 2030.

(4) CAMPOS, Thana Cristina de. Doenças Negligenciadas, Pobreza e Exclusão Social: Mera Coincidência Geográfica? *Revista da Faculdade de Direito da Universidade de São Paulo*, São Paulo, v. 103, 2008.

parcela da população na manutenção de condições sanitárias básicas e fica patente pela falta de políticas públicas voltadas à distribuição de renda e melhoria da qualidade de vida. Nesse sentido, as duas enfermidades estão entre aquelas secularmente conhecidas, o que torna mais absurdo que ainda estejam no mapa das doenças negligenciadas, com dados tão alarmantes de transmissão, falta de acesso a tratamentos, reinfecção, incapacidade e mortalidade.

O fato dessas doenças ainda serem endêmicas deixa evidente que o direito à saúde é negligenciado e não se constitui no completo bem-estar físico, mental e social, como preconizado pela Organização Mundial de Saúde — OMS, no preâmbulo de seu Acordo Constitutivo, de 26 de julho de 1946.

A hanseníase e a tuberculose são consideradas doenças endêmicas no Brasil, com distribuição em variadas regiões, o que dificulta seu controle epidemiológico. Constituem-se em grave problema de saúde pública por causar incapacidade física, provisória ou permanente, e altos índices endêmicos.(5)

A Hanseníase

Conhecida antigamente como lepra, a hanseníase é uma doença crônica, infectocontagiosa, cujo principal agente etiológico é o *Mycobacterium leprae*, bacilo que tem a capacidade de infectar grande número de indivíduos, mas com adoecimento de poucos deles. Devido ao comprometimento da Organização Mundial de Saúde — OMS e de nações atingidas com políticas de prevenção e de acessibilidade aos medicamentos, a hanseníase deixou de ser endêmica em 119 países desde 1985.

No entanto, tal doença se constitui em um importante problema de saúde pública no Brasil, que ocupa a 2ª posição de casos novos registrados no mundo, atrás apenas da Índia(6). Dos 208.618 casos reportados à Organização Mundial de Saúde (OMS), no ano de 2018, 28.660 foram notificados no Brasil. Embora o Brasil apresente números decrescentes de novos casos, considerado o período de 2009 a 2018, ainda se mantém no parâmetro de alta endemicidade, exceto nas regiões Sul e Sudeste, com parâmetro de média endemicidade.

Como se verifica com as demais doenças tropicais negligenciadas, a hanseníase está intrinsicamente relacionada às condições econômicas, sociais e ambientais desfavoráveis, acometendo as populações mais vulneráveis e com mais dificuldade de acesso à rede de serviços de saúde. Assim, embora existam casos registrados em todo o país, sua presença está mais concentrada nas regiões Norte, Nordeste e Centro-Oeste, consideradas áreas importantes de transmissão da doença.

---

(5) BRASIL. Ministério da Saúde. *Guia de vigilância epidemiológica*. 6. ed. Brasília, 2005.

(6) Assim como nas leishmanioses, o Brasil é o único país latino-americano dentre os de alta prevalência. Constam na lista, ainda, a Indonésia, Filipinas, Congo, Madagascar, Moçambique, Nepal, Tanzânia e Índia.

Nesse sentido, indicando que a doença atinge as populações socialmente vulneráveis, tem-se que entre os novos casos de hanseníase diagnosticados no país com declaração de raça/cor no momento da notificação no período de 2014 a 2018, a maior frequência foi observada entre os pardos, com 58,3%, seguidos dos brancos, que representam 24,6% dos casos dos casos totais. No entanto, nas regiões Sul e Sudeste, 71,4% e 43%, respectivamente, dos casos afetaram a população branca, atingindo número menor de pardos.

A desigualdade social também se apresenta quando verificamos que 43,3% dos diagnosticados apresentam nível de ensino fundamental incompleto, seguidos de 13,9%, com ensino médio completo e ensino superior incompleto. Entre os analfabetos há diferenças regionais, sendo que a região Nordeste apresenta a maior proporção, de 11,8%.

Tal doença atinge principalmente a pele, olhos e nervos periféricos, com capacidade de ocasionar lesões neurais, com alto potencial incapacitante. O indivíduo infectado pode levar até 20 anos para manifestar os sintomas e sofrer danos permanentes, o que demonstra a importância da investigação dos casos notificados. No entanto, a terapia multidrogas é eficaz e grande aliada nos esforços de erradicação da doença, pois a resistência às drogas utilizadas é muito rara.(7)

As lesões causadas pela doença são responsáveis pelo estigma social e alto grau de discriminação dos acometidos pela enfermidade. Uma pequena parcela da população infectada adoece, pois para isso é necessário um longo período de exposição à bactéria. Do mesmo modo, apenas os indivíduos com a forma multibacilar, com muitos bacilos, fazem parte do grupo contagiante; por sua vez, os doentes com poucos bacilos — paucibacilares não são considerados importantes como fonte de transmissão da doença devido à baixa carga bacilar. A transmissão ocorre quando uma pessoa com a forma infectante da doença (multibacilar), que não esteja em tratamento, elimina o bacilo pelas vias aéreas superiores (mucosa nasal e orofaringe), por meio de contato próximo e prolongado.

É uma enfermidade que tem cura e seu tratamento é disponibilizado gratuitamente pelo Sistema Único de Saúde – SUS. Além da notificação compulsória, sua investigação é obrigatória. Nesse sentido, o controle dos infectados é de suma importância, pois, para a prevenção da hanseníase, é importante o diagnóstico precoce, o tratamento oportuno e a investigação de contatos das pessoas que convivem ou conviveram, residem ou residiram com o doente de forma prolongada.

A hanseníase atinge pessoas de todos os sexos e faixas etárias, podendo apresentar evolução lenta e progressiva e, quando não tratada, pode ocasionar em deformidades

(7) Disponível em: <http://www.fiocruz.br/ioc/cgi/cgilua.exe/sys/start.htm?infoid=1585&sid=32>.

e incapacidade física, muitas vezes irreversíveis. Neste aspecto, 8,5% dos casos avaliados quanto ao Grau de Incapacidade Física 2 (GIF) no diagnóstico apresentavam deformidades visíveis, e maior comprometimento físico, o que evidencia diagnóstico tardio da doença.[(8)]

A hanseníase tem o potencial de causar incapacidades físicas que podem acarretar em vários problemas, como a limitação nas atividades da vida diária, diminuição da capacidade laboral, restrição à participação social, estigma e discriminação. As principais estratégias para a prevenção de incapacidades físicas decorrentes dessa doença são o diagnóstico precoce e o tratamento oportuno dos casos, a fim de evitar as limitações funcionais decorrentes dos danos neurais.

O grau de incapacidade está relacionado à perda da sensibilidade protetora, força muscular e/ou deformidades visíveis na face, membros superiores e inferiores, com gradação que varia entre 0,1 e 2: o Grau 0 refere-se a ausência de incapacidade física, quando não há comprometimento neural nos olhos, mãos e nos pés; o Grau 1 refere-se a presença de incapacidade, quando há somente diminuição ou perda de sensibilidade nos olhos, mãos e/ou nos pés; e o Grau 2 refere-se a presença de incapacidade e deformidade, nos olhos traduz-se por lagoftalmo e/ou ectrópio, triquíase, opacidade corneana, acuidade visual menos que 0,1 ou quando o paciente não conta os dedos do examinador a 6 metros de distância; nas mãos e nos pés corresponde às lesões tróficas e/ou traumáticas, garras, reabsorção óssea, "mão ou pés caídos" ou contratura do tornozelo.[(9)]

Mais uma vez demonstrando que a incidência da doença é maior entre as classes sociais mais fragilizadas da população, aponta-se que levantamento dos casos relatados entre 2009 e 2018, indicam que 27,4% dos novos casos apresentavam incapacidades de grau 1 e 2. Com relação à raça/cor, a maior frequência de incapacidade foi observada entre os que declararam como pardos, com 56,6% de grau 0, com 53,3% dos casos de Grau 1 e com 52,0% dos casos de grau 2 de incapacidade. No que se refere à escolaridade, a maior predominância de GIF 2 foi entre os indivíduos com ensino fundamental incompleto, com 52% dos casos.[(10)]

A redução dos casos com incapacidade física (GIF 1 e GIF 2) é um dos indicadores da "Estratégia Nacional Para o Enfrentamento da Hanseníase 2019-2022" brasileira, elaborada em alinhamento à Estratégia Global para Hanseníase 2016-2020 da

---

(8) TAGLIETTI, Marcelo. PERES, Celeide Pinto Aguiar. *FIEP BULLETIN*, vol. 83, Special Edition, ARTICLE II, 2013.

(9) BRASIL. Ministério da Saúde. Secretária de Vigilância em Saúde. *Guia de vigilância epidemiológica*. 1. ed. Brasília, 2020.

(10) BRASIL. Ministério da Saúde. Secretaria de Vigilância em Saúde. Departamento de Doenças de Condições Crônicas e Infecções Sexualmente Transmissíveis. *Hanseníase no Brasil:* caracterização das incapacidades físicas. Brasília: Ministério da Saúde, 2020.

OMS. A estratégia nacional tem como pilares o fortalecimento da gestão do programa, enfrentamento da hanseníase e suas complicações e promoção da inclusão social por meio do combate ao estigma e discriminação.

Tuberculose

A tuberculose ainda se configura como problema de saúde pública mundial. No mundo, segundo a Organização Mundial da Saúde — OMS, estima-se que em 2014 ocorreram cerca de 9,6 milhões de casos da doença. Desse total, 80% estão concentrados em 22 países, sendo que o Brasil ocupa a 18ª posição nessa classificação.(11)

No Brasil, a tuberculose se apresente como um sério problema de saúde pública, com profundas raízes sociais. A cada ano, são notificados, em média, 70 mil casos novos e ocorrem cerca de 4,5 mil mortes em decorrência da doença. Entretanto, é uma moléstia que tem cura e o tratamento é gratuito e disponibilizado pelo Sistema Único de Saúde — SUS.

A tuberculose é a segunda maior causa de mortes por um único agente infeccioso no mundo, perdendo apenas para a Aids, e é responsável por um milhão e meio de óbitos. Os países em desenvolvimento concentram 95% das infecções, que se constituem como a principal causa de morte entre mulheres de 15 a 44 anos nestas regiões.

Embora tenha cura e, segundo a OMS, o índice de transmissão tenha caído 40% de 1990 a 2010, a insurgência de bactérias multirresistentes aos medicamentos disponíveis vem mantendo a comunidade médica em alerta. Interessa ressaltar que, dentre os pacientes com Aids, a tuberculose responde como a principal causa de morte por coinfecções. Cerca de 350 mil pessoas vivendo com Aids — ou seja, 1/4 do total de infectados — morrem em virtude da doença. Estima-se que este grupo tenha entre 20 e 30 vezes mais chances de se infectar devido ao enfraquecimento das defesas imunológicas.(12)

A tuberculose é principalmente um problema social: está relacionada com a extrema pobreza e se dissemina com mais facilidade em grandes aglomerações de pessoas, nas quais a luz é escassa e o ar mal circula. No Brasil, as quatro populações mais vulneráveis são: os moradores de rua, a população carcerária, os infectados pelo HIV e a população indígena, que em geral vive em situação de pobreza e tem um risco três vezes maior de contrair a doença. Há outros grupos que também podem ser considerados suscetíveis: a população negra ou parda, que em geral vive em uma situação social pior e corre duas vezes mais o risco de pegar tuberculose do que um

(11) BRASIL. Ministério da Saúde. Secretaria de Vigilância em Saúde. Departamento de Vigilância das Doenças Transmissíveis. *Panorama da tuberculose no Brasil:* a mortalidade em números. Brasília: Ministério da Saúde, 2016.

(12) Disponível em: <http://www.fiocruz.br/ioc/cgi/cgilua.exe/sys/start.htm?infoid=1585&sid=32>.

branco. E aqueles que estão em condição de pobreza e pobreza extrema e geralmente vivem em cortiços e favelas.

Com relação à tuberculose, é importante ressaltar que o aumento da prevalência global do HIV teve sérias complicações para os programas de controle da tuberculose, atingindo um alto percentual entre os infectados por aquela síndrome.(13)

Hanseníase e tuberculose no Direito do Trabalho

Mesmo sendo doenças endêmicas, a hanseníase e a tuberculose merecem proteção do Direito do Trabalho, havendo a possibilidade de serem consideradas doenças do trabalho e equiparadas ao acidente do trabalho, com todas as consequências trabalhistas daí advindas, nos termos do art. 20 da Lei n. 8.213/1991: estabilidade do art. 118 da Lei n. 8.213/1991 (garantia de emprego pelo prazo mínimo de 12 meses após a cessação do auxílio doença acidentário(14)), recolhimento de FGTS(15), benefícios e garantias previstos em dissídios coletivos e acordos coletivos de trabalho, e elaboração de políticas públicas específicas a determinadas atividades e condições de trabalho, fiscalização das condições de trabalho pelos órgãos de fiscalização trabalhista, responsabilização do empregador por eventuais danos materiais e danos morais(16), entre outras.

De acordo com a Lista B, do Decreto n. 3.048/1991, os fatores etiológicos ou fatores de risco de natureza ocupacional da tuberculose são a "Exposição ocupacional ao Mycobacterium tuberculosis (Bacilo de Koch) ou Mycobacterium bovis, em atividades em laboratórios de biologia, e atividades realizadas por pessoal de saúde, que propiciam contato direto com produtos contaminados ou com doentes cujos exames bacteriológicos são positivos (Z57.8) (Quadro XXV). Hipersuscetibilidade do trabalhador exposto a poeiras de sílica (Sílico-tuberculose) (J65.-)".

Em ambos os casos, existe muita discriminação com relação aos portadores das doenças, mesmo que hoje elas tenham tratamento eficaz. Neste caso, o Direito do Trabalho busca não somente evitar que haja qualquer discriminação no ambiente de trabalho, como também indenizar o trabalhador por danos morais e ou matérias que possa sofrer pelos estigmas da doença, quando a contaminação está relacionada às condições de trabalho.

---

(13) GUIMARÃES. Raphael; LOBO, Andréa de Paula; SIQUEIRA, Eduardo Aguiar; BORGES, Tuane Franco Farinazzo; MELO, Suzane Cristina Costa. Tuberculose, HIV e pobreza: tendência temporal no Brasil, Américas e mundo. *Jornal Brasileiro de Pneumologia*, vol. 38, 2012.

(14) *Vide* TRT/2ª Região. Processo n. 1000384-79.2018.5.02.0471

(15) Conforme dispõe o art. 15, § 5º, da Lei n. 8.036/1990.

(16) Art. 7º, inciso XXVIII, da Constituição Federal, e arts. 186, 187 e 927 do Código Civil.

Embora a hanseníase não seja considerada uma doença ocupacional, quando há nexo causal entre as condições de trabalho e a doença adquirida, esta deve ser considerada como doença do trabalho. Por exemplo, profissionais de saúde podem ser infectados pelo contato com pacientes portadores da doença.(17)

O trabalhador acometido de hanseníase ou tuberculose ainda tem proteção diante de atos discriminatórios por ser portador de doença grave, durante o curso do contrato de trabalho e frente à demissão discriminatória. Neste caso, através da Súmula n. 443, o Tribunal Superior do Trabalho consolidou o entendimento de que há presunção *juris tantum* de discriminação na dispensa de empregado portador de doença grave, ou que causa estigma ou preconceito, sendo do empregador o ônus de comprovar que não houve discriminação no ato de demissão.(18)

Com relação à tuberculose, mesmo que as atividades do empregado não estejam contidas na Lista B, do Decreto n. 3.048/1991, é possível que haja nexo causal entre a doença e as condições em que o trabalhador desempenhava suas atividades(19), ou pode ser constatada a concausalidade no agravamento da enfermidade.(20)

Conclusão

A hanseníase e a tuberculose são doenças endêmicas que se constituem em grave problema social. São intimamente relacionadas com a pobreza, péssimas condições sanitárias, ambientes de trabalho e moradia inadequados e dificuldade de acesso aos serviços de saúde.

São consideradas doenças negligenciadas, pois, embora haja tratamento nos dois casos, as condições sócio econômicas da população afetada faz com que procurem tardiamente por tratamento médico e o abandonem precocemente, além da falta de acesso a medicamentos e políticas públicas que atendam satisfatoriamente os contaminados.

Embora sejam doenças infecciosas, é possível que se estabeleça o nexo causal com as condições de trabalho, resultando em uma maior proteção do trabalhador afetado. Além disso, por serem doenças graves e que geram um importante estigma social, o Direito do Trabalho ainda se preocupa com a não discriminação dos trabalhadores não somente durante a execução do contrato de trabalho, mas também coibindo a dispensa discriminatória.

---

(17) *Vide:* TRT/14ª Região: Processos ns. 0029100-31.2009.5.14.0111 e 0028700-17.2009.5.14.0111,

(18) *Vide:* TST: Processo AIRR 655-68.2013.5.15.0132, RR 90500-33.2002.5.02.0044, RR 3800-16.2009.5.17.0004, AIRR 646-04.2015.5.06.0192. TRT/6ª Região: Processo 0001286-86.2017.5.06.0143. TRT/17ª Região: Processo 0000064-52.2016.5.17.0001. TRT/24 Região: Processo 0024571-33.2015.5.24.0061

(19) *Vide:* TRT/1ª Região: Processo 134800-10.2002.5.01.0044.

(20) *Vide:* TRT/19ª Região: Processo 00986.2010.062.19-00-0

Bibliografia

BRASIL. Ministério da Saúde. Organização Pan-Americana da Saúde no Brasil. *Doenças relacionadas ao trabalho:* manual de procedimentos para os serviços de saúde. Organizado por Elizabeth Costa Dias. Colaboradores: Idelberto Muniz Almeida *et al.* Brasília: Ministério da Saúde do Brasil, 2001.

______. Ministério da Saúde. Organização Pan-Americana da Saúde no Brasil. *Módulos de Princípios de Epidemiologia para o Controle de Enfermidades.* Módulo 5: pesquisa epidemiológica de campo — aplicação ao estudo de surtos. Brasília, 2010.

______. Ministério da Saúde. Secretaria de Vigilância em Saúde. Departamento de Vigilância das Doenças Transmissíveis. *Panorama da tuberculose no Brasil:* a mortalidade em números. Brasília: Ministério da Saúde, 2016.

______. Ministério da Saúde. Secretaria de Vigilância em Saúde. *Boletim Epidemiológico de Hanseníase.* Brasília: Ministério da Sáude. 1. ed., 2020.

______. Ministério da Saúde. Secretaria de Vigilância em Saúde. Departamento de Doenças de Condições Crônicas e Infecções Sexualmente Transmissíveis. *Hanseníase no Brasil:* caracterização das incapacidades físicas. Brasília: Ministério da Saúde, 2020.

______. Ministério da Saúde. Secretária de Vigilância em Saúde. *Guia de vigilância epidemiológica.* 1. ed. Brasília, 2020.

______. Ministério da Saúde. Secretaria de Vigilância em Saúde. Departamento de Doenças de Condições Crônicas e Infecções Sexualmente Transmissíveis. *Hanseníase no Brasil:* caracterização das incapacidades físicas. Brasília: Ministério da Saúde, 2020.

GUIMARÃES. Raphael; LOBO, Andréa de Paula; SIQUEIRA, Eduardo Aguiar; BORGES, Tuane Franco Farinazzo; MELO, Suzane Cristina Costa. Tuberculose, HIV e pobreza: tendência temporal no Brasil, Américas e mundo. *Jornal Brasileiro de Pneumologia*, vol. 38, 2012.

ORGANIZAÇÃO MUNDIAL DA SAÚDE. *Estratégia Global para a Hanseníase 20162020:* aceleração rumo a um mundo sem hanseníase. Nova Deli: OMS, 2016.

TAGLIETTI, Marcelo. PERES, Celeide Pinto Aguiar. *FIEP BULLETIN*, vol. 83, Special Edition, ARTICLE II – 2013. Disponível em: <http://www.fiepbulletin.net>.

Relações de Trabalho Durante o Surto de H1N1

Gabriel Julião Monteiro Goes Pacheco
Vinicius Pessoa Almeida

1. Introdução

Nos anos de 2009 e 2010 o mundo sofreu diante de uma patologia infecto contagiosa denominada H1N1 (ou gripe suína), tal patologia atinge o sistema respiratório, tendo como sintomas falta de ar, fraqueza, tosse e febre, levando o indivíduo à morte se não tratada. Sua taxa de letalidade era de, aproximadamente, 0,45%. (Greco, Tupinambás, Fonseca, 2009).

Este surto começou no México, e teve rápida proliferação até atingir o Brasil. Em 11 de junho de 2009, a Organização Mundial da Saúde (OMS) enquadrou o vírus H1N1 como causador da primeira pandemia do século XXI. Esse *status* perdurou até 10 de agosto 2010, quando a OMS determinou que o vírus começaria a atuar como uma gripe sazonal comum, continuando a circular.

> "Nesta terça-feira (10/8), a Organização Mundial da Saúde (OMS) anunciou o início da fase pós-pandêmica da gripe H1N1. Isso significa que o vírus continua circulando no mundo, mas junto com outros vírus sazonais (da gripe comum) e em intensidade diferente entre os países." (AGÊNCIA FIOCRUZ DE NOTÍCIAS, 2010).

O período pós pandêmico trouxe à tona os impactos no sistema econômico, social e no direito do trabalho. O sistema econômico sofreu com impactos no comércio exterior e nos investimentos internos de combate à epidemia, por exemplo. (*Jornal Senado*, 2010)

É possível observar os impactos sociais à medida que práticas de higiene, como uso de álcool gel, foram adotadas pelos brasileiros e endossadas por empresas. No campo do direito do trabalho, pode-se observar o surgimento de decretos, portarias e leis com a intuito de diminuir a proliferação do vírus e, também, visando diminuir a exposição de grupos de risco, como as gestantes. "Portaria da Presidência autoriza o afastamento do trabalho de gestantes, imunodeprimidos e demais grupos de risco." (*Portal TRF1*, 2009)

Nesse contexto, as relações trabalhistas no período do surto de H1N1 devem ser analisadas. Levando em conta o caráter protetivo do direito do trabalho, a análise deve ser feita a fim de amenizar danos causados por futuras pandemias, a partir de precedentes deste período que obtiveram êxito em proteger os direitos e saúde dos trabalhadores.

Este é um trabalho de caráter quali-quantitativo, o qual foi desenvolvido a partir da revisão bibliográfica e documental. O levantamento de dados se deu pela análise de pesquisas e matérias de cunho informativo, os materiais utilizados referente ao tema proposto estão disponíveis na *internet* e foram devidamente citados nas referências bibliográficas, foram utilizados sites de notícias, decretos-lei, portarias e recomendações ministeriais para a discussão e apresentação das ideias.

1. Disseminação da doença

Os primeiros casos diagnosticados da doença infectocontagiosa "H1N1" foram registrados no México em abril de 2009, H1N1 é uma doença viral do gênero influenza, este vírus ataca o sistema respiratório, trazendo diversas complicações podendo levar a morte. No ano de 2009 foi instituída uma estratégia de enfrentamento denominada emergência de saúde pública de importância internacional (ESPII), esta estratégia consistia na prevenção e diagnóstico precoce dos primeiros sintomas da doença (BRASIL, 2010.).

Segundo a matéria da BBC News (2009), após uma reunião emergencial em junho de 2009, em Genebra a OMS declarou pandemia de H1N1, desde os primeiros casos em abril até junho foram detectadas 28,774 pessoas em 74 países. Segundo o Ministério da Saúde, no Brasil já haviam sido confirmados 52 casos.

> "Também é importante destacar que o Brasil se antecipou a todas as medidas recomendadas pela OMS. Por isso, a nova situação não muda em nada os procedimentos que o governo brasileiro adotou para a vigilância, diagnóstico e tratamento da doença" (BASSIT, 2009).

2. Impacto no Brasil

No Brasil as regiões mais afetadas pelo surto de H1N1 foram as regiões do sul e sudeste, o surto atingiu 23 estados, tendo o pico da infecção no mês de agosto. O Paraná foi o estado mais afetado pela doença, concentrando cerca de 53% dos casos de todo o Brasil, como foi uma patologia que acometeu mais jovens e gestantes, muitos tiveram que se afastar de seu trabalho e escolas, forçando o governador do Distrito Federal a adotar medidas de dispensa para gestantes servidoras e terceirizadas. Nos estados do Rio de Janeiro e São Paulo, o governo recomendou a transferência de gestantes profissionais da saúde para setores onde não tivessem contato com pacientes contaminados. (BLASCHKAUER, CAVALLINI, 2009).

> "Órgãos públicos e instituições privadas e públicas recomendaram nos últimos dias que as gestantes não fossem trabalhar neste período como forma de prevenção aos riscos de contaminação pelo vírus A (H1N1) da nova gripe. Esta dispensa do trabalho, no entanto, é uma decisão facultativa às empresas. Segundo advogados trabalhistas ouvidos pelo *G1*, os empregadores não têm obrigação de liberar ou mesmo realocar de departamento as grávidas (como qualquer outro funcionário) do trabalho por conta da nova gripe ou por qualquer outro tipo de pandemia." (BLASCHKAUER, CAVALLINI, 2009).

Nota-se que as relações de trabalhos são afetadas quando muitas gestantes são realocadas em outros setores ao invés de serem afastadas momentaneamente por motivo da pandemia. Segundo o vice-presidente de Relações Trabalhistas e Sindicais da ABRH, as empresas poderiam seguir a lógica do setor público de afastar os profissionais que se enquadram no grupo de risco da doença, pois não é uma situação que a pessoa enfrenta apenas no ambiente de trabalho, mas sim como um todo, pois ao chegar no trabalho muitas usam o transporte público, aumentando o risco de contaminação.

3. Consequências do surto de H1N1 nas relações de trabalho

As relações de trabalho foram impactadas devido à pandemia de H1N1 nos anos de 2009 e 2010 trazendo novos desafios para os operadores do direito. Medidas emergenciais tiveram que ser tomadas, tais como: a criação de portarias, leis, decretos, jurisprudência e processos. Em agosto de 2009 foi criado Decreto n. 054/2009 – SITUAÇÃO DE EMERGÊNCIA GRIPE INFLUENZA A (H1N1), onde foi declarado estado de emergência no município de Zortéa, no qual, em seu art. 5º, mediante atestado comprovando gravidez, a servidora deve ser afastada de seu expediente enquanto durar a situação de emergência. Em seu art. 7º, foi autorizado a utilização de despesas para pagar plantões de profissionais do corpo clínico de Zortéa, e realizar a contratação de mais profissionais caso haja necessidade. (Zortéa (município), 2009).

Durante a crise de H1N1 o direito do trabalho se posicionou de forma a considerar acidente do trabalho, profissionais da saúde que tenham se contaminado, previsto no art. 21-A da Lei de Benefícios da Previdência Social — Lei n. 8213/91 e Lei n. 8.213, de 24 de julho de 1991. Tal dispositivo legal determina um nexo entre a situação epidemiológica e as contaminações dos trabalhadores da saúde, esta norma teve repercussão no meio jurídico trazendo processos de indenização por descumprimento da lei. De acordo com a decisão proferida pelo Tribunal Superior do Trabalho, o Hospital Santa Rita de Cássia deverá indenizar os herdeiros da funcionária, técnica de enfermagem, por sua morte devido à contaminação por H1N1, foi identificado nexo de causalidade entre o serviço prestado e a contaminação da doença.

> "A jurisprudência desta Corte superior consolidou-se no entendimento de que esta Justiça especializada é competente para julgar pedido de indenização por danos decorrentes do trabalho, conforme os termos da Súmula n. 392, que assim dispõe: "Nos termos do art. 114, inc. VI, da Constituição da República, a Justiça do Trabalho é competente para processar e julgar ações de indenização por dano moral e material, decorrentes da relação de trabalho, inclusive as oriundas de acidente de trabalho e doenças a ele equiparadas, ainda que propostas pelos dependentes ou sucessores do trabalhador falecido". Esse entendimento foi respaldado pelo Supremo Tribunal Federal" (TST, 2017).

O Governo adotou medidas preventivas para combater a crise provocada pelo surto de H1N1, tais medidas foram: Encaminhamento de funcionários febris para hospitais o mais rápido possível, higienização das mãos ao chegar e sair do local de trabalho, realocar gestantes e demais pessoas do grupo de risco para setores com menos fluxo de pessoas, a fim de proteger estes funcionários vulneráveis de possíveis demissões e empresas de todos os portes seguirem as recomendações do Ministério da Saúde. O governo do estado de São Paulo se posicionou de forma a favorecer o afastamento do funcionário com sintomas de gripe, por sete dias, segundo o secretário estadual de saúde Luiz Roberto Barradas Barata. (São Paulo (Estado), 2009).

Em conjuntura semelhante, o Tribunal Regional da Primeira Região teve uma portaria aprovada com o intuito de afastar o grupo de risco, mediante atestado médico. Em campinas, os atestados médicos, exigidos para o afastamento de funcionários e estudantes, tiveram flexibilização por conta da crise sanitária. Tal flexibilização se deu à medida que não foi exigido atestado médico da Vigilância em Saúde, podendo qualquer médico em exercício regular da atividade emitir os atestados. Assim, pacientes teriam afastamento de 7 dias desde o início de sintomas. (Campinas (Município), 2009).

> "Informamos que os Atestados Médicos para afastamento do trabalho para isolamento de pacientes com suspeita de influenza A (H1N1) e quarentena de contatos próximos destes pacientes podem ser feitos por qualquer médico em exercício regular da atividade, não é necessário que seja da Vigilância em Saúde." (Campinas (Município), 2009).

Para combater os efeitos econômicos, foi recomendado às empresas utilizarem a modalidade de teletrabalho a estes funcionários afastados por motivo de grupo de risco ou por apresentarem sintomas de gripe, para que haja uma continuidade do trabalho. (*Apud* Souza, 2009).

4. Conclusão

Ao analisarmos os dados coletados e as medidas tomadas pelos governos estaduais, municipais e federais, conclui-se que o posicionamento adotado foi em relação à proteção dos funcionários a fim de evitar que o vírus se disseminasse. Em relação a proteção e renovação dos empregos, foi observado uma série de recomendações a empresas do setor público e privado, sendo estas medidas; realocação de gestantes e demais pessoas do grupo de risco para setores onde a exposição ao agente biológico seria menor, transferindo muitos funcionários da área da saúde para setores onde não tivessem contato com pacientes infectados.

Em relação à manutenção de empregos, foram abertas diversas campanhas e leis disponibilizando mais fundos para contratar mais profissionais da saúde a fim de atender a demanda dos hospitais, unidades básicas e demais áreas vinculadas à saúde. O Tribunal Superior do Trabalho considerou o contágio de H1N1 como doença ocupacional do trabalho, gerando diversas consequências processuais, esta foi uma medida protetiva para o empregado, pois muitos que não conseguiram afastamento de seus respectivos trabalhos ficaram mais suscetíveis a se infectar e infectar os familiares.

Foram notados os impactos econômicos, sociais e trabalhistas durante e após este período de surto nas diversas campanhas de prevenção, medidas adotadas por empresas diante das recomendações do governo e o posicionamento do Tribunal Superior do Trabalho em relação a proteção dos empregados, diante das pesquisas feitas e dos dados levantados, conclui-se que os objetivos deste trabalho foram atingidos.

6. Referências bibliográficas

AGÊNCIA FIOCRUZ DE NOTÍCIAS. *OMS anuncia fim da pandemia da gripe H1N1*. Rio de Janeiro, 10 ago. 2010. Disponível em: <https://agencia.fiocruz.br/oms-anuncia-fim-da-pandemia da gripe h1n1>. Acesso em: 11 maio 2020.

BARIFOUSE, Rafael. Como o Brasil foi afetado pela pandemia de H1N1, a 1ª do século XXI? 2020. São Paulo, *BBC News*. Disponível em: <https://www.bbc.com/portuguese/brasil-52042879>. Acesso em: 11 maio 2020.

BBC News, OMS declara pandemia de gripe suína. Brasil, 11 jun. 2009. Disponível em: <https://www.bbc.com/portuguese/noticias/2009/06/090611_omspandemia_ac>. Acesso em: 11 maio 2020.

BLASCHKAUER, Dani; CAVALLINI, Marta. Dispensa por risco de nova gripe é facultativa às empresas: especialistas dizem que empresa não é obrigada a liberar funcionários. grávidas precisam de atestado médico para justificar a dispensa. Especialistas dizem que empresa não é obrigada a liberar funcionários. Grávidas precisam de atestado médico para justificar a dispensa. 2009. *Globo.com*. Disponível em: <http://g1.globo.com/Sites/Especiais/Noticias/0,,MUL-1267353-16726,00-DISPENSA+POR+RISCO+DE+NOVA+GRIPE+E+FACULTATIVA+AS+EMPRESAS.html>. Acesso em: 16 ago. 2020.

BRASIL. *ESPII:* PROTOCOLO PARA O ENFRENTAMENTO À PANDEMIA DE INFLUENZA PANDÊMICA (H1N1) 2009: AÇÕES DA ATENÇÃO PRIMÁRIA À SAÚDE. 1 ed. Brasília, 2010. 37 p. Disponível em: <http://www.medicinanet.com.br/conteudos/revisoes/3214/influenza_a_h1n1_%E2%80%93_acoes_da_atencao_primaria_a_saude__25_03_10.htm>. Acesso em: 11 maio 2020.

______. Superior Tribunal do Trabalho, 2ª Turma. *Ação de indenização por danos morais e materiais proposta pelos herdeiros da empregada.* Trabalhadora falecida em acidente ocorrido no trabalho. Relação de trabalho competência da justiça do trabalho n. 0100800-30.2011.5.17.0009. Apelante: Hospital Santa Rita de Cássia. Relator: José Roberto Freire Pimenta. Vitória, ES, 04 de outubro de 2017. Diário Eletrônico da Justiça do Trabalho. Vitória-ES, 06 out. 2017. Disponível em: <https://tst.jusbrasil.com.br/jurisprudencia/514495484/recurso-de-revista--rr-1008003020115170009/inteiro-teor-514495504?ref=juris-tabs>. Acesso em: 11 maio 2020.

CAMPINAS. *Gripe – Influenza A – Informações para Profissionais de Saúde:* Atestados Médicos para INFLUENZA A (H1N1). Campinas, SP. Disponível em: <http://www.saude.campinas.sp.gov.br/saude/doencas/influenza_a/influenza_a_profissionais.htm>. Acesso em: 13 maio 2020.

GRECO, Dirceu B.; TUPINAMBÁS, Unaí; FONSECA, Marise. Influenza A (H1N1): histórico, estado atual no Brasil e no mundo, perspectivas. *Revista Médica de Minas Gerais*, Belo Horizonte, v. 192, p. 132-139, 09 jul. 2009. Disponível em: <http://rmmg.org/artigo/detalhes/467>. Acesso em: 11 maio 2020.

SÃO PAULO. Governo do Estado de São Paulo. Secretaria Estadual. *Empregado com gripe pode ser afastado:* Secretaria confirma que recomenda afastamento por 7 dias de trabalhador doente e estuda portaria. 2009. Disponível em: <https://www.saopaulo.sp.gov.br/spnoticias/na-imprensa/empregado-com-gripe-pode-ser-afastado/>. Acesso em: 12 maio 2020.

Portal Justiça Federal TRF1. *Portaria da Presidência autoriza o afastamento do trabalho de gestantes, imunodeprimidos e demais grupos de risco.* Brasília/DF, 13 ago. 2009. Disponível em: <https://portal.trf1.jus.br/portaltrf1/comunicacao-social/imprensa/avisos/portaria-da-presidencia-autoriza-o-afastamento-do-trabalho-de-gestantes-imunodeprimidos-e-demais-grupos-de-risco.htm>. Acesso em: 12 maio 2020.

Zortéa (Município). Decreto n. 054, de 11 de agosto de 2009. *Situação de Emergência Gripe Influenza A (H1N1).* Zortéa, SC, 11 ago. 2009. Disponível em: <https://www.amplasc.org.br/noticias/index/ver/codMapaItem/42500/codNoticia/230224>. Acesso em: 11 maio 2020.

Organização da Saúde Pública e Direitos Sociais no Brasil

Francine Rossi Nunes Fernandes de Oliveira
Nicolly Carolyn Monteiro

Introdução

Diante da epidemia do Covid-19 e dos constantes ataques ao SUS é importante retomar o processo de luta que foi indispensável para a garantia da previsão constitucional e a organização legal do sistema único de saúde universal e integral. Apesar de não ter atingido plenamente seus objetivos, ao longo dos seus trinta e dois anos de existência, o SUS marcou a mudança de um modelo de organização da saúde antes vinculado ao sistema de previdência social, excluindo parcela da população não inserida em uma relação formal de trabalho.

A previsão constitucional do direito à saúde como direito social compondo chamado tripé da seguridade social parecia colocar o Brasil, uma economia da periferia do capitalismo, ainda que tardiamente, na rota da construção de um Estado social. Ocorre que na prática, se por um lado a garantia constitucional pode ser considerada uma conquista e resultado das lutas que se deram ao longo do século XX, por outro, a previsão constitucional não garantiu efetivamente saúde para todos. O processo de constitucionalização dos direitos sociais no Brasil está marcado apenas pela institucionalização. Insuficiente, pois precisa ir além do direito; contudo, encontra dificuldades reais em sua própria forma jurídica e no financiamento do Estado.

Na primeira parte deste artigo faremos referência às formas de organização da saúde atreladas à previdência e, igualmente, às 3ª e 8ª Conferências Nacional de Saúde, onde, de modo geral, foram construídas as ideias iniciais para um sistema único de saúde.

Em seguida, damos um destaque para os movimentos sanitários protagonistas na organização da saúde pública no Brasil nas décadas de 1960 e 1970 cuja militância foi importante no processo de redemocratização do país e na composição do que viria a ser o SUS.

Na terceira parte, embora reconhecendo o avanço na proteção social que a ideia do SUS representou, trataremos da realidade desse sistema em 2020. No momento presente, é inevitável constatar o financiamento insuficiente — aliás, desde a sua regulamentação —, o avanço da iniciativa privada nos serviços de saúde e a EC n. 95 de 2016 que congelou os gastos públicos. Nesse cenário, abordaremos a questão da pandemia no Brasil, e a urgência de leitos explicitada pela campanha "Leitos para Todos", lançada em março de 2020, por mais de 40 entidades, evidenciando a atual situação de falta de EPIs e leitos na rede pública.

Por último, pretendemos fazer uma reflexão sobre o direito à saúde como direito social, evidenciando seus limites e, mesmo a não garantia de sua efetivação através do mero processo de institucionalização de direitos. Ainda, mencionamos o exemplo da ADI n. 6.362, para ilustrar como o direito à saúde está sendo contraposto ao direito de propriedade e de livre iniciativa.

I. Breve retrospectiva histórica da saúde pública no Brasil

Para tratarmos da saúde pública no Brasil, a partir do século XX, faremos uma breve retrospectiva histórica com referência às Caixas de Aposentadorias e Pensão, aos Institutos de Aposentadorias e Pensão, ao Instituto Nacional da Previdência Social e às Conferências Nacionais de Saúde, especificamente à 3ª Conferência Nacional de Saúde, de 1963, às vésperas do golpe militar de 1964 e à 8ª Conferência Nacional de Saúde, que ocorreu em 1986, onde foram apresentadas as propostas de organização da saúde pública presentes na Constituição Federal de 1988.

As Caixas de Aposentadorias e Pensão — as CAPs — marcaram a criação do Seguro Social em 1923, pelo Decreto Legislativo n. 4.682, de 24 de janeiro de 1923, conhecido como Lei Eloy Chaves, e visavam garantir as prestações de natureza previdenciárias, assistência médica e fornecimento de medicamentos, mediante contribuições. Cada empresa, deveria criar sua própria CAP, custeada parcialmente com fundos do empregador, além de delimitar com clareza o grau de contribuição de cada um e os benefícios oferecidos a quem aderisse ao plano. O fato de garantir assistência médica apenas aos trabalhadores e trabalhadoras formais revela uma origem marcada pela fragmentação e exclusão(1).

Ao longo da década de 1930, foram criados Institutos de Aposentadorias e Pensão, que diferiam do sistema das Caixas, porque passaram a ter uma proposta mais

(1) FINKELMAN, J. (Org.). *Caminhos da saúde pública no Brasil.* Rio de Janeiro: Editora FIOCRUZ, 2002.

ampla, abrangendo trabalhadores de um dado ofício ou setor de atividade e participação do Estado na gestão(2).

Vale mencionar que em 1942, a partir de um acordo entre o Brasil e os Estados Unidos, foi criado o Serviço Especial de Saúde Pública (SESP) que foi um dos programas mais completos em atenção à saúde da época. O Serviço Social de Saúde Pública levava ensinos de higiene às escolas primárias e dispunha de medicina curativa e preventiva. Com a introdução de mudança para uma população desassistida e uma proposta de criação de locais para o primeiro atendimento até internações hospitalares, o SESP significou mudança de condições de saúde e educação sanitárias aos brasileiros e brasileiras do meio rural.

Finalmente, em 1966, foi criado o Instituto Nacional de Previdência Social — INPS, pelo Decreto Lei n. 72 de 21/11/1966, com o objetivo central de corrigir os inconvenientes da segmentação entre vários Institutos e com a justificativa de buscar um aumento da eficiência do sistema. O INPS existiu até 27 de julho de 1990, quando foi substituído pelo Instituto Nacional do Seguro Social — INSS, e é importante notarmos que a criação do INSS como autarquia federal, principal responsável pela prestação dos serviços da previdência social, se dá no contexto da seguridade social prevista no art. 194 da Constituição Federal de 1988, abrangendo Saúde, Assistência Social e Previdência Social.

É importante mencionar que as três principais formas de organização da assistência médica atrelada ao sistema de previdência mencionadas, Caixas, Institutos e INPS, que existiram no período de 1923 a 1990, são caracterizadas pelo sistema de contribuição e são formas ligadas aos postos de trabalho formais, portanto excludentes. Aquelas pessoas que não estavam inseridas nas relações de trabalho formais estavam sujeitas aos serviços médicos pagos ou oferecidos por instituições filantrópicas, como as Santa Casas. No entanto, apesar de não terem um caráter universal, não significa que não resultaram de lutas e reivindicações da classe trabalhadora.

A partir da Constituição Federal de 1988, com a previsão da Seguridade Social composta pelo tripé da Saúde, Previdência Social e Assistencial Social, o direito à saúde passa a ter previsão constitucional, assim como a organização de um sistema único de saúde, que constam nos arts. 6º, e 196 a 200. O que pretendemos demonstrar é que se por um lado a garantia constitucional pode ser considerada uma conquista e resultado de lutas ao longo do século XX, por outro, é importante assumir que a previsão constitucional não garantiu efetivamente saúde para todos, o que caracterizaria o processo de constitucionalização dos direitos sociais apenas como um processo de

(2) BATICH, Mariana. Previdência do trabalhador: uma trajetória inesperada. *Perspec.*, São Paulo, v. 18, n. 3, p. 33-40, set. 2004.

institucionalização que precisa ir além do direito, mas encontra dificuldades reais, na própria forma jurídica e no financiamento do Estado.

Sabendo que não se atingiu ainda a profundidade e a grandiosidade da proposta do SUS, mesmo depois de trinta e dois anos da previsão constitucional e que existe o risco permanente de desmonte, podemos retomar a retrospectiva histórica do longo processo de construção do direito à saúde universal organizado em um sistema único de saúde, com destaque do papel das Conferências Nacionais de Saúde — CNS.

As Conferências Nacionais de Saúde foram instituídas em 1937, durante o primeiro governo de Getúlio Vargas (1930-1945) e tinham previsão legal na Lei n. 378. Inicialmente eram consideradas como parte da estratégia da forma de ação da União, e tinham o papel de facilitar ao Governo Federal o conhecimento das atividades concernentes à saúde, realizadas em todo o país; de orientá-lo na execução dos serviços locais de saúde e na concessão do auxílio e da subvenção federais.(3)

Segundo Naira Prato Cardoso, em sua dissertação de mestrado, as primeiras Conferências Nacionais foram formatadas como instâncias técnicas, instrumento para a centralização das ações estatais de saúde e para a regulação do fluxo financeiro do setor, e transformaram-se ao longo dos anos em arenas públicas para o debate democrático sobre a saúde no país. E essa transformação que incluiu inúmeras áreas temáticas, abarcando outros setores além da saúde, pode ser exemplificada pelas 3ª e 8ª Conferências ocorridas em 1963 e 1986.(4)

Em 1963, durante o governo de João Goulart, um sistema de saúde que até então estava atrelado à organização da previdência dos trabalhadores, foi objeto dos estudos apresentados na 3ª Conferência Nacional de Saúde. Os estudos propunham a criação de um sistema de saúde para todos os cidadãos, com organização descentralizada protagonizada pelos municípios. E foram apontados como o auge de um pensamento que vinha ganhando força desde os anos 1950 e que considerava a saúde de uma população inseparável do processo de desenvolvimento nacional, orientando, cada vez mais, o governo e os técnicos do Ministério da Saúde(5).

Considerando que os estudos e as proposições da 3ª Conferência foram interrompidos pelo golpe militar de 1964, as ideias ali discutidas foram reapresentadas com bastante força na 8ª Conferência Nacional de Saúde ocorrida em 1986. Era um momento de lutas pela redemocratização do país e o evento marcou uma mudança.

---

(3) HOCHMAN, Gilberto. Reformas, instituições e políticas de saúde no Brasil (190-1945). *Educar em Revista*, [S.l.], v. 21, n. 25, p. 127-141, out. 2005. ISSN 1984-0411. Disponível em: <https://revistas.ufpr.br/educar/article/view/2242>. Acesso em: 15 jun. 2020.

(4) SOUZA, Naiara Prato Cardoso de. *A 3ª Conferência Nacional de Saúde (1963):* antecedentes para um Sistema Nacional de Saúde Público e Descentralizado. Rio de Janeiro: s.n., 2014. p. 15.

(5) *Ibidem*, p. 14.

Entendemos que a ampliação nas Conferências Nacionais de Saúde foi fundamental para a construção e organização do SUS, que marca uma nova fase da saúde pública no Brasil. A participação social como afirmação da democracia passou a fazer parte das próximas Conferências, cuja obrigatoriedade está prevista na Lei n. 8.142, de 28 de dezembro de 1990, e pôs em destaque a participação da comunidade na gestão do Sistema Único de Saúde.

Assim, essas duas Conferências podem ser consideradas espaços de aprofundamento das relações democráticas com participação de movimentos sociais e usuários dos serviços de saúde, onde teria sido possível construir as políticas públicas de saúde e exercer o controle social sobre elas, o que consolidaria os direitos sociais de uma forma mais democrática.

II. Destaque para os movimentos sanitários

Surgiu no Brasil, em meados da década de setenta, um movimento postulando a democratização da saúde, justamente num período no qual novos sujeitos sociais emergiram na luta contra a ditadura.(6)

No fim dos anos 60 e início dos anos 70, durante um período de muita repressão pelo autoritarismo no Brasil, as Bases Universitárias tiveram seu início dentro dos departamentos de medicina preventiva, e suas ideologias baseavam-se na inserção de ideias marxistas no campo da saúde social.

Conhecida pela construção da abordagem histórico-estrutural dos problemas da saúde, as Bases Universitárias eram compostas por alunos e professores críticos do Sistema Nacional de Saúde (SNS) e que, a partir de pensamentos democráticos e contrários ao autoritarismo, formulavam propostas visando melhorar condições da saúde da população.(7)

Defendendo mudanças no acesso à saúde, os Movimentos Sanitários eram compostos por estudantes, professores universitários, médicos, técnicos do setor da saúde já militantes e sensibilizados com as condições da população brasileira. Unidos a profissionais de outros setores e sensibilizados com a crise sanitária, mobilizaram em favor da assistência oferecida à população e passaram a dispor de um corpo doutrinário e um conjunto de proposições políticas voltados para a saúde pública, que se chamou Reforma Sanitária.

---

(6) PAIM, J. S. *Reforma Sanitária brasileira:* contribuição para compreensão crítica. 2007. 300f. Tese (Doutorado em Saúde Coletiva) – Instituto de Saúde Coletiva, Universidade Federal da Bahia. Salvador, 2007.

(7) ESCOREL, S. As bases universitárias. In: *Reviravolta na saúde: origem e articulação do movimento sanitário* [*online*]. Rio de Janeiro: Editora FIOCRUZ, 1999. p. 18-30. ISBN 978-85-7541-361-6. Disponível em: <http://books.scielo.org/id/qxhc3/pdf/escorel-9788575413616-03.pdf>.

Outro movimento sanitário que se destaca nesse período é o Movimento Preventivista. Um movimento com a ideologia de que os médicos precisariam vivenciar na prática a saúde preventiva. Seus conceitos estavam em estudar as doenças e não somente o meio ambiente da sociedade doente. O projeto estava na mudança da prática médica através de um profissional médico que fosse imbuído de uma nova atitude. A medicina preventivista representou uma leitura liberal e civil dos problemas do crescente custo da atenção médica nos EUA e uma proposta alternativa à intervenção estatal, mantendo a organização liberal da prática médica e o poder médico.(8)

A Reforma Sanitária trazia noções no sentido de que deveria servir à consolidação da cidadania e contemplar os cidadãos excluídos do direito à saúde e ainda previa propostas concretas de melhorias nas condições de alimentação, habitação e educação da população.

Fazendo uma análise crítica, revendo paradigmas das Lutas pela Reforma Sanitária para construir as bases do socialismo democrático, considerando a situação do Brasil à época, as lideranças desse movimento se manifestavam:

Discutir a Reforma Sanitária nos seus aspectos conceituais, ideológicos, políticos e institucionais é, atualmente, tarefa fundamental de todos aqueles que, em diferentes países como o Brasil, Itália, Bolívia, Espanha, Portugal etc., estão comprometidos com a democratização das estruturas políticas e a melhoria da qualidade de vida dos cidadãos. Esta tarefa mais que fundamental, torna-se imprescindível para nós que buscamos, nas lutas pela Reforma Sanitária, construir as bases do socialismo democrático que almejamos para o Brasil.(9)

Essas iniciativas foram se organizando nacionalmente. Criando vários encontros profissionais, comunitários, legislativos, debates, fóruns e em um rico processo participativo, aprovaram o projeto político da Reforma Sanitária na 8ª Conferência Nacional de Saúde.

A 8ª Conferência Nacional de Saúde em 1986, foi um dos encontros mais importantes da política pública de saúde no Brasil, pois consolidou a participação de profissionais da saúde, representantes sindicais, associações, para tratarem do tema: "Democracia e Saúde" e definiu as propostas da Reforma Sanitária. Teve como principal debate o reconhecimento da saúde como *um direito de todos e dever do Estado.* Direito esse, que deveria existir independente de contribuição, para o trabalhador rural ou não, e que não excluísse qualquer cidadão brasileiro da assistência pública de saúde.

---

(8) AROUCA, A.S. [Apresentação da 4. capa]. In: TEIXEIRA, S. F. (Org.). *Reforma sanitária em busca de uma teoria.* São Paulo: Cortez; Rio de Janeiro: Abrasco. 1989b. p. 239.

(9) *Ibidem*, p. 232.

A Conferência recomendava a criação de um Sistema Único de Saúde (SUS) descentralizado, com atribuições específicas para União, Estados e Municípios, e democrático, garantindo a participação social na formulação das políticas de saúde, no acompanhamento e na avaliação.[(10)]

III. A proposta do SUS e um pouco de realidade

O SUS está previsto na Constituição Federal como sistema que reúne os instrumentos necessários para que o Estado brasileiro garanta o direito à saúde. Não se pode deixar de mencionar que a Constituição Federal reconhece à iniciativa privada a liberdade de desenvolver ações e serviços privados de saúde, podendo ser em caráter suplementar ou complementar. É importante fazermos esse destaque, pois nos estudos sobre as dificuldades do SUS ao longo dos seus trinta e dois anos de existência, o subfinanciamento está atrelado a atuação cada vez mais presente da iniciativa privada na prestação dos serviços de saúde.

Para tratarmos um pouco da realidade do SUS, destacamos a previsão obrigatória de órgãos colegiados de participação da comunidade nas atividades do SUS, como os Conselhos e as Conferência Nacional, Estaduais e Municipais de saúde. Nesse arranjo democrático, os Conselhos de Saúde têm a função de fiscalizar se as deliberações das Conferências estão sendo concretizadas pelas autoridades públicas. Além do repasse de verbas ficar condicionado a existência dos Conselhos em cada ente federativo[(11)].

Como princípios que devem guiar as ações e serviços públicos de saúde temos a universalidade e a equidade, garantindo a não discriminação de qualquer natureza e gratuidade, e o princípio da regionalização, descentralizando e formando uma rede de cooperação entre os entes federativos a partir das Comissões Intergestores Tripartite e Bipartites.

Conforme o art. 7º da Lei n. 8080/90, a integralidade do atendimento do SUS significa que o Estado deve oferecer desde o atendimento ambulatorial até os transplantes mais complexos, garantindo ações e serviços preventivos e curativos, individuais e coletivos, exigidos para cada caso em todos os níveis de complexidade do sistema.

E ainda, para citarmos alguns dos objetivos do SUS previstos na Constituição e na Lei n. 8.080/90 temos: a redução de riscos de doenças e de outros agravos à saúde bem como o acesso universal e igualitários às ações e serviços para a sua promoção,

---

(10) PAIM, J. S. *Reforma Sanitária brasileira:* contribuição para compreensão crítica. 2007. 300f. Tese (Doutorado em Saúde Coletiva) – Instituto de Saúde Coletiva, Universidade Federal da Bahia. Salvador, 2007. Disponível em: <https://repositorio.ufba.br/ri/bitstream/ri/10376/1/5555555555.pdf>.

(11) AITH, Fernado. Direito à saúde e democracia sanitária: experiências brasileiras. *Revista de Direito Sanitário*, v. 15, n. 3, p. 85-90, 14 abr. 2015.

proteção e recuperação; a assistência às pessoas por intermédio de ações de promoção, proteção e recuperação da saúde, com realização integrada das ações assistenciais e das atividades preventivas. Vale mencionar, por fim, que através de assistência às pessoas da comunidade, atuando na melhoria da qualidade de vida e saúde, o SUS deve trabalhar com a diminuição dos riscos de adoecer.

Diante dessa breve descrição, é notável que o SUS significa um avanço na proteção social e tem uma infinidade de atribuições e características, das quais não poderíamos tratar todas nesse artigo, mas de modo geral, além da assistência médica integral às pessoas, ainda tem as competências de vigilância sanitária e epidemiológica, de colaboração na proteção do meio ambiente e saúde do trabalhador.

Ocorre que mesmo diante de toda a organização normativa e conceitual do direito à saúde e do SUS, os direitos sociais no Brasil enfrentam problemas para sua efetivação. Desde a origem do SUS estão em disputa o modelo privatista, que aposta na saúde como fonte de lucro e o da reforma sanitária, que apresenta a saúde como direito social de caráter universal e estatal(12). E por ser o direito à saúde um direito social, ele depende da ação estatal e de dispositivos constitucionais que regulem o financiamento das ações e serviços públicos de saúde(13).

Segundo Chioro, após trinta e dois anos de SUS, tiveram várias melhorias em saúde no país, que

> (...) resultaram em mais acesso à saúde, melhoria dos indicadores de saúde e da qualidade de vida dos brasileiros, em particular quando comparado ao modelo excludente vigente antes de 1988, não foi capaz de gerar confiança e legitimidade social na população brasileira, que aponta a saúde como o principal problema do País e aspira como ideal de consumo o acesso ao modelo privado de atenção à saúde.(14)

Assim, apesar das melhorias reais que existiram, ao nos questionarmos o que não deu certo da política pública promissora do SUS, pode-se afirmar que o projeto do sistema único universal e solidário não pode se concretizar onde o setor privado está mais presente, onde há menos recursos financeiros. O setor privado marca a lógica neoliberal de restringir o papel do Estado e fortalecer o mercado. Um dos grandes desafios na garantia do direito à saúde gratuita para todos é impedir ainda mais o avanço das forças neoliberais mercantis em todos os níveis, desde a atenção básica à

---

(12) SANTOS, Marta Alves. Lutas sociais pela saúde pública no Brasil frente aos desafios contemporâneos. *Rev. Katálysis*, dez. 2013, vol. 16, n. 2, p. 233-240.

(13) AITH, Fernado. Direito à saúde e democracia sanitária: experiências brasileiras. *Revista de Direito Sanitário*, v. 15, n. 3, p. 85-90, 14 abr. 2015.

(14) REIS, Ademar Arthur Chioro dos. *et al.* Tudo a temer: financiamento, relação público e privado e o futuro do SUS. *Saúde Debate*, dez. 2016, vol. 40, n. spe, p.122-135.

saúde até os serviços de média e alta complexidade, através do financiamento público suficiente e formulação de programas que tenham o objetivo de expandir os serviços públicos de saúde.

A partir dos estudos de Ademar Reis e Arthur Chioro, o crônico subfinanciamento da saúde e a relação público e privado são temas que atravessam fortemente a conformação dos vários desafios hoje enfrentados pelo SUS(15).

O cenário de falta de recursos suficientes para financiar as ações e serviços públicos de saúde, é agravado pelo recente ataque da Emenda Constitucional n. 95/2016, que congelou por um período de vinte anos os gastos primários do governo com saúde, educação, assistência social, cultura, esporte, etc. Se considerarmos que a demanda por serviços sociais do governo tende a aumentar com o ritmo de crescimento populacional e que o gasto per capita será reduzido, o desenvolvimento social do país está terrivelmente prejudicado por, pelo menos, vinte anos.

Além do congelamento dos gastos públicos, veio em seguida a aprovação da reforma trabalhista em 2017 e da reforma previdenciária em 2019, que ao contrário da ideia de reforma como melhoria, apenas retiram direitos dos trabalhadores e quase inviabilizaram o acesso aos benefícios previdenciários.

É diante desses fatos políticos recentes e de um governo explicitamente alinhado com o retrocesso dos direitos sociais, que o Brasil foi atingido pela pandemia do coronavírus explicitando ainda mais a extrema necessidade do bom funcionado do SUS.

Mesmo que não possamos aprofundar este assunto neste artigo, vale mencionar que a pandemia colocou uma lupa sobre as desigualdades sociais do Brasil e o racismo estrutural, que se evidenciam na maior incidência de mortes de pessoas de negras, na maior quantidade de contaminados nas regiões onde a população tem menor renda, e na sobrecarga de trabalho sobre as mulheres, que assumem o trabalho de cuidado tão essencial durante uma pandemia.

Retomando os aspectos dos serviços de saúde, diante do enorme problema de acesso aos serviços médicos, principalmente pelo colapso do sistema de saúde pública por falta de leitos de UTIs, de respiradores e EPIs, os princípios da universalidade e a equidade surgem como elementos centrais na campanha "Leito Para Todos". A campanha lançada em março de 2020, por mais de 40 entidades, evidencia a atual situação de um projeto de trinta e dois anos que sem nem ter se concretizado sofre ataques que podem significar sua implosão.

Segundo o manifesto da campanha, para cada leito per capita disponível para o SUS, em 2019, existiam aproximadamente 4 disponíveis para os planos de saúde.

---

(15) REIS, Ademar Arthur Chioro dos. *et al.* Tudo a temer: financiamento, relação público e privado e o futuro do SUS. *Saúde Debate*, dez. 2016, vol. 40, n. spe, p.122-135.

Em contrapartida, o sistema público utiliza cerca de 45% do total de leitos de UTI, enquanto mais da metade se destina a apenas 25% da população que é cliente de planos de saúde. E que a ciência tem mostrado que a organização fragmentada da rede hospitalar, decorrente da segmentação do acesso, pode limitar concretamente a capacidade de atendimento aos casos graves de Covid-19.(16)

A retomada da luta pela saúde pública e pelo seu financiamento é imprescindível nesse momento em que a pandemia escancarou as fragilidades do SUS. Mas ao mesmo tempo que evidenciou as deficiências, também revelou que o fortalecimento do SUS é a saída mais justa e solidária viável. Considerando que essa pandemia pode não ser a última, diante da crise ambiental em que vivemos, é imperativo que o Estado retome seus deveres em garantir a efetividade do direito à saúde e dos direitos sociais.

IV. Os direitos sociais e o direito à saúde no Brasil

Para tratarmos da saúde pública como direito social no Brasil iremos, previamente, discutir a noção de direitos sociais. No aspecto normativo, estão destacados no art. 6º da Constituição Federal de 1988:

> Art. 6º São direitos sociais a educação, a saúde, a alimentação, o trabalho, a moradia, o transporte, o lazer, a segurança, a previdência social, a proteção à maternidade e à infância, a assistência aos desamparados, na forma desta Constituição(17)

É possível observar a proteção social maximizada atingindo tamanha abrangência que permeia tanto as relações de direito privado, quanto de direito público.(18) E por englobar uma variedade de direitos bastante abrangente, e que pertencem tanto à esfera dos tidos direitos públicos quanto dos direitos privados, conceitualmente, a teoria jurídica tentou definir os direitos sociais.

Trataremos de alguns aspectos das definições encontradas que consideramos relevantes para nossa discussão. Inicialmente, a ligação profunda dos direitos sociais com a humanidade e, dentre outros caminhos, pela noção de mínimo existencial. Para tornar a ideia de mínimo existencial menos imprecisa e identificar o núcleo essencial de direitos sociais na doutrina jurídica contemporânea, Flavio Roberto Batista afirma que:

> (...) não basta que o Estado e seu ordenamento jurídico garantam o direito individual à vida: é necessário que o Estado crie as condições

(16) FRANCO, Anielle; PEREZ, Bernadete; PINTO, Fabiana; MATTOS, Leonardo; DECOTHÉ, Marcelle. *Por que a fila única é a saída para salvar vidas*. Disponível em: <https://www.abrasco.org.br/site/noticias/por-que--a-fila-unica-e-a-saida-para-salvar-vidas-artigo-de-anielle-franco-bernadete-perez-fabiana-pinto-leonardo--mattos-e-marcelle-decothe/49128/>. Acesso em: 10 jun. 2020.

(17) BRASIL. *Constituição (1988)*. Constituição da República Federativa do Brasil. Brasília, DF: Senado Federal: Centro Gráfico, 1988.

(18) SOUTO MAIOR, Jorge Luiz; CORREIA, Marcus Orione Gonçalves. O que é Direito Social?. In: CORREIA, Marcus Orione Gonçalves (Org.). *Curso de direito do Trabalho*. vol. 1. São Paulo: LTr, 2007. p. 24-25.

> indispensáveis para que essa vida seja vivida com dignidade, ou seja, que nenhum ser humano se submeta a uma vida menos humana que a de outro. Este é o mínimo que cada ser humano merece em razão de sua própria condição de humanidade, independente de quaisquer condicionamentos econômicos ou jurídicos — daí a ideia de mínimo, que evoca a noção de um patamar intransponível. Eis o núcleo essencial da ideia de direitos sociais na doutrina jurídica contemporânea.(19)

Além da noção do patamar intransponível mencionado, outro aspecto relevante no estudo sobre a tecnologia dogmática dos direitos sociais, é a superação quanto à dicotomia entre direito público e direito privado, que se dá quando o caráter social passa a integrar a esfera econômica da sociedade civil e sua interpenetração com o Estado passa a ser considerada.(20)

Ainda na busca do entendimento dos direitos sociais, eles podem ser definidos, diante de uma situação de hipossuficiência jurídica, como os direitos que tem o papel de recompor uma igualdade desfeita, de modo que cada ser humano, independente de bondade de qualquer outro, possa determinar-se livremente perante os demais.(21)

Por fim, das concepções do que são os direitos sociais que entendemos relevantes, ainda é possível encontrarmos, de acordo com a tradicional classificação dos direitos fundamentais em gerações, que os direitos sociais teriam sua identificação com os chamados direitos de segunda geração. Mas, por essa classificação, é imperativo mencionarmos que se sugere uma evolução humanista do capitalismo, num sofisticado mecanismo normativo-constitucional, entendendo que os direitos de primeira geração são ligados ao homem da propriedade privada e os de segunda geração são ligados a um ser humano menos egoísta.(22)

Ocorre que a suposta evolução humanista do capitalismo que serve de pano de fundo dessa tradicional classificação dos direitos fundamentais se revela como uma falácia, se considerarmos as flutuações do nível de proteção social que estão sujeitas às variações e aos determinantes econômicos.(23) Se houve uma evolução humanista do capitalismo, o que explicaria os retrocessos, por exemplo, no âmbito dos direitos trabalhistas e dos direitos de seguridade social que vivenciamos atualmente no Brasil?

---

(19) BATISTA, Flávio Roberto. *Crítica da tecnologia dos direitos sociais*. 2012. Tese de Doutorado. Faculdade de Direito da Universidade de São Paulo. São Paulo. p.146.

(20) *Ibidem*, p.142

(21) *Ibidem*, p.145

(22) *Ibidem*, p.165

(23) *Ibidem*, p.176

Portanto, entendemos que a existência dos direitos sociais é muito mais uma saída econômica e política, com reflexos jurídicos, encontrada para garantir o funcionamento do sistema capitalista, do que resultante de uma suposta evolução humanista.

Localizando o Brasil como economia da periferia capitalista, a Constituição Federal de 1988, que desenha as bases do que seria um Estado social, o faz quando o Estado neoliberal já está sendo estruturado na Europa e nos EUA. Esses países já tinham vivido a ruína do Estado Social, entre as décadas de 1970 e 1980, e já estavam pondo em prática uma nova saída da crise, gestada na esfera econômica.

A saída econômica encontrada foi chamada de modo de produção pós-fordista baseado em: bens com durabilidade reduzida, aumento do consumo reiterado por uma parcela reduzida da população, com menos empregos e um Estado mais enxuto. Considera-se que essa foi a forma encontrada para intensificar o consumo dos que tivessem poder aquisitivo, ao invés de buscar novos consumidores.

Assim, sem a necessidade de uma grande quantidade de consumidores, e, portanto, com elevado desemprego, os direitos sociais que no Estado social tinham o papel de proteger a subsistência da mão de obra e garantir um amplo mercado consumidor, passariam a ser, no Estado mínimo neoliberal, uma das formas de gerir a miséria.[24]

Nesse sentido, para tratarmos do objeto deste artigo que é a saúde pública no Brasil como direito social, partimos da ideia de que:

> (...) a saúde está diretamente vinculada à reprodução da mercadoria força de trabalho, integrando, por isso, a ideia de subsistência da família do trabalhador e, consequentemente, a formação do valor de sua mercadoria força de trabalho. Dito isso, a constituição de um sistema público de saúde somente pode ser uma resposta social à percepção de que, do ponto de vista da eficiência econômica, é muito mais racional que cada capitalista repasse parte do dinheiro que pagaria em salários, com os quais o trabalhador arcaria com seus gastos de saúde, para que o Estado constitua um fundo público para a prestação unificada dos serviços de saúde, eliminando a necessidade de que o trabalhador arque com gastos nesse sentido e, portanto, reduzindo a quantia paga diretamente ao trabalhador a título de salários.[25]

(24) BATISTA, Flávio Roberto. Os limites do bem-estar no Brasil. In: KASHIURA JR., Celso Naoto; AKAMINE JR., Oswaldo; MELO, Tarso (Orgs.). *Para a crítica do direito:* reflexões sobre teorias e práticas jurídicas. São Paulo: Outras Expressões, 2016. p. 626.

(25) BATISTA, Flávio Roberto. *Crítica da tecnologia dos direitos sociais*. 2012. Tese de Doutorado. Faculdade de Direito da Universidade de São Paulo, São Paulo. p. 183.

Assim, mesmo tomando a ideia de saúde pública como oriunda da constituição de um fundo público estatal para prestação unificada dos serviços de saúde, com motivação de eficiência econômica, notamos que a previsão constitucional do direito à saúde no Brasil, no art. 6º e nos arts. de 196 a 200, da Lei n. 8.080/90 e do grande rol de leis que vieram para regulamentar e dar forma à operacionalização de um Sistema Único de Saúde, enfrenta restrições de financiamento do SUS e a crescente flexibilização à atuação da iniciativa privada nos serviços da saúde.

O direito à saúde previsto na Constituição Federal de 1988, conquistado, como vimos, através das duras disputas travadas pelo movimento sanitarista, movimento popular pela saúde e o movimento dos médicos não encerrou o processo de luta pela garantia da saúde pública. São mais de trinta anos de tentativas de implantação e construção de um sistema único de saúde universal com previsão constitucional que não se realizou na sua completude e grandiosidade.

O que se percebe é que a ideia do SUS enquanto direito passou pelo processo de institucionalização, mas corre riscos constantes de não realizar seus propósitos, principalmente por questões de financiamento insuficiente. Isso nos leva a concluir que a simples previsão legal ou institucionalização dos direitos sociais não garante as condições de produção, manutenção e reprodução da vida material e, por óbvio, não significam uma evolução humanista do capitalismo. A vida material exige mais que a institucionalização dos direitos sociais.

As exigências e necessidades da vida material se explicitam em momentos de crise. A reflexão sobre a saúde pública como direito social em tempos de pandemia, como a que enfrentamos em 2020, é de grande importância para estabelecermos a diferença entre direitos e sua efetivação. Ou seja, entre a urgência da manutenção da vida, que nos remete imediatamente à existência ou não das condições práticas para manutenção da produção e reprodução da vida material.[26]

Se as condições práticas não são garantidas mesmo com previsão constitucional da obrigação do Estado de fazê-lo, evidencia-se um problema que a seara jurídica não dá conta de resolver.

Não se pode perder de vista que a esfera jurídica funciona segundo a lógica da forma jurídica, ou seja, vinculada aos conceitos de sujeito de direito, direito subjetivo e obrigação jurídica, que fazem aderir indissoluvelmente a cada direito algumas características marcantes, que são a individualidade e a patrimonialidade.[27] Por um lado,

(26) ORIONE, Marcus. Forma jurídica e luta de classes como critérios informadores da crítica marxista de modelos constitucionais: um estudo a partir das Constituições do México de 1917, de Weimar de 1919 e da República Socialista Federativa Soviética da Rússia de 1918. In: BATISTA, Flávio Roberto; MACHADO, Gustavo Seferian Scheffer. *Revolução russa, Estado e Direito*. São Paulo: Dobradura Editorial, 2017. p. 171.

(27) BATISTA, Flávio Roberto. *Crítica da tecnologia dos direitos sociais*. 2012. Tese de Doutorado. Faculdade de Direito da Universidade de São Paulo. São Paulo. p.158

através da lógica jurídica temos a atomização dos direitos, por outro lado, a urgência do funcionamento de um sistema de saúde pública, ainda mais no contexto de pandemia, exige a compreensão de que a saúde de cada um só é possível com a garantia da saúde de todos. Afinal, a disseminação de um vírus em escala mundial deveria recolocar no centro de qualquer debate a noção de coletividade.

Diante disso, no contexto da saúde pública, a forma jurídica(28) que está baseada na individualidade, não atende às soluções que a realidade material reclama. Para a situação fática, pouco adianta à coletividade, que cada indivíduo precise requer judicialmente seu direito à saúde.

Para melhor visualizamos o problema a partir da realidade, tomemos o caso da falta de leitos públicos no Brasil, que ficou explícita durante a crise do Covid-19. Muito se falou que a grande dificuldade dessa pandemia, em termos de serviços de saúde, seria o colapso do sistema e incapacidade de internação e tratamento adequados. Daí que vale mencionar a contribuição de Cátia Guimarães sobre a disponibilidade de leitos no país:

> O sistema é único, mas, na vida real, tem gente que usa o serviço público e tem quem pague por um serviço privado. O sistema é público, mas um volume considerável de renúncia fiscal do Estado ajuda a manter a clientela dos planos de saúde, que se resume a menos de 25% da população. O sistema é universal, mas no momento em que a pandemia gerou uma corrida às Unidades de Terapia Intensiva (UTI), cresce o número de pessoas que morrem em casa, sem atendimento, mesmo quando hospitais particulares da região ainda têm leitos desocupados. É verdade que essas contradições são muito mais antigas do que a Covid-19. Elas nasceram exatamente no momento em que a Constituição Federal estabeleceu, por um lado, que saúde é direito de todos e dever do Estado e, por outro, que as instituições privadas poderiam participar "de forma complementar" do Sistema Único de Saúde, o SUS, que acabava de ser criado.(29)

Em seu texto a autora ainda traz informações sobre os números de leitos no país e a comparação entre a situação do setor público e do privado. Afirma que em números absolutos, a diferença entre o número de leitos públicos e privados não é tão

---

(28) Ver PACHUKANIS, Evgeni. *A teoria geral do direito e o marxismo e ensaios escolhidos (1921-1929)*. São Paulo: Sundermann, 2017.

(29) GUIMARÃES, Cátia. *Especialistas analisam a disponibilidade de leitos no país e discutem possibilidades*. Rio de Janeiro: EPSJ/Fiocruz. Saúde do Cidadão, 2020. Disponível em: <https://portal.fiocruz.br/noticia/especialistas-analisam-disponibilidade-de-leitos-no-pais-e-discutem-possibilidades>. Acesso em: 09 maio2020.

grande, de acordo com o levantamento efetuado pela Associação de Medicina Intensiva Brasileira, em março de 2020, o país tinha 45,8 mil leitos de UTI, sendo 22,8 mil no SUS e 23 mil na rede particular. No entanto, considerando a distribuição desses leitos pelo território nacional e a relação entre os leitos disponíveis e a população que poderia usufruir do serviço, identificou-se que o indivíduo com plano de saúde teria um terço a mais de chances de ter acesso a uma UTI, enquanto 77% da população dependeria exclusivamente do SUS.(30)

Foi nesse cenário que em março deu-se a campanha pela fila única dos hospitais públicos e privados, chamada Leito para Todos, envolvendo mais de 40 entidades, entre elas a Abrasco, Cebes e a Frente Nacional Contra a Privatização da Saúde.

Essa campanha toca a questão dos direitos sociais e, mais especificamente, do direito à saúde, pois torna evidente o papel que os direitos sociais estão cumprindo no Brasil em plena pandemia. Existem as previsões constitucionais e infraconstitucionais para a garantia do direito à saúde para todos e do dever do Estado garanti-lo, mas ao mínimo sinal de confrontar, por exemplo, os interesses da iniciativa privada no setor de saúde vemos que o direito de propriedade e da livre iniciativa são acionados.

Foi que o aconteceu recentemente quando a Confederação Nacional de Saúde — Hospitais, Estabelecimentos e Serviços — CNS questionou o Supremo Tribunal Federal na Ação Direta de Inconstitucionalidade n. 6.362, sobre a constitucionalidade de dispositivo da Lei n. 13.979/2020, que permite aos gestores locais de saúde adotarem a requisição administrativa de bens e serviços no combate ao coronavírus.

Esse caso da ADI 6362 em que se pretende a prevalência da livre iniciativa das entidades privadas de saúde, em plena pandemia, é importante para verificarmos como o direito à saúde está sendo confrontado nos tribunais. E para além dos tribunais, mesmo não cabendo neste artigo, seria interessante verificar e fazer uma reflexão sobre como os usuários do SUS e dos planos de saúde enxergam a questão do acesso aos leitos vagos da rede privada, mesmo aos que não pagam plano de saúde.

Por fim, entendemos que o que estaria na base do problema que enfrentamos em relação à saúde pública como direito social e a dificuldade de sua efetivação está diretamente relacionado, obviamente à atuação de um Estado mínimo, que não garante as previsões Constitucionais, e ainda com a atomização dos sujeitos e a perda da noção de coletividade que a lógica essencial do direito causa, já que está baseada nos sujeitos de direito individualizados, própria da forma jurídica.

---

(30) GUIMARÃES, Cátia. *Especialistas analisam a disponibilidade de leitos no país e discutem possibilidades.* Rio de Janeiro: EPSJ/Fiocruz. Saúde do Cidadão, 2020. Disponível em: <https://portal.fiocruz.br/noticia/especialistas-analisam-disponibilidade-de-leitos-no-pais-e-discutem-possibilidades>. Acesso em: 09 maio2020.

Conclusão

O direito à saúde, previsto na Constituição Federal de 1988 é resultado não só das lutas pela redemocratização, mas, também, das duras disputas travadas pelo movimento sanitário que não encerram a busca permanente pela garantia da saúde pública. São mais de trinta anos de tentativas de implantação e construção de um sistema único de saúde universal que mesmo com sua previsão constitucional não se realizou na sua completude e grandiosidade.

Ao nos questionarmos sobre o que não deu certo na política pública promissora do SUS, reconhecemos que, apesar das diversas melhorias existentes, o projeto de sistema único universal não pode se concretizar. Dentre as razões para essa irrealização, indicamos: a forte inserção do setor privado disputando recursos com o setor público, a constante redução dos recursos destinados ao sistema público de saúde e, em uma perspectiva global, a ampliação da lógica neoliberal restringindo o papel do estado e estimulando mecanismos de mercado excludentes. Assim, um dos grandes desafios para a garantia do direito à saúde gratuita para todos é impedir ainda mais o avanço dessas forças neoliberais em todos os níveis, desde a atenção básica à saúde até os serviços de média e alta complexidade, através do financiamento público suficiente e da formulação de programas que tenham como objetivo expandir e universalizar de fato os serviços públicos de saúde. Dito em outros termos, é necessário o reconhecimento imediato de que a vida material exige mais que a institucionalização dos direitos sociais.

Por fim, no âmbito da discussão delineada, encontramos a manifestação da forma jurídica que, ao pressupor um indivíduo atomizado, descolado da noção de coletividade, ensejou o enfrentamento da questão da saúde não como um direito social coletivo, mas sim, enquanto garantia de direitos que atingiriam seja aqueles que gozam do sistema privado de saúde, seja daqueles que, pela via judicial, atingem exclusivamente soluções e garantias individuas, estando bloqueadas, pela forma jurídica, as possibilidades de se universalizar a saúde no país.

Bibliografia

AITH, Fernado. Direito à saúde e democracia sanitária: experiências brasileiras. *Revista de Direito Sanitário*, v. 15, n. 3, p. 85-90, 14 abr. 2015.

AROUCA, A.S. [Apresentação da 4. capa]. In: TEIXEIRA, S. F. (Org.). *Reforma sanitária em busca de uma teoria*. São Paulo: Cortez; Rio de Janeiro: Abrasco. 1989b. 239p

BATICH, Mariana. Previdência do trabalhador: uma trajetória inesperada. *São Paulo Perspec.*, São Paulo, v. 18, n. 3, p. 33-40, set. 2004.

BATISTA, Flávio Roberto. Crítica da tecnologia dos direitos sociais. 2012. Tese de Doutorado. Faculdade de Direito da Universidade de São Paulo, São Paulo.

BATISTA, Flávio Roberto. Os limites do bem-estar no Brasil. In: KASHIURA JR., Celso Naoto; AKAMINE Jr., Oswaldo; MELO, Tarso (Orgss). *Para a crítica do direito:* reflexões sobre teorias e práticas jurídicas. São Paulo: Outras Expressões, 2016.

BRASIL. Constituição (1988). *Constituição da República Federativa do Brasil.* Brasília, DF: Senado Federal: Centro Gráfico, 1988.

ESCOREL, S. As bases universitárias. In: *Reviravolta na saúde:* origem e articulação do movimento sanitário [*online*]. Rio de Janeiro: Editora FIOCRUZ, 1999. p. 18-30. ISBN 978-85-7541-361-6. Disponível em: <http://books.scielo.org/id/qxhc3/pdf/escorel-9788575413616-03.pdf>.

FINKELMAN, J., (Org.). *Caminhos da saúde pública no Brasil.* Rio de Janeiro: Editora FIOCRUZ, 2002.

FRANCO, Anielle; PEREZ, Bernadete; PINTO, Fabiana; MATTOS, Leonardo; DECOTHÉ, Marcelle. *Por que a fila única é a saída para salvar vidas.* Disponível em: <https://www.abrasco.org.br/site/noticias/por-que-a-fila-unica-e-a-saida-para-salvar-vidas-artigo-de-anielle-franco-bernadete-perez-fabiana-pinto-leonardo-mattos-e-marcelle-decothe/49128>. Acesso em: 10 jun. 2020.

GUIMARÃES, Cátia. *Especialistas analisam a disponibilidade de leitos no país e discutem possibilidades.* Rio de Janeiro: EPSJ/Fiocruz, Saúde do Cidadão, 2020. Disponível em: <https://portal.fiocruz.br/noticia/especialistas-analisam-disponibilidade-de-leitos-no-pais-e-discutem-possibilidades>. Acesso em: 09 maio 2020.

HOCHMAN, Gilberto. Reformas, instituições e políticas de saúde no Brasil (190-1945). *Educar em Revista,* [S.I.], v. 21, n. 25, p. 127-141, out. 2005. ISSN 1984-0411. Disponível em: <https://revistas.ufpr.br/educar/article/view/2242>. Acesso em: 15 jun. 2020.

ORIONE, Marcus. Forma jurídica e luta de classes como critérios informadores da crítica marxista de modelos constitucionais: um estudo a partir das Constituições do México de 1917, de Weimar de 1919 e da República Socialista Federativa Soviética da Rússia de 1918. In: BATISTA, Flávio Roberto; MACHADO, Gustavo Seferian Scheffer. *Revolução russa, Estado e Direito.* São Paulo: Dobradura Editorial, 2017.

PACHUKANIS, Evgeni. *A teoria geral do direito e o marxismo e ensaios escolhidos (1921-1929).* São Paulo: Sundermann, 2017.

PAIM, J. S. *Reforma Sanitária brasileira:* contribuição para compreensão crítica. 2007. 300f. Tese (Doutorado em Saúde Coletiva) – Instituto de Saúde Coletiva, Universidade Federal da Bahia, Salvador, 2007.

REIS, Ademar Arthur Chioro dos. *et al.* Tudo a temer: financiamento, relação público e privado e o futuro do SUS. *Saúde debate,* dez. 2016, vol. 40, n. spe, p. 122-135.

SANTOS, Marta Alves. Lutas sociais pela saúde pública no Brasil frente aos desafios contemporâneos. *Rev. Katálysis,* dez. 2013, vol. 16, n. 2, p. 233-240.

SOUTO MAIOR, Jorge Luiz; CORREIA, Marcus Orione Gonçalves. O que é Direito Social?. In: CORREIA, Marcus Orione Gonçalves (Orgs.). *Curso de direito do Trabalho.* São Paulo, LTr, 2007, vol. 1, p. 24-25.

SOUZA, Naiara Prato Cardoso de. *A 3ª Conferência Nacional de Saúde (1963):* antecedentes para um Sistema Nacional de Saúde Público e Descentralizado. Rio de Janeiro: s.n., 2014.

A Relação Sindical e a Luta Antimanicomial: Breve Estudo do Surgimento da Luta Antimanicomial, suas Inspirações e suas Consequências na Reforma Psiquiátrica no Brasil

Ana Carolina Jardim do Prado
Leonardo Herrero Domingos
Susana Oliveira Santos

Resumo: Este artigo visa abordar de forma clara e objetiva a importância histórica da Luta Antimanicomial na construção da Reforma Psiquiátrica brasileira, materializando-se no ordenamento jurídico nacional por meio da Lei n. 10.216/2001. O papel de outros movimentos sociais, com os sindicais, é aqui considerado como peça fundamental para o entendimento desta ação coletiva, na medida em que possibilita a visão dessa ação social por meio de suas várias configurações, atestando o seu grau de complexidade. O movimento antimanicomial brasileiro, inspirado nas ações de Franco Basaglia, era constituído por um conjunto de atores, de diferentes origens e cujas lutas eram travadas em diferentes dimensões sócio-político-institucionais. Trata-se de um novo olhar no tratamento dos portadores de transtorno mental, para que estes não continuassem em uma condição de marginalização e exclusão social. A pesquisa trará um enfoque temático pautado não apenas no ponto de vista da saúde mental, mas também na ótica social, histórica, acadêmica e política.

Abstract: This article aims to clearly and objectively address the historical importance of the Anti-Asylum Fight in the construction of the Brazilian Psychiatric Reform, materializing itself in the national legal system through Law n. 10.216/2001. The role of other social movements, like the union ones, is considered here as a fundamental part. for the understanding of this collective action, insofar as it allows the vision of this social action through its various configurations, attesting to its degree of complexity.

The Brazilian anti-asylum movement, inspired by Franco Basaglia's actions, was made up of a set of actors, of different origins and whose struggles were fought in different sociopolitical and institutional dimensions. It is a new look at the treatment of people with mental disorders, so that they do not continue in a condition of marginalization and social exclusion. The research will bring a thematic focus based not only from the point of view of mental health, but also from a social, historical, academic and political perspectives.

Introdução

Como podem os homens simplesmente ignorar e continuar excluindo uma multidão e suas demandas? Como podemos atingir o nível de uma sociedade igualitária se alimentamos, diariamente, um sistema econômico desigual? Como pensar no outro se já embutimos nele o nosso próprio juízo de valor? Esses questionamentos são levantados por Freud(1) e, por mais que já estejam elucidados pelo autor, ainda parecem não terem sido entendidos pela sociedade como um todo.

Assim como na Idade média, a sociedade capitalista escolhe qual segmento da população fará o papel do "leproso" atual, ficando excluído do convívio social devido a sua condição. Esse vácuo de exclusão social foi sendo preenchido por alguns tipos sociais no decorrer da História. Do leproso, passou-se a excluir aquele que possuía doenças venéreas e, atualmente, excluem-se os loucos e pobres. Deste modo, os manicômios eram tidos como locais nos quais as pessoas com transtorno mentais eram obrigadas a permanecer contra a própria vontade, dada a sua condição de desajuste perante o modelo de cidadão ideal. O cidadão que produz.

Foi nesse contexto que surgiram os primeiros movimentos contrários a essa lógica excludente. A Luta Antimanicomial surgiu como resposta contrária ao isolamento social do louco e ao paradigma existente na sociedade no que tange à loucura. No mais, o movimento antimanicomial combatia a ideia de que o enfermo mental devesse estar sujeito a uma condição de cidadão de segundo grau. O sucesso do movimento só foi possível dada a combinação de esforços de diversos setores da sociedade civil, que tornaram possível a materialização em lei a discussão sobre o fechamento dos manicômios que, até então, era restrita ao campo acadêmico.

A exclusão social do louco

No meio das inúmeras práticas e meios de exclusão social, destaca-se a realidade do "louco" e de sua condição. Considerado como patologia pela classe médica e como

(1) FREUD, Sigmund. *O mal estar da civilização*. São Paulo: Penguin Classis/Cia. das Letras, 2011. p. 7-9.

desajuste social para o Direito, o distúrbio mental era tido como causa de marginalização do paciente no processo de reconhecimento de sua cidadania[2].

Historicamente, o tratamento para com o louco em condição de vulnerabilidade econômica era pautado pela exclusão deste do convívio social. O enclausuramento de pessoas com transtornos mentais era, inclusive, validado por opiniões médicas de cada época, colaborando para uma higienização da sociedade. Junto a isso, segundo Foucault, a exclusão social dessas pessoas era exercida propositalmente pelo poder público, que exercia uma "jurisdição sem apelações", sendo os manicômios "um estranho poder estabelecido entre a polícia e a justiça, nos limites da lei" que existia, unicamente, para excluir essa frágil parcela da população do convívio social[3].

Ou seja, o internamento do louco não se pautava na relação loucura, doença e promoção da saúde pública, mas sim em uma visão social e cultural predominante na época. Logo, aquele que não seguia a moral e o padrão de condutas aceitáveis era deixado à margem da sociedade, seja por não respeitar as exigências estabelecidas ou mesmo por deter uma condição socioeconômica menos favorecida.

Outrossim, é sabido que esse modelo de tratamento da loucura pautado no mero encarceramento dos loucos em manicômios servia como mecanismo de controle social no que tangia aos indivíduos que perdessem a capacidade produtiva[4]. Logo, é possível identificar o vínculo dessa violência institucionalizada com a lógica capitalista, responsável por regular as formas de acumulação de capital.

Neste espectro, a Reforma Psiquiátrica e a Luta Antimanicomial são de suma importância, visto que representam movimentos sociais atuantes na materialização dos direitos dos portadores de transtorno mental, através da construção de uma mudança do imaginário social no que se refere à loucura e ao tratamento de seu portador.

A luta antimanicomial no contexto dos movimentos sociais

A luta antimanicomial é considerada como um sujeito social coletivo, não podendo ser pensado fora de seu contexto histórico e conjuntural, dada a construção de um processo de socialização da identidade feita pela própria mobilização que a propulsionou[5]. Portanto, visando atingir os propósitos desta pesquisa, é impossível que não associemos esse movimento ao contexto de expansão e desenvolvimento dos movimentos sociais.

---

(2) GIANESINI, Huilla Mariana Salviano. *A Saúde Mental no Âmbito Jurídico:* a árdua Luta Antimanicomial no Brasil. Varginha: FADIVA, 2011. p. 2.

(3) FOUCAULT, M. *História da loucura na idade clássica*. São Paulo: Perspectiva, 1978. p. 50.

(4) BASAGLIA, Franco. *Psiquiatria Alternativa:* contra o pessimismo da razão, o otimismo da prática. São Paulo: Ed. Brasil Debates, 1982. p. 14.

(5) GOHN, M. G. Abordagens teóricas nos estudos movimentos sociais na América Latina. *Caderno CRH*, Salvador, v. 21, n. 54, p. 439-455, set./dez. 2008, p. 444.

De acordo com Gramsci, não há política, democracia ou mudanças sociais sem a presença do chamado "espírito popular criativo"[(6)]. O pensador sardo demonstrou, em seu Caderno 25, que a iniciativa de grupos sociais subalternos — ou seja, a classe proletária — foi essencial para a garantia de seus próprios direitos, visto que o sucesso desses movimentos sociais se deu à própria reorganização desses grupos, por meio da criação de partidos políticos, organizações sociais e sindicatos[(7)]. Por essa razão, Gramsci pode ser considerado como o autor que deu maior contribuição para as dinâmicas e análises das lutas e dos movimentos de cunho popular[(8)].

No ponto, segundo Luchmann e Rodrigues, os movimentos sociais são compostos por ações coletivas de caráter heterogêneo e fragmentário[(9)]. Assim sendo, trata-se de ações realizadas por um mosaico constituído por grupos e indivíduos que, embora em estado de latência, não aceitam a realidade social existente na qual estão inseridos e, em decorrência disso, propõem reflexões e lutas na forma de mobilizações coletivas como protestos, manifestações, encontros ou eventos[(10)].

Outrossim, de acordo com Scherer-Warren, tais movimentos possuem importância inegável no contexto social brasileiro, dado que contribuíram para uma política de promoção de cidadania e equidade, visto que foram (e ainda são) responsáveis por apontar não só as áreas em que não há respeito pelo outro como igual perante aos demais, mas também os problemas decorrentes do não reconhecimento desses indivíduos como sujeitos de direito[(11)].

O movimento sindical no âmbito mundial e nacional

Parcela significativa da doutrina juslaboral considera como marco inicial do sindicalismo o declínio das chamadas Corporações de Ofício medievais[(12)]. De fato, o movimento sindical se desenvolveu em um contexto de ascensão do liberalismo, da industrialização e da consolidação do capitalismo na Europa no século XVIII, o que abriu caminho para o surgimento de novas tecnologias de produção decorrentes

(6) GRAMSCI, Antonio. *Lettere dal carcere*. v. 2. Palermo: Sellerio, 1996. p. 57, 19 mar. 1927.

(7) SEMERARO, Giovanni. Gramsci e os movimentos populares: uma leitura a partir do caderno 25. *Educ. Soc.*, Campinas , v. 35, n. 126, p. 61-76, mar. 2014, p. 71.

(8) GOHN, M.G. *Teorias dos movimentos sociais:* paradigmas clássicos e contemporâneos. São Paulo: Loyola, 1997. p. 188.

(9) LUCHMANN, Lígia Helena Hahn; RODRIGUES, Jefferson. O movimento antimanicomial no Brasil. *Ciênc. saúde coletiva*, Rio de Janeiro , v. 12, n. 2, p. 399-407, abr. 2007, p. 400.

(10) *Ibidem*, p. 401.

(11) SCHERER-WARREN, Ilse. Fóruns e redes da sociedade civil: percepções sobre exclusão. *Política & Sociedade*, v. 6, n. 11, p. 19-40, 2007, p. 19.

(12) ESTEVES, Fábio Porto. *O sindicalismo e os novos movimentos sociais*: a articulação dos movimentos de natureza propriamente sindical e os demais movimentos libertários de natureza emancipatória. 2018. Dissertação de Mestrado. Universidade Federal de Pernambuco. p. 42.

da Revolução Industrial encabeçada, principalmente, por França e Inglaterra. Nesse cenário, a existência dessas associações trabalhistas — que naturalmente se colocavam acima do individualismo e do ideal de intervenção mínima estatal pregada pela corrente liberal — era contrária aos princípios basilares do *laissez-faire*.

Os surgimentos das máquinas a vapor e dos parques industriais causaram grandes impactos nas relações sociais, principalmente no que se refere ao trabalho. Segundo Antunes, o intenso desenvolvimento das máquinas ocasionou a desnecessidade de mão de obra abundante para as fábricas, gerando desemprego em massa e, consequentemente, maior exploração do trabalhador, tendo em vista a grande disponibilidade de mão de obra(13).

Assim sendo, com o aumento dos conflitos entre trabalhadores e patrões, houve a necessidade de defender a classe mais vulnerável. No ponto, o sindicalismo funcionou como meio para que a classe operária tivesse alguma voz perante ao avanço do capitalismo e a precarização do trabalho. Nesse contexto de expansão de ideias liberais e proibição da existência de associações trabalhistas, surgiram na Inglaterra as chamadas *Trade Unions*, as primeiras organizações sindicais de que se há notícia no mundo(14).

No Brasil, podemos afirmar que o sindicalismo teve uma origem multifocal e esparsa, com sua organização atrelada, historicamente, à figura do Estado. De acordo com Nascimento, o movimento sindical brasileiro pode ser dividido em três fases: fase de repressão (ou anarcossindicalismo), fase de tolerância (ou corporativismo sindical) e fase de liberdade sindical (ou sindicalismo autônomo)(15). Importante salientar que, na visão de Brito Filho, as três fases do sindicalismo não ocorreram da mesma forma e época em todos os países ocidentais(16).

Durante sua primeira fase, o sindicalismo brasileiro teve origem nas confrarias, operantes até a época Imperial. Posteriormente, esteve ligado a ideias contrárias à lógica estatal, com inspirações anarquistas dada a maciça chegada de imigrantes italianos e espanhóis no Brasil, os quais contribuíram para a formação do ideário sindical nacional(17). Nesta fase embrionária, desenvolveram-se as organizações operárias que

(13) ANTUNES. Ricardo C. *O que é sindicalismo.* São Paulo: Brasiliense. 1981. p. 10.

(14) RUSSOMANO, Mozart. Victor. *Curso de Direito do Trabalho.* Rio de Janeiro: José Konfino, 1972. p. 503.

(15) NASCIMENTO, Amauri Mascaro. *Curso de Direito do Trabalho.* 27. ed. São Paulo: Saraiva, 2012. p. 1.245.

(16) BRITO FILHO, José Cláudio de. *Direito Sindical.* 3. ed. São Paulo: LTr, 2009. p. 51.

(17) COSTA, Ariston Flávio Freitas da. *Os anarquistas e os imigrantes, no contexto do sindicalismo brasileiro:* o resgate do anarcossindicalismo e as tendências contemporâneas. Dissertação (Mestrado em Direito). Faculdade de Direito do Recife da Universidade Federal de Pernambuco. Recife, 2016. p. 50.

exigiam condições mínimas de trabalho, contrariando a vontade burguesa da República Velha[18].

Em sua segunda fase, o movimento sindical brasileiro teve caráter totalmente contrário à anterior, não sendo apenas tolerado, mas também diretamente influenciado e regulado pelo Estado, principalmente após a criação, durante o governo de Getúlio Vagas, do Ministério do Trabalho e da consequente promulgação da Lei dos Sindicatos[19]. Em outras palavras, a intervenção estatal nas organizações sindicais era coberta pelo manto da legalidade. Nesta fase, os direitos e garantias obtidas pelos trabalhadores não foram fruto de pressão exercida pelo proletariado, mas sim interesse do Estado em seduzi-lo, como forma de controle social.

No que tange à sua terceira fase, esta esteve marcada pela abertura política, a qual constitucionalizou a impossibilidade do Estado interferir na organização dos sindicatos, possibilitando maior autonomia a essas organizações. No entando, tal independência não trouxe o pleno atendimento aos interesses dos trabalhadores. Em alguns casos, o aparelhamento deixou de ser estatal para ser, agora, exercido por detentores de capital.

Desse modo, como todo movimento social, o sindicalismo também se mostrou como um meio de luta, que visou a garantia de direitos e respeito para a classe trabalhadora. E nisso se inclui a classe médica, a qual buscou combater a mercantilização da saúde por meio do REME (Movimento de Renovação Médica), bem como criou estudos para melhor atender os problemas de saúde pública através de centros de estudos como o CEBES (Centro Brasileiro de Estudos da Saúde), o qual buscou a criação dos núcleos de saúde do trabalhador, da mulher e de saúde mental para, consequentemente, dar a todos os cidadãos um tratamento digno[20].

A Luta Antimanicomial no contexto da Reforma Psiquiátrica

A Reforma psiquiátrica deve ser vista como um processo político-social de alta complexidade, visto que envolve diversos atores, grupos, instituições e forças de diversas origens e que produziu efeitos não só em todas as esferas político-administrativas (União, estados e municípios), mas também em diversos segmentos da sociedade como universidades, associações, mercado de serviços de saúde, além de impactar em outros movimentos sociais[21]. Trata-se da busca de um novo tipo de assistência ao

(18) NASCIMENTO, Amauri Mascaro. "A liberdade sindical na perspectiva do direito legislado brasileiro". In: FREDIANI, Yone; ZAINAGHI, Domingos Sávio (Coords.). *Relações de Direito Coletivo Brasil-Itália*. São Paulo: LTr, 2004. p. 25.

(19) ESTEVES, *Op. cit.*, p. 57.

(20) LUCHMANN, Lígia Helena Hahn; RODRIGUES, Jefferson. *Op. cit.*, p. 402

(21) BRASIL, Ministério da Saúde. Reforma Psiquiátrica e Política de Saúde Mental no Brasil. *Conferência Regional de Reforma dos Serviços de Saúde Mental:* 15 anos Depois de Caracas. Brasília, 07 a 10 de novembro de 2005.

portador de transtorno mental (PTM)[(22)] tendo por base novos pressupostos técnicos e éticos, a absorção desses valores em nossa cultura e a convalidação jurídico-legal desta nova mentalidade.

Quanto à sua origem, o movimento da Reforma Psiquiátrica surge na Itália, tendo como seu precursor o médico psiquiatra Franco Basaglia, que também era seguidor das ideias de Foucault no que tangia à loucura. A chamada Psiquiatria Democrática Italiana (PDI) tinha o embate político como objetivo, focando no combate aos manicômios e exigindo uma revisão jurídica das disposições referentes aos enfermos mentais.

A importância de Basaglia no movimento reformista se deu por suas ações em Trieste, província italiana na qual promoveu a substituição do tratamento manicomial/hospitalar por uma rede territorial de atendimento. O sucesso de suas medidas foi reconhecido pela Organização Mundial da Saúde (OMS), por meio do credenciamento do Serviço Psiquiátrico de Trieste como referência mundial para reformulação da assistência aos portadores de transtornos mentais. Além disso, como reconhecimento pelos esforços de Basaglia, a Lei n. 180, de 13 de maio de 1978, ou "Lei da Reforma Psiquiátria Italiana" — responsável por fechar definitivamente os hospitais psiquiátricos italianos — passou a ser conhecida popularmente por "Lei Basaglia"[(23)].

Os feitos do italiano no tocante à saúde pública atravessaram o Atlântico e serviram de combustível para que ocorressem radicais transformações no saber, nas instituições psiquiátricas e no tratamento psiquiátrico brasileiro. É nesse cenário inflamado que tem início a Luta Antimanicomial no Brasil, movimento social que possibilitou a Reforma Psiquiátrica brasileira, sendo abraçado não só pelos sindicatos da classe médica, como também por diversos segmentos e instituições da sociedade civil, movimento, este, pautado na defesa dos direitos humanos e do exercício da cidadania plena pelos portadores de transtorno mental.

O nascimento das ideias que posteriormente culminariam na Luta Antimanicomial brasileira se deu na década de 1970, em um contexto de Regime Militar, abertura política e Reforma Sanitária. Por meio do espaço de debates criado pelo Centro Brasileiro de Estudos de Saúde (CEBES) e movimento de Renovação Médica (REME), surge o Movimento dos Trabalhadores de Saúde Mental (MTSM). Após a sua criação, o MTSM assume o papel de denunciador das irregularidades praticadas pelo Regime no

---

(22) "a expressão 'portador de transtorno mental' traz em si um caráter mutante. Ou seja, secundariza o transtorno mental e resgata o sujeito envolvido na condição de enfermo, como um ser dinâmico. Por sua vez o termo transtorno mental traz um caráter psicossociológico, dinâmico, mutável, diferente do termo doença mental, muito embora não seja menos controvertido do que este último" (ROSA, Lúcia Cristina dos Santos. *Transtorno Mental e o Cuidado na Família*. São Paulo: Cortez, 2003. p. 37).

(23) SERAPIONI, Mauro. Franco Basaglia: biografia de um revolucionário. *Hist. cienc. saude – Manguinhos*, Rio de Janeiro , v. 26, n. 4, p. 1.169-1.187, dez. 2019, p. 1.170.

setor psiquiátrico. Com o decorrer dos encontros, as discussões do MTSM agregaram diversos atores políticos e sociais, estabelecendo conexões com outros movimentos sociais e sindicais, fazendo com que suas pautas se estendessem para além das questões trabalhistas do setor. A partir de 1980, o movimento passou a se articular para mudar a realidade dos manicômios — exigindo, além das reivindicações para a classe médica, a interrupção de tratamentos agressivos como os eletrochoques contra os portadores de transtorno mental — e da visão da "loucura" no Brasil. Neste momento, segundo Amarante, a Reforma Psiquiátrica brasileira deixou de se limitar ao campo assistencial para alcançar, simultaneamente, os campos técnico-assistencial, político-jurídico, teórico-conceitual e sociocultural(24).

O crescimento exponencial do MTSM devido à aglutinação dos usuários do sistema de saúde, seus familiares e dos novos movimentos sociais (desvinculados da matriz operário-sindical) à causa, fez com que o movimento se transformasse e, em 1987, passasse a adotar o nome de Movimento Nacional de Luta Antimanicomial (MNLA).

Do mesmo modo que a Reforma Sanitária brasileira resultou na constitucionalização da garantia de saúde para todos os cidadãos, a Luta Antimanicomial materializou-se na Lei n. 10.216/01, a Lei Paulo Delgado, dando ensejo à Reforma Psiquiátrica brasileira. Através dessa lei, os portadores de transtorno mental passaram a ter seus direitos protegidos por meio de um novo modelo de assistência. Desde então, o Estado passou a se responsabilizar pelo tratamento da saúde mental no Brasil, por meio de medidas como o fechamento dos manicômios, criação de uma rede de serviços comunitários para atender esses enfermos e a garantia da participação social na implantação dessas medidas.

Considerações finais

Conforme exposto, a Luta Antimanicomial foi um movimento social inspirado nos ideais da Reforma Psiquiátrica de Basaglia, e se destacou por buscar a transformação das concepções e práticas da sociedade brasileira no que se referia à loucura. Foi graças a esse movimento que o portador de transtorno mental pôde ser reinserido na sociedade com seus direitos garantidos.

Nesse sentido, o movimento da Luta Antimanicomial é tido como sujeito político de importância ímpar, dado o seu caráter questionador e reivindicador de melhorias para os trabalhadores da área da saúde, bem como a sua capacidade de atrair não só os sindicatos da classe médica e hospitalar, mas também a Academia, outros movimentos sociais — que buscavam uma mudança no modo como o país lidava com as questões psiquiátricas — e que, posteriormente, culminou no fechamento dos manicômios.

---

(24) AMARANTE, P. (Coord.). *Loucos pela vida:* A trajetória da Reforma Psiquiátrica no Brasil. Rio de Janeiro: Fiocruz, 1995. p. 75-76.

A mudança no ideário da loucura passou pelo princípio de reconhecê-la como mecanismo de exclusão social, chancelado pelo Estado através de seu ordenamento jurídico, dos indesejados pelo sistema capitalista. Para tanto, a influência do movimento de Luta Antimanicomial contou com inspirações foucaltianas e basaglianas, linhas de pensamento contrárias à exclusão social e marginalização do louco socioeconomicamente frágil.

Segundo Basaglia, o melhor método para "combater" a loucura seria a sua própria liberdade. Liberdade para viver, trabalhar e se relacionar com os demais indivíduos(25). Logo, a luta por uma sociedade mais justa e igualitária deve prezar pela dignidade da pessoa humana e por sua emancipação, inclusive naquilo que é referente à loucura.

Todavia, é necessário que haja uma luta mais ampla e contínua para que os não só os direitos elencados na Carta Maior de 1988 sejam alcançados por todos os cidadãos, mas também para que haja a garantia dos direitos humanos de todos os indivíduos, tendo por base o respeito à singularidade e diversidade de cada um.

Bibliografia

AMARANTE, P. (Coord.). *Loucos pela vida:* A trajetória da Reforma Psiquiátrica no Brasil. Rio de Janeiro: Fiocruz, 1995.

ANTUNES. Ricardo C. *O que é sindicalismo*. São Paulo: Brasiliense, 1981.

BABILONIA, Lara. Reforma do Estado, saúde pública e resistências: algumas reflexões a partir de Gramsci. *Anais do V Simpósio Internacional Lutas Sociais na América Latina*. De, v. 10, 2013. Disponível em: <http://www.uel.br/grupo-pesquisa/gepal/v1_lara_GV.pdf>. Acesso em: 04 jul. 2020.

BASAGLIA, Franco. *Psiquiatria Alternativa:* contra o pessimismo da razão, o otimismo da prática. São Paulo: Ed. Brasil Debates, 1982.

BRASIL. Ministério da Saúde. Reforma Psiquiátrica e Política de Saúde Mental no Brasil. *Conferência Regional de Reforma dos Serviços de Saúde Mental:* 15 anos Depois de Caracas. Brasília, 07 a 10 de novembro de 2005. Disponível em: <http://bvsms.saude.gov.br/bvs/publicacoes/Relatorio15_anos_Caracas.pdf>. Acesso em: 04 jul. 2020.

BRITO FILHO, José Cláudio de. *Direito Sindical*. 3. ed. São Paulo: LTr, 2009.

COSTA, Ariston Flávio Freitas da. *Os anarquistas e os imigrantes, no contexto do sindicalismo brasileiro:* o resgate do anarcossindicalismo e as tendências contemporâneas. Dissertação (Mestrado em Direito). Faculdade de Direito do Recife da Universidade Federal de Pernambuco. Recife, 2016. Disponível em: <https://repositorio.ufpe.br/bitstream/123456789/21870/1/Disserta%c3%a7%c3%a3o%20Ariston%20Fl%c3%a1vio.pdf>. Acesso: 05 jul. 2020.

COSTA, Mellyssa do Nascimento; LIMANA, Régis André Silveira. Mentes em Reforma: O Silenciamento da Lei Federal de n. 10216/01. *Revista de Direitos Humanos e Efetividade*, v. 1, n. 1,

(25) BASAGLIA, Franco. *Op. cit.*, p. 72

p. 60-79, 2015. Disponível em: <https://www.researchgate.net/publication/322630517_Mentes_em_Reforma_O_Silenciamento_da_Lei_Federal_de_n_1021601/fulltext/5a64854faca272a1581cf879/Mentes-em-Reforma-O-Silenciamento-da-Lei-Federal-de-n-10216-01.pdf>. Acesso em: 06 jul. 2020.

FREUD, Sigmund. *O mal estar da civilização*. São Paulo: Penguin Classis/Cia. das Letras, 2011.

GIANESINI, Huilla Mariana Salviano. A Saúde Mental no Âmbito Jurídico: a árdua Luta Antimanicomial no Brasil. *FADIVA*. Varginha, 2011. Disponível em: <https://www.fadiva.edu.br/documentos/jusfadiva/2011/04.pdf>. Acesso em: 08 jul. 2020.

GOFFMAN, Erving. *Estigma*. Manicômios, prisões e convênios. São Paulo: Perspectiva, 2007. Disponivel em: <https://app.uff.br/slab/uploads/Manicomios-prisoes-e-conventos.pdf>. Acesso em: 08 jul. 2020.

GOHN, Maria da Glória Marcondes. *Novas teorias dos movimentos sociais*. 3. ed. São Paulo: Loyola, 2010. Disponível em: <http://www.scielo.org.co/scielo.php?script=sci_arttext&pid=S0122-72382010000200015>. Acesso em: 08 jul. 2020.

______. Abordagens teóricas nos estudos movimentos sociais na América Latina. *Caderno CRH*, Salvador, v. 21, n. 54, p. 439-455, set./dez. 2008. Disponível em: <https://www.scielo.br/scielo.php?pid=S010349792008000300003&script=sci_abstract&tlng=pt>. Acesso em: 08 jul. 2020.

______. *Teorias dos movimentos sociais:* paradigmas clássicos e contemporâneos. São Paulo: Loyola, 1997. Disponível em: <http://flacso.org.br/files/2016/10/120184012-Maria-da-Gloria-Gohn-TEORIA-DOS-MOVIMENTOS-SOCIAIS-PARADIGMAS-CLASSICOS-E-CONTEMPORANEOS-1.pdf>. Acesso em: 09 julho. 2020.

GRAMSCI, Antonio. *Quaderni del carcere*, a cura di Valentino Gerratana. Torino: Einaudi, 1975, 4 v. Disponível em: <https://www.redalyc.org/pdf/3055/305526878012.pdf>. Acesso em: 09 jul. 2020.

______. *Lettere dal carcere*. Palermo: Sellerio, 1996. 2 v.

HADDAD, Sérgio (Org.). *ONGs e universidades:* desafios para a cooperação na América Latina. São Paulo: Abong; Peirópolis, 2002. Disponível em: <http://www.bibliotecadigital.abong.org.br/bitstream/handle/11465/182/ABONG_DESADESA%20PARA%20A%20COOPERA%C3%87%C3%83O%20NA%20AM%C3%89RRIC%20LATINA.pdf?sequence=1&isAllowed=y>. Acesso em: 10 jul. 2020.

LUCHMANN, Lígia Helena Hahn; RODRIGUES, Jefferson. O movimento antimanicomial no Brasil. *Ciênc. saúde coletiva*, Rio de Janeiro, v. 12, n. 2, p. 399-407, abr. 2007. Disponível em: <http://www.scielo.br/scielo.php?script=sci_Arttext&pid=S1413812320070002000016&lng=e&nrm=iso>. Acesso em: 11 jun. 2020.

NASCIMENTO, Amauri Mascaro. "A liberdade sindical na perspectiva do direito legislado brasileiro". In: FREDIANI, Yone; ZAINAGHI, Domingos Sávio (Coords.). *Relações de Direito Coletivo Brasil-Itália*. São Paulo: LTr, 2004.

______. *Curso de Direito do Trabalho*. 27. ed. São Paulo: Saraiva, 2012.

RUSSOMANO, Mozart. Victor. *Curso de Direito do Trabalho*. Rio de Janeiro: José Konfino, 1972.

SANTOS, Júlia Carvalho dos; YONEZAWA, Fernando; LEÃO, Adriana. Loucura e Militância: história de vida resistente na luta antimanicomial. *Revista Polis e Psique*, v. 9, n. 1, p. 30-53, 2019.

SANTOS, Fernanda Pimentel *et al. Para além da reforma psiquiátrica:* o adoecimento psíquico das pessoas em situação de rua no Município de Ponta Grossa-Paraná. 2018. Disponível em: <https://tede2.uepg.br/jspui/handle/prefix/2532?mode=simple>. Acesso em: 6 jul. 2020.

SCHERER-WARREN, Ilse. Das mobilizações às redes de movimentos sociais. *Sociedade e Estado*. [*online*]. 2006, vol. 21, n. 1, p. 109-130. Disponível em: <https://www.scielo.br/pdf/se/v21n1/v21n1a07.pdf>. Acesso em: 07 jul. 2020.

______. Fóruns e redes da sociedade civil: percepções sobre exclusão. *Política & Sociedade*, v. 6, n. 11, p. 19-40, 2007.

SEMERARO, Giovanni. Gramsci e os movimentos populares: uma leitura a partir do caderno 25. *Educ. Soc.*, Campinas, v. 35, n. 126, p. 61-76, mar. 2014. Disponível em: <http://www.scielo.br/scielo.php?script=sci_arttext&pid=S010173302014000100004&lng=en&nrm=iso>. Accesso em: 08 jul. 2020.

SERAPIONI, Mauro. Franco Basaglia: biografia de um revolucionário. *Hist. cienc. saude – Manguinhos*, Rio de Janeiro, v. 26, n. 4, p. 1.169-1.187, dez. 2019 . Disponível em: <http://www.scielo.br/scielo.php?script=sci_arttext&pid=S0104-59702019000401169&lng=en&nrm=iso>. Acesso em: 10 jul. 2020. *Epub*, 28 nov. 2019. Disponível em: <https://doi.org/10.1590/s0104-59702019000400008>.

PARTE III

Direito do Trabalho e a Crise Sanitária da Covid-19

Covid-19, a Imposição à Sujeição de Riscos Laborais e Rescisão Indireta

Beatriz Mascarenhas
Caio Spazzapan Meloni

O art. 7º da Constituição Federal, em seu inciso XXII elenca, entre os direitos dos trabalhadores, sejam estes urbanos ou rurais, a atuação para redução dos riscos inerentes ao trabalho por meio das normas de saúde, higiene e segurança.

Tal direito, ao seu turno, não é sequer passível de negociação, eis que representa, não somente uma garantia ao indivíduo dele signatário, mas um reflexo da concepção de Estado introduzida no seio da sociedade. Quanto a indisponibilidade dos direitos que transcendem à figura do indivíduo e a inserção da proteção à saúde e segurança nesse rol, cita-se:

> Absoluta será a indisponibilidade, do ponto de vista do Direito Individual do Trabalho, quando o direito enfocado merecer uma tutela de nível de interesse público, por traduzir um patamar civilizatório mínimo firmado pela sociedade política em um dado momento histórico. É o que ocorre, como já apontado, ilustrativamente, com o direito à assinatura de CTPS, ao salário mínimo, à incidência das normas de proteção à saúde e segurança do trabalhador.(1)

Na Consolidação das Leis do Trabalho, a qual, vale ressaltar, não deve ser atribuída como obra de Getúlio Vargas tão somente, eis que existiam no contexto econômico mundial fatores atuavam no sentido do aumento da consciência dos trabalhadores quanto à sociedade na qual estavam inseridos, o que, inclusive motivou as

(1) DELGADO, Mauricio Godinho. *Curso de direito do trabalho:* obra revista e atualizada conforme a lei da reforma trabalhista e inovações normativas e jurisprudenciais posteriores. 18. ed.— São Paulo: LTr, 2019. p. 253.

práticas revolucionárias que tornavam necessária a instituição de leis de proteção social, principalmente no âmbito do trabalho[2], tem seu capítulo V totalmente dedicado à segurança e medicina do trabalho.

Essa setorização, combinada a previsão constitucional desse direito, reforça, mais uma vez, o compromisso da legislação brasileira com tais normas, o que, no entanto, não resulta numa verdadeira extinção dos riscos de acidentes e acometimento dos trabalhadores por doenças, já que, em que pese a existência de regulamentação, a legislação ao também instituir o pagamento de multas por infrações e situações de risco, acaba por relativizar o impacto que o regramento deveria exercer na prática das relações de trabalho.

Isso porque, não é novidade nas economias capitalistas os impactos gerados pela compensação de quaisquer ações por meio de "multas", que em verdade se incorporam aos valores de mercado e muitas vezes acabam compensando mais ao negócio o seu pagamento do que uma efetiva adequação do ambiente laboral para dirimir situações de exposição ao risco.

No que se refere ao ambiente de trabalho, é possível observar que este faz parte de um dos aspectos mais modificados pelas novas formas de trabalho, regidas pelas alterações advindas com a expansão da globalização e diversificação do capitalismo, sendo um de seus exemplos o teletrabalho. Todavia, vale lembrar que o ambiente de trabalho sempre existirá, podendo ser o local físico da empresa, o domicílio do teletrabalhador ou qualquer outro local no qual seja desempenhada a atividade laboral[3].

O ambiente laboral devidamente adequado deve se focar em preservar da forma mais eficaz possível a saúde e vida do trabalhador. Nas palavras de Yone Frediani em seu artigo "Saúde e Segurança do Trabalho e novos riscos no ambiente do trabalho e poder de controle do empregador"[4], "a prestação de serviços deve ser adaptada ao ser humano e não este às tarefas do cotidiano".

Com efeito, essa adequação passa, não só pela qualidade do espaço físico de trabalho, como também pela observância de meios para preservação da saúde do trabalhador, seja física ou mental, constituindo o ambiente de trabalho também esse todo de "lugar" enquanto situação de trabalho. Isso porque, sendo o trabalho a forma de

---

(2) SOUTO MAIOR, Jorge Luiz. *História do Direito do Trabalho no Brasil*. Curso de Direito do Trabalho, Capítulo I, Parte II. São Paulo: LTr, 2017. p. 174-175.

(3) FREDIANI,Yone. Saúde e Segurança do Trabalho e novos riscos no ambiente do trabalho e poder de controle do empregador. In: LUDOVICO, Giuseppe; ORTEGA, Fernando Fita; NAHAS, Thereza Christina (Orgs.). *Novas tecnologias, plataformas digitais e direito do trabalho:* uma comparação entre Itália, Espanha e Brasil. 1. ed. São Paulo: Thomson Reuters Brasil, 2020. p. 338.

(4) *Idem.*

sustento do trabalhador e de sua família, é fundamental que sua qualidade de vida seja parte da equação do que seria o ambiente de trabalho adequado.

Com efeito, inclusive, há que se ressaltar entre as muitas formas de afetação dessa qualidade de vida seja por meio de ações — ou omissões — prejudiciais à saúde mental do trabalhador, à exemplo da insegurança e da competição, as quais Danièle Linhart. indica como parte do conceito de "precariedade subjetiva"[(5)].

Se para alguns autores, situações de informalidade já fomentavam essa precariedade, reverberando assim uma precarização objetiva na lógica daquela subjetiva[(6)], tais fatores, se somados ao cenário de pandemia global instituído pela Covid-19, tornam-se ainda mais graves, já que a proliferação do vírus afeta diretamente às questões mercadológicas, gerando crises que resultam em um número maior de dispensas dos trabalhadores, incutindo assim, em maior instabilidade nas relações de trabalho.

Fato é que, antes mesmo da pandemia surgir, o número de trabalhadores acometidos por doenças psíquicas ligadas ao trabalho atingia patamares cada vez mais relevantes, sendo, segundo dados obtidos junto ao SmartLab, em 2010 o número de casos notificados de Transtornos Mentais Relacionados ao Trabalho, na cidade de São Paulo (SP), na casa dos 20, o que até 2018 multiplicou dez vezes mais, atingindo o número de 200 casos notificados ao ano. No total, de 2007 a 2018 foram cerca de 645 casos notificados[(7)], sendo aqui necessária a realização de dois recortes de extrema relevância.

O primeiro dado a ser considerado é a subnotificação, muito comum aos casos de transtornos mentais, já que a comprovação de nexo causal entre o transtorno apresentado e o labor é sempre dificultada, seja pela subjetividade da questão, seja pela mentalidade social de invisibilidade imposta às doenças de ordem psíquica[(8)].

O segundo fator é a consideração, pelo estudo indicado, somente dos casos considerados como doenças ou agravos monitorados com ênfase pela Vigilância em Saúde do Trabalhador do Ministério da Saúde, de forma que tais dados por si não

(5) LINHART, D. Modernisation et précarisation de la vie au travail. *Papeles del CEIC*, v. 1, n. 43, p. 1- 19, mar. 2009. Disponível em: <http://www.identidadcolectiva. es/pdf/43.pdf>. Acesso em: 30 out. 2010. In: SELIGMANN-SILVA, Edith; HESPANHOL BERNARDO, Márcia; MAENO, Maria; KATO Mina (Orgs.). O mundo contemporâneo do trabalho e a saúde mental do trabalhador. *Revista Brasileira de Saúde Ocupacional*, vol. 35, n. 122, 2010, p. 187-191. Fundação Jorge Duprat Figueiredo de Segurança e Medicina do Trabalho, São Paulo, Brasil. p. 187.

(6) *Idem*.

(7) Disponível em: <https://smartlabbr.org/sst/localidade/3550308?dimensao=perfilCasosSinan>.

(8) GLINA, Débora Miriam Raab *et al*. Saúde mental e trabalho: uma reflexão sobre o nexo com o trabalho e o diagnóstico, com base na prática. *Cad. Saúde Pública*, Rio de Janeiro, v. 17, n. 3, p. 607-616, jun. 2001. Disponível em: <http://www.scielo.br/scielo.php?script=sci_arttext&pid=S0102=311-2001000300015X&lng=en&nrm-iso>.

conseguem representar uma fotografia geral e aprofundada da realidade dos trabalhadores brasileiros.

Outrossim, além do acima citado, há que se puxar pela memória que ao longo dos últimos anos, muitas foram as alterações legislativas com intuito de "desburocratização" da saúde e segurança do trabalho, à exemplo das Normas Regulamentadoras ns. 01, 12 e 28 que foram alteradas, aquelas de números 03, 04 e 24, revisadas e de número 02, revogada, a qual, por sua vez abordava justamente a inspeção prévia a qual todo estabelecimento novo ou modificado deve ser submetido.

Somam-se ainda as alterações legislativas trazidas pelas alterações ocorridas desde o ano de 2017, com a chamada "Reforma Trabalhista" (Lei n. 13.467/2017) e correlatas. Sendo recentemente, em 07 de janeiro de 2019, extinto o Ministério do Trabalho e Emprego (MTE), responsável, entre outras atividades, pela área de inspeção do trabalho, hoje atrelada ao Ministério da Economia.

Com efeito, sem adentrar de forma aprofundada nos dados sobre acidentes do trabalho, cita-se apenas à título de ilustração do cenário vivido no Brasil, as informações obtidas junto ao SmartLab com relação ao período de 2012 a 2018, no qual, apenas na cidade de São Paulo (SP), cerca de 378.305 acidentes foram comunicados nas atividades de atendimento hospitalar, seguidos do comércio varejista de mercadorias em geral, com predominância de produtos alimentícios (hipermercados e supermercados), comunicados 142.909 acidentes(9).

É possível que o leitor tenha percebido que ambos os setores supramencionados são dois daqueles considerados chave no cenário de pandemia, principalmente considerando o conceito de atividade essencial, que nada mais é do que aquele cuja interrupção implica em perigo à sobrevivência, saúde ou segurança da população(10).

Ora, evidente concluir, por dedução meramente lógica, que se entre os anos de 2012 a 2018 esses setores apresentavam todas essas comunicações de acidente somente no município de São Paulo, maior capital da América Latina e hoje, centro da

---

(9) FREDIANI, Yone. Saúde e Segurança do Trabalho e novos riscos no ambiente do trabalho e poder de controle do empregador. In: LUDOVICO, Giuseppe; ORTEGA, Fernando Fita; NAHAS, Thereza Christina (Orgs.). *Novas tecnologias, plataformas digitais e direito do trabalho:* uma comparação entre Itália, Espanha e Brasil. 1. ed. São Paulo: Thomson Reuters Brasil, 2020. p. 342.

(10) Conceito de serviço essencial. Sítio eletrônico da Agência Nacional de Energia Elétrica. Disponível em: <http://www.aneel.gov.br/busca?p_p_id=101&p_p_lifecycle=0&p_p_state=maximized&p_p_mode=view&_101_struts_action=%2Fasset_publisher%2Fview_content&_101_returnToFullPageURL=http%3A%2F%2Fwww.aneel.gov.br%2Fbusca%3Fp_auth%3DiXxkixh8%26p_p_id%3D3%26p_p_lifecycle%3D1%26p_p_state%3Dnormal%26p_p_state_rcv%3D1&_101_assetEntryId=15055883&_101_type=content&_101_groupId=656835&_101_urlTitle=servico=-essencial&inheritRedirect=true#:~:text-Servi%C3%A7o%20essencial-,Servi%C3%A7o%20essencial,ou%20a%20seguran%C3%A7a%20da%20popula%C3%A7%C3%A3o>.

epidemia global que passa o Brasil, que tais questões tenham desencadeado em problemas ainda maiores e impactos gravíssimos na saúde e segurança dos trabalhadores.

Ao momento em que o presente artigo era escrito, o país ultrapassava a marca dos 90.000 vitimados pela Covid-19, sendo necessário ressaltar ainda a subnotificação, que constante e diariamente tem indicado aumento significativo nas mortes por síndrome respiratória(11). Além disso, é de extrema importância destacar que entre os milhares de vitimados pela Covid-19, existe uma considerável concentração dos óbitos na população negra e periférica, que representam 75% dos vitimados pelo vírus(12).

Essa maioria de negros e pobres vitimados se dá, entre diversos fatores, pelas dificuldades de acesso à saúde de forma qualificada, o que, pensando as relações de trabalho, é fruto também na falta de vínculo empregatício, impedindo assim a inserção de trabalhadores em planos de saúde, bem como a precarização que impõe situações de trabalho com exposição à riscos sem qualquer assunção de responsabilidade pelos contratantes – na prática, empregadores.

Vale dizer, os arts. 166 e 167 da CLT indicam a obrigação, por parte do empregador, em fornecer os Equipamentos de Proteção Individual (EPIs), falando inclusive na recusa pela utilização destes como motivo justo para rescisão do contrato de trabalho.

Todavia, diante das diversas formatações que hoje assumem as relações, sendo cada vez mais raras as identificações de quem são os empregadores, a quem deverá ser atribuída a responsabilização pela garantia de ambiente de trabalho seguro e meios de proteção à saúde? Além disso, com os vínculos, quando existentes, cada vez mais frívolos em razão das intermitências que afetam as relações atuais, de onde o trabalhador poderá tirar segurança quanto aos seus direitos e garantias?

As indagações acima encontram poucos respaldos em uma realidade extremamente turbulenta e de ataques diretos e constantes aos direitos dos trabalhadores, sendo inclusive, um dos mais recentes, a aprovação da Medida Provisória n. 927/2020, responsável pelas medidas trabalhistas para enfrentamento do estado de calamidade pública imposto pela Covid-19.

A referida medida, além de prever a possibilidade de redução salarial, suspensão de contratos de trabalho e antecipação de férias individuais — o que, pode afetar diretamente a saúde psíquica dos trabalhadores já que o período que deveria ser destinado ao descanso e desconexão se vê afetado por uma pandemia global —, tinha

(11) Disponível em: <https://g1.globo.com/bemestar/coronavirus/noticia/2020/04/30/mortes-por-sindromes-respiratorias-em-2020-superam-media-dos-ultimos-10-anos-apontam-dados-da-fiocruz.ghtml>.

(12) Disponível em: <https://revistagalileu.globo.com/Sociedade/noticia/2020/05/na-pandemia-de-Covid-19-negros-morrem-mais-do-que-brancos-por-que.html>.

como disposição em seu art. 29 a descaracterização dos casos de contaminação pela Covid-19 como doenças ocupacionais, exceto se comprovado nexo causal.

A medida, que tinha como justificativa a tentativa governamental de manutenção dos empregos diante do cenário econômico de crise imposto pela pandemia, contudo, impõe de forma desproporcional que os trabalhadores, por meio dos cortes de direitos, sejam os mais responsabilizados para suportar os efeitos da crise.

Nesse cenário, contudo, ainda assim se faz distante a visualização de relação entre a manutenção dos empregos com a retirada do direito ao reconhecimento de doença ocupacional dos trabalhadores acometidos pela Covid-19. Nesse sentido, o plenário do Supremo Tribunal Federal teve de intervir por meio de julgamento conjunto de referendo em medida cautelar quanto as ações diretas de inconstitucionalidade ajuizadas contra alguns dos artigos da Medida Provisória, dentre eles o 29.

Com efeito, a decisão exarada pelo Supremo, pela suspensão de eficácia do artigo, foi pela inexistência de qualquer relação entre a pretensão de manutenção de empregos e a exposição de trabalhadores ao risco de contaminação pela Covid-19, sem qualquer amparo, sendo considerado ofensivo, principalmente aos profissionais das atividades tidas como essenciais, retirar destes o direito de ver declarada como doença ocupacional eventual contração do vírus(13).

Outrossim, quanto ao debate sobre o nexo de causalidade, a subjetividade de um vírus difundido não só por todo o território brasileiro como também ao redor do mundo, torna bastante imprecisa a apuração de onde teria o trabalhador sido acometido pela doença, sendo esse fator ainda mais afetado nos casos dos entregadores de aplicativos, atendentes de supermercado e profissionais de limpeza dos setores em geral, mas principalmente hospitalar.

Menciona-se, para demonstrar a gravidade da situação, que segundo Boletim Epidemiológico Especial de número 21, sobre a Covid-19 no Brasil, público pelo Ministério da Saúde em 8 de julho de 2020, cerca de 173.440 profissionais da saúde haviam sido diagnosticados com Síndrome Gripal, sendo ainda os casos mais graves da Covid-19, nos quais foi necessária internação hospitalar, confirmados 697 casos na área da saúde, sendo registradas 138 mortes.(14)

Os dados citados, embora oficiais, muito provavelmente estão longe de refletir a realidade vivida pelos profissionais da saúde dos hospitais brasileiros, principalmente

---

(13) Disponível em: <http://www.stf.jus.br/arquivo/informativo/documento/informativo975.htm#Covid-19:%20direito%20do%20trabalho%20e%20pandemia%20do%20novo%20Coronav%C3%ADrus%20%E2%80%93%202>.

(14) Disponível em: <https://www.saude.gov.br/noticias/agencia-saude/47179-novo-boletim-epidemiologico-da-Covid-19-traz-balanco-de-infeccoes-em-profissionais-de-saude>

se considerarmos que as evidências de problemas na divulgação de dados oficiais sobre a Covid-19 no Brasil[(15)].

Os números, todavia, ainda que por si já sejam alarmantes se afastam da realidade também por não incluírem os profissionais de limpeza, conservação e segurança dos hospitais, até o momento, totalmente invisíveis para as entidades estatais.

Importa dizer, em uma realidade na qual já existem, até o momento, mais de 17 mil denúncias de problemas no fornecimento de insumos e equipamentos de proteção aos profissionais de saúde[(16)] , não é difícil imaginar como esteja a situação daqueles que possuem tempo cada vez mais reduzido, diante da realidade de falta de leitos, para higienização e desinfecção do local no qual muito provavelmente mais um brasileiro entra para a trágica estatística de vitimados pela Covid-19.

Nesse sentido, considerando que, mesmo aqueles trabalhadores incontestavelmente essenciais, estão expostos aos riscos e obtendo pouco, ou nenhum, respaldo quanto aos equipamentos e políticas de saúde do trabalho, vale pensar ainda, como exercício último dentro da temática de saúde e segurança, quais são os trabalhadores que de fato devem estar expostos; quem são os trabalhadores de fato essenciais.

Com a edição do Decreto n. 10.282/2020, foram consideradas atividades essenciais, entre tantas outras, aquelas vinculadas às academias de esporte e salões de beleza.

Nesse contexto, vale lembrar o conceito extraído junto à Agência Nacional de Energia Elétrica, autarquia em regime especial vinculada ao Ministério de Minas e Energia, de que as atividades essenciais se definem como aquelas cuja interrupção implique em risco à sobrevivência, saúde ou segurança da população[(17)].

Evidente pois, que os serviços mencionados, ligados à estética, não implicam, quando interrompidos, em risco à sobrevivência, saúde ou segurança, sendo mesma lógica passível de extensão aos serviços domésticos como aquele realizado por empregadas domésticas.

Contudo, sem maiores extensões quanto à questão da essencialidade, a partir daqui será necessário pensar as implicações, dentro do contrato de trabalho, no qual o empregado que tenha de desenvolver suas atividades durante o período de pandemia, período este no qual se observa exposição de risco de contração da Covid-19.

Por ora, cabe aqui a análise real de uma questão que os trabalhadores e trabalhadoras brasileiros têm enfrentado no atual cenário de pandemia de Covid-19:

---

(15) Disponível em: <https://www.bbc.com/portuguese/brasil-52967730>.

(16) Disponível em: <https://agenciabrasil.ebc.com.br/saude/noticia/2020-05/Covid-19-medicos-denunciam-falta-de-insumos-e-equipamentos>.

(17) *Op. cit.*

o trabalhador pode se recusar a trabalhar, diante do presente estado de calamidade pública, afim de resguardar seu direito à segurança e à própria vida? E, caso não possa juridicamente se recusar a trabalhar, pode utilizar-se do instrumento potestativo da rescisão indireta do contrato de trabalho, prevista no art. 483 da Consolidação das Leis do Trabalho para ver rescindido o seu contrato de trabalho?

Por definição, a rescisão indireta do contrato de trabalho pode ser entendida como aquela hipótese na qual o empregado, exercendo o seu direito de resistência contratual, pleiteia ao poder Judiciário a ruptura do contrato de trabalho, mediante a indenização correspondente a uma demissão sem justa causa, quando observada uma falta grave patronal, uma vez preenchidos os requisitos legais.

Esta justa causa patronal deve ser analisada nas situações em que ao empregado é impossível ou inviável a continuidade da prestação de serviços, tendo em vista as ilegalidades e abusos cometidos pelo empregador.

Todavia, assim como ocorre na resolução contratual por justa causa do empregado, a rescisão indireta também exige diversos requisitos objetivos e subjetivos para que o contrato seja corretamente dissolvido por iniciativa da parte trabalhadora. Dentre estes requisitos, destacam-se a imediatidade, a gravidade da falta, a tipicidade da conduta faltosa, o nexo causal entre a infração e penalidade, dentre outros.

Ora, tecidas algumas breves considerações importantes sobre o instituto da rescisão indireta, e para melhor compreender as nuances de sua aplicabilidade no atual cenário pandêmico, deve-se vislumbrar diversas situações diferentes entre si, nas quais ao empregado é permitido a quebra do contrato por acometimento de falta grave por parte de seu empregador.

Tendo em vista o atual estado de pandemia, diversas são as situações nas quais os trabalhadores e trabalhadoras do Brasil são inseridos em um contexto de risco, sobretudo de exposição à Covid-19. Como já reportado anteriormente, conforme o art. 7º, inciso XXII da Constituição Federal de 1988, constitui direito fundamental de todos os trabalhadores e trabalhadoras a redução dos riscos inerentes ao trabalho, por meio de normas de saúde, higiene e segurança do trabalho. Tomando por base esse dispositivo legal, pode-se afirmar que o empregador que obriga seus funcionários a trabalharem presencialmente e não garante o mínimo no que diz respeito a proteção à vida e saúde dos trabalhadores certamente incide em descumprimento de ordem mandamental constitucional, e obviamente fere gravemente o contrato de trabalho.

Tal afirmação abarca situações, por exemplo, nas quais o empregador se recusa a fornecer equipamentos básicos de segurança e higiene como máscaras, álcool em gel, *face shield*, dentre outros. Diante de um estado de calamidade pública, portanto, é obrigação dos empregadores de todo o Brasil a garantia de um local de trabalho saudável e plenamente zeloso no que diz respeito às condições estabelecidas pelo Poder

Executivo e entidades sanitárias quanto às medidas de seguranças de combate e prevenção do coronavírus.

É necessário entender que não se busca defender aqui que o simples medo e temor dos trabalhadores são motivos suficientes para o ajuizamento de reclamações trabalhistas que buscam o rompimento do contrato de trabalho por meio da rescisão indireta. Busca-se investigar, ademais, apenas aquelas situações em que o empregado é sujeito a trabalhar em um ambiente de trabalho danoso a sua saúde e em muitas vezes a sua própria vida. Nestas hipóteses, em pleno exercício de seu direito de resistência e em resguardo a seus direitos fundamentais, o empregado pode recusar-se a trabalhar e usar dos ditames do art. 483 da CLT para pleitear o fim de seu pacto laboral.

De maneira geral, o art. 483, *"c"*, da CLT dispõe que o empregado pode considerar rescindido seu contrato de trabalho e pleitear a devida indenização quando correr perigo manifesto de mal considerável. Esta expressão "mal considerável" deve ser entendida em sentido amplo, e em interpretação conforme o texto constitucional, sobretudo no que diz respeito aos direitos e garantias fundamentais consagrados no art. 7º da Constituição Federal.

Ou seja, o mal considerável que permeia a parte trabalhadora deve ser grave, injustificável e guardar relação de causa e consequência com a medida que será adotada, qual seja, a intervenção do Poder Judiciário como intermediador indireto da ruptura do contrato de trabalho. Para que se verifique a presente hipótese, a infração cometida pelo empregador deve submeter o trabalhador a um risco que outrora não fora previsto quando da formação do vínculo empregatício. Outrossim, nas palavras de Sérgio Pinto Martins, "o mal considerável não representa os riscos normais da profissão, mas os anormais ou excepcionais"(18).

De acordo com Russomano, ao analisar a alínea *"c"* do art. 483 celetista:

(...) duas condições são apontadas para que se tenha a incidência dessa alínea: a) que haja perigo e que ele seja claro e evidente; b) que o risco corrido pelo trabalhador seja capaz de lhe causar mal considerável. Mas há que se distinguir os riscos decorrentes da própria profissão daqueles riscos derivados de atitude de empregador que impõe ao obreiro serviços que envolvem riscos sem respaldo contratual.(19)

Desta maneira, é entendimento desta produção de que é abusiva a imposição à sujeição de riscos laborais aos empregados sem o devido fornecimento de meios eficazes de controle e prevenção à exposição aos males da Covid-19. E, na hipótese reversa, ou seja, quando o empregador exige o trabalho presencial de seus funcionários sem a

---

(18) MARTINS, Sérgio Pinto. *Manual da justa causa*. 3. ed. São Paulo: Atlas, 2008.

(19) RUSSOMANO, Mozart. Victor. *Comentários à Consolidação das Leis do Trabalho*. 17. ed. Rio de Janeiro: Forense, 1997. v. 1.

garantia de um ambiente de trabalho saudável e seguro, é permitida a ruptura contratual por iniciativa do empregado de forma indireta, nos ditames do art. 483, "c", da CLT.

Outra análise deveras importante diz respeito aos empregados que pertencem a área da saúde ou de quaisquer outros segmentos pertencentes às atividades essenciais ao bom funcionamento social. Tal diferenciação se justifica pelo fato de que certas categorias de trabalhadores e trabalhadoras (médicos, farmacêuticos, enfermeiros, metroviários, dentre outros) desempenham funções vitais e cruciais para o desempenho das cidades, sobretudo nas grandes metrópoles brasileiras.

Tal categoria de trabalhadores, em sua maioria, apesar de pertencentes ao setor privado, desempenham nítida atividade de fim público, ou pelo menos que resguarde uma relação direta com o interesse público. A estes trabalhadores, também se estende a proteção constitucional da guarida de um ambiente de trabalho seguro e saudável, sendo obrigação dos empregadores o zelo, a garantia e o resguardo dos direitos fundamentais dos trabalhadores quando da eventual possibilidade de exposição aos riscos da Covid-19.

Por este motivo, é também garantido ao empregado que desempenha atividade essencial os permissivos do art. 483, "c", da CLT e o consequente rompimento do contrato de trabalho nas hipóteses em que o trabalhador se encontra em inequívoco risco de sofrer um mal considerável de exposição a maior pandemia do século XXI.

Feita a argumentação acerca da possibilidade da rescisão indireta nos casos em que o empregador comete falta grave quando da exposição de seus empregados aos riscos de contaminação ao coronavírus, cita-se que este benefício, infelizmente, só é garantido àqueles trabalhadores que efetivamente possuem um vínculo de emprego.

Tal fato reforça a assertiva de que o vínculo empregatício é a formalização do contrato de trabalho que mais oferece proteção efetiva a coletividade de trabalhadores e trabalhadoras do Brasil. É somente com a presença do vínculo de emprego que os direitos e garantias fundamentais dos trabalhadores consagrados no art. 7º da Constituição Federal possuem eficácia e aplicabilidade plenas. Dito isto, fica evidente um distanciamento jurídico entre o empregado formal e o trabalhador contrato em fraude aos preceitos trabalhistas (pejotizados, trabalhadores informais contratados de forma duvidosa, trabalhadores em aplicativos, dentre outros), tendo em vista que de um lado, o empregado pode contar com a proteção celetista e da Justiça do Trabalho, enquanto do outro um trabalhador (que na maioria das vezes presta seus serviços de forma subordinada, habitual, onerosa e pessoal) fica a mercê da própria sorte.

Todavia, nada impede que um trabalhador informal e contratado em desconformidade com os preceitos da CLT ingresse com uma reclamação trabalhista pleiteando o vínculo de emprego e a posteriori, de forma sucessiva, peça a declaração da rescisão indireta, cumulativamente com o pagamento das devidas verbas rescisórias.

Bibliografia

DELGADO, Mauricio Godinho. *Curso de direito do trabalho:* obra revista e atualizada conforme a lei da reforma trabalhista e inovações normativas e jurisprudenciais posteriores. 18. ed. São Paulo: LTr, 2019.

FREDIANI,Yone. Saúde e Segurança do Trabalho e novos riscos no ambiente do trabalho e poder de controle do empregador. In: LUDOVICO, Giuseppe; ORTEGA, Fernando Fita; NAHAS, Thereza Christina (Orgs.). *Novas tecnologias, plataformas digitais e direito do trabalho:* uma comparação entre Itália, Espanha e Brasil. 1. ed. São Paulo: Thomson Reuters Brasil, 2020.

GLINA, Débora Miriam Raab *et al*. Saúde mental e trabalho: uma reflexão sobre o nexo com o trabalho e o diagnóstico, com base na prática. *Cad. Saúde Pública*, Rio de Janeiro, v. 17, n. 3, p. 607-616, jun. 2001. Disponível em: <http://www.scielo.br/scielo.php?script=sci_arttext&pid=S0102-311X2001000300015&lng=en&nrm=iso>.

LINHART, D. Modernisation et précarisation de la vie au travail. *Papeles del CEIC*, v. 1, n. 43, p. 1-19, mar. 2009. Disponível em: <http://www.identidadcolectiva. es/pdf/43.pdf>. Acesso em: 30 out. 2010. In: SELIGMANN-SILVA, Edith; HESPANHOL BERNARDO, Márcia; MAENO, Maria; KATO, Mina (Orgs.). O mundo contemporâneo do trabalho e a saúde mental do trabalhador. *Revista Brasileira de Saúde Ocupacional*, vol. 35, n. 122, 2010, p. 187-191. Fundação Jorge Duprat Figueiredo de Segurança e Medicina do Trabalho São Paulo, Brasil.

MARTINS, Sérgio Pinto. *Manual da justa causa*. 3. ed. São Paulo: Atlas, 2008

NASCIMENTO, Amauri Mascaro. *Curso de direito processual do trabalho*. 28. ed. São Paulo: Saraiva, 2013.

RUSSOMANO, Mozart. Victor. *Comentários à Consolidação das Leis do Trabalho*. 17. ed. Rio de Janeiro: Forense, 1997. v. 1.

SOUTO MAIOR, Jorge Luiz. *História do Direito do Trabalho no Brasil*. Curso de Direito do Trabalho, Capítulo I, Parte II. São Paulo: LTr, 2017.

Sítios eletrônicos

<https://smartlabbr.org/sst/localidade/3550308?dimensao=perfilCasosSinan>

<http://www.aneel.gov.br/busca?p_p_id=101&p_p_lifecycle=0&p_p_state=maximized&p_p_mode=view&_101_struts_action=%2Fasset_publisher%2Fview_content&_101_returnToFullPageURL=http%3A%2F%2Fwww.aneel.gov.br%2Fbusca%3Fp_auth%3DiXxkixh8%26p_p_id%3D3%26p_p_lifecycle%3D1%26p_p_state%3Dnormal%26p_p_state_rcv%3D1&_101_assetEntryId=15055883&_101_type=content&_101_groupId=656835&_101_urlTitle=servico-essencial&inheritRedirect=true#:~:text=Servi%C3%A7o%20essencial-,Servi%C3%A7o%20essencial,ou%20a%20seguran%C3%A7a%20da%20popula%C3%A7%C3%A3o>.

<https://g1.globo.com/bemestar/coronavirus/noticia/2020/04/30/mortes-por-sindromes-respiratorias-em-2020-superam-media-dos-ultimos-10-anos-apontam-dados-da-fiocruz.ghtml>.

<https://revistagalileu.globo.com/Sociedade/noticia/2020/05/na-pandemia-de-Covid-19-negros-morrem-mais-do-que-brancos-por-que.html>.

<http://www.stf.jus.br/arquivo/informativo/documento/informativo975.htm#Covid-19:%20direito%20do%20trabalho%20e%20pandemia%20do%20novo%20Coronav%C3%ADrus%20%E2%80%93%202>.

<https://www.saude.gov.br/noticias/agencia-saude/47179-novo-boletim-epidemiologico-da-Covid-19-traz-balanco-de-infeccoes-em-profissionais-de-saude>.

<https://www.bbc.com/portuguese/brasil-52967730>.

<https://agenciabrasil.ebc.com.br/saude/noticia/2020-05/Covid-19-medicos-denunciam-falta-de-insumos-e-equipamentos>.

Uma Abordagem Necessária à Garantia de Proteção das Trabalhadoras e Trabalhadores Frente aos Riscos de Contaminação no Transporte ao Trabalho em Meio à Pandemia da Covid-19

Ana Maria Andrade Lara

1. Introdução

Como é cediço, no corrente ano de 2020, o mundo passa pela pandemia da doença Covid-19, causada pelo coronavírus SARS-CoV-2, que tem como um de seus principais sintomas a insuficiência respiratória e taxa letalidade global de aproximadamente 5,8%(1). A distribuição geográfica do vírus demanda uma série de cuidados, principalmente porque, apesar das diversas orientações da Organização Mundial da Saúde (OMS), cada país pode lidar com o problema de maneiras distintas, o que implica consequências também distintas. Nesse sentido, o diretor-geral da OMS alertou que "os países devem adotar uma abordagem envolvendo todo o governo e toda a sociedade, construída em torno de uma estratégia integral e combinada para prevenir infecções, salvar vidas e minimizar o impacto"(2).

Desta feita, o presente artigo busca, de maneira embrionária, realizar uma abordagem necessária à garantia de proteção de trabalhadoras e trabalhadores brasileiros em meio à pandemia da Covid-19, mormente no que diz respeito ao risco

(1) Porcentagem subtraída do total de casos confirmados no mundo em contraposição ao total de mortos no mundo até o dia 9 de junho de 2020. (WHO, World Health Organization. WHO Coronavirus Disease (Covid-19) Dashboard. Atualizada em 09.06.2020. Disponível em: <https://Covid-19.who.int/>. Acesso em: 09 jun. 2020.)

(2) WORLD HEALTH ORGANIZATION. *Director-General's opening remarks at the media briefing on Covid-19*. 11 March 2020. Disponível em: <https://www.who.int/dg/speeches/detail/who-director-general-s-opening-remarks-at-the-media-briefing-on-Covid-19---11-march-2020>. Acesso em: 25 maio 2020.

de contaminação pelo vírus no transporte ao trabalho. Nesse sentido, é traçado um panorama entre as medidas sociais a serem adotadas, perpassando pela aplicação de tais medidas no ambiente de trabalho — somada àquelas relativas à higiene —, até se chegar à obrigatoriedade de empregadoras e empregadores adotarem medidas de proteção no transporte ao trabalho.

Para isso, lança-se mão, principalmente, de uma perspectiva de classe ao se estampar dados estatísticos e uma interpretação histórica das horas *in itinere* como uma conquista da classe trabalhadora — a qual inicialmente fora consagrada na jurisprudência, depois na Lei n. 10.243/2001 e, atualmente, tencionada pela contrarreforma instituída pela Lei n. 13.467/2017. Ao final, é delineada a possibilidade da Covid-19 ser enquadrada como doença profissional e do trabalho, o que, necessariamente, implicará em eventuais responsabilidades das empregadoras e empregadores, caso descumpridas as medidas de proteção a serem adotadas não somente no local de trabalho, mas também no transporte a este.

2. A Covid-19 e as medidas necessárias ao seu enfrentamento: distanciamento social

Considerando o cenário geográfico causado pela pandemia Covid-19 e a necessidade de redução dos impactos como fim precípuo de salvar vidas, os países devem adotar uma série de medidas para conter o avanço desenfreado de contaminação pela doença, que, ante a momentânea ausência de vacina e tratamento cientificamente eficaz, caso não seja devidamente controlada, imbrica um colapso nos sistemas de saúde, principalmente no sistema público de países subdesenvolvidos, como é o caso do Brasil.

Isso porque a doença é facilmente transmitida, bastando o contato do nariz, boca ou olhos com pequenas gotículas do nariz ou boca da pessoa infectada, seja pelo contato direto com a pessoa ou por meio de objetos e superfícies onde essas gotículas repousam. Além disso, estudos indicam que o novo coronavírus pode até mesmo permanecer no ar por cerca de 3 horas[(3)], o que potencializa os meios de infecção e, consequentemente, a necessidade do chamado distanciamento social. Nesse sentido, para além das medidas de higiene propriamente ditas, é de extrema importância a diminuição de interação entre a sociedade para diminuir a velocidade de transmissão do vírus (distanciamento social), haja vista que há grande probabilidade de pessoas já infectadas, ainda assintomáticas ou oligossintomáticas, não estarem em isolamento,

(3) VAN DOREMALEN N, BUSHMAKER T, MORRIS DH, *et al.* Aerosol and surface stability of SARS-CoV-2 as compared with SARS-CoV-1. *The New England Journal of Medicine, Epub* 17 mar. 2020. Disponível em: <https://www.nejm.org/doi/10.1056/NEJMc2004973>. Acesso em: 25 maio 2020.

ou de pessoas que foram presumivelmente expostas à doença, ainda em período de encubação, não estrem em quarentena[(4)].

Dentre os principais meios de garantir o distanciamento social, destacam-se o cancelamento e a proibição de eventos (tais como festas, shows, jogos em estádios, congressos, entre outros), a suspensão das aulas da rede púbica e privada em todos os graus de ensino, o fechamento parcial ou integral de estabelecimentos onde comumente há maior número de pessoas (tais como *shoppings*, teatros, cinemas e igrejas), a restrição parcial ou integral do comércio em geral para induzir à diminuição de circulação de pessoas nas ruas, e a necessidade de se manter a distância de dois metros entre as pessoas quando for inevitável permanecer em casa, por exemplo, quando for necessário ir trabalhar, prover meios alimentícios e fármacos[(5)].

Caso insuficiente a adoção de medidas de distanciamento social, com um aumento exacerbado de casos confirmados da doença e mortes, é aconselhável que haja uma progressão para a quarentena comunitária (também conhecida como *lockdown*). No entanto, fato é que, independente das medidas sociais e de higiene adotadas, algumas atividades são consideradas essenciais, o que implica em uma exposição da classe trabalhadora ao risco de contaminação no trabalho.

3. O trabalho em tempos de pandemia: premência das normas referentes à saúde e segurança

No dia 28 de abril de 2020, Dia Mundial da Segurança e Saúde no Trabalho, a Organização Internacional do Trabalho (OIT) advertiu que é necessário garantir a proteção das trabalhadoras e trabalhadores, de modo que a forma como essa proteção se dará será determinante para o grau de segurança da comunidade e da resiliência das empresas à medida que a pandemia evolui[(6)]. Acontece que, como é cediço, o modo de produção capitalista, histórica e atualmente, se aproveita do trabalho alheio por meio de uma lógica de exploração. Em meio à pandemia da Covid-19, em que o fim precípuo deve ser salvar vidas, infelizmente, essa lógica não é diferente. Isso

(4) As diferenças entre os termos distanciamento, isolamento e quarentena são determinantes para esclarecer quais comportamentos são necessários por parte dos governantes e da população no que tange ao enfrentamento da doença. Tal diferenciação, que tem por base estudos científicos, considerações da OMS e normas vigentes, está disponível com mais detalhes em: <https://www.ufrgs.br/telessauders/posts_coronavirus/qual-a-diferenca-de-distanciamento-social-isolamento-e-quarentena/>. Acesso em: 25 maio 2020.

(5) Infelizmente, é notório que o Brasil caminha na contramão de tais medidas, de modo que essas praticamente inexistiram, tanto, e principalmente, pela omissão de alguns entes federativos, quanto pela irresponsabilidade de algumas pessoas.

(6) OIT. É necessário garantir a proteção dos trabalhadores agora e após o fim do confinamento. *Portal ILO: Notícias*, abr. 2020. Disponível em: <https://www.ilo.org/brasilia/noticias/WCMS_743059/lang--pt/index.htm>. Acesso em: 26 maio 2020.

porque o "estreito horizonte jurídico burguês"(7) não fornece subsídios para que a vida seja de fato sobreposta à necessidade de se manter o emprego, porque, nesse arranjo predatório, o emprego, muitas vezes, mantém a vida.

Especificamente no Brasil, observa-se exatamente esse discurso voltado à necessidade de se manter empregos(8) para zelar pela economia, e, assim, pela própria vida, de modo que aquelas medidas sociais embasadas cientificamente, abordadas no tópico anterior, encontram-se praticamente inoperantes. Nesse cenário controverso, a Medida Provisória n. 927, de 22 de março de 2020(9), trouxe tópicos trabalhistas para enfrentamento à pandemia, que são claramente desfavoráveis à parte hipossuficiente da relação, dos quais destacam-se flexibilizações relativas à jornada de trabalho, bancos de horas, férias, feriados e exigências administrativas em segurança e saúde no trabalho, bem como a prevalência do acordado sobre o legislado; o que apenas agrava a crise, principalmente ao considerar a contradição inerente ao próprio Direito do Trabalho.

Pois bem, limitados a esse cenário jurídico e frente a uma intensa precarização das relações trabalhistas, mesmo que o regime de teletrabalho seja adotado em alguns casos, existem atividades que não comportam essa modalidade, notadamente aquelas do setor de saúde e alimentação. Ademais, tendo em vista as propostas previstas na MP, em algum momento, o retorno às demais atividades também será "inevitável", fazendo com que pessoas se desloquem de suas casas até seu local de trabalho e, consequentemente, expondo a classe trabalhadora a riscos inestimáveis; o que reforça a atenção às normas de saúde e segurança no trabalho.

Uma pesquisa do Instituto Alberto Luiz Coimbra de Pós-Graduação e Pesquisa de Engenharia (Coppe) da Universidade Federal do Rio de Janeiro (UFRJ)(10) mapeou o índice de risco de contaminação das trabalhadoras e trabalhadores brasileiros, considerando as atividades profissionais que exercem e a proximidade física entre pessoas. Das diversas ocupações pesquisadas, chegou-se à conclusão de que os profissionais da saúde são os mais afetados, com chances de contaminação superior a

(7) MARX, Karl. *Crítica do programa de Gotha*. Seleção, tradução e notas de Rubens Enderle. São Paulo: Boitempo, 2012. p. 33.

(8) É notório que a realidade brasileira é marcada por altas taxas de desemprego e informalidade, de modo que 12,2% dos brasileiros e brasileiras da população em idade ativa se encontram desempregados e cerca de 39,9% das trabalhadoras e trabalhadores são classificados como informais. Embora seja premente abordar acerca das consequências negativas do novo coronavírus na vida desses milhões de indivíduos, o presente artigo disso não se ocupa em razão de outros da obra já o fazer. Os dados acima estão disponíveis em: <https://agenciadenoticias.ibge.gov.br/>. Acesso em: 26 maio 2020.

(9) BRASIL. *Medida Provisória n. 927, de 22 de março de 2020*. Brasília, DF. Disponível em: <http://www.planalto.gov.br/ccivil_03/_ato2019-2022/2020/Mpv/mpv927.htm>. Acesso em: 26 maio 2020.

(10) UFRJ. *Impacto Covid-19 (coronavírus) — risco por ocupação*. Disponível em: <https://impactocovid.com.br/>. Acesso em: 26 maio 2020.

80% (oitenta por cento), seguidos dos profissionais da educação, dos serviços sociais e jurídico, e de transportes, em que as chances de contaminação são superiores a 50% (cinquenta por cento).

O art. 7º, inciso XXII, da Constituição da República[(11)], garante a redução dos riscos inerentes ao trabalho, por meio de normas sobre a saúde, higiene e segurança no ambiente de trabalho, tais como o Capítulo V da CLT, intitulado "Da segurança e da medicina do Trabalho", e as chamadas Normas Regulamentadoras (NRs), que são elaboradas e/ou revisadas sob uma ótica tripartite, na qual, em tese, são consideradas as discussões entre representantes do governo, empregadoras e empregadores, e empregadas e empregados.

Nesse sentido, considerando a pandemia da Covid-19 e as orientações da OIT[(12)], cabe ao empregador ou empregadora: (1) mapear e avaliar os riscos de contágio no local de trabalho, inclusive em relação aos (às) clientes; (2) adotar medidas de controle específicas para cada setor, reduzindo interações físicas, melhorando a ventilação, higienizando regularmente o local e disponibilizando meios para que as pessoas se higienizem; (3) fornecer gratuitamente equipamentos de proteção individual (EPIs); (4) estabelecer protocolos para o isolamento de pessoas com suspeita de infecção e rastrear outras pessoas com as quais pode ter havido contato; (5) fornecer apoio à saúde mental das trabalhadoras e das trabalhadores; e (6) fornecer material informativo para educação e treinamento sobre segurança e saúde no trabalho, o que inclui práticas de higiene adequadas, medidas de controle e a utilização dos EPIs.

No entanto, para além do local de trabalho propriamente dito, faz-se necessário pontuar acerca dos riscos de contaminação no transporte ao trabalho, haja vista que muitas pessoas saem de suas casas precipuamente para este fim, ficando expostas a contatos diversos com pessoas e objetos — que, diga-se de passagem, podem estar contaminados — até alcançar o efetivo local de trabalho.

4. Os riscos de contaminação pela Covid-19 no transporte ao trabalho sob uma perspectiva de classe

Para traçar esse tópico é preciso ter em mente a lição do Professor Jorge Luiz Souto Maior, no sentido de que

> a riqueza socialmente produzida não tem sido devidamente distribuída, [vez que] a visualização do alto risco de disseminação incontrolável da

(11) BRASIL. *Constituição da República Federativa do Brasil de 1988*. Brasília, DF. Disponível em: <http://www.planalto.gov.br/ccivil_03/constituicao/constituicao.htm>. Acesso em: 27 maio 2010.

(12) OIT. É necessário garantir a proteção dos trabalhadores agora e após o fim do confinamento. *Portal ILO: Notícias*, abr. 2020. Disponível em: <https://www.ilo.org/brasilia/noticias/WCMS_743059/lang--pt/index.htm>. Acesso em: 30 maio 2020.

> pandemia em razão do enorme número de cidadãos e cidadãs vivendo em condições subumanas, apesar de serem trabalhadores e trabalhadoras (com emprego ou na informalidade), atesta o quanto a riqueza historicamente produzida pelo trabalho humano beneficiou, prioritária e desproporcionalmente, os detentores dos meios de produção, que, contratualmente, compraram no comércio, atendendo a lei da oferta e da procura, a "força de trabalho"(13).

Nesse contexto, tem-se que os detentores dos meios de produção, por concentrarem a riqueza socialmente produzida, na grande maioria as vezes, podem cumprir com o distanciamento social sem prejuízo de não possuírem meios para se sustentar durante esse período; ao contrário da realidade que paira sobre a classe trabalhadora, uma vez que, de uma maneira um tanto quanto paradoxal, devem continuar vendendo sua força de trabalho e, assim, arriscando-se durante a pandemia, para possuir meios de sobreviver.

Por isso, indissociáveis são as perspectivas de classe, até mesmo porque quando se fala em transporte ao trabalho, estamos diante de uma relação entre as trabalhadoras e trabalhadores em ativo e os meios de transporte que utilizam até o trabalho que, na maioria das vezes, são transportes públicos coletivos (ônibus, metrôs, trens), caminhadas por vias públicas (a pé ou de bicicleta) ou transportes — também coletivos — oferecidos pela própria empresa, justamente por serem mais acessíveis do ponto de vista socioeconômico.

Conforme dados da pesquisa de mobilidade da população urbana, realizada em 2017 pela Confederação Nacional do Transporte(14), 60,8% e 53,8% dos deslocamentos das classes C e D/E, respectivamente, são realizados por transportes coletivos, sendo que o ônibus é o meio de transporte mais utilizado em razão da grande distância a ser percorrida no trajeto residência-trabalho-residência, seja porque a maioria dessas pessoas residem em periferias ou porque as empresas são localizadas distantes dos centros urbanos.

Considerando a necessidade de distanciamento social para se evitar o contágio pela Covid-19 e tais dados, vê-se que as trabalhadoras e trabalhadores socioeconomicamente vulneráveis estão sujeitos a riscos de contaminação não somente no ambiente de trabalho, mas também, e talvez principalmente, no transporte ao trabalho, haja vista que não possuem outros meios para se deslocarem,

---

(13) SOUTO MAIOR, Jorge Luiz. Que a doença nos cure: há esperança?. *Blog pessoal virtual:* Jorge L. Souto Maior. Publicado em 21 abr. 2020. Disponível em: <https://www.jorgesoutomaior.com/blog/que-a-doenca--nos-cure-ha-esperanca>. Acesso em: 31 maio 2020.

(14) BRASIL. Confederação Nacional do Transporte; Associação Nacional das Empresas de Transportes Urbanos. *Pesquisa de mobilidade da população urbana.* Brasília: CNT: NTU, 2017. Disponível em: <https://www.ntu.org.br/novo/upload/Publicacao/Pub636397002002520031.pdf>. Acesso em: 31 maio 2020.

senão pela utilização de transportes públicos coletivos ou daqueles fornecidos pela própria empresa, que geralmente também são coletivos. Com efeito, para além das possibilidades de contaminação com objetos e superfícies, as aglomerações causadas nesses tipos de transportes coletivos geram uma realidade contrária àquela recomendada para enfrentar a atual situação ocasionada pela pandemia do novo coronavírus. Como manter o distanciamento social de pelo menos dois metros em um ambiente estruturalmente restrito como é no caso dos ônibus?

A pergunta é retórica, mas estimula a reflexão sobre os terrenos nos quais devem permear a responsabilidade do empregador ou empregadora quando o tema é saúde e segurança do trabalho, mormente em meio à pandemia da Covid-19. Logo, em que pese os grandes riscos de contaminação nos meios de transporte públicos, não há possibilidade jurídica de demandar proteção por parte das empregadoras e empregadores nessa situação — o que, por óbvio, não impede que isso seja feito por liberalidade. Contudo, o instituto das horas *in itinere* não comunga da mesma limitação jurídica, motivo pelo qual são necessárias algumas pontuações.

5. As horas *in itinere* e a consequente obrigatoriedade de empregadores e empregadoras adotarem medidas de proteção no transporte ao trabalho

Via de regra, o tempo despendido pela classe trabalhadora no deslocamento residência-trabalho-residência nunca foi considerado como componente da jornada de trabalho para fins trabalhistas, conforme a disposição do art. 4º da CLT[(15)]. Por sua vez, a legislação previdenciária considera o tempo de deslocamento residência-trabalho-residência, independente do meio de locomoção, como efetivo de trabalho, uma vez que equipara aos acidentes de trabalho o acidente sofrido ainda que fora do local e horário de trabalho (art. 21, IV, *"d"*, Lei n. 8.213/91). No entanto, como ressalta Mauricio Godinho Delgado, "não se aplica, pois, esta orientação geral do Direito Acidentário do Trabalho ao Direito Material do Trabalho brasileiro"[(16)].

Como exceção à regra do Direito Material do Trabalho, o § 3º, art. 238, da CLT, em sua redação de 1966, ainda vigente, acolhe como componente da jornada de trabalho o tempo de deslocamento das turmas de conservação de ferrovias "[...] desde a hora da saída da casa da turma até a hora em que cessar o serviço em qualquer ponto compreendido dentro dos limites da respectiva turma", sendo também computado como tempo de trabalho efetivo, "o tempo gasto no percurso da volta a esses limites", sempre que o empregado ou empregada trabalhar fora dos limites da sua turma.

---

(15) Art. 4º, CLT: "Considera-se como de serviço efetivo o período em que o empregado esteja à disposição do empregador, aguardando ou executando ordens, salvo disposição especial expressamente consignada".

(16) DELGADO, Mauricio Godinho. *Curso de direito do trabalho:* obra revista e atualizada conforme a lei da reforma trabalhista e inovações normativas e jurisprudenciais posteriores. 18. ed. São Paulo: LTr, 2019. p. 1.034.

Nesse sentido, pela existência de locais de trabalho demasiadamente distantes, na maioria das vezes por escolha empresária pautada em algum custo-benefício, surgiram demandas por parte dos trabalhadores e trabalhadoras — haja vista que não poderiam arcar com os gravames dessa escolha — a fim de que o tempo de deslocamento fosse considerado para fins trabalhistas. Após largas discussões, o Tribunal Superior do Trabalho (TST), durante as últimas décadas do século XX, editou súmulas e orientações jurisprudenciais para garantir a proteção da classe trabalhadora nessas situações(17).

Após uma longa construção jurisprudencial, apenas no ano de 2001, o legislativo incorporou, por meio da Lei n. 10.243/01, o componente central do entendimento consolidado pelo TST, mediante inserção de um § 2º no art. 58 da CLT(18), positivando, assim, o instituto das horas *in itinere*. Então, em 2005, a Súmula n. 90 do TST passou a conglobar a matéria da seguinte forma:

> **Súmula n. 90 do TST. HORAS *"IN ITINERE"*. TEMPO DE SERVIÇO (incorporadas as Súmulas n.s 324 e 325 e as Orientações Jurisprudenciais ns. 50 e 236 da SBDI-1) – Res. n. 129/2005, DJ 20, 22 e 25.04.2005**
>
> I – O tempo despendido pelo empregado, em condução fornecida pelo empregador, até o local de trabalho de difícil acesso, ou não servido por transporte público regular, e para o seu retorno é computável na jornada de trabalho. (ex-Súmula n. 90 – RA 80/1978, DJ 10.11.1978)
>
> II – A incompatibilidade entre os horários de início e término da jornada do empregado e os do transporte público regular é circunstância que também gera o direito às horas *"in itinere"*. (ex-OJ n. 50 da SBDI-1 – inserida em 1º.02.1995)
>
> III – A mera insuficiência de transporte público não enseja o pagamento de horas *"in itinere"*. (ex-Súmula n. 324 – Res. n. 16/1993, DJ 21.12.1993)
>
> IV – Se houver transporte público regular em parte do trajeto percorrido em condução da empresa, as horas *"in itinere"* remuneradas limitam-se ao trecho não alcançado pelo transporte público. (ex-Súmula n. 325 – Res. n. 17/1993, DJ 21.12.1993)
>
> V – Considerando que as horas *"in itinere"* são computáveis na jornada de trabalho, o tempo que extrapola a jornada legal é considerado como extraordinário e sobre ele deve incidir o adicional respectivo. (ex-OJ n. 236 da SBDI-1 – inserida em 20.06.2001)

Desse modo, em sendo computado como jornada de trabalho o tempo despendido pela classe trabalhadora em condução fornecida pelo empregador ou empregadora,

---

(17) Pode-se citar as Súmulas ns. 90, 324 e 325 e as OJs ns. 50 e 236, que, atualmente, fazem parte do inteiro teor da Súmula n. 90 do TST.

(18) Com a seguinte redação original: "O tempo despendido pelo empregado até o local de trabalho e para o seu retorno, por qualquer meio de transporte, não será computado na jornada de trabalho, salvo quando, tratando-se de local de difícil acesso ou não servido por transporte público, o empregador fornecer a condução" (art. 58, § 2º, CLT).

naqueles casos de difícil acesso, não acobertados integralmente por transporte público ou com quadro de horários incompatíveis, notadamente a esse espaço estaria correlato o dever de garantir a saúde e segurança no trabalho, conforme os ditames constitucionais e as atuais orientações da OIT para enfrentamento da pandemia da Covid-19.

Acontece que a contrarreforma instituída pela Lei n. 13.467/17, com o aparente condão de suprimir o pagamento das horas *in itinere*, alterou a redação do § 2º, art. 58, da CLT, determinando que:

> o tempo despendido pelo empregado desde a sua residência até a efetiva ocupação do posto de trabalho e para o seu retorno, caminhando ou por qualquer meio de transporte, inclusive o fornecido pelo empregador, não será computado na jornada de trabalho, por não ser tempo à disposição do empregador.

Apesar da involução explanada pela literalidade do texto normativo, que "descaracteriza" toda luta trabalhista, o instituto das horas *in itinere* merece prosperar. Vejamos. Primeiramente, porque a análise parte de uma ótica sistêmica, de modo que o art. 4º da CLT, ao tratar no § 2º das exceções à regra do *caput*, nada diz a respeito do tempo de descolamento residência-trabalho-residência, ocasionando uma incompatibilidade entre normas, devendo-se optar pela norma mais favorável por força do princípio da proteção[19].

Outrossim, a alteração legislativa trazida pela Lei n. 13.467/17 vai de encontro ao princípio constitucional da vedação ao retrocesso social, que tem seus fundamentos nos arts. 1º, inciso III, 5º, §§ 1º e 2º, e 7º, *caput*, da Constituição da República, e sua aplicabilidade aos direitos trabalhistas amplamente reconhecida pela Suprema Corte (STF. RE n. 658.312). Ademais,

> o art. 3º, alínea *"c"*, da Convenção n. 155 da OIT define que "a expressão 'local de trabalho' abrange todos os lugares onde os trabalhadores devem permanecer ou onde têm que comparecer, e que esteja sob o controle, direto ou indireto, do empregador", lembrando que, conforme assentado no julgamento da Súmula Vinculante n. 25/STF, tratados internacionais sobre direitos humanos, quando incorporados pelo ordenamento jurídico brasileiro, gozam de *status* supralegal, estando, portanto, acima da lei ordinária. [...] Logo, o art. 3º, *"c"*, da Convenção n. 155 da OIT versa sobre um direito humano fundamental e, portanto, está acima da Lei n. 13.467/2017, constituindo norma hierarquicamente superior.[20]

(19) PLÁ RODRIGUEZ, Américo. *Princípios do Direito do Trabalho*. Tradução de Wagner D. Giglio. 3. ed. atual. São Paulo: LTr, 2000.

(20) JANON, Renato da Fonseca; GARCIA, Cynthia Gallera. Reforma trabalhista não acabou com o direito às horas *in itinere*. Revista *Consultor Jurídico*, dez. 2018. Disponível em: <https://www.conjur.com.br>. Acesso em: 23 maio 2020. Nesse sentido, inclusive, a 2ª Jornada de Direito Material e Processual do Trabalho (2017) aprovou o Enunciado n. 16, *in verbis*: "1. A estrutura normativa matriz do art. 4º da CLT contempla a lógica do

Destarte, inoperante a disposição do § 2º, art. 58, da CLT, cabe aos empregadores e empregadoras a adoção de medidas de proteção no transporte ao trabalho, com a finalidade de garantir a saúde e segurança dos trabalhadores e trabalhadoras que utilizam o meio de transporte fornecido pela empresa, observadas, ainda, as atuais orientações da OIT para enfrentamento da pandemia da Covid-19, sob pena de multas (Seção XVI, Capítulo V, CLT) e de responsabilização civil (art. 7º, XXII e XXVIII, CR/88).

Em que pese, aparentemente, não possuir relação com a abordagem jurídica feita no presente trabalho, em 27 de março de 2020, a Subsecretaria de Inspeção do Trabalho — órgão ligado ao Ministério da Economia ante à inconcludente extinção do Ministério do Trabalho no país — lançou orientações gerais, inclusive referentes ao transporte ao trabalho, orientando a manter a ventilação natural dentro dos veículos com a abertura das janelas, sem recirculação do ar no caso de utilização de ar condicionados, e a desinfetar regularmente todo o interior do veículo, incluídos os assentos, maçanetas, volante e demais superfícies que podem ser tocadas tanto por quem conduz o veículo quanto pelos passageiros e passageiras(21).

6. Considerações finais — A Covid-19 como doença profissional e do trabalho

Como outrora mencionado, aos empregadores e empregadoras compete o cumprimento das normas sobre a saúde, higiene e segurança no ambiente de trabalho, considerando, ainda, as orientações de prevenção à Covid-19, sob pena de responsabilização civil. Nesse sentido, Alice Monteiro de Barros nos ensina que "a saúde, como bem jurídico afetado, é um pressuposto do dano e poderá dar ensejo a um efeito de natureza patrimonial e/ou moral", de maneira que "o dano à saúde [é] considerado como a diminuição da integridade psicofísica do trabalhador, em toda sua dimensão humana concreta, provocada pelo empregador, por meio de uma conduta dolosa, culposa ou por um risco criado"(22).

---

tempo à disposição, não eliminada a condição de cômputo quando se verificar concretamente que o transporte era condição e/ou necessidade irrefutável, e não de escolha própria do empregado, para possibilitar o trabalho no horário e local designados pelo empregador, mantendo-se o parâmetro desenvolvido pela Súmula n. 90 do TST, caso em que fará jus o trabalhador à contagem, como tempo de trabalho, do tempo de deslocamento gasto em trecho de difícil acesso ou sem transporte público por meio fornecido pelo empregador, na ida ou retorno para o trabalho. Inteligência do art. 3º, "c", da Convenção n. 155 da OIT. 2. Inaplicabilidade do § 2º do art. 58 da Lei n. 13.467/2017 ao trabalho executado na atividade rural". Disponível em: <http://www.jornadanacional.com.br/listagem-enunciados-aprovados.asp>. Acesso em: 09 jun. 2020.

(21) BRASIL. Ministério da Economia. *Ofício circular SEI n. 1088/2020/ME*. Disponível em: <http://trabalho.gov.br/images/Noticias/OFCIO_CIRCULAR_SEI_n_1088_de_2020_ME2.pdf>. Acesso em: 09 jun. 2020.

(22) BARROS, Alice Monteiro de. *Curso de direito do trabalho*. 10. ed. São Paulo: LTr, 2016. p. 700-701.

Com efeito, lançando mão de uma interpretação sistemática da legislação pátria, que conjuga aspectos constitucionais-civis-trabalhistas(23), a Covid-19 pode ser caracterizada como: (1) doença profissional, assim entendida aquela produzida ou desencadeada pelo exercício do trabalho em determinada função ou profissão — tendo como exemplo a situação atual dos profissionais de saúde; e (2) doença do trabalho, entendida como aquela decorrente das condições as quais o empregado ou empregada são expostos ou pelo meio ambiente do trabalho, isto é, surge no ambiente de trabalho, mas não está diretamente ligada à função ou profissão.

Em ambos os casos, para além da cobertura previdenciária pelo auxílio-doença, poderá incidir a responsabilidade civil com fins de indenizar o empregado ou empregada, seja pela culpa ou dolo existentes quando o ambiente laboral é exposto à imprudência, imperícia ou negligência do empregador ou empregadora, a exemplo do não fornecimento de EPIs (responsabilidade subjetiva), seja pela execução de atividade que, por sua natureza, é de risco, a exemplo da atividade desenvolvida pelos profissionais de saúde (responsabilidade objetiva).

Destarte, remetendo essa lógica ao tema do presente trabalho, o empregador ou empregadora que não observar estritamente as normas referentes à saúde, higiene e segurança do trabalho, bem como as orientações dos órgãos de saúde para enfrentamento à Covid-19, no transporte fornecido pela empresa, estará sujeito à responsabilização civil, uma vez que o tempo despendido pelo empregado ou empregada em transporte fornecido pela empresa, naqueles casos de difícil acesso, não acobertados integralmente por transporte público ou com quadro de horários incompatíveis, é considerado tempo à disposição do empregador ou empregadora, fazendo, portanto, parte da jornada de trabalho.

Referências

BRASIL. *Constituição da República Federativa do Brasil de 1988.* Brasília, DF. Disponível em: <http://www.planalto.gov.br/ccivil_03/constituicao/constituicao.htm>. Acesso em: 07 maio 2010.

______. *Consolidação das Leis do Trabalho.* Decreto-lei n. 5.452, de 1º de maio de 1943. Disponível em: <http://www.planalto.gov.br/ccivil_03/decreto-lei/del5452.htm>. Acesso em: 10 maio 2020.

______. *Medida Provisória n. 927, de 22 de março de 2020.* Brasília, DF. Disponível em: <http://www.planalto.gov.br/ccivil_03/_ato2019-2022/2020/Mpv/mpv927.htm>. Acesso em: 26 maio 2020.

(23) Desconsiderando, por exemplo, a tentativa de restrição trazida pelo art. 29 da Medida Provisória n. 927, que, inclusive, teve sua eficácia suspensa liminarmente pela Suprema Corte (ADI n. 6.346; ADI n. 6.348; ADI n. 6.349; ADI n. 6.352; ADI n. 6.354; ADI n. 6.342; e ADI n. 6.344), bem como a disposição limitativa do art. 20, § 1º, "d", da Lei n. 8.213/91.

______. Ministério da Economia. *Ofício Circular SEI n. 1088/2020/ME*. Disponível em: <http://trabalho.gov.br/images/Noticias/OFCIO_CIRCULAR_SEI_n_1088_de_2020_ME2.pdf>. Acesso em: 30 maio 2020.

______. Confederação Nacional do Transporte. *Pesquisa de mobilidade da população urbana.* Brasília: CNT: NTU, 2017. Disponível em: <https://www.ntu.org.br/novo/upload/Publicacao/Pub636397002002520031.pdf>. Acesso em: 28 maio 2020.

BARROS, Alice Monteiro de. *Curso de direito do trabalho.* 10. ed. São Paulo: LTr, 2016. p. 700-701.

DELGADO, Mauricio Godinho. *Curso de direito do trabalho:* obra revista e atualizada conforme a lei da reforma trabalhista e inovações normativas e jurisprudenciais posteriores. 18. ed. São Paulo: LTr, 2019. p. 1.034.

JANON, Renato da Fonseca; GARCIA, Cynthia Gallera. Reforma trabalhista não acabou com o direito às horas *in itinere*. *Revista Consultor Jurídico*, dez. 2018. Disponível em: <https://www.conjur.com.br>. Acesso em: 23 maio 2020.

MARX, Karl. *Crítica do programa de Gotha.* Seleção, tradução e notas de Rubens Enderle. São Paulo: Boitempo, 2012. p. 33.

OIT, Organização Internacional do Trabalho. É necessário garantir a proteção dos trabalhadores agora e após o fim do confinamento. *Portal ILO: Notícias*, abr. 2020. Disponível em: <https://www.ilo.org/brasilia/noticias/WCMS_743059/lang--pt/index.htm>. Acesso em: 26 maio 2020.

PLÁ RODRIGUEZ, Américo. *Princípios do Direito do Trabalho.* Tradução de Wagner D. Giglio. 3. ed. atual. São Paulo: LTr, 2000.

SOUTO MAIOR, Jorge Luiz. Que a doença nos cure: há esperança?. *Blog pessoal virtual: Jorge L. Souto Maior*. Publicado em 21/04/2020. Disponível em: <https://www.jorgesoutomaior.com/blog/que-a-doenca-nos-cure-ha-esperanca>. Acesso em: 28 maio 2020.

UFRJ, Universidade Federal do Rio de Janeiro, *Impacto Covid-19 (coronavírus) – risco por ocupação*. Disponível em: <https://impactocovid.com.br/>. Acesso em: 26 maio 2020.

VAN DOREMALEN N, BUSHMAKER T, MORRIS DH, *et al.* Aerosol and surface stability of SARS-CoV-2 as compared with SARS-CoV-1. *The New England Journal of Medicine. Epub*, 17 mar. 2020. Disponível em: <https://www.nejm.org/doi/10.1056/NEJMc2004973>. Acesso em: 25 maio 2020.

WHO, World Health Organization. *Director-General's opening remarks at the media briefing on Covid-19 – 11 March 2020.* Disponível em: <https://www.who.int/dg/speeches/detail/who-director-general-s-opening-remarks-at-the-media-briefing-on-Covid-19---11-march-2020>. Acesso em: 25 maio 2020.

______. *WHO Coronavirus Disease (Covid-19) Dashboard.* Atualizada em: 09 jun. 2020. Disponível em: <https://Covid-19.who.int/>. Acesso em: 09 jun. 2020.

Covid-19 e Acesso à Justiça do Trabalho

Joana Roberta Gomes Marques

1. Introdução

O presente trabalho tem como objetivo descrever a importância e utilização do princípio do acesso à Justiça do Trabalho em meio a uma pandemia sem precedentes, gerada pelo vírus Covid-19, que levou as pessoas ao redor de quase todos os países do mundo à necessidade de confinamento e distanciamento social de uma hora para outra.

Nesse contexto, a Justiça do Trabalho Brasileira teve e tem papel fundamental, sendo protagonista das decisões mais equilibradas e sensatas num momento tão delicado, sobretudo diante da gravidade e efeitos nefastos e imediatos do Covid-19, observando os preceitos constitucionais vigentes e normas internacionais do qual o Brasil é signatário.

Longe de esgotar o tema, mas especificá-lo de uma forma bem pontual, especialmente no que diz respeito ao acesso do jurisdicionado para fazer valer a observância de seus direitos, sobretudo pelos reflexos gerados na economia, sobretudo nas relações do trabalho e emprego.

2. Linhas gerais do princípio constitucional do acesso à Justiça

A Organização das Nações Unidas (ONU) ao tratar da importância do acesso à justiça deixa certo que "O acesso à justiça é um princípio básico do Estado de direito. Sem acesso à justiça, as pessoas não podem ouvir suas vozes, exercer seus direitos, enfrentar discriminação ou responsabilizar os tomadores de decisão (...)."[(1)].

(1) ONU, Organização das Nações Unidas. *A ONU e o estado de direito*. Acesso à justiça, 28 set. 2019. Disponível em: <https://www.un.org/ruleoflaw/es/thematic-areas/access-to-justice-and-rule-of-law-institutions/access-to-justice/>. Acesso em: 28 set. 2019.

A Universidade de Oxford (Inglaterra/Reino Unido) quando se trata do tema acesso à justiça registra que "as partes interessadas na justiça observaram longamente que a capacidade dos cidadãos de acessar a justiça é fundamental em uma democracia liberal governada pelo Estado de Direito"(2).

Na doutrina moderna, o escritor FRANCIONI, Francesco, em seu artigo científico "Access to Justice as a Human Right" destaca que "No direito internacional, como em qualquer outro sistema jurídico, o respeito e a proteção dos direitos humanos podem ser garantidos apenas pela disponibilidade de recursos judiciais eficazes. Quando um direito é violado ou um dano é causado, o acesso à justiça é de fundamental importância para o indivíduo ferido e é um componente essencial do estado de direito"(3).

Já os doutrinadores Pamplona Filho, Rodolfo; Souza, Tercio Roberto Peixoto, na Obra Curso de direito processual do trabalho(4) deixam certo o papel histórico e de destaque do acesso à justiça, conforme destacam:

> "Historicamente se tem buscado preservar o acesso ao Judiciário como valor para a sociedade brasileira. Com a redemocratização do país e a edição da Constituição Federal de 1988, natural a necessidade de reafirmação desse direito fundamental, no art. 5º, XXXV, da Carta, qual seja, o da inafastabilidade da jurisdição, no sentido de que nem a lei poderia excluir da apreciação do Poder Judiciário lesão ou ameaça a direito."

O princípio do acesso à justiça é um direito fundamental previsto na Convenção Interamericana de Direitos Humanos de São José da Costa Rica. No Brasil, a Constituição Federal o prevê, em art. 5º, XXXV, e é cláusula marcante tão presente num momento de uma pandemia sem precedentes. Através dele, todos têm direito a postular judicialmente tutelas preventivas ou reparatórias de um direito.

O acesso à justiça é tão importante, em qualquer momento seja ele qual for, mas fica mais nítido em momentos tão cruciais como os que estamos vivendo (ano de 2020). Fundamental não somente para dirimir conflitos presentes, evitar e/ou coibir ameaça a direitos, mas principalmente na condução do equilíbrio e direcionamento para reorganização e norteamento dos novos rumos do país.

---

(2) OXFORD, UNIVERSITY OF, FACULT OF LAW. *Collective Access to Justice.* Disponível em: <https://www.law.ox.ac.uk/collective-access-justice>. Acesso em: 28 set. 2019.

(3) FRANCIONI, Francesco. Access to Justice as a Human Right. *Oxford: Oxford University Press.* Data de publicação impressa: 2012. Disponível em: <https://www.oxfordscholarship.com/mobile/view/10.1093/acprof:oso/9780199233083.001.0001/acprof-9780199233083>. Acesso em: 28 set. 2019.

(4) PAMPLONA FILHO, Rodolfo; SOUZA, Tercio Roberto Peixoto. *Curso de direito processual do trabalho.* 2. ed. São Paulo: Saraiva Educação, 2020. p. 92.

O princípio do acesso à justiça é dinâmico e evolui conforme as necessidades dos jurisdicionados. Trata-se de uma perspectiva de acesso ao Poder Judiciário. O acesso à justiça em sua plenitude deve ser permeado pela remoção de barreiras/obstáculos e atuar com eficácia, em qualquer situação, seja ela qual for.

E é com esse sentimento que buscamos desbravar e apontar os mecanismos utilizados de modo a possibilitar o mais amplo e eficaz acesso à justiça.

3. Covid-19, uma pandemia sem precedentes

Por meio do Decreto n. 6, de 20 de março de 2020, foi decretado no Brasil, estado de calamidade pública em razão do impacto mundial do vírus do Covid-19. Cabe, ainda, destacar que a Organização Mundial de Saúde (OMS) decretou pandemia em nível mundial.

Mas, o que vem a ser uma pandemia? Segundo pesquisas realizadas, através do artigo de MORALES, Juliana entitulado "O que é pandemia? Definição, histórico e gravidade (2020)" citou que "a Organização Mundial de Saúde — OMS aduz que uma pandemia é a disseminação mundial de uma nova doença causada pelo novo coronavírus (Sars-Cov-2)".[(5)]

Tudo isso causou um grande impacto, sobretudo porque as pessoas ao redor de todo o mundo tiveram que ficar confinadas em suas casas, o que resultou num efeito de grandes proporções em todos os aspectos da vida cotidiana, inclusive na economia, no Judiciário Trabalhista, etc. Isto porque o mundo não estava completamente preparado para algo semelhante. Isto porque não havia testes, vacinas e insumos capazes de disseminar a doença de forma imediata.

A Organização das Nações Unidas (ONU), em artigo científico cujo título é "Todos na luta contra uma pandemia sem precedentes"[(6)], publicado em 03.04.2020, deixou o seguinte registro:

> "Apenas ***trabalhando em conjunto*** o mundo poderá enfrentar as consequências devastadoras da Covid-19, afirma o secretário-geral das Nações Unidas, António Guterres, em ***artigo de opinião publicado em jornais de todo o mundo***. Ele defende testagem e identificação de contatos, quarentenas, tratamentos e medidas de segurança para equipes médicas, combinadas com a ***restrição de movimento e de contatos*** até que apareçam terapias e vacinas." (g.n.)

---

(5) MORALES, Juliana. *O que é pandemia?* Definição, histórico e gravidade. Publicado em 18.03.2020. Disponível em: <https://guiadoestudante.abril.com.br/estudo/o-que-e-pandemia-definicao-historico-e-gravidade/>. Acesso em: 10 maio 2020.

(6) ONU, Organização das Nações Unidas. *Todos na luta contra uma pandemia sem precedentes*. Disponível em: <https://nacoesunidas.org/artigo-todos-na-luta-contra-uma-pandemia-sem-precedentes/>. Publicado em: 03 abr. 2020. Acesso em: 10 maio 2020.

Nessa linha de pensamento, medidas de acesso ao judiciário foram postas à disposição do jurisdicionado pelo Poder Judiciário Trabalhista, de modo que se alinhasse o direito à vida/saúde, acesso à justiça, eficácia, precisão e qualidade, de modo a não excluir da apreciação do Poder Judiciário lesão ou ameaça a direito, sobretudo diante dos impactos na economia e em especial nas relações de trabalho e emprego, conforme se passará a demonstrar.

4. O acesso à Justiça do Trabalho em meio à pandemia

O princípio do acesso à justiça tem papel de destaque em todos os tempos e tem maior realce em tempos de pandemia, sobretudo na tutela de direitos, no equilíbrio das relações e nos novos rumos para o desenvolvimento em torno de todo o mundo.

Não se pode perder de vista o impacto dessa pandemia sem precedentes na economia, no seu entorno e sobretudo nas relações de trabalho e emprego que geram riquezas e giram a economia. Neste contexto, tão necessária é a especialidade da matéria, sobretudo para uma maior eficácia das respostas de que necessitam os jurisdicionados que dela necessitam.

Ninguém melhor que um especialista para tratar de um assunto do qual está preparado no sentido de dar soluções com maior eficácia para o seu destinatário. E é neste sentido que ninguém melhor que o Poder Judiciário Trabalhista para tratar das questões que lhe são inerentes.

A Justiça do Trabalho sai fortalecida em meio a pandemia. E isto fica muito claro, sobretudo diante das recentes alterações legislativas feitas às pressas para regular as relações trabalhistas em meio à pandemia. Isto porque não há economia sem o trabalho.

Nesse contexto, o acesso á justiça foi posto à disposição do jurisdicionado de modo que se alinhasse o direito à vida/saúde, acesso à justiça, eficácia, precisão e qualidade, de modo a não excluir da apreciação do Poder Judiciário lesão ou ameaça a direito.

Com efeito, a Justiça do Trabalho adotou diversas estratégias para agir com prontidão e rapidez de modo a garantir o acesso à justiça no período de distanciamento social, o qual foi orientado pelas autoridades de saúde de todo o mundo.

Dentre as diversas medidas, podemos apontar audiências por vídeo conferência, algumas Varas do Trabalho adiantaram a formulação de perguntas que seriam feitas em audiência através de despachos para as partes informarem se existe, por exemplo, a possibilidade de acordo, provas que as partes pretendem produzir, etc.

A direção do Conselho Superior da Justiça do Trabalho (CSJT) editou atos normativos, consolidando e uniformizando as diversas medidas adotadas no âmbito da Justiça do Trabalho, a fim de prevenir o contágio pelo Covid-19 e garantir o acesso à Justiça, como o trabalho remoto temporário, o funcionamento dos serviços judiciários não presenciais e as sessões de julgamento telepresenciais.

O acesso à Justiça do Trabalho foi mantido ininterruptamente em regime de plantão judicial, nos termos da Resolução n. 313, de 19.03.2020, do Conselho Nacional de Justiça (CNJ), através do uso da tecnologia, de modo a garantir a tutela de direitos pelo jurisdicionado, especialmente pela insegurança jurídica gerada frente a elaboração de atos normativos às pressas em meio à pandemia sem o debate e reflexões necessários, tais como medidas provisória de questionável constitucionalidade.

Houve um período de suspensão de prazos e o funcionamento da Justiça do Trabalho foi por meio de plantão judicial, mas a partir de maio/2020 foi cessado o plantão judicial, mas em razão da necessidade de manutenção do distanciamento social (quarentena) objetivando tutelar a vida/saúde das pessoas e o contágio da doença que culminou a pandemia, o Poder Judiciário Trabalhista tão necessário, sobretudo pelos reflexos imediatos nas relações de trabalho e emprego, tem se utilizado de meios tecnológicos de forma a preservar o princípio tão caro do acesso à justiça.

Entre os serviços considerados essenciais às atividades mínimas da Justiça do Trabalho estão o protocolo, a distribuição, a comunicação e a publicação processual, a elaboração de despachos e decisões judiciais e administrativas, além da realização de audiências e sessões telepresenciais de julgamento. Tem havido, dentre outros meios, a comunicação eletrônica (*e-mail*), telefônica entre magistrados, advogados, servidores, representantes do Ministério Público com o mais amplo acesso à justiça.

Também pode-se citar posicionamento de destaque da Justiça do Trabalho no sentido da possibilidade da liberação total do FGTS em tempos de calamidade pública. Nessa linha bem destacou o doutrinador SOUTO MAIOR, Jorge Luiz "o art. 20, XVI, da Lei n. 8.036, que já autoriza o saque em caso de "desastre natural" sem qualquer limitação de valor.[(7)]"

Pode-se destacar também os inúmeros acordos homologados pela Justiça do Trabalho no sentido de dar segurança jurídica às partes, sobretudo porque a elaboração às pressas de diversos instrumentos normativos deixaram as partes contratantes expostos a uma insegurança jurídica sem precedentes.

---

(7) SOUTO MAIOR, Jorge Luíz. *A MP n. 936 e a imprevisão nos acordos trabalhista*. Publicado em 28.04.2020. Disponível em: <https://www.jorgesoutomaior.com/blog/a-mp-936-e-a-imprevisao-nos-acordos-trabalhistas>. Acesso em: 20 jun. 2020.

Além disso, a Justiça do Trabalho destinou milhões de reais ao combate ao coronavírus, valores fruto de indenizações por danos morais coletivos ou multas trabalhistas em ações do Ministério Público do Trabalho e beneficiaram 25 estados e o Distrito Federal[(8)].

Em tempos de pandemia o acesso à justiça se materializou, também, com o acesso à informação através do *e-mail* da Serventia e do Gabinete do magistrado para informações tanto às partes, advogados e representantes do Ministério Público. O que nas palavras do doutrinador Leite, Carlos Henrique Bezerra é o sentido integral do acesso à justiça, isto, é o acesso à justiça integral com acesso à informação e orientação jurídica:[(9)]

> "(...) No sentido integral, acesso à Justiça significa também acesso à informação e à orientação jurídica, e a todos os meios alternativos de composição de conflitos, pois o acesso à ordem jurídica justa é, antes de tudo, uma questão de cidadania. (...)"

Também muito presente em tempos de pandemia é a atuação dos Sindicatos e entidades associativa com a utilização do acesso à justiça e pronto atendimento da Justiça do Trabalho com um esforço incessante de aplicação do direito à espécie afastand, o que os doutrinadores Francisco Ferreira Jorge Neto, Jouberto de Quadros Pessoa Cavalcante chamam de acesso coletivo à justiça:[(10)]

> "Há vários dispositivos fundamentais que garantem o Estado Democrático de Direito, os quais norteiam a aplicação — interpretação e integração — das normas jurídico-trabalhistas pelo magistrado trabalhista, tais como: o princípio da igualdade (art. 5º, *caput*), do contraditório e da ampla defesa (art. 5º, LV), da imparcialidade do juiz, da motivação das decisões (art. 93, IX), do devido processo legal (art. 5º, LIV), do juiz natural (art. 5º, LIII), da inafastabilidade do controle jurisdicional (acesso individual ou coletivo à justiça) (art. 5º, XXXV) e da razoabilidade da duração do processo."

Por fim, liminares foram e têm sido apreciadas, levantamento de valores, resguardo de direitos, dentre outros atos foram feitos. Atos conjuntos de enfrentamento e soluções equilibradas, amparadas pelo anseio de justiça, decoro, eficácia, eficiência,

(8) CONJUR, Revista Consultor Jurídico. Ações Trabalhistas. *Justiça do Trabalho destina R$ 160 milhões de indenizações à prevenção da Covid-19.* Publicado em 13.04.2020. Disponível em: <https://www.conjur.com.br/2020-abr-13/jt-destina-160-milhoes-indenizacoes-prevencao-coronavirus>. Acesso em: 10 maio 2020.

(9) BEZERRA LEITE, Carlos Henrique. *Curso de direito processual do trabalho.* 17. ed. São Paulo: Saraiva Educação, 2019. 1. p. 191.

(10) JORGE NETO, Francisco Ferreira; CAVALCANTE, Jouberto de Quadros Pessoa. *Direito Processual do Trabalho.* 8. ed. São Paulo: Atlas, 2019.. p. 91.

agilidade e qualidade, atributos tão caros e observados pela Justiça Especializada Trabalhista, materializando o acesso à justiça de forma integral em tempos de pandemia ou não.

5. Conclusão

Em meio a uma pandemia sem precedentes, as palavras de ordem são eficiência e responsabilidade. Eficiência no sentido de todos envidarem esforços, cada um no seu nicho de atuação no sentido de dar as respostas eficazes e responsáveis para enfrentamento e solução da questão posta. Responsabilidade no sentido de que o que está em jogo é a vida/saúde das pessoas.

A Justiça do Trabalho mostrou a sua eficiência, responsabilidade, importância ao longo do tempo e em tempos de pandemia ainda mais, para enfrentamento das questões atinentes aos impactos gerados nas relações de trabalho e emprego e que estão por vir em razão dos reflexos da pandemia do Covid-19, dando respostas do quão ela é e será necessária e eficaz, sobretudo no enfrentamento da pandemia e seus efeitos.

O acesso à Justiça do Trabalho e a utilização de todos os meios deixa cristalizada a necessidade de especialização da matéria para uma resposta efetiva, eficiente, justa e célere, harmonizando princípios de caráter universal, tais como o direito ao trabalho, à vida/saúde, acesso à justiça e dignidade humana, sem excluir da apreciação do Poder Judiciário lesão ou ameaça a direito. Afinal, sem vida não há trabalho e sem trabalho não há economia.

6. Bibliografia

BEZERRA LEITE, Carlos Henrique. *Curso de direito processual do trabalho*. 17. ed. São Paulo: Saraiva Educação, 2019. p. 191.

CONJUR, Revista Consultor Jurídico. Ações Trabalhistas. Justiça do Trabalho destina R$ 160 milhões de indenizações à prevenção da Covid-19. Publicado em 13.04.2020. Disponível em: <https://www.conjur.com.br/2020-abr-13/jt-destina-160-milhoes-indenizacoes-prevencao--coronavirus>. Acesso em: 10 maio 2020.

FRANCIONI, Francesco. *Access to Justice as a Human Right*. Oxford: Oxford University Press. Data de publicação impressa: 2012. Disponível em: <https://www.oxfordscholarship.com/mobile/view/10.1093/acprof:oso/9780199233083.001.0001/acprof-9780199233083>. Acesso em: 28 set. 2019.

JORGE NETO, Francisco Ferreira; CAVALCANTE, Jpuberto de Quadros Pessoa. *Direito Processual do Trabalho*. 8. ed. São Paulo: Atlas, 2019. p. 91.

MORALES, Juliana. *O que é pandemia?* Definição, histórico e gravidade. Publicado em 18.03.2020. Disponível em: <https://guiadoestudante.abril.com.br/estudo/o-que-e-pandemia-definicao-historico-e-gravidade/>. Acesso em: 10 maio 2020.

ONU, Organização das Nações Unidas. *A ONU e o estado de direito*. Acesso à justiça, 28.09.2019. Disponível em: <https://www.un.org/ruleoflaw/es/thematic-areas/access-to-justice-and-rule-of-law-institutions/access-to-justice/>. Acesso em: 28 set. 2019.

______. *Todos na luta contra uma pandemia sem precedentes*. Disponível em: <https://nacoesunidas.org/artigo-todos-na-luta-contra-uma-pandemia-sem-precedentes/>. Publicado em: 03 abr. 2020. Acesso em: 10 maio 2020.

OXFORD, UNIVERSITY OF, FACULT OF LAW. *Collective Access to Justice*. Disponível em: <https://www.law.ox.ac.uk/collective-access-justice>. Acesso em: 28 set. 2019.

PAMPLONA FILHO, Rodolfo; SOUZA, Tercio Roberto Peixoto. *Curso de direito processual do trabalho*. 2. ed. São Paulo: Saraiva Educação, 2020. p. 92.

SOUTO MAIOR, Jorge Luiz. *A MP n. 936 e a imprevisão nos acordos trabalhista*. Publicado em 28.04.2020. Disponível em: <https://www.jorgesoutomaior.com/blog/a-mp-936-e-a-imprevisao-nos-acordos-trabalhistas>. Acesso em: 20 jun. 2020.

Covid-19: Prescrição e Decadência

Daiana Monteiro Santos

Conceitos e aspectos legais de prescrição e decadência

Os institutos da prescrição e decadência, embora possuam fundamentos comuns, são distintos quanto aos efeitos e ao objeto.

No tocante à decadência, esta tem por efeito a extinção de direitos não demandados oportunamente e, consequentemente, inviabiliza sua garantia judicial. Para esses casos, podem-se falar de prazos estabelecidos por lei, convenções coletivas ou contratos(1). Os prazos decadenciais estão vinculados normalmente ao exercício de direitos potestativos, todavia, nem todos os direitos potestativos pressupõem a existência de um prazo para ser exercido(2).

Em relação à prescrição, seus prazos são essencialmente previstos em lei e o efeito de seu decurso resulta na extinção da pretensão (art. 189 do Código Civil) vinculada ao direito, tornando-o impotente, isto é, resulta na impossibilidade de exigir judicialmente seu direito, mas o direito em si, não deixa de existir. A prescrição se verifica em nome da segurança jurídica, de modo a prevalecer este princípio, em detrimento do que é justo. "Se o justo não é perseguido em certo tempo, fica a ordem jurídica com a segurança, em favor da estabilização social(3)."

---

(1) No direito do trabalho há poucas hipóteses de prazo decadencial. Pode-se citar o prazo previsto no art. 853 da CLT quanto à propositura de inquérito judicial para apuração de falta grave. Há, ainda, o prazo decadencial previsto na Súmula n. 62 do TST e é comum a fixação de prazos de decadência em normas coletivas e regulamentos de empresa.

(2) AMORIM FILHO, Agnelo. Critério Científico para distinguir a prescrição da decadência e para identificar as ações imprescritíveis. *Revista de Direito Processual Civil*, São Paulo, v. 3º, p. 95-132, jan./jun. 1961.

(3) DELGADO, Mauricio Godinho. *Curso de direito do trabalho:* obra revista e atualizadas conforme a lei da reforma trabalhista e inovações normativas e jurisprudenciais posteriores.18. ed. São Paulo: LTr, 2019. p. 297.

Em regra, o termo inicial do prazo prescricional se dá pela *"actio nata"*, isto é, pela violação de um direito que pode ser demandado em juízo. Violado o direito, nasce a pretensão contra o sujeito passivo, de modo que os efeitos da prescrição atingem apenas as ações condenatórias.

O prazo decadencial corre continuamente, enquanto no tocante ao prazo prescricional, a legislação prevê hipóteses de suspensão, impedimento e de interrupção, as quais são aplicáveis ao Direito do Trabalho subsidiariamente (art. 207 do Código Civil).

A interrupção da prescrição resulta na contagem de novo prazo prescricional desde seu início após o encerramento da causa interruptiva do seu prazo e, neste caso, estabeleceu o Código Civil de 2002, o limite de interrupção em uma única vez, para as situações previstas no art. 202, sendo que ao direito do trabalho possuem maior relevância, as hipóteses dos incisos I, II, V e VI(4).

O impedimento do prazo prescricional se dá quando há situações que impedem o início de sua contagem.

A suspensão do prazo prescricional ocorrerá quando este já houver iniciado mas surgem circunstâncias que sustam sua contagem e o prazo retomará seu curso de onde parou quando a causa suspensiva desaparecer.

Em regra, as causas suspensivas e impeditivas de contagem do prazo prescricional independem da vontade da parte beneficiada, pois são fatores externos que lhe inviabilizam ou restringem a defesa de seus interesses jurídicos.

Destacam-se quanto à sua aplicabilidade no direito do trabalho, dentre as hipóteses impeditivas ou suspensivas do prazo prescricional, a incapacidade absoluta (arts. 440, CLT, 198, I, do Código Civil e art. 10 da Lei n. 5.889/1973) ou superveniente, se o titular do direito se ausentar do país em serviço da União, Estados e Municípios, a prestação de serviços militares em tempo de guerra (art. 198, III do Código Civil), quando houver pendência de condição suspensiva ou quando o prazo não estiver vencido (art. 199, I e II, do Código Civil).

A doutrina informa duas outras hipóteses de impedimento ou suspensão do prazo prescricional, denominadas "obstáculo judicial e obstáculo legal(5)". Enquadram-se a estas situações "a sustação de atividades do foro trabalhista na comarca",

(4) "Art. 202. A interrupção da prescrição, que somente poderá ocorrer uma vez, dar-se-á: I – por despacho do juiz, mesmo incompetente, que ordenar a citação, se o interessado a promover no prazo e na forma da lei processual; II – por protesto, nas condições do inciso antecedente; (...) V – por qualquer ato judicial que constitua em mora o devedor; VI – por qualquer ato inequívoco, ainda que extrajudicial, que importe reconhecimento do direito pelo devedor."

(5) LEAL, Antônio Luis da Câmara. *Da Prescrição e da Decadência* – Teoria Geral do Direito Civil, 4. ed. Rio de Janeiro: Forense, 1982, p. 165-166. In: DELGADO, *op. cit.*, p. 301.

importando em efetivo obstáculo de acesso à Justiça. Demais disso, obstáculos legais também podem resultar na privação para acionar o Poder Judiciário.

As consequências decorrentes da pandemia em razão da Covid-19, como o fechamento temporário, mediante decretos estaduais e municipais(6) de estabelecimentos comerciais, restrição de circulação de transportes terrestres, aéreos e fluviais, suspensão de atendimento presencial em escritórios de advocacia, suspensão de ensino presencial, bem como as normas oriundas do Conselho Nacional de Justiça (CNJ)(7) e Tribunais determinando a interrupção das atividades nos fóruns, evidenciam os obstáculos citados no parágrafo acima.

A pandemia do Covid-19 provocou a redução das ações judiciais trabalhistas ordinárias em cerca de 35%(8) e isso se deve às políticas de distanciamento implantadas em grande parte do país, consoante acima explanado.

Em contrapartida, ações trabalhistas relacionadas ao novo Coronavirus aumentaram. Todavia, em vista das restrições citadas, sabe-se que o crescimento do número dessas demandas não revela o amplo acesso à Justiça e sim, a elevação expressiva de conflitos e violações a direitos trabalhistas em razão da crise oriunda da pandemia, de modo que o aumento das demandas, no contexto atual, seria muito superior sem as citadas limitações. Em vista disso e, considerando ainda a contração das ações trabalhistas ordinárias, estima-se o crescimento significativo de novas demandas judiciais após o termo das medidas restritivas de circulação de pessoas e funcionamento de estabelecimentos públicos e privados.

O direito de acesso à Justiça é garantia constitucional que deve ser observada em qualquer circunstância (art. 5º, XXXV, da Constituição da República(9)), sobretudo em tempos de crise, tendo em vista a consequente elevação de violações de direitos, especialmente aqueles oriundos de relação contratuais nas quais as partes se encontram

(6) Citem-se alguns atos normativos prevendo a restrição de circulação de pessoas, fechamento temporário de estabelecimentos e suspensão de atendimento presencial: Decreto do Governo do Estado de São Paulo n. 64.879 de 20 de março de 2020 (DIsponível em: <http://dobuscadireta.imprensaoficial.com.br/default.aspx?DataPublicacao=20200323&Caderno=DOE-I&NumeroPagina=1>); Decreto do Governo do Estado da Bahia n. 19-586 de 27 de março de 2020 (Disponível em: <http://www.legislabahia.ba.gov.br/documentos/decreto-no-19586-de-27-de-marco-de-2020>); Decreto do Município de Salvador n. 32.272 de 19 de março de 2020 (Disponível em: <https://leismunicipais.com.br/a/ba/s/salvador/decreto/2020/3228/32272/decreto-n-32272-2020-define-medidas-complementares-para-o-enfrentamento-da-pandemia-decorrente-do-coronavirus>) e; Decreto do Governo do Estado do Amazonas n. 42.145 de 31 de março de 2020 (Disponível em: <https://www.legisweb.com.br/legislacao/?id=392237>).

(7) Resoluções ns. 313 e 314 do Conselho Nacional de Justiça.

(8) CASTANHO, William. Ações trabalhistas caem 35%; na contramão, as ligadas ao coronavírus disparam. *Folha de S. Paulo*, 25 maio 2020. Disponível em: <https://www1.folha.uol.com.br/mercado/2020/05/acoes-trabalhistas-caem-35-na-contramao-as-ligadas-a-virus-disparam.shtml>. Acesso em: 20 jun. 2020.

(9) "Art. 5º, XXXV – a lei não excluirá da apreciação do Poder Judiciário lesão ou ameaça a direito".

em condições desiguais, como o contrato de emprego. Assim, eventual restrição desse direito fundamental deve ser combatida e, portanto, durante o período de Calamidade Pública decorrente da pandemia do Covid-19[(10)], impõe-se a necessidade de suspender ou impedir o decurso do prazo prescricional.

Covid-19 e suas consequências nos prazos prescricionais trabalhistas

a. Restrições de acesso à Justiça

Os prazos prescricionais trabalhistas estão previstos no art. 7º, XXIX da Constituição da República e são reiterados pelo art. 11, *caput* da CLT, os quais correspondem a cinco anos, até o limite de dois anos após a extinção do contrato.

A pandemia provocada pelo Covid-19 é fato público e notório desde a declaração pública de pandemia pela Organização Mundial da Saúde (OMS) de 11 de março de 2020[(11)] e, em decorrência disso, foi decretado o estado de Calamidade Pública no Brasil abrangendo o período de 20.03.2020 a 31.12.2020[(12)].

A suspensão de atendimento nas unidades judiciárias com o fim de evitar a propagação do novo Coronavirus se deu por meio da Resolução n. 313 editada pelo CNJ em 19.03.2020, a qual estabelece a suspensão do trabalho presencial nas unidades judiciárias e dispõe quanto ao regime de Plantão Extraordinário no âmbito do Poder Judiciário Nacional, a fim de estabelecer a uniformização do funcionamento dos serviços judiciários e garantir o acesso à Justiça, de modo a assegurar a manutenção de atividades essenciais, dentre elas, a distribuição de processos judiciais. A referida resolução assegurou a suspensão dos prazos processuais até 30.04.2020 e resoluções posteriores mantiveram a suspensão das atividades presenciais nas unidades judiciárias de todo país[(13)]. Considerando as peculiaridades de cada região do país, o CNJ editou a Resolução n. 322 de 1º.06.2020 estabelecendo a possibilidade de cada Tribunal retomar as atividades presenciais de forma gradual e sistematizada.

Em relação às restrições de deslocamento, bem como à vedação de atendimentos em escritórios de advocacia e fechamento de demais estabelecimentos cuja atuação não está relacionada a serviços essenciais, tais decisões partiram de governos estaduais e municipais conforme o avanço da pandemia no país[(14)].

---

(10) Decreto Legislativo n. 06/2020.

(11) OMS afirma que Covid-19 é agora caracterizada como pandemia. *OPAS*, 11 mar. 2020. Disponível em: <https://www.paho.org/bra/index.php?option=com_content&view=article&id=6120:oms-afirma-que-Covid-19-e-agora-caracterizada-como-pandemia&Itemid=812>. Acesso em: 15 jun. 2020.

(12) Decreto Legislativo n. 06 de 2020.

(13) Com exceção da suspensão dos prazos processuais, o prazo de vigência da Resolução n. 313 foi prorrogado pela Resolução n. 318 e, em seguida, pela Portaria n. 79 de 2020.

(14) Ilustrativamente: o Estado de São Paulo decretou em 22.03.2020 medida de quarentena com a suspensão de atendimento presencial ao público em estabelecimentos comerciais e prestadores de serviços não

No que se referem às atividades essenciais, os Decretos ns. 10.282/2020 e 10.329/2020 reconhecem apenas a essencialidade de atividades de representação judiciais e extrajudiciais, assessoria e consultoria jurídicas exercidas pela advocacia pública da União, de maneira a serem, em princípio, legítimas as normas estaduais e municipais que determinem a suspensão de atendimentos presenciais em escritórios de advocacia privados.

Tendo em conta as restrições de atendimento acima relatadas, corroboradas pela contenção de circulação de pessoas e de contato, não apenas por imposição normativa, mas também pelo medo que atinge a população em geral, entende-se evidenciada a privação de exercício de direitos e, mais especificamente, a restrição de acesso à Justiça.

Ora, o cidadão que se encontra privado de buscar auxílio jurídico sem acesso a atendimento nas unidades do Poder Judiciário e escritórios de advocacia em razão da pandemia do Covid-19 não dispõe de liberdade de exercer seu direito de ação e, portanto, o curso dos prazos prescricionais, sendo os da esfera trabalhista quinquenais e bienais, importa na violação do direito fundamental garantido no art. 5º, XXXV, da Constituição da República.

Como se vê, as consequências oriundas da pandemia que prejudicam o direito de exercer a pretensão se dão por motivos alheios à vontade do interessado. Não se trata, portanto, de descuido do titular do direito.

Importante ressaltar que o fato de nos dias atuais os processos judiciais tramitarem por meio eletrônico não altera a restrição de acesso à Justiça aos cidadãos, porquanto, para atuar com representação de advogado, necessário, inicialmente, acesso a tal assistência jurídica e, caso o interessado pretenda se utilizar do *"jus postulandi"*[15], é crucial possuir o mínimo conhecimentos técnico no tocante ao uso dos sistemas dos Tribunais e jurídico para ingressar com demanda judicial, os quais, para a grande maioria da classe trabalhadora, são limitados. Além disso, o interessado deve possuir certificado digital para poder distribuir sua ação[16].

O *"jus postulandi"* compõe uma das características do processo trabalhista e mesmo com o advento do processo judicial eletrônico, tal direito foi garantido por

relacionados a atividades essenciais destacadas em seu texto e aquelas relacionadas no § 1º do art. 3º do Decreto federal n, 10.282/2020; O Estado do Amazonas adotou medidas restritivas similares por meio do Decreto n. 42.061, de 16 de março de 2020;

(15) "é a capacidade de postular em juízo conferida à própria parte na Justiça do Trabalho, nos termos do que dispõe o art. 791, da CLT, *in verbis*: Os empregados e os empregadores poderão reclamar pessoalmente perante a Justiça do Trabalho e acompanhar as suas reclamações até o final." SCHIAVI, Mauro. Manual de Direito Processual do Trabalho de acordo com o novo CPC. 11 ed. São Paulo: LTr, 2016. p. 335.

(16) Manual do Usuário sem representação. Disponível em: <https://www.pje.jus.br/wiki/index.php/Manual_do_Usu%C3%A1rio_sem_representa%C3%A7%C3%A3o#Vis.C3.A3o_geral_Painel_do_Jus_postulandi>. Acesso em: 17 jun. 2020.

meio de atendimento disponibilizado nas unidades da Justiça do Trabalho para cadastramento e distribuição da demanda sem a exigência de que as partes possuam certificação digital. Com a suspensão das atividades presenciais nos fóruns trabalhistas em razão da pandemia, verifica-se o cerceamento do "jus postulandi" e, consequentemente, o direito de acesso à Justiça.

Daí, para se garantir o cumprimento do mandamento constitucional de acesso à Justiça, os obstáculos judiciais e legais oriundos da pandemia devem ser considerados para validar a suspensão ou impedimento dos prazos prescricionais e, para tanto, observar o prazo estabelecido no Decreto Legislativo n. 06 de 2020, pois assim, prestigiará não apenas o amplo acesso à Justiça, como o respeito às medidas sanitárias e a segurança jurídica, porquanto sua aplicação seria em todo território brasileiro. Há juristas que defendem a sustação dos prazos prescricionais "enquanto vigorar a determinação de suspensão dos prazos processuais e do atendimento presencial pelo Conselho Nacional de Justiça"(17), porém a suspensão sob tais condições poderia afetar a segurança jurídica, uma vez que cada Tribunal retomará suas atividades presenciais em datas distintas e gradativamente, conforme autorizado pela Resolução n. 322 do CNJ e, assim, haveria variados períodos de suspensão de prazo prescricional em todo país.

Não obstante o cenário apresentado pela pandemia, as legislações civil e trabalhista são silentes acerca da possibilidade de suspensão ou impedimento de prazo prescricional por motivo de força maior, como o caso da pandemia do novo Coronavírus, daí questiona-se acerca da taxatividade das hipóteses previstas nos arts. 197 a 201 do Código Civil, uma vez que direitos fundamentais constitucionais devem ser assegurados, especialmente em momentos de crise. Possivelmente o silêncio legislativo no Brasil se deve ao fato da situação extraordinária e inédita trazida pela pandemia do Covid-19 no Brasil, pois inexiste na história do país um fato que tenha gerado um impacto nacional semelhante.

Em contrapartida, no direito comparado, há normas específicas de sustação de prazos prescricionais por motivos de força maior, como pode-se constatar no art. 2.234 do Código Civil francês, no qual ressalta o impedimento e suspensão do prazo prescricional quando verificada a impossibilidade de agir em razão de impedimento legal, convencional ou por força maior(18). Sob o mesmo prisma, porém com restrição temporária,

---

(17) COELHO, Fabiano; GASPAR, Danilo Gonçalves; MIZIARA, Raphael; SOUZA JÚNIOR, Antonio Umberto. *Prescrição trabalhista no contexto da pandemia do Covid-19.* MEDIDA PROVISÓRIAS 927/2020 comentada artigo por artigo. São Paulo: Revista dos Tribunais. p. 32.

(18) "Article 2234 En savoir plus sur cet article... Modifié par LOI n. 2008-561 du 17 juin 2008 – art. 1 La prescription ne court pas ou est suspendue contre celui qui est dans l'impossibilité d'agir par suite d'un empêchement résultant de la loi, de la convention ou de la force majeure." Disponível em: <https://www.legifrance.gouv.fr/affichCode.do;jsessionid=37DB17B2FA28FA35D8778A64CA414709.tplgfr38s_1?idSectionTA=LEGISCTA000019017102&cidTexte=LEGITEXT000006070721&dateTexte=20200627>. Acesso em: 17 jun. 2020.

há o art. 321º do Código Civil português ao dispor: "1. A prescrição suspende-se durante o tempo em que o titular estiver impedido de fazer valer o seu direito, por motivo de força maior, no decurso dos últimos três meses do prazo.(19)" O Código Civil alemão dispõe a possibilidade de suspensão do prazo prescricional por força maior, quando faltar seis meses para a consumação de seu prazo(20).

A demonstração de legislações estrangeiras tem por objetivo ressaltar a importância de se garantir o efetivo acesso à Justiça e evitar danos por circunstâncias alheias à vontade dos interessados.

b. Alterações legislativas decorrentes da pandemia do novo coronavírus

A partir do contexto excepcional trazido pela pandemia do Covid-19, foi editada a MP n. 927 em 20.03.2020 estabelecendo em seu art. 23, exclusivamente no tocante aos débitos relativos a contribuições do Fundo de Garantia do Tempo de Serviço (FGTS), a suspensão do prazo prescricional por 120 (cento e vinte) dias a contar de 22.03.2020. Acerca disso, indaga-se a conduta do legislador na edição da citada Medida Provisória ao se atentar apenas quanto à suspensão em face do FGTS, parcela acessória às verbas remuneratórias contratuais, permanecendo, contudo, silente, no tocante às demais matérias trabalhistas, não menos importante.

Ao que parece, esse questionamento se explica pelo fato de a flexibilização propiciada pelo legislador em relação à contribuição do FGTS ter visado atender apenas os interesses do empregador durante o período de crise gerado pela pandemia. Assim, quanto à suspensão do prazo prescricional, a intenção original foi de atingir o exercício do direito de ação pela Caixa Econômica Federal. Todavia, o fundo de garantia possui natureza híbrida, isto é, é destinado a políticas públicas como um dos mais importantes fundos sociais e consiste também em direito do trabalhador e, portanto, tal suspensão deve também se aplicar aos processos trabalhistas.

Mais recentemente foi sancionada a Lei n. 14.010/2020 cujo art. 3º dispõe acerca da suspensão e impedimento dos prazos prescricionais e decadenciais até 30.10.2020 com início em 10.06.2020, ou seja, a contar da vigência da lei. No tocante à norma em questão, relevante ressaltar dois pontos: primeiramente, o projeto de lei foi apresentado em 13.04.2020 e sua tramitação se deu em caráter de urgência tendo sido remetido à sanção presidencial em 21.05.2020, entretanto, muito embora a urgência, foi sancionado apenas em 10-06-2020; além disso, é evidente o caráter restritivo

(19) Código Civil portugês. Disponível em: <https://www.igac.gov.pt/documents/20178/358682/C%C3%B3digo+Civil.pdf/2e6b36d8-876b-433c-88c1-5b066aa93991>. Acesso em: 17 jun. 2020.

(20) "Section 206 Suspension of limitation in case of force majeure Limitation is suspended for as long as, within the last six months of the limitation period, the obligee is prevented by force majeure from prosecuting his rights". Disponível em: <https://www.gesetze-im-internet.de/englisch_bgb/englisch_bgb.html#p0631>. Acesso em: 17 jun. 2020.

trazido pela lei em comento, porquanto, a suspensão do prazo prescricional se deu somente após a publicação da norma legal, mantendo-se silente quanto ao período pretérito, isto é, desde o início do estado de Calamidade Pública.

Por fim, acerca da possibilidade de suspensão e impedimento dos prazos prescricionais e suspensão de prazos de decadência por motivo de caso fortuito e força maior foi apresentado o Projeto de Lei n. 2.095/2020 em 22.04.2020 que visa acrescentar tal possibilidade no Código Civil brasileiro(21).

No tocante às normas existentes, tendo em vista a previsão de suspensão/ impedimento de prazo prescricional exclusivamente quanto ao FGTS a partir de 22.03.2020, cujo intervalo se encerraria em 21.07.2020, entende-se que o previsto na Lei n. 14.010/2020 lhe aproveitará em razão do exposto no § 1º, do seu art. 3º "Este artigo não se aplica enquanto perdurarem as hipóteses específicas de impedimento, suspensão e interrupação dos prazos prescricionais previstas no ordenamento jurídico nacional" (grifado), de modo que, após o término do prazo de 120 dias previsto na MP n. 927, ainda estará em vigor o prazo previsto na Lei n. 14.010/2020.

Dessa maneira, por previsão legal específica editada em razão da pandemia do novo Coronavirus, há duas hipóteses de suspensão/impedimento de prazo prescricional aplicáveis à seara trabalhista:

- demandas relacionadas exclusivamente à contribuição de FGTS a suspensão/impedimento deve ser contada a partir de 22.03.2020, com termo em 30.10.2020;
- demandas abrangendo demais questões trabalhistas a suspensão/impedimento conta-se de 10.06.2020 a 30.10.2020.

Diante disso, considerando o fato de a suspensão dos prazos prescricionais e decadenciais não abrangerem a fase restritiva ao exercício do direito de ação em sua integralidade, imprescindível o aprofundamento dos estudos na busca referências legais para fundamentar a ampliação no tempo de tal suspensão.

---

(21) O referido projeto de lei justifica a alteração do Código Civil nos seguintes termos: "A presente proposição objetiva incluir como causa de interrupção do prazo de prescrição e suspensão do prazo decadencial o motivo de caso fortuito ou força maior. Entendemos oportuno e conveniente incluir no Código Civil tal previsão em casos como o que vivemos atualmente da pandemia do novo coronavírus (Covid-19).

A proposta se mostra adequada já que, em estado de calamidade pública, no período da crise, pode haver impossibilidade do exercício de pretensões e direitos.

Há de se observar que a suspensão dos prazos que ora apresentamos se tratam das relações privadas, não se aplicando aos prazos de direito administrativo, penal etc.

O instituto do caso fortuito ou força maior previsto no art. 393 do Código Civil Brasileiro não alcança os prazos prescricionais e decadenciais.

Desta maneira, se faz necessária a observância pelo Poder Legislativo para a relevância de suspensão dos prazos, sendo conveniente a alteração legislativa que se pretende.

Diante do exposto, contamos com o apoio dos ilustres pares para a aprovação do presente projeto de lei"

c. Recurso ao ordenamento jurídico brasileiro para sustar prazos prescricionais e sua análise sob as perspectivas do acesso à Justiça e segurança jurídica

Os embaraços decorrentes da pandemia atingem o direito do trabalho de maneira peculiar, porquanto aos processos trabalhistas aplicam-se os prazos prescricionais bienal e quinquenal, isto é, ainda que o trabalhador ingresse com sua demanda dentro do prazo prescricional bienal pós pandemia, pode sofrer prejuízos em relação ao prazo quinquenal se a duração de seu contrato e o objeto de questionamento judicial for atingido por este prazo prescricional. Ora, o fato de aguardar o relaxamento das restrições destacadas acima para poder ingressar com sua ação judicial não pode lhe ser prejudicial. Daí ser fundamental considerar a suspensão/impedimento da contagem dos prazos prescricionais e decadenciais no período de calamidade pública constante no Decreto Legislativo n. 06/2020, pois, além de garantir segurança jurídica, estar-se-ia adotando prazo comum e amplo de forma isonômica.

Acerca disso, questiona-se o fato de, dentre as medidas adotadas pelos Poderes Executivo e Legislativo em decorrência da pandemia do Covid-19, aquelas que asseguram a garantia de acesso à Justiça — como a suspensão/impedimento de prazo prescricional e decadencial — e de proteção ao trabalhador, obterem prazos exíguos de vigência, enquanto que as destinadas a assegurar os interesses do capital de forma indiscriminada e flexibilização de direitos trabalhistas tenham seus efeitos ampliados, isto é, nos limites do referido Decreto Legislativo, cujos impactos, em detrimento da classe trabalhadora, invariavelmente podem superar o período de Calamidade Pública.

No intento de assegurar o mandamento constitucional de acesso à Justiça nesse período de pandemia e considerando as consequências oriundas do confinamento comunitário, busca-se analisar, em especial, o instituto da prescrição e sua conexão ao processo, uma vez que sua ocorrência importa na perda do direito de buscar judicialmente a pretensão.

Parcela da doutrina reconhece que, embora a prescrição tenha sede no direito material, tal instituto está diretamente ligado ao direito processual e, a partir deste contexto, aplicar-se-ia o disposto no art. 223, § 1º, do CPC para justificar a sustação do prazo prescricional.[22] Assim, demonstrando uma causa justa, alheia à sua vontade, para ingressar em juízo, a parte poderia obter a desconsideração da prescrição da pretensão, inclusive sobre aquela decorrente do prazo quinquenal[23]. No processo

(22) "Art. 223. Decorrido o prazo, extingue-se o direito de praticar ou de emendar o ato processual, independentemente de declaração judicial, ficando assegurado, porém, à parte provar que não o realizou por justa causa. § 1º Considera-se justa causa o evento alheio à vontade da parte e que a impediu de praticar o ato por si ou por mandatário. § 2º Verificada a justa causa, o juiz permitirá à parte a prática do ato no prazo que lhe assinar."

(23) "Há, ainda, o posicionamento esposado, dentre outros, por Humberto Theodoro Júnior, que considera a prescrição (= prazo para exercício de pretensão) como matéria também ligada ao direito processual

laboral, há norma semelhante no tocante à possibilidade de prorrogação de prazos em virtude de força maior, devidamente comprovada, consoante estabelece o art. 775, § 1º, II, da CLT.

A jurisprudência já admitiu a prorrogação do prazo prescricional por circunstâncias distintas daquelas previstas no Código Civil, o que indica a possibilidade de aplicação de outras normas legais para evitar a prescrição em razão de impedimentos alheios à vontade do interessado:

> "PROCESSUAL CIVIL. OFENSA AO ART. 1.022 DO CPC/2015 NÃO CONFIGURADA.PRESCRIÇÃO. TERMO AD QUEM IMPLEMENTADO DURANTE O RECESSO FORENSE.PRORROGAÇÃO DO PRAZO. CABIMENTO.
>
> 1. A solução integral da controvérsia, com fundamento suficiente, não caracteriza ofensa ao art. 1.022 do CPC/2015.
>
> 2. O Superior Tribunal de Justiça firmou o entendimento de que o prazo prescricional para o ajuizamento da ação se prorroga para o primeiro dia útil seguinte, caso venha a findar no recesso forense.
>
> Precedentes: REsp 1446608/RS, rel. Ministro Paulo de Tarso Sanseverino, Terceira Turma, DJe 29.10.2014; EREsp n. 667.672/SP, rel. Ministro José Delgado, Corte Especial, DJe 26.06.2008.
>
> 4. Recurso Especial conhecido parcialmente e, nessa parte, não provido.
>
> (REsp n. 1.741.839/PR, rel. Ministro HERMAN BENJAMIN, SEGUNDA TURMA, julgado em 21.06.2018, DJe 12.03.2019)"(24)

O mesmo entendimento é adotado pela jurisprudência do Superior Tribunal de Justiça acerca dos prazos decadenciais, tendo inclusive adotado o art. 775 da CLT para fundamentar tal dilação probatória:

— embora tenha sede no direito material — sendo possível extrair daquele os princípios que nortearão o tratamento adequado do tema. Essa corrente não destoa do entendimento preconizado por Pontes de Miranda, tendo em vista que este defende a necessidade de a causa da suspensão constar do Código Civil ou "de textos de lei", de forma geral. Nessa perspectiva, apesar de inexistir no Código Civil disposição acerca da suspensão ou interrupção do prazo prescricional por força maior, o mesmo não ocorre em relação ao Código de Processo Civil de 2015. Este, em seu art. 223, prevê expressamente a possibilidade de, alegado o impedimento (justa causa), o juiz admitir que a parte pratique o ato posteriormente, ou seja, depois do término do prazo outrora assinalado pela legislação. A justa causa, nos termos do § 1º do art. 223, é "o evento alheio à vontade da parte e que a impediu de praticar o ato por si ou por mandatário". Esse conceito pode abarcar, perfeitamente, a atual pandemia e as medidas de isolamento, a depender do caso concreto e da extensão destas". MAZZEI Rodrigo, AZEVEDO, Bernardo. Prescrição: "o direito não socorre aos que dormem". E aos que se isolam? 31 mar. 2020. Disponível em: <https://www.migalhas.com.br/coluna/migalhas-contratuais/323091/prescricao-o-direito-nao-socorre-aos-que-dormem--e-aos-que-se-isolam>. Acesso em: 15 jun. 2020.

(24) Jurisprudência do Superior Tribunal de Justiça. Disponível em: <https://scon.stj.jus.br/SCON/jurisprudencia/toc.jsp?livre=%22PRESCRI%C7%C3O%22+E+RECESSO&b=ACOR&thesaurus=JURIDICO&p=true>.

"PROCESSUAL CIVIL. AÇÃO RESCISÓRIA. DECADÊNCIA. TÉRMINO DO PRAZO EM DIA NÃO ÚTIL. PRORROGAÇÃO.

Ainda que decadencial, o prazo para ajuizamento da ação rescisória prorroga-se para o primeiro dia útil. (AgRg no Resp n. 747.308/DF, DJ 19.03.2007, rel. Min. Humberto Gomes de Barros) 6. No mesmo sentido: Resp n. 167.413/SP, DJ 24.08.1998, rel. Min. Garcia Vieira; Resp n. 84.217/MG, DJ 03.02.1997, rel. Min. Demócrito Reinaldo; Resp n. 51.968/SP, DJ 10.10.1994, rel. Min. Cesar Asfor Rocha; Enunciado n. 100 do TST: – [...] IX – Prorroga-se até o primeiro dia útil, imediatamente subsequente, o prazo decadencial para ajuizamento de ação rescisória quando expira em férias forenses, feriados, finais de semana ou em dia em que não houver expediente forense. Aplicação do art. 775 da CLT. (ex-OJ n. 13 da SBDI-2 – inserida em 20.09.00). 7. Embargos providos para o fim de que, reconhecida a divergência, seja empregada na hipótese em exame a solução adotada pelo acórdão embargado, prorrogando-se o prazo de ajuizamento da ação rescisória para o primeiro dia útil seguinte, porquanto a expiração do biênio autorizativo do pleito rescisório ocorreu no curso das férias forenses. Em decorrência, sejam os autos enviados ao juízo de primeiro grau, para o regular julgamento do feito. (EREsp n. 667.672/SP EMBARGOS DE DIVERGÊNCIA EM RECURSO ESPECIAL 2007/0160889-0)"[25]

Pois bem, se prazos prescricionais e decadenciais podem ser prorrogados até o término do recesso forense, sendo este um evento previsível, a aplicação do mesmo entendimento se justifica ainda mais para a situação sob análise, porquanto o país está passando por uma crise sanitária decorrente de uma pandemia imprevisível com reflexos para toda população. Logo, pelos fundamentos legais constantes no direito processual comum e trabalhista, deve-se admitir a suspensão do prazo prescricional por motivo de força maior.

Assim, é substancial a sustação do curso dos prazos prescricionais durante o período da pandemia do Covid-19 — ante o notório obstáculo ao exercício do direito de reclamar na Justiça — e, portanto, conceder interpretação extensiva às hipóteses de suspensão e impedimento do prazo prescricional elencados no Código Civil[26].

Conclusão

O direito fundamental de acesso à Justiça não pode ser afastado pela simples razão de oferecer risco à segurança jurídica, especialmente em situações de crise, como a trazida pela pandemia do Covid-19, cuja instabilidade sanitária, econômica, social e humanitária possui impacto inédito e incalculável em todo país e, sendo assim, deve-se buscar a aplicação de ambos os postulados de forma equilibrada.

---

(25) Disponível em: <https://scon.stj.jus.br/SCON/jurisprudencia/toc.jsp?i=1&b=ACOR&livre=((%27ERESP%27.clas.+e+@num=%27667672%27)+ou+(%27EREsp%27+adj+%27667672%27.suce.))&thesaurus=JURIDICO&fr=veja>.

(26) COELHO, Fabiano; GASPAR, Danilo Gonçalves; MIZIARA, Raphael; SOUZA JÚNIOR, Antonio Umberto. *Prescrição trabalhista no contexto da pandemia do Covid-19.* MEDIDA PROVISÓRIAS 927/2020 comentada artigo por artigo. Revista dos Tribunais. p. 28.

O cerne da problemática em relação aos prazos prescricionais está no fato de o impedimento de acesso à Justiça ter se dado por motivo alheio à vontade do interessado. Devendo ser aplicado raciocínio similar no tocante aos prazos decadenciais, sobretudo aqueles legais em que se depende do Poder Judiciário para implementar o direito.

Adotar a sustação dos prazos prescricionais e decadenciais nos períodos não abrangidos pela MP n. 927 de 2020 acerca do FGTS e pela Lei n. 14.010/2020 em relação às demais matérias utilizando, em princípio, os limites temporais trazidos pelo Decreto Legislativo n. 06 de 2020, prestigia o princípio fundamental de acesso à Justiça, não viola a segurança jurídica — ante a notoriedade do estado de Calamidade Pública vivido no país e no mundo — e demonstra tratamento isonômico aos cidadãos de forma ampla em todo território nacional, deixando, dessa maneira, de considerar apenas os interesses de uma camada da sociedade, como infelizmente, tem sido feito na maioria das alterações legislativas em matéria de Direito do Trabalho promovidas nos últimos anos, inclusive aquelas justificadas na pandemia do Covid-19(27).

Em que pesem os arts. 223, do CPC e 775 da CLT dispuserem sobre prazos processuais, ante a associação dos institutos sob análise com o direito material, a jurisprudência tem, acertadamente, estendido sua aplicação à prescrição e decadência, muito embora seus prazos mantenham seu curso independentemente de processo.

Ainda que haja gradual relaxamento das medidas de contenção, permanecerá a recomendação de redução de circulação de pessoas, especialmente aquelas em situação de risco e, como pode-se observar em países cuja expansão do vírus foi controlada, novas ondas de sua propagação vem surgindo.

Portanto, para evitar alternâncias constantes de períodos de sustação e de curso dos prazos prescricionais e decadenciais e, desse modo, garantir a segurança jurídica e amplo acesso à Justiça, a solução mais acertada é a suspensão dos prazos prescricionais e decadenciais pelo período de 20 de março de 2020 a 31 de dezembro de 2020.

Bibliografia

AMORIM FILHO, Agnelo. Critério Científico para distinguir a prescrição da decadência e para identificar as ações imprescritíveis. *Revista de Direito Processual Civil*. São Paulo, v. 3º, jan./jun. 1961.

BUCAR, Daniel, TERRA, Aline de Miranda Valverde. *Prescrição e Covid-19:* o que pode ser feito em relação aos prazos prescricionais?. 26 mar. 2020. Disponível em: <https://politica.estadao.com.br/blogs/fausto-macedo/prescricao-e-covid-19-o-que-pode-ser-feito-em-relacao-aos-prazos-prescricionais/>. Acesso em: 18 jun. 2020;

(27) Findadas as circunstâncias restritivas de direito antes do término do período de calamidade pública estabelecido no referido Decreto, inexiste impedimento ao Poder competente para readequar as datas o que, evidentemente, seria seguido para fins de contagem e sustação dos prazos prescricionais.

CASTANHO, William. Ações trabalhistas caem 35%; na contramão, as ligadas ao coronavírus disparam. *Folha de S. Paulo*, 25 maio 2020. Disponível em: <https://www1.folha.uol.com.br/mercado/2020/05/acoes-trabalhistas-caem-35-na-contramao-as-ligadas-a-virus-disparam.shtml>. Acesso em: 20 jun. 2020.

COELHO, Fabiano; GASPAR, Danilo Gonçalves; MIZIARA, Raphael; SOUZA JÚNIOR, Antonio Umberto. Prescrição trabalhista no contexto da pandemia do Covid-19. ***MEDIDA PROVISÓRIAS 927/2020 comentada artigo por artigo***. Revista dos Tribunais. p. 21-32.

DELGADO, Mauricio Godinho. *Curso de direito do trabalho:* obra revista e atualizadas conforme a lei da reforma trabalhista e inovações normativas e jurisprudenciais posteriores.18. ed. São Paulo: LTr, 2019.

MAZZEI Rodrigo; AZEVEDO, Bernardo. Prescrição: "O direito não socorre aos que dormem". E aos que se isolam?. *Migalhas*, 31 mar. 2020. Disponível em: <https://www.migalhas.com.br/coluna/migalhas-contratuais/323091/prescricao-o-direito-nao-socorre-aos-que-dormem--e-aos-que-se-isolam>. Acessado em: 15 jun. 2020.

SCHIAVI, Mauro. *Manual de Direito Processual do Trabalho de acordo com o novo CPC*. 11. ed. São Paulo: LTr, 2016.

OMS afirma que Covid-19 é agora caracterizada como pandemia. *OPAS*. 11 mar. 2020. Disponível em: <https://www.paho.org/bra/index.php?option=com_content&view=article&id=6120:oms-afirma-que-Covid-19-e-agora-caracterizada-como-pandemia&Itemid=812>. Acesso em: 15 jun. 2020.

Covid-19 e o Trabalho *des Magistrades*[1] Trabalhistas

Patrícia Maeda

Introdução

A pandemia de Covid-19, declarada pela Organização Mundial da Saúde (OMS) em 11 de março de 2020, surgiu em um contexto de crises social, ecológica, econômica e política. Entre mandos e desmandos, no dia 09 de agosto de 2020, atingiu-se no Brasil o lamentável número oficial de 3.013.902 pessoas infectadas e 100.546 mortes confirmadas, registrando-se ainda a subnotificação em virtude da ausência de testagem em massa e, portanto, de fonte segura para apuração de tais números, que se estimam ser múltiplas vezes maior na realidade.

O Poder Judiciário, sob a coordenação do Conselho Nacional de Justiça (CNJ), suspendeu o atendimento presencial desde meados de março, mantendo a maior parte de seus quadros em trabalho remoto. A Justiça do Trabalho se destacou neste período por ter a quase totalidade dos processos em andamento já no formato eletrônico (PJE), o que possibilitou a continuidade da tramitação, e por ter incentivado a realização de audiências telepresenciais. A ampla divulgação de números aferindo a produtividade *des magistrades* durante este período (com o número de despachos, decisões e sentenças proferidas), divulgada semanalmente no portal do CNJ, é um exemplo de transparência para a sociedade. O objetivo deste artigo é a reflexão sobre como se dá o trabalho *des magistrades* trabalhistas por trás destes números.

Poder Judiciário Trabalhista no neoliberalismo

O movimento neoliberal chega ao Brasil a partir dos anos 1990, com uma década de "atraso" em relação aos países da OCDE, mas as condições materiais não eram iguais nem próximas às daqueles Estados. Apesar disso, desde então, busca-se implementar as mesmas medidas de austeridade, com a falaciosa necessidade de se reduzir

(1) O uso da terminação 'e' é a tentativa de inclusão do gênero não binário na língua portuguesa e como alternativa para a usual generalização no masculino, possibilitando ainda a leitura para pessoas com deficiência visual.

o Estado (e os gastos públicos) e os direitos sociais, em conformidade com o chamado Consenso de Washington. A ideologia neoliberal tomou força no Brasil, trazendo consigo as propagandas da modernidade e da flexibilização como fundamento para "repensar o direito do trabalho", o que, no concreto, significava *destruir a ideia de proteção do trabalhador* como se fosse algo necessário ou até mesmo inevitável para o aumento de produtividade ou de competitividade no cenário global. Isso se reflete nas relações de trabalho, de modo que se tem verificado na reestruturação produtiva pós-fordista uma forte tendência à *precarização do emprego e das condições de trabalho.*

Dentro dessa lógica mercantil, em 1996, o Banco Mundial chegou a fazer propostas para a Reforma do Judiciário aos Estados da América Latina e Caribe "para aprimorar a qualidade e eficiência da Justiça, fomentando um ambiente propício ao comércio, financiamentos e investimentos". A proposta de se implementar métodos de gestão e de controle no Poder Judiciário se justificaria na eficiência e uma série de pressupostos negativos, sem ficar claro de onde surgiu tal diagnóstico:

> O Poder Judiciário, em várias partes da América Latina e Caribe, tem experimentado em demasia longos processos judiciais, excessivo acúmulo de processos, acesso limitado à população, falta de transparência e previsibilidade de decisões e frágil confiabilidade pública no sistema. Essa ineficiência na administração da justiça é um produto de muitos obstáculos, incluindo a falta de independência do judiciário, inadequada capacidade administrativa das Cortes de Justiça, deficiência no gerenciamento de processos, reduzido número de juízes, carência de treinamentos, prestação de serviços de forma não competitiva por parte dos funcionários, falta de transparência no controle de gastos de verbas públicas, ensino jurídico e estágios inadequados, ineficaz sistema de sanções para condutas antiéticas, necessidade de mecanismos alternativos de resolução de conflitos e leis e procedimentos enfadonhos.[2]

O Poder Judiciário deixa de ser concebido como instrumento para o exercício de justiça, cidadania e democracia, ainda que ideologicamente, para ser pensado como instrumento para viabilizar investimentos externos. Ao buscar atender aos interesses supramencionados com, por exemplo, decisões de restrição ao direito de greve ou de negação ao direito constitucional de ação, além de incondicional fomento à política conciliatória — com ampla divulgação de números e sem levar em conta a renúncia de direitos que muitas vezes está subjacente aos acordos homologados —, a Justiça do Trabalho deu forte contribuição para a expansão do ideário neoliberal. Com o decorrer do tempo, ela passou a provar de seu próprio veneno, sofrendo, digamos, assédio moral[3] com recorrente desqualificação de sua função na promoção de justiça social.

---

(2) DAKOLIAS, Maria. *DOCUMENTO TÉCNICO NÚMERO 319: O SETOR JUDICIÁRIO NA AMÉRICA LATINA E NO CARIBE — elementos para reforma.* Tradução de: Sandro Eduardo Sardá. Washington, 1996. p. 7. Disponível em: <https://www.anamatra.org.br/attachments/article/24400/00003439.pdf>. Acesso em: 10 jul. 2020.

(3) CARELLI, Rodrigo L. A Justiça do Trabalho sob assédio moral: um caso de vida ou morte. In: *Jota*. Publicado em: 19 out. 2016. Disponível em: <https://jota.info/artigos/justica-trabalho-sob-assedio-moral-um-caso--de-vida-ou-morte-19102016>. Acesso em: 10 jul. 2020.

Essa destruição da imagem e da própria estrutura da Justiça do Trabalho se deu de diversas formas: desde notícias falaciosas imputando a juízes do trabalho o elevado número de processos, descolando-se da realidade do descumprimento das leis nas relações de trabalho; até o discurso de parlamentar que defende o corte orçamentário da Justiça do Trabalho "como forma de estimular uma reflexão sobre a necessidade e urgência" de mudanças na legislação trabalhista[(4)] no sentido de redução de direitos, cujo preço político o próprio Poder Legislativo não tinha interesse em arcar até 2016, mas que foi assumido a partir de 2017 com muita força.

Paralelamente, a crítica repetida sobre a intervenção do Estado nas relações de trabalho busca fundamentar a desregulamentação do contrato de trabalho em benefício da liberdade contratual e, assim, da tal flexibilidade. No entanto, a desregulamentação do contrato de trabalho não representa uma ausência do Estado nas relações de trabalho. Trata-se sim de uma opção política neoliberal instrumentalizada pelo Estado por meio de leis, que limitam, reduzem ou permitem reduzir os direitos trabalhistas. De maneira geral, podemos afirmar ainda que a reestruturação produtiva pós-fordista está alicerçada na ideologia da flexibilidade, que, combinada com o ideário neoliberal, volta-se tão somente contra a classe trabalhadora, no seguinte sentido: direitos trabalhistas conquistados — e não meramente concedidos — no passado tornam-se entraves à dinâmica do mercado e passam a ser considerados privilégios.

Além disso, a forma de gestão neoliberal privilegia a produtividade à continuidade da relação. A empresa deseja extrair imediatamente a maior produtividade possível da pessoa trabalhadora, sem se preocupar em criar uma relação que perdure no tempo. Chama de colaboradore, tentando apagar sua condição de trabalhadore assalariade e subordinade numa tentativa de envolvimento manipulatório, porém, sem preservar sua capacidade produtiva futura, pois o objetivo é obter os melhores resultados a qualquer custo. Nessa racionalidade, o que importa é a saúde da organização, ainda que à custa da saúde de trabalhadore, sobretudo o temporárie e terceirizade, que corresponde à expectativa da lógica de investimento a curto prazo. À pessoa trabalhadora tudo é efêmero e nada é garantido: o emprego, os benefícios sociais, o futuro... Nesta lógica, as EC ns. 95 ("PEC do fim do mundo") e 103 ("reforma previdenciária") são parte desse processo ultraliberal que atingem magistrades trabalhistes, como trabalhadores.

Na magistratura, a aferição de produtividade por números, por si só, não é necessariamente algo negativo. No entanto, ao combinar-se com o critério tempo de processo (como se fosse correspondente ao princípio da celeridade), pode inverter a

(4) Ver em Relatório Geral ao PL n. 7, de 2015 (PLOA 2016), p. 19. Disponível em: <http://www.camara.gov.br/proposicoesWeb/prop_mostrarintegra?codteor=1427235&filename=RLF+1+CMO+%3D%3E+PL-N+7/2015+CN>. Acesso em: 16 maio 2020.

finalidade do processo judicial, que deixa de ser a resolução do conflito material com justiça social, para ser a resolução do próprio processo judicial (como um fim em si mesmo).

Ser magistrade do trabalho na reestruturação produtiva pós-fordista

Em 2002, o trabalho seminal de Lipp e Tanganelli abordou o *stress* ocupacional para es juízes do trabalho, ou seja, com nexo de causalidade com o exercício da atividade judicante. O *stress* é definido nessa pesquisa como "uma reação muito complexa, composta de alterações psicofisiológicas que ocorrem quando o indivíduo é forçado a enfrentar situações que ultrapassem sua habilidade de enfrentamento"(5). Trata-se, portanto, de um conceito bem abrangente e cujo processo se divide em três fases: alerta ou alarme, resistência e exaustão, sendo que os sintomas se diferenciam dependendo da seriedade do *stress*.

Uma das conclusões da pesquisa foi a de que 71% *des magistrades* tinham sintomas significativos de *stress*, sendo que 68% foram avaliados na fase de resistência, caracterizada pelo

> [...] cansaço físico e mental, dificuldades com a memória e uma maior vulnerabilidade a que doenças geneticamente programadas ou infecciosas ocorram devido à baixa no funcionamento do sistema imunológico. A produtividade pode também ser reduzida devido aos sintomas que aparecem. Se o organismo não consegue reverter o processo, a pessoa entra na fase de exaustão quando ela fica quase que impossibilitada de exercer suas funções. (p. 543)

Na fase de resistência, as juízas (81,6%) representaram percentual bastante superior aos juízes (55,6%), o que revela um forte componente de gênero nessa condição, ao que as pesquisadoras atribuem a tripla jornada de trabalho:

> A jornada tripla de trabalho se refere ao fato de que muitas mulheres além das funções regulares de esposa/mãe, exercem posições profissionais de destaque e após a família ir descansar ou dormir elas iniciam uma terceira jornada, cuidando de projetos ou tarefas que trouxeram para terminar em casa e que não puderam concluir até tarde por terem de cuidar da família. A terceira jornada se constitui em uma sessão de trabalho que se estende até altas horas da noite, em cujo caso a pessoa deixa de dormir o número de horas necessário para seu bem-estar e

(5) LIPP, Marilda E. Novaes; TANGANELLI, M. Sacramento. Stress e qualidade de vida em Magistrados da Justiça do Trabalho: diferenças entre homens e mulheres. *Psicol. Reflex. Crit.*, Porto Alegre, v. 15, n. 3, p. 537-548, 2002. Disponível em: <http://www.scielo.br/scielo.php?script=sci_arttext&pid=S0102-79722002000300008&lng=en&nrm=iso>. Acesso em: 10 jul. 2020.

> pode entrar em um processo de agravamento do *stress* já existente ou desencadeamento do *stress* em si. (p. 543)

As autoras verificaram, em pesquisa realizada no âmbito do Tribunal Regional do Trabalho da 15ª Região, com 75 magistrades respondentes em 2006, que a principal fonte de stress na época era o número de feitos a julgar (96%) e apontaram algumas preocupações.

> Os dados obtidos revelam um quadro preocupante no que toca a uma classe ocupacional que exerce a função fundamental de julgar processos trabalhistas, onde a capacidade de raciocínio, o poder da lógica, a memória e a paciência são qualidades absolutamente imprescindíveis para o adequado desenvolvimento dos processos e tomada de decisões justas. A saúde e a qualidade de vida desta classe trabalhista estão sofrendo o impacto de um nível de *stress* excessivamente alto e isto, por si só, já mereceria uma atenção especial das associações de classe e de profissionais da área da saúde. Acrescente-se à esta preocupação humanista, outra, mais abrangente, que é a do impacto que tal nível de *stress* poderia, se não controlado, causar nos processos trabalhistas a serem julgados.[(6)]

A introdução da lógica de produtividade, importada das técnicas de gestão das grandes empresas privadas, tem colocado em concorrência por performance juízes e unidades de trabalho. A imposição de metas no Poder Judiciário com base apenas em números e prazos é uma questão sobre a qual devemos refletir, sobretudo sobre o que se espera desse tipo de controle. Para além das metas sugeridas pelo CNJ nacionalmente, há casos em que os próprios tribunais também traçam objetivos a serem alcançados. Isso não seria um problema, se estivéssemos falando de um planejamento estratégico democrático com vistas ao aprimoramento da prestação jurisdicional. No entanto, a prática de criar critérios para classificar es magistrades e as unidades judiciárias (varas do trabalho, neste caso) tem servido como forma de exercer mais pressão sobre o trabalho des juízes e servidores.

A pesquisa realizada em 2013/2014 pelo sociólogo do trabalho Giovanni Alves[(7)] com mais de 400 magistrades do trabalho nos revela dados importantes, como, por exemplo, 74% des respondentes concordaram com a afirmação de que houve aumento da produtividade no Judiciário. O tempo de trabalho é extenso, pois de acordo com a

---

(6) LIPP, Marilda E. Novaes; TANGANELLI, M. Sacramento. STRESS OCUPACIONAL DE MAGISTRADOS DA JUSTIÇA DO TRABALHO. *Estudos Jurídicos — Cidadania e Direito*, ano 3, n. 1, Campinas: EMATRA 15, jul. 2006, p. 33.

(7) ALVES, Giovanni. Precarização Do Trabalho, Qualidade De Vida E Saúde Dos Magistrados Trabalhistas No Brasil. *Revista do Tribunal Regional do Trabalho da 15ª Região*, Escola Judicial do TRT 15ª Região, n. 47, Campinas: jul./dez. 2015, p. 243 e ss. Disponível em: <http://portal.trt15.jus.br/documents/124965/2647700/R+47-2015.pdf/812615c9-d15b-4211-8979-6fdffdeb08d1>.

pesquisa quase 50% de magistrades trabalhistas dedicam mais de 50 horas semanais para o exercício da jurisdição trabalhista (35% se dedicam mais de 40 a 50 horas semanais), sendo que 63% deles salientam que trabalham além da jornada de 8 horas, e 60% dizem que trabalham quase sempre nos finais de semana. "Confirma-se, deste modo, o dado crucial que confirma o fenômeno da vida reduzida: a redução do tempo de vida ao tempo de trabalho" (p. 251).

No que tange à intensificação do trabalho, 41% des entrevistades acreditavam que ela se originava do aumento do número de processos, embora 36% concordassem com um conjunto de causas (metas, competitividade, novas tecnologias informacionais etc.). Perguntados sobre os fatores mais prejudiciais para a saúde da pessoa de magistrade, 81% *des magistrades* trabalhistas responderam que a intensificação do trabalho e as longas jornadas de trabalho contribuem para a degradação da qualidade de vida e saúde des juízes. Frise-se que, dentre es entrevistades, 73% responderam que, sim, apresentaram algum sintoma de adoecimento que se relacionasse ao trabalho nos últimos 5 anos.

O processo judicial eletrônico (PJE), ao ser implementado, como todo processo de mudança, trouxe consigo aspectos positivos e negativos. De um lado, apresentou vantagens do ponto de vista econômico e ambiental, ao eliminar o papel e permitindo maior agilidade a operadores do direito ao suprimir os "tempos mortos" do processo físico. Do ponto de vista ergonômico, evitou o carregamento de peso com processos e ainda o trabalho maçante e repetitivo de numerar, furar e autuar. Além de facilitar a tarefa de advogades e estagiáries, diminuindo deslocamentos desnecessários e um maior acesso aos autos por jurisdicionades.

De outro lado, incentiva a lógica, cada vez mais recorrente, de decisões repetidas e do trabalho mecanizado e em série. Propicia ainda a centralização dos controles de gestão, o que poderia ser muito positivo para diagnósticos e planejamento, mas que, na realidade, contribui especialmente para o aumento da pressão por metas. Portanto, as vantagens acima elencadas se tornam insuficientes para reconhecer o PJE como uma ferramenta que veio proporcionar melhoras na qualidade do trabalho desempenhado no Judiciário Trabalhista. Afinal, na prática, o desenho do processo eletrônico apresenta gargalos que desembocam, em sua maioria, incessantemente nas "caixas" da juíza ou do juiz (pastas em que os processos eletrônicos aguardam decisão) ou de servidores (para providências). Isso favorece o elastecimento da jornada mediante o teletrabalho, seja por juízes, servidores ou advogades, pois as caixas são alimentadas por demandas 24 horas por dia. Sem contar que transfere a terceires (advogades e jurisdicionades) tarefas que eram essencialmente do Estado, somente ratificando a absorção, na esfera pública, de conceitos utilizados pelo capital para fomentar a disputa e o distanciamento de indivídues, como na iniciativa privada, a exemplo do que acontece na terceirização.

A pesquisa "Trabalhar na magistratura, construção da subjetividade, saúde e desenvolvimento profissional" publicada pelo CNJ em 2015, ao tratar da magistratura do trabalho, ressaltou seu caráter competitivo.

> Todavia, muitas vezes, o que prevalece na categoria, no que diz respeito à relação com os colegas, é a competição exacerbada, reforçada pelo modo como é organizado o trabalho e como o desempenho é avaliado. Acreditam que há uma grande polarização entre os juízes, algo que fica explícito em um posicionamento ideológico que dificulta o diálogo tanto no que diz respeito a questões de sociedade, como no que tange à profissão propriamente dita. Alguns percebem esta polarização como uma fuga ao debate efetivo quanto ao seu papel na sociedade(8).

O filósofo sul-coreano Byung-Chul Han(9) faz uma reflexão sobre os impactos da racionalidade neoliberal na psique das pessoas, sobretudo na condição de trabalhadoras. No estado liberal, com a biopolítica, o poder era exercido como forte controle sobre os corpos, formando a sociedade da disciplina, baseada numa negatividade representada na imposição de normas e punições com a ideia limite de prisão ou confinamento. No estado neoliberal, por sua vez, a eficiência na sociedade do desempenho é buscada por meio do psicopoder, atuando nos indivíduos de forma a incentivá-los à positividade. Esta faz com que a liberdade seja vivenciada no sentido de explorar o máximo de si mesmes, ou seja, em autoexploração. Assim, os males da alma na sociedade do desempenho não é mais a negatividade da depressão castradora, mas o excesso de positividade, em que a produtividade é o objetivo de vida dos indivíduos, fazendo-os trabalhar até o esgotamento (*burn out*).

Na lógica de uma sociedade de desempenho, de fomento institucional à competição por números e de excesso de positividade, as desigualdades estruturais são negadas e as diferenças de desempenho são atribuídas unicamente aos indivíduos. Com a crise sanitária revelada pela pandemia do coronavírus, as desigualdades são aprofundadas em todas as instâncias da vida social, inclusive no trabalho *des magistrades* trabalhistas.

Trabalho remoto *des magistrades* trabalhistas e o necessário recorte de gênero

Com a declaração da pandemia, o CNJ editou a Portaria n. 52, sobre medidas temporárias de prevenção, recomendando a realização de audiências por videoconferência. No dia 17 de março, o TST suspendeu a prestação presencial de serviços não

(8) SZNELWAR, Laerte [*et al.*] (Coords.). *Trabalhar na magistratura, construção da subjetividade, saúde e desenvolvimento profissional.* Brasília: Conselho Nacional de Justiça, 2015.

(9) HAN, Byung-Chul. *Sociedade do Cansaço*. Tradução de Enio Paulo Giachini. 2. ed. Petrópolis: Vozes, 2017.

essenciais no seu âmbito e no dia 19, o CSJT estendeu para toda a Justiça do Trabalho, estabelecendo o trabalho remoto.

No dia 10 de agosto de 2020, o CNJ apresenta no painel *Produtividade Semanal do Poder Judiciário — regime de teletrabalho em razão do Covid-19*(10) os seguintes dados referentes à Justiça do Trabalho: desde a primeira semana de trabalho remoto (16 a 22 de março), foram proferidos mais de 1,65 milhões de sentenças e acórdão, mais de 1,78 milhões de decisões e mais de 6,63 milhões de despachos. Além disso, foram realizados mais de 90 milhões de movimentos processuais e destinados mais de R$ 219 milhões de recurso para combate à pandemia.

Obviamente, o exercício de trabalho remoto em tempos de pandemia é um direito restrito a apenas uma parcela da classe trabalhadora. Nem todo trabalho é transponível para o *home office*. A despeito de constituir uma condição privilegiada em termos de segurança sanitária, o trabalho remoto improvisado a que es juízes e servidores tiveram que aderir não pode ser considerado teletrabalho, pois, diante da situação de excepcionalidade, não houve o planejamento e a organização necessários para tanto. Ademais, se o PJE permitiu que não fosse interrompida a tramitação dos processos, o isolamento des servidores e juízes rompe o senso de coletivo e torna mais pesada a carga mental do trabalho intelectual, o que é agravado pelo desafio da produtividade.

A mera transposição do trabalho nos fóruns para as residências des juízes, servidores e advogades parece um problema de ordem menor, se comparada com o cenário atual. Todavia, não é possível negar que há impactos diretos sobre a saúde física e mental. Entra em cena uma série de questões que não foram antecipadamente enfrentadas: um espaço destinado para o trabalho em tempo integral (e não apenas como um complemento da jornada realizada nos fóruns), o mobiliário adequado (monitores, mesa, cadeira), o equipamento com configuração mínima (placa de áudio e vídeo, câmera de vídeo etc.) para a realização de audiências telepresenciais etc. Houve ainda a necessidade de enfrentar novas situações de fato e demandas, além da edição de normas do direito do trabalho emergencial. Ademais, foi necessário aprender a atuar por meio de plataformas de videoconferências e periodicamente rever a forma de organização do trabalho. Além disso, a dificuldade em delimitar os espaços e os tempos profissionais e pessoais é uma queixa frequente entre juízes trabalhistas consultades.

O excesso de positividade que marca uma parte *des magistrades* ficou evidenciado com as inúmeras iniciativas de realização de audiências remotas, mesmo antes de haver uma regulamentação própria. Além da anomia normativa, o efeito invasivo

(10) Disponível em: <https://paineisanalytics.cnj.jus.br/single/?appid=ba21c495-77c8-48d4-85ec-ccd2f707b18c&sheet=b45a3a06-9fe1-48dc-97ca-52e929f89e69&lang=pt-BR&opt=currsel&select=clearall. Acesso em: 10 ago. 2020.

de realizar audiências a partir do ambiente doméstico e a possível dificuldade técnica para que advogades e partes participassem não foram motivos suficientes para uma certa cautela na designação de audiências telepresenciais, sendo que em muitos casos elas foram designadas mesmo com a discordância des jurisdicionades. Tal procedimento parece ignorar que 25% da população brasileira (cerca de 46 milhões de pessoas em 2018) não tem acesso à *internet*(11). Sobre o distanciamento entre a atuação e a finalidade da jurisdição, é emblemático que a OABSP tenha acionado o CNJ para que o TRT15 determinasse a suspensão de realização de ato processual "quando houver pedido expresso de alguma parte sobre a impossibilidade da sua prática, independente de prévia decisão do juiz. Nos demais casos, a suspensão dependerá de decisão fundamentada do magistrado"(12).

Com o decorrer do tempo de trabalho remoto, a autoexploração no sentido de se extrair a maior produtividade possível, numa tentativa de negar a própria excepcionalidade do momento, tem causado um maior isolamento *des magistrades* (para além do físico, o social) em direção a uma maior fadiga, pois sem o suporte psicológico de seus pares, as dificuldades tomam uma outra proporção.

Uma outra questão que permeia o trabalho remoto é o recorte de gênero. A Folha de S. Paulo, em matéria do dia 12 de maio de 2020, trouxe diversos relatos de homens trabalhadores no sistema de justiça (Poder Judiciário, Ministério Público e advocacia), exaltando o aumento da produtividade no trabalho remoto determinado em razão da pandemia(13). Os depoimentos afirmaram vantagens no *home office*: não gastar tempo com deslocamento, a possibilidade de trabalhar com roupa casual, a rotina de exercícios físicos e o maior contato com filhos, além do vinho diário. Este ponto de vista masculino e branco parte de uma presunção de que tais homens surgem já criados, educados, saudáveis, limpos, alimentados, prontos para a vida pública e para o trabalho produtivo, sem a necessidade de ter um lar hígido e organizado, muito menos a responsabilidade pela manutenção dele ou pelo cuidado com crianças, idosos e pessoas com doenças e deficiências físicas e mentais. A invisibilização da nossa interdependência como seres humanos é uma face da branquitude e da masculinidade, construções históricas e sociais hegemônicas na sociedade capitalista, que informam a ideologia da classe dominante. Estas narrativas ocultam o trabalho doméstico e de cuidado como se fosse algo concernente apenas às mulheres — sejam elas operadoras do direito, como os entrevistados, ou não. O machismo naturaliza os papeis de gênero,

---

(11) Disponível em: <https://agenciabrasil.ebc.com.br/economia/noticia/2020-04/um-em-cada-quatro-brasileiros-nao-tem-acesso-internet. Acesso em: 5 ago. 2020.

(12) Processo n. 0004046-61.2020.2.0.00.0000.

(13) NUNES, Wálter. Em casa, procuradores, ministros e advogados conciliam processos com filhos e lives. *Folha de S. Paulo*, 12 maio 20. Disponível em: <https://www1.folha.uol.com.br/poder/2020/05/em-casa-procuradores-ministros-e-advogados-conciliam-processos-com-filhos-e-lives.shtml>. Acesso em: 5 ago. 2020.

de modo que o fato de a mulher branca de classe média ter entrado no mercado de trabalho não a liberou do *status* de "rainha do lar", e mascara o valor social do trabalho doméstico e de cuidado exercido de forma remunerada ou não.

Os coletivos feministas UMA e DEFEMDE soltaram nota em resposta à matéria da FSP, destacando que a alta produtividade, inclusive acadêmica, destes profissionais do direito escondia o trabalho (assalariado ou não) de mulheres ao seu redor. A nota foi publicada no dia seguinte(14) e citada em uma oportuna nota da *ombudsman* do jornal, Flávia Lima, dias após(15).

O que ficou encoberto na reportagem pretensamente neutra? O trabalho reprodutivo. De um lado, a Associação dos Magistrados Brasileiros (AMB), a maior entidade de classe da magistratura brasileira, em uma pesquisa realizada em 2018 constatou que 85% *des magistrades* respondentes contavam com o serviço de pelo menos um/a empregade doméstice, ou seja, a face assalariada da moeda(16). De outro, dados do CNJ apuraram que as mulheres representam 38% da magistratura brasileira, sendo que na magistratura trabalhista elas são 47%(17). De acordo com o IBGE, homens e mulheres ocupado/as com mais de 14 anos dedicam, respectivamente, 10,5 e 18,1 horas por semana aos cuidados de pessoas e/ou afazeres domésticos. A carga de trabalho remunerado somada ao trabalho doméstico e de cuidado representa 54,4 horas semanais para as mulheres, enquanto para os homens, 51,5 horas(18).

Mulheres da classe média avançaram no mercado de trabalho graças à transferência do trabalho doméstico e de cuidado para outra mulher, a empregada doméstica, pois as estruturas da família monogâmica e da divisão sexual do trabalho não se modificaram: a responsabilidade pela reprodução da vida ainda é vista como um encargo feminino. No entanto, o conflito de interesses entre patroas e empregadas, em polos marcados por classe e raça, encobre o problema da persistência do trabalho reprodutivo como atributo da feminilidade e, por isso, supostamente praticado por amor ou afeto, o que dispensa valorização ou uma justa remuneração, podendo ser exercido até mesmo gratuitamente.

---

(14) Disponível em: <https://www1.folha.uol.com.br/poder/2020/05/entidade-de-advogadas-e-rede-feminista-criticam-ausencia-de-mulheres-em-reportagem-da-folha.shtml>. Acesso em: 1º ago. 2020.

(15) Disponível em: <https://www1.folha.uol.com.br/colunas/flavia-lima-ombudsman/2020/05/mulheres-invisiveis.shtml>. Acesso em: 1º ago. 2020.

(16) VIANNA, Luiz W. (*et al.*). *Pesquisa Quem Somos A Magistratura Que Queremos.* Sumário Executivo. Rio de Janeiro: AMB, 2018. p. 24.

(17) CONSELHO NACIONAL DE JUSTIÇA. *Perfil Sociodemográfico dos Magistrados Brasileiros 2018.* Brasília: CNJ, 2018. p. 8.

(18) IBGE. *Estatísticas de Gênero — Indicadores sociais das mulheres no Brasil.* Ano 2016. Disponível em: <https://www.ibge.gov.br/estatisticas-novoportal/multidominio/genero/20163-estatisticas-de-genero-indicadores-sociais-das-mulheres-no-brasil.html?=&t=resultados>. Acesso em: 5 Ago 2020.

Assim, a rotina das magistradas em tempos de trabalho remoto é bem menos glamorosa do que a matéria da FSP. O cotidiano é marcado pela (in)conciliação da tripla jornada e pela consequente sobreposição das cargas física, mental e psicológica, acentuada com o distanciamento social. De uma hora para outra, com o trabalho remoto colocaram-se diversas questões para serem ajustadas: a confusão entre o espaço público e privado, a retirada repentina da rede de apoio diário (escola, babá, trabalhadora doméstica, faxineira etc.), a responsabilidade pelo cuidado de crianças, idosos e doentes, a impossibilidade de contar com a ajuda de avós, a gestão das necessidades e rotinas de todes que estão confinades em um mesmo espaço residencial, além da organização e da realização de tarefas de limpeza em geral, do cuidado com as roupas, do preparo dos alimentos etc. Tudo isso com o indispensável asseio para controle da propagação do coronavírus. Na pandemia, as antigas demandas outrora terceirizadas para o mercado ou para outras mulheres chamam as atuais profissionais de sucesso, juízas e desembargadoras, de volta ao trabalho doméstico e de cuidado, dando a dimensão do quão pouco se avançou em termos de responsabilidade pela reprodução social da vida.

Não há dados do CNJ de apuração da produtividade por gênero. Todavia, é ilustrativa da desigualdade de gênero no trabalho remoto, a redução de artigos acadêmicos escritos por mulheres no distanciamento social, como verificou a DADOS Revista de Ciências Sociais. No segundo semestre de 2020, houve o menor percentual de autoras mulheres assinando artigos científicos submetidos à revista (28%) segundo levantamento realizado desde o primeiro semestre de 2016, sendo que a média no período 2016-2020 foi de 40,8%. A revista alerta que os dados são preliminares e demandam cautela analítica[(19)]. Outros estudos em revistas científicas estrangeiras apontaram esse decréscimo[(20)].

Ainda em tempos de pandemia, é difícil aferir os impactos do trabalho remoto para a saúde física e mental de todes, mas é clarividente que o cuidado é central para a vida social. Além de tudo, a desigualdade de gênero, muitas vezes pensada em termos de participação feminina nas instituições, aparece nitidamente no cotidiano de todes, ainda que seja invisibilizada nas narrativas. Uma ampla discussão sobre o gênero e a divisão sexual (e racial) do trabalho é premissa para uma sociedade livre, igual e democrática. Por fim, se é possível falar em "novo normal", também não podemos perder

(19) CANDIDO, Marcia Rangel; CAMPOS, Luiz Augusto. Pandemia reduz submissões de artigos acadêmicos assinados por mulheres. *Blog DADOS*, 2020. Publicado em 14 maio 2020. Disponível em: <http://dados.iesp.uerj.br/pandemia-reduz-submissoes-de-mulheres/>. Acesso em: 1º ago. 2020.

(20) DOLAN, Kathleen; LAWLESS, Jennifer L. It Takes a Submission: Gendered Patterns in the Pages of AJPS. *American Jounnal of Political Science*. Publicado em 20 abr. 2020. Disponível em: <https://ajps.org/2020/04/20/it-takes-a-submission-gendered-patterns-in-the-pages-of-ajps/>. Acesso em: 1º ago. 2020.

a oportunidade de rever a forma como a sociedade global se organiza para deixar de priorizar o lucro e a competitividade e passar a escolher a vida e o bem-viver[21].

(21) Bem viver é "la satisfacción de las necesidades, la consecución de una calidad de vida y muerte dignas, el amar y ser amado, y el florecimiento saludable de todos y todas, en paz y armonía con la naturaleza y la prolongación indefinida de las culturas humanas. El Buen Vivir supone tener tiempo libre para la contemplación y la emancipación, y que las libertades, oportunidades, capacidades y potencialidades reales de los individuos se amplíen y florezcan de modo que permitan lograr simultáneamente aquello que la sociedad, los territorios, las diversas identidades colectivas y cada uno —v isto como un ser humano universal y particular a la vez — valora como objetivo de vida deseable (tanto material como subjetivamente, y sin producir ningún tipo de dominación a un otro). Nuestro concepto de Buen Vivir nos obliga a reconstruir lo público para reconocernos, comprendernos y valorarnos unos a otros — entre diversos pero iguales — a fin de que prospere la posibilidad de reciprocidad y mutuo reconocimiento, y con ello posibilitar la autorrealización y la construcción de un porvenir social compartido". Plan Nacional para o Buen Vivir, Equador, 2009-2013. Disponível em: <https://www.planificacion.gob.ec/wp-content/uploads/downloads/2012/07/Plan_Nacional_para_el_Buen_Vivir.pdf>. Acesso em: 03 ago. 2020.

Covid-19 e Trabalho Doméstico

Mariane Lima Borges Brasil

"Que a vida e a produção da vida se tornem a base da organização social, para a prosperidade de muitos e não para a riqueza de poucos."

BHATTACHARYA, Tithi.

Introdução

Nos últimos meses, o surgimento do Coronavírus (Covid-19) trouxe à tona, de forma potencializada, uma série de questões antes ignoradas pelo sistema capitalista, assim como tornou visível uma teia de desigualdades sociais, raciais e sexogênicas. Entre estas, encontra-se a realidade do trabalho doméstico brasileiro.

Como plano de fundo da discussão proposta, tem-se que, no Brasil, o trabalho doméstico remunerado se constitui, histórica e persistentemente, como atividade feminina e negra. Revela-se, por conseguinte, um dos nichos contemporâneos de exposição implacável do legado patriarcal e escravocrata, perpetuador das desigualdades de gênero e raça. Paralelamente, pode-se citar a atividade doméstica não remunerada que mulheres realizam no âmbito residencial, estando incluídos nesse mote serviços de natureza de cuidado, emocional e físico.

O presente artigo, diante do exposto, busca relacionar o isolamento social durante a pandemia da Covid-19 e a exploração do trabalho doméstico formal, informal e também aquele gratuito realizado por mulheres dentro de seus lares e comunidades.

Trabalho doméstico e pandemia do novo coranavírus: análise à luz de gênero, raça e classe

A pandemia do novo Coronavírus trouxe consigo novos desafios, mas, mais que isso, escancarou os problemas da realidade social, econômica e política global, funcionando como verdadeiro espelho da sociedade. Diante desse cenário, sob a perspectiva interseccional(1) de análise social — a qual considera as variáveis gênero, raça e classe — não há dúvidas: as consequências geradas pela Covid-19 recaem majoritariamente sobre as mulheres, sobretudo aquelas em situação de maior vulnerabilidade.

Isso ocorre porque as mulheres frequentemente formam o principal — senão o único — pilar de sustentação dos filhos, família e comunidade em que se inserem. No Brasil, há cerca de 37,3 milhões de lares chefiados por elas(2). Além disso, ocupam a categoria trabalhista mais numerosa do país(3): o trabalho doméstico. Segundo dados do Instituto de Pesquisa Econômica Aplicada, ao todo, 92% das pessoas (5,7 milhões) responsáveis pelo trabalho doméstico remunerado são mulheres, dentre as quais 3,9 milhões são negras(4).

As trabalhadoras domésticas, em geral, vislumbram dificuldades intensas com suas rendas, bem como com o desemprego, vez que ocupam, na maioria das vezes, cargos informais e mal remunerados. Apenas 28,3% das pessoas que prestam esse serviço possuem carteira assinada(5). Nessa toada, estão descobertas pela legislação em momentos de calamidade como o atual.

Expostas essas primeiras informações, cabe acrescentar que a opressão de gênero não se compõe de maneira independente da raça e da classe social, tampouco é acessória em relação a estas. O fato é que as opressões se acentuam em momentos de crise. Expressão que assume vulto diante do presente cenário calamitoso. Essas trabalhadoras enfrentam dilema em que, ou trabalham, ou perdem a renda que as sustenta, motivo

(1) O conceito de "interseccionalidade" foi cunhado em 1991 por Kimberlé Williams Crenshaw, estadunidense, feminista e professora especializada nas questões de raça e de gênero. O termo interseccionalidade associado a fatores raça e gênero, entretanto, provém já do século XIX, também dos Estados Unidos, das autoras Anna Julia Cooper, Maria Stewart. e outros. Segundo Ochy Curiel, na América latina, os estudos sobre racismo e sexismo existem desde os anos 1980. Maria Lugones salienta, todavia, que, durante o século XX, os estudos feministas não faziam sempre uma relação com a raça. Cf: MOUGEOLLE, Léa. *O conceito de Interseccionalidade*. 2015. Disponível em: <https://bityli.com/X5Md5>. Acesso em: 13 maio 2020.

(2) INSTITUTO BRASILEIRO DE GEOGRAFIA E ESTATÍSTICA. *Estatística de Gênero*. Rio de Janeiro: IBGE, 2010. Disponível em: <https://bityli.com/Nt6vi>. Acesso em: 13 maio 2020.

(3) Em consonância com o entendimento da ministra do Tribunal Superior do Trabalho Delaíde Miranda Arantes, da Secretaria de Comunicação Social do Tribunal Superior do Trabalho. Disponível em: <https://bityli.com/Vxsi0>. Acesso em: 11 maio 2020.

(4) INSTITUTO DE PESQUISA ECONÔMICA APLICADA. *Perfil do trabalho doméstico no Brasil*. Brasília: IPEA, 2019. Disponível em: <https://bityli.com/eygLJ>. Acesso em: 13 maio 2020.

(5) *Idem*.

pelo qual estão entre as pessoas mais expostas à contaminação pelo Coronavírus, seja por dependerem de transporte público para ir ao trabalho, por estarem expostas ao contato direito com outras pessoas, dentre outros fatores.

Essas mulheres não têm escolha a não ser ir trabalhar, pois seus patrões assim decidiram. Não acaso, a primeira mulher vítima fatal da doença no Brasil foi uma trabalhadora doméstica de 63 anos, infectada pela empregadora que acabara de voltar da Itália. O óbito ocorreu em 17 de março de 2020[(6)].

Percebe-se, nessa linha, que o trabalho doméstico ainda se caracteriza pela invisibilidade, desvalorização e baixa regulamentação, apesar de sua importância central para a organização social e econômica do país. Sua exploração pode ser parcialmente atribuída a lacunas na legislação nacional sobre trabalho e emprego e, além disso, reflete a discriminação inerente às relações sociais no que tange a raça, gênero e classe.

Basta lembrar que a única categoria de emprego que faz discriminação entre dias laborados na semana é justamente aquela advinda da Lei Complementar 150/2015. Esta exclui da proteção legal — isto é, da caracterização do vínculo empregatício — trabalhadoras(es) que laboram ou duas vezes por semana para o mesmo empregador, ou seja, as popularmente denominadas diaristas. Conforme disposto no art. 1º da referida legislação, empregada(o) doméstica(o) é aquela(o) que "presta serviços de forma contínua, subordinada, onerosa e pessoal e de finalidade não lucrativa à pessoa ou à família, no âmbito residencial destas, por mais de 2 (dois) dias por semana".

Disso decorre que as trabalhadoras domésticas (ou trabalhadores, em irrisório número) representam o único cargo cuja condição de discriminação se mantém chancelada por lei, ainda que componham a categoria profissional mais numerosa do país. Assim, é inegável que os fatores responsáveis por essa desigualdade — o fato de serem mulheres racializadas que compõem majoritariamente o setor empregatício doméstico pátrio — estão diretamente relacionados a resquícios escravagistas presentes em nosso país e que, até os dias atuais, relegam tratamento inferior a essas profissionais.

Diante do exposto, tem-se que o trabalho doméstico, seletivo de direitos, além de contribuir para o fenômeno discriminatório, expõe a maioria vulnerabilidade dessas mulheres no contexto de pandemia. Isso porque grande parte das trabalhadoras domésticas, muitas na economia informal, não dispõe de condições mínimas para adotar o isolamento social que haja um impacto negativo e direito sobre a manutenção da renda familiar e, consequentemente, sobre sua sobrevivência. Deve-se levar em

(6) GOVERNO do Rio de Janeiro confirma a primeira morte por coronavírus. *G1 RIO*, Rio de Janeiro, 19 mar. 2020. Disponível em: <https://bityli.com/mhyab>. Acesso em: 13 maio 2020.

consideração que uma em cada quatro trabalhadoras desse setor recebe até meio salário mínimo por mês, e 36,7% ganham de meio a um salário mínimo mensal[(7)].

Continuar trabalhando, no entanto, pela natureza e local de trabalho, significa arriscar a saúde e o bem-estar da trabalhadora e dos(as) próprios(as) empregadores(as) e membros de sua família. Dada a baixa cobertura de direitos trabalhistas, seguridade social e equipamentos de proteção individual, trabalhadoras domésticas, em geral, moram longe do trabalho e dependem da saúde pública. Isso posto, fica evidente que estão mais expostas a contraírem o Coronavírus nas residências em que trabalham. O problema é que precisam assumir esse risco, vez que vivem sob a ameaça de não remuneração durante a quarentena. Tal situação não impacta apenas as empregadas, mas também torna as medidas preventivas para a população em geral menos eficazes.

Diante desse cenário, trabalhadoras domésticas fazem campanha por direitos durante a pandemia Covid-19 e articulam apoio da cooperação internacional. Sob liderança de Luiza Batista, presidenta da Federação Nacional das Trabalhadoras Domésticas, buscam garantir o direito à saúde das trabalhadoras domésticas[(8)].

Desde a classificação do novo Coronavírus como pandemia, anunciada em 11 de março de 2020 pela Organização Mundial da Saúde (OMS), a Federação Nacional das Trabalhadoras Domésticas (FENATRAD) tem desenvolvido uma série de estratégias em prol da saúde destas. Suas ações incluem campanhas para liberação de trabalhadoras domésticas com postagens nas redes sociais, defesa pública junto a empregadoras e empregadores para continuidade de pagamentos de salários durante a quarentena, nota técnica para apoiar a decisão de juízas e juízes do trabalho, além da elaboração de ofício dirigido ao Ministério da Economia em busca de interlocução para posicionar as demandas da categoria[(9)].

A FENATRAD busca o reconhecimento de que é preciso que o problema em análise seja tomado como um questão de responsabilidade de toda a comunidade, em especial dos(as) empregadores(as). Tal alegação ganha força diante da constatação de que serviços domésticos, em geral, não são classificados como imprescindíveis. Existem entendimentos — irresponsáveis, vale dizer — na contramão dessa regra, como ocorre no Pará, onde o governador Helder Barbalho (MDB) estabeleceu que o trabalho da empregada doméstica está entre os essenciais durante o *lockdown*, que começou a vigorar em 7 de maio de 2020.

---

(7) ORGANIZAÇÃO INTERNACIONAL DO TRABALHO. *Covid-19:* Proteger as(os) trabalhadoras(es) domésticas(os). Brasília: OIT, 2020. Disponível em: <https://bityli.com/pU8I0>. Acesso em: 10 maio 2020.

(8) ONU MULHERES BRASIL. *Trabalhadoras domésticas fazem campanha por direitos durante a pandemia Covid-19 e articulam apoio da cooperação internacional.* Brasília: ONU, 2020. Disponível em: <https://bityli.com/t1g4K>. Acesso em: 09 maio 2020.

(9) *Idem.*

O serviço doméstico é citado pelo aludido estado dentre os 59 setores essenciais que têm permissão para continuar operando durante o período de restrição. Nas redes sociais, o prefeito da capital Belém, Zenaldo Coutinho, reforçou que o decreto municipal de *lockdown* seguirá o mesmo caminho e as domésticas deverão continuar trabalhando durante a pandemia(10). A decisão, não replicada por outros estados, vai de encontro ao que indica o decreto federal de serviços essenciais e as recomendações do Ministério Público do Trabalho (MPT). Trata-se, sem dúvidas, de decisão lamentável, na qual as autoridades paraenses fazem uso de uma fragilidade de certas famílias para as expô-las ao risco.

De acordo com dados do Dieese-PA, cerca de 200 mil trabalhadoras(es) domésticas(os) terão que continuar indo às ruas em meio à proliferação do novo Coronavírus no Pará. O Centro de Estudos e Defesa do Negro do Pará (CEDENPA), entidade que atua há 40 anos contra o racismo e em prol de políticas públicas para minorias, acionou a Justiça para que o inciso seja retirado do decreto(11). Até então, sem sucesso.

Após diversas críticas ao decreto, o governador paraense alterou a disposição, cuja redação atual afirma que "serviços domésticos quando imprescindíveis aos cuidados da criança, idoso, pessoa enferma ou incapaz, caracterizada pela ausência ou impossibilidade de que os cuidados sejam assumidos por pessoa residente no domicílio, devendo tal circunstância constar em declaração a ser emitida pelo contratante, acompanhada da carteira de trabalho quando for o caso". Não há como negar, contudo, que ainda há brechas na determinação e que ela facilita a violação por parte dos(as) empregadores(as).

Atividades essenciais são descritas como indispensáveis ao atendimento das necessidades inadiáveis da comunidade, ou seja, são serviços que, se não realizados, colocam em perigo a sobrevivência, saúde ou segurança da população. Exposto esse conceito, fica claro que não é o caso dos serviços domésticos. Evidente, portanto, que o Decreto reforça a cultura da servidão no estado do Pará e realça sua herança escravocrata, estigma este que acompanha mulheres pobres e negras desde a infância, tratadas como mera propriedade familiar.

No atual cenário de isolamento social, o correto é que as(os) trabalhadoras(es) domésticas(os) passem o período de quarentena com seus familiares e com recursos que garantam sua sobrevivência e de seus dependentes. Faz-se necessária uma mudança de mentalidade e uma tomada de decisão destituída de preconceito, atitudes

---

(10) AZEVEDO, Gabriela; SÓTER, Gil; REZENDE, Thaís. Lockdown no Pará tem serviço doméstico como 'essencial', contrariando governo federal e MPT. *G1 Pará*, Belém, 07 maio 2020. Disponível em: <https://bityli.com/8dd1d>. Acesso em: 13 maio 2020.

(11) AZEVEDO, Gabriela; SÓTER, Gil; REZENDE, Thaís. Lockdown no Pará tem serviço doméstico como 'essencial', contrariando governo federal e MPT. *Portal Geledés*, São Paulo, 07 maio 2020. Disponível em: <https://bityli.com/z6GAp>. Acesso em: 12 maio 2020.

determinantes para garantir o direito à saúde e à segurança das(os) trabalhadoras(es) domésticas(os) em tempos pandêmicos.

Medidas legais aplicadas às trabalhadoras(es) domésticas(os): efeito rebote

No que se refere à problemática de enfretamento da crise ocasionada pelo Covid-19 e seus impactos na relação entre empregador e empregadas(os) domésticas(os), a Medida Provisória n. 927, de 22 de maço de 2020, trouxe inúmeras implicações. A disposição legal versa sobre medidas trabalhistas a serem adotadas enquanto perdurar o estado de calamidade pública reconhecido pelo Decreto Legislativo n. 6, de 20 de março de 2020.

Contrariando orientação da Organização Internacional do Trabalho (OIT) segundo a qual todos os trabalhadores — independentemente de sua situação de emprego — devem receber ajuda para garantir sua renda diante da crise, o presidente Jair Bolsonaro (sem partido) publicou a mencionada MP retirando direitos dos trabalhadores. Posteriormente, foi instituído o Plano Emergencial de Manutenção do Emprego e Renda, o qual dispõe sobre medidas trabalhistas complementares para o enfrentamento do estado de calamidade pública reconhecido pelo decreto anterior. Nenhuma das medidas trata especificamente das(os) trabalhadoras(os) domésticas(os), mas o art. 32, inciso II, da MP n. 927/20 dispôs que seu conteúdo aplicar-se-á, no que couber, às relações regidas pela Lei Complementar n. 150/15, a qual regulamenta o contrato de trabalho doméstico no âmbito do direito brasileiro.

De modo geral, as alterações são direcionadas a aspectos relacionados à jornada de trabalho, ao banco de horas, às férias e feriados, às exigências administrativas de segurança e saúde no trabalho, à antecipação de férias individuais, à compensação do banco de horas, à suspensão da exigibilidade do recolhimento do FGTS, à redução da jornada de trabalho e de salários, dentre outras.

O importante, nesse particular, é pontuar que medidas como a redução da jornada e a suspensão temporária do contrato de trabalho deixam a(o) empregada(o) doméstica(o) totalmente desamparada(o), visto que uma a redução de jornada implica na diminuição do salário, o que causa enormes prejuízos. Ademais, a pressuposição de que a(o) empregada(o) doméstica(o) receberá o Benefício Emergencial do Emprego e Renda é controversa: são inúmeros os relatos de problemas no recebimento de tal auxílio, sem contar que a segunda parcela deste ainda não foi confirmada pelo governo.

Inegável, sendo assim, que a redução da jornada e do salário constitui alternativo prejudicial à classe trabalhadora e inviável. Ao desonerar o empregador, ficam desassistidos justamente aqueles que mais necessitam: as trabalhadoras e trabalhadores. A isso acrescenta-se o fato de que o governo falha na obrigação do pagamento do

Benefício Emergencial de Preservação do Emprego e Renda, contribuindo para a extrema vulnerabilidade que atinge as(os) trabalhadoras(es) domésticas(os) e agravando os efeitos da crise.

Outra medida drástica constante na Medida Provisória n. 936/20 está na suspensão temporária do contrato de trabalho. Preceitua-se que esta poderá ser pactuada entre as partes e abrangerá o prazo máximo de sessenta dias, podendo ser fracionada em dois períodos de trinta. Assim como a redução de jornada e trabalho, tal suspensão deve ser pactuada por acordo individual escrito. É preciso considerar, contudo, que a hipossuficiência da(o) empregada(o) é pulsante. Como negociar nesse contexto? Não há como fechar os olhos para o aprofundamento da crise que essas previsões trazem para aquelas e aqueles que atuam no âmbito laboral doméstico.

Além das medidas advindas das legislações apresentadas, o Ministério Público do Trabalho (MPT) publicou, em 18 de março de 2020, nota técnica com diretrizes a empregadores(as) com o fulcro de conter a propagação do Coronavírus entre trabalhadoras(es) domésticas(os). Nos casos em que a atuação profissional é considerada indispensável, o órgão recomenda uma política de flexibilidade de jornada, cujo objetivo é garantir que essas(es) prestadoras(es) de serviço evitem horários de pico e aglomeração. Além disso, fica estabelecido que é do(a) empregador(a) — incluindo aplicativos de mediação de contratação) — a responsabilidade de fornecer equipamento de proteção individual, como luva, máscara, óculos de proteção e álcool a 70%, quando houver risco ocupacional.

Diante de todo o exposto, percebe-se que as medidas legislativas adotadas pelo governo federal são incompatíveis com a realidade das(os) trabalhadoras(es) domésticas(os) do país. Mais que isso, apresentam o efeito rebote de agravamento da situação. Assim, o risco do aumento de formas inaceitáveis de trabalho é um dos possíveis resultados da crise econômica e laboral que se instaura em razão da pandemia. Em tempos como este, a situação da classe operária se agrava e as normas em vigor no Brasil não apresentam base sólida que responda as principais questões políticas relacionadas ao papel crucial do trabalho decente na obtenção de uma recuperação sustentável e equitativa.

Trabalho doméstico: invisível e não pago

De outra baila, o Covid-19 também contribui para o aumento da jornada de trabalho das mulheres em seus lares. Ou seja, a dupla jornada encarada pelas mulheres foi acentuada, em que a carga socioeconômica do trabalho doméstico no lar, socialmente imposto a mulher, intensificou, uma vez que integralmente dentro do lar, o trabalho de cuidado e o doméstico se avolumam. Tudo isso, contribui para o aumento de sua vulnerabilidade no presente contexto pandêmico.

O denominado trabalho de reprodução social (ou produção social) é uma realidade comum para as mulheres. Este pode ser descrito como todo trabalho, remunerado ou não, que alguém precisa realizar para que os trabalhadores(as) possam desempenhar suas funções e realizar as tarefas que lhes rendem um salário e, ao mesmo tempo, dar lucro a seus empregadores(12). As mulheres, mesmo quando trabalham fora, são responsáveis pela maior parte do trabalho doméstico, cabendo a elas, ainda, quase todo o esforço em atividades de cuidado não remuneradas no âmbito familiar, as quais, em geral, são voltadas a crianças e idosas, mas agora também incluem os infectados pelo Covid-19.

Esse tipo de trabalho é impactado pelas medidas de contenção do Coronavírus, como a suspensão das aulas das crianças/adolescentes e a exigência de que as famílias permaneçam em casa. Nesse sentido, demanda-se um aumento do trabalho doméstico que recai, tipicamente, sobre as mulheres, que têm ficado sobrecarregadas(13). Muitas delas somam a estas tarefas um regime de teletrabalho, o que torna bastante difícil o equilíbrio entre o trabalho remunerado e as mil e uma tarefas relacionadas ao lar, visto que frequentemente contam com pouca ou nenhuma ajuda dos companheiros e outros membros da família.

Ademais, as mulheres também são maioria em algumas das categorias economicamente mais vulneráveis aos efeitos da pandemia, como faxineiras, diaristas, profissionais de saúde, dentre outras. Especificamente em relação à última, ressalta-se são responsáveis por muitos dos cuidados prestados aos infectados pelo vírus, já que são ampla maioria na área de enfermagem. Segundo pesquisa da Organização das Nações Unidas (ONU), cerca de 70% das equipes de trabalho em saúde são formadas por mulheres, que também realizam a maior parte dos afazeres domésticos(14). O Fundo de População das Nações Unidas (UNFPA) aponta que as mulheres estão mais expostas ao Covid-19 por estarem na linha de frente no combate à epidemia(15). Na área da saúde, quando a análise atinge posições mais elevadas hierarquicamente, a porcentagem de homens aumenta, mas eles realizam tarefas que envolvem menos contato direto com os pacientes.

Em tempos de normalidade social, as mulheres já gastavam duas vezes mais

---

(12) ROQUETA, Marta *et al. Coronavírus, gênero e a luta de classes*. Fortaleza: Terra sem Amos, 2020.

(13) O New York Times, inclusive, tratou do impacto do Coronavírus nas relações de gênero, observando que um dos grupos mais expostos, como o trabalho na saúde, é altamente feminizado. Tomando o Ebola como exemplo, o jornal disse que a situação econômica das mulheres demorou mais para se recuperar do que a dos homens após a epidemia. ROQUETA, Marta *et al. Coronavírus, gênero e a luta de classes*. Fortaleza: Terra sem Amos, 2020.

(14) NAÇÕES UNIDAS BRASIL. *Covid-19:* especialistas discutem ações efetivas para enfrentamento da violência contra a mulher. Brasília: ONU, 2020. Disponível em: <https://bityli.com/OOpqD>. Acesso em: 13 maio 2020.

(15) *Idem*.

tempo em afazeres domésticos do que os homens. Tal fato que se intensificou no período de isolamento, deixando claro que a pandemia causada pelo novo Coronavírus pode acentuar os efeitos da desigualdade de gênero e piorar a vida das mulheres(16).

Dados da Pesquisa Nacional Por Amostra de Domicílios (PNAD), do IBGE, mostram que a taxa de realização de trabalhos domésticos, em 2018, era de 92,2% para as mulheres e 78,2% para os homens. Em média, as mulheres dedicavam 21,3 horas para essas atividades, e os homens, 10,9 horas(17). Elas gastavam 95% mais tempo em afazeres domésticos do que os homens: em média, foram 541 horas a mais por ano, equivalente a 98 dias (considerando uma jornada de 08horas/dia)(18). Tais números certamente cresceram na pandemia.

Não deve ser esquecida, ainda, a situação das mais de 11 milhões de famílias no Brasil compostas por mães solo(19) que podem não ter com quem compartilhar o trabalho dentro de casa. Muitas contam com o apoio de parentes, entre eles pessoas mais velhas, com quem não poderiam ter contato no momento atual. Isso porque idosos fazem parte do grupo de risco do Covid-19 e autoridades recomendam que eles não tenham contato com outras pessoas para evitar contaminação.

Ao trabalho doméstico e de cuidado, soma-se a carga mental do trabalho emocional, ainda mais invisibilizado que os anteriores. São, em geral, as mulheres que tomam frente no planejamento e gerenciamento da casa e do cotidiano, tendo que prever as necessidades de todos e se preocupar com a saúde de toda a família. No caso do Coronavírus, sem dúvidas a carga emocional, psíquica e física inerente a um momento de pandemia recai sobre as mulheres, em especial as mais pobres.

Por fim, não pode ser ignorada outra dimensão da desigualdade de gênero enfrentada pelas mulheres dentro de suas casas: a violência. É no ambiente domésticos que elas correm maior perigo, e a necessidade de passar um período mais longo dentro de sua residência com outros membros da família aumenta essa exposição(20).

---

(16) NAÇÕES UNIDAS BRASIL. *Covid-19:* especialistas discutem ações efetivas para enfrentamento da violência contra a mulher. Brasília: ONU, 2020. Disponível em: <https://bityli.com/OOpqD>. Acesso em: 13 maio 2020.

(17) INSTITUTO BRASILEIRO DE GEOGRAFIA E ESTATÍSTICA. *PNAD Contínua 2017:* realização de afazeres domésticos e cuidados de pessoas cresce entre os homens, mas mulheres ainda dedicam quase o dobro do tempo. Rio de Janeiro: IBGE, 2018. Disponível em: <https://bityli.com/uOMn9>. Acesso em: 13 maio 2020.

(18) PESQUISA DE EMPREGO E DESEMPREGO NA REGIÃO METROPOLITANA DO RECIFE. *A inserção das mulheres no mercado de trabalho*. Recife: DIESE, 2020. Disponível em: <https://bityli.com/xGtel>. Acesso em: 13 maio 2020.

(19) INSTITUTO BRASILEIRO DE GEOGRAFIA E ESTATÍSTICA. *Estatística de Gênero*. Rio de Janeiro: IBGE, 2010. Disponível em: <https://bityli.com/Nt6vi>. Acesso em: 13 maio 2020.

(20) Na segunda-feira (23/03), o noticiário RJTV, da Rede Globo, divulgou que a Justiça estadual do Rio de Janeiro já havia registrado um aumento de 50% nos casos de violência doméstica nos dias anteriores, em que muitas pessoas passaram a adotar o confinamento.

Não é coincidência que as tarefas de cuidado, mesmo no mundo do trabalho remunerado, sejam assumidas pelas mulheres. Assim como não o é que as mulheres tenham menos recursos que os homens para reconstruir uma economia em crise.

Conclusão

Diante de todo o exposto, percebe-se que, embora a doença atinja a todos, não estão todos no mesmo barco. A pandemia atinge fundamentalmente a população de baixa renda, além de impactar homens e mulheres de maneira diferente.

Particularmente, as trabalhadoras(es) domésticas(os) sentem na pele de forma intensa os impactos da crise sanitária, tendo que contar com a boa vontade de seus patrões para cumprir o isolamento social adequadamente e continuar recebendo seus salários. Para evitar o risco de contágio, algumas ficam confinadas às suas casas, mas, sem assistência, um dia sem trabalho significa um dia em que suas famílias não podem comer. Enquanto isso, outras são forçadas a continuar trabalhando e arriscando infectar a si mesmas e a proliferar o vírus para a sociedade.

Nota-se que as medidas governamentais para conter a pandemia são completamente ineficazes e agravam a realidade social, impossíveis de serem resolvidas com a mesma urgência. Em resumo, medidas como as adotadas pelo governo federal não preveem o impacto da imobilidade nas economias familiares, cuja participação majoritária depende da contribuição das mulheres.

Somado a isso, tem-se a distribuição desigual do trabalho doméstico não remunerado entre homens e mulheres dentro dos lares, a diminuição da renda familiar e o desmantelamento dos serviços públicos. Fica nítida, pois, a necessidade de estabelecer medidas que corrijam o viés de gênero e raça das disposições atuais. Com esse objetivo, poderiam ser aplicadas abordagens de gênero e intereseccionalidade às políticas públicas, as quais permitiram a análise dos impactos em todos os espectros sociais que, de outra forma, permaneceriam invisíveis.

Atualmente promover a segurança e saúde no local de trabalho tornou-se uma questão de sobrevivência no combate ao Covid-19.

Referências

AZEVEDO, Gabriela; SÓTER, Gil; REZENDE, Thaís. Lockdown no Pará tem serviço doméstico como 'essencial', contrariando Governo Federal e MPT. *G1 Pará*, Belém, 07 maio 2020. Disponível em: <https://bityli.com/8dd1d>. Acesso em: 13 maio 2020.

______; ______; ______. Lockdown no Pará tem serviço doméstico como 'essencial', contrariando governo federal e MPT. *Portal Geledés*, São Paulo, 07 maio 2020. Disponível em: <https://bityli.com/z6GAp>. Acesso em: 12 maio 2020.

GOVERNO do Rio de Janeiro confirma a primeira morte por coronavírus. *G1 RIO*, Rio de Janeiro, 19 de março de 2020. Disponível em: <https://bityli.com/mhyab>. Acesso em: 13 maio 2020.

INSTITUTO BRASILEIRO DE GEOGRAFIA E ESTATÍSTICA. *Estatística de Gênero.* Rio de Janeiro: IBGE, 2010. Disponível em: <https://bityli.com/Nt6vi>. Acesso em: 13 maio 2020.

______. *PNAD Contínua 2017:* realização de afazeres domésticos e cuidados de pessoas cresce entre os homens, mas mulheres ainda dedicam quase o dobro do tempo. Rio de Janeiro: IBGE, 2018. Disponível em: <https://bityli.com/uOMn9>. Acesso em: 13 maio 2020.

INSTITUTO DE PESQUISA ECONÔMICA APLICADA. *Perfil do trabalho doméstico no Brasil.* Brasília: IPEA, 2019. Disponível em: <https://bityli.com/eygLJ>. Acesso em: 13 maio 2020.

MOUGEOLLE, Léa. *O conceito de "Interseccionalidade".* 2015. Disponível em: <https://bityli.com/X5Md5>. Acesso em: 13 maio 2020.

NAÇÕES UNIDAS BRASIL. *Covid-19:* especialistas discutem ações efetivas para enfrentamento da violência contra a mulher. Brasília: ONU, 2020. Disponível em: <https://bityli.com/OOpqD>. Acesso em: 13 maio 2020.

ONU MULHERES BRASIL. *Trabalhadoras domésticas fazem campanha por direitos durante a pandemia Covid-19 e articulam apoio da cooperação internacional.* Brasília: ONU, 2020. Disponível em: <https://bityli.com/t1g4K>. Acesso em: 09 maio 2020.

ORGANIZAÇÃO INTERNACIONAL DO TRABALHO. *Covid-19:* Proteger as(os) trabalhadoras(es) domésticas(os). Brasília: OIT, 2020. Disponível em: <https://bityli.com/pU8I0>. Acesso em: 10 maio 2020.

PESQUISA DE EMPREGO E DESEMPREGO NA REGIÃO METROPOLITANA DO RECIFE. *A inserção das mulheres no mercado de trabalho.* Recife: DIESE, 2020. Disponível em: <https://bityli.com/xGteI>. Acesso em: 13 maio 2020.

ROQUETA, Marta *et al. Coronavírus, gênero e a luta de classes.* Fortaleza: Terra sem Amos, 2020.

A Naturalização da Fraude como o Vírus que Contamina o Direito do Trabalho e a sua Potencialização no Ambiente da Covid-19

Giovanna Maria Magalhães Souto Maior

1. Evolução histórica da fraude

Na história da humanidade não são novidades as situações em que o ser humano se vale de estratégias para forjar a realidade e, assim, atingir um determinado objetivo, o qual, por conta das inversões argumentativas, acaba não sendo revelado. Há relatos, por exemplo, de que os antigos egípcios (500 a.C.) enganavam os ricos e nobres comercializando falsos animais sagrados embalsamados para a realização de rituais fúnebres.[1] Pesquisas apontam a existência de fraude na área da ciência já por volta dos anos 90-168 d.C.[2] No mundo dos negócios ganha destaque a fraude financeira de 1720 causada pela bolha "South Se Co" (Companhia dos Mares do Sul), em que a empresa britânica de navegação e comércio, por meio da divulgação de informações falsas, levou investidores a perderem muito dinheiro.[3]

É possível verificar, ainda, em uma perspectiva mais ampla, que concepções de mundo que são amplamente difundidas como verdades podem não ser bem aquilo que, durante muito tempo, nos fizeram acreditar, vez que ocultam lado importante da mesma história.[4]

---

(1) PARODI, Lorenzo. *Manual das Fraudes*. 2 ed. Rio de Janeiro: Brasport, 2008. p. 1.

(2) OPPERMANN, Álvaro. As maiores fraudes da história da ciência. *Uol*. AH Aventuras na História, 27 abr. 2019.Disponível em: <https://aventurasnahistoria.uol.com.br/noticias/reportagem/maiores-fraudes-da-historia-da-ciencia.phtml>. Acesso em: 19 maio 2020.

(3) PARODI, Lorenzo. *Manual das Fraudes*. 2 ed. Rio de Janeiro: Brasport, 2008. p. 3.

(4) "Partindo desta compreensão, não é difícil enxergar que as mulheres (os seus dilemas, as suas angústias, as suas lutas, os seus sofrimentos, as suas conquistas e as suas vozes) foram por muito tempo excluídas da versão oficial da história. [...]." SOUTO MAIORr, Jorge Luiz; VIEIRA, Regina Stela Corrêa. *Mulheres em Luta:* A outra Metade da História do Direito do Trabalho. São Paulo : LTr, 2017. p. 7.

No caso do Brasil, a fraude vem de longe, tendo sito utilizada para justificar a própria colonização. Segundo Marilena Chaui, a colonização se estabeleceu a partir de um "mito fundador", caracterizado pela representação ideológica de que os portugueses "descobriram" uma "terra abençoada por Deus", uma terra que lhes foi presenteada por Deus. Como dito na carta de Pero Vaz de Caminha, referindo-se à "descoberta: "Nosso Senhor não nos trouxe sem causa".[(5)]

No campo do Direito as fraudes são bem mais comuns do que se imagina.

Como destaca Silvio de Salvo Venosa, a fraude é um vício de muitas faces, presente em diversas situações da vida cotidiana, como também no Direito.[(6)]

Segundo Márcio Túlio Viana, é no Direito, de modo especial, que as artimanhas ocorrem. No âmbito do Direito do Trabalho, a fraude se inicia na qualificação que lhe é atribuída de ser um direito privado, o que, afastando a realidade de que seu regramento é composto, majoritariamente, por normas de ordem pública, tem a intenção, não revelada, de abrir espaço à "vontade individual" e, com isso, promover ineficácia da proteção jurídica conferida aos trabalhadores. Conforme diz o autor, "por isso as fraudes são ainda mais comuns, revelando, de certo modo, que a menor distância entre dois pontos pode não ser uma reta, como na Física, mas uma curva".[(7)]

Para enfrentamento da fraude em que o Direito do Trabalho se apoiou no Brasil, Jorge Luiz Souto Maior ressalta a importância da verificação dos arranjos históricos que foram determinantes para a formação desse ramo do Direito e assim compreender, efetivamente, qual o seu papel na sociedade. A simplificação, que resulta em ocultação tantas vezes maliciosa, desse relato histórico acaba gerando pressupostos teóricos equivocados, que vão repercutir negativamente no modo de avaliação do próprio Direito do Trabalho.[(8)]

Para Souto Maior, essa atitude promove uma desconsideração da importância do Direito do Trabalho e pode ser consequência tanto da falta de interesse pelo estudo histórico quanto de uma ação deliberada de desprestigiar a legislação trabalhista. Segundo este autor, são exemplos dos instrumentos a serviço da fragilização do Direito do Trabalho no Brasil algumas ideias até midiaticamente difundidas, tais como: i) "o Direito do Trabalho é fruto da interferência indevida do Estado nas relações sociais";

---

(5) CHAUI, Marilena. *Brasil:* mito fundador e sociedade autoritária. São Paulo: Fundação Perseu Abramo, 2001. p. 57-58.

(6) VENOSA, Silvio. Salvo. *Direito Civil.* 12. ed. São Paulo: Saraiva, 2009. p. 433.

(7) VIANA, Márcio Túlio. *Fraude à Lei em Tempos de Crise.* Disponível em: <http://coad.com.br/app/webroot/files/trab/html/doutrina/em285.htm>. Acesso em: 21 maio 2020.

(8) SOUTO MAIOR, Jorge Luiz. *História do Direito do Trabalho no Brasil:* curso de Direito do Trabalho. v. I, Parte II. São Paulo: LTr, 2017. p. 11.

ii) "é um direito que surge em 1943, com a publicação da CLT (Consolidação das Leis do Trabalho), a qual foi obra da mente de Getúlio Vargas, não havendo no país, à época, condições fáticas que justificassem a regulação das relações de trabalho"; iii) "a CLT (Consolidação das Leis do Trabalho) é uma cópia da *Carta del Lavoro*, o que denota a influência do modelo fascista de Mussolini na regulação da atividade laboral no país".(9)

No período recente, essas questões ganharam ainda mais relevância, diante da avalanche de ataques que foram desferidos contra o Direito do Trabalho nos últimos anos e que culminaram com a aprovação da "reforma" trabalhista em 2017.

Lembre-se, ademais, que a aprovação da "reforma" trabalhista foi embasada nas fraudes da necessidade de "modernização" da legislação para atender a nova realidade do mundo trabalho e de "construir um novo Brasil: próspero, ético e preocupado com aqueles que foram marginalizados e alijados do mercado"(10), conforme reiteradamente reproduzido pelo deputado Rogério Marinho, relator da "reforma" trabalhista,

Porém, como já se sabia — e hoje resta revelado com maior intensidade ainda — a "reforma" não passou de uma instrumentalização para favorecer interesses econômicos por meio da redução de direitos, provocando maior precarização e exploração do trabalho.

De acordo com Paulo de Carvalho Yamamoto, a marca da "reforma" trabalhista é o cinismo, "que perpassa toda a legislação, desde sua origem. Vale lembrar, por exemplo, que a Deforma Trabalhista foi enviada por um Presidente ilegítimo com o objetivo de 'abafar mais uma crise política' do governo golpista"(11)

Para Márcio Túlio Viana e Dari Krein a "reforma" trabalhista consiste em uma falsificação dolosa em que "o legislador não peca apenas por equívocos pontuais, ligeiras distrações ou falta de técnica: substancialmente, ele joga com a fraude," ou seja, o legislador ignora que os princípios do Direito do Trabalho também se aplicam no momento da elaboração da lei. E mais que isso, a reforma passa a ideia "de que o trabalhador já não precisa de proteção, e reforçando a falsa tese de que o Direito do Trabalho prejudica o Direito ao Trabalho. Por essas e por outras, [...] o Poder Público

(9) SOUTO MAIOR, Jorge Luiz. *História do Direito do Trabalho no Brasil*: curso de Direito do Trabalho. v. I, Parte II. São Paulo: LTr, 2017. p. 11.

(10) Congresso em Foco. Rogério Marinho: verdades e mentiras sobre a modernização das leis trabalhistas. *Uol*, 26 abr.2017. Disponível em: <https://congressoemfoco.uol.com.br/opiniao/colunas/verdades-e-mentiras-sobre-a-modernizacao-das-leis-trabalhistas/>. Acesso em: 19 jun. 2020.

(11) YAMAMOTO, Paulo de Carvalho. Qual Liberdade? O Cinismo como figura retórica da Reforma Trabalhista: o caso da contribuição sindical. In: SOUTO MAIOR, Jorge Luiz; SEVERO, Valdete Souto (Coords.). *Resistência:* aportes teóricos contra o retrocesso trabalhista. 1. ed. São Paulo: Expressão Popular, 2017. p. 424-433, p. 426.

autoriza tacitamente o empregador a praticar mais violências ainda, descumprindo ainda mais a lei."[12]

Ao tratarmos do momento atual o cenário se mostra ainda mais grave para o Direito do Trabalho. A fraude agora é mais explícita e mais convicta.

O Brasil, em meio à maior crise sanitária mundial provocada pelo novo coronavírus, é presidido por uma pessoa que, abertamente, se vale de *fake news*[13] para governar, chegando ao ponto de negar a gravidade da pandemia e ignorar as orientações da Organização Mundial de Saúde, apesar das evidências dos altíssimos números de adoecimentos e mortes no país, utilizando sempre do discurso de que a economia não pode parar e de que o país precisa voltar o mais rápido possível à "normalidade".

A pandemia da Covid-19, de forma retórica e naturalizada, tem sido utilizada para justificar a implementação de mais retrocessos aos direitos trabalhistas, que podem ser visualizados, do ponto de vista normativo, nas Medidas Provisórias ns. 927/2020 e 936/2020.

A urgência do momento é, portanto, a de enfrentar, explicitar e combater as novas tentativas fraudulentas de desconstrução do Direito do Trabalho que se espraiam como vírus durante a crise sanitária.

2. O que se pensava ser o estágio mais avançado da fraude: a "reforma" trabalhista

O Direito do Trabalho no Brasil sempre foi alvo de grandes ataques, mas ao se considerar o período recente, com o advento da "reforma" trabalhista em 2017, esses ataques foram fortemente agravados.

A aprovação da Lei n. 13.467/2017 ocorreu em tempo recorde, sobretudo diante da complexidade e quantidade de temas alterados. A Consolidação das Leis do Trabalho (CLT) foi amplamente modificada, sem, no entanto, ter havido um efetivo diálogo social que discutisse seriamente os impactos das modificações legais nas condições de vida e trabalho da classe trabalhadora brasileira.

Ao se constatar a profundidade das alterações trazidas pela "reforma" trabalhista e o fato de todas elas promoverem a redução de direitos e de garantias de trabalhadores e trabalhadoras e consequentemente ampliarem o poder econômico dos empregadores fica evidente que seus defensores deturparam a realidade para sustentar falsas promessas.

---

(12) VIANA, Márcio Túlio; KREIN, José Dari. Dossiê "Significado e impactos da reforma trabalhista no mundo do trabalho". Apresentação: a reforma trabalhista, entre a fraude e a esperança. *Revista Jurídica Trabalho e Desenvolvimento Humano*, Campinas, v. 2, n. 1, p. 13-18, 2019.

(13) STRABELLI, Guilherme. Fake news é ferramenta política de Bolsonaro, diz cientista política. *Último Segundo*, 05 maio 2020. Disponível em: <https://ultimosegundo.ig.com.br/politica/2020-05-05/fake-news-e-ferramenta-politica-de-bolsonaro-diz-cientista-politica.html>. Acesso em: 20 maio 2020.

Para atingir esse objetivo, a estratégia foi a de difundir a ideia de que a "reforma" seria algo positivo para os trabalhadores, taxando de defensores de privilégios, retrógados, ideológicos ou descompromissados com a justiça social os que se colocassem contrários a ela.

Em vez de um debate sobre o conteúdo das mudanças propostas, o que se estabeleceu, por meio de um grande movimento midiático viciado e fraudulento, foi uma oposição de natureza pessoal entre os "modernos", que apoiavam a reforma e os antiquados, que não queriam entender que o país havia mudado e necessitava adaptar sua legislação trabalhista à nova realidade, conforme se pode verificar no artigo escrito pelo deputado e relator da "reforma", Rogério Marinho: "Verdades e mentiras sobre a modernização das leis trabalhistas", publicado em 26 de abril de 2017, pelo Congresso em Foco.(14)

Para defender a ampliação irrestrita da terceirização e rebater o argumento de que essa forma de contratação reduz a gama de direitos dos trabalhadores, Rogério Marinho escreveu: "[...] O empregado sempre possuirá um vínculo empregatício com uma empresa e essa empresa deverá recolher e pagar todos os direitos previstos constitucionalmente do trabalhador".(15)

No entanto, deixou de dizer o relator que o fenômeno da terceirização é uma prática de intermediação de mão de obra, cujo propósito é exatamente baratear os custos do trabalho para as empresas por meio da precarização e da maior exploração da força de trabalho, tornando os trabalhadores mais fragilizados e submetidos aos mandos do poder econômico. Dessa forma, uma reforma benéfica para os trabalhadores certamente não seria aquela que ampliasse a terceirização para qualquer atividade, mas que reconhecesse a perversidade desse fenômeno, como, inclusive, demonstra o dossiê elaborado pelo Departamento Intersindical de Estatísticas e Estudos Socioeconômicos (Dieese), "Terceirização e Desenvolvimento — uma conta que não fecha".(16)

Com relação à nova modalidade de trabalho criada pela "reforma", o trabalho intermitente, argumentou o Sr. Rogério Marinho: "[...] as relações deverão ser formais e sem redução de direitos como FGTS, férias e 13º salário. Exatamente por isso é que se regulou o trabalho intermitente: para gerar empregos e formalidade, sem tocar nos direitos trabalhistas."(17)

---

(14) Congresso em Foco. Rogério Marinho: verdades e mentiras sobre a modernização das leis trabalhistas. *Uol*. 26 abr. 2017. Disponível em: <https://congressoemfoco.uol.com.br/opiniao/colunas/verdades-e-mentiras-sobre-a-modernizacao-das-leis-trabalhistas/>. Acesso em: 19 jun. 2020.

(15) *Idem*.

(16) Dossiê "Terceirização e Desenvolvimento — Uma conta que não fecha. CUT. Disponível em: <https://www.cut.org.br/acao/dossie-terceirizacao-e-desenvolvimento-uma-conta-que-nao-fecha-7974>. Acesso em: 20 jun. 2020.

(17) Congresso em Foco. Rogério Marinho: verdades e mentiras sobre a modernização das leis trabalhistas. *Uol*, 26 abr. 2017. Disponível em: <https://congressoemfoco.uol.com.br/opiniao/colunas/verdades-e-mentiras-sobre-a-modernizacao-das-leis-trabalhistas/>. Acesso em: 19 jun. 2020.

Mas, novamente, faltou com a verdade, vez que o trabalho intermitente, como bem demonstrou a realidade dos trabalhadores que, posteriormente, foram submetidos a essa condição, precariza sim as relações de trabalho. O contrato de trabalho intermitente não permite ao trabalhador ter uma previsibilidade de quando e quanto de fato vai trabalhar e, portanto, não tem previsibilidade sequer sobre o valor que receberá por mês. A empresa pode solicitar a prestação de serviço por hora, dias ou meses, o que torna essa modalidade de emprego extremamente precária. Além disso, alterar a legislação com o argumento de atacar o desemprego, mas, concretamente, criar empregos precários é uma grande fraude, constituindo, inclusive, estratégia para burlar os números da formalidade e da geração de empregos.

Quanto aos empregados em regime de teletrabalho, disse Rogério Marinho:

> "[...] nenhum direito será retirado do trabalhador nessa modalidade. Pelo contrário, será ampliada a liberdade do uso do tempo pelo empregado, diminuirá custos empresariais e estimulará a eficiência e a produtividade."(18)

Todavia, a "reforma" que se promovia excluía os trabalhadores em regime de teletrabalho do direito ao limite da jornada de trabalho, o que ao invés de ampliar a liberdade do empregado para a utilização do seu tempo como quiser, o torna escravo do trabalho, na medida em que vida privada e vida profissional passam a conviver lado a lado, em tempo integral, com tendência à supressão do tempo livre, fora do trabalho.

Em lapso de sinceridade, Marinho até deixou escapar o verdadeiro objetivo dessa modalidade de trabalho, afirmando que o teletrabalho objetiva reduzir os custos das empresas, sem explicitar, no entanto, que estes custos de produção — que certamente não deixariam de existir — seriam, como de fato foram, transferidos para os trabalhadores.

A respeito da extinção da contribuição sindical obrigatória, salientou Rogério Marinho: "[...] O fim da obrigatoriedade da contribuição sindical irá depurar e separar o joio do trigo. Sindicatos que têm condição e capacidade de reunir associados, celebrar acordos e representar os interesses de suas classes sobreviverão e prosperarão ao fim da contribuição."(19)

No entanto, o real resultado pretendido pelos defensores da "reforma" com o fim da contribuição sindical obrigatória era o de enfraquecer — e até mesmo destruir — os sindicatos. Como salienta Jorge Luiz Souto Maior, o objetivo da "reforma" "[...] foi o de transformar os sindicatos em agentes da redução ou da supressão de direitos

---

(18) Congresso em Foco. Rogério Marinho: verdades e mentiras sobre a modernização das leis trabalhistas. *Uol*, 26 abr. 2017. Disponível em: <https://congressoemfoco.uol.com.br/opiniao/colunas/verdades-e-mentiras-sobre-a-modernizacao-das-leis-trabalhistas/>. Acesso em: 19 jun. 2020.

(19) *Idem*.

fundamentais mínimos. [...] A fórmula é simples: fragilizar para impor negociações que reduzam o patamar jurídico já conquistado."[20]

As alterações na legislação trabalhista trazidas pela "reforma" vão muito além dos exemplos mencionados acima, mas por essas questões apresentadas já é possível constatar que as propostas dos idealizadores da "reforma", que se concretizaram na Lei n. 13.467/2017, foram baseadas em falsas promessas, constituindo, pois, uma grande fraude, disfarçando a finalidade real que se procurava atingir, qual seja, retirar direitos da classe trabalhadora e baixar custos da produção para o favorecimento de grandes empresas.

3. A fraude pandêmica

Em 11 de março de 2020, a Organização Mundial de Saúde declarou a doença causada pelo novo coronavírus (Covid-19) como uma pandemia. Desde então, muitos têm sido os esforços dos diversos países para conter a rápida disseminação do vírus e evitar o colapso dos sistemas de saúde, diante do elevado número de adoecimentos e mortes.

Em tempos de isolamento social, a centralidade do trabalho ganha mais evidência no funcionamento da sociedade capitalista. Trabalhadores e trabalhadoras, nos hospitais, nas fábricas, nas ruas, deixam suas casas e se expõem dia a dia ao risco do contágio do vírus. Antes invisibilizados, enfermeiras, técnicos de enfermagem, motoristas de caminhão, motoristas de transportes coletivos, entregadores de aplicativos, trabalhadoras domésticas, cuidadoras de idosos, porteiros, faxineiros, entre outros, tornam-se heróis e heroínas.

No entanto, no Brasil, um país de herança escravocrata, marcado por histórica desigualdade social e desrespeito aos direitos trabalhistas, essas pessoas mais uma vez não vêm sendo tratadas com o respeito que elas merecem e com a seriedade que o momento exige.

Em meio a um cenário de crise sanitária e humanitária, o governo brasileiro, ao invés de adotar medidas que preservem integralmente os empregos e os salários, impeçam as demissões e garantam a segurança e renda para os trabalhadores, mesmo sem a efetiva prestação de serviços[21], faz opção por permitir maior exploração e precarização do trabalho.

---

(20) SOUTO MAIOR, Jorge Luiz. Disponível em: <https://www.jorgesoutomaior.com/blog/quem-tem-medo--de-mudancas-e-da-liberdade-sindical>. Acesso em: 20 jun. 2020.

(21) Medidas, inclusive, adotadas pelo governo da Argentina. CASARRÉ, Marieta. Coronavírus leva Argentina a proibir demissões por 60 dias. *Agência Brasil*. Disponível em: <https://agenciabrasil.ebc.com.br/internacional/noticia/2020-04/argentina-proibe-demissoes-por-60-dias-devido-pandemia-de-coronavirus>. Acesso em: 24 jul. 2020.

Com o objetivo de retomar o mais rápido possível "à normalidade", o governo federal em 22 de março de 2020 edita a Medida Provisória n. 927, que dispõe sobre as medidas trabalhistas para enfrentamento do estado de calamidade pública, e em 1º de abril de 2020, edita a Medida Provisória n. 936, que institui o Programa Emergencial de Manutenção do Emprego e da Renda e estabelece medidas trabalhistas complementares para enfrentamento do estado de calamidade pública.

A Medida Provisória n. 927, entre outras questões, estabelece que durante o estado de calamidade pública, empregado e empregador poderão celebrar acordo individual, para garantir a permanência do vínculo empregatício, com preponderância do acordo sobre instrumentos normativos, legais e negociais, respeitados os limites constitucionais, podendo o empregador de modo unilateral adotar medidas como: o teletrabalho; a antecipação de férias individuais; a concessão de férias coletivas; o aproveitamento e a antecipação de feriados; o banco de horas; a suspensão de exigências administrativas em segurança e saúde no trabalho; o direcionamento do trabalhador para qualificação; e o diferimento do recolhimento do Fundo de Garantia do Tempo de Serviço — FGTS.

A Medida Provisória n. 936 autoriza como medidas do Programa Emergencial de Manutenção do Emprego e da Renda: a redução proporcional de jornada de trabalho e de salários (25%, 50% e 70%), a suspensão temporária do contrato de trabalho (por acordo individual entre empregador e empregado), e o pagamento de Benefício Emergencial de Preservação do Emprego e da Renda (custeado com recursos da União).

Essas Medidas Provisórias, no entanto, sob a justificativa de preservar emprego e renda, claramente violam preceitos constitucionais que asseguram garantias mínimas aos trabalhadores. Ao conferirem maiores poderes aos empregadores que podem reger a relação de trabalho de acordo com seu próprio interesse, as MPs permitem que os empregados se tornem ainda mais vulneráveis, transformando-os em presas fáceis da superexploração e do desemprego.

Entretanto, o Plenário Supremo Tribunal Federal, no que tange à regra da Medida Provisória (MP) 936/2020, que autoriza a redução da jornada de trabalho e do salário ou a suspensão temporária do contrato de trabalho mediante acordos individuais em decorrência da pandemia, sem a anuência dos sindicatos da categoria, manteve sua eficácia, no julgamento da medida cautelar na ADI n. 6.363, em 17 de abril de 2020. Na decisão prevaleceu a divergência aberta pelo ministro Alexandre de Moraes que entendeu se tratar de medida razoável, diante do momento excepcional. Segundo ele, o acordo individual garante uma renda mínima ao trabalhador e mantém o vínculo de emprego ao término da crise.[22]

---

(22) STF mantém possibilidade de redução de salários por acordo individual em decorrência da pandemia. *Notícias STF*. 17 abr. 2020. Disponível em: <http://www.stf.jus.br/portal/cms/verNoticiaDetalhe.asp?idConteudo=441651>. Acesso em: 9 ago. 2020.

A Medida Provisória n. 936 foi convertida na Lei n. 14.020, de 6 de julho de 2020, e no dia 14 de julho foi publicado o Decreto n. 10.422, que regulamentou referida lei, prorrogando os prazos e pagamento dos benefícios emergenciais para os acordos de redução proporcional de jornada e salário por mais trinta dias e para suspensão temporário do contrato de trabalho por mais sessenta dias, de modo a completar o total de cento e vinte dias, em ambos os casos. A Medida Provisória n. 927 perdeu sua validade em 19 de julho de 2020, no entanto, permanece produzindo efeitos, vez que os acordos realizados dentro da vigência da MP continuam valendo.

E o resultado de tudo isso é o aprofundamento do sofrimento da classe trabalhadora, que historicamente vem vivenciando um rebaixamento dos seus direitos conquistados, sobretudo com a aprovação da "reforma" trabalhista em 2017.

Segundo dados do Caged (Cadastro Geral de Empregados e Desempregados), no mês de março, foram fechadas 240.702 vagas de trabalho formais no país e em abril esse número aumentou para 860.503, o pior resultado para um único mês em 29 anos. O resultado de abril se deve a diferença no mês entre as contratações 598.596 e as de demissões 1.459.099.(23)

No primeiro trimestre de 2020, segundo dados do IBGE (Instituto Brasileiro de Geografia e Estatística), a taxa de desocupação foi de 12,2% ou 12,9 milhões de pessoas, representando um aumento quando comparada com o último trimestre.(24)

Conforme reportagem publicada na *Folha de S. Paulo*, em 06 de junho de 2020, "[...] desde o início da pandemia, o MPT (Ministério Público do Trabalho) em São Paulo recebeu 32 denúncias de dispensas em massa, sem que houvesse o pagamento integral das verbas rescisórias. Três viraram ações civis públicas".(25)

Levantamento divulgado pelo Tribunal Superior do Trabalho (TST), em 18 de junho de 2020, informa que no período de janeiro a maio de 2020 foram registradas 7,7 mil novas ações originárias nas Varas do Trabalho e nos Tribunais Regionais do Trabalho classificadas com o tema, "Covid-19". Os dados de 21 TRTs revelam que as principais questões das demandas ajuizadas no primeiro grau dizem respeito a verbas rescisórias e ao pagamento do Fundo de Garantia do Tempo de Serviço e no segundo grau, ao levantamento/liberação do FGTS. (26)

---

(23) MATELLO, Alexandre. Disponível em: <https://g1.globo.com/economia/noticia/2020/05/27/coronavirus-brasil-fecha-860-mil-empregos-formais-no-pior-mes-de-abril-em-29-anos.ghtml>.

(24) IBGE. Disponível em: <https://www.ibge.gov.br/busca.html?searchword=desemprego&searchphrase=all>. Acesso em: 20 jul. 2020.

(25) BRIGATTI, Fernanda. "Empresas desistem de cortar jornada e salário para demitir a conta-gotas". *UOL*. Disponível em: <https://www1.folha.uol.com.br/mercado/2020/06/empresas-desistem-de-cortar-jornada-e-salario-para-demitir-a-conta-gotas.shtml>. Acesso em: 24 jul. 2020.

(26) JUSTIÇA DO TRABALHO. TST. *TST divulga levantamento oficial com número de ações relacionadas ao coronavírus na Justiça do Trabalho*. Disponível em: <http://www.tst.jus.br/web/guest/-/tst-divulga-levantamento-oficial-com-n%C3%BAmero-de-a%C3%A7%C3%B5es-relacionadas-ao-coronav%C3%ADrus-na-justi%C3%A7a-do-trabalho>. Acesso em: 27 jul. 2020.

Várias ainda têm sido as denúncias relacionadas à precariedade das condições de trabalho durante a pandemia que têm exposto trabalhadores e trabalhadoras a sérios problemas que vão desde pressão e sobrecarga no ambiente de trabalho até o desenvolvimento de doenças psíquicas decorrentes sobretudo do medo do contágio e da perda do emprego. Profissionais de saúde relatam, além das extensas jornadas de trabalho, a falta de equipamentos adequados de proteção individual nos hospitais públicos e privados; trabalhadores em frigoríficos estão sendo expostos a um alto risco de contágio pela Covid-19 devido à dinâmica de trabalho nas unidades em espaços confinados e aglomerados; professores universitários são surpreendidos por demissão por mensagem; trabalhadores em teletrabalho apontam a falta de equipamentos e estruturas adequadas, bem como o aumento dos custos que passaram a suportar com o consumo de luz e *internet*, por ex.); trabalhadoras domésticas se expõem ao risco do contágio, ao terem sua atividade incluída no rol de atividades essenciais; além de outras denúncias.

Soma-se a essa realidade o problema enfrentado pelas micro e pequenas empresas. Conforme reportagem divulgada pela CNN Brasil, em 9 de abril de 2020, levantamento feito pelo Sebrae (Serviço Brasileiro de Apoio às micro e pequenas empresas) aponta que pelo menos 600 mil micro e pequenas empresas encerraram suas atividades em razão dos efeitos econômicos da pandemia e 9 milhões de trabalhadores foram demitidos. Segundo a pesquisa, "30% dos empresários tiveram que buscar empréstimos para manter seus negócios, mas o resultado não tem sido positivo: 29,5% destes empreendedores ainda aguarda uma resposta das instituições financeiras e 59,2% simplesmente tiveram seus pedidos negados." [(27)]

Na primeira quinzena de junho, de um total de 522,7 mil empresas que encerraram as atividades em razão da pandemia, 99,2% eram de empresas de pequeno porte, com até 49 empegados, conforme dados do IBGE· Segundo ressalta o fundador da escola de negócios, Empreende Aí, voltada à empreendedores de periferia, "Os bancos pedem garantias, formalizações e se a pessoa está com o nome sujo ou a empresa está com alguma dívida, elas não conseguem o empréstimo. Isso dificulta o acesso do empreendedor mais popular a esse tipo de recurso."[(28)]

Entretanto, toda essa situação não é por acaso. Trata-se de uma opção política. Como assumido pelo próprio governo, as beneficiárias das políticas públicas são as grandes empresas. Salientou o ministro da Economia Paulo Guedes, na reunião ministerial de 22 de abril de 2020: "'Nós vamos botar dinheiro, e vai dar certo e nós

(27) BROTERO, Mathias. Mais de 600 mil pequenas empresas fecharam as portas com coronavírus. *CNN*, 9 abr. 2020. Disponível em: <https://www.cnnbrasil.com.br/business/2020/04/09/mais-de-600-mil-pequenas-empresas-fecharam-as-portas-com-coronavirus>. Acesso em: 14 jul. 2020.

(28) *Idem.*

vamos ganhar dinheiro. Nós vamos ganhar dinheiro usando recursos públicos pra salvar grandes companhias. Agora, nós vamos perder dinheiro salvando empresas pequenininhas'".[(29)]

Há, no entanto, uma inversão de valores nessa lógica perversa de favorecer as grandes empresas em prejuízo dos trabalhadores e das pequenas empresas. Enquanto os trabalhadores são responsáveis pela produção de riquezas e as pequenas empresas são as que mais geram empregos formais no país,[(30)] o compromisso das grandes empresas é unicamente com o seu próprio lucro, produzido, especialmente, por meio da maior exploração do trabalho.

Como manifestou o presidente do Santander, Sérgio Rial, em 26 de junho de 2020, ao tratar do teletrabalho: "'Se tua vida fica mais fácil até sob o ponto de vista econômico, por que não dividir algumas coisas dessas com a empresa? Por que não pode ser um voluntário com a abdicação de algum benefício, de algum salário?"[(31)]

Importante ressaltar que o lucro registrado pelo Santander no primeiro trimestre de 2020 foi de R$ 3,774 bilhões, um aumento de 10,5%, na comparação com o ano passado.[(32)]

O cenário do país é caótico. No dia 8 de agosto de 2020, o Brasil ultrapassa a marca de 100 mil mortes em decorrência do novo coronavírus (total de 100.240 óbitos). O número de casos da doença do país é de 2.988.796, quase 3 milhões, cerca de 6,5% dos casos mundiais e 13,8% dos mortos pela doença no mundo, apesar da população representar apenas 2,7% da população do planeta.[(33)]

O resultado desse contexto sanitário, político e econômico não pode ser outro que não o aumento da exploração e do sofrimento da classe trabalhadora. Como assevera Jorge Luiz Souto Maior:

---

(29) MAZIEIRO, Guilherme. Guedes: vamos usar recurso público com grandes empresas e ganhar dinheiro. *UOL*. Disponível em: <https://noticias.uol.com.br/politica/ultimas-noticias/2020/05/22/guedes-vamos-usar-recurso-publico-com-grandes-empresas-e-ganhar-dinheiro.htm>. Acesso em: 26 jul. 2020.

(30) MACHADO, Caroline. Sebrae aponta que pequenas empresas geram mais empregos no Brasil. 25 fev. 2020. Disponível em: <https://portaldodesenvolvimento.sebrae.com.br/sebrae-aponta-que-pequenas-empresas-geram-mais-empregos-no-brasil/#:~:text=Pequenos%20neg%C3%B3cios%20empregam%20mais%20mulheres,servi%C3%A7os%20que%20mais%20emprega%20mulheres>. Acesso em: 26 jul. 2020.

(31) Para presidente do Santander, empregado em home office pode abrir mão de salário e benefícios. *Sindibancários*. Disponível em: <https://www.bancarios-es.org.br/para-presidente-do-santander-empregado-em-home-office-pode-abrir-mao-de-salario-e-beneficios/>. Acesso em: 31 jul. 2020.

(32) Santander Brasil tem lucro de R$ 3,7 bilhões no 1º trimestre, alta de 10,5%. *G1*. Disponível em: <https://g1.globo.com/economia/noticia/2020/04/28/santander-brasil-tem-lucro-de-r-37-bilhoes-no-1o-trimestre-alta-de-105percent.ghtml>. Acesso em: 27 jul. 2020.

(33) BRASIL supera 100 mil mortes pela Covid-19 sem sinal de quando pandemia acabará. *Folha de S. Paulo*, 8 ago. 2020. Disponível em: <https://www1.folha.uol.com.br/cotidiano/2020/08/brasil-supera-100-mil-mortes-pela-Covid-19-sem-sinal-de-quando-pandemia-acabara.shtml>. Acesso em: 9 ago. 2020.

> Concretamente, estão morrendo os que foram conduzidos à informalidade e que, durante a pandemia, perderam toda a renda, ficando sob a dependência do auxílio emergencial (que demorou a ser pago e ao que muitos sequer tiveram acesso), os que foram conduzidos ao desemprego e os que foram obrigados a continuar trabalhando com redução de salários e aumento dos riscos no trabalho e no transporte, sem falar dos que se mantiveram trabalhando na total informalidade, caso dos entregadores, submetidos a toda série de riscos. São essas pessoas (e seus familiares) os que compõem, majoritariamente, o número em questão.[34]

Para o autor, muitos são os responsáveis pelo aumento da precarização das relações de trabalho estabelecida na "reforma" trabalhista, como os veículos da grande mídia, políticos, governantes e profissionais da área jurídica. [35]

O momento atual anuncia, dessa forma, mais um dos mais trágicos capítulos na história da sociedade brasileira. Em momentos de exceção como este, marcado também por grave crise sanitária, ao invés de presenciarmos, como se era de esperar, a promoção da consciência, da solidariedade e uma forte atuação do Estado em prol dos mais vulneráveis, o que se vê é uma janela aberta para o oportunismo econômico egoísta.

Conclusão

A utilização da fraude como estratégia para forjar a realidade se mostrou presente na sociedade brasileira desde seus primórdios.

No âmbito do Direito do Trabalho, por meio da difusão de falsas verdades, a fraude se revela como um instrumento de destruição dos direitos dos(as) trabalhadores(as) que alimenta um perverso processo de flexibilização das normas trabalhistas e precarização do trabalho.

Toda essa lógica de destruição de direitos, ampliada sobretudo com a aprovação da "reforma" trabalhista em 2017, ganhou ainda maior potencialidade com a pandemia do novo Coronavírus que agravou enormemente a desigualdade social existente no Brasil, precarizando ainda mais as condições de vida daqueles e daquelas que dependem do trabalho para sobreviver.

Soma-se a esse trágico cenário, a postura adotada pelo chefe do executivo que dia após dia manifesta sua indiferença frente ao altíssimo número de adoecimentos e mortes causados pela Covid-19 e declaradamente defende os interesses de grandes empresas.

---

(34) SOUTO MAIOR, Jorge Luiz. Disponível em: <https://www.jorgesoutomaior.com/blog/100-mil-mortes-ha-muito-mais-culpados>. Acesso em: 10 ago. 2020.

(35) *Idem*.

Diante de tudo isso, só é possível dizer que estamos diante de uma necropolítica, isto é, uma política em que a vida é subjugada ao poder da morte. Nesse cenário, quem dita as regras é o poder econômico. Ignoram-se o sofrimento, os adoecimentos e as mortes da população. Em benefício de poucos, reproduzem-se as mazelas culturais e potencializam-se os sofrimentos da classe trabalhadora.

Resta indagar: é nesse tipo de sociedade que queremos continuar vivendo?

Referências

BOLZANI, Isabela. Santander planeja demitir 20% dos funcionários no Brasil durante a pandemia de Covid. *UOL*. Disponível em: <https://www1.folha.uol.com.br/mercado/2020/06/santander-planeja-demitir-20-dos-funcionarios-no-brasil-durante-a-pandemia-de-covid.shtml>. Acesso em: 27 jul 2020.

BRASIL supera 100 mil mortes pela Covid-19 sem sinal de quando pandemia acabará. *Folha de S. Paulo*, 8/8/2020. Disponível em: <https://www1.folha.uol.com.br/cotidiano/2020/08/brasil-supera-100-mil-mortes-pela-Covid-19-sem-sinal-de-quando-pandemia-acabara.shtml>. Acesso em: 9 ago. 2020.

BRIGATTI, Fernanda. "Empresas desistem de cortar jornada e salário para demitir a conta-gotas". *UOL*. Disponível em: <https://www1.folha.uol.com.br/mercado/2020/06/empresas-desistem-de-cortar-jornada-e-salario-para-demitir-a-conta-gotas.shtml>. Acesso em: 24 jul. 2020.

BROTERO, Mathias. Mais de 600 mil pequenas empresas fecharam as portas com coronavírus. *CNN*, 9 abr. 2020. Disponível em: <https://www.cnnbrasil.com.br/business/2020/04/09/mais-de-600-mil-pequenas-empresas-fecharam-as-portas-com-coronavirus>. Acesso em: 14 jul. 2020.

CASARRÉ, Marieta. Coronavírus leva Argentina a proibir demissões por 60 dias. *Agência Brasil*. Disponível em: <https://agenciabrasil.ebc.com.br/internacional/noticia/2020-04/argentina-proibe-demissoes-por-60-dias-devido-pandemia-de-coronavirus>. Acesso em: 24 jul. 2020.

CHAUI, Marilena. *Brasil:* mito fundador e sociedade autoritária. São Paulo: Fundação Perseu Abramo, 2001.

CONGRESSO em Foco. Rogério Marinho: verdades e mentiras sobre a modernização das leis trabalhistas. Uol. 26/04/2017. Disponível em: <https://congressoemfoco.uol.com.br/opiniao/colunas/verdades-e-mentiras-sobre-a-modernizacao-das-leis-trabalhistas/>. Acesso em: 19 jun. 2020.

DOSSIÊ "Terceirização e Desenvolvimento – Uma conta que não fecha. *CUT*. Disponível em: <https://www.cut.org.br/acao/dossie-terceirizacao-e-desenvolvimento-uma-conta-que-nao-fecha-7974>. Acesso em: 20 jun. 2020.

STF mantém possibilidade de redução de salários por acordo individual em decorrência da pandemia. *Notícias STF*, 17 abr. 2020. Disponível em: <http://www.stf.jus.br/portal/cms/verNoticiaDetalhe.asp?idConteudo=441651>. Acesso em: 9 ago. 2020.

IBGE. Disponível em: <https://www.ibge.gov.br/busca.html?searchword=desemprego&searchphrase=all>. Acesso em: 20 jul. 2020

JUSTIÇA DO TRABALHO. TST. *TST divulga levantamento oficial com número de ações relacionadas ao coronavírus na Justiça do Trabalho*. Disponível em: <http://www.tst.jus.br/web/guest/-/tst-divulga-levantamento-oficial-com-n%C3%BAmero-de-a%C3%A7%C3%B5es-relacionadas-ao-coronav%C3%ADrus-na-justi%C3%A7a-do-trabalho>. Acesso em: 27 jul. 2020.

MACHADO, Caroline. Sebrae aponta que pequenas empresas geram mais empregos no Brasil. 25 fev. 2020. Disponível em: <https://portaldodesenvolvimento.sebrae.com.br/sebrae-aponta-que-pequenas-empresas-geram-mais-empregos-no-brasil/#:~:text=Pequenos%20neg%C3%B3cios%20empregam%20mais%20mulheres,servi%C3%A7os%20que%20mais%20 emprega%20mulheres>. Acesso em: 26 jul. 2020.

MASSON, Celso. A pandemia opõe o Brasil solidário ao oportunista. *Isto É Dinheiro*. Disponível em: <https://www.istoedinheiro.com.br/a-pandemia-opoe-o-brasil-solidario-ao-oportunista/>. Acesso em: 20 jul. 2020.

MATELLO, Alexandre. *G1*. Disponível em: <https://g1.globo.com/economia/noticia/2020/05/27/coronavirus-brasil-fecha-860-mil-empregos-formais-no-pior-mes-de-abril-em-29-anos.ghtml>. Acesso em: 14 jul. 2020.

MAZIEIRO, Guilherme. Guedes: vamos usar recurso público com grandes empresas e ganhar dinheiro. *UOL*. Disponível em: <https://noticias.uol.com.br/politica/ultimas-noticias/2020/05/22/guedes-vamos-usar-recurso-publico-com-grandes-empresas-e-ganhar-dinheiro.htm>. Acesso em: 26 jul. 2020.

MBEMBE, Achille. *Necropolítica*. Disponível em: <https://revistas.ufrj.br/index.php/ae/article/view/8993/7169>. Acesso em: 25 jul. 2020.

OPPERMANN, Álvaro. As maiores fraudes da história da ciência. *Uol*. AH Aventuras na História, 27 abr. 2019.Disponível em: <https://aventurasnahistoria.uol.com.br/noticias/reportagem/maiores-fraudes-da-historia-da-ciencia.phtml>. Acesso em: 19 maio 2020.

PARA presidente do Santander, empregado em home office pode abrir mão de salário e benefícios. *Sindibancários* – Espírito Santo, 26 jun. 2020. Disponível em: <https://www.bancarios-es.org.br/para-presidente-do-santander-empregado-em-home-office-pode-abrir-mao-de-salario-e-beneficios/>. Acesso em: 31 jul. 2020.

PARODI, Lorenzo. *Manual das Fraudes*. 2 ed. Rio de Janeiro: Brasport, 2008.

SANTANA, Pablo. Sem ajuda do governo, pequenos empreendedores usam doações e auxílio emergencial para pagar contas. *Infomoney*, 22 jul. 20. Disponível em: <https://www.infomoney.com.br/negocios/sem-ajuda-do-governo-pequenos-empreendedores-usam-doacoes-e-auxilio-emergencial-para-pagar-contas/>. Acesso em: 24 jul. 2020.

SANTANDER Brasil tem lucro de R$ 3,7 bilhões no 1º trimestre, alta de 10,5%. *G1*.Disponível em: <https://g1.globo.com/economia/noticia/2020/04/28/santander-brasil-tem-lucro-de-r-37-bilhoes-no-1o-trimestre-alta-de-105percent.ghtml>. Acesso em: 27 jul. 2020.

STRABELLI, Guilherme. Fake news é ferramenta política de Bolsonaro, diz cientista política. *Último Segundo*, 05 maio 2020. Disponível em: <https://ultimosegundo.ig.com.br/politica/2020-05-05/fake-news-e-ferramenta-politica-de-bolsonaro-diz-cientista-politica.html>. Acesso em: 20 maio 2020.

SOUTO MAIOR, Jorge Luiz. *História do Direito do Trabalho no Brasil:* curso de Direito do Trabalho. v. I, Parte II. São Paulo: LTr, 2017.

______. <https://www.jorgesoutomaior.com/blog/quem-tem-medo-de-mudancas-e-da-liberdade-sindical>. Acesso em: 20 jun. 2020.

______. Disponível em: <https://www.jorgesoutomaior.com/blog/100-mil-mortes-ha-muito--mais-culpados>. Acesso em: 10 ago. 2020.

______; VIEIRA, Regina Stela Corrêa. *Mulheres em Luta:* A outra Metade da História do Direito do Trabalho. São Paulo : LTr, 2017.

VENOSA, Silvio. *Salvo.* Direito Civil. 12. ed. São Paulo: Saraiva, 2009.

VIANA, Márcio Túlio. *Fraude à Lei em Tempos de Crise.* Disponível em: <http://coad.com.br/app/webroot/files/trab/html/doutrina/em285.htm>. Acesso em: 21 maio 2020.

______; KREIN, José Dari. Dossiê "Significado e impactos da reforma trabalhista no mundo do trabalho". Apresentação: a reforma trabalhista, entre a fraude e a esperança. *Revista Jurídica Trabalho e Desenvolvimento Humano*, Campinas, v. 2, n. 1. 2019.

YAMAMOTO, Paulo de Carvalho. Qual Liberdade? O Cinismo como figura retórica da Reforma Trabalhista: o caso da contribuição sindical. In: SOUTO MAIOR, Jorge Luiz; SEVERO, Valdete Souto (Coords.). *Resistência:* aportes teóricos contra o retrocesso trabalhista. 1. ed. São Paulo: Expressão Popular, 2017. p. 424-433.

O Mercado de Trabalho e os Direitos Sociais em Tempos de Covid-19

Erik Chiconelli Gomes

De acordo com os dados da PNAD-C, do IBGE, o Brasil tem uma população economicamente ativa (PEA) de 90,6 milhões dos quais 36,3%, ou 32,9 milhões dos trabalhadores do setor privado têm contratos de trabalho, com carteira assinada, e 44% ou 40 milhões de trabalhadores estão em situação informal, isto é, não gozam de direitos trabalhistas. Os dados do desemprego no trimestre até março, antes do efeito pleno da epidemia, a taxa ficou em 12,2%: faltava trabalho para 27,6 milhões de pessoas no trimestre até março.

Estes números demonstram que a situação da classe trabalhadora do Brasil é gravíssima. 23,3% da PEA trabalham por conta própria, em prestação de serviços. Esta situação foi agravada com a crise econômica que eclodiu no País a partir de 2014 e fez com que a economia brasileira se defrontasse com a maior recessão registrada na história do Brasil. Há 2 gigantescos problemas para os trabalhadores: o primeiro é representado pela incapacidade do sistema econômico brasileiro de gerar os empregos necessários à PEA e, o segundo, diz respeito à precarização do trabalho imposta pelo modelo econômico.

Deve-se ainda observar o rendimento por Nível de Instrução. Quanto maior nível de formação, maior o rendimento. Portanto, educação é o caminho? De fato, podemos apontar que educação é um dos caminhos; não obstante, a educação por si só não resolve nossos problemas. Precisamos de projeto de desenvolvimento que fortaleça cadeias produtivas nacionais. Um programa de obras públicas faria com que houvesse elevação da capacidade produtiva e aumento do investimento na indústria, contribuindo para aquecer a atividade comercial e os serviços, além de elevar os níveis de arrecadação tributária do governo. Precisamos, portanto, de um projeto de desenvolvimento para manter crescimento elevado e com taxas de desemprego menores.

A educação precisa vir e estar acompanhada de um projeto de desenvolvimento nacional, que tenha como finalidade gerar um crescimento maior e sustentável, estimulando setores mais intensivos em tecnologia, com geração de empregos onde o salário é mais elevado.

Estudos do Ipea[1] mostram variações muito grandes de remuneração entre carreiras. Nem sempre o investimento no ensino superior corresponde a uma melhora de renda.

Os últimos dados divulgados sobre o rendimento referentes a 2019, publicados pelo IBGE, mostram aumento da diferença entre os setores que ganham mais e menos no país, além do crescimento da desigualdade, medida pelo índice de Gini. De acordo com o instituto, no ano passado o 1% da população com rendimento maior recebia, em média, R$ 28.659 mensais, enquanto a metade da população com o menor rendimento ganhava R$ 850. Diferença de 33,7 vezes.

Entre as regiões, Sul e Centro-Oeste apresentaram os menores índices de Gini do rendimento médio: 0,451 e 0,485, respectivamente. O maior foi registrado no Nordeste (0,531). Ficou em 0,504 no Norte e no Sudeste. A massa de rendimento mensal foi estimada em R$ 213,4 bilhões. Desse total, os 10% com menor rendimento ficaram com 0,8%. E os 10% com maior rendimento acumularam 42,9%.

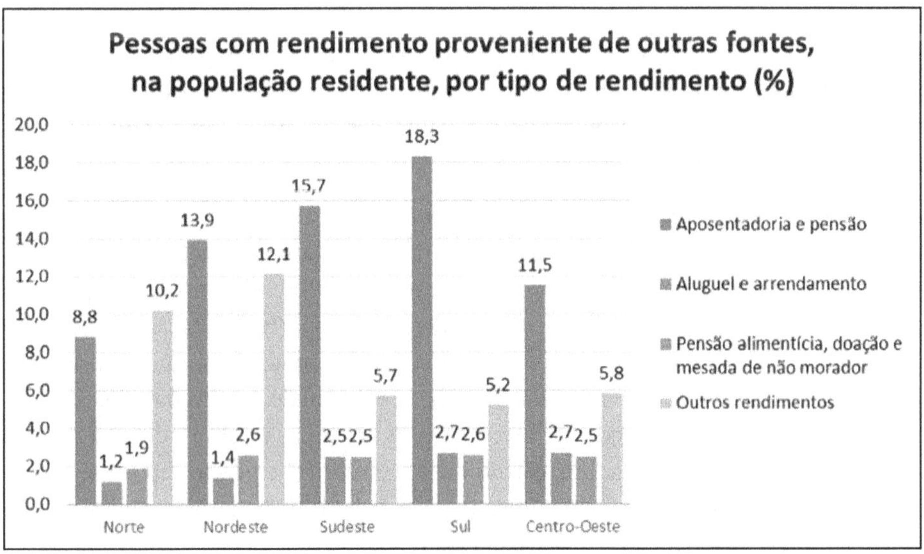

Já o rendimento médio real, considerando todas as fontes de renda, ficou estável, estimado em R$ 2.244. Variou de R$ 1.510 (Nordeste) a R$ 2.645 (Sudeste).

(1) Perspectivas profissionais: nível técnico e superior. Fonte: <http://www.ipea.gov.br/portal/images/stories/PDFs/radar/130704_radar_27_perspectivas_profissionais.pdf>. Acesso em: 08 maio 2020.

A pesquisa destaca, mais uma vez, as diferenças entre os ganhos dos trabalhadores brancos (R$ 2.999), pardos (R$ 1.719) e pretos (R$ 1.673), conforme a classificação do instituto. E também no recorte por gênero: o rendimento dos homens (R$ 2.555) é 28,7% maior que o das mulheres (R$ 1.985). Diante desse quadro, o percentual de domicílios atendidos pelo programa Bolsa Família caiu de 13,7%, em 2018, para 13,5%. Em 2012, eram 15,9%(2).

Já o rendimento médio mensal real de todos os trabalhos foi de R$ 2.308 em 2019. O maior valor da série ocorreu em 2014, quando foi de R$ 2.364. Após queda de 4,1% em 2015 (R$ 2.267), ficou praticamente estável nos anos de 2016 e 2017, registrou expansão de 2,3% em 2018 (R$ 2.317) e teve recuo (R$ 2.308) em 2019. Nordeste (R$ 1.588) e Norte (R$ 1.687) também registraram os menores valores para o rendimento habitual do trabalho, ao passo que as Regiões Sudeste (R$ 2.650), Centro-Oeste (R$ 2.506) e Sul (2.549), os maiores(3).

A crise econômica que eclodiu no Brasil em 2014 fez recair sobre os trabalhadores o peso da maior recessão da história, de que se valem as empresas para, como primeira medida, dispensar trabalhadores. Nos anos de crescimento que antecederam a crise, os lucros foram multiplicados e no momento da recessão, as empresas nem sequer utilizam uma parte dos lucros acumulados para manter o emprego. Ao contrário, dispensam imediatamente milhares de trabalhadores, como se o direito ao emprego não fosse um direito fundamental para a imensa maioria da população, que vive do seu trabalho. As políticas neoliberais produziram também um grande processo de proletarização de amplos setores da classe média, empobrecida pela perda do emprego formal e pela concentração de renda resultante das políticas implementadas pelos diversos governos no Brasil.

Para o sistema econômico gerar os empregos necessários à PEA é necessário que, como primeira medida, o governo federal supere a crise recessiva atual, causa principal do desemprego e da subutilização, executando de imediato um amplo programa de obras públicas de infraestrutura (energia, transporte, habitação, saneamento básico, etc) para elevar os níveis de emprego e renda da população e, em consequência, promover a expansão do consumo das famílias resultante do aumento da massa salarial e a renda das empresas com os investimentos em obras públicas; deveria atrair o setor privado para investir na infraestrutura econômica (energia, transporte e comunicações) e infraestrutura social (educação, saúde, habitação e saneamento básico) que demandam recursos para reduzir o custo de sua logística.

(2) PNAD. *Contínua 2019:* rendimento do 1% que ganha mais equivale a 33,7 vezes o da metade da população que ganha menos. Fonte: <https://agenciadenoticias.ibge.gov.br/agencia-sala-de-imprensa/2013-agencia-de-noticias/releases/27594-pnad-continua-2019-rendimento-do-1-que-ganha-mais-equivale-a--33-7-vezes-o-da-metade-da-populacao-que-ganha-menos>. Acesso em: 06 maio 2020.

(3) *Idem.*

E a extinção ou (re) criação do Ministério do Trabalho? O que muda?

O fim do Ministério do Trabalho foi anunciado por Jair Bolsonaro em Medida Provisória n. 870[4] publicada nas primeiras horas do governo, no dia primeiro de janeiro de 2019. A pasta existia desde novembro de 1930, criada no governo de Getúlio Vargas como ponte para as relações entre empregadores e empregados. A extinção do Ministério retirou da pauta trabalhista do núcleo do poder executivo, desequilibrando as relações entre empregadores e empregados e rompendo um processo de construção e valorização que começou na década de 1930 durante o governo de Getúlio Vargas[5].

Fiscalização, negociação e cumprimento das condições sanitárias exigem a presença de sindicatos e do antigo Ministério do Trabalho. A situação de crise do Covid-19 trouxe enormes questionamentos para os trabalhadores brasileiros. O atual modelo das médias e grandes cidades brasileiras impede a autossutentabilidade, sendo que ficam dependentes de produtos vindos dos polos industriais e das importações, através do transporte de cargas. A política de enfrentamento ao vírus precisa de um Ministério do Trabalho para organizar as milhares de situações trabalhistas no Brasil, para que junto com os sindicatos laborais e patronais não façam a produção entrar em colapso.

Conforme nota do Instituto Trabalho Digno – Entidade nacional de caráter científico, sem fins lucrativos, que se dedica a estudos, pesquisas e outras iniciativas técnico-científicas sobre o mundo do trabalho[6], ações sobre o Ministério do Trabalho estão sendo levantadas neste ano de 2020, após a extinção em 2019:

> Os serviços públicos outrora prestados pelo Ministério do Trabalho estão sendo progressivamente eliminados[7]: a Carteira de Trabalho, verdadeiro documento de identidade do trabalhador brasileiro, foi suprimida. Seguro-Desemprego, intermediação de mão de obra, registro e atualização sindical, registro profissional, dentre outros serviços

---

(4) *Medida Provisória n. 870, de 1º de janeiro de 2019*. Estabelece a organização básica dos órgãos da Presidência da República e dos Ministérios. Fonte: <http://www.planalto.gov.br/ccivil_03/_ato2019-2022/2019/Mpv/mpv870.htm>. Acesso em: 08 maio 2020.

(5) Com a criação da pasta, o governo de Vargas abriu também o processo de regulamentação da atividade sindical. Processo que hoje é analisado por historiadores como uma tentativa de evitar acirramento de ânimos entre os trabalhadores da recentemente iniciada industrialização do país. A partir daí foram dados os primeiros passos para órgãos de conciliação de conflitos trabalhistas e consequente criação da Justiça do Trabalho em que começou a atuar na década de 1940. Extinção do Ministério do Trabalho: o que mudou após um ano? Fonte: <https://www.brasildefato.com.br/2020/01/14/extincao-do-ministerio-do-trabalho-o-que-mudou-apos-um-ano>. Acesso em: 07 maio 2020.

(6) Ministério do Trabalho: ressurgimento para quê, para quem? Fonte: <https://trabalhodigno.org/2020/04/27/ministerio-do-trabalho-para-quem/>. Acesso em: 07 maio 2020.

(7) Como alertado, por exemplo, em: <https://www.conjur.com.br/2019-jan-08/antonio-queirozesquartejamento-ministerio-trabalho>.

essenciais, continuam a ser prestados em cada vez mais sucateadas unidades físicas, vinculadas às Superintendências do Trabalho ou, então, integrantes das redes do Sistema Nacional de Emprego — SINE — estas, receptoras de bilhões de reais, constituem terceirização de um serviço que é eminentemente público, executado em péssima qualidade e sujeito a desvios de recursos e de finalidade.

A Fiscalização do Trabalho foi, neste período, completamente alijada de qualquer autonomia técnica[8] Enquanto, no Ministério do Trabalho, ocupava o segundo escalão da pasta, o que lhe assegurava relevância e protagonismo na execução das políticas públicas, na atual estrutura do Ministério da Economia integra tão somente seu quarto nível, subordinada financeira, normativa e administrativamente à Secretaria do Trabalho e, por intermédio desta, aos interesses políticos e econômicos do governo, em clara e evidente afronta à Convenção n. 81 da Organização Internacional do Trabalho, ratificada pelo Brasil[9].

Assim, a (re)criação depende de vontade política para o não loteamento de cargos públicos, como vem sendo aventada, mas, sim, para o resgate de políticas públicas, pensando em estratégias para a recuperação do trabalho, emprego e renda e o fortalecimento do mercado formal, algo que vem sendo descontinuado nos últimos anos, com o crescimento exponencial de trabalhos por aplicativos ou ações de empreendedorismo que escondem uma precarização do emprego e trabalho.

A questão da renda para a classe trabalhadora em temos de pandemia

Matéria da *Folha de S. Paulo* destaca nas classes D e E, 51% perderam metade da renda ou mais na pandemia da Covid-19. Pesquisa da Plano CDE revela que crise do coronavírus fez cair renda e crescer endividamento entre os mais pobres. Entre os meses de março e abril de 2020, 51% dos brasileiros das classes D e E, com renda per capita de até R$ 500, perderam metade ou mais de suas rendas, em um contingente de 58 milhões de pessoas. Entre elas, 24% declararam ter ficado sem renda nenhuma durante a pandemia, realidade que já afetaria mais de 13 milhões de brasileiros que integram a base da pirâmide socioeconômica país. Devemos observar, conforme o gráfico abaixo, entre os 100 milhões de brasileiros que se enquadram na classe C, com renda per capita entre R$ 500 e R$ 2.000, 10% dos entrevistados disseram ter ficado sem rendimentos e 29% relataram redução de metade ou mais nos ganhos[10].

(8) Resultado previsível e tornado público: <https://www.camara.leg.br/noticias/556091-debatedoresalertam-para-risco-a-fiscalizacao-com-fim-do-ministerio-do-trabalho/>.

(9) Convenção n. 81 da OIT, Artigo 6 — O pessoal da inspeção será composto de funcionários públicos cujo estatuto e condições de serviço lhes assegurem a estabilidade nos seus empregos e os tornem independentes de qualquer mudança de governo ou de qualquer influência externa indevida

(10) Nas classes D e E, 51% perderam metade da renda ou mais na pandemia. Fonte: <https://www1.folha.uol.com.br/empreendedorsocial/2020/05/nas-classes-d-e-e-51-perderam-metade-da-renda-ou-mais-na-pandemia.shtml?>. Acesso em: 06 maio 2020.

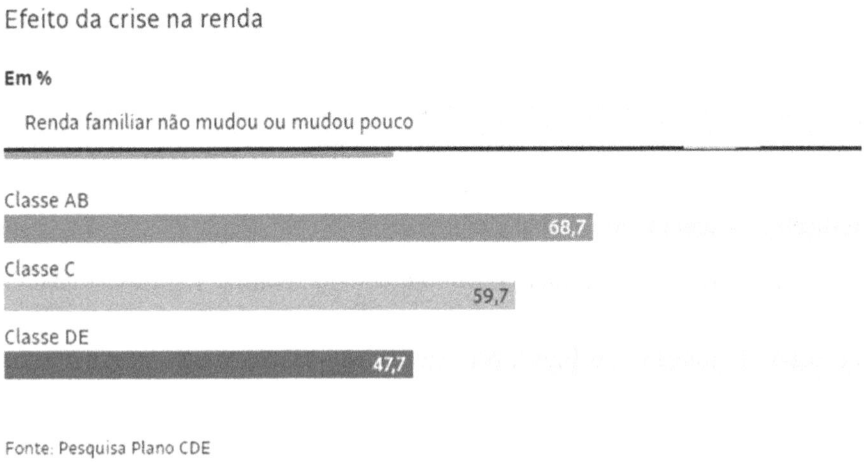

Com margem de erro de 3,1 pontos percentuais e índice de 95% de confiança, o levantamento feito pela Pesquisa Plano CDE, revela ainda a baixa capacidade de poupança no país, razão pela qual a maior parte da população, de todas as classes sociais, atrasou alguma conta ou contraiu dívidas(11).

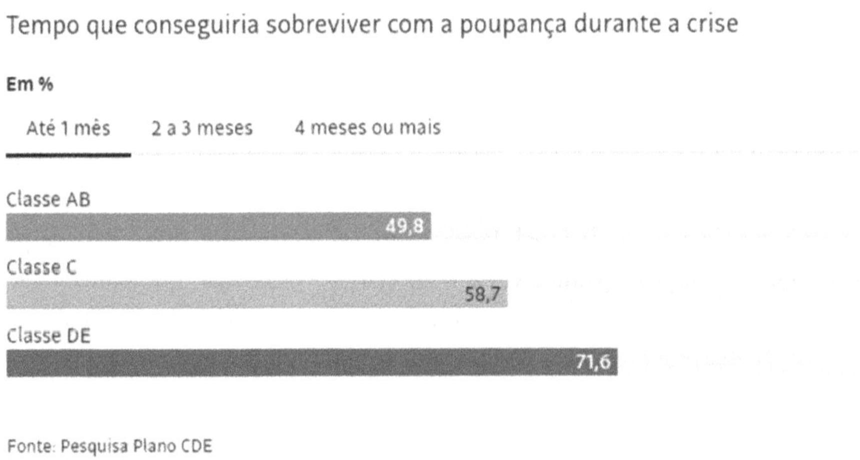

Diante desse cenário, portanto, além das obras de infraestrutura, o governo, mediante políticas públicas, deveria elaborar um plano econômico que contribuísse para a retomada do desenvolvimento; que apresentasse para a população e para os setores produtivos uma perspectiva de superação da crise atual e de retomada do crescimento econômico. Mas como fazê-lo com essa equipe — e com este cenário que temos, que perpassa o grave quadro da pandemia — que está aí? É a absoluta inexistência de um plano governamental de desenvolvimento um dos fatores que levam

(11) *Idem.*

à imobilidade do setor privado na realização de investimentos no Brasil levando-o a uma verdadeira paralisia.

O plano de desenvolvimento — pensando aqui em mercado de trabalho e, claro, direitos sociais — deve orientar e coordenar as empresas do país que, organizadas em redes, e ajudadas com políticas de comércio, tecnologia e crédito possam competir com sucesso na economia nacional e mundial.

O governo Michel Temer contribuiu com as (contra) reformas trabalhistas neoliberais em vigor e o governo Jair Bolsonaro com as que virão para a precarização das relações de trabalho no Brasil. Não resta menor dúvidas. Sem dúvidas, o maior descalabro, como a MP n. 927/2020. O STF afastou da referida MP o artigo que considerava que o Covid-19 não poderia ser considerado acidente de trabalho[(12)]. Não obstante, continua com a redação do art. 12 da MP n. 936/2020, que afronta literal à CRFB e contrário à CADH e Convenções ns. 98 e 154 da OIT.

Ressalte-se, contudo, que o STF suspendeu liminarmente a eficácia de dois dispositivos da Medida Provisória (MP) n. 927/2020, em julgamento do dia 29.04.2020, atendendo a pedido da Rede numa ADI[(13)]. Os dispositivos que não foram recepcionados liminarmente determinavam que a contaminação pelo novo coronavírus não poderia ser considerada moléstia ocupacional, o que é uma evidente ilegalidade, pois estão antecipando um vaticínio sobre matéria que depende de prova, em devido processo legal. Tal processo pode ser administrativo ou judicial. Contudo, ao refutar a medida (por claramente inconstitucional) o Supremo NÃO está afirmando que o Coronavírus é doença profissional. Porque isto, evidentemente, dependerá de prova caso a caso. Prova, principalmente, de nexo causal — exemplo que poderia ser citado: o de empregada doméstica que se infectou na casa de patrões contaminados pelo vírus. (Uma prova, convém dizer, muito complicada de ser apurada, na maioria dos casos). Ademais, ainda tem a questão da incapacidade permanente para o trabalho, outra questão que ocasiona muita controversa, pois não se sabe, ainda, o grau de consequências nefastas para a saúde de quem se recupera da Covid-19, se são danos permanentes, temporários, etc. Porém, no dia 06.05.20, o STF determinou que a contaminação de um trabalhador por Covid-19 pode ser considerada uma doença ocupacional. O tribunal suspendeu a eficácia de dois artigos da MP n. 927/2020, que autoriza medidas excepcionais para manter o vínculo entre empregadores e funcionários durante a pandemia do novo coronavírus. Assim, perderam a validade os arts. 29, que

(12) STF afasta trechos da MP que flexibiliza regras trabalhistas durante pandemia da Covid-19. Fonte: <http://www.stf.jus.br/portal/cms/verNoticiaDetalhe.asp?idConteudo=442355>. Acesso em: 07 maio 2020.

(13) *Idem.*

não enquadrava a doença como ocupacional, e 30, que limitava a atuação de auditores e impedia autuações.[14]

No Brasil, não há perspectiva de solução para o trabalho precário durante o governo Jair Bolsonaro porque o governo federal não assumirá um papel ativo como indutor do crescimento econômico para promover a reativação da economia e a elevação dos níveis de emprego no Brasil. Muito pelo contrário, o que se verifica é o agravamento desta situação com a aprovação da reforma trabalhista pelo governo Michel Temer e sua manutenção pelo governo Jair Bolsonaro. O presidente da República Jair Bolsonaro, que votou como deputado federal a favor da reforma trabalhista que acabou com 100 itens da CLT, alega que é melhor ter emprego precário do que não ter nada. Sua proposta para combater o drama do desemprego prevê a criação de uma carteira de trabalho "verde e amarela" com menos direitos trabalhistas. Esta proposta prevê que todo jovem, ao ingressar no mercado de trabalho, poderá escolher entre um vínculo empregatício baseado na carteira de trabalho tradicional (azul), que garante todos os direitos trabalhistas, ou optar pela carteira de trabalho verde e amarela e, com isso, perder uma série de direitos trabalhistas.

Quanto à precarização das relações de trabalho no Brasil e no mundo, ela resulta das políticas públicas adotadas e, também, do avanço tecnológico que fizeram com que houvesse redução da oferta de emprego e perda dos benefícios trabalhistas. As formas de precarização das relações de trabalho são múltiplas destacando-se, entre elas, as que fizeram com que a maioria dos trabalhadores não tenha contrato de trabalho, haja o desemprego aberto e velado, ocorra extensão das jornadas de trabalho, exista intensificação das condições de trabalho, ocorra a terceirização do trabalho e haja fragmentação da classe trabalhadora e as consequentes dificuldades de organização.

Como resultado, tais condutas enfraqueceram o sindicalismo, isto é, a organização dos trabalhadores na luta pelos seus interesses e pelos seus direitos. Sem vínculos duradouros com o empregador, as ocupações flexíveis ou trabalho precário mudam a maneira com que o trabalhador recebe seu pagamento, sem férias remuneradas e outros benefícios. O trabalho intermitente deste grupo converte-se em um gerador de dívidas, porque as necessidades são mais ou menos constantes ao longo do ano haja vista que o trabalhador necessita para se manter.

A perda de direitos, não só trabalhistas, mas civis, culturais, sociais, econômicos e políticos é uma das características definidoras do trabalho precário. As mudanças da estrutura do mercado global aliadas ao aprofundamento da flexibilização do trabalho estimulam a extinção de direitos clássicos do mundo do trabalho, intensificando a insegurança e instabilidade das atividades. É uma maneira muito árdua de trabalhar,

(14) STF reconhece Covid-19 como doença ocupacional. Fonte: <https://economia.uol.com.br/noticias/redacao/2020/05/04/stf-reconhece-Covid-19-como-doenca-ocupacional.htm>. Acesso em: 06 maio 20.

muito crua, sem nenhum tipo de direito ou baixíssima intensidade de direitos, proteção social, previdenciária e trabalhista.

Para fazer frente ao avanço tecnológico, a ação dos trabalhadores deveria ser direcionada no sentido de lutar para que o governo federal atual ou futuro adote políticas públicas que incentivem empreendimentos geradores de empregos não eliminados pelo avanço tecnológico como os da Economia Criativa que combina a criação, produção e a comercialização de bens criativos de natureza cultural e de inovação. Ademais, que se adote políticas de incentivo à Economia Social e Solidária de apoio aos desempregados que é uma forma distinta de gerar trabalho e renda, em diversos setores, seja nos bancos comunitários, nas cooperativas de crédito, nas cooperativas da agricultura familiar, na questão do comércio justo, nos clubes de troca, etc., bem como um programa de transferência de renda para os trabalhadores em geral que enfrentam o problema do desemprego que é um sistema de assistência social através do qual todos os cidadãos de um país, estando eles empregados ou não, receberiam, do governo, uma quantia fixa mensal, visando o estimulo à economia.

Relações de Trabalho e a Crise Sanitária na Venezuela

Diego Alex Toloto
Eduardo Felipe Lezo Zamboni

1. Introdução

A Venezuela, suas peculiaridades, aparentes erros e acertos, despertam o interesse e as paixões do público em geral, gerando opiniões, disputas, notícias, produções acadêmicas e científicas. Não foi diferente com os autores deste artigo, pois logo o assunto que será tratado neste trabalho despertou grande curiosidade, a saber: como a Venezuela está lidando com a crise sanitária da Covid-19, sob o prisma das relações laborais.

Analisar as relações de trabalho na Venezuela a partir de Hugo Chávez, na atual conjuntura histórica de imposição do ultraliberalismo, é imprescindível. Para compreendê-las, faz-se necessário analisar alguns traços gerais sobre como se constituiu a classe trabalhadora venezuelana, levando-se em consideração um elemento central: de que forma a economia se encontra organizada. Assim, será realizada uma síntese de qual foi a estratégia de desenvolvimento adotada pela república bolivariana a fim de superar seus problemas históricos, considerando aspectos do mercado de trabalho, alterações legislativas trabalhistas e, principalmente, o papel das Comunas Socialistas no combate à pandemia, utilizando como exemplo a Comuna de PANAL 2021.

Assim sendo, este estudo será dividido em quatro partes. Na primeira será feita uma breve retrospectiva histórica visando compreender os principais rumos econômicos e sociais do país antes da chegada de Hugo Chávez. Na segunda parte, o enfoque será esclarecer qual legado histórico a partir das relações laborais e mercado de trabalho, deixado por Chávez, levando em consideração os desafios enfrentados, sobretudo pelo imperialismo norte-americano. Na terceira parte, serão verificadas quais medidas trabalhistas foram eficazes na contenção e prevenção da Covid-19 pelo governo e, por fim, na última parte, o papel das comunas e da organização da classe trabalhadora no combate à pandemia.

Com intuito de atingir finalidade proveitosa deste artigo, será utilizada a pesquisa bibliográfica e empregado o método de abordagem dedutivo. Por meio de uma visão hipotética e geral de que o arranjo social e as relações de trabalho venezuelanas têm influência direta sobre o modesto avanço e baixa letalidade da atual pandemia nesse país, que são as preposições, se buscará uma conclusão específica acerca do tema proposto com relação às relações de trabalho na Venezuela e suas possíveis implicações na crise sanitária já mencionada, ratificando ou não a hipótese norteadora desta pesquisa.

2. Breve retrospectiva histórica

A maioria dos países da América do Sul, que compõem parte da atual periferia do capitalismo, iniciou seu desenvolvimento industrial a partir de 1930. São países conhecidos em sua natureza econômica pelo que se denomina de "capitalismo tardio", tendo em vista que perderam as duas primeiras grandes ondas de industrialização mundial, desenvolvendo-se em um curto espaço de tempo e em grandes blocos. Entretanto, com a Venezuela não foi assim, uma vez que já explorava o petróleo desde 1920, fonte rentável de recursos, mas que não foi capaz de proporcionar industrialização e substituição das importações(1). Celso Furtado, em seu estudo sobre o país, cunhou a expressão que resume seu desenvolvimento até os dias atuais: "subdesenvolvimento com abundância de divisas"(2).

A Venezuela viveu um dos seus períodos ditatoriais em meados do século XX, em que estava no poder o general Marcos Pérez Jimenez (1952 – 1958). Após a queda do ditador Jimenez, em 1958, ainda durante um governo provisório, o poder foi dividido entre alguns partidos políticos, sendo eles: AD (Ação Democrática), Copei (Comitê de Organização Política Eleitoral Independente) e URD (União Republicana Democrática)(3).

Essa articulação e seus sucessivos entendimentos procuraram dar continuidade ao acordo que se iniciara em Nova Iorque, conhecido como "pacto de Punto Fijo". Esse pacto se refere a um controle político e institucional estabelecido por uma aliança entre partidos e "representou um jeito de acomodar na partilha do poder as diversas frações, da classe dominante, incluindo aí o capital financeiro, as empresas de petróleo,

---

(1) NERY, Tiago. As diferentes trajetórias de desenvolvimento de Brasil e Venezuela (1945–2015). *Cadernos do desenvolvimento*, Rio de Janeiro, v. 12, n. 20, p. 35-60, jan./jun. 2017. p. 50-51.

(2) SANTOS, Fabio Luis Barbosa dos. *Uma história da onda progressista sul-americana (1998–2016)*. São Paulo: Elefante, 2018. p. 24.

(3) O Partido Comunista foi um dos principais agentes da queda do regime ditatorial, entretanto, foi excluído dessa articulação. MARINGONI, Gilberto. *A revolução venezuelana*. São Paulo: Unesp, 2009. p. 61.

a cúpula do movimento sindical, a Igreja e as Forças Armadas"[4]. Tratava-se de um esforço entre os partidos do pacto para imitar a democracia liberal dos EUA[5].

Tal arranjo político e subserviente perdurou por muitos anos (aproximadamente quarenta anos), ditando as regras vigentes nos principais setores do país, ou seja, no Estado, na economia, na política e, sobretudo, no controle, processo e distribuição da riqueza oriunda da exploração de petróleo. Além disso, reprimia movimentos sociais enquanto dava alguns supostos poderes a setores da esquerda, para acalmar e controlar ímpetos revolucionários: uma verdadeira democracia de fachada[6].

A situação econômica venezuelana era relativamente estável até então. Entretanto, nos anos 1980, com a desaceleração da economia mundial e crise da dívida externa em vários países periféricos, houve uma queda abrupta no preço dos barris de petróleo. As mudanças na ordem econômica mundial afetaram direta e negativamente a economia venezuelana, altamente dependente da exportação de petróleo e do preço do dólar. Logicamente as consequências desses acontecimentos se espalharam pelas instituições e por toda estrutura social do país, ocasionando o fim de um período de bonança e o início de tempos de crise e instabilidade econômica, política e social[7].

Carlos Andrés Peréz foi reeleito para seu segundo mandato sob a promessa da volta dos "bons tempos", recorreu ao Fundo Monetário Internacional (FMI), emprestou dinheiro e, com isso, implantou a conhecida receita neoliberal de austeridade fiscal e ajustes na política econômica do país[8]. As medidas resultaram em crescentes taxas de desemprego e pobreza, alto custo dos serviços públicos privatizados, falsas promessas de líderes políticos, miséria e comprometimento de todo o tecido social venezuelano[9]. A gravidade da situação foi tanta que houve revoltas e protestos populares em 1989, contra a política neoliberal adotada pelo governo venezuelano. Os atos e reivindicações foram duramente reprimidos pelas forças do Estado, gerando um verdadeiro massacre com a morte de milhares (até hoje não se sabe ao certo o número de mortos) de manifestantes. Esse evento da história venezuelana ficou conhecida como "Caracazo"[10].

É justamente neste contexto que Hugo Rafael Chávez Frias se torna famoso nacional e internacionalmente, ao tentar dar um golpe de Estado em 1992[11]. A tentativa

(4) MARINGONI, Gilberto. *A revolução venezuelana*. São Paulo: Unesp, 2009. p. 62.

(5) *Ibidem*, p. 63.

(6) *Ibidem*, p. 62-64.

(7) NERY, Tiago. *Op. cit.*, p. 51-52.

(8) *Ibidem*, p. 51-52.

(9) *Ibidem*, p. 34-36.

(10) *Ibidem*, p. 51-52.

(11) BUZETTO, Marcelo. *"Guerra de todo o povo"*: a influência das lutas políticas e sociais na nova doutrina de defesa nacional venezuelana. 2011. 334 f. Tese (Doutorado em Ciências Sociais) – Pontifícia Universidade Católica de São Paulo, São Paulo, 2011.

não foi bem-sucedida e Chávez assumiu toda a responsabilidade, pediu a deposição de armas a seus aliados e disse que, pelo menos por agora ("por ahora"), o golpe de Estado não tinha dado certo, rendendo-se. Contudo, após ser preso por dois anos, ganha fama e grande apoio popular, e passa a estudar e se aprofundar politicamente para concorrer às eleições(12).

Assim, nesse contexto, participa de sua primeira disputa nas urnas em 1998 e é eleito presidente da Venezuela, com uma expressiva margem de votos, sendo o primeiro e um dos únicos candidatos eleitos contra a ofensiva neoliberal na América do Sul. Sua eleição também foi o acontecimento que determinou o fim do "puntofijismo" que ditou as regras do país nos últimos quarenta anos(13).

3. Aspectos gerais do mercado e das relações de trabalho sob a égide de um novo modelo de desenvolvimento social

Diante da síntese histórica narrada, como se estrutura, em termos gerais, a classe trabalhadora? Concentra-se fundamentalmente no capital comercial, com alto índice de desemprego e informalidade, e, consequentemente, sem que haja incentivo de organização política e econômica, como ocorre normalmente em países mais industrializados(14). O que caracteriza, por exemplo, o movimento sindical venezuelano é a ausência de autonomia em face do Estado, imprimindo-lhe uma política de conciliação de classes que, por muitas vezes, inclinaram-se favoráveis às alterações de ajustes neoliberais(15). Assim, a ausência de um arcabouço jurídico estruturado e de meios fiscalizatórios pelo Estado no que tange a direitos trabalhistas, até o início da década de 1990, são reflexos desses fatores históricos e conjunturais que tornam a Venezuela um país único em seu continente(16).

O projeto revolucionário de Chávez, denominado de "democracia participativa e protagônica", numa tentativa de romper completamente com o padrão neoliberal, tentou superar a dependência por meio de um desenvolvimento endógeno. Já em 1998, Chávez convocou uma Assembleia Nacional Constituinte e, em 1999, a nova Constituição foi aprovada. O país então passou a se chamar "República Bolivariana da Venezuela", uma alusão direta à figura de Simon Bolívar (1783-1830), celebrado como herói nacional e libertador da América do Sul(17).

---

(12) SANTOS, Fabio Luis Barbosa dos. *Uma história da onda progressista sul-americana (1998–2016)*. São Paulo: Elefante, 2018. p. 35-36.

(13) MARINGONI, Gilberto. *Op. cit.*, p. 103-112.

(14) *Ibidem*, p. 103-112.

(15) ANTUNES, Ricardo. *O continente do labor*. São Paulo: Boitempo, 2015. p. 37.

(16) MORAES, Wallace dos Santos de. Petismo and chavismo: varieties of capitalism and labor regulation in Brazil and Venezuela. *Dados*, v. 57, n. 2, p. 359–397, 2014.

(17) NERY, Tiago. *Op. cit.*, p. 114.

A nova Constituição representou uma série de mudanças sociais, dentre elas a modificação da PDVSA (Petróleos de Venezuela S.A.), retirando-a das mãos da elite econômica, visando tornar mais igualitária a distribuição dos lucros provenientes do petróleo, com fins de investimentos em políticas públicas. Essa atitude, entre todas as medidas tomadas pelo então novo presidente, foi a que despertou a fúria e radicalização da oposição[(18)]. É justamente tal questão que culmina na malsucedida tentativa de golpe de Estado em 2002, capitaneada pelos meios de comunicação, pelo Exército, por setores do empresariado e com influência direta do imperialismo dos EUA[(19)].

A tentativa frustrada de golpe pela oposição apenas fortaleceu e aumentou a popularidade de Hugo Chávez, ao passo que este também "radicaliza" seu projeto, abandonando, por exemplo, a proposta de uma terceira via (entre o socialismo/comunismo e o neoliberalismo[(20)]), reconhecendo que apenas o socialismo seria capaz de proporcionar um verdadeiro futuro de paz, prosperidade e justiça social à Venezuela. Nas palavras de Chávez: "[...] Não, não se trata de uma transformação. É mais estrutural, um fenômeno mais integral e pleno que isso; é uma revolução. A América Latina não tem outro caminho se não a revolução"[(21)].

Promoveu-se uma ressignificação no conceito de propriedade privada, incentivou-se o trabalho informal[(22)] através da criação de cooperativas e missões, às quais deveriam incorporar novos valores e construir uma nova racionalidade ao sistema produtivo, modificando-se a divisão social do trabalho, que separa trabalho intelectual e manual e cidade do campo. Todo esse incentivo ao sistema cooperativo de produção, por meio da economia associativa, era aliado estrategicamente às empresas estatais, às empresas monopolistas de capital nacional e às pequenas e médias empresas. Os resultados de alguns índices sociais foram um dos melhores, levando-se em consideração os de Gini (0,405) e,

> No campo do trabalho, o desemprego caiu de 14,6% em 1999 para 6,4% em 2012, enquanto o emprego formal ascendeu de 53% para 57,5%. O número de matrículas em todos os níveis de educação subiu acentuadamente, assim como a extensão do sistema de aposentadoria (de 387

(18) SANTOS, Fabio Luis Barbosa dos. *Op. cit.*, p. 39-40.

(19) MARINGONI, Gilberto. *Op. cit.*, p. 123-131.

(20) SANTOS, Fabio Luis Barbosa dos. *Op. cit.*, p. 23.

(21) MARINGONI, Gilberto. *Op. cit.*, p. 20.

(22) Essa é uma questão que pode causar estranheza visto que a maioria dos países considera que a informalidade é algo negativo. Contudo, objetivava-se romper com o padrão capital-trabalho, pois se considerava que o paradigma do trabalho assalariado impedia um verdadeiro desenvolvimento das potencialidades humanas. Verifica-se, assim, a ambição humanística do projeto revolucionário.

mil beneficiados em 1998 para quase 2,5 milhões em 2012), enquanto a mortalidade e a desnutrição infantil diminuíram(23).

Contudo, também encontrou limites, como a perda do poder de compra, sobretudo da média salarial, em razão do descontrole inflacionário e precarização do trabalho informal, bem como enfraquecimento sindical em razão das cooperativas(24).

Por outro lado, é bom que se diga que se objetivou findar com a antiga estrutura sindical e favorecer alguns setores sindicais (diante do contexto sindical mencionado), bem como implementar um modelo de cogestão, tanto para empresas privadas quanto para estatais. Mas um aspecto que chama a atenção e que deve ser objeto de melhor análise, bem como a questão das cooperativas, é o resultado da proibição de despedida arbitrária sem autorização prévia da inspeção do trabalho, a partir de 2002. Isso porque alguns estudos indicam que a medida levou a um aumento de subcontratações e de contratos temporários como forma de burlar a alteração realizada(25).

O falecimento de Chávez coincidiu com o fim do ciclo conhecido como "*boom* das *commodities*", o que afetou diretamente a economia do país, aprofundando a crise política e econômica já em curso na Venezuela da época. Nicolás Maduro foi eleito em 2013 com uma pequena vantagem nos votos. Contudo, nas eleições legislativas de 2015, houve uma significativa derrota para oposição, fato que, somado à inflação muito alta e à crise de desabastecimento, permitiu que as forças opositoras pudessem colocar em risco os avanços sociais em curso desde 1998. Apesar dos avanços e conquistas anteriores, a Venezuela se manteve estruturalmente dependente das receitas do petróleo, não houve diversificação produtiva no país, o que pode colocar em risco todo o ciclo de inclusão social proporcionado pela chamada Revolução Bolivariana(26).

4. Medidas atuais adotadas no combate à Covid-19 pelo Governo Venezuelano

Importante mencionar, inicialmente, que o contexto da Venezuela é tão intrincado — como demonstrado até aqui — que houve certa dificuldade na coleta e seletividade dos dados. De um lado, há medidas adotadas pelo governo venezuelano que se inclinam no mesmo sentido dos países que estão conseguindo combater, de forma exitosa, a pandemia. Há também contradições, como é o caso da determinação da utilização da cloroquina, mesmo sem haver claros estudos científicos a respeito. Todavia,

(23) SANTOS, Fabio Luis Barbosa dos. *Op. cit.*, p. 43.

(24) GARCIA, Mariana Hansen; CALVETE, Cássio da Silva. Colômbia, Brasil e Venezuela e os impactos no mercado de trabalho. *Estud. av.*, São Paulo, v. 29, n. 85, p. 169-185, dez. 2015 e IRANZO, Consuelo; RICHTER, Jacqueline. La política laboral en la Venezuela de Hugo Chávez Frías. *Revista Latinoamericano de Estudios del Trabajo*, [s.i.], v. 18, n. 11, p. 5-32, 24 maio 2020. Anual.

(25) NERY, Tiago. *Op. cit.*, p. 54.

(26) *Idem.*

em razão da tensão política existente e do histórico de inúmeras tentativas de golpe em face do país pelo imperialismo norte-americano, seria anticientífico levar em consideração, de forma acrítica, somente os meios de comunicação hegemônicos sobre o resultado do combate ao coronavírus. A título de exemplo, em plena pandemia, houve novamente mais uma tentativa de golpe armado em face do país[27].

A maioria dos países e chefes de Estado do mundo compreendeu rapidamente o difícil momento gerado pela atual pandemia e, diante disso, estão tomando medidas sensatas visando proteger principalmente a população, mas também suas estruturas econômicas. Em abril deste ano o governo venezuelano reconheceu oficialmente 166 casos de Covid-19 e apenas sete óbitos[28]. Maduro determinou a hospitalização de todas as pessoas diagnosticadas com Covid-19, para tratamento adequado e também isolamento. Também garantiu que há vinte mil leitos disponíveis para esse isolamento dos diagnosticados. Segundo o governo, há um total de vinte e três mil e quinhentos leitos em todo o país e quarenta e seis hospitais "sentinelas" (sob a supervisão militar), habilitados para atender a população diagnosticada com o novo coronavírus. Esses números são contestados pela oposição e por alguns círculos médicos, que afirmam faltar transparência nas informações e nos dados[29].

A Organização Mundial da Saúde (OMS) afirma que a Venezuela está mal preparada em vários sentidos para lidar com a pandemia, destacando aspectos logísticos, condições dos hospitais e material para prevenção da propagação, afirmando que a situação de despreparo do país se equipara ao caso do Haiti[30]. No entanto, logo que o governo do país detectou o perigo da pandemia se aproximando, antes mesmo do primeiro óbito, foi decretada emergência sanitária e formada uma comissão presidencial, que é composta por vários ministros, especialistas na área da saúde e de processos imunológicos, coordenada pela vice-presidente executiva Delcy Rodríguez[31]. Aproximadamente vinte mil médicos (venezuelanos, cubanos e estudantes brasileiros) foram chamados para realizarem visitas e testes nas casas das pessoas, ou seja, testagem em massa, com cerca de dois milhões de testes rápidos recebidos da China. Foi feita uma pesquisa pessoal com dez milhões de pessoas ("Sistema Pátria"), para detectar

(27) Regime de Maduro diz ter matado 8 mercenários que vinham de barco para fomentar golpe. Folha de S. Paulo. Disponível em: <https://www1.folha.uol.com.br/mundo/2020/05/regime-de-maduro-diz-ter-matado-8-mercenarios-que-vinham-de-barco-para-fomentar-golpe.shtml>. Acesso em: 1º jul. 2020.

(28) A população atual da Venezuela é de 31.703.499 habitantes. Venezuela. In: Wikipédia, a enciclopédia livre, 2020.

(29) Coronavírus na Venezuela: Maduro "ordena" internação de "todos" com a Covid-19. Uol. Disponível em: <https://noticias.uol.com.br/ultimas-noticias/afp/2020/04/08/maduro-ordena-internacao-de-todos-com-covid-19.htm>. Acesso em: 02 jul. 2020.

(30) Geopolítica sudamericana del coronavirus | Nueva Sociedad. Disponível em: <https://nuso.org/articulo/geopolitica-sudamericana-del-coronavirus/>, acesso em: 02 jul. 2020.

(31) *Idem.*

possíveis doentes pelo novo coronavírus. Acrescente-se o distanciamento social que atinge todo território do país. Em todos os pontos relacionados a viagens e migrações há funcionários do governo e da OMS medindo a temperatura e fazendo anotações sobre o estado de saúde das pessoas(32).

Desde 2015 o governo venezuelano decretou a proibição de demissão de empregados, denominado de "imobilidade laboral". Desde então, o presidente vem renovando o decreto de proibição, como aconteceu recentemente, já durante a pandemia ocasionada pela Covid-19, ou seja, nenhum trabalhador poderá ser demitido até 31.12.2020(33). As decisões anunciadas por Maduro também preveem a suspensão do pagamento de alugueres, tanto pelos comércios quanto pelos cidadãos, pelo prazo de seis meses, afirmando que buscará maneiras para compensar adequadamente os arrendatários. O governo ressalta que o alvo da proteção são os empregos, empresas e negócios de todo o país(34).

Além das medidas de proteção social expostas no parágrafo acima, Maduro anunciou que o Estado irá assumir o pagamento de salários de pequenas e médias empresas do setor privado por seis meses. Quanto aos trabalhadores informais, que representam aproximadamente 40% dos trabalhadores venezuelanos, o Estado anunciou o pagamento de novos bônus especiais. No mês de março de 2020 foram pagos dois bônus especiais aos trabalhadores informais, que são valores de auxílio oferecidos pelo governo. Para amenizar e conter os eventuais prejuízos ocasionados pela paralisação do trabalho serão, ainda, disponibilizadas linhas especiais de crédito às empresas(35). Vale acrescentar que está proibida no país a cobrança de prestações e de juros em todos os financiamentos em curso, por seis meses. A cada quinze dias aproximadamente sete milhões de famílias receberão do governo uma cesta básica de alimentos, até que se encerre o estado de emergência ocasionado pela pandemia(36).

Com essas medidas tomadas pelo governo venezuelano, apesar da crise enfrentada pelo país e das sanções impostas pelo imperialismo norte-americano, a Venezuela registrou sua primeira morte em decorrência da Covid-19 em 26.03.2020 e, no dia

---

(32) RAQUEL, Martha. *Quem dera fôssemos a Venezuela – que tem 10 mortes por corona x Brasil 5.511.* Disponível em: <https://jornalistaslivres.org/quem-dera-fossemos-a-venezuela-que-tem-10-mortes-por-corona-x-brasil-5-511/>. Acesso em: 24 maio 2020.

(33) FARINELLI, Victor. *Venezuela pagará salários de trabalhadores públicos e privados por 6 meses, para que fiquem em casa.* Disponível em: <https://revistaforum.com.br/coronavirus/venezuela-pagara-salarios-de-trabalhadores-publicos-e-privados-por-6-meses-para-que-fiquem-em-casa/amp/>. Acesso em: 24 maio 2020.

(34) *Idem.*

(35) MELLO, Michele de. *Maduro anuncia medidas para proteger o trabalho de venezuelanos durante pandemia.* Disponível em: <https://www.brasildefato.com.br/2020/03/23/maduro-anuncia-medidas-para-proteger-o-trabalho-de-venezuelanos-durante-pandemia>. Acesso em: 24 maio 2020.

(36) RAQUEL, Martha. *Op. cit.*

30.04.2020, foi registrado um total de dez mortes no país. Aqui cabe fazer uma comparação com o Brasil, onde foi registrada a primeira morte ocasionada pelo novo coronavírus em 17.03.2020 e, no dia 30.04.2020, o total de mortes no país passou a um patamar assustador: cinco mil quinhentas e onze pessoas mortas pela Covid-19(37).

Na base de dados mantida pela *Google Notícias*, que contém estatísticas e dados sobre a pandemia em quase todos os países do mundo, está registrado que, em 27.07.2020, há quinze mil quatrocentos e sessenta e três casos de Covid-19 confirmados no país, nove mil setecentos e quarenta e seis recuperadas e cento e quarenta e duas mortes(38).

5. O papel das comunas no combate à pandemia

Pode-se dizer que o que há de mais interessante no projeto revolucionário bolivariano da Venezuela são as experiências das Comunas Socialistas. Desde a promulgação da Constituição de 1999, o Estado venezuelano construiu um ambiente para a criação, consolidação e difusão de experiências que gradativamente tinham por finalidade assumir o controle e as funções do Estado burguês(39). Segundo Barbosa dos Santos, é plausível que o projeto de Estado Comunal tenha se inspirado nos Comitês de Defesa da Revolução (CDRs) cubanos, associando-se democracia direta e territorialização do poder com a intenção de superar entraves à radicalização do processo venezuelano(40). Importante mencionar que as palavras revolução e socialismo, após a queda do muro de Berlim haviam sido retiradas do espectro político de praticamente todos os países da América Latina, sendo retomadas por Chávez. "A revolução do século XXI" — como ele a denominava — tinha como núcleo estruturante a democracia direta do povo(41).

Círculos Bolivarianos, Mesas Técnicas de Água, Comitês de Terras Urbanas, Comitês de Saúde e os Conselhos Comunais foram o alicerce para as construções das Comunas, sendo estes últimos sua cédula fundamental. Os Conselhos Comunais, criados em 2002, tinham por finalidade possibilitar a "participação direta da população na formulação, execução, controle e avaliação de políticas públicas, a fim de garantir o exercício da autogestão política e da democracia direta no país"(42). Mais especifi-

---

(37) *Idem.*

(38) GOOGLE. *Google notícias: coronavírus (Covid-19).* Disponível em: <https://news.google.com/Covid-19/map?hl=pt-BR&gl=BR&ceid=BR:pt-419>. Acesso em: 27 jul. 2020.

(39) RODRIGUES, N. S. As comunas socialistas da Venezuela: política e produção material sob o controle dos trabalhadores associados. *Revista Espaço Acadêmico*, v. 12, n. 137, p. 37-44, 18 set. 2012.

(40) SANTOS, Fabio Luis Barbosa dos. *Op. cit.*, 43.

(41) BORGES, Vanessa Aguiar. Comuna e estado comunal: a estratégia territorial de construção do socialismo na Venezuela. *Boletim DATALUTA*, n. 143 – Artigo do mês: nov. 2019.

(42) RODRIGUES, Natalia Scartezini. *REVOLUÇÃO BOLIVARIANA E OFENSIVA SOCIALISTA NA VENEZUELA*. 2012.

cadamente, "definem as prioridades de sua comunidade (como construção de escolas, acesso à água, etc.), e, subdivididos em Comitês de Trabalho, elaboram um projeto para o enfrentamento de seus problemas coletivos, o executam e o controlam"(43).

Já as Comunas Socialistas, mesmo após a derrota da reforma constitucional em 2007, ingressam no ordenamento jurídico através da lei Orgânica das Comunas, no ano de 2010. Têm por objetivo desenvolver e consolidar o Estado Comunal como expressão do Poder Popular e base para a construção de uma sociedade socialista; conformar o autogoverno para o exercício direto de funções na elaboração, execução e controle da gestão pública; promover a articulação e integração com outras Comunas e impulsionar o desenvolvimento e consolidação da propriedade social(44).

Os critérios para sua criação, inclusive, levaram em consideração o aspecto da politização do território, sendo construídos a partir de afinidade cultural, histórica e política, cuja finalidade consistia em por fim à construção de espaços criados pelo Estado, abrangendo, consequentemente, os Conselhos Comunais. Nos dizeres de Vanessa Aguiar, o território, na proposta de construção das Comunas, aparece como um espaço complexo e multidimensional, onde se materializam a forma de viver. Nesse sentido, com o objetivo de construir um espaço baseado na igualdade substantiva e emancipação humana, o espaço se torna um instrumento de luta política por um novo modelo de sociedade(45).

O pensamento crítico do Brasil, que objetiva a construção de um desenvolvimento pela via revolucionária, chama a atenção para a crise sindical que se atravessa. Pensando nisso, alguns elementos na construção das Comunas Socialistas na Venezuela podem contribuir para o debate. Devido à construção de um sindicalismo pouco combativo e aliado ao capital imperialista no país, a estratégia para a consolidação da superação do modelo em que se vivia e seu desenvolvimento na Venezuela não foi somente por meio de movimentos sociais ligados ao sindicalismo, mas sobretudo a construção de um trabalho de base nas comunidades locais, estimulando-se a democracia direta.

> Eis a proposta bolivariana: atividades produtivas sob o comando dos trabalhadores associados, cujos excedentes devem ser investidos no desenvolvimento da própria comunidade, sem extração de mais-valia, dentro de um território político dotado de autonomia e também regulado e administrado pelos trabalhadores; ou seja, busca-se realizar a reconci-

---

221-222 f. Dissertação (Mestrado) – Curso de Sociologia, Ciências e Letras, Universidade Estadual Paulista, Araraquara, 2012.

(43) *Ibidem*, p. 38.

(44) *Ibidem*, p. 40.

(45) BORGES, Vanessa Aguiar. *Op. cit.*, p. 9.

liação da esfera da produção com a esfera da política sob o controle do movimento revolucionário das classes trabalhadoras[(46)].

A resposta à crise sindical e política na Venezuela logrou êxito pois teve um projeto junto às bases sociais. Sua estrutura, que dificultava o progresso de consciência de classe, fora substituída (e, inclusive, tentou ser superada) pelo desenvolvimento e junção das esferas produtiva e política. Pode-se dizer que essa é uma das experiências mais avançadas nos países da América Latina, com significativo potencial emancipatório.

Diante disso, qual o papel da organização dos trabalhadores e das Comunas Socialistas no combate à crise pandêmica causada pelo novo coronavírus (Covid-19) na Venezuela (se é que possuem alguma relevância)?

A fim de exemplificar a potencialidade desse modelo avançado de democracia direta, analisaremos a Comuna El Panal (A Colmeia[(47)]) 2021, com território de cerca de 100 km^2, oito blocos de conjuntos habitacionais da favela 23 de Enero, localizada na zona centro-oeste de Caracas, capital da Venezuela. Além de empresa têxtil, a Comuna possui restaurante, cozinha coletiva, padaria, lavanderia, rádio e televisão comunitária, bem como um banco, além de outros estabelecimentos[(48)]. Diante da intrincada crise econômica pela qual passa o país, a Comuna contribui ativamente e é essencial às comunidades mais pobres da Venezuela[(49)].

Não obstante a grave crise econômica, Panal 2021 tem sido um exemplo no que tange à crise sanitária ocasionada pela pandemia do Coronavirus. Aos dias 18 de março, antes mesmo da primeira morte ocasionada pelo vírus, trabalhadores e trabalhadoras da empresa “Las Abejitas del Panal” (As abelhas de Panal), de propriedade coletiva da Comuna, produziram duas mil e quinhentas máscaras, com matéria-prima da própria Comuna e distribuíram às pessoas de seu território que estavam no grupo de risco[(50)].

---

(46) RODRIGUES, N. S. *Op. cit.*, p. 42.

(47) Hugo Chávez contribuiu com a escolha do nome, que remete à lógica distributiva e de comunidade de uma colmeia de abelhas, às quais trabalham em conjunto em benefício da comunidade.

(48) WEISSHEIMER, Marco. *Comuna El Panal:* 'Há duas Venezuelas, a dos meios de comunicação privados e a que estamos construindo. 2019. Disponível em: <https://www.sul21.com.br/ultimas-noticias/internacional/2019/12/comuna-el-panal-ha-duas-venezuelas-a-dos-meios-de-comunicacao-privados-e-a-que-estamos-construindo/>. Acesso em: 27 maio 2020.

(49) MELLO, Michele de. *Panal 2021:* a comuna que busca acabar com dependência do capitalismo na Venezuela: conheça a experiência que propõe um novo modelo de sociedade e ajuda comunidades a superarem bloqueio econômico. 2019. Disponível em: <https://www.brasildefato.com.br/2019/08/08/panal-2021-a-comuna-que-busca-acabar-com-dependencia-do-capitalismo-na-venezuela>. Acesso em: 27 maio 2020.

(50) *Idem.*

Em razão da suspensão das aulas, as escolas da Comuna, que possuem um programa de alimentação aos jovens, destinaram seus alimentos a toda comunidade, alimentando, diariamente, cerca de 200 famílias. As distribuições dos alimentos são feitas de casa em casa[(51)].

Os alimentos vêm do projeto "Pueblo a Pueblo" (povo a povo), que existe desde 2014 e articula AS comunas do campo com as da cidade, numa proposta que consiste em acabar com intermediários que entregam alimentos para que não se tenham aumento dos preços. O princípio que rege o projeto é que o alimento, por ser considerado um direito humano, jamais pode ser considerado uma mercadoria, em que quem tem dinheiro come e quem não tem não come. Oitenta por cento dos alimentos são orgânicos. Com base também neste princípio, de todo valor que se arrecada, parte serve para custear a matéria-prima da produção e parte é destinada a um fundo comum que é utilizado para reinvestir na própria comuna. Esse fundo comum, neste momento de crise pandêmica, está sendo utilizado para adquirir luvas, máscaras, capas e outros equipamentos de segurança para proteger os trabalhadores e trabalhadoras que fazem a logística dos alimentos entre as comunas e os/as que fazem as entregas de porta em porta dos alimentos. Uma ótima ideia, por sinal, para que não se tenha aglomerações[(52)].

6. Conclusão

Considerando os dados e a bibliografia pesquisada, conforme exposto neste artigo, pode-se concluir que a visão hipotética e geral apresentada na introdução se confirma, ou seja, o arranjo social e as relações de trabalho venezuelanas têm influência direta sobre o modesto avanço e baixa letalidade da atual pandemia nesse país. As políticas públicas trabalhistas e sanitárias adotadas pelo atual governo e também as deixadas pelo legado Chavista, bem como a experiência das Comunas Socialistas, até o presente momento, mostraram-se como firmes alicerces de articulação popular e governamental no combate à pandemia em várias e abrangentes frentes. Portanto, há implicação direta entre como se dão as relações de trabalho na Venezuela e seu reflexo direto na contenção da crise sanitária ocasionada pela Covid-19, ratificando, assim, a hipótese norteadora desta pesquisa.

Referências

BORGES, Vanessa Aguiar. Comuna e estado comunal: a estratégia territorial de construção do socialismo na Venezuela. *Boletim DATALUTA*, n. 143 – Artigo do mês: nov.. 2019.

(51) *Idem.*

(52) Idem.

BUZETTO, Marcelo. *"Guerra de todo o povo":* a influência das lutas políticas e sociais na nova doutrina de defesa nacional venezuelana. 2011. 334 f. Tese (Doutorado em Ciências Sociais) – Pontifícia Universidade Católica de São Paulo, São Paulo, 2011.

FARINELLI, Victor. *Venezuela pagará salários de trabalhadores públicos e privados por 6 meses, para que fiquem em casa.* Disponível em: <https://revistaforum.com.br/coronavirus/venezuela-pagara-salarios-de-trabalhadores-publicos-e-privados-por-6-meses-para-que-fiquem-em-casa/amp/>. Acesso em: 24 maio 2020.

FOLHA DE S. PAULO. Regime de Maduro diz ter matado 8 mercenários que vinham de barco para fomentar golpe. *Folha de S. Paulo.* Disponível em: <https://www1.folha.uol.com.br/mundo/2020/05/regime-de-maduro-diz-ter-matado-8-mercenarios-que-vinham-de-barco-para-fomentar-golpe.shtml>. Acesso em: 1º jul. 2020.

GARCIA, Mariana Hansen; CALVETE, Cássio da Silva. Colômbia, Brasil e Venezuela e os impactos no mercado de trabalho. In: *Estud. av.*, São Paulo , v. 29, n. 85, p. 169-185, dez. 2015 e IRANZO, Consuelo; RICHTER, Jacqueline. La política laboral en la Venezuela de Hugo Chávez Frías. *Revista Latinoamericano de Estudios del Trabajo*, [s.i.], v. 18, n. 11, p. 5-32, 24 maio 2020. Anual.

Geopolítica sudamericana del coronavirus | *Nueva Sociedad.* Disponível em: <https://nuso.org/articulo/geopolitica-sudamericana-del-coronavirus/>. Acesso em: 02 jul. 2020.

GOOGLE. *Google notícias:* coronavírus (Covid-19). Disponível em: <https://news.google.com/Covid-19/map?hl=pt-BR&gl=BR&ceid=BR:pt-419>. Acesso em: 05 jul. 2020.

MARINGONI, Gilberto. *A revolução venezuelana.* São Paulo: Unesp, 2009. 198p.

MELLO, Michele de. *Maduro anuncia medidas para proteger o trabalho de venezuelanos durante pandemia.* Disponível em: <https://www.brasildefato.com.br/2020/03/23/maduro-anuncia-medidas-para-proteger-o-trabalho-de-venezuelanos-durante-pandemia>. Acesso em: 24 maio 2020.

______. *Panal 2021:* a comuna que busca acabar com dependência do capitalismo na Venezuela: conheça a experiência que propõe um novo modelo de sociedade e ajuda comunidades a superarem bloqueio econômico. 2019. Disponível em: <https://www.brasildefato.com.br/2019/08/08/panal-2021-a-comuna-que-busca-acabar-com-dependencia-do-capitalismo-na-venezuela>. Acesso em: 27 maio 2020.

MORAES, Wallace dos Santos de. Petismo and chavismo: varieties of capitalism and labor regulation in Brazil and Venezuela. *Dados*, v. 57, n. 2, p. 359–397, 2014.

NERY, Tiago. As diferentes trajetórias de desenvolvimento de Brasil e Venezuela (1945–2015). *Cadernos do desenvolvimento*, Rio de Janeiro, v. 12, n. 20, p. 35-60, jan./jun. 2017.

RAQUEL, Martha. *Quem dera fôssemos a Venezuela – que tem 10 mortes por corona x Brasil 5.511.* Disponível em: <https://jornalistaslivres.org/quem-dera-fossemos-a-venezuela-que-tem-10-mortes-por-corona-x-brasil-5-511/>. Acesso em: 24 maio 2020.

RODRIGUES, Natalia Scartezini. As comunas socialistas da Venezuela: política e produção material sob o controle dos trabalhadores associados. *Revista Espaço Acadêmico*, v. 12, n. 137, p. 37-44, 18 set. 2012.

______. *Revolução Bolivariana e Ofensiva Socialista na Venezuela.* 2012. 221-222 f. Dissertação (Mestrado) – Curso de Sociologia, Ciências e Letras, Universidade Estadual Paulista, Araraquara, 2012.

ROMERO, Carlos A. *Venezuela, la pandemia y la política.* Disponível em: <https://nuso.org/articulo/geopolitica-sudamericana-del-coronavirus/>. Acesso em: 24 maio 2020.

SANTOS, Fabio Luis Barbosa dos. *Uma história da onda progressista sul-americana (1998–2016).* São Paulo: Elefante, 2018. 648p.

UOL. *Coronavírus:* Venezuela quer proibir empresas de demitir funcionários. Disponível em: <https://noticias.uol.com.br/saude/ultimas-noticias/redacao/2020/03/23/coronavirus-venezuela-quer-proibir-empresas-de-demitir-funcionarios.htm>. Acesso em: 24 maio 2020.

______. *Coronavírus na Venezuela:* Maduro "ordena" internação de "todos" com a Covid-19. Disponível em: <https://noticias.uol.com.br/ultimas-noticias/afp/2020/04/08/maduro-ordena-internacao-de-todos-com-Covid-19.htm>. Acesso em: 02 jul. 2020.

______. *Maduro 'ordena' internação de 'todos' com a Covid-19.* Disponível em: <https://noticias.uol.com.br/ultimas-noticias/afp/2020/04/08/maduro-ordena-internacao-de-todos-com-Covid-19.htm>. Acesso em: 24 maio 2020.

VENEZUELA. In: *Wikipédia*, a enciclopédia livre, 2020.

WEISSHEIMER, Marco. *Comuna El Panal:* 'Há duas Venezuelas, a dos meios de comunicação privados e a que estamos construindo. 2019. Disponível em: <https://www.sul21.com.br/ultimas-noticias/internacional/2019/12/comuna-el-panal-ha-duas-venezuelas-a-dos-meios-de-comunicacao-privados-e-a-que-estamos-construindo/>. Acesso em: 27 maio 2020.

As Relações de Trabalho em Cuba na Atualidade e a Crise Sanitária Ocasionada pela Covid-19

Diego Alex Toloto
Eduardo Felipe Lezo Zamboni

1. Introdução

Dentre os países da América Latina, Cuba ocupa um espaço singular no cenário mundial, por ousada tentativa revolucionária e quebra com os padrões econômicos próprios do sistema capitalista, visando modificações estruturais que tornassem a sociedade mais igualitária e a nação soberana. Em virtude disso, desde o início enfrentou repúdio do "grande capital", principalmente em razão de sua potencialidade de mostrar ao mundo que há alternativa para além do capitalismo, colocando em risco, entretanto, o imperialismo estadunidense.

Atualmente a pandemia ocasionada pela Covid-19 mudou a vida no planeta. A potência hegemônica mundial segue em primeiro lugar nas estatísticas, considerando-se o número de óbitos. Cuba, no entanto, chama a atenção por contabilizar um número muito baixo de mortes. Imprescindível, portanto, o estudo sobre como o governo cubano tem mantido um excepcional controle da atual crise sanitária.

Diante desse contexto, o objetivo do presente trabalho é justamente analisar as medidas adotadas, sobretudo as relacionadas ao trabalho, e investigar se há relação entre o êxito do país no combate ao novo coronavírus, com a forma como as relações de trabalho encontram-se organizadas, uma vez que grande parte dessas relações não operam na lógica capitalista da mercadoria.

Assim sendo, este estudo será dividido em três partes, além de introdução e conclusão. Na primeira, será feita uma breve retrospectiva histórica visando compreender os principais rumos econômicos e sociais do país, sobretudo a partir da revolução cubana, tecendo considerações acerca da histórica luta pela independência e soberania. Na segunda parte, o enfoque será esclarecer porque o trabalho não é considerado mercadoria, ou seja, não sendo fundado em relações que objetivam o lucro. Na terceira parte, serão verificadas quais medidas trabalhistas foram eficazes na contenção e prevenção da Covid-19 pelo governo cubano, como elas se relacionam com a contenção da crise sanitária e como o trabalho não mercantil influenciou no resultado.

Como proposta metodológica, será utilizada a pesquisa bibliográfica e empregado o método de abordagem dedutivo, pilares que pautarão a conclusão.

2. Um pressuposto da revolução: a construção histórica da identidade nacional

As raízes históricas da América Latina passam inevitavelmente pelo passado escravocrata e pelo jugo imposto da colonização. Houve e ainda há ampla exploração e contínuo interesse imperialista nas riquezas naturais e na fertilidade da terra latino-americana.(1)

Assim como muitos dos países da região, Cuba atravessou, desde o século XIX, inúmeros levantes que tiveram por objetivo a conquista de sua independência, sendo o último país a concretizá-la, após duas grandes guerras.(2) Já nesse momento, apesar de a ilha lutar contra o poder hispânico, evidencia-se o interesse imperialista pela ilha por parte dos EUA, que, inclusive, declara guerra à Espanha em um reconhecido ato de sabotagem.(3)

Maria Aparecida Moraes Silva, ao analisar o processo de formação da força de trabalho na agricultura cubana, no bojo das relações imperialistas no final do século XIX e início do século XX, reconhece que o interesse dos EUA pelo comércio de cana-de-açúcar cubano inicia-se ao final do século XVIII, afirmando, inclusive, que os EUA eram uma "metrópole econômica" da ilha.(4) Porém, a relação intensifica-se após a conquista pela independência cubana, pois o objetivo pautava-se no controle do acesso a matérias-primas e mercados da região do Caribe. É nesse momento, portanto, que Cuba se insere no mercado internacional, livra-se do *status* de colônia espanhola, mas concretiza e intensifica uma relação de dependência econômica com o imperialismo.(5)

(1) GALEANO, E. *As veias abertas da América Latina*. Porto Alegre: L&PM Editores, 2012.

(2) A primeira ocorreu em 1868-1878 e a segunda 1895-1898.

(3) Diz-se que a vitória pela independência cubana já estava praticamente prestes a ser concretizada, momento em que os EUA decidem intervir no conflito – através do abatimento do navio de guerra Maine – e declarar guerra à Espanha. AYERBE, L. F. A revolução cubana. São Paulo: Editora UNESP, 2004. p. 22.

(4) SILVA, M. A. M. Agricultura e imperialismo: algumas notas sobre a formação da força de trabalho em Cuba. *Perspectivas: Revista de Ciências Sociais*, São Paulo, v. 9/10, 1986. Disponível em: <https://periodicos.fclar.unesp.br/perspectivas/article/view/1863>. Acesso em: 4 ago. 2020.

(5) AYERBE, L. F. *Op. cit.*, p. 23.

José Julián Martí Pérez (1853-1895)[6], é um dos mais conhecidos por lutar pela independência. O respeito e admiração que o povo cubano tem por Martí decorre de sua luta incansável pela soberania do país. Mas, além disso, é lembrado também nos dias atuais justamente pela compreensão e clareza sobre os interesses norte-americanos em relação aos países da América Latina. Em 1890, em artigo publicado na Revista Ilustrada, editada em Nova York, ao analisar a proposta dos EUA de criação de uma união monetária internacional, registra sua preocupação e pede cautela aos países latino-americanos. Luis Fernando Ayerbe reconhece sua importância:

> Martí não chegou a ver a independência de Cuba, mas certamente acompanharia a convicção da maioria dos líderes revolucionários de que a atuação norte-americana frustrou as expectativas de liberdade e soberania que alimentavam o movimento desde o início. A desilusão com o desfecho será fator essencial na formação de uma singular consciência nacionalista, que passa a reivindicar uma terceira guerra emancipatória, desta vez contra os Estados Unidos.[7]

Somente a partir desse contexto é possível compreender a revolução de 1959, que, nas palavras de Fabio Luis Barbosa dos Santos, "foi uma reação ao subdesenvolvimento"[8], estabelecendo-se, a partir disso, como valores centrais, a soberania nacional e o igualitarismo. A identidade nacional cubana, elemento fundamental para a concretização e sucesso de qualquer revolução, como se pode observar, foi construída e enraizada ao longo de décadas.[9]

As constituições cubanas de 1976 e 2019 apontam em seus preâmbulos a memória viva do povo da ilha. Ambas as Cartas Políticas iniciam invocando a resistência dos nativos antes mesmo da chegada do colonizador europeu[10]. Seguem rememorando a luta dos escravizados contra seus supostos "senhores", dos colonizados contra os colonizadores espanhóis e de todos os segmentos que lutaram contra o imperialismo, culminando na revolução popular de 1959.[11]

---

(6) Nascido em Havana, foi o "advogado, escritor, jornalista e revolucionário que liderou o processo de independência cubana e dedicou sua vida à luta pela união e organização da América Latina no combate ao imperialismo da Espanha e Estados Unidos". COMUNISTA, União da Juventude. 125 Anos da Morte de José Martí, líder da independência cubana. 2020. Disponível em: <https://ujc.org.br/125-anos-da-morte-de-jose-marti-lider-da-independencia-cubana/>. Acesso em: 10 ago. 2020.

(7) AYERBE, L. F. *Op. cit.*, p.25.

(8) SANTOS, F. L. B. dos. *Uma história da onda progressista sul-americana*. São Paulo: Elefante, 2018. p. 445.

(9) *Ibidem*, p. 445.

(10) CUBA. *Constituição*. 1976. Disponível em: <https://www.wipo.int/edocs/lexdocs/laws/es/cu/cu054es.pdf>. Acesso em: 03 ago. 2020.

(11) CUBA. *Constituição*. 2019. Disponível em: <http://www.granma.cu/file/pdf/gaceta/Nueva%20Constitución%20240%20KB-1.pdf>. Acesso em: 3 ago. 2020.

Os documentos são claros ao não permitirem o esquecimento das ideias basilares da nação, demonstrando-se quase um grito de guerra e um clamor à memória, um verdadeiro sinaleiro ao eventualmente perdido ou abatido. Assim, não permitem esquecer valores fundamentais, isto é, de que os cubanos são guiados pelo mais avançado pensamento revolucionário, anti-imperialista e marxista, pelas ideias e exemplo de Martí e Fidel, pelas ideias de Marx, Engels e Lênin.(12) Convencidos de que Cuba não mais regressará ao regime capitalista de exploração do homem pelo próprio homem, reconhecendo que só no socialismo e no comunismo o ser humano alcança sua dignidade plena.(13)

Importante citar a lição de Bianca Goyanna para ilustrar a identidade nacional do povo cubano e o aflorar de seus valores coletivos mais fortes:

> Antes da revolução de 1959 existia, dentro e fora de Cuba, a percepção de que a ilha se resume a uma economia de enclave e destino do turismo estadunidense, devido a suas praias, bordéis e cassinos. O caráter nacionalista da revolução despertou um sentimento de soberania e pertencimento antes pouco difundido na população. Inspirado no nacionalismo universal de José Martí, a ideia do "homem novo" de Che Guevara era um exemplo dessa mudança de mentalidade social. A identidade com a nação fortaleceu o vínculo entre o povo e a defesa do projeto revolucionário.(14)

Ao se perguntar sobre as razões de a revolução cubana subsistir às crises mais intensas, como se verá adiante, Goyanna afirma:

> Ao comparar a ilha latino-americana com os países do Leste Europeu, existe um ponto fundamental a se destacar: Cuba é o resultado de uma revolução popular e autônoma, que procurou desenvolver em sua sociedade valores humanitários de defesa da igualdade e da soberania popular. Influenciada pelos ideais de José Martí, que no século XIX pregou a independência em relação aos Estados Unidos e aos demais centros capitalistas, Cuba, apesar de mais vulnerável, também nutria relativa autonomia de Moscou, diferentemente da tutela a que estavam submetidos os países da Cortina de Ferro.(15)

Portanto, alguns valores foram desenterrados e outros despertados e forjados com a revolução cubana. Premissas e sentimentos que viraram alicerce para a tentativa

---

(12) CUBA. *Constituição*. 2019. *Op. cit.*

(13) CUBA. *Constituição*. 1976. *Op. cit.*

(14) GOYANNA, B. *Cuba no século XXI:* dilemas da revolução. São Paulo, Brasil: Editora Elefante, 2018. p. 42.

(15) *Ibidem*, p. 39.

de construção de uma sociedade soberana, igualitária, justa, solidária e fraterna. Certamente essa consciência coletiva e os valores primordiais da revolução influenciaram, reorganizaram e moldaram as relações de trabalho a partir de então, na tentativa de superar a imposição capitalista de tratar a força de trabalho tão somente como mercadoria.[16]

3. A luta pela soberania nacional e igualdade: a Revolução de 1959 e os impactos do fim da União Soviética (URSS)

Cuba antes da revolução era vista pelos estadunidenses como um grande cassino e bordel, um local apenas para explorar e se divertir. Também era vista com grande interesse na exploração de latifúndios, sobretudo com monocultura de cana-de-açúcar, como já mencionado. A desigualdade social era muito elevada e a maioria da população cubana vivia em condições precárias de vida.[17]

Inegável que o período ditatorial de Fulgencio Batista tenha sido um catalisador para a revolução cubana, principalmente pela brutalidade do regime e aumento da desigualdade. Entretanto, a realidade aponta para uma forte consciência histórica do povo cubano, permitindo concluir que se tratou de uma revolução popular com proeminência de valores sociais almejados pela maioria da população.[18]

Ao menos inicialmente, não havia um projeto socialista para a ilha pelos jovens revolucionários liderados por Fidel Castro, apesar dos valores almejados serem idênticos. Nesse sentido, Florestan Fernandes afirma que "a revolução 'dentro da ordem' foi um momento real da revolução cubana"[19]. Foi, inclusive, no início, apoiada pelos EUA. Porém, é justamente após o implemento da reforma agrária que o país declara o rompimento das relações com Cuba. Neste momento, diante das dificuldades que se viam no horizonte, a ilha estreita relações com a União Soviética e, posteriormente, com o Comecon (Conselho para Assistência Econômica Mútua). O objetivo dessa problemática relação (necessária para muitos), decorreu tanto do isolamento regional como da tentativa de superação do subdesenvolvimento e industrialização do país.[20]

É certo que esse vínculo com a URSS, que se consuma nos anos 1970, trouxe estabilidade à Cuba, que alcançou os melhores índices de saúde, educação, emprego, cultura e esportes da América Latina, tudo isso numa economia subdesenvolvida, dependente, de modesta industrialização, reduzida diversificação produtiva e baixos

---

(16) CUBA. *Constituição*. 2019. *Op. cit.*

(17) AYERBE, L. F. *Op. cit.*, p. 21-39.

(18) *Ibidem*, p. 26-39.

(19) FERNANDES, F. *Da Guerrilha ao Socialismo — a Revolução Cubana*. 1. ed. São Paulo: Expressão Popular, 2007. p. 35.

(20) SANTOS, F. L. B. dos. *Op. cit.*, p. 447.

salários. E o melhor: sem desemprego e superexploração da força de trabalho. Não obstante, tal associação também tem seu lado controverso, do que se destaca a dependência econômica em face da URSS, o dogmatismo e o burocratismo, apesar de a ilha cubana jamais ter sido subordinada à União Soviética.(21)

A fim de exemplificar a problemática dessa relação, cita-se a negativa da venda, por parte da União Soviética, de uma siderúrgica à Cuba — dificultando demasiadamente seu desenvolvimento industrial. Sem contar que o açúcar que era exportado por Cuba à União Soviética, era um terço mais barato se fosse produzido internamente pela potência socialista. Entretanto, o que talvez seja o maior problema, decorrente desse contexto, foi que com o fim do bloco socialista, Cuba entra em sua pior fase, denominada por Fidel de "período especial", fazendo uma comparação ao período de uma guerra, tamanho foi o impacto econômico e social ao país caribenho, gerando uma das piores crises da história da ilha.(22)

4. Análise teórica das relações de trabalho em Cuba — Antes e depois do "período especial" e os desafios da atualidade

O chamado "período especial" é um marco para Cuba, havendo um vasto estudo sobre esse momento histórico e as políticas econômicas adotadas para enfrentá-lo. Nesse sentido, o objetivo deste capítulo é analisar as relações de trabalho após a revolução de 1959, que se modificaram completamente em razão dos valores da revolução, e estabelecer algumas diferenças entre como o trabalho é tratado em um país que adota sistema econômico diverso do capitalista. Por fim, serão analisadas as modificações implementadas após o período especial e seus impactos na ilha.

Numa sociedade capitalista, a mercadoria é o elemento fundamental de seu funcionamento, como percebeu e verificou Karl Marx (tanto é assim que inicia seu estudo no livro "O Capital" analisando-a)(23). Além, é claro, da imprescindível força de trabalho, produtora de toda riqueza. Isso significa dizer que, como bem resumiu Marcelo Soares de Carvalho, "a lógica da produção submete-se aos ditames da troca com o objetivo de acumulação, consubstanciada no equivalente geral das trocas"(24). Nesse sentido, o que permite essa pretensão do capitalista de acumulação e "[...] obtenção do diferencial positivo [...], dentro de um sistema de trocas que se equiparam em termos

---

(21) SANTOS, F. L. B. dos. *Op. cit.*, p. 448-450.

(22) *Idem.*

(23) MARX, Karl. *O capital — crítica da economia política*. 2. ed. São Paulo: Boitempo Editorial, 2017. v. 1-O processo de produção do capital, p. 113-158.

(24) CARVALHO, M. S. de. Cuba: relações de trabalho, subdesenvolvimento e resistência. *Revista da Sociedade Brasileira de Economia Política*, Niteroi, v. 50, p. 91-111, maio 2018. Trimestral. Disponível em: <http://www.revistasep.org.br/index.php/SEP/issue/view/21>. Acesso em: 10 ago. 2020.

de valor"[25], é a exploração do trabalho. Contudo, o trabalho também deve assumir a forma mercadoria, para que o capital se concretize, ou seja, deve ser livre em dois sentidos: o trabalhador não deve ser obrigado coercitivamente a trabalhar para certo empregador — como ocorria na escravidão e na servidão, por exemplo — bem como deve ser livre de tudo aquilo que pode lhe trazer a subsistência, para que, portanto, seja impelido economicamente a vender seu trabalho para sobreviver.[26]

Pois bem. Tudo isso para explicar que, nesse contexto, todo país capitalista, por mais social e garantidor do bem-estar da população, depende — direta ou indiretamente — dessa mercantilização das relações. "Ainda que se ofereça algum grau de proteção ao trabalhador, o sistema segue operando em função do objetivo fundamental da geração de lucro, apropriado privadamente"[27]. O direito do trabalho, nesse contexto, cumpre esse objetivo de perpetuação da exploração (apesar de impor certos limites ao capital) e geração de lucro, e o desemprego opera como "fator de coerção ao trabalho assalariado, seja em termos de disciplinamento fabril, seja em termos das condições de remuneração"[28]. Portanto, ao analisar um sistema que se pretende socialista, a compreensão acerca das formas de uso do trabalho humano torna-se imprescindível.[29]

Afinal, então, como Cuba concebe suas relações laborais? As Constituições cubanas pós-revolução reafirmam o caráter Marxista-Leninista como um dos norteadores da nação.[30] Assim, fica evidente o contraste de Cuba com os países capitalistas do mundo, quanto maior o grau de neoliberalismo aplicado nos ditos países, maior será o contraste.

Desde a revolução, o trabalho é considerado um direito e "um imperativo de contribuição para com a coletividade"[31]. A consequência desse entendimento se traduz no princípio do pleno emprego, que, em última instância, é garantido pelo Estado Cubano. Aos que não possuem capacidade para o trabalho, lhes são garantidos previdência e assistência social. Como o Estado é o garantidor da maioria dos empregos e visa concretizar o valor instituído pela revolução (igualdade), a lógica de seu funcionamento, portanto, não se estabelece em função da obtenção do lucro, mas sim para atender às necessidades sociais. Tanto a saúde como a educação são direitos universais,

(25) CARVALHO, M. S. de. *Op. cit.*

(26) *Idem.*

(27) *Idem.*

(28) *Idem.*

(29) *Idem.*

(30) CUBA. *Constituição, 2019. Op. cit.*

(31) CARVALHO, M. S. de. *Op. cit.*

além dos alimentos serem providos em espécie e quase sem contrapartida monetária, com o objetivo de equacionar a subsistência. Carvalho, assim, conclui que

> poder-se-ia dizer que o uso do trabalho na sociedade cubana afigura-se como predominantemente não fundado na exploração, tanto por conta dos elementos da subsistência garantidos por fora das relações de trabalho, como pela natureza do "contratante" e do propósito / uso do trabalho, voltado ao atendimento de necessidades do conjunto da sociedade.(32)

Como já mencionado, a grave crise gerada pelo fim das relações com o bloco socialista, denominada "período especial", é um marco histórico para Cuba, assim como também é extraordinária a capacidade de sua superação diante do intrincado problema. Porém, para alguns autores, apesar de a ilha ter conseguido lograr êxito na superação desse difícil período, o país não saiu intacto, pois se relativizaram alguns valores em detrimentos de outros, com base nas medidas que foram adotadas, sobretudo no que tange ao papel do trabalho na sociedade cubana.(33)

Assim, muito se discute sobre a relativização do princípio da igualdade, devido a uma gradual mercantilização da sociedade cubana, por meio de medidas como: flexibilização das estruturas de propriedade; cooperativas; a legalização do *cuentapropismo* (trabalho por conta própria), permitindo pequenos negócios, sobretudo no turismo, ressurgindo o problema da desigualdade, uma vez que neste setor se ganha em dólar, e, consequentemente, o acesso a bens materiais é maior; abertura controlada à iniciativa privada e ao investimento estrangeiro; instituição dos *lineamientos* (orientações), por parte do governo cubano e aprovado pela população, em 2011, que têm por finalidade a permissão do investimento estrangeiro visando conciliá-lo ao desenvolvimento nacional, a exemplo da China; dentre outras várias medidas. A questão é que todas essas modificações ocasionaram significativo aumento da desigualdade cubana e esta é a principal preocupação, ou seja, uma relativa mitigação de um dos marcos da revolução cubana, a luta pela igualdade.(34)

Além disso, tais medidas resultaram num aumento significativo de trabalhos não ofertados pelo Estado Cubano, relativizando também, para alguns autores, o princípio do pleno emprego, instituído desde a revolução.(35) Mais que isso, para Marcelo

---

(32) CARVALHO, M. S. de. *Op. cit.*

(33) SANTOS, F. L. B. dos; VASCONCELOS, J. S.; DESSOTTI, F. R. *Cuba no século XXI:* dilemas da revolução. São Paulo: Editora Elefante, 2017. p. 122.

(34) SANTOS, F. L. B. dos; VASCONCELOS, J. S.; DESSOTTI, F. R. *Op. cit.*, p. 34-36, 99-106; SANTOS, F. L. B. dos. *Op. cit.*, p. 455-461.

(35) LEÓN, D. E.; FERNÁNDEZ, I. D.; ALMODÓVAR, M. R. Política de empleo en Cuba 2008-2014: desafíos a la equidad en Artemisa. *Revista del CESLA*. International Latin American Studies Review, Varsóvia, n. 18, p. 271-294, 2015. Disponível em: <https://www.revistadelcesla.com/index.php/revistadelcesla/article/view/35>. Acesso em: 10 jul. 2020.

Carvalho, as medidas "poderiam se assemelhar cada vez mais a um efetivo mercado de trabalho"[(36)].

De todo modo, algumas considerações merecem ser realizadas: a primeira é que "o processo cubano teve limites para superar a alienação do trabalho"[(37)], sobretudo após o período especial e seu problema com o balanço de pagamentos. Porém, "tudo depende da régua com que se mede: Cuba é uma sociedade mais democrática, autoconsciente e culta do que qualquer Estado Burguês".[(38)]

A Constituição cubana de 2019, que foi promulgada com aprovação de 85% dos votantes, tendo contado com a participação de 84,4% da população no referendo popular (ressaltando que o ato de votar não é obrigatório na ilha)[(39)], em seu art. 1º, expressa a continuação dos valores do preâmbulo, afirmando que o país se trata de um estado de direito socialista, democrático, independente, soberano e de justiça social. Ademais, frisa que a nação deve ser organizada com a participação de todos e para o bem de todos, como uma república unitária e indivisível, fundada no trabalho, dignidade, humanismo e ética de seus cidadãos para o desfrute de liberdade, equidade, igualdade, solidariedade, bem-estar e prosperidade individual e coletiva.[(40)]

Em outros pontos da Carta Maior cubana, afirma-se o trabalho como valor primordial, que se configura um direito, um dever social e um motivo de honra para todas as pessoas que se encontram em condições de trabalhar. A Constituição também expressa que o trabalho deve proporcionar condições de vida dignas, elevando o bem-estar material e espiritual da população. Ademais, a remuneração do trabalho é complementada com a satisfação equitativa e gratuita dos serviços sociais universais e outros benefícios.[(41)]

Por sua vez, o art. 65 da Constituição cubana atesta que todas as pessoas têm o direito de receber suas remunerações com base na qualidade e quantidade do trabalho desenvolvido. O referido artigo finaliza com a expressão do princípio da distribuição socialista (também presente na Constituição cubana de 1976)[(42)]: "de cada um segundo sua capacidade, para cada um segundo seu trabalho".[(43)]

---

(36) CARVALHO, M. S. de. *Op. cit.*

(37) SANTOS, F. L. B. dos. *Op. cit.*, p. 474-478.

(38) *Idem.*

(39) O trabalhador e seus direitos no socialismo de Cuba. *Revista Intertelas*, 2020. Disponível em: <https://revistaintertelas.com/2020/05/01/o-trabalhador-e-seus-direitos-no-socialismo-de-cuba/>. Acesso em: 31 jul. 2020.

(40) *Idem.*

(41) CUBA. *Constituição, 2019. Op. cit.*

(42) CUBA. *Constituição, 1976. Op. cit.*

(43) CUBA. *Constituição, 2019. Op. cit.*

Enfim, é nesse contexto de contradições que se coloca o seguinte questionamento: seria a relativização do princípio da igualdade um custo a se pagar pelo crescimento? Essa resposta somente o tempo irá responder. Porém, sua capacidade de superação, com base em sua história, não pode ser desconsiderada e subestimada. Fabio Luis Barbosa dos Santos apreende os intrínsecos sentimentos contraditórios e sintetiza: "na obra moral regeneradora da Revolução Cubana, o otimismo da vontade enfrenta o pessimismo da razão"(44).

5. Os valores subjacentes das relações de trabalho em Cuba e seus possíveis impactos sobre a Covid-19

Os registros da Covid-19 em Cuba, na data de 10.08.2020, são os seguintes: 2.953 casos registrados no total; desses casos há 2.451 pessoas recuperadas da doença e 88 mortes causadas pelo novo coronavírus.(45)

Os baixos índices de letalidade e propagação do novo coronavírus em Cuba se devem a uma série de medidas sanitárias eficazes. Pode-se destacar o foco nos pacientes assintomáticos, que podem espalhar o vírus sem sequer tossir. Também há isolamento imediato de casos suspeitos, com ou sem sintomas, além de pesquisas feitas pelos estudantes de medicina em todo país, que literalmente vasculham as localidades em busca de possíveis infectados.(46)

Com relação ao trabalho em território cubano, a vice-ministra do trabalho e da seguridade social, Samina Marín Triana, anunciou medidas para proteger os trabalhadores e suas famílias desde o início da pandemia. Desde o "período especial" atravessado por Cuba (década de 1990), o turismo tem sido a principal fonte de renda de sua economia. Evidentemente, o turismo está sendo o setor mais afetado na ilha, que por medidas de segurança só permite a saída de turistas, mas tem barrado a entrada.(47)

Como já mencionado, o Estado cubano é o responsável por mais de 70% dos vínculos empregatícios identificados, e com relação aos trabalhadores estatais, está sendo incentivado o trabalho à distância, para se evitar aglomerações nos locais de trabalho, nas próprias ruas da cidade e nos meios de transporte. Os trabalhadores que não podem trabalhar à distância, em decorrência da natureza do vínculo, estão sendo

---

(44) SANTOS, F. L. B. dos. *Op. cit.*, p. 474-478.

(45) Coronavírus (Covid-19). *Google News*. Disponível em: <https://news.google.com/Covid-19/map?hl=pt-BR&gl=BR&ceid=BR:pt-419>. Acesso em: 10 ago. 2020.

(46) INTERNATIONALE, R. F. Sucesso de Cuba no combate à Covid-19 vem do controle de assintomáticos. *Carta Capital*, 2020. Disponível em: <https://www.cartacapital.com.br/mundo/sucesso-de-cuba-no-combate-a-Covid-19-vem-do-controle-de-assintomaticos/>. Acesso em: 31 jul. 2020.

(47) Como Cuba tem enfrentado a pandemia do Covid-19. 2020. Disponível em: <https://universidadeaesquerda.com.br/noticia-como-cuba-tem-enfrentado-a-pandemia-do-Covid-19/>. Acesso em: 31 jul. 2020.

realocados, com a manutenção de 100% de seu salário e garantia da manutenção do vínculo de origem. Se por algum motivo não se mostrar possível realocar o trabalhador, este receberá 100% de seu salário no primeiro mês, passando a receber 60% nos meses seguintes até a estabilização da pandemia.(48)

Quanto aos trabalhadores que recebem salário por resultado, serão mantidos rendimentos proporcionais às metas, mas o governo cubano garantirá que cada trabalhador receba ao menos um salário mínimo vigente no país.(49)

Os trabalhadores por conta própria (*cuentapropismo*) tiveram suas atividades bastante reduzidas. O governo determinou, por exemplo, a redução em 50% do movimento em restaurantes, devendo-se garantir também distância mínima de dois metros entre as eventuais pessoas no estabelecimento. Ainda que reduzido o trabalho, o contratador deverá pagar ao contratado o piso de um salário mínimo do país. O trabalhador por conta própria também pode pedir licença por saúde ou suspensão temporária de sua atividade por conta da redução de movimento em seu estabelecimento. Poderá nesse caso, enquanto durar a suspensão, deixar de pagar impostos e também a seguridade social.(50)

Ademais, caso os trabalhadores cubanos por qualquer motivo não consigam alcançar suas necessidades vitais básicas com sua renda, serão amparados pela assistência social. As prioridades da assistência são os mais vulneráveis e as pessoas que vivem sozinhas.(51)

Em que pese o cuidado e atenção aos trabalhadores, verifica-se uma diferença de tratamento em relação aos que estão vinculados ao Estado e os demais, como é o caso dos que trabalham por metas e resultados, que tiveram suas rendas proporcionalmente reduzidas, mas com respeito ao salário mínimo vigente. É, no mínimo, algo que merece atenção e mais pesquisas, em razão do contexto que atravessa o país. De todo modo, como já alertado, importante reconhecer que a régua do capitalismo fica aquém dos resultados cubanos quando se analisa o trabalho.

A partir das medidas acima elencadas, mesmo havendo uma lenta e gradual mudança na lógica que rege as relações de trabalho, fica evidente o compromisso do governo cubano, bem como de seu povo, com os valores de justiça social destacados neste texto, priorizando a saúde, igualdade e bem-estar não só dos trabalhadores, mas de toda a população.

---

(48) *Como Cuba tem enfrentado a pandemia do Covid-19*. 2020. *Op. cit.*

(49) *Idem.*

(50) *Idem.*

(51) *Idem.*

6. Conclusão

A partir dos dados e da bibliografia pesquisada, foi possível verificar uma forte coesão social, consciência histórica e política do povo cubano. Esses valores foram fundamentais para o movimento revolucionário na ilha em busca de uma sociedade igualitária, justa e soberana. As Constituições cubanas pós-revolução mostram o pensamento, consciência e anseio popular registrados no preâmbulo e nos demais artigos.

Devido às dificuldades impostas após o fim do bloco socialista, denominado de "período especial", e a intensificação dos embargos econômicos pelo imperialismo, verificou-se que, de forma surpreendente, Cuba resistiu, mas não sem consequências. Foi necessária a relativização de alguns princípios para suprir demandas básicas da população, modificando gradualmente, por exemplo, o mercado de trabalho e, consequentemente, o próprio trabalho, que passa a ser regido, em maior escala, pela lógica da obtenção do lucro, transformando-se em mercadoria.

As medidas tomadas pelo governo, com relação ao combate da atual pandemia, mostram-se eminentemente preventivas, sobretudo com foco em isolamento de suspeitos e nos assintomáticos. No que tange à proteção ao trabalhador, além dos valores que permeiam as relações de trabalho, como já mencionado, foram implementadas diversas medidas que preservam, sobretudo, a renda, os postos de trabalho, o bem-estar dos obreiros e a prevenção de contágio entre trabalhadores e suas famílias, apesar de haver uma diferença entre os empregados pelo Estado cubano e os demais trabalhadores.

Mesmo verificando as mudanças que vem ocorrendo na ilha e suas dificuldades, pode-se concluir que o arranjo social, as medidas trabalhistas e as relações de trabalho cubanas têm influência direta sobre o modesto avanço e baixa letalidade da atual pandemia nesse país. Cuba mostra-se fiel aos valores do igualitarismo e da soberania, e apesar das dificuldades e da tendência de relativização do primeiro valor, sua potencialidade e capacidade de superação é algo surpreendente. Portanto, ainda assim pode-se tranquilamente afirmar que, "medida na régua do capitalismo contemporâneo, Cuba é uma espécie de reserva ecológica de valores humanos que o mundo se empenha em desnaturalizar"[(52)].

Referências

AYERBE, L. F. *A revolução cubana*. São Paulo: Editora UNESP, 2004. 133 p.

CARVALHO, M. S. de. Cuba: relações de trabalho, subdesenvolvimento e resistência. *Revista da Sociedade Brasileira de Economia Política*, Niteroi, v. 50, p. 91-111, maio 2018. Trimestral. Disponível em: <http://www.revistasep.org.br/index.php/SEP/issue/view/21>. Acesso em: 10 ago. 2020.

---

(52) SANTOS, F. L. B. *Op. cit.* p. 475.

CARVALHO, M. S. de. *Cuba no século XXI:* dilemas da revolução. Organização, de Fabio Luis Barbosa dos Santos, Joana Salém Vasconcelos, Fabiana Rita Dessotti. São Paulo, Brasil: Editora Elefante, 2018. 256 p.

Como Cuba tem enfrentado a pandemia do Covid-19. 2020. Disponível em: <https://universidadeaesquerda.com.br/noticia-como-cuba-tem-enfrentado-a-pandemia-do-Covid-19/>. Acesso em: 31 jul. 2020.

COMUNISTA, União da Juventude. *125 Anos da Morte de José Martí, líder da independência cubana.* 2020. Disponível em: <https://ujc.org.br/125-anos-da-morte-de-jose-marti-lider-da-independencia-cubana/>. Acesso em: 10 ago. 2020.

CORONAVÍRUS (Covid-19). [s.d.]. Disponível em: <https://news.google.com/Covid-19/map?hl=pt-BR&gl=BR&ceid=BR:pt-419>. Acesso em: 4 ago. 2020.

CUBA. *Constituição*, 1976. Disponível em: <https://www.wipo.int/edocs/lexdocs/laws/es/cu/cu054es.pdf>. Acesso em: 3 ago. 2020.

______. Constituição, 2019. Disponível em: <http://www.granma.cu/file/pdf/gaceta/Nueva%20Constituci%C3%B3n%20240%20KB-1.pdf>. Acesso em: 3 ago. 2020.

FERNANDES, F. *Da Guerrilha ao Socialismo — a Revolução Cubana.* São Paulo: Expressão Popular, 2007. 352. p.

GALEANO, E. *As veias abertas da América Latina.* Porto Alegre: L&PM Editores, 2012. 265 p.

GOYANNA, B. *Cuba no século XXI:* dilemas da revolução. Organização, de Fabio Luis Barbosa dos Santos, Joana Salém Vasconcelos, Fabiana Rita Dessotti. São Paulo, Brasil: Editora Elefante, 2018. 256 p.

INTERNATIONALE, R. F. Sucesso de Cuba no combate à Covid-19 vem do controle de assintomáticos. *CartaCapital*, 2020. Disponível em: <https://www.cartacapital.com.br/mundo/sucesso-de-cuba-no-combate-a-Covid-19-vem-do-controle-de-assintomaticos/>. Acesso em: 31 jul. 2020.

LEÓN, D. E.; FERNÁNDEZ, I. D.; ALMODÓVAR, M. R. Política de empleo en Cuba 2008-2014: desafíos a la equidad en Artemisa. *Revista del CESLA. International Latin American Studies Review*, Varsóvia, n. 18, p. 271-294, 2015. Disponível em: <https://www.revistadelcesla.com/index.php/revistadelcesla/article/view/35>. Acesso em: 10 jul. 2020.

MARX, K. O *capital – crítica da economia política.* 2. ed. São Paulo: Boitempo, 2017. v. 1 – O processo de produção do capital. 894 p.

O trabalhador e seus direitos no socialismo de Cuba. *Revista Intertelas*, 2020. Disponível em: <https://revistaintertelas.com/2020/05/01/o-trabalhador-e-seus-direitos-no-socialismo-de-cuba/>. Acesso em: 31 jul. 2020.

SANTOS, F. L. B. dos. *Uma história da onda progressista sul-americana.* São Paulo: Elefante, 2018. 648 p.

SILVA, M. A. M. Agricultura e imperialismo: algumas notas sobre a formação da força de trabalho em Cuba. *Perspectivas: Revista de Ciências Sociais*, São Paulo, v. 9/10, 1986. Disponível em: <https://periodicos.fclar.unesp.br/perspectivas/article/view/1863>. Acesso em: 4 ago. 2020.

A Pandemia no Pandemônio Neoliberal: Notas sobre Direito e Sociedade No Brasil e no Chile em Tempos de Coronavírus

Diego Varas Villalón
Paulo de Carvalho Yamamoto

No se detienen los procesos sociales ni
con el crimen ni con la fuerza.
La historia es nuestra y la hacen los pueblos
Salvador Allende

1. Introdução

O que a leitora tem diante de si é um texto de dois "operadores do Direito" sul-americanos que, há mais de 130 dias tentam cumprir, na companhia de suas famílias, quarentena, em *Viña del Mar* e São Paulo.

Em algum momento, a confusão trazida pela pandemia pode ter sugerido entre os autores alguma esperança de que a catástrofe que o coronavírus detonou — assim como aconteceu com a criação da OIT no pós-1ª Guerra Mundial, ou com o desenvolvimento do modelo de Estado de Bem Estar Social no pós-2ª Guerra — trouxesse consigo o gérmen de uma mudança radical de nossa sociedade; que, talvez, no mundo pós-pandemia, ideias como o acesso universal à renda e à saúde deixassem de habitar os sonhos de alguns otimistas e se tornassem política pública de aceitação internacional. Os dias, as semanas e os meses foram passando, as curvas de contaminação e mortes no Brasil e no Chile foram rapidamente escalando os gráficos mais mórbidos, os líderes dos dois países — com o apoio de considerável parte de suas elites — foram se mostrando ainda mais insensíveis do que já concebíamos e, logo, qualquer esperança de um futuro melhor foi atropelada pelo chamado "novo normal". Ficou evidente que as mudanças que desejamos para nossas sociedades não virão da súbita iluminação de quem exerce o poder. Não seria uma "gripezinha" que faria as elites repensarem as vidas de quem não mora entre os muros do Morumbi ou de *Vitacura*: mais uma vez, é necessário impor a mudança.

A partir destas constatações, queremos apresentar um texto diferente. Escolhemos nos afastar da forma acadêmica tradicional e escrever assim, "a palo seco", diretamente. Além disso, como se pode perceber desde a primeira linha, utilizamos o gênero feminino para indicar as pessoas que nos leem e a totalidade de indivíduos do universo do qual estamos falando, afinal de contas, são as mulheres as que mais são penalizadas pelo isolamento social: quer porque a maior parte das profissões ligadas ao cuidado são majoritariamente desempenhadas por mulheres, quer pela sobrecarga imposta pela dupla jornada acentuada pela quarentena, quer pelo aumento da violência doméstica que, se verificou no período(1). A pandemia exige que melhoremos como sociedade e que também, mudemos como indivíduos. Enfim... estamos em tempos de mudanças: mudemos!

2. O contexto social e normativo de Brasil e Chile

Peru, Chile, Estados Unidos e Brasil, nesta ordem, lideram o *ranking* americano de vítimas fatais do Covid-19 a cada um milhão de habitantes(2). Apesar de serem

---

(1) Consultamos acadêmicas com certa experiência no debate feminista para saber o que elas achavam da proposta. Ana Carolina Bianchi Rocha Cuevas Marques foi quem nos sugeriu a fundamentação da escolha que incorporamos ao texto. Helena Pontes, por sua vez, nos forneceu material para o uso não sexista da linguagem. Tainã Góis nos advertiu que a utilização de um "feminino universal" poderia acabar reproduzindo uma certa ideia de igualdade existente entre homens e mulheres que a epistemologia feminista já superou. Por fim, após o incentivo de Yasmin Pestana e de Juliana Benício, que sugeriu a redação desta nota de rodapé como maneira de destacar a influência do machismo e do patriarcado em nossa cultura e idioma, Carolina Vieira da Costa nos apresentou o texto "Carta de uma orientadora" de Debora Diniz (2012) que nos tranquilizou quanto a escolha deste caminho. Registramos aqui nosso agradecimento a cada uma dessas pensadoras, exonerando-as, por óbvio, de toda a responsabilidade por quaisquer equívocos que tenhamos cometido. Por fim, destacamos a importância dos exemplos deixados pela jovem chilena Antonia Barra, cuja memória nos alerta, mais uma vez, que o machismo mata, bem como pelo trabalhador por aplicativo brasileiro Paulo "Galo" Lima, cuja luta com seus companheiros Entregadores Antifascistas nos ensinou, em meio à pandemia, que "o punho cerrado é que faz a caneta tremer". À essas duas pessoas, bem como à todas que uniram suas vozes às oprimidas e exploradas é que dedicamos o presente texto.

(2) Sem contar a subnotificação, dados de 24 de julho de 2020 apontam que o Peru (população de aproximadamente 33 milhões de habitantes) registra 17.654 óbitos, resultando em 535 vítimas fatais a cada 1 milhão de habitantes. O Chile (pop. aprox. de 19,1 milhões de hab.) registra 8.838 falecimentos, o que equivale a 462 mortes para cada 1 mi de hab. Os Estados Unidos da América (pop. aprox. de 331,1 mi de hab.), por sua vez, registra 147.865 óbitos, resultando em 447 vítimas fatais por mi de hab. Por fim, o Brasil (pop. aprox. de 212,6 mi de hab.) registra 84.440 falecimentos, o que representa 397 óbitos para cada 1 milhão de habitantes. Disponível em: <https://www.worldometers.info/coronavirus/#countries>.

países muito distintos, os quatro coincidem em maior ou menor grau em governos alinhados politicamente à direita e economicamente à ideologia neoliberal. Como veremos, pelo menos no caso específico de Brasil e Chile, tais fatores são de extrema relevância para compreendermos o trágico desempenho de ambos frente à pandemia.

Do ponto de vista do ordenamento jurídico, a derrubada da cruel ditadura civil-militar brasileira foi consolidada na elaboração de um pacto social consagrado na Constituição da República Federativa do Brasil de 1988 que desenhou para o país um Estado Democrático de Direito (art. 1º) que tem como um dos seus objetivos fundamentais a erradicação da pobreza e da marginalização (art. 3º, III). Ou seja, apesar de todas as críticas que possam ser feitas à CF/88, é preciso reconhecer que ela concebeu um projeto de Estado Social que, baseado na dignidade da pessoa humana (art. 1º, III), pretende construir uma sociedade livre, justa e solidária (art. 3º, I), fundando, portanto, um ordenamento que rechaça o ultrapassado individualismo liberal.

Apesar dos muitos ataques sofridos, das crises políticas e econômicas e do avanço da ideologia neoliberal, o texto da Constituição Cidadã — à revelia dos interesses de setores da elite — segue preconizando sua sede por democracia e Justiça Social. Malgrado os esforços em asfixiar políticas públicas e Direitos Sociais, mesmo diante de todas as dificuldades, o Brasil ainda tem em sua Carta a proteção de um Sistema Único de Saúde (art. 200), a previsão de Direitos Trabalhistas e Previdenciários (art. 7º), a organização de uma Ordem Econômica (art. 170) e Social (art. 193), enfim: a garantia de um mínimo de dignidade remanesce, ao menos como texto normativo, enquanto herança da vitória da democracia sobre os horrores da ditadura.

Bem diferente é o cenário chileno. Como se sabe, a primeira tragédia que marca o dia 11 de setembro na história das Américas foi, em 1973, o golpe imposto pelos militares em consórcio com a oligarquia chilena para atender aos desejos do imperialismo estadunidense, fulminando, assim, a democracia socialista que, sob a liderança de Salvador Allende, o povo chileno estava construindo. A pretexto de citar Hegel, Marx afirma em seu "O 18 de Brumário de Luís Bonaparte" que os grandes fatos da história são encenados duas vezes: primeiro como tragédia, depois como farsa. Assim, após exatamente sete anos do golpe chefiado por Augusto Pinochet, um plebiscito fraudulento aprovou a "*Constitución Política de la República de Chile*", que vige até os dias atuais, "como um pesadelo que comprime os cérebros dos vivos" (MARX, p. 25).

Em junho de 1950, portanto, antes de apoiar o golpe militar no Brasil, Carlos Lacerda afirmava que "*Getúlio Vargas [...] não deve ser candidato à presidência. Candidato, não deve ser eleito. Eleito, não deve tomar posse. Empossado, devemos recorrer à revolução para impedi-lo de governar*"(3). A frase traduz bem a postura de Washington

(3) Talvez sem perceber a trágica ironia da situação, diante da derrota de Aécio Neves nas urnas em 2014, o Senador José Aníbal (PSDB-SP) repetia a frase como inspiração para guiar o golpismo que culminou na deposição da Presidenta Dilma em agosto de 2016.

— sob o comando de Richard Nixon e de seu todo-poderoso Conselheiro de Segurança Nacional, Henry Kissinger — para enfrentar a via pacífica chilena em direção ao socialismo: a aliança entre EUA e a reacionária elite nacional tentou a todo custo evitar a eleição de Allende[4], sua posse (resultando no bárbaro assassinato do General René Schneider), e, diante da esperançosa teimosia da *Unidade Popular*, investiu em sabotar a economia do país e, enfim, impedir violentamente o avanço democrático ao socialismo.

É preciso destacar que a ideologia anticomunista que se impunha à força, não estava descolada dos interesses imediatos dos EUA. Uma vez no cargo, o governo Allende tratou de socializar as maiores empresas monopolistas do país, realizar uma profunda reforma agrária, nacionalizar bancos e, para a ira *yankee*, nacionalizar, também, gigantescas minas de cobre de propriedade estadunidense[5].

À serviço do império, a ditadura de Pinochet teve como eixo: do ponto de vista econômico, a radicalização do entreguismo, privatizando empresas e setores estratégicos inteiros[6], incentivando a abertura comercial independentemente dos seus próprios interesses industriais, enfim, transformando o país inteiro em um laboratório — liderado por Milton Friedman e seus Chicago Boys[7] — para a ideologia neoliberal; do ponto de vista social, a destruição/privatização dos serviços públicos básicos, como educação, previdência e saúde foi acompanhada da supressão de Direitos Trabalhistas e do enfraquecimento do movimento sindical[8]; do ponto de vista político, o terrorismo de Estado foi o único mecanismo capaz de controlar a revolta das chilenas

---

(4) Inclusive financiando propaganda difamatória à figura de Allende no jornal conservador "El Mercúrio", conforme relatório oficial do Congresso estadunidense, no bojo do Comitê Church e Pike. Dispon"ivel em: <https://ciperchile.cl/2007/12/12/documentos-desclasificados-como-jorge-alessandri-busco-apoyo-clandestino-de-eeuu/>.

(5) Escrevendo Las Venas Abiertas de América Latina em 1970, Eduardo Galeano afirmava com entusiasmo "Mientras escrito esto (...) Salvador Allende habla desde el balcón del palácio de gobierno a uma multitud fervorosa; anuncia que há firmado el proyecto de reforma constitucional que hará posible la nacionalización de la gran minería" (p. 188). Peter Winn, em seu "A Revolução Chilena" (2010, p. 79), por sua vez, descreve que o processo de nacionalização foi institucionalizado pela Ley n. 17.450, ratificado em 11 de julho de 1971, dia em que "Allende celebrou a votação como 'Dia da Dignidade Nacional' e se referiu a ela como a 'segunda independência' do Chile".

(6) Um resumo didático do processo de privatização levado à cabo pela ditadura de Pinochet pode ser encontrado em VON LOEBENSTEIN, Beatriz. Empresas Públicas. Santiago: Metropolitana, 2018. p. 28-32.

(7) Milton Friedman, um dos mais afamados teóricos do neoliberalismo, fez carreira na University of Chicago, instituição que, a partir de um convenio firmado com a Pontificia Universidad Católica de Chile, passou a atrair estudantes, algo que, nas palavras de Ffrench-Davis, "fue fundamental para que Estados Unidos pudiera utilizar a Chile como un laboratorio de la periferia en el que se insertarían las ideas neoliberales". Cf.: "La Economía Chilena en Dictadura y en los Gobiernos Democráticos". Disponível em: <http://econ.uchile.cl/es/noticia/columna-de-opinion-la-economia-chilena-en-dictadura-y-en-los-gobiernos-democraticos>.

(8) Peter Winn afirma sobre o período que: "Os sindicatos dos trabalhadores do Chile perderam seu poder de proteger os padrões de vida e as condições de trabalho de seus membros. Os militares expurgaram seus líderes e ativistas e substituíram a democracia pela gerontocracia (...)" cf. *A Revolução Chilena*. São Paulo: Unesp, 2010. p.188

contra tais retrocessos: mais de 40.000 pessoas foram mortas, presas, desaparecidas ou torturadas, tornando a ditadura liderada por Pinochet uma das mais sanguinárias da história recente.

Toda essa obra-prima da barbárie foi juridicamente consagrada pela Constituição de 1980, elaborada com o objetivo de eternizar no poder o projeto neoliberal(9), impondo verdadeira camisa de força contra avanços políticos progressistas dos anos pós-ditadura. Para o objeto deste texto, destaca-se a odiosa figura do Estado-subsidiário que, prevista no art. 19, basicamente restringe a atuação estatal para aquelas esferas em que a iniciativa privada não demonstre interesse de explorar, independentemente de o setor em questão ser ou não estratégico para o país. Afinadíssima com a ideologia daquele momento, a Constituição pretendeu beatificar o individualismo e reprimir a solidariedade, preferiu a privatização à nacionalização, a abertura comercial ao mercado interno, o Direito do Trabalho mínimo ao Direito Social, os fundos de investimentos à seguridade social. O resultado pode ser visto nas ruas tomadas por furiosas manifestantes em todas as províncias do país, em outubro de 2019.

3. Uma Constituição revoltante: os protestos de 2019

Exatamente um ano antes da ratificação da fraudulenta Constituição, em 11 de setembro de 1979, Pinochet anunciava suas "*Siete modernizaciones*", plano concebido pelo economista José Piñera — irmão do atual Presidente do Chile — para (1) desregulamentação do trabalho, (2) privatizar a seguridade social, (3) a saúde, e (4) a educação, (5) fomentar um projeto agrário-exportador, (6) alterar a estrutura judicial e (7) realizar uma reforma administrativa. Tais reformas estruturais possuem grande impacto até hoje na realidade chilena. Mesmo após a derrubada de Pinochet, a manutenção da Constituição de 1980 — e, com ela, de uma economia neoliberal — proporcionou, ano a ano um aumento sustentável da desigualdade na distribuição de renda(10). Apesar de ser anunciado como um "modelo exitoso", o Chile, tal qual o Brasil, é um país de grandes desigualdades sociais(11). Partindo de um sistema tributário regressivo e de um mercado de trabalho desregulamentado, as chilenas ouvem pelos telejornais cotidianamente os recordes atingidos pela *Bolsa de Comercio de Santiago*,

(9) A concepção da Constituição coube a Jaime Guzmán, político reacionário, que reconhecia abertamente que "en vez de gobernar para hacer, en mayor o menor medida, lo que los adversarios quieren, resulta preferible contribuir a crear una realidad que reclame de todo quien gobierne una sujeción a las exigencias propias de ésta. Es decir, que si llegan a gobernar los adversarios, se vean constreñidos a seguir una acción no tan distinta a la que uno mismo anhelaría, porque — valga la metáfora — el margen de alternativas que la cancha imponga de hecho a quienes juegan en ella, sea lo suficientemente reducido para hacer extremadamente difícil lo contrario". Cf. "El camino político", *Revista Realidad*, año 1, n. 7, p. 13-23, p. 19.

(10) Nodo XXI: "Los chilenos bajo el neoliberalismo Clases y conflicto social". p. 71

(11) Brasil e Chile dividem, respectivamente, o segundo e o terceiro lugar dos países com maior concentração de renda do mundo: enquanto aqui o 1% mais rico concentra 28,3% da renda total do país, no Chile, 23,7% da renda total está concentrada nas mãos dos 1% mais ricos.

enquanto são incapazes, do alto de seus trabalhos informais, de fechar as contas ao final de cada mês. A baixa massa salarial, aliada à enorme informalidade resulta no popular "*bicicleteo*", ou seja, o contínuo endividamento das famílias como forma de manutenção da economia doméstica(12).

Sobrevivendo em trabalhos informais e precários, cheias de dívidas com os bancos, sem uma rede de proteção social e com muitas contas para pagar, as chilenas — que já demonstravam ter perdido a confiança nas instituições e no sistema político existente(13) — paralisaram o país com enormes protestos entre outubro e dezembro de 2019. Apesar da variedade de pautas, o descontentamento com a Constituição, enquanto símbolo do projeto neoliberal que há mais de 40 anos subjuga o país, canalizou grande parte da ação rebelde. Sem experiência em dialogar com a população, o governo de Sebastián Piñera atuou rapidamente para decretar Estado de emergência, impor toque de recolher e, a seguir, justificar tais ações afirmando "*Estamos en guerra contra un enemigo poderoso, implacable, que no respeta a nada ni a nadie*". Sem encontrar trégua da renovada esperançosa teimosia chilena, que teve o dia 18 de outubro como grande marco da massificação da indignação, o governo recuou até que em 10 de novembro anunciou o início de um processo constituinte para a redação de uma nova Constituição.

Após intensos meses de revolta, os protestos tiveram a efervescência amainada pelo recesso de fim de ano. Toda a expectativa se voltava para o mês de março de 2020: até a última semana de fevereiro reinava uma espécie de nervosismo silencioso. O medo do governo de que as manifestações fossem reativadas se tornou realidade quando, em 8 de março, mais de 2 milhões de chilenas saíram para o comemorar o dia internacional da mulher, bem como para lutar contra o sistema neoliberal e patriarcal, em fina sintonia com as reivindicações de 2019, uma vez que, àquela altura, já tinha ficado evidente que a luta contra a desigualdade só avançaria se fosse capaz de abrigar classe, gênero e raça. Não obstante, o renascimento da chama incendiária em 2020 foi abruptamente interrompido pela chegada do vírus Sars-CoV-2, impedindo as grandes aglomerações que vinham transformando a história da jovem democracia chilena.

4. Os cálculos dos neoliberais para estimar o preço da vida

A forma como o governo chileno enfrentou o coronavírus reproduziu o problema que propiciou a revolta de 18 de outubro: uma assombrosa desconexão entre a elite

(12) Sobre o tema, afirma Pizarro Hofer que "en el mundo del trabajo predominan muy bajos salarios, resultantes de la precariedad laboral y de limitaciones legales a la sindicalización [...] finalmente, como consecuencia de los reducidos salarios, ha crecido geométricamente el endeuda miento de las familias pobres y de clase media, principalmente mediante el mecanismo de tarjetas de crédito que otorga directamente el gran comercio, a tasas de interés elevadísimas. Pizarro Hofer, R.: "Chile: rebelión contra el Estado subsidiario". p. 337

(13) Nas últimas eleições presidenciais chilenas, realizadas em 2017, a abstenção foi de 53,3% no primeiro turno e de 50,98% no segundo turno.

governante e a grande maioria do país governado. Diante da pandemia, o aumento do gasto público para salvar vidas se impõe como um imperativo não só político, mas também, ético e humanitário. Porém, a expressão "aumento do gasto público" soa como um insulto aos ouvidos colonizados pelo neoliberalismo. Tanto assim que, mesmo possuindo uma dívida pública de aproximadamente 31,2% de seu PIB[(14)], a proposta da ortodoxia chilena foi oferecer soluções que giravam em torno de míseros 5% da dívida.

Com o passar do tempo, ficou evidente que o grande problema que um governo que reivindica se "gestor" enfrenta no combate à pandemia é a falsa disjuntiva entre economia e vida das pessoas: não é possível achatar a curva de contágios sem a diminuição da atividade econômica. Com o passar do tempo, ficou evidente que o grande problema que um governo que se reivindica "gestor" enfrenta no combate à pandemia é a falsa disjuntiva entre economia e vida das pessoas: não é possível achatar a curva de contágios sem a diminuição da atividade econômica. Com excessivo otimismo e escassos recursos, Piñera apostou suas fichas nas "*cuarentenas dinámicas*", plano que, por objetivar a manutenção do ritmo econômico, foi aplaudido por representantes do capital financeiro internacional[(15)].

Basicamente, a ideia era, partindo da divisão territorial do país em regiões, províncias, cidades e comunas, estabelecer zonas específicas para — especialmente na capital, Santiago, cuja região metropolitana abriga aproximadamente 8, das 20 milhões de habitantes do país — impor uma quarentena que se movesse conforme os dados fossem indicando onde estavam as infectadas. Inauguradas a 25 de março, as *cuarentenas dinâmicas*, tiveram, de fato, algum êxito inicial, uma vez que abrangiam os bairros mais abastados: lugares em que a média das pessoas possuem condições financeiras de respeitar o isolamento social — a maior parte delas desempenhando atividades laborais que permitem serem realizadas à distância —, bem como onde se concentram os melhores serviços médico-hospitalares do país. Porém, o número de vítimas que apresentamos no início é prova suficiente do equívoco de tal plano, como confirmou o então Ministro da Saúde, Jaime Mañalich — demitido diante da discrepância entre o número de óbitos registrados pelo Ministério e o inferior número repassado à OMS

(14) Números referentes ao terceiro trimestre de 2019, publicados pelo Institute of International Finance, sediado em Washington, dão conta que a dívida fiscal do Brasil representa 87,9% do PIB, cifra próxima aos 85,7% registrados pela Argentina, porém, consideravelmente superior aos 50,3% de Colômbia e dos 35,3% do México. A receita neoliberal de redução da proporção dívida/PIB, porém, não é seguida pelos países desenvolvidos, já que o mesmo estudo aponta que o Japão tem dívida fiscal no valor de 226,3% do próprio PIB, já o Reino Unido tem 110,3% de dívida em relação ao PIB, os EUA 101,8% e os países que conformam a Zona do Euro possuem dívida fiscal de 100,3% do PIB.

(15) Em meados de abril, por exemplo, o banco de investimentos JP Morgan publicava informe elogiando o Chile por ter "la menor cantidad de muertes causadas por Covid-19 en América Latina y una tasa de mortalidad muy baja". Disponível em: <https://www.latercera.com/pulso-trader/noticia/jp-morgan-vuelve-a-destacar-medidas-tomadas-por-chile-para-detener-al-Covid-19/OUSNERUSENH7XCK2Y5OZMIGANU/>.

— quando admitiu que "*Todos los ejercicios epidemiológicos, las fórmulas de proyección con las que yo me seduje en enero, se han derrumbado como castillo de naipes*"[16].

Como as brasileiras aprenderam na própria pele, o cumprimento da quarentena não se trata de uma questão de vontade, mas antes, de capacidade. A maior parte das pessoas querem ficar, na companhia de seus familiares e no conforto de suas casas, protegidas do letal Sars-CoV-2, porém, isso não é facultado à imensa maioria que depende daquilo que ganhou ao final do mês para conseguir sobreviver. Não podendo se dar ao luxo de ficar em casa, brasileiras e chilenas continuaram saindo para tentar garantir o sustento de suas famílias. O resultado foi exatamente o esperado: a taxa de óbitos registradas nos setores mais elevados de Santiago triplica nas *comunas* mais pobres — da mesma forma que o número de vítimas fatais do coronavírus é 3,5 vezes maior nos bairros periféricos, quando comparados com os bairros mais ricos de São Paulo[17] —, deixando absolutamente evidente "*la relación entre pobreza y muertes por Covid-19*"[18]. Há, portanto, uma correlação direta entre alta taxa de mortalidade, baixo cumprimento do isolamento social e as políticas socioeconômicas do governo chileno. Tanto no Brasil, quanto no Chile, a crise é paga pelas trabalhadoras com suas próprias vidas.

5. Em defesa da saúde das pessoas... jurídicas

Como vimos, quando chamado a escolher entre a vida das pessoas e a manutenção da atividade econômica, o governo de Piñera — tal qual seu congênere brasileiro — não titubeou em privilegiar os capitais. Da mesma forma, diante do conflito entre empresas e trabalhadoras, *La Moneda*, mais uma vez, ignorou o sofrimento das chilenas, atuando para retirar os já escassos Direitos Trabalhistas existentes no país.

Em 26 de março de 2020, a *Dirección del Trabajo* — serviço público descentralizado, submetido ao *Ministerio del Trabajo y Previsión Social* — fez publicar o *Dictamen*

---

(16) Cf. <http://www.diarioeldia.cl/pais/formulas-con-que-me-seduje-en-enero-se-han-derrumbado-como-castillo-naipes O Ministro caiu de seu posto quando o Centro de Investigación Periodística (CIPER) denunciou que o Ministério da Saúde repassava para a OMS menos casos fatais de Covid-19 do que aquele que, de fato, registrava. Disponível em: <https://ciperchile.cl/2020/06/13/minsal-reporta-a-la-oms-una-cifra-de-fallecidos-mas-alta-que-la-informada-a-diario-en-chile/>.

(17) Os dados foram analisados pela Rede Nossa São Paulo, na edição extraordinária do Mapa da Desigualdade. Cf.: <https://www.nossasaopaulo.org.br/2020/06/24/edicao-extraordinaria-do-mapa-da-desigualdade-indica-o-endereco-como-fator-de-risco-na-pan/>.

(18) Arroyo C., Cortés T., Engel E., Pardow D., Simonetti P.: "Informe sobre la evolución de la epidemia de Covid-19 en Chile", *Espacio Público*, jul. 2020, p. 5 y 6. Aliás, neste sentido, a pesquisa realizada pelo CIPER revela o abismo que existe quanto ao tratamento recebido no sucateado sistema público de saúde em comparação com as clínicas do sistema privado. Sepúlveda N. y Miranda B. (21 de junio de 2020). "Coronavirus: Tasa de mortalidad de los hospitales públicos metropolitanos duplica la de las clínicas": CIPER. Disponível em: <https://ciperchile.cl/2020/06/21/coronavirus-tasa-de-mortalidad-de-los-hospitales-publicos-metropolitanos-duplica-la-de-las-clinicas/>.

n. 1283/006 que, extrapolando sua competência, pronuncia-se para imputar a suspensão do contrato de trabalho para as empresas que, não atuando em atividade considerada essencial, estivessem impedidas de funcionar. Apesar do caráter ilegal do referido texto, ele é utilizado como base para a proposta que o governo cinicamente(19) denominou de *Ley de Protección al Empleo.* Utilizando o acesso ao seguro-desemprego como moeda de troca para pressionar o *Congreso Nacional*, o Executivo consegue a aprovação do projeto, publicado em 6 de abril de 2020, como *Ley* n. 21.227.

Cabe destacar que tal qual o sistema previdenciário, o seguro-desemprego chileno também está desenhado segundo a odiosa lógica do Estado-subsidiário. Ou seja, baseia-se sob a estrutura sinalagmática das contribuições individuais, sendo que, apenas subsidiariamente, permite-se o acesso ao *Fondo del Seguro de Cesantía.* Vale dizer: diante do desemprego — e, nesse caso específico, da suspensão do contrato de trabalho —, as chilenas são remuneradas com os valores que elas mesmos arrecadaram em sua vida laborativa.

Este caráter sinalagmático do instituto provoca importante consequência social: só consegue acessá-lo quem estiver formalmente vinculada ao mercado de trabalho — em verdade, dependendo do número de contribuições, é possível que, mesmo estando em uma relação empregatícia formal, a trabalhadora seja legalmente impedida de acessá-lo. Com isso, aproximadamente de 1,2 milhões de chilenas cujas relações de emprego não são reconhecidas, sendo juridicamente identificadas pelo instituto civilista da "*prestación de sevicios profesionales*", são excluídas da proteção laboral, impossibilitadas, assim, de acessar o seguro-desemprego.

A desestruturação do mercado de trabalho chileno é de tal magnitude que o trabalho informal é dividido em duas categorias. De um lado, estão as trabalhadoras "*independientes a honorários*", que são as citadas 1,2 milhões, que, vinculadas à figura civilista da "*prestación de sevicios profesionales*", devem declarar seus ganhos (ação popularmente denominada de "*boletear*", ou seja, emitir "*boletas*") ao *Servicio de Impuestos Internos*, o que permitiria, em circunstâncias muito específicas, acessar determinadas prestações previdenciárias. De outro lado, há uma quantidade crescente de trabalhadoras submetidas a vínculos ainda mais precários; são as chamadas "*independientes informales*", pessoas que, diante da Constituição de 1980, padecem à margem dos Direitos Fundamentais Sociais mínimos.

A confecção da *Ley de Protección al Empleo* foi realizada da forma como é usual a governos que se reivindicam tecnocratas: sem diálogo com a sociedade. Aliás, a falta

(19) O cinismo também foi a arma utilizada pelo governo brasileiro para encampar aquilo que denominou de Reforma da Previdência, como explicitamos em: YAMAMOTO, Paulo de Carvalho. Qual Liberdade? O cinismo como figura retórica da Reforma Trabalhista: o caso da contribuição sindical. In: SOUTO MAIOR, Jorge Luiz; SEVERO, Valdete Souto. (Orgs.). *Resistência:* aportes teóricos contra o retrocesso trabalhista. 1. ed. São Paulo: Expressão Popular, 2017. v. 1, p. 425-434.

de diálogo social é característica do autoritário sistema chileno de relações trabalhistas, remontando ao *Plan Laboral* de 1979, bem como à Constituição vigente[(20)]. Seguindo a tradição reacionária em matéria jus-laboral, a citada *Ley* n. 21.227 prescinde da negociação coletiva para a aplicação de dois abomináveis instrumentos nela previstos: a suspensão do contrato de trabalho e a redução da jornada com redução salarial.

A "proteção ao emprego" proporcionada pelo diploma se pretende universal, não fazendo distinção entre setores reconhecidos ou não como atividade essencial, ou ainda entre pequenas, médias e grandes empresas. Não havendo qualquer requisito objetivo para sua aplicação, bastaria a declaração de que a atividade fora afetada total ou parcialmente pela pandemia para que a empresa pudesse acessar o beneplácito governamental que lhe permite livremente "negociar" com a trabalhadora individual — desconsiderando décadas de teoria jurídica sobre igualdade e hipossuficiência — para suspender o contrato de trabalho ou reduzir em até 50% a jornada com a respectiva redução salarial.

É digno de nota o fato de que no projeto enviado pelo governo, a empresa poderia beneficiar-se da suspensão do contrato e da redução salarial de suas empregadas, ainda que, mesmo diante de seu autodeclarado abalo diante da emergência sanitária global, auferisse lucros e repartisse dividendos entre os acionistas no período de pandemia. Tal dispositivo que, apesar de férrea defesa dos governistas fora rejeitado pelo Legislativo[(21)], é revelador da resposta neoliberal à crise: empresas acima de tudo, lucro acima de todas.

Até junho de 2020 a pandemia já tinha destruído 2 milhões de empregos formais no país[(22)]. A situação social tende a se agravar já que há milhares de casos em

(20) Centro de Derechos Humanos UDP: "El modelo de trabajo en Chile y los derechos de los trabajadores" en Informe Anual sobre Derechos Humanos en Chile 2010, Universidad Diego Portales, 2010, p. 4.040. A situação, no entanto, poderia ser distinta, como apontam Varas Marchant y Caamaño Rojas. Segundo os estudiosos: "con un sistema robusto de relaciones colectivas, los actores que habrían intervenido directamente para concordar los acuerdos necesarios para enfrentar la crisis sanitaria y económica habrían sido los sindicatos y los empresarios, a través de negociaciones tanto sectoriales como a nivel de empresa. Sin embargo, esto es visto como un peligro por nuestro sistema económico neoliberal, puesto que reconoce y posiciona a los trabajadores organizados colectivamente como actores sociales y como referentes necesarios en este tipo de discusiones a nivel de país" "Medidas laborales ante la pandemia: cómo desvestir un santo para vestir otro". *El Mostrador*, abr. 2020. Disponível em: <https://www.elmostrador.cl/destacado/2020/04/01/medidas-laborales-ante-la-pandemia-como-desvestir-un-santo-para-vestir-otro/>.

(21) Art. 30. Las empresas organizadas como sociedades anónimas de conformidad a la ley N. 18.046, que se acojan a la presente ley, o que sean parte de un grupo empresarial, conforme al artículo 96 de la ley N. 18.045, en que alguna de las entidades de dicho grupo se acogió a la presente ley, no podrán repartir dividendos a sus accionistas según los artículos 78 y 79 de la ley n. 18.046, durante el ejercicio comercial en que la empresa o una de las entidades del grupo empresarial tengan contratos de trabajo suspendidos ante la Sociedad Administradora del Fondo de Cesantía.

(22) Bravo D. y Castillo E.: "*Estudio Longitudinal. Empleo Covid-19:* Datos de empleo en tiempo real", Centro de Encuestas y Estudios Longitudinales UC, jun. 2020.

que as empresas suspenderam os contratos de trabalho, deixando que as trabalhadoras sobrevivessem com as verbas de suas contas individuais do seguro desemprego; porém, uma vez que, no decorrer dos últimos meses, diversas vagas foram extintas, ao final da pandemia, tais trabalhadoras muito provavelmente serão demitidas, ficando, assim, sem qualquer proteção social, já que suas contas individuais de *cesantía* foram previamente esvaziadas. A solução, para uma grande parcela da população será ampliar ainda mais o endividamento familiar, fortalecendo, ainda mais, a dependência chilena ao capital financeiro.

Um último dado que usamos para explicitar a preferência que o governo nutre em salvar as empresas, sacrificando as pessoas está no fato de que as grandes empresas — multinacionais como *Starbucks*, *H&M*, *Fast Food Chile* (*Burger King*), *Serper Ltda.* (*Dunkin Donuts*), dentre outras — são as que mais se valeram da *Ley de Protección al Empleo* (30,4%) para suspender contratos de trabalhos(23).

Do ponto de vista da seguridade social, a equação que combina Estado-subsidiário, desregulamentação do mercado de trabalho e ampliação do trabalho informal oferece um quadro que — assim como no Brasil, ainda que com algumas variáveis distintas — anuncia uma enorme tragédia social.

No caso brasileiro, o auxílio emergencial proposto pelo governo foi de R$ 200,00 para cada família, valor que foi ampliado para R$ 600,00(24). Já no Chile, diante de um mercado de trabalho extremamente desregulamentado, foi necessário criar um sistema mais complexo de benefícios de caráter emergencial, porém, o valor máximo que uma chilena fora do mercado formal de trabalho (as chamadas "*independientes informales*" que "*no boletean*") poderia alcançar nestes tempos desesperadores seria de três parcelas CLP$ 100.000,00, algo em torno de R$ 70,00 a mais por mês que o correlato benefício brasileiro. É possível concluir que a resposta neoliberal para a crise chegou para as chilenas de forma tardia e sobretudo, insuficiente.

6. Notas a título de conclusão: *solo el pueblo ayuda el pueblo*

No auge das manifestações de 2019, a *Plaza Baquedano*, popularmente conhecida como *Plaza Italia*, foi tomada por milhões de chilenas decididas a mudar os rumos do país. Situada no *sector nororiente* de Santiago, a *Plaza Italia* é também o endereço da *Torre Telefónica*, um arranha-céu de 143 metros de altura, que se destaca na paisagem da capital. Ali, nas noites do final de outubro de 2019 era possível ler

(23) Superintendencia de Pensiones: "Ficha estadística semanal Ley de Protección al Empleo y Ley del Seguro de Cesantía", n. 10, jul. 2020, p. 5.

(24) O art. 2º, § 1º, da Lei n. 13.982/2020 prevê expressamente que "O recebimento do auxílio emergencial está limitado a 2 membros da mesma família". Não obstante, os demais requisitos impostos pela lei, dificultam enormemente que mais de uma pessoa da mesma família acesse o benefício.

de longe a palavra de ordem que as manifestantes projetavam na lateral do prédio: "*DIGNIDAD!!*".

Com o advento da pandemia, o sofrimento da população foi incrementado pelas políticas neoliberais. Sentindo-se abandonadas à própria sorte, em maio de 2020, as chilenas se rebelaram contra o governo, a quarentena e os toques de recolher. Partindo das *comunas* mais pobres, como *El Bosque* e *La Pintana*, as manifestações novamente chegaram à *Plaza Italia* e dessa vez projetando outra palavra que traduzisse melhor as causas da revolta: "*HAMBRE*".

A manifestação popular serviu de combustível para o apoio de um projeto de lei apresentado por congressistas oposicionistas que, rompendo a lógica da ortodoxia econômica, prevê que cada trabalhadora possa sacar 10% da sua própria conta individual de capitalização constitutiva do sistema chileno de previdência, o qual é administrado por instituições financeiras privadas (*Administradoras de fondos de pensiones*, as *AFP*). A lei que contou com oposição de governistas, teve tramitação amplamente acompanhada pela população, resultando, finalmente, em sua publicação em 30 de julho de 2020[(25)].

Após destruir as conquistas do caminho pacífico chileno para o socialismo, Pinochet, como vimos, transformou o país inteiro em um enorme laboratório para que os EUA pudessem testar as ideias neoliberais que vinham de Chicago. Como resultado, em 1982 o Chile viveu uma das piores crises econômicas de sua história, contando com uma redução do PIB de 14,3% e um aumento da taxa de desemprego de 23,7% naquele ano.

Diante da miséria e da fome que assolavam milhares de lares chilenos, a solidariedade foi reacendida por meio das chamadas "*ollas comunes*", mutirões de vizinhas que, sobretudo nos bairros mais pobres, se ajudavam para que todas pudessem se alimentar pelo menos uma vez ao dia[(26)].

Vimos que, apesar do retorno da democracia, as estruturas autoritárias continuam governando o Chile atual. Diante da pior crise sanitária do século, o governo

(25) Interessante notar os argumentos utilizados pelo governo e pelos principais setores empresariais para se opor à liberação do saque dos 10% das contas da AFP. Do ponto de vista estritamente económico, tal medida de autofinanciamento não representa, por si, uma ação que vá na contramão da ortodoxia. Mesmo assim, a proposta enfrentou duros ataques do governo que, inclusive, ameaçou vetar a lei, caso fosse aprovada, o que só não ocorreu por causa de seu alto apoio popular, manifestado, inclusive, pela volta dos famosos "cacerolazos". Ao final do processo, ficou evidente que o sistema de previdência social privada chileno possui uma importância para os poderosos setores que comandam a economia do país que vai muito além da proteção de trabalhadoras, sendo, na verdade, elemento central para a reprodução do capital financeiro no país.

(26) Sobre as raízes históricas das "ollas comunes", há interessante artigo. Disponível em: <http://oge.cl/las--raices-historicas-de-las-ollas-comunes/>.

manifestamente optou por se preocupar mais com a saúde financeira das empresas do que com a saúde de suas cidadãs[(27)]. A situação, de fato, é dramática. Apesar de ser tido como "modelo exitoso", hoje, mais de 2 milhões de pessoas se sentem ameaçadas pela fome no Chile[(28)].

Sentindo-se abandonadas à própria sorte, as chilenas retomaram aquilo que, por mais que a ideologia neoliberal tenha tentado apagar, ainda persiste em seus corações teimosos: a solidariedade. Assim, em meio à pandemia, as "*ollas comunes*" ressurgem sob o poderoso lema "*solo el pueblo ayuda el pueblo*"[(29)]. Com isso, tem-se, de um lado, o poder institucionalizado exercido por homens que, prezando por seus princípios neoliberais, atuam, a partir de seus gabinetes climatizados, para ampliar lucros e sacrificar vidas; de outro lado, a solidariedade real exercida por mulheres nas comunas mais pobres do país que, apesar de todos os obstáculos, teimam em manter viva a dignidade chilena.

Por fim, a título de conclusão, registramos uma experiência pessoal que julgamos interessante. Era meados de outubro de 2019 e, em companhia de sua companheira, um dos autores partiu para o norte do Chile, para conhecer o Deserto do Atacama. Em meio a um passeio, conversamos um pouco sobre como aquele jovem habitante sazonal da região que havíamos contratado para nos guiar, via a situação política, econômica e social do país. Diante de enormes cactos que insistem em sobreviver no deserto não polar mais árido do planeta, nos confidenciou que não simpatizava por qualquer político, porém, reconhecia a eficiência econômica neoliberal. Disse-nos que achava que o governo federal era fascista, mas que, no final das contas, "as coisas funcionam aqui", sendo que a situação geral do país era muito melhor do que o que se ouvia falar dos países vizinhos.

Com o passar dos dias, a revolta social foi convulsionando todo o país e rapidamente tomou conta das ruas de cada cidade chilena, chegando, até mesmo, em *San Pedro de Atacama*, a pacata *comuna* de ares hippies que, sobrevivendo do turismo, anualmente, recebe milhares de turistas de todas as partes do mundo. Em uma das últimas noites que tínhamos de viagem, menos de dez dias depois de termos conversado

---

(27) Segundo a pesquisa "Barómetro Laboral" publicada em junho deste ano, 78% das entrevistadas afirmavam precisar de ajuda para sair da crise e que no contexto atual mais de 52% tinha dificuldades para "llegar a fin de mes". Sobre as leis promulgadas na pandemia, 72% afirmou que os subsídios proporcionados eram insuficientes. Específicamente a Ley de Protección al Empleo, 70% declarou que tal diploma ajudou pouco ou nada. Resultado que se confirma quando questionadas sobre o esforço das empresas para manter os postos de trabalho: 46% das entrevistadas os classificou de mínimo ou nenhum e 27% de pequenos. Finalmente, sobre a atitude que o governo deveria ter tomado durante a pandemia 89% afirma que o governo debería ter proibido as demissões no período.

(28) Disponível em: <https://repositorio.cepal.org/bitstream/handle/11362/45527/5/S2000325_es.pdf>.

(29) Disponível em: <https://radio.uchile.cl/2020/05/18/otra-vez-las-mujeres-las-ollas-comunes-contra-la--desesperacion-en-tiempos-de-crisis/.

com nosso guia, o vimos na linha de frente de uma grande (em termos relativos, já que a cidade possui aproximadamente 11.000 habitantes) manifestação, na rua principal, gritando palavras de ordem contra o governo enquanto agitava efusivamente uma enorme bandeira *mapuche*.

A verdade é que por trás daquele discurso batido que ouvimos do nosso guia — discurso que, aliás, é repetido quotidianamente de norte à sul do país pelas empresas de comunicação nos últimos 47 anos — subsistia, ainda que de maneira um pouco anestesiada, a revolta e a sede por dignidade. Bastou uma fagulha(30) para que o castelo de cartas neoliberal desmoronasse e a chama da esperança voltasse a arder nas vozes que vinham da rua.

Para as trabalhadoras brasileiras, fica a lição: por mais desesperadoramente silencioso possa parecer o cenário de injustiças cotidianas em que se vive, basta apenas uma fagulha...

(30) Do russo, Iskra (Искра).

Crise Sanitária e Experiência Trabalhista Comparada: O Caso da Espanha

Nathália G. Navarra

1. Introdução

A crise atual não pode ser interpretada como apenas de saúde, haja vista sua forte natureza econômica. Considerando os aspectos de fragilidade do capitalismo globalizado e liberalizado, das "cadeias de valor" e da austeridade, a crise gerada pela pandemia não se assemelha a nenhuma outra já vivenciada na história do capitalismo.(1) Presencia-se, conjuntamente, a implementação de um processo de reestruturação do capital em escala global, acentuado a partir dos anos 1970, com o redesenhar das diversas modalidades de trabalho, precarizadas a fim de recuperar econômica, política e ideologicamente a dominação burguesa.(2)

Nesse contexto, a OIT ressalta o impacto devastador da crise econômica e de saúde sobre aqueles que operam na economia informal, exacerbando as principais vulnerabilidades desses trabalhadores, devido à exposição e às condições sanitárias precárias. Outrossim, a expansão da economia informal após o colapso financeiro e o fechamento permanente de micro, pequenas e médias empresas formais irão gerar um surgimento sem precedentes de desemprego, subempregos e informalidade.(3) Despontam, portanto, considerações sobre as medidas tomadas em relação à proteção dos setores informais, para além das medidas acerca das possibilidades de readequação e proteção do trabalho formal e dos setores essenciais.

---

(1) CORDONNIER, Laurent. "O dilema de sempre: Quem vai pagar?". *Le Monde Diplomatique Brasil*, ed. 154, maio 2020. Disponível em: <https://diplomatique.org.br/quem-vai-pagar-2/>. Acesso em: 08 maio 2020.

(2) ANTUNES, Ricardo. "Século XXI: nova era da precarização estrutural do trabalho?" In: ANTUNES, Ricardo; BRAGA, Ruy (Orgs.). *Infoproletários:* degradação real do trabalho virtual. São Paulo: Boitempo, 2009.

(3) INTERNATIONAL LABOR ORGANIZATION. *Covid-19 crisis and the informal economy:* Immediate responses and policy challenges. Disponível em: <https://bit.ly/2WIPD6Y>. Acesso em: 08 maio 2020.

Nesse âmbito, a crise global desencadeada a partir da pandemia deve ser compreendida em suas múltiplas facetas, cujas consequências para os trabalhadores serão especialmente brutais. Propõe-se, neste artigo, uma análise comparada entre as experiências de dois países fortemente afetados: Espanha e Brasil. A partir da utilização do método analítico[(4)], pretende-se aplicar a comparação entre normas e institutos dos dois diferentes sistemas jurídicos (microcomparação) no período compreendido entre o primeiro caso da doença e o início de maio, visando a um entendimento das estratégias protetivas adotadas em relação ao trabalho, suas consequências, benesses, falhas e desafios.

2. Panorama geral

Na Espanha, o primeiro caso da doença foi diagnosticado em 31 de janeiro de 2020 na Ilha da Gomeira, nas Canárias, sendo o de um turista alemão. O segundo caso foi confirmado em 10 de fevereiro na Ilha de Palma de Mallorca. Os dois pacientes obtiveram alta. Em 24 de fevereiro, o vírus chegou à península. Contudo, a partir de 8 de março houve um descontrole na proliferação da doença, com o surgimento de um grande número de casos em Madrid.[(5)]

Os maiores problemas enfrentados pela Espanha no início da crise foram a saturação dos hospitais e de suas Unidades de Cuidados Intensivos (UCI) e a falta de respiradores e de equipamentos de proteção para os profissionais de saúde, devido principalmente à dificuldade de importação em um período de imensa demanda. O resultado foi o contágio de muitos desses profissionais.[(6)] Nesse âmbito, o governo passou a incentivar a produção de materiais de proteção e de equipamentos sanitários em território nacional.[(7)] Com o propósito de aliviar a pressão nos hospitais, foram criados hospitais de campanha em diferentes cidades espanholas e vários hotéis se ofereceram para a instalação de pacientes em observação. Com relação aos testes para detecção do Covid-19, o tipo utilizado com maior frequência é o fabricado por empresas espanholas e baseia-se na técnica molecular PCR, sendo o mais confiável. Também é possível realizar um teste rápido fabricado por chineses e coreanos.[(8)]

(4) Definido por Heinen como método que "considera e compara conceitos e definições comuns, presentes nos vários sistemas de direito, a fim de produzir, por consequência, soluções compartilhadas". HEINEN, Juliano. "Método de direito comparado: desenvolvimento e perspectivas contemporâneas". *Revista do PPG em Direito da UFBA*, v. 29, n. 2, 2019. Disponível em: <https://bit.ly/2WpwckH>. Acesso em: 08 maio 2020.

(5) ZAAR, Miriam; ÁVILA, Manuel-Blas. "El Covid-19 en España y sus primeras consecuencias". *Espaço e Economia*, ano IX, n. 17, p. 2, 2020. Disponível em: <https://bit.ly/3fKlD3y>. Acesso em: 09 maio 2020.

(6) *Ibidem*, p. 9.

(7) CORDOBA BN. "Apuestas de la crisis del Covid: fabricación de material de protección en España y prioridad del turismo nacional". 17 abr. 2020. Diponível em: <https://bit.ly/36ayh7l>. Acesso em: 11 maio 2020.

(8) ZAAR, Miriam; ÁVILA, Manuel-Blas, *op cit.*, p. 10.

Devido ao inesperado aumento dos casos de contágio em Madrid e no País Basco, o Conselho Interterritorial aprovou, em 9 de março, a mudança do cenário de "contenção" para o de "contenção reforçada", o que implicou a implementação de diversas medidas adicionais. As primeiras medidas foram incrementadas nas áreas consideradas de "alta transmissão", com a suspenção das atividades docentes presenciais em todos os níveis educacionais. Para o conjunto do território espanhol, recomendou-se evitar os espaços sobrelotados. Também foi solicitado que os idosos com doenças crônicas limitassem a saída de suas residências.[9]

Em 13 de março, dois dias após a declaração de pandemia pela OMS, quando a Espanha registrou 4.209 casos positivos e 118 falecimentos, o Conselho de Ministros decretou o "estado de alarme" para todo o território nacional, previsto no art. 116 da Constituição do país, com duração de duas semanas. No âmbito da União Europeia, foi declarado, em 17 de março, o fechamento das fronteiras exteriores aéreas e terrestres durante 30 dias. Ao final de março (dia 27), o governo espanhol decretou a primeira prorrogação do "estado de alarme", com mais 15 dias de confinamento domiciliar, até 11 de abril de 2020.[10]

O Decreto Real 7/2020, de 12 de março, aprovou um plano de medidas excepcionais, permitindo ao governo mobilizar até 18.000 milhões de euros durante 2020 em conjunto às medidas em matéria sanitária e de cobertura laboral, com o reforço de 1.000 milhões de euros ao Ministério da Saúde através do fundo de contingência, além de medidas de adiantamento às Comunidades Autônomas e de regulação dos preços de produtos de proteção à saúde.[11] Em 31 de março, houve restrição das atividades econômicas permitidas e os trabalhadores dessas atividades passaram a precisar de um comprovante para poderem se locomover ao local de trabalho, cuja ausência podia acarretar multas entre 600 e 30.000 euros.[12]

Mais duas prorrogações ao Decreto Real 463/2020 foram realizadas nos dias 10 e 24 de abril. Em 28 de abril, o governo aprovou um "Plano para a Transição a uma Nova Normalidade" com a previsão de quatro fases. No dia 8 de maio, foi aprovada a quarta prorrogação do "estado de alarme", estendendo-o até 24 de maio.[13]

---

(9) *Ibidem*, p. 6.

(10) *Ibidem*, p. 7.

(11) MINISTERIO DE ASUNTOS ECONÓMICOS Y TRANSFORMACIÓN DIGITAL. *Medidas económicas adoptadas por el gobierno de España frente a la pandemia del Covid-19*. 19 mar. 2020. Disponível em: <https://bit.ly/3g-1GL5y>. Acesso em: 12 maio 2020.

(12) ZAAR, Miriam; ÁVILA, Manuel-Blas. "El Covid-19 en España y sus primeras consecuencias". *Espaço e Economia*, ano IX, n. 17, p. 7, 2020. Disponível em: <https://bit.ly/3fKID3y>. Acesso em: 09 maio 2020.

(13) LA MONCLOA. "Prórroga del Estado de alarma". Madrid, 8 maio 2020. Disponível em: <https://bit.ly/2WOVlV3>. Acesso em: 11 maio 2020.

No Brasil, o primeiro caso confirmado foi registrado em 26 de fevereiro e, o segundo, em 29 de fevereiro, ambos em São Paulo. Já em 3 de fevereiro, a Portaria n. 188 declarou Emergência em Saúde Pública de Importância Nacional (ESPIN) em decorrência da infecção pelo 2019-nCoV. Em 6 de fevereiro, foi sancionada a Lei n. 13.979, dispondo sobre as medidas para enfretamento da emergência de saúde pública.[14]

O Superior Tribunal Federal decidiu ser prerrogativa dos governos estaduais e municipais a adoção das medidas de distanciamento social em 24 de março[15], data em que foi decretada quarentena oficinal na cidade de São Paulo, com o fechamento de todo o comércio, exceto dos serviços considerados essenciais. Na maioria das unidades da federação, as aulas foram suspensas nas redes pública e privada, eventos foram cancelados, houve mudanças no transporte público e nas regras de abertura de comércios, bares e restaurantes.[16]

Em 27 de março, foi anunciada, com a MP n. 944 e uma Resolução CMN, uma linha de financiamento a juros reduzidos para pequenas e médias empresas no valor de R$ 40 bilhões, com o objetivo de custear a folha de pagamento e garantir empregos. Pela iniciativa, o governo irá arcar com os salários de funcionários no valor de até dois salários mínimos, cuja demissão fica proibida. Em 29 de março, o BNDES detalhou, por tal medida, que R$ 2 bilhões seriam destinados à entrega de 3 mil novos leitos emergenciais de UTI, 15 mil respiradores, 5 mil monitores e 80 milhões de máscaras cirúrgicas por meio de créditos a empresas de saúde.[17]

Um levantamento realizado pelo *"O Estado de S. Paulo"* identificou 108 iniciativas de hospitais de campanha em 19 Estados e no DF, que somam cerca de 13,9 mil leitos de enfermaria e UTI disponíveis, em implementação ou em planejamento.[18] Já com relação à detecção da doença, o Brasil é um dos países que menos realiza testes para Covid-19, conforme comparação internacional realizada pelo portal BBC News Brasil a partir da comparação de dados oficiais compilados pela Universidade de Oxford, no Reino Unido.[19]

---

(14) FIOCRUZ. "A Gestão de Riscos e Governança na Pandemia por Covid-19 no Brasil: Análise dos Decretos Estaduais no Primeiro Mês", p. 19. Disponível em: <https://bit.ly/3g3FH0l>. Acesso em: 14 maio 2020.

(15) *Ibidem*, p. 24.

(16) SANIELE, Bruna *et al.* "Veja as medidas que cada estado está adotando para combater a Covid-19". *Agência Brasil*, Brasília, 28 abr. 2020. Disponível em: <https://bit.ly/3fPnnIN>. Acesso em: 14 maio 2020.

(17) MINISTÉRIO DA ECONOMIA. "Confira as medidas tomadas pelo Ministério da Economia em função da Covid-19". 31 mar. 2020. Disponível em: <https://bit.ly/2ZiUqPN>. Acesso em: 14 maio 2020.

(18) ESTADO DE MINAS. "Coronavírus: Governos preveem 108 hospitais de campanha no Brasil". 24 abr. 2020. Disponível em: <https://bit.ly/2WXSMA9>. Acesso em: 15 maio 2020.

(19) BARRUCHO, Luis. "Brasil é um dos países que menos realiza testes para Covid-19, abaixo de Cuba e Chile." *BBC News Brasil*, 24 abr. 2020. Disponível em: <https://bbc.in/2LyJOUJ>. Acesso em: 15 maio 2020.

Em um confronto absurdo entre proteger as pessoas ou a economia, com troca de ministros e intervenção politiqueira permanente, as medidas de contenção do vírus e de proteção vêm sendo implementadas entre "encaminhamentos e recomendações contraditórios, segundo setores do governo e inclusive segundo posições políticas".(20) Tais conflitos políticos durante a pandemia, que incluem discursos e ações incongruentes, por parte do presidente, com relação às recomendações da OMS e do próprio Ministério da Saúde, são responsáveis por produzir grande instabilidade política, social e econômica.(21)

3. Medidas econômicas promulgadas em relação ao trabalho formal

Na Espanha, a partir do momento em que foi decretado o estado de "contenção reforçada", os problemas gerados às famílias pela suspensão das aulas tornaram necessário que empregados e empresas passassem a negociar. Segundo o *"El País"*, há alternativas legalmente previstas, além da possibilidade da realização de um acordo coletivo para a concessão de direitos adicionais. As alternativas mencionadas referem-se: a) ao teletrabalho, previsto no art. 34.8 do Estatuto dos Trabalhadores, que deve ser mutuamente acordado (caso negado, é possível invocar o direito à adaptação da jornada por motivo extraordinário, cuja negativa pela empresa deverá ser justificada); b) à adaptação de horário contemplada no mesmo artigo, também necessariamente negociada; c) à redução da jornada, que implica, todavia, uma redução salarial proporcional e d) à licença remunerada, possibilidade ainda não garantida legalmente, contudo possível se os cuidados aos filhos forem considerados "dever inexcusável" a depender do entendimento do tribunal. Ressalta-se, por fim, que não há a possibilidade de férias forçadas, vez que essas devem ser sempre negociadas, conforme art. 38.2 do Estatuto mencionado.(22)

Em 10 de março, o Decreto Real 6/2020 estabeleceu que as pessoas forçadas a permanecerem em seu domicílio por razões sanitárias seriam consideradas incapacitadas temporariamente por acidente de trabalho e assim associadas à baixa laboral.(23) Com a declaração do "estado de alarme", o governo espanhol promulgou dois pacotes econômicos iniciais para a proteção de famílias, empresas e trabalhadores, mobilizando

---

(20) DOWBOR, Ladislau. "Aos trancos e barrancos, o Brasil diante da crise". *Le Monde Diplomatique Brasil*, ed. 154, maio 2020. Disponível em: <https://bit.ly/3cBcGYl>. Acesso em: 15 maio 2020.

(21) FIOCRUZ. FIOCRUZ. "A Gestão de Riscos e Governança na Pandemia por Covid-19 no Brasil: Análise dos Decretos Estaduais no Primeiro Mês", p. 57. Disponível em: <https://bit.ly/3g3FH0I>. Acesso em: 14 maio 2020.

(22) CORTÉS, Irene; ESTEBAN, Patricia. "Clases suspendidas por el coronavirus: ¿a qué tienen derecho los trabajadores que deben cuidar de sus hijos?" *El País*, 10 mar. 2020. Disponível em: <https://bit.ly/3fIlLAE>. Acesso em: 12 maio 2020.

(23) MINISTERIO DE ASUNTOS ECONÓMICOS Y TRANSFORMACIÓN DIGITAL, *loc. cit.*

até 200.000 milhões de euros em crédito.[24] Nesse âmbito, o Decreto Real 7/2020 aprovou medidas de apoio aos setores de turismo, hotelaria e comércio vinculado à atividade turística[25] e o Decreto Real 8/2020 apontou a preferência pelo trabalho a distância e pela jornada flexível, facilitando a implementação dos ERTE (Processos de Regulação Temporária de Emprego) — suspensões contratuais ou reduções de horas de trabalho com a possibilidade de acesso de benefícios pelo desempregado, que não serão descontados futuramente.[26]

Em 27 de março, por meio da expedição do Decreto Real 9/2020, foram adotadas medidas extraordinárias para a proteção do emprego, definindo que a força maior e as causas econômicas, técnicas, organizativas e de produção em que se amparam as medidas de suspensão de contratos e de redução da jornada do Decreto Real não poderão ser estendidas como justificativas da extinção do contrato de trabalho nem de despedida.[27] Ademais, por meio do Decreto Real 10/2020, a demissão objetiva devido à crise foi proibida, com a compensação pela demissão variando de 20 a 33 dias por ano trabalhado.[28]

O Decreto Real 11/2020, expedido em 31 de março, criou o benefício inicial único de 430 euros em relação aos trabalhadores temporários cujos contratos tenham sido extintos durante o estado de alarme e que não tenham contribuído o suficiente para receberem o seguro desemprego. Esse decreto estabeleceu ainda que os negócios estão proibidos de rescindir seus contratos temporários devido à pandemia.[29]

No Brasil, em 22 de março, por meio da Medida Provisória n. 927, alternativas trabalhistas foram promulgadas para enfrentamento do estado de calamidade pública e da emergência de saúde pública de importância internacional. Assim, podem ser adotadas pelos empregadores, dentre outras, as seguintes medidas: o teletrabalho; a antecipação de férias individuais; a concessão de férias coletivas; o aproveitamento e a antecipação de feriados; o banco de horas; a suspensão de exigências administrativas em segurança e saúde no trabalho; o direcionamento do trabalhador para qualificação; e o diferimento do recolhimento do FGTS.[30]

---

(24) INTERNATIONAL LABOR ORGANIZATION. "Covid-19 and the world of work: Country policy response". Disponível em: <https://bit.ly/2WIPD6Y>. Acesso em: 11 maio 2020.

(25) ESPAÑA. "Real Decreto-ley 7/2020", de 12 de marzo de 2020. *Jefatura del Estado, BOE, n. 65, Sec. I*, p. 24.996, 13 mar. 2020.

(26) ESPAÑA. "Real Decreto-ley 8/2020", de 17 marzo de 2020. *Jefatura del Estado, BOE, n. 73, Sec. I*, p. 25.853, 18 mar. 2020.

(27) ESPAÑA. "Real Decreto-ley 9/2020", de 27 de marzo de 2020. *Jefatura del Estado, BOE, n. 86, Sec. I*, p. 27.548, 28 mar. 2020.

(28) INTERNATIONAL LABOR ORGANIZATION, *loc. cit.*

(29) *Idem.*

(30) BRASIL. *Medida Provisória. n. 927, de 22 de março de 2020.* Diário Oficial da União, Poder Executivo, Brasília, DF, 22 mar. 2020, Seção: 1 – Extra, p. 1.

É importante ressaltar que a migração do trabalho presencial para o teletrabalho passa a poder ser realizada de maneira unilateral pelo empregador. Também se torna possível a antecipação de férias, inclusive as relativas a período aquisitivo não completado, com aviso prévio reduzido para 48 horas. Outrossim, foram suavizadas as regras para a concessão de férias coletivas, não havendo mais um limite máximo de períodos anuais em que podem ser parceladas, nem limite mínimo de dias corridos, e deixando de ser necessária sua comunicação ao sindicato profissional e ao Ministério da Economia. Além disso, mediante anuência, está autorizada a antecipação de feriados. O banco de horas, por sua vez, poderá ocorrer por meio de acordo individual, com prazo de 18 meses para compensação e desde que respeite o limite de duas horas suplementares por dia que não excedam 10 horas totais diárias.(31) Por fim, ressalta-se que será concedido abono anual adiantado àqueles que receberam, neste ano, auxílio-doença, auxílio-acidente, aposentadoria, pensão por morte ou auxílio-reclusão.(32)

Em 29 de março, o STF suspendeu dois artigos da Medida Provisória n. 927/2020 (ns. 29 e 31), determinando flexibilizações da lei trabalhista durante a pandemia: ao comprovar acidente de trabalho, o trabalhador tem direito a 15 dias de afastamento pagos pela empresa e a auxílio pago pelo INSS a partir do 16º dia. Após o período fora de serviço, o funcionário tem 12 meses de estabilidade no emprego e não pode ser dispensado sem justa causa.(33)

Nesse âmbito, é obrigação do empregador instruir os empregados acerca das precauções a fim de evitar doenças ocupacionais, assim como fazer cumprir as normas trabalhistas de segurança e medicina, com fulcro no art. 157, I e II, da CLT. Assim, orienta-se a disponibilização de álcool gel, a intensificação das medidas de higiene pelas empresas e o afastamento imediato do empregado com suspeita de contaminação.(34)

O empregador que não adotar medidas preventivas e de contenção do vírus poderá ensejar "a rescisão indireta do contrato de trabalho por justa causa, diante do perigo manifesto de mal considerável previsto no art. 483, "*c*", da CLT".(35) Complementarmente, a NR-1 prevê o direito de recusa do trabalhador que constatar situação de trabalho envolvendo risco grave e iminente para a sua vida. Para tal, observar-se-á o caso em concreto quanto ao risco de contágio e ao enquadramento do empregado na

(31) NASCIMENTO, Marcelo. "O que de fato mudou com a MP trabalhista do coronavírus? Advogado responde". *Exame*, 26 mar. 2020. Disponível em: <https://bit.ly/2T8db4d>. Acesso em: 15 maio 2020.

(32) Idem.

(33) GRANATO, Luísa. "Covid-19 pode ser acidente de trabalho? Advogado explica decisão do STF". *Exame*, 5 maio 2020. Disponível em: <https://bit.ly/2LuyGbc>. Acesso em: 15 de maio de 2020.

(34) MARTINS, Antônio; LEMONJE, Julise. "Covid-19 e os impactos nas relações de trabalho". *Carta Capital*, 19 mar. 2020. Disponível em: <https://bit.ly/3dOUN8s>. Acesso em: 14 maio 2020.

(35) Idem.

população de risco. Da mesma forma, o empregado que se recusar a atender medidas de higiene poderá incorrer em justa causa, podendo sofrer advertências, suspensão e até a rescisão do contrato, com base no art. 158 da CLT.(36)

Por meio da Medida Provisória n. 936, de 1º de abril, foi instituído o "Programa Emergencial de Manutenção do Emprego e da Renda", dispondo sobre medidas trabalhistas complementares. Criou-se, por meio dela, um benefício emergencial mensal no valor de R$ 600,00, pelo período de três meses, a ser pago quando houver redução proporcional de jornada de trabalho e de salário ou suspensão temporária do contrato de trabalho.(37)

4. Medidas promulgadas em relação ao trabalho autônomo e informal

Na Espanha, em relação ao trabalho autônomo, um benefício especial foi criado para os desempregados afetados pelo fechamento dos negócios e para aqueles cuja queda do faturamento tenha sido de ao menos 75% comparado à média mensal do semestre anterior, conforme os Decretos 8/2020 e 11/2020.(38) O Decreto Real 11/2020 concedeu ainda um benefício especial para trabalhadores domésticos registrados na Seguridade Social que tenham perdido seus empregos ou que tenham tido seus contratos suspendidos. O valor do subsídio foi estabelecido em 70% de sua contribuição base, limitando-se ao salário mínimo interprofissional e sendo compatível com outros salários. Tal decreto estabeleceu uma moratória de seis meses sobre as contribuições de seguridade social para os trabalhadores autônomos.(39)

Em 11 de maio, foi anunciado um "Acordo Social em Defesa do Emprego", prorrogando os ERTE até 30 de junho e introduzindo uma nova categoria de ERTE para as empresas que já têm permissão de reiniciar suas atividades, denominado de "força maior parcial". Tal medida garante, ademais, o compromisso da manutenção do emprego, por parte das empresas, em um prazo de seis meses desde a data de retomada a sua atividade.(40)

No Brasil, a Lei n. 13.982 promulgou a concessão, durante o período de três meses, de um auxílio emergencial no valor de R$ 600,00 mensais ao trabalhador que, confome art. 2º:

> I. seja maior de 18 (dezoito) anos de idade; II. não tenha emprego formal ativo; III. não seja titular de benefício previdenciário ou assistencial ou beneficiário do seguro-desemprego

---

(36) *Idem.*

(37) BRASIL. *Medida Provisória n. 936, de 1º de abril de 2020.* Diário Oficial da União, Poder Executivo, Brasília, DF, 1º abr. 2020, Seção: 1 - Extra, p.1.

(38) INTERNATIONAL LABOR ORGANIZATION, *loc. cit.*

(39) *Idem.*

(40) LA MONCLOA. "Gobierno y agentes sociales firman el Acuerdo Social que prorroga los ERTE hasta el 30 de junio". Madrid, 11 maio 2020. Disponível em: <https://bit.ly/3fOValx>. Acesso em: 11 maio 2020.

> ou de programa de transferência de renda federal, ressalvado, nos termos dos §§ 1º e 2º, o Bolsa Família; IV. cuja renda familiar mensal per capita seja de até 1/2 (meio) salário-mínimo ou a renda familiar mensal total seja de até 3 (três) salários mínimos; V. que, no ano de 2018, não tenha recebido rendimentos tributáveis acima de R$ 28.559,70 (vinte e oito mil, quinhentos e cinquenta e nove reais e setenta centavos); e VI. que exerça atividade na condição de: a) microempreendedor individual (MEI); b) contribuinte individual do Regime Geral de Previdência Social que contribua na forma do *caput* ou do inciso I do § 2º do art. 21 da Lei n. 8.212, de 24 de julho de 1991; ou c) trabalhador informal, seja empregado, autônomo ou desempregado, de qualquer natureza, inclusive o intermitente inativo, inscrito no Cadastro Único para Programas Sociais do Governo Federal (CadÚnico) até 20 de março de 2020, ou que, nos termos de autodeclaração, cumpra o requisito do inciso IV.(41)

Em relação aos setores culturais, na Espanha foi publicado o Decreto Real 17/2020, de 5 de maio, pelo qual foram aprovadas medidas de apoio ante o impacto econômico e social do Covid-19, facilitando o financiamento do setor cultural e apoiando seus trabalhadores.(42) No Brasil, foram publicadas duas Instruções Normativas (ns. 5 e 6), a primeira estabelecendo procedimentos extraordinários para captação, execução, prestação de contas e avaliação de resultados de projetos culturais financiados por meio do mecanismo de incentivo a projetos culturais do Programa Nacional de Apoio à Cultura (Pronac) e a segunda referente a parcelamentos de débitos nesse âmbito.(43)

5. Atuação sindical

Na Espanha, por ocasião do Dia Internacional de Saúde e Segurança no Trabalho, em 28 de abril, as organizações sindicais denunciaram o fato de que a epidemia do Covid-19 revela as deficiências da prevenção do risco ocupacional no país e criticaram a lei atual em relação à temática por tratar a prevenção como um negócio e não um direito.(44) A Federação de Saúde do CCOO (Confederação Sindical de Comissões Obreiras) denunciou, de maneira incisiva, as condições dos trabalhadores de saúde.(45) Especial relevância foi conferida à necessidade de distribuição de EPIs

---

(41) BRASIL. *Lei n. 13.982, de 02 de abril de 2020.* Diário Oficial da União, Poder Executivo, Brasília, DF, 02 de abril de 2020, Seção: 1 – Extra, p. 1.

(42) IBERLEY. "Medidas de apoyo al sector cultural para hacer frente al COVID-19". 06 maio 2020. Disponível em: <https://bit.ly/2xTILLI>. Acesso em: 12 maio 2020.

(43) BRASIL. *Instrução Normativa n. 5, de 20 de abril de 2020.* Diário Oficial da União, Ministério da Cidadania/Gabinete do Ministro, Brasília, DF, 22 abr. 2020, Seção 1, p.10, e BRASIL. *Instrução Normativa n. 6, de 29 de abril de 2020.* Diário Oficial da União, Ministério da Cidadania/Gabinete do Ministro, Brasília, DF, 30 abr. 2020, Seção: 1, p.17.

(44) INTERNATIONAL LABOR ORGANIZATION, *loc. cit.*

(45) CCOO. "La federación de Sanidad de CCOO destaca que el informe del Instituto de Salud Carlos III evidencia la inseguridad con la que trabaja el personal sanitário". 07 maio 2020. Disponível em: <https://bit.ly/2WteHQO>. Acesso em: 12 maio 2020.

e de testes de detecção.(46) Outro aspecto reivindicado pelos sindicatos espanhóis diz respeito ao cumprimento dos padrões de trabalho, inclusive quando em teletrabalho. Nesse ponto, enfatizaram os riscos físicos e psicológicos de tal modalidade.(47)

Uma importante conquista a ser celebrada consiste na recente prorrogação dos ERTE pela UGT (União Geral de Trabalhadores)(48). Outra vitória diz respeito ao benefício concedido a empregados domésticos. Contudo, o beneficio não chegará aos domésticos informais, sendo urgente a ratificação espanhola das Convenções ns. 189 e 190 da OIT.(49)

No Brasil, a Confederação Nacional dos Trabalhadores em Seguridade Social e a CUT lançaram a campanha "Trabalhadores protegidos salvam vidas" destinada a trabalhadores de serviços essenciais.(50) Ademais, o Departamento Intersindical de Estatística e Estudos Socioeconômicos (DIEESE) tem realizado levantamentos acerca dos instrumentos coletivos de negociações e aponta que diversas delas conquistaram garantias em condições superiores às estabelecidas na MP n. 936, como a manutenção do rendimento líquido mensal dos trabalhadores, pelo pagamento de ajuda compensatória mensal de natureza indenizatória; a preservação dos benefícios e o estabelecimento de mecanismos para assegurar a continuidade do processo de negociação coletiva.(51)

6. Conclusão

Décadas de políticas de austeridade reduziram significativamente o número de leitos disponíveis e, portanto, "a crise do coronavírus se deve tanto à periculosidade da doença quanto à deterioração organizada do sistema de saúde"(52), abatendo-se sobre sociedades afetadas em diferentes níveis pelos problemas ecológicos, políticos e financeiros.(53) Delineiam-se os limites estruturais dos sistemas de proteção social, caracterizados, na realidade brasileira, pela desregulamentação do mercado de planos

(46) CCOO. "UGT y CCOO demandan equipos y medidas de protección para los trabajadores y trabajadoras que mantengan su actividad". 29 mar. 2020. Disponível em: <https://bit.ly/35VYE0F>. Acesso em: 12 maio 2020.

(47) INTERNATIONAL LABOR ORGANIZATION, *loc. cit.*

(48) CCOO. "UGT ratifica el acuerdo para prorrogar los ERTE y mantener el empleo". 08 maio 2020. Disponível em: <https://bit.ly/3cy3vYM>. Acesso em: 12 maio 2020.

(49) Idem. "Las empleadas de hogar afectadas profesionalmente por el Covid-19 podrán pedir un subsidio extraordinário. 04 maio 2020. Disponível em: <https://bit.ly/3bv9oo2>. Acesso em: 12 maio 2020.

(50) INTERNATIONAL LABOR ORGANIZATION, *loc. cit.*

(51) DIEESE. "Acordos negociados pelas entidades sindicais para enfrentar a pandemia do coronavírus — Covid-19". Disponível em: <https://bit.ly/2yG4vnT>. Acesso em: 15 maio 2020.

(52) LAMBERT, Renaud; RIMBERT, Pierre. "Até o próximo fim do mundo..." *Le Monde Diplomatique Brasil*, ed. 153, mar. 2020. Disponível em: <https://bit.ly/2AGnma1>. Acesso em: 14 maio 2020.

(53) *Idem.*

de saúde, reorientação a uma ética conservadora e restrição dos gastos públicos em saúde.[54]

Nesse diapasão, a análise presente no artigo revela medidas de precarização das relações formais de trabalho, flexibilizadas na busca da manutenção de certa normalidade a fim de impedir uma completa catástrofe e a perda de empregos em massa. O já precarizado trabalho informal apresenta-se como setor de grande risco aos trabalhadores, que devem enfrentar a pandemia com pequenos subsídios governamentais e arriscar-se para sobreviver. Somam-se aos desafios apresentados, a pressão contra as medidas do isolamento pela oposição espanhola, especialmente dos partidos de direita PP e Vox[55], e no Brasil, a incongruência, a instabilidade e a incapacidade governamentais em se basear nas evidências científicas e na experiência de outros países para o enfrentamento dos riscos e dos impactos da Covid-19.[56]

Os desafios são muitos e uma leitura ampla da crise atual não se restringe, portanto, aos efeitos do novo vírus sobre as estruturas presentes, mas, sem dúvidas, estende-se ao repensar dessas últimas, desde à precarização dos sistemas de proteção social, às condições e flexibilizações trabalhistas e à instabilidade política do atual estágio do capitalismo globalizado.

Referências bibliográficas

ANTUNES, Ricardo. "Século XXI: nova era da precarização estrutural do trabalho?" In: ANTUNES, Ricardo; BRAGA, Ruy (Orgs.). *Infoproletários:* degradação real do trabalho virtual. São Paulo: Boitempo, 2009.

BARRUCHO, Luis. "Brasil é um dos países que menos realiza testes para Covid-19, abaixo de Cuba e Chile". *BBC News Brasil*, 24 abr. 2020. Disponível em: <https://bbc.in/2LyJOUJ>. Acesso em: 15 maio 2020.

BRASIL. *Instrução Normativa n. 5, de 20 de abril de 2020.* Diário Oficial da União, Ministério da Cidadania/Gabinete do Ministro, Brasília, DF, 22 abr. 2020, Seção 1, p.10.

______. *Instrução Normativa n. 6, de 29 de abril de 2020.* Diário Oficial da União, Ministério da Cidadania/Gabinete do Ministro, Brasília, DF, 30 abr. 2020, Seção: 1, p.17.

______. *Lei n. 13.982, de 02 de abril de 2020.* Diário Oficial da União, Poder Executivo, Brasília, DF, 02 abril 2020, Seção: 1 – Extra, p. 1.

______. *Medida Provisória. n. 927, de 22 de março de 2020.* Diário Oficial da União, Poder Executivo, Brasília, DF, 22 mar. 2020, Seção: 1 – Extra, p. 1.

(54) MATTOS, Leonardo. "Uma alternativa para a saúde: Instabilidade global, universalidade radical". *Le Monde Diplomatique Brasil*, ed. 148, out. 2020. Disponível em: <https://bit.ly/2LFk7Ij>. Acesso em: 14 maio 2020.

(55) MÁRMOL, Iolanda. "La oposición acorrala a Sánchez por la desescalada". *El Periódico*, 29 abr. 2020. Disponível em: <https://bit.ly/2LGNiEy>. Acesso em: 18 maio 2020.

(56) FIOCRUZ, *loc. cit.*

______. *Medida Provisória n. 936, de 1º de abril de 2020.* Diário Oficial da União, Poder Executivo, Brasília, DF, 1° abr. 2020, Seção: 1 – Extra, p.1.

CCOO. "La federación de Sanidad de CCOO destaca que el informe del Instituto de Salud Carlos III evidencia la inseguridad con la que trabaja el personal sanitário". 07 maio 2020. Disponível em: <https://bit.ly/2WteHQO>. Acesso em: 12 maio 2020.

______. "Las empleadas de hogar afectadas profesionalmente por el Covid-19 podrán pedir un subsidio extraordinário". 04 maio 2020. Disponível em: <https://bit.ly/3bv9oo2>. Acesso em: 12 maio 2020.

______. "UGT ratifica el acuerdo para prorrogar los ERTE y mantener el empleo". 08 maio 2020. Disponível em: <https://bit.ly/3cy3vYM>. Acesso em: 12 maio 2020.

______. "UGT y CCOO demandan equipos y medidas de protección para los trabajadores y trabajadoras que mantengan su actividad". 29 mar. 2020. Disponível em: <https://bit.ly/35VYE0F>. Acesso em: 12 maio 2020.

CORDOBA BN. "Apuestas de la crisis del Covid: fabricación de material de protección en España y prioridad del turismo nacional." 17 abr. 2020. Diponível em: <https://bit.ly/36ayh7l>. Acesso em: 11 maio 2020.

CORDONNIER, Laurent. "O dilema de sempre: Quem vai pagar?". *Le Monde Diplomatique Brasil*, ed. 154, maio 2020. Disponível em: <https://diplomatique.org.br/quem-vai-pagar-2/>. Acesso em: 08 maio 2020.

CORTÉS, Irene; ESTEBAN, Patricia. "Clases suspendidas por el coronavirus: ¿a qué tienen derecho los trabajadores que deben cuidar de sus hijos?" *El País*, 10 mar. 2020. Disponível em: <https://bit.ly/3fI1LAE>. Acesso em: 12 maio 2020.

DIEESE. "Acordos negociados pelas entidades sindicais para enfrentar a pandemia do coronavírus – Covid-19". Disponível em: <https://bit.ly/2y64vnT>. Acesso em: 15 maio 2020.

DOWBOR, Ladislau. "Aos trancos e barrancos, o Brasil diante da crise". *Le Monde Diplomatique Brasil*, ed. 154, maio 2020. Disponível em: <https://bit.ly/3cBcGY1>. Acesso em: 15 maio 2020.

ESPAÑA. "Real Decreto-ley 7/2020", de 12 de marzo de 2020. *Jefatura del Estado*, BOE, n. 65, Sec. I, p. 24.996, 13 mar. 2020.

______. "Real Decreto-ley 8/2020", de 17 marzo de 2020. *Jefatura del Estado*, BOE, n. 73, Sec. I, p. 25.853, 18 mar. 2020.

______. "Real Decreto-ley 9/2020", de 27 de marzo de 2020. *Jefatura del Estado*, BOE, n. 86, Sec. I, p. 27.548, 28 mar. 2020.

ESTADO DE MINAS. "Coronavírus: Governos preveem 108 hospitais de campanha no Brasil". 24 abr. 2020. Disponível em: <https://bit.ly/2WXSMA9>. Acesso em: 15 maio 2020.

FIOCRUZ. "A Gestão de Riscos e Governança na Pandemia por Covid-19 no Brasil: Análise dos Decretos Estaduais no Primeiro Mês". Disponível em: <https://bit.ly/3g3FH0I>. Acesso em: 14 maio 2020.

GRANATO, Luísa. “Covid-19 pode ser acidente de trabalho? Advogado explica decisão do STF”. *Exame*, 5 maio 2020. Disponível em: <https://bit.ly/2LuyGbc>. Acesso em: 15 maio 2020.

HEINEN, Juliano. “Método de direito comparado: desenvolvimento e perspectivas contemporâneas”. *Revista do PPG em Direito da UFBA*, v. 29, n. 2, 2019. Disponível em: <https://bit.ly/2WpwckH>. Acesso em: 08 maio 2020.

IBERLEY. “Medidas de apoyo al sector cultural para hacer frente al COVID-19”. 06 maio 2020. Disponível em: <https://bit.ly/2xTILLI>. Acesso em: 12 maio 2020.

INTERNATIONAL LABOR ORGANIZATION. “Covid-19 and the world of work: Country policy response”. Disponível em: <https://bit.ly/2WIPD6Y>. Acesso em: 11 maio 2020.

______. “Covid-19 crisis and the informal economy: Immediate responses and policy challenges”. Disponível em: <https://bit.ly/2WIPD6Y>. Acesso em: 08 maio 2020.

LA MONCLOA. “Gobierno y agentes sociales firman el Acuerdo Social que prorroga los ERTE hasta el 30 de junio”. Madrid, 11 maio 2020. Disponível em: <https://bit.ly/3fOValx>. Acesso em: 11 maio 2020.

LA MONCLOA. “Prórroga del Estado de alarma”. Madrid, 8 maio 2020. Disponível em: <https://bit.ly/2WOVlV3>. Acesso em: 11 maio 2020.

LAMBERT, Renaud; RIMBERT, Pierre. “Até o próximo fim do mundo...”. *Le Monde Diplomatique Brasil*, ed. 153, mar. 2020. Disponível em: <https://bit.ly/2AGnma1>. Acesso em: 14 maio 2020.

MÁRMOL, Iolanda. “La oposición acorrala a Sánchez por la desescalada”. *El Periódico*, 29 abr. 2020. Disponível em: <https://bit.ly/2LGNiEy>. Acesso em: 18 maio 2020.

MARTINS, Antônio; LEMONJE, Julise. “Covid-19 e os impactos nas relações de trabalho”. *Carta Capital*, 19 mar. 2020. Disponível em: <https://bit.ly/3dOUN8s>. Acesso em: 14 maio 2020.

MATTOS, Leonardo. “Uma alternativa para a saúde: Instabilidade global, universalidade radical”. *Le Monde Diplomatique Brasil*, ed. 148, out. 2020. Disponível em: <https://bit.ly/2LFk7lj>. Acesso em: 14 maio 2020.

MINISTÉRIO DA ECONOMIA. “Confira as medidas tomadas pelo Ministério da Economia em função da Covid-19”. 31 de mar. 2020. Disponível em: <https://bit.ly/2ZiUqPN>. Acesso em: 14 maio 2020.

MINISTERIO DE ASUNTOS ECONÓMICOS Y TRANSFORMACIÓN DIGITAL. “Medidas económicas adoptadas por el gobierno de España frente a la pandemia del Covid-19”.19 mar. 2020. Disponível em: <https://bit.ly/3g1GL5y>. Acesso em: 12 maio 2020.

NASCIMENTO, Marcelo. “O que de fato mudou com a MP trabalhista do coronavírus? Advogado responde”. *Exame*, 26 mar. 2020. Disponível em: <https://bit.ly/2T8db4d>. Acesso em: 15 maio 2020.

SANIELE, Bruna *et al.* "Veja as medidas que cada estado está adotando para combater a Covid-19". *Agência Brasil*, Brasília, 28 abr. de 2020. Disponível em: <https://bit.ly/3fPnnIN>. Acesso em: 14 maio 2020.

ZAAR, Miriam; ÁVILA, Manuel-Blas. "El Covid-19 en España y sus primeras consecuencias". *Espaço e Economia*, ano IX, n. 17, 2020. Disponível em: <https://bit.ly/3fKlD3y>. Acesso em: 09 maio 2020.

Covid-19 e Adoecimento Emocional no Brasil e na Espanha

Valdete Souto Severo
Isabela Pimentel de Barros

1. Introdução

Já ultrapassamos a triste marca de 100.000 mortos por Covid-19, além de um número absurdo de registros de morte por Síndrome Respiratória Aguda Grave, isso sem contar os inúmeros mortos que, por falta de atendimento ou testagem, faleceram sem contar nas estatísticas. Ou aqueles que faleceram por outras doenças em razão da falta de atendimento médico adequado. Já são quase 3 milhões de pessoas contaminadas. A pandemia chegou ao Brasil em 26 de fevereiro, quando o primeiro caso foi diagnosticado. Desde então, o Presidente da República nega-se a usar máscara ou reconhecer a gravidade da situação; dois Ministros da Saúde pediram para sair e atualmente há apenas um militar ocupando a pasta de modo interino.

Além disso, as medidas adotadas seguem a lógica do desmanche social que vem sendo aplicada com empenho desde 2016. As populações indígenas estão sendo dizimadas pela ausência de acesso a atendimento médico ou controle da disseminação do vírus. Nossas reservas naturais estão sendo saqueadas, empresas públicas estão sendo privatizadas. A pandemia do Sars-Cov2 encontra uma população desamparada por "reformas" e políticas que privilegiam poucos em detrimento da maioria. Quem trabalha na área de saúde e em trabalhos vulneráveis, sem equipamentos de proteção adequados, sem atendimento(1), com a saúde ameaçada constantemente; quem se expõe de modo cotidiano como as diaristas, os terceirizados, os entregadores de aplicativos, assim como os falsos autônomos que perderam sua fonte de subsistência(2); quem

(1) Disponível em: <https://noticias.uol.com.br/saude/ultimas-noticias/redacao/2020/04/06/com-falta-de-epi-para-coronavirus-profissionais-compram-mascaras-Covid-19.htm>.

(2) Disponível em: <https://extra.globo.com/noticias/rio/em-meio-pandemia-do-novo-coronavirus-cresce-numero-de-moradores-de-rua-no-rio-24485324.html>.

precisou se adaptar, inclusive economicamente, à realização de teletrabalho: todas essas pessoas têm a sensação diária da vida social interrompida, do medo da morte, do estresse, do desamparo e da insegurança em relação ao futuro.

Este artigo tem por objetivo investigar a relação entre o adoecimento por doenças psíquicas em razão do trabalho, o desmanche operado pelas chamadas "reformas", bem como os efeitos da pandemia da Covid-19 neste quadro. A insegurança de um trabalho temporário, intermitente ou terceirizado, a subremuneração, a alta rotatividade e bem assim a dificuldade em encontrar um emprego, somam-se à imposição de teletrabalho, redução de salário ou suspensão de contrato autorizadas em razão da pandemia, e criam um ambiente psiquicamente adoecedor.

É importante que se perceba que o adoecimento não é algo que afeta apenas a vida de quem trabalha. Há um custo social, que decorre da necessidade de tratamento, atendimento médico, utilização de remédios, que oneram o sistema de previdência social. Portanto, a lógica de precarizar ainda mais as condições de trabalho se traduz como econômica e socialmente destituída de fundamento e potencializa os efeitos nocivos da pandemia.

2. Alguns dados sobre a saúde mental da classe trabalhadora no Brasil e na Espanha

Alguns dados relativos ao adoecimento psicossocial, tanto no Brasil quanto na Espanha, países que passaram por "reformas"(3) na legislação social e estão enfrentando os efeitos da pandemia, permitem constatar a direta relação da precariedade nas condições de vida com as dificuldades para viver emocionalmente bem.

Para a análise, ainda que superficial, que aqui nos propomos, buscamos avaliar os fatores psicossociais de risco apontados no ano de 2011(4), ano em que a Espanha passava por uma grave crise econômica e já havia, inclusive, enfrentado uma primeira "reforma" em 2010, e o ano de 2015, em que o país já estava se recuperando economicamente da crise iniciada em 2008 e ainda não enfrentava a crise econômica mundial originada pela pandemia da Covid-19.

(3) Chamamos a atenção que a Reforma Trabalhista realizada na Espanha, a qual nos referimos no presente artigo, ocorreu em 2012. Apesar de muito ter sido afirmado que a reforma trabalhista brasileira havia se inspirado na brasileira, certo é que não há documento oficial que ratifique tal afirmação em que pese muitas coincidências entre ambas sejam observadas.

(4) Os dados contabilizam, aproximadamente, 17 milhões de afiliados no Regime Geral de Seguridade Espanhol. Informação disponível em: <https://w6.seg-social.es/PXWeb/pxweb/es/Afiliados%20en%20alta%20laboral/Afiliados%20en%20alta%20laboral__Afiliados%20Medios/01m_Afi.%20Med.%20por%20Media-Ajuste%20Estacional,%20Relación%20Laboral%20y%20Actividad%20Económica.px/table/tableViewLayout1/>.

Em 2011, a pesquisa nacional(5) realizada na Espanha entrevistou 8.892 trabalhadores, dos quais 68,5% afirmaram estar expostos a riscos de acidente em seu trabalho, destacando-se os trabalhadores da construção(6). Segundo eles, os motivos que mais causam acidentes de trabalho são a falta de atenção, o descuido, o trabalho rápido, o cansaço e levantar ou mover cargas pesadas. Da referida amostra, 670 trabalhadores relataram que sofreram acidentes de trabalho nos últimos dois anos e acusaram como principais causas as mesmas já citadas. 84% das pessoas entrevistadas afirmaram estar expostas, "sempre ou quase sempre" ou "frequentemente", a algum aspecto deficiente relacionado às demandas físicas de seu trabalho como repetir os movimentos e adotar posturas dolorosas ou fatigantes.

Quanto aos fatores de risco psicossociais, a pesquisa abordou três aspectos: as exigências que devem ser atendidas no trabalho, o grau de autonomia para decidir como executar a tarefa e as relações sociais no trabalho, analisadas através do nível de apoio, o reconhecimento do trabalho e as situações de violência sofridas. No que tange às exigências do trabalho, 23,9% relatou que se sente muito cansado ou esgotado, 46% considera que deve trabalhar muito rápido, 45,3% deve atender várias tarefas ao mesmo tempo e 34,9% indicou que deve trabalhar com prazos muito curtos. 20,7% indicou que deve atender a essas três últimas exigências simultaneamente. Mais de 20% considera que deve realizar tarefas complexas, complicadas ou muito difíceis e 64% deve tratar diretamente com pessoas que não estão empregadas. Entre 20% e 35% dos trabalhadores não têm a possibilidade de eleger ou modificar o método de trabalho, o ritmo de trabalho, a ordem das tarefas ou, ainda, colocar em prática suas próprias ideias. Se apenas 7,3% tem a percepção de não poder contar com o apoio dos colegas de trabalho, 16,9% aponta que não pode contar com os seus chefes. Quanto as habilidades, 14,1% indicam que quase nunca fazem o que sabem melhor. Quanto aos tipos de violência, 11% declaram ter sofrido alguma no ambiente de trabalho, sendo as mais relatadas: a) as agressões verbais, rumores ou isolamento social, b) ameaças de violência física, c) violência física cometida por pessoas que não pertencem ao seu local de trabalho.

---

(5) Dados retirados do "Informe sobre el estado de la seguridad y salud laboral en España- 2018". Disponível em: <https://www.insst.es/documents/94886/618461/Informe+sobre+el+estado+de+la+seguridad+y+-salud+laboral+España+2018.pdf/be095b10-aa95-4c69-9908-e163784312a9>. Dados disponíveis também em "VII Encuesta Nacional de Condiciones de Trabajo, 2011". Disponível em: <https://www.insst.es/documentacion/catalogo-de-publicaciones/vii-encuesta-nacional-de-condiciones-de-trabajo-2011>.

(6) Para se analisar os fatores que podem originar doenças laborais psicossociais, é importante destacar que as Pesquisas Nacionais de Trabalho entrevistam os trabalhadores sobre as suas percepções acerca das suas condições de trabalho e do meio ambiente laboral. Isso porque, como demonstrado, quando se fala em doenças psicossociais é extremamente relevante a compreensão de que as sensações pessoais são catalisadoras de doenças como o estresse e o *burnout*.

Tendo em vista que a duração e a organização do tempo de trabalho afetam diretamente o nível de esforço e de fadiga produzidos pela atividade laboral influenciando, ainda que indiretamente, o grau de exposição a riscos laborais, a análise do tempo despendido no trabalho é fundamental para a compreensão das condições de trabalho. A média de horas trabalhadas por semana é de 38,5 horas, sendo que os homens trabalham de forma remunerada mais horas que as mulheres. 32,2% trabalham aos sábados e 16,7% aos domingos, sendo que, em média, 40% dos trabalhadores assinalaram que ultrapassam a sua jornada habitualmente. Em média, um de cada quatro empregados (22,6%) manifesta dificuldades para conciliar seu horário de trabalho com a vida pessoal e familiar.

Um dado relevante consiste no fato de que as exposições no trabalho são a quarta causa de câncer na Espanha, estando atrás apenas do tabaco, da alimentação e do sedentarismo. Se de 1964 a 2011 foram reconhecidos, no total, 340 cânceres profissionais na Espanha, os anos entre 2008 e 2011, foram responsáveis por 68% dos casos registrados. No ano de 2011, ocorreram 581.150 acidentes de trabalho com licença médica na Espanha, sendo relevante destacar que, dos acidentes mortais, destacaram-se os infartos, derrames cerebrais e outras patologias não traumáticas.

Em termos de doenças profissionais, foram registradas 19.195 enfermidades profissionais e 11.067 patologias não traumáticas causadas pelo trabalho. Embora a maior parte corresponda as doenças locomotoras, sem contabilizar as doenças agravadas pelo trabalho, 103 foram endócrinas, 137 mentais, 693 relacionados ao sistema nervoso central e periférico e 1.629 foram enfermidades que afetam um dos cinco sentidos.

Quando observamos os dados de 2015(7), constata-se, quanto às percepções dos próprios trabalhadores, que 33% dos ativos consideram que devem trabalhar "sempre ou quase sempre" em uma grande velocidade e 35% considera que deve cumprir tarefas em prazos muito curtos. Mais de 25% dos trabalhadores considera que deve cumprir ambas as exigências: trabalhar em uma grande velocidade e com prazos curtos. Aproximadamente 70% dos trabalhadores que sempre ou quase sempre lidam com pessoas que não são empregados onde trabalham como, por exemplo, clientes, enfrentam, por pelo menos 25% de seu tempo, pessoas irritadas, o que pode gerar um ambiente de trabalho desfavorável.

Chama a atenção o fato de que, em 2015, na média, 4,9% dos trabalhadores sofreram algum tipo de discriminação, representando um acréscimo significativo em

(7) "Encuesta Nacional de Condiciones de Trabajo 6ª EWCS" Disponível em: <https://www.insst.es/documents/94886/96082/Encuesta+Nacional+de+Condiciones+de+Trabajo+6ª+EWCS/abd69b73-23ed-4c7f-bf8f-6b46f1998b45> e no "Informe sobre el estado de la seguridad y salud laboral en España- 2018". Disponível em: <https://www.insst.es/documents/94886/618461/Informe+sobre+el+estado+de+la+seguridad+y+salud+laboral+España+2018.pdf/be095b10-aa95-4c69-9908-e163784312a9>.

relação a 2005, quando era de 2%. Os motivos mais frequentes de discriminação foram a idade e o sexo, incluindo a opção sexual. Ressalta-se que, em que pese a média tenha sido 4,9%, os setores de saúde e da Administração Pública tem um percentual superior: no setor de saúde 14,8% sofreram ofensas verbais e, na Administração Pública, que deveria ser o exemplo, 11,3%. Quanto às questões de violência física ou assédio, o relato dos trabalhadores demonstra que 1,2% sofreram violência física; 0,5% assédio sexual e 3,3%, assédio ou intimidação. Enquanto, em 2015, na Espanha, os homens trabalhavam de forma remunerada uma média de 39,7 horas semanais, as mulheres trabalhavam 33,9 horas(8), sendo certo que estas dedicavam, em média, 13 horas a mais que os homens ao trabalho de cuidado não remunerado. Um fator que afeta demasiadamente a qualidade de vida dos trabalhadores é a irregularidade do horário de trabalho, o que repercute na vida de 24% dos trabalhadores, dificultando que conciliem a vida pessoal com a laboral. Na mesma pesquisa, constatou-se que mais de 50% dos trabalhadores estão, ao menos, 25% do tempo de seu trabalho, em posições dolorosas ou fatigantes, realizando movimentos repetitivos.

Quanto aos acidentes de trabalho, foram registrados 529.248, representando um decréscimo em relação a 2011(9). Foram registrados, em 2015, 19.138 processos de doenças profissionais, mantendo praticamente o mesmo número que 2011 e havendo um significativo decréscimo do número de patologias não traumáticas sofridas.

Importante ressaltar o papel da fiscalização do trabalho, chamada na Espanha de "*Inspección de Trabajo y Seguridad Social*". Em 2015, a Fiscalização, em matéria de prevenção de riscos profissionais, emitiu um total de 96.393 ordens de serviço, na qual foram realizadas 69.928 visitas(10). Essas visitas resultaram 15.483 infrações, das quais 5,35% estavam relacionadas aos fatores de riscos psicossociais. Em 2011, foram realizadas 79.276 visitas em matéria de prevenção de riscos laborais(11), as quais resultaram 19.900 infrações, sendo 4,72% relativas aos riscos ergonômicos e psicossociais(12). Constata-se, portanto, que, apesar de, em 2015, ter havido um menor número de atuações da inspeção do trabalho, as infrações quanto aos riscos psicossociais subiram, ainda mais se considerarmos que os dados de 2011 se referem aos fatores psicossociais e ergonômicos e os de 2015 somente aos psicossociais.

---

(8) Chama-se a atenção que a média de horas dos trabalhadores assalariados foi de 38,2 horas semanais, enquanto a dos autônomos foi de 45,2horas. Já ao falarmos das trabalhadoras assalariadas, as mesmas possuem um média de 32,7 horas semanais e as autônomas, 41,9 horas.

(9) Os acidentes de trabalho afetam muito mais aos homens, mas a explicação concedida é quanto a atividade que, normalmente, executam já que àqueles vinculam-se mais as atividades ligadas a indústria e a construção do que as mulheres.

(10) O total de visitas, incluindo todas as matérias relacionadas a inspeção do trabalho, foi de 304.612.

(11) O total de visitas, incluindo todas as matérias relacionadas a inspeção do trabalho, foi de 356.535.

(12) Os dados relativos a 2011 não mencionam somente os riscos psicossociais.

Quando se analisam, todavia, os anos de 2018 e 2019, seja no que tange aos acidentes de trabalho, seja no que tange às doenças profissionais, há um acréscimo relevante dos números: em 2018, foram 24.082 enfermidades profissionais e, em 2019, 27.292[(13)]. Já quanto aos acidentes de trabalho, foram registrados 617.488 acidentes em 2018 e 650.602 em 2019[(14)].

No Brasil, tendo em vista que a "reforma" ocorreu em 2017, os dados aqui considerados são anteriores e posteriores a esse ano. Em 2015, foram reconhecidos pelo INSS 622.379 acidentes de trabalho e 15.386 doenças do trabalho, sendo certo que ambas as estatísticas apresentam um decréscimo no ano de 2017[(15)] no qual foram reconhecidos 549.505 acidentes, com uma estimativa de subnotificação de aproximadamente 20%[(16)], e 9.700 doenças do trabalho, o que é atribuído à crise econômica pela qual o país passava. Se olharmos os números apenas quanto à depressão, transtornos de ansiedade, reações ao estresse, que são doenças imediatamente relacionadas aos fatores psíquicos, verificamos que embora tenha havido decréscimo estatístico de acidentes e doenças no ano de 2017, as estatísticas quanto às doenças psicossociais pouco se alteraram[(17)].

Segundo a imprensa, entre 2013 e 2017, transtornos mentais e comportamentais foram a terceira maior causa de afastamento dos trabalhadores brasileiros[(18)]. Em 2018, a Organização Mundial de Saúde (OMS) estimou que 10,3% da população teve a sua saúde deteriorada por algum distúrbio depressivo e 8,3% por ansiedade[(19)]. Já a Associação Nacional de Medicina do Trabalho aponta que 9 (nove) em cada 10 (dez) brasileiros no mercado de trabalho apresentam sintomas de ansiedade, do grau mais leve ao incapacitante e quase a metade (47%) sofre de algum nível de depressão, recorrente em 14% dos casos e, com frequência, os doentes ficam mais de 100 (cem) dias afastados de suas funções[(20)].

---

(13) Dados disponíveis em: <http://www.mites.gob.es/ficheros/ministerio/estadisticas/anuarios/2019/EPR/EPR.pdf>.

(14) Dados disponíveis em: <http://www.mites.gob.es/estadisticas/eat/eat19/TABLAS%20ESTADISTICAS/ATR_2019_Resumen.pdf>.

(15) Disponível em: <http://sa.previdencia.gov.br/site/2018/09/AEAT-2017.pdf>.

(16) Disponível em: <https://smartlabbr.org/sst/localidade/0?dimensao=frequenciaAcidentes>.

(17) Importante destacar que estes foram somente os reconhecidos como acidente ou doença do trabalho pelo INSS, sendo pública a dificuldade que há de reconhecimento dessas patologias pelo órgão previdenciário.

(18) Disponível em: <https://agenciabrasil.ebc.com.br/geral/noticia/2017-04/transtornos-mentais-sao-terceira-maior-causa-de-afastamento-do-trabalho>.

(19) Disponível em: <https://apps.who.int/iris/bitstream/handle/10665/254610/WHO-MSD-MER-2017.2-eng.pdf;jsessionid=8898C0A87E5F3DE61088E434498BDF10?sequence=1>.

(20) Disponível em: <https://www.anamt.org.br/portal/2018/11/27/apenas-18-das-empresas-mantem-um-programa-para-cuidar-da-saude-mental/>.

Dados do Observatório de Segurança e Saúde no Trabalho mostram que, em 2018, foram 623.800 acidentes de trabalho notificados, estimando-se uma subnotificação de 24,7% e um gasto previdenciário de mais de 6 (seis) bilhões entre auxílio doença por acidente de trabalho e aposentadoria por invalidez decorrente de acidente de trabalho(21). De janeiro a março de 2019, foram aproximadamente 180 mil acidentes(22), o que significa dizer que ocorre em média um acidente de trabalho a cada 48 segundos, com uma morte a cada 3 horas. O observatório mostra, ainda, que os afastamentos por doenças mentais e comportamentais, conforme a Classificação Internacional de Doenças (CID) aumentaram de 4% em 2012 para 9% em 2018. Da mesma forma, as doenças nervosas aumentaram consideravelmente(23), já demonstrando os catastróficos resultados das reformas empreendidas.

É preciso anotar a dificuldade na obtenção de dados em relação ao adoecimento em razão do trabalho no Brasil. A ausência de pesquisas oficiais específicas soma-se ao sucateamento dos órgãos de fiscalização, prevenção e notificação desse adoecimento.

3. A pandemia e o agravamento dos riscos psicossociais no trabalho

Países com grandes índices de desigualdade, como o Brasil, que nos últimos anos atuou concretamente para promover ainda mais miséria e exclusão social, através das já examinadas "reformas", encontram a pandemia de 2020 em situação de profundo desamparo.

O Observatório do Terceiro Setor divulgou que um estudo chinês, publicado no Jornal da Associação Médica Americana(24), revelou que "50,4% dos profissionais da saúde que trabalham na região de Wuhan (onde o surto do novo coronavírus começou), na China, estão com sintomas de depressão e 71,5% estão com sintomas de sofrimento psíquico. Ainda, 44,6% relataram ansiedade e 34% relataram insônia". A reportagem salienta o aumento dos casos de síndrome de *burnout* no Brasil, em razão da "exaustão completa no trabalho, angústia para ir trabalhar e a impressão de que tudo que você produz é insatisfatório", o que acaba sendo potencializado por jornadas mais extensas, ausência de EPI's, contratos precários, bem como pelo fato de que "o governo não tem tomado medidas efetivas para proteger as populações mais vulneráveis, como as pessoas da periferia, a população em situação de rua, e as comunidades indígenas, quilombolas e ribeirinhas"(25).

---

(21) Disponível em: <https://smartlabbr.org/sst/localidade/0?dimensao=despesa>.

(22) Disponível em: <http://www.tst.jus.br/web/trabalhoseguro/programa/-/asset_publisher/0SUp/content/justica-do-trabalho-do-ceara-promove-campanha-para-prevenir-acidentes-de-trabalho>.

(23) Disponível em: <https://smartlabbr.org/sst/localidade/0?dimensao=perfilCasosAfastamentos>.

(24) Disponível em: <https://jamanetwork.com/journals/jamanetworkopen/fullarticle/2763229>.

(25) Disponível em: <https://observatorio3setor.org.br/noticias/pandemia-e-a-saude-mental-profissionais-hospitais/>.

De acordo com o Boletim de Saúde Mental da FIOCRUZ, os transtornos psíquicos imediatos mais frequentes, em razão da pandemia e do isolamento social, são os episódios depressivos e as reações de estresse agudo de tipo transitório. Há, também, referência ao potencial aumento do risco de surgimento destes transtornos, em razão de outros fatores de vulnerabilidade, ligados, inclusive, às condições de trabalho. O Boletim da FIOCRUZ aponta como principais efeitos tardios mais recorrentes o luto patológico, a depressão, os transtornos de adaptação, as manifestações de estresse pós-traumático, o abuso do álcool ou outras substâncias que causam dependência, além de transtornos psicossomáticos. Aponta, também, a recorrência de sintomas como o de tristeza, medo generalizado e ansiedade expressos corporalmente, em função do prolongamento do sofrimento que decorre da situação de pandemia.(26)

Por ocasião do 01 de maio de 2020, o Conselho Regional de Psicologia do Paraná publicou nota sobre a importância da saúde mental durante a pandemia. Nela, ressalta que a proteção à saúde mental passa pela defesa da saúde pública e pela organização coletiva na luta por direitos humanos. A nota menciona exatamente o efeito nocivo das chamadas "reformas" trabalhistas (EC n. 95, EC n. 103, Lei n. 13.467) como circunstâncias que construíram um cenário de precarização, tornando-nos "mais vulneráveis em um contexto de recessão" como aquele aprofundado pela pandemia(27).

A preocupação com a saúde mental e com o agravamento dos fatores psicossociais de adoecimento em razão do trabalho, durante a pandemia mundial, permeia também as declarações da Organização Mundial da Saúde (OMS). Já em maio deste ano, Tedros Adhanom Ghebreyesus, diretor-geral da OMS, referiu que: "O isolamento social, o medo de contágio e a perda de membros da família são agravados pelo sofrimento causado pela perda de renda e, muitas vezes, de emprego"(28), revelando o que aqui demonstramos. Há estreita ligação entre os efeitos que são inerentes à pandemia e o aprofundamento desses efeitos nocivos, na saúde psíquica de quem vive do trabalho, em países que, como o Brasil e a Espanha, promoveram recentemente amplo desmanche da regulação protetiva estatal do trabalho. Em documento publicado em 13 de maio, a OMS declarou que 70% da população que está na linha de frente do combate à pandemia, em trabalhos ligados à área da saúde, são mulheres. Observa que a pressão e o estresse que decorrem da exposição dos corpos, da percepção da morte e da impossibilidade de reação mais efetiva a uma doença ainda desconhecida exige que os líderes mundiais tenham atenção especial à saúde mental de quem trabalha,

(26) Disponível em: <https://www.fiocruzbrasilia.fiocruz.br/wp-content/uploads/2020/04/Sa%c3%bade-Mental-e-Aten%c3%a7%c3%a3o-Psicossocial-na-Pandemia-Covid-19-recomenda%c3%a7%c3%b5es-gerais.pdf>.

(27) Disponível em: <https://crppr.org.br/1demaio/>.

(28) Disponível em: <https://nacoesunidas.org/oms-o-impacto-da-pandemia-na-saude-mental-das-pessoas-ja-e-extremamente-preocupante/>.

pois já está sendo apontado o aumento da ansiedade, dos afastamentos por estresse e depressão, entre os profissionais ligados à saúde(29).

A Organização Pan-Americana da Saúde lançou documento apontando a relação entre vulnerabilidade social e adoecimento psicossocial durante a pandemia e aponta os principais grupos sociais atingidos: crianças, idosos, mulheres, populações indígenas, grupos minoritários, pessoas portadoras de deficiência, pessoas que já possuem problemas de ordem psicossocial. Aponta também a maior vulnerabilidade de quem vive na miséria, nas periferias das grandes cidades e os residentes ilegais. Cita os principais relatos de pessoas sobreviventes que passaram por situação de epidemia ou de eventos traumáticos que provocaram a morte de um número grande de pessoas: "pesar e aflição pela perda de familiares e amigos, que em certos casos coexistem com perdas materiais"; "perda da fé em deus, perda do sentido da vida"; "temores de assumir novos papéis impostos pelo desaparecimento de um familiar"; "medos recorrentes de que possa ocorrer algo novamente ou que a morte vai ceifar outros familiares ou membros da comunidade"; medo da morte; "sentimentos de solidão e abandono"; "medo de esquecer ou ser esquecido"; raiva, culpa por ter sobrevivido, vergonha(30).

É certo que a precarização das condições de trabalho aprofundaram no Brasil uma realidade de desigualdade social que já era extremamente significativa. Basta ver alguns dados oficiais, como o fato de que 48% da população brasileira não tem coleta de esgoto(31), 50% da classe trabalhadora está na informalidade(32) e, pela primeira vez desde que esse índice passou a ser considerado, há mais pessoas economicamente ativas sem trabalho do que incluídas no mercado (formal e informal) de trabalho(33).

A OECD — Organização para Cooperação e Desenvolvimento Econômico —, da qual tanto Brasil quanto Espanha participam, já aponta que o impacto econômico da Covid-19 é dez vezes maior que o observado nos primeiros meses da crise financeira global de 2008. Mesmo países que possuem uma rede de proteção social mais ajustada e se preocuparam em manter vínculos de emprego, restringindo despedidas e fazendo transferência de renda, estão sofrendo impactos econômicos, sociais e, consequentemente psíquicos. De acordo projeções da OCDE, o desemprego deve

---

(29) Disponível em: <https://www.un.org/sites/un2.un.org/files/un_policy_brief-covid_and_mental_health_final.pdf>.

(30) Disponível em: <https://www.paho.org/hq/dmdocuments/2009/Protecao-da-Saude-Mental-em-Situaciones-de-Epidemias--Portugues.pdf>.

(31) Disponível em: <https://www12.senado.leg.br/noticias/materias/2019/09/25/brasil-tem-48-da-populacao-sem-coleta-de-esgoto-diz-instituto-trata-brasil>.

(32) Disponível em: <https://www1.folha.uol.com.br/mercado/2020/02/informalidade-atinge-recorde-em-19-estados-e-no-df-diz-ibge.shtml>.

(33) Disponível em: <https://economia.estadao.com.br/noticias/geral,em-meio-a-pandemia-pais-nunca-teve-tantos-brasileiros-fora-do-mercado-de-trabalho,70003350025>.

aumentar para 9,4% em média até o final de 2020. Se houver uma segunda onda da pandemia no final de 2020, a taxa de desemprego aumentará ainda mais, podendo chegar a 12,6%.

A Espanha, apesar de haver promovido desmanche de direitos sociais nos últimos anos, adotou uma postura política de certo comprometimento com a contenção dos efeitos da Covid-19. Além de proibir despedidas, ampliou o acesso a benefícios de seguro-desemprego, reduzindo ou renunciando totalmente aos requisitos de contribuição mínima e estendendo o benefício aos contratos de experiência, bem como aos trabalhadores que deixaram o emprego por uma nova oferta de trabalho que acabou atingida pela crise. Ainda assim, uma pesquisa realizada por uma empresa espanhola especializada em gestão de prevenção de riscos psicossociais, ao entrevistar 1.024 trabalhadores entre abril e junho deste ano, constatou que 41,99% dos trabalhadores apresentou sintomas de ansiedade e 27,3% sente que sua saúde piorou. Os relatos dos trabalhadores passam por várias queixas, entre elas, dor de cabeça, distúrbio de sono, dor no estômago e problema de memória, o que significa que, quase metade dos trabalhadores entrevistados, apresenta sintoma de depressão ou ansiedade(34).

Além disso, não se pode negar que as condições de vida da Espanha, embora ainda estejam longe de atingir o ideal, são bem superiores as do Brasil. Para se ter uma ideia, em 2019, a OMS aponta que o gasto por habitante com a saúde, na Espanha, em 2014, era de U$ 2.966,00(35). Já no Brasil era de U$ 1.318,00(36). Em 2019, 80,9% dos lares com membros entre 16 e 74 anos, tinham, ao menos, um computador e mais de 90% dos lares tinham acesso a algum meio de *internet*(37).

A diferença de renda, de profundidade nas "reformas" e em relação ao modo de enfrentamento da pandemia, fazem com que o número de adoecimento e mortalidade no Brasil, por Covid-19 e por Síndrome respiratória aguda grave, seja proporcionalmente muito maior do que na Espanha, atingindo nível alarmante.

O Brasil já figura como o segundo país com mais pessoas infectadas e fatalmente vitimadas pela doença. Desde que aqui chegou, em fevereiro de 2020, a Covid-19 já vitimou, pelos números oficiais, mais de 100.000 pessoas. O Ministério da Saúde tem publicado Boletins Epidemiológicos sobre a pandemia. O primeiro deles, de fevereiro desde ano, dava conta de uma pessoa infectada. O Boletim n. 6, de 03 de abril, já apontava 359 pessoas mortas por Covid-19 e 286 mortas por síndrome

(34) Disponível em: <https://affor.es/el-42-de-la-poblacion-trabajadora-encuestada-presenta-sintomas-de--ansiedad/>.

(35) Disponível em: <https://www.who.int/countries/esp/es/>.

(36) *Idem.*

(37) Disponível em: <https://www.rtve.es/noticias/20191016/hogares-internet-espana-crecen-hasta--914-cinco-puntos-mas-ano/1981993.shtml>.

respiratória aguda grave (SAR-G). Dois meses depois, o Boletim 18, de 13 de junho, informava a morte de 42.720 pessoas por Covid-19 e 64.247 por SAR-G. Esse Boletim 18 chama a atenção, por conter também informação sobre sinais de depressão na população brasileira. 41,70% das pessoas entrevistadas revelaram sinais de depressão. A informação não aparece nos boletins seguintes(38).

4. Algumas conclusões

Os números analisados nesse breve estudo não contemplam toda a realidade de adoecimento psicossocial em razão do trabalho, mas já permitem perceber com nitidez os efeitos nocivos do desmanche operado no Brasil e na Espanha, em relação às normas de proteção social, e sua influência na saúde psíquica de quem depende do trabalho para sobreviver. O fato de o mundo enfrentar uma pandemia, justamente em momento no qual a classe trabalhadora se vê desamparada por políticas de austeridade que concretamente pioram ou impedem as possibilidades de vida digna, revela um quadro assustador.

Para se ter uma ideia, de 2012 a 2018, somente o Brasil registrou 16.455 mortes e 4.5 milhões de acidentes de trabalho, o que acarretou no gasto de R$ 79 bilhões de gastos da Previdência Social com benefícios acidentários(39). No mundo, de acordo com as estatísticas da OIT, a cada 15 segundos, morre um (a) trabalhador (a) em virtude de um acidente de trabalho ou de doença relacionada com a sua atividade profissional, o que totaliza 6.300 mortes por dia num total de 2,3 milhões de mortes por ano. No que tangem as doenças profissionais, são 313 milhões de trabalhadores e trabalhadoras sofrendo lesões profissionais não fatais todos os anos, ou seja, 860.000 pessoas feridas no trabalho todos os dias(40).

Quando analisamos "somente" os fatores de riscos psíquicos, não temos dúvidas que as "reformas" trabalhistas, ao precarizarem as condições materiais de trabalho, aumentaram a incidência do estresse e da depressão, doenças que dificilmente são reconhecidas como relacionadas diretamente ao trabalho, e que podem ocasionar inúmeras outros transtornos, incluindo os distúrbios endócrinos, os cardiovasculares e músculoesqueléticos.

A pandemia, com tudo que dela decorre em termos de isolamento social e interrupção de atividades laborais, agrava um quadro social já adoecido. A medida necessária, diante da constatação de que há um efeito social deletério que decorre diretamente da fragilização e supressão das normas de proteção social, é a reversão da

---

(38) Disponível em: <https://coronavirus.saude.gov.br/boletins-epidemiologicos>.

(39) Disponível em: <https://www.gov.br/fundacentro/pt-br/assuntos/noticias/noticias/2019/4/acoes-regressivas-gestao-de-riscos-e-impacto-dos-acidentes-de-trabalho-foram-temas-de-debate>.

(40) Disponível em: <https://www.ilo.org/lisbon/temas/WCMS_650864/lang--pt/index.htm>.

lógica liberal que impregna as opções políticas adotadas nesses dois países nos últimos anos. Concretamente, é preciso rever legislações que suprimem direitos, fragilizam os vínculos e pioram a remuneração de quem vive do trabalho. Sem um trabalho decente, que dê condições materiais da vida digna, aí compreendidas as possibilidades de comer, vestir, morar e viver com conforto e com tempo livre, não há sociedade que se desenvolva, sequer da perspectiva econômica.

Há, portanto, um ensinamento que precisa ser aprendido com urgência nesses tempos estranhos. Viver bem em sociedade inclui a saúde psíquica. E a saúde psíquica, em uma sociedade de trocas, depende diretamente de vínculos seguros, salários decentes e ambientes saudáveis de trabalho.

Páginas consultadas

<http://sa.previdencia.gov.br/site/2018/09/AEAT-2017.pdf>.

<http://www.mites.gob.es/estadisticas/eat/eat19/TABLAS%20ESTADISTICAS/ATR_2019_Resumen.pdf>.

<http://www.mites.gob.es/ficheros/ministerio/estadisticas/anuarios/2019/EPR/EPR.pdf>.

<http://www.tst.jus.br/web/trabalhoseguro/programa/-/asset_publisher/0SUp/content/justica-do-trabalho-do-ceara-promove-campanha-para-prevenir-acidentes-de-trabalho>.

<https://affor.es/el-42-de-la-poblacion-trabajadora-encuestada-presenta-sintomas-de-ansiedad/>.

<https://agenciabrasil.ebc.com.br/geral/noticia/2017-04/transtornos-mentais-sao-terceira-maior-causa-de-afastamento-do-trabalho>.

<https://apps.who.int/iris/bitstream/handle/10665/254610/WHO-MSD-MER-2017.2-eng.pdf;jsessionid=8898C0A87E5F3DE61088E434498BDF10?sequence=1>.

<https://coronavirus.saude.gov.br/boletins-epidemiologicos>.

<https://crppr.org.br/1demaio/>.

<https://economia.estadao.com.br/noticias/geral,em-meio-a-pandemia-pais-nunca-teve-tantos-brasileiros-fora-do-mercado-de-trabalho,70003350025>.

<https://extra.globo.com/noticias/rio/em-meio-pandemia-do-novo-coronavirus-cresce-numero-de-moradores-de-rua-no-rio-24485324.html>.

<https://jamanetwork.com/journals/jamanetworkopen/fullarticle/2763229>.

<https://nacoesunidas.org/oms-o-impacto-da-pandemia-na-saude-mental-das-pessoas-ja-e-extremamente-preocupante/>.

<https://noticias.uol.com.br/saude/ultimas-noticias/redacao/2020/04/06/com-falta-de-epi-para-coronavirus-profissionais-compram-mascaras-Covid-19.htm>.

<https://observatorio3setor.org.br/noticias/pandemia-e-a-saude-mental-profissionais-hospitais/>.

<https://smartlabbr.org/sst/localidade/0?dimensao=despesa>.

<https://smartlabbr.org/sst/localidade/0?dimensao=frequenciaAcidentes>.

<https://smartlabbr.org/sst/localidade/0?dimensao=perfilCasosAfastamentos>.

<https://w6.seg-social.es/PXWeb/pxweb/es/Afiliados%20en%20alta%20laboral/Afiliaados%20en%20alta%20laboral__Afiliados%20Medios/01m_Afi.%20Med.%20por%20Media--Ajuste%20Estacional,%20Relación%20Laboral%20y%20Actividad%20Económica.px/table/tableViewLayout1/>.

<https://www.anamt.org.br/portal/2018/11/27/apenas-18-das-empresas-mantem-um-proegrama-para-cuidar-da-saude-mental/>.

<https://www.fiocruzbrasilia.fiocruz.br/wp-content/uploads/2020/04/Sa%c3%bade-Mental-e-Aten%c3%a7%c3%a3o-Psicossocial-na-Pandemia-Covid-19-recomenda%c3%a7%-c3%b5es-gerais.pdf>.

<https://www.gov.br/fundacentro/pt-br/assuntos/noticias/noticias/2019/4/acoes-regressivas--gestao-de-riscos-e-impacto-dos-acidentes-de-trabalho-foram-temas-de-debate>.

<https://www.ilo.org/lisbon/temas/WCMS_650864/lang--pt/index.htm>.

<https://www.paho.org/hq/dmdocuments/2009/Protecao-da-Saude-Mental-em-Situaciones-de-Epidemias--Portugues.pdf>.

<https://www.insst.es/documents/94886/618461/Informe+sobre+el+estado+de+la+seguridad+y+salud+laboral+España+2018.pdf/be095b10-aa95-4c69-9908-e163784312a9>.

<https://www.insst.es/documents/94886/96082/Encuesta+Nacional+de+Condiciones+de+-Trabajo+6ª+EWCS/abd69b73-23ed-4c7f-bf8f-6b46f1998b45>.

<https://www.insst.es/documents/94886/618461/Informe+sobre+el+estado+de+la+seguridad+y+salud+laboral+España+2018.pdf/be095b10-aa95-4c69-9908-e163784312a9>.

<https://www.insst.es/documentacion/catalogo-de-publicaciones/vii-encuesta-nacional-de--condiciones-de-trabajo-2011>.

<https://www.rtve.es/noticias/20191016/hogares-internet-espana-crecen-hasta-914-cinco--puntos-mas-ano/1981993.shtml>.

<https://www.un.org/sites/un2.un.org/files/un_policy_brief-covid_and_mental_health_final.pdf>.

<https://www.who.int/countries/bra/es/>.

<https://www.who.int/countries/esp/es/>.

<https://www1.folha.uol.com.br/mercado/2020/02/informalidade-atinge-recorde-em-19-estados-e-no-df-diz-ibge.shtml>.

<https://www12.senado.leg.br/noticias/materias/2019/09/25/brasil-tem-48-da-populacao--sem-coleta-de-esgoto-diz-instituto-trata-brasil>.

Experiência Comparada — Impactos da Crise na Regulação das Relações de Trabalho Na França

Alessandro da Silva

1. Breve panorama da crise no mercado de trabalho francês

As crises fazem parte da dinâmica de desenvolvimento do modo de produção capitalista, pois são resultado de suas leis tendenciais. Elas constituem o aspecto oposto do impulso desmedido do capital por expansão e dominação, no movimento dialético que dá vida à sociedade burguesa(1).

A crise generalizada vivida atualmente não foge a essa constatação. Há algum tempo já havia sinais de que ela estava se formando(2), até que em 2019 o quadro ficou tão claro que já era possível afirmar com certa convicção que em 2020 se efetivaria uma crise de grandes proporções(3). Logo, a pandemia de Covid-19 teve o papel de agravar seus efeitos, mas não é causa efetiva da crise.

A economia francesa foi uma das mais duramente atingidas na Europa, a ponto de ser estimada uma redução de 11% do Produto Interno Bruto (PIB), segundo previsão do próprio governo francês(4). Essa retratação da atividade econômica teve fortes

---

(1) Cf. GRESPAN. Jorge. *O negativo do capital:* o conceito de crise na crítica de Marx à economia política. 2. ed. São Paulo: Expressão Popular, 2012.

(2) "China e Alemanha alimentam medo de recessão global e pressionam mercados". Disponível em: <https://www1.folha.uol.com.br/mercado/2019/08/china-e-alemanha-alimentam-medo-de-recessao-global-e-pressionam-mercados.shtml>. Publicado em: 14 ago. 2019, acesso em: 07 ago. 2020.

(3) Ver, por exemplo, KUPFER, José Paulo. "Roubini, o economista que previu a crise de 2008, está agora prevendo outra". Disponível em: <https://josepaulokupfer.blogosfera.uol.com.br/2019/09/11/roubini-o-economista-que-previu-a-crise-de-2008-esta-agora-prevendo-outra/>. Publicado em: 11 set. 2019, acesso em: 07 ago. 2020.

(4) "França pode ter retração de até 11% do PIB este ano, alerta ministro da Economia". Disponível em: <https://www.rfi.fr/br/fran%C3%A7a/20200602-fran%C3%A7a-pode-ter-retra%C3%A7%C3%A3o-de-at%C3%A9-11-do-pib-este-ano-alerta-ministro-da-economia>. Acesso em: 07 ago 2020.

impactos no mercado de trabalho, pois a taxa de desemprego, que estava em 7,6% antes da pandemia, deve chegar a 10% no final de 2020 e 11,5% em meados de 2021, um nível "acima dos precedentes históricos" das recessões econômicas, conforme afirmou em comunicado o Banco da França[5].

Tal qual levado a efeito em outros países, o Estado francês também adotou medidas impactantes para fazer face à crise materializada em 2020, com mudanças significativas na regulamentação das relações de trabalho.

Desde logo, é importante advertir que Emmanuel Macron, o atual Presidente da República na França, é um liberal e, como tal, seu compromisso principal é com os detentores dos meios de produção. Logo, era previsível que as medidas adotadas tivessem o intuito de aumentar a concentração e a centralização do capital, tendência acentuada em períodos de crise. Essa evidência, contudo, deve ser compreendida no contexto da formação social francesa, marcado historicamente por uma ferrenha luta de classes.

Exposto esse breve panorama, passemos à análise das medidas legislativas adotadas na França para enfrentamento da crise.

2. Medidas legislativas adotadas para enfrentamento da crise

As medidas mais relevantes na regulamentação do mercado de trabalho foram tomadas a partir de uma série de normas[6], a começar pela Lei n. 2020-290 de 23.03.2020, que previu a possibilidade de declaração do estado de emergência sanitária, em "caso de catástrofe sanitária que coloque em perigo, por sua natureza e sua gravidade, a saúde da população". Em matéria trabalhista, essa lei autorizou o governo a editar *Ordonnances*[7], no prazo de três meses a contar da publicação da referida lei, com medidas como as seguintes:

a) limitar a rescisão dos contratos de trabalho e mitigar os efeitos da redução da atividade econômica, facilitando e reforçando a utilização do programa de atividade parcial para todas as empresas, independentemente da sua dimensão, e para novas categorias de trabalhadores;

b) permitir que um acordo de empresa ou filial autorize o empregador a impor ou modificar as datas de fruição de parte das férias no prazo de seis dias

(5) "La Banque de France prévoit un pic du chômage supérieur à 11,5% mi-2021". Disponível em: <https://www.europe1.fr/ economie/la-banque-de-france-prevoit-un-pic-du-chomage-superieur-a -115-mi-2021-3973792>. Acesso em: 09 ago. 2020.

(6) A relação completa das normas editadas nas áreas trabalho, emprego e formação profissional pode ser consultada em: <https://travail-emploi.gouv.fr/le-ministere-en-action/coronavirus-Covid-19/article/textes-reglementaires>.

(7) No sistema normativo francês, a *ordonnance* é uma norma editada pelo Poder Executivo, com imediata força de lei, e que posteriormente deve ser ratificada pelo Parlamento. No direito brasileiro, ela equivaleria à medida provisória.

úteis, dispensando os prazos de aviso prévio e os métodos de gozo de licença definidos pelas disposições do Código do Trabalho e pelos acordos coletivos e acordos aplicáveis na empresa;

c) permitir que qualquer empregador imponha ou modifique unilateralmente as datas dos dias de redução do horário de trabalho, dias de descanso previstos em acordos e dias de descanso existentes no saldo de horas do empregado, mediante dispensa dos prazos de aviso e dos termos de utilização definidos no Código do Trabalho, bem como por convenções e acordos coletivos;

d) permitir que empresas em setores particularmente necessários à segurança da Nação ou à continuidade da vida econômica e social derroguem as regras de ordem pública e as cláusulas contratuais relativas ao horário de trabalho, descanso semanal e descanso no domingo;

e) modificar, excepcionalmente, os prazos e formas de pagamento das quantias devidas a título de participação nos lucros;

f) alterar o prazo e as condições de pagamento de prêmios;

g) adaptar os procedimentos para o exercício das atribuições dos serviços de saúde ocupacional definidas no Código do Trabalho, especialmente o controle do estado de saúde dos trabalhadores.

Em decorrência da aplicação da Lei n. 2020-290 foi editada a *Ordonnance* 2020-323 de 25 de março de 2020, que permite aos empregadores determinar que os empregados fruam as férias (saldo ou novos períodos) ou alterem as datas daquelas já marcadas, sem ter que respeitar o prazo normal de aviso de um mês. Para tanto, é necessário um acordo coletivo de empresa ou por ramo de atividade, há o limite de uma semana de férias e o trabalhador deve ser avisado com, pelo menos, um dia de antecedência.

O empregador pode ainda, desde que seja permitido no acordo coletivo, fracionar as férias sem a concordância do empregado ou suspender o direito à fruição simultânea para os casais que trabalham na mesma empresa. O período de férias ou dias de tempo de trabalho reduzido (*Réduction du Temps de Travail – RTT*) e dias de descanso impostos ou alterados estende-se até 31 de dezembro de 2020.

Além disso, a norma autoriza as empresas "pertencentes a setores de atividade particularmente necessários à segurança da Nação e à continuidade da vida econômica e social" a não observar temporariamente os períodos máximos de trabalho e de descanso diário até ao final de 2020. Nessas empresas – energia, telecomunicações, logística e outras relacionadas por decreto), a duração diária máxima da jornada passa de 10 para 12 horas e a carga horária semanal passa de no máximo 48 para 60 horas. O tempo de descanso entre jornadas pode ser reduzido para 9 horas consecutivas, enquanto que normalmente é de 11 horas.

Também data de 25.03.2020 a *Ordonnance* n. 2020-324 que dispõe sobre medidas de emergência em termos de reposição da remuneração. Ela permite a prorrogação dos subsídios a trabalhadores desempregados para os benefícios com término previsto a partir de 12 de março de 2020. Os pagamentos foram estendidos até 31 de julho de 2020 e abrangem o subsídio de retorno ao emprego (*AER — allocation de retour à l'emploi*), subsídio específico de solidariedade (*ASS — allocation de solidarité spécifique*), subsídio de seguro a ser pago por empregadores públicos (*allocation d'assurance à la charge des employeurs publics*) e subsídios específicos pagos a trabalhadores intermitentes do entretenimento (*allocations spécifiques versées aux intermittents du spectacle*).

Dessa mesma data é a *Ordonnance* n. 2020-322 que alterou as condições de atribuição do subsídio complementar à indenização auferida em caso de suspensão da prestação de serviço causada por risco grave e excepcional para a saúde, especialmente por epidemia. O quadro de empregados elegíveis também foi ampliado e o prazo para pagamento da participação nos lucros foi prorrogado para 31 de dezembro de 2020.

A *Ordonnance* n. 2020-346, de 27 de março de 2020, estabelece medidas emergenciais em matéria de atividade/desemprego parcial, programa criado para evitar dispensas massivas, segundo o qual o empregador paga um auxílio igual a 70% do salário bruto (cerca de 84% do líquido) com um mínimo de 8,03 euros por hora, independentemente do tamanho da empresa. Empregados que recebem um salário mínimo ou menos têm direito a um auxílio equivalente à integralidade do salário normalmente recebido. A empresa será reembolsada integralmente pelo Estado francês em relação aos salários de até 6.927 euros brutos mensais, ou seja, 4,5 salários mínimos.

A própria empresa pode requerer o afastamento do empregado no regime de atividade parcial nas seguintes hipóteses: a) quando for afetada pelos decretos que determinam o fechamento do estabelecimento; b) enfrentar uma redução da atividade ou dificuldades de abastecimento; c) não lhe for possível aplicar as medidas preventivas necessárias para proteger a saúde dos empregados, como teletrabalho por exemplo, para o conjunto dos trabalhadores.

Não há exigências relacionadas ao tempo de vigência nem ao tipo de contrato de trabalho (CDD, aprendizes, CDI, etc.) ou à carga horária (meio período, jornada integral). Os empregados com saldo positivo no banco de dias e horas ao longo do ano podem passar para atividade parcial, em caso de redução do horário de trabalho e no caso de fechamento do estabelecimento.

Essa *ordonnance* estende o regime de atividade parcial a trabalhadores que anteriormente dele estavam excluídos, como trabalhadores domésticos, babás, empregados em regime de contratação de direito privado em empresas públicas, alguns tipos de empregados sazonais e empregados que trabalham na França contratados por empresas estrangeiras que não têm um estabelecimento no país.

Assim que esse programa foi lançado, os gastos a ele destinados estavam previstos em 8,5 bilhões de euros, em seguida passaram a 11 bilhões e finalmente 26 bilhões de euros, de modo que no período de dois meses de confinamento e paralisação da economia, a estimativa do custo do programa aumentou significativamente. O fato é que 6 em cada 10 trabalhadores do setor privado, ou mais de 12,2 milhões de franceses, foram enquadrados nesse sistema de proteção do emprego que, embora tenha evitado uma onda de dispensas, foi alvo de críticas dos porta-vozes do mercado em razão de seu alto custo(8).

Em 01 de abril de 2020 foi editada a *Ordonnance* n. 2020-386, que adapta as condições de exercício das atribuições dos serviços de saúde ocupacional à emergência sanitária. Dentre outras determinações, a norma estabele que os médicos do trabalho devem priorizar as seguintes atividades: a) divulgar mensagens de prevenção contra a propagação de Covid-19; b) dar suporte às empresas na implementação de medidas de prevenção adequadas, em particular guias de conduta relativos a cada função, e aos agentes econômicos que visem expandir ou adaptar a sua atividade; c) recomendar a suspensão das atividades expostas à Covid-19 e fazer a triagem dos trabalhadores contaminados; d) acompanhar a contratação de empregados alocados em funções com risco de contaminação ou que apresentem fatores de vulnerabilidade.

Finalmente, o Ministério do Trabalho da França anunciou o reconhecimento automático da doença ocupacional para todos os profissionais da saúde e o reconhecimento facilitado para as demais categorias que executaram suas atividades durante o período de confinamento, quando contaminados pela Covid-19 na sua forma grave. Todos os trabalhadores em estabelecimentos de saúde, não só médicos e enfermeiros, bem como pessoas que fornecem transporte e suporte para pessoas com Covid-19, serão beneficiados pelo reconhecimento automático da doença ocupacional.

Para os trabalhadores de categorias que não integram a área da saúde, o procedimento de reconhecimento da doença profissional deveria ser facilitado: em vez dos comitês regionais, será criado um único comitê nacional de reconhecimento dedicado à Covid-19 para garantir a homogeneidade no processamento dos pedidos. Serão enviadas ao comitê nacional recomendações para facilitar o reconhecimento da natureza ocupacional da doença para os empregados contaminados em razão de atividades realizadas presencialmente durante o período de confinamento.

O reconhecimento da Covid-19 como doença profissional permite a cobertura de até 100% dos custos com tratamento por meio do seguro saúde, coberturas mais abrangentes, indenização (renda ou capital) pela invalidez temporária ou permanente

(8) Cf. "Les effets pervers du «très généreux» chômage partiel français". Disponível em: <https://www.lefigaro.fr/conjoncture/les-effets-pervers-du-tres-genereux-chomage-partiel-hexagonal-20200512>. Acesso em: 10 ago. 2020.

e indenização aos dependentes em caso de morte. Segundo o Governo francês, a medida teria o objetivo de facilitar o acesso aos direitos para os trabalhadores que estão na linha da frente na gestão da crise do Covid-19 e, em particular, dos profissionais da saúde que adoeceram no exercício da profissão[(9)].

Essas medidas relativas a reconhecimento da doença ocupacional foram alvo de críticas de associações e sindicatos, visto que os compromissos inicialmente assumidos pelo Governo não teriam sido cumpridos. Dentre os principais defeitos estaria o fato de que somente as sequelas respiratórias graves decorrentes da Covid-19 seriam reconhecidas como doença ocupacional, o que excluiria outros danos causados pela moléstia, como as sequelas renais e neurológicas. Ademais, apesar de toda a retórica oficial, os trabalhadores que não fazem parte da categoria dos profissionais da saúde devem comprovar "uma relação direta e essencial" entre suas condições de exposição e a doença, o que seria praticamente impossível para a Covid-19[(10)] e, por consequência, configuraria obstáculo para o acesso às reparações decorrentes da doença ocupacional.

3. Considerações conclusivas acerca das medidas adotadas

A análise das medidas adotadas para enfrentar a crise revela que o Governo francês tenta se equilibrar entre os compromissos decorrentes de sua orientação liberal e o elevado nível de combatividade da classe trabalhadora no país.

De um lado estabeleceu um programa para limitar as dispensas e evitar o aumento desmedido do desemprego, o que acarretaria a acelerada deterioração do mercado de trabalho, como ocorre no Brasil. Em contrapartida, todo o prejuízo será suportado pelos trabalhadores que, além do risco do desemprego, devem arcar com a redução de seus salários, enquanto que as empresas terão integralmente reembolsados pelo Estado os valores pagos aos empregados durante a suspensão da atividade econômica.

Ao cabo, percebe-se que, mesmo em um país do capitalismo central, não sujeito às determinações da dependência[(11)], o capital busca aproveitar a conjuntura de crise para avançar sobre o fundo de consumo dos trabalhadores. O obstáculo a essa sanha por mais-valor continua a ser a ação política da classe trabalhadora, o que revela como o reconhecimento da luta de classes é atual e urgente.

---

(9) "Reconnaissance en maladie professionnelle des travailleurs atteints du Covid-19". Disponível em: <https://travail-emploi.gouv.fr/actualites/presse/communiques-de-presse/article/reconnaissance-en-maladie-professionnelle-des-travailleurs-atteints-du-Covid-19#:~:text=Conform%C3%A9ment%20aux%20engagements%20pris%20par,reconnue%20comme%20une%20maladie%20professionnelle>. Acesso em: 10 ago. 2020.

(10) "Vives inquiétudes autour de la reconnaissance du Covid-19 comme maladie professionnelle". Disponível em: <https://www.lemonde.fr/planete/article/2020/07/07/vives- inquietudes-autour-de-la-reconnaissance-du-Covid-19-comme-maladie-professionnelle_6045445_3244.html>. Acesso em: 10 ago. 2020.

(11) Cf. MARINI, Ruy Mauro. "Dialética da dependência". In: STEDILE, João Pedro; TRASPADINI, Roberta (Orgs.). *Ruy Mauro Marini:* vida e obra. 2. ed. São Paulo: Expressão Popular, 2011.

Trabalho e Coronavírus na Argentina: O Albertismo na Pandemia

José Carlos Callegari
Renan Bernardi Kalil

1. Introdução

A Argentina tem sido reconhecida como um caso de relativo sucesso no combate à pandemia nas Américas. No momento em que essas linhas são escritas o Brasil registra 91.607 mortes enquanto o país vizinho, 3.441. Para efeito de comparação, a Argentina possui a mesma população do estado de São Paulo, que neste momento registra 22.710 mortes. Ainda a título de comparação, e para colocarmos lado a lado dados de grandes aglomerados urbanos, a Cidade de Buenos Aires possui população similar à cidade de Salvador. Enquanto a primeira possui 1.567 óbitos a capital baiana, 1.714.[(1)]

Mas, ainda que a comparação sobre os números da pandemia possa ser um indicador sobre como está ocorrendo o enfrentamento da doença em um determinado lugar, não é o único elemento que deve ser levado em conta.

A Argentina adotou medidas céleres e rígidas de combate à pandemia. O primeiro caso confirmado por lá ocorreu em 03 de março de 2020. Em 19 de março o governo central anunciou o decreto de isolamento social preventivo e obrigatório, com rígidas medidas de quarentena e restrição à movimentação de pessoas com imposição de multas e prisões.[(2)] Novamente, em termos comparativos, o primeiro caso de Covid-19 foi confirmado no Brasil em 26 de fevereiro. O decreto legislativo de

---

(1) O texto foi finalizado em 31 de julho de 2020. Os dados sobre o número de óbitos foram obtidos na página especial de acompanhamento da pandemia no google à exceção dos números de Salvador que foram obtidos no site da Secretaria da Saúde do Estado da Bahia em: <https://bi.saude.ba.gov.br/transparencia/>.

(2) Disponível em: <https://jacobin.com.br/2020/04/por-que-a-resposta-argentina-a-pandemia-e-uma-das-melhores/>.

calamidade pública foi editado em 20 de março, com regras sobre orçamento público e nenhuma medida efetiva de restrição à circulação de pessoas.

Para além dessas medidas, no plano do discurso também podemos verificar uma notável inclinação do governo central argentino à adoção de medidas restritivas para contenção da propagação da doença. Em um já histórico discurso dirigido à nação, Alberto Fernandez fez afirmações em que enfrenta a tão difundida falsa dicotomia entre "salvar a economia" e "salvar vidas". Em um determinado momento do discurso Alberto faz uma forte afirmação que acaba por revelar a inclinação de seu governo nesse debate:

> "Não podemos, em semelhante crise, desamparar alguém, deixando-o sem trabalho. E volto a repetir: o que se trata aqui, para muitos empresários, é de ganhar menos. Não de perder. Então, rapazes, chegou a hora de vocês ganharem menos. E isso eu vou fazer respeitar."[(3)]

Nota-se que as medidas adotadas pelo governo argentino enfrentam o inegável problema econômico resultante da crise do novo coronavírus. Contudo, existe uma diferença muito grande entre reconhecer e enfrentar esse problema com a devida seriedade e somente dizer que é necessário evitar "a morte de CNPJs".

O objetivo deste artigo é examinar e retratar as medidas de proteção ao trabalho no setor formal e de proteção social, assim como o papel que os atores sociais desempenharam na implementação destas ações. Políticas que afetam diretamente a vida das pessoas, como as relacionadas ao trabalho, são fundamentais para determinar o sucesso ou fracasso de medidas de distanciamento social e de quarentena.

Adotamos o método analítico-descritivo, em que tratamos as medidas governamentais em cada um desses âmbitos e as ações de sindicatos de trabalhadores e de organizações empresariais. Para tanto, partimos do levantamento feito pela OIT[(4)] sobre as respostas oferecidas pela Argentina para o enfrentamento da pandemia e realizamos pesquisa no sítio eletrônico do *Boletín Oficial*.[(5)]

O artigo se estrutura em três partes. Na primeira, abordamos as medidas legislativas para proteger o trabalho no setor formal. Na segunda, tratamos das iniciativas

---

(3) O vídeo do discurso em espanhol e a tradução para o português podem ser verificadas em: <https://www.cartamaior.com.br/?%2FEditoria%2FPelo-Mundo%2Fintegra-do-discurso-de-Alberto-Fernandez--que-provocou-aplausos-em-toda-a-Argentina%2F6%2F46998&fbclid=IwAR1FAhAlgKHu7zO-mQYhmPP-3tG2eg1v4qphFl32ad_ZEhfnYlvERsDichAM>.

(4) ORGANIZACIÓN INTERNACIONAL DEL TRABAJO. *Respuestas políticas nacionales:* ARGENTINA. Disponível em: <https://www.ilo.org/global/topics/coronavirus/country-responses/lang--es/index.htm>. Acesso em: 22 jul. 2020.

(5) ARGENTINA. *Boletín Oficial*. Disponível em: <https://www.boletinoficial.gob.ar>. Acesso em: 22 jul. 2020.

governamentais no âmbito assistencial e para apoiar trabalhadores informais. Na terceira, apresentamos como as entidades de trabalhadores e de empresários agiram para defender os interesses de seus representados. Concluímos analisando os méritos e os limites das ações mencionadas e as lições que podem ser apreendidas do processo argentino.

2. Medidas de proteção ao trabalho no setor formal

Para além das medidas sanitárias determinando o isolamento obrigatório e preventivo, estendido a todas as províncias argentinas por decreto federal, o governo central adotou uma série de ações com o objetivo de minimizar os impactos do avanço da doença em diversos setores da atividade econômica.

Em 13 de março de 2020, o governo decretou a suspensão da necessidade de realização de trabalho presencial, com manutenção dos salários, para todas trabalhadoras e todos trabalhadores que estiveram expostos a qualquer situação de risco de contágio da Covid-19 (desde pessoas que tiveram contato com casos suspeitos até pessoas que estiveram nos últimos 14 dias em "zonas afetadas" pela pandemia).(6)

Em 27 de março, foi editado decreto prevendo o pagamento de um benefício mensal, até julho e a cargo do governo federal, no valor de 5 mil pesos — aproximadamente R$ 400,00 — para quem trabalha diretamente com manejo de casos relacionados à Covid-19.(7)

Em 28 de março, foi criado mais um benefício, no mesmo valor, a ser pago uma única vez e sem natureza remuneratória, a todas as forças de segurança federais do país, assim entendidas as Forças Armadas, a *Gendarmeria Nacional*, a Polícia Federal Argentina e as polícias de segurança naval e aeroportuárias(8), eis que as pessoas imbricadas com esses trabalhos também foram consideradas relacionadas diretamente ao combate à pandemia em razão da necessidade de fazer cumprir as medidas de isolamento social obrigatório.

Outra ação importante a ser ressaltada é o Decreto n. 367/2020 de 13 de abril, que considerava a Covid-19 presumida com doença ocupacional para todas trabalhadoras e trabalhadores que por motivos legais não puderam cumprir o trabalho de natureza remota. Tal consideração possui diversas implicações previdenciárias e de seguridade social para as pessoas atingidas pelo decreto, tais como concessão de auxílios, benefícios, coberturas de tratamentos, entre outros.(9)

---

(6) Disponível em: <http://servicios.infoleg.gob.ar/infolegInternet/anexos/335000-339999/335675/norma.htm>.

(7) Disponível em: <https://www.boletinoficial.gob.ar/detalleAviso/primera/227193/20200327>.

(8) Disponível em: <https://www.boletinoficial.gob.ar/detalleAviso/primera/227234/20200328>.

(9) Disponível em: <https://www.boletinoficial.gob.ar/detalleAviso/primera/227750/20200414>.

Em 31 de março de 2020, foi editado o Decreto n. 329/2020, proibindo a dispensa sem justa causa em todo território nacional por 60 dias. Essa medida contrasta fortemente com o cenário de desemprego vivenciado por quase todos os países que enfrentam a crise da pandemia e que não possuem regras de proteção ao emprego.(10) Em 18 de maio os termos desta norma foram prorrogados por mais 60 dias através do Decreto n. 487/2020.(11)

A medida mais importante, ou de maior amplitude, tomada pelo governo argentino para o enfrentamento dos efeitos da pandemia no setor produtivo foi o "Programa de Assistência de Emergência do Trabalho e à Produção", instituído pelo Decreto n. 332/2020. Tal programa apresenta um amplo rol de políticas que tem por objetivo proteger o trabalho formal e prestar auxílio a empresas, privilegiando pequenas e médias com até 100 empregados.(12)

Dentre as medidas, destacamos: (i) a postergação de até 95% das contribuições previdenciárias devidas pelas empresas; (ii) o pagamento integral pelo Estado, até o limite de um salário-mínimo, dos salários dos empregados das empresas com até 25 trabalhadores; e (iii) pagamentos menores, conforme o número de trabalhadores, até o limite de 100 empregados por empresa.

Posteriormente, esse Programa foi ampliado com o Decreto n. 376/2020 e o Estado se responsabilizou pelo pagamento do valor de 50% do salário líquido do trabalhador correspondente ao mês de fevereiro de 2020, não podendo ser inferior ao equivalente a um salário mínimo e não exceder dois salários mínimos para todos os empregados de empresas com até 100 trabalhadores.(13)

Verifica-se, assim, que houve uma preocupação do governo argentino em garantir a existência dessas empresas sem desamparar as trabalhadoras e os trabalhadores nesse momento tão complexo que foi imposto pelo isolamento preventivo e obrigatório em virtude da disseminação do novo coronavírus.

A amplitude das medidas e preocupação do governo no enfrentamento à pandemia podem ser verificadas, ainda, no amplo repertório legislativo editado pelo governo que compila todas as normas administrativas instituídas. O documento é demasiadamente longo para uma análise detidas nessas breves linhas. Mas, vale a

---

(10) Disponível em: <http://servicios.infoleg.gob.ar/infolegInternet/anexos/335000-339999/335976/norma.htm>.

(11) Disponível em: <https://www.boletinoficial.gob.ar/detalleAviso/primera/229469/20200519>.

(12) Disponível em: <https://www.argentina.gob.ar/normativa/nacional/decreto-332-2020-336003/texto>.

(13) ARGENTINA. Decreto n. 376/2020. *Boletín Oficial*, Buenos Aires, 20 abr. 2020. Disponível em: <https://www.boletinoficial.gob.ar/detalleAviso/primera/227988/20200420>. Acesso em: 11 jul. 2020.

referência e a indicação para a leitora ou o leitor que quiser verificar essa coletânea de 3.376 páginas.(14)

3. Medidas de proteção social

O governo argentino divulgou na segunda quinzena de março o pagamento de uma renda familiar de emergência, por meio do Decreto n. 310/2020.(15) Na justificativa desta norma, apontou-se que a adoção de medidas de distanciamento social para prevenir a disseminação do novo coronavírus inevitavelmente teriam consequências nos ganhos dos trabalhadores do setor informal, dos *monotributistas* (que são uma espécie de microempreendedores individuais) de baixa renda e das trabalhadoras e dos trabalhadores domésticos. Portanto, com o objetivo de amenizar a insegurança desses grupos vulneráveis, que teriam restrições para conseguir trabalhar no período de vigência das medidas para enfrentar a crise sanitária, garantiu-se o pagamento de 10.000 pesos argentinos (aproximadamente 715 reais) para um integrante do grupo familiar somente no mês de abril de 2020.

O Decreto previu que, além dos grupos mencionados, também seriam abrangidos os desempregados. Colocou-se como requisitos: (i) ser argentino, nativo ou naturalizado, com residência legal por pelo menos 2 anos; (ii) ter idade entre 18 e 65 anos; (iii) não ter trabalho com registro no setor privado ou público, não receber benefícios por ser desempregado, não ser *monotributista* com renda média ou autônomo, não receber aposentadoria ou não outros benefícios sociais.

Diante da manutenção das medidas de distanciamento social e de quarentena na Argentina, no início de junho de 2020, o governo editou o Decreto n. 511/2020(16), que previu o pagamento de mais uma parcela de 10.000 pesos argentinos no mês de junho, nos moldes indicados pelo Decreto n. 310/2020. A prorrogação das medidas até agosto motivou o anúncio, no começo de julho, do pagamento de uma terceira parcela da renda familiar de emergência no mesmo mês em algumas províncias.(17)

Com o objetivo de reforçar os programas assistenciais, o governo editou o Decreto n. 309/2020(18), prevendo o pagamento de uma parcela no valor de 3.000 pesos

(14) Disponível em: <http://s3.arsat.com.ar/cdn-bo-001/Digesto_Juridico_Emergencia_Sanitaria_15-7.pdf>

(15) ARGENTINA. Decreto n. 310/2020. *Boletín Oficial*, Buenos Aires, 24 mar. 2020. Disponível em: <http://servicios.infoleg.gob.ar/infolegInternet/anexos/335000-339999/335820/norma.htm>. Acesso em: 11 jul. 2020.

(16) ARGENTINA. Decreto n. 511/2020. Boletín Oficial, Buenos Aires, 04 jun. 2020. Disponível em: <http://servicios.infoleg.gob.ar/infolegInternet/anexos/335000-339999/338363/norma.htm>. Acesso em: 11 jul. 2020.

(17) GOBIERNO DE TUCUMÁN. *Manzur afirmó que el IFE causará un impacto muy importante en Tucumán.* Julio, 2020. Disponível em: <http://comunicaciontucuman.gob.ar/2020/07/fernandez-confirmo-que-ampliara-la-tercera-partida-del-ife-a-todo-el-pais>. Acesso em: 11 jul. 2020.

(18) ARGENTINA. Decreto n. 309/2020. *Boletín Oficial*, Buenos Aires, 24 mar. 2020. Disponível em: <https://www.boletinoficial.gob.ar/detalleAviso/primera/227114/20200324>. Acesso em: 12 jul. 2020.

argentinos (aproximadamente 215 reais) no mês de abril, para três grupos: (i) beneficiários de prestações do sistema integrado previdenciário argentino (SIPA, previsto na Lei n. 24.241); (ii) beneficiários da pensão universal para idosos; e (iii) beneficiários de pensões não contributivas por velhice, invalidez, mães de sete crianças ou mais e outras pensões pagas pela Administração Nacional da Seguridade Social (ANSES).

O mesmo Decreto estabeleceu o pagamento de uma parcela extraordinária, no mesmo valor do benefício pago no mês de março, aos destinatários do Abono Universal por Filhos (AUH, sigla em espanhol para *Asignación Universal por Hijos*) e por Gravidez para a Proteção Social.

O governo ainda prorrogou o período de carência para o pagamento de quotas da ANSES para o mês de junho(19) e aportou um reforço extraordinário ao cartão alimentação, destinado a famílias com crianças que recebem o AUH, grávidas que recebem o Abono por Gravidez e pessoas com deficiência que recebem o AUH, para a compra de cesta básica(20).

Ainda, destacamos que o governo estendeu o pagamento de benefícios por desemprego vencidos entre fevereiro e abril até o fim do mês de maio, para os trabalhadores que não se conseguiram a reinserção no mercado de trabalho(21).

4. O papel dos atores sociais

O governo promoveu articulações com atores sociais, como organizações de trabalhadores e empregadores, para debater as medidas adotadas para reduzir os impactos do novo coronavírus na economia e no mundo do trabalho, bem como para realizar ações para mitigar a sua disseminação.

No início de abril, houve reunião entre governo, representantes de trabalhadores e de empregadores para discutir o impacto das primeiras medidas de distanciamento social e decidiu-se criar uma "mesa de crise" tripartite para, assim que flexibilizadas essas políticas, definir um plano de ação de reinserção trabalhista e para tratar do retorno das atividades econômicas.(22)

Em 27 de abril, a Confederação Geral do Trabalho (CGT) e a União Industrial Argentina (UIA) celebraram um acordo para recomendar a fixação de um marco

(19) ARGENTINA. Resolución 1/2020 ANSES. *Boletín Oficial*, Buenos Aires, 1º maio 2020. Disponível em: <https://www.boletinoficial.gob.ar/detalleAviso/primera/228512/20200501>. Acesso em: 12 jul. 2020.

(20) ARGENTINA. *Argentina contra el hambre*. Disponível em: <https://www.argentina.gob.ar/argentinacontraelhambre>. Acesso em: 12 jul. 2020.

(21) ARGENTINA. Resolución 260/2020 MT. *Boletín Oficial*, Buenos Aires, 28 mar. 2020. Disponível em: <https://www.boletinoficial.gob.ar/detalleAviso/primera/227237/20200328>. Acesso em: 12 jul. 2020.

(22) DAPELO, Santiago. Gobierno, CGT, empresarios y médicos formarán una mesa de crisis para definir la salida de la cuarentena. *La Nación*, Buenos Aires, 03 abr. 2020. Disponível em: <https://www.lanacion.com.ar/politica/el-presidente-recibe-cgt-nid2350495>. Acesso: 12 jul. 2020.

normativo para a situação dos trabalhadores impedidos de realizar suas funções em decorrência das medidas de distanciamento social e apontaram parâmetros em que os acordos de suspensão de atividades com duração de até 60 dias deveriam ser homologados automaticamente. Nesses casos, os empregadores pagariam aos trabalhadores uma parcela não salarial equivalente a 75% de sua renda líquida, sendo que não podem ser dispensados durante o período que durar a suspensão. Ainda, previa-se a dispensa de comparecer no local de trabalho àqueles no grupo de risco ou que acordaram em realizar suas atividades no local em que estão isolados.[(23)]

Como resposta, o Ministério do Trabalho, Emprego e Seguridade Social editou a Resolução n. 397/2020.[(24)] Além da adoção dos termos do referido acordo — que é um anexo à essa normativa —, prevê duas hipóteses de suspensão dos contratos de trabalho: (i) as conjuntas, apresentadas pelas empresas e pelos sindicatos; e (ii) as unilaterais, apresentadas somente pelas empresas. Neste último caso, notifica-se o sindicato para manifestação em 3 dias (prorrogáveis por mais 2). O silêncio da entidade sindical é compreendido como concordância com o requerimento apresentado pela empresa e a oposição da entidade sindical exige a abertura de um processo de diálogo e negociação entre as partes.

As organizações de trabalhadores e de empregadores ainda realizaram ações para apoiar o governo e a população. A CGT ofereceu as instalações hoteleiras dos seus sindicatos filiados para abrigar pessoas com suspeitas de contaminação pelo coronavírus ou pacientes infectados em situação de baixa complexidade e que deveriam cumprir quarentena.[(25)] A União Argentina de Trabalhadores Rurais e Estivadores (UATRE) e a Obra Social para o Pessoal Rural da República Argentina (OSPRERA) concederam o uso de seus consultórios móveis a um hospital na província de Chubut, no sul do país.[(26)] O Sindicato dos Caminhoneiros disponibilizou ao governo 330 leitos de alta complexidade em suas instalações hospitalares para atender pacientes doentes na província de Buenos Aires.[(27)]

---

(23) UNIÓN INDUSTRIAL ARGENTINA. *UIA-CGT-Gobierno:* acuerdo para el sostenimiento del empleo y la actividad productiva. Disponível em: <https://www.uia.org.ar/general/3597/uia-cgt-gobierno-acuerdo-para-el--sostenimiento-del-empleo-y-la-actividad-productiva/>. Acesso em: 13 jul. 2020.

(24) ARGENTINA. Resolución 397/2020. *Boletín Oficial*, Buenos Aires, 30 abr. 2020. Disponível em: <https://www.boletinoficial.gob.ar/detalleAviso/primera/228461/20200430>. Acesso em: 12 jul. 2020.

(25) JASTREBLANSKY, Maia. La CGT le ofrece al Gobierno los hoteles de los gremios para atender pacientes en cuarentena. *La Nación*, Buenos Aires, 14 mar. 2020. Disponível em: <https://www.lanacion.com.ar/politica/la-cgt-le-ofrece-al-gobierno-utilizar-nid2343462>. Acesso em: 14 jul. 2020.

(26) LA VOZ DE MADRYN. *UATRE:* Sumando esfuerzos contra la pandemia. Disponível em: <lavozdemadryn.com/uatre-sumando-esfuerzos-contra-la-pandemia>. Acesso em: 14 jul. 2020.

(27) EL POPULAR. Alberto Fernández: "El problema de la Argentina son los que especulan". Disponível em: <https://www.elpopular.com.ar/nota/142732/alberto-fernandez-el-problema-de-la-argentina-son-los--que-especulan>. Acesso em: 14 jul. 2020.

A UIA criou um comitê de crise para acompanhar a situação da disseminação do coronavírus no país, apresentar propostas ao governo e estabelecer protocolos de prevenção e segurança.[(28)] A União Obreira da Construção da República Argentina (UOCRA) e a Câmara Argentina da Construção fixaram um protocolo para a indústria da construção, com o objetivo de indicar medidas que deveriam ser tomadas para obras em andamento.[(29)] Ainda, o Sindicato dos Caminhoneiros, em conjunto com o Ministério do Trabalho e as empresas do setor de transporte, criaram um protocolo para garantir a segurança dos trabalhadores e evitar a disseminação do coronavírus.[(30)]

Finalmente, destacamos que logo no início da pandemia, o Ministério do Trabalho, Emprego e Seguridade Social editou a Resolução n. 238/2020 e determinou a suspensão por 30 dias de eleições, assembleias, congressos e demais atividades que envolvessem mobilização, deslocamento e aglomeração de pessoas referentes às entidades sindicais.[(31)] Em maio, foi editada a Resolução n. 489/2020, que ampliou a suspensão até o dia 30 de setembro e prorrogou por 180 dias, contados a partir de 30 de setembro, os mandatos das direções de sindicatos, federações e confederações.[(32)]

Em geral, a postura do governo argentino nesse aspecto está em consonância com as ações indicadas pela Organização Internacional do Trabalho (OIT) para o enfrentamento da pandemia. A OIT apontou a centralidade do diálogo social e do tripartismo para criar um clima de confiança entre os atores sociais, colocando como parâmetro a Recomendação n. 205, sobre emprego e trabalho decente para a paz e resiliência[(33)].

5. Conclusão

O que tentamos fazer no presente artigo foi traçar um panorama geral das medidas de enfrentamento à pandemia e à crise gerada pela disseminação do novo coronavírus na Argentina, a partir da perspectiva da proteção ao trabalho. Contudo, é impossível fazer isso sem termos em conta a situação política de nossos vizinhos.

---

(28) UNIÓN INDUSTRIAL ARGENTINA. *Situación de la industria y Covid-19*. Disponível em: <https://uia.org.ar/general/3582/situacion-de-la-industria-y-Covid-19/>. Acesso em: 14 jul. 2020.

(29) UNIÓN OBRERA DE LA CONSTRUCCIÓN. *Protocolo de recomendaciones prácticas Covid-19*. Disponível em: <http://www.uocra.org/pdf/protocoloUOCRA-CAC_Covid-19.pdf>. Acesso em: 14 jul. 2020.

(30) MUNDO GREMIAL. *Crean protocolo para garantizar la seguridad de los trabajadores del transporte*. Disponível em: <https://mundogremial.com/crean-protocolo-para-garantizar-la-seguridad-de-los-trabajadores-del-transporte/>. Acesso em: 14 jul. 2020.

(31) ARGENTINA. Resolución 238/2020. *Boletín Oficial*, Buenos Aires, 18 mar. 2020. Disponível em: <https://www.boletinoficial.gob.ar/detalleAviso/primera/226942/20200318>. Acesso em: 12 jul. 2020.

(32) ARGENTINA. Resolución 489/2020. *Boletín Oficial*, Buenos Aires, 05 maio 2020. Disponível em: <https://www.boletinoficial.gob.ar/detalleAviso/primera/228652/20200505>. Acesso em: 12 jul. 2020.

(33) ORGANIZACIÓN INTERNACIONAL DEL TRABAJO. *Las normas de la OIT y la Covid-19 (coronavirus)*. Disponível em: <https://www.ilo.org/wcmsp5/groups/public/---ed_norm/---normes/documents/publication/wcms_739939.pdf>. Acesso em: 22 jul. 2020.

Como o próprio título do artigo sugere, tratamos o governo de Alberto Fernández como um movimento político amplo e de certa forma autônomo. Talvez ainda seja cedo para darmos a ele um título — mas como a Argentina é afeita a isso e mesmo o fracassado governo de Mauricio Macri ganhou a alcunha de "macrista", não é absurdo fazê-lo. Albertismo seria um modelo político dentro do peronismo, é claro, assim como foi, ou é, o kirchnerismo.

Essa participação no movimento peronista, para além da evidente ligação advinda do próprio Partido Justicialista, é recorrentemente afirmada por Fernández. Durante a campanha presidencial, em entrevista para a jornalista Cynthia García, o presidente declarou: "Eu me sinto um liberal de esquerda, um liberal progressista. Acredito nas liberdades individuais e creio que o Estado tem que estar presente para o que o mercado necessite. E eu sou um peronista. Estou inaugurando o ramo do liberalismo progressista peronista".(34)

Assim, definições como "peronista" e de "esquerda" saem frequentemente da boca do próprio presidente. Não por outro motivo, durante a pandemia, a Universidade de Buenos Aires organizou um seminário(35) com a presença de Alberto e o ex-presidente Lula, em que o mandatário argentino teceu pesadas críticas ao governo brasileiro, em uma atitude que quebra os protocolos diplomáticos tradicionais.

Essa tentativa de distanciamento com os novos governos de direita no continente tem sido uma toada de Alberto. Uma das primeiras medidas de seu governo no campo da política externa, por exemplo, foi a concessão de asilo político para o ex-Presidente da Bolívia, Evo Morales(36), que havia sido há pouco vítima de um golpe de estado "à moda antiga", com forças militares ocupando as ruas e destituindo seu gabinete.

É claro que as medidas adotadas pelo governo argentino possuem limitações e contradições. A começar pela questão econômica. A crise argentina não é nova nem desconhecida e o atual momento, que envolve renegociação da dívida com os credores, torna o contexto ainda mais complexo.

Em relação às políticas direcionadas ao setor formal, por um lado, o enquadramento da Covid-19 como doença ocupacional busca não deixar os trabalhadores contaminados desamparados e a proibição da dispensa durante o cenário de pandemia

---

(34) Disponível em: <https://www.diariopopular.com.ar/politica/alberto-fernandez-estoy-inaugurando-la-rama-del-liberalismo-progresista-peronista-n402424>.

(35) A íntegra do seminário está disponível no *link*: <https://www.youtube.com/watch?v=TaMzs84C0Bc&feature=youtu.be> sob o título "Pensar América Latina Después de la Pandemia Covid-19 con Alberto Fernandez y Lula da Silva.

(36) Disponível em: <https://www1.folha.uol.com.br/mundo/2019/12/evo-morales-deixa-asilo-no-mexico-e-vai-para-a-argentina.shtml>.

oferece um mínimo de segurança no emprego num quadro incerto. Por outro lado, a limitação ao pagamento de salários imposta pelo Decreto n. 332/2020 apenas a trabalhadores "incluídos no sistema de negociação coletiva" favorece a burocracia sindical tão próxima do peronismo e deixa de fora um contingente enorme de trabalhadores, ainda que tenha por objetivo fortalecer o sistema sindical do país.

No Brasil, não é demais lembrar, o governo não classificou a Covid-19 como doença ocupacional, de acordo com o art. 29 da MP n. 927 (o que foi considerado inconstitucional pelo STF[(37)]) e não houve qualquer medida para obstar a dispensa. Contudo, estabeleceu o Programa Emergencial de Manutenção de Emprego e Renda na MP n. 936.

Sobre as medidas de proteção social, o valor do auxílio emergencial pago na Argentina foi menor do que o criado pelo governo brasileiro. Contudo, é importante recordar que a quantia inicialmente prevista por Jair Bolsonaro era um terço do que foi finalmente aprovado. A mudança decorreu da articulação entre sociedade civil e parlamentares. Além disso, outras ações foram previstas na Argentina, como o reforço de benefícios assistenciais e a extensão do seguro-desemprego.

No campo do papel dos atores sociais, as diferenças são mais evidentes. Enquanto Alberto Fernández envolveu organizações de trabalhadores e de empregadores nos debates sobre as medidas para enfrentar o coronavírus e procurou atender às suas reivindicações, Jair Bolsonaro levou em consideração somente as demandas das entidades patronais, ignorando os pleitos apresentados por sindicatos, federações, confederações e centrais sindicais.[(38)] Ainda, na Argentina previu-se o envolvimento dos sindicatos nas suspensões dos contratos de trabalho, o que não ocorreu no Brasil. Contudo, o governo Fernández suspendeu eleições sindicais e estendeu mandatos em curso, o que abre um debate sobre violação da liberdade sindical nesses casos.

Ainda, destacamos que os desafios à frente do governo argentino não são desprezíveis. As pressões para reabertura do país são grandes e já se começam a relaxar as medidas de isolamento social e de quarentena. O número de novos casos e mortes passou a crescer com maior velocidade. E a pacificação política que se configurou no começo da crise sanitária — tanto com internamente no peronismo, como com a oposição — dá sinais que chegou ao fim[(39)].

---

(37) No julgamento das ADIs ns. 6.342, 6.344, 6.346, 6.352, 6.354, 6.375 e 6.380, o STF declarou o art. 29 da MP n. 927 inconstitucional.

(38) KALIL, Renan Bernardi. *Passou a hora de incluir os trabalhadores nos debates sobre a Covid-19*. Justificando, São Paulo, 31 mar. 2020. Disponível em: <http://www.justificando.com/2020/03/31/passou-da-hora-de--incluir-os-trabalhadores-nos-debates-sobre-a-Covid-19>. Acesso em: 22 jul. 2020.

(39) COLOMBO, Sylvia. Peronismo mostra fissura justo quando a pandemia se agrava. *Folha de S. Paulo*, São Paulo, 28 jul. 2020. Disponível em: <https://sylviacolombo.blogfolha.uol.com.br/2020/07/28/peronismo--mostra-fissura-justo-quando-a-pandemia-se-agrava/?utm_source=twitter&utm_medium=social&utm_campaign=comptw>. Acesso em: 28 jul. 2020.

Levando em consideração as medidas adotadas pelo governo argentino, podemos dizer que essas são "de esquerda"? Existe uma política de esquerda para o combate aos efeitos do coronavírus? Não seria viável nessas breves linhas fazer uma comparação com medidas adotadas por países com governos autoproclamados "de esquerda" ou "de direita". O que podemos fazer é traçar paralelos com as medidas adotadas pelo governo brasileiro. E nesse aspecto, mais do que decifrar a inclinação política das medidas adotadas, inclusive porque ainda não existem muitos dados consolidados sobre os seus efeitos, podemos concluir que no caso argentino temos um governo com inclinação mais humanista, no sentido de se preocupar com as pessoas e buscar envolver distintos atores sociais para dialogar e encontrar soluções para a crise sanitária.

A crise gerada pela Covid-19 pode já ser considerada um marco nessa divisão. Entre os que preferem salvar CNPJs — e "se associar a um genocídio" na palavras do Ministro Gilmar Mendes[(40)] — preferimos as políticas que cuidam de gente. Com todas as suas contradições e limitações, os números acabam falando por si. A tragédia nacional brasileira deve ser denunciada, não pode ser normalizada e não deve ser esquecida. Mais do que um trabalho de direito comparado, essas linhas ganham o caráter de uma denúncia. E assim é que pretendemos ser lembrados pela história. Como denunciantes de um modelo de destruição nacional.

(40) Disponível em: <https://noticias.uol.com.br/saude/ultimas-noticias/redacao/2020/07/11/gilmar-mendes-exercito-esta-se-associando-a-genocidio-na-pandemia.htm>.

Veias Abertas, Corpo Fechado: O Direito do Trabalho no México em Meio à Pandemia

Nahir Antonio Velasco
Paulo de Carvalho Yamamoto

Aquí se respira lucha (Vamos caminando)
Yo canto porque se escucha (vamos caminando)
Aquí estamos de pie.
Calle 13 – Latinoamérica

1. Introdução

O combate não só ao SARS-CoV-2, mas a todos os males que assolam qualquer país, depende — e muito — de informação e reflexão. Porém, diante de tantos dados, somos tentados a comparar países de contextos históricos, sociais e econômicos muito distintos. Para tentar evitar tais equívocos, nas próximas linhas nos dedicaremos a relatar um pouco dos esforços que nosso irmão do norte, os Estados Unidos Mexicanos, sob a liderança de seu Presidente, Andrés Manuel López Obrador está realizando nestes tempos tão delicados em que vivemos[(1)].

2. O contexto histórico, social e jurídico mexicano

Dois processos marcam profundamente a história mexicana: a invasão espanhola entre 1519 e 1521 e a Revolução Mexicana que se inicia em 1910 e que, ao menos

(1) Para se ter uma ideia, no momento em que estamos elaborando o presente texto (entre junho e julho de 2020), o Brasil apresenta-se como o país com o maior número de casos do novo coronavírus (2.046.328), atrás somente dos EUA. Ainda que desconsideremos as subnotificações, 77.851 brasileiras e brasileiros perderam suas vidas nesta pandemia que passa a ter nas Américas seu epicentro global.

formalmente, encerra-se em 1917 com a promulgação da *Constitución Política de los Estados Unidos Mexicanos.* Se, do ponto de vista histórico, a Constituição de 1917 representa a consolidação da Justiça Social por meio de uma longa e violenta luta popular, do ponto de vista jurídico, o Texto Maior é tido como um marco do constitucionalismo contemporâneo, ao consagrar, pela primeira vez na história, os Direitos Sociais como fundamento de uma República, inaugurando, assim, o constitucionalismo social que, até os dias atuais reverbera nos sistemas jurídicos de todo o mundo.

Abandonando a visão individualista corrente na época, a Constituição de 1917 reconhece o ser humano integrado a sociedade como um todo e vai além, compreendendo-o também como parte de um grupo ou classe social. É de se destacar que tal virada teórica não é propriamente fruto de uma invenção iluminada dos constituintes, mas antes, apenas dá vazão ao clamor do povo mexicano que se revoltou contra a opressão e a exploração das elites oligárquicas.

Concebendo uma metodologia original para tratar dos avanços legislativos trazidos na seara do Direito Social, Mário de la Cueva desenvolve a ideia segundo a qual o Direito Coletivo do Trabalho deve ser abordado como uma unidade triangular indivisível, na qual convergem e se apoiam três elementos: a associação profissional, a negociação coletiva e a greve. Esta tríade conforma, assim, a base das relações coletivas de trabalho, não permitindo sua compreensão de maneira segmentada ou isolada, sob pena de se violar o Princípio de Justiça Social e a própria essência dos Direitos Fundamentais Sociais, dentre os quais temos o Direito do Trabalho. Esta visão integrada nos ajuda a entender a proteção constitucional que gozam os sindicatos e as coalizões de trabalhadores para proteger e promover seus próprios interesses, inclusive quanto ao direito de greve, estabelecido no texto constitucional da seguinte maneira:

> Art. 123, XVIII: las huelgas serán lícitas cuando tengan por objeto conseguir el equilibrio entre los diversos factores de la producción, armonizando los derechos del trabajo con los del capital.

É, portanto, neste contexto que podemos compreender a Liberdade Sindical — em seus diversos aspectos, como registro, autonomia sem intervenção patronal ou estatal, eleições livres, liberdade para redigir seus estatutos, etc. — na sistemática laboral mexicana: como o plexo de condições para que as entidades sindicais possam defender os interesses e lutar por ampliação dos direitos dos trabalhadores agremiados. Do ponto de vista normativo, esta concepção ampla de Liberdade Sindical encontra respaldo não só na Constituição Mexicana, mas também nas Convenções ns. 87 e 98 da OIT, bem como no art. 8º do Protocolo de San Salvador.

O moderno Direito do Trabalho Mexicano segue a concepção humanista e social que o Texto de 1917 consagrou. Assim, a legislação trabalhista vigente dispõe que:

Ley Federal del Trabajo (LFT), art. 2º: "Las normas del trabajo tienden a conseguir el equilibrio entre los factores de la producción y la justicia social, así como a propiciar el trabajo digno o decente en todas las relaciones laborales".

Apesar da força dos textos normativos que conformam o ordenamento jurídico do México, o tornado neoliberal — vindo do Norte — acorrentou a economia do país, dilacerando a sociedade mexicana e, consequentemente, implodindo seu sistema legal. Até hoje é possível ver nas ruas de Tijuana, Ciudad Juárez ou Uruapan as nefastas consequências das políticas que, ditadas pelo Consenso de Washington e pelo FMI, comandaram o país desde os anos 80. Ajoelhado perante credores internacionais, o povo mexicano foi humilhado ao ver, ano após ano, suas riquezas nacionais, direitos e cultura(2), enfim, sua própria soberania ser devorada pela sanha voraz do capital financeiro.

3. Covid-19, terceirização e outras pragas contemporâneas

Foi sob o julgo da ideologia neoliberal que também o Direito do Trabalho mexicano foi, pouco a pouco, violado, até seu ponto de rompimento quase total, quando, em 2012, da inserção da odiosa figura da terceirização ('*subcontratación*' ou '*outsourcing*') no bojo da LFT. Tal qual acontece no Brasil, lá também o instituto da terceirização é utilizado para fraudar e sonegar os direitos laborais, precarizando as condições de trabalho e vida. E, assim como no Brasil, a "liberalização" da terceirização resultou na redução do número de empregos, bem como, o que já era de se esperar, na piora das condições de trabalho em ambos os países. Neste cenário, como não poderia deixar de ser, momentos de crise são muito mais dramáticos para o amplo contingente de trabalhadores terceirizados e precarizados em geral.

Rebelando-se contra as quase quatro décadas de dominação neoliberal, o povo mexicano elegeu em 2018, contra a vontade das elites e de suas empresas de comunicação, um audacioso projeto de desenvolvimento nacional, encabeçado pelo cientista político Andrés Manuel López Obrador (AMLO). A coligação que sacudiu as estruturas da política mexicana denominou-se *Juntos Haremos Historia* e uniu além do Morena (*Movimiento Regeneración Nacional*, partido ao qual AMLO é filiado), o PT (*Partido del Trabajo*) e o PES (*Partido Encuentro Social*). Tal união, mais do que vencer o pleito federal ao Poder Executivo, também alcançou 308 das 500 cadeiras da *Cámara de Diputados* e 69 das 128 vagas do *Senado de la República*. Ali, na chamada *Cámara Alta*, atualmente, tramita a proposta do Senador Napoleón Gómez Urrutia que objetiva combater a precarização generalizada imposta pela citada lei de 2012(3).

---

(2) Destaca-se o importante papel que os oligopólios midiáticos mexicanos mantêm em favor das elites do país. Uma descrição bem humorada da relação entre empresas de comunicação e poder no México pode ser vista no filme "La dictadura perfecta", de Luis Estrada (2014).

(3) A proposta que tenta amenizar os efeitos da terceirização no país prevê importantes instrumentos de fiscalização para as autoridades trabalhistas, fazendárias e previdenciárias, bem como retoma no ordenamento

Infelizmente, as marcas de quase meio século de neoliberalismo impedem que mudanças profundas na sociedade sejam realizadas rapidamente, sobretudo ao se considerar o poder político, institucional e, principalmente, econômico, que a elite segue tendo. Não obstante, o novo governo atua energicamente para romper o ciclo de submissão e subdesenvolvimento que tanto afligiu o povo mexicano. Diante da maior crise sanitária global dos últimos cem anos, ao invés de recorrer à velha receita de suplicar empréstimos impagáveis ao FMI, condicionados à sujeição de políticas sociais que a história já provou serem catastróficas, o Presidente AMLO aprofundou aquilo que chamou de "programa de austeridade republicana": congelou e, inclusive, reduziu a remuneração de altos funcionários públicos, como medida de contenção de gastos, permitindo a ampliação da receita pública disponível para o combate à pandemia.

Com o avanço da doença no mundo, o governo editou, em 30 de março de 2020, Decreto suspendendo o funcionamento de atividades consideradas não essenciais. De acordo com a legislação vigente, tal suspensão poderia ser motivada por uma contigência (LFT, art. 427, VII), o que obrigaria ao empregador o pagamento de um salário mínimo para cada empregado, ou então, poderia ser motivada por uma "*emergencia por fuerza mayor*", o que, por sua vez, exigiria daquele que assume o risco da atividade econômica o pagamento do salário integral de cada empregado. Contrariando o interesse patronal, o governo optou por garantir a preservação do valor dos salários dos milhões de trabalhadores mexicanos. Tal postura diametralmente oposta àquela aplicada pelo governo brasileiro, enfureceu os empresários que, por meio do *Consejo Coordinador Empresarial* orquestraram uma campanha de desestabilização do governo. Em meio à discussão pública, apurou-se que as empresas que pertenciam a tal instituição deviam aos cofres públicos cifra no valor aproximado de 50 milhões de pesos, o equivalente a 2,2 bilhões de dólares estadunidenses.

Enquanto no Brasil, o governo de Jair Bolsonaro: (a) desprezou o poder da pandemia, (b) alimentou, ao invés de combater, o caos político, econômico e social, (c) atacou a imprensa e os demais Poderes da República — que, aliás, são permeados por entusiastas do programa econômico ultraliberal do Ministro bolsonarista, Paulo Guedes —, e, (d) por duas vezes, em plena catástrofe, demitiu seus Ministros da Saúde[4], o México mostra um caminho muito mais responsável para enfrentar os desafios que o Convid-19 nos impõe.

Quanto à imprensa, diferentemente da temerária encenação que o seu colega brasileiro realiza no chamado "cercadinho do Alvorada", o Presidente AMLO, apesar

mexicano a ideia de estabilidade no emprego. Disponível em: <https://infosen.senado.gob.mx/sgsp/gaceta/64/2/2019-10-29-1/assets/documentos/Inic_Sen_Napoleon_Seguro_Social_291019.pdf>.

(4) No presente momento, o Brasil está há mais de 60 dias sem um Ministro titular da Saúde, deixando a pasta mais importante do combate à pandemia nas mãos interinas do General Eduardo Pazuello que, até então, nunca teve qualquer experiência na área.

de não ser muito querido entre as empresas de comunicação, realiza diariamente uma "*Conferencia Matutina*" na qual, após pronunciar-se sobre algum tema de sua escolha, responde a perguntas dos mais variados veículos daquele país. Muitas vezes é acompanhado pelo Prof. Jorge Carlos Acocer, seu *Secretario de Salud*, ou do Prof. Hugo López-Gatell, *Subsecretario de Prevención y Promoción de la Salud*, ambos titulares de seus postos desde a posse do novo governo em dezembro de 2018. A séria equipe encarregada de liderar os esforços mexicanos contra a pandemia foi responsável pela elaboração de um amplo programa de isolamento social, a *Jornada Nacional de Sana Distancia*, que iniciou-se em 23 de março de 2020, um dia antes da fatídica declaração de Bolsonaro(5), segundo a qual pelo seu "histórico de atleta, caso fosse contaminado pelo vírus, não precisaria me preocupar; nada sentiria, ou seria, quando muito, acometido de uma gripezinha ou resfriadinho". Por fim, é de se destacar a atuação do governo federal mexicano em antecipar o pagamento de quatro meses de benefícios previdenciários (as chamadas *pensiones para adultos mayores y para menores con discapacidad*), medida importantíssima para o êxito da *Jornada Nacional de Sana Distancia*.

É certo que a pandemia criou graves dificuldades para todos os países do mundo, não obstante, ela também realçou e aprofundou problemas que já existiam. No caso específico do México, a herança neoliberal deixada pelos governos anteriores cobra um preço alto demais, como se pode ver, por exemplo, quando examinamos os números do mercado informal de trabalho, dos desempregados e dos terceirizados. De fato, a crise provocada pelo coronavírus gerou a extinção de milhares de postos de trabalhos, porém, tal situação impactou muito mais os terceirizados do que os trabalhadores com vínculos formais diretos. Segundo dados do *Instituto Mexicano del Seguro Social*, desde a aprovação da lei que "liberaliza" a terceirização até dezembro de 2019, 400.000 empregos formais foram extintos; diante da pandemia, o número aumentou 25%, alcançando aproximadamente meio milhão de postos de trabalho eliminados até maio deste ano. Constatado que o desemprego ameaça mais os trabalhadores terceirizados, é de se concluir que o modelo de subcontratação e terceirização representa outra pandemia que assola o povo mexicano.

A precarização do trabalho terceirizado afeta também a Liberdade Sindical, entendida enquanto Direito Fundamental. É que temendo o desemprego, os trabalhadores passam a rechaçar a organização sindical e a luta coletiva, tornando a categoria mais frágil e, por isso, ainda mais vulnerável diante dos desafios que a Covid-19 impõe.

Aliás, quanto à Liberdade Sindical, o México — tal qual o Brasil, é verdade — tem muito a avançar. Fomentados pela oligarquia mexicana, hoje abundam os

(5) Naquele momento, ou seja, no dia 24 de março de 2020, o Brasil já registrava 46 falecimentos em decorrência do coronavírus, enquanto o México registrava 4.

chamados "*contratos colectivos de protección patronal*" (CCPP) firmados geralmente por "*sindicatos de protección*". Tais formas jurídicas, apesar de manifestamente viciadas, são de difícil coibição. À diferença dos *Contratos Colectivos de Trabajo* (CCT), previstos na LFT, os CCPPs são simulados em nome dos trabalhadores para, sem o conhecimento deles, reduzir seus direitos e ampliar a exploração patronal, obviamente, rompendo o fundamento do Direito Coletivo de matriz constitucional, qual seja: a unidade triangular indivisível que Mario de la Cueva foi o primeiro a reconhecer.

A fraude da CCPP foi denunciada na Organização Internacional do Trabalho (OIT) em uma queixa contra o Estado Mexicano (Caso 2694)[(6)], apresentada pela *Federación Internacional de Trabajadores de las Industrias Metalúrgicas* (FITIM), com o apoio de, entre outras entidades obreiras[(7)], da *Confederación Sindical Internacional* (CSI) e do *Sindicato Nacional de Trabajadores Mineros, Metalúrgicos y Similares de la República Mexicana.*

4. O preço que a herança neoliberal cobra

No segundo parágrafo de seu "O 18 de Brumário de Luís Bonaparte", Marx pondera que:

> Os homens fazem a sua própria história; contudo, não a fazem de livre e espontânea vontade, pois não são eles quem escolhem as circunstâncias sob as quais ela é feita, amas estas lhes foram transmitidas assim como se encontram.

A eleição de AMLO em 2018 representa este momento em que o povo mexicano decidiu retomar as rédeas de sua própria história. Desafortunadamente, não o

---

(6) Em apertada síntese, é possível identificar como sendo as principais características do CCPP, as seguintes: 1. São firmadas em nome dos trabalhadores, porém, sem o conhecimento deles, sendo assinadas pelo líder sindical diretamente com o representante patronal; 2. São depositadas nas Juntas federais e locais, preenchendo apenas os requisitos formais, ignorando os materiais; 3. Enquanto em empresas de médio porte o conteúdo dos CCPPs garantem muito poucas vantagens em relação à LFT, nas micro e pequenas empresas tal simulação normativa se basta em repetir o conteúdo legal, anulando, portanto, sua própria razão de ser: estabelecer condições de trabalho superiores ao patamar mínimo civilizatório garantido pela lei; 4. Assim como os estatutos das empresas, os CCPPs são desconhecidos dos trabalhadores, impedindo que o conhecimento e o exercício de direitos que possam vir a ser conquistados; 5. São usados para se sobrepor aos Acordos Coletivos firmados entre sindicatos combativos formalmente estabelecidos e empresas; 6. Tem como objetivo diminuir o valor pago pelos empresários pela força de trabalho, buscando o rebaixamento não só o salário, como também de qualquer benefício; 7. Resultam no aumento da exploração do trabalho, retirando seus freios para multiplicar o lucro patronal; 8. São normas de caráter reacionário e retrógrado, já que tentam impor práticas trabalhistas historicamente já superadas; 9. São utilizadas como fonte de corrupção sindical, patronal e de autoridades oficiais; 10. Estão baseadas no uso de trabalhadores terceirizados que são impulsionados pelo uso dos CCPPs; 11. Em resumo, resultam na degradação do Estado de Direito, já que implodem Direitos Fundamentais Sociais da República Mexicana como a Justiça Social, a Liberdade Sindical, a Negociação Coletiva e o Direito de Greve.

(7) As entidades sindicais que mais registram a temerária CCPP são a Condeferación de Trabajadores de México (CTM) e os chamados "sindicatos blancos" da região de Monterrey.

pode fazer de livre e espontânea vontade, recebendo como herança de décadas de fracassos neoliberais. Já destacamos as consequências que a ortodoxia tecnocrata impôs no campo do mercado de trabalho e dos Direitos Trabalhistas, porém, os prejuízos que tal modelo institui vai muito além da seara laboral, abrangendo todos os âmbitos da sociedade, incluindo, como não poderia deixar de ser, a saúde pública.

Em matéria sanitária, a proposta neoliberal é bastante direta: sucatear o sistema público de saúde por meio da redução drástica de seu financiamento estatal, abrindo caminho para sua substituição por corporações que entendam a saúde não como um Direito Fundamental, mas antes, como uma mercadoria. Este tipo de política que o Brasil teve que enfrentar nos anos 1990 e que retomou com toda força na segunda metade desta década, alcançou resultados muito mais profundos nos quase quarenta anos de destruição neoliberal mexicana.

Apesar da retomada, a partir do Golpe de 2016, do projeto de venda e submissão da nação aos interesses do capital financeiro internacional, o Brasil ainda hoje possui um Sistema Único de Saúde que oferece certo nível de proteção social país. Resistindo heroicamente aos ataques do neoliberalismo e do neofascismo brasileiro, o SUS ainda não sofreu toda a desmontagem pretendida por seus detratores, sendo possivelmente, o maior trunfo nacional contra o avanço do Coronavírus. O exemplo histórico mexicano nos ensina uma triste, porém, importante lição: quanto maior o tempo de espoliação neoliberal que um país sofra, tanto mais difícil será a reconstrução de sua soberania e de sua civilização.

5. Conclusão

No início do texto tratamos do impacto que o movimento revolucionário mexicano causou na elaboração da Constituição de 1917. Indicamos também que a invasão espanhola no século XVI foi outro momento crucial na história daquele país. Segundo Eduardo Galeano, em seu clássico *Las venas abiertas de América Latina*, as bactérias e os vírus foram os maiores aliados dos espanhóis durante a invasão. Sem anticorpos para as doenças trazidas da Europa, os *mexicas* "*morían como moscas; sus organismos no oponían defensas ante las enfermidades nuevas*".

Depois desta tragédia inicial, o sistema colonial europeu e, mais tarde, o imperialismo estadunidense fizeram de tudo quanto podiam para manter o México (também o Brasil) sob as amarras do subdesenvolvimento.

Cinco séculos depois dos homens comandados por Hernán Cortés massacrarem os súditos de Moctezuma Xocoyotzin com a ajuda do vírus da varíola, um novo vírus desconhecido da população, o SARS-CoV-2, ameaça a sociedade mexicana.

A pandemia, como expusemos, criou uma crise sanitária global sem precedentes, realçando problemas que já eram latentes, sobretudo em países como o Brasil e o México. Não obstante, ao que parece, sob o comando do Presidente Andrés Manuel López Obrador, o povo mexicano hoje parece estar melhor preparado para enfrentar o novo vírus, as velhas estruturas reacionárias e, finalmente, romper de vez o ciclo de 500 anos de submissão.

Teoria da Imprevisão e Relativização da Coisa Julgada no Contexto Pandêmico

Daniel de Almeida Alves

Introdução

O objetivo deste artigo se refere em abordar, por intermédio da metodologia hipotético-dedutiva, a teoria da imprevisão (*rebus sic stantibus*) no que tange à manutenção dos contratos de trabalho e a relativização da coisa julgada, mormente nos acordo celebrados na seara juslaboral.

O Judiciário, na intrínseca necessidade de se amalgamar a Justiça do caso *in concretu* com o postulado da Segurança Jurídica, não pode prescindir e nem sobrepor o direito da empresa de manter seu empreendimento com o direito do trabalhador e trabalhadora no qual, frisa-se, é de natureza alimentar.

Neste sentido, este artigo abordará as medidas que estão sendo adotadas pelo Governo Federal para que sejam mantidos os contratos de trabalho bem como a preservação dos empregos com o fito de mitigar a teoria da imprevisão no contexto pandêmico, mesmo afetando, drasticamente, o Princípio da Inalterabilidade Contratual Lesiva.

No que tange à relativização da coisa julgada, adstrita aos acordos celebrados e homologados pelo Judiciário, perceber-se-á de que está havendo, com maior contumácia, a imposição arbitrária, unilateral, por intermédio de um simples requerimento das empresas, a suspensão dos acordos em desfavor dos trabalhadores e trabalhadoras.

Na conclusão ficará demonstrado de que as Medidas Provisórias editadas pelo Governo detém caráter de auxílio preferencial às empresas, deixando às mínguas os trabalhadores e trabalhadoras, por intermédio de flexibilização mais aprofundada destes direitos, que já haviam sendo implementadas desde a Contrarreforma trabalhista. Ademais, será demonstrado de que não deve prevalecer o entendimento da suspensão dos acordos, seja por não terem sido objeto de ações rescisórias por ter configurado coisa julgada material, seja porque as empresas, na maioria das vezes, não demonstram e não comprovam, minimamente, como a pandemia lhes afetaram.

I. Teoria da imprevisão no contrato de trabalho no contexto pandêmico

Ao se realizar um breve escorço histórico, percebe-se de que o Direito do Trabalho é direito social típico das sociedades capitalistas industrializadas, onde os riscos dos progressos devem ser compensados por uma legislação protetiva de cunho ideológico de um direito humano, social e econômico, almejando uma igualdade material do mais fraco em detrimento do mais forte.

A proteção afirmativa dos trabalhadores constitucionalmente (art. 7º, da CF/88) corrobora a ideia de um direto subjetivo público geral, inclusive como um direito fundamental, assegurado pela Constituição, não sendo mero programa ou discurso meramente retórico-topológico (τόπος), possuindo efetividade e força normativa.

E assim o Direito do Trabalho denota sua importância no contexto pandêmico quando se defronta com o capital, almejando a busca do equilíbrio contratual, segurança jurídica e pacificação social.

Entretanto, para que este objetivo seja alcançado, é necessário sopesar e elidir a aplicação ampla, irrestrita e desproporcional da Teoria da Imprevisão[(1)], considerando de que não se trata de uma relação totalmente privatística, uma vez que o contrato de adesão se sobressai, sendo necessário utilizar-se da máxima aristotélica, i.e., tratar os iguais igualmente e os desiguais desigualmente, na medida de suas desigualdades.

A base normativa dogmática encontrada no art. 170, da CF/88, arts. 2ª e 8º, da CLT e a Lei n. 13.979/2020 (na qual aborda as medidas emergenciais em relação ao Covid-19) não são suficientes para socorrerem a manutenção dos empregos.

Não se pode abordar o contrato de emprego como uma mera relação de trato sucessivo regido pelas circunstâncias atuais que podem ser modificadas em decorrência de um fato modificativo e imprevisível.

Neste sentido, mesmo que se faça uma análise literal do art. 317, do CC, todos os requisitos não estão preenchidos, pois a alteração fática circunstancial não promove desequilíbrio entre as partes e os salários devidos.

Entretanto, alguns setores econômicos não contemplados como atividades essenciais cuja atividade encontra-se suspensa, podem e estão sendo atingidos diretamente

(1) Doutrinariamente, o objetivo da Teoria da Imprevisão é "atender ao princípio da justiça contratual, que impõe o equilíbrio das prestações nos contratos comutativos, a fim de que os benefícios de cada contratante sejam proporcionais aos seus sacrifícios". ROSENVALD, Nelson. *Código Civil comentado*. Coord.: Cezar Peluso. 7. ed. Barueri: Manole, 2013. p. 530.

pela Covid-19, e com o objetivo de se evitar demissões em massa o Governo Federal editou diversas Medidas Provisórias, dentre as principais delas pode-se citar as MP ns. 927, 936, 944 e 945.

Tais medidas tiveram o claro intuito de flexibilizar ainda mais normas trabalhistas que já vinham desde a contrarreforma trabalhista favorecendo de forma preponderante as empresas.

Este favorecimento é percebido em uma breve análise das medidas editadas, tais como a MP n. 927 que deu prevalência aos acordos individuais em detrimento da negociação coletiva[(2)], aprofundando o famigerado negociado sobre o legislado, conforme previsão do art. 611-A, da CLT.

Houve a previsão do teletrabalho independentemente do acordo individual ou negociação coletiva, bastando para tanto a notificação prévia de 48 horas, desconsiderando e transferindo todo o ônus do ambiente do trabalho para o empregado e empregada, tendo em vista a rapidez da implementação da medida sem tempo hábil para adaptação, onerando o empregado e a empregada, tais como em contas de energia, *internet*, água, luz, questões ergonômicas etc., sem descuidar do labor dobrado e majorado das mulheres, pois em regime de *home office* ainda precisa cozinhar, limpar, lavar, cuidar dos filhos e filhas e ainda permanecer em um ambiente de eventual violência doméstica.

A mesma medida, ainda, prevê a concessão de férias e antecipação de feriados, cujo pagamento das férias poderá ser efetuado até o quinto dia útil do mês subseqüente, sendo que o terço constitucional juntamente com o décimo terceiro salário, ou seja, até o dia 20 de dezembro, desvirtuando teleologicamente o instituto das férias, uma vez que o empregado e empregada precisará permanecer em sua residência em distanciamento social sem poder usufruir do lazer, lazer este um imperativo da dignidade humana.

Por fim, a MP n. 927 prevê um banco de horas excepcionar de duração de 18 meses, sendo que na prática será praticamente impossível o trabalhador e trabalhadora acompanhar e fiscalizar o montante devido e usufruído, sem olvidar a ampliação irrestrita do acordo de compensação de horas e jornada na modalidade 12 x 36 em ambiente insalubre e com prestação de hora extra habitual, sem respeito ao intervalo interjornada, nem à Súmula n. 85, Itens IV e VI e 110, ambas do TST, expondo a vida dos trabalhadores e trabalhadoras em prol do capital sem a devida contraprestação e a possibilidade de rescisão arbitrária calcada pela Teoria da Imprevisão.

---

(2) Em que pese a aparente inconstitucionalidade de tal medida, o STF, por intermédio dos julgamentos das ADIs ns. 6.342, 6.344, 6.346, 6.348, 6.352 e 6.354, ocorrido em 29.04.2020, reconheceu a constitucionalidade de tal medida.

Por sua vez, a MP n. 936 prevê a possibilidade de redução salarial e da jornada com complemento proporcional ao salário pelo tanto que teria direito ao seguro desemprego, desconsiderando os princípios da irredutibilidade salarial bem como da inalterabilidade contratual lesiva. Sabe-se que um dos princípios básicos da economia é o poder de compra oriunda dos próprios trabalhadores e trabalhadoras, sendo que ao ficarem tolhidos com a minoração do seu poder de compra concomitantemente com a renda *per capita* gerará um crescimento e retomada econômicos bem mais lento e gradual. Insta frisar, ainda, de que no caso de suspensão do contrato de trabalho, a estabilidade provisória prevista no art. 10 não é eficaz, uma vez que permite que haja a rescisão sem justa causa com uma indenização complementar daí decorrente.

Houve ainda, as MP n. 944 e 945, instituindo linhas de créditos suplementares para as empresas e garantias aos trabalhadores e trabalhadoras portuários, respectivamente.

Percebe-se, assim, de que as Medidas Provisórias foram focadas paras as empresas e não previu formas eficazes de garantia ao emprego bem como é facilmente percebível na ausência de pagamento das verbas rescisórias calcadas pela Teoria da Imprevisão nas demissões sem justa causa, sendo os principais pleitos na Justiça do Trabalho.(3)

II. A relativização da coisa julgada no contexto pandêmico

Em decorrência da pandemia causada pelo Coronavírus, está sendo comum as empresas requererem a suspensão dos acordos entabulados e já homologados pelo juízo.

Com o requerimento de suspensão dos prazos, não está sendo raro o judiciário acatar tais requerimentos suspendendo acordos já homologados. Tais decisões, normalmente, reconhecem a coisa julgada formada, entretanto, com embasamento na calamidade pública, utiliza-se deste fato para relativizar a coisa julgada.

Utiliza-se, como argumento principal, o art. 1º, da MP n. 927/2020, no qual reconhece e constitui hipótese de força maior nos exatos termos do art. 501 e 503, da CLT, aduzindo-se, inclusive, a possibilidade da redução salarial sem violar o art. 7º, inciso VI, da CF/88.

Outro argumento utilizado refere-se acerca da possibilidade de se utilizar a equidade do art. 413 do Código Civil, de forma analógica, para prorrogar o parcelamento dos acordos bem como do art. 775, § 1º, inciso II, da CLT.

---

(3) Os principais pedidos são aviso prévio, multa de 40% do FGTS, habilitação ao seguro desemprego, multa do art. 477, da CLT, décimo terceiro salário proporcional, multa do art. 467, da CLT, férias proporcionais e verbas rescisórias em sentido amplo. Disponível em: <https://www.datalawyer.com.br/dados-Covid-19-justica-trabalhista>, Acesso em: 19 maio 2020.

Tais argumentos não prosperam, pois primeiramente, o acordo homologado pelo Judiciário constitui título executivo judicial representando direito líquido e certo[(4)] do trabalhador e trabalhadora.

A coisa julgada formada materialmente e formalmente na hipótese do art. 487, inciso III, alínea *"b"*, do CPC e do art. 515, inc.II, do CPC são exeqüíveis, conforme art. 876 e 878, da CLT, não se submetendo às normas concernentes aos contratos.

O direito do trabalhador e trabalhadora possui primazia por tratar-se de verba alimentar em detrimento do direito da empresa de manter seu empreendimento, sendo que seu desrespeito pelo judiciário acarreta abuso de poder e ilegalidade, conforme arts. 1º da Lei n. 12.016/2009 e 5º, inciso LXIX, da CF/88.

Ademais, a mera alegação de pandemia e calamidade pública, sem demonstração dos respectivos efeitos concretos na empresa, por si só, não autoriza a flexibilização da coisa julgada, pois a mesma somente poderia ser atacada por intermédio de ação rescisória, nas hipóteses de cabimento do art. 966, do CPC.

Insta relembrar, ainda, de que o trabalhador e trabalhadora não concorrem para os riscos do empreendimento (art. 2º, da CLT) sendo ineficaz a mera alegação do *factum principis*, principalmente àquelas empresas que se enquadram como atividades essenciais prevista no inciso XII, do art. 3º, do Decreto n. 10.282/2020.

O Direito do Trabalho possui o condão social e, suspender os acordos significa sonegar a justiça social e precarizar, ainda mais, a situação do trabalhador e trabalhadora, no qual normalmente encontra-se desempregado, indo em desencontro com os arts. 1º, inciso IV, 7º, 170 e 193, todos da CF/88.

Além disso, conforme destaca Grijalbo Coutinho[(5)] o Direito do Trabalho encontra-se fundado em princípios, tendo a mais absoluta compatibilidade com toda e qualquer diretriz principiológica afirmativa dos Direitos Humanos da classe trabalhadora, como se nota, por exemplo, da essência do princípio da vedação do retrocesso social, sendo necessário ater-se aos fins sociais na aplicação da lei, conforme art. 5º, da LINDB.

Conclui-se, portanto, de que relativizar a coisa julgada com o fito de suspender os acordos já celebrados e homologados, desconsidera o fato de que o trabalhador e

(4) "(...) direito líquido e certo é o que se apresenta manifesto na sua existência, delimitado na sua extensão e apto a ser exercido no momento da impetração. Por outras palavras, o direito invocado, para ser amparável por mandado de segurança, há de vir expresso em norma legal e trazer em si todos os requisitos e condições de sua explicação ao impetrante (...)." MEIRELLES, Helly Lopes. *Mandado de segurança*. 22. ed. São Paulo: Melheiros, 2000. p. 36.

(5) COUTINHO, Grijalbo. "Reforma" trabalhista em tempos de golpes e golpismos contra a classe trabalhadora. Disponível em: <https://www.jorgesoutomaior.com/blog/reforma-trabalhista-em-tempos-de-golpes-e-golpismos-contra-a-classe-trabalhadora>. Acesso em: 24 maio 2020.

trabalhadora é a parte hipossuficiente da relação, cujos valores oriundos do acordo são para sua própria subsistência e de sua família.

Conclusão

Pelo todo que fora exposado no decorrer do artigo, conclui-se de que a dispensa arbitrária bem como a suspensão dos acordos trabalhistas sem a devida contraprestação e justificação viola frontalmente os direitos fundamentais dos trabalhadores e trabalhadoras, principalmente o art. 5º, inciso XXXVI, da CF/88, por tratar-se de coisa julgada e ato jurídico perfeito.

Não se pode olvidar ainda de que a Teoria da Imprevisão não pode e nem deve ser utilizada de forma aleatória, tendo em vista que a pandemia, *de per si*, não enseja o não cumprimento do ordenamento jurídico brasileiro e dos acordos pactuados, independentemente de um cenário de crise sanitária, econômica e política.

Salienta-se, ainda, de que os trabalhadores e trabalhadoras são a parte hipossuficiente da relação, cuja crise assola ainda mais sua subsistência, pois o poder judiciário é o único capaz de assegurar de que os direitos anteriormente sonegados pelas empresas sejam adimplidos.

Param tanto, a manutenção dos contratos de trabalho bem como honrar os compromissos anteriormente avençados encontra fundamento na celeridade processual (art. 5º, inciso LXXVIII, da CF/88), valor social do trabalho (art. 1º, inciso IV, da CF/88), função social da propriedade (art. 5º, inciso XXIII e 170, inciso III, da CF/88) e, principalmente, na dignidade da pessoa humana (art. 1º, inciso III, da CF/88).

Portanto, não relativizar a coisa julgada nos acordos garante ao trabalhador ao menos que receba uma parte dos seus direitos, uma vez que se não houvesse acordo a demora do processo poderia precarizar ainda mais a situação do trabalhador e trabalhadora.

Permitir a suspensão dos acordos ou o uso irrestrito da Teoria da Imprevisão acarreta em uma lógica invertida, no qual presume o empregador como hipossuficiente e o empregado(a) como privilegiado(a), sendo que quem detém o capital e assume os riscos do negócio são as empresas.

Desta forma, conclui-se de que a manutenção dos empregos e dos acordos realizados estimulam a circulação de valores e aquecem a economia, diminuindo os efeitos negativos oriundos da pandemia da Covid-19 e o sofrimento humano, sendo um direito fundamental dos trabalhadores e trabalhadoras.

Bibliografia

ALEXY, Robert. *Teoria dos Direitos Fundamentais.* 2. ed. São Paulo: Malheiros, 2017.

CANOTILHO, José Joaquim Gomes. *Direito constitucional e teoria da Constituição.* 7. ed. Coimbra: Almedina, 2003.

DELGADO, Mauricio Godinho. *Curso de direito do trabalho.* 18. ed. rev. ampl. São Paulo: LTr, 2019. p. 1.773.

ESCRIVÃO FILHO, Antônio; SOUSA JUNIOR, José Geraldo de. *Para um debate teórico--conceitual e político sobre os direitos humanos.* Belo Horizonte: Editora D'Plácido, 2016.

GARCIA, Gustavo Filipe Barbosa. *Curso de Direito do Trabalho.* 13 ed. Rio de Janeiro: Forense, 2020.

GONDINHO, André Osório. Técnicas de cognição e efetividade do Processo. In: *Revista da EMERJ*, Rio de Janeiro, v. 2, n. 8, 1999, p. 99-117.

MEIRELLES, Helly Lopes. *Mandado de segurança.* 22. ed. São Paulo: Malheiros, 2000;

NASCIMENTO, Amauri Mascaro; NASCIMENTO, Sônia Mascaro. *Curso de Direito do Trabalho.* 29. ed. São Paulo: Saraiva, 2014.

REIS, Daniela Muradas. *O princípio da vedação do retrocesso no direito do trabalho.* São Paulo: LTr, 2010.

RODRIGUEZ, Américo Plá. *Princípios de direito do trabalho.* São Paulo: LTr, 1993.

ROSENVALD, Nelson. *Código Civil comentado.* Coord.: Cezar Peluso. 7. ed. Barueri: Manole, 2013.

SCHIAVI, Mauro. *Execução no processo do trabalho:* de acordo com o novo CPC e a reforma trabalhista. 10. ed. São Paulo LTr, 2018

______. *Manual de Direito Processual do Trabalho.* 13. ed. São Paulo: LTr, 2018.

SOUTO MAIOR, Jorge Luiz. *"Reforma" trabalhista em tempos de golpes e golpismos contra a classe trabalhadora.* Disponível em: <https://www.jorgesoutomaior.com/blog/reforma-trabalhista-em-tempos-de-golpes-e-golpismos-contra-a-classe-trabalhadora>.

______. *Conjuntura política brasileira sob perspectiva trabalhista: a hora da sensatez.* Belo Horizonte: RTM, 2019.

STRECK, Lênio Luiz. *Hermenêutica jurídica e(m) crise:* uma exploração hermenêutica da construção do Direito. 4. ed., rev. e atual. Porto Alegre: Livraria do Advogado, 2003.

MP n. 927 e Preservação de Emprego

Erazê Sutti

A discussão proposta neste artigo será desenvolvida no sentido da injustificada permissão à livre (sem justa causa) despedida no decorrer da pandemia da Covid-19, objeto do "Estado de Necessidade e da "Força Maior", situações formalmente reconhecidas em normas internacionais, federais, estaduais e municipais, por se tratar de medida arbitrária ao não considerar o quadro extraordinário de agravamento de risco social e as alternativas impostas no cumprimento dos ditames constitucionais. A MP n. 927 não foi apreciada pelo Congresso Nacional e caducou no dia 19 de julho.(1)

Para tanto, a partir da diferenciação, de um lado, entre dispensa arbitrária e sem justa causa, constante no inciso I do art. 7º da CF/88, levando-se em conta, especificamente, o quadro de excepcionalidade acarretada pela pandemia na economia, e, de outro, entre o normativo ordinário e o extraordinário, ora editado pelo Executivo e pelo Legislativo objetivamente para a preservação do emprego e da renda, conforme se depreende pelo objetivo consignado expressamente nas Medidas Provisórias ns. 927, 936, 944, será demonstrada a preservação do emprego indissociavelmente neste cenário.

E, para que a análise seja a mais objetiva e restrita possível ao tema de preservação de emprego, a discussão ocorrerá sem aprofundamento de outros pontos preocupantes e questionáveis dessa gama de legislação de caráter extraordinário durante a pandemia, sem avaliação, ao menos neste artigo, de sua adequação ao ordenamento jurídico constitucional e infraconstitucional em sua plenitude, ainda mais ao se confrontar muitos dos dispositivos precarizantes com direitos humanos fundamentais sociais, especialmente da MP n. 927.

---

(1) Notícia de que a MP n. 927 foi retirada da pauta do Senado Federal e perdeu vigência. Disponível em: <https://www12.senado.leg.br/noticias/materias/2020/07/15/senado-deixa-caducar-mp-que-altera-regras-trabalhistas>. Acesso em: 03 ago. 2020.

MP n. 927 e estado de calamidade

Como primeira "resposta trabalhista" à pandemia da Covid-19 e o consequente Estado de Calamidade Pública, o Governo Federal editou a Medida Provisória (MP) n. 927 e que somente ocorreu em 22 de março de 2020[(2)], portanto, em mais de um mês e meio após a Declaração de Emergência em Saúde Pública de Importância Nacional — ESPIN, veiculada pela Portaria n. 188/GM/MS[(3)], de 4 de fevereiro de 2020, e de quatro dias após a aprovação pela Câmara dos Deputados da Mensagem Presidencial n. 93/2020[(4)], que reconheceu o estado de calamidade pública no Brasil, um dia após o registro da primeira morte de Covid-19 no país[(5)].

Apesar da conjuntura, a tão esperada medida de Estado aspirada para proteger, organizar e disciplinar a atuação do Estado diante das consequências assombrosas aos trabalhadores pelos reflexos econômicos da pandemia, a MP n. 927, afora seu conteúdo dissonante com o que se espera tecnicamente do direito social do trabalho, foi editada somente após mais de 50 dias da Declaração de Emergência em Saúde Pública de Importância Internacional da OMS (Organização Mundial da Saúde)[(6)], de 30 de janeiro de 2020, e após mais de 45 dias da aprovação da Lei n. 13.979[(7)], de 6 de fevereiro de 2020, que dispõe sobre medidas para enfrentamento da situação de emergência em saúde pública de importância internacional decorrente do novo Coronavírus.

Em seu contexto, a MP n. 927 foi expressamente justificada pelo Governo Federal, especificamente, "*em função da necessidade de implementação de medidas urgentes e imediatas de isolamento dos trabalhadores em suas residências, com a manutenção, na medida do possível, dos vínculos trabalhistas, com segurança jurídica*", conforme se extrai de sua Exposição de Motivos[(8)], em cujo conteúdo ainda consta que "*a medida estabelece que os acordos individuais têm preponderância sobre os demais instrumentos normativos, respeitados os limites estabelecidos na Constituição Federal, visando garantir os vínculos empregatícios*".

---

(2) MP n. 927 http://www.planalto.gov.br/ccivil_03/_ato2019-2022/2020/Mpv/mpv927.htm

(3) Portaria n. 188/GM/MS. Disponível em: <https://www.in.gov.br/en/web/dou/-/portaria-n-188-de-3-de-fevereiro-de-2020-241408388>.

(4) Mensagem Presidencial n. 93/2020. Disponível em: <http://www.in.gov.br/web/dou/-/despacho-do-presidente-da-republica-248641738>.

(5) 1ª MORTE Covid-19 – notícia no site do Estadão Disponível em: <https://saude.estadao.com.br/noticias/geral,brasil-registra-primeira-morte-pelo-novo-coronavirus-em-sao-paulo,70003236434>. Acesso em: 10 jul. 2020.

(6) Declaração de Emergência em Saúde Pública de Importância Internacional da OMS (Organização Mundial da Saúde). Disponível em: <https://news.un.org/pt/story/2020/03/1706881

(7) Lei n. 13.979/20. Disponível em: <http://www.planalto.gov.br/ccivil_03/_ato2019-2022/2020/lei/l13979.htm>.

(8) Exposição de motivos da MP n. 927. Disponível em: <http://www.planalto.gov.br/ccivil_03/_ato2019-2022/2020/Exm/Exm-MP-927-20.pdf>.

Na mesma exposição de motivos, o Governo asseverou esperar que as medidas "*apresentadas contribuam para conter o avanço do novo coronavírus permitindo, por meio de várias medidas de flexibilização das relações trabalhistas, a permanência dos trabalhadores em isolamento em suas residências, sem a necessidade de rompimento dos vínculos empregatícios.*"

Assim, a preservação do emprego consta, expressamente, como argumento central das medidas de flexibilização permitidas pela MP n. 927, como se a perda de direitos laborais de um lado, fosse necessária para a preservação do emprego.

Essa mesma linha de atuação de "preservar emprego e renda" como base de sustentação pode ser percebida diante de outras duas Medidas Provisórias editadas neste contexto, ou seja, especificamente pelo objetivo expresso[(9)] nas Medidas Provisórias ns. 936 e 944, somadas à MP n. 927, constata-se tal conceito como base definidora:

> **MP n. 927/2020**
>
> Art. 1º Esta Medida Provisória dispõe sobre as medidas trabalhistas que poderão ser adotadas pelos empregadores **para preservação do emprego e da renda e para enfrentamento do estado de calamidade pública** reconhecido pelo Decreto Legislativo n. 6, de 20 de março de 2020, e da emergência de saúde pública de importância internacional decorrente do coronavírus (Covid-19), decretada pelo Ministro de Estado da Saúde, em 3 de fevereiro de 2020, nos termos do disposto na Lei n. 13.979, de 6 de fevereiro de 2020.
>
> **MP n. 936/2020**
>
> Art. 1º Esta Medida Provisória institui o **Programa Emergencial de Manutenção do Emprego e da Renda** e dispõe sobre medidas trabalhistas complementares para enfrentamento do estado de calamidade pública reconhecido pelo Decreto Legislativo n. 6, de 20 de março de 2020, e da emergência de saúde pública de importância internacional decorrente do coronavírus (Covid-19) de que trata a Lei n. 13.979, de 6 de fevereiro de 2020.
>
> **MP n. 944/2020**
>
> Art. 1o Fica instituído o **Programa Emergencial de Suporte a Empregos**, destinado à realização de operações de crédito com empresários, sociedades empresárias e sociedades cooperativas, excetuadas as sociedades de crédito, com a finalidade de pagamento de folha salarial de seus empregados.

Neste sentido, além das medidas que significam contrapartidas do empregado através de prejuízos — renunciáveis? — ao seu direito laboral, incluindo direitos e garantias fundamentais sociais laborais, esse objetivo, "preservação do emprego", também vem justificando uma série de outras medidas excepcionais, incluindo uso do dinheiro público de forma subsidiada para financiamento, parcelamento e moratória de obrigações previdenciárias, de FGTS e fiscais, e que inclui isenção de multas e juros.

(9) Ao menos quando ao objetivo consignado nas MPs e sem entrar no mérito de sua capacidade de efetividade e na forma de regulação para tanto, em confronto com outros direitos.

E tais medidas para "preservação do emprego e da renda" estão intrinsecamente ligadas aos reflexos do isolamento social que provocou, em grande parte da economia nacional, paralisação ou redução de suas atividades, assim gerando, na maior parte da população, a restrição em sua renda, seja salarial, seja pela renda dos trabalhadores não empregados formalmente, como os informais, os autônomos e as demais pessoas que precisam de seu trabalho para sobreviver.

Também é importante se fazer referência a um direito intrínseco ao direito social do trabalho do empregado diante do risco à sua saúde, ainda mais quando aliado a ambiente social sob risco descontrolado, próprio do quadro de pandemia e da ausência do cumprimento das normas técnicas determinadas, haja vista que, neste cenário, todo empregado poderia (deveria), para proteger sua saúde, valer-se do teor da Convenção n. 155[(10)] da OIT (ratificada pelo Brasil), especialmente:

> Art. 13 – Em conformidade com a prática e as condições nacionais deverá ser **protegido**, de consequências injustificadas, **todo trabalhador** que julgar necessário **interromper** uma situação de **trabalho** por considerar, por motivos razoáveis, que ela envolve um **perigo iminente e grave para sua vida ou sua saúde**.
>
> Art. 19, *"f"* – o trabalhador informará imediatamente o seu superior hierárquico direto sobre qualquer situação de trabalho que, a seu ver e por motivos razoáveis, envolva um **perigo iminente e grave para sua vida ou sua saúde**; enquanto o empregador não tiver tomado medidas corretivas, se forem necessárias, não poderá exigir dos trabalhadores a sua volta a uma situação de trabalho onde exista, em caráter contínuo, um perigo grave ou iminente para sua vida ou sua saúde.

Em outras palavras, a única forma de enfrentar essa situação equiparada à "guerra" (como boa parte dos governantes a definem) pela preservação da saúde e pelos limites impostos às atividades econômicas em geral, encontra-se na possibilidade de atuação do Estado para dar alguma sustentabilidade financeira aos trabalhadores e aos empregadores, principalmente das pequenas e médias empresas, para subsistirem durante esse período.

Até porque a pandemia expõe a fragilidade dos empregados duplamente: de um lado, risco à saúde pela exposição ao contágio e perigo de morte a si e a seus familiares; e, de outro, risco de perder seu emprego, sua única fonte de subsistência econômica.

Direitos Humanos Fundamentais Sociais Laborais

Aprofundando a questão, é fundamental, preliminarmente, o reconhecimento jurídico das bases da Nação brasileira estabelecidas na CF/88, que são norteadores do ordenamento jurídicos e dos direitos e deveres no Estado brasileiro, tendo em vista

(10) OIT, disponível em: <https://www.ilo.org/brasilia/convencoes/WCMS_236163/lang--pt/index.htm>. Acesso em: 16 abr. 2020.

que, dentro dos princípios fundamentais, assegurou-se *a cidadania, a dignidade da pessoa humana, os valores sociais do trabalho e da livre-iniciativa* (art. 1º da CF/88), bem como a construção de uma *sociedade livre, justa e solidária*, a *erradicação da pobreza* e a *redução das desigualdades sociais* e *vedação de quaisquer formas de discriminação*, como objetivos fundamentais da República (art. 3º da CF/88). E garantiu, também, que os direitos humanos devem prevalecer nas relações internacionais do país (art. 4º da CF/88), assim como, no art. 5º, estabeleceu enquanto "Direitos e Garantias Individuais", que a propriedade privada é garantida (inciso XXII) *mas* vinculada à sua *função social* (inciso XXIII), principalmente, porque, em seu art. 186, a *função social da propriedade* deve observar as disposições que regulam a *relação de trabalho e seu bem estar*.[(11)]

Somado a isso, a CF/88 determina expressamente, em seu art. 170, que a *ordem econômica deve ser fundada na valorização do trabalho humano*, ou seja, assegurando a todos uma existência digna, sob os ditames da justiça social, atentando-se para a função social da propriedade, a redução das desigualdades sociais e o pleno emprego. E tudo isso ressaltando-se que, na CF/88, o constituinte inseriu o Direito Social do Trabalho no Titulo III, "Dos Direitos e Garantias Fundamentais", Capítulo II: "Dos Direitos Sociais", cujos arts. 6º a 11 regulam os direitos sociais individuais e coletivos.

Neste contexto constitucional, a Magna Carta estabelece que a relação de emprego deve ser "*protegida contra despedida arbitrária ou sem justa causa*" (art. 7º, I) e isso deve ser, nesse momento dramático e histórico de pandemia interpretado em conjunto com os fundamentos e objetivos do Estado brasileiro, bem como em consonância com os direitos fundamentais sociais do art. 6º atinentes à saúde e à renda para subsistência e proteção.

Veja-se que o art. 5º, § 1º ("*as normas definidoras dos direitos e garantias fundamentais têm aplicação imediata*"), da CF/88 confere, como bem defende a jurista Valdete Souto Severo, eficácia ao direitos fundamentais do art. 7º, I, da CF[(12)], bem como prossegue e fundamenta que esse direito não necessita, para produzir efeitos contra a despedida arbitrária, de regulação infraconstitucional para ter validade, nem de lei complementar, nem da Convenção n. 158 da OIT, pois possui eficácia direta enquanto direitos fundamentais sociais trabalhistas aplicáveis, inclusive, nas relações privadas, é a força normativa da Constituição também nas relações horizontais e igualitárias.

---

(11) Conforme já transcorri no artigo de minha autoria sobre a MP n. 905, publicado no site da ABRAT <http://www.abrat.adv.br/index.php/textos/8882-mp-905-19-contrato-verde-e-amarelo-e-novos-ataques-a-dignidade-do-trabalhador-e-a-seus-direitos-civilizatorios>. Acesso em: 17 abr. 2020.

(12) SEVERO, Valdete Souto, "O Dever de Motivação da Despedida na ordem jurídico-constitucional brasileira". p. 189-198, ed. 2011, Porto Alegre: Livraria do Advogado. Especificamente na Nota n. 486 da página 195, a autora enfrenta a questão da eficácia direta do dispositivo constitucional independentemente de lei complementar regulamentando ou da possível retomada da vigência da Convenção n. 158 da OIT.

Neste sentido e especificamente, a Convenção n. 158 da OIT[(13)], cujo tema é exatamente sobre o "Término da Relação de Trabalho por Iniciativa do Empregador", aprovada pela OIT desde 1982, ratificada no Brasil em 05.01.1995, mas que foi inconstitucionalmente denunciada em 20.11.1996, razão pela qual o STF está analisando a Ação Direta de Inconstitucionalidade (ADI) n. 1.625[(14)], e cujos votos, cinco dos seis até então, reconhecem a inconstitucionalidade da denúncia. Para análise, segue trecho da Convenção n. 158 e que foi ratificada pelos principais países integrantes da OIT e vigora nos países mais desenvolvidos socialmente:

> Art. 4º <u>Não se dará término à relação de trabalho de um trabalhador a menos que exista para isso uma causa justificada</u> relacionada com sua capacidade ou seu comportamento ou baseada nas necessidades de funcionamento da empresa, estabelecimento ou serviço.

Segundo entendimento da Corte Internacional de Direitos Humanos, é indiscutível que as Convenções da OIT são tratados internacionais de direitos humanos, vez que, segundo seu expresso entendimento, são "derechos humanos laborales".[(15)]

Por decorrência lógica, deve ser aplicado, quanto à sua integração ao ordenamento jurídico, seus efeitos normativos e, inclusive, com relação ao controle de convencionalidade da legislação infraconstitucional (e até de dispositivos constitucionais), o "*Princípio internacional **pro homine** para atribuir a primazia no concreto à norma que melhor assegure a concretização do princípio da dignidade da pessoa humana, um dos fundamentos da República Federativa do Brasil (art. 1º, III, da CF/88) e a prevalência dos direitos humanos, princípio vetor das relações internacionais mantidas pelo país (art. 4º, II, da CF/88)*".[(16)]

Nesta circunstância, pela Constituição da OIT[(17)], da qual o Brasil é país integrante e fundador, figuram no ordenamento pátrio, ao menos, como normas supralegais, o Princípio da Norma Mais Favorável (*pro homine*), por expressa disposição do § 8º do seu art. 19: "*Em caso algum, a adoção, pela Conferência, de uma convenção ou recomendação, ou a ratificação, por um Estado-membro, de uma convenção, deverão ser consideradas como afetando qualquer lei, sentença, costumes ou acordos que assegurem aos*

---

(13) OIT, disponível em: <https://www.ilo.org/brasilia/convencoes/WCMS_236164/lang--pt/index.htm>. Acesso em: 16 abr. 2020.

(14) STF, disponível em: <http://www.stf.jus.br/portal/cms/verNoticiaDetalhe.asp?idConteudo=325338>. Acesso em: 02 ago 2019.

(15) MELO FILHO, Hugo Cavalcanti; ACIOLI, José Adelmy da Silva. "A Inconvencionalidade formal da Lei n. 13.467/17" In: SOUTO MAIOR, Jorge Luiz; SEVERO, Valdete Souto (Coords.). *Resistência — Aportes teóricos contra o retrocesso trabalhista*. 2017, p. 90.

(16) *Ibidem*, p. 86.

(17) OIT, disponível em: <https://www.ilo.org/wcmsp5/groups/public/---americas/---ro-lima/---ilo-brasilia/documents/genericdocument/wcms_336957.pdf>.

trabalhadores interessados condições mais favoráveis que as previstas pela convenção ou recomendação."

Somado a isso, também merecem destaques, conforme estudo dos relatórios do Comitê de Direitos Econômicos, Sociais e Culturais da ONU, dois outros princípios importantes em matéria de direitos sociais, igualmente constantes na estrutura normativa da OIT e condizentes com o respeito a direitos universais e fundamentais trabalhistas que possam garantir o padrão civilizatório mínimo para resguardar a dignidade do trabalhador: a) Princípio da Observância do *minimum core obligation*, pelo qual a jurisprudência internacional "*tem endossado o dever dos Estados de observar um minimum core obligation no tocante aos direitos sociais*"(18); e b) Princípio da Aplicação Progressiva, que sustenta o Princípio da Proibição do Retrocesso Social, obrigando os países membros, de acordo com o Comentário Geral n. 3 do Comitê, a adotar medidas por meio de ações concentradas, de modo mais efetivo possível, voltadas à implantação dos direitos sociais, ainda mais porque "*há medidas de aplicação imediata concernente aos direitos sociais, como é o caso da cláusula da proibição da discriminação*"(19), aplicado especificamente nesta situação de calamidade pública e que a dignidade do trabalhador deve ser protegida para a sua subsistência.

Neste ponto, tem-se, portanto, que o "mínimo", repita-se, o "mínimo" patamar que se entende para existir dignidade, exatamente o primeiro objeto histórico do direito social do trabalho, deve persistir, mesmo (e principalmente!) diante do estado de calamidade pela pandemia (quem deve ser o sujeito de direitos?), ainda mais porque a preservação desse bem jurídico "dignidade" é humano e sempre deve ser, essencialmente, superior à propriedade e a todos os demais bens que se convertem meramente em patrimônio material, inferior, por óbvio, à vida digna.

De outro lado, quando se fala de dignidade e patamares mínimos, significa o esforço de todos (da Nação) neste sentido e não o contrário, ou seja, não cabem medidas em que os trabalhadores devem "abrir mão" (renunciar) de sua dignidade mínima e civilizatória em benefício da propriedade alheia.

É a preservação do direito fundamental à dignidade diante do trabalho e do meio de subsistência dele decorrente, ao contrário da mercantilização do trabalho humano em franco desrespeito à Declaração Universal dos Direitos Humanos e à Declaração de Filadélfia.

Somado a isso, a preservação do emprego nestas condições emergenciais de pandemia fazem parte da meta da OIT alicerçada nos Princípios da Proteção, da

---

(18) PIOVESAN, Flávia. "Direito ao trabalho e a proteção dos direitos sociais nos planos internacional e constitucional. In: PIOVESAN, Flávia; CARVALHO, Luciana Paula Vaz (Coords.). *Direitos humanos e direito do trabalho.* São Paulo: Atlas, 2010. p. 3-31.

(19) *Idem.*

Progressividade Social e da Vedação do Retrocesso, além da violação à promoção da dignidade constante na Declaração de Filadélfia, anexa à constituição da OIT, e ao teor da Declaração da OIT sobre os Princípios Fundamentais e Direitos do Trabalho, da Agenda Internacional para o Trabalho Decente, e da Declaração da OIT sobre Justiça Social para uma Globalização Equitativa.[20]

Cenário grave de desemprego, subemprego e informalidade

Torna-se, consequentemente, inevitável a análise do estado de calamidade pela pandemia e seus profundos reflexos no mercado de trabalho e na renda (e vida) dos trabalhadores, somada com os dados alarmantes e persistentes do atual cenário social, que já se desenvolvia, mesmo antes da pandemia, com o constante aumento da miséria no Brasil e atingindo, pelo quadro apurado até o 3º trimestre de 2019, número recorde de trabalhadores na informalidade, chegando a 38,8 milhões, equivalente a 41,4% da força total de trabalho, situação que derruba impunemente a produtividade da economia nacional.[21]

É fato que o país já vinha sofrendo com "estratégico" desemprego gritante até o 3º trimestre de 2019 , cujos dados apontavam para mais de 12,5 milhões de brasileiros, que deveriam ser somados com 44% das pessoas ocupadas que estavam na informalidade, dos quais 26% configuram trabalhadores e trabalhadoras por conta própria, 8% como subocupados por insuficiência de horas, e, para piorar, tem os desalentados, que representam 7,3% das pessoas que estão fora da força de trabalho[22].

No ano de 2019, com os dados do fechamento do 4º trimestre, o mercado de trabalho brasileiro demonstrou leve aumento no número de ocupados, com destaque para aquelas condições ocupacionais normalmente associadas à informalidade, e por uma regressão marginal do desemprego.[23]

Tanto que, ao final do ano de 2019, conforme dados da Pesquisa Nacional por Amostra de Domicílios Contínua (PNAD Contínua) do IBGE, havia 94,1 milhões

---

(20) DELGADO, Mauricio Godinho; DELGADO, Gabriela Neves. "As Normas Internacionais de Direitos Humanos e a Lei da Reforma Trabalhista no Brasil". In: MARANHÃO, Ney; TUPINAMBÁ, Pedro Tourinho (Coords.). *Direito Internacional do Trabalho — estudos em homenagem ao centenário da OIT*. São Paulo: Amatra, LTr, 2019. p. 38-40.

(21) informação acessada em 16.11.19 no site do *Estadão*. Disponível em: <https://economia.estadao.com.br/noticias/geral,emprego-informal-recorde-derruba-produtividade-da-economia-brasileira,70003091031?utm_source=estadao%3Afacebook&utm_medium=link&fbclid=IwAR0tWnLfbBhYG2lv6t-dp8l-ZcAxz5FIUb8V-fwC5Fg2sVd1orFLScBRYY9w>.

(22) informação de julho, agosto e setembro de 2019, PnadC/IBGE.

(23) Conforme seção "Empregos e Salários" da "Carta de Conjuntura" do Núcleo de Análise da Política Econômica (NAPE), da Faculdade de Ciências Econômicas/UFRGS, referente ao trimestre jan./mar./2020. A Carta de Conjuntura recebeu o título "2019 foi ruim, mas o que vem pela frente é imponderável". Disponível em: <https://www.ufrgs.br/fce/wp-content/uploads/2020/04/Carta-de-Conjuntura-do-Nape-Abril-2020.pdf>.

de pessoas ocupadas e 11,9 milhões de pessoas desempregadas, conformando uma força de trabalho composta de 106,1 milhões de pessoas.(24)

Neste cenário, 65,4 milhões de pessoas representavam a parcela da população com idade superior a 14 anos que se encontrava fora da força de trabalho totalizava.(25)

Dessa forma, por estes dados gerais extraídos da *PNAD Contínua* no último trimestre de 2019, é possível se extrair uma referência para que se estimem os impactos que advirão da crise aberta pela pandemia do coronavírus.

Assim, as perspectivas para este ano de 2020, que já não eram propícias na ausência da pandemia, assumiram magnitudes sombrias com a crise sanitária, tendo em vista que o mercado de trabalho brasileiro deverá presenciar uma forte elevação do desemprego a partir de uma base que ainda não se recuperou da recessão de 2015-2016, em que 11% dos brasileiros economicamente ativos se encontravam desempregados.(26)

E os últimos dados divulgados pelo IBGE demonstram que a taxa de desocupação subiu para 13,1% na quarta semana de junho/20, em relação à semana anterior, chegando a 12,4 milhões de pessoas desocupadas. De acordo com a PNAD Covid-19, essa é a maior taxa desde o início de maio/20 e resulta da queda de 84 milhões para 82,5 milhões (– 1,5 milhão) de pessoas ocupadas na semana.(27)

Diante desse panorama estatístico, radiografia da realidade nua e crua, somado com o caos causado pela Covid-19 e suas consequências devastadoras na economia e no mercado de trabalho, qual seriam as chances de empregabilidade a um trabalhador, eventualmente, recém demitido?

E, neste mesmo sentido, do que valeriam toda essa mobilização social diante da pandemia, o dinheiro público investido e disponibilizado aos empregadores, somados com as flexibilizações extraordinárias nos direitos sociais (por ora, permitas pelo STF(28)) e as medidas de inexigibilidades fiscais, se exatamente aquilo que deveria ser evitado, o desemprego pela demissão desenfreada durante o estado de calamidade, ocorresse de forma ordinária?

(24) Conforme seção "Empregos e Salários" da "Carta de Conjuntura" do Núcleo de Análise da Política Econômica (NAPE), da Faculdade de Ciências Econômicas/UFRGS, referente ao trimestre jan./mar./2020. A Carta de Conjuntura recebeu o título "2019 foi ruim, mas o que vem pela frente é imponderável". Disponível em: <https://www.ufrgs.br/fce/wp-content/uploads/2020/04/Carta-de-Conjuntura-do-Nape-Abril-2020.pdf>.

(25) *idem*.

(26) *idem*.

(27) Informação do PnadC/IBGE do *site A TARDE* no *portal UOL*. Disponível em: <http://atarde.uol.com.br/economia/noticias/2132991-desemprego-no-brasil-sobe-e-atinge-124-milhoes-de-pessoas>. Acesso em: 03 ago. 2020.

(28) STF julgamento da Medida Cautelar na Ação Direta de Inconstitucionalidade n. 6.342. Disponível em: <http://www.stf.jus.br/arquivo/cms/noticiaNoticiaStf/anexo/ADI6342liminar.pdf>.

E o quadro fica ainda mais frágil diante das autorizações que foram dadas pelo Governo para saques de até R$ 500 das contas vinculadas de FGTS ocorridos a partir de 2019[(29)], e que permitiu que 81% dos trabalhadores zerassem seus saldos. E isso retira do sistema, que surgiu para substituir a estabilidade decenal, grande parte da alegada sustentabilidade que o justificou em 1966.

E para agravar ainda a situação, o Governo Federal, mais uma vez, lança mão desses recursos, em desvio de finalidade, para dar suporte econômico diante de fato estranho ao desemprego, agora pela pandemia — através da MP n. 946/20, que libera FGTS.[(30)]

Garantia de Emprego x Arbitrariedade

Exatamente em virtude dessas disposições normativas e do bem jurídico maior a ser protegido na sustentabilidade da saúde pública, e do interesse público pela "saúde" financeira do mercado de trabalho e de produção, que a despedida sem justa causa fica inadmissível por configurar como arbitrária dentro do contexto da pandemia, vedada expressamente pela CF/88. Senão, vejamos.

Conforme bem argumenta a brilhante jurista Valdete Souto Severo, o "*direito fundamental a uma relação de emprego protegida contra a despedida arbitrária esvazia-se, se condicionarmos seu exercício a uma atuação legislativa desnecessária, porque terá de dizer o óbvio*"[(31)].

E prossegue sua fundamentação, citada jurista, em discorrer que, ao "*garantir uma relação de emprego contra a despedida arbitrária, a Constituição estabelece um dever fundamental diretamente ligado ao direito ali conferido aos trabalhadores brasileiros*", bem como isso implica, por consequência, "*conferir à Constituição o caráter de norma substancial, que conforma o ordenamento jurídico, estabelecendo parâmetros que não podem ser ignorados pelos operadores do Direito*", em outras palavras, o "*dever de justificar a despedida está contido nos termos do inciso I do art. 7º da Constituição brasileira, porque não há como garantir 'relação de emprego protegida contra despedida arbitrária', senão exigindo uma justificativa válida para o rompimento do vínculo, por parte do empregador*", bem como que os "*termos do aludido dispositivo constitucional vedam, portanto, qualquer espécie de dispensa que não seja motivada por uma razão lícita*".[(32)]

---

(29) *G1*. Disponível em: <https://g1.globo.com/jornal-nacional/noticia/2019/07/24/governo-libera-saque--de-r-500-do-fgts-a-partir-de-setembro.ghtml>. Acesso em: 16 nov. 2019.

(30) *Uol*. Disponível em: <https://economia.uol.com.br/noticias/redacao/2020/04/08/governo-libera-saques-de-ate-r-1045-no-fgts-e-extingue-pis-pasesp.htm>. Acesso em: 16 nov. 2019.

(31) SEVERO, Valdete Souto. *O Dever de Motivação da Despedida na ordem jurídico-constitucional brasileira*. Porto Alegre: Livraria do Advogado, 2011. p. 196.

(32) *Ibidem*, 198.

Assim, a vedação ao direito potestativo abusivo do empregador quanto à relação de emprego é inerente ao sentido de direito social e às bases dos direitos fundamentais. Portanto, um "*dever fundamental, enquanto expressão da dimensão objetiva do direito fundamental, a um relação de emprego protegida contra dispensa imotivada. Dever que decorre da função social do contrato, expressão da transparência e da lealdade no âmbito da relação privada.*"(33) Trata-se do "*reconhecimento de que na relação de trabalho, mesmo com nossa insistência em classificá-la como contrato*", pela qual "*existe um poder social evidente*", e que deve determinar "*essa intervenção do Estado, imiscuindo-se na vontade dos contratantes, para vedar determinadas condutas e obrigar outras, de sorte a minimizar os efeitos sociais dessa realidade*".

Conclusão

Citando Ronald Dworkin em sua posição onde afirma que um governo que respeite os direitos deve considerar pelo menos duas ideias importantes: 1) "*existem maneiras de tratar um homem que são incompatíveis com seu reconhecimento como um membro pleno da comunidade humana*" (noção de dignidade de Kant), e 2) "*os membros mais frágeis da comunidade política têm direito à mesma consideração e ao mesmo respeito que o governo concede a seus membros mais poderosos, de modo que, se algumas pessoas têm liberdade de decisão, qualquer que seja o efeito sobre o bem-estar geral, todas as pessoas devem ter a mesma liberdade*"(34), pode-se depreender que a legislação que trata do direito social do trabalho deve ter adequação ao conceito histórico e principiológico de sua razão de existir, não podendo ter sua força cogente para desproteger a relação de emprego e os direito sociais fundamentais mínimos, patamar civilizatório no conceito de dignidade e trabalho decente.

Nesse sentido, a legislação extraordinária editada para enfrentar o estado de calamidade diante da pandemia da Covid-19 e que, sob pretexto de preservação de emprego, implantou uma série de flexibilizações pela caducada MP n. 927, seja pela implementação de banco de horas, de antecipação de férias e de feriados, seja pela alteração contratual unilateral pelo teletrabalho, dentre outras flexibilizações, nas quais

---

(33) SEVERO, Valdete Souto. *O Dever de Motivação da Despedida na ordem jurídico-constitucional brasileira.* Porto Alegre: Livraria do Advogado, 2011. p. 199-200. Cabe especial menção, neste sentido, ao teor da Nota da Autora de n. 497: "O Contrato de trabalho tem finalidade social que não diz apenas com o trabalhador ou com a empresa diretamente envolvida. Diz com a necessária busca de uma de uma sociedade saudável, organizada, formada por seres humanos incluídos na ordem econômica e social vigente, que tenham a possibilidade de sobreviver e de atuar no meio em que vivem. A responsabilidade contratual que daí decorre legitima o entendimento de que se o trabalhador mantiver boa conduta, respeitando seus deveres, não deverá perder seu emprego, porque essa é também sua fonte de sobrevivência em uma sociedade capitalista como a nossa. Desse modo, o direito de despedir, mesmo sendo admitido como potestativo, não pode ser utilizado com abuso, estando sujeito a restrições".

(34) DWORKIN, Ronald, citado na obra supra referida de Valdete Souto Severo, nota de rodapé n. 491 na página 198.

consta o empregado como quem está financiando o capitalista, similarmente como ocorre, por exemplo, com a venda de títulos da dívida pública, mas, de forma perversa, porque ocorre sem cobrar juros (muito pelo contrário!), potencializando o sofrimento do ser humano trabalhador pela sobrejornada futura, pela ausência do descanso naquele feriado com a família e em tempos livres de isolamento, do não gozo das férias para efetivo passeio e não para quarentena, do sofrimento de ver seu lar como local de trabalho sem que isso tenha sido uma opção ou um preparo pessoal, profissional e familiar.

Somado a isso, com a caducidade de vigência da MP n. 927 por ato presumido de rejeição pela retirada de pauta do Senado Federal, que, portanto, não a votou no prazo constitucional (art. 62 da CF/88), tais aplicações precarizantes dessa medida provisória, no período em que vigeu, ainda demandarão muitas outras discussões no judiciário diante da CF/88 e convenções internacionais, e, repete-se, do conceito pleno do que é e deve ser direito social do trabalho em sua construção histórica internacional e nacional.

Pelo teor do art. 62, § 11, da CF, caso não seja editado decreto legislativo para regular o período de vigência da MP no prazo de 60 dias a contar da sua caducidade, as relações jurídicas que foram constituídas e decorrentes dos atos praticados durante sua vigência devem ser conservadas nos termos por ela regidas.

O STF, no entanto, em 14 de março de 2018, apreciando a Arguição de Descumprimento de Preceito Fundamental n. 216/2006, decidiu, por maioria de votos, que os efeitos da medida provisória não convertida em lei devem se limitar aos atos iniciados e concluídos durante seu período de vigência.

Contudo, mesmo diante desse debate de adequação da norma ao tempo, bem como de sua adequação ao ordenamento, a sustentação dos objetivos formais da MP n. 927 deve, no mínimo, prevalecer no sentido de preservação do emprego diante do uso de seus dispositivos, porque o abuso seria ainda pior, duplo, no caso da precarização culminada com a despedida arbitrária como ato final da exploração e durante o estado de calamidade. Somado a isso, não se pode simplesmente ignorar o expresso dispositivo constitucional no art. 7º, inciso I, pelo qual a despedida arbitrária é vedada!

Por fim, é necessária a retomada das raízes do direito do trabalho em seus pilares mais fundamentais, do sentido existente no conflito central entre capital e trabalho, âmago do direito social, cuja alma advém da manifestação da classe trabalhadora em seu movimento mais legítimo: a mobilização consciente e coletiva, seja pela greve enquanto direito natural, seja pelas manifestações políticas, na acepção mais democrática extraída do conceito de Nação, através das pautas sociais. O direito social, na essência, não é a fonte, ele é resultado.

Referências

ALVARENGA, Rúbia Zanotelli de. *Direito Internacional do Trabalho*. São Paulo: LTr, 2019.

ANTUNES, Ricardo. *O Privilégio da Servidão — O Novo Proletariado de Serviços na Era Digital*. São Paulo: Boitempo, 2018.

ARAÚJO, Wallanna Dantas Oliveira de. *Direitos fundamentais do trabalhador e a Declaração de 1998 da OIT*. Tese de Pós-Graduação Em Ciências Jurídicas, UFPB, 2008.

CANOTILHO, J. J. Gomes, CORREIA, Marcus Orione Gonçalves, e CORREIA, Érica Paula Barcha (Coords.). *Direitos Fundamentais Sociais*. 2. ed. São Paulo: Saraiva, 2015.

CUÉLLAR, Martha Elisa Monsalve; SILVA, Luciana Aboim Machado Gonçalves da; PIERDONÁ, Zélia Luiza (Coords.). *Impacto das Normas Internacionais da OIT no Direito do Trabalho e da Seguridade Social*. São Paulo: Instituto Latinoamericano de Derecho del Trabajo y la Seguridade Social/LTr, 2018.

DELGADO, Mauricio Godinho. C*apitalismo, trabalho e emprego — entre o paradigma da destruição e os caminhos de reconstrução*. 3. ed. São Paulo: LTr, 2017.

FREITAS JR., Antonio Rodrigues; GOMES, Ana Virgínia Moreira (Orgs.). *A Declaração de 1998 da OIT sobre Princípios e Direitos fundamentais no Trabalho*. São Paulo: LTr, 2014.

KREIN, José Dari; OLIVEIRA, Roberto Véras de; FILGUEIRAS, Vitor Araújo (Orgs.). *Reforma Trabalhista no Brasil — promessas e realidade*. Campinas: Curt Nimuendajú, 2019.

MEDEIROS, Benizete Ramos Medeiros; VELLINHO, Rubens Soares (Coords.). *Revista da ABRAT*, n. VI. Diálogos das Convenções Internacionais do Trabalho com a Lei n. 13.467/2017 — Estudos em homenagem a Ministra Delaíde Miranda Arantes. Belo Horizonte: RTM, 2019.

MURADAS, Daniela; PINTO, Roberto Parahyba de Arruda (Coords.). *Revista da ABRAT*, n. V. Entre Memórias e Memoriais: Olhares da Advocacia sobre Reforma Trabalhista. Belo Horizonte: Instituto do Trabalho e Gestão Sindical, RTM, 2018.

OIT. Garantizar un tiempo de trabajo decente para el futuro — Estudio General relativo a los instrumentos sobre el tiempo de trabajo. *Conferencia Internacional del Trabajo*, 107ª Reunión, 2018. Disponível em: <https://www.ilo.org/ilc/ILCSessions/previous-sessions/107/reports/reports-to-the-conference/WCMS_618490/lang--es/index.htm>. Acesso em: 16 jun. 2019.

PLÁ RODRIGUEZ, Américo. *Princípios do Direito do Trabalho*. Tradução de Wagner D. Giglio. Tradução da atualização de Edilson Alckmin Cunha. São Paulo: LTr, 2015.

PIOVESAN, Flávia; CARVALHO, Luciana Paula Vaz (Coordo.). *Direitos humanos e direito do trabalho*. São Paulo: Atlas, 2010.

POCHMANN, Márcio; MORAES, Reginaldo. *Capitalismo, Classe Trabalhadora e Luta Política no início do século XXI*. São Paulo: Fundação Perseu Abramo, 2017.

SCALÉRCIO, Marcos; MINTO, Tulio Martinez. *Normas da OIT*. Organizadas por Temas. São Paulo: LTr, 2017.

SEVERO, Valdete Souto. *Elementos para o Uso Transgressor do Direito do Trabalho*. São Paulo: LTr, 2016.

______. *O Dever de Motivação da Despedida na ordem jurídico-constitucional brasileira*. Porto Alegre: Livraria do Advogado, 2011.

SILVA, Homero Batista Mateus da. *CLT Comentada*. 2. ed. São Paulo: RT, 2019.

SOUTO MAIOR, Jorge Luiz. Validade e eficácia da Convenção n. 158 da OIT perante o ordenamento jurídico brasileiro. *Revista de Direito do Trabalho*, São Paulo, v. 25, n. 94, p. 7-23, abr./jun.1996.

______. *Teoria Geral do Direito do Trabalho — Curso de Direito do Trabalho*. vol. I – Parte I (história internacional). São Paulo: LTr, 2011.

______. *Teoria Geral do Direito do Trabalho — Curso de Direito do Trabalho*. vol. 1 – Parte II (história nacional). São Paulo: LTr, 2017.

SOUTO MAIOR, Jorge Luiz — artigos:

— "Uma Defesa do Ministério do Trabalho". Disponível em: <https://www.jorgesoutomaior.com/blog/uma-defesa-do-ministerio-do-trabalho>. Acesso em: 13 nov. 2018.

— "Sobre "modernização das relações de trabalho", "altos estudos", "pacotes" e o percurso consciente em direção à barbárie". Disponível em: <https://www.jorgesoutomaior.com/blog/sobre-modernizacao-das-relacoes-de-trabalho-altos-estudos-pacotes-e-o-percurso-consciente-em-direcao-a-barbarie>. Acesso em: 07 set. 2019.

— "MP n. 927: da pandemia ao pandemônio". Disponível em: <https://www.jorgesoutomaior.com/blog/mp-927-da-pandemia-ao-pandemonio> Acesso em: 13 maio 2020.

— "A MP n. 936 e a imprevisão nos acordos trabalhistas". Disponível em: <https://www.jorgesoutomaior.com/blog/archives/04-2020> Acesso em: 10 abr. 2020.

— "Que a doença nos cure: há esperança?". Disponível em: <https://www.jorgesoutomaior.com/blog/que-a-doenca-nos-cure-ha-esperanca>. Acesso em: 22 abr. 2020.

— "MP n. 936: do pandemônio à razão?". Disponível em: <https://www.jorgesoutomaior.com/blog/mp-936-do-pandemonio-a-razao>. Acesso em: 13 maio 2020.

______; SEVERO, Valdete Souto (Coords.). *Resistência — Aportes teóricos contra o retrocesso trabalhista*. São Paulo: Expressão Popular, 2017.

______; ______ (Coords.). *Resistência II – Defesa e Crítica da Justiça do Trabalho*. São Paulo: Expressão Popular, 2018.

______; ______ (Coords.). *Resistência III – O Direito do Trabalho diz Não à Terceirização*. São Paulo: Expressão Popular, 2019.

VIANA, Márcio Túlio. *Do Trabalho Ao Salário:* Pequenas Lições De Quem Ainda Está Aprendendo. Belo Horizonte: Instituto do Trabalho e Gestão Sindical/RTM, 2019.

Medida Provisória n. 927 – Férias

Daiana Monteiro Santos

Perspectiva conceitual e normativa das férias

O direito às férias, fruto de árduas lutas da classe trabalhadora ao longo da história, representa uma garantia constitucional à proteção da saúde e dignidade dos empregados e empregadas e, portanto, não pode ser restringido ou suprimido, sobretudo em períodos de crise.

Férias consistem no repouso anual prolongado e remunerado no qual o empregado tem o direito de usufruir plenamente de seu repouso e desconexão do trabalho, viabilizando o convívio familiar e social, bem como favorece a ampla recuperação de suas energias físicas e mentais. Trata-se de um direito do trabalhador e obrigação do empregador, muito embora seja este quem decida pelo período de sua concessão, observados os limites legais.

As férias importam na interrupção do contrato de trabalho e possuem natureza de "direito social e trabalhista, de ordem fundamental, pois necessário à saúde e segurança do trabalhador". Além disso, em relação ao empregador, as férias constituem em obrigação de fazer quanto à concessão das férias e obrigação de pagar em relação ao dever de remunerar o empregado sobre tal interrupção do contrato de trabalho[(1)].

O direito a férias constitui um direito fundamental do empregado previsto no art. 7º, XVII da Constituição da República, cujo gozo deve se dar anualmente. A Convenção n. 132 da Organização Internacional do Trabalho (OIT) — em vigor no Brasil desde 23-09-1999 e com *status* de norma supralegal — regulamenta o direito a férias e estabelece, assim como a norma constitucional, o direito de o empregado usufruí-las anualmente (art. 3-1). Ademais, o artigo XXIV da Declaração Universal de Direitos Humanos (ratificada pelo Brasil em 10 de dezembro de 1948) é expressa ao assegurar o direito a férias remuneradas e periódicas como medida de garantia da dignidade da pessoa humana.

(1) GARCIA, Gustavo Filipe Barbosa. *Manual de Direito do Trabalho*. São Paulo: Método, 2011. p. 558.

O instituto das férias é caracterizado por: seu "caráter imperativo", trata-se de direito indisponível; por sua "composição temporal complexa", composto por um período de repouso mais longo, proporcionalmente estipulado; pela "anualidade", pois, consoante declinado acima, é direito do empregado gozar de tal repouso anualmente; pela "composição obrigacional múltipla", obrigação do empregador de fazer quanto a conceder as férias observados os limites temporais e valores e de não fazer, consistente na vedação de solicitar qualquer atividade ao obreiro no período de férias e; por fim, tal instituto importa na interrupção do contrato de trabalho. (2)

Com o advento da pandemia que assola diversos países no mundo inclusive o Brasil, foi decretado em 18 de março de 2020 o Estado de Calamidade Pública (Decreto Legislativo n. 6 de 2020) e sob a justificativa de preservar o emprego e renda, foram editadas Medidas Provisórias (MPs) com alterações normativas sobre direitos trabalhistas, tais como a MP n. 927/2020 que, dentre outras medidas flexibilizadoras dos direitos dos trabalhadores e trabalhadoras, permitiu a concessão de férias com critérios menos rígidos do que aqueles previstos no Capítulo IV da Consolidação das Leis do Trabalho (CLT).

As regras trazidas pela MP n. 927 no tocante às férias individuais e coletivas serão analisadas à luz dos princípios contratuais, constitucionais e direitos fundamentais aplicáveis aos empregados.

Medida Provisória n. 927/2020 — Férias flexíveis: o direito do trabalhador em benefício do empregador

a. Férias individuais

Conforme o disposto na MP n. 927 em seu Capítulo III, sob a justificativa do Estado de Calamidade Pública em razão da pandemia do Covid-19, se deu a flexibilização do direito de férias para muito além do ordinário, de modo a afetar sua natureza e finalidade.

As férias que, por regra, constituem direito do trabalhador para que este possa se desconectar do trabalho e usufruir livremente do seu tempo, ao ser concedida pelo empregador com aviso prévio de apenas 48 horas impede o devido planejamento das férias por parte do empregado. Ainda que a escolha do período de concessão seja direito potestativo do empregador, a exigência legal de aviso com antecedência mínima de 30 dias — art. 135, *caput*, da CLT — visa justamente assegurar ao empregado o direito de usufruí-las com qualidade. Mesmo a urgência trazida pela pandemia não justifica o exíguo prazo de aviso de 48 horas, pois este atende tão somente os interesses do empregador.

---

(2) DELGADO, Mauricio Godinho. *Curso de direito do trabalho:* obra revista e atualizadas conforme a lei da reforma trabalhista e inovações normativas e jurisprudenciais posteriores. 18. ed. São Paulo: LTr, 2019.

Ademais, a norma sob análise prorroga o prazo para pagamento do adicional de 1/3 acrescido à remuneração das férias que teve seu prazo diferido até a data de pagamento da gratificação natalina (art. 1º da Lei n. 4.749/1965), bem como dispensa a exigência de quitação das férias com antecipação de até dois dias antes do início de seu gozo — art. 145, *caput*, da CLT — dispondo como limite o quinto dia útil do mês subsequente ao seu início. Tais dilações de prazo violam frontalmente o texto constitucional que estabelece o direito a férias remuneradas com adicional de 1/3 ao salário normal, isto é, ao serem usufruídas, as férias devem ser remuneradas conforme estabelecido na Constituição da República.

Quanto à possibilidade de conversão de 1/3 das férias em abono pecuniário, tal requerimento poderá ser feito pelo trabalhador, porém está sujeito à concordância do empregador e seu pagamento poderá ser feito no mesmo prazo de pagamento do adicional de 1/3 das férias. Ora, com tal dilação de prazo para quitação do abono pecuniário, exigir ainda a concordância do empregador apenas demonstra o desprestígio dado pela Medida Provisória em comento aos empregados, pois estes, ao dispor de parte de suas férias para trabalhar, certamente o fazem por necessidades financeiras.

Admitida, ainda, a concessão das férias ainda que o período aquisitivo de doze meses não tenha concluído. A legislação ordinária permite tal possibilidade para as férias coletivas e, em relação ao período de calamidade pública decretado pela presidência da República, este direito foi estendido às férias individuais. Nesses casos, a redação da MP restou omissa quanto ao efeito de tal antecipação, isto é, se permanece a contagem do período aquisitivo mesmo após a concessão das férias ou se inicia-se um novo período aquisitivo, conforme é estabelecido para as férias coletivas, art. 140 da CLT.

Poder-se-ia aplicar por analogia o art. 140 da CLT, entretanto, tal interpretação pode ser, a depender da situação concreta do empregado no período aquisitivo e a quantidade de dias de férias usufruída, mais prejudicial ao empregado. Assim, observando o princípio da proteção e ao entender pelo silêncio eloquente na redação da Medida Provisória sob análise, mantém-se a contagem do período aquisitivo com a antecipação das férias, iniciando-se novo período apenas após o seu término.

Importante validar a interpretação destacada no parágrafo acima para a análise da redação do § 2º do art. 6º da MP n. 927/2020, pois esta admite, por meio de acordo individual, a antecipação de períodos futuros de férias que ainda não tenham transcorrido, sendo que esse texto deve ser interpretado à luz da Constituição da República — art. 7º, XVII — que segue idêntica linha da norma prevista na Convenção n. 132 da OIT no tocante ao gozo de férias anuais pelos empregados. Dessa maneira, observando o limite temporal destacado na Medida Provisória quanto à sua aplicação no período de calamidade pública, o empregador poderia antecipar apenas períodos aquisitivos iniciados no período abrangido pelo Decreto presidencial n. 06/2020, ou seja, até 31 de dezembro de 2020, não podendo, reitera-se, o empregador, ao celebrar tal acordo, olvidar as determinações constitucional e convencional de concessão de férias anuais, sob pena de nulidade[(3)].

A norma em comento mantem a vedação de gozo de férias por período inferior a cinco dias, porém seu fracionamento não depende da anuência do empregado, elastecendo a regra geral. Ademais, a MP é silente acerca do limite de fracionamento de seus períodos, de modo que entende-se pela aplicação da regra geral exposta no art. 134, § 3º, da CLT, isto é, restrição de até três períodos.

Consoante explanado acima, as férias consistem num direito assegurado ao empregado não apenas para lhe proporcionar maior convívio familiar e social, mas também para que seja possível restaurar suas energias vitais e, assim, proteger sua saúde. Por tais finalidades, a possibilidade trazida pela MP n. 927 de o empregador suspender as férias de trabalhadores que desempenhem funções essenciais é gravíssima, porquanto neste período de pandemia de Covid-19, o risco de um trabalhador adoecer em razão da demanda de trabalho, jornada exaustiva e estresse aumenta significativamente e, ao ser privado de suas férias previamente programadas somente aumenta seu risco de vida, pois sequer lhe foi dada a oportunidade adequada de restaurar suas energias físicas e mentais do período pretérito trabalhado. A simples análise da presente questão sob o viés de proteção de uma coletividade em situação de crise pode causar consequências desastrosas, uma vez que a realização dessas funções essenciais se dará sob maior pressão e desgaste por empregados que podem não se encontrar em bom estado de higidez mental e física. Assim, além de não contribuir com a coletividade, eleva a probabilidade de adoecimento desses profissionais.

Acerca das "funções essenciais" mencionadas no art. 7º da MP n. 927, salienta-se o uso de terminologia distinta das "atividades essenciais" regulamentadas pela Lei n. 7.783/89, art. 10 e Decretos ns. 10.282/2020 e 10.292/2020, e em razão disso, parcela da doutrina entende corresponder a porção de profissões mais abrangentes, isto é, todas funções que são sensíveis para empresas em funcionamento durante a pandemia[(4)].

---

(3) Neste sentido destaca Paulo Régis Machado Botelho: "(C) Gozo das férias antecipadas durante a pandemia relativas aos períodos aquisitivos que não se iniciaram. A terceira hipótese, mesmo com a concordância do empregado, é nula de pleno direito, pois na prática se traduziria em renúncia ao direito de férias. O empregador diante da excepcionalidade pode optar por outras alternativas (suspensão do contrato, diminuição da jornada e do salário, licença remunerada, etc.) menos prejudiciais ao empregado. O equilíbrio contratual é impactado fenecendo a própria finalidade precípua das férias." BELMONTE, Alexandre Agra; MARANHÃO, Ney; MARTINEZ, Luciano. Direito do Trabalho na crise da Covid-19. In: BOTELHO, Paulo Régis Machado. *Férias em tempos de Covid-19:* Análise da MP n. 927/2020 à luz dos novos princípios contratuais. Salvador: JusPodivm, 2020. p. 372.

(4) SILVA, Homero Batista Mateus da. *Legislação trabalhista em tempos de pandemia:* comentários às Medidas Provisórias 927 e 936. 1. ed. São Paulo: Thomson Reuters Brasil, 2020. p. 48.

Distintamente a esse posicionamento, para o caso em tela, deve-se considerar o termo "funções" como sinônimo a "atividades", caso contrário, empresas que aumentaram suas operações durante a pandemia e que venham a precisar de reforço de força de trabalho, suspenderia as férias de seus empregados, ao invés de contribuir com a redução do desemprego contratando novos trabalhadores. Pois bem, considerando a finalidade da referida Medida Provisória de preservação do emprego e da renda, vislumbra-se mais acertada a interpretação restritiva do termo "funções essenciais".

Nas hipóteses de convocação do trabalhador durante suas férias para atuar em atividades essenciais, eventuais impedimentos involuntários não poderão importar na aplicação de medidas disciplinares pelo empregador, caso contrário, estar-se-ia atentando contra o princípio da boa-fé objetiva. Tampouco admitir-se-á a devolução das férias e terço correspondente já pagos na proporção dos dias de suspensão ou adiamento das férias(5). Ademais, deverá o empregador observar o período concessivo para a concessão das férias em comento, sob pena de pagamento em dobro do período não usufruído, nos termos do art. 137 da CLT.

No tocante à antecipação de férias vencidas que já tinham sido comunicadas ao empregado sob a justificativa de necessidade em razão da pandemia do Covid-19, deve ser aplicado o Precedente Normativo n. 116 do C. TST não apenas quanto à demonstração de necessidade imperiosa, isto é, não basta apenas motivar na pandemia, pois diversas atividades empresariais permanecem em atividade neste período e, ainda, é imprescindível o ressarcimento de prejuízos financeiros comprovados pelo empregado, eis que do contrário o trabalhador estaria arcando com danos sofridos por ato do empregador quando, na realidade, compete a este assumir os riscos de seu empreendimento, art. 2º da CLT.

O art. 32 da Medida Provisória sob análise estende a possibilidade de alteração das férias durante o período de calamidade pública, consoante acima explanado, em relação aos trabalhadores temporários, terceirizados, rurais e domésticos.

b. Férias Coletivas — Esvaziamento do controle externo e paridade com as férias individuais

A MP n. 927/2020 flexibilizou a matéria concernente às férias coletivas e retirou condição essencial para evitar que tal instituto seja usado pelos empregadores indiscriminadamente, isto é, dispensou o controle sindical e ministerial, bem como eliminou os limites de período anuais e de dias de férias, bastando o comunicado com antecedência de 48 horas, se assemelhando às regras determinadas em sua redação acerca das férias individuais.

---

(5) Consoante destacado por Homero Batista: "Aqui terá de se aplicar o conceito de adiantamento salarial". *Ibidem*, p. 49.

Pois bem, se a intenção ao editar a norma, conforme exposto no parágrafo acima, foi de facilitar a concessão das férias coletivas como meio de auxiliar as empresas que tiveram seu funcionamento afetado durante a pandemia, manter a obrigatoriedade de comunicação ulterior dos entes sindicais e ministerial obstaria a ocorrência de abusos não apenas quanto à violação do instituto das férias, como também o uso despropositado por empresas oportunistas.

No tocante aos limites de dias e períodos, pela redação dos arts. 11 e 12 da Medida Provisória, constata-se que o empregador pode conceder férias coletivas por mais de dois períodos anuais e estas podem se dar por qualquer quantidade de dias.

Ainda que a MP tenha possibilitado ampla flexibilização do instituto das férias coletivas, é fundamental ressaltar novamente os limites constitucionais quanto ao direito do empregado de gozar suas férias anualmente e o fato de que, para haver o reconhecimento do efetivo usufruto das férias, tal interrupção deve se dar por um período razoável de dias corridos, em consonância com os princípios da dignidade da pessoa humana, boa-fé objetiva e da função social do contrato(6).

Em relação ao pagamento das férias coletivas, a MP n. 927 é silente e, portanto, entende-se pela aplicação da legislação ordinária para o pagamento das férias (art. 145 da CLT), por se tratar de norma mais favorável ao trabalhador(7). Todavia, além de entendimento diverso por parte da doutrina no sentido de viabilizar a situação financeira das empresas para o pagamento das férias coletivas com a mesma dilação de prazos aplicável às férias individuais, o Projeto de Lei de Conversão n. 18/2020 traz disposição expressa neste sentido.

Quanto à prioridade para o gozo de férias, sejam elas individuais ou coletivas, a MP n. 927 dispõe no art. 6º, § 3º, que deve ser dada prioridade aos trabalhadores inseridos nos grupos de risco, quais sejam: idosos, gestantes, diabéticos, hipertensos, dentre outros.

c. Proteção contra o desemprego: aparência ou realidade?

Não obstante o objetivo da MP n. 927, expresso em seu art. 1º com o fim de assegurar a "preservação do emprego e da renda para enfrentamento do estado

(6) O Projeto de Lei de Conversão n. 18/2020 estende às férias coletivas o limite mínimo de 5 dias para sua concessão.

(7) Em sentido contrário, há defensores da ampliação das regras de pagamento das férias individuais previstas na MP n. 927: "A MP n. 927/2020 silencia sobre a possibilidade do adiamento do pagamento da remuneração e do terço de férias quando da implementação das férias coletivas. Diante do vácuo legislativo, deve-se interpretar que os mesmos fundamentos que motivaram postergar o pagamento no caso das férias individuais servem para acolher o entendimento de aplicação analógica dos normativos previstos no art. 8º da MP, quando se tratar de férias coletivas. As empresas diante da pandemia, ao concederem férias coletivas, teriam que dispor de uma soma de recursos significativos para fazer frente ao pagamento da remuneração e do terço de férias, sem uma programação orçamentária prévia." *Ibidem*, p. 378.

de calamidade pública", as regras previstas acerca do instituto das férias são manifestamente opostas a tal propósito, visto que, afora a desnaturalização do instituto das férias acima explanado, inexiste contrapartida em benefício do trabalhador, isto é, além de o obreiro estar privado do efetivo lazer durante as férias e poder não ser imediatamente remunerado por elas, sequer foi estabelecida alguma regra de proteção contra dispensa injustificada ou qualquer outra norma protetiva.

Ante a tal quadro, o empregado pode ter seu contrato rescindido, devendo tão somente o empregador pagar as verbas rescisórias devidas, nelas incluídas as férias e adicional de 1/3 eventualmente não pago.

Eventuais penalidades quanto ao pagamento na forma dobrada das férias com o adicional correspondente seria devido caso inobservado o prazo para sua quitação, entretanto, esse efeito está previsto na legislação ordinária trabalhista, isto é, não se trata de benefício específico trazido pela redação da MP n. 927 para compensar a flexibilização de direitos dos empregados.

Vale destacar que a concessão de férias durante períodos aquisitivos incompletos é faculdade do empregador e, sendo assim, caso o empregado tenha seu contrato extinto sem justa causa por iniciativa do empregador antes de se concluir o período aquisitivo em relação às férias gozadas antecipadamente, não poderá o empregador descontar o valor pago ou deixar de pagar, se ainda pendente, a remuneração das férias e o adicional correspondente na proporção do período não laborado, pois, consoante princípio da alteridade, não pode o trabalhador assumir o risco econômico da empresa, conforme dispõe o art. 2º da CLT.

O mesmo entendimento se aplica na hipótese de dispensa por justa causa, visto que as férias antecipadas já foram usufruídas e, portanto devem ser remuneradas na forma da lei ordinária e constitucional, pois antecipar o gozo de férias ainda não adquiridas por direito, o empregador assume o risco. A jurisprudência do C. TST, acerca da dispensa por justa causa e pagamento das férias proporcionais, somente é aplicável, conforme sua redação, para os casos em que tais férias não tenham sido usufruídas, pois o trabalhador perderia o direito às férias proporcionais (Súmula n. 171).

No tocante à extinção do contrato por pedido de demissão anteriormente à conclusão do período aquisitivo das férias antecipadas, entende-se pelas mesmas regras acima, ou seja, as férias já gozadas antecipadamente deverão ser devidamente remuneradas, salvo se demonstrado o dolo do trabalhador na intenção de lesar o empregador quanto ao custeio das férias antecipadas referentes ao período aquisitivo incompleto, na forma do art. 462, § 1º, da CLT. Não se vislumbra a prática de ato culposo no caso em tela, porquanto é o empregador quem decide pela antecipação das férias de modo a não ser viável a atuação negligente, imperita e imprudente do trabalhador neste quesito. E, mesmo quanto aos períodos antecipados via acordo individual — observados os limites constitucionais acima mencionados — há não apenas a anuência do empregador, como, em regra, é o principal interessado.

Entretanto, em que pese o posicionamento acima, o Projeto de Lei n. 18/2020 de conversão da MP n. 927 em trâmite no Congresso Nacional estabelece o desconto nas verbas rescisórias do empregado que desfrutou de férias sobre período aquisitivo incompleto nas hipóteses de extinção contratual por pedido de demissão(8).

Nem se diga que a manutenção do pagamento das férias antecipadas sobre período aquisitivo não concluído em razão da extinção do contrato de trabalho acarreta o enriquecimento sem causa por parte do trabalhador, visto que a interrupção contratual para o gozo das férias importa no direito à remuneração correspondente. Em regra, o trabalhador passa a ter direito adquirido ao gozo de férias após o período aquisitivo de 12 meses, porém na hipótese do gozo de férias, por opção do empregador, antes da conclusão do período aquisitivo, ocorre igualmente a antecipação de tal direito adquirido e, portanto, repita-se, é o trabalhador detentor do direito à remuneração correspondente.

Nas hipóteses de recusa do trabalhador em usufruir suas férias antecipadas na forma estabelecida na MP n. 927, em relação aos casos em que tal decisão compete exclusivamente ao empregador, é possível a aplicação de medida disciplinar, porém, para tanto, imprescindível considerar os princípios da razoabilidade, da proporcionalidade e seu caráter pedagógico a fim de evitar abuso de direito. Já na hipótese em que depende de concordância do trabalhador, este não pode ser punido sobre sua negativa.

Evidencia-se também a alteração prejudicial ao trabalhador no tocante às alterações trazidas pela MP n. 927 em relação à remuneração das férias, porquanto, embora nada conste em sua redação acerca dessa questão, o art. 142 da CLT dispõe, como regra geral, o pagamento da remuneração devida na data da sua concessão. Ainda que se diga que a remuneração das férias se dará no quinto dia útil do mês subsequente ao início do seu gozo e que isso não trará prejuízo significativo, quando se trata do adicional de 1/3, cujo prazo para pagamento pode ser dilatado por meses, o trabalhador pode sofrer perdas remuneratórias se obtiver a majoração de sua remuneração ordinária. Ora, a regra do mencionado art. 142 visa assegurar ao trabalhador a remuneração das férias e adicional correspondente no valor mais aproximado de sua renda na data da concessão, considerando, para tanto, o pagamento antecipado ao início das férias. Desse modo, afim, de observar a teleologia da norma, é salutar considerar a proporção de eventuais acréscimos habituais à remuneração até a quitação integral das férias.

---

(8) Art. 10, "Parágrafo único. As férias antecipadas gozadas, cujo período não tenha sido adquirido, serão descontadas das verbas rescisórias devidas ao empregado no caso de pedido de demissão".

Diante do exposto, constata-se que a redação da MP n. 927 não apresenta nenhum dispositivo que vise tutelar efetivamente o contrato de emprego e sua manutenção, sendo desproporcional a flexibilização das férias na forma apresentada para que o empregador possa se manter no período de crise sem nenhuma contrapartida além daquelas inerentes ao instituto das férias. Desse modo, se constata, na realidade, uma efetiva desproteção e precarização de direitos trabalhistas.

Em sentido contrário, parte da doutrina defende a constitucionalidade das alterações trazidas pela MP n. 927 acerca das férias, pois se justifica em razão da crise mundial aguda oriunda da pandemia do novo coronavirus, no sentido de que, não houvesse essa possibilidade, ao trabalhador seriam aplicadas alternativas mais desfavoráveis, como regime de banco de horas de dois anos, redução salarial ou suspensão do contrato de trabalho (MP n. 936, de 2020), ou ainda, ocorrer a manipulação ilegal das férias, com sua concessão ou pagamento fictícios(9).

A pandemia do Covid-19 e a flexibilização de direito fundamental por meio de Medida Provisória

> A Constituição Federal de 1988 possui inequívoca dimensão social, como um dos fundamentos do Estado Democrático de Direito, consoante destacado em seu art. 1º, III e IV, conforme seu preâmbulo "Estado Democrático, destinado a assegurar o exercício dos direitos sociais e individuais, a liberdade, a segurança, o bem-estar, o desenvolvimento, a igualdade e a justiça como valores supremos (...)."(10)

Os direitos sociais, fundados no princípio da solidariedade humana, compõem os direitos fundamentais de segunda dimensão, os quais são diretamente relacionados aos princípios da igualdade e da dignidade da pessoa humana (arts. 1º, III, e 5º, *caput* da Constituição da República). Estão compreendidas nos direitos de segunda dimensão as ""liberdades sociais", das quais são exemplos a liberdade de sindicalização, o direito de greve e alguns direitos trabalhistas (tais como o direito a férias e ao repouso semanal remunerado, ao salário mínimo, a limitação da jornada de trabalho, entre outros)."(11)

O direito a férias, por se tratar de direito e garantia individual do trabalhador, se insere no rol, de "cláusulas pétreas" prevista no art. 60, parágrafo 4º da Constituição da República e, portanto, representa uma limitação à sua supressão total ou parcial ou

---

(9) SILVA, Homero Batista Mateus da. *Op. cit.*, p. 51.

(10) BRANDÃO, Rodrigo. SÃO OS DIREITOS SOCIAIS CLÁUSULAS PÉTREAS? EM QUE MEDIDA?. *Revista Eletrônica do Ministério Público Federal*. Disponível em: <http://www.prrj.mpf.mp.br/custoslegis/revista_2010/2010/aprovados/2010a_Dir_Pub_Brandao.pdf>.

(11) CUNHA JÚNIOR, Dirley da. *Curso de Direito Constitucional*. Salvador: JusPodivm, 2010. p. 590.

mesmo a retirada de qualquer valor subjacente a esse direito. Ora, se nem o legislador constitucional pode restringir tal direito, quanto mais o Presidente da República por meio de Medida Provisória.

Importante destacar inexistir previsão acerca de decretação de "estado de calamidade pública" no texto constitucional e nas hipóteses de calamidade pública nele mencionadas, não há permissão para restringir ou mesmo suprimir — ainda que temporariamente — direitos fundamentais, dentre eles, o direito a férias.

Acerca da adoção de Medidas Provisórias por ato do Presidente da República, o art. 62 da Constituição da República as admite apenas em caso de "relevância e urgência".

A pandemia do Covid-19 resultou na restrição de circulação de pessoas e fechamento temporário de estabelecimentos empresariais em todo país e tal quadro crítico justificou a relevância e urgência na edição da Medida Provisória n. 927. Preservada, portanto, a constitucionalidade formal do ato. Entretanto, questiona-se quanto à sua constitucionalidade material, uma vez que optou-se por proteger o empregador, consequentemente, o mercado, por meio de retirada e/ou restrição de direitos fundamentais do trabalhador, dentre eles, o direito de usufruir suas férias conforme sua natureza e finalidade.

A respeito da inconstitucionalidade, após a publicação da MP n. 927 foram ajuizadas Ações Diretas de Inconstitucionalidade (ADI) questionando seu teor por não estar em conformidade com a Constituição Federal, violando direitos fundamentais dos trabalhadores.

Nas ADIs ns. 6.342, 6.344, 6.346, 6.348, 6.349, 6.352 e 6.354 foi mantida pelo pleno do E. Supremo Tribunal Federal a decisão do ministro relator quanto ao indeferimento de liminar acerca do questionamento apresentado sobre as férias e sua remuneração diferida, cuja justificativa baseou-se na excepcionalidade trazida pelo estado de calamidade decorrente da pandemia do Covid-19 de modo que as alterações legais acerca das férias buscam a preservação de empregos e viabilizam o equilíbrio econômico, mitigando o ônus. Afirmou não ter a MP n. 927 afastado o direito às férias, tampouco seu gozo de forma remunerada e com adicional correspondente.[(12)]

Com a devida vênia sobre a decisão dada pela maioria dos ministros do STF, consoante largamente explanado acima, as alterações do instituto das férias constantes na MP n. 927, ainda que apenas no período de estado de calamidade pública, desconstituem a natureza e finalidade das férias e, portanto, viola direito fundamental do trabalhador, este, entendido como "cláusula pétrea". Neste sentido, destaca-se a posição do ministro Fachin, cujo voto foi vencido, ao afirmar que "A Constituição e

(12) Disponível em: <http://www.stf.jus.br/arquivo/cms/noticiaNoticiaStf/anexo/ADI6342 liminar.pdf>.

as leis trabalhistas não podem ser desconsideradas nem pelos empregados nem pelos empregadores, mesmo em tempo de situação emergencial de saúde'.

Demais, disso, imprescindível ressaltar a inexistência de filtro na redação da MP n. 927, isto é, qualquer empregador rural ou urbano, mesmo aqueles que colecionam lucros bilionários em exercícios passados, empresas que não tenham seu resultado afetado pela pandemia ou outros que lucrarão ainda mais neste período, em tese, poderão se beneficiar das medidas precarizantes da condição social econômica de seus empregados e empregadas.(13)

Todavia, não obstante decisão de constitucionalidade sobre a matéria em análise e a ausência de filtros, as medidas previstas na MP n. 927 podem ser submetidas a controle administrativo e judicial, porquanto tal texto legal deve ser interpretado de forma sistemática, isto é, em consonância com o disposto em seu art. 3º. Desse modo, a dispor que a aplicação da MP n. 927 tem por finalidade o "enfrentamento dos efeitos econômicos decorrentes do estado de calamidade pública e para preservação do emprego e da renda", caso o empregador não se insira em tais condições, seus atos serão passíveis de nulidade e a ele aplicáveis a regras ordinárias e penalidades previstas na Consolidação das Leis do Trabalho.

Conclusão

A partir das análises acima, entende-se que o direito a férias perdeu sua natureza de direito do trabalhador e se integrou exclusivamente a um instituto de administração financeira com amplos poderes ao empregador no período de Estado de Calamidade Pública em razão da Pandemia do Covid-19, estando o trabalhador submetido a usufruir suas férias em sua residência e sem sequer ser remunerado da forma constitucionalmente estabelecida. Como destacado por Jorge Luiz Souto Maior "o que seria férias, para descanso e lazer, se transforma em obrigação de ficar em isolamento em casa, com redução do valor correspondente"(14).

Reconhecer a constitucionalidade das normas de flexibilização das férias trazidas pela MP n. 927 (possivelmente confirmadas pelo Poder Legislativo(15)), sob a justificativa de corresponder a um mal menor — pois evita que o trabalhador seja submetido a atos fraudulentos ou mesmo sofra flexibilizações de direitos que lhe sejam mais prejudiciais — representa uma ruptura no projeto de Estado Social trazido pela Constituição da República de 1988 para a elevação dos direitos humanos, tendo

(13) COELHO, Fabiano; GASPAR, Danilo Gonçalves; MIZIARA, Raphael; SOUZA JÚNIOR, Antonio Umberto. *MEDIDA PROVISÓRIA 927/2020 comentada artigo por artigo*. São Paulo: Revista dos Tribunais, 2020. p. 12.

(14) SOUTO MAIOR, Jorge Luiz. *MP n. 927:* da pandemia ao pandemônio. 2020. Publicado em 25 mar. 2020. Disponível em: <https://www. jorgesoutomaior.com/blog /mp-927-da-pandemia-ao-pandemonio>. Acesso em: 08 maio 2020.

(15) Conforme Projeto de Lei de Conversão n. 18/2020.

por fundamentos "a dignidade da pessoa humana" e "os valores sociais do trabalho"(16) e, portanto, tal argumento deve ser veementemente rechaçado em defesa do não retrocesso social.

Assim, muito embora a Medida Provisória sob análise flexibilize o direito de férias individuais e coletivas e tenha sido reconhecida sua constitucionalidade sobre esta matéria em razão da pandemia, deve o empregador se atentar à finalidade da norma autorizadora, e sua interpretação consoante os limites constitucionais, convencionais e legais, bem como quanto aos direitos fundamentais, sob pena de lhe ser aplicáveis as regras gerais e ser passível de penalizações administrativas e condenações judiciais(17).

Suprimir direitos sociais por Medida Provisória, ainda que validada pelos Poderes Legislativo e Judiciário em função de condições anômalas e temporárias importa no esvaziamento de direitos fundamentais e, inclusive, de cláusulas pétreas proclamadas na Constituição da República. Para alterações legislativas tão relevantes, é imprescindível o prévio estudo e diálogo social com representantes dos trabalhadores, empregadores e do Estado, bem como amplo debate legislativo, priorizando-se pelo trâmite legislativo ordinário — ainda que em regime de urgência — justamente para garantir o equilíbrio entre as partes envolvidas nas alterações no Direito do Trabalho e evitar consequências desastrosas aos direitos sociais, humanos e, consequentemente, à economia.

Os direitos fundamentais, sem exceção, inclusive aqueles oriundos de normas internacionais e primados éticos, não podem ser subtraídos em decorrência de fatores externos. É especialmente em situações de crise econômica e sanitária que os direitos fundamentais dos trabalhadores devem ser resguardados e reforçados, pois sua flexibilização vem não apenas aprofundar a crise econômica como elevar a degradação da saúde pública.

Bibliografia

BOTELHO, Paulo Régis Machado. *Férias em tempos de Covid-19:* Análise da MP n. 927/2020 à luz dos novos princípios contratuais. Salvador: JusPodivm, 2020;

BRANDÃO, Rodrigo. SÃO OS DIREITOS SOCIAIS CLÁUSULAS PÉTREAS? EM QUE MEDIDA?. *Revista Eletrônica do Ministério Público Federal.* Disponível em: <http://www.prrj.mpf.mp.br/custoslegis/revista_2010/2010/aprovados/2010a_Dir_Pub_Brandao.pdf>.

COELHO, Fabiano; GASPAR, Danilo Gonçalves; MIZIARA, Raphael; SOUZA JÚNIOR, Antonio Umberto. *MEDIDA PROVISÓRIAS 927/2020 comentada artigo por artigo.* São Paulo: Revista dos Tribunais, 2020.

(16) Art. 1º, III e IV, da Constituição da República.

(17) "A pandemia da Covid-19 é o pano de fundo para as inovações legislativas, contudo, não pode servir de fundamento para anular por inteiro o direito constitucional ao descanso anual". *Op. cit.*

CUNHA JR., Dirley da. *Curso de Direito Constitucional*. Salvador: JusPodivm, 2010.

DELGADO, Mauricio Godinho. *Curso de direito do trabalho:* obra revista e atualizadas conforme a lei da reforma trabalhista e inovações normativas e jurisprudenciais posteriores. 18. ed. São Paulo: LTr, 2019.

GARCIA, Gustavo Filipe Barbosa. *Manual de Direito do Trabalho*. São Paulo: Método, 2011.

SILVA, Homero Batista Mateus da. *Legislação trabalhista em tempos de pandemia: comentários às Medidas Provisórias 927 e 936*. 1.ed. São Paulo: Thomson Reuters Brasil, 2020.

SOUTO MAIOR, Jorge Luiz. *MP n. 927:* da pandemia ao pandemônio. Publicado em 25 mar. 2020. Disponível em: <https://www. jorgesoutomaior.com/blog /mp-927-da-pandemia--ao-pandemonio>. Acesso em: 08 maio 2020.

MP n. 927 e Banco de Horas

Susana Oliveira Santos

RESUMO: O presente tema visa, apresentar precipuamente, referente ao banco de horas conforme a MP n. 927 e como será sua aplicabilidade devido ao estado de calamidade, expondo o tema para operadores do direito, quanto a qualquer um que se interesse e busque pela temática abordada.

Uma oportuna distinção será realizada entre como era a questão do banco de horas conforme CLT e como será de acordo com a MP n. 927, o que nos levará a uma imprescindível e ampla discussão por se tratar de um assunto que envolve empregados e empregadores, uma relação na qual desde tempos remotos, sempre foi difícil de se encontrar o equilíbrio, assim como a MP ao se referir ao banco de horas é uma forma de garantir aos empregados os seus empregos e fornecerem predileções aos empregadores.

1. Introdução

O presente artigo tem como escopo abordar precipuamente a temática do banco de horas conforme a Medida Provisória (MP) n. 927/2020, na qual foi publicada em 22 de março de 2020, medida esta que dispõe sobre medidas trabalhistas com intuito de enfrentar o estado de calamidade pública consentâneo ao Covid-19, tal medida, trouxe uma importante alteração na aplicabilidade do banco de horas.

Uma oportuna distinção será realizada entre como era a questão do banco de horas conforme CLT e como será de acordo com a MP n. 927, o que nos levará a uma imprescindível e ampla discussão por se tratar de um assunto que envolve empregados e empregadores, uma relação na qual desde tempos remotos, sempre foi difícil de se encontrar o equilíbrio, assim como a MP ao se referir ao banco de horas é uma forma de flexibilização na qual contribui para a não ocorrência das demissões em massa, de forma que fornece predileções aos empregadores.

No que tange a MP, as interrupções de trabalho podem ser cumuladas e a compensação será realizada após o estado de calamidade, porém, já se discute sobre a possível judicialização do art. 14 da MP, que dispõe sobre o banco de horas.

O banco de horas negativo, previsto pela MP é algo que anteriormente não era previsto, o intuito desse instituto era compensar as horas excedidas e agora passa a ocorrer de forma oposta, onde o empregador não possui horas "positivas", excedidas, mas pode ficar sem exercer suas funções e posteriormente venha a cumprir as horas "negativas". Atualmente, o banco de horas é estabelecido por acordo individual ou norma coletiva.

Em suma, ao tratar sobre o banco de horas, permite-se que o empregador possa realizar por meio de contrato individual ou ser feito por meio de norma coletiva, a adoção do que foi regulamentado no art. 14 da Medida Provisória n. 927, que em seu texto faz-se possível a adoção de banco de horas durante o período de calamidade pública, permitindo que os empregados acumulem horas durante o período no qual as empresas estão com as atividades interrompidas, ficando o empregador com o que chama-se de "horas negativas", que consiste em horas que o empregador não exerceu serviços e fica pendente de compensação as horas nas quais acumulou sem exercer suas atividades.

Entretanto, com o estado de calamidade muitas normas trabalhistas precisaram serem flexibilizadas e uma delas que foram alteradas foi referente ao disposto sobre banco de horas.

Foi instaurada através da MP n. 927, a possibilidade de os empregados ficarem em casa durante o período que as atividades da empresa estejam inativas, devendo compensar as horas que esteve em casa, após o estado de calamidade.

2. Flexibilização das relações trabalhistas: banco de horas

Frisa-se que o banco de horas é quando o empregado exerce sua atividade por mais horas do que sua carga horária normal, fazendo-se necessário que o empregado tenha sua carga horária diminuída nos dias subsequentes, tendo um ano para realizar essa compensação, levando em conta que o empregado não pode exceder 2 horas extras diárias do seu horário habitual, caso não seja cumprido os requisitos, ficará o empregador obrigado a compensar o empregado por horas extraordinárias, fornecendo assim, o adicional.

Cuida o art. 59, § 2º, da CLT, que aborda referente ao banco de horas:

> Art. 59, § 2º Poderá ser dispensado o acréscimo de salário se, por força de acordo ou convenção coletiva de trabalho, o excesso de horas em um dia for compensado pela correspondente diminuição em outro dia, de maneira que não exceda, no período máximo de um ano, à soma das jornadas semanais de trabalho previstas, nem seja ultrapassado o limite máximo de dez horas diárias.

Conforme elucidado, mostra-se que o banco de horas é uma maneira de o empregador atender as necessidades do empregado sem que tenha que o pagar pelas horas excedidas de trabalho.

É de suma importância analisar as flexibilizações que ocorre com o banco de horas, como o fato de que antes da reforma trabalhista só era feito a negociação por meio de acordo coletivo, com a reforma, passa-se a ser flexibilizado essa questão da negociação, como nota-se claramente no art. 59, § 5º, da CLT.

> Art. 59, § 5º O banco de horas de que trata o § 2º deste artigo poderá ser pactuado por acordo individual escrito, desde que a compensação ocorra no período máximo de seis meses.

Examina-se conforme a inteligência do dispositivo acima citado, que através da reforma trabalhista teve flexibilização na forma de negociar o banco de horas, passando a ser possível a negociação por acordo individual, porém, o prazo para compensação nos casos de acordos individuais, são de no máximo seis meses.

Assim, segundo o entendimento da doutrinadora Carla Teresa Martins (p. 65), em sua obra "Direito do Trabalho", ed 5º.:

> "Verifica-se, portanto, que a Reforma Trabalhista adota posicionamento no sentido de considerar que o trabalhador tem condições de negociar diretamente com o empregador em diversos aspectos decorrentes da relação de emprego, não entendendo aquele como parte economicamente mais fraca da relação, e afastando, portanto, o conceito de hipossuficiência."

Entretanto, com a situação atual que o país se encontra, devido a pandemia do Covid-19, fez-se necessário flexibilização ainda maior das normas trabalhistas. Com isso, foi desencadeada a Medida Provisória n. 927 trazendo assim alterações referente ao banco de horas.

3. Banco de horas segundo a Medida Provisória n. 927

Nesse momento de instabilidade, é de suma importância manter os empregos por conta de questões econômicas, com isso, busca-se formas de que os empregadores consigam manter os empregos dos empregados.

A Medida Provisória n. 927 trouxe medidas nas quais fica a critério da empresa aplicar ou não o banco de horas, a depender da perspectiva de cada empresa.

O banco de horas negativo, previsto pela MP é algo que anteriormente não tinha previsão, o intuito desse instituto era compensar as horas excedidas e agora passa a ocorrer de forma oposta, onde o empregador não possui horas "positivas", ou seja, não possui horas excedidas, mas pode ficar sem exercer suas funções e posteriormente venha a cumprir as horas "negativas", ou seja, as horas nas quais não estava em exercício da função. Atualmente, o banco de horas é estabelecido por acordo individual ou norma coletiva.

Referente a compensação de horas, está claramente disposta no artigo mencionado abaixo.

Inteligência do art. 14, §§ 1º e 2º, da MP n. 927:

§ 1º A compensação de tempo para recuperação do período interrompido poderá ser feita mediante prorrogação de jornada em até duas horas, que não poderá exceder dez horas diárias.

§ 2º A compensação do saldo de horas poderá ser determinada pelo empregador independentemente de convenção coletiva ou acordo individual ou coletivo.

Constata-se que a compensação de horas deverá ocorrer ao findar-se o estado de calamidade, a partir de então o empregado terá 18 meses para pagar as horas, em horas trabalhadas. É necessário atentar-se ao fim do período de calamidade para que seja analisado o período de compensação das horas, não podendo exceder 2 horas diárias sobre a jornada de trabalho normal, desde que não ultrapasse 10 horas trabalhadas diárias.

Destarte, é discutível a questão da constitucionalidade na MP em diversos artigos, como também no artigo referente ao banco de horas, por ferir princípios fundamentais que estão elencados na Constituição Federal como a dignidade da pessoa humana e a valorização do trabalho, bem como os aspectos sociais que deveriam serem analisados.

4. Banco de horas: principais diferenças da CLT e MP n. 927

O banco de horas já era anteriormente regulamentado pela CLT (Consolidação das Leis Trabalhistas), devido ao estado de calamidade pública, fez-se necessário a alteração e adoção de novas medidas com o intuito de flexibilizar a relação trabalhista a fim de evitar demissões em massa, a cumulação do banco de horas será compensada após o estado de calamidade.

Quanto ao banco de horas, cabe-se dizer que é uma forma de flexibilização de jornada, na qual admite a possibilidade de compensação de horas em outro momento. O banco de horas foi primeiramente disposto pela CLT, em seu art. 59, § 2, entretanto, tal dispositivo aborda que o banco de horas é utilizado quando ocorre o excesso de horas trabalhadas, assim sendo, o empregado poderia compensar as horas excedentes tendo em um outro momento a diminuição da carga horária trabalhadas.

Vejamos a inteligência do artigo:

Art. 59. A duração diária do trabalho poderá ser acrescida de horas extras, em número não excedente de duas, por acordo individual, convenção coletiva ou acordo coletivo de trabalho.

§ 2º Poderá ser dispensado o acréscimo de salário se, por força de acordo ou convenção coletiva de trabalho, o excesso de horas em um dia for compensado pela correspondente diminuição em outro dia, de maneira que não exceda, no período máximo de um ano, à soma das jornadas semanais de trabalho previstas, nem seja ultrapassado o limite máximo de dez horas diárias.

Como é de fácil constatação e entendimento, o banco de horas tinha como objetivo a possibilidade de o empregador solicitar por mais horas trabalhadas do empregado, sem a necessidade do pagamento de horas extras, e posteriormente diminuiria a jornada de trabalho do empregador quando a demanda tivesse diminuído ou estabilizado.

Sobre a compensação de horas conforme a CLT, deveria ocorrer no período máximo de 6 meses a contar da data que o empregador trabalhou o período superior a sua jornada de trabalho normal.

Conforme alude o art. 59§ 5:

§ 5º O banco de horas de que trata o § 2º deste artigo poderá ser pactuado por acordo individual escrito, desde que a compensação ocorra no período máximo de seis meses.

Entretanto, com o estado de calamidade muitas normas trabalhistas precisaram serem flexibilizadas e uma delas que foram alteradas foi referente ao disposto sobre banco de horas. Foi instaurada através da MP n. 927, a possibilidade de os empregados ficarem em casa durante o período que as atividades da empresa estejam inativas, devendo compensar as horas que esteve em casa, após o estado de calamidade.

Segundo o art. 14 da MP n. 927:

Art. 14. Durante o estado de calamidade pública a que se refere o art. 1º, ficam autorizadas a interrupção das atividades pelo empregador e a constituição de regime especial de compensação de jornada, por meio de banco de horas, em favor do empregador ou do empregado, estabelecido por meio de acordo coletivo ou individual formal, para a compensação no prazo de até dezoito meses, contado da data de encerramento do estado de calamidade pública.

Como podemos perceber, conforme alude o artigo acima esposado, em detrimento com o art. 59, § 2º, nota-se a alteração trazida pela MP em questão, uma vez que anteriormente o banco de horas era fornecido sobre horas que o trabalhador tivesse realizado que excediam a sua jornada de trabalho, com a alteração, passa a admitir que o empregado fique sem trabalhar e essas horas sejam contadas como banco de horas para posteriormente, quando as empresas retomarem as atividades e necessitarem do trabalhador por mais tempo em suas atividades, o mesmo possa compensar as horas nas quais ficou sem exercer sua função devido ao estado de calamidade pública.

Dispõe a MP com a alteração referente ao banco de horas, conforme alude seu art. 14, que fica os empregados determinados a cessarem as horas acumuladas no período de até 18 meses após o estado de calamidade, diferente do prazo fornecido pela CLT que é de 6 meses.

5. Vício de consentimento e a margem à judicialização

Devido ao momento no qual o país encontra-se, a medida provisória pode desencadear no vício de consentimento e causando consequentemente possível judicialização, a depender da forma que será aplicado o banco de horas. Entretanto, com o período de calamidade o trabalhador pode aceitar o acordo de banco de horas para garantir seu emprego, entretanto, pode não ser de sua própria vontade que esse acordo fosse firmado, visando que a vontade das partes é essencial na realização de tal ato, a falta de vontade de uma das partes gera vício de consentimento.

Nesse diapasão, o vício de consentimento ocorre quando a real vontade de uma das partes não é observada cuidadosamente, se ocorrer falhas devido a isso pode-se a parte que se sentir lesada ingressar com uma ação.

Contudo, diante ao momento de calamidade os empregados tendem a aceitar o acordo de banco de horas disposto no art. 14 da MP n. 927 com a finalidade de garantir seu emprego, porém existe a possibilidade de após esse período os empregados buscarem o judiciário e alegarem que com a situação que estava o país não restavam escolhas e que dessa forma não foram analisadas suas reais vontades, ou se quer possível que esta fosse formada, recaindo assim sob o vício de consentimento.

6. Referencial teórico e metodológico

Na criação do presente artigo, foram utilizadas pesquisas bibliográficas em revistas e sites jurídicos, além de livros de direito do trabalho e sociologia. Tendo em vista de tratar-se de uma MP recente, fez-se necessário o uso de base que melhor amparasse a questão das relações de trabalhos analisadas desde tempos remotos, como no tempo medieval, concepções de Marx ao se referir ao trabalho e entre outras importantes abordagens que fornece margem a melhor intepretação sobre o cenário atual e a relação entre empregado e empregador.

O artigo cuidou-se de buscar conteúdo e mitigá-lo com intuito de trazer a melhor compreensão sobre a temática abordada com foco de levar o conteúdo até mesmo àqueles que, não são da área jurídica.

7. Considerações finais

Ante ao exposto, conclui-se que o art. 14 da MP n. 927 é uma das medidas de flexibilização das normas trabalhistas diante ao período de calamidade desencadeado pelo novo Covid-19, permitindo que o banco de horas seja aplicado por meio de acordos individuais e com aplicação diferente ao previsto na CLT, porém

É evidente que essa medida pode desenvolver demanda no judiciário após o período de calamidade, sendo que os empregados estão em um momento que muitas vezes sua vontade real não é observada ou se quer desenvolvida, diante a necessidade de manter seu emprego, ficando notória a falta de equilíbrio entre empregado e empregador, recaindo sobre o empregado a supervalorização da autonomia individual da vontade.

8. Referências

BRASIL. *Medida Provisória n. 927, de 22 de março de 2020.* Disponível em: <http://www.planalto.gov.br/ccivil_03/_ato2019-2022/2020/Mpv/mpv927.htm>.

______. Lei n. 5.452, de 1º de maio de 1943. Institui a CLT. Disponível em: <http://www.planalto.gov.br/ccivil_03/decreto-lei/del5452.htm>.

BOLDUAN. Fábio Miguel. *MP n. 927 e MP n. 936:* Novas regras trabalhistas para superar a crise. Disponível em: <https://blog.contaazul.com/o-que-e-mp972-e-mp936>.

BOMFIM. Vólia. *Breves Comentários à MP n. 927/20 e aos Impactos do Covid-19 nas relações de emprego.* Disponível em: <http://genjuridico.com.br/2020/03/25/mp-927-impactos-do-Covid-19/>.

CAZEIRO. Leandro. *Banco de horas:* as limitações legais. Disponível em: <https://www.jornalcontabil.com.br/limitacoes-legais-sobre-o-banco-de-horas/>.

LEORATTI. Alexandre. *MP altera compensação de banco de horas, mas especialistas preveem judicialização.* Disponível em: <https://www.jota.info/tributos-e-empresas/trabalho/banco-de--horas-mp-30032020>.

NUNES. Amanda. *MP n. 927/20:* mudanças no banco de horas para enfrentar a pandemia de Covid -19. Disponível em: <https://www.machadomeyer.com.br/pt/inteligencia-juridica/publicacoes-ij/>.

Medida Provisória n. 927/2020 e a Suspensão de Exigências Administrativas de Saúde e Segurança do Trabalho

Alexandre Tortorella Mandl

Introdução

A Medida Provisória (MP) n. 927, editada por Bolsonaro em 22 de março de 2020(1) e que esteve vigente até 19 de julho(2), dispôs sobre medidas trabalhistas para o enfrentamento do estado de calamidade pública provocada pela pandemia da Covid-19. A crise sanitária aprofunda e acelera as contradições da sociedade capitalista. O que se verifica é que as medidas emergenciais são tentativas de minimizar prejuízos para os capitalistas, nem que seja ao custo de centenas de milhares de mortes e milhões de contaminados. A crise deixa ainda mais evidente como a burguesia se utiliza de instrumentos jurídicos, como a MP n. 927, para impor sua necessidade de manutenção da ordem social vigente.

Nesse sentido, a MP n. 927 insere-se em um conjunto de medidas de aprofundamento da desregulamentação das relações de trabalho desde 2016, com o governo de Michel Temer e a imposição da contrarreforma trabalhista, agravada com a Emenda Constitucional que impôs o teto de gastos públicos, que se combina com a pauta

(1) Dsiponível em: <http://www.planalto.gov.br/ccivil_03/_ato2019-2022/2020/Mpv/mpv927.htm>. Acesso em: 06 jun. 2020.

(2) ATO DECLARATÓRIO DO PRESIDENTE DA MESA DO CONGRESSO NACIONAL N. 92, DE 2020. O PRESIDENTE DA MESA DO CONGRESSO NACIONAL, nos termos do parágrafo único do art. 14 da Resolução n. 1, de 2002-CN, faz saber que a Medida Provisória n. 927, de 22 de março de 2020, que "Dispõe sobre as medidas trabalhistas para enfrentamento do estado de calamidade pública reconhecido pelo Decreto Legislativo n. 6, de 20 de março de 2020, e da emergência de saúde pública de importância internacional decorrente do coronavírus (Covid-19), e dá outras providências", teve seu prazo de vigência encerrado no dia 19 de julho de 2020. Congresso Nacional, em 30 de julho de 2020. Senador DAVI ALCOLUMBRE. Presidente da Mesa do Congresso Nacional, publicado no DOU de 31.7.2020.

ultraliberal de Paulo Guedes no governo Bolsonaro com a contrarreforma da previdência. Pautam-se pela imposição das medidas mais drásticas da cartilha neoliberal, destruindo ainda mais direitos sociais, constitucionalmente conquistados, com muita luta pela classe trabalhadora ao longo de décadas e que já são muitas vezes diariamente desrespeitados. A crise sanitária é utilizada para legitimar pautas que protegem empresários, cerceia atuações de fiscalização dos órgãos de regulação do trabalho e jogam nas costas da classe trabalhadora o ônus do impacto econômico da pandemia, seja com desemprego diretamente, seja com retiradas de direitos trabalhistas e de direitos sociais, por meio de rebaixamento de salários e precarização das condições de trabalho.

Neste artigo trataremos especificamente de capítulo VII da referida MP n. 927, que suspende exigências de realização de exames médicos, exceto os demissionais, estabelecendo sessenta dias após o fim do período de calamidade pública para serem realizados. Treinamentos em segurança e saúde do trabalho também são suspensos e serão realizados em até noventa dias, passada a calamidade pública. Além disso, determinou que as eleições para a Comissão Interna de Prevenção de Acidentes poderão ser suspensas, assim como os treinamentos periódicos previstos em normas regulamentadoras de segurança e saúde no trabalho, sob o argumento de não promover aglomeração.

Assim, a MP n. 927 acabou por ser um instrumento potencializador do índice de transmissibilidade do vírus, aumentando os riscos de contaminação, tendo em vistas que suspendeu exigências básicas para um meio ambiente de trabalho minimamente sadio, diante da pandemia como a que vivemos. Portanto, esse capítulo é exemplar, da maneira mais trágica, em se constatar como a agenda empresarial imposta pela MP n. 927 não se preocupou com a saúde da classe trabalhadora, mas "desburocratizar" — eufemismo para tirar responsabilidade do Estado e do empresário em garantir os direitos à saúde do trabalhador.

Crise econômica capitalista, a luta pelos direitos trabalhistas e a pandemia da Covid-19

No século XIX, quando o capitalismo se consolidava como sistema econômico global, Marx constatou a existência das crises cíclicas que abatem o sistema em um determinado período de tempo. Estas crises não representam escassez, ao contrário, são causadas pela abundância, pela superprodução de mercadorias, pelo excesso de acumulação. A consequência de tais crises é a queda tendencial das taxas de lucros[(3)]. Como antídoto, o capital vale-se das chamadas contratendências. Podemos sintetizar seis contratendências apontadas por Marx, no capítulo 14 do Livro III do Capital:

---

(3) MARX, Karl. *O capital:* crítica da economia política. Livro terceiro. Rio de Janeiro: Civilização Brasileira, 2008.

1) aumento do grau de exploração do trabalho; 2) compressão do salário abaixo do seu valor; 3) barateamento dos elementos do capital constante; 4) a superpopulação relativa (excesso de força de trabalho que gera o exército de reserva de mão de obra); 5) o comércio exterior (expansão do mercado); e 6) o aumento do capital acionário.

Além destas medidas anticíclicas, também são assim consideradas as guerras e as catástrofes, onde é necessário reconstruir forças produtivas depois de sua destruição. Basta lembrar o que representou a 2ª Guerra Mundial, em especial para a economia dos EUA, que financiou a reconstrução dos países europeus. As catástrofes também são oportunidades de negócios para os capitalistas se aproveitarem de medidas excepcionais para a busca da recuperação da taxa de lucro, ainda mais quando já estavam em crises econômicas, como é o presente caso com a chegada da pandemia da Covid-19. Ao invés de o governo estabelecer políticas sociais que garantam renda aos trabalhadores, estabilidade nos empregos, mais direitos e seguridade social, considerando que se está em um momento em que o isolamento social é a melhor medida para conter a disseminação do vírus, os governos voltam-se contra a classe trabalhadora de modo a resguardar os interesses da burguesia.

No Brasil, a desigualdade e a pobreza extrema aumentaram significativamente(4). A taxa de desemprego subiu para 12,6% no trimestre encerrado em abril, atingindo 12,8 milhões de pessoas. O desemprego entre a juventude chega nacionalmente a 27,5%, mas há regiões, no Nordeste, em especial, que atinge 34,5%. Foram fechados 5 milhões de postos de trabalho em relação ao trimestre anterior. A população ocupada diminuiu para 89,2 milhões de brasileiros, contra 94,1 milhões no trimestre encerrado em janeiro. Isto significa que existem 70,9 milhões de trabalhadores que não tem emprego. Foram fechados, entre março e abril, 1,1 milhão de postos de trabalho com carteira assinada(5).

A tendência de superexploração, como medida anticíclica no exposto por Marx, para além dos limites da reprodução da força de trabalho se desenvolve aos saltos na época do imperialismo, ainda mais em um país de capitalismo dependente como o Brasil(6), profundamente desigual(7). Os dados sobre acidentes de trabalho que levam à morte são apenas um reflexo do que causa a superexploração, reforçando, por sua vez, a indispensabilidade da adoção de medidas em defesa da saúde e segurança do trabalho:

> "Somente entre 2007 e 2017 tivemos 37.267 óbitos por motivos de acidentes de trabalho no Brasil, isso significa 3.726,7 por ano, 310 por

(4) Disponível em: <https://www.oxfam.org.br/blog/pandemia-de-coronavirus-reforca-desigualdades-da-populacao-mais-vulneravel/>. Acesso em: 12 ago.. 2020.

(5) Disponível em: <https://g1.globo.com/tudo-sobre/ibge/>. Acesso em: 11 jul. 2020).

(6) MARINI, Ruy Mauro. *Dialética da dependência*. Vozes: Petrópolis, 2000.

(7) OLIVEIRA, Francisco. *Crítica à razão dualista*. O ornitorrinco. São Paulo: Boitempo, 2003.

> mês, 10 mortes por dia, devido a acidentes de trabalho. (...) Somente em 2013 foram comunicados 559 mil acidentes de trabalho. (...) De 2000 a 2011 foram concedidos pelo INSS 101.389 benefícios por invalidez devido a acidentes de trabalho e mais 2.670.572 auxílios-doença (...). São milhões de trabalhadores que tiveram sua saúde afetada pelas condições de exploração do capitalismo em crise. (...) Para "consertar" a força de trabalho ultraexplorada pelos capitalistas foram gastos em 10 anos um valor total de R$ 2 trilhões de dinheiro da Seguridade Social."(8)

Nesse sentido, ganha ainda mais centralidade na arena da luta de classes a retirada de direitos trabalhistas e sociais, conquistados ao longo de décadas, seja a partir do referencial constitucional de 1988, seja até mesmo direitos previstos na CLT e sob à égide dos postulados da década de 1930 para a consolidação da industrialização brasileira. Desta forma, os direitos trabalhistas precisam ser compreendidos ao menos sob duas perspectivas: Ao mesmo tempo que representam conquistas históricas decorrentes da luta dos trabalhadores, significam também a regulamentação da relação entre o capital e o trabalho, ou seja, a legitimação pelo Estado de uma relação de exploração.

Evgeni Pachukanis(9), compreendia a forma jurídica como algo indissociável da forma mercadoria, portanto, o direito e o Estado se constituem em formas próprias do capitalismo, pois, nos modos de produção anteriores (escravidão e servidão) o domínio se dava pela força direta de uma classe sobre outra. Hoje temos o Estado e, consequentemente o Direito, mediando essa relação de exploração, com forte componente da ideologia na construção do sujeito de direitos no contrato de trabalho(10). Daí que a classe trabalhadora não deve criar ilusões na "conquista de direitos"(11) como objetivo final de sua luta, mas sim na luta pelo poder, de modo a derrotar de forma definitiva o capitalismo. Isso, por óbvio, não significa abandonar a luta por direitos e pela solução dos problemas imediatos, mas sim relacionar as tarefas do dia a dia com a luta pelo poder, como ensina Edelman(12).

Nos últimos anos experimentamos derrotas nesta guerra de classes: lei da terceirização, reforma trabalhista, reforma da previdência, etc. Assim vão sendo desmantelados os direitos trabalhistas, ampliando a flexibilização e precarização nas relações de trabalho e, consequentemente aumentando a superexploração da força de trabalho.

(8) Disponível em: <http://tabnet.datasus.gov.br/cgi/tabcgi.exe?sim/cnv/ext10uf.def>, e Dieese, set. 2016. Acesso em: 11 jul. 2020.

(9) PACHUKANIS, Evgeni. *A teoria geral do direito e o marxismo e ensaios escolhidos (1921-1929)*. São Paulo: Sundermann, 2017.

(10) MACHADO, Gustavo Seferian Scheffer. *A ideologia do contrato de trabalho:* contribuição à leitura Marxista da relação jurídica laboral. São Paulo: LTr, 2016.

(11) NAVES, Márcio Bilharinho. *A questão do direito em Marx*. São Paulo: Outras expressões, 2014. p. 09.

(12) EDELMAN, Bernard. *A legalização da classe operária*. São Paulo: Boitempo, 2016.

Porém, se é verdade que o desfecho tem sido de derrotas, com precarização das relações de trabalho e retiradas de direitos, devemos salientar que tem tido resistência por setores combativos do movimento operário, bem como por vários atores sociais, construindo uma alternativa para a denúncia desta lógica contra a classe trabalhadora, e postular, no âmbito do Direito, uma nova forma da práxis emancipatória, podendo ser destacada a mobilização coletiva nas denúncias feitas contra o governo Bolsonaro. É nesse sentido que devemos também compreender o presente livro e este artigo, denunciando as ações políticas dos capitalistas e o funcionamento desta sociedade, sendo que a pandemia da Covid-19 e a edição desta MP n. 927 é sintomática.

As exigências administrativas de saúde e segurança do trabalho

Sob o preceito de defesa dos direitos sociais e trabalhistas como forma de garantir as condições mínimas para garantia da reprodução da força de trabalho na sociedade capitalista, tem-se que a saúde e segurança do trabalho são aspectos indispensáveis para a sobrevivência da classe trabalhadora, e, por serem tão sensíveis na disputa da luta de classes, estão em permanentes tensões, seja no processo de normatização dos fatos sociais, seja para depois, no embate para sua efetividade.

Nesse sentido, deve-se destacar que o art. 7º, inciso XXII, da Constituição Federal, abrange todas as medidas necessárias à proteção da integridade física e mental dos trabalhadores. Para garantir tais medidas, devem ser adotadas políticas sociais e econômicas que visem à redução do risco da doença, nos termos do art. 196 do texto constitucional(13), corroborado pelo art. 157, inciso I, da CLT e Convenção n. 155 da OIT. Ou seja, é dever do Estado garantir a saúde de todos os trabalhadores. Tal obrigação não está restrita a políticas que envolvem exclusivamente a área sanitária ou de saúde, mas também as políticas sociais e econômicas que tenham como objetivo a proteção e promoção da própria dignidade da pessoa humana, por meio de concretização do valor social do trabalho, outro de seus fundamentos (art. 1º, incisos III e IV, da Constituição Federal). Nesse sentido, a defesa do meio ambiente de trabalho é um pressuposto para a garantia efetiva da "redução dos riscos inerentes ao trabalho, por meio de normas de saúde, higiene e segurança" (art. 7º, inciso XXII, da Constituição Federal)(14). Nesse sentido, Homero Batista Mateus da Silva(15) ensina que "o bem

(13) Art. 196. A saúde é direito de todos e dever do Estado, garantido mediante políticas sociais e econômicas que visem à redução do risco de doença e de outros agravos e ao acesso universal e igualitário às ações e serviços para sua promoção, proteção e recuperação.

(14) Assim como outros temas das contradições da sociedade brasileira, o problema não é de legislação, visto que ainda podemos destacar o decreto n. 7.602, de 7 de novembro de 2011: dispõe sobre a Política Nacional de Segurança e Saúde no Trabalho. Disponível em: <http://www.planalto.gov.br/ccivil_03/_ato2011-2014/2011/decreto/d7602.htm>. Acesso em: 11 jul. 2020); e a Portaria n. 1.823, de 23 de agosto de 2012, que instituiu a Política Nacional de Saúde do Trabalhador e da Trabalhadora. Disponível em: <https://bvsms.saude.gov.br/bvs/saudelegis/gm/2012/prt1823_23_08_2012.html>. Acesso em: 11 jul. 2020.

(15) SILVA, Homero Batista Mateus da. *Curso de Direito do Trabalho Aplicado*. vol. 03: segurança e medicina do trabalho. Rio de Janeiro: Elsevier, 2009. p. 07.

jurídico a ser preservado é a vida, sobre a qual não se discute". Da mesma maneira, José Antônio Ribeiro de Oliveira Silva destaca o direito à prevenção por parte do Estado, tendo em vista o disposto no § 3º do art. 6º da Lei n. 8.080/90, a Convenção n. 81 da OIT e a arts. 626 e 627 da CLT, sob à égide do art. 225 da Constituição Federal, combinando-se com o direito à prevenção por parte do empregador, tratados no art. 162 da CLT e a NR-4[(16)]. Assim, "a saúde é um direito humano indispensável ao exercício de muitos outros direitos humanos, que qualifica o direito à vida, elevando-o a direito à vida digna"[(17)]. Portanto, sob o ponto de vista da higiene, saúde e segurança do trabalho, conclui Lara Porto Renó, "as normas que dão proteção à classe que vive do trabalho contra os riscos decorrentes do trabalho, são normas indisponíveis"[(18)].

Todavia, apesar de toda a base legal vigente, as relações de trabalho no Brasil são marcadas pelo desrespeito estrutural aos direitos trabalhistas, potencializados pela reestruturação produtiva a partir dos anos 1990 (ANTUNES: 1995; ANTUNES & SILVA, 2004; ALVES: 2013; NAVARRO & LOURENÇO: 2013; SANT'ANA: 2010), resultando nos altíssimos índices de adoecimento do trabalho[(19)] e acidentes de trabalho[(20)], e no estarrecedor dado de que, segundo relatório do Programa das Nações Unidas para o Desenvolvimento (PNUD), divulgado no final de 2015 (PNUD, 2015), o Brasil é o 3º país do mundo com mais registros de mortes por acidentes de trabalho. Anualmente, em números absolutos, são aproximadamente 3 mil óbitos oficialmente registrados pelo Instituto Nacional do Seguro Social (INSS)[(21)]. Assim, temos um

---

(16) SILVA, José Antônio Ribeiro de Oliveira. *A saúde do trabalhador como um direito humano:* conteúdo essencial da dignidade humana. São Paulo: LTr, 2008. p. 186.191.

(17) VENTURA, Deisy. *Direito e Saúde global.* O caso da pandemia da gripe A (H1N1). São Paulo: Outras Expressões, 2013. p. 27.

(18) RENÓ, Lara Porto. A mulher trabalhadora, normas de saúde, segurança e higiene do trabalho e a contrarreforma, a luta continua. In: *O "Novo" Direito e processo do trabalho:* um olhar crítico. Organizado por GPTC Gênero. Belo Horizonte: Letramento: Casa do Direito, 2019. p. 144.

(19) "Nas últimas décadas, novas práticas de gestão e formas de uso de tecnologias passaram a contribuir para a ocorrência de novos agravos ou potencialização dos já existentes. A explosão da LER/DORT em vários setores foi um dos casos mais significativos, associada à intensidade e pressão no trabalho que se generalizaram sobre tarefas repetitivas. Outro tipo de agravo que parece ter-se expandido foi o adoecimento psíquico. Contrariando a retórica sobre práticas sustentáveis e responsabilidade social, as últimas décadas se mostraram pródigas em formas de pressão, intensificação, cobrança e assédio moral organizado. Nesse contexto, o registro do estresse relacionado ao trabalho cresceu substancialmente. Em 2003, foram registradas 1.799 CAT ligadas a reações a estresse grave e transtornos de adaptação (0,45% do total de acidentes), havendo um salto, em 2013, para 8.989 casos (5.939 com CAT). Outra forma de adoecimento psíquico, a depressão, também parece ter crescido nas últimas décadas e consta nos registros do INSS. Em 2006, foram emitidas 389 CAT por episódios depressivos, enquanto que em 2013, o INSS apurou 3.876". (SOUZA, Ilan Fonseca de; BARROS, Lidiane de Araújo; FILGUEIRAS, Vítor (Orgs.). Saúde e segurança do trabalho: curso prático. Brasília: ESMPU, 2017. p. 03).

(20) Dados da Pesquisa Nacional de Saúde, do IBGE com Ministério da Saúde, que estimou que ocorreram 4,9 milhões de acidentes trabalho (IBGE, 2015), quase sete vezes mais do que o número captado pelo INSS.

(21) SOUZA, Ilan Fonseca de; BARROS, Lidiane de Araújo; FILGUEIRAS, Vítor (Orgs.). *Saúde e segurança do trabalho:* curso prático. Brasília: ESMPU, 2017. p. 04.

mercado de trabalho brasileiro, em que o descumprimento às normas reguladoras da saúde do trabalhador é a praxe(22), sem contar o universo dos trabalhadores precariado (BRAGA, 2012), que, sem qualquer proteção social, são ainda mais vulneráveis.

Em tempos de pandemia da Covid-19, é evidente que tal proteção deve ser ainda mais ampla e rigorosa, com ampliação das exigências administrativas de saúde e segurança do trabalho. No entanto, a opção política feita foi a adoção de políticas que desregulamentam o que já se apresenta tão frágil e preocupante. Sob a Lei n. 13.979/2020, tratando das medidas necessárias para combater a Covid-19, é certo que seu art. 3° traz rol exemplificativo(23), prevendo não somente a possibilidade de determinação de realização compulsória de testes laboratoriais, mas também a adoção de exames médicos. Justamente quando se reforça a necessidade de exames médicos e monitoramento dos cidadãos, e no caso, dos trabalhadores, seja para sua saúde individual, mas em plena pandemia, para a saúde coletiva de todos, resguardando medidas de combate à transmissão, ao invés de reforçar as medidas administrativas de saúde e segurança do trabalho, o que tivemos foi o contrário.

Portanto, a MP n. 927 vai na contramão do que o conhecimento científico aponta, que exige maior rigor nas medidas de segurança e saúde do trabalho, tendo em vista que:

> "(...) tanto o exercício das atividades laborais quanto as condições de trabalho são fontes potenciais de exposição ao vírus. Por sua vez, esse lócus — a situação de trabalho — é território de disseminação da doença. É fundamental entender, portanto, de que maneira as atividades e condições de trabalho podem contribuir para a disseminação e, sobretudo, para o estabelecimento de estratégias para o enfrentamento da pandemia. (...) Pouco se discute sobre as condições e organização do trabalho, prevalecendo, até o momento, protocolos com recomendação de medidas individuais (higiene e uso de equipamentos de proteção), fundamentais, mas insuficientes para o controle geral da disseminação

---

(22) Mesmo com um padrão panorâmico de atuação, a fiscalização apura muitas irregularidades cometidas pelas empresas. Há fortes indícios, portanto, de que o alto nível de inobservância de itens básicos das normas de saúde e segurança é a regra em nosso mercado de trabalho. Mais do que amplo desrespeito às normas, há intensa reincidência do descumprimento das normas de saúde e segurança. (FILGUEIRAS, 2012)

(23) "Art. 3º Para enfrentamento da emergência de saúde pública de importância internacional decorrente do coronavírus, as autoridades poderão adotar, no âmbito de suas competências, dentre outras, as seguintes medidas:

(...) III - determinação de realização compulsória de: a) exames médicos; b) testes laboratoriais; c) coleta de amostras clínicas; d) vacinação e outras medidas profiláticas; ou e) tratamentos médicos específicos; (...) § 1o As medidas previstas neste artigo somente poderão ser determinadas com base em evidências científicas e em análises sobre as informações estratégicas em saúde e deverão ser limitadas no tempo e no espaço ao mínimo indispensável à promoção e à preservação da saúde pública.

> e da exposição ao vírus. Todas as medidas de proteção previstas no protocolo de manejo clínico do coronavírus, no Brasil, dizem respeito à biossegurança. Mas há relatos de profissionais e sindicatos denunciando condições de trabalho precarizadas, higiene inadequada, jornadas extenuantes, falta de treinamento e, inclusive, insuficiência ou indisponibilidade de equipamentos de proteção. Toda atividade de trabalho e todo trabalhador tem de ser considerado, e preparado, não apenas para a sua proteção, mas também para entender que sua atividade pode ter um papel importante no combate à epidemia. A exemplo de medidas adotadas por outros países, uma ação coordenada com esse propósito poderia ser uma estratégia importante, como o devido treinamento das equipes de Saúde da Família do Sistema Único de Saúde que, se ampliadas, ainda têm como vantagem adicional o combate ao desemprego. Comissões internas de prevenção de acidentes (CIPA) ou trabalhadores especialmente designados também podem ser preparados para atuar na prevenção da exposição ao vírus dentro das organizações(24).

Desta forma, os autores concluem de forma assertiva:(25)

> "O planejamento e a tomada de decisões por autoridades responsáveis, com base em informações científicas, transparência e integração de ações, têm a ganhar se incorporadas as dimensões do trabalho, fator estruturante da nossa sociedade. Os exames médicos ocupacionais previstos

(24) JACKSON FILHO, José Marçal; ASSUNÇÃO, Ada Ávila; ALGRANTI, Eduardo; GARCIA, Eduardo; SAITO, Cézar Akiyoshi; MAENO, Maria. A saúde do trabalhador e o enfrentamento da Covid-19. *Revista Brasileira de Saúde Ocupacional.* Print version ISSN 0303-7657 Online version ISSN 2317-6369. *Rev. Bras. Saúde Ocup.*, vol. 45, São Paulo, 2020. Epub, abr. 17, 2020. Disponível em: <https://doi.org/10.1590/2317-6369ed0000120>. Acesso em: 1o ago. 2020. E ainda destacam: "A alta transmissibilidade do vírus, a grande proporção de infectados oligossintomáticos ou assintomáticos, estimada em mais de 30%, a inexistência de vacina e de terapia medicamentosa comprovada, a insuficiente cobertura de testes, a duração prolongada dos quadros clínicos e as experiências de outros países explicam as decisões que provocaram as medidas de isolamento social e que determinaram que só os serviços essenciais fossem mantidos. Vale lembrar que, nesse contexto, para algumas categorias, houve intensificação das tarefas. (...) A preservação da saúde desses grupos essenciais, e de outros que se mantêm trabalhando por circunstâncias socioeconômicas, é fundamental para controlar a disseminação da doença e para a manutenção das pessoas em isolamento, confinamento ou quarentena, assim como para a atuação do próprio serviço de saúde e das demais atividades essenciais. Medidas preventivas são necessárias para atividades com maior risco de exposição, como é o caso dos trabalhadores da farmácia, entregadores (*delivery*), carteiros, trabalhadores do transporte de cargas e de passageiros e pessoal de apoio, frentistas de postos de combustíveis, serviços de abastecimento e vendas de alimentos e de produtos; serviços residenciais, porteiros e zeladores, pessoal de limpeza, empregados(as) domésticos(as); vigilantes, policiais, bombeiros; cuidadores de idosos e de pessoas dependentes; de manutenção de serviços públicos e privados de telefonia, eletricidade, água, gás, *internet*, segurança pública, serviços funerários e coleta de lixo; e provavelmente outras atividades aqui não mencionadas".

(25) *Idem.*

pelas Normas Regulamentadoras são a principal ferramenta de monitoramento das condições de saúde dos trabalhos pelos empregadores. O exame de saúde admissional, em especial, destina-se a verificar se o trabalhador a ser admitido está ou não em condições de saúde a assumir suas funções, de forma a não colocar em risco a sua própria saúde e/ou a de terceiros. Sendo considerado inapto no exame feito pelo médico do trabalho, sua contratação não é efetivada. É um exame importantíssimo, por exemplo, para evitar que uma empresa que execute trabalhos em altura venha a contratar um trabalhador que sofra de tonturas, crises de epilepsia ou qualquer outra condição médica que no caso do exemplo possa provocar uma queda em altura do trabalhador. E, especialmente no atual caso da pandemia do Covid-19, que o trabalhador não seja portador desta a fim de não contaminar colegas de trabalho e usuários do serviço prestado. Em tempos de calamidade pública e quarentena, diversos serviços essenciais como saúde, supermercados e transporte de mercadorias estão enfrentando picos de demanda e por consequência possuem forte necessidade de mão de obra adicional. É, portanto, essencial que tais novos trabalhadores contratados sejam devidamente examinados pelo médico do trabalho responsável pelo exame para devida verificação sobre suas condições de saúde, em especial se apresentam ou não sintomas do Covid-19. Caso contrário, cria-se o sério risco de disseminação do vírus entre trabalhadores e que a empresa ou entre em colapso por contágio dos demais trabalhadores ou se transforme em vetor de transmissão do vírus aos seus frequentadores e usuários."

A MP n. 927 e a suspensão de exigências administrativas de saúde e segurança do trabalho

Como mencionado anteriormente, o presente artigo trata especificamente do capítulo VII da referida MP n. 927, que dispôs sobre a suspensão de exigências administrativas em segurança e saúde no trabalho(26), como exames médicos ocupacionais

(26) CAPÍTULO VII – DA SUSPENSÃO DE EXIGÊNCIAS ADMINISTRATIVAS EM SEGURANÇA E SAÚDE NO TRABALHO

Art. 15. Durante o estado de calamidade pública a que se refere o art. 1o, fica suspensa a obrigatoriedade de realização dos exames médicos ocupacionais, clínicos e complementares, exceto dos exames demissionais.

§ 1º Os exames a que se refere *caput* serão realizados no prazo de sessenta dias, contado da data de encerramento do estado de calamidade pública.

§ 2º Na hipótese de o médico coordenador de programa de controle médico e saúde ocupacional considerar que a prorrogação representa risco para a saúde do empregado, o médico indicará ao empregador a necessidade de sua realização.

§ 3º O exame demissional poderá ser dispensado caso o exame médico ocupacional mais recente tenha sido realizado há menos de cento e oitenta dias.

(exceto os exames médicos demissionais), e treinamentos periódicos e eventuais previstos em normas regulamentadoras de segurança e saúde do trabalho.

Segundo o art. 15 da MP, fica suspensa a obrigatoriedade de exames médicos ocupacionais, clínicos e complementares enquanto durar o estado de calamidade pública a que se refere o art. 1º do texto. Eles deverão ser realizados, no entanto, em até 60 dias após o término do período de calamidade. Já o exame demissional será mantido em todas as dispensas sem justa causa e realizado em até dez dias da data de rescisão. A exceção são os trabalhadores que tiverem realizado o exame periódico nos 180 dias anteriores à data da dispensa. O prazo anterior era de 90 dias para as empresas que integram os grupos de risco 3 e 4 da NR-4 e de 135 dias para os grupos de risco 1 e 2 da mesma NR. De acordo com § 2º do art. 15, o médico responsável pelo Programa de Saúde Ocupacional da empresa poderá indicar trabalhadores para a realização de tais exames, nos casos em que verificar que a prorrogação dos prazos possa gerar risco à saúde deles.

O governo, adotando a cartilha liberal dos capitalistas, defendeu que seria uma medida de bom senso, já que a situação atual demanda isolamento social e não seria prudente manter a obrigação de exames não urgentes durante período de calamidade pública Suspendem medidas de defesa da saúde do trabalhador, sob o argumento de defesa da saúde do trabalhador, para que não arquem com custos desta defesa do trabalhador, durante uma crise aguda da saúde, com um vírus desconhecido, com alta taxa de transmissão, em que a melhor medida para combater é o distanciamento social.

Outro ponto alterado pela MP n. 927 foi a suspensão da exigência de treinamentos obrigatórios para a realização de algumas atividades, porém o empregador poderia fornecer cursos à distância sobre esses temas, desde que compatível com o conteúdo programático, conforme exige o § 2º do art. 16 da MP, que acaba por ser uma maneira de livrar o empregador de prover, adequadamente, treinamentos indispensáveis para o trabalho a ser realizado, invertendo responsabilidades quanto à absorção do referido conteúdo. Por fim, quanto ao art. 17, tem-se que as comissões internas de prevenção de acidentes poderão ser mantidas até o encerramento do estado de

---

Art. 16. Durante o estado de calamidade pública a que se refere o art. 1o, fica suspensa a obrigatoriedade de realização de treinamentos periódicos e eventuais dos atuais empregados, previstos em normas regulamentadoras de segurança e saúde no trabalho.

§ 1º Os treinamentos de que trata o *caput* serão realizados no prazo de noventa dias, contado da data de encerramento do estado de calamidade pública.

§ 2º Durante o estado de calamidade pública a que se refere o art. 1o, os treinamentos de que trata o *caput* poderão ser realizados na modalidade de ensino a distância e caberá ao empregador observar os conteúdos práticos, de modo a garantir que as atividades sejam executadas com segurança.

Art. 17. As comissões internas de prevenção de acidentes poderão ser mantidas até o encerramento do estado de calamidade pública e os processos eleitorais em curso poderão ser suspensos.

calamidade pública, trazendo profunda insegurança neste tema tão sensíveis à luta dos trabalhadores e a estabilidade garantida para o exercício do trabalho de fiscalização do meio ambiente de trabalho, combate à acidentes de trabalho e doenças laborais.

Ou seja, o art. 15 da MP n. 927 dispensou a realização de exames médicos, fazendo com que os empregadores não são fossem mais obrigados a verificar se seus novos contratados estão ou não medicamente aptos a exercer suas atividades. Desta maneira, como se pode constatar, trata-se de uma disposição que vai completamente na contramão de qualquer lógica prevencionista e consiste no abandono de uma das principais barreiras destinadas a manter ambientes de trabalho livres do Covid-19, contrariando a Recomendação do **Conselho Nacional de Saúde** n. 020, de 07 de abril de 2020[27].

Por conseguinte, é bastante razoável concluir que tal medida ajuda a disseminar o vírus nos ambientes de trabalho, no sentido de que a flexibilização é absolutamente contraditória com o dever de tutela de saúde dos trabalhadores, vez que os exames médicos periódicos e precoces são fundamentais para o acompanhamento permanente da saúde das pessoas, como conclui o Instituto Trabalho Digno:

> "Centenas de estressores físicos, químicos e biológicos continuam presentes no ambiente de trabalho mesmo na pandemia, que por si só já é uma anomalia funcional importante, assim como outros fatores de risco para o adoecimento humano. Suspender a realização de exames médicos, é sinônimo de manter, durante todo o período, trabalhadores expostos, portadores ou não, contaminados ou não, em limbo de incertezas na medida em que há uma sugestão de omissão avaliativa médica aos mais diversos agentes deletérios à saúde. Uma condição que pode retardar o diagnóstico e tratamento precoce de muitas doenças, inclusive da Covid-19. Não há como abrir mão da execução dos exames ocupacionais sem que, concorrentemente, se coloque em risco a saúde e integridade física dos trabalhadores. Aspectos de segurança e saúde no trabalho trazem a correlação entre a Constituição Federal, e suas cláusulas pétreas, e a CLT"[28].

Não obstante, é necessário asseverar que a suspensão das exigências administrativas de saúde e segurança do trabalho resulta numa situação ainda mais dramática, se considerarmos as disposições do capítulo XII da MP n. 927, que também determinou a suspensão da fiscalização do trabalho por seis meses (exceto para violações

---

(27) Disponível em: <http://conselho.saude.gov.br/recomendacoes-cns/1103-recomendac-a-o-no-020-de--07-de-abril-de-2020>. Acesso em: 11 jul. 2020.

(28) Disponível em: <https://trabalhodigno.org/2020/08/03/nota-tecnica-suspensao-da-obrigatoriedade-da-realizacao-dos-exames-medicos-ocupacionais-nota-informativa-sei-no-19627-2020-me/>. Acesso em: 11 jul. 2020.

extremamente graves como o trabalho sem registro, o trabalho infantil ou análogo à escravidão)[29], restringindo a ação de Auditores Fiscais do Trabalho, para apurar, fiscalizar o meio ambiente de trabalho.

Ademais, a potencialidade da gravidade das medidas de suspensão das exigências relativas à saúde e segurança do trabalho, combinadas com a suspensão das fiscalizações, se somam à disposição inicial da MP n. 927, que previa que a Covid-19 não poderia ser tratada como doença laboral, como constava no art. 29. A evidente inconstitucionalidade precisou ser fixada pelo Supremo Tribunal Federal, em decisão de 29 de abril de 2020[30]. Ou seja, em plena pandemia, situação de grave risco para o trabalhador, se não bastasse suspender as exigências administrativas de saúde e segurança do trabalho, houve o cerceamento do órgão competente para fiscalizar o cumprindo das medidas relativas à saúde do trabalhador.

Conclusão

Assim, conclui-se que as medidas dispostas no capitulo VII da MP n. 927 podem ser apontadas como mais uma das absurdas decisões tomadas pelo governo Bolsonaro, à serviço dos empresários e sob à lógica do capitalismo ultraliberal, que resultam na tragédia de mais de três milhões de infectados e cem mil mortos pela Covid-19. Não houve suspensão das atividades não essenciais, com manutenção da produção nas fábricas e funcionamento do comércio e serviços, com trabalhadores tendo que se deslocar diariamente, normalmente em transporte público superlotados, e, chegando nos locais de trabalho, os trabalhadores viram-se desprotegidos das exigências administrativas de saúde e segurança do trabalho que poderiam ter tido, ao menos, o papel de minimizar o grave quadro do meio ambiente de trabalho em plena

---

(29) O Capítulo XII suspendia as fiscalizações na área de segurança e saúde no trabalho, atividade inerente à Auditoria-Fiscal do Trabalho. Mais adiante, no art. 31, a MP determinava que a Fiscalização do Trabalho fosse apenas orientadora. Acidente fatal, trabalho escravo e trabalho infantil deveriam ser investigados e autuados de forma restrita, sem análise geral das condições de trabalho e segurança e saúde. Isso tudo, num momento em que todos os esforços da área de segurança e saúde deveriam estar sendo empreendidos no combate ao Coronavírus! A Inspeção do Trabalho salva vidas, evita adoecimentos, corrige distorções, adequa ambientes de trabalho a condições sanitárias e higiênicas que impedem a proliferação de doenças, entre elas, a própria Covid-19. Como destacou o SINAIT, "Pelo conjunto das medidas das MPs 927/2020 e 905/2019 e do Decreto n. 10.282/2020, o SINAIT manifesta seu repúdio, por entender que se colocam no sentido contrário ao combate à pandemia do coronavírus. (...). Interromper as fiscalizações na área de segurança e saúde fragiliza o combate ao coronavírus, pois, em muitos setores, a produção terá continuidade. É necessário, portanto, ter controle". Disponível em: <https://sinaitsp.org.br/sinait-nacional-e-ds-sp-repudiam-mp-927-que-enfraquece-o-combate-a-Covid-19/>. Acesso em: 11 jul. 2020.

(30) A decisão liminar foi tomada no julgamento de sete Ações Diretas de Inconstitucionalidade (ADIs) ajuizadas contra a MP por entidades representativas de trabalhadores e partidos. O Supremo, ao reconhecer a Covid-19 como doença ocupacional, permite que trabalhadores de setores essenciais que forem contaminados possam ter acesso a benefícios como auxílio-doença, protegidos pelo Instituto Nacional de Seguridade Social (INSS). Disponível em: <https://www12.senado.leg.br/noticias/materias/2020/04/30/para-stf-Covid--19-e-doenca-ocupacional-e-auditores-poderao-autuar-empresas>. Acesso em: 11 jul. 2020.

pandemia. Ou seja, as exigências administrativas de saúde e segurança do trabalho foram suspensas, indevidamente, em plena pandemia, com o pseudo argumento de defesa da saúde dos trabalhadores. É risível, se não fosse trágico.

Portanto, entre o cinismo e a hipocrisia da burguesia ao dispor das formas jurídicas[(31)], cumpre registrar o que disse Paulo Guedes, quando escreveu a exposição dos motivos da MP n. 927, salientando que as medidas são adotadas "visando não sobrecarregar os serviços de saúde e não expor os trabalhadores a algum risco" (itens 13 e 14 ao tratar do capítulo VII)[(32)]:

> "(...) Espera-se que as medidas ora apresentadas contribuam para conter o avanço do novo coronavírus permitindo, por meio de várias medidas de flexibilização das relações trabalhistas, a permanência dos trabalhadores em isolamento em suas residências, sem a necessidade de rompimento dos vínculos empregatícios. Além disso, espera-se contribuir para a diminuição de despesas obrigatórias e fixas das empresas nesse momento de redução abrupta e drástica de faturamento em razão da retração do consumo e da emergência em saúde pública que afeta o mundo inteiro. A preservação da economia também está endereçada pela medida de antecipação do pagamento de abono salarial, com benefício aos grupos mais vulneráveis (idosos, doentes e inválidos), e pela possibilidade de prorrogação de certidões negativas de débito de tributos federais e da dívida ativa, eliminando potencial óbice ao acesso a crédito em um momento de dificuldade para as empresas. São essas, Senhor Presidente, as razões que justificam o encaminhamento da presente Medida Provisória à sua apreciação."

Ao contrário do que propugna o Ministro da Economia, ao afirmar que "espera que as medidas contribuam para conter o avanço do novo coronavírus", as medidas implementadas não atendem a tal propósito. Não foi aplicada medida de *lockdown*, não foram garantidas políticas públicas de manutenção do emprego, o que obrigou os trabalhadores a se deslocarem ao local de trabalho e, estando neste ambiente laboral, foram-lhe negadas — exigências mínimas que poderiam mitigar o quadro de pandemia e contaminação entre os trabalhadores. Tudo supostamente para garantir a "economia", para "que empresas não quebrem", para "que não haja demissões" e "para evitar mortes"[(33)]. O resultado[(34)] é o altíssimo número de mortes, o aumento

---

(31) MACHADO, Gustavo Seferian Scheffer. *A ideologia do contrato de trabalho:* contribuição à leitura Marxista da relação jurídica laboral. São Paulo: LTr, 2016. p. 124.

(32) Disponível em: <http://www.planalto.gov.br/ccivil_03/_ato2019-2022/2020/Exm/Exm-MP-927-20.pdf>. Acesso em: 11 jul. 2020.

(33) Disponível em: <https://sit.trabalho.gov.br/portal/index.php/Covid-19>. Acesso em: 11 jul. 2020.

(34) A tragédia do Covid-19 no Brasil é ainda mais indignante ao ver que é o país com maior número de trabalhadores na linha de frente do combate à pandemia, seja de servidores públicos, seja de trabalhadores de empresas terceirizadas da saúde, mesmo considerando que há falhas nos dados e, por isso, falta de estatística, justamente diante das ausências de testagens e exames médicos, é um "mistério" muito conveniente à política adotada pelos empresários e governos no Brasil. Disponível em: <https://www.anasps.org.br/mortes-de-servidores-por-Covid-19-viram-misterio-no-governo-federal/>. Acesso em: 12 ago. 2020.

significativo do desemprego e inúmeras demissões, o fechamento de fábricas e uma depressão econômica.

Apesar de não ter sido convertida em lei, é possível afirmar que a MP n. 927 fez um estrago significativo no já frágil quadro do mercado de trabalho brasileiro, especialmente no que concerne à análise deste artigo, quanto ao meio ambiente de trabalho e a suspensão das exigências administrativas de saúde e segurança do trabalho. Porém, eles também não param, sendo que apresentam narrativa da "retomada segura das atividades", como consta na portaria n. 1565, de 19 de julho de 2020, do Ministério da Saúde, que não correspondem à defesa efetiva da saúde do trabalhador(35), em especial, por seguirem descumprindo a determinação da OMS no que se refere à importância de uma ampliação significativa das testagens, e mesmo dos exames médicos, que, como vimos, no presente caso, seria indispensável como forma de garantir a efetividade ao princípio da prevenção, central para o resguardo do direito à saúde do trabalhador. O tempo e a história vão dizer qual o tamanho da responsabilidade desta suspensão das exigências administrativas de saúde e segurança do trabalho para o resultado final do trágico saldo da Covid-19 no país. No entanto, não se pode deixar de apontar que ela, evidentemente, esteve na contramão da defesa da saúde do trabalhador

Nesse sentido, apesar da perda da vigência da MP n. 927, várias medidas estão sendo adotadas pelo governo Bolsonaro para assegurar a pauta empresarial. Uma delas é justamente com o objetivo de manter a suspensão das exigências administrativas de saúde e segurança do trabalho, como se verifica pela Nota Informativa da Subsecretaria de Inspeção do Trabalho — SEI 19627/2020/ME, publicada em 29 de julho, que dispõe: "*fica suspensa a obrigatoriedade de exames médicos ocupacionais, clínicos e complementares, por um prazo indefinido, enquanto durar o estado de calamidade pública*"(36).

Entre outras determinações, a referida minuta propõe a suspensão, por prazo incerto, da realização dos exames médicos ocupacionais e foi encaminhada, como posição de governo, à Comissão Tripartite Paritária Permanente — CTPP, para discussão na 7ª Reunião Ordinária, que seria realizada nos dias 13 e 14 de agosto de 2020. Ou seja, a luta continua. Eles continuarão tentando desregulamentar direitos relativos à saúde dos trabalhadores, mesmo sabendo que ainda estamos longe da superação da pandemia, mantendo o mantra do ideário ultra neoliberal, como destaca Souto Maior, em que "todas essas falas estão resumidas na fórmula: é melhor emprego com menos direitos do que emprego nenhum"(37).

---

(35) Disponíve em: <https://www.saude.gov.br/noticias/agencia-saude/47077-ministerio-da-saude- publica-orientacoes-para-retomada-segura-das-atividades>. Acesso em: 11 jul. 2020.

(36) Disponível em: <https://www.anamt.org.br/portal/wp-content/uploads/2020/07/NOTA_MP927_SST-1.pdf>. Acesso em: 11 jul. 2020.

(37) SOUTO MAIOR, Jorge Luiz. *Conjuntura política brasileira sob perspectiva trabalhista:* a hora da sensatez. Belo Horizonte: RTM, 2019. p. 113.

Portanto, mais do que nunca o ensinamento de Marx é fundamental para compreensão da conjuntura e seus impactos para a classe trabalhadora. São decisões políticas, são decisões de classe. "Nunca antes na história desse país", ficou tão claro que o Estado é o comitê de negócios da burguesia. A crise é do capitalismo e querem que a classe trabalhadora pague a conta. A Covid-19 tão somente aprofundou a gravidade da crise, agudizou a polarização e escancarou a luta de classes. Querem destruir forças produtivas, dentre elas a principal força produtiva — a força de trabalho, e aqui a destruição é exatamente o termo a ser usado, pois estamos falando de uma política deliberadamente assassina do governo Bolsonaro, como conclui Valdete Severo(38):

> "Não se trata de algo que decorre apenas das características da doença. É o resultado de uma escolha política, que se revela não apenas pelo avanço de legislações que retiram direitos sociais, mas sobretudo pela deliberada atuação do governo em negar à população brasileira informações adequadas sobre a doença, equipamentos de proteção contra o contágio, medidas que viabilizem o isolamento ou o tratamento (...). Eis porque é possível falar de uma política genocida no Brasil hoje. O governo segue, em meio à pandemia, não apenas editando regras que concretamente pioram a vida das pessoas, impedindo-as, em alguns casos, de continuar vivendo, como também deliberadamente deixando de aplicar recursos de que dispõe, no combate à pandemia".

Referências bibliográficas

ALVES, Giovanni. Dimensões da Precarização do Trabalho. Ensaios de Sociologia do Trabalho. *Projeto Editoral Praxis*, 1. ed.. Bauru, 2013.

ANTUNES, Ricardo. *Os sentidos do trabalho*. Ensaio sobre a afirmação e a negação do trabalho. São Paulo: Boitempo, 1999

______; SILVA, Maria Aparecida Moraes. *O Avesso do trabalho*. São Paulo: Expressão Popular, 2004.

BRAGA, Ruy. *A política do precariado:* do populismo à hegemonia lulista. São Paulo: Boitempo, 2012.

EDELMAN, Bernard. *A legalização da classe operária*. São Paulo: Boitempo, 2016.

FILGUEIRAS, Vitor. *Estado e direito do trabalho no Brasil:* regulação do emprego entre 1988 e 2008. Tese de Doutoramento do Programa de Pós graduação em C. Sociais/FFCH/UFBA, Salvador, 2012.

JACKSON FILHO, José Marçal; ASSUNÇÃO, Ada Ávila; ALGRANTI, Eduardo; GARCIA, Eduardo; SAITO, Cézar Akiyoshi; MAENO, Maria. A saúde do trabalhador e o enfrentamento da Covid-19. *Revista Brasileira de Saúde Ocupacional*. Print version: ISSN 0303-7657.

(38) Disponível em: <http://www.dmtemdebate.com.br/por-que-e-possivel-falar-em-politica-genocida-no-brasil-de-2020/>. Acesso em: 11 jul. 2020.

Online version: ISSN 2317-6369. *Rev. Bras. Saúde Ocup.*, vol.45. São Paulo, 2020. *Epub*, 17 abr. 2020. Disponível em: <https://doi.org/10.1590/2317-6369ed0000120>. Acesso em: 1º ago. 2020.

MACHADO, Gustavo Seferian Scheffer. *A ideologia do contrato de trabalho:* contribuição à leitura Marxista da relação jurídica laboral. São Paulo: LTr, 2016.

MARINI, Ruy Mauro. *Dialética da dependência.* Petrópolis: Vozes, 2000.

MARX, Karl. *O capital:* crítica da economia política. Livro terceiro. Rio de Janeiro: Civilização Brasileira, 2008.

NAVARRO, Vera Lúcia; LOURENÇO, Edvânia Ângela de Souza (Orgs.). São Paulo: Outras Expressões, 2013.

NAVES, Márcio Bilharinho. *A questão do direito em Marx.* São Paulo: Outras expressões, 2014.

OLIVEIRA, Francisco. *Crítica à razão dualista.* O ornitorrinco. São Paulo: Boitempo, 2003.

PACHUKANIS, Evgeni. *A teoria geral do direito e o marxismo.* São Paulo, Sundermann, 2017.

RENÓ, Lara Porto. A mulher trabalhadora, normas de saúde, segurança e higiene do trabalho e a contrarreforma, a luta continua. In: *O "Novo" Direito e processo do trabalho:* um olhar crítico. Organizado por GPTC Gênero. Belo Horizonte: Letramento: Casa do Direito, 2019.

SANT'ANA *et al* (Orgs.). *Avesso do trabalho II:* trabalho, precarização e saúde do trabalhador. São Paulo: Expressão popular, 2010.

SILVA, Homero Batista Mateus da. *Curso de Direito do Trabalho Aplicado.* vol. 03: segurança e medicina do trabalho. Rio de Janeiro: Elsevier, 2009.

SILVA, José Antônio Ribeiro de Oliveira. *A saúde do trabalhador como um direito humano:* conteúdo essencial da dignidade humana. São Paulo: LTr, 2008.

SOUTO MAIOR, Jorge Luiz. *Conjuntura política brasileira sob perspectiva trabalhista:* a hora da sensatez. Belo Horizonte: RTM, 2019.

SOUZA, Ilan Fonseca de; BARROS, Lidiane de Araújo; FILGUEIRAS, Vítor (Orgs). *Saúde e segurança do trabalho:* curso prático. Brasília: ESMPU, 2017.

VENTURA, Deisy. *Direito e Saúde global.* O caso da pandemia da gripe A (H1N1). São Paulo: Outras expressões, 2013.

Links consultados:

<http://www.planalto.gov.br/ccivil_03/_ato2019-2022/2020/Mpv/mpv927.htm>. Acesso em: 06 jun. 2020.

<https://g1.globo.com/tudo-sobre/ibge/>. Acesso em: 11 jul. 2020.

<http://tabnet.datasus.gov.br/cgi/tabcgi.exe?sim/cnv/ext10uf.def>, e Dieese, set. 2016. Acesso em: 11 jul. 2020.

<https://www.oxfam.org.br/blog/pandemia-de-coronavirus-reforca-desigualdades-da-populacao-mais-vulneravel/> Acesso em: 12 ago. 2020.

<http://www.planalto.gov.br/ccivil_03/_ato2011-2014/2011/decreto/d7602.htm>.Acesso em: 11 julho. 2020.

<https://bvsms.saude.gov.br/bvs/saudelegis/gm/2012/prt1823_23_08_2012.html>. Acesso em: 11 julho de 2020).

<http://conselho.saude.gov.br/recomendacoes-cns/1103-recomendac-a-o-no-020-de-07-de-abril-de-2020>. Acesso em: 11 jul. 2020.

<https://trabalhodigno.org/2020/08/03/nota-tecnica-suspensao-da-obrigatoriedade-da -realizacao-dos-exames-medicos-ocupacionais-nota-informativa-sei-no-19627-2020-me/>. Acesso em: 11 jul. 2020.

<https://sinaitsp.org.br/sinait-nacional-e-ds-sp-repudiam-mp-927-que-enfraquece-o--combate- a-Covid-19>. Acesso em: 11 jul. 2020.

<https://www12.senado.leg.br/noticias/materias/2020/04/30/para-stf-Covid-19-e-doenca-ocupacional-e-auditores-poderao-autuar-empresas>. Acesso em: 11 jul. 2020.

<http://www.planalto.gov.br/ccivil_03/_ato2019-2022/2020/Exm/Exm-MP-927-20.pdf>. Acesso em: 11 jul. 2020.

<https://sit.trabalho.gov.br/portal/index.php/Covid-19>. Acesso em: 11 jul. 2020.

<https://noticias.uol.com.br/ultimas-noticias/agencia-estado/2020/03/17/apos-recomendacao- da-oms-governo-admite-que-estuda-ampliar-testagem.htm>. Acesso em: 11 jul. 2020.

<https://www.anasps.org.br/mortes-de-servidores-por-Covid-19-viram-misterio-no-governo-federal/>. Acesso em: 12 ago. 2020.

<https://www.saude.gov.br/noticias/agencia-saude/47077-ministerio-da-saude-publica-orientacoes-para-retomada-segura-das-atividades>. Acesso em: 11 jul. 2020.

<https://www.anamt.org.br/portal/wp-content/uploads/2020/07/NOTA_MP927_SST-1.pdf>. Acesso em: 11 jul. 2020.

<http://www.dmtemdebate.com.br/por-que-e-possivel-falar-em-politica-genocida-no-brasil-de-2020/>. Acesso em: 11 jul. 2020.

MP n. 927 e Nexo de Causalidade com o Trabalho em Estabelecimentos de Saúde

Carla Denise Theodoro
Denise Borbarelli Grecco

Resumo: O presente artigo demonstra a inconstitucionalidade, ilegalidade e o descompasso com a ordem social em não considerar como doença ou acidente de trabalho o adoecimento causado pelo vírus Covid-19 para os profissionais da saúde.

Palavras-chave: Doença ou Acidente de Trabalho e os profissionais de saúde. Art. 29 MP n. 927.

1. Introdução

Hoje a humanidade concorda com um fato, nada será como antes do início da pandemia, máxime porque, num sistema de informações globalizadas e imediatas, estamos sintonizados em tempo e espaço e nossa limitação física não suplanta a intelectual e nosso poder de comunicação se desenvolve de maneira fascinante, estamos vivendo a era da hiper tecnologia.

Mas é evidente que a pandemia não é a origem dos desmazelos sociais, econômicos e políticos pelo qual estamos passando, a chegada do vírus pandêmico apenas aprofundou o desastre social que estamos vivendo e que teve início nos anos 90. A radicalização das reformas no campo trabalhista subtraindo cada vez mais direitos dos(as) trabalhadores(as), a desgovernança econômica que impede um crescimento saudável com a concretização dos direitos sociais e diminuição do desemprego, o estabelecimento de uma política autofágica voltada para benefícios dos grandes empreendimentos financeiros, levam o país ao caos, destruindo qualquer projeto de Nação.

Vivendo no centro do caos pandêmico, num desgoverno sem precedentes históricos, que negligência a ciência, desconsiderada a dor do ser humano, despreza a vida ou pouco se importa com a morte, descobrimos que viver para além do vírus

Covid-19, sem qualquer projeto social, é ter que lutar constantemente para manter minimamente nossos direitos básicos de cidadania e da preservação da saúde e vida.

Após decretado estado de calamidade pública no país, com o Decreto Legislativo n. 6 de 20 março de 2020, na falsa tentativa de ajudar os trabalhadores e trabalhadoras sobreviverem nesse estado de desequilíbrio global, ao invés de implementarem uma ajuda comunitária real, continuaram o caminho da radicalização da precarização, o governo, entre outras balbúrdias, desinformações e desrespeito aos direitos sociais promulgou a MP n. 927 com os seguintes objetivos:

> Art. 1º Esta Medida Provisória dispõe sobre as medidas trabalhistas que poderão ser adotadas pelos empregadores **para preservação do emprego e da renda e para enfrentamento do estado de calamidade pública** reconhecido pelo Decreto Legislativo n. 6, de 20 de março de 2020, e da emergência de saúde pública de importância internacional decorrente do coronavírus (**Covid-19**), decretada pelo Ministro de Estado da Saúde, em 3 de fevereiro de 2020, nos termos do disposto na Lei n. 13.979, de 6 de fevereiro de 2020. (grifei).

Aqui note-se que está dito que a Medida Provisória veio integrar nosso sistema jurídico, com a finalidade de proteger o emprego e a renda para o enfrentamento do estado de calamidade pública disseminada.

Mas não é o que verificamos, analisando os artigos da referida medida, não existe efetivamente qualquer proteção do emprego, e pior, num ato de ultraje, foi inseriu o art. 29 na referida MP n. 927, que estabeleceu que nos casos de contaminação pelo coronavírus (**Covid-19**) não serão considerados ocupacionais, exceto mediante comprovação do nexo causal.

Assim, a proposta deste artigo é enfrentar a questão do art. 29 da MP n. 927, no que se refere ao nexo causal da doença advinda do vírus Covid-19 e o trabalho em épocas de Pandemia, em especial, no setor que abrange os profissionais da saúde e as consequências para esses trabalhadores e trabalhadoras na seara trabalhista.

2. Da inconstitucionalidade

Primeiramente, o artigo em questão não sobrevive ao controle de constitucionalidade, porquanto, nosso sistema jurídico fundamenta-se na especificação da Lei, vale dizer, a Lei Ordinária, Lei Complementar, Decretos e outros, cada uma mantém suas regras próprias de formação para controle de sua constituição, abrangência e validade.

É certo que o controle maior será feito pelo Congresso Nacional ou pelo Supremo Tribunal Federal, mas cabe aqui, desde já, traçar as vias para demonstrar a total afronta aos elementos básicos previstos na Constituição Federal.

Pois bem, estabelece o art. 7º, *caput*[1], da nossa Carta Constitucional, que são direitos dos(as) trabalhadores(as) urbanos e rurais, além de outros que visem à melhoria de sua condição social, a redução dos riscos inerentes ao trabalho, por meio de normas de saúde, higiene e segurança[2], além de seguro contra acidentes de trabalho, a cargo do empregador, sem excluir a indenização a que este está obrigado, quando incorrer em dolo ou culpa[3].

A prioridade no nosso Estado Social de Direito é a preservação da vida e da saúde, dos riscos inerentes ao trabalho, através de medidas e normas de saúde, higiene e segurança, que melhorem as condições de vida e saúde dos(as) trabalhadores(a), e não, como se pretende, subtrair desses(as), seus parcos direitos com tanto martírio conquistados.

A pretensão é afastar do(a) trabalhador(a) acometido(a) pelo Covid-19, vários direitos trabalhistas e previdenciários, em situação de trabalho, negligenciando o nexo de causalidade entre a enfermidade e o trabalho exercido, criando diversos obstáculos para aquisição desses direitos, em grave ofensa a direitos fundamentais mínimos dos(as) trabalhador(es) e imprecisão jurídica.

O que era para ser uma medida de proteção ao emprego, como propagado, se tornou uma insanidade para os(as) trabalhadores(as) que estão incansavelmente trabalhando para salvar a vida dos que estão em resguardo.

Evidentemente que temos inúmeros trabalhadores(as) de diversas profissões, da saúde de um modo geral, médicos(as), enfermeiros(as), profissionais que cuidam da higiene hospitalar, motoristas de ambulância, mas também, da limpeza urbana e rural, trabalhadores do setor de alimentação, farmácia, padarias, entregadores(as), porteiros(as) de edifícios, cuidadores(as), trabalhadores (as) domésticos, trabalhadores(as) em aplicativos[4], policiamento, imprensa e inúmeros outros que estão se tornando os heróis da vida, expondo-se enquanto muitos se isolam para conter a pandemia.

Mas para esses profissionais que estão arriscando a vida para garantir a sobrevivência de muitas outras, estão sendo suprimidos vários direitos, como demonstra o art. 29 da MP n. 927, revelando total incoerência da proposta da lei (art. 1º.), com o seu corpo (art. 29), além da inconstitucionalidade latente.

---

(1) Art. 7º São direitos dos trabalhadores urbanos e rurais, além de outros que visem à melhoria de sua condição social:

(2) XXII – redução dos riscos inerentes ao trabalho, por meio de normas de saúde, higiene e segurança;

(3) "XXVIII – seguro contra acidentes de trabalho, a cargo do empregador, sem excluir a indenização a que este está obrigado, quando incorrer em dolo ou culpa;"

(4) Esses podem ter seu vínculo de emprego debatido e reconhecido perante a Justiça do Trabalho.

3. Nexo causal e os direitos trabalhistas

Assim, a ideia do texto legal, na esteira da retirada de direitos trabalhistas iniciada com os governos de viés neoliberais, foi retirar dos profissionais, em especial os da saúde, a possibilidade de se estabelecer a relação de causa e efeito entre a doença e o trabalho, ou seja, o nexo causal, entre a doença adquirida (Covid-19) e a atividade realizada (em ambiente hospitalar ou semelhante).

A situação dos profissionais de saúde exige uma análise ainda mais cautelosa, haja vista a atuação na linha de frente no tratamento e combate aos infectados acometidos pelo Covid-19, estando consequentemente, mais expostos aos riscos.

Pela natureza da atividade desempenhada, agravada muitas vezes pela ausência ou uso inadequado de EPI (equipamentos de proteção), o risco acentuado se faz notório, o que deveria gerar como presumida a responsabilidade daquele que contrata, fiscaliza e subordina os serviços prestados pelos profissionais em comento, impondo o reconhecimento da responsabilidade objetiva prevista no art. 927, parágrafo único, do Código Civil Brasileiro.

Pontua-se ainda que, a teor do princípio da aptidão e distribuição dinâmica do ônus da prova (art. 373, § 1º, do CPC), aplicável ao direito do trabalho, por força do art. 769 da CLT, caberia ao empregador comprovar, de forma inequívoca, que o infortúnio não seria decorrente das atividades laborais, situação que, por óbvio, se mostra mais acessível ao empregador e mais difícil ao empregado.

Ainda em busca do fundamento legal para a situação dos profissionais da saúde, que não merecem a sorte da previsão contida no art. 29 da MP n. 927, há quem cogite da aplicação do art. 20, § 1º, *"d"*, da mesma Lei n. 8.213/91, que considera como doença do trabalho as chamadas doenças endêmicas.

Neste caso, contudo, estamos diante, mais uma vez da necessidade de prova acerca dos fatos, já que pela própria regra do art. 20, § 1º, *"d"*, da Lei n. 8.213/91[5],

(5) Art. 20. Consideram-se acidente do trabalho, nos termos do artigo anterior, as seguintes entidades mórbidas:

I – doença profissional, assim entendida a produzida ou desencadeada pelo exercício do trabalho peculiar a determinada atividade e constante da respectiva relação elaborada pelo Ministério do Trabalho e da Previdência Social;

II – doença do trabalho, assim entendida a adquirida ou desencadeada em função de condições especiais em que o trabalho é realizado e com ele se relacione diretamente, constante da relação mencionada no inciso I.

§ 1º Não são consideradas como doença do trabalho:

a) a doença degenerativa;

b) a inerente a grupo etário;

c) a que não produza incapacidade laborativa;

d) a doença endêmica adquirida por segurado habitante de região em que ela se desenvolva, salvo comprovação de que é resultante de exposição ou contato direto determinado pela natureza do trabalho.

a doença endêmica será considerada doença ocupacional, quando houver a comprovação de que é resultante da exposição ou contato direto determinado pela natureza do trabalho, como muito bem sinaliza o mestre Homero Batista[(6)]:

> Há uma tendência natural em se atribuir o ônus da prova ao empregado, neste caso, por se tratar de uma presunção relativa desfavorável ao conceito de doença ocupacional, conforme redação do dispositivo da MP n. 927 e também da norma previdenciária. Quem pretende derrubar a presunção relativa assume o encargo probatório, ensinam os manuais de processo civil. No entanto, não se pode perder de vista o alto grau técnico dessa prova e o acesso muito mais fácil a uma das partes — o empregador — aos documentos e elementos capazes de demonstrar a pletora de precauções tomadas e a higidez do desempenho da atividade. Por qualquer ângulo de apreciação desse dilema, a aptidão para a prova é muito mais próxima do empregador, donos dos meios de produção, do que do empregado, que tecerá comentários sobre a rotina de trabalho e não necessariamente terá acesso aos certificados de aprovação ou à frequência dos cursos de capacitação, por exemplo. Ao trabalhador certamente estará reservada a contraprova dos indícios e comprovações que o empregador houver apresentado. Nada será fácil nesse campo processual, aduza-se, seja em processo trabalhista, seja em demanda previdenciária.

Para o grupo de profissionais que abordamos, os trabalhadores(as) em serviços da saúde, o nexo causal se dá pela natureza das atividades de risco, em especial no caso da pandemia decretada pela OMS[(7)], uma doença grave, com alto grau de contágio, no momento em que esses (as) trabalhadores(as)[(8)] do setor da saúde, encontram-se em contato amplo e direito com as pessoas acometidas pelo Covid-19, e que podem transmitir[(9)] para as demais, numa escala exponencial.

---

(6) BATISTA, Homero. *Legislaçao trabalhista em tempo de pandemia.* São Paulo: Revista dos Tribunais, 2020. p. 101.

(7) "A Organização Mundial da Saúde (OMS) declarou, em 30 de janeiro de 2020, que o surto da doença causada pelo novo coronavírus (Covid-19) constitui uma Emergência de Saúde Pública de Importância Internacional – o mais alto nível de alerta da Organização, conforme previsto no Regulamento Sanitário Internacional. Em 11 de março de 2020, a Covid-19 foi caracterizada pela OMS como uma pandemia." Disponível em: <https://www.paho.org/bra/index.php?option=com_content&view=article&id=6101:Covid-19&Itemid=875>. Acesso em: 11 maio 2020, 12:35.

(8) Estou direcionando o estudo para os(as) trabalhadores(as) no setor de saúde, mas registro que temos inúmeros profissionais que também estão enquadrados nessas atividades, como dito no começo do artigo.

(9) Pela rápida capacidade de transmissão, a Covid-19, doença causada pelo novo coronavírus, põe em alto risco os trabalhadores da área de saúde, que estão na linha de frente do combate à pandemia. Disponível em: <https://www.nexojornal.com.br/expresso/2020/04/03/Como-o-coronav%C3%ADrus-sobrecarrega-os-profissionais-da-sa%C3%BAde>. Acesso em: 11 maio 2020, 12:38.

Público e notória a falta de EPI (Equipamentos de Proteção Individual) largamente divulgado pela imprensa, como falta de máscaras adequadas, luvas, vestimentas, álcool e muitos outros, conforme notificado no site migalhas, correspondente a denúncias por estado[(10)], publicação de 29/03/2020 ainda no início da decretação da pandemia.

> Concomitantemente, há dias os jornais do Brasil mostram triste situação nos hospitais por falta de EPI. Enfermeiros, técnicos, médicos e equipes de limpeza relatam que sofrem com a falta de equipamentos de proteção individual e se mobilizam inclusive para conseguir doação de materiais na *internet.*
>
> Segundo a AMB — Associação Médica Brasileira, em número divulgado no domingo, 29, foram recebidas 2.513 denúncias em todo o Brasil por falta de equipamentos de proteção, sendo a grande maioria em São Paulo (855).

Figura 1

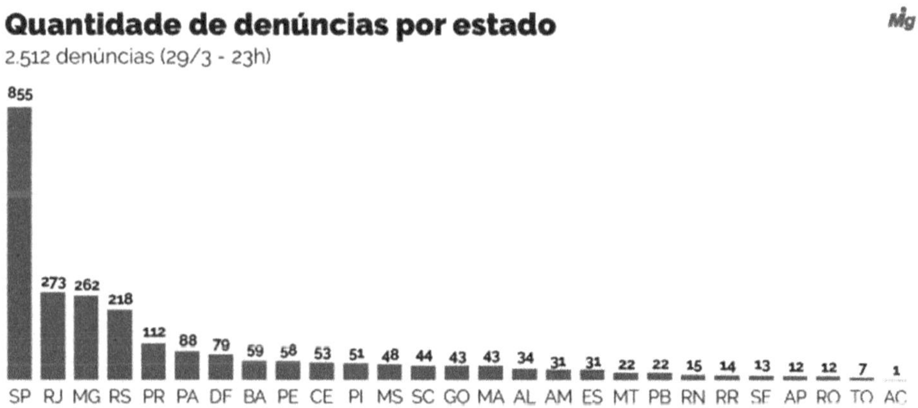

Fonte: Migalhas[(11)]

É evidente que as pessoas que exercem essas atividades, têm maior risco de contaminação pela própria atividade, máxime considerando-se a falta de equipamentos de proteção individual, o que inclusive, gerou inúmeros afastamentos e óbitos desses profissionais, conforme informações do Cofen (Conselho Federal de Enfermagem)[(12)]:

> "Não existe um levantamento oficial do número de profissionais da saúde afastados em todo o Brasil. Mas, o Fantástico apurou essa semana que

(10) Disponível em: <https://www.migalhas.com.br/quentes/323131/com-falta-de-epis-no-brasil-guedes-diz-que-bolsonaro-mandou-20-mil-mascaras-a-italia>. Acesso em: 14 maio 2020, 15:26.

(11) *Idem.*

(12) Disponível em: <http://www.cofen.gov.br/Covid-19-faz-vitimas-entre-profissionais-da-saude-no-brasil_78979.html> Acesso em: 11 maio 2020, 12:54.

> quase 7 mil profissionais, entre médicos, técnicos de enfermagem e enfermeiros, foram afastados do trabalho desde o começo da pandemia por apresentarem sintomas suspeitos. Entre os que conseguiram fazer o teste, pelo menos 1.400 estavam infectados, e 18 deles morreram de Covid-19.
>
> O número de enfermeiros e técnicos possivelmente infectados e afastados deu um salto esta semana. O aumento foi de 660% — passou de 158 para 1.203 casos. A maioria dos profissionais de enfermagem afastados tem entre 31 e 40 anos, e 83 % são mulheres.
>
> Como Mara, que era técnica em enfermagem na emergência de um hospital de Porto Alegre. Acabou se tornando paciente depois de ter sido infectada pelo coronavírus. Esta semana, todos esperavam que ela passasse pelos corredores do hospital, como acontece com muitos curados, no Brasil e no mundo. Mas as palmas dos colegas foram apenas uma homenagem. Mara morreu na última terça-feira." (data desta atualização pelo Cofen 13.04.2020)

Um mês após essa notícia, o quadro era muito triste, no "Brasil tem 108 enfermeiros mortos e mais de 4,1 mil contaminados pelo coronavírus", e nem havíamos atingimos o máximo da contaminação pela epidemia[(13)]".

O agravamento por falta de políticas públicas, investimentos no setor, fez com que, em 15 de junho, conforme Cofen, o Brasil respondesse por 30% das mortes de profissionais de Enfermagem por Covid-19[(14)]:

> O Brasil superou, nesta segunda-feira (15/06), duas centenas de mortes de profissionais de Enfermagem. Três em cada dez óbitos são de profissionais brasileiros, segundo levantamentos do Conselho Federal de Enfermagem (Cofen) e do Conselho Internacional de Enfermagem (ICN). São mulheres relativamente jovens, com prevalência da faixa etária de 40 a 60, muitas delas com comorbidades, que não deveriam estar em contato com casos suspeitos de Covid-19.

Como se vê, não é verdade o que está escrito no artigo primeiro da MP n. 927, o objetivo desta medida provisória não é a proteção do emprego, e da vida do ser humano, não há qualquer preocupação com os trabalhadores e trabalhadoras, especificamente do setor abrangido por este artigo, ao contrário, resta evidente que a referida

(13) Disponível em: <http://www.cofen.gov.br/brasil-tem-108-enfermeiros-mortos-e-mais-de-41-mil-contaminados-pelo-coronavirus_79784.html>. Acesso em: 14 maio 2020.

(14) Disponível em: <http://www.cofen.gov.br/brasil-responde-por-30-das-mortes-de-profissionais-de-enfermagem-por-Covid-19_80622.html>. Acesso em: 28 jul. 2020.

medida provisória, consoante se abstrai do art. 26 e, em especial, o art. 29 (nosso foco), é reduzir ao máximo os direitos desses trabalhadores(as), permitindo jornadas de trabalho exaustivas[(15)] e impedindo-os de exercer direitos básicos de sobrevivência em caso de contaminação e afastamento.

Ora, o(a) profissional que inicia o seu trabalho como médico(a), enfermeiro(a), ou outra atividade em ambiente hospitalar ou clínico, para cuidar das pessoas acometidas pelo Covid-19, enfermidade grave e que, de um modo geral, necessitam de internação, inclusive em UTI, se forem infectadas e se afastarem do trabalho para tratamento médico — no mínimo devem passar pela quarentena de 14 dias —, se for implementado o que está dito na medida provisória, terão que provar que adquiriram a doença no exercício de sua atividade, uma obviedade, e demonstrar a existência de nexo causal entre a atividade e o agravo, e se assim não fizerem, ao invés de receberem o auxílio acidente após 15 dias de afastamento, receberão o auxílio doença, com o agravante de que, se não comprovarem a existência de 12 (doze) contribuições mensais previdenciárias, nada receberão, por não terem cumprido o período de carência para recebimento do auxilio doença, em total desamparo.

Esses(as) trabalhadores(as) ficarão desprovidos de qualquer ajuda do Estado enquanto estiverem em tratamento médico, ou em quarentena, ao arrepio do determinado no art. 196[(16)] da Constituição Federal, cuja obrigação é estabelecida no art. 7º, incisos XXII[(17)] e XXVIII[(18)], da mesma norma ápice, uma verdadeira afronta aos direitos humanos, um desrespeito à vida e à saúde desses(as) trabalhadores(as), uma irresponsabilidade sem precedentes por parte do desgoverno.

Vejam, a medida provisória veio dizer que não há nexo causal, uma ligação evidente entre o trabalho e a doença, e, a partir deste desarrazoado pressuposto, não é só o auxílio previdenciário que não será imediatamente concedido para uma garantia

---

(15) "Art. 26. Durante o de estado de calamidade pública a que se refere o art. 1o, é permitido aos estabelecimentos de saúde, mediante acordo individual escrito, mesmo para as atividades insalubres e para a jornada de doze horas de trabalho por trinta e seis horas de descanso:

I - prorrogar a jornada de trabalho, nos termos do disposto no art. 61 da Consolidação das Leis do Trabalho, aprovada pelo Decreto-lei n. 5.452, de 1943; e

II - adotar escalas de horas suplementares entre a décima terceira e a vigésima quarta hora do intervalo interjornada, sem que haja penalidade administrativa, garantido o repouso semanal remunerado nos termos do disposto no art. 67 da Consolidação das Leis do Trabalho, aprovada pelo Decreto-lei n. 5.452, de 1943."

(16) Art. 196. A saúde é direito de todos e dever do Estado, garantido mediante políticas sociais e econômicas que visem à redução do risco de doença e de outros agravos e ao acesso universal e igualitário às ações e serviços para sua promoção, proteção e recuperação.

(17) "XXII - redução dos riscos inerentes ao trabalho, por meio de normas de saúde, higiene e segurança;"

(18) "XXVIII - seguro contra acidentes de trabalho, a cargo do empregador, sem excluir a indenização a que este está obrigado, quando incorrer em dolo ou culpa;"

mínima de sobrevivência desses profissionais, (terão que enfrentar a *via crucis* dos processos judiciais para comprovar o nexo de causalidade, algo absolutamente desnecessário e grave imposto aos profissionais da saúde), pois quem recebe o auxílio doença não tem direito aos depósitos do FGTS no período de afastamento, assim como, não tem direito a estabilidade provisória de 12(doze) meses após a alta.

Além disso, o nexo causal é importante para a questão da responsabilidade civil, em especial para a apuração dos danos morais, existências e materiais (perdas e danos, lucros cessantes, pensão vitalícia, complementação de pensão entre outras).

Vejamos as lições de Sebastião Geraldo(19):

> "... o nexo causal é o vínculo que se estabelece entre a execução do serviço(causa) e o acidente do trabalho ou doença ocupacional (efeito). Pode-se afirmar que esse pressuposto é o primeiro que deve ser investigado, visto que, se o acidente ou a doença não estiverem relacionados ao trabalho, é desnecessário, por óbvio, analisar a extensão dos danos, a incapacidade produzida ou a culpa patronal.
>
> Assim, uma vez constatado que o empregado foi vítima de algum acidente ou alguma doença, cabe verificar em seguida o pressuposto do nexo causal, isto é, se há uma relação de causa e efeito ou liame de causalidade entre tal evento e a execução do contrato de trabalho. Se o vínculo causal foi identificado, e então estaremos diante de um acidente do trabalho conforme previsto na legislação; no entanto, se não for contatado, torna-se inviável deferir qualquer indenização. Nesse sentido, o art. 19 da Lei n. 8.213/1991 menciona que "acidente do trabalho é o que ocorre **pelo exercício do trabalho a serviço da empresa ou do empregador doméstico**."

Não resta dúvida que tendo o(a) trabalhador(a) contraído o adoecimento em razão do trabalho exercido na atividade empresarial correspondente, conforme art. 19 da Lei n. 8.213/91(20) estamos diante de um caso típico de acidente de trabalho, o que comprova a total inaptidão e ignorância na promulgação do art. 29 da MP n. 927.

---

(19) OLIVEIRA, Sebastião Geraldo de Oliveira. *Indenizações Por Acidente do Trabalho ou Doença Ocupacional.* 11. ed. São Paulo: LTr, 2019. p. 164..

(20) "Art. 19. Acidente do trabalho é o que ocorre pelo exercício do trabalho a serviço de empresa ou de empregador doméstico ou pelo exercício do trabalho dos segurados referidos no inciso VII do art. 11 desta Lei, provocando lesão corporal ou perturbação funcional que cause a morte ou a perda ou redução, permanente ou temporária, da capacidade para o trabalho.

§ 1º A empresa é responsável pela adoção e uso das medidas coletivas e individuais de proteção e segurança da saúde do trabalhador.

§ 2º Constitui contravenção penal, punível com multa, deixar a empresa de cumprir as normas de segurança e higiene do trabalho.

Cabe lembrar que, em se tratando de uma enfermidade nova, não se sabe ao certo, todos os efeitos colaterais que os(as) trabalhadores(as) poderão ser acometidos, se sobreviverem, como já se discute na ciência médica, como problemas neurológicos, renais, pulmonares, vasculares, entre muitos outros. Um(a) profissional que inicia o seu trabalho na frente dessa batalha, poderá ficar desprovido(a) de qualquer direito trabalhista e previdenciário se não comprovar o nexo causal, fato que pode ser ainda agravado, caso não possua 12 contribuições previdenciárias mensais, para garantir um afastamento digno após o 15º. dia.

Mesmo para aqueles(as) trabalhadores(as) experientes, que contam com anos de dedicação à vida das pessoas, terão que comprovar que adquiriram o vírus no trabalho, na execução de suas atividades, pois, de forma pernóstica, a medida provisória pretende excluir essa ligação, evitar o pagamento dos direitos trabalhistas e previdenciários, vale dizer, o profissional que adquirir o Covid-19, não terá o reconhecimento automático do nexo casual, decorrente da atividade exercida, deverá comprovar este liame. Ninguém é ingênuo de pensar que no futuro, não se dirá que o vírus pode ser pego em qualquer lugar, mas lembrem, este risco é próprio da atividade, é da profissão, pelo simples exercício.

Como mencionado, pode ocorrer de um(a) trabalhador(a), em razão da contaminação, ficar com problemas neurológicos, sem movimentos ou outras sequelas que o torne incapaz de exercer a sua atividade ou qualquer outra, e, se for mantido o art. 29 da MP n. 927, ficará desprovido de qualquer direito trabalhista ou previdenciário caso não comprove a junção entre o ofício e o infortúnio.

Pensamos ainda na pior hipótese, se o(a) profissional vier a falecer, terá a família direito a pensão por morte previdenciária? Poderão os(as) herdeiros(as) postularem em face do empregador uma pensão vitalícia complementar, em razão do falecimento? danos materiais e danos morais? Além da dor e da perda terá a família que comprovar a existência do nexo causal? Toda esta desmazela implementada pelo desgoverno, só serve para menosprezar, desrespeitar o ser humano em toda sua centralidade, razão pela qual, além das outras aqui denunciadas, deve o art. 29 da MP n. 927 ser expungido do sistema legal.

4. Da necessidade de apoio psicológico

Não é possível passar por todo este caos social sem lembrar o estado de esgotamento psicológico que os profissionais da saúde estão sujeitos. Lidam com a morte

---

§ 3º É dever da empresa prestar informações pormenorizadas sobre os riscos da operação a executar e do produto a manipular.

§ 4º O Ministério do Trabalho e da Previdência Social fiscalizará e os sindicatos e entidades representativas de classe acompanharão o fiel cumprimento do disposto nos parágrafos anteriores, conforme dispuser o Regulamento."

como se estivessem em uma guerra, um inimigo invisível a olho nu e que leva a óbito, mulheres, homens, crianças, idosas e idosos, enfim, um adversário que não escolhe idade, cor, tamanho ou posição social.

Para estes trabalhadores e trabalhadoras que estão atuando diretamente com os pacientes acometidos pelo vírus Covid-19, deve ser proporcionado, não só todos os direitos trabalhistas e previdenciárias que já possuíam, como também devem oportunizar apoio psicológico, pois a atividade está levando-os ao auge do estresse psicológico, do desgaste emocional.

Nada será como antes do início da pandemia, mas é certo que, estes profissionais que se encontram no *front* desta batalha, terão suas vidas marcadas pelo resto de suas vidas, carregarão o histórico de mortandade maximizada por descontrole governamental.

5. Da liminar concedida pelo Supremo Tribunal Federal

No dia 29.04.2020 os Ministros do Supremo Tribunal Federal, analisaram, sete ações judiciais propostas contra a MP n. 927[(21)], e, provisoriamente, decidiram suspender o art. 29 da referida MP.

Mas não houve unanimidade, como deveria ocorrer em casos como este de espantosa violação a direitos humanos fundamentais, a falta de unanimidade em casos desta magnitude tem que nos colocar em alerta, temos que continuar enfrentado os golpes que vem sendo dados à classe trabalhadora, a retirada de direitos trabalhistas e previdenciários, o menosprezo aos direitos sociais, as violações desmedidas ao estado social sustentáculo da Constituição Federal.

A decisão foi 7 X 3, pela suspensão do art. 29 votaram os Senhores Ministros: Alexandre de Moraes, Edson Fachin, Luís Roberto Barroso, Rosa Weber, Cármen Lúcia, Ricardo Lewandowski e Luiz Fux, pela manutenção votaram os Senhores Ministros: Marco Aurélio (Relator), Dias Toffoli (Presidente) e Gilmar Mendes, referendando integralmente o indeferimento da medida cautelar. Ausente, justificadamente, o Senhor Ministro Celso de Mello. Decisão do Plenário em 29.04.2020[(22)].

---

(21) "Os ministros analisaram sete ações, que foram ajuizadas respectivamente pelos partidos PDT — Partido Democrático Trabalhista (6.342), Rede Sustentabilidade (6.344), CNTM — Confederação Nacional dos Trabalhadores Metalúrgicos (6.346), PSB — Partido Socialista Brasileiro (6.348), PCdoB — Partido Comunista do Brasil (6.349), Solidariedade (6.352) e CNTI — Confederação Nacional dos Trabalhadores na Indústria (6.354) Todas as entidades atacam a MP n. 927/20, sob o argumento comum de que a medida afronta direitos fundamentais dos trabalhadores, entre eles a reserva à lei complementar e a proteção contra a despedida arbitrária ou sem justa causa.

(22) "Decisão: O Tribunal, por maioria, negou referendo ao indeferimento da medida cautelar tão somente em relação aos arts. 29 e 31 da Medida Provisória n. 927/2020 e, nos termos do voto do Ministro Alexandre de Moraes, Redator para o acórdão, suspendeu a eficácia desses artigos, vencidos, em maior extensão, os Ministros Edson Fachin, Roberto Barroso, Rosa Weber e Ricardo Lewandowski, nos termos de seus votos, e

A decisão em caráter liminar foi somente a vitória de uma luta, temos que enfrentar a batalha contra os retrocessos sociais implementados, o art. 29 da MP n. 927 deve ser eliminado definitivamente do sistema legal, por inconstitucional, ilegal e por violar os mais basilares princípios de direitos humanos e de preservação da dignidade de todos(as) trabalhadores e trabalhadoras do país.

Retirar os direitos básicos desses(as) trabalhadores(as) que se doam para que outros se preservem é desprezar a essência do ser humano na preservação da espécie. Se eles não estiverem lá, pergunto, quem estará?

Felizmente, a MP n. 927 perdeu eficácia no dia 20.07.2020, no entanto, todas as medidas adotadas durante a sua vigência (22 de março a 19 de julho de 2020) foram reputadas como válidas, com a produção dos efeitos nela previstos.

O próprio presidente do Senado admitiu que não havia consenso para votação do texto em razão dos vários problemas em relação aos direitos trabalhistas, o que dificultou o debate e a votação da matéria.

6. Conclusão

Considerada por muitos como quase uma "nova reforma trabalhista", a MP n. 927, ainda que tenha sido extinta do cenário jurídico, despertou preocupação e reacendeu debates acerca dos rumos que tem se dado às questões afetas aos(as) trabalhadores(as) em seus direitos básicos de cidadania, e de preservação de saúde e vida. Se é certo que a utilização do expediente legislativo da Medida Provisória é medida que se faz necessária, por conta de um cenário de pandemia sem precedentes, restando evidente o aspecto da relevância e urgência, a esta cabe cumprir apenas o seu papel, sem desvirtuar ou desconstruir todo arcabouço jurídico de proteção inerente à dignidade humana e ao valor social do trabalho, fundamentos do Estado Democrático de Direito.

A superação das dificuldades não deve ser combatida com a precarização de direitos. A sociedade deve ficar atenta e toda preocupação deve buscar compatibilizar o atual momento com regras trabalhistas que não desprezem os ditames legais, os princípios e as garantias que permeiam e sustentam o direito do trabalho, o bem-estar e a paz social.

Nos acostumamos a celebrar a vida e não contar os mortos, e por isso, a dor da perda de um parente, um(a) amigo(a) ou conhecido(a), afeta nossos mais profundos sentimentos de dor, em homenagem aos que nos deixaram, espero que nos tornemos seres humanos muito melhores e sigamos na busca na melhoria das condições sociais e de vida dos trabalhadores e trabalhadores do pais.

---

os Ministros Marco Aurélio (Relator), Dias Toffoli (Presidente) e Gilmar Mendes, que referendavam integralmente o indeferimento da medida cautelar. Ausente, justificadamente, o Ministro Celso de Mello. Plenário, 29.04.2020 (Sessão realizada inteiramente por videoconferência – Resolução n. 672/2020/STF)."

MP n. 927 e Fiscalização do Trabalho

Erazê Sutti

A avaliação proposta neste artigo será desenvolvida no sentido de reavivar, primeiramente, o significado e a razão de existir de uma Fiscalização do Trabalho diante dos Direitos Sociais do Trabalho, que, por sua vez, decorre das lutas coletivas por melhores condições de vida e trabalho em contraponto ao objetivo-fim do capitalismo: gerar riqueza através da exploração da força de trabalho e tempo de vida do ser humano trabalhador.

E a proposta dessa ponderação terá como problemática principal, nesta análise, a necessidade ainda mais relevante da Fiscalização do Trabalho diante da pandemia da Covid-19, objeto do "Estado de Necessidade e da "Força Maior", situações extraordinárias formalmente reconhecidas em normas internacionais, federais, estaduais e municipais, por se tratar de quadro anormal de agravamento de risco social e, de outro lado, as diretrizes impostas no cumprimento dos ditames constitucionais.

Ao contrário do esperado dentro de patamares civilizatórios para a preservação das pessoas trabalhadoras ante tamanho risco, as normativas extraordinárias do Governo, especialmente a MP n. 927, apenas precarizaram ainda mais os direitos dos trabalhadores e, ainda e estrategicamente, a fiscalização das normas de preservação, tudo para permitir a atividade laboral desmedida e sob custo mitigado em cima da força laboral e do tempo de vida do ser humano trabalhador, como se não fosse, esse mesmo, aquele cidadão integrante da população brasileira, sentido maior da existência do Estado, detentor do poder soberano conforme o art. 1º, § ún., da CF/88.

Apesar da MP n. 927 não ter sido apreciada pelo Congresso Nacional e, portanto, ter caducado no dia 19 de julho(1), seus impactos negativos provocados em sua

(1) Notícia de que a MP n. 927 foi retirada da pauta do Senado Federal e perdeu vigência. Disponível em: <https://www12.senado.leg.br/noticias/materias/2020/07/15/senado-deixa-caducar-mp-que-altera-regras-trabalhistas>. Acesso em: 03 ago. 2020.

vigência e as diretrizes daninhas que maculam a função do Estado no cumprimento de seu deve constitucional de zelar pelos trabalhadores, pelas leis e normativas laborais, fiscalizando efetivamente os responsáveis, devem merecer análise como fundamento de um Estado de Direito e de Nação em sua essência.

MP n. 927 e ato de desgoverno

Assim, como primeira "resposta trabalhista" à pandemia da Covid-19 e o consequente Estado de Calamidade Pública, o Governo Federal editou a Medida Provisória (MP) n. 927 e que somente ocorreu em 22 de março de 2020[(2)], portanto, em mais de um mês e meio após a Declaração de Emergência em Saúde Pública de Importância Nacional — ESPIN, veiculada pela Portaria n. 188/GM/MS[(3)], de 4 de fevereiro de 2020, e de quatro dias após a aprovação pela Câmara dos Deputados da Mensagem Presidencial n. 93/2020[(4)], que reconheceu o estado de calamidade pública no Brasil, um dia após o registro da primeira morte de Covid-19 no país[(5)].

Apesar da conjuntura, a tão esperada medida de Estado aspirada para proteger, organizar e disciplinar a atuação do Estado diante das consequências assombrosas aos trabalhadores pelos reflexos econômicos da pandemia, a MP n. 927, afora seu conteúdo dissonante com o que se espera tecnicamente do direito social do trabalho, foi editada somente após mais de 50 dias da Declaração de Emergência em Saúde Pública de Importância Internacional da OMS (Organização Mundial da Saúde)[(6)], de 30 de janeiro de 2020, e após mais de 45 dias da aprovação da Lei n. 13.979[(7)], de 6 de fevereiro de 2020, que dispõe sobre medidas para enfrentamento da situação de emergência em saúde pública de importância internacional decorrente do novo Coronavírus.

Em seu contexto, a MP n. 927 foi expressamente justificada pelo Governo Federal, especificamente, "*em função da necessidade de implementação de medidas urgentes e imediatas de isolamento dos trabalhadores em suas residências, com a <u>manutenção</u>, na*

---

(2) MP n. 927. Disponível em: <http://www.planalto.gov.br/ccivil_03/_ato2019-2022/2020/Mpv/mpv927.htm>.

(3) Portaria n. 188/GM/MS. Disponível em: <https://www.in.gov.br/en/web/dou/-/portaria-n-188-de-3-de--fevereiro-de-2020-241408388>.

(4) Mensagem Presidencial n. 93/2020. Disponível em: <http://www.in.gov.br/web/dou/-/despacho-do-presidente-da-republica-248641738>.

(5) 1ª MORTE Covid-19. Notícia no site do Estadão. Disponível em: <https://saude.estadao.com.br/noticias/geral,brasil-registra-primeira-morte-pelo-novo-coronavirus-em-sao-paulo,70003236434>. Acesso em: 10 jul. 2020.

(6) Declaração de Emergência em Saúde Pública de Importância Internacional da OMS (Organização Mundial da Saúde). Disponível em: <https://news.un.org/pt/story/2020/03/1706881>.

(7) Lei n. 13.979/20. Disponível em: <http://www.planalto.gov.br/ccivil_03/_ato2019-2022/2020/lei/l13979.htm>.

medida do possível, dos vínculos trabalhistas, com segurança jurídica", conforme se extrai de sua Exposição de Motivos[8], em cujo conteúdo ainda consta que "*a medida estabelece que os acordos individuais têm preponderância sobre os demais instrumentos normativos, respeitados os limites estabelecidos na Constituição Federal, visando garantir os vínculos empregatícios*".

Na mesma exposição de motivos, o Governo asseverou esperar que as medidas "*apresentadas contribuam para conter o avanço do novo coronavírus permitindo, por meio de várias medidas de flexibilização das relações trabalhistas, a permanência dos trabalhadores em isolamento em suas residências, sem a necessidade de rompimento dos vínculos empregatícios*".

Assim, apesar de tal "preservação do emprego" constar, expressamente no texto, como argumento central das medidas de flexibilização permitidas pela MP n. 927, a perda de direitos laborais faz parte como se fosse necessária para tanto.

Neste caminho, a MP n. 927 precarizava sem pudor a relação de emprego, permitindo, dentre outros pontos assustadores: a) acordo individual mais prejudicial do que a lei ou acordo coletivo (art. 2º); b) regras ainda mais flexibilizantes para teletrabalho (art. 3º, I, c.c. arts. 4º e 5º) e sem controles; c) permissão, com menos formalidades, férias coletivas (art. 3º, III, c.c. arts. 11 e 12) e individuais (estas mesmo antecipadas ao direito aquisitivo — art. 3º, II, c.c. arts. 6 a 10), e sem pagamento adiantado; d) autorização de um banco de horas de até 180 dias (art. 3º, V, c.c. arts. 14 e 28), seja para saldo negativa de horas para afastamento do trabalho, seja para sobrejornada não remunerada em atividades demandadas sob a situação de calamidade; além de outras compensações, incluindo antecipação de feriados (art. 3º, IV, c.c. art. 13).

Somado a isso, a MP n. 927 dispunha expressamente um afrouxamento da fiscalização (até vedação) e das medidas e dos treinamentos sobre saúde e segurança do trabalho (art. 3º, VI, c.c. arts. 15 a 17), incluindo permissão de excesso de jornada aos profissionais da saúde, com jornada de 24h/dia e sem risco de autuação administrativa (arts. 26 e 27), assim como tentava expressamente afastar a Covid-19 da relação de nexo causal com o trabalho (art. 29 — suspenso pela ADI n. 6.380 STF[9]), e, ainda, retroagir seus efeitos (art. 36) para convalidar medidas precárias dos empregadores e que foram tomadas antes mesmo de sua existência e, portanto, vigência.

De tal modo, o Estado-Administração (Pode Executivo) atuou para amordaçar seus auditores do trabalho e amolecer os mecanismos formais de controle e documentação

(8) Exposição de motivos da MP n. 927. Disponível em: <http://www.planalto.gov.br/ccivil_03/_ato2019-2022/2020/Exm/Exm-MP-927-20.pdf>.

(9) ADI n. 6.380 do STF suspendeu o art. 29 da MP n. 927 em 29.04.20. Disponível em: <http://www.stf.jus.br/portal/cms/verNoticiaDetalhe.asp?idConteudo=442355>.

pelas exigências administrativas em SST[10] ao invés de se preocupar, orientar e zelar para que os empregadores cumpram, em interesse tanto intrínseco quanto público no isolamento social, com as determinações da OMS e demais autoridades de saúde, somadas às práticas obrigatórias de boa higiene e conduta estabelecidas em normas e recomendações técnicas sedimentadas, sejam da Convenção n. 155 da OIT, sejam da CF/88 (especialmente, art. 7º, inciso XXII e XVIII, e art. 225), sejam da CLT (arts. 154 e ss.), sejam das normas regulamentadoras de higiene e segurança no trabalho (NRs), dentre outras, e que estabeleçam adequações nas práticas quanto ao ambiente de trabalho diante da Covid-19.

Dentre as novas práticas exigíveis, cabem destaques àquelas referentes ao PPRA (Programa de Prevenção de Riscos Ambientais — NR-9), ao SESMT (Serviços Especializados em Engenharia de Segurança e em Medicina do Trabalho — NR-4), à CIPA (controle social — NR-5), condizentes com a gravidade e a necessidade exigidas tecnicamente, utilizando-se de exames preventivos (NR-7 — PCMSO programa de controle médico de saúde ocupacional — ASO atestado de saúde ocupacional) de temperatura e sangue no controle de contaminação.

No mesmo sentido, também merecem destaque a necessidade de uso de adequados EPCs (equipamentos de proteção coletiva — NR-9, como forma prioritária: item 9.3.5.2), EPIs (equipamentos de proteção individual — NR-6), especialmente nos ajustamentos quanto à ventilação, ao distanciamento, às refeições no local de trabalho, e, inclusive, ao trajeto via transporte utilizado para ir e vir ao trabalho (responsabilidade pelo acidente de trajeto ou *in itinere*[11]).

Assim como, cabe ao empregador se atentar às exigências administrativas especiais em SST para os trabalhadores pertencentes a grupo de risco e as implicações de casos suspeitos e medidas de isolamento, ressaltando-se, ainda, que as adequações diante da pandemia também devem zelar pela Ergonomia (NR-17) no exercício das funções (ainda mais se adaptadas ao risco Covid-19) e, inclusive, no teletrabalho e seu pretenso descontrole de jornada em sobrejornada, que, lamentavelmente, deve ser ainda mais combatida nas atividades insalubres (NR-15).

Por que o Estado não zela por suas leis de preservação do trabalho digno?

Talvez seja essa a questão fundamental nesse assunto de fiscalização do Estado na relação normativa entre capital e trabalho, ainda mais pela função social pública

(10) SST: Saúde e Segurança do Trabalho ou, em expressão mais moderna inserida pela CF/88, normas de saúde, higiene e segurança no ambiente de trabalho.

(11) MP n. 905, que alterou a Lei n. 8213/91 em seu art. 21, inciso IV, alínea *"d"*, para extinguir o acidente de trajeto da proteção laboral, foi revogada em 20.04.20, pela MP n. 955, razão pela qual voltou a existir o dispositivo legal de proteção positivada para equiparação a acidente de trabalho. Disponível em: <http://www.planalto.gov.br/ccivil_03/_ato2019-2022/2019/Mpv/mpv905.htm>.

em conflito com sua natureza econômica ideológica de preservação do capital, seu descontrole pelo lucro, e do poder econômico dominante inerente ao capitalismo.

De qualquer forma, ao contrário do que ocorre em "Estados de Direitos" mais evoluídos no conceito mínimo fundamental de civilização e bases sociais democráticas sustentáveis diante da força motriz do sistema capitalista na exploração do ser humano-cidadão-trabalhador, aquele que vive de seu trabalho (classe-que-vive-do-trabalho)[(12)], o Estado Brasileiro, notória e publicamente quando o assunto é direito social do trabalho, é contumaz conivente com a precariedade na fiscalização de suas próprias leis, e da consequente impunidade sistemática.

E isso acarreta um desequilíbrio estridente e ainda maior na desigual relação de trabalho e emprego, assim como na pressão pela concorrência desleal para se utilizar do ilícito laboral no custo operacional quase ordinário pelo lucro — tanto que a CLT, desde 1943, não foi e não é respeitada em sua plenitude como base social e econômica na relação de trabalho e emprego, muito menos a CF/88 e as Convenções Internacionais da OIT vigentes no país — e isso ocorre desde a própria negativa de vínculo de emprego.

Inadimplemento contratual entre particulares ou ato ilícito?

Neste ponto, portanto, há necessidade de reinserção do contexto histórico para se depreender (ou resgatar?) a essência do direito social do trabalho, a consequente natureza de suas disposições e a necessidade, consequentemente, da fiscalização da legislação diante dos atos ilegais de seu descumprimento, tensão do sistema capitalista.

Lamentavelmente, constata-se a intencional confusão entre o ato ilegal do descumprimento de um dispositivo legal do direito social do trabalho e de um mero inadimplemento contratual, como se não houve diferença entre direitos patrimoniais civis e os direitos humanos fundamentais sociais, alma do direito social do trabalho.

Não é à toa que o Estado, por fundamentos similares, deve zelar pelo cumprimento da lei penal, fiscalizando e punindo o ato ilícito através de seu Poder de Polícia na atuação da Administração Pública de forma cautelar e até decisão judicial. Da mesma forma, por exemplo, ocorre com o ato ilegal que contraria a lei tributária, pelo qual o Poder de Polícia na atuação administrativa do Estado fiscaliza e pune (autuação/multa) a sonegação. Isso tudo, claro, afora a esfera judicial, onde o ato ilícito já aparece certificado pelo Estado-Administração, parte interessada no cumprimento de sua lei.

---

(12) ANTUNES, Ricardo. *O Privilégio da Servidão — O Novo Proletariado de Serviços na Era Digital*. São Paulo: Boitempo, 2018

Mas com o direito social do trabalho o mesmo empenho do Estado-Administração Pública, o Poder Executivo, tristemente não ocorre na história nacional, tornando o cumprimento da lei que defende os direitos dos trabalhadores na relação de emprego, mais impune e indesejável do que as demais leis, também de interesse público.

Pior, o Estado em si vai se "moldando" para estabelecer amarras em suas estruturas, quando não sucateamento, para o descumprimento das leis trabalhistas e, afora o abandono de um grande percentual pela impunidade, estabelecendo, naqueles casos capturados por sua fiscalização (Estado-Administração, MPT) ou jurisdição (Estado--Juiz), cada vez mais formas de "composição" de conflitos que bem representam uma mitigação no estrito cumprimento da lei a favor do (contra?) trabalhador (renúncia do hipossuficiente), que, na "composição", apenas perde mais direitos, já que, ao contrário da composição das relações comerciais ou civis diante de uma lide, o direito do empregado, na esmagadora maioria das vezes, decorre de ato ilegal do empregador ao descumprir direitos humanos fundamentais sociais decorrentes de verba alimentar não paga na relação de emprego, ou seja, de contraprestação alimentar pelo tempo de vida e força laboral já "vendida" ao empregador mas sem a devida contraprestação.

E tem mais. Também a saúde, a higiene e a segurança nas relações de trabalho demandam normas essenciais para zelar pela vida e pela saúde no exercício do emprego, evitando-se riscos, mortes e sequelas decorrentes de doenças ocupacionais e acidentes de trabalho. Evidentemente, sem a fiscalização do Estado, tais medidas não são implementadas como prescreve a ciência, ainda mais porque reduzem a margem do lucro fácil, ainda mais em um cenário de concorrência desleal no permissivo da impunidade e que gera danos individuais, coletivas e sociais, como o dumping social.

Afora a própria natureza do Estado enquanto instrumento de preservação da propriedade privada e, portanto, do capital, fato é que nem os meros patamares civilizatórios de uma concorrência "leal" na exploração da mão de obra são objeto de empenho pelo Estado brasileiro, dado o alto índice de descumprimento da CLT quanto aos direitos mais elementares da relação de emprego desde a década de 40! Convém lembrar, também, que o próprio direito do trabalho é intrínseco ao sistema capitalista, já que representa o contraponto da exploração do capital sobre o ser humano trabalhador, resistindo contra sua submissão como mais uma mercadoria na linha produtiva.

Para a diferenciação, portanto, de conceitos que embasam a necessidade da Fiscalização do Trabalho, especialmente entre o ato ilegal e o mero inadimplemento contratual civilista, é fundamental uma breve retomada da história do bem jurídico protegido pelo direito social do trabalho e de que forma ele "invade" o ordenamento.

O bem jurídico a ser protegido — Essência histórica[13]

Neste sentido, entender o contexto histórico da origem dos Direitos Sociais do Trabalho é crucial para a compreensão da necessidade do Estado zelar e fiscalizar pelo cumprimento de suas normas em defesa de um patamar civilizatório sustentado por direitos humanos fundamentais laborais sociais.

Isso porque a luta centenária da classe operária, levando-se em conta a sua organização, provocara, já em 1864 (mais de 150 anos atrás!), o surgimento da Assembleia Internacional dos Trabalhadores, que ocorreu em Paris e aconteceu em confluência com o manifesto comunista de Marx e Engels (1848), tendo em vista que pleiteava uma legislação social internacional, defendendo a união dos trabalhadores para elevar a discussão sobre a necessidade de regulação internacional do trabalho.

Em consonância, outros congressos e diferentes conferências ocorreram nos anos seguintes, destacando-se, entre eles, os encontros de Berlim (1890), Bruxelas (1897) e Zurique (1897), e o Congresso de Paris, realizado em 1900, de onde surgiu a "Associação Internacional para a Proteção Legal dos Trabalhadores", cuja missão era de investigar e divulgar as questões trabalhistas mais relevantes; em 1914, tal organização já era composta por 15 países.

Ressalta-se que Karl Marx já desvendava, em meados do século XIX, em sua mais relevante obra, "O Capital" (1867), que a *"divisão manufatureira do trabalho é um método especial de produzir mais-valia relativa ou aumentar a autovalorização do capital à custa dos trabalhadores"*. Sua teoria demonstrou que o lucro do Capital, fonte de sua acumulação, decorre diretamente da exploração da mão de obra.

Assim, com a alteração, historicamente nada voluntária, da detenção dos meios de produção na fórmula política da Revolução Industrial, com a expulsão dos camponeses do campo e a formação de um exército de pessoas precisando vender sua mão de obra para subsistir, a pressão do capital acentuava a exploração ultrapassando limites nas extensas jornadas superiores a 13h/16h ao dia, nas péssimas condições de trabalho e de miséria consequente, especialmente, com o uso de mulheres e crianças de forma ainda mais vil, situação em que a classe trabalhadora viu seu trabalho livre se transformar em mercadoria dentro de um sistema de mercado sem regulação humanitária.

Diante dos problemas, as relações de trabalho passaram a ser de massa, coletivas, ainda mais porque as cidades foram se deformando para criar aglomerados de trabalhadores desestruturados em torno das fábricas, tanto pela distância destas dos

(13) SUTTI, ERAZÊ — base de pesquisa retirada da Monografia "OIT, DIREITOS HUMANOS INTERNACIONAIS E REFORMA TRABALHISTA", que apresentei, em 09.10.2019, à Faculdade de Direito da USP, como parte da exigência do Curso de Extensão Universitária, Pós-Graduação *Latu sensu* em Especialização em Direito do Trabalho, sob orientação do Prof. Jorge Luiz Souto Maior.

centros, quanto pelas extensas jornadas mediante miseráveis salários, inviabilizadores dos deslocamentos.

A lei, por sua vez, servia ao capitalista, detentor do poder, criminalizando os movimentos de trabalhadores, combatendo as lutas operárias com violência.

No decorrer das décadas, chegando ao final do Século XIX, os acidentes de trabalho, a miséria, as péssimas condições de trabalho que foram se agravando diante do aumento de produção, ou seja, todas as explorações desse modelo geraram sofrimentos que ultrapassaram as barreiras das fábricas e tomaram a sociedade nas cidades, tanto que surgiu o uso desses temas na produção cultural de artistas nas ruas, através da pintura, da literatura, do teatro e demais formas de manifestação.

Apesar desse quadro de tensão diante da exploração dos trabalhadores enquanto item da mercadoria produzida, as normas de proteção não tiveram sucesso para regular a situação, ainda que haja apontamentos de tentativas nada concretas e, inclusive, pontuais, mas sem o condão de efetividade: há notas doutrinárias sobre uma norma inglesa nos idos de 1802 para limitar a jornada de crianças, mas que, de fato, não se concretizou; há ainda registros de uma lei francesa para limitar jornada de crianças, mas que também, de fato, não se efetivou.

Consequentemente, é certo que as leis formuladas no século XIX não foram concretizadas para limitar a exploração no trabalho — e nem tinham tal objetivo, fruto coerente do Estado Liberal (*Laissez-faire*) imperante.

Convém ainda se observar, por relevância histórica, a origem do Dia do Trabalho (1º de maio) no ano de 1886, na industrializada cidade americana de Chicago, onde milhares de trabalhadores foram às ruas reivindicar melhores condições de trabalho, entre as quais, a redução da jornada diária de trabalho de 13 (treze) para 8 (oito) horas, ocasionando uma grande greve geral dos trabalhadores nacional nos Estados Unidos, mas sem sucesso no pleito(14). Apesar de ter marcado a história, não foi a partir dessa greve que os trabalhadores de Chicago obtiveram algum direito, "apenas" mais uma reação extremamente violenta do governo.

Portanto, isso não significa que, durante o Século XIX, não havia discussões e embates sobre a necessidade de uma regulação estatal mínima para enfrentar os problemas do Estado Liberal, mas, pela ausência de efetividade no resultado concreto, ainda não existiam elementos para configurar um direito do trabalho, apenas sintomas como ponto de partida do surgimento de um futuro direito social pela preocupação com as consequências da exploração mercantil da mão de obra, e, mormente, pelos acidentes de trabalho e suas consequências sociais.

---

(14) DEL ROIO, José Luiz. "1º de Maio, sua origem, seu significado, suas lutas." (Ed. 2016 – p. 71/78).

Caso já houvesse um direito social neste contexto histórico do século XIX, ele seria profícuo para superar a relação contratual desigual, inserindo solidariedade como obrigação jurídica nas relações sociais, permitindo ao Estado interferir na realidade social de todos, nos vínculos sociais, alterando a concepção do indivíduo diante do Estado, para uma concepção social e coletiva.

Já no início do Século XX, algumas legislações operárias esparsas começaram a surgir, mas isso ocorreu nas bases do direito civil, sem evidenciar uma legislação trabalhista.(15)

Apesar das discussões e dos conflitos, certo é que o modelo capitalista não encontrou freios suficientes, e essa ausência de regramentos civilizatórios na exploração mercantil da classe operária provocou tensões econômicas internacionais suficientes para eclodir a 1ª Grande Guerra Mundial em 1914, ainda mais porque a relação dos Estados estava bastante interligada com a atividade industrial, e atuante nas conquistas de mercados internacionais, e isso tudo sendo construído ao lado de uma frágil, mas conveniente, situação de "paz armada".

Neste sentido, a crise pela 1ª Grande Guerra Mundial serviu, então, para tornar necessário um primeiro marco civilizatório, capaz de viabilizar, ao menos, a discussão de Nações sobre limites à exploração mercantil das pessoas, dos povos e das nações, em busca de um pacto capaz de se evitar novas guerras.

Tem-se, assim, início à fase efetiva de internacionalização dos direitos dos trabalhadores, que, desse modo, teve outra dinâmica com a criação da Organização Internacional do Trabalho — OIT(16) em 1919, fruto desse vital marco civilizatório capitalista, e surge com suas bases fundamentais estabelecendo a possibilidade de um direito social internacional, cuja concepção penetrou as constituições federais dos países que estabeleceram o chamado "constitucionalismo social", ápice do Direito Social e de um Estado Social.

Veja-se que, por um direito social do trabalho limitando o Estado Liberal, então permissivo à descomunal exploração do trabalho pelo lucro, o art. 427 do Tratado de Versalhes(17) estabeleceu métodos e princípios importantes, dentre os quais:

> 1- o princípio diretivo de que **o trabalho não há de ser considerado como mercadoria ou artigo de comércio**;
>
> (...)

---

(15) SOUTO MAIOR, Jorge Luiz. *Curso de Direito do Trabalho*, vol. 1 – Tomo 1, p. 235.

(16) RIBEIRO, Enoque — em capítulo "O Direito Coletivo do Trabalho sob a perspectiva histórica" na obra Curso de Direito do Trabalho (Ed. 2008; organizado por Jorge Luiz Souto Maior e Marcus Orione Gonçalves Correia; p. 16).

(17) Tratado de Versalhes (Planalto – Decreto n. 13.990 de 1920) – Diário Oficial de 13/01/1920, p. 809.

4- a adoção da jornada de oito horas;

5- a adoção de um descanso semanal de vinte e quatro horas, sempre que possível nos domingos;

6- a supressão do trabalho das crianças e a obrigação de impor aos trabalhos dos menores de ambos os sexos, as limitações necessárias para permitir-lhes continuar sua formação e assegurar seu desenvolvimento físico.

Somente por esses quatro preceitos acima referidos, extrai-se um direito fundamental mínimo dos trabalhadores, seja nos limites à jornada de trabalho e nos parâmetros de idade e para dignidade ao trabalho infantil, seja por enfrentar e vedar a abordagem mercantil sobre a mão de obra.

Ressalta-se, mais uma vez, que a participação direta de trabalhadores nas discussões dos problemas relacionados ao capital-trabalho representa uma reviravolta na história da humanidade, como exercício da ideia de democracia.(18)

Também é relevante o fato de que, durante os seus primeiros 40 anos de existência, a OIT dedicou parte expressiva dos seus esforços à elaboração de normas internacionais do trabalho e à ***garantia da sua aplicação***.(19)

Analisando-se a formulação inicial da OIT, constata-se que suas normas visavam, sobretudo, as condições de trabalho, tanto que a primeira convenção, adotada em 1919, regulamentava a duração do trabalho no limite de 8 (oito) horas ao dia e, na semana, de 48 (quarenta e oito) horas.

Assim, o histórico da integração das Convenções nos ordenamentos dos países signatários, que efetivamente se alastrou após o término da 1ªGM, demonstra que a demora na regulamentação de direitos aos operários se deveu menos ao reconhecimento social dos direitos trabalhistas, e mais às disputas capitalistas entre as economias nacionais, tendo em vista que um país condicionava a vigência de sua ratificação a uma Convenção à equivalente adesão de outros países (concorrentes!).(20)

Em 1944, pela "Declaração da Filadélfia", tem-se, provavelmente, a primeira manifestação internacional que ***eleva os direitos sociais ao nível dos demais direitos humanos***, afirmando que todos devem gozar do direito de viver com segurança econômica e oportunidades iguais.

Em virtude de seu teor relevante ao direito social como limite no sistema capitalista, resgatando e aprofundando a importância dos princípios e fundamentos

---

(18) SOUTO MAIOR, Jorge Luiz. *Curso de Direito do Trabalho*. vol. 1 – Tomo 1, p. 253.

(19) OIT, *site* em Portugal: <https://www.ilo.org/public/portugue/region/eurpro/lisbon/html/portugal_visita_guiada_01a_pt.htm>.

(20) SOUTO MAIOR, Jorge Luiz. *Curso de Direito do Trabalho*. vol. 1 – Tomo 1, p. 264.

da OIT[(21)] instituídos pelo Tratado de Versalhes (1919) e por suas Convenções e Recomendações formuladas até a 2ª Grande Guerra Mundial (1939), é importante o teor da Declaração, anexo integrante da Constituição da OIT (1944)[(22)], com destaque para:

> ***I** – (...) **princípios fundamentais** (...):*
>
> *a) **o trabalho não é uma mercadoria**;*
>
> *(...)*
>
> ***II** – (...) **paz duradoura com base na justiça social** (...):*
>
> *a) **todos os seres humanos, qualquer que seja a sua raça, a sua crença ou o seu sexo, têm o direito de efetuar o seu progresso material e o seu desenvolvimento espiritual em liberdade e com dignidade, com segurança econômica e com oportunidades iguais**;*
>
> *b) A realização das condições que permitem atingir este resultado deve constituir o objetivo central de qualquer **política nacional e internacional**;*
>
> *(...)*
>
> ***III** – (...):*
>
> *a) **do pleno emprego e da elevação do nível de vida**;*
>
> *b) (...) **bem-estar comum**;*
>
> *(...)*
>
> *d) da possibilidade para todos de uma **participação justa nos frutos do progresso em termos de salários e de ganhos, de duração do trabalho e outras condições de trabalho, e um salário mínimo vital para todos os que têm um emprego e necessitam dessa proteção**;*
>
> *(...)*
>
> *g) de uma **proteção adequada da vida e da saúde** dos trabalhadores em todas as ocupações;*
>
> *(...)*
>
> ***V** – A Conferência afirma que **os princípios enunciados na presente Declaração são plenamente aplicáveis a todos os povos do mundo** e (...) **diz respeito ao conjunto do mundo civilizado**.*

Consequentemente, na 29ª reunião da "Conferência Internacional do Trabalho" (Montreal, 1946), o texto em vigor da "Constituição da Organização Internacional do Trabalho", já sob a influência da "Declaração de Filadélfia", foi alterado e cuja

(21) *Ibidem*, p.364.

(22) SCALERCIO, Marcos; MINTO, Tulio Martinez. *Normas da OIT* (LTr, ed. 2017, p.16).

transcrição do seu "Preâmbulo", com inserções de alguns grifos e destaques, considera-se relevante para a compreensão da OIT e das bases internacionais e históricas do Direito Social do Trabalho(23):

> *Considerando que a **paz** para ser **universal e duradoura** deve assentar sobre a **justiça social**;*
>
> *Considerando que existem **condições de trabalho** que implicam, para grande número de indivíduos, **miséria e privações**, e que o **descontentamento** que daí decorre **põe em perigo a paz e a harmonia universais**, e considerando que é urgente **melhorar essas condições** no que se refere, por exemplo, à **regulamentação das horas de trabalho**, à fixação de uma **duração máxima do dia e da semana de trabalho**, ao **recrutamento da mão de obra**, à **luta contra o desemprego**, à garantia de um **salário que assegure condições de existência convenientes**, à **proteção dos trabalhadores contra as moléstias graves ou profissionais e os acidentes do trabalho**, à **proteção das crianças, dos adolescentes e das mulheres**, às **pensões de velhice e de invalidez**, à defesa dos interesses dos trabalhadores empregados no estrangeiro, à afirmação do princípio "**para igual trabalho, mesmo salário**", à afirmação do princípio de **liberdade sindical**, à organização do ensino profissional e técnico, e outras medidas análogas;*
>
> *Considerando que a não adoção por qualquer nação de um **regime de trabalho realmente humano** cria obstáculos aos esforços das outras nações desejosas de melhorar a sorte dos trabalhadores nos seus próprios territórios.*

Neste contexto internacional, apenas dois anos após à referida 29ª Conferência da OIT, nascia, em dezembro de 1948, a "Teoria dos Direitos Humanos" com a "Assembleia Geral das Nações Unidas", na qual restou aprovada a "*Declaração Universal dos Direitos Humanos*" (24), já sob forte influência americana e de seu Plano Marshall. A internalização dos direitos humanos foi uma resposta contra as atrocidades da 2ª Guerra, notadamente aquelas praticadas pelo nazismo.

De outro lado, juntamente com formulações doutrinárias históricas, o direito social conquista maior reconhecimento enquanto ***direitos humanos*** sob o prisma não individual, com a "*Declaração de Princípios Sociais da América*" (1945), a "*Declaração Americana dos Direitos e Deveres dos Homens*" (1948) e sua "*Carta Interamericana de Garantia Sociais*", e "*Convenção Americana de Direitos Humanos*" (1969 — *Pacto de San José da Costa Rica*). Pelo Pacto da ONU de 1966, há o reconhecimento do princípio da autonomia sindical, organizações sindicais supranacionais e do direito à greve como direito humano.(25)

Neste cenário, portanto, merecem também destaques, conforme estudo dos relatórios do Comitê de Direitos Econômicos, Sociais e Culturais da ONU, dois

(23) *Ibldem*, p. 09.

(24) *Ibldem*, p. 419.

(25) SOUTO MAIOR, Jorge Luiz. *Curso de Direito do Trabalho*. vol.1 – Tomo 1, p. 389-410 e p.456.

outros princípios importantes em matéria de direitos sociais, igualmente constantes na estrutura normativa da OIT e condizentes com o respeito a direitos universais e fundamentais trabalhistas que possam garantir o padrão civilizatório mínimo para resguardar a dignidade do trabalhador: a) Princípio da Observância do *minimum core obligation*, pelo qual a jurisprudência internacional "*tem endossado o dever dos Estados de observar um minimum core obligation no tocante aos direitos sociais*"(26); e b) Princípio da Aplicação Progressiva, que sustenta o Princípio da Proibição do Retrocesso Social, obrigando os países membros, de acordo com o Comentário Geral n. 3 do Comitê, a adotar medidas por meio de ações concentradas, de modo mais efetivo possível, voltadas à implantação dos direitos sociais, ainda mais porque "*há medidas de aplicação imediata concernente aos direitos sociais, como é o caso da cláusula da proibição da discriminação*"(27), aplicado especificamente nesta situação de calamidade pública e que a dignidade do trabalhador deve ser protegida para a sua subsistência.

Neste ponto, tem-se, portanto, que o "mínimo", repita-se, o "mínimo" patamar que se entende para existir dignidade, exatamente o primeiro objeto histórico do direito social do trabalho, deve persistir, mesmo (e principalmente!) diante do estado de calamidade pela pandemia (quem deve ser o sujeito de direitos?), ainda mais porque a preservação desse bem jurídico "dignidade" é humano e sempre deve ser, essencialmente, superior à propriedade e a todos os demais bens que se convertem meramente em patrimônio material, inferior, por óbvio, à vida digna.

Somado a isso, quando se fala de dignidade e patamares mínimos, significa o esforço de todos (da Nação / da Humanidade) neste sentido e não o contrário, ou seja, não cabem medidas em que os trabalhadores devem "abrir mão" (renunciar) de sua dignidade mínima e civilizatória em benefício da propriedade alheia.

É a preservação do direito fundamental à dignidade diante do trabalho e do meio de subsistência dele decorrente, ao contrário da mercantilização do trabalho humano em franco desrespeito à Declaração Universal dos Direitos Humanos e à Declaração de Filadélfia.

Em consonância com esse contexto histórico internacional e aprofundando a análise do ordenamento nacional, é fundamental, consequentemente, o reconhecimento jurídico também das bases da Nação brasileira estabelecidas na CF/88, que são norteadores do ordenamento jurídicos interno e dos direitos e deveres no Estado brasileiro, tendo em vista que, dentro dos princípios fundamentais, assegurou-se *a cidadania*, *a dignidade da pessoa humana*, *os valores sociais do trabalho e da livre-iniciativa*

(26) PIOVESAN, Flávia, no artigo "Direito ao trabalho e a proteção dos direitos sociais nos planos internacional e constitucional" na obra "Direitos humanos e direito do trabalho" coordenada por, Flávia Piovesan e Luciana Paula Vaz Carvalho (São Paulo: Atlas, 2010. p. 3-31).

(27) *Idem*.

(art. 1º da CF/88), bem como a construção de uma *sociedade livre, justa e solidária*, a *erradicação da pobreza* e a *redução das desigualdades sociais* e *vedação de quaisquer formas de discriminação*, como objetivos fundamentais da República (art. 3º da CF/88). E garantiu, também, que os direitos humanos devem prevalecer nas relações internacionais do país (art. 4º da CF/88), assim como, no art. 5º, estabeleceu enquanto "Direitos e Garantias Individuais", que a propriedade privada é garantida (inciso XXII) *mas* vinculada à sua *função social* (inciso XXIII), principalmente, porque, em seu art. 186, a *função social da propriedade* deve observar as disposições que regulam a *relação de trabalho e seu bem estar*. (28)

E mais, a CF/88 determina expressamente, em seu art. 170, que a *ordem econômica deve ser fundada na valorização do trabalho humano*, ou seja, assegurando a todos uma existência digna, sob os ditames da justiça social, atentando-se para a função social da propriedade, a redução das desigualdades sociais e o pleno emprego. E tudo isso ressaltando-se que, na CF/88, o constituinte inseriu o Direito Social do Trabalho no Titulo III, "Dos Direitos e Garantias Fundamentais", Capítulo II: "Dos Direitos Sociais", cujos arts. 6º a 11 regulam os direitos sociais individuais e coletivos, além de proteger um saudável meio ambiente do trabalho no art. 225, conforme já mencionado antes.

História da Fiscalização do Trabalho no Brasil

Em consonância com o breve relato histórico acima, na medida em que os direitos sociais eram conquistados pelas mobilizações dos trabalhadores, assim como surgia um direito internacional do trabalho pela criação da OIT, que influenciava também no ordenamento pátrio, também ficava patente que as conquistas de direitos transformadas em lei só valeriam se fiscalizadas pelo Estado, e, nesse ponto, encontra-se a maior dificuldade que assola o histórico cenário laboral no Brasil.

Convém se rememorar, no entanto, que, desde o advento da primeira lei trabalhista no Brasil, com o Decreto n. 1.313, de 17 de janeiro de 1890, que proibiu o trabalho das crianças menores de 12 anos nas fábricas, já havia previsão de criação de mecanismos de fiscalização para o cumprimento da lei, mas a fiscalização não era prioridade e nem foi objeto de política pública efetiva, com raríssimas exceções.

Estabelecendo-se, para melhor síntese, um recorte histórico a partir da década de 30 no Brasil, já em 26 de novembro de 1930, vale se destacar o Decreto n. 19.443, pelo qual o Governo Vargas, em tentativa de mudar a pressão social dos trabalhadores diante de ***ausência de cumprimento da legislação trabalhista então já existentes*** e da

(28) Conforme já transcorri no artigo de minha autoria sobre a MP n. 905, publicado no site da ABRAT: <http://www.abrat.adv.br/index.php/textos/8882-mp-905-19-contrato-verde-e-amarelo-e-novos-ataques-a-dignidade-do-trabalhador-e-a-seus-direitos-civilizatorios>. Acesso em: 17 abr. 2020.

necessidade de desenvolvimento industrial do país, criou o Ministério do Trabalho, que, no entanto, apenas foi concretizado pelo Dec. 19.671-A de 1931, sob a denominação de "*Ministério do Trabalho, Indústria e Comércio*", e com um "*Departamento Nacional do Trabalho*".

Frisa-se que o Brasil ratificaria somente em abril de 1934 suas primeiras Convenções da OIT (criadas em 1919): n. 3 (proteção à maternidade), n. 4 (trabalho noturno das mulheres — denunciada em 1937), n. 5 (idade mínima para admissão na indústria) e n. 6 (trabalho noturno dos menores na indústria).

Poucos meses após, com a CF/1934, houve expressa previsão de uma legislação do trabalho que visasse melhorar as condições do trabalho, tendo em vista que, pelo seu art. 121, a lei deveria promover "*o amparo da produção*" e estabelecer "*as condições do trabalho, na cidade e nos campos, tendo em vista a proteção social do trabalhador e os interesses econômicos do País*", estabelecendo diversos direitos; bem como, em seu art. 122, constou a criação da Justiça do Trabalho.

Com a Constituição de 1937 (Estado Novo), pela primeira vez nesse patamar, ocorreu a menção de direito operário (art. 16, XVI), e, nos arts. 135 a 137, havia contemplação de direitos trabalhistas, concretizada com a CLT (uma consolidação da legislação já existente) em um grande evento em sua assinatura em 1º de maio de 1943.

Ressalta-se que o Ministério do Trabalho, então criado em 1930, somente teve algum protagonismo em 1953, com a atuação do Ministro Jango[(29)] em sua interlocução aberta com os sindicatos de trabalhadores e empresários, somada com a implementação de fiscalização das empresas para cumprimento das leis trabalhistas, conferindo-lhe o caráter de "*Ministério de proteção aos trabalhadores*".

E isso, frisa-se, decorre de um contexto político favorável somado ao cumprimento da Convenção de n. 81 da OIT, que, apesar de aprovada em 1947, somente passou a integrar nosso ordenamento interno, efetivamente, pelo Dec. n. 41.721/57. Tal convenção então já reforçava ***a necessidade da criação de um serviço governamental de Inspeção do Trabalho***, dando especiais poderes aos inspetores para ingressarem a qualquer horário do dia ou da noite nos locais de trabalho, com a finalidade de assegurar o cumprimento da legislação social.

Mas esse breve protagonismo do Ministério do Trabalho no cumprimento de função correspondente gerou uma série de pressão do empresariado, e logo voltou a ser "não efetivo" na ação de fiscalização da lei e nem em diálogo para o seu cumprimento.

Poucos anos após, ocorreu o Golpe de 1964, que teve intensa participação desse mesmo dominante e influente empresariado junto aos militares, período em que a

(29) Jango era o apelido de João Goulart

legislação trabalhista, além de não fiscalizada como de costume, foi intensamente precarizada, assim como, consequentemente, a sua estrutura de fiscalização.

Afora o curto período que envolveu a redemocratização do final dos anos 1980 e a constituinte que gerou a CF/88, inserindo, em outro raro avanço histórico, muitos direitos e garantias sociais laborais na magna carta, o direito do trabalho voltou a sofrer com precarizações já em seguida, até que, em 2017, adveio o maior dos ataques aos direitos sociais trabalhistas com a chamada "Reforma Trabalhista" (Lei n. 13.467/17)[(30)].

Tramada sob o Governo Temer e que atendeu aos anseios selvagens do monstro "mercado", a tal "Reforma" representa um pacote de maldades para o aumento do sofrimento no trabalho, a ampliação da precariedade de direitos e a piora das condições de trabalho, além de uma diminuição generalizada de benefícios e ganhos normativos, como a flexibilização da jornada e da terceirização, a restrição ao acesso à justiça, a desqualificação da realidade regulada historicamente pelos princípios trabalhistas, dentre outros tantos elementos desafiadores da dignidade enquanto garantias fundamentais no direito social.

E para mitigar o poder de aferição do cumprimento dos direitos trabalhistas, a "Reforma", inclusive e como destaque, afastou os sindicatos e o então Ministério do Trabalho das homologações das rescisões (revogando dispositivos do art. 477 da CLT). Somado a isso, também afastou do Poder Público o controle de acordos coletivos sobre jornada e insalubridade, ou seja, sobre a saúde e a segurança no trabalho.

MP n. 870/19 — Extinção do Ministério do Trabalho

Seguindo com a chamada "Reforma Trabalhista" brasileira para além das leis aprovadas em 2017, o Governo seguinte, eleito em 2018, prosseguiu com o intento precarizante do Governo Temer, atendendo aos mesmos anseios do mercado dominado pelas grandes corporações transnacionais e bancos, que exigiu mais desregulamentação.

Isso porque o Governo do Presidente Bolsonaro[(31)], já em seu primeiro dia de mandato, extinguiu, através da MP n. 870 de 01/01/19[(32)], o Ministério do Trabalho, reforçando ainda o seu discurso contra a existência da Justiça do Trabalho, que os direitos trabalhistas atrapalham a geração de empregos (direitos x emprego) e que a desregulamentação deve ser o caminho.

---

(30) Lei n. 13.467/17. Disponível em: <http://www.planalto.gov.br/ccivil_03/_ato2015-2018/2017/lei/l13467.htm>.

(31) Jair Messias Bolsonaro — *presidente da República eleito em 2018 e empossado em jan/2019.*

(32) SOUTO MAIOR, Jorge Luiz, em artigo "Uma Defesa do Ministério do Trabalho". 13 nov. 18. Disponível em: <https://www.jorgesoutomaior.com/blog/uma-defesa-do-ministerio-do-trabalho>, ver nota n. 49

Assim, a alteração de política pública no sentido de não se privilegiar a fiscalização das leis trabalhistas, em grande parte, normas mínimas civilizatórias para estabelecer limites pela dignidade na relação de trabalho e emprego, aponta para o permissivo de desregulamentação, pela precarização pelo abuso ilegal, pelo descumprimento das normas públicas em aposta na impunidade.

Nesta toada e neste cenário, via Medidas Provisórias, diversos direitos sociais trabalhistas foram atacados, sendo muitos deles efetivamente revogados, muitos dos quais aproveitando-se da pandemia e do estado de calamidade.

Considerações Finais

Nesse cenário, a legislação extraordinária editada para enfrentar o estado de calamidade diante da pandemia da Covid-19 e que, sob pretexto de preservação de emprego, aplicada com a condescendência do Estado em fragilizar a fiscalização para incentivar o ato ilício pela impunidade, a concorrência desleal nesse espiral selvagem, estabeleceu e implantou uma série de flexibilizações precarizantes pela caducada MP n. 927, flexibilizando a jornada, a sobrejornada, o descanso, as férias, conforme já mencionado, medidas pelas quais o empregado passa a ser constrangido a ser financiador do capitalista , por exemplo, ocorre similar e espantosamente com a venda de títulos comerciais ou da dívida pública, mas, de forma perversa, porque acontece sobre hipossuficiente e, pasmem, sem cobrar juros de tal empréstimo-extorsão (muito pelo contrário!), potencializando o sofrimento do ser humano trabalhador pelos sobre-esforços e riscos, pela sobrejornada futura, pela ausência do descanso naquele feriado com a família e em tempos livres de isolamento, do não gozo das férias para efetivo lazer (e não para quarentena), do sofrimento de ver seu lar como local de trabalho sem que isso tenha sido uma opção ou um preparo pessoal, profissional e familiar, e etc.

Veja-se que, de outro lado, o art. 225 da CF/88 garante que "*todos têm direito ao meio ambiente ecologicamente equilibrado, bem de uso comum do povo e essencial à sadia qualidade de vida, impondo-se ao Poder Público e à coletividade o dever de defendê-lo e preservá-lo para as presentes e futuras gerações*", bem como impõe ao Estado o dever de punir os infratores em seu § 3º ("*As condutas e atividades consideradas lesivas ao meio ambiente sujeitarão os infratores, pessoas físicas ou jurídicas, a sanções penais e administrativas, independentemente da obrigação de reparar os danos causados*").

No mesmo sentido, a própria CLT normatiza — e faz mais de 40 anos! — que cabem às empresas (art. 157) "*cumprir e fazer cumprir as normas de segurança e medicina do trabalho*" (inc. I), "*instruir os empregados, através de ordens de serviço, quanto às precauções a tomar no sentido de evitar acidentes do trabalho ou doenças ocupacionais*" (inciso II), "*adotar as medidas que lhes sejam determinadas pelo órgão regional competente*" (inciso III), *e* "*facilitar o exercício da fiscalização pela autoridade competente*" (inciso IV), bem como que "*a observância, em todos os locais de trabalho, do disposto neste Capitulo, não desobriga as empresas do cumprimento de outras disposições que, com relação à matéria, sejam incluídas em códigos de obras ou regulamentos sanitários dos Estados ou Municípios em que se situem os respectivos estabelecimentos, bem como daquelas oriundas de convenções coletivas de trabalho*" (art. 154). Frisando-se que a jornada de trabalho tem intrínseca relação técnica e histórica com a saúde na atividade e no ambiente laboral.

Há disposição normativa, portanto, indissociável pela responsabilidade do Estado na fiscalização das atribuições legais ao empregador quanto às condições locais adequadas de higiene, saúde e segurança para acolhimento de seus empregados e demais trabalhadores em suas instalações, sendo este responsável pela não adoção das medidas que deve ter consciência, ainda mais porque não será possível garantir, aos infectados sob suas instalações, tratamento médico adequado se a repetição dessa desordem acarretar desenvolvimento ao colapso da pandemia na localidade.

Somado a isso, também o exercício da atividade laboral quanto à jornada e forma de execução laboral devem se ater ao científico e ao normativo de preservação da saúde e em respeito aos limites garantidos pelos direitos humanos fundamentais sociais.

E nesse sentido, cumpre se frisar que, pelo teor da Convenção n. 155 da OIT, o empregado ***não deve*** ser obrigado a correr riscos desnecessários para o exercício de sua atividade e a fiscalização deveria atuar nesse sentido de preservação da integridade:

> **Convenção n. 155 da OIT** — *cláusula 19, "f" — desobriga a correr riscos*
>
> *f) o trabalhador informará imediatamente o seu superior hierárquico direto sobre qualquer situação de trabalho que, a seu ver e por motivos razoáveis, envolva um perigo iminente e grave para sua vida ou sua saúde;* ***enquanto o empregador não tiver tomado medidas corretivas, se forem necessárias, não poderá exigir dos trabalhadores a sua volta a uma situação de trabalho onde exista, em caráter contínuo, um perigo grave ou iminente para sua vida ou sua saúde;***

Consequentemente, a fiscalização das medidas preventivas de higiene, segurança e medicina adotadas no ambiente de trabalho para impedir o risco de contágio pelo Covid-19, da mesma forma no trajeto, possui interesse público, tanto que se submete à responsabilidade objetiva em caso de contágio individual e/ou coletivo, dado o reflexo que provoca no grupo, na cidade e na região.

Portanto, a preservação do emprego e as condições dignas e salutares, ainda mais nestas condições emergenciais de pandemia, fazem parte da desígnio normativo da OIT alicerçado nos Princípios da Proteção, da Progressividade Social e da Vedação do Retrocesso, além da violação à promoção da dignidade constante na Declaração de Filadélfia, anexa à constituição da OIT, e ao teor da Declaração da OIT sobre os Princípios Fundamentais e Direitos do Trabalho, da Agenda Internacional para o

Trabalho Decente, e da Declaração da OIT sobre Justiça Social para uma Globalização Equitativa.[(33)]

Finalmente, fato é que o direito social, na essência, não é a fonte, mas resultado, tendo em vista que não nasce e nem resiste longe da mobilização assertiva e coletiva dos trabalhadores, seja pela greve enquanto direito natural, seja pelas manifestações políticas na acepção mais democrática extraída do conceito de Nação, através das pautas sociais, que inclui a pressão para o Estado-Administração fiscalizar o respeito ao direito, e para o Estado-Juiz ser mais consciente na necessária retomada da técnica basilar das raízes do direito do trabalho em seus pilares mais fundamentais, ou seja, desse sentido existente no conflito central entre capital e trabalho, âmago do direito social, cuja alma advém dos frutos suados da manifestação da classe trabalhadora em seu movimento mais legítimo.

Referências

ALVARENGA, Rúbia Zanotelli de. *Direito Internacional do Trabalho*. São Paulo: LTr, 2019.

ANTUNES, Ricardo. *O Privilégio da Servidão — O Novo Proletariado de Serviços na Era Digital*. São Paulo: Boitempo, 2018.

ARAÚJO, Wallanna Dantas Oliveira de. *Direitos fundamentais do trabalhador e a Declaração de 1998 da OIT*. Tese de Pós-Graduação Em Ciências Jurídicas, UFPB, 2008.

CANOTILHO, J. J. Gomes; CORREIA, Marcus Orione Gonçalves; CORREIA, Érica Paula Barcha (Coords.). *Direitos Fundamentais Sociais*. 2. ed. São Paulo: Saraiva, 2015.

CUÉLLAR, Martha Elisa Monsalve; SILVA, Luciana Aboim Machado Gonçalves da; PIERDONÁ, Zélia Luiza (Coords.). *Impacto das Normas Internacionais da OIT no Direito do Trabalho e da Seguridade Social*. São Paulo: Instituto Latinoamericano de Derecho del Trabajo y la Seguridade Social/LTr, 2018.

DEL ROIO, José Luiz. *1º de Maio, sua origem, seu significado, suas lutas*. (Ed. 2016/SP)

DELGADO, Mauricio Godinho. *Capitalismo, trabalho e emprego — entre o paradigma da destruição e os caminhos de reconstrução*. 3. ed. São Paulo: LTr, 2017.

FREITAS JUNIOR, Antonio Rodrigues; GOMES, Ana Virgínia Moreira (Orgs.). *A Declaração de 1998 da OIT sobre Princípios e Direitos fundamentais no Trabalho*. São Paulo, LTr, 2014.

MEDEIROS, Benizete Ramos Medeiros; VELLINHO, Rubens Soares (Coords.). *Revista da ABRAT*, n. VI. Diálogos das Convenções Internacionais do Trabalho com a Lei n. 13.467/2017 — Estudos em homenagem a Ministra Delaíde Miranda Arantes. Belo Horizonte: RTM, 2019.

(33) DELGADO, Mauricio Godinho; DELGADO, Gabriela Neves – em artigo "As Normas Internacionais de Direitos Humanos e a Lei da Reforma Trabalhista no Brasil" (p. 38-40) no Livro "Direito Internacional do Trabalho — estudos em homenagem ao centenário da OIT", obra coordenada por Ney Maranhão e Pedro Tourinho Tupinambá. São Paulo: Amatra/LTr, 2019.

MURADAS, Daniela; PINTO, Roberto Parahyba de Arruda (Coords.). *Revista da ABRAT*, n. V. Entre Memórias e Memoriais: Olhares da Advocacia sobre Reforma Trabalhista. Belo Horizonte: Instituto do Trabalho e Gestão Sindical/RTM, 2018.

OIT. *Garantizar un tiempo de trabajo decente para el futuro — Estudio General relativo a los instrumentos sobre el tiempo de trabajo.* Conferencia Internacional del Trabajo, 107ª Reunión, 2018. Disponível em: <https://www.ilo.org/ilc/ILCSessions/previous-sessions/107/reports/reports-to-the-conference/WCMS_618490/lang--es/index.htm>. Acesso em: 16 jun. 2019.

PLÁ RODRIGUEZ, Américo. *Princípios do Direito do Trabalho.* Tradução de Wagner D. Giglio. Tradução da atualização de Edilson Alckmin Cunha. São Paulo: LTr, 2015.

PIOVESAN, Flávia; CARVALHO, Luciana Paula Vaz (Coords.). *Direitos humanos e direito do trabalho.* São Paulo: Atlas, 2010.

POCHMANN, Márcio; MORAES, Reginaldo. *Capitalismo, Classe Trabalhadora e Luta Política no início do século XXI.* São Paulo: Fundação Perseu Abramo, 2017.

RIBEIRO, Enoque — em capítulo "O Direito Coletivo do Trabalho sob a perspectiva histórica" na obra Curso de Direito do Trabalho (Ed. 2008; organizado por Jorge Luiz Souto Maior e Marcus Orione Gonçalves Correia; p. 16) SOUTO MAIOR, Jorge Luiz. *Teoria Geral do Direito do Trabalho — Curso de Direito do Trabalho.* vol. I – Parte I (história internacional). São Paulo: LTr, 2011.

SCALÉRCIO, Marcos; MINTO, Tulio Martinez. *Normas da OIT — Organizadas por Temas.* São Paulo: LTr, 2017.

SEVERO, Valdete Souto. *Elementos para o Uso Transgressor do Direito do Trabalho.* São Paulo: LTr, 2016.

SOUTO MAIOR, Jorge Luiz. *Teoria Geral do Direito do Trabalho — Curso de Direito do Trabalho.* vol. 1 – Parte II (história nacional). São Paulo: LTr, 2017.

SOUTO MAIOR, Jorge Luiz — artigos:

— *Uma Defesa do Ministério do Trabalho.* Disponível em: <https://www.jorgesoutomaior.com/blog/uma-defesa-do-ministerio-do-trabalho>. Acesso em: 13 nov. 2018.

— *Sobre "modernização das relações de trabalho", "altos estudos", "pacotes" e o percurso consciente em direção à barbárie.* Disponível em: <https://www.jorgesoutomaior.com/blog/sobre-modernizacao-das-relacoes-de-trabalho-altos-estudos-pacotes-e-o-percurso-consciente-em-direcao-a-barbarie>. Acesso em: 07 set. 2019.

— *MP n. 927:* da pandemia ao pandemônio. Disponível em: <https://www.jorgesoutomaior.com/blog/mp-927-da-pandemia-ao-pandemonio>. Acesso em: 13 maio 2020.

— *A MP n. 936 e a imprevisão nos acordos trabalhistas.* Disponível em: <https://www.jorgesoutomaior.com/blog/archives/04-2020>. Acesso em: 10 abr. 2020.

— *Que a doença nos cure:* há esperança?. Disponível em: <https://www.jorgesoutomaior.com/blog/que-a-doenca-nos-cure-ha-esperanca>. Acesso em: 22 abr. 2020.

— *MP n. 936:* do pandemônio à razão?. Disponível em: <https://www.jorgesoutomaior.com/blog/mp-936-do-pandemonio-a-raza>. Acesso em: 13 maio 2020.

— *O apelo (contra as falsas euforias)*. Disponível em: <https://www.jorgesoutomaior.com/blog/o-apelo-contra-as-falsas-euforias>. Acesso em: 1º jul. 2020.

— *O fim não é o limite*. Disponível em: <https://www.jorgesoutomaior.com/blog/o-fim-nao-e-o-limite>. Acesso em: 11 jul. 2020.

SOUTO MAIOR, Jorge Luiz; SEVERO, Valdete Souto (Coords.). *Resistência* — Aportes teóricos contra o retrocesso trabalhista. São Paulo: Expressão Popular, 2017.

______; ______ (Coords.). *Resistência II* — Defesa e Crítica da Justiça do Trabalho. São Paulo: Expressão Popular, 2018.

______; ______ (Coords.). *Resistência III* — O Direito do Trabalho diz Não à Terceirização. São Paulo: Expressão Popular, 2019.

SUTTI, ERAZÊ – Artigo "MP n. 905/19, Contrato Verde e Amarelo, e novos ataques à dignidade do trabalhador e a seus direitos civilizatórios", publicado no *site* da ABRAT. Disponível em: < http://www.abrat.adv.br/artigo_mp_905.pdf>. Acesso em: 17 abr. 2020.

SUTTI, ERAZÊ – base de pesquisa retirada da Monografia "OIT, DIREITOS HUMANOS INTERNACIONAIS E REFORMA TRABALHISTA", que apresentei, em 09.10.2019, à Faculdade de Direito da USP, como parte da exigência do Curso de Extensão Universitária, Pós-Graduação Latu sensu em Especialização em Direito do Trabalho, sob orientação do Prof. Jorge Luiz Souto Maior.

A Ofensiva do Capital em Marcha: o Caso do Art. 18 da MP n. 927

Alessandro da Silva

1. Introdução

A Medida Provisória (MP) foi criada pela Constituição Federal de 1988 com o objetivo de substituir o decreto-lei, espécie normativa largamente utilizada durante a ditadura civil-militar que governou o país entre 1964-1985. A MP é norma de caráter excepcional, editada pelo Presidente da República, com força de lei, mas que somente pode ser adotada em caso de relevância e urgência[(1)], conforme estabelece o art. 62 da CF.

Recentemente, no quadro da crise sistêmica mundial pela qual passa o modo de produção capitalista, agravada pela crise sanitária resultante da epidemia de Covid-19, foi decretado em nosso país o Estado de Calamidade Pública (Decreto Legislativo n. 06/2020) e em seguida foi editada a MP n. 927[(2)], que "dispõe sobre as medidas trabalhistas para enfrentamento do estado de calamidade pública reconhecido pelo Decreto Legislativo n. 6, de 20 de março de 2020, e da emergência de saúde pública

(1) "Esta Suprema Corte somente admite o exame jurisdicional do mérito dos requisitos de relevância e urgência na edição de medida provisória em casos excepcionalíssimos, em que a ausência desses pressupostos seja evidente". (ADI n. 2.527 MC, relª. Minª. Ellen Gracie, j. 16.8.2007, P, DJ de 23.11.2007)

"Conforme entendimento consolidado da Corte, os requisitos constitucionais legitimadores da edição de medidas provisórias, vertidos nos conceitos jurídicos indeterminados de 'relevância' e 'urgência' (art. 62 da CF), apenas em caráter excepcional se submetem ao crivo do Poder Judiciário, por força da regra da separação de poderes (art. 2º da CF). (ADC n. 11 MC, voto do rel. Min. Cezar Peluso, j. 28.3.2007, P, DJ de 29.6.2007 – ADI n. 4.029, rel. Min. Luiz Fux, j. 8.3.2012, P, DJE de 27.6.2012)

(2) Nessa mesma linha foi editada a MP n. 936, convertida na Lei n. 14.020/2020, que "institui o Programa Emergencial de Manutenção do Emprego e da Renda e dispõe sobre medidas trabalhistas complementares para enfrentamento do estado de calamidade pública reconhecido pelo Decreto Legislativo n. 6, de 20 de março de 2020, e da emergência de saúde pública de importância internacional decorrente do coronavírus (Covid-19), de que trata a Lei n. 13.979, de 6 de fevereiro de 2020, e dá outras providências".

de importância internacional decorrente do coronavírus (Covid-19), e dá outras providências".

Conquanto sejam justificadas como se tivessem caráter excepcional, decorrente da conjuntura de crise generalizada que se apresenta em 2020, as mudanças na regulamentação das relações de trabalho fazem parte de um contexto mais amplo, de aprofundamento do processo de flexibilização rumo à desfiguração do Direito do Trabalho (tópico 2), processo que teve continuidade após a contrarreforma trabalhista promovida em 2017, constatação comprovada pelo conteúdo do art. 18 da MP n. 927 (tópico 3).

2. Da flexibilização à desfiguração do Direito do Trabalho

A partir de uma apreciação macroestrutural, que leve em conta o processo global de produção no capitalismo, é possível afirmar que o Direito do Trabalho é, em essência, forma jurídica, pois é expressão das relações materiais de produção entre capitalistas e trabalhadores, transformados em sujeitos de direito. Esse ramo especial do direito parte do pressuposto de que um desses sujeitos é dono dos meios de produção e o outro somente pode sobreviver caso venda a si próprio como força de trabalho. As posições desses indivíduos nessas relações sociais dizem respeito ao Direito Civil, matéria estranha ao Direito do Trabalho que, diante dessa restrição, não as coloca em discussão. Logo, o Direito do Trabalho também está a serviço da ordenação e reprodução das relações de produção capitalistas(3).

Por outro lado, somente há sentido em identificar a existência de um Direito do Trabalho quando se reconhece que a forma jurídica assumiu uma especificidade que alterou o modo como a relação entre capital e trabalho era regulada até então. O Direito do Trabalho se constituiu quando a forma jurídica passou a atuar com o objetivo de impedir o distanciamento entre o preço e o valor da força de trabalho, o que era imprescindível para manter a reprodução social da mercadoria força de trabalho e ainda contribuía para a realização das demais mercadorias.

O primeiro objetivo é uma necessidade absoluta para o capital, pois sem a força de trabalho não existe processo de valorização. Já o segundo é uma necessidade relativa(4), visto que é possível realizar as mercadorias apenas com o mais-valor acumulado

(3) "Assim, o processo capitalista de produção, considerado em seu conjunto ou como processo de reprodução, produz não apenas mercadorias, não apenas mais-valor, mas produz e reproduz a própria relação capitalista: de um lado, o capitalista, do outro, o trabalhador assalariado". MARX, Karl. *O capital:* crítica da economia política. Livro I: o processo de produção do capital. Tradução Rubens Enderle. São Paulo: Boitempo, 2013. p. 653.

(4) A necessidade relativa "se refere a um conjunto de condições reais que se encadeiam e determinam reciprocamente, sendo cada qual necessária por ser condição de todas as demais. Desta forma, porém, cada elemento singular deste conjunto não é necessário por si mesmo, e sim devido ao conjunto que lhe é exterior, contingente. Esta figura da necessidade é relativa, portanto, porque depende do contingente para ser

pela burguesia ou pelo salário da aristocracia operária, assim como é possível fazê-lo em formações sociais diferentes daquelas em que houve a produção.

Por conseguinte, a instrumentalização do direito nessa função é resultado da luta de classes empreendida em uma nova configuração econômica (superacumulação e controle dos mercados por cartéis e trustes) e política (atuação coordenada do Estado nas esferas econômica e política), assumida pelo modo de produção capitalista na passagem da fase concorrencial para a fase monopolista(5).

Em sua trajetória de afirmação, o Direito do Trabalho foi dotado de uma principiologia e uma racionalidade próprias que o distinguem de outras manifestações da forma jurídica, como o Direito Civil, com base no reconhecimento de que entre capitalistas e trabalhadores existe uma desigualdade econômica que fundamenta o tratamento protetivo atribuído aos segundos por meio da norma jurídica.

Em vez de romper a igualdade formal, fundada na equivalência da relação mercantil, essa proteção busca resgatá-la(6). Contudo, não toca na desigualdade fundamental entre uma classe que vive do trabalho e outra que se apropria do produto do trabalho alheio. Em verdade, essa proteção parcial visa a própria preservação da força de trabalho(7), componente imprescindível para a continuidade do processo de valorização, cuja existência física é ameaçada pela avidez dos capitalistas por mais-valor(8). Portanto, ainda quando considerado apenas os interesses de reprodução do sistema, o Direito do Trabalho tem por finalidade a proteção dos trabalhadores(9), o que foi

necessária, contradição que levará Hegel a superá-la na figura da necessidade absoluta, que é a realidade efetiva autodeterminada". GRESPAN. Jorge. *O negativo do capital:* o conceito de crise na crítica de Marx à economia política. 2. ed.. São Paulo: Expressão Popular, 2012. p. 39-40.

(5) Cf. NETTO, José Paulo. *Serviço Social e Capitalismo Monopolista*. 8. ed. São Paulo: Cortez, 2011.

(6) "[...] a desigualdade jurídica implantada pelo direito do trabalho é uma desigualdade superficial que restaura e consolida, num nível mais profundo, a igualdade jurídica civil burguesa, justamente a que permite preservar a ilusão da relação contratual, mascarando a relação de exploração de classe". BOITO JR., Armando. "Pré-capitalismo, capitalismo e resistência dos trabalhadores: nota para uma teoria da ação sindical". *Revista Crítica Marxista*, São Paulo, Boitempo, v. 1, n. 12, 2001, p. 101.

(7) Do ponto de vista da classe trabalhadora, é evidente que existe o interesse em estabelecer limites à duração da jornada de trabalho, regras de saúde e segurança no trabalho, um salário mínimo e outras regras de caráter protetivo.

(8) "Abstraindo de um movimento dos trabalhadores que se torna a cada dia mais ameaçador, a limitação da jornada de trabalho nas fábricas foi ditada pela mesma necessidade que forçou a aplicação do guano nos campos ingleses. A mesma rapacidade cega que, num caso, exauriu o solo, no outro matou na raiz a força vital da nação. Ep*idem*ias periódicas são, aqui, tão eloquentes quanto a diminuição da altura dos soldados na Alemanha e na França". MARX, Karl. O capital. Livro I, *Op. cit.*, p. 313.

(9) "C'est la finalité première, historiquement déterminante du droit du travail: la protection des salariés contre toutes formes d'exploitation dont ils peuvent être l'objet". JAVILLIER, Jean-Claude. *Droit du travail.* 2. ed., Paris: LGDJ, 1988. p. 28. "É a finalidade primeira, historicamente determinante do direito do trabalho: a proteção dos trabalhadores contra todas as formas de exploração das quais eles podem ser objeto". (tradução A.S.)

objeto do princípio da proteção(10), considerado central na compreensão desse ramo do direito(11).

Tendo em consideração a finalidade do Direito do Trabalho, é natural que individualmente os capitalistas resistam a essa atuação particular da forma jurídica, já que ela vai de encontro aos seus interesses imediatos. Diante da necessidade de ser imperativo, o meio de expressão predominante do Direito do Trabalho é a lei, regra de conduta de aplicação geral que pode ser imposta pelo Estado, inclusive contra a disposição de seus destinatários.

Como é alvo da conflituosidade decorrente do antagonismo entre capital e trabalho(12), tensão que é central na estruturação da sociedade capitalista, a luta pelo conteúdo do Direito do Trabalho é permanente, o que reflete a disputa das classes em presença pela apropriação do valor criado no processo de produção e, consequentemente, pelas condições em que se dá a reprodução de sua vida material. Em decorrência dessa pressão contínua, o Direito do Trabalho é um dos ramos do direito mais voláteis, sujeito a constantes alterações normativas e também de interpretação.

A identificação da finalidade do Direito do Trabalho não devem induzir ao equívoco de imaginar que seria viável instrumentalizar a forma jurídica exclusivamente em determinada direção. Na realidade, as várias funções da forma jurídica na regulação da relação entre o capital e o trabalho(13) convivem e disputam a posição predominante, segundo a correlação das forças políticas antagônicas. Assim, em determinadas conjunturas históricas a função protetora do Direito do Trabalho pode se manifestar com predominância, mas em outras, as demais funções podem assumir essa condição, como nos períodos nos quais a força de trabalho precisa ser disciplinada, por exemplo. No entanto, quando a função protetora se mantém como mera possibilidade e as demais se tornam efetivas, ocorre um processo de desfiguração do

---

(10) Cf. PLÁ RODRIGUEZ, Américo. *Princípios de Direito do Trabalho*. Tradução Wagner D. Giglio. 3. ed. São Paulo: LTr, 2000.

(11) Não é casual que as tentativas de desfigurar o Direito do Trabalho mirem justamente a vigência do princípio da proteção. Cf. ROMITA, Arion Sayão. *O princípio da proteção em xeque*. São Paulo: LTr, 2003.

(12) "[...] tendo o capitalismo como pano de fundo de toda a investigação, não se pode esquecer que a relação social que o caracteriza é a relação entre capital e trabalho, ganhando sentido a formulação teórica em torno da legislação trabalhista, voltada a regular essa relação, para que as próprias lógicas capitalistas sejam devidamente compreendidas". SOUTO MAIOR, Jorge Luiz. *História do Direito do Trabalho no Brasil:* curso de Direito do Trabalho. vol. I, Parte II. São Paulo: LTr, 2017. p. 349.

(13) As outras funções da forma jurídica na regulação da relação entre capital e trabalho são: a) dissimular a coerção na compra e venda da força de trabalho; b) disciplinar e subordinar a força de trabalho no processo de trabalho; c) estabelecer a grandeza do capital variável no processo de valorização; e) ocultar a exploração do mais-valor no processo de produção. Cf. SILVA, Alessandro da. *O Direito do Trabalho no capitalismo dependente:* Limites, potência, efetividade. São Paulo: Outras Expressões, 2020. No prelo.

Direito do Trabalho, em que ele perde sua *identidade*, hipótese em que a forma jurídica tem existência e efetividade, mas como Direito Civil, ou direito do mercado de trabalho[(14)], ou ainda como direito do capital[(15)], mas não como Direito do Trabalho.

Esse quadro se agrava no Brasil, pois aqui a realização plena do Direito do Trabalho tem um obstáculo que está na essência de nossa formação social: a superexploração da força de trabalho. Trata-se de uma determinação do capitalismo dependente, segundo a qual a força de trabalho é remunerada por um preço inferior ao seu valor, expediente adotado por nossa burguesia para compensar a transferência de valor decorrente da integração subordinada do Brasil no sistema econômico mundial[(16)].

Nesse contexto, já nos anos 1950, menos de dez anos depois de entrar em vigor, a CLT já era apontada como antiquada[(17)]. Os trabalhadores rurais somente tiveram alguns direitos reconhecidos pela legislação nos anos 1960, década em que foi levada a cabo a extinção da estabilidade decenal, substituída pelo FGTS que, por sua vez, foi criado pela Lei n. 5.107/1966, apontada como marco inicial do processo de flexibilização do Direito do Trabalho.

Desde então, foram várias as iniciativas legislativas e jurisprudenciais que atentaram contra o Direito do Trabalho, pois reduziram o nível de proteção dos trabalhadores para privilegiar a atividade econômica, com destaque para a criação do banco de horas (Lei n. 9.601/1998) e a autorização para a terceirização (Súmula n. 331 do TST).

---

(14) "Instrument de politique publique, bilatéralisation du droit social, émergence d'une nouvelle opposition pivot entre insiders et outsiders: telles sont le logiques structurant un droit du marché du travail présentes dans la réforme. Au nom de l'emploi, ces trois eléments ont en commun la fragilisation d'un imperatif: celui de la protection du salarié face à l'exercice du pouvoir patronal. Plus encore, cet affaiblissement constitue une technologie du droit du marché du travail". SACHS, Tatiana. "La consolidation d'un droit du marché du travail", *Revue de droit du travail*, n. 12, Paris: Dalloz, Décembre 2016, p. 751. "Instrumento de política pública, bilateralização do direito social, surgimento de uma nova oposição central entre *insiders* e *outsiders*: essas são as lógicas que estruturam um direito do mercado de trabalho presente na reforma. Em nome do emprego, esses três elementos têm em comum a fragilização de um imperativo: o da proteção do empregado ante o exercício do poder do empregador. Mais que isso, esse enfraquecimento constitui uma tecnologia do direito do mercado de trabalho". (tradução A.S.)

(15) "Cogitar a perda do princípio da Proteção seria tornar o Direito do Trabalho um deserto, destituído de seu caráter eminentemente humano e fértil.

Negada a Proteção, viria a constituir-se um outro corpo normativo estranho ao Direito do Trabalho.

Um *anti-Direito do Trabalho*.

Uma exceção ao Direito do Trabalho.

Um *Direito do Capital*". MACHADO, Gustavo Seferian Scheffer. *Direito do Trabalho como barricada:* sobre o papel tático da proteção jurídica do trabalhador. Tese de Doutorado defendida no Programa de Pós-graduação em Direito, Faculdade de Direito da Universidade de São Paulo, São Paulo: 2017. p. 150.

(16) Cf. MARINI, Ruy Mauro. "Dialética da dependência". In: STEDILE, João Pedro; TRASPADINI, Roberta (Orgs.). *Ruy Mauro Marini:* vida e obra. 2. ed. São Paulo: Expressão Popular, 2011.

(17) Cf. o *Capítulo V – Segunda República* da obra SOUTO MAIOR, Jorge Luiz. *História do Direito do Trabalho no Brasil:* curso de Direito do Trabalho. *Op. cit.*, p. 261-280.

A redução do preço das *commodities* decorrente da crise econômica de 2008, efeito sentido no Brasil principalmente a partir de 2012, exigiu que nossa burguesia fizesse alterações no regime de acumulação do capital, de modo a manter as taxas de lucro. Para tanto, escolheu uma medida recorrente em nossa história: o aumento da taxa de exploração da força de trabalho. Essa ação foi sentida no brutal ajuste fiscal operado pelo governo da Presidenta Dilma Roussef logo após as eleições de 2014, levado a efeito por meio da MP n. 664, que restringiu acesso à pensão por morte e auxílio-doença, e pela MP n. 665, que aumentou as exigências para acesso a direitos como o seguro-desemprego, o abono salarial e o seguro-defeso.

O golpe midiático-parlamentar materializado no *impeachment* de 2016 acelerou esse processo de supressão de direitos sociais, cujo núcleo está na famigerada "reforma" trabalhista levada a cabo pela Lei n. 13.467/2017, que alterou a legislação da área, especialmente a CLT. As mudanças permitiram que a precarização das condições sociais dos trabalhadores chegasse a ponto tal que é possível constatar a desfiguração do Direito do Trabalho. A norma não tem mais a finalidade de proteger o trabalhador, mas de garantir o exercício sem peias da atividade econômica para viabilizar o aprofundamento da superexploração da força de trabalho.

É nesse contexto que devem ser compreendidas as MPs 927 e 936, que promoveram novas alterações na regulamentação das relações de trabalho em nosso país, editadas durante o período de calamidade pública.

3. O art. 18 da MP n. 927: a eloquente demonstração de que a ofensiva continua

Banco de horas por acordo individual, extinção das horas *in itinere*, regime de compensação 12x36 em qualquer atividade, trabalho intermitente, terceirização irrestrita, oneração do processo judicial para impedir o acesso do trabalhador à justiça, etc, etc, etc. O rol de medidas destinadas a aprofundar a superexploração da força de trabalho levadas a cabo na contrarreforma trabalhista de 2017 é tão extenso quanto cruel. Quando se imaginava que a sanha do capital tinha atingido seu ápice, o Governo Federal tratou de dar uma demonstração inconteste de que ofensiva prosseguirá enquanto não for repelida pela ação organizada da classe trabalhadora.

Um exemplo bastante demonstrativo desse ímpeto pode ser identificado no art. 18 da MP n. 927 de 22/03/2020, que dispôs o seguinte:

> Art. 18. Durante o estado de calamidade pública a que se refere o art. 1o, o contrato de trabalho poderá ser suspenso, pelo prazo de até quatro meses, para participação do empregado em curso ou programa de qualificação profissional não presencial oferecido pelo empregador, diretamente ou por meio de entidades responsáveis pela qualificação, com duração equivalente à suspensão contratual.
>
> § 1º A suspensão de que trata o *caput*:
>
> I – não dependerá de acordo ou convenção coletiva;

II – poderá ser acordada individualmente com o empregado ou o grupo de empregados; e

III – será registrada em carteira de trabalho física ou eletrônica.

§ 2º O empregador poderá conceder ao empregado ajuda compensatória mensal, sem natureza salarial, durante o período de suspensão contratual nos termos do disposto no *caput*, com valor definido livremente entre empregado e empregador, via negociação individual.

§ 3º Durante o período de suspensão contratual para participação em curso ou programa de qualificação profissional, o empregado fará jus aos benefícios voluntariamente concedidos pelo empregador, que não integrarão o contrato de trabalho.

§ 4º Nas hipóteses de, durante a suspensão do contrato, o curso ou programa de qualificação profissional não ser ministrado ou o empregado permanecer trabalhando para o empregador, a suspensão ficará descaracterizada e sujeitará o empregador:

I – ao pagamento imediato dos salários e dos encargos sociais referentes ao período;

II – às penalidades cabíveis previstas na legislação em vigor; e

III – às sanções previstas em acordo ou convenção coletiva.

§ 5º Não haverá concessão de bolsa-qualificação no âmbito da suspensão de contrato de trabalho para qualificação do trabalhador de que trata este artigo e o art. 476-A da Consolidação das Leis do Trabalho, aprovada pelo Decreto-lei n. 5.452, de 1943.

Percebe-se que, confrontado com os desafios socioeconômicos decorrentes do combate à pandemia de Covid-19, o Poder Executivo explicitou, de maneira despudorada, o objetivo de dilapidar a força de trabalho, pois tencionava permitir a suspensão dos contratos de trabalho por até 04 meses sem pagamento da remuneração aos empregados. O nível de brutalidade foi tal que não passou despercebido nem pela mídia tradicional[18]. A imediata e ruidosa reação acarretou a revogação do referido artigo já no dia seguinte, por meio da MP n. 928, de 23.03.2020.

No que concerne aos efeitos dessa revogação, é necessário ressaltar que, quando conferiu ao Presidente da República o poder de editar MPs, a CF também estabeleceu, como contrapartida, mecanismos de controle a serem exercidos primordialmente pelo Poder Legislativo, mas também pelo Poder Judiciário. Assim, uma vez editada, a MP deve ser obrigatoriamente submetida à apreciação do Congresso Nacional que pode convertê-la em lei ou rejeitá-la expressa ou tacitamente. Em caso de rejeição, cabe ao Parlamento disciplinar as relações jurídicas decorrentes por meio de decreto legislativo, nos termos do art. 62, § 3º, da CF. Se o decreto legislativo não for editado

(18) Entenda polêmica sobre MP do trabalho e veja principais pontos da medida. Bolsonaro revoga artigo da Medida Provisória n. 927 que previa a suspensão dos contratos de trabalho e de salários por quatro meses, que provocou uma enxurrada de críticas. Ministro da Economia, Paulo Guedes, cita mal-entendido e má redação do texto. *Correio Braziliense*. Brasília, 24. mar. 2020. Disponível em: <https://www.correiobraziliense.com.br/app/noticia/politica/2020/03/24/interna_politica,836222/entenda-polemica-sobre-mp-do-trabalho-e-veja-principais-pontos.shtml>.

em "até sessenta dias após a rejeição ou perda de eficácia de medida provisória, as relações jurídicas constituídas e decorrentes de atos praticados durante sua vigência conservar-se-ão por ela regidas" (art. 62, § 11, da CF).

No caso em exame, o art. 18 da MP n. 927 foi revogado pela MP n. 928 que, por sua vez, perdeu sua eficácia em 20.07.2020. Nessa situação, caso a MP n. 927 tivesse sido integralmente convertida em lei, suas determinações retomariam a eficácia após a caducidade da norma que revogou seu art. 18. Todavia, também a MP n. 927 perdeu eficácia em 19.07.2020, pelo decurso do prazo, sem ter havido sua conversão em lei.

Para essa situação, o entendimento do STF é na seguinte linha:

> Já se firmou a jurisprudência desta Corte (assim, nas ADI ns. 1.204 MC, 1.370 MC e 1.636 MC) no sentido de que, quando medida provisória ainda pendente de apreciação pelo Congresso Nacional é revogada por outra, fica suspensa a eficácia da que foi objeto de revogação até que haja pronunciamento do Poder Legislativo sobre a medida provisória revogadora, a qual, se convertida em lei, tornará definitiva a revogação; se não o for, retomará os seus efeitos a medida provisória revogada pelo período que ainda lhe restava para vigorar. (ADI n. 1.665 MC, rel. Min. Moreira Alves, j. 27.11.1997, P, DJ de 8.5.1998)

Portanto, se esse entendimento for levado ao pé da letra, é possível concluir que o teratológico art. 18 da MP n. 927 retomou sua eficácia a partir de 21.07.2020 pelos 59 dias de vigência que restavam. Como era de se esperar, essa situação não foi objeto da atenção do Congresso Nacional, de modo que o dispositivo perdeu definitivamente sua eficácia por rejeição tácita em 18.09.2020.

4. Conclusão

Embora seja comum a referência a um "direito do trabalho de crise", adaptado às necessidades do combate aos efeitos da pandemia, mais adequado seria destacar a crise constante pela qual passa o Direito do Trabalho(19), ramo jurídico destinado à proteção da classe trabalhadora e, como tal, sujeito à permanente resistência da classe detentora dos meios de produção. No Brasil, essa resistência manifestou-se inicialmente contra a própria existência do Direito do Trabalho e, após sua afirmação, foram empregados todos os meios para impedir sua efetividade.

Desde o golpe de 1964 essa resistência à efetividade foi transformada em verdadeira ofensiva sobre o conteúdo das normas, para suprimir direitos, processo que culminou com a contrarreforma trabalhista de 2017. Da flexibilização passou-se à desfiguração do Direito do Trabalho, já que a regulação das relações trabalhistas passou a ter a atividade econômica como objeto a ser protegido, posição outrora ocupada pela classe trabalhadora.

(19) COUTINHO, Aldacy Rachid. "Direito do trabalho de emergência". *Revista da Faculdade de Direito da Universidade Federal do Paraná*, Curitiba, a. 30, n. 30, p. 101-120, 1998.

Ao estabelecer a possibilidade de que os contratos de trabalho fossem suspensos por até 04 (quatro) meses sem pagamento da remuneração aos empregados, o art. 18 da MP n. 927, ainda que revogado, expressou claramente o intuito do capital de transferir o custo integral da crise para a classe trabalhadora.

Em que pese a conjuntura negativa, o fato é que não existe ofensiva perene. Em algum momento as forças do capital vão esmorecer e aí será a oportunidade para a classe trabalhadora deixar a posição de resistência e partir para a contraofensiva que visa a recuperação dos direitos usurpados, mas sem perder de vista, como horizonte estratégico, a transformação radical das relações de produção com a extinção do assalariamento e, por conseguinte, da exploração.

5. Referências bibliográficas

BOITO JR., Armando. "Pré-capitalismo, capitalismo e resistência dos trabalhadores: nota para uma teoria da ação sindical". *Revista Crítica Marxista*, São Paulo, Boitempo, v. 1, n. 12, 2001.

COUTINHO, Aldacy Rachid. "Direito do trabalho de emergência". *Revista da Faculdade de Direito da Universidade Federal do Paraná*, Curitiba, ano 30, n. 30, p. 101-120, 1998.

GRESPAN. Jorge. *O negativo do capital:* o conceito de crise na crítica de Marx à economia política. 2. ed. São Paulo: Expressão Popular, 2012.

JAVILLIER, Jean-Claude. *Droit du travail.* 2. ed. Paris: LGDJ, 1988.

MACHADO, Gustavo Seferian Scheffer. *Direito do trabalho como barricada:* sobre o papel tático da proteção jurídica do trabalhador. Tese de Doutorado defendida no Programa de Pós-graduação em Direito, Faculdade de Direito da Universidade de São Paulo, São Paulo: 2017.

MARINI, Ruy Mauro. "Dialética da dependência". In: STEDILE, João Pedro; TRASPADINI, Roberta (Orgs.). *Ruy Mauro Marini:* vida e obra. 2. ed. São Paulo: Expressão Popular, 2011.

MARX, Karl. *O capital:* crítica da economia política. Livro I: o processo de produção do capital. Tradução Rubens Enderle. São Paulo: Boitempo, 2013.

NETTO, José Paulo. *Serviço Social e Capitalismo Monopolista.* 8. ed. São Paulo: Cortez, 2011.

PLÁ RODRIGUEZ, Américo. *Princípios de Direito do Trabalho.* Tradução Wagner D. Giglio. 3. ed. São Paulo: LTr, 2000.

ROMITA, Arion Sayão. *O princípio da proteção em xeque.* São Paulo: LTr, 2003.

SACHS, Tatiana. "La consolidation d'un droit du marché du travail", *Revue de droit du travail*, n. 12, Paris, Dalloz, dez. 2016.

SILVA, Alessandro da. *O Direito do Trabalho no capitalismo dependente:* Limites, potência, efetividade. São Paulo: Outras Expressões, 2020. No prelo.

SOUTO MAIOR, Jorge Luiz. *História do Direito do Trabalho no Brasil:* curso de Direito do Trabalho. vol. I, Parte II, São Paulo: LTr, 2017.

MP n. 936 e o Discurso de Manutenção de Emprego: Garantia de Emprego ou a Imposição da Precarização?

Victor Emanuel Bertoldo Teixeira

Este texto traçará linhas sobre a Medida Provisória n. 936/2020 e a retórica de manutenção de empregos.

1. A Lei n. 13.467/2017, a promessa de milhões de empregos de qualidade e o seu fracasso

Após mais de dois anos e meio do início dos efeitos da Lei n. 13.467/2017, a promessa de gestação de milhões de empregos, com direitos assegurados, não ocorreu.

Vitor Filgueiras resume os efeitos do aludida lei, indicando piora na média dos salários, aumento de lucros desacompanhado de investimentos, manutenção da baixa utilização da capacidade instalada, falta de elevação de investimentos estrangeiros, baixa oscilação no nível de desemprego, diminuição da criação de vínculos de emprego formalizados, ínfima criação de vagas relacionadas ao dito contrato intermitente e àquele de tempo parcial, além do notório crescimento da informalidade.(1)

Nesse contexto, não se pode aceitar o argumento de que as promessas ventiladas não foram atingidas pelo fraco desempenho econômico do período posterior à "reforma". Isso porque, como destacado por Vitor Filgueiras:

> A reforma foi aprovada justamente com a promessa de ser a solução para a crise do mercado de trabalho. Não faz sentido afirmar que o remédio aplicado foi a vítima da doença que ele deveria curar.(2)

---

(1) FILGUEIRAS, Victor Araújo. As promessas da Reforma Trabalhista: combate ao desemprego e redução da informalidade. In: KREIN, José Dari *et. al.* (Orgs.). *Reforma Trabalhista no Brasil:* promessas e realidades. Campinas: Curt Nimuendajú, 2019. p. 33-40, *passim*.

(2) FILGUEIRAS, Victor Araújo. *As promessas,cit.*, p. 40.

Mesmo assim, a atual gestão promulgou a MP n. 936/2020, restringindo direitos trabalhistas, assim como já havia acontecido, por exemplo, nas MPs ns. 905/2019 e 927/2020.

2. O discurso sobre manutenção de empregos

Segundo a exposição de motivos, assinada pelo Ministro Paulo Guedes, a MP n. 936:

> Institui o Programa Emergencial de Manutenção do Emprego e da Renda e dispõe sobre medidas trabalhistas complementares, para o enfrentamento da emergência em saúde pública (...), com o objetivo de preservar o emprego e a renda, garantir a continuidade das atividades empresariais, bem como reduzir o impacto social diante da paralisação de atividades e restrição de mobilidade.(3)

Em breve síntese, a União, no caso de redução temporária de jornada e salário ou suspensão do contrato de trabalho, arca, até certo limite, com a perda remuneratória do empregado, por meio do Benefício Emergencial de Manutenção do Emprego — BEPER.

Ao lado destas medidas, o art. 10 dispõe sobre uma "garantia (...) no emprego ao empregado que receber" o BEPER e sanções para a dispensa sem justa causa de tal pessoa.

A exposição de motivos sentencia que tais mecanismos servem para a "preservação de 24,5 milhões de empregos".

3. Precarização do emprego escamoteada por uma suposta garantia do trabalho

A fórmula atual a respeito do término do vínculo de emprego no país ganhou seus contornos com a edição da Lei n. 5.107/1966, gestada pela Ditadura Militar, que criou o FGTS, abalando profundamente os alicerces do Direito do Trabalho, ao trazer regramento completamente afastado, no plano teórico e prático, da estabilidade decenal — inaugurada na década de vinte (leis e regulamentos sobre as Caixas de Aposentadorias e Pensões), firmada na Lei n. 62/1935 e consagrada na CLT de 1943.

Além de gerar intensa rotatividade da força de trabalho, a sistemática atual limita consideravelmente as possibilidades de a pessoa trabalhadora efetivar seus direitos no curso da relação, fazendo com que se submeta, ainda mais em uma conjuntura de desemprego, a jornadas excessivas e tantas outras violações, já que há apenas duas alternativas: aceitar ou perder o emprego.(4)

---

(3) Disponível em: <https://www.camara.leg.br/proposicoesWeb/fichadetramitacao?idProposicao=2242618>. Acesso em: 09 maio 2020.

(4) SEVERO, Valdete Souto. *O dever de motivação da despedida na ordem jurídico-constitucional brasileira*. Porto Alegre: Livraria do Advogado, 2011. p. 55-56. A Convenção n. 158 da OIT foi ratificada e denunciada em 1996,

Neste momento, é pertinente rememorar o art. 477-A na CLT, inserido pela referida Lei n. 13.467, cujo texto decorreu de propostas acolhidas do parecer(5) do então Deputado Rogério Marinho, Ministro na atual gestão.

Ao mesmo tempo em que eram defendidos tratamento equiparado para "dispensas imotivadas individuais, plúrimas ou coletivas", bem como o reforço da negociação coletiva, foi posta de lado a organização dos trabalhadores quando da terminação de vínculo sob a ótica individual, bem como do rompimento massificado, a não ser na hipótese do chamado plano de demissão voluntária ou incentivada.

Deixou-se de lado aquele entusiasmo com a negociação coletiva, típico dos defensores da Lei n. 13.467, sendo certo que se naturalizou a inércia legislativa em relação à lei complementar prevista no inciso I do art. 7º da Constituição.(6)

Curiosamente, generalizando aquilo previsto na Lei n. 13.189/2015 (arts. 5º, § 1º, V, 6º, I, 7º, § 2º), o art. 611-A, em seu parágrafo terceiro, sugere uma hipótese de garantia de emprego, nos seguintes termos:

> Sendo pactuada cláusula que reduza o salário ou a jornada, a convenção coletiva ou o acordo coletivo de trabalho deverão prever a proteção dos empregados contra dispensa imotivada durante o prazo de vigência do instrumento coletivo.

Jorge Luiz Souto Maior e Valdete Souto Severo, contudo, não deixam de notar como a garantia é manipulada contra os trabalhadores, por meio de didática exposição:

> Imagina-se que se tenha conferido aos trabalhadores alguma garantia jurídica (...), como recompensa por terem aceito alguma redução de salário, omitindo-se (...) o fato de que a redução de salário representa uma redução proporcional de quase todos os demais direitos trabalhistas. Mas o texto, de fato, é cínico, pois a proteção contra a dispensa arbitrária (...) é uma garantia constitucional, conferida a todos (...), independente de qualquer condição (...). Na "reforma" tenta-se fazer acreditar que essa garantia só pode ser conferida a quem aceite a redução de direitos e pelo tempo restrito de validade dessa redução.(7)

---

o que foi objeto da ADI n. 1625, ajuizada em 1997 e ainda não julgada. Tal diploma foi submetido novamente, em fevereiro de 2008, pela Presidência da República, ao Congresso Nacional, contudo a tramitação não se encerrou.

(5) Disponível em: <http://www.camara.gov.br/proposicoesWeb/prop_mostrarintegra?codteor=1544961&filename=PRL+1+PL678716+%3D%3E+PL+6787/2016>. Acesso em: 09 maio 2020.

(6) Como dito em outra ocasião (Lei n. 13.467/2017: o futuro repete o passado na manutenção da lógica da dispensa. In: SOUTO MAIOR, Jorge Luiz; SEVERO, Valdete Souto (Org.). *Resistência:* aportes teóricos contra o retrocesso trabalhista. São Paulo: Expressão Popular, 2017. p. 361-373), foram igualadas situações manifestamente desiguais. Confira-se o acórdão do TST no paradigmático caso da EMBRAER (ED-RODC – 30900-12.2009.5.15.0000 – Data de Julgamento: 10.08.2009, SDC, Data de Publicação: DEJT 04.09.2009).

(7) Disponível em: <http://www.jorgesoutomaior.com/blog/os-201-ataques-da-reforma-aos-trabalhadores>. Acesso em: 09 maio 2020.

Assim, a estratégia das MPs ns. 927 e 936 está em consonância com a referida Lei n. 13.467 e o neoliberalismo, aprofundando seus mecanismos, tanto que houve apoiou do patronato.(8) Está igualmente em consonância com as falas do então recém-eleito Presidente em 2018.(9)

Não se pode deixar de notar uma moralidade bastante arraigada nas disposições dos diplomas normativos aqui tratados. Uma moralidade baseada em uma suposta equivalência. O emprego é tratado como se fosse filantropia patronal.(10) Desse modo, o trabalhador tem seus direitos restringidos como suposta contrapartida devida pela dádiva da ocupação fornecida pelo empregador.

Ao mesmo tempo, o Direito do Trabalho é constantemente questionado pela reorganização neoliberal, pautada pelo mote patronal de flexibilização.(11)

Ocorre que a pandemia faz saltar aquilo que está diante de nossos olhos cotidianamente. A pandemia derradeiramente atropela essa moralidade ao relembrar que a humanidade é composta por pessoas.

As privações atuais permitem recordar um elemento central, mas geralmente esquecido, inclusive em estudos sobre Direito do Trabalho. São as pessoas que, por meio do seu trabalho, geram a riqueza social. Esta, por sua vez, propicia a sobrevivência de todos.

Na maior crise, em escala global, vivenciada pela humanidade, desde a 2ª Guerra Mundial, o mote da criação da OIT, em 1919, pelo Tratado de Versalhes, no fim da 1ª Guerra Mundial, deve ser relembrado: o trabalho não é mero artigo de comércio. Tal princípio fundamental, é bom que se diga, foi reforçado após a mencionada 2ª Guerra Mundial, na Declaração de Filadélfia.

A depressão econômica reflete a impossibilidade de as pessoas trabalhadoras participarem, em sua plenitude, da produção, circulação e consumo de mercadorias, diante das medidas sanitárias exigidas pela moléstia em questão.

---

(8) A FENABAN apresentou parecer de Ana Paula de Barcellos em prol da MP n. 936 Disponível em: <https://www.migalhas.com.br/arquivos/2020/4/0A7F133ADADA40_MP936.pdf>. Acesso em: 15 maio 2020, na ADI n. 6.363. A CNI e CACB igualmente apoiaram tal diploma, atuando como amice curiae na referida ação. Disponível em: <https://www.correiobraziliense.com.br/app/noticia/politica/2020/04/18/interna_politica,845855/cni-comemora-decisao-do-stf-sobre-mp-dos-salarios-sindicatos-criticam.shtml>; <https://cacb.org.br/mp936-20-stf-decide-pela-dispensa-de-sindicatos-em-acordos-entre-empregados-e-empregadores/>. Acesso em: 15 maio 2020.

(9) Disponível em: <https://valor.globo.com/politica/noticia/2018/12/04/bolsonaro-trabalhador-tera-de-escolher-entre-mais-direitos-ou-emprego.ghtml>. Acesso em: 09 maio 2020.

(10) A campanha patronal "Não demita", restrita aos meses de abril e maio de 2020, não propõe compromisso jurídico. Disponível em: <https://vocesa.abril.com.br/mercado-vagas/movimento-nao-demita/>. Acesso em: 11 maio 2020.

(11) Sobre organização do trabalho na chamada acumulação flexível, *vide* ANTUNES, Ricardo. *Os sentidos do trabalho:* Ensaios sobre a afirmação e a negação do trabalho. 2. ed. São Paulo: Boitempo, 2009. p. 44 e 52-59.

Pouco importa se eventual setor econômico específico não foi afetado pelas imposições de distanciamento social, podendo continuar suas operações, uma vez que, considerando a divisão social do trabalho, inclusive no plano internacional, fornecedores e/ou consumidores tiverem sua capacidade econômica debilitada, impossibilitando o funcionamento pleno das forças produtivas.

A legislação editada neste momento acaba por admitir que as ocupações relativas a vínculos empregatícios são fundamentais para a sociedade como um todo. Em outros termos, confirma que a dispensa de modo algum pode ser tratada como um problema isolado, atomizado e individualizado, entre empregado e empregador.

Por outro lado, sob ótica alguma pode ser acolhido o argumento de que a MP n. 936 busca manter empregos. Juntamente com a MP n. 927, ela dá mais corpo ao poder patronal, em flagrante contraposição ao princípio da proteção e em desconsideração do art. 2º da CLT, segundo o qual os riscos do empreendimento são do empregador.

Pressuposto teórico do Direito do Trabalho, a posição hipossuficiente do empregado, no contexto atual, é reforçada. Sem esquecer do risco de contaminação, cumpre ressaltar que os serviços escolares não estão funcionando em sua plenitude e o sistema de saúde aproxima-se do colapso, além de o esfriamento da economia culminar em diminuição de lucros e menor demanda pelos serviços das pessoas trabalhadoras.

As MPs insinuam a empregados e empregadores que o momento demanda mitigação de direitos como forma de debelar a crise, em desconformidade com os arts. 1º, IV, 7º, *caput*, 170, da Constituição, e 468 da CLT.

As MPs, em seu conjunto, sugerem que o empregado deve ou ficar sujeito à diminuição da renda proposta pela MP n. 936[(12)] ou ficar sujeito às restrições de direitos ventiladas pela MP n. 927.

Conforme ressaltado pelo voto do Ministro Ricardo Lewandowski, na medida cautelar na ADI n. 6.363, o Poder Constituinte Originário dispôs de medidas para enfrentamento de crises justamente no art. 7º, VI, da Constituição. Tanto é assim que

---

(12) Na prática, a medida não preserva, de modo integral, a renda do trabalhador. Apenas aqueles que recebem até um salário mínimo não terão a renda afetada. Metade das pessoas com vínculo empregatício estão nessa faixa salarial. A perda de rendimento avança conforme for maior a remuneração. Aquele dito intermitente recebe somente R$ 600,00 (art. 18). Não se pode esquecer que o salário mínimo é notoriamente reconhecido pela sua incapacidade de custear uma família, de sorte que qualquer perda remuneratória é grave. A propósito, *vide*: <http://www.economia.unicamp.br/Covid-19/proposta-do-governo-de-reducao-de-jornada-e-de-salarios-vai-empurrar-o-pais-para-a-depressao-economica>; <https://www1.folha.uol.com.br/mercado/2020/04/programa-que-salva-emprego-formal-empobrece-trabalhador-diz-estudo.shtml>. Acesso em: 30 maio 20. A CNI traça a perda total ou em parte da renda mensal de 40% dos brasileiros. Disponível em: <https://noticias.portaldaindustria.com.br/noticias/economia/tres-em-cada-quatro-consumidores-vao-manter-reducao-no-consumo-no-pos-pandemia/>. Acesso em: 30 maio 2020.

a negociação coletiva inclusive é mecanismo indicado para recuperação judicial (art. 50, VIII, da Lei n. 11.101/2005).

Por isso, não se concorda com a rejeição pelo STF de medida cautelar na ADI n. 6.363. Mesmo diante da literalidade dos arts. 7º, VI, XIII, XXVI, e 8º, III e VI, da Constituição, e 2º, 4º , 5º, 6º, 7º e 8º do Pacto Internacional sobre Direitos Econômicos, Sociais e Culturais, prevaleceu o entendimento de que não é necessária a negociação coletiva para redução de jornada e salário e suspensão contratual nas situações autorizadas pela MP.[(13)]

O alijamento da participação sindical nestas medidas confirma o momento singular do regramento jurídico do trabalho no Brasil.

Foi aprovada a Lei n. 13.467, sob a propaganda do "negociado sobre o legislado", entretanto esta é cravejada de diversos dispositivos afastando o sindicato de situações fundamentais no cotidiano obreiro, como na dispensa, aqui já tratada, e na jornada de trabalho (arts. 59 e 59-A da CLT).

No mais, a jurisprudência, fixada pelo STF, reconheceu o comprometimento do "livre exercício da autonomia individual da vontade" na relação de emprego (RE n. 590.415, relator(a): Min. ROBERTO BARROSO, Pleno, julgado em 30.04.2015, DJe 28.05.2015).

Contudo, neste momento de incontroversa problemática grave de natureza coletiva, são estabelecidas soluções eminentemente individualistas, com afastamento da participação sindical para a maioria dos empregados, inclusive aqueles de menor patamar salarial, em tratamento revelador de desigualdade injustificada perante outros empregados.

A situação confirma a lamentável ausência de interlocução com os trabalhadores na construção de soluções concertadas para a crise, em desconformidade com os compromissos do tripartismo e do diálogo social, assumidos pelo país perante a OIT (Convenções n. 98 e 154).

Ademais, o momento atual reforça a dramaticidade da ausência da edição da lei complementar imposta pelo art. 7º, I, da Constituição.

---

(13) Segundo o art. 12, a redução de jornada e salário e a suspensão contratual podem ser implementadas sem participação do ente coletivo obreiro para empregados com salário igual ou inferior a R$ 3.135,00, a grande maioria da população, e para aqueles portadores de diploma de nível superior e remuneração igual ou superior a duas vezes o teto dos benefícios do RGPS. Independentemente da remuneração, a redução de jornada e salário em até 25% também pode ser estipulada sem a participação sindical. Para aprofundar os debates a respeito da matéria, vide, por exemplo. Disponível em: <https://www.migalhas.com.br/depeso/324784/sobre-odisseias-e-portos-seguros-a-pandemia-a-adi-6363-df-e-o-parecer-da-fenaban>. Acesso em: 11 maio 2020.

Não bastassem os gatilhos de elastecimento da jornada ventilados pela MP n. 927, o art. 10 da MP n. 936 não estabelece mecanismos robustos de manutenção do vínculo empregatício. Com efeito, há apenas imposições de parcas sanções à dispensa e não sua impossibilidade jurídica.

O próprio Ministério da Economia já pronunciou o seguinte:

> A simples proibição em demitir, além de causar distorções quanto ao funcionamento da empresa e em sua produtividade, onerando principalmente os pequenos empreendedores, seria inconstitucional por violar a garantia de propriedade.(14)

Ocorre que tal discurso revela desconhecimento do art. 2º, § 4º, III, da MP n. 944/2020, que traça saída muito mais simples, segura e efetiva, ao vedar dispensas, no programa de linha de crédito da União para custeio de folha de pagamento.

No mais, a MP n. 936 não traz tratamento relevantemente diferenciado à luz do porte do empregador.

A fragilidade da retórica da prioridade da preservação de empregos é igualmente confirmada pelo fato de que não há no momento meios seguros para verificar o nível do impacto da recessão. A divulgação do CAGED ficou suspensa até o fim de maio e o IBGE não consegue realizar seus estudos de forma plena na pandemia.(15)

Deparamo-nos, neste momento crítico, com informações conflitantes oriundas do governo. A Presidência fala de dez milhões de empregos tolhidos durante a pandemia(16) e o Ministério da Economia estima quase 8,3 milhões de pessoas vinculadas ao regime da MP n. 936, em 30.05.2020.(17)O IBGE, por sua vez, calcula o aumento da taxa de desemprego, atingindo o patamar de quase 13 milhões de pessoas.(18).

As disposições do art. 10 da MP n. 936 inclusive mitigam o tratamento tradicional dado aos empregados objeto de dispensa injustificada no período de garantia de emprego.

A reintegração é ignorada pelo diploma, mas não pode deixar de ser a primeira solução jurídica na hipótese de violação da garantia de emprego, sem prejuízo do pagamento dos valores que seriam devidos ao empregado desde o momento da dispensa

---

(14) Disponível em: <https://reporterbrasil.org.br/2020/04/medida-provisoria-nao-garante-estabilidade-no-emprego-para-quem-aceitar-reducao-salarial-ou-suspensao-do-contrato/>. Acesso em: 10 maio 2020.

(15) Disponível em: <https://oglobo.globo.com/economia/apagao-estatistico-falta-de-dados-impede-retrato-fiel-do-desemprego-no-pais-durante-pandemia-24407475>. Acesso em: 10 maio 2020.

(16) Disponível em: <https://g1.globo.com/economia/noticia/2020/05/07/sem-citar-fonte-bolsonaro-fala-em-10-milhoes-de-desempregados-devido-ao-coronavirus.ghtml>. Acesso em: 10 maio 2020.

(17) Disponível em: <https://servicos.mte.gov.br/bem/>. Acesso em: 30 maio 2020.

(18) Disponível em: <https://economia.uol.com.br/empregos-e-carreiras/noticias/redacao/2020/05/28/desemprego-pnad-ibge.htm>. Acesso em: 30 maio 2020.

indevida até o retorno ao serviço. Essa saída é aquela que restaura de modo pleno o direito do empregado, ao conceder a tutela específica (arts. 495 da CLT, 4º, I, da Lei n. 9.029/95 e 497 e 536 do CPC).

Há situações nas quais sequer é completa a indenização relativa ao período de garantia desrespeitado, o que não se pode aceitar, por consistir em afronta à igualdade sem qualquer justificativa, além de violar a restituição integral (art. 5º, V, da Constituição e art. 944 do Código Civil).

Assim, inclusive diante da literalidade dos incisos do § 1º do art. 10 e do *in dubio pro operario*, entende-se que a indenização, para todos empregados vinculados ao regime da MP n. 936, deve ser calculada levando em conta todo o período de garantia, independentemente do tempo eventualmente já laborado pelo empregado, sem deduções dos percentuais mencionados no dispositivo em análise.

Deve-se interpretar igualmente que a menção ao salário na base de cálculo da indenização diz respeito não só à remuneração, mas igualmente a todas as verbas devidas no período de garantia de emprego, como férias, o 13º salário e o FGTS, sob pena de a reparação integral ser igualmente maculada.

Ademais, sequer há dispositivos para buscar efetivar o recebimento dos valores decorrentes do término do vínculo, ou seja, aqueles oriundos do art. 10 da MP n. 936 e aqueles oriundos de qualquer dispensa sem justa causa, as chamadas verbas rescisórias, entre as quais a sanção de 40% do FGTS (art. 10, I, do ADCT).

A preocupação é de todo fundamental, já que a Justiça do Trabalho é inundada cotidianamente por postulações para recebimento das verbas decorrentes do término do vínculo e não está funcionando em sua plenitude, por força da pandemia.

Diante inclusive do propósito propalado de preservação de renda na crise, o empregador não pode tentar resolver seus problemas desfazendo-se de trabalhadores sem, ao menos, pagar-lhes os valores decorrentes do término imotivado do vínculo, até mesmo para que o inadimplemento não seja utilizado como estratégia de gestão. Reconhecida a postura abusiva, deve ocorrer a preservação do vínculo empregatício, com todos os seus efeitos, até o pagamento das verbas devidas por força da dispensa.

4. Conclusão

Ao contrário do propagandeado, a MP n. 936 reforça a cultura jurídica da potestatividade patronal para o término do vínculo empregatício, que despreza o princípio da continuidade da relação de emprego (art. 7º, I, da Constituição).

A profusão de MPs (ns. 808, 873, 905, 927, 928, 936 e 955) expõe a política errática do poder público na seara laboral, confirmando que a Lei n. 13.467 serviu de motor para desestruturação e imprevisibilidade do Direito do Trabalho.

A MP n. 936 mistura o pior das disposições dos arts. 477-A e 611-A, § 3º, da CLT, condicionando indevidamente o direito fundamental do art. 7

º, I, da Constituição, à restrição de outros direitos, assim como afastando o sindicato na maioria das situações previstas pela medida provisória em questão

Portanto, a retórica da manutenção de empregos não se sustenta, até mesmo porque sequer há informações seguras para avaliar o impacto da maior recessão vivenciada neste século e contraria a experiência após a Lei n. 13.467.

Ainda que seja adotada a intepretação sugerida no presente texto, a garantia de emprego do art. 10 da MP n. 936 é demasiadamente frágil e nem mesmo estabelece mecanismos incisivos para concretização de recebimento de valores na hipótese da dispensa.

A presente crise humanitária requer a revalorização dos direitos fundamentais, para que fique aberta a porta para seu fortalecimento e não sua destruição.

5. Referências bibliográficas

ANTUNES, Ricardo. *Os sentidos do trabalho: Ensaios sobre a afirmação e a negação do trabalho.* 2. ed. São Paulo: Boitempo, 2009.

FILGUEIRAS, Victor Araújo. As promessas da Reforma Trabalhista: combate ao desemprego e redução da informalidade. In: KREIN, José Dari *et. al.* (Orgs.). *Reforma Trabalhista no Brasil: promessas e realidades.* Campinas: Curt Nimuendajú, 2019. p. 13-52.

SEVERO, Valdete Souto. *O dever de motivação da despedida na ordem jurídico-constitucional brasileira.* Porto Alegre: Livraria do Advogado, 2011.

TEIXEIRA, Victor Emanuel. B. Lei n. 13.467/2017: o futuro repete o passado na manutenção da lógica da dispensa. In: SOUTO MAIOR, Jorge Luiz; SEVERO, Valdete Souto (Orgs.). *Resistência:* aportes teóricos contra o retrocesso trabalhista. São Paulo: Expressão Popular, 2017. p. 361-373.

Páginas eletrônicas:

<https://www.camara.leg.br/proposicoesWeb/fichadetramitacao?idProposicao=2242618>. Acesso em: 09 maio 2020.

<http://www.camara.gov.br/proposicoesWeb/prop_mostrarintegra?codteor=1544961&filename= PRL+1+PL678716+%3D%3E+PL+6787/2016>. Acesso em: 09 maio 2020.

<http://www.jorgesoutomaior.com/blog/os-201-ataques-da-reforma-aos-trabalhadores>. Acesso em: 09 maio 2020.

<https://valor.globo.com/politica/noticia/2018/12/04/bolsonaro-trabalhador-tera-de-escolher- entre-mais-direitos-ou-emprego.ghtml>. Acesso em: 09 maio 2020.

<https://www.migalhas.com.br/arquivos/2020/4/0A7F133ADADA40_MP936.pdf>. Acesso em: 15 maio 2020.

<https://www.correiobraziliense.com.br/app/noticia/politica/2020/04/18/interna_politica, 845855/cni-comemora-decisao-do-stf-sobre-mp-dos-salarios-sindicatos-criticam.shtml>. Acesso em: 15 maio 2020.

<https://cacb.org.br/mp936-20-stf-decide-pela-dispensa-de-sindicatos-em-acordos-entre-empregados-e-empregadores/>. Acesso em: 15 maio 2020.

<https://vocesa.abril.com.br/mercado-vagas/movimento-nao-demita/>. Acesso em: 11 maio 2020.

<http://www.economia.unicamp.br/Covid-19/proposta-do-governo-de-reducao-de-jornada--e- de-salarios-vai-empurrar-o-pais-para-a-depressao-economica>. Acesso em: 30 maio 2020.

<https://www1.folha.uol.com.br/mercado/2020/04/programa-que-salva-emprego-formal-empobrece-trabalhador-diz-estudo.shtml>. Acesso em: 30 maio 2020.

<https://noticias.portaldaindustria.com.br/noticias/economia/tres-em-cada-quatro-consumidores- vao-manter-reducao-no-consumo-no-pos-pandemia/>. Acesso em: 30 maio 2020.

<https://www.migalhas.com.br/depeso/324784/sobre-odisseias-e-portos-seguros-a-pandemia- a-adi-6363-df-e-o-parecer-da-fenaban>. Acesso em: 11 maio 2020.

<https://reporterbrasil.org.br/2020/04/medida-provisoria-nao-garante-estabilidade-no- emprego-para-quem-aceitar-reducao-salarial-ou-suspensao-do-contrato/>. Acesso em: 10 maio 2020.

<https://oglobo.globo.com/economia/apagao-estatistico-falta-de-dados-impede-retrato-fiel-do-desemprego-no-pais-durante-pandemia-24407475>. Acesso em: 10 maio 2020.

<https://g1.globo.com/economia/noticia/2020/05/07/sem-citar-fonte-bolsonaro-fala-em-10-milhoes-de-desempregados-devido-ao-coronavirus.ghtml>. Acesso em: 10 maio 2020.

<https://servicos.mte.gov.br/bem/>. Acesso em: 30 maio 2020.

<https://economia.uol.com.br/empregos-e-carreiras/noticias/redacao/2020/05/28/desemprego- pnad-ibge.htm>. Acesso em: 30 maio 2020.

A Dispensável Reprodução da Força de Trabalho no Brasil e o Risco da Atividade Econômica na Covid-19

Gabriela Caramuru
Bárbara Caramuru

I. A economia dependente e a conjuntura de ofensiva

Por que os empregadores não estão preocupados com a manutenção da vida dos empregados ante à Covid-19? Por que o Estado brasileiro não é ativo na manutenção da vida dos trabalhadores? Por que as políticas de manutenção de renda e proteção dos salários são tão diferentes entre países centrais e países dependentes? Por que não tem problema morrer aqui?

Em uma dimensão conjuntural na análise da política do país, o cenário brasileiro é de intensa crise econômica. Diante de um governo que realiza as alterações jurídicas necessárias à proteção dos lucros dos empregadores e reafirma o lugar brasileiro de dependência econômica e política dos EUA, permanece restrita qualquer resistência por uma autonomia produtiva nacional. Alguns empresários brasileiros enriquecem com a venda do país e restrições de direitos sociais, principalmente aqueles que não precisam vender suas mercadorias em um país de terra arrasada, que vivem dos títulos públicos, das operações bancárias ou dos nichos de mercado fruto das privatizações, como as previdências privadas. Outros empregadores têm seu lucro reduzido em face da restrição do mercado interno, fruto de salários cada vez mais baixos e poder de consumo limitado dos trabalhadores. Como alternativa, compram trabalho intermitente, terceirizados e precários, mesmo sofrendo as consequências do empobrecimento dos trabalhadores.

As ampliações de trabalhos precários com baixos salários acirram o problema de realização das mercadorias produzidas em território nacional, já que o poder de consumo dos trabalhadores, quando reduzido, limita a própria venda de mercadorias no mercado interno do país. A dependência internacional da venda de commodities baratas, o desaquecimento da China e a imprevisão da produção mundial também diminuem exportações brasileiras e investimentos estrangeiros em dólar. A dependência econômica dos mercados, investimentos e tecnologias externas se intensifica com a venda de setores importantes como a Petrobras, com a desindustrialização do país e a destruição do território e matérias primas pelo agronegócio. A burguesia nacional faz o melhor para si, aliando-se ao capital internacional e comercializando o trabalho superexplorado como atração latino-americana.

O neoliberalismo aparece na ausência completa de planificação econômica, de proteções sociais como saúde, habitação, aposentadorias e demais políticas públicas. Sua derrota como projeto coletivo se verifica na constante concentração de riquezas nacionalmente(1) e em âmbito mundial(2), aumento das jornadas de trabalho e diminuição de salários, com reformas trabalhistas e previdenciárias em todo o globo. A crise dos empresários e sua política econômica empurra o capital sobre o trabalho, invadindo a cesta de consumo dos trabalhadores. Busca-se a redução de direitos sociais e salários para compensar os lucros diminuídos pelas equivocadas políticas de mercado e dependência internacional.

As propostas trabalhistas do governo federal na conjuntura do Covid-19 são inúmeras, sempre no sentido de proteger as taxas de lucro em detrimento dos salários. Nessa esteira, cumpre apresentar as alterações trabalhistas propostas pelas Medidas Provisórias justificadas pela conjuntura do Covid-19. Inicialmente, a Medida Provisória (MP) n. 927, visa proteger a exploração da jornada de trabalho com permissão de banco de horas até 18 meses por negociação individual, possibilidade de usar os feriados futuros para compensar dias não trabalhados, no caso das férias adiantar períodos aquisitivos não fechados, conceder férias com aviso de apenas 48h, desobrigar a compra dos 10 dias de férias, desobrigar o pagamento antecipado do 1/3 constitucional e prorrogá-lo até dezembro, permitir a suspensão de férias dos trabalhadores da saúde, autorizar a mudança para teletrabalho em apenas 48h, postergar FGTS, exames de saúde e validade de negociação coletiva, autorizar negociação individual acima da lei, validar práticas até então ilegais cometidas nos últimos 30 dias, aumentar a jornada dos trabalhadores da saúde em até 24h, transformar a fiscalização em meras orientações e o Covid-19 não ser reconhecido como doença ocupacional(3). Isto é, se os interesses dos empregados e empregadores são opostos em uma relação de emprego, podemos verificar que não existe qualquer alteração legal favorável aos empregados na MP n. 927, mas o Estado é ativo na proteção dos empregadores ante ao Covid-19.

---

(1) SOUZA, 2016.

(2) COFFEY *et all*, 2020.

(3) BRASIL, 2020a

Para comprovar a desnecessidade de proteção do empregados e proteção dos empregadores pelo Estado, a MP n. 936 se apresentou como um marco na restrição de direitos do trabalho no Brasil. Com o ideológico nome de "Programa Emergencial de Manutenção do Emprego e Renda" institui a possibilidade de redução de jornada com redução de salário por até 90 dias (já prorrogados por mais 90), com três possibilidade de redução por ajuste individual, sendo 25%, 50% ou 70% de redução salarial em plena pandemia(4). O governo propõe usar as receitas públicas para assumir parte da obrigação dos empregadores com os trabalhadores, complementando parte dos salários reduzidos apenas conforme o valor do seguro desemprego.(5) Caso ainda mais grave para os empregados figura na faculdade de suspensão dos contratos de trabalho em até 60 dias, com salários substituídos parcialmente no valor de parcelas do seguro desemprego, pagos novamente com a receita pública coletiva, e não com os lucros acumulados pelo empregador.(6) Por fim, a mesma MP institui o "Benefício Emergencial de Preservação do Emprego e Renda" para autônomos, trabalhadores informais e desempregados, no valor de cerca de 60% do salário mínimo.(7)

Na esteira das políticas públicas de proteção dos empregadores, vimos ainda a MP n. 944, com empréstimo aos empregadores, objetivando a garantia do pagamento dos salários de seus empregados no valor de 360 mil a 10 milhões, por até 2 meses(8). Nesse caso, instituindo uma contrapartida de apenas 2 meses de estabilidade no emprego para os empregados(9). E, por fim, na proteção dos lucros em detrimento dos salários, aparece a MP n. 946, extinguindo o PIS/PASEP(10) com transferência dos valores para o FGTS(11).

Diante de uma economia de baixos salários, níveis significativos de desemprego, endividamento e trabalho informal, além da insuficiência de saúde pública para a manutenção da vida da classe trabalhadora (que foge ao nosso objeto aqui), a política ativa dos empregadores e Estado consiste, numa conjuntura de pandemia, em diminuir direitos do trabalho, reduzir salários, suspender contratos de trabalho e pagar um benefício de quase metade do salário mínimo nacional. Trata-se de onerar os empregados com vistas a compensar as perdas econômicas decorrentes da crise do capital e da pandemia.

---

(4) BRASIL, 2020b.

(5) *Idem.*

(6) *Idem.*

(7) *Idem.*

(8) BRASIL, 2020c.

(9) *Idem.*

(10) O PIS/PASEP trata do pagamento de um valor adicional aos empregados de baixa renda (até 2 salários mínimos por mês).

(11) BRASIL, 2020d

A reprodução atrofiada da classe trabalhadora não é nova, e na América Latina aparece como regra, com uma opressão de morte de cerca de dez anos em relação a expectativa de vida dos países centrais[12]. O acesso à saúde como condição da própria manutenção da força de trabalho para a exploração, ou o pagamento de aposentadorias para a manutenção de um mínimo mercado interno benéfico ao capital, também é fragilizado em relação ao centro. [13] Com um histórico exército de reserva majorado desde o passado de sequestro de africanos, nem mesmo os direitos sociais do trabalho, para o mínimo de regulação do consumo da força de trabalho na exploração, tem a devida eficácia no Brasil. A vida dos trabalhadores latino-americanos importa menos ao capital, de modo que se o vampiro matar a presa (ou incapacitá-la para o trabalho) existirá outro trabalhador na fila para a extração de mais-valor.

Na dimensão estrutural de análise, a divisão internacional do trabalho determina as relações de produção e distribuição de valor na América Latina e Brasil. A partir de transferências de capital por remessas de lucro, importação de tecnologia, dívida pública, pagamento de patentes e as transferências de valor com os preços de produção decorrentes de composições orgânicas distintas, o país perde valor e capital que se movimentam em direção aos países centrais[14].

Como compensação às transferências de valor para os países centrais, os capitalistas nacionais intensificam a exploração do trabalho, impõe jornadas de trabalho superiores e pagamento de salários abaixo do valor de reprodução dos trabalhadores.[15] A superexploração do trabalho na América Latina e Brasil são alternativas dos capitais nacionais para recuperar valores perdidos com as transferências e reproduzem um lugar determinado para os países dependentes na divisão internacional do trabalho.[16] A superexploração reproduz de forma atrofiada a classe trabalhadora nesses países, vítimas de adoecimentos físicos fruto da extensão das jornadas de trabalho, de adoecimentos mentais em face da intensificação do trabalho, de prejudicadas condições alimentares e de moradia devido aos baixos salários, de acidentes do trabalho, trabalhos em condições insalubres ou perigosas e toda uma sorte de carências próprias do subdesenvolvimento.

A condição de baixos salários, por sua vez, fecha o ciclo da dependência com a consolidação de um mercado interno fragilizado, que limita a realização de mercadorias no mercado nacional e restringe a indústria interna.[17] Com uma classe trabalhadora

(12) OMS, 2018.

(13) MARINI, 2011.

(14) *Idem.*

(15) *Idem.*

(16) *Idem.*

(17) *Idem.*

impossibilitada de consumir em face dos baixos salários, resta aos empresários nacionais a exportação das mercadorias produzidas para o consumo dos países centrais, que consomem por eles e pelos latino-americanos.[18] Assim, verificamos um divórcio entre a produção e o consumo de mercadorias na América Latina e Brasil, fechando o ciclo do capitalismo dependente.[19]

O padrão de reprodução dependente do Brasil na divisão internacional do trabalho e a conjuntura de desmonte dos escassos direitos sociais e do trabalho na conjuntura de pandemia devido ao Covid-19 são determinados em última instância pela forma particular com que o capitalismo se organiza na América Latina e Brasil.

II. A reprodução atrofiada e o exército de reserva no Brasil e América Latina

A partir da constatação do padrão de reprodução dependente como a forma de desenvolvimento do capitalismo na América Latina, pautado na transferência para os países centrais, superexploração do trabalho e divórcio entre produção e consumo, compreendemos o caráter estrutural da superexploração do trabalho como uma atração latina na divisão internacional do trabalho. Tal marco teórico é importante pois nos afasta de concepções evolucionistas e desenvolvimentistas que colocam os países desenvolvidos como etapas inferiores de desenvolvimento, por vezes culpabilizando os trabalhadores superexplorados da condição de dominação.

Ao contrário dessa análise, demarcarmos que o subdesenvolvimento não é etapa do desenvolvimento, mas o capitalismo já começa com o papel determinado da periferia como a produtora de matéria prima e trabalho barato necessário ao desenvolvimento dos países centrais. Isto é, o subdesenvolvimento é apenas o outro lado, necessário, do desenvolvimento.

Dessa maneira, compreendemos a superexploração do trabalho como uma necessidade do capitalismo dependente para compensar as perdas nas transferências de valor e capital para o centro,[20] bem como decorrente da estrutura de inversão entre lucros e salários no capitalismo desequilibrado pelo exército de reserva majorado.[21] A inconciliável relação entre o valor dos salários pagos pelos empregadores e o lucro dos empregadores como estrutura geral do capitalismo impõe uma luta incessante dos empregadores com vista a redução dos salários para aumento dos lucros.

Esse processo também acontece nos países centrais, mas o salário como reprodução da classe trabalhadora, para que essa se mantenha viva para a exploração nesses

(18) MARINI, 2011.

(19) *Idem.*

(20) *Idem.*

(21) MARX, 2014.

países, aparece como uma necessidade do próprio desenvolvimento do capitalismo.[22] Contudo, a reprodução dos trabalhadores no padrão de reprodução dependente apresenta características particulares, como mencionamos, de modo que essa reprodução se mostra atrofiada, tanto pelas condições precárias de exploração da força de trabalho, quanto pelos salários abaixo do valor de reprodução.[23]

Dessa maneira, precisamos responder o porquê no Brasil a reprodução atrofiada da classe trabalhadora não é um problema para a economia do ponto de vista do capital. Ou ainda, com relação ao Covid-19, o porquê a vida dos trabalhadores (produtores de valor pela exploração do trabalho) não é protegida pelos empregadores da mesma maneira em que se faz protegida nos países centrais.

Nos parece que o conceito de exército industrial de reserva em Marx[24] esclarece essa questão. Cumpre destacar que a mercadoria força de trabalho, como a única que produz mais-valor do que seu custo, tem a necessidade de ser reproduzida pelo capitalista para a manutenção do elemento essencial da produção de valor na sociedade. Aqui está a chave para a compreensão das políticas patronais propostas pelos empregadores no Brasil pois tal preocupação com a reprodução dos trabalhadores aparece apenas na medida da necessidade dos capitalistas em usar a força de trabalho.

O exército industrial de reserva em Marx é necessário para manter uma reserva de trabalho necessária às novas atividades econômicas do capital.[25] Tal exército consiste no número de trabalhadores disponíveis em relação à quantidade de capital para absorver esse trabalho.[26] No caso do Brasil e América Latina, o amplo exército de reserva com a disposição de inúmeros trabalhadores aos reduzidos investimentos do mercado interno[27] torna dispensável aos capitalistas a reprodução de parte da classe trabalhadora, ou ainda, permite uma reprodução atrofiada da força de trabalho.

Em um cenário em que o trabalhador tem expectativa de vida reduzida pelas condições precárias de vida devido aos baixos salários, ou falece decorrente de acidentes de trabalho, ou se torna incapaz em face de um uso intensivo de seu corpo explorado em processo, o empregador nacional não precisa se preocupar com a essa reprodução, pois, diante do amplo exército de reserva, existe força de trabalho suficiente para substituir esse trabalhador.

---

(22) MARX, 2014.

(23) MARINI, 2011.

(24) MARX, 2014.

(25) *Idem.*

(26) *Idem.*

(27) MARINI, 2011.

Do ponto de vista da economia do modelo de produção capitalista, caso exista força de trabalho para substituir trabalhadores adoecidos, incapacitados ou mesmo falecidos, não temos um problema para a reprodução do capital na valorização do valor. Desse modo, a existência de um majorado exército de reserva na América Latina permite que a reprodução da vida dos trabalhadores seja dispensável aos empregadores.

Tal circunstância particular do padrão de reprodução dependente, somada a necessidade de superexploração do trabalho para compensar transferências construindo um lugar determinado da produção nacional na divisão internacional do trabalho, explica porque a reprodução atrofiada dos trabalhadores e mesmo o falecimento de parte da classe trabalhadora pelo Covid-19 não se faz uma preocupação para a economia nacional e seu respectivo governo.

De modo contrário, o discurso hegemônico do patronato nacional se constrói na narrativa de que a proteção da vida dos trabalhadores enfraquece a economia nacional, de modo que políticas trabalhistas como as Medidas Provisórias citadas figuram como as ações governamentais na defesa dos lucros dos empregadores.

Com exército industrial de reserva disponível para a exploração da força de trabalho pelos empregadores, o falecimento de parte da classe trabalhadora não prejudica a acumulação de capital, mas recoloca outro trabalhador para substituir o trabalhador falecido, sem prejuízo no funcionamento e acumulação privada das empresas.

As políticas trabalhistas nas Medidas Provisórias citadas, de redução de salários, intensificação do trabalho, suspensão dos contratos de trabalho e empréstimos aos empresários propostas na pandemia não podem ser explicadas apenas a partir das ideologias (falsa consciência) das classes dominantes. As ofensivas à reprodução da classe trabalhadora brasileira em uma conjuntura de risco de morte dos trabalhadores têm vínculo determinante com o padrão de reprodução particular em que o capitalismo brasileiro se organiza na divisão internacional do trabalho. A condição de dependência e o exército de reserva dispensam a reprodução da vida de parte dos empregados na economia dependente.

III. Uma economia para a maioria e o uso tático do direito

Não há de se questionar que o direito capitalista do trabalho positivado tem instrumentos suficientes para garantir a reprodução da vida no Brasil e sua interpretação protetiva (também compatível com o princípio mestre da proteção) levaria à condições de vida suficientes para a reprodução da força de trabalho explorada[(28)] em processo.

(28) Usamos "exploração" nos termos de Marx (2014), isto é, relação de venda de trabalho onde o vendedor da força de trabalho não recebe a totalidade do que produziu. Exemplo: Engenheiro que ganha 10 salários mínimos por mês, mas produz 20 salários mínimos por mês, sendo outros 10 apropriados privadamente

Problema é que direito não é norma, mas relação jurídica fundada na forma jurídica burguesa,[(29)] de modo que as relações de compra e venda da força de trabalho, como qualquer mercadoria, são determinadas além de seu valor, por uma taxa média de lucro conforme a composição orgânica dos capitais (preços de produção) e oferta e demanda (preços de mercado).[(30)] As lutas de classes em torno do valor dos salários também se fazem relevantes, já que é possível uma ofensiva do capital sobre os salários em determinado período histórico. Os empregadores em uma correlação de forças favorável reduzem os salários a despeito do direito positivado, por mera violação, ou ainda impõem alterações legais contraditórias com o conjunto de seu próprio ordenamento burguês.

Ou seja, reproduzir a força de trabalho com salários suficientes, manutenção da saúde com diversas proteções, inclusive limitação de jornada, dependem não só do direito positivado, nem mesmo da relação jurídica estrita, mas das relações econômicas capitalistas na compra e venda da mercadoria força de trabalho. Cumpre fazer tal esclarecimento antes de pensarmos táticas jurídicas para a manutenção da reprodução dos trabalhadores, pois os limites do direito são grandes e seu uso de modo anticapitalista, quando possível, é residual.

Contudo, na medida que a luta de classes se faz em todos os âmbitos da sociedade do capital, exatamente porque as relações capitalistas mercantilizam todas as relações sociais, cumpre aos juristas do povo disputar o espaço jurídico afim de contribuir para a melhora das condições de vida dos trabalhadores, fortalecendo a superação do próprio direito com a superação do capitalismo. E aqui pensamos as defesas jurídicas que contribuem para a reprodução dos trabalhadores no Brasil, em que pese tal relação de compra e venda seja determinada em última instância pelas condições de mercado e pela luta de classes.

Em resumo, defenderemos que diante do isolamento necessário à prevenção do Covid-19 cabe aos patrões arcarem com a interrupção dos contratos de trabalho no Brasil, isto é: a suspensão da prestação de serviço e manutenção dos salários. Para os trabalhadores informais e autônomos defenderemos pagamento de salário mínimo pelo Estado, enquanto durar as orientações de isolamento. Vamos aos argumentos.

Em que pese o Direito garanta a exploração do trabalho com certos limites (menos rigorosos na América Latina) é pacífico que o Direito do Trabalho parte da constatação de que uma das partes da relação de trabalho tem privilégio sobre a

---

pelos proprietários da empresa. O engenheiro com 10 salários mínimos por mês tem sua força de trabalho explorada, pois produz mais-valor além do valor pago em seu salário. Isso para dizer que exploração da força de trabalho em Marx não significa ganhar pouco, mas sim ganhar menos do que se produz (MARX, 2014).

(29) PACHUKANIS, 2017.

(30) MARX, 2018.

outra: o privilégio está naqueles que têm o poder econômico de comprar trabalho: os patrões. Estamos dizendo aqui que o próprio Direito Capitalista do Trabalho reconhece a injustiça (e Direito nunca teve a ver com justiça[(31)]) das relações de trabalho no capitalismo. Tal reconhecimento e autorização da subordinação de outras vidas ao empregador impõe deveres mínimos em troca. Isso para dizer que no direito burguês o risco da atividade econômica do capital é apenas do capital.

Em uma conjuntura de crise econômica nos perguntam: — mas o empresário também não está passando por dificuldades? Os socialistas respondem: — Pode ser que estejam, pode ser que não. O que importa é que a diferença em ser capitalista ou trabalhador não é uma diferença subjetiva, ou seja, não se trata de querer ser capitalista, ou se esforçar, ou ter boas ideias, ou merecer. Ser capitalista no modelo de produção capitalista significa uma condição objetiva de "ter capital". Nessa esteira, ter capital e receber a autorização jurídica para comprar trabalho pressupõe o devido risco de comprar trabalho, o risco de concorrer com os diversos fatores do mercado capitalista, sejam eles internos ou externos.

Assim, diante de situações econômicas, políticas ou ambientais e também como é o caso do Covid-19, em que prejuízos indiscutivelmente atingirão a produção, pelo direito capitalista do trabalho cabe aos empregadores a responsabilidade com o risco da atividade econômica. Vale destacar que não se trata de uma punição aos patrões, mas apenas a outra face da moeda que permite com que em condições extremamente favoráveis, ou em condições inesperadamente favoráveis os empregadores não sejam obrigados a dividir seus lucros com os trabalhadores. Esse é o capitalismo dos liberais, ao menos em aparência.

Vejamos: "Lucros dos maiores bancos do Brasil crescem 18% em 2019"[(32)], ou ainda "XP tem alta de 40% em receita e lucro dispara no quarto trimestre"[(33)], apenas para exemplificar. A pergunta é: nesses casos de situações excepcionais favoráveis aos empregadores, cabe divisão de lucros com os empregados? Pois o direito é bem claro ao determinar que não. O fruto da bem-sucedida exploração do trabalho e dos elementos externos que levaram ao lucro são direito exclusivo do empregador que compra a força de trabalho. Os lucros dos bancos ou da XP são os louros do risco da atividade econômica, próprios da condição de ter capital e valorizá-lo com a exploração do trabalho em uma jornada dentro dos limites legais.

---

(31) Para o marxismo o Direito é próprio do capitalismo e forma jurídica de troca de equivalente pelo contrato, com a construção de abstrações necessárias as trocas de mercadorias (como sujeito de direito, igualdade jurídica e liberdade). Os socialistas não defendem um direito proletário, mas o fim do Direito. Isso e mais em Evgene Pachukanis, PACHUKANIS, 2017.

(32) *G1*, 2019.

(33) *UOL*, 2020.

Nessa medida, em caso de condições desfavoráveis como o Covid-19 cabe ao empregador mesmo em casos de prejuízo econômico a interrupção do contrato de trabalho com suspensão do trabalho e manutenção dos salários. A proteção à saúde do trabalhador (e aqui falamos novamente do mínimo) já aparece como uma regulação do próprio direito capitalista do trabalho para proteger a reprodução da classe trabalhadora. A doação e uso de equipamentos de segurança (EPIs) e a suspensão da prestação do trabalho diante de grave risco para a saúde já se encontra prevista na legislação até mesmo de países dependentes como o Brasil.(34) A segurança do mínimo de existência da força de trabalho deve ser defendida com primazia sobre o sucesso dos capitalistas na exploração do trabalho. E mesmo do ponto de vista do capital, a reprodução só não é protegida se o exército de reserva suprir a demanda por nova força de trabalho saudável para a exploração, que como vimos, é o caso da América Latina e Brasil, e por isso o enfrentamento mais bruto na conquista dessas proteções.

No caso da pandemia, a condição de proprietário do capital permite ao capitalista que ele e sua família não passem fome por conta do fechamento temporário de sua atividade econômica, permite que o empregador e sua família não sejam forçados a trabalhar em locais de risco e possam realizar a quarentena indicada pelos órgãos de saúde. A condição de capitalista ainda permite melhor atendimento médico e hospitalar, acesso à medicamentos e tratamentos que o trabalhador obrigado ao trabalho ou sem salário jamais logrará. Em suma, a condição de capital que compra o trabalho determina uma diferença na capacidade de enfrentamento aos prejuízos sociais e obriga o empregador a se responsabilizar pelas famílias que produzem a riqueza por ele apropriada privadamente ao longo de gerações. Dito isso, não é possível comparar os prejuízos do capital aos prejuízos dos trabalhadores.

No padrão de reprodução dependente, com alto exército de reserva, os trabalhadores lutam por pautas que no centro do capitalismo são preocupações também do capital para "manter a galinha dos ovos de ouro".(35) O recuo das relações de emprego e ampliação do trabalho informal com contratos civis de compra de trabalho reduzem ainda mais o valor dos salários e consolidam no Brasil o pagamento da força de trabalho abaixo do seu valor de reprodução. A informalidade, de 41,1% em 2019 no Brasil,(36) a pejotização com a fraude dos MEIs(37), a terceirização irrestrita e a precarização do próprio vínculo de emprego (com negociações individuais, banco de horas,

(34) Art. 225 Constituição Federal; art. 7º, XXII, daConstituição Federal. Também a lei de urgência, Lei n. 13.979/2020 que abona faltas de trabalhadores empregados (formais) em quarentena e situações de isolamento.

(35) MARX, 2014.

(36) IBGE, 2019.

(37) Micro-empreendedor individual.

restrição da justiça e retirada de direitos) se cristalizam como uma tática patronal de avançar o capital sobre os bens necessários a reprodução dos trabalhadores.

Ao contrário do isolamento necessário a manutenção da vida de milhares de brasileiros, os trabalhadores informais e trabalhadores com vínculos de empregos precários, como terceirizados com alta rotatividade, estão sendo submetidos às jornadas ainda maiores em consequência do alto fluxo de pessoas nos supermercados, farmácias, pedidos de comida e demais mercadorias por aplicativos e trabalhos domésticos. O trabalho dos brasileiros motoristas, dos ciclistas de aplicativos, das cozinhas de restaurantes, dos seguranças, dos balconistas de farmácias e demais lojas devem ser prioritariamente protegido pelos juristas socialistas e ser o foco das lutas contra a pandemia e sua questão de classe.

A luta de classes não pode contar com a sensibilidade dos empregadores, já que estamos em uma disputa inconciliável de interesses econômicos. A qualidade de vida para os trabalhadores sempre demandou a redução dos lucros dos empregadores e nesse momento a vida dos trabalhadores exige o freio da acumulação privada das riquezas produzidas pelo trabalho dos brasileiros.

No caso dos trabalhadores informais, para além da luta tática por fiscalização e vínculos de emprego, no caso específico do convid-19, cabe aos juristas populares a cobrança de firme intervenção estatal para preservar a vida dos trabalhadores. E assim como a preocupação com os interesses dos empregadores se faz mero desvio burguês e desenvolvimentista, sem nenhuma crise moral devemos defender que o Estado capitalista deve suprir as demandas de vida dos trabalhadores afastados pela necessidade do isolamento, atingindo lucros e não salários. Outras alternativas de enfrentamento à dependência como suspensão do pagamento da dívida pública, ou/e a execução de dívidas tributárias prescritas são sim medidas emergenciais que dividem o problema econômico com os capitalistas nacionais e internacionais.

Reivindicações como "ficar em casa sem trabalhar e sem salário" carecem de materialidade da reprodução da vida em nossos países. Com salário médio de R$ 2,330,00[(38)] as famílias brasileiras não têm qualquer reserva disponível para passar nem mesmo uma semana sem trabalhar, pelo contrário, apresentam números gritantes do endividamento com 44% das famílias declarando-se endividadas em maio de 2019,[(39)] fato que já denota a insuficiência dos salários na reprodução, ou uma reprodução atrofiada da classe trabalhadora latina. O isolamento sem a garantia da reprodução ela obrigação de permanência de salários, somados a benefícios sociais, de maneira coloca em risco a reprodução da força de trabalho no Brasil, pois sem salários para a reprodução da vida, se os trabalhadores não morrerem de Covid-19, falecerão

(38) IBGE, 2019.

(39) BANCO CENTRAL, 2019.

da fome e as suas consequências para a saúde. Dessa maneira, a interrupção de todo trabalho só pode existir com a manutenção dos salários como forma de reprodução da classe trabalhadora brasileira.

Como analisamos, não existe compromisso do capital nacional com a manutenção da vida dos empregados, já que a redução de parte da classe trabalhadora por falecimentos decorrentes do Covid-19 ou a reprodução atrofiada devido à salários reduzidos não prejudica a economia no modo de produção capitalista e dependente, já que o exército de reserva figura suficiente para suprir a diminuição de trabalhadores adoecidos ou falecidos.

A partir de uma posição política ativa na disputa dos usos táticos do direito, não é possível que os brasileiros paguem com suas vidas para a manutenção da atividade econômica de valorização do capital dos empregadores. A imediata interrupção dos contratos de trabalho com permanência dos salários, a estabilidade no emprego e o pagamento de um salário mínimo (e menos que isso é inconstitucional[(40)]) é a política de redução dos danos causados pela corrupta gestão da vida que o capitalismo vem construindo desde de sua existência. A revogação das Medidas Provisórias que protegem os lucros e a pressão por políticas de garantia da vida são pautas essenciais aos juristas comprometidos com a transformação social.

Em uma sociedade internacional com relações de valor não existe elementos meramente "naturais" que não sejam afetados pelas relações sociais de produção, nesse caso, capitalistas. Nessa medida, o Covid-19 atinge de modo desigual os humanos em sociedade, e se faz diferente no que se refere à prevenção, tratamento médico e manutenção da renda de países ricos e países pobres, entre homens e mulheres, entre empregadores e empregados, entre trabalhadores formais e informais, entre brancos e negros. Propor uma política classista para o enfrentamento ao Covid-19 é tarefa da produção do conhecimento jurídico emancipador e construtor no Brasil.

IV. Referências bibliográficas

BANCO CENTRAL DO BRASIL. O endividamento das famílias é o maior em 3 anos. In: *Valor Econômico*, 2019. Disponível em: <https://valor.globo.com/brasil/noticia/2019/08/05/endividamento-das-familias-e-o-maior-em-3-anos.ghtml>. Acesso em: 08 ago. 2020.

BRASIL. *Medida Provisória n. 297, de 22 de março de 2020a.* Diário Oficial da União da República Federativa do Brasil, Poder Executivo, Brasília, DF, 22 mar. 2020. Seção 1, p. 1.

______. Medida *Provisória n. 936, de 1º de abril de 2020b.* Diário Oficial da União da República Federativa do Brasil, Poder Executivo, Brasília, DF, 1º abr. 2020. Seção 1, p. 1.

______. *Medida Provisória n. 944, de 03 de abril de 2020c.* Diário Oficial da União da República Federativa do Brasil, Poder Executivo, Brasília, DF, 03 abr. 2020. Seção 1, p. 5.

(40) Art. 201, II, 2º, Constituição Federal.

______. *Medida Provisória n. 946, de 07 de abril de 2020d.* Diário Oficial da União da República Federativa do Brasil, Poder Executivo, Brasília, DF, 07 abr. 2020. Seção 1, p. 9.

COFFEY, Clare; REVOLLO, Patricia Espinoza; harvey, Rowan; LAWSON, Max; BUTT, Anam Parvez; PIAGET, Kim; SAROSI, Diana; THEKKUDAN, Julie. *Time to care Unpaid and underpaid care work and the global inequality crisis, 2020.* Disponível em: <https://oxfafmilibrary.openrepository.com/bitstream/handle/10546/620928/bp-time-to-care-inequality-200120-en.pdf?sequence=36&isAllowed=y>. Acesso em: 08 ago. 2020.

G1. Lucro dos maiores bancos cresce 18% em 2019 e soma 815 bilhões. Disponível em: <https://g1.globo.com/economia/noticia/2020/02/13/lucro-dos-maiores-bancos-do-brasil-cresce-18percent-em-2019-e-soma-r-815-bilhoes.ghtml>. Acesso em: 08 ago. 2020.

IBGE. *Desemprego cai para 11,9% na média de 2019, informalidade é a maior em 4 anos.* Disponível em: <https://agenciadenoticias.ibge.gov.br/agencia-noticias/2012-agencia-de-noticias/noticias/26741-desemprego-cai-para-11-9-na-media-de-2019-informalidade-e-a-maior-em-4-anos>. Acesso em: 05 ago. 2020.

MARINI, Ruy Mauro. Dialética da dependência. In: TRASPADINI, Roberta.

STEDILE, João Pedro. *Ruy Mauro Marini – vida e obra.* São Paulo: Expressão Popular, 2011a. p. 131-172, p. 173-197.

MARX, Karl. *O capital:* crítica a economia política. vol. 1. São Paulo: Boitempo, 2014.

______. *O capital:* crítica a economia política. vol. 3. São Paulo: Boitempo, 2018.

OMS. *Worls Health Atatistics 2018.* Disponível em: <https://apps.who.int/iris/bitstream/handle/10665/272596/9789241565585-eng.pdf?ua=1>. Acesso em: 08 ago. 2020.

PACHUKANIS, Evgeni. A teoria geral do direito e marxismo. In: *A teoria geral do direito e marxismo e ensaios escolhidos.* São Paulo: Sundermann, 2017.

SOUZA, Pedro Herculano Guimarães Ferreira de. *A desigualdade vista do topo:* a concentração de renda entre os ricos no Brasil, 1926-2013. Tese (Doutorado em Sociologia) – Instituto de Ciências Sociais, Universidade de Brasília. Brasília, p. 216. 2020.

UOL. XP tem alta de 90% em receita e lucro dispara no 4º trimestre. Disponível em: <https://economia.uol.com.br/noticias/reuters/2020/03/17/xp-tem-alta-de-90-em-receita-e-lucro-dispara-no-4-tri.htm>. Acesso em: 08 ago. 2020.

Medida Provisória n. 936 — Redução de Jornada e Salário: Aspectos e Considerações

Andrea C. Rodrigues Peine Jara
Caio Rodrigues da S. Peine Jara
Carla Denise Theodoro

I. Introdução

Este artigo se destina a refletir criticamente a respeito da Medida Provisória n. 936, sob um ponto de vista social e econômico.

As medidas tomadas pela referida MP se mostram ineficientes, desumanas e anticivilizatórias, sendo mais uma estratégia para a degradação dos direitos dos(as) trabalhadores(as) brasileiros(as).

Através de um ponto de vista humanitário, foram apresentadas soluções de como poderíamos passar por essa pandemia, inclusive, demonstrando que o lado econômico está intrinsicamente interligado ao lado humano, pois não existe uma economia sustentável, se sua população não vive com dignidade.

O Brasil, para entrar no caminho do desenvolvimento e não ser visto como um país explorado, deve mudar as atitudes governamentais e não atacar os direitos sociais dos(as) trabalhadores(as), quando encontra uma oportunidade, pois isto depreda a dignidade deles(as) no trabalho.

Professor Jorge Luiz Souto Maior, um dos defensores da humanização do direito do trabalho, em brilhante matéria sobre a MP n. 936, afirma que ela tenta resolver problemas econômicos do país, por meio da imposição de um sofrimento muito grande aos(as) trabalhadores(as), sob o argumento perverso de que, ter emprego recebendo menos é melhor do que não ter nada.

O discurso é aterrorizante para os(as) trabalhadores(as), que dependem de renda para sua sobrevivência, além de mostrar que, nesse cenário, não há acordo, pois a palavra acordo remete a opção do(a) trabalhador(a) ter, efetivamente, uma escolha, o que não é o caso, pois, não existe essa opção.

De qualquer forma o ponto é trágico, comprometendo não só a renda, mas, também, a sua salubridade no ambiente de trabalho e a vida dos(as) trabalhadores(as), pois, por conta da pandemia, o empregador teve suas contas postergadas, já os(as) trabalhadores(as) estão recebendo normalmente suas contas ao final do mês sem qualquer benevolência. Assim, é inadmissível, como o atual governo, ao redigir essa medida, não se atentou a este grave aspecto, preferindo abster-se dos seus fundamentos previsto na Constituição Federal no art. 1º, inciso IV, o qual contempla a valorização social do trabalho e livre iniciativa e abstém-se dos seus objetivos previsto no art. 2º da Carta Magna, mais especificamente os incisos I, II e III, de construir uma sociedade livre, justa e solidária, garantir o desenvolvimento nacional, erradicar a pobreza e a marginalização reduzindo as desigualdade sociais e regionais.

II. Redução de jornada e salário e o velho discurso

O velho discurso da existência de crise econômica para sucatear os direitos trabalhistas foi amplamente utilizado na promulgação da Lei n. 13.467/2017, com a promessa, distópica, de uma decolagem econômica, que prometia geração de empregos, distribuição de renda, entre outros enganos, o que nunca existiu, conforme a história do quadro econômico-social do país demonstrou.

Souto Maior[(1)], em crítica ao discurso da flexibilização dos direitos trabalhistas, demonstrou com maestria que a "deforma" trabalhista, não trouxe a geração de empregos e nem a melhoria da situação econômica prometida. Muito pelo contrário, menciona ele que, aumentou expressivamente os lucros de empresas de capital aberto e os lucros dos quatro maiores bancos do país. Em sentido contrário, diz o ilustre professor, aumento do número de desempregados e desalentados, elevou a informalidade, a precariedade, ceifou o acesso dos(as) trabalhadores(as) à Justiça do Trabalho, aumentou os acidentes de trabalho, reduziu os direitos coletivamente conquistados, diminuiu o consumo, aumentou o endividamento familiar, diminuiu a arrecadação tributária e previdenciária, houve majoração do déficit público, aumento da miséria, da desigualdade social e da pobreza extrema.

Os ataques necropolíticos continuam e a pandemia decretada pela OMS, conforme divulgado pela Agência Nacional[(2)], pela disseminação do vírus da Covid-19, reconhecida e promulgada através do Decreto n. 6 de 20 de março de 2020, se tornou a nova razão dos ataques aos direitos trabalhistas.

---

(1) SOUTO MAIOR, Jorge. *A "reforma" trabalhista gerou os efeitos pretendidos*. Disponível em: <https://www.jorgesoutomaior.com/blog/a-reforma-trabalhista-gerou-os-efeitos-pretendidos>. Acesso em: 12 jun. 2020.

(2) Disponível em: <https://agenciabrasil.ebc.com.br/geral/noticia/2020-03/organizacao-mundial-da-saude-declara-pandemia-de-coronavirus>. Acesso em: 13 maio 2020.

Não estamos falando de uma "gripezinha", mas de uma doença grave, um vírus com alto grau de letalidade e que está, infelizmente, matando e levando milhares de brasileiros e brasileiras às UTIs hospitalares, sendo um verdadeiro caos na saúde pública e privada do país.

Ocorre que, mais uma vez, utilizando um fato dramático e real, a disseminação do vírus da Covid-19, assunto que deveria ser tratado com seriedade e rigidez pelas autoridades públicas, ao contrário, está sendo usado como mais uma bandeira para precarização, como pode ser observado através da edição Medida Provisória n. 936, cujo art. 7º, possibilita a redução salarial dos(as) trabalhadores(as), já massacrados(as) pelas medidas tomadas, em anos anteriores, e que visavam restringir ou até extinguir diversos direitos trabalhistas, reproduzimos:

> Art. 7º Durante o estado de calamidade pública a que se refere o art. 1º, empregador poderá acordar a redução proporcional da jornada de trabalho e de salário de seus empregados, por até noventa dias, observados os seguintes requisitos:
>
> I - preservação do valor do salário-hora de trabalho;
>
> II - pactuação por acordo individual escrito entre empregador e empregado, que será encaminhado ao empregado com antecedência de, no mínimo, dois dias corridos;
>
> III - redução da jornada de trabalho e de salário, exclusivamente, nos seguintes percentuais:
>
> *a)* vinte e cinco por cento;
>
> *b)* cinquenta por cento; ou
>
> *c)* setenta por cento.
>
> Parágrafo único. A jornada de trabalho e o salário pago anteriormente serão restabelecidos no prazo de dois dias corridos, contado:
>
> I - da cessação do estado de calamidade pública;
>
> II - da data estabelecida no acordo individual como termo de encerramento do período e redução pactuado; ou
>
> III - da data de comunicação do empregador que informe ao empregado sobre a sua decisão de antecipar o fim do período de redução pactuado.

Nesse sentido, a frase dita pelo Ministro Alexandre de Moraes no julgamento da ADI n. 6.363, sobre a necessidade ou não de "aval" dos sindicatos para a malsinada redução salarial, comparando o trabalhador com duas árvores, mostra o terror que o(a) trabalhador(a) brasileiro(a) tem passado quando a discussão são os seus direitos trabalhistas. Inicialmente, não realizamos a fotossíntese, respeitamos a natureza, mas nessa lógica capitalista que trabalhamos muito para ganhar o mínimo para sobreviver, árvores não utilizam transporte público, não saem para trabalhar, não precisam pagar contas, não sofrem acidente de trabalho, não precisam cumprir longas jornadas de trabalho, e, logo após todo esse martírio, enfrentar a segunda e terceira jornadas do dia tais como: cuidar da família, da casa, dos estudos, como no caso das mulheres brasileiras trabalhadoras.

Comparar uma árvore com o(a) trabalhador(a) é algo inapropriado, bem utópico por assim dizer. Devemos entender a realidade da classe trabalhadora brasileira, eles(as) não nascem plantados no chão. A vida e o trabalho são fenômenos que caminham juntos, não podemos defender a vida e, ao mesmo tempo, defender a precarização do trabalho, pois pessoas passam boa parte de suas vidas trabalhando, então a precarização do trabalho é a precarização da vida, em larga escala.

A ANAMATRA (Associação Nacional dos Magistrados da Justiça do Trabalho) em manifestação aos termos da MP n. 927 utilizou argumentos perfeitamente cabíveis ao texto da MP n. 936:

> (...) Ao apenas pedir o sacrifício individual das pessoas que necessitam do trabalho para viver, a MP n. 927 indica que soluções que impliquem em pactos de solidariedade não serão consideradas, tais como a **taxação sobre grandes fortunas, que tem previsão constitucional; a intervenção estatal para redução dos juros bancários, inclusive sobre cartão de crédito, que também tem resguardo constitucional; a isenção de impostos sobre folha de salário e sobre a circulação de bens e serviços, de forma extraordinária, para desonerar o empregador**.(3)

Do excerto, percebe-se que há diversos dispositivos constitucionais aptos para combater essa crise, não sendo necessária uma lei tão contrária aos interesses da Nação, com enorme prejuízo a sociedade, sob o capengo discurso de "melhora econômica".

Cabe destacar que, o simples argumento do mal menor, ou seja, se os(as) trabalhadores(as) não aceitarem a redução de jornada e salário, prevista nos "acordos" individuais, perderão os seus respectivos empregos, a par de inadequado, não está à altura da magnitude do Estado Brasileiro.

Ninguém é ingênuo para achar que os(as) trabalhadores(as) estão em condições de negociar com o empregador, visto que a hipossuficiência dos(as) mesmos(as) é um obstáculo intransponível para firmar acordos individuais. Além do mais, a Constituição Federal, conforme a seguir, restará especificado, impede a negociação individual para redução de salários sem a participação dos Sindicatos, direito esse inquebrantável a despeito da pandemia decretada.

As medidas devem ser menos danosas para os(as) trabalhadores(as), parte mais vulnerável na relação de emprego, como, por exemplo, a implantação da renda mínima,

---

(3) Disponível em: <file:///C:/Users/55119/Downloads/peti%C3%A7%C3%A3o%20inicial%20ADIN%20 6344.pdf>. Acesso em:13 maio 2020.

taxação de grandes fortunas, ao invés de redução do salário do(a) trabalhador(a) de forma compulsiva, como estão sendo feitas nesses "acordos" individuais, ao arrepio das normas estabelecidas nos arts. 7º. e 8º. da Constituição Federal.

III. Inconstitucionalidade da redução da salarial

No Brasil ao analisarmos, o caso prático de redução de salário, devemos nos ater as disposições Constitucionais, em especial o art. 7º, inciso VI, que nos dá um norte para os casos de redução, estabelecendo a irredutibilidade do salário, salvo disposto em acordo e convenção coletiva.

Fazendo a leitura desse dispositivo, não se pode afirmar que a Constituição Federal está permitindo a redução de salário, mas está possibilitando, por via de Convenção ou Acordo Coletivo, e mediante, uma contrapartida de patamar equivalente, a negociação, jamais ignorando o que está dito do *caput* do art. 7º. Constitucional, que é a melhoria das condições sociais das(os) trabalhadoras(es).

Sobre a questão da irredutibilidade salarial, Souto Maior, citado anteriormente, deixa evidente a correta interpretação a ser dada a este artigo:

> O inciso VI do art 7º, por exemplo, que cria uma exceção ao princípio da irredutibilidade salarial, permitindo a redução do salário, e nada além disso, por meio de negociação coletiva, insere-se no contexto ditado pelo *caput* do artigo, qual seja, o da melhoria da condição social do trabalhador e não se pode imaginar por evidente, que a mera redução de salário represente uma melhoria da condição social do trabalhador. Assim, o dispositivo em questão não pode ser entendido como autorizador de uma redução de salário só pelo fato de constar formalmente, de um instrumento coletivo (acordo ou convenção).
>
> A norma tratada, consequentemente, só tem incidência quando a medida se considere essencial para a preservação dos empregos, atendidos certos requisitos. A lei n.4.923/65, ainda em vigor, mesmo que parte da doutrina assim não reconheça, pois não contraria a Constituição, muito ao contrário, fixa as condições para uma negociação coletiva que preveja redução de salários: redução máxima de 25%, respeitado o valor do salário mínimo; necessidade econômica devidamente comprovada; período determinado; redução correspondente da jornada de trabalho ou dos dias trabalhados; redução, na mesma proporção, dos ganhos de gerentes e diretores; autorização por assembleia geral da qual participem também os empregados não sindicalizados.

Vejam, o argumento utilizado, de que o art. 7º, inciso VI, seria somente utilizado em sua integralidade em tempos normalidade, não deve prevalecer sobre uma norma garantidora considerada cláusula pétrea, mas convenhamos à conveniência de utilizar esse tipo de retórica parece ser algo muito mais fácil diante da normalidade, que tem se tornado a supressão dos direitos dos(as) trabalhadores(as).

Outro ponto a ser exposto é o ataque dessa Medida Provisória ao princípio da vedação ao retrocesso social, conforme exposto pelo Ministro Luís Roberto Barroso, em seu livro, Interpretação e aplicação da Constituição:

(...) o que a vedação do retrocesso propõe se possa exigir do Judiciário é a invalidade da revogação de normas que, regulamentando o princípio, concedam ou ampliem direitos fundamentais, sem que a revogação em questão seja acompanhada de uma política pública substitutiva ou equivalente. Isto é: a invalidade, por inconstitucionalidade, ocorre quando se revoga uma norma infraconstitucional concessiva de um direito, deixando um vazio no seu lugar. Não se trata, é bom observar, da substituição de uma forma de atingir o fim constitucional por outra, que se entenda mais apropriada. A questão que se põe é a da revogação pura e simples da norma infraconstitucional, pela qual o legislador esvazia o comando constitucional, exatamente como se dispusesse contra ele diretamente.

É que o princípio da vedação ao retrocesso social, nas lições de Canotilho[(4)], significa que:

> O princípio da democracia económica e social aponta para a proibição de retrocesso social.
>
> A ideia aqui expressa também tem sido designada como proibição de "contra-revolução social" ou da "evolução reacionária". Com isso quer dizer-se que os direitos sociais e económicos (ex.: direito dos trabalhadores, direito à assistência, direito à educação), uma vez obtido um determinado grau de realização, passam a constituir, simultaneamente, uma *garantia institucional* e um *direito subjetivo.* A "proibição de retrocesso social" nada pode fazer contra as recessões e crises económicas (reversibilidade fática), mas o princípio em análise limita a reversibilidade dos *direitos adquiridos* (ex.: segurança social, subsídio de desemprego, prestações de saúde), em clara violação do *princípio da proteção da confiança e da segurança dos cidadãos no âmbito económico, social e cultural*, e do *núcleo essencial da existência mínima* inerente ao respeito pela dignidade da pessoa humana. O reconhecimento desta proteção de "direitos prestacionais de propriedade", subjetivamente adquiridos, constitui um limite jurídico do legislador e, ao mesmo tempo, uma obrigação de prossecução

(4) CANOTILHO, José Joaquim Gomes. *Direito Constitucional e Teoria da Constituição*. 7a. ed. Coimbra: Almedina, 2003. 338 p

> de uma política congruente com os direitos concretos e as expectativas subjetivamente alicerçadas. A violação do núcleo essencial efetivado justificará a sanção de inconstitucionalidade relativamente as normas manifestamente aniquiladoras da chamada "justiça social".

Resta claro, no sentido de que, em palavras simples, não se pode tirar, sem colocar algo em seu lugar, equilibradamente, pois um direito social que foi introduzido no ordenamento jurídico, por meio de uma atividade legislativa, não pode ser reduzido ou suprimido, sem ser substituído por outro de mesma magnitude, sob pena de se tornar um direito social negativo.

A MP n. 936, ao possibilitar a redução de salário, sem prever uma contrapartida de igual dimensão, viola o princípio invocado, agravado pelo fato de ser possibilitado, mediante acordo individual escrito, em ofensa à Convenção n. 98 da OIT (Organização Internacional do Trabalho), que foi ratificada pelo Brasil, conforme seu art. 4º:

> 4º Deverão ser tomadas, se necessário for, medidas apropriadas às condições nacionais para fomentar e promover o pleno desenvolvimento e utilização de meios de negociação voluntária entre empregadores ou organizações de empregadores e organizações de trabalhadores, com o objetivo de regular, por meio de convenções coletivas, os termos e condições de emprego.

A Constituição Federal é cristalina ao possibilitar a redução salarial, observada a compensação equivalente, apenas e tão somente, mediante acordo ou negociação coletiva, o que significa que não foi contemplada a possibilidade de qualquer redução mediante acordo individual.

Tanto a Carta Constitucional, como as Convenções Internacionais ratificadas, deixam evidenciado que o Estado Brasileiro deve adotar medidas incentivando os meios de negociação coletiva, logo, evidente afronta constitucional prevista na MP n. 936, que possibilita a redução salarial mediante um acordo individual.

Aliás, temos que lembrar que o problema é coletivo, planetário, logo, não pode ser resolvido de forma individual.

Cabe lembrar, ainda, a Convenção n. 154 da OIT(5), que em seu art. 5º, estimula fortemente a negociação coletiva:

> 1. Deverão ser adotadas medidas adequadas às condições nacionais no estímulo à negociação coletiva.
>
> 2. As medidas a que se refere o parágrafo 1 deste artigo devem prover que:
>
> *a)* a negociação coletiva seja possibilitada a todos os empregadores e a todas as categorias de trabalhadores dos ramos de atividade a que se aplique a presente Convenção;

---

(5) Também ratificada.

b) a negociação coletiva seja progressivamente estendida a todas as matérias a que se referem os anexos a), b) e c) do art. 2 da presente Convenção;

c) imulado o estabelecimento de normas de procedimento acordas entre as organizações de empregadores e as organizações de trabalhadores;

d) a negociação coletiva não seja impedida devido à inexistência ou ao caráter impróprio de tais normas;

e) os órgãos e os procedimentos de resolução dos conflitos trabalhistas sejam concedidos de tal maneira que possam contribuir para o estimulo à negociação coletiva.

IV. Trabalhador um pilar de desenvolvimento como nação

É importante destacar o ponto de vista econômico que afeta o Brasil, principalmente milhares de trabalhadores(as), com uma política contrária aos pilares da sociedade brasileira, impostas para prejudicar e degradar as relações de emprego, piorando, por consequência, ainda mais a parte econômica. Lembrando que vivemos em uma sociedade capitalista e um dos seus sustentáculos é o consumo, então, podemos ver a importância disso em um momento pandêmico como este que o país atravessa.

O consumo, por outro aspecto, com sua brutal queda, faz com que pequenas e médias empresas fechem, peçam falência e o comércio se degrade por conta de dívidas, que não param de crescer. Tudo isso porque o(a) trabalhador(a) não está mais consumindo, pois, sua renda está comprometida com o sustento básico ou abaixo, ou até não tem renda nenhuma para se manter.

Diante do que foi exposto e analisando esta MP n. 936, que permitiu a redução do salário de milhões de trabalhadores(as), acreditamos que esse desmantelamento social vai ao encontro da política suicidaria econômica que o país vem sofrendo por conta de más gestões de governantes.

Um(a) trabalhador(a), que tem sua fonte de renda prejudicada, é uma pessoa a menos consumindo, ou seja, o plano de retomada econômica estará prejudicado, pois não há como ter consumo sem a devida distribuição de renda, que muitas vezes é feita pelo salário. Porém, o que está a ocorrer é o aumento do endividamento da população, porque trabalhadores(as) estão se socorrendo de empréstimos bancários com os juros extremamente abusivos, assim, a dívida adquirida nunca será paga e, consequentemente, o(a) trabalhador(a) terá um endividamento por conta desses empréstimos, comprometendo, ainda mais, sua fonte de renda, ocasionando à retração econômica, aumentando a miserabilidade e o caos social.

Afinal, pessoas com dívidas não consomem, elas vivem e trabalham para, exclusivamente, pagar suas dívidas, além de muitos outros aspectos importantes como: degradação da saúde do trabalhador(a), aumento nos acidentes de trabalho entre outros. Um(a) trabalhador(a) com dívida faz horas e mais horas de jornada de trabalho, acumulando fadiga e perdendo sua concentração e, assim, aumentam os eventos de doenças e os acidentes de trabalho.

Percebe-se, por esta breve exposição, que a atual "solução" proposta pela MP n. 936 não pode ser considerada a melhor, seja do ponto de vista social ou econômica. Pelo contrário, se mostra como um retrocesso para a construção da base econômica de uma nação, visto que a preservação do consumo da população brasileira deveria ser uma das prioridades para um governo que almeja um desenvolvimento como nação soberana. Medidas, como esta, não são encontradas em países que priorizam desenvolver e proteger a economia e a sociedade, porque atacar, frequentemente, um dos pilares de sua nação, que são os(as) trabalhadores(as), é uma atitude econômica suicidaria no aspecto nacional.

V. Considerações finais

Neste artigo, a ênfase é dada ao fato de que a MP n. 936 não pressupõe traçar o caminho do desenvolvimento econômico e social, visa apenas manter e aumentar o lucro do mercado econômico, às custas do sofrimento dos(as) trabalhadores(as). Medidas, como essa, na qual quem arca com os prejuízos de uma crise financeira é o(a) trabalhador(a), muda e deixa insignificante o conceito de empregador, lembrando que uma de suas características mais irrefutável é a alteridade, onde o risco da atividade econômica cabe apenas a ele e não ao(a) trabalhador(a).

A medida mais adequada não seria prejudicar micro e pequenos empresários, mas definitivamente não seria trazer o risco da atividade econômica para o(a) trabalhador(a), pois essas micro e pequenas empresas deveriam ser amparadas pelo Estado.

As grandes empresas, os conglomerados econômicos, nos impressiona ao perceber que eles trabalham, conforme se aparenta e muitos afirmam, com uma linha tênue de risco entre falir e lucrar milhões, visto que empresas com lucros elevados e isenções deveriam ter um meio de atravessar períodos de crises com mais segurança e responsabilidade com suas finanças. Não é crível que empresas com lucros exorbitantes se mostrem abaladas com oscilação de mercado em curto prazo. Além disso, o que não é possível é impor um sofrimento maior aos(as) trabalhadores(as) para salvar essas empresas, por irresponsabilidades em sua gestão.

A projeção de cenários deveria fazer parte do planejamento estratégicos dessas grandes empresas, porque essa não é a primeira crise que o sistema mundial passa, afinal, já houve outras. Portanto, entre as diversas projeções de conjunturas atípicas, a crise mundial, por queda do consumo e do lucro, tem que estar todo ano prevista, nem que seja com a menor probabilidade possível, máxime considerando-se quando se lida com grandes corporações.

No Brasil tem sido perpetuado um ataque contínuo a classe trabalhadora sempre com o mesmo discurso: "é melhor para economia", entretanto, em uma análise minuciosa, percebe-se que o ataque é direto aos(as) trabalhadores(as), causando a desumanização dos direitos trabalhista, que tem um propósito: melhorar continuamente os lucros de uma pequena parcela de pessoas beneficiadas com essas medidas desumanas.

Ao optar por verdadeiras soluções para o país a MP n. 936, não levou em consideração o bem estar social e o socorro direto a população. Contudo, a conveniência de redigir medidas contrárias a classe trabalhadora para salvaguarda do país, se mostra muito mais fácil diante dessa onda de implementação de um Estado mínimo.

O que não se mostrou presente, em nenhum momento, foi à constitucionalidade da Medida Provisória, o que se considerou foi o "bem econômico", o qual foi posto acima da Constituição Federal e, consequentemente, foi desrespeitada a manutenção do bem estar social das pessoas mais afetadas pela crise, sendo totalmente desprivilegiadas.

A vida de milhares de brasileiros está sendo menosprezada, porém, esses(as) trabalhadores(as) não devem ser vistos somente como números, mas como seres humanos que contribuem de forma considerável e importante para o bom andamento da economia brasileira, portanto, merecem um reconhecimento mais que legítimo pelo seu esforço, dando-lhes mais condições de vida social e financeira.

Bibliografia

BARROSO, Luís Roberto. *Interpretação e aplicação da Constituição.* São Paulo: Saraiva, 2014. 381 p.

CANOTILHO, José Joaquim Gomes. *Direito Constitucional e Teoria da Constituição.* 7. ed. Coimbra: Almedina, 2003. 338 p.

Links consultados:

ADIN 6363. Disponível em: <file:///C:/Users/55119/Downloads/peti%C3%A7%C3%A3o%20inicial%20ADIN%206344.pdf>. Acesso em: 20 maio 2020.

SOUTO MAIOR, Jorge. *MP n. 936 do pandemônio à razão?* Disponível em: <https://www.jorgesoutomaior.com/blog/mp-936-do-pandemonio-a-razao>. Acesso em: 09 jun. 2020.

______. *A MP n. 936 e a imprevisão nos acordos trabalhistas.* Disponível em: <https://www.jorgesoutomaior.com/blog/a-mp-936-e-a-imprevisao-nos-acordos-trabalhistas>. Acesso em: 12 jun. 2020.

______. A *"reforma" trabalhista gerou os efeitos pretendidos.* Disponível em: <https://www.jorgesoutomaior.com/blog/a-reforma-trabalhista-gerou-os-efeitos-pretendidos>. Acesso em: 12 jun. 2020.

Agência Brasil. Organização Mundial da Saúde declara pandemia de coronavírus. Disponível em: <https://agenciabrasil.ebc.com.br/geral/noticia/2020-03/organizacao-mundial-da-saude--declara-pandemia-de-coronavirus>. Acesso em: 13 maio 2020.

Vídeografia:

ADIN n. 6.363. Disponível em: <https://www.youtube.com/watch?v=LFwWUDURYMQ&t=1990s>. Acesso em: 20 maio 2020.

MP n. 936, Antecipação de Tutela na ADI n. 6.363 e a Atuação Sindical

Kátia Albuquerque Ferreira Teixeira
Tuane Virginia Tonon Pires de Farias

Introdução

Estamos vivendo um quadro de pandemia decorrente do novo coronavírus (Covid-19), conforme classificado pela Organização Mundial de Saúde (OMS) em 11 de março de 2020, sendo reconhecido pelo governo brasileiro o Estado de Calamidade Pública através do Decreto Legislativo n. 6/2020.

Para o enfretamento da crise humanitária, sanitária, econômica, o governo vem editando diversas medidas provisórias, tendo batido o recorde de 26 MPs em abril/2020[(1)], e diante da precarização e avultante retirada de direitos trabalhistas constantes nessas medidas, o Supremo Tribunal Federal vem sendo provocado a analisar a sua constitucionalidade.

Nessa toada, o presente capítulo é destinado ao estudo da MP n. 936, especificamente sobre o julgamento da antecipação de tutela na Ação Direta de Inconstitucionalidade n. 6.363 perante o STF, e a atuação sindical.

Antes de adentrar no tema é necessário contextualizar o cenário brasileiro em que se inseriu a pandemia do novo coronavírus, o que permitirá concluir o avanço do retrocesso social e a afronta à Constituição Federal e ao Estado Social de Direito.

O direito do trabalho já vem sendo sucateado ao longo dos anos e sofreu grande abalo em sua estrutura em 2017, decorrente das alterações advindas com a reforma (deforma) trabalhista trazida pela Lei n. 13.467/17, que precarizou o trabalho, liberou a terceirização, instituiu o trabalho intermitente, criou formas de trabalhos que

(1) Fonte: *Agência Senado*. Disponível em: <https://www12.senado.leg.br/noticias/materias/2020/04/30/com-coronavirus-abril-bate-recorde-de-medidas-provisorias-em-20-anos>. Acesso em: 18 jun. 2020.

fomentam a desindentificação do trabalhador com o sindicado, e entre diversas outras medidas trouxe a prevalência do negociado sobre o legislado, com a continuidade do caos nos anos seguintes, em um processo de desmonte ao conquistado pelos trabalhadores nas últimas décadas.

Assim, quando a pandemia chegou ao Brasil, as ondas precarizantes já era pauta do governo, por isso a legislação da crise humanitária veio no espírito consolidador dessa política ultraliberal de retirada de direitos.

O artigo discorrerá sobre os motivos fundantes da ADI n. 6.363, o voto do Ministro Relator Ricardo Lewandowski que apreciou o pedido liminar, culminando por fim falar sobre a atuação do plenário do STF ao não referendar a liminar.

Em momento posterior iremos delinear os aspectos da atuação sindical desde a sua origem, abordando a desconstrução da estrutura e o reiterado desmantelamento de toda proteção ao trabalhador, culminando na dificuldade de combate aos abusos impostos pela Medida Provisória.

A formação da organização sindical brasileira surgiu respaldada eminentemente na luta de classes, pela qual os trabalhadores se uniram para coibir os abusos da classe capitalista que os empregava, em um viés de controle sobre os contratos de compra e venda de mão de obra, buscando equilíbrio nos confrontos entre o operariado e a classe burguesa.

Já incomodando a classe privilegiada, foram instituídas regras para a atuação sindical, com freios estabelecidos por um controle Estatal(2) em sua constituição e limitação das atividades voltadas para uma determinada categoria(3). Criava-se, portanto, o modelo sindical.

No contexto de pandemia, atribuindo a crítica sobre a necessidade de estruturação das entidades, associada a medidas que acabaram sendo deliberadas pelas associações sindicais como forma de manutenção das atividades sindicais em defesa do trabalhador, gerou a defesa do básico.

Assim, a situação delineada pela MP penaliza a via da representação sindical para a formalização do acordo, de forma que, agindo assim, "a Medida Provisória n. 936/2020 é ainda antissindical, isto porque depois de autorizar a redução salarial sem a efetiva participação sindical, onera o empregado que fizer a implementação do benefício emergencial através de acordo coletivo ou convenção coletiva, impondo que

---

(2) Garantindo uma natureza pública a atuação do sindicato.

(3) Destaca-se que o conceito de categoria remete a ideia de limitação econômica da proteção das organizações, já demonstrando certa atuação do sistema capitalista e seus respectivos interesses dentro da estrutura sindical.

a perda salarial será de até 25%, conforme as circunstâncias descritas no art. 11, § 2º, incisos I a IV".[4]

Desta forma, as medidas propostas pela MP n. 936/2020 contribuem para a agenda ultraliberal imposta pelo sistema capitalista que visa unicamente destruir e flexibilizar os meios de defesa dos trabalhadores, e que, para além do caráter emergencial e excepcional amplamente defendido, se somam a todos os ataques anteriormente disseminados para desconstruir a ordem constitucional.

Em nada há de excepcional, nem tampouco de medida de preservação de emprego e renda, apresentando-se sob essas falsas justificativas para impor amarras aos trabalhadores que, enfrentando a necessidade de permanecer em isolamento social para resguardar seu direito à vida, acabam sendo obrigados a se submeter ao labor precarizado para garantir a própria subsistência.

1. Síntese da ADI n. 6.363

A Medida Provisória n. 936/2020 entrou em vigor em 1º de abril de 2020 e instituiu o Programa Emergencial de Manutenção do Emprego e da Renda, dispondo sobre medidas trabalhistas complementares, autorizando a redução de jornada de trabalho e salário, e a suspensão contratual, sem a participação sindical, descumprindo expressamente a regra da irredutibilidade salarial disciplinada no art. 7º, VI, da Constituição Federal, a qual determina em regra maior que o salário é irredutível, e disciplina em exceção que será possível sua negociação apenas através da representação sindical, mediante os instrumentos de convenção ou acordo coletivo.

Arguindo a inconstitucionalidade da MP n. 936 a Rede Sustentabilidade promoveu a ação direta de inconstitucionalidade perante o STF, ADI 6363, "para afastar o uso do acordo individual nas medidas de redução de salários e suspensão de contrato de trabalho"[5], e foi fundamentada nas violações do princípio da irredutibilidade salarial, na impossibilidade de supressão da negociação coletiva, citando as disposições do art. 7º, incisos VI, XIII, XXVI, e art. 8º, incisos III e VI, da Constituição Federal, Convenções ns. 98, art. 4º, e 154 da OIT, e outros dispositivos.

2. Principais fundamentos da liminar deferida na ADI n. 6.363

A ADI n. 6.363 foi distribuída ao Ministro Relator Ricardo Lewandowski que, reconhecendo a situação de calamidade pública do País, apreciou seu pedido

---

(4) TEIXEIRA, KATIA ALBUQUERQUE FERREIRA. Redução salarial sem a participação sindical. Disponível em: <http://www.justificando.com/2020/04/30/reducao-salarial-sem-a-participacao-sindical/>. Acesso em: 30 abr. 2020.

(5) STF. ADI n. 6.363. Disponível em: <http://portal.stf.jus.br/processos/detalhe.asp?incidente=5886604. Acesso em: 21 maio 2020.

liminar e já em um contexto inicial expressou preocupação com a mensagem disposta pelo constituinte originário, que previu a assistência dos sindicatos aos trabalhadores contra as alterações substantivas dos contratos de trabalho, informando que "os dispositivos contestados da MP n. 936/2020 desperta forte suspeita de que estes, conforme alega o autor da ação, afrontam direitos e garantias individuais dos trabalhadores"(6).

A decisão liminar citou todos os dispositivos constitucionais violados, arts. 7º incisos VI, XIII, XXVI, e 8º, incisos III e VI, o ponto de vista da Associação Nacional dos Magistrados da Justiça do Trabalho — ANAMATRA, que sustentou que a MP n. 936 *afronta a Constituição e aprofunda a insegurança jurídica*(7), o parecer da Associação Nacional dos Procuradores do Trabalho — ANPT(8) que acentuou sua preocupação com a postura normativa da MP n. 936/2020 ao afastar a negociação coletiva, as recomendações da Organização Internacional do Trabalho — OIT a qual disciplina "que o diálogo social tripartite, envolvendo governos, entidades patronais e organizações de trabalhadores constitui ferramenta essencial para o desenvolvimento e implementação de soluções sustentáveis, desde o nível comunitário até o global."(9), citando ainda a Recomendação sobre Emprego e Trabalho Decente para a Paz e Resiliência — 205 (2017).

Houve a análise do peso do poder de barganha das partes, da assimetria que existe nas relações entre empregador e empregado, que reduz o equilíbrio, necessitando da intervenção do sindicato, conforme determina a Constituição Federal, e por fim informa que "a celebração de acordos individuais "de redução da jornada de trabalho e redução de salário ou de suspensão temporária de trabalho", cogitados na Medida Provisória em comento, sem a participação dos sindicatos de trabalhadores na negociação, parece ir de encontro ao disposto nos arts. 7º, VI, XII e XVI, e 8º, III e VI, da Constituição"(10), e diante dos fundamentos citados a liminar foi deferida, conforme, *in verbis*:

> "Isso posto, com fundamento nas razões acima expendidas, defiro em parte a cautelar, *ad referendum* do Plenário do Supremo Tribunal Federal, para dar interpretação conforme à Constituição ao § 4º do art. 11 da Medida Provisória n. 936/2020, de maneira a assentar que "[os] acordos individuais de redução de jornada de trabalho e de salário ou de suspensão temporária de contrato de trabalho [...] deverão ser comunicados pelos empregadores ao respectivo sindicato laboral, no prazo de até dez dias corridos, contado

---

(6) STF. ADI n. 6.363, rel. Min. Ricardo Lewandowski, j. 06.04.2020, Dje. 07.04.2020.

(7) Disponível em: <https://www.anamatra.org.br/imprensa/noticias/29583-notapublica->. Acesso em: 13 maio 2020.

(8) Disponível em: <http://www.anpt.org.br/imprensa/noticias/3647-mp-936-anptreafirma-preocupacao--com-a-flexibilizacao-de-direitos-trabalhistas-no-periodo-decalamidade-publica>. Acesso em: 13 maio 2020.

(9) STF. ADI n. 6.363, rel. Min. Ricardo Lewandowski, j. 06.04.2020, Dje. 07.04.2020.

(10) *Idem*.

da data de sua celebração", para que este, querendo, deflagre a negociação coletiva, importando sua inércia em anuência com o acordado pelas partes."[11]

Assim, a liminar intensificou a necessidade de comunicação dos acordos individuais de redução de jornada e salário ou suspensão temporária de contrato de trabalho ao sindicato, no prazo de até 10 dias corridos, podendo o sindicato ficar inerte — resultando na anuência do acordado pelas partes, ou deflagrar a negociação coletiva.

Foi interposto embargos declaratórios pelo Advogado-Geral da União, e o Ministro relator Ricardo Lewandowski cita que a Constituição não foi pensada para vigorar apenas em momentos de bonança, e informa que "ela serve como o mastro a que se prendeu Ulisses para que não se perdesse em meio ao canto das sereias"[12].

Nesse contexto o Ministro vem na decisão de embargos com a disposição de dissipar todos os cantos que seduz, explicando exatamente todas as divergências, questionamentos e pormenores, lembrando que "a experiência tem demonstrado que justamente nos momentos de adversidade é que se deve conferir a máxima efetividade às normas constitucionais, sob pena de graves e, não raro, irrecuperáveis retrocessos."[13]

O relator deixa claro que "a Medida Provisória n. 936/2020, contestada na presente ação, continua integralmente em vigor, eis que nenhum de seus dispositivos foi suspenso pela liminar concedida nestes autos", esclarecendo que são válidos os acordos individuais realizados, reiterando a possibilidade de instauração de negociação coletiva pelos sindicatos, e dispôs ao final sobre "a possibilidade de adesão, por parte do empregado, à convenção ou acordo coletivo posteriormente firmados, os quais prevalecerão sobre os acordos individuais, naquilo que com eles conflitarem, observando-se o princípio da norma mais favorável".[14]

3. Do não referendo da liminar

O Plenário do Supremo Tribunal Federal julgou a liminar nos dias, 16 e 17 de abril de 2020, em sessão por videoconferência na forma de plenário virtual, não tendo sido referendada a liminar na Ação Direta de Inconstitucionalidade (ADI) n. 6.363, por maioria de votos, vencidos os Ministros Ricardo Lewandowski, Edson Fachin e Rosa Weber.

---

(11) STF. ADI n. 6.363, rel. Min. Ricardo Lewandowski, j. 06.04.2020, Dje. 07.04.2020.

(12) Ulisses é o herói da Odisseia, poema escrito por Homero, o qual narra que no regresso da guerra para casa, um dos desafios de Ulisses é não se perder, não se deixar seduzir pelo canto das sereias, assim, ele ordena que seus marinheiros tampem os ouvidos com cera quente, para não escutar o canto, e ele se prende ao mastro no navio, para saber o que elas cantam e ainda assim não ceder aos seus encantos.

(13) STF. ADI n. 6.363, rel. Min. Ricardo Lewandowski, j. 13.04.2020, Dje. 14.04.2020.

(14) *Idem.*

Prevaleceu a divergência aberta pelo Ministro Alexandre de Moraes, que entendeu que se tratava de um "momento excepcional", e assim autorizou a previsão de acordo individual para redução salarial escrita na MP n. 936/2020, sustentando que "a regra não fere princípios constitucionais, pois não há conflito entre empregados e empregadores, mas uma convergência sobre a necessidade de manutenção da atividade empresarial e do emprego".(15)

O contrassenso da decisão liminar do STF é justamente autorizar a redução salarial, negar a negociação coletiva, admitir o afastamento da regra dos arts. 7º e 8º da CF, prestigiar a vontade individual em detrimento da vontade coletiva, indo em afronta inclusive com a temática trabalhista que vinham sendo protagonizadas no âmbito do STF, que caminhava pela valorização do negociado, com ênfase dada pela prevalência do acordo coletivo, conforme elucidados nos Temas 1046(16) e **152, este último** *leading case* RE n. 590.415, **onde a questão delimitada envolveu a prevalência do acordo coletivo, sustentando o STF** a importância da negociação coletiva, descrevendo na ementa do acordão que: "A Constituição de 1988, em seu art. 7º, XXVI, prestigiou a autonomia coletiva da vontade e a autocomposição dos conflitos trabalhistas, acompanhando a tendência mundial ao crescente reconhecimento dos mecanismos de negociação coletiva"(17).

Nesse momento de maior crise humanitária, onde se espera da Instituição STF a proteção aos seus valores, valores esses que devem ser os descritos na carta magna, ela revê sua fundamentação, e contra a lógica que vinha pregando faz prevalecer o individual ao coletivo, nega a vigência da negociação coletiva, afasta o ente sindical de suas funções constitucionais, autorizando, em vias de consequência nefasta, a um povo já sofrido e debilitado com a pandemia, a redução salarial sem a participação sindical.

Não é apenas uma quebra de paradigma, é a nossa Corte Maior autorizando o afastamento da Constituição Federal, uma espécie de afastamento emergencial da constituição, e, ao assim agir, fragiliza direitos fundamentais, descredita a instituição que tem como missão e principal função a proteção da Constituição, afronta inclusive as normas internacionais do trabalho ratificadas pelo Brasil, como a Convenção n. 98 da Organização Internacional do Trabalho, a qual determina no art. 4º um dever nacional "fomentar e promover" a negociação coletiva.

---

(15) Portal de notícias do STF. Disponível em: <http://portal.stf.jus.br/noticias/verNoticiaDetalhe.asp?idConteudo=441651&ori=1>. Acesso em: 21 maio 2020.

(16) Tema 1046. Disponível em: <http://www.stf.jus.br/portal/jurisprudenciaRepercussao/ verAndamento Processo.asp?incidente=5415427&numeroProcesso=1121633&classeProcesso=ARE&numeroTema=1046>. Acesso em: 14 jun. 2020.

(17) Tema 152 – Relator: Min. Roberto Barroso. Leading Case: RE n. 590.415. Disponível em: <http://www.stf.jus.br/portal/jurisprudenciaRepercussao/verAndamentoProcesso.asp?incidente=2629027& numeroProcesso=590415&classeProcesso=RE&numeroTema=152>. Acesso em: 14 jun. 2020.

Se a redução salarial já é uma figura de exceção, um grande peso a ser pago pelo trabalhador nessa fase que mais necessita de meios de sobrevivência, em um cenário onde se encontra hipervulnerável em decorrência da pandemia, esse peso se sobreleva ao se admitir que prevaleça uma redução salarial sem a negociação coletiva.

O estado de calamidade causado pela pandemia ou mesmo "momento excepcional", como citado pelo Ministro Alexandre de Morais, não autoriza o esgarçamento do compromisso de defesa do Estado Social, a exclusão de direitos sociais fundamentais, e "ainda que estivéssemos com o reconhecimento do estado de defesa ou sítio, não poderiam existir restrições dessa ordem, como bem elucidam os arts. 136 a 141 da CF."[(18)]

A Comissão Interamericana de Direitos Humanos (CIDH), editou em 10 de abril de 2020 a Resolução n° 1/2020 – que disciplina a Pandemia e Direitos Humanos nas Américas a qual determina que toda política pública respeite os direitos humanos, e especifica que: "5 – É importante tomar medidas que assegurem a renda econômica e os meios de subsistência de todos os trabalhadores, [...] deve-se dar adequada proteção ao trabalho, salários, liberdade sindical e negociação coletiva [...]".[(19)]

Assim, temos que a decisão do STF, ao permitir a redução salarial sem a participação sindical, ao prestigiar o acordo individual em detrimento do coletivo, e ao não proteger a negociação coletiva, vai completamente na contramão de tudo que a Comunidade Internacional vem disciplinando nessa época de pandemia que é o respeito aos direitos fundamentais, respeito à renda que assegure a subsistência, respeito à negociação coletiva.

4. Dos acordos indiviudais e da ausência de liberdade de escolha do trabalhador

> "Os homens fazem a sua própria história, mas não a fazem segundo a sua livre vontade; não a fazem sob circunstâncias de sua escolha e sim sob aquelas com que se defrontam diretamente, legadas e transmitidas pelo passado."[(20)]

Ao legitimar a implementação de acordos individuais que flexibilizam direitos constitucionalmente assegurados, conforme demonstrado acima, a Medida Provisória n. 936 excluiu a visão social da realidade vivenciada pelo trabalhador em meio a um

(18) TEIXEIRA, Katia Albuquerque Ferreira. *Redução salarial sem a participação sindical.* Disponível em: <http://www.justificando.com/2020/04/30/reducao-salarial-sem-a-participacao-sindical/>. Acesso em: 30 abr. 2020.

(19) Disponível em: <https://www.oas.org/pt/cidh/decisiones/pdf/Resolucao-1-20-pt.pdf>. Acesso em: 18 jun. 2020.

(20) MARX, Karl. *O 18 de Brumário de Louis Bonaparte.* São Paulo: Boitempo, 2011. Cap. I, O 18 de Brumário de Louis Bonaparte.

sistema capitalista, respaldado basicamente em um mercado de consumo no qual há a necessidade de vender a força de trabalho, único meio do trabalhador para obtenção de renda para manutenção da própria subsistência.

Assim, partindo do entendimento que a sociedade atual é eminentemente governada por um Estado capitalista, composto por uma elite e por preceitos sustentados pelos ideais de troca mercantil, o trabalhador assume o papel de sujeito de direito e contrata com seu empregador, no modelo adotado pelo Direito Civil, vendendo sua força de trabalho ao detentor dos meios de produção.

Neste contexto, a MP n. 936 legitimou negociação direta entre trabalhador e empregador, para a implementação de meios inconstitucionais que proporcionam maior degradação das relações de trabalho, presumindo livre poder de escolha do trabalhador e afastando os Sindicatos de seu direito-dever de zelar pela garantia da ordem laboral.

Ocorre que não é necessária uma análise complexa da situação em si para se concluir que não se verifica a existência de uma liberdade de escolha efetiva quando se está diante de um cenário social respaldado em necessidade de sobrevivência, a medida em que não é possível haver negociação do trabalhador em uma sociedade capitalista.

5. Das greves durante a pandemia

Diante do contexto imposto pelo sistema ultraliberal, associado a dificuldade de os Sindicatos articularem verdadeiras conquistas aos trabalhadores no cenário em que a decisão individual prevalece sobre a negociação coletiva, houve demasiado enfraquecimento das negociações coletivas e movimentos grevistas.

O grito por socorro dos profissionais completamente expostos ao risco, com mitigação do direito à saúde e à vida, foi ouvido pela sociedade, mas não efetivamente pelo detentor do Capital.

As greves, em número ínfimo de realizações(21), deliberadas por meio das assembleias digitais, ganharam visibilidade social a medida em que trabalhadores e trabalhadoras se expuseram a aglomerações e manifestações implorando por respeito e por garantias mínimas.

Dentre as reivindicações que apareceram nas atuações sindicais e movimentos grevistas, quase que de forma uníssona, as trabalhadoras e trabalhadores pleiteavam segurança ocupacional, com disponibilização de equipamento de proteção individual e redução de exposição ao risco de contágio à Covid-19.

---

(21) Importante salientar que os movimentos grevistas chegaram ao menor número da última década, segundo informações publicada pela *Folha de S. Paulo* em 17.07.2020.

6. Da necessidade de reestruturação do conceito de categoria

Ao longo da desconstrução dos direitos fundamentais previstos na Constituição de 1.988, houve muita pressão para afastar os Sindicatos do papel protecionista de tal forma que fez com que o direito sindical fosse colocando, pouco a pouco, a noção sindical para atuação contra a sua estrutura central. Assim, verifica-se imposições de meios que tornam as relações de trabalho cada vez mais precarizadas, legitimando a barbárie, tal qual a MP n. 936.

Em meio ao caos social instaurado e, com a atuação sindical se tornando "desnecessária" aos interesses do capitalismo, a agenda das negociações está pautada no argumento do que supostamente o capitalista defende ser menos pior ao trabalhador, corroborando com toda a conjuntura apresentada pela Medida Provisória.

Segundo artigo publicado pela *Folha de S. Paulo*, em 1º de maio de 2.020, os sindicatos ganharam adesão da categoria no cenário da pandemia, tendo assinado, até 30 de abril, cerca de 170 convenções coletivas e 670 acordos coletivos.

O fator da reaproximação dos representados às entidades sindicais se deve a maneira como a pandemia enfatizou a forma que os problemas sociais podem atingir (e atingiram!) diretamente a base. Ainda, não se pode ignorar as implementações de medidas que tornaram a participação do representado mais efetiva, como adoção de meios telepresenciais para instauração das Assembleias.

A participação dos trabalhadores poderia representar algo mais efetivo, entretanto, se de um lado se pôde verificar diversos instrumentos com negociação envolvendo condições sanitárias adequadas e manutenção do salário integral, de outro, tragicamente, houve entidades que 'negociaram' exatamente nos termos Medida Provisória, reproduzindo-a.

Entretanto, entre vitórias e derrotas, é de se verificar que toda a classe trabalhadora está atualmente exposta e precisando de amparo para lutar por direitos fundamentais, previstos na Constituição da República, que pouco a pouco vem tendo sua aplicação dilacerada pelos atos da burguesia.

As reivindicações dos trabalhadores propõem interesses de toda uma coletividade que vai para além da categoria limitada, eis que toda a sociedade enfrenta os efeitos agressivos da pandemia.

Ocorre que as poucas manifestações que atingiram o propósito da greve foram abafadas e erradicadas a partir do comportamento burguês que valoriza os lucros em detrimento da vida do trabalhador, que legitimam a exploração da força de trabalho.

Em mais de um julgado emanado durante a pandemia Covid-19, houve apreciação e demonstração dos valores burgueses superando a necessidade de observação das normas de saúde e segurança para as trabalhadores e trabalhadoras da saúde. No caso, os profissionais de saúde foram impedidos de deflagrar greve por conta da falta de materiais de proteção necessários para o labor.

Observe que ao tratar sobre a essencialidade dos serviços prestados, fundamento preponderante para fundamentar a exploração, os julgadores simplesmente deixaram de admitir que o pleito destes profissionais, além de legítimos, implicam em exercício do direito à vida, de forma que sua exposição a agente nocivo coloca em risco também o direito da coletividade que foi prestigiado no julgado.

Trata-se, basicamente, de uma das formas como direito se apodera da classe trabalhadora para prestigiar e legitimar a exploração!

Assim, a forma jurídica determinada pela conceituação da categoria impede que outros trabalhadores gozem das pequenas conquistas atingidas por poucos e determinados, intensificando a brutalidade do direito construído por uma elite que delimita e fraciona as lutas sindicais.

Diante de tudo quando analisado, questiona-se se a realidade enfrentada em época de pandemia não torna ainda mais clara a necessidade de reinvenção do conceito de categoria e, sobretudo, da reestruturação do modelo das organizações sindicais, para além dos limites jurídicos estabelecidos para tanto.

Considerações finais

É preciso nesse momento de crise mundial observar os mecanismos internacionais de defesa e proteção dos direitos humanos, que trabalham arduamente em conexão pela compreensão de todos os aspectos relacionados a pandemia, incluindo não apenas a economia, mas a saúde, o trabalho, a questão do mínimo existencial.

É crucial respeitar a ordem jurídica constitucional interna e os direitos fundamentais nela expresso, aqueles institucionalmente reconhecido como tal e positivados na Constituição de determinado estado.

A escolha feita pelo Constituinte de 1988, quando optou pelo Estado Social de Direito, foi proteger a dignidade do ser humano, art. 1º, e o que é dignidade senão o respeito as condições mínimas existenciais; respeito ao enumerado no art. 7º, o qual descreve os direitos de todos os trabalhadores, além de outros que visem à melhoria de sua condição social, ou seja, a Constituição assegura no art. 7º o patamar que representa o mínimo civilizatório em direitos humanos sociais, não permite a precarização, não permite a redução de seu elenco, principalmente nas calamidades públicas.

A ordem jurídica constitucional é o único alicerce que podemos nos segurar nesse momento de crise humanitária, e a Corte Constitucional ao permitir a flexibilização de patamares mínimos civilizatórios descreditou nosso Estado Democrático de Direito, estado social, autorizou o *laissez faire* justamente nesse momento onde o trabalhador mais almeja e necessita de segurança.

Dentre tantos abalos, seja em razão da crise sanitária, seja pela ausência de aplicação do princípio da solidariedade, tão prestigiado pela magna Carta e desprestigiado pelo sistema econômico, trabalhadoras e trabalhadores se depararam com a necessidade de reinventar uma forma de expressão e luta por condições de trabalho em atenção às garantias mínimas de respeito à dignidade da pessoa humana.

Em um movimento cada vez mais agressivo em prol da desconstrução do modelo sindical, as associações profissionais se tornaram reféns de amarras que inviabilizam a defesa efetiva dos interesses dos trabalhadores, acabando por não encontrar saída se não se curvar as legislações inconstitucionais criadas dentro do desmonte.

Assim, a pandemia enfatizou a dificuldade das entidades sindicais em manter a luta histórica na qual foram criadas, impondo, assim, a criação de modelos compatíveis com o modelo econômico vigente e, sobretudo, combatíveis.

Referencias

AGÊNCIA SENADO. *Site*: <https://www12.senado.leg.br>.

ANAMATRA. *Nota Pública*. Disponível em: <https://www.anamatra.org.br/imprensa/noticias/29583-notapublica>. Acesso em: 13 maio 2020.

ANPT. *Nota Pública*. Disponível em: <http://www.anpt.org.br/imprensa/noticias/3647-mp-936-anptreafirma-preocupacao-com-a-flexibilizacao-de-direitos-trabalhistas-no-periodo-decalamidade-publica>. Acesso em: 13 maio 2020.

DIEESE – Departamento Intersindical de Estatística e Estudos Socioeconômicos. Disponível em: <https://www.dieese.org.br/estudosepesquisas/2020/estPesq9//2AcordosCovidAtualizacao.html>. Acesso em: 30 abr. 2020.

MACEDO, Regiane de Moura. *Greve, legítima defesa e direito à vida em tempos pandêmicos.* Disponível em: <https://www.justificando.com/2020/04/09/greve-legitima-defesa-e-direito-a-vida-em-tempos-pandemicos/>. Acesso em: 30 abril 2020.

MARX, Karl. *O 18 de Brumário de Louis Bonaparte.* São Paulo: Boitempo, 2011. Disponível em: <https://www.marxists.org/portugues/marx/1852/brumario/index.htm>. Acesso em: 30 abr. 2020.

SUPREMO TRIBUNAL FEDERAL. *Site*: <https://portal.stf.jus.br/>.

SOUTO MAIOR, Jorge Luiz. *MP n. 936:* do pandemônio à razão?. 02 abr. 2020. Disponível em: <https://www.jorgesoutomaior.com/blog/mp-936-do-pandemonio-a-razao>. Acesso em: 09 maio 2020.

TEIXEIRA, Katia Albuquerque Ferreira. *Redução salarial sem a participação sindical.* Disponível em: <http://www.justificando.com/2020/04/30/reducao-salarial-sem-a-participacao-sindical/>. Acesso em: 30 abril. 2020.

ORGANIZAÇÃO DOS ESTADOS AMERICANOS. *Site*: <www.oas.org>.

Julgamento da ADI n. 6.363 e a Autonomia Individual da Vontade

Luana Duarte Raposo

Introdução

A Ação Direta de Inconstitucionalidade n. 6.363, foi proposta em face da Medida Provisória n. 936 de 2020[1], tendo sido alegada a violação aos arts. 7º, incisos VI, XIII e XXVI, e 8º, III e VI, da Constituição da República, com vistas a afastar o uso de acordo individual para dispor sobre as medidas de redução de salário e suspensão de contrato de trabalho[2]. Em decisão cautelar *"ad referendum"*, o Ministro relator Ricardo Lewandovsky, decidiu que a formulação de acordos entre empregado e empregadores, com vistas à redução de salário ou suspensão de contratos, somente teria validade com a comunicação aos sindicatos representativos das categorias e após a manifestação dos sindicatos profissionais.

(...) Isso posto, com fundamento nas razões acima expendidas, defiro em parte a cautelar, *ad referendum* do Plenário do Supremo Tribunal Federal, para dar interpretação conforme à Constituição ao § 4º do art. 11 da Medida Provisória n. 936/2020, de maneira a assentar que "[os] acordos individuais de redução de jornada de trabalho e de salário ou de suspensão temporária de contrato de trabalho [...] deverão ser comunicados pelos empregadores ao respectivo sindicato laboral, no prazo de até dez dias corridos, contado da data de sua celebração", **para que este, querendo, deflagre a negociação coletiva, importando sua inércia em anuência com o acordado pelas partes.** Solicitem-se informações à Presidência da República. Requisitem-se a manifestação do Advogado-Geral da União e o parecer do Procurador-Geral da República.

---

(1) Em 07 de julho de 2020, a MP n. 936/2020 foi convertida na Lei n. 14.020/2020.

(2) A alegação de inconstitucionalidade visa expurgar o art. 11, § 4.o e o artigo da Lei n. 14.020/2020 (MP n. 936 convertida), e excluir as expressões "individual escrito entre empregador e empregado", do inciso II do art. 7º; "individual" do inciso II do parágrafo único do art. 7º; "individual escrito entre empregador e empregado", do § 1º do art. 8º; "individual" do inciso II do § 3º do art. 8º; e "no acordo individual pactuado ou" do inciso I do § 1º do art. 9º.

Comunique-se, com urgência. Publique-se. (g.n.) (ADI n. 6.363. Relator Ministro Ricardo Lewandovsky. Data de julgamento 06.04.2020. Disponível em: <www.stf.jus.br>)

Em 16 de abril de 2020, dez dias após a decisão do Relator, o STF decidiu não referendar a liminar, considerando válidos, portanto, os acordos individuais que tratem de redução de salários e de suspensão de contratos em razão da pandemia do novo coronavírus, nos termos da MP n. 936/2020 (convertida na 14.020/2020, em 07 de julho de 2020).

O que se verifica, portanto, é que a MP n. 936/2020, agora convertida na Lei n. 14.020/2020, autoriza a redução de salário e jornada e a suspensão de contratos de trabalho, por acordo individual, e com o aval do STF, não se preocupa em incluir os sindicatos na negociação. Com a conversão da MP em Lei, houve modificações nos critérios de admissão de acordo individual, o que será analisado no ponto seguinte.

A norma atacada parte do falacioso pressuposto de que empregado e empregador possuem iguais condições de negociação, ideia que se vem tentando implantar com mais ênfase desde a contrarreforma trabalhista (Lei n. 13.467/2017), sob o igualmente falso argumento de que a legislação trabalhista é protetiva demais. Em situação de pandemia, o enredo é acompanhado da ideia de que se não houver sacrifício pelos trabalhadores, as empresas fecharão suas portas e nenhum emprego haverá. Vem à tona, assim, a fictícia autonomia de vontade nos contratos de trabalho.

Com efeito, este artigo se propõe a analisar a decisão proferida pelo STF nos autos da ADI n. 6.363, em 17 de abril de 2020. Decisão que tratou da possibilidade de acordo individual entre empregado e empregador para reduzir salário e jornada ou suspender contratos de trabalho. A análise foi feita a partir da divulgação da sessão de julgamento, que ocorreu mediante videoconferência, ante a situação de pandemia e isolamento social[(3)]. Foi possível observar alguns pontos em comum nos votos proferidos, os quais revelam a predominância do pensamento neoliberal, a representar a ideologia do individualismo na vida social e a desvalorização de práticas coletivistas e ideias de solidarismo coletivo.

Da falaciosa ideia de autonomia individual de vontade no contrato de trabalho

No prefácio da obra *A ideologia alemã*, Marx e Engels exortam que nos revoltemos contra o império de ideias que parte dos seres-humanos e voltam-se contra eles com uma força estranha que os domina.

(3) O vídeo da sessão encontra-se integralmente disponibilizado no canal do *Youtube* do STF em: <https://www.youtube.com/watch?v=LFwWUDURYMQ&t=13s>.

Livremo-los, pois, das quimeras, das ideias, dos dogmas, dos seres imaginários, sob o jugo dos quais eles se estiolam. Revoltemo-nos contra o domínio dessas ideias. Ensinemos os homens a trocar essas ilusões por pensamentos correspondentes à essência do homem, diz alguém; a ter para com elas uma atitude crítica, diz outro; a tirá-las da cabeça, diz o terceiro e — a realidade atual desmoronará(4).

Na atualidade, vivemos uma era em que o coletivo e a solidariedade de classe dão lugar ao individualismo e à competitividade; cada vez mais o trabalhador e a trabalhadora são reduzidos à fração força de trabalho, o tempo "livre" é destinado ou ao trabalho ou ao consumo. A vida é vista como um empreendimento que deve produzir lucro.(5) Vivemos uma crise de civilização(6) , que inclui a degradação do ser-humano, que vê seu tempo de vida reduzido a tempo de trabalho(7), resultado de um sistema que explora e produz a alienação da "classe-que-vive-do-trabalho". A perda da subjetividade de classe é bem explicada pelo professor Giovanni Alves:

> No capitalismo global, o coletivo de trabalho é reconstituído segundo o espírito do Toyotismo, cuja regulação salarial é baseada na "captura" da subjetividade do homem que trabalha, com a constituição das equipes de trabalho, a adoção da remuneração flexível e a perseguição de metas de trabalho. Cada dispositivo organizacional da gestão toyotista possui um sentido de dessubjetivação das individualidades pessoais de classe. Na verdade, trata-se de uma operação contínua de "quebra" da subjetividade de classe, para que possa "envolvê-la" nos requisitos do novo produtivismo e, desse modo, operar a "redução" do trabalho vivo à força de trabalho como mercadoria.(8)

Entretanto, esse panorama não se apresenta de forma iniludível, opera como algo inescapável; naturaliza algo que é histórico, social e cultural; apresenta-se como justificativa do real, na medida em que não explica por que é, mas o que deve ser. Assim, o interesse de poucos se expressa em uma ideologia que se apresenta como universal. Marx evidencia que a função da ideologia, ao atuar dessa maneira, é o interesse de uma classe para manter a dominação de outra classe. É sob esse prisma que se verifica a suposta liberdade do empregado frente ao empregador, a suposta autonomia de vontade no contrato de trabalho.

---

(4) MARX, Karl. *A ideologia Alemã*. São Paulo: Martins Fontes, 2001. p. 03.

(5) FROMM. *Psicanálise da sociedade contemporânea*. Rio de Janeiro: Editora Zahar, 1965. p. 151.

(6) Expressão trabalhada por Michael Lowy.

(7) ALVES, Giovanni. *Dimensões da Precarização do Trabalho*. Ensaios de Sociologia do Trabalho. Projeto Editorial Praxis. 1. ed. Bauru, 2013. p. 124.

(8) Ib*Idem*, p. 98.

Em um cenário de crise agudizada em razão da pandemia de Covid-19, percebemos o aprofundamento do desmonte dos direitos sociais, o que ocorre sob a pecha da inevitabilidade. O ocultamento da ideologia dominante opera sob a forma de inversão da realidade, na medida em que vem à tona o repertório da necessidade de o trabalhador operar sacrifícios em nome da economia. Desse modo, propala-se que salvaguarda dos empregos se dará mediante a autonomia de vontade do trabalho, mediante acordo individual, tal como previsto na MP n. 936/2020, o que foi chancelado pelo STF e, recentemente, convertido na Lei n. 14.020/2020.

Qualquer pessoa que esteve sob o jugo da relação de trabalho entende que essa é a típica situação em que não se consegue exercer a autonomia individual de vontade. No Brasil, tivemos um processo de luta importante que conformou um repertório protetivo das relações de trabalho, diversos movimentos sociais foram responsáveis pelo retardamento da implementação do neoliberalismo no Brasil especialmente no que tange às regras de direito do trabalho. No entanto, o aprofundamento de uma crise econômica somado à crise política acabou desembocando na contrarreforma trabalhista (Lei n. 13.467/2017), que representou severo ataque ao direito do trabalho. A nova regra viabilizou a negociação direta do empregado com o empregador, criando a figura do hiperssuficiente[9]. A retórica da autonomia individual de vontade também se deu em relação aos demais trabalhadores quanto a temas específicos, como a flexibilização da jornada de trabalho, instituição de banco de horas, entre outras questões.

Todavia, ainda que seja extremamente precarizante a Lei n. 13.467/2017, não houve generalização da autonomia de vontade como determinante das relações de trabalho. A Lei n. 14.020/2020 (MP n. 936/2020), por sua vez, aprofundou a funcionalidade da autonomia individual da vontade nas relações de trabalho, utilizando-a como salvaguarda de emprego.

Acordos Individuais na MP n. 936/2020 (Lei n. 14.020/2020)

Antes da conversão da MP em Lei, a medida excluía a participação dos sindicatos no enfrentamento das consequências trabalhistas da pandemia nas relações de trabalho, apenas admitindo sua participação na suspensão temporária do contrato e para reduções de salário e jornada superiores a 25%, apenas para empregados aqueles que recebem entre R$ 3.135,01 e R$ 12.202,11. Ou seja, em evidente afronta ao princípio da isonomia, somente aquela coletividade de trabalhadores poderá contar com

(9) O art. 444 da CLT, com a redação dada pela Lei n. 13467/2017 trouxe a figura do trabalhador hiperssuficiente, a quem foi "dispensada" a obrigatoriedade de negociação coletiva. Nesse sentido: art. 444: **A livre estipulação a que se refere o *caput* deste artigo aplica-se às hipóteses previstas no art. 611-A desta Consolidação, com a mesma eficácia legal e preponderância sobre os instrumentos coletivos, no caso de empregado portador de diploma de nível superior e que perceba salário mensal igual ou superior a duas vezes o limite máximo dos benefícios do Regime Geral de Previdência Social.**

a negociação sindical durante a pandemia, para tratar de temas de extrema relevância e que dizem respeito à própria subsistência do trabalhador (redução de jornada e de salário e suspensão do contrato de trabalho).

Quando da conversão da MP na Lei n. 14.020/2020, a negociação individual passou a ser válida para empregados com salário até R$ 2.090, de empresa de qualquer porte; para empregados com salário até R$ 3.135, de empresa com faturamento até R$ 4,8 milhões; para empregados com salário entre os limites anteriores e R$ 12.202, para redução de 25% do salário ou quando não houver redução no ganho mensal do empregado (na soma de salário, benefício e ajuda complementar); e, para empregados com formação universitária e salários superiores a Como ficou o Programa Emergencial de Manutenção do Emprego e da Renda na Lei n. 14.020/2020, R$ 12.202. Assim, a negociação coletiva passou a ser obrigatória para uma faixa salarial um pouco mais ampla, quando o acordo estabelecer redução de jornada superior a 25% e representar alguma perda financeira para o trabalhador. Se não houver perda financeira, o acordo individual é aceito.

A MP n. 936/2020 previa que o empregador informasse, no prazo de 10 dias, o sindicato a respeito do acordo individual. A Lei n. 14.020/2020 introduziu no texto a garantia de que os termos de um eventual acordo ou convenção coletiva negociado pelo sindicato irão se sobrepor aos do acordo individual naquilo que for mais favorável ao trabalhador. Permaneceu, assim, a desvalorização do protagonismo dos sindicatos nas negociações.

A par do conteúdo da MP n. 936 e da Lei n. 14.020/2020, no que diz respeito ao objeto deste artigo (autonomia individual da vontade), passaremos à análise da decisão proferida pelo Pleno do STF no julgamento da liminar na ADI n. 6.363.

Análise de alguns conceitos presentes no julgamento da Liminar na ADI n. 6.363

Chama atenção nos votos proferidos pelos Ministros Alexandre de Moraes, Luiz Fux, Roberto Barroso e Gilmar Mendes, e Ministra Carmem Lúcia, a utilização da ideia de convergência de objetivos do trabalhador e do empregador em momentos de crise. Para afastar a inconstitucionalidade, o Ministro Alexandre de Moraes afirma que art. 7º, inciso VI, da Constituição da República, é aplicável em situação de normalidade, quando há divergências de interesses entre empregado e empregador. Afirma que na situação de crise oriunda da pandemia de Covid-19 as partes não estão em conflito, uma vez que "não se pretende simplesmente reduzir salário, mas, reduzir desemprego". Assim, não haveria conflito, mas "a necessidade de convergência para a sobrevivência da empresa e do empregado." A alternativa a isso seria o desemprego.

O fatalismo exarado no entendimento acima traduz a ideia de que inexiste alternativa para garantir os empregos que não seja a redução de salários, de jornada, ou a suspensão dos contratos de trabalho, tudo isso sob o argumento de que a negociação com sindicatos necessariamente estariam fadadas ao insucesso, ante a uma suposta intransigência dos entes sindicais, o que autoriza e legitima os acordos individuais.

Entretanto, advém desse pensamento a desvalorização dos sindicatos e o aprofundamento da destruição dos direitos sociais. Não se nega que a situação enfrentada é nova e desafiadora e demanda respostas compatíveis com a complexidade do momento. No entanto, medidas de austeridade sequer podem ser vistas como novidades. Trata-se de projeto em curso, no Brasil, desde anos 1990.

Não se trata, portanto, de preservação de empregos. Em maio de 2020, segundo o DIEESE, mais de 4 (quatro) milhões de trabalhadores e trabalhadoras haviam sido atingidos pelas negociações a partir da MP n. 936/2020. O desemprego, contudo, não cessou, conforme denuncia a juíza e professora Valdete Souto Severo:

> A MP n. 936 autoriza redução de salário e jornada, por acordo individual, oferecendo em troca um valor indenizatório e irrisório de complementação emergencial de renda. O resultado concreto dessa MP já foi demonstrado: mais 1,2 milhão de pessoas sem emprego no Brasil. Além disso, pelo menos uma em cada cinco pessoas que trabalham com carteira assinada sofreram redução de salário, o que concretamente significa aumentar o endividamento das famílias brasileiras, que já estava, em 2019, no patamar de 66%.(10)

Portanto, é difícil sustentar que empregado e empregador tenham os mesmos interesses e coadunam dos mesmos objetivos durante a pandemia. Não é possível falar em convergência de vontades na relação de emprego, em uma situação de crise e em um país *com cerca de* treze milhões de pessoas desempregadas. A solução trazida pela MP n. 936, convertida na Lei n. 14.020/2020, retrata a conformação do Estado com a superexploração da força de trabalho, em absoluta contradição com a ordem constitucional de 1988.

Destaca-se, ainda, outro argumento presente nos votos de todos Ministros do STF no julgamento da liminar na ADI 6363, consubstanciado na ideia de que "não há empregado sem empresa". Ou seja, mais uma vez, parte-se de uma lógica fatalista no sentido de que não há nada mais a ser feito se o que se quer é salvar os empregos. Esse pensamento desconsidera que a crise econômica não pode ser superada com uma nação de miseráveis; sem salário, não há consumo.

---

(10) SEVERO, Valdete Souto. *Medidas provisórias escravistas avançarão no Congresso?* Disponível em: <https://www.cartacapital.com.br/opiniao/medidas-provisorias-de-politica-escravista-avancarao-no-congresso/>. Acesso em: 30 jul. 2020.

O benefício, em caso de redução de salário ou suspensão do contrato, não permitirá que as famílias honrem suas contas, pois não é novidade alguma que a maioria das pessoas que vivem do trabalho que realizam usam a totalidade da remuneração que recebem para dar conta dos gastos ordinários. Isso implicará endividamento, em uma realidade na qual, de acordo com a Agência Brasil, 66,2% das famílias já estão endividadas. A drástica redução nas possibilidades de viver com dignidade e o endividamento que daí decorrerá afetará o consumo. E tudo isso sem considerar os efeitos que as mortes e adoecimentos provocados pela Covid-19 terão sobre as famílias e os ambientes de trabalho.[(11)]

Além disso, são os trabalhadores que, além de produzirem o suficiente para pagar seus salários, também produzem excedente que é apropriado pelo capitalista. A mais-valia é, pois, a diferença entre o que o empregador paga em salários e o que é efetivamente produzido pelo trabalhador. Karl Marx nos ensina que o valor de uma mercadoria se divide em três artes: o capital constante (aquilo que se gasta com matérias-primas, máquinas etc.), o capital variável (gastos com salários) e a mais-valia. Além de produzirem o suficiente para pagar os seus salários (capital variável), os trabalhadores também produzem um excedente que é apropriado pelo capitalista, a mais valia. Ou seja, o capital variável é a única fonte da mais-valia e do lucro. Assim, a relação de dependência é do capitalista com o empregado, e não o contrário.

O que se pretende fazer entender é que as escolhas diante de uma crise de proporções até então inimagináveis, não são neutras, resultam da conformação ao sistema de produção e do aprofundamento do pensamento neoliberal, que atinge todos os aspectos da regulação de proteção ao trabalho, reduzindo ou suprimindo direitos dos trabalhadores e fortalecendo o arbítrio patronal. O que se tem observado é o aproveitamento das circunstâncias dadas para avançar na precarização do trabalho para viabilizar lucros a grandes empresas[(12)]. Adverte-se que a Lei n. 10.420/2020 prevê o pagamento de ajuda compensatória mensal aos empregados, valor que seria indenizatório e, por isso, não integra a base de cálculo de imposto de renda, de contribuição previdenciária e não há incidência de FGTS, o que representa uma renúncia fiscal na ordem de aproximadamente 10,6 bilhões de reais[(13)].

---

(11) SEVERO, Valdete Souto. *A MP n. 936 e a imprevisão nos acordos trabalhistas*. Disponível em: <https://www.jorgesoutomaior.com/blog/a-mp-936-e-a-imprevisao-nos-acordos-trabalhistas>. Acesso em: 30 jul. 2020.

(12) O Ministro da Economia, Paulo Guedes, já anunciou que não é a intenção do Governo ajudar as pequenas empresas. Disponível em: <https://economia.ig.com.br/2020-05-22/vamos-perder-dinheiro-salvando-empresas-pequenininhas-diz-guedes.html>.

(13) DIEESE. O programa emergencial de manutenção do emprego e da renda diante dos impactos da Covid-19. Disponível em: <https://www.dieese.org.br/notatecnica/2020/notaTec232ProgramaEmergencialGoverno.html>. Acesso em: 1º ago. 2020.

Conclusão

"A crise são eles, a solução somos nós."[14]

A MP n. 936, convertida na Lei n. 14.020/2020, deve ser combatida uma vez que, conquanto possua disposições temporária (enquanto durar a pandemia de Covid-19), representa uma avassaladora violação dos direitos dos trabalhadores e das trabalhadoras. intenta romper a lógica estruturante do direito do trabalho ao aprofundar a ideia de autonomia individual de vontade de forma generalizada, e conta com o aval do Supremo Tribunal Federal.

Estamos diante de uma crescente retomada de altos níveis de exploração do trabalho, intensificação do tempo, do ritmo do trabalho e adoecimento da classe trabalhadora.[15] A legislação social se faz premente e necessária para a própria sobrevivência do sistema capitalista de produção, uma vez que envolve aspectos sociais, macroeconômicos e políticos extremamente relevantes. Nesses termos:

> O surgimento do direito do trabalho, ademais, importante dizer, não foi uma consequência natural do modelo. Fora, sobretudo, uma reação aos movimentos sociais de cunho revolucionário, que, baseados em teorias de cunho marxista buscaram pela tomada de consciência da classe proletária, a superação da sociedade de classes, com a consequente eliminação da própria classe burguesa dominante.[16]

Ao contrário do que defendem alguns, o caráter protetivo do direito do trabalho não provém da bondade do legislador, mas decorre da própria essência do Direito do Trabalho, forjado a partir de lutas de trabalhadores e trabalhadoras. Não há, portanto, partes iguais na relação entre empregador e empregado. O trabalhador, uma vez que não detém os meios de produção, não tem escolha quanto a vender ou não sua força de trabalho. Portanto, não é possível falar em autonomia individual de vontade nos contratos de trabalho para instrumentalizar prejuízos aos trabalhadores.

Bibliografia

ALVES, Giovanni. *Dimensões da Precarização do Trabalho.* Ensaios de Sociologia do Trabalho. Projeto Editoral Praxis, 1. ed. Bauru, 2013.

ANTUNES, Ricardo. *Os sentidos do trabalho.* Ensaio sobre a afirmação e a negação do trabalho. São Paulo: Boitempo, 1999.

---

(14) Em 2009, na França, durante a greve geral impulsionada pela crise do capital, foram exibidos cartazes com dizeres "a crise são eles, a solução somos nós".

(15) ANTUNES, Ricardo. *Os sentidos do trabalho.* Ensaio sobre a afirmação e a negação do trabalho. São Paulo: Boitempo, 1999. p. 204.

(16) MAIOR, Jorge Luiz Souto. *Relação de emprego e Direito do Trabalho.* São Paulo: LTr, 2007. p. 24.

FROMM, Erich. *Psicanálise da sociedade contemporânea.* Rio de Janeiro: Zahar, 1965. p. 151.

MARX, Karl; ENGELS, Friederich. *A ideologia Alemã. São Paulo:* Martins Fontes: 2001. p. 03.

SEVERO, Valdete Souto. *Medidas provisórias escravistas avançarão no Congresso?* Disponível em: <https://www.cartacapital.com.br/opiniao/medidas-provisorias-de-politica-escravista-a-vancarao-no-congresso/>. Acesso em: 30 jul. 2020.

______. *A MP n. 936 e a imprevisão nos acordos trabalhistas.* Disponível em: <https://www.jorgesoutomaior.com/blog/a-mp-936-e-a-imprevisao-nos-acordos-trabalhistas>. Acesso em: 30 jul. 2020.

SOUTO MAIOR, Jorge Luiz. *Relação de emprego e Direito do Trabalho.* São Paulo: LTr, 2007.

Sites consultados:

Canal do STF no *Youtube*: <https://www.youtube.com/watch?v=LFwWUDURYMQ&t=13s>.

<https://economia.ig.com.br/2020-05-22/vamos-perder-dinheiro-salvando-empresas-peque-nininhas-diz-guedes.html>.

<https://www.dieese.org.br/notatecnica/2020/notaTec232ProgramaEmergencialGoverno.html>. Acesso em: 1º ago. 2020.

Medida Provisória n. 945: Um Desestímulo ao Exercício do Direito de Greve pelos Trabalhadores Portuários?

Rodolfo da Costa Arruda Silva

RESUMO: O presente artigo apresenta análise da Medida Provisória n. 945 e sua relação com o direito de greve dos trabalhadores portuários, especificamente quanto aos impactos decorrentes da referida medida provisória para o exercício deste direito. A análise parte do histórico-formativo do direito de greve no Brasil e analisa a medida à luz da Constituição Federal de 1988 e da legislação de regência do tema. A pretexto de implementar medidas de combate à pandemia causada pelo novo coronavírus, a Medida Provisória n. 945 aprofunda o problema da redução de renda dos trabalhadores portuários, estabelece tratamento desigual entre trabalhadores avulsos e com vínculo de emprego, além de impactar sobremaneira o exercício do direito de greve pelos trabalhadores portuários.

Palavras-chave: Medida Provisória n. 945. Direito de Greve. Trabalhadores Portuários. Pandemia. Jurisprudência da crise.

I. Introdução

O histórico do direito de greve no Brasil revela um processo formativo marcado por reprimendas e propostas de regulamentação extremamente restritivas ao exercício deste direito. A primeira notícia que se tem sobre a regulamentação do direito de greve foi em meados de 1890, com a edição do Decreto n. 847 — antigo Código Penal. A medida tipificou como crime a conduta de causar ou provocar cessação ou suspensão do trabalho para impor aos operários ou patrões aumento ou diminuição de serviço ou salário.

A criminalização do exercício do direito de greve foi superada rapidamente, pois, naquele mesmo ano, foi editado o Decreto n. 1.162, de 12 de dezembro de 1890. A nova legislação passou a punir tão somente as ameaças, violências e constrangimentos empregados para a persuasão dos demais operários. Esse movimento de descriminalização revelou novo horizonte aos trabalhadores da época, na medida em que o exercício do direito de greve passou a ser considerado como uma liberdade dos trabalhadores.

No entanto, a classe trabalhadora foi surpreendida novamente com indesejável adoção, entre os anos de 1930 a 1937, de um modelo de sindicalismo brasileiro conjugado por características corporativistas e autoritaristas, seguidas de políticas restritivas do exercício do direito de greve, novamente proibido. Tal proibição foi consequência de legislações editadas à época, tais como o Decreto-lei n. 431, de 18 de maio de 1938 (Lei de Segurança Nacional) e pelo Código Penal de 1940.

Esta nova proibição ao exercício do direito de greve perdurou até o processo de redemocratização do Brasil e consequente edição do Decreto-lei n. 9.070, de 15 de março de 1946. Tratou-se da primeira edição normativa não proibitiva ou limitadora, e sim de norma de caráter minimamente regulamentador do exercício do direito de greve, marco importante no histórico-formativo deste direito. Todavia, o Decreto-lei n. 9.070/1946 foi revogado pela Lei de Greve do regime militar — Lei n. 4330, de 1º de junho de 1964. Como bem aponta Mauricio Godinho Delgado, a Lei de Greve Militar *"restringia, severamente, o instituto: não só proibia movimentos que não tivessem fins estritamente trabalhista, como vedava a estratégia ocupacional do estabelecimento nas greves"*.

O assombro da restrição e repressão ao exercício de greve e de movimentos paredistas continuou nos anos seguintes e avançou com a proibição dos movimentos nos serviços públicos e nas atividades essenciais, proibição de greve estendida a empregados de sociedades de economia mista, aos celetistas de autarquias e órgãos da Administração Pública direta. A promulgação da Constituição da República Federativa do Brasil de 1988 foi responsável pela grande e tão esperada mudança no tratamento dispensado ao direito de greve no Brasil. Mauricio Godinho Delgado afirma que:

A Constituição de 1988, ao final dessa retrospectiva histórica, surge, claramente, como o instante mais elevado de reconhecimento do direito paredista na ordem jurídica brasileira. Mesmo consideradas as fases de não regulação ou proibição desse tipo de movimento social, de pré-1930, e de regulação restritiva vivenciada entre 1946-1964, e sempre se tomando em consideração as longas fases obscurantistas sofridas no Brasil ao longo do século XX, a Constituição de 1988 demarca-se como o momento mais notável de afirmação do direito de greve na História pátria. Trata-se, além de tudo, do primeiro e único instante do Brasil em que o instituto da grave ganhou o *status* jurídico de *direito constitucional fundamental de caráter coletivo*, '... competindo aos trabalhadores decidir sobre a oportunidade de exercê-lo e sobre os interesses que devam por meio dele defender' (art. 9º, *caput*, CF/88).[(1)]

A Constituição Federal de 1988 representou enorme avanço no tratamento normativo e cultural do direito de greve e dos movimentos paredistas no Brasil. O direito supracitado foi erigido à patamar constitucional, assim considerado como direito fundamental do trabalhador. O texto constitucional dispõe, em seu art. 9º, que *"é assegurado o direito de greve, competindo aos trabalhadores decidir sobre a oportunidade de exercê-lo e sobre os interesses que devam por meio dele defender."* Da mesma forma, o Constituinte Originário atribuiu ao legislador infraconstitucional a tarefa de regulamentar este direito, ao prever que *"lei definirá os serviços ou atividades essenciais e disporá sobre o atendimento das necessidades inadiáveis da comunidade"* (art. 9º, § 1º) e que *"os abusos cometidos sujeitam os responsáveis às penas da lei"* (art. 9º, § 2º).

Em que pese o encargo supramencionado, entende-se que o exercício do direito de greve não esteve condicionado à existência de regulamentação específica sobre o tema, porquanto se tratar de norma constitucional de eficácia plena e de aplicabilidade imediata. No entanto, ciente do comando constitucional, prudentemente, o legislador infraconstitucional editou a Lei n. 7.783, de 28 de junho de 1989 (Lei Geral de Greve), regulamentando o exercício do direito de greve, definindo as atividades essenciais e disciplinando o atendimento das necessidades inadiáveis da comunidade.

A Lei Geral de Greve replicou, de forma fidedigna, o quanto previsto pela Constituição Federal de 1988, assegurando o direito de greve e reafirmando que compete *"aos trabalhadores decidir sobre a oportunidade de exercê-lo e sobre os interesses que devam por meio dele defender"* (art. 1º). É dizer: a Constituição Federal de 1988 e a Lei Geral de Greve garantiram segurança aos trabalhadores para realizarem movimentos grevistas sem que houvesse impedimentos ou boicotes. Diante do tratamento constitucional e legal do direito de greve, questiona-se: os governos podem adotar políticas públicas que visem restringir ou desestimular o exercício deste direito?

II. Crise pandêmica, Medida Provisória n. 945 e a essencialidade das atividades portuárias

O final de 2019 e início de 2020 é marcado pelo combate mundial à crise sanitária de extraordinária dimensão causada pelo surgimento e disseminação do novo coronavírus (SARS-CoV-2). Identificado pela primeira vez na cidade de Wuhan, situada em Hubei, província da República Popular da China, o vírus espalhou-se rapidamente pelo continente asiático evidenciando seu potencial de contaminação e

(1) DELGADO, Mauricio Godinho. *Curso de direito do trabalho:* obra revista e atualizada conforme a lei da reforma trabalhista e inovações normativas e jurisprudenciais posteriores. 18. ed. São Paulo: LTr, 2019. p. 1.728.

disseminação. Em curto período os demais continentes foram afetados pelo coronavírus, o que ocasionou a declaração de pandemia pela Organização Mundial da Saúde em 11 de março de 2020.

A pandemia impôs aos países do mundo desafios estruturais para a contenção do contágio generalizado de suas respectivas populações e da disseminação do vírus em seus territórios, bem como dos consequentes impactos sociais, econômicos e políticos decorrentes. Decerto, o vírus desembarcou em solo brasileiro em meados de fevereiro, quando o primeiro caso foi oficialmente registrado pela Secretaria Estadual de Saúde de São Paulo, no dia 25.

Em poucas semanas os números de casos suspeitos e confirmados eram alarmantes, e o Governo Brasileiro se viu obrigado a implementar — tardiamente — medidas sociais, políticas, jurídicas e econômicas para conter a progressividade do vírus e, assim, proteger a população brasileira. O Congresso Nacional aprovou o Decreto Legislativo n. 6, de 20 de março de 2020, reconhecendo a existência de estado de calamidade pública decorrente do novo coronavírus. Continuamente, adotou-se outras medidas de controle, tais como: distanciamento e isolamento social, suspensão das atividades escolares, restrição ao funcionamento do comércio e de circulação de pessoas, limitações às atividades culturais, dentre outras.

As medidas supracitadas foram implementadas pelos Governos Estaduais e Municipais e, em parte, pelo Governo Federal — este último resistente às medidas de isolamento. Tais medidas trouxeram consigo consequências de diversas ordens: sociais, econômicas, política, psíquicas.(2) A população e os trabalhadores de variados setores e seguimentos da economia nacional se viram afetados pelas medidas. Visando proteger os empregados do contágio, empresas tiveram suas operações paradas ou reduzidas e, como consequência, acumularam queda de produtividade e um histórico de demissões em massa ou redução de salário.(3) Comércios, microempreendedores e empresas de pequeno porte fecharam as portas de seus estabelecimentos. Camelos e ambulantes não puderam ir às ruas vender suas mercadorias, de modo que esse grande contingente se tornaram economicamente dependentes de medidas governamentais — prometidas e pouco ou mal implementadas — para sobreviverem à maior crise sanitária dos últimos anos.

---

(2) PEREIRA, M. D.; OLIVEIRA, L. C.; COSTA, C. F. T.; BEZERRA, C. M. O.; PEREIRA, M. D.; SANTOS, C. K. A.; DANTAS, E. H. M. (2020). The Covid-19 pandemic, social isolation, Consequences on mental health and coping strategies: an integrative review. *Research, Society and Development*, 9: pág. 1-35. Disponível em: <https://preprints.scielo.org/index.php/scielo/preprint/view/493>. Acesso em: 1º jun. 2020.

(3) Medida Provisória n. 936. Editada pelo Chefe do Poder Executivo Federal em 1º de abril de 2020, a referida medida instituiu o Programa Emergencial de Manutenção do Emprego e da Renda e dispôs sobre medidas trabalhistas complementares para enfrentamento do estado de calamidade pública reconhecido pelo Decreto Legislativo n. 6, de 20 de março de 2020, e da emergência de saúde pública de importância internacional decorrente do coronavírus, de que trata a Lei n. 13.979, de 6 de fevereiro de 2020. A medida permitia a redução proporcional da jornada de trabalho e de salário.

Tal como diversos outros, o setor portuário foi seriamente afetado pelo cenário de crise pandêmica. Importante notar que, desde 2019, o setor vinha ensaiando uma paralisação nacional dos trabalhadores portuários, diante da insatisfação com a política de privatização dos portos públicos e, principalmente, pela falta de diálogo por parte do governo de Jair Bolsonaro para a discussão de um modelo portuário que conjugasse não apenas os interesses do empresariado, mas também da classe trabalhadora. Liderado pela Federação Nacional dos Portuários (FNP), Federação Nacional dos Estivadores (FNE) e Federação Nacional dos Conferentes e Consertadores de Carga e Descarga, Vigias Portuários, Trabalhadores de Bloco, Arrumadores e Amarradores de Navios, nas Atividade Portuárias (FENCCOVIB), o movimento paredista previa suspensão das atividades em todos os complexos portuários brasileiros.(4)

A crise pandêmica acertou com força o setor portuário que, com as medidas de distanciamento e isolamento social anunciadas e implementadas pelos governos, fez com que os trabalhadores portuários e entidades sindicais voltassem a aventar novamente uma paralisação do setor. E assim o fizeram. Em 18 de março, o Sindicato dos Estivadores de Santos, São Vicente, Guarujá e Cubatão, que representa os estivadores do litoral sul do Estado de São Paulo, determinou a paralisação total dos trabalhos no Porto de Santos. A entidade representativa destacou, por meio de documento encaminhado à Secretaria dos Portos da Presidência da República, que os trabalhadores portuários de estiva, avulsos ou vinculados, estariam expostos a graves riscos porquanto sujeitos a alta contaminação, considerando o ambiente de trabalho e na medida em que estão na linha de frente. De acordo com o Sindicato, a paralisação total das operações no Porto de Santos perduraria até o fim da quarentena decretada pelos órgãos do Governo Federal, Estadual e Municipal.(5)

A possibilidade de paralisação do setor portuário neste momento de grave crise pandêmica foi recebida de forma negativa por parte do setor privado e por órgãos do poder público. A exemplo disto, a Secretaria de Logística e Transporte do Estado de São Paulo se posicionou contrária à paralisação e apontou que o governo pretendia impedir. O presidente do conselho de gestão da supracitada secretaria afirmou que *"Existem várias alternativas. A mais drástica é a declaração de estado de emergência do Estado de São Paulo, que suspende direitos individuais e de greve"*.(6)

---

(4) SOPESP. *Portuários preparam greve nacional.* SOSESP, 15 out. 2019. Disponível em: <https://sopesp.com.br/2019/10/15/portuarios-preparam-greve-nacional/>. Acesso em: 1º jun. 2020.

(5) *Globo.* Por medo do coronavírus, estivadores podem decretar greve no Porto de Santos. 18 mar. 2020. Disponível em: <https://revistagloborural.globo.com/Noticias/Infraestrutura-e-Logistica/noticia/2020/03/por-medo-do-coronavirus-estivadores-podem-decretar-greve-no-porto-de-santos.html>. Acesso em: 1º jun. 2020.

(6) *Folha de S. Paulo.* Trabalhadores do porto de Santos podem decretar greve por conta do coronavírus. 18 mar. 2020. Disponível em: <https://www1.folha.uol.com.br/mercado/2020/03/trabalhadores-do-porto-de-santos-podem-decretar-greve-por-conta-do-coronavirus.shtml>. Acesso em: 1º jun. 2020.

É diante deste contexto — e de desastrosa governança por medidas provisórias adotada pelo Governo Federal — que surge a Medida Provisória n. 945 (MPv) editada como resposta à pandemia causada pelo coronavírus e dispondo sobre *"medidas temporárias em resposta à pandemia decorrente da **Covid-19** no âmbito do setor portuário e sobre a cessão de pátios sob administração militar"*. A MPv se propôs a implementar medidas necessárias — na visão do Governo — para a continuidade das atividades portuárias, conforme se extrai da exposição de motivos apresentada pelo Ministério da Infraestrutura:

> "Tem se verificado que a transmissão ocorre de pessoa a pessoa a partir de gotículas respiratória ou contato próximo (dentro de 1 metro) e que pessoas em contato com alguém que possua sintomas respiratório (espirros, tosse, etc.)estão em risco de exposição a gotículas respiratórias potencialmente infecciosas. **Esse tipo de transmissão implica no aumento do risco para grupos de trabalhadores que laboram em regime de confinamento, e como no setor portuário, parte dos trabalhadores compartilham instalações físicas no local de trabalho, entende-se essencial tomar precauções emergenciais para sua proteção. Ademais, o setor portuário é essencial para a economia nacional. Ele representa cerca de 95% da corrente de comercio exterior que passa pelo país e movimenta, em média, 293 bilhões anualmente, o que representa 14,2% do PIB brasileiro. Hoje, 100% das cargas do agronegócio são escoadas pelos portos e diversos artigos de primeira necessidade também são importadas neste meio. Assim, é essencial para se evitar o desabastecimento de cadeias produtivas, impactando toda a população, a continuidade desta atividade mesmo diante da declaração da pandemia e das orientações governamentais e sanitárias que estimulam o fechamento de empresas, quarentena e outras medidas para evitar a rápida disseminação.**" (grifos nossos)

A MPv endereçou medidas que podem ser classificadas como de natureza (i) estrutural e (ii) organizacional para o setor portuário. Sob o ângulo estrutural, a MPv promoveu duas alterações importantes. A primeira delas foi atribuir às *atividades portuárias* natureza de *atividade essencial*. Esta medida se concretizou com a alteração da Lei n. 7.783, de 28 de junho de 1989 (Lei Geral de Greve). Houve a inserção do inciso XV ao art. 10 — rol das atividades essenciais — de modo que as *atividades portuárias* passaram a ser consideradas essenciais. Notadamente, a alteração traduz significativo impacto ao exercício do direito de greve pelos trabalhadores portuários, na medida em que terá tratamento distinto em razão da essencialidade da atividade.

A atribuição de essencialidade às *atividades portuárias* implica o dever de observância às exigências legais específicas para o exercício do direito de greve pelos trabalhadores portuários. Nessa linha, os sindicados, os empregados e os trabalhadores portuários ficam obrigados a garantir, durante a greve, a prestação dos serviços indispensáveis ao atendimento das necessidades inadiáveis da comunidade, assim entendidas por aquelas que, caso não atendidas, colocam em perigo iminente a sobrevivência, a saúde ou a segurança da população. Outra exigência imposta é o dever das entidades sindicais ou dos trabalhadores portuários comunicarem a decisão de paralisação aos empregadores e aos usuários com antecedência mínima de 72 (setenta e duas) horas da paralisação. O não atendimento destas exigências pode desencadear a declaração de abusividade do movimento grevista, com consequente sujeição às penalizações previstas em lei.

É inegável que esta essencialidade atribuída às *atividades portuárias* restringiu, sobremaneira, o exercício do direito de greve pelos trabalhadores portuários que, agora, terão que superar entraves para viabilizar eventuais paralisações, de modo que estas não sejam consideradas ilegais ou abusivas. Em que pese o atual contexto de crise pandêmica possa atribuir aparente idoneidade à motivação de medidas restritivas do exercício do direito de greve pelos trabalhadores dos setores considerados indispensáveis para o combate à crise e para o atendimento das necessidades inadiáveis, parece-nos não haver permissão constitucional para tal restrição. Fato é que, a restrição decorrente da proposta endereçada pela MPv é resultado de uma política autoritária e que não preza pelo diálogo — principal reivindicação dos trabalhadores portuários —, e flerta perigosamente com um passado marcado pelo autoritarismo, criminalização e excessiva restrição ao exercício do direito de greve.

A segunda alteração estrutural promovida pela MPv — cuja análise aprofundaremos no capítulo III deste trabalho — foi a possibilidade de os operadores portuários contratarem livremente trabalhadores com vínculo empregatício por tempo determinado para a realização de serviços de capatazia, bloco, estiva, conferência de carga, conserto de carga e vigilância de embarcações, na hipótese de indisponibilidade de trabalhadores portuários avulsos para atendimento às requisições. E aponta como *"indisponibilidade de trabalhadores portuários qualquer causa que resulte no não atendimento imediato às requisições apresentadas pelos operadores portuários ao Órgão Gestor de Mão de Obra,* ***tais como greves, movimentos de paralisação*** *e operação-padrão"*.[7]

(7) Medida Provisória n. 945. "(...) Art. 4º Na hipótese de indisponibilidade de trabalhadores portuários avulsos para atendimento às requisições, os operadores portuários que não forem atendidos poderão contratar livremente trabalhadores com vínculo empregatício por tempo determinado para a realização de serviços de capatazia, bloco, estiva, conferência de carga, conserto de carga e vigilância de embarcações.

§ 1º Para fins do disposto neste artigo, considera-se indisponibilidade de trabalhadores portuários qualquer causa que resulte no não atendimento imediato às requisições apresentadas pelos operadores portuários ao Órgão Gestor de Mao de Obra, tais como greves, movimentos de paralisação e operação-padrão.

§ 2º A contratação de trabalhadores portuários com vínculo empregatício com fundamento no disposto no *caput* não poderá exceder o prazo de doze meses".

Sob o ângulo organizacional, a MPv moldura um quadro de regras para a escalação de trabalhadores portuários pelo Órgão Gestor de Mão de Obra (OGMO). Previu-se que o OGMO não poderia escalar trabalhadores que apresentassem sintomas compatíveis com a Covid-19, doença decorrente do contágio pelo novo coronavírus. Os sintomas são tosse seca, dor de garganta ou dificuldades respiratória. Também não poderiam ser escalados (i) trabalhadores diagnosticados com a Covid-19 ou submetidos à medida de isolamento domiciliar por coabitação com pessoa diagnosticada; (ii) trabalhadoras gestantes ou lactantes; (iii) trabalhadores com idade igual ou superior a sessenta anos; ou (iv) trabalhadores diagnosticados com imunodeficiência, doença respiratória ou doença preexistente crônica ou grave, como doença cardiovascular, respiratória ou metabólica.

Como medida de socorro econômico a estes trabalhadores, previu-se o pagamento de indenização compensatória mensal aos trabalhadores portuários impossibilitados de serem escalados pelo OGMO. Ainda, determinou escalação de trabalhadores portuários avulsos por meio eletrônico; além de autorizar a cessão de uso especial de pátios sob administração militar, a título gratuito, às pessoas jurídicas prestadoras de serviço de transporte aéreo público, nacionais, a título precário, durante o período do estado de calamidade pública decorrente da pandemia.

A pretexto de implementar medidas de combate à pandemia causada pelo coronavírus e visando a manutenção das atividades portuárias, a Medida Provisória n. 945 editada pelo Governo Federal aprofunda o problema da redução de renda dos trabalhadores portuários ocasionada pela queda na demanda nos portos; estabelece tratamento desigual entre os trabalhadores portuários avulsos e àqueles com vínculo de emprego, ignorando preceitos fundamentais estabelecidos na Constituição Federal de 1988. Apostando numa política autoritária e não dialogal como resposta à possibilidade de paralisação do setor portuário nacional, o Governo Federal endereça medida que impacta o exercício do direito de greve pelos trabalhadores portuários e revela postura tendente a adoção de medidas restritivas ao exercício deste direito.

III. Art. 4º da Medida Provisória n. 945: desestímulo ao exercício do direito de greve ou apenas salvaguarda do setor portuário?

A pergunta estampada no título deste capítulo recai sobre a análise do art. 4º da MPv. Como apontado anteriormente, o dispositivo permitiu aos operadores portuários contratarem livremente trabalhadores com vínculo empregatício por tempo determinado para a realização de serviços de capatazia, bloco, estiva, conferência de carga, conserto de carga e vigilância de embarcações. Condicionou esta contratação direta à indisponibilidade de trabalhadores portuários avulsos para atendimento às requisições destes operadores. Especificou, com precisão, o que se entende por indisponibilidade para os fins de aplicação da hipótese descrita: qualquer causa que resulte no não atendimento imediato às requisições apresentadas pelos operadores portuários ao OGMO, **tais como greves, movimentos de paralisação** e operação-padrão.

O dispositivo supramencionado comporta outras violações à ordem constitucional vigente e aprofunda um tratamento desigual entre os trabalhadores portuários avulsos e os trabalhadores com vínculo de emprego. No entanto, para os fins deste artigo, a análise estará restrita aos impactos decorrentes deste dispositivo para o exercício do direito de greve pelos trabalhadores do setor portuário.

Em que pese o esforço do Governo Federal em justificar a implementação da medida prevista no art. 4º da MPv, em razão da importância do setor portuário para a economia nacional, porquanto movimenta bilhões anualmente, representando 14,2% do PIB brasileiro, esta medida precisa ser analisada com cautela. Inicialmente, é preciso considerar o contexto em que a medida foi proposta. Para além do cenário catastrófico ocasionado pela pandemia, a medida está inserida em outro contexto: o de *convocações e decisões de paralisação do setor portuário*. Portanto, a MPv parece endereçar medidas de respostas à pandemia, mas, também, possui como pano de fundo uma resposta do Governo Federal a este movimento de paralisação do setor.

O dispositivo merece atenção, pois, ao permitir a contratação direta pelos operadores portuários em caso de indisponibilidade de trabalhadores portuários avulsos resultante de movimentos grevistas, o Governo Federal frustra toda e qualquer tentativa de paralisação dos trabalhadores para reivindicar melhores condições de trabalho, sobretudo em momento de grave crise sanitária. Com isso, os trabalhadores perdem poder de pressão inerente aos movimentos grevistas, e que possibilita um cenário de negociação entre os trabalhadores e os empregadores. Em suma: esvazia-se, por completo, o sentido da greve.

A Constituição Federal de 1988 assegurou expressamente o direito ao exercício de greve. Revela-se como verdadeiro instrumento disponibilizado ao trabalhador para reclamar e exigir melhores condições de trabalhado e de remuneração. Instrumento de luta da classe trabalhadora reconhecido pelo poder constituinte originário. De modo que, frustrar o exercício do direito de greve é desrespeitar e ignorar a classe trabalhadora e, igualmente, a Constituição Federal, traduzindo inequívoca inconstitucionalidade.

A restrição imposta pelo art. 4º — e demais alterações anteriormente mencionadas — não guarda compatibilidade constitucional tampouco legal com o regramento dispensado ao exercício do direito de greve. Não se defende que o exercício do direito de greve não possa ser restringido[(8)], e sim que qualquer restrição a este direito deve ter justificativa plausível. Obviamente, não se ignora o atual cenário de crise pandêmica

(8) Sobretudo porque a Lei Geral de Greve operou restrição ao direito constitucional ao livre exercício de greve.

decorrente da transmissão generalizada do novo coronavírus que atingiu diversos setores importantes para a manutenção e desenvolvimento da economia nacional, de modo que o exercício de greve pelos trabalhadores portuários com a finalidade de reivindicar pautas gerais que desconsiderem circunstâncias específica do contexto de crise sanitária e econômica considerar-se-ão oportunista, passíveis de enquadramento em exercício abusivo do direito de greve.

É dizer: não se pode presumir a abusividade do exercício do direito de greve neste momento de crise sanitária e econômica. A ocorrência de eventual abusividade deve ser verificada no plano fático. Portanto, toda e qualquer política pública que restrinja imotivadamente o exercício do direito de greve figura como medida desarrazoada e destoante da ordem constitucional vigente.

Ao se debruçar sobre o regramento legal do exercício do direito de greve, o legislador infraconstitucional previu as especificidades e as excepcionalidades do exercício deste direito e, igualmente, protegeu os empregadores de eventuais movimentos grevistas exercidos de maneira abusiva. Nesse sentido, qualquer oportunismo ou abusividade que a MPv pretendeu afastar já foi rechaçada pelo regramento constitucional e legal do direito de greve. De modo que o contexto de crise pandêmica não tem o condão de, por si só, justificar a restrição ao exercício do direito de greve na forma endereçada pelo dispositivo sob exame.

É clara a inconstitucionalidade do art. 4º da MPv, porquanto esvazia de sentido e restringe imotivadamente o direito constitucional ao exercício de greve, traduzindo inequívoco desestímulo à adesão a movimentos de greve ou de paralização pelos trabalhadores portuários. Como dito, a resposta endereçada pela MPv dialoga com um histórico de criminalização e de restrição ao exercício do direito de greve. Os princípios basilares da ordem constitucional vigente e do Estado Democrático de Direito e de Bem Estar Social não permite retrocesso dessa natureza. Políticas públicas ou medidas que visem apenas desestimular o exercício do direito de greve devem ser objeto de constrangimento.

O art. 4º da MPv é objeto de questionamento judicial. Em 08 de abril de 2020, o Partido Democrático Trabalhista (PDT) provocou o Supremo Tribunal Federal para que se manifestasse sobre a (in)constitucionalidade do art. 4º, *caput* e §§ 1º e 2º, da MPv, por intermédio da Ação Direta de Inconstitucionalidade n. 6404. Em sua petição de ingresso, o PDT apontou que os dispositivos impugnados violaram a isonomia prevista no art. 7º, XXXIV, da Constituição Federal, na medida em que ao autorizar a contratação livre de trabalhadores pelos operadores portuários, afastando-se por completo o direito de convocação dos trabalhadores avulsos, a MPv nega vigência ao art. 5º, *caput*, que consagra o princípio da isonomia, e ao art. 7º, *caput*, e inciso XXXIV, que assegura a igualdade de direitos entre o trabalhador com vínculo empregatício permanente e o trabalhador avulso. Da mesma forma, afirma haver sido gravemente violado o direito de greve previsto no art. 9º da Constituição Federal.

Com a necessidade de tomada de decisões urgentes pelos gestores públicos e, por vezes, com impactos sociais, econômicos e políticos pouco previsíveis, aumenta-se as chances de questionamentos judiciais. O caminho (não)natural dessas decisões ou políticas públicas tem sido desaguar no Poder Judiciário que, nos últimos meses, tornou-se ator central no debate sobre a validade jurídica das decisões e medidas de combate à pandemia e das consequentes crises econômica e política que assolam o Brasil.

Há, portanto, uma corrida ao Poder Judiciário para a resolução dos impasses decorrentes das decisões e medidas tomadas pelo Governo Federal e pelos Governos Estaduais e Municipais. É o que ocorre com as medidas endereçadas pela MPv, especificamente em relação ao art. 4º. A solução sobre a (in)compatibilidade constitucional desta matéria poderá vir por duas vias: legislativa, com a apreciação da MPv pelo Congresso Nacional; ou judicial, com o julgamento da ADI n. 6.404 pelo Supremo Tribunal Federal.

O Poder Judiciário, sobretudo o STF, possui papel importante no combate à crise conjuntamente com os Poderes Executivo e Legislativo. No entanto, é preciso ter cautela em relação às decisões jurídicas adotadas pela Corte. No caso da ADI n. 6.404, houve manifestação inicial do relator Min. Luiz Fux, apontando tendências que precisam ser analisadas. A referida decisão aponta para a necessidade de uma interpretação teleológica dos dispositivos constitucionais pelos intérpretes da Constituição Federal em períodos de emergência e de calamidade pública. Vejamos:

> (...) O estado de emergência em saúde pública não configura estado de exceção, de sorte a não se observar a normatividade constitucional, ainda em tempos críticos. Nada obstante, nessa situação de emergência e de calamidade pública — sem precedentes no Brasil e no mundo — é absolutamente exigível dos intérpretes da Constituição que levemos em consideração que o momento reclama uma interpretação teleológica dos dispositivos constitucionais. (...)

Diante desse panorama premente, o âmbito de proteção constitucional na análise perfunctória de medidas ainda provisórias é restrito — ressalvadas as teratologias. Cabe a nós, juízes constitucionais, afastar tão somente aquilo que for urgente e flagrantemente inconstitucional e ao Congresso, ao converter ou não a medida provisória em lei, analisar a conveniência e legalidade da ponderação de interesses.

A jurisprudência da crise, que se caracteriza e legitima pela temporariedade das medidas excepcionais e a correlação direta com o contexto particular, adota esses critérios para aferir a proporcionalidade das previsões instituídas. *In casu*, é o preâmbulo da Medida Provisória n. 945/2020 que delimita seu alcance, por dispor *sobre medidas temporárias em resposta à pandemia decorrente da* ***Covid-19*** *no âmbito do setor portuário.*[(9)] (grifos nossos)

Em que pese a afirmação expressa de que cabe à Corte apenas afastar o que for urgente e flagrantemente inconstitucional, transferindo ao Poder Legislativo a análise da conveniência e legalidade da ponderação de interesses, ao converter ou não a medida provisória em lei, a decisão merece atenção. Notadamente, o ponto de atenção refere-se à eventual abertura para adoção de uma jurisprudência da crise. A questão é: poderia haver uma abertura hermenêutica da jurisdição constitucional levando em consideração a situação decorrente da pandemia? Sobre o assunto, Fernando Leal afirma que:

> Nessa conjuntura, adota-se ou não o rótulo de 'jurisprudência da crise', a formulação de uma postura para lidar com contextos dessa natureza, antes de negada, deve ser reconhecida como algo inevitável. Isso não significa que ela possa ser usada como pretexto para decidir de qualquer maneira. Reconhecer o cenário especial não liberta os ministros dos ônus elevados de justificação que devem assumir quando decidem. Ao contrário, a crise deve exigir esforços excepcionais para a justificação de decisões complexas, às vezes urgentes, em situações também excepcionais. Tampouco ele deve ser encarada como sinônimo de heterodoxia constitucional. A Constituição continua a mesma, as ferramentas para a sua interpretação seguem disponíveis e a busca pela guarda das suas promessas, sobretudo as mais fundamentais, deve se manter inegociável.[(10)]

Os Ministros Alexandre de Moraes e Marco Aurélio já rejeitaram expressamente a adoção da expressão quando da véspera do início do julgamento sobre a lei de responsabilidade fiscal acerca da possibilidade de os Estados poderem cortar salários e reduzir jornada de trabalho de servidores. À época, entenderam não haver espaço para o STF adotar uma jurisprudência excepcional para momentos excepcionais.[(11)] A discussão perpassa pela eventual necessidade de adotar uma jurisprudência da crise, em uma perspectiva pragmática, adotando-se o pensamento do possível, *"no sentido de um pensamento jurídico de possibilidades, pode[r] fornecer soluções adequadas nesse momento de crise e de incertezas quanto aos efeitos da Covid-19 na população brasileira"*.[(12)]

---

(9) BRASIL. Supremo Tribunal Federal. Ação Direta de Inconstitucionalidade n. 6.404/ Distrito Federal. Decisão Monocrática de 5 de maio de 2020, p. 2 e 4. Disponível em: <http://redir.stf.jus.br/estfvisualizadorpub/jsp/consultarprocessoeletronico/ConsultarProcessoEletronico.jsf?seqobjetoincidente=5900093>. Acesso em: 1º jun. 2020.

(10) LEAL, Fernando. O Supremo e a pandemia: é preciso uma jurisprudência da crise? *JOTA*, 1º abr. 2020. Disponível em: <https://www.jota.info/stf/supra/stf-pandemia-crise-jurisprudencia-01042020>. Acesso em: 1º jun. 2020.

(11) *Idem.*

(12) MENDES, Gilmar Ferreira. Jurisprudência de Crise e Pensamento do Possível: caminhos constitucionais. *Consultor Jurídico*, 11 abr. 2020. Disponível em: <https://www.conjur.com.br/2020-abr-11/observatorio-

O questionamento existente diante desta possibilidade é: a adoção de uma jurisprudência da crise no julgamento da ADI 6404 será suficiente para justificar a restrição ao exercício do direito de greve pelos trabalhadores portuários? Nos parece que não. A Constituição Federal é a mesma e o direito fundamental ao exercício de greve igualmente, devendo-se mantê-lo inegociável. É indispensável que haja justificativa plausível para que o STF restrinja o alcance da norma constitucional diante de um cenário de crise pandêmica. A Corte não poderá presumir o oportunismo tampouco a abusividade do exercício do direito de greve pelos trabalhadores portuários. Decisão nesse sentido seria contrária aos ditames constitucionais.

IV. Conclusão

A Medida Provisória n. 945 dialoga com o histórico-formativo do direito de greve no Brasil, anterior à Constituição de 1988, marcado por longo período de criminalização e restrição excessiva ao exercício do direito de greve. A pretexto de implementar medidas de combate à pandemia causada pelo coronavírus e visando a manutenção das atividades portuárias, a Medida Provisória n. 945 aprofunda o problema da redução de renda dos trabalhadores portuários decorrente da queda na demanda nos portos, estabelece tratamento desigual entre trabalhadores avulsos e àqueles com vínculo de emprego, além de endereçar medidas que impactam o exercício do direito de greve pelos trabalhadores portuários e revela postura tendente a adoção de medidas restritivas ao exercício deste direito.

As alterações estruturais promovidas pela supracitada medida restringiram o exercício do direito de greve pelos trabalhadores portuários. A primeira delas, que atribuiu caráter de essencialidade às atividades portuárias, resultou em restrição ao exercício do direito de greve pelos trabalhadores portuários que, agora, terão de superar entreves para viabilizar eventuais paralisações do setor.

Em relação a segunda alteração estrutural promovida pelo art. 4º da Medida Provisória n. 945, que permitiu a contratação direta de trabalhadores com vínculo de emprego pelos operadores portuários, na hipótese de indisponibilidade de trabalhador decorrente de movimentos grevistas e de paralisação, restringiu o exercício do direito de greve pelos trabalhadores portuários na medida em que: (i) reduziu o poder de pressão inerente ao movimente grevista, impossibilitando um cenário de negociação; e por (ii) frustrar toda e qualquer tentativa de paralisação dos trabalhadores para reivindicar melhores condições de trabalho e de remuneração. Além disto, a restrição imposta não guarda compatibilidade constitucional tampouco legal com o regramento dispensado ao direito de greve.

-constitucional-jurisprudencia-crise-pensamento-possivel-caminhos-solucoes-constitucionais. Acesso em: 1º jun. 2020.

A Medida Provisória n. 945 endereça medidas de respostas à pandemia, mas, também, possui como pano de fundo uma resposta do Governo Federal ao movimento de paralisação do setor. Ainda, é clara a inconstitucionalidade do art. 4º, porquanto esvazia de sentido e restringe imotivadamente o direito constitucional ao exercício de greve, traduzindo inequívoco desestímulo à adesão a movimentos de greve ou de paralização pelos trabalhadores portuários.

Por fim, conclui-se que eventual adoção de uma jurisprudência da crise no julgamento da ADI 6404 não será suficiente para justificar restrição ao exercício do direito de greve pelos trabalhadores portuários. Indispensável, portanto, que haja justificativa plausível para que o STF restrinja o alcance da norma constitucional diante de um cenário de crise pandêmica.

Bibliografia

BRASIL. Decreto n. 1.162, de 12 de dezembro de 1890. *Altera a relacção dos arts, 20 (ilegível) e 206 do Código Criminal.*

______. Decreto n. 847, de 11 de outubro de 1890. *Promulga o Código Penal.*

______. Decreto-lei n. 431, de 18 de maio de 1938. *Define crimes contra a personalidade internacional, a estrutura e a segurança do Estado e contra a ordem social.*

______. Decreto-lei n. 2.848, de 7 de dezembro de 1940. *Código Penal.*

______. Decreto-lei n. 9.070, de 15 de março de 1946. *Dispõe sobre a suspensão ou abandono coletivo do trabalho e dá outras providências.*

______. Lei n. 4.330, de 1º de junho de 1964. *Regula o direito de greve, na forma do art. 158, da Constituição Federal.*

______. Constituição (1998). *Constituição da República Federativa do Brasil.*

______. Supremo Tribunal Federal. Ação Direta de Inconstitucionalidade n. 6404/ DF. Decisão Monocrática de 5 de maio de 2020. Distrito Federal , Brasília, Brasil. Disponível em: <http://redir.stf.jus.br/estfvisualizadorpub/jsp/consultarprocessoeletronico/ConsultarProcessoEletronico.jsf?seqobjetoincidente=5900093>. Acesso em: 1º jun. 2020.

DELGADO, Mauricio Godinho. *Curso de direito do trabalho:* obra revista e atualizada conforme a lei da reforma trabalhista e inovações normativas e jusrisprudenciais posteriores. 18. ed. São Paulo: LTr, 2019.

Folha de S. Paulo. Trabalhadores do porto de Santos podem decretar greve por conta do coronavírus. São Paulo, Brasil, 18 mar. 2020. Disponível em: <https://www1.folha.uol.com.br/mercado/2020/03/trabalhadores-do-porto-de-santos-podem-decretar-greve-por-conta-do--coronavirus.shtml>. Acesso em: 1º jun. 2020.

Globo. Por medo do coronavírus, estivadores podem decretar grave no Porto de Santos. São Paulo, Brasil, 18 mar. 2020. Disponível em: <https://revistagloborural.globo.com/Noticias/Infraestrutura-e-Logistica/noticia/2020/03/por-medo-do-coronavirus-estivadores-podem--decretar-greve-no-porto-de-santos.html>. Acesso em: 1º jun. 2020,

LEAL, F. O Supremo e a pandemia: é preciso uma jurisprudência da crise? *JOTA*, 1º abr. 2020. Disponível em: <https://www.jota.info/stf/supra/stf-pandemia-crise-jurisprudencia-01042020>. Acesso em: 1º jun. 2020.

PEREIRA, M. D. The Covid-19 pandemic, social isolation, consequences on mental health and coping strategies: an integrative review. *Research, Society and Development*, 30 mai. 2020, p. 1-35.

SOPESP. *Portuários preparam greve nacional.* São Paulo, Brasil, 15 out. 2019. Disponível em: <https://sopesp.com.br/2019/10/15/portuarios-preparam-greve-nacional/>. Acesso em: 1º jun. 2020.

Portaria n. 343 — Disparidade Entre a Educação e a Aprendizagem

Andrea C. Rodrigues Peine Jara
Caio Rodrigues da S. Peine Jara
Carla Denise Theodoro

Resumo: Este artigo trata da questão Portaria n. 343, principalmente, que implementou o ensino remoto em escolas e universidades públicas e particulares do território brasileiro, a fim de substituir as aulas presenciais. Contudo, percebe-se que há, ainda mais, um sucateamento da educação brasileira. Além disso, uma continuidade da precarização da profissão docente utilizando-se a pandemia, por conta da Covid-19, como motivo para tais estratégias.

Palavras-chave: Portaria — Educação — Ensino — Pandemia.

I. Introdução

Este artigo se propõe a apresentar a disparidade que a Portaria n. 343 criou em viabilizar o teletrabalho docente, visando a aprendizagem de alunos de escolas e universidades públicas e privadas no período da pandemia por conta da Covid-19.

Em virtude dessa viabilidade, o governo pretende que acreditemos que há o ensino e aprendizagem, nomeando com EAD. No entanto, em princípio, é preciso diferenciar EAD (educação a distância) de um ensino remoto.

EAD (educação a distância) é uma modalidade de educação regulamentada no art. 80 da LDB (Lei de diretrizes básica) n. 5.622/2005, bastante usual no ensino privado. Já o ensino remoto é uma ação temporária para a construção de atividades pedagógicas, a qual precisa da *"internet"* e usado de forma complementar. Sendo assim, o que há de similar entre EAD e ensino remoto é que ambos necessitam da ferramenta tecnológica. Porém, a educação à distância tem a preocupação em organizar, sistematizar o ensino e aprendizagem, inclusive por ser regulamentada. Portanto, o que há nesse momento, é um simplesmente um ensino remoto, buscando parecer com algo presencial e que, nem mesmo, tem o princípio de uso complementar e sim substitutivo.

Todavia, é notório que isto não acontece, visto que, nesse artigo, demonstraremos que o trabalho docente é uma atividade complexa e que não é, simplesmente, propiciar um acesso à *internet* para que a "mágica" aconteça. Seria benéfico se a utilização tivesse o caráter de complementar. Portanto, por ora, o que acontece é professores buscando se reinventar para ministrar aulas por meio de videoconferências para crianças, jovens e adultos.

Provavelmente, seja uma estratégia oportunista de empresas particulares que visam vender plataformas de ensino e aprendizagem para as instituições públicas, já que as privadas já se renderam aos encantos dessa "máquina de aprender" com todas as suas facilidades.

II. Portaria n. 343 e suas implicações

Assim que se apresentou a realidade de uma pandemia, por conta da Covid-19, imediatamente o Ministério da Educação publicou a Portaria n. 343, em 17 de março de 2020, que em seu art. 1º autorizou a substituição de disciplinas presenciais, em andamento, por aulas que utilizem os meios de tecnologia de informação e comunicação por um período de 30 dias, prorrogáveis, bem como as instituições poderiam suspender as atividades acadêmicas pelo mesmo prazo ou alterar o calendário de férias, desde que cumprissem os dias letivos e horas-aulas vigentes na legislação. Vale ressaltar que, inicialmente, essa portaria restringia os cursos de Medicina e as práticas profissionais de estágio e de laboratório dos demais cursos se utilizarem dessa autorização para aulas virtuais. No entanto, em 19 de março de 2020, houve a alteração, desse impedimento, por intermédio da Portaria n. 345, viabilizando no curso de Medicina, também, que as disciplinas teóricas-cognitivas do primeiro ao quarto ano do curso migrassem para aulas virtuais.

Contudo, o governo vigente deve desconhecer as especificidades dessa modalidade de ensino-aprendizagem, visto que ao tratar da dimensão comunicativa da educação, Martín Barbero (2000, p.52) enfatiza que "nada pode prejudicar mais a educação que nela introduzir modernizações tecnológicas sem antes mudar o modelo de comunicação que está por debaixo do sistema escolar."

O modelo de comunicação a que o autor se refere – que está por debaixo do sistema escolar – é o modelo da transmissão, o modelo que pressupõe um polo irradiador e outro polo receptor de "comunicados" rígidos, previamente estabelecidos, e não o da interação comunicacional, que descentraliza o processo e posiciona os atores como sujeitos de construção de significados.

> O modelo predominante é vertical, autoritário na relação professor-aluno e linearmente sequencial no aprendizado. Introduzir nesse modelo meios e tecnologias modernizantes é reforçar ainda mais os obstáculos que a

> escola tem para se inserir na complexa e desconcertante realidade de nossa sociedade. [...] um mal-entendido que o sistema escolar não parece interessado em desfazer: a obstinada crença de que os problemas da escola podem ser solucionados sem que se transforme o seu modelo comunicativo-pedagógico, isto é, com uma simples ajuda de tipo tecnológico. E isso é um autoengano. Enquanto permanecer a verticalidade na relação docente e a sequencialidade no modelo pedagógico, não haverá tecnologia capaz de tirar a escola do autismo em que vive. Por isso, é indispensável partir dos problemas de comunicação antes de falar sobre os meios. (MARTIN-BARBERO, 2000, p. 52)[(1)]

Portanto, não se está a favorecer alunos e professores a simples migração de um modelo de aula presencial para ambientes de salas virtuais com o recurso de videoconferência, por exemplo. Desta forma, ao determinar as respectivas portarias, sem antes dialogar com a classe docente e os pesquisadores, que atuam em áreas de educação e comunicação, demonstra-se que a prática pedagógica que vigora na cultura de legisladores da educação brasileira está centrada num modelo comunicativo de transmissão, não de interação.

É o modelo que se adapta a uma concepção elitista de educação que está na origem da ainda não superada dualidade do sistema e na dinâmica excludente que se perpetua mesmo quando se implementam políticas de inclusão ou quando se introduzem tecnologias interativas. Bem como, reforça a imaginação que os gestores possuem de que basta substituir o meio, veiculando mecanicamente o que acontece nas salas de aula presenciais para as plataformas digitais e a partir desse momento usar todas as possibilidades que a tecnologia poderia oferecer, pois, dessa maneira, estarão a oferecer aos alunos de universidades públicas e privadas as condições para a efetivação da internalização do conhecimento.

Ora isto se trata de uma falácia, porque existem muitas considerações a fazer a respeito do trabalho docente em sua prática como trabalhador da educação, pois conforme destaca Tardif (2002, p.149)[(2)],

> o professor não é um trabalhador que se contenta em aplicar meios e se comporta como um agente de uma organização: ele é sujeito de seu próprio trabalho e ator de sua pedagogia, pois é ele quem a modela, quem lhe dá corpo e sentido no contato com os alunos (negociando, improvisando, adaptando).

(1) MARTIN-BARBERO, Jesús. *A comunicação na educação*. São Paulo: Contexto, 2014.

(2) TARDIF, M. *Saberes docentes e formação profissional*. Trad. Francisco Pereira. Petrópolis: Vozes, 2002.

Portanto, considerar que, ao colocar alunos e professores em um ambiente virtual, esses sujeitos envolvidos no processo de ensino-aprendizagem terão a mesma dinâmica, evolução e devolutiva, é um grave engano.

Trabalhar em casa faz parte de uma rotina docente, pois são inúmeras as atividades extraclasse, as quais mais despendem tempo e energia do que a aula propriamente dita, pois envolve projetos, planejamento anual e semana de aula, leituras, pesquisas, preparação de aulas, atividades e instrumentos avaliativos, entre outros exemplos, esses são apenas alguns desse cotidiano. Portanto, não é algo inédito e nem foi recentemente que a tecnologia se incorporou ao trabalho docente. Porém, essas atividades tornaram-se mais complexas e diversificadas, que exigem uma disponibilidade crescente dos docentes, que se finda em um custo pessoal e físico considerável. Todavia, a realidade que esses profissionais estão a enfrentar nesse período de quarentena e o cogente momento de isolamento social, talvez seja mais penoso do que se pode imaginar.

Ademais, elaborar uma aula para os meios digitais dispende um tempo considerável em condições normais de trabalho, especificamente para os tutores que já estão acostumados a essa rotina, mas, vislumbre essa mesma situação para professores que, de um momento para outro, são obrigados a adaptar as leituras, os slides, os recursos de apoio, a linguagem, os exemplos, a dinâmica, o ritmo, a sistematização de conceitos de suas aulas presenciais para o ambiente virtual. Torna-se extremamente exaustivo, podendo levar esse profissional da educação ao esgotamento físico e mental e, futuramente, desenvolver algumas doenças como a "Sindrome de Burnout". Atrelada a essa mudança brusca de rotina, há as cobranças por parte de coordenadores, gestores para que docentes publiquem as aulas, disponibilizem conteúdos, atendam aos fóruns com os chamados de alunos.

Além disso, há de se pensar que essa suspensão das aulas acarretou algo inédito, mesmo em instituições de ensino renomadas e estruturadas, pois, de uma hora para outra, os recursos tecnológicos passaram a ser empregados não mais como uma atividade conjugada ao ensino presencial, mas para substituí-lo, mesmo que de forma temporária e excepcional.

Destaca-se outro ponto bastante significativo que, com essa suspensão de aulas, o Ministério da Educação desconsiderou que a realidade de muitos estudantes e professores é de limitação ou ausência de acesso à *internet*, porque, apesar de 70% da população brasileira ter acesso, conforme pesquisa divulgada em 2017[(3)], muitas vezes ele é esporádico. Somando a isto, muitos docentes possuem computadores para o uso pessoal, que não comportam sistemas de ambientes virtuais de aprendizagem.

(3) Disponível em: <https://educa.ibge.gov.br/jovens/materias-especiais/20787-uso-de-internet-televisao-e-celular-no-brasil.html>. Acesso em: 12 maio 2020.

Bem como, os alunos também carecem de ferramentas tecnológicas ou dependem dos serviços e dispositivos oferecidos por instituições de ensino para desenvolverem trabalhos, entre outras atividades propostas. Portanto, esses alunos e muitos professores serão prejudicados pelo contexto atual, mencionando, também, os discentes que possuem alguma necessidade especial ou deficiência, pois nem todos os recursos, nessa modalidade de aula, atendem a demanda deles.

III. EaD como estratégia de expansão da educação superior

O Brasil apresentou aguda ampliação da demanda e da oferta da educação de nível superior, principalmente a partir da década de 1990, do século passado. Em consonância com a tendência global, a educação superior brasileira vive acelerada passagem de um modelo de educação superior de elite em direção a um sistema massivo — segundo classificação desenvolvida por Martin Trow (2005) —, para o que têm contribuído tanto a adoção de políticas públicas afirmativas, quanto a adoção de programas de educação tecnológica e a distância.

Em sua análise, Trow (2005, p. 01)[(4)] classifica os sistemas de ensino superior em três categorias — sistema de elite, taxa líquida de escolarização até 15%; sistema de massa, taxa líquida de 15 a 33%; e sistema universal, com taxa líquida de 33 a 40% — e descreve as características de cada uma delas:

1) Sistema de Elite — formar a mentalidade e o caráter da classe dirigente; preparar para funções e cargos de elite;

2) Sistema de massa — desenvolver habilidades e preparar para um leque mais amplo de funções técnicas e econômicas de elite;

3) Sistema universal — adaptar a 'totalidade da população' às rápidas mudanças tecnológicas e sociais.

A partir dessa descrição, Trow (2005) analisa países como os EUA e a Inglaterra, que já têm predicados de sistema universal e identifica nos países em desenvolvimento um acelerado processo de expansão da educação superior, em que o sistema massivo vai se constituindo na convivência com uma forte resistência do sistema de elite.

Os governos pós-neoliberais, a partir de 2002, dão sequência ao projeto de expansão da educação superior, consolidando políticas públicas de incentivo à iniciativa privada — como o PROUNI. Assim, esta portaria abre grave precedente para o aumento da oferta de disciplinas na modalidade EAD, representando o aprofundamento do desmonte da carreira docente, porque o Ministro Educação evidencia suas posições despropositadas em relação às Universidades Públicas, trabalho docente,

---

(4) TROW, Martin A. *Reflections on the transition from Elite to Mass to Universal.* Access: Forms and Phases of Higher Education in Modern Societies since WWII. UC Berkeley. 2005.

entre outras situações como na Portaria n. 2.117/2019, que permite ampliar de 20% para até 40% a carga horária de educação a distância em todos os cursos presenciais.

IV. Considerações finais

Buscamos demonstrar que o desmonte educacional, juntamente com a precarização do trabalho e desvalorização dos docentes, a exploração desmedida do trabalhado fora das salas de aula, os baixos salários, fazem parte das políticas destruidoras do projeto social, o qual visa à melhoria contínua das condições de trabalho e de vida de todos os cidadãos e cidadãs. Portanto, essas medidas provisórias, especificamente a 343, debatida nesse artigo, intensifica esse projeto de enfraquecer a educação no país.

E se trata de uma estratégia contínua e perversa, pois, um país sem um projeto claro de desenvolvimento social, que inclua a educação como prioridade, em todos os seus espectros, não erradicará a pobreza, não eliminará as diferenças sociais, não constituirá uma sociedade livre, justa, solidária e inclusiva, assim como prescrito no art. 3º da Constituição Federal. Além disso, não propiciará a construção de mentes mais críticas e conscientes de suas condições como pessoas livres, além de suas necessidades e direitos.

O que atesta, ainda mais, essa afirmação é que o desmonte educacional, o qual havia sido aprofundado com PEC n. 95, alcunhada de PEC do fim do mundo, que limitou drasticamente os gastos com saúde e educação, evidenciou a falta de interesse de investimentos no setor da educação e na valorização do trabalho desses profissionais.

A pandemia decretada em face da propagação do vírus Covid-19, não foi culpada pelo agravamento dessa exploração, apenas tornou evidente e se mostrou autorizada para acentuar o que já vinha acontecendo, implementando longas jornadas de trabalho, dentro e fora da sala de aula, associadas à cobranças excessivas. Além disso, um controle mais invasivo na liberdade de cátedra desses docentes com a invasão dos coordenadores às salas de aula *online*, sem qualquer aviso, ingressando para controlar o que está sendo feito e falado. Bem como, há inúmeras situações de pais e responsáveis também intervindo na prática docente. Ademais, existe a questão de que, quando a aula é gravada, retira toda a espontaneidade do(a) professor(a), que pela vigilância de seus gestos e palavras, torna o ambiente ainda mais penoso.

A convergência do caos causado pela pandemia, junto com a necessidade de isolamento social, continuidade do processo educacional, cobrança de domínio dos sistemas informáticos, novas habilidades em lecionar para muitos em frente a uma tela de computador, mostrou o sofrimento desses (as) profissionais, o seu desgaste emocional, a sobrecarga de trabalho agravada com o controle direto das aulas.

O estado de pandemia proferido através do Decreto Legislativo no. 6 de 20 março de 2020, não é uma autorização para precarizar mais ainda o trabalho dos professores(as), nem causar mais sofrimento aos(as) estudantes, modificando um modelo de trabalho sem criar melhores condições humanas, já que o avanço e desenvolvimento tecnológico, com a implantação do sistema de ensino EaD, com a disseminação das aulas através de videoconferência, não podem ser razão para exploração desmedida dos profissionais educadores, premidos da liberdade de expressão pela vigilância, nem pode ser um aumento do padecimento dos alunos, já experimentando a ausência do convívio com os seus pares estudantis.

Enfim, pode-se apreender que há um oportunismo em viabilizar essa substituição do ensino presencial para o remoto, ignorando totalmente processos complexos de ensino-aprendizagem, visto que as instituições públicas são almejadas por plataformas digitais para implementação, se possível em 100%, da educação a distância.

Referências bibliográficas

MARTIN-BARBERO, Jesús. *A comunicação na educação.* São Paulo: Contexto, 2014.

TARDIF, M. *Saberes docentes e formação profissional.* Trad. Francisco Pereira. Petrópolis: Vozes, 2002.

TROW, Martin A. *Reflections on the transition from Elite to Mass to Universal.* Access: Forms and Phases of Higher Education in Modern Societies since WWII. UC Berkeley, 2005.

Links consultados:

MEC. *Portaria n. 343.* Disponível em: <https://www.in.gov.br/en/web/dou/-/portaria-n--343-de-17-de-marco-de-2020-248564376>. Acesso em: 06 abr. 2020.

______. *Portaria n. 345.* Disponível em: <https://abmes.org.br/arquivos/legislacoes/Portaria--mec-345-2020-03-19.pdf>. Acesso em: 06 abr. 2020.

Categorias Mais Afetadas: Trabalhadores Hospitalares

Natalia Cristina Budini Abud

Nunca experimentamos a ameaça de um mal que tem mexido tanto com os estilos de vida e impactado sobremaneira a sociedade. A pandemia do Covid-19 deixa seu rastro na sociedade Brasileira abalando as relações de trabalho, desencadeando uma tremenda crise sanitária e eliminando vidas.

Os serviços essenciais não podem parar e dentre eles está uma categoria de profissionais que estão mais afetadas, que são os trabalhadores hospitalares. Desse modo, médicos(as); enfermeiros(as); técnicos(as) de enfermagem; fisioterapeutas; fonoaudiólogos(as); etc., estão diariamente expostos(as) aos tormentos que o vírus ocasiona.

Médicos residentes clamando por direitos trabalhistas(1), sobrecarga emocional diante da exposição aos riscos piora a saúde mental dos médicos(2), e enfermeiras relatando como é estar na linha de frente contra o coronavírus(3). Ou seja, são os trabalhadores hospitalares a categoria mais afetada.

Os residentes do Hospital das Clínicas de São Paulo queixam, sobretudo, que estão expostos à doença sem os mesmos direitos dos profissionais já contratados e sem estarem atuando diretamente na área onde cursam a especialização. Ganham

---

(1) RODRIGUES, Rodrigo. *Médicos residentes do HC são deslocados para atendimento a pacientes com coronavírus e pedem proteção trabalhista,* 2020. Disponível em: <https://g1.globo.com/sp/sao-paulo/noticia/2020/05/06/medicos-residentes-do-hc-sao-deslocados-para-atendimento-a-pacientes-com-coronavirus-e-pedem-protecao-trabalhista.ghtml>. Acesso em: 15 maio 2020.

(2) COLUCCI, Cláudia. *Sobrecarga e riscos pioram saúde mental de médicos e enfermeiros durante a pandemia,* 2020. Disponível em: <https://www1.folha.uol.com.br/equilibrioesaude/2020/05/sobrecarga-e-riscos-pioram-saude-mental-de-medicos-e-enfermeiros-na-pandemia.shtml?utm_source=newsletter&utm_medium=email&utm_campaign=newsmed>. Acesso em: 15 maio 2020.

(3) CONSELHO FEDERAL DE ENFERMAGEM. *Enfermeiras na linha de frente contra o coronavírus,* 2020. Disponível em: <http://www.cofen.gov.br/enfermeiras-na-linha-de-frente-contra-o-coronavirus_78016.html>. Acesso em: 15 maio 2020.

bolsa auxílio e estão sujeitos a contrair a doença igualmente, sem a mesma proteção trabalhista dos médicos[(4)].

Por conta da pandemia do coronavírus, o Ministério da Saúde anunciou no dia 30 de março de 2020 uma bonificação de 20% nas bolsas de todos os residentes da área de saúde do país. O aumento representa um acréscimo de R$ 667,00 no valor mensal da bolsa, mas eles dizem que ainda não receberam a bonificação[(5)].

"Além de ser insuficiente para quem está na linha de frente da doença, ninguém recebeu até agora a bonificação prometida pelo Governo Federal, a essa altura da pandemia. O que gostaríamos é de sermos afastados durante a crise e repormos o período de afastamento com atividades da nossa residência, ou recebermos o valor de mercado pelos plantões que estamos dando pela Covid-19, uma vez que não estamos exercendo atividades de nossa residência", alega um residente[(6)].

Caso um residente morra ou tenha uma sequela grave nesse processo, não estão cobertos por nenhuma lei trabalhista porque, apesar de já serem médicos formados, podem ser contratados ou terceirizados como os demais[(7)].

Os residentes não ganham a mesma coisa que os médicos já atuantes e especialistas, além de não possuírem benefícios, planos de saúde ou seguro de vida. Ou seja, estão expostos aos mesmos riscos que qualquer médico, mas ganhando menos.

Os residentes também afirmam que durante os plantões no Instituto Central, onde estão sendo tratados os pacientes de Covid-19 do HC, vários médicos trabalharam sem parte dos equipamentos de proteção individual (EPIs), como aventais ou luvas[(8)].

Enquanto isso, em meados de março de 2020, os hospitais da rede privada de Brasília recusam atendimento a pacientes com coronavírus ou fazem a transferência deles para hospitais públicos com o objetivo de não manter na unidade um caso da doença[(9)].

---

(4) RODRIGUES, Rodrigo. *Loc. cit.*

(5) *Idem.*

(6) RODRIGUES, Rodrigo. *Médicos residentes do HC são deslocados para atendimento a pacientes com coronavírus e pedem proteção trabalhista*, 2020. Disponível em: <https://g1.globo.com/sp/sao-paulo/noticia/2020/05/06/medicos-residentes-do-hc-sao-deslocados-para-atendimento-a-pacientes-com-coronavirus-e-pedem-protecao-trabalhista.ghtml>. Acesso em: 13 jul. 2020.

(7) *Idem.*

(8) *Idem.*

(9) AMORIM, Felipe. *É inadmissível rede privada não atender coronavírus, diz Ministério*, 2020. Disponível em: <https://noticias.uol.com.br/saude/ultimas-noticias/redacao/2020/03/09/e-inadmissivel-rede-privada-nao-atender-coronavirus-diz-ministerio.htm>. Acesso em: 17 jul. 2020.

Preocupados com uma possível carência de profissionais de saúde durante o pico do surto da Covid-19 no país, o Ministério da Saúde e a rede privada iniciaram ações para tentar reforçar as equipes. Entre as estratégias estão, além de contratações extras, a renovação de contratos do Mais Médicos e até convocação de voluntários[(10)].

O governo federal já havia anunciado no início do mês a abertura de edital extra do Mais Médicos para a contratação de 5,8 mil profissionais. Na última semana, decidiu ainda renovar o contrato de médicos formados no exterior que seriam desligados do programa em abril e divulgou edital para a contratação de cubanos[(11)].

Na rede privada, vários hospitais abriram processo seletivo. O Albert Einstein abriu 1,2 mil vagas temporárias por causa do surto. Há postos para enfermeiros, médicos, fisioterapeutas, nutricionistas, farmacêuticos, auxiliares de farmácia, psicólogos, técnicos de raio X, além de profissionais de apoio, como cozinheiro e camareiro[(12)].

O Sírio Libanês abriu cem novas vagas. O Hospital Alemão Oswaldo Cruz já contratou 200 novos profissionais e está em processo seletivo para a admissão de mais 150. O A. C. Camargo Câncer Center também anunciou a contratação de 130 novos profissionais para o período de crise, na maioria técnicos de enfermagem[(13)].

Após algumas semanas, as entidades que representam os hospitais particulares afirmam que a situação do setor privado de saúde já é "bastante preocupante" e que, com a falta de materiais e insumos, há possibilidade considerável de um "colapso" no sistema[(14)].

"O setor de saúde, especificamente, é um dos mais afetados neste processo, tem se deparado com vários desafios importantes, e um dos mais graves neste momento é a escassez de suprimentos, necessários para atendimento aos pacientes acometidos pela Covid-19, bem como as requisições administrativas ("confiscos") do Governo, nas esferas estadual, municipal e federal, de materiais (como equipamentos de proteção individual — EPIs), equipamentos (ventiladores) e medicamentos, diz o documento enviado ao STF[(15)].

Na última semana, em entrevista ao *UOL*, Mirocles Campos Véras Neto,

---

(10) BERTORELLO, Marco. *Coronavírus:* Ministério e rede privada tentam reforçar equipes, 2020. Disponível em: <https://www.correiobraziliense.com.br/app/noticia/brasil/2020/03/29/interna-brasil,841093/coronavirus-ministerio-e-rede-privada-tentam-reforcar-equipes.shtml>. Acesso em: 17 jul. 2020.

(11) *Idem.*

(12) *Idem.*

(13) *Idem.*

(14) TAJRA, Alex. *Hospitais privados acionam STF e dizem que governo está 'confiscando' EPIs*, 2020. Disponível em: <https://noticias.uol.com.br/saude/ultimas-noticias/redacao/2020/04/04/hospitais-privados-acionam-stf-e-dizem-que-governo-esta-confiscando-epis.htm>. Acesso em: 17 jul. 2020.

(15) *Idem.*

presidente da CMB (Confederação das Santas Casas de Misericórdia, Hospitais e Entidades Filantrópicas), uma das instituições que assina o ofício, disse que os EPIs estão chegando apenas nos hospitais públicos, o que está desequilibrando os serviços de saúde[16].

Os hospitais citam ainda problemas com a importação de insumos e equipamentos, o que impede o suprimento da demanda. O jornal *Folha de S. Paulo* revelou que 600 respiradores artificiais chineses comprados por Estados do Nordeste ficaram retidos no aeroporto de Miami (EUA). As supostas preferências da China estariam atingindo também o setor privado[17].

Dois meses depois, a doença ameaçou colapsar a rede pública de saúde e também afetava a capacidade das unidades da rede privada da cidade do Rio de Janeiro. Segundo a Associação Nacional de Hospitais Privados (Anahp), a média de ocupação total na rede filiada já é de 80%. Já os hospitais públicos na cidade do Rio, somando as redes municipal, estadual e federal, chegaram a 92% de ocupação[18].

Além de todos os problemas técnicos que assolam o país, com a falta de profissionais da saúde e equipamentos, o fator psicológico é outro agravante para esses profissionais.

Ainda não há estudos sobre isso, mas a percepção de entidades e de especialistas é que, com o aumento de mortes de colegas de trabalho pela doença, aliado ao medo do contágio e às exaustivas jornadas, quadros emocionais e psiquiátricos tendem a se agravar[19].

A equipe já está muito cansada pelo excesso de trabalho e se sente impotente diante das mortes de pacientes e de colegas. Vai dando aquele desespero porque a gente tem familiares e pode contaminá-los também", afirma a secretária-geral do SindSaúde-SP (sindicato dos servidores estaduais), Célia Regina Costa[20].

"A questão psicológica tem causado um impacto grande. A sobrecarga física e mental tem sido absurda. As pessoas relatam esgotamento", diz[21].

(16) TAJRA, Alex. *Hospitais privados acionam STF e dizem que governo está 'confiscando' EPIs*, 2020. Disponível em: <https://noticias.uol.com.br/saude/ultimas-noticias/redacao/2020/04/04/hospitais-privados-acionam-stf-e-dizem-que-governo-esta-confiscando-epis.htm>. Acesso em: 17 jul. 2020.

(17) *Idem.*

(18) ALTINO, Lucas; CAPELLI, Paulo. *Coronavírus:* rede privada de saúde do Rio também está perto de um colapso, 2020. Disponível em: <https://oglobo.globo.com/rio/coronavirus-rede-privada-de-saude-do-rio-tambem-esta-perto-de-um-colapso-24408764>. Acesso em: 17 jul. 2020.

(19) COLUCCI, Cláudia. *Sobrecarga e riscos pioram saúde mental de médicos e enfermeiros durante a pandemia*, 2020. Disponível em: <https://www1.folha.uol.com.br/equilibrioesaude/2020/05/sobrecarga-e-riscos-pioram-saude-mental-de-medicos-e-enfermeiros-na-pandemia.shtml?utm_source=newsletter&utm_medium=email&utm_campaign=newsmed>. Acesso em: 14 maio 2020.

(20) *Idem.*

(21) *Idem.*

Segundo ela, embora haja várias iniciativas de ofertas de terapia *online*, os profissionais não têm tempo de buscar essa ajuda porque precisam conciliar as jornadas exaustivas com os afazeres domésticos quando chegam em casa(22).

O ideal, afirma, seria que esse suporte fosse oferecido dentro dos hospitais(23).

A falta de infra-estratura já é algo que acomete as instituições públicas e privadas, ter um suporte psicológico a esses profissionais seria um aparato de grande valia, mas carente em certos órgãos.

Essa população tradicionalmente apresenta taxas superiores de problemas mentais, como *burnout*, uso de drogas e suicídio, em relação à população geral pelas adversidades inerentes à área da saúde(24).

Pesquisa realizada pela APM (Associação Paulista de Medicina) detectou que de um universo de 2.312 médicos ouvidos no país, 86,6% têm a percepção de que os colegas estão apreensivos, deprimidos, insatisfeitos e revoltados(25).

Vários centros médicos no país, como o HC da USP, têm oferecido suporte emocional para cuidadores, psicoterápico e/ou medicamentoso, mas que é preciso vencer o estigma relacionado às questões de saúde mental(26).

> "Esses profissionais ainda se sentem constrangidos em buscar um serviço dessa natureza, temendo se colocar como vulnerável ou frágil."(27)

Uma outra dificuldade anterior, explica a médica, é a de que as pessoas têm dificuldade de identificar que estão com algum problema mental. "Elas já trabalham dentro de um nível de pressão tamanho que isso parece natural. Quando não, preferem recorrer à automedicação."(28)

Diante disso, apenas 15,5% dos médicos brasileiros se sentem capacitados para atender casos suspeitos e confirmados de Covid-19, em qualquer fase da doença, inclusive quando graves, sob tratamento intensivo(29).

---

(22) COLUCCI, Cláudia. *Sobrecarga e riscos pioram saúde mental de médicos e enfermeiros durante a pandemia*, 2020. Disponível em: <https://www1.folha.uol.com.br/equilibrioesaude/2020/05/sobrecarga-e-riscos-pioram-saude-mental-de-medicos-e-enfermeiros-na-pandemia.shtml?utm_source=newsletter&utm_medium=email&utm_campaign=newsmed>. Acesso em: 14 jul. 2020.

(23) *Idem.*

(24) *Idem.*

(25) *Idem.*

(26) *Idem.*

(27) *Idem.*

(28) *Idem.*

(29) COLUCCI, Cláudia. *Só 15% dos médicos brasileiros se dizem capazes de atender pacientes com coronavírus, apomta pesquisa*, 2020. Disponível em: <https://www1.folha.uol.com.br/equilibrioesaude/2020/04/so-15-dos-medicos-brasileiros-se-dizem-capazes-de-lidar-com-coronavirus-aponta-pesquisa.shtml?utm_source=newsletter&utm_medium=email&utm_campaign=newsmed>. Acesso em: 14 jul. 2020.

Uma parte deles (11%) se diz disposta a querer aprender como lidar com a doença, mas quase um quinto (18,5%) não está disposto a fazê-lo[(30)].

Os resultados são de uma pesquisa realizada pela APM (Associação Paulista de Medicina) com 2.312 médicos de todo o país, entre 9 e 17 de abril. As respostas foram espontâneas, a partir de questionário estuturado online, via plataforma *Survey Monkey*[(31)].

Enquanto isso, as enfermeiras também relatam como é estar na linha de frente contra o coronavírus e falam sobre o uso das máscaras: "Fomos orientadas a utilizar a máscara por sete dias, o que achei um absurdo. Segundo o fabricante, é por período. Vamos ter que guardar a nossa máscara e trocar a cada semana. Se não tiver nenhum dano, a gente vai permanecer com ela", diz uma enfermeira do Hospital São Paulo[(32)].

"Inevitavelmente a categoria estará na linha de frente, em contato 24 horas com casos suspeitos e confirmados. Nós estamos preocupados e buscando preservar ao máximo os profissionais, afirma Walkirio Almeida", coordenador do Comitê de Gestão da Crise do Conselho Federal de Enfermagem (COFEN)[(33)].

Para o Conselho, as principais preocupações com os profissionais de enfermagem são os EPIs, a capacitação para os protocolos determinados pelo Ministério da Saúde e garantir que eles estão preparados para usar os equipamentos[(34)].

"Infelizmente é comum faltar material: luva, máscara, seringa, agulha. Só que agora, além da insatisfação, nós corremos risco de vida", alerta Ludmila Outles, presidente do Sindicato dos Enfermeiros do Estado de Pernambuco (SEEPE)[(35)].

A questão das condições profissionais para as enfermeiras inclui, além da estrutura e equipamentos, a garantia de horas de descanso. "Uma profissional cansada fica mais propensa a cometer um erro. As unidades de saúde têm que garantir as condições de trabalho. Tudo que a Organização Mundial da Saúde divulgando tem que ser cumprido"[(36)].

---

(30) COLUCCI, Cláudia. *Só 15% dos médicos brasileiros se dizem capazes de atender pacientes com coronavírus, apomta pesquisa*, 2020. Disponível em: <https://www1.folha.uol.com.br/equilibrioesaude/2020/04/so-15-dos-medicos-brasileiros-se-dizem-capazes-de-lidar-com-coronavirus-aponta-pesquisa.shtml?utm_source=newsletter&utm_medium=email&utm_campaign=newsmed>. Acesso em: 14 jul. 2020.

(31) *Idem.*

(32) CONSELHO FEDERAL DE ENFERMAGEM. *Enfermeiras na linha de frente contra o coronavírus*, 2020. Disponível em: <http://www.cofen.gov.br/enfermeiras-na-linha-de-frente-contra-o-coronavirus_78016.html>. Acesso em: 14 jul. 2020.

(33) *Idem.*

(34) *Idem.*

(35) *Idem.*

(36) *Idem.*

Há serviços de saúde em que a ventilação e até o piso são inadequados(37).

Viralizou um *post* da enfermeira italiana Alessia Bonari, com um relato de sua rotina de trabalho exaustiva em meio à crise causada pelo coronavírus na cidade de Milão. "Estou fisicamente cansada porque os dispositivos de proteção machucam, o jaleco me faz suar e, uma vez vestida, não posso mais ir ao banheiro ou beber água por seis horas", contou a enfermeira, com o rosto machucado pelo equipamento de proteção(38).

Mas Tatiana Araújo destaca uma diferença importante do sistema de saúde italiano e brasileiro, que por um lado favorece as profissionais nacionais, mas por outro as expõe mais do que no país europeu. "Na Itália o sistema de saúde é centralizado no médico. As enfermeiras têm pouquíssima possibilidade de atuação profissional. Aqui, estão envolvidas na vigilância, na estratégia de saúde da família, no rastreamento de casos. Elas podem dar as primeiras informações, os primeiros cuidados. Isso as coloca na linha de frente, então estão mais expostas ao coronavírus e a qualquer doença"(39).

Nos Estados Unidos, Bonnie Castillo, diretora do maior sindicato nacional da categoria, reclamou esta semana da falta de condições adequadas de trabalho. "Enfermeiros estão trabalhando com proteções inadequadas — de respiradores a máscaras, passando por uniformes e aventais". Ela afirma que alguns estão recebendo apenas máscaras cirúrgicas, aventais de papel e um par de luvas: "Isso não vai proteger o profissional da enfermagem nem ninguém"(40).

Na China, as condições de trabalho chegaram a níveis extremos. Enfermeiras do distrito de Wuhan, epicentro do coronavírus, cortaram os cabelos e rasparam a cabeça por falta de suprimentos e equipamentos de proteção. Para continuar trabalhando, elas usam fraldas para adultos por não ter tempo de ir ao banheiro e tomam pílulas anticoncepcionais para retardar seus ciclos menstruais, segundo relatos do New York Times(41).

Toda essa manobra para conter a pandemia e lidar melhor com ela não parte somente dos médicos, residentes e enfermeiras, mas os socorristas também lutam ao serem acionados.

---

(37) CONSELHO FEDERAL DE ENFERMAGEM. *Enfermeiras na linha de frente contra o coronavírus*, 2020. Disponível em: <http://www.cofen.gov.br/enfermeiras-na-linha-de-frente-contra-o-coronavirus_78016.html>. Acesso em: 14 jul. 2020.

(38) *Idem.*

(39) *Idem.*

(40) *Idem.*

(41) *Idem.*

Toda vez que ocorre um código 36, de casos suspeitos de coronavírus, os socorristas têm de se paramentar com avental, luvas, protetor de rosto e máscara(42).

Ao fim do atendimento, o trabalho é maior, pois é preciso desinfetar a ambulância, para que eles próprios e outros pacientes não sejam contaminados(43).

Com paciência, uma enfermeira e um auxiliar passam um pano em cada canto do veículo e uma solução com hipoclorito, enquanto o médico preenche a ficha do paciente. Só essa parte do trabalho pode levar até uma hora(44).

É na hora de se desparamentar que os profissionais têm maior atenção. E aí o momento em que há maior risco de contaminação. Muitos socorristas desconfiam já terem pegado a doença. "Eu acho que peguei", diz uma enfermeira. "Nunca vamos saber", rebate outro profissional(45).

É com muita fé e perseverança que os profissionais da saúde encaram suas realidades e rotinas, enfrentando seus medos, apegando-se em suas crenças e lutando por dias melhores. Assim são os dias dessas pessoas.

"Rezamos antes de todo início de plantão e tocamos louvor o tempo todo, só desligamos na hora de dormir", conta. Responsável pelas escalas dos enfermeiros e técnicos, ela conta que procura manter todos os funcionários na mesma escala para que os pacientes consigam criar intimidade(46).

O país nunca esteve preparado para uma pandemia ou estado de calamidade porque a falta de profissionais da saúde, equipamentos, medicamentos e toda a infra-estrutura ainda é grande. As prioridades e os investimentos são destinados a outros interesses.

Vamos pagar a conta da ausência de políticas públicas, do absurdo de 13 ministros da Saúde nos últimos dez anos, dos estádios construídos para a Copa agora transformados em hospitais de campanha, da desídia e do desrespeito com a organização e financiamento do SUS, da naturalidade com que aceitamos viver no meio de tamanha

(42) ALMEIDA, Lalo; RODRIGUES, Artur. *Rotina do Samu tem resgate em série de idoso na periferia e faxina exaustiva em ambulância*, 2020. Disponível em: <https://www1.folha.uol.com.br/equilibrioesaude/2020/05/rotina-do-samu-tem-resgate-em-serie-de-idoso-na-periferia-e-faxina-exaustiva-em-ambulancia.shtml?utm_source=newsletter&utm_medium=email&utm_campaign=newsmed>. Acesso em: 16 jul. 2020.

(43) *Idem*.

(44) *Idem*.

(45) *Idem*..

(46) MENON, Isabella. *Na pandemia, profissionais de saúde fazem elo com famílias e dão suporte a pacientes sozinhos*, 2020. Disponível em: <https://www1.folha.uol.com.br/equilibrioesaude/2020/04/na-pandemia-profissionais-de-saude-fazem-elo-com-familias-e-dao-suporte-a-pacientes-sozinhos.shtml?utm_source=newsletter&utm_medium=email&utm_campaign=newsmed>. Acesso em: 16 jul. 2020.

desigualdade social e, ainda, da irresponsabilidade que nos levou a criar um sistema penitenciário com cerca de 800 mil presos, o terceiro mais populoso do mundo(47).

Nos Estados Unidos, campeões mundiais de aprisionamento, as penitenciárias se tornaram os maiores focos de disseminação do vírus para a sociedade. Aqui, com cadeias em que as celas contêm pelo menos duas a três vezes mais ocupantes do que a capacidade máxima, vai ser melhor?(48)

Não será possível enfrentar a epidemia mais perigosa dos últimos cem anos com a sabedoria dos avestruzes(49).

Referências

ALMEIDA, Lalo; RODRIGUES, Artur. *Rotina do Samu tem resgate em série de idoso na periferia e faxina exaustiva em ambulância*, 2020. Disponível em: <https://www1.folha.uol.com.br/equilibrioesaude/2020/05/rotina-do-samu-tem-resgate-em-serie-de-idoso-na-periferia-e-faxina-exaustiva-em-ambulancia.shtml?utm_source=newsletter&utm_medium=email&utm_campaign=newsmed>. Acesso em: 16 jul. 2020.

AMORIM, Felipe. *É inadmissível rede privada não atender coronavírus, diz ministério*, 2020. Disponível em: <https://noticias.uol.com.br/saude/ultimas-noticias/redacao/2020/03/09/e-inadmissivel-rede-privada-nao-atender-coronavirus-diz-ministerio.htm>. Acesso em: 17 jul. 2020.

ALTINO, Lucas; CAPELLI, Paulo. *Coronavírus: rede privada de saúde do Rio também está perto de um colapso*, 2020. Disponível em: <https://oglobo.globo.com/rio/coronavirus-rede-privada-de-saude-do-rio-tambem-esta-perto-de-um-colapso-24408764>. Acesso em: 17 jul. 2020.

BERTORELLO, Marco. *Coronavírus:* Ministério e rede privada tentam reforçar equipes, 2020. Disponível em: <https://www.correiobraziliense.com.br/app/noticia/brasil/2020/03/29/interna-brasil,841093/coronavirus-ministerio-e-rede-privada-tentam-reforcar-equipes.shtml>. Acesso em: 17 jul. 2020.

CONSELHO FEDERAL DE ENFERMAGEM. *Enfermeiras na linha de frente contra o coronavírus*, 2020. Disponível em: <http://www.cofen.gov.br/enfermeiras-na-linha-de-frente-contra-o-coronavirus_78016.html>. Acesso em: 15 maio 2020.

COLUCCI, Cláudia. *Sobrecarga e riscos pioram saúde mental de médicos e enfermeiros durante a pandemia*, 2020. Disponível em: <https://www1.folha.uol.com.br/equilibrioesaude/2020/05/sobrecarga-e-riscos-pioram-saude-mental-de-medicos-e-enfermeiros-na-pandemia.shtml?utm_source=newsletter&utm_medium=email&utm_campaign=newsmed>. Acesso em: 15 maio 2020.

(47) VARELLA, Drauzio. *Coronavírus nos fará pagar a conta da desigualdade social do Brasil*, 2020. Disponível em: <https://www1.folha.uol.com.br/colunas/drauziovarella/2020/04/coronavirus-nos-fara-pagar-a-conta-da-desigualdade-social-do-brasil.shtml?utm_source=newsletter&utm_medium=email&utm_campaign=newsmed>. Acesso em: 16 jul. 2020.

(48) *Idem.*

(49) *Idem.*

______. *Só 15% dos médicos brasileiros se dizem capazes de atender pacientes com coronavírus, apomta pesquisa*, 2020. Disponível em: <https://www1.folha.uol.com.br/equilibrioesaude/2020/04/so-15-dos-medicos-brasileiros-se-dizem-capazes-de-lidar-com-coronavirus-aponta-pesquisa.shtml?utm_source=newsletter&utm_medium=email&utm_campaign=newsmed>. Acesso em: 14 jul. 2020.

MENON, Isabella. *Na pandemia, profissionais de saúde fazem elo com famílias e dão suporte a pacientes sozinhos*, 2020. Disponível em: <https://www1.folha.uol.com.br/equilibrioesaude/2020/04/na-pandemia-profissionais-de-saude-fazem-elo-com-familias-e-dao-suporte-a-pacientes-sozinhos.shtml?utm_source=newsletter&utm_medium=email&utm_campaign=newsmed>. Acesso em: 16 jul. 2020.

RODRIGUES, Rodrigo. *Médicos residentes do HC são deslocados para atendimento a pacientes com coronavírus e pedem proteção trabalhista*, 2020. Disponível em: <https://g1.globo.com/sp/sao-paulo/noticia/2020/05/06/medicos-residentes-do-hc-sao-deslocados-para-atendimento-a-pacientes-com-coronavirus-e-pedem-protecao-trabalhista.ghtml>. Acesso em: 15 maio 2020.

TAJRA, Alex. *Hospitais privados acionam STF e dizem que governo está 'confiscando' EPIs*, 2020. Disponível em: <https://noticias.uol.com.br/saude/ultimas-noticias/redacao/2020/04/04/hospitais-privados-acionam-stf-e-dizem-que-governo-esta-confiscando-epis.htm>. Acesso em: 17 jul. 2020.

VARELLA, Drauzio. *Coronavírus nos fará pagar a conta da desigualdade social do Brasil*, 2020. Disponível em: <https://www1.folha.uol.com.br/colunas/drauziovarella/2020/04/coronavirus-nos-fara-pagar-a-conta-da-desigualdade-social-do-brasil.shtml?utm_source=newsletter&utm_medium=email&utm_campaign=newsmed>. Acesso em: 16 jul. 2020.

Esboço sobre o Agravamento da Situação das Terceirizadas e Terceirizados na Crise Sanitária da Covid-19 no Brasil

Thales Ribeiro Corrêa

1. Introdução

O estudo que aqui se desenvolve busca trazer breves apontamentos acerca dos elementos que circunscrevem a pandemia do novo coronavírus e o Direito do Trabalho. De modo mais específico, a situação daquelas e daqueles trabalhadores relegados à condição de terceirizadas e terceirizados no Brasil.

Para tanto, o artigo procura de forma sintética retomar o histórico de formação e implementação do instituto da terceirização no país, perpassando por alguns dos referenciais temporais mais relevantes para a temática e a conformação atual da subcontratação.

Além disso, tentou-se formular breves apontamentos críticos às contradições políticas e da técnica jurídica inerentes a terceirização, de modo a compreender as nuances que tornam o instituto tão contraditório, ainda mais quando nos encontramos em momentos de crise do modo de produção capitalista.

Tratando da pandemia da Covid-19 em concomitância com a temática da terceirização, foram realizadas duas interpelações de casos que se mostraram mais candentes e que reputam algumas das consequências mais nefastas da crise sanitária em desfavor da classe trabalhadora.

Em específico, portanto, trabalhou-se a situação das e dos profissionais terceirizadas da saúde e da limpeza que já sofreram históricos e sucessivos ataques, mas, em decorrência da pandemia, têm percebido o acirrar exploratório e a despreocupação para com suas vidas de modo mais acintoso.

2. Breve retomada histórica do instituto da terceirização no Brasil

Grande celeuma de debate há décadas na seara juslaboral brasileira, o instituto da terceirização sempre se apresentou enquanto estratagema empresarial na direção de referenciais de exploração mais robustos frente à classe trabalhadora, retirando determinados ônus da contratação dessa força de trabalho, apregoando da flexibilização e da possibilidade reinterpretação dos direitos conquistados durante os anos.

Nesse sentido, faremos aqui uma breve análise das conformações pelas quais o instituto foi sendo determinado no decorrer de sua existência e aplicação no sistema jurídico brasileiro.

Cabe, já de início, ressaltar que a terceirização já estava aparecia no ordenamento jurídico brasileiro desde a promulgação da CLT em 1943 (colocada sob o nome de subcontratação). Em seu art. 455(1), a CLT já trazia a previsão da contratação a força de trabalho por intermédio de subcontratante, de maneira que o contratante principal só respondesse do modo subsidiário em caso de inadimplemento de obrigação trabalhista.

Contudo, o que se deve ter em mente é que a lógica do instituto sempre foi a da exceção à regra dos contratos de trabalhos regidos pela CLT. Sendo assim, o instituto só se materializava juridicamente na situação acima trazida.

Posteriormente, temos que o período da ditatura civil-militar de 1964 a 1985, significou o apregoar de novas "exceções" para a utilização do instituto da terceirização. Isso se dava dentro da própria lógica de funcionamento da administração pública em que já se aplicava a possibilidade da contratação de serviços por empresa interposta. Exemplo disso, o advento de dois diplomas legais que regulavam essas possibilidades e se complementavam: o Decreto-lei n. 200/1967 e a Lei n. 5.645/1970.

Ainda no referencial histórico da ditadura militar temos outros diplomas que regulamentavam a terceirização. Nesse sentido, permitiu-se a contratação terceirizada de vigilantes do setor bancário (Decreto-lei n. 1.034/1969), de modo que, ao revés do que antes aplicava a essa classe, efetivaram-se jornadas de trabalho elastecidas e com menos responsabilidades para as tomadoras principais.

Nesse ínterim, talvez das mais relevantes intervenções legislativas quanto a terceirização, a promulgação da Lei n. 6.019/1974, um grande retrocesso para a classe trabalhadora. O que se viu à época foi a completa institucionalização legal da terceirização — ainda que sobre a égide da especialização — dando-se profusão ao instituto e generalizando sua utilização. Deve-se comentar que houve modificações específicas

(1) Art. 455 – Nos contratos de subempreitada responderá o subempreiteiro pelas obrigações derivadas do contrato de trabalho que celebrar, cabendo, todavia, aos empregados, o direito de reclamação contra o empreiteiro principal pelo inadimplemento daquelas obrigações por parte do primeiro.

nas décadas posteriores a sua promulgação e que significaram apenas a ampliação interpretativa do instituto da terceirização.

Na jurisprudência brasileira, dois diplomas são os que mais se mostraram relevantes para a temática, o Enunciado n. 256 do TST de 1986. A modificação se deu na afirmação da excepcionalidade dos casos descritos em lei como possibilidades de efetivar a terceirização, a partir da utilização da lógica do Princípio da Proteção. Posteriormente, em 1993, deu-se a revisão do Enunciado n. 256 pela Súmula n. 331 e a consolidação da sua redação em 2011.

Em claro ato de ilegalidade da instância trabalhista superior, ampliou-se o escopo do instituto reputando a legalidade da terceirização, somando ao critério da especialização, a instituição do critério de proibição da terceirização para atividades-fim.

Por fim, a Contrarreforma Trabalhista (Lei n. 13.467/2017) terminou de cristalizar o instituto da terceirização retirando-lhe todas as amarras e óbices trazidos nas construções jurisprudenciais pretéritas, ampliando as possibilidades da subcontratação para as atividades-fim, como também o fim do critério da especialização.

Portanto, o que se vê é que no decorrer das últimas décadas se cristalizou o avanço dos ideais neoliberais de efetivação das atividades empresariais e do argumento da "modernização" das legislações trabalhistas em prol da efetivação do pleno emprego. Argumento que, por óbvio, se apresenta enquanto falacioso, sustentado pelo intento de superexplorar e desonerar o capitalista da contratação da força de trabalho. Adaptou-se a legislação às pretensas necessidades de flexibilizar o trabalho, significando cada vez mais exploração da classe trabalhadora e a expropriação do produto de seu trabalho

O momento histórico agora vivido na crise da Covid-19 expõe de maneira ainda mais cabal as contradições da legislação referente à terceirização. Aquelas e aqueles trabalhadoras(es) terceirizadas(os) são colocados frente a precarização total do seu exercício profissional diário, arriscando suas vidas e se submetendo a referenciais exploratórios cada vez mais acirrados, como no decorrer do texto se verá.

2.1. A contradição do instituto da terceirização após a Contrarreforma Trabalhista

Obviedades à parte no que tange a gravidade da problemática sanitária de nível mundial em tempos de pandemia e pandemônio (na acepção vernacular do termo), é necessária a articulação acerca desse instituto tão contraditório que é a terceirização, ainda mais agora, em que as tensões da superexploração se intensificam sob aquelas e aqueles condicionados a relações de emprego terceirizadas.

De forma bastante breve, a celeuma da discussão pode ser colocada no modo contraditório em que se dá o processo da interposição de intermediário na contratação de força de trabalho. Ajustada ao intento neoliberal de beneficiar a todo custo a atividade empresarial por meio da flexibilização do trabalho, temos que as consequências da terceirização irrestrita são claras, como salientaram Filgueiras e Cavalcante:

> "internalizar nas mentes e corpos — e, é claro, positivar no direito — um novo valor e um novo discurso que eliminem o fundamento da regulação social anterior do capitalismo, isto é, que possam dissociar — ideológica, política e juridicamente – a empresa de seus trabalhadores; algo que possa quebrar, portanto, a noção de que há qualquer vínculo entre os lucros auferidos e os trabalhadores necessários à reprodução dessa riqueza."(2)

O que na mistificação do instituto da terceirização se apresenta como externalização das atividades produtivas do núcleo principal de atuação da empresa terceirizadora, nada mais é que uma reformulação nas estruturas habituais de contrato de trabalho, com vantagens unicamente colocadas ao ente patronal.

Ainda em Filgueiras e Cavalcante, temos o afirmar ainda mais claro da realidade da terceirização:

> "O que as empresas chamam de terceirização é a divisão do trabalho própria no capitalismo, que sempre existiu, pois as economias capitalistas são compostas por espaços de acumulação diferentes, vários capitais se relacionando entre si para a produção de mercadorias."(3)

O afastamento da relação entre o tomador da força de trabalho e aquele que o presta, nada mais é do que uma estratégia para aferição concreta de estruturas laborais capazes de se perfazer em mais lucro. O que se coloca sob o véu da modernização das relações de trabalho, ou ainda, da radicalização da divisão social trabalho é, em verdade, apenas a ação da reestruturação produtiva em si.

Nesse sentido, no atual referencial legal, posterior ao da Contrarreforma Trabalhista, temos que: "a única condição para a consecução da terceirização é que a atividade imputada ao ente interposto é ser parte do processo produtivo do tomador de serviços"(4).

Em outras linhas sem, contudo, perder de vista esse intento desmistificante, temos ainda nas palavras Patrícia Maeda o real processo por traz da estratégia da

---

(2) FILGUEIRAS, V. A.; CAVALCANTE, S. M. TERCEIRIZAÇÃO: DEBATE CONCEITUAL E CONJUNTURA POLÍTICA. *Revista da ABET* (Impresso), v. 14, p. 16, 2015.

(3) *Idem*.

(4) Ib*idem*, p. 15.

subcontratação: "teremos que, na terceirização, a mera interposição do intermediador entre o trabalho e o capital não irá alterar a relação social do trabalho assalariado nem o processo de acumulação, configurando-se apenas o fracionamento do mais-valor"[5]

3. A realidade brasileira — Estudos de casos concretos

Para que não fiquemos somente nas acepções doutrinárias e técnicas da questão da terceirização, optou-se por buscar aqueles referenciais exploratórios do hoje pandêmico, na intenção de demonstrar a concretude inequívoca dessa precarização que, intensificada, mostra a faceta mais cruel do poderio econômico e político que, sob o véu da legitimação jurídica regulatória do trabalho, impetra a destituição dos corpos e vidas da classe trabalhadora de maneira cínica e velada como fora discutido acima.

Não restam dúvidas de que tratar de casos específicos da terceirização na situação ímpar da pandemia resulta em falar em um sem número de categorias da classe trabalhadora que acabam por se ver afetadas das formas mais nefastas que se possa imaginar.

Contudo, por questões metodológicas e de discricionariedade do autor, optou-se por tratar das categorias das e dos profissionais da limpeza e das e dos profissionais da saúde, tendo em vista que tais categorias se apresentam na linha de frente do combate ao vírus e que expõem seus corpos e vidas ao risco de morte diário. De modo que, a precarização e o grau de desumanização resultante da terceirização têm se mostrado de maneira bastante drástica para essas profissionais.

Vale comentar que, de modo incontroverso, a análise que abaixo se desenvolve é, no máximo, um mero esboço (como o próprio título do artigo afirma) acerca da atual situação dessas trabalhadoras, visto que essa situação ainda se desenrola nesses dias e há, com toda a certeza, a necessidade de reavaliar as perspectivas decorrentes desse esboço com o passar do tempo e das consequências, ainda não totalmente conhecidas, da crise sanitária para essas trabalhadoras.

3.1. Profissionais terceirizados da saúde

Diferentemente de outras crises típicas do modo de produção capitalista de caráter mais economicista, quando se fala do escopo específico da crise atual, ou seja, crise sanitária, teremos que determinadas categorias da classe trabalhadora vão ter em si elevadas as demandas por sua força de trabalho. Isso se dá pelo fato de que os serviços que por elas prestados são essenciais para que a tragédia não seja ainda maior.

Obrigadas e obrigados a estar presentes nos seus postos de trabalho para manterem suas fontes de sustento, as categorias de profissionais da saúde estão expostas aos riscos do vírus que combatem.

---

(5) MAEDA, Patrícia. Terceirização no Brasil: histórico e perspectivas. *Revista do TRT – 15a Região*, n. 49, 2016, p. 128.

Não bastasse essa situação de risco em que estão, essas profissionais têm vivenciado situações das mais cruéis no que tange a segurança sanitária no desenvolvimento diário de suas funções e na desvalorização do seu trabalho que em situações de "normalidade sanitária" já eram precárias.

Em rápida pesquisa em meios de comunicação de notícias é possível encontrar os mais variados elementos que sustentam a afirmação do acirrar da precarização desses trabalhos.

Em poucas linhas, a coleta de informações demonstra que os profissionais terceirizados da saúde, principalmente técnicos em enfermagem e agentes comunitários, vem passando por uma série problemáticas que tangem: i) a falta de recebimento de salários e benefícios(6); ii) o corte salarial e o afastamento das profissionais de saúde(7); iii) a falta de fornecimento, ou mesmo fornecimento correto de EPIs(8).

A reflexão aqui não se faz no sentido de trazer esses elementos como se fossem coisas novas no dia a dia das trabalhadoras terceirizadas da saúde, de modo diverso, esses referenciais de descaso sempre se puseram presentes no trabalho dessas pessoas.

Contudo, na situação de crise atual, a manutenção e o acirramento das estratégias de precarização dessas profissões, significa também a morte dessas trabalhadoras. Segundo o boletim epidemiológico do Ministério da Saúde(9) de 8 de julho, dos 173.440 profissionais da saúde infectados ao menos 176 morreram em decorrência da infecção, o recorde mundial diga-se. Nesse entremeio, é bastante razoável pensar que aqueles mais precarizados são os alvos mais fáceis da doença nesse referencial de superexploração do trabalho da saúde.

---

(6) NASCIMENTO. Eliana. Enfermeiros terceirizados da saúde no AM fazem manifestação para cobrar salários atrasados e melhores condições de trabalho. *G1*. Manaus, 28 mar. 2020. Disponível em: <https://g1.globo.com/am/amazonas/noticia/2020/03/28/enfermeiros-terceirizados-da-saude-do-am-fazem-manifestacao-para-cobrar-salarios-atrasados-e-melhores-condicoes-de-trabalho.ghtml>. Acesso em: 10 de jun. 2020; REDAÇÃO. Sem salários, funcionários terceirizados da saúde entram em greve no Rio. *Hora do Povo*. Rio de Janeiro, 23 jul. 2020. Disponível em: <https://horadopovo.com.br/sem-salarios-funcionarios-terceirizados-da-saude-entram-em-greve-no-rio/>. Acesso em: 29 jul. 2020.

(7) THUSWOHL. Maurício. Afastados e terceirizados, técnicos de enfermagem sofrem com perda salarial no Rio de Janeiro. *Rede Brasil Atual*. Rio de Janeiro, 1º de maio 2020. Disponível em: <https://www.redebrasilatual.com.br/trabalho/2020/05/enfermeiros-saude-corte-salario/>. Acesso em: 10 jun. 2020.

(8) SUDRÉ. Lu. Profissionais com Covid-19 denunciam falta de EPIs em hospital privado de SP. *Brasil de Fato*. São Paulo, 20 abr. 2020. Disponível em: <https://www.brasildefato.com.br/2020/04/20/profissionais-com-Covid-19-denunciam-falta-de-epis-em-hospital-privado-de-sp>. Acesso em: 15 jul. 2020.

(9) MINISTÉRIO DA SAÚDE. Secretaria de Vigilância e Saúde. Boletim Ep*Idem*iológico Especial: Doença pelo Coronavírus Covid-19. Brasília, 08 jul. 2020. Disponível em: <http://saude.gov.br/images/pdf/2020/July/08/Boletim-ep*Idem*iologico-COVID-21-corrigido-13h35.pdf>. Acesso em: 15 jul. 2020.

Vale ainda salientar que, o rosto desse trabalho ligado aos setores da saúde é, em sua maioria, das mulheres. Estudo realizado por pesquisadoras da ANESP(10) (Associação Nacional dos Especialistas em Políticas Públicas e Gestão Governamental) em abril desse ano, mostra que, em termos estatísticos, os cargos mais precarizados da saúde são em sua ampla maioria encampados por trabalhadoras mulheres quando comparadas aos homens, senão vejamos: agentes comunitárias — 77,8%; enfermeiras — 85,2%; Técnicas de Enfermagem — 85,3% e Auxiliares de Enfermagem — 85,9%.

Sendo assim, é fato que a crise sanitária, ainda mais quando falamos nas trabalhadoras terceirizadas, as consequências são colocadas em termos de grande risco de morte em seus exercícios profissionais e mais, a maioria desse contingente de trabalho é feminina. Nessa circunscrição temporal, em que os serviços de cuidado são tão demandados, são elas as mulheres que sofrem os piores ônus desse acirrar exploratório e do descaso governamental e empresarial para com suas vidas.

3.2. Profissionais terceirizados da limpeza

Nas mesmas circunstâncias das categorias anteriores, mais diretamente ligadas à saúde, as problemáticas relativas às profissionais de limpeza são tão complexas e nefastas quanto.

Já sabidamente subvalorizadas e estigmatizadas na sociedade, as trabalhadoras e trabalhadores das áreas ligadas a limpeza (tão essências no atual contexto), tem vivido sérios ataques à sua dignidade e aos seus direitos trabalhistas.

Nesse sentido, traz-se também alguns exemplos de como essas profissionais têm vivido em meio á pandemia, como citou anteriormente em relação à saúde aqui também se faz: i) demissões em massa(11); ii) desvinculação sem quaisquer direitos(12); iii) cortes de salários e benefícios(13).

Tendo isso em vista, as dificuldades que essas trabalhadoras e trabalhadores já passam diariamente com salários muitíssimo baixos e jornadas extenuantes, as

---

(10) HERNANDES, E. S. C.; VIEIRA, L. V. A guerra tem rosto de mulher: trabalhadoras da saúde no enfrentamento à Covid-19. *ANESP*, 2020. Disponível em: <http://anesp.org.br/todas-as-noticias/2020/4/16/a-guerra--tem-rosto-de-mulher-trabalhadoras-da-sade-no-enfrentamento-Covid-19>. Acesso em: 25 jul. 2020.

(11) REDAÇÃO. Metroviários de SP repudiam demissões em massa de terceirizados. *Esquerda Diário*. São Paulo, 17 jun. 2020. Disponível em: <http://www.esquerdadiario.com.br/Metroviarios-de-SP-repudiam-demissoes-em-massa-de-terceirizadas>. Acesso em: 20 jun. 2020.

(12) REDAÇÃO. Prefeitura de SBC demite quase 300 trabalhadores terceirizadas sem nenhum direito. *Esquerda Diário*. São Paulo, 29 de abr. 2020. Disponível em: <http://www.esquerdadiario.com.br/Prefeitura-de-SBC-demite-quase-300-trabalhadoras-terceirizadas-sem-nenhum-direito>. Acesso em: 20 jun. 2020.

(13) REDAÇÃO. Sintusp denuncia cortes e demissões de terceirizados da USP em meio à pandemia. *Esquerda Diário*. São Paulo, 25 maio 2020. Disponível em: <http://www.esquerdadiario.com.br/Sintusp-denuncia-cortes-e-demissoes-de-terceirizados-da-USP-em-meio-a-pandemia>. Acesso em: 25 de jun. 2020.

profissionais da limpeza também têm passado por mais agruras que o que já era de hábito. Forçadas a trabalhar em meio a pandemia e se colocando sob o risco de contrair o vírus não recebem ou sofrem descontos drásticos em seus salários, são demitidas sem o recebimento de seus devidos direitos e, portanto, relegadas às piores situações em meio ao caos pandêmico.

Quando tratamos em específico das terceirizadas, as dificuldades para aferir seus direitos se mostram ainda mais complexas, a troca constante das empresas que tomam seus serviços, a existência de referenciais de quarteirização e ainda mais além, tornam ainda mais difícil a possibilidade de trabalho protegido, ou mesmo a rescisão contratual "justa" nos termos da legislação do trabalho.

Nesse sentido, são claros os elementos que demonstram como a pandemia tornou ainda mais duras as vidas dessas pessoas, que são relegadas à miséria e ao descaso, obrigadas a se arriscar ainda mais, por proventos cada vez mais baixos, com o constante risco de perder a já parca renda que aferem.

4. A terceirização total na crise sanitária da Covid-19: possíveis conclusões

A presente tentativa de um esboço da atual situação do trabalho terceirizado no país, buscou apenas fornecer alguns elementos que são definidores da qualidade, invariavelmente, precária em que essas categorias acabam por exercer seus ofícios.

A terceirização é apenas a continuação e o aprofundamento do referencial de ampliação da expropriação do trabalho humano e de destituição das vidas da classe trabalhadora. Em prol do desenvolvimento econômico, ou ainda, da manutenção de referenciais mínimos de lucratividade empresarial quando em tempos de crise do modo de produção, é tornada lícita a exploração excessiva da força laboral e a relativização da dignidade humana no que se refere ao trabalho.

Sem embargo, o mecanismo da terceirização se torna a regra para a massa trabalhadora de baixa renda em face da imposição da expansão da acumulação capitalista. Citando Ricardo Antunes temos:

> "a terceirização vem se constituindo no principal mecanismo, em praticamente todas as partes do mundo, para expandir as formas de *acumulação flexível* que se desenvolvem através da desconcentração produtiva, das redes de subcontratação (empresas terceirizadas), do trabalho em equipe, da flexibilidade salarial, das "células de produção", dos "times de trabalho", dos grupos "semiautônomos", além de exercitar, ao menos no plano discursivo, o "envolvimento participativo" do(a)s trabalhadore(a)s."[14]

---

(14) ANTUNES, Ricardo. A sociedade da terceirização total. *Revista da ABET*, v. 14, n. 1, p. 10, jan./jun. 2015.

Usando da precisão do autor pra definir as nuances que afirmam a expansão da terceirização no Brasil. De modo que uma série de signos de ressignificação da exploração terceirizada e que buscam velar as reais condições de acentuação da exploração.

Portanto, não há outra saída, senão, tomar criticamente os intentos de legitimação legislativa da precarização, no sentido de criar obstáculos (ainda que limitados ao escopo de atuação do direito e do fazer político a ele associado) à banalização da subcontratação com o único objetivo de desonerar a parte contratante e inviabilizar a efetivação dos direitos básicos da classe trabalhadora terceirizada — senão obstaculizar o instituto da terceirização em todas as suas formas, visto que incompatíveis com a principiologia que rege o Direito do Trabalho brasileiro.

Sob o referencial da pandemia, cabe apenas o reafirmar da superexploração, que atinge a classe trabalhadora brasileira em termos muito mais ferozes desde a promulgação da lei da Contrarreforma Trabalhista em 2017. Sob o manto da legalidade, a terceirização impera na política governamental de "terra arrasada" em que se banaliza e se modifica o Direito do Trabalho às "necessidades" e interesses dos donos dos meios produção. Decorrência dessa necropolítica(15), no tempo em que se escreve esse texto, quase cem mil brasileiros já padeceram para a Covid-19.

Tendo isso sido dito, as terceirizadas e terceirizados continuam sendo grande parte da linha de frente do combate à doença e são justamente a elas e eles que os impactos negativos das disfuncionalidades e inconsistências do modo de produção capitalista se mostram de forma mais latente, em que suas vidas são consideradas dispensáveis.

Referências bibliográficas

ANTUNES. Ricardo. A sociedade da terceirização total. *Revista da ABET*, v. 14, n. 1, jan./jun. 2015.

BRASIL. Presidência da República. *Decreto-lei n. 200, de 1967*. Dispõe sôbre a organização da Administração Federal, estabelece diretrizes para a Reforma Administrativa e dá outras providências. Disponível em: <http://www.planalto.gov.br/ccivil_03/decreto-lei/del0200.htm>. Acesso em: 10 jun. 2020.

______. Os Ministros da Marinha de guerra, do Exército e da Aeronáutica Militar. *Decreto-lei n. 1.034, de 1969*. Dispõe sobre medidas de segurança para Instituições Bancárias, Caixas Econômicas e Cooperativas de Créditos, e dá outras providências. Disponível em <https://www2.camara.leg.br/legin/fed/declei/1960-1969/decreto-lei-1034-21-outubro-1969-375297-publicacaooriginal-1-pe.html>. Acesso em: 12 jun. 2020.

(15) Termo cunhado por Achille Mbembe que vai nos dar a chave de compreensão do que são essas iniciativas estatais de definir quem pode ou não pode manter-se vivo cita-se: "a [necropolítica] pressupõe que a expressão máxima da soberania reside, em grande medida, no poder e na capacidade ditar quem pode viver e quem deve morrer". MBEMBE, Achille. *Necropolítica*. São Paulo: n-1 edições, 2018. p. 1.

______. Presidência da República. *Lei n. 5.645, de 1970.* Estabelece diretrizes para a classificação de cargos do Serviço Civil da União e das autarquias federais, e dá outras providências. Disponível em: <http://www.planalto.gov.br/ccivil_03/LEIS/L5645.htm#:~:text=LEI%20N%C2%BA%205.645%2C%20DE%2010%20DE%20DEZEMBRO%20DE%20 1970.&text=Estabelece%20diretrizes%20para%20a%20classifica%C3%A7%C3%A3o,Art>. Acesso em: 10 jun. 2020.

______. Presidência da República. *Lei n. 6.019, de 1974.* Dispõe sobre o Trabalho Temporário nas Empresas Urbanas, e dá outras Providências. Disponível em: <http://www.planalto.gov.br/ccivil_03/leis/l6019.htm>. Acesso em: 12 jun. 2020.

______. Presidência da República. *Lei n. 13.467, de 2017.* Altera a Consolidação das Leis do Trabalho (CLT), aprovada pelo Decreto-lei n. 5.452, de 1º de maio de 1943, e as Leis ns. 6.019, de 3 de janeiro de 1974, 8.036, de 11 de maio de 1990, e 8.212, de 24 de julho de 1991, a fim de adequar a legislação às novas relações de trabalho. Disponível em: <http://www.planalto.gov.br/ccivil_03/_ato2015-2018/2017/lei/l13467.htm>. Acesso em: 10 jun. 2020.

FILGUEIRAS, V. A.; CAVALCANTE, S. M. Terceirização: debate conceitual e conjuntura política. *Revista da ABET* (impresso), v. 14, p. 15-36, 2015.

HERNANDES, E. S. C.; VIEIRA, L. V. A guerra tem rosto de mulher: trabalhadoras da saúde no enfrentamento à Covid-19. *ANESP*, 2020. Disponível em: <http://anesp.org.br/todas-as-noticias/2020/4/16/a-guerra-tem-rosto-de-mulher-trabalhadoras-da-sade-no-enfrentamento-Covid-19>. Acesso em: 25 jul. 2020.

MAEDA, Patrícia. Terceirização no Brasil: histórico e perspectivas. *Revista do TRT – 15ª Região*, n. 49, 2016, p. 127-150.

MBEMBE, Achille. *Necropolítica.* São Paulo: n-1 edições. 2018.

MINISTÉRIO DA SAÚDE. Secretaria de Vigilância e Saúde. *Boletim Epidemiológico Especial:* Doença pelo Coronavírus Covid-19. Brasília, 08 jul. 2020. Disponível em: <http://saude.gov.br/images/pdf/2020/July/08/Boletim-epidemiologico-COVID-21-corrigido-13h35.pdf>. Acesso em: 15 jul. 2020.

NASCIMENTO. Eliana. Enfermeiros terceirizados da saúde no AM fazem manifestação para cobrar salários atrasados e melhores condições de trabalho. *G1.* Manaus, 28 mar. 2020. Disponível em: <https://g1.globo.com/am/amazonas/noticia/2020/03/28/enfermeiros-terceirizados-da-saude-do-am-fazem-manifestacao-para-cobrar-salarios-atrasados-e-melhores-condicoes-de-trabalho.ghtml>. Acesso em: 10 jun. 2020.

REDAÇÃO. Prefeitura de SBC demite quase 300 trabalhadores terceirizadas sem nenhum direito. *Esquerda Diário.* São Paulo, 29 abr. 2020. Disponível em: <http://www.esquerdadiario.com.br/Prefeitura-de-SBC-demite-quase-300-trabalhadoras-terceirizadas-sem-nenhum-direito>. Acesso em: 20 jun. 2020.

______. Sintusp denuncia cortes e demissões de terceirizados da USP em meio à pandemia. *Esquerda Diário.* São Paulo, 25 maio 2020. Disponível em: <http://www.esquerdadiario.com.br/Sintusp-denuncia-cortes-e-demissoes-de-terceirizados-da-USP-em-meio-a-pandemia>. Acesso em: 25 de jun. 2020.

______. Sem salários, funcionários terceirizados da saúde entram em greve no Rio. *Hora do Povo.* Rio de Janeiro, 23 jul. 2020. Disponível em: <https://horadopovo.com.br/sem-salarios--funcionarios-terceirizados-da-saude-entram-em-greve-no-rio/>. Acesso em: 29 jul. 2020.

SUDRÉ. Lu. Profissionais com Covid-19 denunciam falta de EPIs em hospital privado de SP. *Brasil de Fato.* São Paulo, 20 abr. 2020. Disponível em: <https://www.brasildefato.com.br/2020/04/20/profissionais-com-Covid-19-denunciam-falta-de-epis-em-hospital-privado--de-sp>. Acesso em: 15 jul. 2020.

THUSWOHL. Maurício. Afastados e terceirizados, técnicos de enfermagem sofrem com perda salarial no Rio de Janeiro. *Rede Brasil Atual.* Rio de Janeiro, 1º de maio 2020. Disponível em <https://www.redebrasilatual.com.br/trabalho/2020/05/enfermeiros-saude-corte-salario/>. Acesso em: 10 jun. 2020.

Categorias Mais Afetadas: Trabalhadoras Domésticas

Déborah Maria Pedroso
Laís Vital Oliveira

1. Introdução

Desigualdades e fragilidades sociais sempre são acentuadas em momentos de crise, de modo que classes profissionais que não gozam de direitos trabalhistas devidamente consagrados são as mais afetadas negativamente em momentos delicados. Nesse cenário, a classe de trabalhadoras domésticas ocupa um lugar especialmente preocupante, visto a patente falta de atenção recebida por essas profissionais ao longo da história brasileira.

Área de trabalho desempenhada majoritariamente por mulheres(1) negras(2) e marginalizadas, a Pandemia causada pelo Covid-19 colocou em evidência desigualdades históricas marcadas pelo passado escravocrata, pela desigualdade de gênero e pela exploração do trabalho feminino incentivado pelo sistema de produção capitalista. Tais fatores, somados a um sistema legislativo duplamente falho — tanto na asseguração quanto na consagração de direitos — colocam o trabalho doméstico como um dos mais frágeis e perigosos no atual cenário. Por esses motivos, são tecidas críticas ainda mais severas à legislação trabalhista que engloba as trabalhadoras domésticas.

Com isso, o estudo do tema aqui proposto tem por objetivo exprimir a precarização a que são submetidas as empregadas domésticas no Brasil, com a devida relação entre tal precarização e a origem escravocrata que essa atividade laboral carrega consigo.

---

(1) Segundo estudo realizado pelo Instituto de Pesquisa Econômica Aplicada (Ipea), em 2018, 14,6% das mulheres brasileiras se dedicavam ao serviço doméstico remunerado, contra 0,9% dos homens (*IPEA*, 2018, p. 11). Por esse motivo, ao longo do presente artigo, as trabalhadoras domésticas serão tratadas no gênero feminino, uma vez que são grande maioria na categoria.

(2) O mesmo estudo supracitado revela que as mulheres negras são 63% do total de trabalhadoras domésticas — 3,9 milhões de mulheres negras em 6,2 milhões de homens e mulheres empregados(as) no trabalho doméstico. (*IPEA*, 2018, p. 12)

Além disso, o presente artigo também tem o escopo de discutir o trabalho doméstico de forma subjetiva, considerando aspectos como a afetividade existente na realização do trabalho doméstico, ainda que este seja efetuado por um terceiro em relação à família do(a) empregador(a), sendo tal aspecto paradigmático no entendimento da exploração da categoria. Nesse sentido, pretende-se apresentar os tratamentos legislativos conferidos às empregadas domésticas, antes e após a Constituição Federal de 1988, bem como observar a deterioração do cenário trabalhista doméstico frente aos desafios impostos pelo vírus Covid-19 e suas possíveis implicações.

2. Regulamentação do trabalho doméstico no Brasil

Sabe-se que a Constituição da República de 1988 foi a responsável por consagrar diversos direitos e garantias fundamentais, assegurando o Estado Democrático de Direito como paradigma político e social. No que tange ao tratamento reservado às empregadas domésticas, a chamada Constituição Cidadã incorporou tratamentos desiguais anteriormente atribuídos a essa classe de trabalhadoras: no art. 7º, observa-se diversas garantias aos trabalhadores urbanos e rurais, ao passo em que, no parágrafo único do mesmo artigo, algumas dessas garantias são excluídas para os trabalhadores domésticos. Apesar disso, explanam Ferraz e Rangel (2010, p. 14) que:

> Interessante observar que no início dos trabalhos da Assembleia Nacional Constituinte, os primeiros projetos apresentados equiparavam os direitos do doméstico aos dos demais empregados. Todavia no curso das discussões parlamentares nas diversas comissões, as propostas foram alteradas, com a exclusão de inúmeros direitos trabalhistas à categoria doméstica.

Assim sendo, às trabalhadoras domésticas foram negados direitos trabalhistas como, por exemplo, remuneração superior por trabalho noturno (em relação ao diurno), adicionais de periculosidade, insalubridade e penosidade e seguro contra acidentes de trabalho. Considerando o exposto, é perceptível que às trabalhadoras domésticas não é reservada nem mesmo a igualdade formal, uma vez que, segundo Ferraz e Rangel (2010, p. 16) "a referida norma tratou desigualmente os desiguais, mas longe de igualá-los, apenas manteve ou diminuiu superficialmente o fosso existente entre o empregado doméstico e os demais empregados regidos pela CLT."

Após o advento da Constituição Federal de 1988, houve ainda a promulgação da Lei n. 10.208, de 23 de março de 2001, a qual dispôs sobre a possibilidade de inclusão da empregada doméstica no regime de Fundo de Garantia do Tempo de Serviço (FGTS) e seguro desemprego. A referida inclusão é uma faculdade do empregador, fato que tornou a mudança legislativa, em certo ponto, ineficiente, já que a maior parcela dos empregadores não escolhe por ampliar os ônus financeiros para manutenção de empregada doméstica.

Já em 2006, foi promulgada a Lei n. 11.324, de 19 de julho, a qual foi originada pela Medida Provisória n. 284, de 6 de março de 2006. Enquanto Medida Provisória, o texto não dispunha sobre uma obrigatoriedade de inclusão da empregada doméstica no regime do FGTS e seguro desemprego. Contudo, essa disposição foi adicionada pelo Congresso Nacional, originando a referida lei. Ocorre que, ao ser promulgada pelo Poder Executivo, tal previsão de obrigatoriedade foi vetada, sob o argumento do, à época, Presidente da República, Luis Inácio Lula da Silva, de que incluir as empregadas domésticas no regime de FGTS e seguro desemprego "acaba por onerar de forma demasiada o vínculo de trabalho do doméstico, contribuindo para a informalidade e o desemprego" (FERRAZ; RANGEL, 2010, p. 17).

Ressalta-se que, ainda assim, a Lei n. 11.324, de 19 de julho de 2006, resultado de grande luta por parte de sindicatos e organizações representativas, foi responsável por consideráveis mudanças no tratamento reservado às trabalhadoras domésticas, uma vez que previu direito à garantia de emprego da gestante, férias anuais de trinta dias corridos (com o devido pagamento de um terço da remuneração), repouso semanal remunerado e em feriados civis e religiosos e vedação a descontos no salário da empregada por fornecimento de alimentação, vestuário, higiene ou moradia.

Cumpre salientar ainda sobre a Lei Complementar n. 150, de 1º de junho de 2015, a chamada "PEC das Domésticas", que tramitava no Congresso Nacional desde abril de 2013, tendo sido promulgada apenas em junho de 2015. A referida lei foi responsável por garantir às empregadas domésticas diversos direitos já assegurados a outras classes na Consolidação das Leis do Trabalho (CLT), quais sejam: jornada de trabalho de 44 horas semanais (com o devido pagamento de adicional de hora extra), garantia de salário mínimo, pagamento de 13º salário, adicional para trabalho noturno, regime de FGTS e seguro desemprego, entre outros. Para incidência de tais direitos, a Lei Complementar supracitada considerou como empregado doméstico: "aquele que presta serviços de forma contínua, subordinada, onerosa e pessoal e de finalidade não lucrativa à pessoa ou à família, no âmbito residencial destas, por mais de 2 (dois) dias por semana" (BRASIL, 2015).

A despeito do aparente avanço legislativo, a indiferença das autoridades para com a classe doméstica é palpável. Pautado numa herança notadamente escravocrata, na qual ambos — trabalho doméstico e escravo — são necessários para a manutenção da riqueza e ociosidade apreciada pela atual classe média, a mesma ociosidade adquirida à custa dos incautos escravos defendida por Aristóteles em seu livro "A Política"; aliado a uma falsa aparência de não lucratividade[(3)] aos contratantes atribuído à categoria,

(3) Utiliza-se "falsa aparência de não lucratividade", uma vez que, embora a atividade doméstica não seja lucrativa ao(a) empregador(a) à primeira vista, ainda assim, é uma mão de obra barata e pouco resguardada juridicamente, o que possibilita às classes médias manterem tais trabalhadoras mesmo que disponham de pouco aporte financeiro. Assim, a falha na regulamentação e a má remuneração possibilitam aos(as) empregadores(as) maior dedicação às próprias atividades laborais, o que seria uma forma de lucro na relação.

foram criadas justificativas que embasam o tratamento diferenciado dispensado às trabalhadoras domésticas. Tais justificativas foram incorporadas não somente pela esfera jurídica, mas também como premissas sociais, na qual empregadores se veem como compassivos por empregarem mulheres domésticas necessitadas, enquanto a empregada se enxerga como beneficiário felizardo pela bondade do empregador em empregá-lo.

Mesmo assim, esforços legislativos não se mostram eficientes, haja vista o alto índice de informalidade da profissão. Nesse ínterim, apesar da Lei Complementar n. 150/15 representar um grande avanço, pesquisa realizada pelo Instituto Brasileiro de Geografia Estatística (IBGE), revelou que, em 2019, o número de trabalhadoras domésticas "chegou a 6,3 milhões, permanecendo praticamente estável em relação à estimativa de 2018 (6,2 milhões). Mas o número de pessoas com carteira assinada caiu 3%, de 1,819 milhão para 1,764 milhão, enquanto o contingente sem carteira assinada manteve-se estável, somando 4,5 milhões" (NERY, 2020). Os dados apresentados demonstram que ainda há muitas trabalhadoras domésticas que exercem suas atividades de maneira informal, não sendo resguardadas pelas garantias trabalhistas, o que faz com que elas permaneçam vulneráveis a um cenário de exploração da mão de obra.

O índice arrebatador de informais na profissão doméstica pode ser visto como produto de quatro características explanadas por Ferraz e Rangel (2010, p. 18), sendo duas delas de matriz cultural, uma de origem econômica e uma institucional. Sob o espectro cultural, os autores discorrem sobre a resistência dos empregadores em reconhecer o trabalho doméstico como uma profissão legítima, concomitantemente à falta de reconhecimento dos próprios profissionais domésticos sobre a profissão. De forma proposital, a empregada doméstica tem a sua figura enquanto profissional apagada ao se tornar "quase da família", condição que apesar da aparente sentimentalidade denota sobremaneira a inferioridade atribuída à função, que ao ocupar quase espaços — o de quase família e quase empregada — termina por não ocupar nenhum. O segundo fator cultural diz respeito à consciência social de que ter à disposição uma trabalhadora doméstica é direito de todo aquele que atinge padrões de renda razoáveis, em consonância com o legado escravocrata. Desse modo, "a informalidade não é causada pela proteção social do trabalho doméstico, antes é um fato social e cultural, pois sua contratação se dá por quem, em tese, não teria condições de fazê-lo" (FERRAZ; RANGEL, 2010, p. 19). Tais elementos prosperam em meio a um ambiente econômico favorável à informalidade, dotado de mão de obra feminina barata e abundante. Por fim, o último fator, de origem institucional, se refere à incapacidade do Estado em fiscalizar e impor sanções sobre um trabalho que ocorre fora da esfera pública, sendo realizado no interior de residências familiares. Tal característica implica na ausência de plenos efeitos da norma regulamentadora frente ao princípio constitucional da inviolabilidade domiciliar, o qual impede o poder público de exercer livremente tarefas fiscalizatórias.

Não obstante, por ser apontado como uma atividade eminentemente feminina, o trabalho doméstico denota ainda mais precariedade. A combinação de fatores da sociedade, que envolve um ambiente patriarcal, de herança escravocrata e marcante desigualdade social, contribui para que o ingresso de mulheres na atividade doméstica se dê de forma ainda mais precária. Aliado a isso, conforme pesquisa desenvolvida pelo IPEA se valendo das informações fornecidas pelo PNAD (2019, p. 8), as proteções sociais ofertadas à categoria muitas vezes se confundem com seguros sociais no imaginário popular, os quais estão disponíveis apenas àqueles que atendem aos requisitos impostos pelo mercado de trabalho, como se fossem apenas bonificações, e não direitos adquiridos.

A complexidade envolvendo a problemática do trabalho doméstico instiga uma análise aprofundada sobre o tema, de modo que, além dos aspectos pragmáticos acima debatidos, também se faz razoável deliberar sobre o tema por uma ótica subjetiva. Discorrer sobre argumentos que englobam a submissão do trabalho doméstico e a afetividade muitas vezes a ele inerente permite compreender de forma mais exata as reais condições do trabalho doméstico e suas consequentes implicações na realidade fática. Fato é que, apesar das trabalhadoras serem contratadas para desenvolver atividades referentes à manutenção do lar, o leque de serviços desenvolvidos por elas é essencialmente mais amplo, abordando tarefas como o preparo de refeições e o cuidado de crianças. Sendo assim, situações que envolvem laços de afetividade entre o trabalhadora e a família empregadora põem em xeque pensamentos excessivamente objetivos. Para evitar isso, uma análise psicodinâmica das relações do trabalho doméstico, explorando o assunto além da abordagem tradicional, será bastante útil.

3. Aspecto subjetivo: a afetividade no ambiente de trabalho doméstico

O desenvolvimento de legislações trabalhistas tencionando a melhoria das condições de trabalho das trabalhadoras domésticas sempre foi freado por justificativas enviesadas e notadamente discriminatórias. Com isso, a criação de legislações que conferiam mais direitos à classe, entre elas a PEC das Domésticas, foram assiduamente criticadas por aqueles que se diziam preocupados com os possíveis impactos econômicos negativos frente à nova legislação protetiva. Tais críticas, em geral, eram tecidas sob o argumento de que a ampliação de direitos ocasionaria no aumento dos custos de contratação e, por conseguinte, geraria um desemprego massivo da categoria. Tais preocupações até poderiam ser genuína e, por isso, mesmo que muitas das críticas feitas ao aumento de direitos trabalhistas das empregadas domésticas fossem de cunho discriminatório, o risco econômico ainda era um fator relevante e preocupante.

Apesar disso e, em antagonismo com a previsão econômica, a ampliação dos direitos das trabalhadoras domésticas e o aumento de encargos patronais não foram acompanhados pelo aumento da informalidade, redução de salários ou desemprego em massa, conforme apontam Girard-Nunes e Silva (2013), com base em dados da Pesquisa Nacional por Amostra de Domicílios (Pnad) (2011). Conforme defendido pelos autores no estudo, este resultado contribui para a conclusão de que uma análise estritamente econômica, que não se atente a fatores culturais e sociais, não é suficiente. Em função disso, o aspecto subjetivo da afetividade deve ser analisado conjuntamente com os aspectos objetivos (históricos e jurídicos), uma vez que ambos podem influenciar no tratamento conferido à classe das trabalhadoras domésticas no Brasil. Nesse diapasão, entende-se por subjetividade a "articulação entre o psíquico, o existencial, a experiência e o social" (GIRARD-NUNES; SILVA, 2013, p. 593), exprimindo-se como o processo de socialização, aquele em que um indivíduo se constrói socialmente no contato com outros indivíduos, em conjunto com o processo de tomada de consciência de si mesmo, no qual o indivíduo se afirma enquanto agente único e singular. Em outras palavras, subjetividade é a conexão entre a esfera social e individual de um indivíduo.

Posto isto, importante destacar as peculiaridades do serviço doméstico. Diferente de outras áreas de trabalho, o labor doméstico se pauta na relação de confiança estabelecida entre empregada e empregador dada a complexidade e intimidade do trabalho. Por ocorrer no âmbito privado da residência, as trabalhadoras domésticas têm um contato muito próximo com a família que a emprega, sendo responsável por cuidar de crianças, cozinhar as refeições e manter o lar limpo e organizado, demandando uma relação de confiança e até mesmo de troca de favores entre as partes — empregador(a) e empregada. Nesse sentido,

> (...) as empregadas vivem a maior parte do seu tempo num entrelaçamento entre o mundo público — o cumprimento de uma atividade profissional — e o mundo privado, uma vez que a tarefa é cumprida no ambiente doméstico. Esse convívio aporta uma gama de contradições geradas pela relação que se estabelece entre patroas e empregadas. São apontadas as ambiguidades a que estão submetidas às servidoras domésticas, na medida em que elas realizam o serviço dentro de um espaço privado, onde normas de afetividade estão em vigor. (BRITES, 2000, p.44-45)

Com isso, a relação de confiança estabelecida cria a impressão de que a trabalhadora é "quase parte" da família, uma vez que o núcleo familiar adquire certa intimidade com a empregada doméstica. Não obstante, apesar da relação íntima e afetiva criada entre as partes, a desigualdade também é fator constituinte. A hierarquia entre as partes é reafirmada em momentos de divergências de valores entre patrões e empregadas, explicitando sua disparidade, na qual uma parte é capaz de comprar a força de trabalho de alguém que, por sua vez, possui unicamente a própria força de trabalho a oferecer em troca de subsistência (BRITES, 2007, p. 94). Ressalta-se ainda que, mesmo quando as crianças mantêm um vínculo afetivo ainda mais forte com as trabalhadoras domésticas — que, por muitas vezes, cuidam daquelas enquanto os responsáveis legais trabalham fora — ainda assim, há uma reprodução da noção de hierarquia, já que essas crianças, ao crescerem, poderão conferir a outras empregadas domésticas um tratamento que constantemente reafirma o distanciamento social entre elas. Jurema Brites (2007, p. 103) entende que até mesmo a construção do espaço da casa em que a criança vive pode contribuir para que ela cresça com a noção de distanciamento social da empregada:

> "Quarto de empregada", "banheiro de empregada", "dependência de empregada" são espaços de segregação, onde o respeito ensinado às crianças de classe média com as posses alheias desaparece. Os espaços destinados às empregadas na casa das patroas não respeitam a individualidade das trabalhadoras.

Assim sendo, não se desconsidera o fato de que a trabalhadora doméstica realmente possa ser ou seja querida pela família, existindo entre as partes uma relação de carinho e respeito mútuos. O que ocorre é que, ainda nesses casos, a trabalhadora será a pessoa "quase" da família e, em uma possível situação de conflito de interesses, a empregada dificilmente será protegida como seria um membro consanguíneo da família. Além disso, as próprias raízes históricas inerentes à profissão fazem com que não haja igualdade entre as partes da relação e, com isso, muitas vezes se naturalizam comportamentos que, inconscientemente ou não, são desrespeitosos à profissão (por exemplo, quando a trabalhadora não pode sentar no sofá da casa enquanto cuida da criança ou não pode se sentar à mesa junto com a família para as refeições, dentre outras situações hipotéticas, porém frequentes no dia a dia). No mesmo sentido, Ferraz *et al.* (2017, p. 261) explana:

> Essa afetividade, por vezes, além de retirar o contexto de direitos trabalhistas da questão, ainda incute na subjetividade dessas trabalhadoras a ideia de que aquilo é parte delas, repercutindo negativamente, como já mencionado, na percepção de empregada doméstica como profissional. Instala-se, então, o dilema do ser e não ser, tão bem expresso no "como se fosse".
>
> O "como se fosse" é uma interjeição sutil de exclusão, pois remete à ideia de que a doméstica "está", mas não "é" do núcleo familiar. A relação concreta que permite "estar" no seio familiar ocorre pela venda da força de trabalho, mesmo ato que impossibilita o "ser" da família, embora possa

existir afetividade entre os membros da relação mercantil. Ainda que haja exceções, elas somente reafirmam a regra: depois que o valor de uso da força de trabalho da doméstica termina, extingue-se o processo de troca e, o "como se fosse" abre as portas (dos fundos) da casa para a saída desse pseudomembro familiar.

Por fim, a inevitável mistura entre afeto e dinheiro gera desconfortos na relação entre profissional e empregador. Por se tratar de uma "quase parte" da família, espera-se que a doméstica prestigie o vínculo que possui com o núcleo familiar do(a) empregador(a) em troca do próprio dinheiro. Por outro lado, o(a) empregador(a) entende que, ao conceder benefício à trabalhadora, como dia de folga ou adiantamento de salário, está estreitando seus laços de amizade com a doméstica, uma vez que não se tratam de direitos ou garantias trabalhistas, e sim de pequenos benefícios. Em troca deles, deseja-se a lealdade da trabalhadora, sob a qual reside a expectativa de que ela não deixará o emprego para trabalhar para outra família que pague mais ou que não irá acionar judicialmente a família empregadora pleiteando débitos trabalhistas. Dessa forma, diante do descompasso de medidas protetivas criados pelo Estado ou implementadas pelo mercado, as trabalhadoras se inserem em um ambiente precário e díspar, no qual deverá harmonizar seus interesses com os da família empregadora como forma de se manter resguardada.

4. Trabalhadoras domésticas e a Covid-19

Conforme explicitado no decorrer do texto, trabalhadoras domésticas sofrem de grande precarização no exercício das atividades laborais, sendo que muitas delas trabalham na informalidade, como tentativa dos empregadores de burlarem as garantias trabalhistas previstas na Lei Complementar n. 150, de 1º de junho de 2015 (a "PEC das Domésticas"). Sendo assim, em um cenário delicado e fragilizado de pandemia de Covid-19, a condição das empregadas domésticas pode se tornar ainda mais precária.

Na cidade do Rio de Janeiro, uma trabalhadora doméstica, de 63 anos, foi a primeira morte confirmada no estado. A idosa — e, consequentemente, integrante do grupo de risco — possuía problemas de saúde e trabalhou na residência da mesma família por duas décadas, percorrendo, semanalmente, cerca de 120km para se locomover de sua casa até a casa e, para ela, ambiente de trabalho no Leblon, bairro muito valorizado na cidade e no país. A empregadora, de 62 anos, havia viajado até à Itália, quando lá ainda era o país com mais registros de mortes por Covid-19 e, ao retornar para o Brasil, não houve qualquer tipo de quarentena nem de dispensa da empregada doméstica. Após a trabalhadora doméstica apresentar os sintomas para a doença, a evolução do quadro clínico ocorreu rapidamente e desencadeou o óbito. No mesmo dia, a empregadora confirmou o resultado do teste para Covid-19. Na casa em que a trabalhadora residia, residiam também outras sete pessoas, todas expostas ao vírus. Em reportagem para a UOL, a cunhada da vítima relatou: "Ela era muito trabalhadora. Pegava três conduções para chegar ao trabalho. Para voltar, era a mesma coisa: dois ônibus e um trem. Ela saía de casa no domingo e só voltava na quinta" (MELO, 2020).

Esse caso é emblemático para se compreender o tratamento conferido à classe doméstica nesse período de pandemia: profissionais que, carentes de direitos e garantias trabalhistas, continuam trabalhando e aceitam os riscos por esta ser a única forma de preservarem o próprio sustento. Por outro lado, tem-se os empregadores, que não abrem mão da comodidade oferecida pela classe e continuam requerendo a atuação das trabalhadoras para a manutenção do lar. Entre os interesses destoantes de ambas as partes, trabalhadoras e empregadores, os interesses dos últimos sempre serão preservados, vez que o diálogo entre eles no que tange o trabalho doméstico é ainda mais inconcebível que em outras áreas do trabalho, basta ver as relações de poder estabelecidas entre patrão e empregada. Ademais, a classe doméstica não representa apenas interesses utilitários, na medida em que se firma como expressão da hierarquia constituída em tempos de escravidão, representando o *status* social do indivíduo que, ao atingir certo poder aquisitivo, "ganha o direito" de dispor de uma trabalhadora doméstica, conforme já exposto neste artigo.

Não obstante, no estado do Pará, em 05 de maio de 2020, o governo estadual decretou *lockdown* em algumas cidades do estado, o que suspenderia as atividades não essenciais. O Decreto n. 729 incluiu o trabalho doméstico entre as cinquenta e nove atividades consideradas essenciais, fato que levaria as empregadas domésticas a continuarem exercendo suas atividades, mesmo no período de isolamento obrigatório. Com isso, essas trabalhadoras estariam expostas a diversos riscos de contaminação: no transporte público para locomoção até o ambiente de trabalho; no contato com o(a) empregador(a); caso o(a) empregador(a) resida em prédio, no contato com outros moradores e com porteiro(a), além dos riscos à sociedade de uma nova pessoa possivelmente contaminada que continuaria exercendo normalmente seu ofício de doméstica.

O disposto no referido decreto foi ainda contrário ao disposto na Lei Federal n. 13.979, de 06 de fevereiro de 2020, que não previa o trabalho doméstico como atividade essencial. Após nota escrita pela Federação Nacional das Trabalhadoras Domésticas (Fenatrad) e assinatura por outras quatorze entidades representativas, o Governo do Estado do Pará recuou na disposição do Decreto n. 729/2020, determinando como essencial os

> Serviços domésticos, quando imprescindíveis aos cuidados de criança, idoso, pessoa enferma ou incapaz, caracterizada pela ausência ou impossibilidade de que os cuidados sejam assumidos por pessoa residente no domicílio, devendo tal circunstância constar em declaração a ser emitida pelo contratante, acompanhada da CTPS quando for o caso. (PARÁ, 2020)

Antes da alteração do decreto, o Prefeito de Belém, Zeraldo Coutinho, justificou a inclusão do trabalho doméstico como serviço essencial na medida em que a classe seria responsável pelo cuidado com idosos, crianças e pessoas incapazes. Com isso, após a repercussão negativa do decreto, a disposição que elegia o emprego doméstico foi alterada, conforme observado acima. No entanto, resta a dúvida sobre o porquê do trabalho doméstico ter sido enquadrado como serviço essencial, quando na realidade, o que se buscava era a preservação de cuidados com aqueles que precisam de tratamento especial.

Nessa esteira, insta salientar que, por serviços essenciais entendemos todas aquelas atividades necessárias para a preservação da vida, tais como manutenção de fornecimento de rede elétrica, água e saneamento básico, além de cuidados com a saúde em geral. Dessa forma, em um primeiro momento, não restariam justificativas para o enquadramento do serviço doméstico como essencial, dado que o mesmo é destinado aos cuidados com o lar. No entanto, tanto o discurso do Prefeito de Belém quanto a alteração do decreto apontam para um outro caminho: o enquadramento de atividades domésticas não se deu para atividade relacionadas aos cuidados com a casa, e sim aos cuidados com as pessoas. Fato é que, ambos os serviços de cuidado, sejam aqueles destinados ao lar ou à pessoa, são vistos como atividades inerentemente femininas e, consequentemente, menos valorizadas. Dessa forma, o trabalho de cuidados[(4)], que não é assimilado pela legislação, passa a ser tido apenas como uma extensão do trabalho doméstico.

Cabe ressaltar que, no mesmo estado, a jovem Beatriz Launé, de 18 anos, relatou a uma reportagem do jornal Brasil de Fato (BARBOSA, 2020) sobre a perda do pai e da mãe para a Covid-19. A jovem contou que a família apresentou os sintomas e se dirigiram até a Policlínica do Pará, tendo sido diagnosticados pela doença e, sem realização de testes, foram orientados a voltarem para casa, já que apresentavam sintomas leves. Alguns dias depois, o pai e a mãe de Beatriz faleceram. A mãe, Socorro Freitas, de 47 anos, trabalhava como diarista em quatro casas e, no período de distanciamento social pela pandemia do coronavírus, apenas uma dessas casas manteve o pagamento da trabalhadora, sem que ela precisasse realizar as faxinas, nas outras três ela se viu obrigada a continuar exercendo suas atividades, já que dependia da remuneração para o sustento da família. A filha relata que a trabalhadora saía de casa às 6h00min, retornando apenas às 20h00min e, para diminuir o risco de contágio, o marido da empregada doméstica a buscava de moto, mas também foi infectado e também faleceu.

---

(4) Cabe ressaltar que a atividade exercida por cuidadoras(es) de idosos(as) ainda não possui regulamentação específica e, por isso, muitas vezes essas(es) profissionais respondem às disposições da "PEC das domésticas" (Lei Complementar n. 150/15).

Na cidade de São Paulo, local considerado epicentro do contágio por Covid-19, muitas trabalhadoras domésticas e famílias destas se mobilizaram em campanhas virtuais para que os patrões continuassem pagando os salários das empregadas, mesmo durante o período de quarentena. Ressalta-se aqui, o relato de uma diarista, chamada Rosa, que trabalhava como diarista em quatro casas, mas todos os patrões a dispensaram sem pagamento de remuneração. A trabalhadora, responsável pelo sustento de mais sete pessoas, relata, em matéria veiculada pelo *G1*:

> "Eu não tenho falado com eles [patrões], porque eles estão isolados, eles só mandam mensagens falando 'se cuida, que a gente também está se cuidando', mas eles não perguntam se a gente tem comida na panela. É difícil, é muito difícil. (...) Mês passado a gente pagou aluguel porque minha filha recebeu a última parcela do seguro desemprego, esse mês já não tem mais, então, eu já não sei como que vai ser, tudo estava dependendo de mim." (BELARMINO, 2020)

Na mesma matéria, uma trabalhadora doméstica que não se identificou, contou aos jornalistas que está grávida de 5 meses e que é hipertensa, por isso, decidiu, por conta própria, parar de trabalhar, visando a própria saúde e a saúde de seu(ua) filho(a). A empregada trabalhava na mesma casa há 9 anos e, ainda assim, teve problemas para receber até mesmo a remuneração referente ao período em que trabalhou antes da quarentena. A trabalhadora explicita na matéria, sobre o(a) empregador(a) que "não me pagou, não ligou para saber se eu estou precisando de alguma coisa ou não (...) eu pensava que não ia passar por isso por estar em um trabalho há 9 anos, eu pensei que eu iria ter um pouco mais de consideração" (BELARMINO, 2020).

O jornal BBC News Brasil publicou, em 22 de abril de 2020, uma pesquisa realizada pelo Instituto Locomotiva, cujos dados demonstram que

> 39% dos empregadores de domésticas diaristas abriram mão do serviço destas profissionais, sem entretanto manter o pagamento das diárias (...) 23% dos empregadores e empregadoras de diaristas e 39% dos patrões de mensalistas afirmaram que suas funcionárias continuam trabalhando normalmente, mesmo durante o período de quarentena. (GUIMARÃES, 2020)

Esse cenário é agravado pela falta de políticas públicas que abarquem essas trabalhadoras. Não bastasse o abandono legislativo, a total escassez de proteção à categoria coloca essas trabalhadoras em uma completa situação de desamparo. Nesse contexto, uma campanha realizada junto à marca Veja, nomeada "Veja com o coração"[5], ofereceu assistência às empregadas domésticas, realizando doações no valor de

(5) Para mais informações acesse: <https://www.vejacomocoracao.com.br/regulamento>. Acesso em: 25 maio 2020.

R$ 500,00 às primeiras 1.000 trabalhadoras que se registrassem no site. O excedente de trabalhadoras que não fossem contempladas pela doação, receberia um *kit* de produtos da marca Veja, no valor de R$ 34,03. No entanto, é interessante observar que, o requisito para participar da promoção é ser uma trabalhadora registrada em alguma das quatro plataformas virtuais de contratação de serviços domésticos apoiadoras da campanha, quais sejam: *"CasaeCafe"*, *"Mary Help"*, *"Blumpa Diaristas"* e *"Parafuzo"*.

Todas essas plataformas apontam para uma realidade importante: as formas de contratação e as relações de serviço das domésticas estão se atualizando conforme os avanços tecnológicos e, principalmente, conforme as novas condições financeiras da classe média. Enquanto a classe média aumenta e a sua renda é cada vez mais achatada (MARTINS, 2019), o custo de vida cresce mais que a inflação, conforme apontam estudos da Organização para a Cooperação e o Desenvolvimento Econômico (OCDE, 2018). Com isso, novas formas de adaptação do estilo de vida dessa camada social se fizeram necessárias, motivo pelo qual as plataformas de vendas de serviços domésticos, como aquelas citadas no parágrafo anterior, ganharam muita popularidade. No entanto, estas plataformas servem de exemplo para a evidenciar a manutenção e atualização das formas de exploração do trabalho doméstico.

A *"Parafuzo"*, uma das plataformas apoiadoras da campanha *"Veja com o coração"*, já foi objeto de críticas ardilosas por uma de suas formas de contratação de empregadas domésticas. Trata-se dos serviços de "Limpeza Express", pelo qual uma empregada doméstica realiza uma limpeza rápida na casa do contratante pelo mísero valor de R$ 19,90[(6)]. Este tipo de situação torna explicita duas questões: a primeira se refere ao fato de que as novas formas de contratação acompanhadas pelo avanço tecnológico se aproveitam da carência de normas legais protetoras para explorar e lucrar com um serviço que sempre foi precário; além da preocupante constatação de que, para que as empregadas tenham assistência de uma das únicas campanhas voltadas para o setor durante o período de pandemia, já que medidas específicas para a classe não foram adotadas pelo Estado, é necessário estar registrada em uma plataforma que explora os serviços domésticos, como ocorre com a *"Parafuzo"*.

Frisa-se, ainda, que a campanha em questão veiculada pela marca *"Veja"* não visa exclusivamente o resguardo das empregadas domésticas, tratando-se mais de uma campanha publicitária. Para receber o valor de R$ 500,00, a doméstica deve enviar um vídeo ou texto explicando quais motivos a fazem gostar e se orgulhar da profissão. Caso o vídeo ou o texto não se enquadre nas especificações da campanha, a doméstica deve reenviar o relato e será colocada em uma fila de baixa prioridade. Os relatos, claro, serão utilizadas para conteúdos publicitários.

(6) Para mais informações acesse: <https://parafuzo.com/limpeza-express/>. Acesso em: 25 maio 2020.

Ainda no contexto da pandemia de Covid-19, muitas cuidadoras e diaristas têm tido seus trabalhos superexplorados pelos(as) empregadores(as). No Rio de Janeiro, uma cuidadora de idosos relatou à reportagem do jornal *CartaCapital* que ouviu da patroa a seguinte imposição: "não estou perguntando se você pode. Estou dizendo que você vai ficar (BRUNO, 2020), se referindo à permanência da empregada na residência do idoso. A mesma reportagem demonstra que, em São Paulo, há relatos de uma cuidadora que chegou a ficar 38 dias sem voltar para a própria casa, mesmo tendo filhos pequenos. A mesma reportagem explicita que

> A presidente do Sindicato das Trabalhadoras Domésticas do município de São Paulo, Silvia Maria da Silva Santos, afirma que parte de cuidadoras e diaristas a maioria das denúncias de abusos após o início da quarentena na cidade: "As cuidadoras estão ficando sobrecarregadas. Além das ameaças, empregadores acabam pedindo para fazer o jantar e outras atividades, sem ganhos a mais por isso". (BRUNO, 2020)

Ante as notícias e reportagens aqui explicitadas (sem desconsiderar outras já existentes e/ou que existirão após a realização do presente artigo), é possível perceber no mundo fático como as condições de trabalhos a que são submetidas as empregadas domésticas são precárias. Dentre relatos de óbitos, perda de remuneração e imposição de continuidade das atividades laborais em plena pandemia, torna-se ainda mais evidente a falta de proteção efetiva (jurídica, social e política) à classe das trabalhadoras domésticas, enquadrando-as em uma das categorias mais afetadas pela Covid-19.

As histórias reais aqui tratadas demonstram que, apesar de serem consideradas como "quase da família" em muitas casas, as trabalhadoras domésticas continuaram sendo expostas aos riscos de contaminação pelo coronavírus. A afetividade criada entre empregador(a) e empregada no ambiente de trabalho não é suficiente para que todas as trabalhadoras sejam protegidas pelas famílias que elas próprias tanto cuidam e tal situação fica ainda mais exposta em um contexto de fragilidade, como o da pandemia.

5. Conclusão

Com a abordagem aqui exposta, é possível perceber que a precarização do serviço das trabalhadoras domésticas decorre de diversos fatores, quais sejam: históricos, jurídicos, sociais, culturais e até mesmo subjetivos (no caso da afetividade tratada no presente artigo). Assim, evidencia-se a necessidade de estudos aprofundados sobre o tema, sob pena de se incorrer na reprodução sistemática da hierarquia e das discriminações conferidas às trabalhadoras domésticas.

É essencial que se considere e se conscientize sobre as raízes escravocratas inerentes à profissão; sobre dados que demonstram quem são essas trabalhadoras; sobre aspectos culturais de discriminação; sobre construções de prédios e residências com cômodos próprios às empregadas; sobre o racismo e o patriarcado sob o qual se construiu a sociedade brasileira e sobre a importância de legislação protetiva à classe para que haja uma luta conjunta em prol da valorização dessa forma de trabalho.

Além disso, atentamos sobre a internalização da inferioridade social atribuída às mulheres domésticas, *status* este compreendido, inclusive, pelo Estado. Quando o chefe de Estado nega direitos às domésticas privilegiando a — aparente — vantagem econômica às garantias sociais e quando o chefe do executivo municipal adota medidas que contrariam pareceres do Ministério Público do Trabalho para flexibilizar o trabalho doméstico em contextos calamitosos, tem-se uma mensagem nítida: trabalhadoras domésticas não são prioridade no ordenamento jurídico, vez que sua atual situação é cômoda para aqueles que gozam de seu labor. Dessa forma, é de suma importância que a classe doméstica se una para reivindicar direitos e que o Estado dê espaço e ouça, de forma efetiva, os pedidos da classe.

Referências bibliográficas

BARBOSA, Catarina. Filha de trabalhadora doméstica vítima de Covid-19 no Pará relata dor de ficar órfã. *Brasil de Fato*, Belém, 07 maio 2020. Disponível em: <https://www.brasildefato.com.br/2020/05/07/para-considera-empregada-domestica-servico-essencial-e-expoe-trabalhadoras-a-Covid-19>. Acesso em: 28 maio 2020.

BELARMINO, Guilherme. Empregadas domésticas tentam negociar isolamento social e salário durante quarentena em SP. *G1*, São Paulo, 21 abr. 2020. Disponível em: <https://g1.globo.com/sp/sao-paulo/noticia/2020/04/21/empregadas-domesticas-tentam-negociar-isolamento-social-e-salario-durante-quarentena-em-sp.ghtml>. Acesso em: 27 maio 2020.

BRASIL. *Lei Complementar n. 150, de 1º de junho de 2015*. Brasil Disponível em: <http://www.planalto.gov.br/ccivil_03/leis/lcp/lcp150.htm. Acesso em: 27 maio 2020.

BRITES, Jurema. Afeto e desigualdade: gênero, geração e classe entre empregadas domésticas e seus empregadores: gênero, geração e classe entre empregadas domésticas e seus empregadores. *Cadernos Pagu*, [s.l.], n. 29, p. 91-109, dez. 2007. FapUNIFESP (SciELO). Disponível em: <http://dx.doi.org/10.1590/s0104-83332007000200005>. Disponível em: <https://www.scielo.br/pdf/cpa/n29/a05n29.pdf>.. Acesso em: 20 maio 2020.

______. *Afeto, desigualdade e rebeldia — bastidores do emprego doméstico.* Tese de Doutorado, Antropologia, Universidade Federal do Rio Grande do Sul, 2000.

BRUNO, Maria Martha. Cuidadoras de idosos enfrentam abusos e riscos na pandemia de coronavírus. *CartaCapital*, 5 abr. 2020. Disponível em: <https://www.cartacapital.com.br/saude/cuidadoras-de-idosos-enfrentam-abusos-e-riscos-na-pandemia-de-coronavirus/>. Acesso em: 27 maio 2020.

FERRAZ, Deise Luiza da Silva; MOURA-PAULA, Marcos; BIONDINI, Bárbara Katherine Faris; MORAES, Aline Fábia Guerra de. Ideologia, subjetividade e afetividade nas relações de trabalho: análise do filme 'Que horas ela volta?'. *RBEO — Revista Brasileira de Estudos Organizacionais*, ano 2017, v. 4, ed. 1, p. 252-278, jun. 2017. DOI 10.21583/2447-4851.rbeo.2017.v4n1.96. Disponível em <https://rbeo.emnuvens.com.br/rbeo/article/view/252>. Acesso em: 19 maio 2020.

FERRAZ, Fernando Basto; RANGEL, Helano Márcio Vieira. A Discriminação Sociojurídica ao Emprego Doméstico na Sociedade Brasileira Contemporânea: Uma Projeção do Passado Colonial. *XIX Encontro Nacional do CONPEDI*, Fortaleza, 2010. Disponível em <http://www.publicadireito.com.br/conpedi/manaus/arquivos/anais/fortaleza/3832.pdf>. Acesso em: 11 maio, 2020.

GIRARD-NUNES, Christiane; SILVA, Pedro Henrique Isaac. Entre o prescrito e o real: o papel da subjetividade na efetivação dos direitos das empregadas domésticas no Brasil. *Revista Sociedade e Estado*, v. 28, ed. 3, p. 587-606, 2013. DOI https://doi.org/10.1590/S0102-69922013000300007. Disponível em <https://www.scielo.br/scielo.php?script=sci_arttext&pid=S0102-69922013000300007>. Acesso em: 21 maio 2020.

GOVERNO DO ESTADO DO PARÁ. *Decreto n. 729, de 05 de maio de 2020.* Pará. Disponível em: <https://www.semas.pa.gov.br/legislacao/publico/view/4142>. Acesso em: 28 maio 2020.

GUIMARÃES, Lígia. Coronavírus no Brasil: 39% dos patrões dispensaram diaristas sem pagamento durante pandemia, aponta pesquisa. *BBC News*, São Paulo, 22 abr. 2020. Disponível em: <https://www.bbc.com/portuguese/brasil-52375292>. Acesso em: 27 maio 2020.

INSTITUTO BRASILEIRO DE GEOGRAFIA E ESTATÍSTICA. *Pesquisa Nacional de Amostragem por Domicílio.* Rio de janeiro, 2006.

MARTINS, Célio. Espremida, classe média sofre redução e expulsa os mais jovens. *Gazeta do Povo*, 23 abril 2020. Disponível em <https://www.gazetadopovo.com.br/vozes/certas-palavras/espremida-classe-media-sofre-reducao-e-expulsa-os-mais-jovens/>. Acesso em: 28 maio, 2020.

MELO, Maria Luisa de. Primeira vítima do RJ era doméstica e pegou coronavírus da patroa no Leblon. *UOL*, Rio de Janeiro, 19 mar. 2020. Disponível em: <https://noticias.uol.com.br/saude/ultimas-noticias/redacao/2020/03/19/primeira-vitima-do-rj-era-domestica-e-pegou-coronavirus-da-patroa.htm>. Acesso em: 27 maio 2020.

NERY, Carmen. Desemprego cai para 11,9% na média de 2019; informalidade é a maior em 4 anos. *Agência de Notícias IBGE*, 31 jan. 2020. Disponível em: <https://agenciadenoticias.ibge.gov.br/agencia-noticias/2012-agencia-de-noticias/noticias/26741-desemprego-cai-para-11-9-na-media-de-2019-informalidade-e-a-maior-em-4-anos>. Acesso em: 28 maio 2020.

ORGANIZAÇÃO PARA A COOPERAÇÃO E DESENVOLVIMENTO ECONÔMICO. *Relatórios Econômicos OCDE:* Brasil 2018. Éditions OCDE, Paris, 2018. Disponível em: <http://dx.doi.org/10.1787/9789264290716-pt>. Acesso em: 28 maio 2020.

VIEIRA, Regina Stela Corrêa. *O Cuidado como Trabalho:* uma interpretação do Direito do Trabalho a partir da perspectiva de gênero. 2018, p. 19-26. Tese (Doutorado – Programa de Pós Graduação em Direito, Direito do Trabalho e da Seguridade Social) – Faculdade de Direito, Universidade de São Paulo, São Paulo, 2018.

Direito dos Trabalhadores de Limpeza Urbana: Precarização da Saúde em Meio à Pandemia da Covid-19

Júlia Bielskis

Resumo: A limpeza urbana, em virtude de sua atuação em prol do meio ambiente e da saúde social, apresenta-se como um dos serviços essenciais para o combate do Covid-19. Na crise sanitária vivenciada pelo Brasil, todavia, a saúde dos trabalhadores dessa área é negligenciada, o que vai em oposição ao fundamento da própria atividade: a busca pela proteção da saúde humana. Diante disso, este artigo se propõe a trazer reflexões quanto o tratamento conferido à saúde dos trabalhadores da limpeza urbana durante a crise do coronavírus. Ademais, buscou-se identificar as medidas destinadas aos trabalhadores durante a pandemia para discutir sua eficácia na proteção do direito à saúde. Para cumprir com os objetivos, portanto, o método deste texto sustenta-se pelo levantamento e pela análise de artigos científicos e notícias, que tragam informações acerca da categoria, publicadas desde o que se considera como o início da crise no Brasil, isto é, a partir de fevereiro de 2020. Com base nos resultados obtidos, o artigo buscará averiguar o direito de saúde dos trabalhadores da limpeza urbana.

Palavras chaves: Limpeza urbana — Covid-19 — Saúde do trabalhador.

Abstract: Urban cleaning is an essential service during the Covid-19 crisis because it helps to protect the environment and the social health. The health of the sanitation workers, however, is being neglected in Brazil. This brings to mind that the present scenario runs against the principles of the profession itself: the protection of human health. Thus, this paper looks for understanding how the health of these workers is being affected by the current crisis. It also investigates how the measures purposed during the pandemic are affecting the health of these workers. To reach its goals, this paper considers scientific publications and news about the sanitation workers' health, published since the beginning of the crises in Brazil. Based on the results, the paper seeks to understand the health right of urban cleaning workers.

Keywords: Urban cleaning — Covid-19 Worker's health.

Introdução

O trabalho de limpeza urbana, por mérito de proteger o meio ambiente e a saúde humana, deve ser reputado como um dos serviços essenciais para o combate do Covid-19. Tal fato ocorre em razão da sua importância no meio social, posto que colabora para evitar a transmissão tanto do coronavírus como de demais doenças derivadas da inadequada gestão de resíduos. Os trabalhadores podem ser sintetizados como aqueles que lidam diariamente com o lixo, e objetivam a gestão do saneamento da superfície das cidades, se expondo a riscos de agravos à saúde em razão da substância manipulada(1). Essa exposição, contudo, devido as negligências com a área e a desvalorização do trabalho, é amplificada frente à crise sanitária, de tal modo que se faz necessário perceber os riscos enfrentados e de que forma as medidas propostas para os trabalhadores durante a pandemia estão sendo eficazes para a proteção da saúde da categoria.

Nesse ínterim, nota-se que um dos fatores que colaboram para a negligência com a categoria se deve a constante confusão entre sujeito que trabalha e o objeto manipulado. Nessa perspectiva, com base no estudo da Gabriela Neves Delgado *et al*, o lixo é visto com repugnância pela sociedade, de tal modo que o trabalhador que está lidando com o objeto acaba por ser alvo dessa mesma repulsa, tornando-se invisível socialmente. Com isso, tem-se uma categoria desvalorizada tanto de forma simbólica como material, ocasionando até mesmo na marginalização com base na proteção jurídica(2). Assim, pode-se comtemplar o descaso com a categoria na crise ao analisar o Decreto Federal n. 10.282, de 20 de março de 2020, modificado pelo Decreto Federal n. 10.344, de 11 de maio de 2020, em que foi retirado do rol de essencialidade os serviços de limpeza urbana, demonstrando assim a invisibilidade da categoria e a desvalorização do trabalho. A importância da profissão pode ser vislumbrada com a ampliação da frequência das atividades de coleta, transporte e destinação de resíduos sólidos no período de crise, posto que, com base na ABRELPE, teve-se aumento de até 25% dos resíduos sólidos domiciliares e um crescimento de até 20 vezes nos resíduos hospitalares durante o isolamento e a quarentena(3).

Além disso, o despreparo frente à crise pode ser notado, segundo a autora Valena Ribeiro Garcia Ramos, em razão da inobservância dos países para os alertas de possibilidades de pandemia trazidos por estudos ao longo dos anos. No Brasil a inaptidão

---

(1) MOTTA, Georgina Maria Véras; BORGES, Livia de Oliveira. As condições de trabalho dos garis de varrição de ruas. *Arquivos Brasileiros de Psicologia*, Rio de Janeiro, v. 68, n. 3, p. 75-91, 2016.

(2) DELGADO, Gabriela Neves *et al.* O trabalho na limpeza urbana na pandemia: O vírus como ameaça invisível a sujeitos invisíveis. *JOTA*, 23 maio 2020. Disponível em: <https://www.jota.info/opiniao-e-analise/artigos/o-trabalho-na-limpeza-urbana-na-pandemia-23052020#_ftn6>. Acesso em: 24 maio 2020.

(3) ABRELPE. *Recomendações para a gestão de resíduos sólidos durante a pandemia de coronavírus (Covid-19).* 2020.

frente à pandemia se torna ainda mais evidente, tendo em vista a realidade que é marcada pela desigualdade social e superexploração dos trabalhadores em razão da propagação de políticas neoliberais(4). Nota-se que no Brasil é recorrente que o poder público terceirize parte de serviços de sua responsabilidade, demonstrando, com isso, a tendência de políticas neoliberais em ação. Exemplo dessa inclinação está no apontamento realizado pelo IBGE em 2015 de que aproximadamente 42% dos municípios optaram por terceirizar os serviços de limpeza urbana(5). O artigo não se propõe a se aprofundar nessa temática, contudo, é importante levantar esse dado em razão de estudos que demonstram a relação entre terceirização e precarização do direito dos trabalhadores(6).

Com vista no direito à saúde do trabalhador, portanto, é assegurado com base no texto do art. 7º, XXII, da Constituição Federal, o direito à redução dos riscos inerentes ao trabalho por meio de normas que visem garantir a saúde, higiene e segurança no ambiente de trabalho. Além disso, deve-se evidenciar que o conceito de saúde, com base na Convenção n. 155 da Organização Internacional do Trabalho, vai além da ausência de doenças e infecções, mas também se relaciona com os elementos físicos e mentais responsáveis por danificar a saúde, estando esses ligados com a segurança e a higiene no ambiente de trabalho. De tal modo que o descaso com os trabalhadores de limpeza urbana está em embate diretamente com preceitos legislativos que buscam a proteção do indivíduo.

Nota-se, contudo, que a situação da saúde dos trabalhadores de limpeza urbana é historicamente precária, encontrando-se a categoria constantemente exposta a doenças e lesões. Para ilustrar tal fato, observa-se que entre 2015 a 2017 foi registrada, com base na pesquisa da SLU, aproximadamente 283 ocorrências de trabalhadores feridos em detrimento de resíduos cortantes no Distrito Federal(7). Esses ferimentos podem ocasionar na contaminação e na ocorrência de doenças graves derivadas dos cortes. Além disso, em razão da natureza do trabalho, impondo a realização de movimentos repetitivos, tem-se altos índices de adoecimento. Diante disso, conforme

---

(4) RAMOS, Valena Ribeiro Garcia. Pandemia do coronavírus (Covid-19) e a classe trabalhadora brasileira em xeque mate. *Revista Estudos Libertários*, Rio de Janeiro, v. 2, n. 4, 2020.

(5) IBGE. *MUNIC 2015:* menos de 1/3 dos municípios realizam licenciamento ambiental. 2017. Disponível em: <https://agenciadenoticias.ibge.gov.br/agencia-sala-de-imprensa/2013-agencia-de-noticias/releases/9556-munic-2015-menos-de-1-3-dos-municipios-realizam-licenciamento-ambiental>. Acesso em: 19 maio 2020.

(6) Alguns estudos podem ser acessados em: SANTOS, Marcelo Cristiano de Oliveira *et al.* Desregulamentação do trabalho e desregulação da atividade: o caso da terceirização da limpeza urbana e o trabalho dos garis. *Produção*, v. 19, ed. 1, p. 202-213, 2009; ANTUNES, Ricardo. *O Privilégio da Servidão:* O novo proletariado de serviços na era digital. São Paulo: Boitempo, 2018.

(7) SLU. *Em média, 100 trabalhadores da limpeza urbana se ferem*. 2018. Disponível em: <http://slu.df.gov.br/em-media-100-trabalhadores-da-limpeza-urbana-se-ferem-todos-os-anos-com-objetos-cortantes-ou-pontiagudos-2/>. Acesso em: 24 maio 2020

pesquisa da SIEMACO realizada em São Paulo, 33,4% dos trabalhadores de limpeza urbana acreditam ter alguma doença ocasionada pelo trabalho, além disso, aproximadamente 35% dos trabalhadores da categoria acreditam que as EPIs oferecidas não protegem de fato[8]. Assim, é visível o histórico de precariedade na saúde dos trabalhadores da categoria. Ademais, nota-se, com base na pesquisa realizada com trabalhadores de limpeza urbana hospitalar os seguintes riscos:

> Os riscos: físicos (ruído, calor, umidade e frio); químicos: (contato com produtos de limpeza, descarte de quimioterápicos); mecânicos (quedas); ergonômicos (esforços repetitivos, postura inadequada equipamentos inadequados); biológicos: (contato com secreções e fluídos corpóreos durante a limpeza, contaminação com material perfurocortante); Ergonômico cognitivo: (desvalorização social do trabalho, perda da motivação). Fatores causais: número insuficiente de trabalhadores, sobrecarga de trabalho, exposição ocupacional, condições físicas impróprias, falta de capacitação profissional, negligência ou mal uso de EPIs[9]

Como brevemente exposto, é possível averiguar a precariedade pela qual historicamente se encontra a categoria, portanto, nota-se a necessidade de refletir como está o direito à saúde dos trabalhadores de limpeza urbana frente a crise sanitária.

Para a elaboração do artigo, portanto, o método utilizado foi com base no levantamento e análise de artigos científicos e notícias que trouxessem informações acerca dos riscos enfrentados por essa categoria durante a pandemia, publicados a partir de fevereiro de 2020 até o dia 2 de junho. Com isso, o artigo se divide em duas seções, na primeira se propõe a demonstrar como está sendo exposta a saúde dos trabalhadores durante o Covid-19 e na segunda as medidas que estão sendo tomadas pelo Estado e organizações no período de pandemia e sua eficácia na proteção da saúde do trabalhador.

1. A saúde do trabalhador frente a pandemia

Segundo estudos o vírus responsável pela pandemia pode ser transmitido por meio de superfícies infectadas[10], de modo que o risco de contágio se faz presente na manipulação de diferentes fontes. Diante disso, nota-se a exposição dos trabalhadores da limpeza urbana na medida em que são encarregados da coleta, tratamento e disposição de materiais que podem estar contaminados.

---

(8) SIEMACO. *Perfil dos Trabalhadores em Asseio e Conservação e Limpeza Urbana de São Paulo*. São Paulo: 2011.

(9) SOUZA, Raulene de Souza *et al.* Doenças ocupacionais dos trabalhadores de limpeza em ambiente hospitalar: proposta educativa para minimizar a exposição. *Enfermería Global*, ed. 42, p. 537-551, abr. 2016. p. 546.

(10) DOREMALEN, Neeltje Van *et al.* Aerosol and Surface Stability of SARS-CoV-2 as Compared with SARS-CoV-1. *The New England Journal of Medicine*,16 abr. 2020. Disponível em: <https://www.nejm.org/doi/full/10.1056/NEJMc2004973>. Acesso em: 23 maio 2020.

Compreendendo, portanto, a possibilidade de transmissão por meio de superfícies infectadas, observa-se que, apesar das recomendações sobre o descarte correto de materiais que entraram em contado com pessoas enfermas, a presença de casos assintomáticos e de subnotificações colaboram para a propagação do Covid-19 em superfícies e expande a possibilidade de contaminação dos trabalhadores. Nesse âmbito, a presença da coleta de resíduos de forma manual, com o gari percorrendo cada domicilio, é responsável por desencadear uma nova forma de transmissão, podendo ser mais um fator de exposição da categoria(11). Ademais, o descarte incorreto de EPIs colabora ainda mais para a exposição, uma vez que gera um vetor de contaminação, tanto do coronavírus como de outras doenças(12) .Nota-se, porém, que com base na pesquisa realizada pela UFRPE metade da população de Pernambuco descarta materiais de EPIs de modo incorreto(13) atingindo principalmente essa categoria de trabalhadores que se encontra fragilizada diante da frequente exposição aos materiais.

Outra atividade da limpeza urbana que se encontra fragilizada diante da exposição ao vírus é a coleta seletiva, posto que a necessidade de manipular manualmente os dejetos poderia desencadear no contágio do trabalhador. Nessa perspectiva, tendo em vista os riscos enfrentados por quem exerce a atividade, determinadas regiões optaram por suspender a coleta durante o período da pandemia. Trabalhadores da categoria que atuam de maneira informal, no entanto, permanecem exercendo sua atividade, muitas vezes sem EPIs, além de receberem pouco no período, posto que os ferros-velhos estão utilizando do momento para explorar cada vez mais os trabalhadores, diminuindo o valor pago por peça(14). Essa situação de precariedade resulta na exposição dos trabalhadores tanto aos riscos de adoecimento, em razão da falta de proteção, como também no enfrentamento de necessidades financeiras que podem acarretar em problemas como a falta de alimento.

Além disso, foi demonstrado que durante o mês de março trabalhadores da limpeza urbana de São Paulo exerceram as atividades sem medidas efetivas de proteção necessárias contra a doença, posto que as mudanças implementadas no período inicial

---

(11) CUIDADOS no manuseio dos resíduos em tempos de Coronavírus. *Cidades Inteligentes*, 25 mar. 2020. Disponível em: <https://ci.eco.br/cuidados-no-manuseio-dos-residuos-em-tempos-de-coronavirus/>. Acesso em: 23 maio 2020.

(12) MORAIS, Lucas. Coronavírus em BH: máscaras são descartadas sem nenhum cuidado nas ruas. *O Tempo*, 13 maio 2020. Disponível em: <https://www.otempo.com.br/cidades/coronavirus-em-bh-mascaras-sao-descartadas-sem-nenhum-cuidado-nas-ruas-1.2337000>. Acesso em: 26 maio 2020.

(13) BARROS, Maria Lígia. Em Pernambuco, metade da população descarta lixo infectante sem cuidado para evitar transmissão do coronavírus. *JC*, 28 maio 2020. Disponível em: <https://jc.ne10.uol.com.br/pernambuco/2020/05/5610743-metade-da-populacao-descarta-lixo-infectante-sem-cuidado-para-evitar-transmissao-do-coronavirus.html>. Acesso em: 28 maio 2020.

(14) NASCIMENTO, Caio. Coletores de material reciclável enfrentam fome e exploração. *Terra*, 14 maio 2020. Disponível em: <https://www.terra.com.br/noticias/coronavirus/coletores-de-material-reciclavel-enfrentam-fome-e-exploracao,f3d79c2646ecab116938ad24123876cflfl4nze4.html>. Acesso em: 25 maio 2020.

da crise foram de orientações que tinham por intenção explicar aos funcionários sobre hábitos de higiene[(15)]. Observa-se, desse modo, que não foi realizado, inicialmente, o afastamento de trabalhadores essenciais que se encontravam em grupos de riscos. Tal fato pode ser vislumbrado com o Decreto Municipal n. 59.283, de 16 de março de 2020, no qual foi estabelecido, na cidade de São Paulo, a adoção de trabalho remoto para os funcionários municipais com idade acima de 60 anos, no entanto, a medida excluiu os trabalhadores considerados como essenciais e os terceirizados responsáveis por prestar serviços públicos, de modo a afetar os funcionários de limpeza urbana. Ademais, também foram relatadas denúncias de ausência de equipamentos de proteção individual para os trabalhadores de limpeza urbana no Rio de Janeiro, situação que ocorria antes da presença da pandemia, de tal modo a faltar uniforme e botina aos trabalhadores, e com a pandemia, a falta de EPIs que colaboram para o combate da doença[(16)].

Importante ressaltar que mesmo quando há a disposição de EPIs adequadas os trabalhadores permanecem expostos ao contágio. Um dos motivos é em razão do suor derivado do trabalho que ao ser levado para o nariz ou a boca pode transmitir o coronavírus para dentro do organismo. Além disso, a falta de costume em utilizar os equipamentos, tais como as máscaras e luvas, levam o trabalhador a retirá-las de maneira automática[(17)]. A pandemia também tende a afetar os trabalhadores de maneira indireta, na medida em que as doenças e lesões recorrentes no serviço geram a necessidade de hospitais, no entanto, o indivíduo se torna receoso de procurar ajuda médica, em razão da superlotação dos hospitais e do medo de contágio da Covid-19.

2. Medidas e recomendações aos trabalhadores durante a Covid-19

A fim de resguardar a saúde dos trabalhadores de limpeza urbana, alguns órgãos realizaram recomendações para a época de pandemia. Assim, com base nas recomendações da ABRELPE, tem-se: a contratação de funcionários temporários para suprir aqueles que estejam afastados; disponibilização de orientações sobre EPIs; reprogramação de turnos para evitar aglomerações; afastamento de funcionários no

(15) CORREA, Suzana. Vulneráveis, trabalhadores enfrentam dificuldade pra prevenir coronavírus. *O Globo*, São Paulo, 17 mar. 2020. Disponível em: <https://oglobo.globo.com/sociedade/vulneraveis-trabalhadores--enfrentam-dificuldade-pra-prevenir-coronavirus-24310884>. Acesso em: 25 maio 2020.

(16) GARIS do Rio denunciam falta de equipamentos de proteção. *G1*, 24 mar. 2020. Disponível em: <https://g1.globo.com/rj/rio-de-janeiro/noticia/2020/03/24/garis-do-rio-denunciam-falta-de-equipamentos-de--protecao.ghtml>. Acesso em: 25 maio 2020

(17) PEREIRA, Felipe. Com medo da Covid-19, garis tratam papel higiênico como material radioativo. *UOL notícias*, São Paulo, 23 mar. 2020. Disponível em: <https://noticias.uol.com.br/saude/ultimas-noticias/redacao/2020/03/23/como-medo-do-Covid-19-garis-tratam-papel-higienico-como-material-radiotivo.htm>. Acesso em: 25 maio 2020.

grupo de riscos; entre outras[18].Nota-se, contudo, que apesar das recomendações de afastamento de empregados dos grupos de risco pelo órgão alguns estados não seguiram[19].

Foi elaborada na cidade de São Paulo o Plano de Contingencia de Gestão de Resíduos Sólidos em Situação de Pandemia, no qual determinava o afastamento dos funcionários que apresentassem tanto sintomas de gripe como de outras doenças contagiosas. Para cobrir esses afastamentos foi recomendado que em caso de necessidade as equipes de varrição também poderiam ser submetidas a realização de serviços de coleta domiciliares, ação que pode se tornar perigosa caso não se tenha o adequado treinamento desses indivíduos. Importante ressaltar, que o plano também impõe a intensificação da lavagem das ruas, demonstrando assim a necessidade do serviço de limpeza urbana[20].

A capital de Minas Gerais, Belo Horizonte, elaborou a Recomendação Conjunta n. 1/2020/MPT/MPMG, na qual dentre as medidas determina a liberação dos grupos de risco do trabalho, seguindo as recomendações da ABRELPE e a paralisação dos serviços de coleta seletiva, compensando os catadores por meio de um auxílio financeiro temporário[21]. É preciso, contudo, averiguar se a ação atende a todos os trabalhadores de coleta, visto que, a cidade de São Paulo também elaborou um plano de auxílio financeiro para os trabalhadores da coleta seletiva, no entanto, com base nos dados do Movimento Nacional dos Catadores de Recicláveis, os beneficiários do programa só corresponderiam a 30% dos coletores da cidade[22]. Demonstrando-se ineficaz em consagrar todos os trabalhadores da categoria para o auxílio.

Além dessas propostas realizadas em regiões afetadas pelo Covid-19, no âmbito federal foi promulgada a Medida Provisória n. 927/2020. A MP flexibiliza a adoção de uma série de medidas urgentes pelo empregador, além de dispensar as negociações com sindicatos, posto que as negociações poderiam atrasar na tomada das decisões, limitando, desse modo, o debate coletivo. Ademais, nota-se que o art. 15 da MP implica na suspensão de exigências administrativas referentes a segurança e saúde

---

(18) A cartilha completa está em: ABRELPE. *Recomendações para a gestão de resíduos sólidos durante a pandemia de coronavírus (Covid-19)*. 2020.

(19) CORREA, Suzana. Vulneráveis, trabalhadores enfrentam dificuldade pra prevenir coronavírus. *O Globo*, São Paulo, 17 mar. 2020. Disponível em: <https://oglobo.globo.com/sociedade/vulneraveis-trabalhadores-enfrentam-dificuldade-pra-prevenir-coronavirus-24310884>. Acesso em: 25 maio 2020.

(20) SÃO PAULO. Secretária Especial de Comunicação. *Plano de Contingência de Gestão de Resíduos Sólidos em Situação de Pandemia, de 21 de março de 2020*. São Paulo, 21 mar. 2020.

(21) BELO HORIZONTE. Ministério Público do Estado de Minas Gerais e Ministério Público do Trabalho. Recomendação Conjunta n. 1/2020/MPT/MPMG. *Ministério Público do Estado de Minas Gerais*, p. 1-9, 24 mar. 2020.

(22) NASCIMENTO, Caio. Coletores de material reciclável enfrentam fome e exploração. *Terra*, 14 maio 2020. Disponível em: <https://www.terra.com.br/noticias/coronavirus/coletores-de-material-reciclavel-enfrentam-fome-e-exploracao,f3d79c2646ecab116938ad24123876cflfl4nze4.html>. Acesso em: 25 maio 2020.

no trabalho. Desse modo, seriam suspensos exames ocupacionais e de treinamentos relacionados com a saúde e segurança do trabalhador. Além disso, com base no art. 26, durante o período de calamidade seria permitida a prorrogação da jornada de trabalho acima do limite legal, até mesmo para atividades consideradas insalubres. Nesse âmbito, a medida tomada implica em consequências para os trabalhadores de limpeza urbana, que se tornam ainda mais fragilizados diante das flexibilizações. Importante ressaltar que a Medida Provisória colocava, com base no art. 29, que o coronavírus não seria considerado como doença ocupacional, contudo, teve-se suspensão desse trecho por meio de decisão do STF(23), sendo assim uma pequena vitória para a classe trabalhadora.

Frente às medidas que buscam a flexibilização dos direitos do trabalhador durante a pandemia e os estados que faltam com ações substancias para a proteção do trabalhador, nota-se a luta sindical como mecanismo que colabora para reverter algumas ações e possibilitar a proteção da saúde desses trabalhadores. Tal fato pode ser vislumbrado com a ação realizada por meio do Sindicato dos Servidores e Empregados da Administração Direta, Fundacional, das Autarquias, Empresas Públicas e Sociedades de Economia Mista do Distrito Federal denunciando a SLU pela falta de afastamento de funcionários de grupo de risco e de equipamentos de proteção recomendados pela OMS, ocasionando na determinação de que a empresa afaste os servidores e forneça os materiais de proteção(24). Dessa forma, pode-se vislumbrar a importância sindical na formulação de ações capazes de assegurar a proteção da categoria durante a crise sanitária. Com a MP n. 927/20 limitando a participação dessas entidades, contudo, é necessário a atenção para que tal fato não implique na fragilização do direito à saúde, tendo em vista o papel sindical de luta pela proteção dos trabalhadores.

Considerações finais

A partir do exposto, portanto, é identificada a fragilidade do direito à saúde dos trabalhadores de limpeza urbana. Nesse âmbito, apesar de seu caráter de essencialidade para a diminuição de propagação de doenças, sendo primordial na contenção da pandemia, nota-se negligencias quanto a proteção da saúde dos trabalhadores. A partir disso, observa-se que as inobservâncias com a saúde dos funcionários estão relacionadas tanto as questões físicas de trabalhado, posto que o trabalho da forma

---

(23) STF: Suspenso trecho da MP n. 927 que não considera coronavírus doença ocupacional. *Migalhas*, 29 abr. 2020. Disponível em: <https://www.migalhas.com.br/quentes/325770/stf-suspenso-trecho-da-mp--927-que-nao-considera-coronavirus-doenca-ocupacional>. Acesso em: 4 jun. 2020.

(24) CORONAVÍRUS: Justiça determina que SLU afaste servidores que se enquadrem em grupo de risco. *TJDFT*, 1º abr. 2020. Disponível em: <https://www.tjdft.jus.br/institucional/imprensa/noticias/2020/abril/coronavirus-slu-tem-24-horas-para-afastar-servidores-que-se-enquadrem-em-grupo-de-risco>. Acesso em: 1º jun. 2020.

como é realizado colabora para o surgimento de doenças, tanto em razão da repetitividade como em razão dos riscos os quais os trabalhadores enfrentam, por exemplo na questão dos cortes e exposição a materiais contaminados. Diante disso, frente a atual crise, o direito à saúde dos trabalhadores está cada vez mais ameaçado. Desse modo, é possível vislumbrar a vulnerabilidade das propostas que visam a saúde dos trabalhadores, posto que não conseguem ser suficientes para proteger todos os trabalhadores, como também na Medida Provisória n. 927/20 que flexibiliza direitos e pode resultar na precarização da categoria.

Referências

ABRELPE. *Recomendações para a gestão de resíduos sólidos durante a pandemia de coronavírus (Covid-19).* 2020.

ANTUNES, Ricardo. *O Privilégio da Servidão:* o novo proletariado de serviços na era digital. São Paulo: Boitempo, 2018.

BARROS, Maria Lígia. Em Pernambuco, metade da população descarta lixo infectante sem cuidado para evitar transmissão do coronavírus. *JC*, 28 maio 2020. Disponível em: <https://jc.ne10.uol.com.br/pernambuco/2020/05/5610743-metade-da-populacao-descarta-lixo-infectante-sem-cuidado-para-evitar-transmissao-do-coronavirus.html>. Acesso em: 28 maio 2020

BELO HORIZONTE. Ministério Público do Estado de Minas Gerais e Ministério Público do Trabalho. Recomendação Conjunta n. 1/2020/MPT/MPMG. *Ministério Público do Estado de Minas Gerais*, 24 mar. 2020.

CORONAVÍRUS: Justiça determina que SLU afaste servidores que se enquadrem em grupo de risco. *TJDFT*, 1º abr. 2020. Disponível em: <https://www.tjdft.jus.br/institucional/imprensa/noticias/2020/abril/coronavirus-slu-tem-24-horas-para-afastar-servidores-que-se-enquadrem-em-grupo-de-risco>. Acesso em: 1º jun. 2020.

CORREA, Suzana. Vulneráveis, trabalhadores enfrentam dificuldade pra prevenir coronavírus. *O Globo*, São Paulo, 17 mar. 2020. Disponível em: <https://oglobo.globo.com/sociedade/vulneraveis-trabalhadores-enfrentam-dificuldade-pra-prevenir-coronavirus-24310884>. Acesso em: 25 maio 2020.

CUIDADOS no manuseio dos resíduos em tempos de Coronavírus. *Cidades Inteligentes*, 25 mar. 2020. Disponível em: <https://ci.eco.br/cuidados-no-manuseio-dos-residuos-em-tempos-de-coronavirus/>. Acesso em: 23 maio 2020.

DELGADO, Gabriela Neves *et al.* O trabalho na limpeza urbana na pandemia: O vírus como ameaça invisível a sujeitos invisíveis. *JOTA*, 23 maio 2020. Disponível em: <https://www.jota.info/opiniao-e-analise/artigos/o-trabalho-na-limpeza-urbana-na-pandemia-23052020#_ftn6>. Acesso em: 24 maio 2020.

DOREMALEN, Neeltje Van *et al.* Aerosol and Surface Stability of SARS-CoV-2 as Compared with SARS-CoV-1. *The New England Journal of Medicine*, 16 abr. 2020. Disponível em: <https://www.nejm.org/doi/full/10.1056/NEJMc2004973>. Acesso em: 23 maio 2020.

FNU. *Nota de repúdio ao governo federal pela exclusão dos serviços de água, esgotamento sanitário e limpeza urbana e manejo de resíduos sólidos do rol de serviços essenciais do país.* 26 maio 2020.

GARIS do Rio denunciam falta de equipamentos de proteção. *G1*, 24 mar. 2020. Disponível em: <https://g1.globo.com/rj/rio-de-janeiro/noticia/2020/03/24/garis-do-rio-denunciam-falta-de-equipamentos-de-protecao.ghtml>. Acesso em: 25 maio 2020

IBGE. *MUNIC 2015:* menos de 1/3 dos municípios realizam licenciamento ambiental. 2017. Disponível em: <https://agenciadenoticias.ibge.gov.br/agencia-sala-de-imprensa/2013-agencia-de-noticias/releases/9556-munic-2015-menos-de-1-3-dos-municipios-realizam-licenciamento-ambiental>. Acesso em: 19 maio 2020.

MARIN, Carolina *et al.* Casos de Covid-19 podem ser de 12 a 15 vezes o dado oficial, dizem estudos. *UOL notícias*, 14 abr. 2020. Disponível em: <https://noticias.uol.com.br/saude/ultimas-noticias/redacao/2020/04/14/pesquisas-subnotificacao-casos-confirmados-brasil.htm>. Acesso em: 1º jun. 2020.

MORAIS, Lucas. Coronavírus em BH: máscaras são descartadas sem nenhum cuidado nas ruas. *O Tempo*, 13 maio 2020. Disponível em: <https://www.otempo.com.br/cidades/coronavirus-em-bh-mascaras-sao-descartadas-sem-nenhum-cuidado-nas-ruas-1.2337000>. Acesso em: 26 maio 2020.

MOTTA, Georgina Maria Véras; BORGES, Livia de Oliveira. As condições de trabalho dos garis de varrição de ruas. *Arquivos Brasileiros de Psicologia*, Rio de Janeiro, v. 68, n. 3, p. 75-91, 2016.

MOTTA, Georgina Maria Véras. *As condições de trabalho do gari de varrição e as implicações do contexto institucional.* 2013. Dissertação (Mestrado em Psicologia) – UFMG, Belo Horizonte, 2013.

NASCIMENTO, Caio. Coletores de material reciclável enfrentam fome e exploração. *Terra*, 14 maio 2020. Disponível em: <https://www.terra.com.br/noticias/coronavirus/coletores-de-material-reciclavel-enfrentam-fome-e-exploracao,f3d79c2646ecab116938ad24123876cflfl-4nze4.html>. Acesso em: 25 maio 2020.

PAPP, Anna Carolina *et al.* Estados mais afetados pelo coronavírus lideram perdas no varejo e serviços, mostra estudo. *G1*, 5 maio 2020. Disponível em: <https://g1.globo.com/economia/noticia/2020/05/05/estados-mais-afetados-pelo-coronavirus-lideram-perdas-no-varejo-e-servicos-mostra-estudo.ghtml>. Acesso em: 27 maio 2020.

PEREIRA, Felipe. Com medo da Covid-19, garis tratam papel higiênico como material radioativo. *UOL notícias*, São Paulo, 23 mar. 2020. Disponível em: <https://noticias.uol.com.br/saude/ultimas-noticias/redacao/2020/03/23/como-medo-do-Covid-19-garis-tratam-papel-higienico-como-material-radiotivo.htm>. Acesso em: 25 maio 2020.

RAMOS, Valena Ribeiro Garcia. Pandemia do coronavírus (Covid-19) e a classe trabalhadora brasileira em xeque mate. *Revista Estudos Libertários*, Rio de Janeiro, v. 2, n. 4, 2020.

SANTOS, Marcelo Cristiano de Oliveira *et al.* Desregulamentação do trabalho e desregulação da atividade: o caso da terceirização da limpeza urbana e o trabalho dos garis. *Produção*, v. 19, ed. 1, p. 202-213, 2009.

SÃO PAULO. Secretária Especial de Comunicação. *Plano de Contingência de Gestão de Resíduos Sólidos em Situação de Pandemia, de 21 de março de 2020*. São Paulo, 21 mar. 202.

SIEMACO. *Perfil dos Trabalhadores em Asseio e Conservação e Limpeza Urbana de São Paulo*. São Paulo, 2011.

SLU. *Em média, 100 trabalhadores da limpeza urbana se ferem*. 2018. Disponível em: <http://slu.df.gov.br/em-media-100-trabalhadores-da-limpeza-urbana-se-ferem-todos-os-anos-com-objetos-cortantes-ou-pontiagudos-2/>. Acesso em: 24 maio 2020.

SOUZA, Adalberto Pimentel Diniz de; NÓBREGA, Rafael Meng. Impactos do Covid-19 nas relações de trabalho. *Migalhas*, 25 mar. 2020. Disponível em: <https://www.migalhas.com.br/depeso/322561/impactos-do-Covid-19-nas-relacoes-de-trabalho>. Acesso em: 4 jun. 2020.

SOUZA, Raulene de Souza *et al*. Doenças ocupacionais dos trabalhadores de limpeza em ambiente hospitalar: proposta educativa para minimizar a exposição. *Enfermería Global*, ed. 42, p. 537-551, abril 2016.

STF: Suspenso trecho da MP n. 927 que não considera coronavírus doença ocupacional. *Migalhas*, 29 abr. 2020. Disponível em: <https://www.migalhas.com.br/quentes/325770/stf-suspenso-trecho-da-mp-927-que-nao-considera-coronavirus-doenca-ocupacional>. Acesso em: 4 jun. 2020.

SUNDRÉ, Lu. Expostos ao coronavírus, garis trabalham com medo: "Tem muito lixo contaminado". *Brasil de Fato*, São Paulo, 16 maio 2020. Disponível em: <https://www.brasildefato.com.br/2020/05/16/expostos-ao-coronavirus-garis-trabalham-com-medo-tem-muito-lixo-contaminado>. Acesso em: 24 maio 2020.

TURBIANI, Renata. Com coronavírus, cai o número de atendimentos médicos e cresce o de mortes por outras doenças. *BBC*, 31 maio 2020. Disponível em: <https://www.bbc.com/portuguese/brasil-52802104>. Acesso em: 1º jun. 2020.

Os Trabalhadores e Trabalhadoras nos Serviços Funerários no Brasil e a Covid-19

Cristiane Bibiano Silva

Introdução

Este artigo procura trazer alguns elementos dos trabalhadores que se empregam nos serviços funerários no contexto da pandemia no Brasil. Trata-se de um tema de relevância na medida em que os trabalhadores desta categoria estão na linha de frente de um trabalho extenuante, com o aumento da demanda de trabalho(1), a subnotificação de dados, a falta de testes e de equipamento de proteção individual o que eleva os risco de contaminação e de morte. A motivação deste estudo foi verificar as condições de trabalho dos agentes funerários, por meio do resgate de algumas experiências de negociações recentes, celebradas entre a representação de trabalhadores e a representação patronal da categoria. Para isso, foram analisadas negociações coletivas firmadas entre 2019 e 2020, contemplando todas as regiões geográficas do país. Apesar das experiências registradas sejam numericamente pouco expressivas servem de referência para a compreensão das cláusulas que mais se destacam ao trabalho dos agentes funerários no contexto da pandemia da Covid-19.

Como fontes de dados, serão utilizadas acordos e convenções coletivas dos trabalhadores funerários extraídos do Sistema Mediador(2), do então Ministério do Trabalho e Emprego (MTE) das unidades federativas do Pará, Mato Grosso, Mato Grosso do Sul, Goiás, Ceará, Rio Grande do Sul, São Paulo, Rio de Janeiro e Minas Gerais. São ainda apresentadas algumas das medidas de contingenciamento adotadas pelos gestores das capitais mais atingidas pela pandemia.

---

(1) EIRAS, Yuri. Agentes funerários têm jornada de trabalho redobrada por conta do Coronavírus. *Meia hora*, Rio de Janeiro, 28 abr. 2020. Disponível em: <https://www.meiahora.com.br/geral/2020/04/5907188-agentes-funerarios-tem-jornada-de-trabalho-redobrada-por-conta-do-coronavirus.html>. Acesso em: 09 ago. 2020.

(2) A autora agradece o envio dos dados pelo técnico do DIEESE Luís Augusto Ribeiro da Costa. Eventuais erros, inconsistências ou omissões são de responsabilidade da autora.

Alguns aspectos do trabalho funerário durante a pandemia da Covid-19

Em dezembro de 2019, foi identificado na China, na cidade de Wuhan, um novo Coronavírus (SARS-COV-2), responsável pela causa de doença respiratória aguda grave (Covid-19). Em janeiro de 2020, a Organização Mundial da Saúde (OMS) declarou o surto do novo Coronavírus como uma Emergência de Saúde Pública de Importância Internacional (ESPII), e em 11 de março do mesmo ano, a Organização classificou o Coronavírus como uma pandemia.

Durante os meses que se seguiram, foram inúmeros os casos de trabalhadores contaminados que perderam a vida, sobretudo a categoria dos trabalhadores funerários que sentem e sentiram na pele o drama do medo do estigma social e o medo da contaminação. Estudo revelou que a ocupação no serviço funerário é caracterizada pelo sofrimento do trabalhador que além de incorporar em sua rotina de trabalho um esforço psicológico por manter uma naturalidade diante da morte constante, ainda enfrenta o estigma e a discriminação no convívio social[(3)]. Esse sofrimento tem maior dimensão com as precárias condições de trabalho e o aumento das mortes pela pandemia da Covid-19.

Em sua reflexão, Christophe Dejours ao relacionar o trabalho à atividade guerreira, sobretudo de profissões arriscadas, percebe a virilidade como uma "missão mobilizadora" capaz de pressionar o trabalhador a "superar o medo". Assim como os guerreiros, os trabalhadores funerários diariamente estão nas trincheiras de uma guerra pela vida e contra a morte, da coragem contra o medo, colocando a prova seus limites, por uma "ameaça exercida pelas condições físicas, catastróficas naturais, catástrofes industriais ou simplesmente pelos riscos de acidente ou morte no trabalho"[(4)]. Dejours completa:

> "Sob a condição *sine qua non*, porém, de que, diante do que causa medo, não haja a possibilidade de fugir ou desertar, e sim uma injunção para continuar a atividade num contexto de ameaça. Em outras palavras, a origem do mal não parece estar na própria violência, mas nas estratégias coletivas de defesa mobilizadas para lutar contra o medo num contexto de relações sociais de dominação onde não é possível desertar"[(5)].

A realidade dos trabalhadores e trabalhadoras nos serviços funerários no Brasil é bem distinta da descontração vivenciada pelos agentes funerários de Gana, que teve vídeo viralizado pelas redes sociais no início da pandemia da Covid-19 no Brasil e gerou risadas. O 'meme do caixão' mostrava o inusitado costume dos agentes funerários

(3) LESSA, Cláudia. *Trabalhando Com a Morte*. 2. ed. São Paulo: Scarpita Gráfica e Editora, 1995.

(4) Dejours, C. (1999a). *A Banalização da Injustiça Social*. São Pulo: FGV. p. 102.

(5) Ib*Idem*, p.103.

africanos, vestidos de terno preto e camisa branca, carregando caixão nos ombros, sob o ritmo dançante da música eletrônica. O rito funerário ganês ganhou destaque no Brasil como estratégia de divulgação da necessidade do isolamento social.

Como a transmissão da Covid-19 ocorre pelo contato pessoa-a-pessoa, por partículas no ar e em superfícies ambientais, há uma série de recomendações de manejo de corpos sobretudo aos trabalhadores e trabalhadores da linha de frente, como o caso dos agentes funerários. Dentre os protocolos de Manejo do Novo Coronavírus — Covid-19[(6)] do trabalho funerário, designado em nota técnica do Ministério da Saúde, a recomendação da não realização de autópsia e de ausência de velórios para os casos suspeitos e confirmados, com a necessidade da utilização de equipamentos de proteção individual (EPIs) pelos trabalhadores funerários.

Os trabalhadores e trabalhadoras funerários constituem serviço essencial em meio a uma pandemia, pois seu serviço contribui para a manutenção das condições sanitárias, sendo o último grupo de trabalhadores expostos diretamente à doença. Os trabalhadores funerários são responsáveis pela remoção, o translado, preparo e apresentação às famílias e sepultamento dos corpos. Também cabem aos agentes funerários o trabalho de conservação de cemitérios, máquinas e ferramentas de trabalho, assim como a construção, preparação, limpeza e a abertura e fechamento de sepulturas. Cabe também aos trabalhadores funerários a exumação e cremação de cadáveres.

O procedimento padrão da vítima que foi a óbito em decorrência da Covid-19 ou suspeita começa no hospital, quando já tem o corpo enrolado com lençol e embalado em dois sacos de remoção lacrados, denominados de mortalha, cabendo ao agente funerário a remoção do corpo para sepultamento ou cremação. Para a tarefa de remoção do corpo, ainda na UTI do hospital, o agente funerário deve estar equipado com macacão de proteção e outros equipamentos, como luva e avental e aplicar a higienização de solução clorada de sódio, detergente ou álcool sobre o corpo embalado para o depósito na urna funerária. Sobre o corpo deve constar a identificação da pessoa morta e a informação respectiva ao "Risco Biológico — Covid-19". Em seguida, a urna funerária é lacrada com fita adesiva ou plástico filme e desinfectada. Em alguns casos, exige-se que a urna seja envolta com plástico.

Independente das causas da morte, as cerimônias fúnebres de velório e funerais deixaram de ser recomendados durante o período de isolamento social e da quarentena. Caso ocorram, a recomendação é de ter no máximo dez pessoas, a fim de evitar aglomeração. Para os casos de óbito por Covid-19 ou suspeita, não é recomendável a

(6) BRASIL. Secretaria de Vigilância em Saúde. *Manejo de corpos no contexto do novo Coronavírus Covid-19*. 1. ed. Brasília: Ministério da Saúde. 2020. Disponível em: <https://www.saude.gov.br/images/pdf/2020/marco/25/manejo-corpos-coronavirus-versao1-25mar20-rev5.pdf>. Acesso em: 20 jul. 2020.

realização da tanatopraxia, que é o procedimento de preparação do cadáver de embalsamento, que envolve, também a higienização e a maquiagem.

A recomendação do Ministério da Saúde[7] é que o serviço funerário e de transporte seja informado que o cadáver foi a óbito pela Covid-19, entretanto, devido à falta de testes e a demora de resultados, quando estes são realizados, os trabalhadores funerários ficam expostos assim como as famílias no velório. Sem a certeza da morte por Covid-19, como o trabalhador funerário vai negar o serviço de ornamentação do corpo? Segundo matéria da *BBC*[8], como o serviço de tanopraxia, ou de ornamentação do corpo tem um custo alto, que pode chegar de R$ 300 a R$1.200, muitos donos de funerárias movidos pelo interesse financeiro, podem permitir que o preparo dos corpos continue sendo realizado, mesmo sob risco de contaminação do trabalhador. Agências funerárias de São Paulo estariam oferecendo o serviço mesmo a pessoas que teriam morrido com suspeita de Covid-19[9].

Principais temas de cláusulas de negociações coletivas dos trabalhadores e trabalhadoras nos serviços funerários

Nesse tópico são analisados os acordos e convenções coletivas dos trabalhadores funerários objetos de negociação no período de vigência de 2019 a 2022, extraídos do Sistema Mediador, que na ocasião da produção do artigo eram as informações mais recentes disponíveis. Durante o mesmo período, foram observados 45 unidades de negociação coletiva, distribuídas em todas as regiões no país.

O valor médio do piso da categoria dos trabalhadores nos serviços funerários nas negociações analisadas no período de 2019 a 2022, é de R$ 1.195,71. O menor piso observado foi em convenção coletiva do estado do Ceará, no valor de R$ 1.059,60 para as funções que envolve desde coveiro, sepultador, exumador e também de vendedor de plano funerário.

Das 45 unidades de negociações de trabalhadores e trabalhadoras funerários observados no período analisado, o tema mais recorrente das cláusulas negociais pertinente de análise no período excepcional da pandemia refere-se as garantias relativas à jornada de trabalho (duração, compensação, distribuição, controle e faltas) e de hora

(7) BRASIL. Secretaria de Vigilância em Saúde. *Manejo de corpos no contexto do novo Coronavírus Covid-19*. 1. ed. Brasília: Ministério da Saúde. 2020. Disponível em: <https://www.saude.gov.br/images/pdf/2020/marco/25/manejo-corpos-coronavirus-versao1-25mar20-rev5.pdf>. Acesso em: 20 jul. 2020.

(8) GRAGNANI, Juliana; MACHADO, Leandro. 'Se pararmos, vai ficar lotado de corpos': incerteza sobre contágio após morte causa medo em setor funerário. *British Broadcasting Corporation, BBC*, Londres e São Paulo, 1º abr. 2020. Disponível em: <https://www.bbc.com/portuguese/brasil-52114944>. Acesso em: 27 jul. 2020.

(9) CARVALHO, Igor. Funerárias de SP vendem higienização de corpos com suspeita de Covid-19. *Brasil de Fato*, São Paulo, 10 abr. 2020. Disponível em: <https://www.brasildefato.com.br/2020/04/10/funerarias-de-sp-vendem-higienizacao-de-corpos-com-suspeita-de-Covid-19> Acesso em: 30 jul. 2020.

extra, sobretudo com o aumento de trabalho. O terceiro tema de cláusula mais recorrente nos documentos analisados foram aqueles relacionados ao fornecimento de uniforme de trabalho e equipamentos de proteção individual (EPIs).

A seguir, serão apresentadas as cláusulas que mais se destacam dos 45 acordos coletivos e das convenções coletivas de trabalho, além dos três temas adiantados acima. O período de vigência dos dados corresponde aos anos de 2019 a 2022, extraídos(10) no Sistema Mediador. Os temas de cláusulas analisados são os que mais se destacam no momento de aumento de mortes ocasionadas pela pandemia da Covid-19, quando o trabalhador funerário além de estar exposto aos riscos de contaminação diariamente, percebem o aumento da carga de estresse no local de trabalho, impactando sua saúde.

1. Jornada de trabalho

Dentre os instrumentos analisados em 2020 do Sistema Mediador foram localizadas cláusulas sobre jornada de trabalho dos funcionários nos serviços funerários em 45 negociações — o que equivale a cerca de 100% do total de 45 negociações. Vale destacar que devido à pandemia houve um aumento do número de trabalho, sendo relevante a análise sobre o tema.

Em geral, esse tipo de cláusula trata da duração da jornada de trabalho de 44 horas semanais e a adoção de escalas de 12x36 horas, com jornada de doze horas de trabalho por trinta e seis horas de descanso. Usualmente, as cláusulas estabelecem que as horas de trabalho compreendidas entre a 8ª e a 12ª não constituem horas extras, contudo, devido ao caráter essencial do serviço funerário, em caso de excepcionalidade o trabalhador poderá vir a exceder às 12ª horas, neste caso, com direito a hora extra. Alguns documentos destacam que fica facultado às empresas a contratação de trabalhadores externos sem o controle da jornada, havendo a necessidade do serviço.

2. Hora extra

A análise de cláusulas que tratam sobre o tema da hora extra revela a existência de um amplo leque de abordagens que foram objeto nas negociações da categoria dos trabalhadores nos serviços funerários entre 2019 a 2022. Para a análise, as cláusulas foram agregadas em dois grupos.

No primeiro grupo, foram caracterizadas as cláusulas mais abrangentes que versam sobre normas relativas à hora extra, a duração, o pagamento de hora extra aos domingos, feriados e na prática de revezamento 12x36. Somente uma cláusula do Sul do país detalha a garantia da hora extra em atividade insalubre.

(10) Dado de 13.5.2020 do Sistema Mediador.

O segundo grupo é formado pelas negociações gerais que viabilizem, exclusivamente, sobre a remuneração de 50% de hora extra sobre o valor da hora normal trabalhada em dia útil.

3. Fornecimento de uniforme de Trabalho e EPI

As cláusulas sobre o fornecimento de uniforme e equipamentos de proteção individual (EPIs) foram observados em 32 documentos registrados no Sistema Mediador dos 45 analisados da categoria dos trabalhadores em funerárias. Se a falta de testes é um problema que permeou todo momento da pandemia no país, a falta de equipamentos de proteção individual ao trabalhador da linha de frente também foi observada, sobretudo nos meses iniciais.

São poucas as unidades da federação que não apresentaram negociações com cláusulas relacionadas ao fornecimento de uniformes e equipamentos de proteção individual (EPIs): São Paulo, Mato Grosso do Sul e Rio Grande do Sul. Enquanto isso, Minas Gerais, Rio de Janeiro, Ceará, Pará, Goiás e Mato Grosso registraram cláusulas sobre o fornecimento de uniformes e EPIs no período de vigência da negociação de 2019 a 2022. Geralmente as cláusulas tratam do fornecimento gratuito de uniforme com a necessidade do trabalhador devolver em caso de rescisão contratual. Um segundo tipo de cláusulas recorrente sobre o tema, refere-se ao fornecimento do equipamento de proteção individual feito pelo empregador e da obrigatoriedade do uso pelo trabalhador. Outro tipo de cláusula recorrente é aquelas que tratam da responsabilidade da empresa pelo treinamento do EPI. No destaque, os acordos coletivos do Pará apresentam uma redação mais detalhada sobre o fornecimento de uniformes, ferramentas, utensílios e EPIs, conforme a necessidade e respaldada pela legislação. Determinam que o trabalhador poderá ser impedido de exercer o trabalho se não se apresentar sem o uniforme ou o EPI, inclusive sem higiene.

4. Adicional de insalubridade

As cláusulas que preveem adicional de insalubridade representam um importante tema nas negociações coletivas dos trabalhadores nos serviços funerários. Do total de acordos e convenções coletivas extraídos do Sistema Mediador, em 2020, 27 — o que corresponde a aproximadamente 60% do panorama analisado mencionaram essa garantia trabalhista. Praticamente em todos os instrumentos negociais observados que registram cláusulas sobre o benefício do adicional de insalubridade, tal garantia prevê o aporte de 20% do salário mínimo nacional vigente aos trabalhadores em funções insalubres da categoria dos serviços funerários.

O destaque no conjunto de cláusulas observadas sobre o tema do adicional de insalubridade é do acordo coletivo do estado do Rio de Janeiro, que descreve que o valor máximo do benefício de 40% do salário base percebido aos trabalhadores e trabalhadoras em geral nas funções de coveiros, serventes, pedreiros, pintores e condutores de féretros. A mesma cláusula garante o benefício aos demais empregados em outras atividades desenvolvidas em cemitérios ou estabelecimentos similares de cremação, o adicional máximo de 20% do salário base percebido. Em convenção coletiva do estado do Ceará, de 2019 e 2020, chama atenção o registro de cláusulas da temática da insalubridade específicas para as funções de tanatopraxista/embalsador. Também outra cláusula específica sobre o adicional de insalubridade para as funções de exumador/sepultador. Para os empregados na função de tanatopraxista e embalsador, ficam garantido pela normativa o adicional de 40% do salário mínimo nacional. Já para as funções de exumador e sepultador, fica garantido o adicional no percentual de 20% do salário mínimo. No mesmo instrumento, uma outra terceira cláusula mais geral registra o benefício do adicional de insalubridade aos funcionários cujas atividades estão expostas à agentes nocivos à saúde para além dos limites de tolerância da natureza e do tempo de exposição aos efeitos, estabelecidos pela CLT, com a preocupação na redação da normativa de que as atividades pertençam àquelas insalubres classificadas pelo Ministério do Trabalho e Emprego, do Programa de Prevenção dos Riscos Ambientais (PPRA) e o Programa de Controle Médico de Saúde Ocupacional (PCMSO).

5. Condições sanitárias

As cláusulas das negociações coletivas dos empregados nos serviços funerários que versam sobre as condições sanitárias representam importante aspecto dos instrumentos analisados na vigência de 2019 a 2022. Do total de instrumentos analisados, 27 negociações coletivas — o que equivale a cerca de 60% do total.

A temática de cláusulas sobre as condições sanitárias são importantes garantias sobre a condição de trabalho dos funcionários nos serviços funerários, sobretudo em um contexto de crise sanitária pandêmica que assola a sociedade. Entretanto, ao observar o conteúdo dessas cláusulas, percebe-se que, em geral, as normativas trazem em sua redação a necessidade do bom estado de conservação, asseio e higiene das instalações sanitárias dos estabelecimentos de trabalho, obedecendo a divisão de sexo. Algumas negociações, como o Termo Aditivo celebrado no estado de Goiás, descreve na cláusula a necessidade de instalação de mictórios, lavatórios e chuveiros nas empresas que executam serviços funerários, obedecendo a divisão por sexo. Além das garantias já descritas, verifica-se na redação de outro instrumento do estado de Goiás a inclusão de instalações de repouso para plantonista.

Nove negociações dos estados do Mato Grosso (1) e Minas Gerais (8) preveem que as instalações sanitárias estejam disponíveis para um grupo de, no máximo 20 trabalhadores, sendo que descreve a disponibilidade de 1 lavatório provido de sabonete, papel para secagem das mãos e papel higiênico, trazendo na redação a proibição de disponibilização de toalhas coletivas. As mesmas negociações fazem uma sequência de descrições nas instalações sanitárias como a necessidade de que o vaso sanitário e mictório disponíveis possuam caixa de descarga, assim como o chuveiro elétrico obedeça aos termos da NR-24, da Portaria n. 3.214/78. Outra garantia prevista nas negociações é a necessidade de que as paredes e pisos das instalações sanitárias sejam revestidos de material impermeável, assim como sejam submetidas permanentemente a higienização e mantidos em estado de limpeza durante a jornada de trabalho.

6. Vacinas preventivas

O compromisso das empresas em disponibilizar vacinas preventivas para seus funcionários está presente em 26 negociações da categoria dos trabalhadores e trabalhadoras em funerárias, entre 2019 e 2020, sendo 2 no estado do Ceará, 8 em Minas Gerais e 16 em Goiás.

Os dois instrumentos normativos extraídos do Sistema Mediador do Ceará, que contém cláusulas sobre a aplicação de vacina preventiva, estabelecem a obrigatoriedade para todos os funcionários de funerárias e cemitérios, cujos trabalhadores exerçam funções de risco de contaminação. A redação dos oito acordos coletivos estabelecidos em Minas Gerais assegura a obrigatoriedade da aplicação de vacina preventiva aos funcionários de funerárias que exerçam função de risco à saúde. Já os dezesseis instrumentos de negociação de Goiás que apresentam cláusulas com essa temática, se limitam a exigir dos funcionários que trabalhem em funções de risco de contaminação a mera apresentação do cartão de vacina.

7. Exame médico

As cláusulas sobre exames médicos aparecem em 16 das 45 dos instrumentos negociais dos trabalhadores funerários, extraídos do Sistema Mediador, de vigência de 2019 a 2022. Todas as cláusulas tratam do compromisso das empresas em custear exames médicos admissionais e demissionais, e os exames médicos periódicos aos seus empregados.

8. Adicional noturno

Do total das 45 negociações coletivas da categoria dos empregados funerários, são 14 instrumentos que apresentam cláusulas sobre adicional noturno. Todas elas dispõem sobre a garantia do adicional de 20% das horas noturnas trabalhadas, entre às 22:00 horas e 5:00 horas, com referência o salário base do trabalhador. Os documentos analisados são do estado de Goiás (13) e do Ceará (1).

Seis negociações de Goiás dispõe de parágrafo único nas cláusulas que esclarece que os empregados com turnos de 12x36 não devem perceber a prorrogação do adicional de trabalho noturno, tendo em vista que o mesmo regime de escala já contempla remuneração.

9. Auxílio doença

As cláusulas sobre auxílio doença aos trabalhadores dos serviços funerários são observadas em 11 negociações das 45 existentes no Sistema Mediador, presentes nas unidades federativas de Goiás (2), Mato Grosso (1), Minas Gerais (6), Pará (1) e Ceará (1). A forma mais disseminada do auxílio doença é a estabilidade de emprego e salário, de até 30 dias após alta médica, ao funcionário da categoria dos serviços funerários. Dois documentos de Minas Gerais e do Ceará preveem a estabilidade maior de emprego e salário do acidentado no trabalho e doença laboral de até 12 meses após a alta médica.

10. Penalidade

Embora o tema da penalidade no descumprimento da negociação não esteja diretamente ligado ao tema da saúde e das condições de trabalho funerário em contexto de pandemia, como as cláusulas anteriormente destacadas, é relevante manter no conjunto da análise para observação da garantia no cumprimento das negociações celebradas entre a representação de trabalhadores da categoria dos serviços funerários e entre os empregadores, sobretudo pela sobrecarga de trabalho em um contexto de pandemia.

Do total (45) de convenções e acordos coletivos extraídos do Sistema Mediador da categoria dos trabalhadores nos serviços funerários, vigentes entre 2019 a 2022, 10 — o que corresponde a 22% dos documentos analisados que mencionam o compromisso de sansão penal em caso de descumprimento de uma parte ou de todo acordo celebrado entre representantes dos empregadores e dos empregados. Foram observados 9 negociações celebradas em Goiás e 1 no Ceará com o tema da penalidade em caso de descumprimento de alguma das partes representadas.

Um dos aspectos que mais chamou atenção na análise do tema das cláusulas sobre a penalidade no descumprimento negocial foi o percentual da multa devida à parte infratora, que tem como referência o piso salarial da categoria dos trabalhadores funerários. Em caso de descumprimento da negociação, o documento no estado do Ceará prevê que a parte infratora pague multa em 100% do piso, a contar a 10 dias úteis, sendo que esse percentual vai a 70% em caso de reincidência de uma das partes. Já dois instrumentos negociais de Goiás, preveem multa menor de 2% do piso salarial da parte infratora. Observa-se que outro documento de Goiás, assegura que em caso de descumprimento integral ou de uma parte de acordo coletivo, ficará sujeita à parte infratora pagamento de 10% do piso salarial da categorial. No geral, o percentual da multa por infração de negociação prevista é de 20% do piso salarial da categoria dos trabalhadores funerários.

11. Estabilidade acidente de trabalho

As cláusulas que preveem garantias de estabilidade ao trabalhador acidentado no local de trabalho representa 20% do total das 45 negociações, sendo observadas em 9 instrumentos analisados no setor dos trabalhadores nos serviços funerários. A ocorrência dessa garantia na categoria dos serviços funerários foi observada nas negociações do Ceará (2), Goiás (1) e de Minas Gerais (6). No geral, entre os documentos analisados, a garantia que predomina é àquela que prevê ao empregado acidentado no trabalho ou doente pela atividade laboral a estabilidade de garantia de emprego e de salário até 30 dias após o recebimento de alta médica do INSS. Fazem parte desse tipo de cláusulas os documentos de Goiás (1) e Minas Gerais (3). Entretanto, observaram-se cláusulas que garantem um tempo de estabilidade maior ao empregado em auxílio-doença em 4 documentos que contém esse tipo de garantia do total de 9 documentos da categoria dos trabalhadores do serviço funerário, extraídos do Sistema Mediador. As negociações que preveem garantia de emprego e salário até 12 meses após a alta médica, foram observadas em redação de normativas no Ceará (2) e Minas Gerais (2).

12. Proteção coletiva e individual

Tão importante quanto ao fornecimento de EPI, nos acordos e convenções coletivas dos trabalhadores dos serviços funerários é aquelas que preveem garantia de proteção à saúde coletiva e individual, sobretudo em um contexto de pandemia. Na análise das negociações vigentes entre 2019 a 2022 extraídas do Sistema Mediador em 2020, referentes a categoria dos serviços funerários, do total observado (45), 09 delas — o que representa 20% do total — mencionam reforçar recomendações na obrigatoriedade de adoção de todas as medidas de proteção coletiva prevista na legislação assim como no fornecimento de equipamentos de proteção individual gratuito e a obrigatoriedade de utilização pelos empregadores. Praticamente todas as redações das cláusulas observadas se assemelham das negociações de Mato Grosso (1) e Minas Gerais (8).

13. Técnico em segurança do trabalho

Outro aspecto importante da negociação da categoria dos trabalhadores nos serviços funerários é aquele que trata da garantia de permanência no local de trabalho de um técnico em segurança do trabalho. Do total das 45 negociações observadas da categoria dos trabalhadores funerários extraídas do Sistema Mediador, 07 referem-se à esta garantia. No geral, esse tipo de cláusula prevê que o empregador garanta em local de trabalho com mais de 100 empregados a permanência de pelo menos um Técnico em Segurança do Trabalho com o objetivo de orientar sobre as normas de prevenção. Os instrumentos que fizeram esse tipo de menção são das unidades federativas do Ceará (2), Mato Grosso (1) e Minas Gerais (4).

O destaque ficou por conta do instrumento negocial de Mato Grosso que determina que as empresas devem fazer treinamento e esclarecimento antes que os trabalhadores se coloquem em serviço. Esse treinamento e esclarecimento refere-se à utilização e higienização dos EPIs, de acordo com a NR-18 e sobre os riscos nos locais de trabalho e prevenção de acidentes conforme a NR-18. A normativa ainda consta em sua redação que o primeiro dia de trabalho do empregado será dedicado, preferencialmente, ao conhecimento sobre a utilização de material de proteção individual (EPI), assim como as eventuais áreas de risco, bem como as atividades a serem exercidas.

14. Condições de saúde e segurança ocupacional

As negociações coletivas dos trabalhadores nos serviços funerários, vigentes de 2019 a 2022, com cláusulas sobre a garantia de condições de saúde e segurança ocupacional representam 11% do total de 45 instrumentos normativos analisados em 2020, do Sistema Mediador, todos do estado do Pará. A redação de todas as 05 negociações analisadas são iguais e versam sobre o esforço da empresa em permanentemente manter a melhoria das condições de segurança, meio ambiente e saúde ocupacional, em conformidade a suas políticas e diretrizes adotadas.

15. Descumprimento do instrumento

De todos os instrumentos analisados (45) da categoria dos trabalhadores nos serviços funerários vigentes no período de 2019 a 2022, extraídos do Sistema Mediador em 2020, somente 05 deles versavam sobre o tema do descumprimento do instrumento, o que equivale a 11% do total. Embora tal temática não esteja diretamente relacionada ao tema da saúde, sobretudo em um contexto pandêmico, vale ressaltar as garantias legais caso alguma das partes desrespeite o acordo firmado, o que além de comprometer o trabalho executado também coloca em risco a saúde e a vida do trabalhador. As cláusulas com essas características foram localizadas no Centro-Oeste e no Norte: Mato Grosso (1), Mato Grosso do Sul (1), Goiás (2) e Pará (1).

O documento do Pará apresenta redação genérica, o que pode conferir brecha legal caso alguma das partes não cumpra o acordo, já que a cláusula prevê a obrigação das partes envolvidas a observarem, fiel e rigorosamente o acordo "por expressar o ponto de equilíbrio entre elas". Ou seja, a normativa desiste de estipular qualquer penalidade mais específica. Por outro lado, o instrumento do Mato Grosso estipula multa no valor de um piso da categoria por empregado lesado tendo em vista o art. 8º, inciso III e IV da Constituição Federal e da própria CLT. A cláusula prevê a possibilidade de proposta de litisconsórcio ativo na pactuação de ações do cumprimento no recebimento da multa. Outro parágrafo destaca a obrigatoriedade de citação de outro sindicato em toda ação de cumprimento de cláusula.

Também são observadas, nos instrumentos normativos firmados em Goiás o pagamento de multa, por infração, no valor de 30% do piso da categoria, revertido a parte prejudicada, pago 10 dias após a confirmação da infração. A negociação de Mato Grosso do Sul estipula multa de 10% do piso, que no caso de reincidência o valor deve ser o dobro. A redação ainda deixa claro que 50% do valor da multa deve ser revertido aos empregados prejudicados e 50% para Federação dos trabalhadores da categoria para o custeio de despesas.

16. Adicional de periculosidade

Das negociações observadas, poucas são as que apresentam cláusulas sobre a garantia do adicional de periculosidade. Em 2020, ano base do estudo, apenas 05 instrumentos, o que corresponde a 11% do total, tratam dessa verba destinada ao empregado que presta serviço que o mantém em contato com elementos que possam provocar danos à sua integridade física. As negociações que possuem esse tipo de cláusula são de Goiás (4) e do Ceará (1).

O levantamento de 2020 sobre as garantias do adicional de periculosidade na categoria dos serviços funerários presente nas negociações vigentes de 2019 a 2022, mostra que os cinco instrumentos observados possuem a mesma redação. O conteúdo das cláusulas garante o adicional de periculosidade aos trabalhadores que exerçam suas atividades com a utilização de motocicletas ou motonetas no deslocamento, no valor de 30% do piso do setor, com a necessidade de observância das portarias expedidas pelo Ministério do Trabalho e Emprego.

Considerações finais

Do que foi apresentado, algumas conclusões são possíveis. Mesmo com o trabalho funerário considerado essencial em um contexto de crise sanitária, os trabalhadores ainda são invisibilizado e desvalorizados. A literatura sobre o tema também é escassa. O piso salarial denuncia a desvalorização da categoria, sobretudo em um contexto de pandemia.

Não é segredo que a pandemia da Covid-19 tem vitimizado os mais vulneráveis, que são justamente os trabalhadores que estão na linha de frente. São eles que saem diariamente de suas casas, se submetem em transportes lotados em longas viagens ao trabalho, se arriscando a todo momento. Até fora do local de expediente os trabalhadores funerários convivem com o estigma, o preconceito social e o medo de contaminar familiares em casa, além do sofrimento psicológico. Se o serviço já era exaustivo, do ponto de vista mental, com a pandemia a saúde mental se agrava em uma rotina de sobrecarga de trabalho pelas condições de insalubridade e periculosidade.

O aumento do número de mortes devido a pandemia da Covid-19 levou ao aumento do trabalho funerário essencial para a sociedade sem que fossem observadas melhorias das condições do trabalho da categoria, como o apoio psicológico. As negociações coletivas tendem a restringir a compreensão dos direitos de saúde do trabalhador à física, desconsiderando direitos a saúde mental, como se somente o porte físico fosse preponderantes ao exercício das funções funerários, como de coveiro ou sepultador.

A falta de testagem pelo Coronavírus expõe os trabalhadores ao manuseio de corpos, muitas vezes sem os equipamentos de proteção individual adequados. As negociações coletivas tratam de forma genérica a garantia constitucional do direito de saúde e segurança do trabalhador. Os riscos à saúde são grandes para pouco retorno financeiro da categoria.

Referências

BRASIL. Secretaria de Vigilância em Saúde. *Manejo de corpos no contexto do novo coronavírus Covid-19*. 1. ed. Brasília: Ministério da Saúde. 2020. Disponível em: <https://www.saude.gov.br/images/pdf/2020/marco/25/manejo-corpos-coronavirus-versao1-25mar20-rev5.pdf>. Acesso em: 20 jul. 2020.

CARVALHO, Igor. Funerárias de SP vendem higienização de corpos com suspeita de Covid-19. *Brasil de Fato*, São Paulo, 10 abr. 2020. Disponível em: <https://www.brasildefato.com.br/2020/04/10/funerarias-de-sp-vendem-higienizacao-de-corpos-com-suspeita-de-Covid-19> Acesso em: 30 jul. 2020.

DEJOURS, Christophe. (1999a). *A Banalização da Injustiça Social*. São Pulo: FGV.

EIRAS, Yuri. Agentes funerários têm jornada de trabalho redobrada por conta do Coronavírus. *Meia hora*, Rio de Janeiro, 28 abr. 2020. Disponível em: <https://www.meiahora.com.br/geral/2020/04/5907188-agentes-funerarios-tem-jornada-de-trabalho-redobrada-por-conta-do-coronavirus.html>. Acesso em: 09 ago. 2020.

GRAGNANI, Juliana; MACHADO, Leandro. 'Se pararmos, vai ficar lotado de corpos': incerteza sobre contágio após morte causa medo em setor funerário. *British Broadcasting Corporation, BBC*, Londres e São Paulo, 1º abr. 2020. Disponível em: < https://www.bbc.com/portuguese/brasil-52114944>. Acesso em: 27 jul. 2020.

LESSA, Cláudia. *Trabalhando Com a Morte*. 2. ed. São Paulo: Scarpita Gráfica e Editora, 1995.

Covid-19 e os Trabalhadores de Aplicativos de Entrega: Primeiras Abordagens Ecossocialistas

Matheus Karl Schmidt Schaefer

Resumo: As crises clarificadas pela Covid-19 aprofundaram ainda mais a precarização da atividade exercida pelos trabalhadores de aplicativos de entrega, cuja essencialidade fora decretada pelo governo federal brasileiro. Assim, analisar criticamente a ausência de regulamentação jurídica dessa categoria é tarefa imprescindível, urgente e que comporta extrema relevância para a superação das crises que assolam essa civilização, se tornando uma potencialidade para a construção de uma sociabilidade alternativa ecossocialista.

Palavras chave: Trabalhadores de aplicativos de entrega — Covid-19— Precarização — Ecossocialismo.

Introdução

Em meio a um cenário de crises que extrapola a própria crise sanitária provocada pela Covid-19, a atividade realizada pelos trabalhadores de aplicativos de entrega que já vinha se tornando uma das mais precarizadas do mundo do trabalho contemporâneo — ante à inexistência de regulamentação jurídica que resguardasse minimamente tais trabalhadores —, foi considerada essencial(1) pelo governo federal brasileiro, o que, dentro do contexto de isolamento social, fez com que fosse conferido certo protagonismo e visibilidade a uma categoria até então invisibilizada. Todavia, o que se tem visto é que nem mesmo o certo protagonismo experienciado por essa categoria tem sido suficiente para proporcionar um mínimo de direitos sociais a estes trabalhadores. Assim, o presente artigo tem por objetivo realizar, ainda que de maneira incipiente, uma análise crítica acerca da ausência de regulamentação jurídica da atividade exercida

(1) Todo trabalho deve ser considerado essencial, entretanto, deve-se refletir que para a manutenção e reprodução do capitalismo determinados tipos de trabalho se tornam mais ou menos importantes em um dado momento histórico.

pelos trabalhadores de aplicativos de entrega, expondo as consequências dessa omissão, sobretudo durante a pandemia. E, por fim, apresentar uma alternativa possível para a (des)regulamentação jurídica desta categoria, a partir de uma nova maneira de sociabilidade pautada em primeiras abordagens ecossocialistas.

1. Covid-19, crise civilizatória e os trabalhadores de aplicativos de entrega

A crise sanitária provocada pela pandemia de Covid-19 tem deixado ainda mais evidente outras crises experimentadas por essa sociedade moderna, industrial e capitalista[(2)], já observadas desde os primórdios do capitalismo, mas que em razão da dificuldade cada vez maior de extração de mais valor, vem assolando os trabalhadores em perspectivas profundamente desiguais[(3)]. Ela é talvez um dos maiores desdobramentos da crise civilizatória já tão denunciada por Michael Löwy[(4)], que para além de sua dimensão aparentemente econômica e agora sanitária, possui também um viés ecológico e social e é reflexo do próprio modo de vida capitalista[(5)].

Crise de civilização que é fruto de uma sociedade que se constituiu e se moldou na exploração tanto da mão de obra humana como dos recursos naturais não humanos com o objetivo de expandir mercados. Vê-se, assim, uma sociedade que é constituída a partir de um distanciamento entre a natureza humana e não humana, em que há a prevalência da superioridade humana[(6)] em detrimento dos recursos naturais que são dominados, explorados e exterminados em prol da expansão dos mercados[(7)].

---

(2) LÖWY, Michael. Crise ecológica, crise capitalista, crise de civilização: a alternativa ecossocialista. In: *Caderno CRH*, Salvador, v. 26, 67, p. 79-86, jan./abr. 2013.

(3) Registre-se que as ramificações sociais são atingidas de maneiras desiguais, o que é perceptível a partir de uma análise entre os países centrais e os países do sul global e, entre as próprias populações que vivem no sul global, em que as crises são sobremaneira acentuadas pela perpetuação da exploração colonial pautadas nas discriminações de gênero e de raça.

(4) LÖWY, Michael. Crise ecológica, crise capitalista, crise de civilização: a alternativa ecossocialista. In: *Caderno CRH*, Salvador, v. 26, 67, p. 79-86, jan./abr. 2013.

(5) É portanto somente o capital que cria a "sociedade civil burguesa" e desenvolve a apropriação universal da natureza e da própria conexão social pelos membros da sociedade. (...) Ele gera um nível de desenvolvimento social em relação ao qual todos os desenvolvimentos anteriores aparecem como uma idolatria natural local e limitada. BENSAÏD, Daniel. *Marx, O intempestivo:* grandezas e misérias de uma aventura crítica (séculos XIX e XX)/Daniel Bensaïd; tradução de Luiz Cavalcanti de Menezes Guerra. Rio de Janeiro: Civilização Brasileira, 1999. p. 439.

(6) Nesse contexto deve-se esclarecer que a superioridade humana mencionada não está relacionada às autênticas e necessidades realizações humanas, mas está intimamente ligada à manutenção de necessidades existentes e ao engendramento de novas necessidades com objetivo único de proporcionar à reprodução do sistema capitalista.

(7) Nesse sentido, afirma Bensaïd: O fato de o homem pertencer à natureza ou, mais exatamente, seu "ser natural", significa que sua força de trabalho consumida no processo de produção é, originalmente, força vital. O ser natural é "um ser natural humano". Nessa humanidade, a determinação natural nega-se sem se abolir. O fetichismo da mercadoria não se contenta em mudar as relações humanas em coisas: ele degrada igualmente o natural à condição de "bestial". BENSAÏD, Daniel. *Marx, O intempestivo:* grandezas e misérias de

A expansão da produção e dos mercados pressupõe a ampliação quantitativa do consumo já existente e a criação de novas carências e de novos valores de uso, os quais dão origem a uma sociedade que mercantiliza e mercadoriza tudo, universalizando o sistema de exploração das naturezas humanas e não humanas[(8)]. Tal como acontece com a força de trabalho, a natureza não humana é também objetificada e apropriada como mera utilidade do capital, que incansavelmente intenta a expansão da produção, do consumo, do lucro e, a manutenção do seu próprio metabolismo[(9)].

Para Jerôme Baschet desde a segunda metade do século XX já era possível observar que a exploração indiscriminada da natureza não humana, através da expansão das atividades agropecuárias, do desmatamento, da emissão massiva de gases poluentes, aumento excessivo da urbanização e da globalização dos fluxos econômicos possuem uma relação de causa e efeito com a dissipação e a infecção humana pelas zoonoses provocadas por agentes infecciosos[(10)]. Para o historiador, a crise sanitária ora experimentada tem origem no próprio modo de vida do sistema histórico capitalista, denominando-a como crise própria do capitaloceno[(11)].

Crise reflexo de um modo de vida da civilização capitalista[(12)] que faz com que a extração de mais valor se sobreponha às necessidades mais autênticas das natureza humana e não humana, transformando-os em mercadoria, a todo custo[(13)]. No capitalismo o tempo de trabalho excedente responsável por gerar riqueza e dita a forma pela qual as temporalidades sociais se darão fora do ambiente puramente produtivo[(14)] e passa a ser a medida, inclusive, das interações do ser humano enquanto ser social e enquanto ser da natureza[(15)].

Ainda que o objeto do presente artigo não seja expressar conclusões e esgotar possíveis causas da crise sanitária provocada pela Covid-19, certo é que uma análise

---

uma aventura crítica (séculos XIX e XX)/Daniel Bensaïd; tradução de Luiz Cavalcanti de Menezes Guerra. Rio de Janeiro: Civilização Brasileira, 1999. p. 434-435.

(8) Ib*Idem*, p. 438-440.

(9) Ib*Idem*, p. 442.

(10) BASCHET, Jérôme. *Covid-19:* o século XXI começa agora. N-1 edições, 2020. Disponível em: <https://n--1edicoes.org/017>. Acesso em: 20 abr. 2020.

(11) *Idem*.

(12) LÖWY, Michael. Crise ecológica, crise capitalista, crise de civilização: a alternativa ecossocialista In: *Caderno CRH*, Salvador, v. 26, 67, p. 79-86, jan./abr. 2013.

(13) Para Bensaïd: Nada mais parece ter um valor superior em si ou ser justificado por si fora desse círculo de produção e das trocas sociais. BENSAÏD, Daniel. *Marx, O intempestivo:* grandezas e misérias de uma aventura crítica (séculos XIX e XX)/Daniel Bensaïd; tradução de Luiz Cavalcanti de Menezes Guerra. Rio de Janeiro: Civilização Brasileira, 1999. p. 439.

(14) Aqui o sentido de produtivo se relaciona essencialmente com a geração de mais valor.

(15) BENSAÏD, Daniel. *Marx, O intempestivo:* grandezas e misérias de uma aventura crítica (séculos XIX e XX)/ Daniel Bensaïd; tradução de Luiz Cavalcanti de Menezes Guerra. Rio de Janeiro: Civilização Brasileira, 1999. p. 446, 482-483.

aprofundada deve levar em conta expressão de um sistema histórico que se baseia na exploração da natureza não humana, da força, dos tempos, dos corpos, da cultura, das relações humanas com a finalidade de acumular capital(16).

No Brasil, no dia 20 de março de 2020, foi editado o Decreto Legislativo(17) reconhecendo o estado de calamidade pública por ocasião da pandemia provocada pela Covid-19, mesma data em que o governo definiu quais atividades econômicas seriam consideradas essenciais, dentre elas o serviço de entrega presencial de produtos de saúde, higiene, limpeza, alimentos bebidas e materiais de construção(18).

Atualmente, o serviço de entrega de produtos via aplicativos digitais é monopolizado por grandes empresas de tecnologia, que disponibilizam o serviço ao consumidor final por meio de uma plataforma virtual, em que são cadastrados os vendedores de produtos e os trabalhadores responsáveis pela entrega dos produtos. A plataforma virtual, a partir de um algoritmo, faz a intermediação, administra, organiza e define a forma de entrega dos produtos que são adquiridos pelos consumidores finais direcionando o serviço de entrega para um determinadx trabalhadxr previamente cadastrado. A forma de organização e de gestão desse trabalho é conhecida como uberização(19).

Ricardo Antunes já vinha chamando atenção para este novo modelo de gestão e organização do capital e das relações de trabalho, antes tido como exceção, mas agora bastante crescente, sobretudo, no setor de serviços, em que as empresas se utilizando de ferramentas cada vez mais tecnológicas ofertam postos de trabalho cada vez mais flexíveis, informais e precarizados, sob a falsa impressão de independência, autonomia e ausência de subordinação e sem a observância de garantias mínimas sociais. Uma nova modalidade de trabalho denominada por ele de escravidão digital(20).

---

(16) Sobre o tema ver artigo de PERROTA, Ana Paula. "Serpentes, morcegos, pangolins e 'mercados úmidos' chineses: Uma crítica da construção de vilões epidêmicos no combate à Covid-19". *DILEMAS: Revista de Estudos de Conflito e Controle Social*, Rio de Janeiro. Reflexões na Pandemia 2020, p. 1-6. Disponível em: <https://www.reflexpandemia.org/texto-1>. Acesso em: 06 jul. 2020.

(17) O estado de calamidade pública foi reconhecido pelo Decreto Legislativo n. 6, de 20 de março de 2020.

(18) Decreto n. 10.282 de 20 de março de 2020 que regulamenta a Lei n.13.979/20 e define os serviços públicos e atividades essenciais durante a pandemia ocasionada pela Covid-19. Disponível em: <http://www.planalto.gov.br/ccivil_03/decreto-lei/del5452.htm>. Acesso em: 03 maio 2020.

(19) A definição de uberização do trabalho se refere a uma nova forma de gestão, organização e controle do trabalho que se afirma como tendência global no mundo do trabalho (Abilio, 2017 e 2018a). As plataformas digitais têm sido globalmente reconhecidas como vetores de novas formas de organização do trabalho; estabelecem-se diferentes definições sobre diferentes tipos de relações de trabalho mediados por plataformas e seus impactos econômicos (Huws, Spencer, Syrdal, & Holts, 2018; Pesole, Bracanti, Macias, Biagi, & Vázquez, 2018; De Stefano, 2016; Slee, 2017; Van Doorn, 2017). Abilio, Ludmila. (2019). Uberização: Do empreendedorismo para o autogerenciamento subordinado. *Psicoperspectivas*, 18(3). p. 2. Disponível em: <http://dx.doi.org/10.5027/psicoperspectivas-vol18-issue3-fulltext-1674>. Acesso em: 29 de jun. 2020.

(20) ANTUNES, Ricardo. *O privilégio da servidão [recurso eletrônico]:* o novo proletariado de serviços na era digital. São Paulo: Boitempo, 2018. Não paginado.

Nesse novo modelo de gestão e de organização do capital e das relações de trabalho, os trabalhadores devem estar conectados para receber e atender as demandas das empresas, mas não há qualquer previsão de jornada de trabalho, remuneração mínima e predeterminada, e direitos assegurados. A empresa remunera apenas pelo tempo efetivo de prestação de serviço(21).

Em razão do isolamento social, a atividade de entrega por aplicativo se expandiu ainda mais entre os trabalhadoros, que muitas vezes tem se tornado o único meio de sobrevivência para muitos acometidos pela ausência de postos de trabalho formais, pelo desemprego e pelas suspensões dos contratos de trabalho e reduções de jornada de trabalho e de salário resultantes da Medida Provisória n. 936/2020, a qual já antes tão marginalizada pelas fontes do direito do trabalho se vê ainda mais precarizada.

Nesse contexto, os trabalhadores de aplicativos de entrega até então invisibilizados pela sociedade e pelo ordenamento jurídico trabalhista e previdenciário, ganharam certo protagonismo e reconhecimento público, uma vez que certas faixas sociais privilegiadas e, que não exerciam atividades consideradas essenciais, puderam se desfrutar da comodidade de continuar a consumir sem sair de casa. Mas, será que esse reconhecimento público acerca da importância do trabalho executado pelos trabalhadores de entrega resultou em alguma melhoria das condições de vida e de trabalho dessa categoria? Qual é a situação jurídica desses trabalhadores? Há algum tipo de proteção jurídica? As empresas de aplicativo têm se preocupado com a saúde desses trabalhadores em tempo de pandemia? Existe alguma perspectiva de melhora?

2. (Des)regulamentação jurídica: a extrema precariedade da atividade exercida pelos trabalhadores de aplicativo de entrega

Atualmente os trabalhadores de aplicativos de entrega não são resguardados pela CLT(22), eis que a maior parte das decisões judiciais(23) vem entendendo que

(21) ANTUNES, Ricardo. *O privilégio da servidão [recurso eletrônico]:* o novo proletariado de serviços na era digital. São Paulo: Boitempo, 2018. Não paginado.

(22) Existe atualmente na Câmara dos Deputados o Projeto de Lei n. 6.015/2019 para alteração da CLT de autoria do deputado Mário Heringer, ainda sem fôlego para aprovação, que tenta normatizar a atividade dos entregadores por aplicativo, conferindo vínculo empregatício em determinadas hipóteses, mas em outras situações os trabalhadores continuam sem proteção jurídica alguma. BRASIL. Câmara dos Deputados. Projeto de Lei n. 6.015/2019, 19 de novembro de 2011. Altera o Decreto-lei n. 5.452, de 1º de maio de 1943, a Consolidação das Leis do Trabalho (CLT), para incluir entre as Disposições Especiais sobre duração e condições de trabalho a Seção XIII-A, dos "Empregados em Serviços Contratados e Geridos por Intermédio de Plataformas Digitais", e dispõe sobre a regularização de quadro de funcionários de "trabalho por aplicativo" junto à Justiça do Trabalho. Disponível em: <https://www.camara.leg.br/proposicoesWeb/prop_mostrarintegra;jsessionid=69E3622A373F8BF82530888BF60BE56A.proposicoesWebExterno2?codteor=1834812&filename=PL+6015/2019>. Acesso em: 26 jul. 2020.

(23) Em recente decisão proferida pela 37ª Vara do Trabalho de São Paulo (TRT-2), foi julgada improcedente a Ação Civil Pública proposta pelo Ministério Público do Trabalho do Estado de São Paulo movida contra o

tais trabalhadoes são autônomos razão pela qual não teriam o vínculo de emprego reconhecido, não estão abarcados pelas garantias sociais previstas nos arts. 6º e 7º da Constituição Federal e não possuem qualquer legislação específica que possa lhes assegurar o mínimo de direitos. Estão, portanto, a mercê dos abusos cometidos pelas grandes empresas de tecnologia.

Ainda que não seja propriamente um dos objetivos deste artigo, o debate sobre a natureza da prestação de serviço desses trabalhadores não parecer ser algo estranho ao ramo juslaboral como a maior parte das decisões judicias tenta argumentar(24). Isso por que, ao contrário do que alegam as empresas de tecnologia, elas não são meras intermediárias da prestação de serviço e, sim, as reais prestadoras dos serviços de entrega. São as empresas, via aplicativo, que definem o valor do serviço, bem como o valor da remuneração por cada entrega efetuada. Assim como, são as empresas que definem e determinam as regras de distribuição do trabalho, bem como exercem efetivamente o controle sobre o trabalho exercido pelos entregadores(25).

Os trabalhadores se registram na plataforma digital e passam a prestar serviços de entregas em nome e representando a empresa de tecnologia(26), para os clientes que escolhem os seus produtos via plataforma digital da empresa de tecnologia, que vai, via algoritmo, direcionar o serviço de entrega para uma determinada entregadora.

Há uma tentativa do discurso neoliberal capitalista de incutir na cabeça dos entregadores que teriam autonomia, independência e que seriam donos de si mesmos

---

Ifood em que se pleiteava a declaração de vínculo de emprego entre os trabalhadores registrados na plataforma digital da empresa, haja vista a existência de fraude na contratação desses trabalhadores que eram contratados como autônomos, mas que na verdade possuíam todos os elementos fático-jurídicos da relação de emprego. BRASIL. TRT-2. Ação Civil Pública: 1000100-78.2019.5.02.0037, juíza: Shirley Aparecida de Souza Lobo Escobar. DEJT 29 jan. 2020. Disponível em: <https://pje.trt2.jus.br/consultaprocessual/detalhe-processo/10001007820195020037>. Acesso em: 07 jul. 2020.

(24) Muito embora, sejam, as decisões judicias em sua maioria, contrárias à configuração do vínculo de emprego entre trabalhadores e empresas de aplicativos de entrega, merece registro as disposições do art. 6º, *caput*, e parágrafo único da CLT: Não se distingue entre o trabalho realizado no estabelecimento do empregador, o executado no domicílio do empregado e o realizado a distância, desde que estejam caracterizados os pressupostos da relação de emprego. Parágrafo único. Os meios telemáticos e informatizados de comando, controle e supervisão se equiparam, para fins de subordinação jurídica, aos meios pessoais e diretos de comando, controle e supervisão do trabalho alheio. BRASIL. Lei n. 12.551, de 15 de dezembro de 2011. Altera o art. 6º da Consolidação das Leis do Trabalho (CLT), aprovada pelo Decreto-lei n. 5.452, de 1º de maio de 1943, para equiparar os efeitos jurídicos da subordinação exercida por meios telemáticos e informatizados à exercida por meios pessoais e diretos. Diário Oficial da União, 16 dez. 2011. Disponível em: <http://www.planalto.gov.br/ccivil_03/_ato2011-2014/2011/lei/l12551.htm>. Acesso em: 14 jul.2020.

(25) Abilio, Ludmila. (2019). Uberização: Do empreendedorismo para o autogerenciamento subordinado. *Psicoperspectivas*, 18(3). p. 2. Disponível em: <http://dx.doi.org/10.5027/psicoperspectivas-vol18-issue3-fulltext-1674>. Acesso em: 29 de jun. 2020.

(26) Os trabalhadores de entrega por aplicativo carregam os produtos a serem entregues em bolsas térmicas que são identificadas com o nome da empresa para a qual prestam serviço.

e do seu próprio negócio. Talvez, a única autonomia que possuem é a de se registrar no aplicativo. Todavia, tal autonomia também merece ser investigada, uma vez que cada vez mais os aplicativos de entrega têm recebido uma demanda de trabalhadores que somente se registram, pois não vislumbram outro tipo de trabalho e precisam sobreviver(27).

Na prática não há efetiva autonomia de vontade, os trabalhadores não podem escolher as entregas que vão fazer, não podem negociar o valor da prestação de serviço, não podem selecionar as entregas que pretendem fazer e nem se negar a fazer uma determinada entrega sob pena de serem penalizados(28). Os entregadores sabem quando iniciam a jornada de trabalho, mas não sabem quando vão terminar, pois além de penalidades, as plataformas também trabalham com certos incentivos a fim de estimular a continuidade de trabalho, contudo, muito embora estejam conectados por todo o tempo em que estão logados na plataforma, recebem apenas pelo tempo em que efetivamente realizaram entregas(29).

Em pesquisa(30) realizada em 2014, na cidade de São Paulo, foi feita a constatação de que 32% dos motoentregadores tinham menos de 30 anos e 68% entre 30 e 60 anos. 90% laboravam mais que oito horas diárias, 50% ultrapassavam as dez horas e 20% trabalhavam entre 13 e 16 horas por dia. Quando da realização desta pesquisa, a atividade de entrega por aplicativo ainda não era dominada pelas empresas de tecnologia e a maior parte dos trabalhadrores prestavam serviço para empresas terceirizadas, sendo que 80% dos entevistados recebiam um valor fixo que correspondia ao piso definido para a categoria e um acréscimo por cada entrega realizada. Em uma das entrevistas realizadas constatou-se que uma mulher de 35 anos trabalhava em média 18 horas por dia. A mulher trabalhava em uma empresa terceirizada de motoentrega durante o dia e à noite tinha laborava informalmente em uma pizzaria. Isso sem contar o tempo dedicado aos afazeres domésticos, que não foi mencionado

---

(27) Sobre o tema ver o relato de Bianca Sousa dos Santos no documentário *Vidas* entregues de Renato Prata Biar. Disponível em: <https://www.youtube.com/watch?v=cT5iAJZ853c>. Acesso em: 07 jul. 2020.

(28) *Vide* depoimento dos entregadores em entrevista realizada por Souto Maior em seu canal no *Youtube*. SOUTO MAIOR, Jorge Luiz. Resenha Trabalhista — Programa VII: "A realidade do trabalhado dos entregadores". História contemporânea do trabalho no Brasil. 2020. Disponível em: <https://www.youtube.com/watch?-v=pWYhyuGKH-o>. Acesso em: 22 jun. 2020.

(29) Sobre as penalidades aplicadas aos entregadores ver o artigo de Abilio, Ludmila. (2019). Uberização: Do empreendedorismo para o autogerenciamento subordinado. *Psicoperspectivas*, 18(3). p. 2. Disponível em: <http://dx.doi.org/10.5027/psicoperspectivas-vol18-issue3-fulltext-1674>. Acesso em: 29 jun. 2020.

(30) Sobre a pesquisa ver o artigo de Abilio, Ludmila. (2019). Uberização: Do empreendedorismo para o autogerenciamento subordinado. *Psicoperspectivas*, 18(3). p. 2. Disponível em: <http://dx.doi.org/10.5027/psicoperspectivas-vol18-issue3-fulltext-1674>. Acesso em: 29 jun. 2020.

pela entrevistada, mas que historicamente vem sendo quase que executado com exclusividade por mulheres[(31)].

Ainda sobre a categoria dos entregadores por aplicativo, é preciso analisar que nos últimos tempos a atividade de entrega outrora realizada quase que exclusivamente por motocicletas, passou também a ser incentivada a ser prestada por meio de bicicletas. Não é incomum encontrar entregadores pedalando pelas ruas das grandes cidades carregando mochilas térmicas nas costas.

Em pesquisa realizada pela Associação Brasileira do Setor de Bicicletas (Aliança Bike)[(32)], no ano de 2019, também na cidade de São Paulo, foram realizadas 270 entrevistas em 6 diferentes localidades, tendo sido constatado que o perfil típico do entregador ciclista de aplicativo é brasileiro, homem, negro, de 18 a 22 anos, com ensino médio completo, antes desempregado, que trabalha todos os dias da semana, de 9 a 10 horas diariamente e que ganha por mês uma renda média de R$ 992,00. Além disso, foi possível verificar que 37% fazem entrega há menos de 3 meses, 28% de 3 a 6 meses, 22% de 6 meses a 1 ano, 11% de 1 a 2 anos e 2% mais de 2 anos. Em relação à jornada de trabalho, 57% trabalham de segunda a domingo, sendo que 25% trabalham até 8 horas por dia, 50% até 10 horas e 75% chegam a trabalhar até 12 horas por dia. Outro dado importante é que para fazer as entregas, 30% pedalam mais de 50 quilômetros por dia.

As próprias empresas de tecnologia estimulam o elastecimento da jornada dos entregadores para além dos limites legais e físicos, por meio de um sistema de pagamento de bônus pela quantidade de entregas realizadas e/ou horas ininterruptas de conexão ao aplicativo, que pode ser perdido em hipótese de desconexão, de recusa de entrega ou caso de distancie do local predefinido pela empresa[(33)]. Essa intensificação do trabalho e prolongação da jornada tem feito com que os entregadores, em razão

---

(31) No Brasil, segundo a Pesquisa Nacional por Amostra de Domicílios Contínua (Pnad Contínua) sobre Outras Formas de Trabalho realizada pelo Instituto Brasileiro de Geografia e Estatística (IBGE), em 2019, 146,7 milhões de pessoas, o que corresponde a 85,7% da população, realizaram afazeres domésticos, sendo que a participação das mulheres correspondia a 92,1% e a de homens 78,6%. Instituto Brasileiro de Geografia e Estatística (IBGE). Pesquisa Nacional por Amostra de Domicílios Contínua (Pnad Contínua) sobre Outras Formas de Trabalho. 2019. Disponível em: <https://biblioteca.ibge.gov.br/visualizacao/livros/liv101722_informativo.pdf>. Acesso em: 05 jul. 2020.

(32) Aliança Bike. (2019). Pesquisa de perfil de entregadores ciclistas de aplicativo. São Paulo, *Brasil:* Aliança Bike. Disponível em: <https://aliancabike.org.br/pesquisa-de-perfil-dos-entregadores-ciclistas-de-aplicativo/> Acesso em: 15 jul. 2020.

(33) Conforme relato de Antônio Francisco Alves (41 anos) diariamente ele permanece na calçada em frente a um *shopping* no bairro Higienópolis em São Paulo e trabalha de 11 as 23 horas, pois o *iFood* concede bônus de R$ 190,00 ao entregador que permanecer por 12 horas por ali. Machado, L. (2019). Dormir na rua e pedalar 12 horas por dia: a rotina dos entregadores por aplicativo. *BBC News Brasil*. Disponível em: <https://www.bbc.com/portuguese/brasil-48304340>. Acesso em: 22 jul. 2020.

da exaustão suportada pela sobrecarga de atividades realizadas, durmam nas ruas em determinados dias da semana[34].

Nem o certo protagonismo e o reconhecimento público resultantes da essencialidade da prestação do serviço de entrega foram suficientes para que as empresas de detentoras das plataformas digitais garantissem aos seus trabalhadores o mínimo de condições de trabalho durante a pandemia de Covid-19. Não obstante a grande mídia tenha noticiado que as empresas estavam fornecendo instruções e equipamentos de segurança aos entregadores, tais como álcool em gel e máscaras, há inúmeros relatos[35] de que os entregadores não só não receberam nenhuma instrução e nenhum equipamento de segurança, como tem sido tratados ainda com maior descaso e desumanidade, uma vez que já tão vulnerabilizados pela própria atividade realizada encontram-se ainda mais marginalizados e até discriminados quando noticiam que estão com o coranavírus. Os trabalhadores noticiaram[36] recentemente a existência de casos de entregadores que informaram à plataforma digital que contraíram o coronavírus foram automaticamente bloqueados do aplicativo, alguns por quinze dias, outros por tempo indeterminado e outros receberam uma mensagem automática informando que deveriam procurar as autoridades governamentais para que recebessem o auxílio emergencial disponibilizado pelo governo federal instituído pela Lei n. 13.982/2020[37].

Além disso, há sintomas de que durante a pandemia em meio ao isolamento social, a oscilação dos preços dos valores de entrega, a intensificação e o elastecimento da jornada de trabalho já presentes nesse tipo de atividade, se deram de uma maneira ainda mais profunda, o que pode ter contribuído para o aumento no número de acidentes e óbitos durante esse período[38]. Ademais, outros fatores também podem ser

---

(34) Gabriel Jesus (22 anos) afirma que: Sábado à noite a gente dorme na praça Victor Civita. Não vale a pena voltar para casa e depois vir para cá de novo, de manhã". Robert Santos, seu amigo, conclui: "A gente reveza: um dorme no banco e o outro fica acordado para proteger dos roubos". Machado, L. (2019). Dormir na rua e pedalar 12 horas por dia: A rotina dos entregadores por aplicativo. *BBC News Brasil*. Disponível em: <https://www.bbc.com/portuguese/brasil-48304340>. Acesso em: 22 jul. 2020.

(35) SOUTO MAIOR, Jorge Luiz. *Resenha Trabalhista* — Programa VII: "A realidade do trabalhado dos entregadores". História contemporânea do trabalho no Brasil. 2020. Disponível em: <https://www.youtube.com/watch?v=pWYhyuGKH-o>. Acesso em: 22 jun. 2020.

(36) *Idem*.

(37) Cabe registar que a Lei n. 13.982/2020 que instituiu o auxílio emergencial para pessoas de baixa renda vetou a possibilidade de recebimento do benefício por aqueles que exercessem atividade na condição de microempreendedor individual, que abarca uma grande quantidade de trabalhadores, vez que muitos deles são registrados como microempreendedores individuais por exigência das próprias empresas de tecnologia, que utilizam de tal condição inclusive como argumento para a descaracterização do vínculo de emprego. Disponível em: <http://www.planalto.gov.br/ccivil_03/_ato2019-2022/2020/lei/l13982.htm>.

(38) Em dados divulgados pela Folha de São Paulo, o número de acidentes de trânsito na cidade de São Paulo cresceu quase cinquenta por cento em março e abril deste ano, comprando-se o mesmo período do ano passado. O número de mortes, comparando-se o mês de março de 2019 e de 2020, aumentou 87,5%.

determinantes para o crescimento de trabalhadores acidentados, a falta de uma política pública efetiva para auxiliar os trabalhadores brasileiros em toda sua amplitude, fez com que muitos que perdessem seus empregos, em alguns casos até sem perceber as verbas rescisórias que lhe eram devidas, para continuar sobrevivendo, se arriscassem, ainda que sem experiência, na consecução da atividade de entrega[(39)].

3. Primeiras abordagens ecossocialistas: uma alternativa possível

Como visto, a pandemia tem precarizado ainda mais as condições de vida e trabalho dos entregadores de aplicativo, que também é aprofundada, de certa forma, por uma ausência de consciência de classe desses profissionais, muitos deles se enxergam como empreendedoros e donos do próprio negócio e acreditam, inclusive, que a condição de trabalhadxr com vínculo de emprego não seria uma boa solução para a categoria que poderia perder autonomia e liberdade na realização da prestação de serviço[(40)]. Todavia, o descaso das empresas de tecnologia e das autoridades governamentais para com esses profissionais, haja vista a inobservância de mínimas condições de trabalho, o desgaste provocado pelas inúmeras horas de trabalho e a falta de planejamento para proporcionar segurança à atividade, que já acontecia anteriormente e que ficou muito mais evidente no período pandêmico, após algumas tentativas esparsas de determinados segmentos dentro da própria classe, fez com que a categoria como um todo, ainda que de maneira rudimentar, se unisse em meio as suas próprias divergências ideológicas em prol de melhores condições de trabalho, ascendendo na invisibilidade uma possibilidade de transformação social, a partir de uma luta conjunta.

Nos dias 1º e 24 de julho de 2020, em meio ás dificuldades de organização do movimento por ocasião das medidas de isolamento social, animadas por movimentos antifascistas[(41)] houve duas grandes mobilizações dos entregadores denominadas

---

Morte de motociclistas cresce durante período de quarentena em SP. *Folha de S. Paulo*, 2020. Disponível em: <https://agora.folha.uol.com.br/sao-paulo/2020/05/morte-de-motociclistas-cresce-durante-periodo-de-quarentena-em-sp.shtml>. Acesso em: 25 jun. 2020.

(39) Segundo o IBGE 12,4 milhões de brasileiros estavam desempregados na quarta semana de junho de 2020 (21 a 27 de junho), uma alta de 26% em relação a primeira semana de maio do mesmo ano, que era de 9,8 milhões. A taxa de informalidade, no período, foi de 34,5%. Na primeira semana de maio, esse 16,6 milhões de trabalhadores foram afastados dos seus postos de trabalho em razão do isolamento social. Instituto Brasileiro de Geografia e Estatística (IBGE). *Pesquisa Nacional por Amostra de Domicílios Covid-19 (Pnad Covid-19)*. Disponível em: <https://agenciadenoticias.ibge.gov.br/agencia-sala-de-imprensa/2013-agencia-de-noticias/releases/28311-pnad-covid19-12-5-da-populacao-ocupada-estava-afastada-do-trabalho-devido-ao-distanciamento-social-entre-21-e-27-de-junho>. Acesso em: 17 jul. 2020.

(40) SOUTO MAIOR, Jorge Luiz. *Resenha Trabalhista* — Programa VII: "A realidade do trabalhado dos entregadores". História contemporânea do trabalho no Brasil. 2020. Disponível em: <https://www.youtube.com/watch?v=pWYhyuGKH-o>. Acesso em: 22 jun. 2020.

(41) Ver entrevista com o Galo entregadxr do movimento dos entregadores antifascistas. SOUTO MAIOR, Jorge Luiz. *Resenha Trabalhista Especial:* "Pelo que lutam os entregadores e o que temos com isso?". História contemporânea do trabalho no Brasil. 2020. Disponível em: <https://www.youtube.com/watch?v=u0i-fxhL1LZg&t=2s>. Acesso em: 1° jul. 2020.

"Greve dos Apps" e "Breque dos Apps", nas mais diversas cidades brasileiras, em que as atividades foram paralisadas sob o protesto por melhores condições de trabalho, o que também teve sua repercussão nas mídias sociais, por engajamento de *hashtag* e boicote aos aplicativos, resistindo à invisibilidade das grandes mídias televisivas e editoriais *online*, que em sua maioria não fizeram cobertura jornalística. Movimentos que demonstram que, apesar das divergências, inclusive ideológicas, há uma característica subjetiva e coletiva faz com que os trabalhadores se identifiquem como classe, resistindo às precárias condições de vida e de trabalho impostas por essa nova morfologia do trabalho pautada na falsa ideia de autonomia, o que pode significar uma potencialidade para uma transformação radical das estruturas capitalistas, proporcionando a construção de formas outras de interação social, desprendidas da mercadorização das coisas.

É nesse contexto em que categorias começam a tomar consciência de sua força transformadora e se tornam potencialidades capazes de romper com o modelo produtivista atual que reproduz ilimitada e continuamente a acumulação de capitais beneficiando uma parcela mínima da sociedade em detrimento da exploração dos corpos, das temporalidades e das próprias necessidades mais autênticas da maioria dos seres humanos enquanto seres naturais e seres sociais e da natureza, que as abordagens propostas pelo ecossocialismo(42) podem contribuir para a construção de uma nova maneira de sociabilidade.

O ecossocialismo se mostra como uma alternativa de civilização radical ao "progresso destrutivo" do capitalismo(43). É radical na forma de ruptura como as formas econômicas capitalistas e é radical também no que se refere à sua implementação, uma vez que tal construção pressupõe a participação ativa dos trabalhadores, verdadeiros responsáveis por gerar crescimento aos olhos capitalistas. O capitalismo nem sempre existiu e, por certo, nem sempre existirá, contudo, em razão da sua adaptabilidade às situações mais adversas, é imprescindível que os trabalhadores tenham consciência da sua relevância para este sistema histórico.

Movimentos ecossocialistas são aqueles que pretendem subordinar o valor de troca ao valor de uso, de modo a organizar a produção em função das necessidades reais de uma determinada sociedade e das exigências da proteção do meio ambiente,

---

(42) Podemos dizer que o ecossocialismo se coloca como uma alterna-tiva político-estratégica afirmada por um conjunto de lutas sociais ao redor de todo globo e expresso em um corpo teórico que nutre profundas raízes no campo do marxismo e da ecologia crítica. Tais lutas sociais servem de subsídio constitutivo necessário destes marcos teóricos, a elas ligados dialeticamente enquanto induto-ras condicionadas. SEFERIAN, Gustavo. *Onze proposições sobre o Direito do Trabalho desde a perspectiva ecossocialista*. Teoria Jurídica Contemporânea, v. 4, p. 89-110, 2019.

(43) LÖWY, Michael. *O que é o ecossocialismo?* 2. ed. São Paulo: Cortez, 2014. (Coleção questões da nossa época; v. 54).

a partir de uma integração entre natureza humana e não humana e, onde não haja subordinação, mas integração, resultando, assim, numa sociedade ecologicamente racional, fundada no controle democrático, na igualdade social[44] e na prevalência do valor de uso.

O desenvolvimento de uma determinada sociedade não está atrelado necessariamente ao crescimento econômico como atualmente acontece. A sociedade contemporânea foi reduzida a uma única potencialidade, quando em verdade, os seres humanos são seres de potencialidades múltiplas para além do seu valor puramente econômico, há interações outras e necessidades mais autênticas da natureza humana que superam às do capital. A liberdade de dispor do seu próprio tempo para se dedicar a atividades aptas a desenvolver suas capacidades sociais para além da geração de riqueza monetária, possuem uma correlação intrínseca com a reconstrução da relação natureza humana e não humana e a constituição de uma nova alternativa de sociabilidade.

2. Conclusão

Muito mais que apresentar conclusões moldadas e acabadas, o que se pretende é proporcionar reflexões para além da realidade e dos caminhos que já estão postos — que o dito "novo normal" seja uma alternativa estratégica, pulsante e radical. Utopia[45]? Como bem delimitou Seferian[46] uma sociedade ecossocialista se porta como uma alternativa político-estratégica se afirma por um conjunto de lutas sociais. Que não prevaleça a invisibilidade, mas que a tomada de certa consciência dos entregadores seja faísca para o fogo pulsante e transformador capaz de apontar para alternativas para além do capitalismo.

Referências bibliográficas

ABILIO, Ludmila. (2019). Uberização: Do empreendedorismo para o autogerenciamento subordinado. *Psicoperspectivas*, 18(3). p. 2. Disponível em: <http://dx.doi.org/10.5027/psicoperspectivas-vol18-issue3-fulltext-1674>. Acesso em: 29 de jun. 2020.

ADORNO, Theodor W. Tempo Livre. In: ADORNO, Theodor W. *Indústria cultural e sociedade*. Trad. Maria Helena Ruschel *et alii*. São Paulo: Paz & Terra, 2002.

ANTUNES, Ricardo. *Os sentidos do trabalho:* ensaios sobre a afirmação e a negação do trabalho. 2. ed. São Paulo: Boitempo, 2009.

---

(44) A igualdade social deve partir da superação das desigualdades de raça e de gênero que estão engendradas na constituição dessa sociedade.

(45) Segundo Löwy: A utopia é indispensável à mudança social, com a condição de que seja fundada nas contradições da realidade e nos movimentos sociais reais. LÖWY, Michael. *O que é o ecossocialismo?* 2. ed. São Paulo: Cortez, 2014. (Coleção questões da nossa época; v. 54). p. 49.

(46) SEFERIAN, Gustavo. Onze proposições sobre o Direito do Trabalho desde a perspectiva ecossocialista. *Teoria Jurídica Contemporânea*, v. 4, p. 89-110, 2019.

______. *O privilégio da servidão [recurso eletrônico]:* o novo proletariado de serviços na era digital. São Paulo: Boitempo, 2018. Não paginado.

ALIANÇA BIKE (2019). Pesquisa de perfil de entregadores ciclistas de aplicativo. São Paulo, Brasil: *Aliança Bike*. Disponível em: <https://aliancabike.org.br/pesquisa-de-perfil-dos-entregadores-ciclistas-de-aplicativo/>. Acesso 15 jul. 2020.

BASCHET, Jérôme. *Covid-19:* o século XXI começa agora. N-1 edições, 2020. Disponível em: <https://n-1edicoes.org/017>. Acesso em: 20 de abr. 2020.

BENSAÏD, Daniel. Marx, *O intempestivo:* grandezas e misérias de uma aventura crítica (séculos XIX e XX)/Daniel Bensaïd; tradução de Luiz Cavalcanti de Menezes Guerra. Rio de Janeiro: Civilização Brasileira, 1999.

BIAR, Prata Renato. *Vidas Entregues*. 2019. Disponível em: <https://www.youtube.com/watch?v=cT5iAJZ853c>. Acesso em: 07 jul. 2020.

BRASIL. *Decreto n. 10.282 de 20 de março de 2020 que regulamenta a Lei n.13.979/20 e define os serviços públicos e atividades essenciais durante a pandemia ocasionada pela Covid-19*. Disponível em: <http://www.planalto.gov.br/ccivil_03/_ato2019-2022/2020/decreto/D10282.htm>. Acesso em: 22 ago. 2020.

______. *Decreto-lei n. 5.452, de 1º de maio de 1943*. Aprova a Consolidação das Leis do Trabalho (CLT). Disponível em: <http://www.planalto.gov.br/ccivil_03/decreto-lei/del5452.htm>. Acesso em: 03 maio 2020.

______. Câmara dos Deputados. *Projeto de Lei n. 6015/2019, 19 de novembro de 2011*. Altera o Decreto-lei n. 5.452, de 1º de maio de 1943, a Consolidação das Leis do Trabalho (CLT), para incluir entre as Disposições Especiais sobre duração e condições de trabalho a Seção XIII-A, dos "Empregados em Serviços Contratados e Geridos por Intermédio de Plataformas Digitais", e dispõe sobre a regularização de quadro de funcionários de "trabalho por aplicativo" junto à Justiça do Trabalho. Disponível em: <https://www.camara.leg.br/proposicoesWeb/prop_mostrarintegra;jsessionid=69E3622A373F8BF82530888BF60BE56A.proposicoesWebExterno2?codteor=1834812&filename=PL+6015/2019>. Acesso em: 26 jul. 2020.

______. *Lei n. 12.551, de 15 de dezembro de 2011*. Altera o art. 6º da Consolidação das Leis do Trabalho (CLT), aprovada pelo Decreto-lei n. 5.452, de 1º de maio de 1943, para equiparar os efeitos jurídicos da subordinação exercida por meios telemáticos e informatizados à exercida por meios pessoais e diretos. Diário Oficial da União, 16 dez. 2011. Disponível em: <http://www.planalto.gov.br/ccivil_03/_ato2011-2014/2011/lei/l12551.htm>. Acesso em: 14 jul. 2020.

______. *Lei n. 13.982, de 02 de abril de 2020*. Altera a Lei n. 8.742, de 7 de dezembro de 1993, para dispor sobre parâmetros adicionais de caracterização da situação de vulnerabilidade social para fins de elegibilidade ao benefício de prestação continuada (BPC), e estabelece medidas excepcionais de proteção social a serem adotadas durante o período de enfrentamento da emergência de saúde pública de importância internacional decorrente do coronavírus (Covid-19) responsável pelo surto de 2019, a que se refere a Lei n. 13.979, de 6 de fevereiro de 2020. Disponível em: <http://www.planalto.gov.br/ccivil_03/_ato2019-2022/2020/lei/l13982.htm>. Acesso em ago. 2020.

______. TRT-2. *Ação Civil Pública: 1000100-78.2019.5.02.0037*, juíza: Shirley Aparecida de Souza Lobo Escobar. DEJT 29 jan. 2020. Disponível em: <https://pje.trt2.jus.br/consultaprocessual/detalhe-processo/10001007820195020037>. Acesso em: 07 jul. 2020.

INSTITUTO BRASILEIRO DE GEOGRAFIA E ESTATÍSTICA (IBGE). *Pesquisa Nacional por Amostra de Domicílios Contínua (Pnad Contínua) sobre Outras Formas de Trabalho*. 2019. Disponível em: <https://biblioteca.ibge.gov.br/visualizacao/livros/liv101722_informativo.pdf>. Acesso em: 05 de jul. 2020.

______. *Pesquisa Nacional por Amostra de Domicílios Covid-19 (Pnad Covid-19)*. Disponível em: <https://agora.folha.uol.com.br/sao-paulo/2020/05/morte-de-motociclistas-cresce-durante-periodo-de-quarentena-em-sp.shtml> Acesso em: 25 jun. 2020.

LÖWY, Michael. A redução da jornada de trabalho é a condição do reino da liberdade. In: LOWY, Michael. *A teoria da Revolução no jovem Marx*. Tradução: Anderson Gonçalves. São Paulo: Boitempo, 2012.

______. Crise ecológica, crise capitalista, crise de civilização: a alternativa ecossocialista. In: *Caderno CRH*, Salvador, v. 26, 67, p. 79-86, jan./abr. 2013.

______. *O que é o ecossocialismo?* 2. ed. São Paulo: Cortez, 2014. (Coleção questões da nossa época; v. 54).

MACHADO, Ludmila. (2019). Dormir na rua e pedalar 12 horas por dia: A rotina dos entregadores por aplicativo. *BBC News Brasil*. Acesso em: 22 jul. 2020. Disponível em: <https://www.bbc.com/portuguese/brasil-48304340>.

MARX, Karl. *O capital:* crítica da economia política. Livro I: O processo de produção do capital. Trad. Rubens Enderle. São Paulo: Boitempo, 2013.

Morte de motociclistas cresce durante período de quarentena em SP. *Folha de S. Paulo*, 2020. Disponível em: <https://agora.folha.uol.com.br/sao-paulo/2020/05/morte-de-motociclistas--cresce-durante-periodo-de-quarentena-em-sp.shtml>. Acesso em: 25 jun. 2020.

PERROTA, Ana Paula. "Serpentes, morcegos, pangolins e 'mercados úmidos' chineses: Uma crítica da construção de vilões epidêmicos no combate à Covid-19". *DILEMAS: Revista de Estudos de Conflito e Controle Social*. Rio de Janeiro – Reflexões na Pandemia 2020, p. 1-6. Disponível em: <https://www.reflexpandemia.org/texto-1>. Acesso em: 06 jul. 2020.

RIECHMANN, Jorge. El socialismo puede llegar sólo em bicicleta. *Ensayos ecossocialistas*. Primera edición: Los Libros de la Catarata, Madrid 2012.

SEFERIAN, Scheffer Machado, Gustavo. *Direito do Trabalho como barricada:* sobre o uso tático da proteção jurídica dos trabalhadores. Tese (doutorado) defendida junto à Faculdade de Direito da FDUSP, 2017.

SEFERIAN, Scheffer Machado, Gustavo. Onze proposições sobre o Direito do Trabalho desde a perspectiva ecossocialista. *Teoria Jurídica Contemporânea*, v. 4, p. 89-110, 2019.

SANSONETTI, Philippe. *Covid-19, crónica de una emergencia anunciada*. La vie de idées, Paris, 30 mar. 2020, tradução de Luis Alberto Restrepo Moreno. Disponível em: <https://booksandideas.net/Covid-19-cronica-de-una-emergencia-anunciada.html>. Acesso em: 10 abr. 2020.

SOUTO MAIOR, Jorge Luiz. *MP n. 927:* da pandemia ao pandemônio. *Blog Jorge Luiz Souto Maior*, 25 mar. 2020. Disponível em: <https://www.jorgesoutomaior.com/blog/mp-927-da--pandemia-ao-pandemonio>. Acesso em: 07 abr. 2020.

______. *Resenha Trabalhista* — Programa VII: "A realidade do trabalhado dos entregadores". História contemporânea do trabalho no Brasil. 2020. Disponível em: <https://www.youtube.com/watch?v=pWYhyuGKH-o>. Acesso em: 22 jun. 2020.

______. *Resenha Trabalhista Especial:* "Pelo que lutam os entregadores e o que temos com isso?". História contemporânea do trabalho no Brasil. 2020. Disponível em: <https://www.youtube.com/watch?v=u0ifxhL1LZg&t=2s>. Acesso em: 1º jul. 2020.

Entre o Contágio e a Fome: (Sobre)Vivência da Trabalhadora Informal/Autônoma Frente à Pandemia do Covid-19 no Brasil

Larissa do Vale Teixeira

> *"A noite não adormece nos olhos das mulheres. A lua fêmea, semelhante nossa, em vigília atenta vigia a nossa memória. A noite não adormece nos olhos das mulheres. Há mais olhos que sono onde lágrimas suspensas virgulam o lapso de nossas molhadas lembranças [...]."*[(1)]

Introdução

A noite não adormece nos olhos das mulheres e o dia, para muitas de nós, não é capaz de despertar sob esse mesmo olhar. Enclausuradas em suas próprias realidades, dia e noite se fundem diante da constante necessidade de estar alerta, afinal, libertar-se de uma condição social imposta que aprisiona corpos em uma vida precarizada é travar uma luta contínua pela sobrevivência e pela permanência de direitos conquistados. Essa batalha, contra um sistema-inimigo que não está disposto a nos ver livres, tende a ser mais árdua a medida em que as intersecções[(2)] de marcadores sociais da diferença desses corpos se entrecruzam e nos apresentam realidades mais atenuantes de vivências.

---

(1) EVARISTO, Conceição. A noite não adormece nos olhos das mulheres. In: *Cadernos Negros Poesia e Contos*. Org. Quilombhoje. São Paulo: Edição dos Autores. 27 volumes publicados de 1978 a 2003.

(2) A interseccionalidade é uma conceituação do problema que busca capturar as consequências estruturais e dinâmicas da interação entre dois ou mais eixos da subordinação. Ela trata especificamente da forma pela qual o racismo, o patriarcalismo, a opressão de classe e outros sistemas discriminatórios criam desigualdades básicas que estruturam as posições relativas de mulheres, raças, etnias, classes e outras. Além disso, a interseccionalidade trata da forma como ações e políticas específicas geram opressões que fluem ao longo de tais eixos, constituindo aspectos dinâmicos ou ativos do desempoderamento. (CRENSHAW, 2002, p. 177).

Um dos reflexos desse cenário de aprisionamento das mulheres, são as circunstâncias nas quais elas se encontram frente ao trabalho. Diante da divisão sexual e racial(3) do labor existente na seara do capitalismo brasileiro, raça, gênero e classe são elementos fundantes que estruturam e perpetuam uma lógica histórica, com suas heranças coloniais e imperialistas, de pauperização e exploração das mulheres, em sua maioria, mulheres negras. Esse contexto viabiliza que parte dessas mulheres estejam realocadas para trabalhos mal remunerados e/ou precarizados, principalmente aquelas que possuem em suas memórias, marcas de condições desumanas de labor, como mulheres negras escravizadas ocupando os espaços servis de maneira forçosa, carregando em si a (des)herança histórica da condição de inferiorização social que perdura mesmo depois da desagregação da sociedade escravagista e da substituição pela sociedade capitalista (SOUZA, 1983, p. 20). São essas mulheres, portanto, as trabalhadoras domésticas, autônomas, trabalhadoras informais e microempreendedoras, além das desempregadas que vivem através dos "bicos" ou dos insuficientes auxílios concedidos pelo Estado.

Concomitantemente a essas atividades externas aos seus lares, as mulheres também são condicionadas massivamente para uma modalidade de trabalho não assalariado, denominado como reprodução social(4), que em outros termos seria a "produção de pessoas". Esse último acaba por constituir mais uma engrenagem fundamental do sistema capitalista que explora grande parte da mão de obra das mulheres(5) de forma gratuita (FEDERICI, 2017, p. 31), sendo considerada enquanto uma atividade invisível, mas, ao mesmo tempo, indispensável para manutenção da sociedade, afinal, é o que gera e perpetua a força de trabalho.

---

(3) A classificação categorial de ordem colonial das mulheres brancas europeias enquanto fragilizadas era instrumentalizado para destinar estas aos trabalhos do lar, servindo como contraponto necessário para alocação das não brancas na fronteira da exploração, atribuindo à elas características de animalizadas, de sexualmente agressivas e fortes, para que pudessem ser atravessadas por qualquer tipo de trabalho, incluindo o escravizado, como dispõe Lugones (2014). Atualmente, podemos constatar essa reprodução da divisão racial do trabalho por meio da "renovação" da relação de poder entre colonizador-colonizada(o) ou seja, entre patrão/patroa e empregado/a negro/a. LUGONES, María. Rumo a um feminismo descolonial. *Revista Estudos Feministas*, Florianópolis, v. 22, n. 3, p. 935-952, set. 2014.

(4) Abrange as atividades que sustentam seres humanos como seres sociais corporificados que precisam não apenas comer e dormir, mas também criar suas crianças, cuidar de suas famílias e manter suas comunidades, tudo isso enquanto perseguem esperanças no futuro. (ARUZZA, 2019, p. 106).

(5) Outros eixos de subordinação precisam ser analisados, por meio da interseccionalidade, para avaliarmos a reprodução social das mulheres negras. As "sociedades capitalistas sempre instituíram uma divisão racial do trabalho reprodutivo. Quer por meio da escravidão e do colonialismo, quer pelo apartheid ou pelo neoimperialismo, esse sistema forçou mulheres racializadas a fornecer esse trabalho de graça — ou a um custo muito baixo — para suas "irmãs" de etnicidade majoritária ou brancas. Forçadas a cuidar das crianças e da casa de suas patroas ou empregadoras, elas tiveram de lutar mais ainda para cuidar da própria vida" (ARUZZA, 2018, p. 53).

A vida das mulheres, portanto, tem sido predestinada a um horizonte, de origem colonialista, que biologiza as tarefas da reprodução social e as atribui ao gênero feminino, de forma a torná-las essenciais ao "ser mulher". Somando-se isto ao trabalho remunerado que necessitam exercer, como nos casos de mulheres que sustentam seus lares sendo chefes de família ou então mães solo, essas acabam por vivenciar a sobrecarga laboral como fuga da pobreza. Ou seja, o trabalho realizado por elas duplica ou até mesmo triplica, é profundamente necessário na perspectiva social, mas não há remuneração ou reconhecimento proporcional às horas dedicadas nesses feitios.

Nesse ínterim, o capitalismo, patriarcado e o racismo tecem uma armadilha de modo a entrelaçar as mulheres nessa rede de exaustiva tripla jornada de trabalho (trabalho assalariado e o da reprodução social — se desdobrando aqui no trabalho do cuidado e o doméstico) sem apresentar ou possibilitar outras alternativas viáveis de emersão dessa condição que, em sua grande maioria, está vinculada à racialização dos corpos e à pobreza. O corpo, portanto, foi apropriado pelo estado e pelos homens, forçando a funcionar como um meio para a reprodução e a acumulação de trabalho, passando a ser tanto uma fonte de identidade quanto uma prisão (FEDERICI, 2017, p. 34).

Pela sobrecarga de trabalho, as mulheres são maioria nos empregos informais/autônomos[(6)] no Brasil e as/os trabalhadoras/es informais constituem os grupos mais vulnerabilizados socialmente de acordo com dados da Organização Internacional do Trabalho (OIT). E é tomando como referência essa classificação de trabalho que agrupa mulheres em condição de vulnerabilidade, paralelamente aos trabalhos do cuidado e o doméstico, que iremos investigar qual a conjuntura atual que se encontram as mulheres informais/autônomas no Brasil e como as triplas jornadas laborais tem se intensificado diante da pandemia do Covid-19.

Para tanto, esse artigo vislumbra através de uma pesquisa investigativa de teor exploratória, compilar parcela de reportagens publicizadas em veículos midiáticos, assim como dados oficiais e planos governamentais que retratam a realidade desse grupo social para a exposição material desse cenário. Examinaremos tais circunstâncias no bojo das complexidades internas do sistema capitalista brasileiro contemporâneo, à fim de analisarmos como esse cenário de dificuldades e instabilidade social que se apresenta durante a quarentena da pandemia do Covid-19, não é novidade na vida das mulheres trabalhadoras no país com suas triplas jornadas de trabalho, mas tem se agravado diante de um governo em colapso político que agudiza ainda mais essa crise sanitária.

---

(6) Optou-se em utilizar a expressão "autônomo/informal" para designar mulheres que trabalham por conta própria, em seus próprios negócios informais ou terceirizando seus serviços, sem registro na carteira de trabalho.

Em nosso nome, não! O neoliberalismo progressista no mercado de trabalho não liberta as mulheres

Ao falarmos da inserção das mulheres no mercado de trabalho contemporâneo, nos deparamos com elementos discursivos, das forças que estruturam o capital global, que nos expõe a "progressiva" entrada das mesmas nesse setor, através de uma lógica de modernização das estruturas laborais e do ideário de diversidade nas corporações, apresentando-se como resultado das lutas pela emancipação da mulher (ARUZZA, 2019, p. 39). Vertentes dos movimentos feministas têm denunciado veementemente a problemática dessa visão neoliberal de equidade voltada ao mercado de trabalho, em que coloca a horizontalização de homens e mulheres na mesma posição de poder como um dos fatores suficientes para a resolução da discriminação de gênero. Tal estratégia só realoca um determinado grupo de mulheres em páreo com os homens no direito de igual perpetuação na exploração de outros grupos subalternizados, incluindo o de mulheres racializadas e pobres, afinal, as principais beneficiárias são aquelas que já contam com consideráveis vantagens sociais, culturais e econômicas. Todas as demais permanecem presas no porão (ARUZZA, 2019, p. 38).

Um dos erros desse panorama, é, justamente, a recorrente incidência em considerar que o gênero está dissociado da raça e da classe social, pois despreza-se, nesse sentido, a existência duma matriz colonial moderna cujas relações de poder são imbricadas em múltiplas estruturas dinâmicas (AKOTIRENE, 2018, p. 14). Ao celebrar a ascensão de uma mulher à hierarquia coorporativa, vincula-se tal avanço ao individualismo e a meritocracia como alternativas de libertação, ignorando que fatores estruturantes como os raciais e socioeconômicos, propiciam determinadas mulheres de grupos hegemônicos à ascensão social, enquanto outras que compõe estratos mais vulneráveis, permanecem subordinas e exploradas por essas primeiras. Portanto, não há rompimento com o aparelho opressivo, pelo contrário, apenas rearranjos de uma falsa liberdade em seu interior para somente uma parcela privilegiada de mulheres, à fim de manter a expropriação do capitalismo, como acontece com o trabalho doméstico, que passa a ser transferido das mãos de esposas burguesas para as mãos de mulheres das classes (e raças) subordinadas, tornando, ao longo da modernidade, uma forma de trabalho invisibilizada, central na (re)produção de pobreza, raça, e gênero (SILVA; BLANCHETTE, 2017, p. 24).

> O privilégio racial é uma característica marcante da sociedade brasileira, uma vez que o grupo branco é o grande beneficiário da exploração, especialmente da população negra. E não estamos nos referindo apenas ao capitalismo branco, mas também aos brancos sem propriedade dos meios de produção que recebem seus dividendos do racismo. Quando se trata de competir para o preenchimento de posições que implicam em recompensas materiais ou simbólicas, mesmo que os negros possuam a

> mesma capacitação, os resultados são sempre favoráveis aos competidores brancos. E isto ocorre em todos os níveis dos diferentes segmentos sociais. O que existe no Brasil, efetivamente, é uma divisão racial do trabalho (GONZALEZ, 1979, p. 2).

Nesse sentindo, é imprescindível pensarmos em mulheres de forma ampla e múltipla, não se atendo às noções universalizantes dessa categoria que perpetua, por erro histórico não acidental, a anulação de realidades que mutuamente se vinculam nos atores sociais. No que tange o âmbito laboral, devemos alargar esse espectro de modo a abarcar uma classe trabalhadora de mulheres que possuem faixas etárias distintas; são racializadas, migrantes ou brancas; cis, trans ou não alinhadas à conformidade de gênero; que se ocupam da casa ou são trabalhadoras sexuais; remuneradas por hora, semana, mês ou nunca remuneradas; desempregadas ou subempregadas (ARUZZA, 2019, p. 44). Assim sendo, é fundamental fazer uso da interseccionalidade como metodologia de pesquisa, sendo esta oriunda de uma epistemologia negra feminista, para analisarmos o real perfil da mulher trabalhadora no Brasil atual sob o bojo do neoliberalismo, à égide do capital.

Esse tem sido um exercício feito pelas feministas negras no Brasil nas últimas décadas, a incorporação da categoria raça como indicador de políticas públicas tem demonstrado ser eficiente em escancarar alguns abismos vividos principalmente pelas mulheres negras de classe popular; um pouco mais lentamente, as categorias voltadas a indicadores de sexualidade e identidades de gênero têm produzido dados alarmantes sobre as mulheres lésbicas e trans racializadas. (ASSIS, 2019, p. 33).

Em síntese, de acordo com os dados disponibilizados pelo IBGE (2019) sobre os indicadores sociais da população brasileira, no período entre 2012 e 2018, temos o seguinte panorama: *As mulheres constituem o maior grupo responsável pelas tarefas do cuidado e domésticas; são as trabalhadoras mais sujeitas à informalidade; na seara do trabalho autônomo/informal, são elas, majoritariamente, negras, com baixa escolarização, jovens e na linha da pobreza.*

***Dos números estatísticos à realidade concreta:* o trabalho informal/ autônomo tem rosto de mulher**

A ascensão do neoliberalismo, com seu marco temporal em meados da década de 1990, e a intenta de implementação — e consolidação — de uma narrativa pautada no classismo imbuído nos pensamentos juslaborais, evidencia um novo olhar sob o construto do Direito do Trabalho no Brasil. Essa ótica, reclama uma "modernização" no cerne desse ordenamento, que vislumbraria uma flexibilização da legislação trabalhista de modo a atender uma suposta "nova questão social" que imporia a "necessidade de rever conceitos antigos, adequados aos 'anos dourados'" (MANNRICH, 1998, p. 90)[(7)] do Estado de Bem-Estar Social, supostamente não mais aplicáveis ao atual arranjo do mundo do trabalho (SEFERIAN, 2017, p. 58).

Pós contrarreforma trabalhista (Lei n. 13.467/2017), a ofensiva contra direitos primordialmente consagrados das/os trabalhadoras/es, em prol do desenvolvimento econômico, se materializa com os elementos presentes no texto de sua lei, além daqueles inseridos na Lei n. 13.429/2017 sobre a Terceirização. Podemos observar a legitimação, ainda maior, da desproteção do/a trabalhador/a diante desses novos formatos precarizantes trabalhistas, mascarados pela nuance idiossincrática do neoliberalismo de retomada do sujeito ao *status* de empreendedor do seu meio de produção (DARDOT e LAVAL, 2016).

> As duas leis trabalhistas sancionadas em 2017 põem "a nu" a natureza do regime de acumulação flexível relativamente vigente no Brasil pelo menos desde a década de 1990. O Brasil se inseriu na mundialização do capital na década de 1990 com o governo Collor e governo FHC que promoveram, na sua época, reformas neoliberais que projetaram a economia e a sociedade brasileira na era do capitalismo neoliberal. (ALVES, 2017, p. 76).

Não há de se desconsiderar a intrínseca relação entre essa ordem político-econômica e seus impactos sociais, quando nos deparamos com os dados apresentados pelo IBGE (2019) no período entre 2012 a 2018 sobre as dificuldades do mercado de trabalho brasileiro. Há uma significativa queda dos empregos com vínculo e um progressivo aumento, ao longo desses anos, das/os trabalhadoras/es sem carteira e por conta própria, marcando 41,4% da população (38,806 milhões de trabalhadores informais) no ano de 2018[(8)].

A informalidade passa a ser um grande marcador das desigualdades e uma característica histórica num país de ordem colonial-escravista. Diante das flexibilizações do Direito do Trabalho e do projeto de reestruturação do capitalismo, há uma implosão direta do sistema que regulamenta as diretrizes do trabalho formal, aumentando o contingente de trabalhadoras/es sem acesso aos instrumentos de proteção social vinculados à essa formalização. As mulheres, como citado anteriormente, são as mais suscetíveis aos trabalhos informais. Elas compõe os indicadores mais desfavoráveis no mercado de trabalho, junto com pessoas negras[(9)], jovens, pobres e a população com

---

(7) MANNRICH, 1998. p. 90; *apud* SEFERIAN, 2017. p. 58.

(8) ESTADÃO. "Brasil tem recorde com 41,4% dos trabalhadores na informalidade". Disponível em: <https://economia.estadao.com.br/noticias/geral,brasil-tem-recorde-com-41-4-dos-trabalhadores-na-informalidade,70003071073>. Acesso em: 31 maio 2020.

(9) A convenção do IBGE considera pessoa negra quem se autodeclara preto ou pardo. Nessa presente pesquisa, o termo negra, tal qual o indígena, se estabelece como fruto da construção da identidade nacional

menor nível de instrução. A seguir, iremos apresentar a coleta de dados, fornecendo-nos esse panorama, realizada através do documento "Síntese de Indicadores Sociais — Uma análise das condições de vida da população brasileira" do IBGE, publicado no ano de 2019.

> Cansada de esmolas e sem o dim da faculdade, ela ainda acorda cedo e limpa três apê no centro da cidade. Experimenta nascer preto, pobre na comunidade, cê vai ver como são diferentes as oportunidades. E nem venha me dizer que isso é vitimismo. Não bota a culpa em mim pra encobrir o seu racismo! (FERREIRA, 2017)[(10)].

Indo mais a fundo sobre a informalidade no mercado de trabalho, esta se sobressai mais nas regiões Norte e Nordeste do país. As atividades informais que possuem maior concentração de pessoas no ano de 2018 foram os serviços domésticos (72,2%) e a agropecuária (66,9%), sendo que as mulheres ocupam em maior proporção o trabalho auxiliar familiar e compõem o trabalho doméstico sem carteira (contabiliza-se 5,8 milhões de mulheres nos serviços domésticos e 458 mil homens nas mesmas tarefas) (IBGE, 2019, p. 39). No que tange o recorte étnico-racial, essa população está ocupando majoritariamente a informalidade (47,3%) em relação à população branca (34,6%).

O nível de instrução também é um fator que contribui para inserção no mercado de trabalho. Há de ressaltar, conforme o relatório da PNAD Contínua, que quanto maior for a instrução, proporcional será a participação enquanto força de trabalho. Entretanto, há uma contradição quanto à essa realidade para as mulheres, pois apesar de possuírem maior nível de escolarização que os homens, em 2018 a taxa da sua participação no trabalho é menor que a do gênero masculino, sendo 52,9% e 72,0%, respectivamente (IBGE, 2019, p. 31). Mas quando o índice menciona essa "superioridade" das mulheres em parâmetros educacionais, há a ausência do entrecruzamento entre gênero, raça e classe, pois a situação das mulheres negras se altera no que diz respeito ao nível instrucional, já que a população negra possui, em média, 2 anos a menos de escolarização que a população branca[(11)].

---

brasileira, de ordem colonial, como pontua Sueli Carneiro, oriunda da racialização dos povos como projeto de dominação mundial eurocêntrico, estabelecendo à branquitude o *status* de superioridade e às demais raças o de inferiorização, com dispõe Aníbal Quijano (2005) e María Lugones (2008).

(10) YOUTUBE. "Bia Ferreira — Cota não é esmola". Disponível em: <https://www.youtube.com/watch?v=Q-cQlaoHajoM>. Acesso em: 31 maio 2020.

(11) IBGE. *Educação avança no país, mas desigualdades raciais e por região persistem*. Disponível em: <https://agenciadenoticias.ibge.gov.br/agencia-sala-de-imprensa/2013-agencia-de-noticias/releases/24857-pnad-continua-2018-educacao-avanca-no-pais-mas-desigualdades-raciais-e-por-regiao-persistem>. Acesso em: 31 maio 2020.

Essa mesma fonte de dados nos apresenta que em 2018, em relação a outras formas de trabalho, a realização de atividades domésticas no domicílio ou em domicílio de parente era de 92,2% para as mulheres e 78,2% para os homens e a de cuidados de moradores ou parentes não moradores, 37,0 e 26,1%, respectivamente. As mulheres dedicavam, em média, 21,3 horas por semana a esse conjunto de atividade, enquanto os homens, 10,9 horas. Nesse contexto, elas estão desocupadas em maior proporção, possuem níveis de rendimentos inferiores e estão mais suscetíveis à informalidade do que os homens (IBGE, 2019, p. 31).

A faixa etária também é fator de contribuição para aumento dos níveis de desocupação. O grupo mais afetado é o de pessoas entre 14 e 29 anos de idade, possuindo este também o maior índice de discrepância entre os gêneros: as mulheres jovens possuem a maior taxa de desocupação. Essa análise, quando direcionada às questões étnico-raciais, evidencia que a população negra está significamente à frente da população branca no que se refere a taxa de desocupação (IBGE, 2019, p. 32).

Tais constatações nos apontam que o desenvolvimento do neoliberalismo brasileiro, assim como as premissas que circunscrevem o capitalismo, ajustaram o país à uma nova configuração burguesa mundial, atendendo aos interesses de uma classe hegemônica frente ao aprofundamento da precarização e desmonte das relações de trabalho. Com uma elevação exponencial do subemprego ou dos empregos precarizados, frente aos dados analisados acima, uma *gig economy* vem tornando-se efetiva no país. Mas a realidade de uma mão de obra informalizada e desprotegida já vem sendo materializada através da figura da trabalhadora negra brasileira ao longo da história de uma nação colonizada, em que estas sempre ocuparam a informalidade de maneira massiva, por meio, inclusive, do trabalho doméstico(12), além de exercerem gratuitamente a reprodução social, com a geração e a manutenção da mão de obra para o capital.

Em face desse processo hegemônico, a massa marginalizada que se constitui enquanto as trabalhadoras necessárias para a lógica estrutural do trabalho, expõe a realidade que permeia o corpo societário brasileiro, de que para além da divisão sexual do trabalho, a divisão racial do trabalho é fator determinante para consagrar em quais posições ocupam as mulheres trabalhadoras no Brasil. E esse intervalo de tempo entre 2012 a 2018 analisado pelo IBGE (2019), como parcela de um período de degradação

(12) Este padrão de poder foi decisivo no período pós-abolição, quando as oportunidades de formação de um mercado livre de trabalho foram aproveitadas principalmente pelo imigrante recém-chegado em solo brasileiro. Assim, o homem negro encontrou barreiras para integrar-se à ordem competitiva porque era preterido frente ao seu concorrente estrangeiro, enquanto a mulher negra encontrou oportunidades de trabalho sobretudo como trabalhadora doméstica (FERNANDES *apud* BERNARDINO-COSTA, 2015. p. 150). BERNARDINO-COSTA, Joaze. Decolonialidade e interseccionalidade emancipadora: a organização política das trabalhadoras domésticas no Brasil. *Soc. estado*, Brasília, v. 30, n. 1, p. 147-163, abr. 2015.

social pela ótica neoliberal iniciado na década de 1990, nos apresenta como as consequências das atuais crises conjunturais tendem a incidir, de maneira agravante, nas estruturas que constituem as desigualdades sociais, fortalecendo-as e intensificando, cada vez mais, a pauperização dessas mulheres.

***Entre o contágio e a fome:* As condições das trabalhadoras autônomas/ informais frente à pandemia do Covid-19 no Brasil**

A pandemia do Covid-19 está fazendo com que as injustiças que estão presentes em nosso cotidiano se tornem cada vez mais visíveis e evidentes. Estamos vivendo uma crise sanitária que está dizimando populações ao redor do mundo, devido a seu intenso impacto à saúde, forçando governos, instituições e as mais diversificadas áreas a tomarem medidas drásticas, muitas delas nunca realizadas antes ao longo da história, como fechamento de fronteiras, saída de cidades, escolas, pontos turísticos e comércios diversos.

É nesse cenário que o vírus vem possuindo endereço certo no Brasil: como é de se resultar em momentos de intensificação de crises, as pessoas que estão às margens da vulnerabilidade social são as mais atingidas. Isso decorre das circunstâncias estruturais que já de antemão subjazem a sociedade brasileira, como o racismo, a desigualdade de gênero e a de classe econômica. Esses fatores que desencadeiam, pra determinados grupos sociais, em uma ausência de acesso pleno à saúde, saneamento básico[(13)], alimentação de qualidade, dentre outros, caminham lado a lado da propagação do vírus, agravando as consequências da contaminação nessa parcela da sociedade, já apresentando uma alta taxa de letalidade para a população negra, cinco vezes maior que a branca em um período de poucos meses.[(14)]

A base da pirâmide social brasileira se constitui à luz das mulheres negras, pobres, jovens, com baixo nível instrucional e ocupando os trabalhos informais/autônomos e os da reprodução social, como levantado pela pesquisa do IBGE (2019). O isolamento social por completo, das pessoas e dos estabelecimentos comerciais (ou parcial, com saídas esporádicas e abertura do comércio apenas pra serviços de necessidades essenciais) enquanto uma das principais medidas emergenciais para contenção de danos, tem afetado diretamente a esfera trabalhista, e, consequentemente, esse grupo em específico de trabalhadoras. Se um quadro de bárbarie já se instaurava no

---

(13) G1. "Especialistas do RJ alertam sobre a possibilidade de contaminação em larga escala do novo coronavírus através do esgoto. Disponível em: <https://g1.globo.com/rj/rio-de-janeiro/noticia/2020/05/15/especialistas-do-rj-alertam-sobre-possibilidade-de-contaminacao-em-larga-escala-do-novo-coronavirus--atraves-do-esgoto.ghtml>. Acesso em: 1º jun. 2020.

(14) Ainda sem considerar os casos subnotificados. PÚBLICA. "Em duas semanas, o número de negros mortos por coronavírus é cinco vezes maior no Brasil". Disponível em: <https://apublica.org/2020/05/em-duas--semanas-numero-de-negros-mortos-por-coronavirus-e-cinco-vezes-maior-no-brasil/>. Acesso em: 1º jun. 2020.

horizonte trabalhista com a exploração e socialização do trabalho das mulheres, a pauperização dessas se apresenta latente diante da crise sanitária, resultando atualmente em 85,2% das/os trabalhadoras/es em posição fragilizada por conta da pandemia.

O trabalho doméstico enquanto o serviço de maior concentração de pessoas na informalidade, com as mulheres ocupando quase que integralmente esse setor, vem sendo apontado como o segmento mais afetado pela crise. Nessa atual circunstância, elas passam a estar mais sujeitas a um vínculo empregatício instável, assim como perda do emprego, principalmente, das autônomas sem carteira assinada(15). As que ainda, por necessidade de subsistência, continuam se deslocando pelas ruas através dos aglomerados transportes públicos para os seus trabalhos, passam a ficar expostas pela contaminação, cenário este que demarca a complexa contradição entre "morrer de contágio ou morrer de fome".

Segundo o jornal El País(16), a primeira morte registrada pelo Covid-19 no Rio de Janeiro foi de uma mulher, negra, trabalhadora doméstica, que teve o vírus transmitido pela sua patroa que não a informou sobre a contaminação. A mesma faleceu em um hospital público, enterrada em um cemitério próximo à uma rua sem asfalto. Já a patroa reside no metro quadrado mais estimado do Rio de Janeiro. São elas, patroa e empregada, os trajetos profundamente assimétricos e distantes, mas que, diante da pandemia, se entrecruzam e colidem na fronteira dos privilégios de gênero, raça e classe, sendo as empregadas as peças chaves na manutenção do conforto, da eficiência, e do capital político da família burguesa (SILVA; BLANCHETTE, 2017, p. 24).

Outras muitas trabalhadoras estão sem saber como proceder depois que estabelecimentos precisaram fechar, sendo os seus próprios ou aqueles em que prestavam serviços, em decorrência da quarentena. Se já possuíamos um alto índice de trabalho informal/autônomo, a tendência é que esse número cresça progressivamente com a trabalhadora em busca de um emprego a qualquer custo, em seu caráter precarizado, para poder receber ao menos alguma renda que possibilite a sua sobrevivência e de sua família. Novamente, a mulher se vê frente à condicionante da necessidade, mesmo que

(15) O legado histórico da constituição desse labor, denota a lentidão e a fragilidade em garantias e proteção juslaboral dessa categoria. Se em 1972, por meio da Lei n. 5.859, houve o reconhecimento do trabalho doméstico enquanto uma função, estabelecendo a assinatura da carteira profissional, somente no ano de 2015, por meio da lei complementar 150 (proposta de Emenda Constitucional n. 72/2013), oriunda de mobilizações sociais das/os trabalhadoras/es desse setor, houve a busca por estabelecer igualdade dos direitos trabalhistas para quem exercesse o trabalho doméstico e demais trabalhadoras/es urbanos e rurais. Entretanto, mesmo diante dessa legislação, frente a um país caracterizado pelo não cumprimento de leis, justifica-se que apenas 26% das trabalhadoras domésticas possuem suas carteiras de trabalho assinadas (BERNARDINO-COSTA, 2015, p. 149)

(16) EL PAÍS. "Patroas, empregadas e coronavírus". Disponível em: <https://brasil.elpais.com/opiniao/2020-03-21/patroas-empregadas-e-coronavirus.html>. Acesso em: 1º jun. 2020.

a vida esteja em risco, afinal, 63% das casas chefiadas por mulheres negras estão abaixo da linha da pobreza[17]. A luta por uma vida digna não espera a pandemia passar.

O caso da vendedora ambulante Maria de Fátima Lopes, 53 anos, que vende tapiocas na saída do Metrô Santa Cecília, região central de São Paulo, e o da manicure Deise Cristina, 36 anos, que trabalha em um espaço alugado de um salão de beleza, exemplificam os impactos diretos em seus trabalhos e as incertezas quanto ao futuro. A primeira, mesmo diante de uma queda no movimento, com o baixo fluxo de pessoas na rua, continuou indo a luta para vender seus produtos já que, para ela, "deixar de ir ao trabalho é deixar de receber". Deise também relata ter sua prestação de serviços reduzida à metade com o fechamento do salão em que trabalha, sendo acometida pelo desespero em não conseguir pagar as contas, visto que possui dois filhos e o marido está desempregado. Segundo a manicure, "A mulher é a pessoa mais afetada. A mãe é bem mais preocupada que o pai, é a pessoa que cuida".[18]

Entre mulheres chefes de família e mãe solos, o aumento da sobrecarga mental, além dos esforços físicos, compõe o corpo estrutural da tripla jornada de trabalho que condiciona estas ao desdobramento de se conseguir recursos financeiros com trabalhos precarizados, além do exercício da função de protetora de sua família, cuidadora de filhas/os, do marido, de outros familiares, nas configurações cisheteropatriarcais de constituição do núcleo familiar. Com as/os integrantes dessa instituição precisando se manter reclusas/os em suas casas, o aumento do trabalho invisível irá perpassar desde o auxílio das pessoas idosas até o ensino para as crianças, que estão com as aulas suspensas durante esse período. A demanda da manutenção do trabalho doméstico em seus lares também cresce com um fluxo maior de pessoas circulando pelo local.

Abrir mão de um desses trabalhos não é uma opção para quem não tem saída diante de um grande risco de empobrecimento, miséria e escassez de recursos[19] que afeta não somente a si, mas como suas/seus dependentes. Carregando com elas tamanha responsabilidade, o trabalho intenso da reprodução social impede que essas mulheres consigam se emancipar e deter uma autonomia financeira plena, por se dedicarem o dobro de tempo que os homens na realização dessas tarefas. Assim sendo, elas permanecem num contínuo ciclo de exploração. Além do fato de que nas

---

(17) CARTA CAPITAL. "No Brasil, 63% das casas chefiadas por mulheres negras estão abaixo da linha da pobreza". Disponível em: <https://www.cartacapital.com.br/sociedade/no-brasil-63-das-casas-chefiadas-por-mulheres-negras-estao-abaixo-da-linha-da-pobreza/>. Acesso em: 1º jun. 2020.

(18) Ambos relatos foram colhidos da entrevista realizada pela jornalista Helena Bertho. *REVISTA MARIE CLAIRE*. "Como as trabalhadoras informais estão sendo afetadas pela pandemia do coronavírus no Brasil. Disponível em: <https://revistamarieclaire.globo.com/Mulheres-do-Mundo/noticia/2020/03/como-trabalhadoras-informais-estao-sendo-afetadas-pela-pandemia-do-coronavirus-no-brasil.html>. Acesso em: 1º jun. 2020.

(19) THINK OLGA. "Economia e trabalho". Disponível em: <https://thinkolga.squarespace.com/economia-trabalho>. Acesso em: 1º jun. 2020.

circunstâncias de isolamento social, muitas mulheres e meninas permanecem mais tempo de convívio com seus agressores. No brasil, o número de ligações de denúncia da violência doméstica subiu 8,5% na quarentena.[(20)]

No caso de profissões não regulamentadas, como o trabalho sexual, a realidade — não visibilizada — dessas mulheres é alarmante. Sendo as mulheres transexuais e travestis negras compondo 90% do número de trabalhadoras sexuais no Brasil, de acordo com os dados da ANTRA (Associação Nacional de Travestis e Transexuais), essas, assim como as demais outras mulheres que exercem o labor sexual, ficam à deriva e na incerteza quanto ao recebimento de qualquer benefício pelo caráter da sua profissão. A coordenadora Santuzza Alves, do Coletivo Rebu de Trabalhadoras Sexuais, Cis(gênero), Trans(gênero) e Travestis, disse, em entrevista, que o número de clientes caiu em 70% desde a crise da pandemia. Ela relata que a prefeitura de Belo Horizonte, cidade onde vive, decretou o fechamento das boates, casas de massagem e estabelecimentos em geral onde elas trabalham, por medida sanitária[(21)]. Essas mulheres constituem uma classe trabalhadora profundamente afetada pela crise, que mediante um não reconhecimento estatal dessa atividade (através da regulamentação), somado ao estigma que a permeia, vêm contando com o apoio de doações e da ajuda da sociedade civil para conseguirem se manter. É um outro tipo de trabalho invisível, que em decorrência de percepções moralizantes e discriminatórias, segue sendo relegada ao *status* de desproteção na esfera juslaboral.

Esse panorama imanente se encontra imbricado nas raízes de um atual governo (2018) que se faz elementar no seu papel antidemocrático, para além suas interlocuções nefastas com as diretrizes que permitem o genocídio[(22)] das populações marginalizadas, incluindo pessoas negras e pobres, servindo aos interesses de grupos dominantes. Em direção contrária ao seu próprio desenvolvimento social, se ampara à dogmas do passado colonial, com uma política de estado de cunho exploratória, que negligencia as verdadeiras demandas sociais e debilita a população frente a um regime genocida. É o caminhar, em tempos de Covid-19, sobre a linha tênue entre as mortes evitáveis, pelo descaso sanitário, e os assassinatos objetivados, articulados, intencionais, através da perseguição incessante a quem se destoa dessa ideológica norma social dominante.

---

(20) O GLOBO. "Ligações para o canal de denúncia de violência doméstica sobem 8,5% na quarentena". Disponível em: <https://oglobo.globo.com/celina/ligacoes-para-canal-de-denuncia-de-violencia-domestica-sobem-85-na-quarentena-24333915>. Acesso em: 1º jun. 2020.

(21) Relato colhidos da entrevista realizada pela jornalista Helena Bertho. *REVISTA MARIE CLAIRE*. "Como as trabalhadoras informais estão sendo afetadas pela pandemia do coronavírus no Brasil. Disponível em: <https://revistamarieclaire.globo.com/Mulheres-do-Mundo/noticia/2020/03/como-trabalhadoras-informais-estao-sendo-afetadas-pela-pandemia-do-coronavirus-no-brasil.html>. Acesso em: 1º jun. 2020.

(22) Como melhor trabalha o autor Achillie Mbembe, em sua obra "Necropolítica". MBEMBE, Achille. Necropolítica. *Arte e ensaios*, v. 2, n. 32, 2016.

O agravamento das situações de vida das mulheres trabalhadoras em meio à pandemia, só escancara o despreparo governamental em apresentar diretrizes que sejam capazes de gerenciar adequadamente o momento em que vivenciamos, por meio de uma assistência econômica realmente eficaz para o período de isolamento social. O que nos deparamos é com propostas paliativas de minimização dos danos causados pelo vírus, como o auxílio emergencial, que se apresentou a priori com o irrisório valor de R$ 200,00 por pessoa em situação de vulnerabilidade(23), incapaz de ser suficiente para suprir as necessidades básicas da população. Entretanto, diante das pressões sociais e articulação política da oposição, se estendeu para R$ 600,00, sendo o valor de R$ 1.200,00 para mulheres provedoras de família monoparental(24), apesar de ainda se apresentar em meio há inúmeras debilidades, como a demora para analisar o pedido de auxílio, o atraso no pagamento, erros no sistema, (in)acessibilidade de um sistema que é tecnológico, dentre outros.

Deve ser ressaltado que tais medidas não se fazem suficientes para as trabalhadoras informais/autônomas. Além de perderem suas rendas, têm dificuldade no acesso ao auxílio emergencial, benefício concedido pelo governo, e se deparam frente ao receio de não conseguirem prover suas casas ou até mesmo de serem despejadas das mesmas. Nesse último caso, passam a depender da cooperação de terceiros, seja da negociação com proprietário ou com banco e outras instâncias. Esse contexto somado a todos os outros que compõe a realidade dessas mulheres, nos demonstram uma sobrecarga de responsabilidades circunscrevendo um corpo já marcado por existir.

Conclusão

O ônus das responsabilidades que sobrecarregam as mulheres constituem a tripla jornada laboral da mulher no Brasil, sendo um fenômeno imbricado de, fundamentalmente, fatores culturais de teor essencialistas, hegemônicos, que configuram o dever-agir dessa classe de modo a atender os interesses capitalistas pós colonização. Mas tal perspectiva não incide em caráter homogêneo para todas as mulheres, a multiplicidade da diferença que cerceia tais corpos tendem a agravar as lutas travadas por elas, sendo as mulheres negras e pobres as mais afetadas pela triplificação dos trabalhos exercidos.

---

(23) Os requisitos para recebimento do auxílio foram 1) Ter mais de 18 anos +; 2) Estar desemprego ou exercer atividades como: Microempreendedor Individual (MEI) ou Contribuinte Individual do Regime Geral de Previdência Social ou Trabalhadora ou Trabalhador Informal; 3) Não estar recebendo benefício previdenciário, assistencial, seguro-desemprego ou benefício de programa de transferência de renda federal (com exceção do bolsa família) +; 4) Pertença à família cuja renda mensal por pessoa não ultrapasse meio salário mínimo (R$ 522,50), ou cuja renda familiar total seja de até 3 (três) salários mínimos (R$ 3.135,00). *CAIXA*. "Auxílio emergencial". Disponível em: <http://www.caixa.gov.br/auxilio/PAGINAS/DEFAULT2.ASPX>. Acesso em: 1º jun. 2020.

(24) Há de ressaltar o valor duplicado para as mulheres nas circunstâncias supracitadas, mesmo mediante a falhas na concessão, como uma importante vitória do movimento feminista frente às demandas específicas dessas mulheres provedoras de família monoparental, visibilizando cada vez mais essas realidades abafadas.

Contamina-se através desses propósitos não só as protagonistas dessa realidade como também as relações interpessoais que estabelecem para si. O capitalismo, em conjunto com o racismo e o patriarcado, estarão sempre sugando ao máximo todas as potencialidades das mulheres, dentro e fora de seus lares. Durante a pandemia, alterou-se o universo laboral formalizado, informal, autônomo e ilícito, mas não modificou em nada a quem se destina os serviços domésticos. Pelo contrário, o intensificou, unindo essa intensidade às outras jornadas de trabalho das mulheres, ou seja o trabalho da reprodução social nunca deixou de ser tão fundamental para o capitalismo.

Portanto, diante da extensa contaminação pelo Covid-19, um contexto novo em questões de crise sanitária se apresentou, mas evidenciando e intensificando algo já de velho conhecimento: a divisão sexual e racial do trabalho. Os dados apresentados ao longo do trabalho, além da articulações discursivas apresentadas neste, elenca a urgência em direcionarmos essa temática, com o enfoque nas mulheres trabalhadoras informais/autônomas negras, na linha da pobreza, com suas triplas jornadas, para a centralidade das discussões. O nosso entendimento é de que os estudos e os levantamentos possam servir de radar para tencionar a articulação governamental a buscar soluções a curto, médio e longo prazo para que as consequências do Covid-19 não incida de forma ainda mais atenuante nas desigualdades sociais, principalmente na vida dessas mulheres.

É de exímia importância compreendermos que a posição desse grupo de mulheres mediante à pandemia é o reflexo de um contexto constante que se auto reproduz e normaliza com os atores sociais da branquitude[(25)]: o racismo estrutural. Esse é um sistema que se articula, gerando uma condição de pauperização e morte contínua e permanente na vida de homens e mulheres negras, por meio da economia, do direito e da política. Segundo o autor Sílvio Almeida (2018), os comportamentos individuais e processos institucionais são derivados de uma sociedade cujo racismo é regra e não exceção. Portanto, as mulheres negras e pobres permanecem entre os grupos de maior vulnerabilidade no trabalho por um intencional processo de exploração e marginalização.

Destarte, não há possibilidade de articularmos alternativas de emancipação política/ humana das mulheres sem incluirmos as dimensões de raça e classe no trabalho assalariado e não assalariado. É preciso pensarmos na criação de condições para que o contingente laboral da reprodução social, como o cuidado, seja socializado, mas

(25) A branquitude, segundo dispõe Maria Aparecida Silva Bento, caracteriza-se como "um lugar de privilégio racial, econômico e político, no qual a racialidade, não nomeada como tal, carregada de valores, de experiências, de identificações afetivas, acaba por definir a sociedade. Branquitude como preservação de hierarquias raciais, como pacto entre iguais" (BENTO, 2002, p. 7). BENTO, Maria Aparecida Silva. *PACTOS NARCISÍSTICOS NO RACISMO:* Branquitude e poder nas organizações empresariais e no poder público. São Paulo, 2002.

não ainda atribuído somente às mulheres. É desmistificar a ideia de que nas relações sociais engendradas pelo capitalismo, o mundo do trabalho precário é dado como inalterável, e que entre uma mulher racializada trabalhar na informalidade e/ou não trabalhar, a primeira opção é "menos pior", mas se sabe que "menos" e "pior" juntos não se sustentam de um ponto de vista lógico, por isso seu uso aqui também é negado[(26)].

A luta que devemos travar é a partir de um ativismo feminista combativo que não se satisfaça com equivalência, até que tenhamos igualdade; nunca satisfeito com direitos legais, até que tenhamos justiça; e nunca satisfeito com a democracia, até que a liberdade individual seja ajustada na base da liberdade para todas as pessoas. (ARUZZA, 2019, p. 123). É preciso que pessoas em posições hierárquicas repensem seu *locus* social de privilégio e de enunciação, passem a se unir com essas mulheres na luta contra a subalternidade, em prol de uma radical transformação social que também seja capaz de minimizar os impactos que a pandemia irá gerar na vida dessas, diante de um governo que possui uma atuação tão letal quanto o vírus. É, portanto, assumir uma postura combativa, reivindicada todos os dias, de cunho antirracista, anti-imperialista, anticapitalista e antipatriarcal.

Referências bibliográficas

AKOTIRENE, Carla. *O que é interseccionalidade/Carla Akotirene.* Coord. Djamila Ribeiro. Belo Horizonte: Letramento: Justificando, 2018.

ALMEIDA, Silvio Luiz de. *O que é racismo estrutural?* Coord. Djamila Ribeiro. Belo Horizonte: Letramento: Justificando, 2018.

ALVES, GIOVANNI. A era do trabalho hipermoderno — governo temer e reforma trabalhista no Brasil. In: MURADAS, Daniela; SARTORI, Vitor Bartoletti. *Manipulações capitalistas e o Direito do Trabalho.* Belo Horizonte: RTM, 2017.

ARUZZA, Cinzia. *Feminismo para os 99%: um manifesto.* Cinzia Aruzza, Tithi Bhattacharya, Nancy Fraser. Tradução de Heci Regina Candiani. 1. ed. São Paulo: Boitempo, 2019.

ASSIS, Dayane N. Conceição de. *Interseccionalidades.* Salvador: UFBA, Instituto de Humanidades, Artes e Ciências; Superintendência de Educação a Distância, 2019.

BLANCHETTE, Thaddeus Gregory; SILVA, Ana Paula da. Por amor, por dinheiro? Trabalho (re)produtivo, trabalho sexual e a transformação da mão de obra feminina. In: *Cadernos Pagu.* Dossiê conservadorismo, direitos, moralidades e violência, 2017.

CRENSHAW, Kimberle. Documento para o encontro de especialistas em aspectos da discriminação racial relativos ao gênero. *Estudos Feministas*, ano 10, vol. 1, 2002. Disponível em: <https://www.scielo.br/pdf/ref/v10n1/11636.pdf>. Acesso em: 28 maio 2020.

---

(26) CLACSO. "Gênero, quarentena e Covid-19: por uma crítica ao trabalho doméstico. Disponível em: <https://www.clacso.org/genero-quarentena-e-Covid-19-por-uma-critica-ao-trabalho-domestico/>. Acesso em: 02 jun. 2020.

DARDOT, Pierre; LAVAL, Christian. *A nova razão do mundo:* um ensaio sobre a sociedade neoliberal. 1. ed. São Paulo: Boitempo, 2016.

FEDERICI, Silva. *Calibã e a bruxa:* mulheres, corpo e acumulação primitiva. Tradução: Coletivo Sycorax. São Paulo: Elefante, 2017.

GONZALEZ. Lélia. *A juventude negra brasileira e a questão do desemprego.* Resumo apresentado na Segunda Conferência Anual do AFRICAN HERITAGE STUDIES ASSOTIATION. Pittsburgh, 1979.

IBGE. *Síntese de indicadores sociais: uma análise das condições de vida da população brasileira*: 2019 / IBGE. Coordenação de População e Indicadores Sociais. Rio de Janeiro: IBGE, 2019.

MACHADO, Gustavo Seferian Schaeffer. Leitura neoliberal do Direito do Trabalho e ideologia: cenas de ontem, hoje e amanhã. In: MURADAS, Daniela; SARTORI, Vitor Bartoletti. *Manipulações capitalistas e o Direito do Trabalho.* Belo Horizonte: RTM, 2017.

SOUZA, Neusa Santos. *Tornar-se negro:* as vicissitudes da identidade do negro brasileiro em ascensão social. Rio de Janeiro: Graal, 1993.

Categorias Mais Afetadas: Trabalhadores de Aplicativos de Transporte

Leonardo Hiroyuki Kojima
Mayda Romaica

1. Capitalismo de plataforma

As relações promovidas por meio das plataformas digitais que predomina na organização social hoje em dia (capitalismo) operam dentro de uma congruência empresarial como qualquer outra empresa, onde o ganho de capital é gerado dentro de uma lógica de produção que vai diretamente para a empresa.

O seu desenvolvimento que é majoritariamente viabilizado pelas inovações tecnológicas, atua inicialmente por meio de intermediação dando margem como se fossem meios neutros, progressistas e abertos reorganizados a produção e a prestação de serviço em que os usuários tanto quem prestam um serviço, como oferece o ser viço, como quem quer comprar preenchem essa plataforma como infraestrutura que viabilizam negócios.

No entanto, ao analisarmos de forma mais aprimorada identificamos que normalmente essas plataformas (proprietários delas) conseguem modular o tipo de circulação econômica que está ocorrendo dentro delas de que forma: uso de algoritmo, protocolo e classificação que elas mesmas utilizam a partir dos dados coletados que é capaz de intervir e orientar o comportamento dos indivíduos envolvidos. Assim, reforça-se o que há de mais tradicional no capitalismo, o controle sobre o processo de trabalho e a apropriação privada dos lucros.

As plataformas em meio geral operam em três importantes formas: a) em rede, no qual elas dependem de uma grande quantidade de pessoas (usuários) buscando um serviço ou produto ao mesmo tempo tendo uma grande quantidade de pessoas que esteja oferecendo o serviço ou produto. A partir dessa lógica, essa plataforma se torna referencia dentro do mercado econômico ganhando aprimoramento. O problema por outro lado, é que atribui certa monopolização de monopólio no mercado devido que ela se torna muito grande e forte; b) infraestrutura, as plataformas constrói uma infraestrutura digital em que os usuários acessam para realizar trocas econômicas e a construção dessa infraestrutura agrega o valor que ela consegue se desenvolver dentro da sociedade; c) grande quantidade de informação e dados que acaba atravessando essa plataforma atingindo uma importância dentro do setor econômico em que elas estão operando.(1)

Para quem está estudando o direito do trabalho é essencial observar que as plataformas em razão delas se posicionarem nesse meio neutro e aberto, elas acabam precarizando de uma forma bem mais intensa a exploração de trabalho e precarização ilimitada, não tendo qualquer proteção social para as classes trabalhadoras.

Nesse sistema político e econômico, onde os meios de produção e distribuição são de propriedade privada o que chama atenção das empresas que investiu o capital e da postura de quem está esperando retorno para esses investidores é a tentativa de minimizar ao máximo e a todo custo o que se paga para os trabalhadores que se ativam nessas empresas-aplicativo.

Nas últimas décadas, o que se busca é um crescimento muito rápido e acentuado das empresas que elas estão investindo para obter um retorno muito grande em um curto espaço de tempo é uma forma de investir na economia e tentar obter ganhos com o investimento, sendo uma postura agressiva de fundos que opera nessa lógica. Como consequência, infringem em *precarização e capital de risco* levando ao enfraquecimento dos direitos dos trabalhadores e potencializando a disseminação da terceirização.

A existência de péssimas condições de trabalho e de remuneração insuficiente para sobreviver faz os trabalhadores necessitarem desempenhar longas horas de trabalho. Esse cenário, somado ao fato de a demanda de serviço dos consumidores serem imprevisível, torna a suposta autonomia e liberdade que é propagada como se fosse um grande diferencial tornando essa flexibilidade de horários prejudicada.(2) Mesmo assim, este novo modelo de trabalho é apresentado como jovem, cool, autônomo e livre de padrões.

2. Caractérização — Vínculo empregatício

O art. 3º da Consolidação das Leis do Trabalho (doravante, CLT) define os requisitos taxativos para se caracterizar o vínculo empregatício entre o empregado e empregador.

(1) Disponível em: <www.iea.usp.br/midiateca/video/videos-2020/novas-formas-de-trabalho-no-capitalismo-de-plataforma>. Acesso em: 22 jul. 2020.

(2) BERNANDI, Renan. *Capitalismo de Plataforma e o Direito do Trabalho:* Crowdwork e o trabalho sob demanda por meio de aplicativos. São Paulo: Faculdade de Direito da USP, 2019. p. 132.

De forma sucinta, a caracterização da relação de emprego, com espeque no artigo de lei supracitado, se dá a partir da comprovação de quatro requisitos: (i) pessoalidade; (ii) habitualidade; (iii) onerosidade; e (iv) subordinação.

Indubitável é de que o capitalismo de plataforma, com seus meios digitais, trouxera novos modelos de trabalho e com isso a necessidade de se adequar as normas a estes ulteriores tipos de ofício.

Contudo, não parece ocioso ressaltar, ainda que de forma indefinida, os novos modelos de trabalho não podem ter o condão de afastar a essência do Direito do Trabalho. É dever dos operadores de direito adequar as novidades com os princípios e objetivos instituídos pelo Poder Constituinte, em que pese, o de assegurar respostas à desigualdade econômica existente entre os elos do contrato de trabalho, promovendo proteção jurídica ao trabalhador e consequentemente, sua dignidade.

Apesar disso, os trabalhadores de plataforma, especificamente os trabalhadores de aplicativos de transporte, sofrem com o que deveria ser uma simples hermenêutica jurídica. De uma inteligível subsunção à norma, estava evidenciado e enquadrado estes trabalhadores em uma relação formal de emprego.

Todavia, atualmente o oposto é verdade.

Diante de tanta inovação doutrinária jurídica acerca do tema, o simples se torna complexo e quem sofre são os próprios trabalhadores que menos tem voz para discutir no meio jurídico.

Demais disso, a importância de se classificar o trabalhador como empregado é nítida, haja vista que, este é o meio de acesso aos direitos trabalhistas consagrados no ordenamento jurídico brasileiro.

Veja por exemplo que, os trabalhadores dos aplicativos de transportes ficaram sem amparo das empregadoras durante a Pandemia do Covid-19, tendo em vista que estes não são até o momento, empregados formais.

Feita estas considerações, voltar a discussão para os quatro requisitos caracterizadores de vínculo empregatício, torna-se imprescindível, visto que, a julgar pela falta de um deles, enseja a não caracterização de emprego formal e, por conseguinte, no desamparo que atualmente se encontram os trabalhadores de aplicativo de transporte.

Os requisitos da pessoalidade e onerosidade, pouco se discutem, estes já incontroversos por grande parte dos entendimentos judiciais.

No entanto, as famigeradas subordinação e habitualidade, atualmente são os empecilhos para se enquadrar os trabalhadores de plataforma na relação de emprego, e, portanto, merecem maior atenção.

O requisito da habitualidade, por vezes é vista como um dever de prestar serviços de forma pré-definida, isto é, com dia e horário estipulados. Um equívoco. O que importa não é efetivamente apenas a verificação de prestação diária e contínua do trabalho, mas sim quando se evidencia uma intenção recíproca entre empregado e empregador de vincularem-se em um aspecto acrônico.

Já no que tange ao requisito subordinação, sendo um elemento fático-jurídico, possui origem no contrato pelo qual as partes da relação trabalhista se envolvem. Em síntese, a subordinação vai além de obediência. Trata-se do rol de mandamentos que o empregado tem de cumprir com o intuito de atingir os objetivos mercantis do empregador.

Apesar destas objetivas definições, das ações que provocaram o judiciário para se dirimir esta questão, seus resultados foram completamente contrários ao próprio direito, eis que resultaram no reconhecimento de trabalho autônomo prestado por estes motoristas. Ainda, o mais espantoso é de que, nos autos do Recurso de Revista n. 1000123-89.2017.5.02.0038[(3)], o Colendo Tribunal Superior do Trabalho confirmou as fundamentações que sustentam esse desvio de reconhecimento de vínculo empregatício.

Vale destacar que, no mérito do recurso supracitado, o ministro relator considerou que: i) o fato de o trabalhador poder permanecer "offline" atribuiria à relação o caráter de autonomia; ii) as porcentagens de ganho do motorista (75% a 80%) seriam superiores àqueles praticados numa relação empregatícia; iii) a avaliação do motorista pelos usuários não poderia ser encarada como forma de controle, afastando-se a subordinação.

Ora, as considerações do respeitável ministro relator podem ser debatidas a partir da interpretação dos requisitos da habitualidade e subordinação anteriormente conceituados e simplificados, senão vejamos: i) para manter seu cadastro ativo, o motorista não pode permanecer constantemente "offline", ou seja, o motorista não pode simplesmente deixar de oferecer o serviço de transporte, retirando assim qualquer ilação de autonomia e efetivamente comprovando uma espécie de controle sobre o trabalhador, atribuindo subordinação; ii) a Uber não permite alteração da taxa de serviço por ela cobrada e subtraída dos preços das corridas, de modo que não se trata de sugestão, mas de imposição dos valores ao motorista, outrossim, o valor que o usuário paga não vai diretamente para o motorista, mas sim para a própria Uber, o qual posteriormente repassa a cota-parte do trabalhador; e iii) caso o motorista não

(3) TRIBUNAL SUPERIOR DO TRABALHO. Acórdão prolatado nos autos da reclamação trabalhista 1000123-89.2017.5.02.0038. Marcio Vieira Jacob x Uber do Brasil Tecnologia Ltda. Relator: Ministro Breno Medeiros. DJ, 07 fev. 2020. Disponível em: <http://aplicacao5.tst.jus.br/consultaDocumento/acordao.do?anoProcInt=2019&numProcInt=242502&dtaPublicacaoStr=07/02/2020%2007:00:00&nia=7443195>.

mantenha uma boa avaliação no aplicativo ele é desligado da plataforma, portanto, é evidente o controle que a empresa exerce sobre o motorista, visto que, as avaliações que os usuários atribuem ao motorista são com base nas referências que a própria Uber estabelece, não há subordinação mais evidente.

Diante do exposto, é sob estas contrariedades que se encontram os direitos dos motoristas de aplicativos de transporte, e por isso, se faz necessário sua provocação, reflexão e solução acerca do tema, tanto como medida de cumprir com o papel do Direito do Trabalho, como fortalecendo sua marca histórica de proteção.

3. Classificação dos trabalhadores — trabalho autônomo *x* relação de emprego

Como antecipadamente mencionado, a importância de se diferenciar um trabalhador autônomo de um empregado formal é nítida: apenas o último destes é contemplado com as salvaguardas celetista.

O trabalhador autônomo realiza toda a atividade por conta própria, assumindo os riscos da atividade desempenhada (prejuízos) e, por conseguinte, recaem sobre ele, todos os rendimentos, o que se traduzem no elemento trazido pela doutrina, alteridade. Ao contrário o empregado formal, este está subordinado ao empregador e, portanto, não assume os riscos da atividade, por conseguinte, via de regra, seu faturamento (salário) não é afetado com base no sucesso ou fracasso do negócio em que ele desenvolve suas funções.

Nesta conjuntura, relevante destacar o elemento fático-jurídico que difere uma categoria de outra, para tanto, destaque-se explicação consignada em sentença[(4)] proferida pelo d. Magistrado Marcos Alberto dos Reis, no qual, de forma objetiva aponta o agente crucial dessa distinção, *in verbis*:

> "Em suma, o elemento fático-jurídico essencial para a diferenciação entre o trabalhador autônomo e o empregado se traduz na subordinação. Se existente a subordinação estamos diante uma relação de emprego, caso contrário, trata-se de um trabalho autônomo."

Portanto, novamente estamos diante da subordinação como fator complexo e decisivo.

Conforme relatado no tópico anterior, a grande maioria dos casos envolvendo o reconhecimento de vínculo empregatício entre o motorista e a plataforma resultou na improcedência do pedido, dentre outros argumentos, sob a alegação de que estes trabalhadores cumprem com os requisitos de um trabalhador autônomo.

---

(4) 20ª V. Trabalho de Brasília. Sentença proferida nos autos da reclamação trabalhista n.: 0000340-89.2014.5.10.0020. Rubens Ricardo de Oliveira *x* Finíssimo Comunicação e Eventos Ltda. - ME. Juiz: Marcos Alberto dos Reis. DJ, 22 jan. 2015. Disponível em: <https://www.trt10.jus.br/processos/consultasap/atas.php?_1=01&_2=20&_3=2014&_4=0340&_5=www_516.&_6=22012015&_99=intra&_7=3>.

Não obstante, após fevereiro/2020, houve grande estímulo para os Tribunais julgarem nesse sentido, haja vista que, o recurso de revista analisado pelo Colendo Tribunal Superior do Trabalho, corroborou com a tese defensiva (autonomia dos motoristas).

O grande problema de se manter nessa perspectiva de decisões é em virtude da precarização das relações de trabalho, os quais contribuem em mais apuros aos trabalhadores e consequentemente, deixando-os à deriva de seus direitos. Contudo, reserva-se a abordagem deste tema com vigor no próximo tópico.

Advém que, a incidência desse tipo de decisão não ocorre por acaso. Vivemos em um sistema capitalista, consequentemente, as empresas buscam economizar e lucrar em toda e qualquer situação.

Ao analisar esta situação sob o olhar empresarial, de fato há benefícios em se manter o trabalhador como autônomo, eis que, os encargos trabalhistas/previdenciários constituem relevante incumbência passiva para a empresa. Arcar com todos os direitos, tais quais: salário; registro na carteira de trabalho; recolhimento do INSS; depósito do FGTS; rescisão contratual; 13º salário; férias acrescidas de 1/3, dentre outros, torna oneroso manter o empregado registrado.

Novamente, esta é a precária realidade que se encontram os motoristas de aplicativo. As plataformas tentaram em suma, conseguiram —, alijar os direitos inequívocos dos trabalhadores, tudo em prol do lucro e à custa da dignidade destes.

Destarte, há enorme necessidade de reflexão e possível reforma dos entendimentos firmados nos tribunais acerca do tema, considerando que, os direitos e garantias fundamentais são as salvaguardas da democracia e da dignidade da pessoa humana, foram postos na Constituição da República Federativa do Brasil, bem como na CLT, não para serem afastado tal qual fora feito até o momento, mas para continuarem sendo instrumentos de isonomia e justiça.

4. Precarização da relação de trabalho

Depois da revolução digital, a realidade de muitos trabalhadores tornou-se uma distopia tecnológica que arregimentam demanda por aplicativos oferecendo uma mão de obra barata, atraída pela promessa "Seja você seu próprio chefe". De fato, não há patrão ou folha de ponto nessas plataformas. Mas o que para uns quer dizer liberdade, para outros significa a fragilização dos direitos trabalhistas.[(5)]

O avanço da atual forma de capitalismo é um novo hábito de consumo global e o progresso do desemprego no país fez dessa ferramenta, que poderiam ser apenas

(5) Disponível em: <www.jornalggn.com.br/trabalho/entregadores-de-aplicativo-sem-patrao-e-sem-direitos/>. Acesso em: 20 jul. 2020.

um complemento nos ganhos, passou ser a principal fonte de renda de muitos trabalhadores brasileiros.

A facilidade de cadastramento e a flexibilidade sem turnos ou horários fixos são apresentadas como vantagens. Na prática, contudo, as longas jornadas de trabalho que precisam realizar tornam a rotina exaustiva gerando os primeiros impactos: estresse excessivo que passa nas ruas, inflamação na região cervical, informalidade, etc.

A crise econômica e o crescente desemprego no país remetem os trabalhadores estarem "satisfeitos" com o trabalho sobre demanda por aplicativo. A principal razão mencionada para justificar o contentamento é a impossibilidade de não conseguir outra atividade, inexistência de trabalho disponível e o pagamento em outros trabalhos serem pior.

Ao aceitar realizar uma viagem pela plataforma, o trabalhador assume o risco de o percurso não ser lucrativo, já que seu destino e a estimativa de seus ganhos serem informado somente após concordar com a oferta.

O cancelamento de viagem não rentável, se excedido, determina gerando algum tipo de penalidade para o trabalhador. O que poderia ser uma ferramenta de insatisfação com a corrida/entrega pode levar à exclusão da plataforma ou multa.

O sistema de remuneração e de monetização estabelecidos unilateralmente pela plataforma, não é discutido com os trabalhadores, sendo que a maioria é incapaz de dizer como funciona o sistema de remuneração, pois tudo é variável e pouco transparente. Esse senário demostra que a plataforma possui total poder em controlar e modificar os valores das viagens, o que limita de forma significativa à retórica utilizada a respeito da autonomia dos trabalhadores e do caráter empreendedor da atividade.(6)

A insegurança causada pela informalidade das atividades encobre questões importantes, como a desigualdade transversal que já é presente no trabalho formal e expõem pontos que vão desde as diferenças salariais até a dupla jornada exercida por mulheres que, além de trabalharem, são donas de casa e cuidam sozinhas da criação dos filhos.(7) Assim, empresas dessa nova modalidade de trabalho se beneficiam de uma espécie de precarização e falta de regulação, gerando altíssimos índices globais de mortalidade, ampliam-se enormemente o empobrecimento e a miserabilidade na totalidade das classes trabalhadoras.(8)

---

(6) BERNANDI, Renan. Capitalismo de Plataforma e o Direito do Trabalho: Crowdwork e o trabalho sob demanda por meio de aplicativos. São Paulo: Faculdade de Direito da USP, 2019. p. 152-154.

(7) Disponível em: <www.jornalggn.com.br/trabalho/entregadores-de-aplicativo-sem-patrao-e-sem-direitos/>. Acesso em: 20 jul. 2020.

(8) ANTUNES, Ricardo. *Coronavírus:* O trabalho Sob Fogo Cruzado. 1. ed. São Paulo. Boitempo, 2020. p. 7.

A inovação do capitalismo de plataforma é um mito, pois a fixação de tarefas possui uma baixa qualificação ao invés de trabalho complexo. A coordenação e o controle da força de trabalho são realizados por algoritmo e quanto maior a dependência do trabalhador em fase de uma plataforma maior a precariedade das condições de trabalho.[9]

O que pretendemos destacar é que ao longo do desenvolvimento do processo do trabalho às transformações não ofereceu respostas às peculiaridades das formas de trabalho no capitalismo de plataforma.

Inseridos na sociedade e no mundo do trabalho de maneira precária e desigual, os trabalhadores e trabalhadoras informais não possuem qualquer proteção social. Por outro lado, as características desses trabalhos desafiam as noções tradicionais de emprego, que, no Brasil, representam a porta de acesso à proteção social nas relações de trabalho[10] que vem sendo discutidos pelos tribunais, acerca da questão de que esses trabalhadores envolvidos nessa atividade seriam empregados? autônomos? E se o direito do trabalho deve se iniciar nessas relações ou não?

A formalização dessa mão de obra é um passo fundamental para a proteção dos trabalhadores, pois estabeleceria restrições ao poder empresarial nas relações de trabalho criando normas cogentes para incrementar as condições de trabalho, reduzir a desigualdade dessas relações e desmercantilizar o trabalho, não admitindo a conversão do trabalho humano em simples mercadoria.[11]

No atual momento, o que precisamos é criar mecanismos para proteger os trabalhadores. "Quando o direito ignora a realidade, a realidade se vinga e ignora o direito", diz o jurista francês George Riper.

Referências bibliográficas

ANTUNES, Ricardo. *Coronavírus:* O trabalho Sob Fogo Cruzado. 1. ed. São Paulo: Boitempo, 2020.

BERNANDI, Renan. *Capitalismo de Plataforma e o Direito do Trabalho:* Crowdwork e o trabalho sob demanda por meio de aplicativos. São Paulo: Faculdade de Direito da USP, 2019.

KALIL, Renan Bernardi. Capitalismo de plataforma e Direito do Trabalho: crowdwork e trabalho sob demanda por meio de aplicativos. Orientador Otavio Pinto e Silva. São Paulo: Faculdade de Direito da USP, 2019. p. 201-278.

---

(9) Disponível em: <www.correiobraziliense.com.br/app/noticia/opiniao/2020/02/25/internas opiniao,830394/artigo-a-distopia-do-capitalismo-de-plataforma.shtml>. Acesso em: 30 jul. 2020.

(10) Disponível em: < https://www.nexojornal.com.br/academico/2020/03/18/Os-desafios-do-direito-trabalhista-na-era-da-uberiza%C3%A7%C3%A3o>. Acesso em: 30 jul. 2020.

(11) BERNANDI, Renan. *Capitalismo de Plataforma e o Direito do Trabalho:* Crowdwork e o trabalho sob demanda por meio de aplicativos. São Paulo: Faculdade de Direito da USP, 2019. p. 203.

SILVA. Jose Alexandre. Os Novos Formatos de Subordinação Trabalhista e a Economia do Compartilhamento. Rio de Janeiro, 2018.

SOUTO MAIOR, Jorge Luiz. Do Direito à Desconexão do Trabalho. Campinas: Revista do Tribunal Regional do Trabalho da 15ª Região, 2003. p. 296-313.

TRIBUNAL SUPERIOR DO TRABALHO. Acórdão prolatado nos autos da reclamação trabalhista 1000123-89.2017.5.02.0038. Marcio Vieira Jacob x Uber do Brasil Tecnologia Ltda. Relator: Ministro Breno Medeiros. DJ, 07 fev. 2020. Disponível em: <http://aplicacao5.tst.jus.br/consultaDocumento/acordao.do?anoProcInt=2019&numProcInt=242502&dtaPublicacaoStr=07/02/2020%2007:00:00&nia=7443195>.

20ª V. TRABALHO DE BRASÍLIA. Sentença proferida nos autos da reclamação trabalhista n.: 0000340-89.2014.5.10.0020. Rubens Ricardo de Oliveira x Finíssimo Comunicação e Eventos Ltda. – ME. Juiz: Marcos Alberto dos Reis. DJ, 22 jan. 2015. Disponível em: <https://www.trt10.jus.br/processos/consultasap/atas.php?_1=01&_2=20&_3=2014&_4=0340&_5=www_516.&_6=22012015&_99=intra&_7=3>.

Categorias Mais Afetadas: Trabalhadores do Transporte Público

Déborah Maria Pedroso
Laís Vital Oliveira

1. Introdução

A pandemia pelo coronavírus estabeleceu rotinas, hábitos e costumes muito distintos do que era vivenciado anteriormente. Por se tratar de um vírus de alta propagação, as medidas mais indicadas por órgãos internacionais da saúde eram de distanciamento e isolamento social. Contudo, essa nova realidade trouxe à tona uma acentuação de disparidades sociais e econômicas que já existiam muito antes. Apesar das indicações de distanciamento e isolamento, a classe dos trabalhadores e das trabalhadoras não contemplaram a possibilidade de ficar em casa como forma de proteção, mesmo que não atuassem nos chamados serviços essenciais.

Em se tratando de serviços essenciais, estes são entendidos como aqueles que devem ser garantidos, independentemente do cenário em que se encontram. No caso da pandemia, alguns dos serviços entendidos como essenciais foram os de assistência à saúde, de iluminação pública, de *internet*, de transporte, entre outros que podem ser observados no Decreto n. 10.282, de 20 de março de 2020. Ocorre que, no caso do serviço de trânsito e transporte de passageiros, algumas questões trabalhistas já eram observadas e foram agravadas pelo contexto da pandemia.

A classe dos trabalhadores do transporte público já enfrentava problemas com jornada de trabalho excessiva; atipicidade do local de trabalho (já que estão vinculados à uma empresa, mas exercem de fato o trabalho nas ruas, sujeitos a intempéries, trânsito e intensos ruídos sonoros); baixa remuneração e, mais recentemente, acúmulo de funções (visto que muitas empresas demitiram os cobradores, fazendo com o motorista se responsabilize também pelo dinheiro das passagens).

Dessa forma, o presente trabalho objetiva analisar alguns dos problemas que já eram enfrentados pelos trabalhadores do transporte público. Partindo dessa realidade, e por meio da utilização de notícias e relatos acerca dessas temáticas, será demonstrada a forma com que a crise sanitária global causada pelo Covid-19 agravou um cenário de trabalho que já era precário, afetando negativamente a saúde e segurança desses trabalhadores.

2. O transporte público enquanto um entrave

O transporte público é fundamental para garantir a mobilidade à população, que se utiliza dele para atividades diversas, sejam elas essenciais ou para o acesso a lazer, como visitas a parques e outros espaços. Contudo, é evidente que diante das medidas de distanciamento social e de reclusão, a população não mais se desloca com a mesma frequência, o que gerou a diminuição do uso do transporte coletivo. Nesse sentido, o transporte público é usado fundamentalmente para três tipos de atividade: transporte de pessoas que não foram suspensas de seus trabalhos ou não o realizam no regime de *home-office*; transporte de pessoas que tem como objetivo a compra de produtos essenciais, tais como medicamentos e alimentos; e transporte de pessoas que, por viverem na periferia, se utilizam do transporte público para ter acesso a postos médicos e hospitais.

Conforme se observa pelo último caso acima exposto, o transporte público é utilizado para o acesso à saúde, sendo um meio imprescindível para grande parte da população. Isso decorre do fato de que 41% da população de baixa renda e maior dos 50 anos de idade reside a mais de 5km de distância das unidades de saúde aptas a prestarem assistência em casos clínicos graves (LIMA, CARVALHO e FIGUEIREDO, p. 3). Dessa forma, esta situação reforça o caráter de atividade essencial do transporte coletivo.

No entanto, o isolamento social afetou drasticamente a economia, de modo que a queda no número de viagens realizadas é consequência explícita no setor de transportes. Essa realidade é preocupante tanto sob a ótica do lucro das operadoras de transportes, as quais enfrentam dificuldades financeiras ante a redução das viagens – que acabam refletindo nos motoristas, classe mais afetada no setor de transportes – quanto sob o cenário de incertezas decorrente da ausência de um tempo específico sobre a duração das medidas de isolamento e da ausência de certezas sobre como o cenário irá se acertar após a pandemia.

Fato é que, devido aos riscos causados pelas aglomerações, uma parte da população busca meios de transportes alternativos, seja mediante a realização de mais deslocamentos por caminhadas, seja com a utilização e compra de bicicletas e carros. Sobre isso, é possível observar que em países como a França, o governo vem incentivando a utilização de bicicletas como veículos de transporte alternativo, oferecendo subsídios para a compra e reparo de bicicletas, além de investir 20 milhões de euros em aulas de ciclismo e para a implementação de bicicletários e paraciclos temporários. Já no Brasil, as compras de bicicleta aumentaram em 50%, mesmo sem o fornecimento de qualquer subsídio por parte do Estado (PEIXOTO, 2020).

Com isso, após o período de crise causado com a pandemia e com o relaxamento/fim do isolamento social, existe a possibilidade de que os hábitos de mobilidade urbana dos cidadãos sejam alterados, levando à diminuição do uso do transporte público quando comparado ao período anterior à pandemia. Esse cenário de incertezas é prejudicial, na medida em que os atuais prejuízos do transporte coletivo já são extremamente altos. De acordo com Armando Guerra, presidente da Federação das Empresas de Transportes de Passageiros do Estado do Rio de Janeiro (Fetranspor), os prejuízos nas receitas das empresas de ônibus são na ordem dos R$843 milhões de reais, sendo que tal prejuízo corresponde apenas aos dois primeiros meses das restrições impostas pelo governo diante da pandemia (BAZANI, 2020).

Dessa forma, a queda da demanda pelo transporte coletivo, somada aos novos gastos do setor com a intensificação da higiene dos veículos, compra de equipamentos para proteção individual e restrições à lotação dos transportes resultam em grandes dificuldades financeiras das empresas de ônibus (LIMA, CARVALHO e FIGUEIREDO, p. 4). Nesse contexto, tanto as operadoras de transportes quanto o poder público precisam fazer escolhas concernentes às restrições dos impactos financeiros a serem vivenciados por esse setor. Nesse sentido, apesar de o Estado requerer transportes com uma lotação adequada para que se evite a propagação do vírus, as empresas operadoras sem veem compelidas a reduzir a oferta, concomitantemente a manutenção da prestação de serviços, obtendo um retorno financeiro insuficiente.

Sem embargos, os novos problemas oriundos da atual situação pandêmica não impedem que problemas estruturais, observados nas formas de contratação de operadores de transportes público, agravam o cenário. Lima *et al.* (2020, p.11) explica que, no tocante às formas de contratação de operadoras de transporte por licitação pública, grande parte dos contratos não são, de fato, realizados por essa modalidade. Aliado a isso, tem-se também que a concessão de direitos de operação dessas empresas é renovada sem a devida submissão a processos competitivos. Em suma, a contratação de empresas de transportes não é feita com a devida transparência, além de descumprir exigências do direito administrativo concernentes à contratação.

Ademais, os contratos realizados entre o ente interessado e a operadora de transporte coletivo são dotados de uma incompletude, a qual, na realidade, é inerente a qualquer contrato, ante a inviabilidade de se estabelecer e detalhar em um texto todas contingências e situações sobre as quais o contrato incidirá. Nessa acepção, muitos contratos de licitações públicas sobre transporte coletivo enfrentam problemas decorrentes de situações supervenientes ao contrato e que não estão previstas neste. Por esse ângulo, as alterações necessárias para a adaptação do setor de transporte coletivo à situação da pandemia causada pelo Covid-19 também não estão precisamente descritas nos contratos de operação de transportes, o que dificulta a adoção de medidas e mitigação de prejuízos econômicos.

Dessa forma, as operadoras de transportes possuem o dever legal de alterarem a forma de prestação de serviços em conformidade com as disposições governamentais e com as medidas de segurança cabíveis. No entanto, essas alterações não estão em sincronia com o que foi precipuamente estabelecido contratualmente. Nessa linha, é possível observar que inexiste um equilíbrio entre as modificações demandadas pelo Estado e a possibilidade financeira e logística da operadora de transportes em arcar adequadamente com tais mudanças.

Para se destacar a importância dos contratos de licitação, é necessária uma breve exposição sobre as modalidades de contratos das operadoras de transporte (LIMA, CARVALHO e FIGUEIREDO, p. 11). A priori, tem-se os contratos *cost-plus* ou contratos de gestão, nos quais a operadora recebe o pagamento de todas as despesas permitidas e estabelecida pelo contrato, além de um pagamento adicional que será o lucro da operação. Dessa forma, nesta modalidade de contrato, todos os riscos são assumidos pela autoridade, tanto o risco de produção ou operação, quanto o risco de receita.

Já os contratos de *gross-cost* são aqueles nos quais a empresa vencedora recebe um valor específico para cobrir custos e um nível de lucro, enquanto as autoridades ficam responsáveis por manter receitas tarifárias e suportar um risco relativo. Nesse modelo, a quantia recebida pela operadora é composta por dois valores: um valor fixo e um valor variável, estando este último sujeito ao nível de produção desenvolvido pela prestadora. Por fim, os contratos de *net-cost* ou contratos de risco total, são aqueles nos quais o operador contratado assume os riscos operacionais, arcando com todos os custos do processo, mas obtendo toda a receita. Em grandes capitais, como o potencial de lucro é muito elevado, é comum que a operadora vencedora deva pagar à autoridade concedente um valor pelo direito de exclusividade, com o intuito de reduzir o valor total obtido pela operadora a uma quantia mais razoável e em sincronia com o interesse público.

Pelo exposto, é possível depreender que a pandemia causada pelo Covid-19 se configura enquanto um caso de força maior dentro do espectro do direito contratual, impossível de ser previsto ou regulado por instrumento formal. Por essa razão, os contratos de licitação de transporte público no Brasil precisam ser revistos e adaptados, uma vez que a modalidade contratual predominante no cenário brasileiro é de tipologia *net-cost* ou *gross-cost*, que responsabilizam integralmente ou parcialmente a empresa operadora.

Essa alteração é importante porque, caso a autoridade não intervenha com a injeção de subsídios capazes de desafogar os prejuízos sofridos pela operadora de transportes, esta irá, irremediavelmente, transferir os prejuízos para outrem. Tal transferência pode ocorrer aos usuários do transporte (que sofrerão com a redução da frota de ônibus disponível ou pagarão tarifas de passagem mais elevadas) ou aos motoristas subordinados da empresa operadora (os quais, além de sofrerem pelo risco da demissão, também sentirão a precarização das condições de trabalho).

3. Trabalhadores do transporte público e o Covid-19

Conforme explicitado anteriormente, o transporte público foi considerado como serviço essencial durante a pandemia pelo coronavírus. Assim, ainda que a recomendação mundial seja de distanciamento e isolamento social, os trabalhadores desse ramo não puderam parar suas atividades laborais. Teoricamente, algumas medidas foram tomadas em certos lugares do país, para se evitar que houvesse superlotação dos transportes (o que era comum antes da pandemia). Contudo, na prática, muitas situações expuseram os trabalhadores a mais riscos do que o de sair de casa para trabalhar. Nesse sentido, um mapeamento realizado por pesquisadores do Instituto Alberto Luiz Coimbra de Pós-Graduação e Pesquisa de Engenharia (COPPE/UFRJ) demonstrou que os motoristas de ônibus têm 71% de risco de contágio pelo coronavírus (LIMA, COSTA e SOUZA, 2020).

Em maio de 2020, na cidade de Salvador/BA, um motorista de ônibus morreu, vítima da Covid-19. Efigênio Maciel do Sacramento Nascimento, de 43 anos, era conhecido no sindicato da categoria e trabalhava na mesma empresa em que morreram, também em decorrência da Covid-19, um cobrador (Márcio Santana, de 47 anos) e uma trabalhadora da limpeza. Após mais uma morte computada, o sindicato da categoria pleiteou a distribuição de equipamentos de segurança aos trabalhadores, a fim de se diminuir o risco de contágio. Assim, o sindicato reivindicou por "barreira de isolamento acrílico para cobrador e motoristas, testes rápidos e luvas, principalmente para o cobrador, que tem contato direto com os usuários" (G1 BA, 2020). No caso do cobrador Márcio Santana, este não sabia que estava doente, até passar mal durante o expediente de trabalho e ser internado, vindo a falecer posteriormente.

Em Jaboatão dos Guararapes/PE, Maria Dulcineide Rodrigues perdeu o marido Flávio, de 51 anos, que era motorista de ônibus e faleceu em decorrência da Covid-19. Em reportagem realizada por Roberta Soares (2020), Maria relatou:

> "Eles não se importam com a gente. Só pensam no lucro. E o governo permite, concorda. **Meu marido morreu reclamando da lotação dos ônibus nos horários de pico devido à redução da frota.** E como fazia a última viagem do dia sentia mais. Ainda era hipertenso, diabético e **estava enfrentando uma fase de ansiedade devido às dificuldades na**

profissão, como a redução do salário e a morte de outros dois colegas da mesma empresa. Em nenhum momento foi preservado. E tinha que trabalhar. Precisava" (SOARES, 2020, destaques nossos).

Ainda no estado de Pernambuco, a região metropolitana de Recife computava no transporte público, 14 mortes por Covid-19, até julho do presente ano. Destes, 10 eram de motoristas rodoviários e 4 de metroviários. Contudo, estima-se que os casos confirmados extraoficialmente ultrapassavam 30 mortes. Tal situação evidencia a fragilidade do setor de transporte público, na medida em que, para se adaptar às novas medidas de segurança e higiene exigidas pelo Estado, as operadoras de transporte reduziram a frota de veículos disponíveis para a prestação dos serviços. Essa diminuição da frota, no entanto, não foi seguida por uma diminuição proporcional do número de passageiros que se utilizam de tais serviços, gerando assim a lotação dos transportes. Dessa forma, é com vistas à diminuição dos prejuízos financeiros causados pela necessidade de novas medidas de segurança e higiene, que as operadoras transferem seu prejuízo aos motoristas e passageiros, os submetendo à uma prestação de serviços ineficiente e perigosa.

3.1. Dispensa coletiva

Sabe-se ainda que o contexto trazido pela pandemia afetou em muito as relações econômicas e de emprego. No caso do transporte público, houve, em algumas cidades, redução de linhas e do número de passageiros que podem ser transportados. Isso fez com que algumas empresas demitissem os funcionários, sob argumentos de corte de gastos. Foi o caso da concessionária de ônibus Circullare, que atua em Poços de Caldas/MG. Em junho de 2020, a empresa demitiu mais de 200 funcionários, com a alegação de que enfrentava crise pela diminuição em 75% dos passageiros. De acordo com a própria Circullare, a demissão atingiu todos os setores: cobradores, motoristas, responsáveis pela manutenção e setor administrativo.

Cabe ressaltar que demissões de um grande número de pessoas, como nesse caso, afetam não somente a individualidade de cada trabalhador, mas também a coletividade em que este se encontra. Nesse sentido, argumentou Mauricio Godinho Delgado (2009) que o tratamento especial dedicado à demissão em massa justifica-se pela significativa repercussão causada por esta nas esferas social, econômica, familiar e comunitária. Salienta-se ainda que a Lei n. 13.467/17 (Reforma Trabalhista) equiparou, no art. 477-A, as demissões individuais, plúrimas e coletivas, dispensando a necessidade de prévia autorização sindical ou de negociação coletiva para que ocorram. Assim, em um contexto atípico, as flexibilizações das relações de emprego se tornam ainda mais frequentes, principalmente se encontram amparo legislativo para tal.

Destarte, as demissões realizadas entre os trabalhadores do transporte público, em Poços de Caldas/MG, por exemplo, caracterizam também um problema para a população habitante da cidade. Nesse sentido, com a diminuição no número desses trabalhadores, a parcela da população que necessita de transporte público para locomoção também é afetada, já que, inevitavelmente, ocorre diminuição no número de viagens ou linhas dos ônibus. Assim, além da fragilização econômica dos trabalhadores demitidos (que afeta toda a economia local), há ainda enfrentamento de dificuldades de deslocamento pela população, decorrentes das demissões.

3.2. Estresse no trabalho

Ainda, um problema ocorrido em mais de uma ocasião com os trabalhadores do transporte público no contexto da pandemia é o da violência. Isso porque, em muitos lugares, o uso de máscara se tornou obrigatório, visto que é uma forma de diminuição da possibilidade de contágio (devendo ser conjugada a outras medidas necessárias). Tal obrigatoriedade ocasionou diversos episódios de violências verbais e físicas por parte das pessoas que não concordam com o uso do item de segurança. Especificamente no âmbito do transporte público, em Belo Horizonte/MG foram registrados dois casos de violência contra profissionais que exigiram o uso da máscara no transporte coletivo. Nos dois casos, ocorridos em maio do presente ano, houve agressão física contra os trabalhadores.

No mesmo sentido, na França, em junho de 2020, um motorista de ônibus teve morte cerebral após ser agredido por impedir que um grupo de pessoas embarcasse no ônibus sem máscara e sem pagar a tarifa. Com esses casos, surge a necessidade de debate sobre o estresse causado pela profissão e como isso se intensificou no contexto de pandemia, em que não só a saúde física, mas também a saúde mental da maioria das pessoas foi afetada pela brusca mudança de rotina e realidade.

Flávia Tavares (2010, p. 50) realizou uma pesquisa, na cidade de Uberlândia/MG, com 134 participantes, em que elencou sete categorias de fatores que poderiam gerar estresse no exercício da profissão de motoristas do transporte público. As categorias foram: trânsito, relacionamentos sociais, pressão do tempo, condições físicas do ambiente, baixo poder de decisão, escalas de trabalho e insegurança. De acordo com a pesquisa, as categorias de trânsito, relacionamentos sociais e pressão do tempo somaram 82,2% das respostas dos participantes como sendo os fatores que mais geram estresse no trabalho (em ordem decrescente teve-se como resultado: trânsito, relacionamentos sociais e pressão do tempo).

Destarte, das categorias de pesquisa citadas, a de relacionamentos sociais foi assim explicada:

> Relacionamentos sociais — este aspecto é paradoxal no trabalho do motorista. Há pouco suporte por parte da chefia e também pouca interação face-a-face entre os motoristas, já que os intervalos entre as voltas são curtos, às vezes inexistentes, e em muitos pontos finais de parada nos

bairros por vezes só permanece um ônibus estacionado. Por outro lado, o motorista interage constantemente com o cobrador e os passageiros (TAVARES, 2010, p. 50).

Na mesma pesquisa, os motoristas participantes relataram com frequência, sobre a categoria de relacionamentos sociais, que "usuários fazem falta de educação; perguntam muito; xingam; desrespeitam" (TAVARES, 2010, p. 53). Como supracitado, em um contexto de pandemia como a observada atualmente, as condições sociais necessárias para diminuição do contágio geram desconfortos, em alguma medida. No caso dos trabalhadores do transporte público, o fato de não poderem ficar em casa, por si só, já é algo que causa insegurança, uma vez que muitos podem ser ou conviver diariamente com quem seja considerado como grupo de risco. Não obstante, entre os trabalhadores em geral, tem-se maior insegurança com relação à manutenção da relação de emprego, já que, como visto neste trabalho, as dispensas coletivas são realidade – e não em detrimento às dispensas individuais, sim em conjunto a elas.

Assim sendo, as ditas "relações sociais" categorizadas na pesquisa feita por Flávia Tavares podem se tornar ainda mais conflituosas, na medida em que tais relações já são fatores de estresse para muitos trabalhadores do transporte público e, em um cenário de grande temor em diversos âmbitos, essas relações que causam estresse podem ser agravadas. Ressalta-se ainda que, como visto, uma das formas de relação social dos motoristas entre si ocorre apenas nos intervalos intrajornada e, mesmo em condições normais, tal contato já era prejudicado, pois muitas vezes o trajeto a ser cumprido não permite que se faça intervalos. Contudo, no contexto da pandemia pelo coronavírus, pode-se dizer que essa forma de contato se torna ainda mais prejudicada, já que, em muitas cidades, as linhas sofreram diminuição de horário, bem como as medidas de distanciamento social restringem as interações que poderiam ser realizadas entre os trabalhadores.

4. Conclusão

Por todo o exposto, é perceptível que a atividade laboral dos trabalhadores do transporte público é atravessada por diversas problemáticas. A forma peculiar com que os trabalhos são realizados nas vias de trânsito gera inúmeras situações, como: maior rigidez no controle do trabalho pelo empregador; jornadas excessivas de trabalho; supressão dos intervalos intrajornada; sujeição às intempéries e à poluição sonora, entre outros. Assim sendo, a realidade trazida pela pandemia do coronavírus fragiliza ainda mais as relações da referida categoria de empregados.

Não obstante, além dos riscos enfrentados pela necessidade de oferecimento do serviço, mesmo em meio a pandemia, os trabalhadores ainda lidam, muitas vezes, com falta de fornecimento de Equipamento de Proteção individual (EPI), bem como com a violência de usuários dos transportes que não aceitam as restrições impostas para diminuição do contágio. Além disso, o estresse, que já era observado na profissão, tende a se agravar em um contexto de grande temor em diversos âmbitos: para além do medo de contágio da doença, medo da demissão e da diminuição do salário, por exemplo.

Esse cenário é resultado da má gestão desenvolvida pelas operadoras de transporte, as quais, diante da necessidade de alteração das formas de prestação de seus serviços em atendimento às medidas de saúde e segurança, tomam decisões que se mostram prejudiciais à coletividade. Nessa seara, a diminuição da frota de transportes disponíveis e a lotação destes é produto direto da gestão inadequada dessas operadoras. Destarte, observa-se um transferência de prejuízos da operadora para os trabalhadores e usuários do transporte público, por meio da precarização do serviço prestado.

Por essa razão, entende-se pela necessidade de uma maior intervenção estatal no que concerne à prestação de serviços de transporte coletivo. Em atendimento às necessidade sociais, bem como à manutenção do direito ir e vir e de acesso ao transporte público, faz-se oportuno o fornecimento de subsídios do Estado às operadoras, como forma de suprir parte do prejuízo por elas arcados, de tal forma que este não seja transferido para usuários e trabalhadores do setor, os onerando de forma excessiva e desproporcional como a que vem ocorrendo.

Referências bibliográficas

APÓS insuficiência respiratória durante trabalho, rodoviário morre com Covid-19 em Salvador. *G1 BA*, Salvador, 18 de maio de 2020. Disponível em: <https://g1.globo.com/ba/bahia/noticia/2020/05/18/apos-insuficiencia-respiratoria-durante-trabalho-rodoviario-morre-com-Covid-19-em-salvador.ghtml>. Acesso em: 27 jul. 2020.

BAZANI, Adamo. Com prejuízos de R$ 843 milhões, empresas de ônibus do Rio de Janeiro estimam dificuldades para a reabertura do Estado. *Diário do Transporte*, Rio de Janeiro, 26 maio 2020. Disponível em: <https://diariodotransporte.com.br/2020/05/26/com-prejuizos-de-r-843-milhoes-empresas-de-onibus-do-rio-de-janeiro-estimam-dificuldades-para-a-reabertura-do-estado/>. Acesso em: 30 jul. 2020.

BRASIL. Tribunal Superior do Trabalho. *Recurso Ordinário n. 309/2009-000-15-00.4*. Recorrentes: Empresa Brasileira de Aeronáutica S.A. – Embraer e outra, Sindicato dos Metalúrgicos de São José Dos Campos e Região e Outros e Sindicato dos Trabalhadores nas Indústrias de Construção de Aeronaves, Equipamentos Gerais Aeroespacial, Aeropeças, Montagem e Reparação de Aeronaves e Instrumentos Aeroespacial do Estado de São Paulo – Sindiaeroespacial. Recorridos: os mesmos. Relator: Min. Mauricio Godinho Delgado. Brasília, 10 ago. 2009. Disponível em: <https://jurisprudencia-backend.tst.jus.br/rest/documentos/670390d2c88ece04f76346f2e5081589>. Acesso em: 1º ago. 2020.

Covid-19: Motorista de ônibus morre em hospital de Salvador, diz sindicato. *G1 BA*, Salvador, 20 maio 2020. Disponível em: <https://g1.globo.com/ba/bahia/noticia/2020/05/20/Covid-19-motorista-de-onibus-morre-em-hospital-de-salvador-diz-sindicato.ghtml>. Acesso em: 27 jul. 2020.

EMPRESA de transporte público demite mais de 200 funcionários em Poços de Caldas, MG. *G1 Sul de Minas*, Poços de Caldas, 03 jun. 2020. Disponível em: <https://g1.globo.com/mg/sul-de-minas/noticia/2020/06/03/empresa-de-transporte-publico-demite-mais-de-100-funcionarios-em-pocos-de-caldas-mg.ghtml>. Acesso em: 26 jul. 2020.

LIMA, Y. O.; COSTA, D. M.; SOUZA, J. M. Risco de Contágio por Ocupação no Brasil. *Impacto Covid-19*, Rio de Janeiro, 26 mar. 2020. Disponível em: <https://impactocovid.com.br>. Acesso em: 10 ago. 2020.

LIMA, Gregório Costa Luz de Souza; CARVALHO, Gabriel Stumpf Duarte de; FIGUEIREDO, Miguel Zobaran. A incompletude dos contratos de ônibus nos tempos da Covid-19. *Revista de Administração Pública*, Rio de Janeiro, v. 54, n. 4, p. 994-1009, jul. 2020. ISSN 1982-3134. Disponível em: <http://bibliotecadigital.fgv.br/ojs/index.php/rap/article/view/81912>. Acesso em: 1º ago. 2020.

MOTORISTA de ônibus tem morte cerebral após agressão por negar entrada de passageiros sem máscara. *G1 (por France Presse)*, 06 jul. 2020. Disponível em: <https://g1.globo.com/mundo/noticia/2020/07/06/motorista-de-onibus-tem-morte-cerebral-apos-agressao-por-negar--entrada-de-passageiros-sem-mascara.ghtml>. Acesso em: 28 jul. 2020.

PEIXOTO, Luisa Feyo Guimarães. Crise Covid-19: da imobilidade a uma mobilidade mais sustentável. *Viatrolebus*, 27 jul. 2020. Disponível em: <https://viatrolebus.com.br/2020/07/crise-Covid-19-da-imobilidade-a-uma-mobilidade-mais-sustentavel/>. Acesso em: 1º ago. 2020.

SOARES, Roberta. Eles não podem parar. E estão morrendo. *JC UOL*, 31 maio 2020. Disponível em: <https://jc.ne10.uol.com.br/colunas/mobilidade/2020/05/5610954-eles-nao-podem-parar--e-estao-morrendo.html>. Acesso em: 24 jul. 2020.

TAVARES, Flávia de Andrade. *Estresse em motoristas de transporte coletivo urbano por ônibus*. 2010. 88 f. Dissertação (Mestrado) – Programa de Pós-Graduação em Psicologia, Instituto de Psicologia, Universidade Federal de Uberlândia, Uberlândia, 2010. Disponível em: <https://repositorio.ufu.br/bitstream/123456789/17095/1/Diss%20Flavia.pdf. Acesso em: 02 ago. 2020.

USUÁRIOS agridem e ameaçam motoristas de ônibus que cobram uso de máscaras na Grande BH; veja relatos. *G1 Minas*, Belo Horizonte, 17 jul. 2020. Disponível em: <https://g1.globo.com/mg/minas-gerais/noticia/2020/07/15/usuarios-agridem-e-ameacam-motoristas-de-onibus-que-cobram-uso-de-mascaras-na-grande-bh-veja-relatos.ghtml>. Acesso em: 29 jul. 2020.

Categorias Mais Afetadas: Trabalhadoras do Serviço Social[1]

Gabriela Oliveira Chikitani

Introdução

Em decorrência do novo coronavírus (Sars-CoV-2), no fim de 2019 e, consequentemente, da pandemia da Covid-19, em 2020, os Poderes Legislativo e Executivo do Brasil editaram atos normativos para enfrentarem a emergência de saúde pública causada por esse vírus, entre eles, a Lei n. 13.979/2020 e o Decreto n. 10.282/2020 que estabelecem no art. 3º, § 9º, da Lei, que o Presidente da República disporá, mediante decreto, sobre os serviços públicos e as atividades essenciais, e o art. 3º, § 1º, inciso II, do Decreto, define a assistência social como um dos serviços públicos e atividades essenciais indispensáveis ao atendimento das necessidades inadiáveis da comunidade.

As trabalhadoras do Serviço Social conhecem bem as desigualdades sociais e regionais do país, pois lidam diretamente com a população em estado de vulnerabilidade causado pela violência; desemprego; informalidade; miséria; entre outros, atuando na efetivação de direitos fundamentais, como, saúde; educação; alimentação; moradia; transporte; previdência social e proteção à maternidade e à infância (art. 6º, da CF), conferindo ou resgatando as cidadania e dignidade dos desamparados (art. 1º, incisos II e III, da Lei Maior), além de contribuírem para a consecução dos objetivos republicanos de uma sociedade livre, justa e solidária, com erradicação da pobreza e da marginalização (art. 3º, incisos I e III, da Carta Ápice).

Se na desigualdade normalizada do Brasil, as profissionais do Serviço Social são fundamentais, o que esperar no surto sanitário originado pela Covid-19? Que sejam ainda mais exigidas, pois socorrem a população em situação de calamidade pública (art. 3º, alínea *"d"*, do Código de Ética), entretanto, sem respaldo do empregador, já que não recebem ou recebem de maneira insuficiente equipamentos de proteção

(1) Trabalhadoras no feminino, pois a última pesquisa realizada na categoria apontava que as mulheres representavam 97% das assistentes sociais no Brasil, razão pela qual o texto está escrito na forma feminina.

individuais e coletivos, não passam por treinamentos, não são orientadas por protocolos de atuação, trabalham em equipes reduzidas e com jornada de trabalho dilatada, motivos pelos quais são uma das categorias mais afetadas nessa crise.

As condições de trabalho acima descritas foram obtidas em entrevistas semiestruturadas concedidas pelas trabalhadoras do Serviço Social que estão atuando na pandemia da Covid-19, possibilitando aos operadores do Direito o conhecimento do cotidiano laboral e os possíveis efeitos decorrentes do trabalho durante o surto sanitário, como, os adoecimentos físicos e psíquicos dessas trabalhadoras.

A origem do Serviço Social no Brasil e o contingente feminino predominante

O Serviço Social, como profissão institucionalizada, apareceu no cenário internacional na década de 20, após a Primeira Guerra Mundial, porém, no Brasil, manifestou-se nos anos 30, depois da tomada do poder por Getúlio Vargas, como forma de atender interesses do Estado, da Igreja e da burguesia na contenção das insatisfações socioeconômicas dos trabalhadores que, na sua maioria, eram pobres, negros e imigrantes, bem como dos seus familiares.(2)

A primeira Escola de Serviço Social brasileira surgiu na Pontifícia Universidade Católica (PUC) de São Paulo, em 1936, demonstrando a importância que tinha para a Igreja e a burguesia a formação profissional de mulheres, brancas, católicas e pertencentes às classes abastadas no controle dos movimentos populares e operários que eclodiram no Brasil, durante o processo de industrialização e antes da promulgação da Consolidação das Leis do Trabalho (CLT), em 1943.

Da fase inicial, vinculada à doutrina social da Igreja Católica com respaldo estatal, passando pela reconceituação do Serviço Social, a partir dos anos 60, tornando-se um curso laico, com espírito crítico acerca das lutas de classes e aliando-se aos movimentos sociais, nas décadas de 1970 e 1980, contra a Ditadura Militar,(3) as trabalhadoras do Serviço Social alcançaram nos anos 1990 a compreensão das implicações políticas da profissão e de que a relação capital-trabalho é um dos motores da desigualdade social, momento que adveio a regulamentação profissional da categoria (Lei n. 8.662/93).

Apesar de superada a origem assistencialista e religiosa, uma característica inicial do Serviço Social permanece no século XXI: a predominância feminina entre as

---

(2) OLIVEIRA, Edistia Maria Abath Pereira de; CHAVES, Helena Lúcia Augusto. 80 anos do Serviço Social no Brasil: marcos históricos balizados nos códigos de ética da profissão. *Serv. Soc. Soc.*, São Paulo, n. 128, jan./abr. 2017, p. 143-163.

(3) SILVA, Anália Barbosa da, *et. al. O Serviço Social no Brasil:* das origens à renovação ou o "fim" do "início". Disponível em: <https://cress-mg.org.br/hotsites/Upload/Pics/ec/ecd5a070-a4a6-4ba1-8e4a-81b016479890.pdf>. Acesso em: 06 jun. 2020.

profissionais, vez que, o censo realizado em 2005, pelo Conselho Federal de Serviço Social (CFSS), apontou que as mulheres representavam 97% da categoria no Brasil,[(4)] reforçando a concepção que o Serviço Social é uma profissão historicamente constituída por mulheres para atender, em especial, as mulheres.[(5)]

A essencialidade seletiva: a contradição entre a assistência social como atividade essencial e o não recebimento de insumos e treinamento para o enfrentamento dos efeitos da pandemia

Nos meses de maio e junho de 2020, foram ouvidas três trabalhadoras do Serviço Social, servidoras estatutárias municipais, que se dedicam ao combate dos efeitos socioeconômicos causados pela pandemia da Covid-19.

Uma (SS1) é assistente social e trabalha no Centro de Referência Especializado de Assistência Social (CREAS) em atividades de acolhimento e direcionamento das pessoas em situação de violência familiar; a segunda (SS2) é coordenadora do Centro de Referência de Assistência Social (CRAS) e faz a gestões de Recursos Humanos (controle de jornada de trabalho dos servidores e administração de conflitos) e territorial (articulação entre os serviços prestados pelas Secretarias de Assistência Social, Educação, Saúde e Meio Ambiente do Município e organizações da sociedade civil) e a terceira (SS3) é gerente na Secretaria de Assistência Social Municipal, respondendo pela organização e estruturação da pasta, orientando coordenadoras e CRAS, bem como pelos processos enviados pelos Ministério Público e Tribunal de Contas Estaduais.

Nota-se que há uma graduação nas funções e responsabilidades entre as entrevistadas, sendo que a SS1 está na ponta da lança das profissionais do Serviço Social no combate à violência familiar que só aumentou durante a pandemia, a SS2 também atua na linha de frente, mas acumulando funções de fiscalização e interface com os gestores da Secretaria de Assistência Social do Município e a SS3 direciona o funcionamento dos serviços prestados pelas assistentes sociais, gerenciando os recursos humanos e materiais à disposição.

Em que pese as entrevistadas ocuparem cargos escalonados, todas, após o reconhecimento estatal da calamidade pública decorrente da pandemia da Covid-19 (Decreto n. 64.879/2020, do Estado de São Paulo), relataram sobrecarga de trabalho, com aumento da jornada de labor, decréscimo ou manutenção da mão de obra, não fornecimento ou fornecimento insuficiente de equipamentos de proteção individuais

(4) CONSELHO FEDERAL DE SERVIÇO SOCIAL; colaboradores PRÉDES, R. *et al. Assistentes Sociais no Brasil:* elementos para o estudo do perfil profissional. Brasília: CFESS, 2005. p. 18.

(5) FREITAS, Rita *et al.* História do Serviço Social: resgatando uma história de mulheres. *Revista da Faculdade de Serviço Social da Universidade do Estado do Rio de Janeiro Em Pauta*, Rio de Janeiro, 2º sem. 2018, n. 42, v. 16, p. 228-246.

e coletivos, ausência de treinamento, protocolo e atendimento às demandas solicitadas, bem como o adoecimento psíquico causado pelo excesso de trabalho.

Sobre a jornada de trabalho, o art. 5º-A, da Lei n. 8.662/93, prevê a duração do trabalho da Assistente Social em 30 horas semanais, porém, a SS1, que exerce as funções de Assistente Social, não cumpre essa jornada de labor desde a decretação estadual da situação de pandemia, trabalhando em regime de revezamento de um dia sim e um dia não, na unidade do CREAS, das 9h às 15h, de segunda à sexta-feira, porém, ao retornar para a sua residência, continua respondendo mensagens e ligações de usuários, até mesmo em finais de semana, sem contar que ainda realiza visitas domiciliares, uma a duas vezes por mês, em média.

A SS2 deveria cumprir 36 horas semanais de trabalho, em virtude do exercício da função gratificada, entretanto, pós-pandemia, extrapola habitualmente a jornada de trabalho, já que, mesmo durante as férias, trabalhou remotamente respondendo e orientando servidoras e participando de reuniões e, ao retornar delas, labora presencialmente no CRAS, de segunda à sexta-feira e, quando retorna ao domicílio, permanece trabalhando remotamente, assim como nos finais de semana e feriados, narrando que se esquece de se alimentar, com frequência, tendo em vista o excesso de serviço.

A SS3 que, antes da pandemia, trabalhava das 8h às 17h, de segunda à sexta-feira, passou a laborar das 7h às 22h, em média, alimentando-se e alimentando a filha, de um ano de idade, entre uma reunião e outra, em menos de um hora, além disso, trabalha presencialmente na Secretaria de Assistência Social, por três vezes na semana e durante meio período, voltando para o domicílio sem se desligar das atividades profissionais, vez que participa de reuniões e orienta as servidoras, até mesmo a noite, nos finais de semana e feriados.

No tocante ao recebimento de equipamentos de proteção individual (EPI), a SS1 acusou o não fornecimento pela Administração Municipal, em que pese continuar o atendimento presencial à população, até mesmo realizando visitas domiciliares, valendo-se de máscara caseira própria (que não é EPI, conforme N-R6, da Portaria n. 3.214/78, do Ministério da Economia) e de álcool em gel particular.

As SS2 e SS3 declararam que receberam álcool em gel através de doações, contudo, a SS3 afirmou que a quantidade é diminuta e, no início, receberem máscaras, mas com um diferencial, enquanto a SS2 recebeu máscaras cirúrgicas, a SS3 recebeu um máscara do tipo N95, depois, ambas passaram a receber máscaras caseiras em quantidades insuficientes (duas máscaras por pessoa) e sem troca periódica, o que motivou a reclamação da SS2 para o Poder Público, porquanto a orientação do Ministério da Saúde é a troca da máscara a cada duas horas,[(6)] razão pela qual foi encaminhada

(6) MINISTÉRIO DA SAÚDE. *Tem dúvidas sobre o coronavírus?* O Ministério da Saúde te responde! Disponível em: <https://www.saude.gov.br/images/pdf/2020/April/07/Cartilha-Coronavirus-Informacoes-.pdf>. Acesso em: 07 jun. 2020.

uma doação pontual com seis máscaras para cada pessoa, além de protetor facial de plástico, sem qualquer instrução para uso e higienização.

Nesse aspecto, as entrevistadas informaram não terem recebido treinamento para uso de EPI, nem protocolo de atuação na hipótese do usuário apresentar sintomas da Covid-19, relatando comunicação à Vigilância Sanitária por deliberação própria, sendo que somente a SS3 citou ter recebido protocolo de como proceder no caso de servidora apresentar sintomas da doença.

Quanto às medidas coletivas de proteção, as trabalhadoras relataram diminuição do atendimento presencial; adoção de escalas de revezamento para trabalho presencial; uso obrigatório de máscara e álcool em gel pelos usuários (um dos motivos pelos quais necessitam de mais máscaras, já que fornecem à população), entrando um por vez para evitar aglomeração; orientação para uso de ar condicionado e preferência pela ventilação natural.

No entanto, para todas, a limpeza dos locais de trabalho se manteve igual (uma vez ao dia), cabendo a cada uma desinfectar sua estação e objetos quando chega ao trabalho e após atendimento, em descompasso com a Nota Técnica n. 1/2020 (Medidas de Prevenção e Controle para a Infecção Humana pelo Novo Coronavírus — Covid-19 no Ambiente de Trabalho), do Centro de Referência em Saúde do Trabalhador (CEREST) de Campinas/SP, que orienta uma higienização rigorosa do ambiente de trabalho, várias vezes ao dia e de acordo com o uso.(7)

A partir dos relatos, constata-se que não apenas as diretrizes do CEREST são descumpridas pelo empregador, mas também as da Organização Internacional do Trabalho (OIT) sobre prevenção e mitigação da Covid-19 no trabalho(8) e as da Comissão Econômica para a América Latina e o Caribe (CEPAL) elaboradas juntamente com a OIT como resposta para a Covid-19,(9) além de não observados os arts. 7º, inciso XXII; 39, § 3º; 200, inciso VIII e 225, *caput*, da CF; 157 e 166, da CLT e 7º, alíneas *"a"* e *"c"*, do Código de Ética da Assistente Social, pois, independentemente da pandemia, as trabalhadoras têm direito ao trabalho em ambiente e condições de saudáveis e seguras, bem como acesso à informação para o exercício das funções.

---

(7) CENTRO DE REFERÊNCIA EM SAÚDE DO TRABALHADOR. Campinas/SP. *Nota Técnica CEREST n. 1/2020.* Medidas de Prevenção e Controle para a Infecção Humana pelo Novo Coronavírus — Covid-19 no Ambiente de Trabalho. Disponível em: <http://www.saude.campinas.sp.gov.br/cerest/publicacoes/Nota_Tecnica_01_Precaucoes_no_Amb_Trab_Coronavirus.pdf>. Acesso em: 09 jun. 2020.

(8) ORGANIZAÇÃO INTERNACIONAL DO TRABALHO. *Prevenção e Mitigação da Covid-19 no Trabalho.* Lista de Verificação das Ações de Melhoria. Disponível em: <https://www.ilo.org/wcmsp5/groups/public/---europe/---ro-geneva/---ilo-lisbon/documents/genericdocument/wcms_742986.pdf>. Acesso em: 07 jun. 2020.

(9) COMISSIÓN ECONÓMICA PARA AMÉRICA LATINA Y EL CARIBE (CEPAL)/ORGANIZACIÓN INTERNATIONAL DEL TRABAJO (OIT). *El trabajo en tiempos de pandemia:* desafíos frente a la enfermedad por coronavirus (Covid-19), Coyuntura Laboral en América Latina y el Caribe, n. 22 (LC/TS.2020/46), Santiago, 2020. p. 33.

Ressalta-se que o art. 25, da Declaração Universal dos Direitos Humanos, de 1948, reconhece o direito a um padrão de vida adequado à saúde e ao bem-estar, bem assim o art. 7, *b*, do Pacto Internacional sobre Direitos Económicos, Sociais e Culturais, de 1966, prevê condições de trabalho seguras e saudáveis, o que se aplica à saúde mental e física das trabalhadoras.

Nessa toada, a Convenção 155, da OIT, ratificada pelo Brasil (Decreto n. 1.254/94), que impõe aos empregadores a preservação da segurança e da saúde dos empregados nos locais de trabalho, através do fornecimento de roupas e equipamentos de proteção (art. 16); o fornecimento de treinamento apropriado no âmbito da segurança e da higiene do trabalho e a não exigência dos trabalhadores do retorno ao trabalho que apresente perigo grave ou iminente para sua vida ou saúde (art. 19, *"d"* e *"f"*) e a não geração de ônus financeiro para os trabalhadores pela adoção de medidas de segurança e higiene do trabalho (art. 21); bem como a Convenção n. 161, da OIT, a qual o Brasil é signatário (Decreto n. 127/91), que impõe aos empregadores deveres relacionados aos serviços de saúde no trabalho (art. 5º) e o de informação ao trabalhador acerca dos riscos para a saúde inerentes a seu trabalho (art. 13).

Ademais, frisa-se que a relação jurídica administrativa entre as entrevistadas e o Poder Público não elide a competência da Justiça do Trabalho para apreciar e julgar ações que almejam a observância das normas relativas à segurança, higiene e saúde nos locais de trabalho, porque se trata de um direito social trabalhista de alcance coletivo e geral, não importando a diversidade dos regimes jurídicos firmados entre os trabalhadores e a Administração Pública, uma vez que todos estão submetidos às mesmas condições de trabalho, nos termos dos arts. 7º, inciso XXII, 39, § 3º e 114, inciso I, da CF e da Súmula n. 736, do Supremo Tribunal Federal (STF).

Em relação à Covid-19, duas entrevistadas confessaram temer contrair a doença e transmiti-la para pessoas pertencentes ao grupo de risco, uma vez que lidam com a população em estado de vulnerabilidade e mantêm contato com familiares, reforçando a divisão sexual do trabalho, em que os homens são designados para as funções produtivas de maior valor social agregado e as mulheres para as reprodutivas.[10]

Apesar de uma trabalhadora do Serviço Social ter afirmado não temer adquirir a Covid-19, em razão de não possuir comorbidades, só manter contato virtual com os pais e querer continuar trabalhando, anunciou sensações de impotência, insignificância

(10) HIRATA; Helena; KERGOAT, Danièle. Divisão sexual do trabalho profissional e doméstico: Brasil, França e Japão. In: COSTA, Albertina de O.; SORJ, Bila; BRUSCHINI, Cristina; HIRATA, Helena (Orgs.). *Mercado de Trabalho e Gênero:* comparações internacionais. Rio de Janeiro: FGV, 2008b. p. 266 *apud* VIEIRA, Regina Stela Côrrea. *Cuidado como trabalho:* uma interpretação do Direito do Trabalho a partir da perspectiva de gênero. 2018. Tese (Doutorado – Programa de Pós-Graduação em Direito, Área de Concentração Direito do Trabalho e Seguridade Social) – Faculdade de Direito, Universidade de São Paulo, São Paulo, 2018. p. 22-23.

e vontade de morrer causadas pelo estresse laboral, o que, segundo a entrevistada, deve ser o motivo por não se afligir com a doença.

Ainda, a SS1 asseverou que um servidor teve Covid-19 e somente ele foi afastado do trabalho, sendo mantida a atuação da equipe que teve contato com ele. É a mesma narrativa da SS3, pois informou conhecer casos de servidores que tiveram parentes acometidos pela Covid-19, motivo pelo qual passaram a trabalhar remotamente e os servidores que apresentaram os sintomas da doença foram testados e afastados do trabalho por mais ou menos 14 dias, retornando às atividades em *home office*, após o resultado negativo.

Quando questionadas se possuem alguma doença decorrente do trabalho, apenas a SS1 respondeu imediatamente que sim, pois foi diagnosticada e medicada para o transtorno de ansiedade (CID10 F41), em fevereiro de 2020 e, embora as SS2 e SS3 terem negado inicialmente, ambas afirmaram que as condições de trabalho, que já eram ruins, mas pioraram com a pandemia, ampliaram suas insônia, agitação, ansiedade, agressividade, dificuldades para se alimentar e concentrar, etc, sintomas de um quadro ansioso-depressivo derivado ou agravado pelo labor, tanto que uma delas relatou a vontade de morrer por obra da desvalorização administrativa, passando por acompanhamento psicoterapêutico semanal.

O adoecimento psíquico foi denunciado pelas trabalhadoras do Serviço Social às chefias, apontando as causas e soluções para a melhoria das condições de labor e, consequentemente, da saúde, como, o fornecimento de EPI com regularidade, treinamento para a utilização e higienização mais frequente dos locais de trabalho para evitarem a propagação da Covid-19; o provimento de materiais para o trabalho remoto para as SS1 e SS2 (*notebook*, celular e linha telefônica com *internet* banda larga compatível para o cumprimento das atribuições), já que utilizam seus pertences sem qualquer ressarcimento; mais profissionais atuando na área, pois o afastamento de algumas por motivo de saúde e o trabalho só remoto do grupo de risco sobrecarregam as entrevistadas que laboram presencialmente atendendo o público; protocolos com orientações específicas sobre quais atividades devem ser executadas e priorizadas e a não imputação às profissionais de Serviço Social de tarefas que fogem das suas alçadas (distribuição da "Merenda em Casa", que é um programa da Secretaria de Educação estadual sem acesso pelas entrevistadas dos cadastros e a verificação da não concessão do "Auxílio Emergencial" pela Caixa Econômica Federal, visto que também não têm acesso a base de dados dos órgãos do governo federal), o que evitaria a circulação de pessoas nas ruas.

Ao serem perguntadas sobre a perspectiva para o trabalho após a pandemia, todas responderam que as condições de trabalho piorarão, uma vez que haverá incremento na procura pelos serviços assistenciais, gerando excesso de trabalho e, por conseguinte, os adoecimentos físico e mental ou agravamento das doenças entre as trabalhadoras do Serviço Social, pois não recebem e não receberão respaldo administrativo, pelo contrário, os gestores públicos atribuem atividades meramente assistencialistas, por exemplo, a distribuição de cestas básicas e cartões de alimentação, desprezando uma política preventiva e com foco nas eleições municipais.

Com base nas entrevistas, apreendem-se o esgotamento e o descrédito das profissionais do Serviço Social com a Administração Pública, porque, em que pese o Estado declarar a assistência social e o atendimento à população em estado de vulnerabilidade como atividades essenciais e que devem funcionar durante a calamidade pública causada pela Covid-19, as trabalhadoras não recebem EPI periódicos, orientações e protocolos de atuação, não passam por treinamentos, não recebem suporte para a adoção de medidas coletivas de proteção nem mesmo ferramentas para trabalhar remotamente e para distribuírem insumos aos usuários, demonstrando um paradoxo entre o decreto estatal e a realidade.

Verifica-se também desconforto nas entrevistadas com a falta de reconhecimento da população, mídia e, principalmente, do empregador que se refere à Secretaria da Assistência Social como uma pasta assistencialista, servindo-se do discurso de que as trabalhadoras do Serviço Social são heroínas para convencê-las a continuarem laborando presencialmente e sem o fornecimento de EPI, escorando-se na inclinação altruísta das trabalhadoras e na carência da população.

Além disso, o Poder Público vem sinalizando a convocação das servidoras do grupo de risco para laborarem presencialmente, indo de encontro com as diretrizes internacionais e nacionais, tendo em vista que, na data da elaboração deste artigo, os números de casos e mortes da Covid-19 no Estado de São Paulo só aumentaram,[11] bem como contribui para os esgotamentos físico e mental das demais trabalhadoras que passam a convier em um ambiente de trabalho tenso.

Considerações finais

O Estado brasileiro, calcado nos fundamentos republicanos da cidadania e da dignidade pessoa humana (art. 1º, incisos II e III, da CF), desenvolve o Serviço Social com uma política pública que presta serviços aos cidadão e familiares em situações de carência que, por questões sociais, pessoais e de calamidade pública, não têm condições de subsistência (art. 203, da CF).

A pandemia da Covid-19 torna o trabalho das profissionais do Serviço Social ainda mais relevante frente ao aumento da desigualdade socioeconômica no Brasil,

(11) UNIVERSIDADE DE SÃO PAULO. Faculdade de Medicina de Ribeirão Preto. *Monitoramento de casos confirmados de Covid-19 – ESTADO DE SÃO PAULO*. Disponível em: <https://ciis.fmrp.usp.br/covid19/sp-br/>. Acesso em: 12 jun. 2020.

porém, a doença não lança luzes apenas sobre as desigualdades de classes e de raças, mas também de gênero, como se nota entre as entrevistadas que, além de prestarem assistência às pessoas em situações de violência, desamparo e miséria, sem o uso de equipamentos de proteção adequados e suficientes, o que já é motivo de grande estresse, são simultaneamente responsáveis pelos serviços domésticos e de cuidado familiar, impactando na saúde mental e física dessas trabalhadoras.

Se não bastasse o desamparo administrativo, em razão do não fornecimento ou fornecimento deficiente de EPI; a não adoção por completo de medidas protetivas coletivas nos locais de trabalho; a ausência de protocolo de atuação; o não oferecimento de insumos para o trabalho remoto; a escassez de mão de obra aliada à alta demanda de trabalho que geram sobrejornadas habituais; entre outros, as profissionais do Serviço Social têm que lidar com a dupla jornada de trabalho (acumulam o trabalho remunerado e o não remunerado dos encargos familiares), sem qualquer amparo social, porquanto a SS3 confessou temer ser convocada para trabalhar presencialmente, de segunda à sexta-feira, e não ter com quem deixar a sua filha de um ano de idade, vez que as creches não abrirão e o pai labora externamente.

Os relatos colhidos denunciam sinais de esgotamento que eclodirão na doença ocupacional da síndrome de *Burnout* (CID10 Z73), se medidas preventivas de saúde, segurança e higiene no trabalho não forem adotadas em breve pela Administração Pública, pois a exaustão mental e a baixa realização profissional foram verificadas nas entrevistas, faltando somente o elemento da despersonalização que não está muito distante de ocorrer,[(12)] considerando o ritmo de trabalho penoso e as dificuldades físicas e mentais derivadas das cobranças para respostas rápidas e atuações eficientes (Portaria n. 1.339/99, do Ministério da Saúde).

O presente artigo busca ecoar a voz das atrizes sociais, evitando discussões abstratas e canalizando esforços na apreciação da realidade e das necessidades das trabalhadoras do Serviço Social, perseguindo também a atenção dos agentes públicos para a melhoria das condições de trabalho dessas profissionais, através da humanização e da visibilização da categoria que acolhe e confere cidadania e dignidade às pessoas marginalizadas pelo sistema capitalista.

Igualmente, este trabalho aspira reavivar a discussão sobre a ratificação da Convenção 156, da OIT, pelo Brasil, pois a igualdade de oportunidades e de tratamento para trabalhadores homens e mulheres, bem assim a divisão dos encargos familaires também com a sociedade, vão ao encontro dos ditames dos arts. 5º, *caput* e inciso I, e 7º, inciso XXX, da CF, aplicando-se inclusive às servidoras estatutárias, consoante art. 39, § 3º, da Lei Maior.

---

(12) MINISTÉRIO DA SAÚDE DO BRASIL; ORGANIZAÇÃO PAN-AMERICANA DA SAÚDE NO BRASIL. *Doenças relacionadas ao trabalho:* manual de procedimentos para os serviços de saúde. In: DIAS, Elizabeth Costa (org.); colaboradores ALMEIDA, I. M. *et al.* Brasília: Ministério da Saúde do Brasil, 2001. p. 191-194.

Por fim, se o futuro é construído hoje e se uma das missões do povo brasileiro é a promoção do bem de todos, sem preconceitos de origem, raça, sexo, cor, idade e quaisquer outras formas de discriminação (art. 3º, inciso IV, da CF), devemos ouvir e integrar todas as vozes sociais que até então estavam silenciadas, ainda mais agora, em que se inicia um novo século pós-pandemia, onde o trabalho deverá estar centrado no ser humano.(13)

Bibliografia

CENTRO DE REFERÊNCIA EM SAÚDE DO TRABALHADOR. Campinas/SP. ***Nota Técnica CEREST n. 1/2020***. Medidas de Prevenção e Controle para a Infecção Humana pelo Novo Coronavírus – Covid-19 no Ambiente de Trabalho. Disponível em: <http://www.saude.campinas.sp.gov.br/cerest/publicacoes/Nota_Tecnica_01_Precaucoes_no_Amb_Trab_Coronavirus.pdf>. Acesso em: 09 jun. 2020.

COMISSIÓN ECONÓMICA PARA AMÉRICA LATINA Y EL CARIBE (CEPAL)/ ORGANIZACIÓN INTERNATIONAL DEL TRABAJO (OIT). *El trabajo en tiempos de pandemia:* desafíos frente a la enfermedad por coronavirus (Covid-19), *Coyuntura Laboral en América Latina y el Caribe*, N. 22 (LC/TS.2020/46), Santiago, 2020.

CONSELHO FEDERAL DE SERVIÇO SOCIAL; colaboradores PRÉDES, R. *et al. Assistentes Sociais no Brasil:* elementos para o estudo do perfil profissional. Brasília: CFESS, 2005.

FREITAS, Rita. *et al.* História do Serviço Social: resgatando uma história de mulheres. *Revista da Faculdade de Serviço Social da Universidade do Estado do Rio de Janeiro Em Pauta*, Rio de Janeiro, 2º sem. 2018, n. 42, v. 16.

MINISTÉRIO DA SAÚDE DO BRASIL. *Tem dúvidas sobre o coronavírus?* O Ministério da Saúde te responde! Disponível em: <https://www.saude.gov.br/images/pdf/2020/April/07/Cartilha-Coronavirus-Informacoes-.pdf>. Acesso em: 07 jun. 2020.

______; ORGANIZAÇÃO PAN-AMERICANA DA SAÚDE NO BRASIL. *Doenças relacionadas ao trabalho:* manual de procedimentos para os serviços de saúde. In: DIAS, Elizabeth Costa (Org.); colaboradores ALMEIDA, I. M. *et al.* Brasília: Ministério da Saúde do Brasil, 2001.

OLIVEIRA, Edistia Maria Abath Pereira de; CHAVES, Helena Lúcia Augusto. 80 anos do Serviço Social no Brasil: marcos históricos balizados nos códigos de ética da profissão. *Serv. Soc. Soc.*, São Paulo, n. 128, jan./abr. 2017.

ORGANIZAÇÃO INTERNACIONAL DO TRABALHO. *Documento Final do Centenário da OIT.* Disponível em: <https://www.ilo.org/wcmsp5/groups/public/---europe/---ro-geneva/---ilo-lisbon/documents/publication/wcms_706928.pdf>. Acesso em: 11 jun. 2020.

______. *Prevenção e Mitigação da Covid-19 no Trabalho.* Lista de Verificação das Ações de Melhoria. Disponível em: <https://www.ilo.org/wcmsp5/groups/public/---europe/---ro-geneva/---ilo-lisbon/documents/genericdocument/wcms_742986.pdf>. Acesso em: 07 jun. 2020.

(13) ORGANIZAÇÃO INTERNACIONAL DO TRABALHO. *Documento Final do Centenário da OIT.* Disponível em: <https://www.ilo.org/wcmsp5/groups/public/---europe/---ro-geneva/---ilo-lisbon/documents/publication/wcms_706928.pdf>. Acesso em: 11 jun. 2020.

SILVA, Anália Barbosa da, *et. al. O Serviço Social no Brasil:* das origens à renovação ou o "fim" do "início". Disponível em: <https://cress-mg.org.br/hotsites/Upload/Pics/ec/ecd5a070-a4a-6-4ba1-8e4a-81b016479890.pdf>. Acesso em: 06 jun. 2020.

UNIVERSIDADE DE SÃO PAULO. Faculdade de Medicina de Ribeirão Preto. *Monitoramento de casos confirmados de Covid-19 – ESTADO DE SÃO PAULO.* Disponível em: <https://ciis.fmrp.usp.br/covid19/sp-br/>. Acesso em: 12 jun. 2020.

VIEIRA, Regina Stela Côrrea. *Cuidado como trabalho:* uma interpretação do Direito do Trabalho a partir da perspectiva de gênero. 2018. Tese (Doutorado – Programa de Pós-Graduação em Direito, Área de Concentração Direito do Trabalho e Seguridade Social), Faculdade de Direito, Universidade de São Paulo, São Paulo, 2018.

A Vida e a Morte Andam Lado a Lado: Considerações sobre as Atividades Laborais na Mineração em Tempos de Pandemia da Covid-19

Juliana Benício Xavier
Kathiuça Bertollo

Resumo[1]: O presente artigo problematiza as atividades laborais na mineração em tempos de pandemia da Covid-19. As reflexões sobre este contexto se amparam na teoria social crítica, especialmente na Teoria Marxista da Dependência, evidenciando a condição de capitalismo dependente e de superexploração da força de trabalho que se mantém no cotidiano e vida das e dos vinculados à mineração no país. Assume como ponto de partida o ordenamento jurídico nacional que definiu essa atividade como essencial em contexto de agravamento das condições de sobrevivência da população brasileira devido à proliferação descontrolada da Covid-19, situação que expõe de modo agravado as trabalhadoras e trabalhadores da mineração. É explicitado tal cenário a partir da realidade de Itabira-MG, município em que a mineração foi paralisada por um curto período de tempo após trâmites judiciais de âmbitos de amparo e proteção ao ser humano que labora, decisão que foi revertida por iniciativa do Poder Econômico, configurando uma rápida retomada das atividades laborais e a continuidade de exposição das trabalhadoras e trabalhadores a uma doença ainda sem cura. A mineração é altamente danosa à força de trabalho e à natureza, situação endossada pela manutenção da sua execução em tempos de pandemia.

Palavras-chave: Mineração — Atividade essencial — Trabalho — Pandemia.

---

(1) Agradecemos ao amigo e professor Bruno Milanez pela leitura dos rascunhos e por suas contribuições que ajudaram esse texto a ir além de ideias desconexas, cambaleantes.

1. Contexto

O ano de 2020 teve início com notícias de que uma doença viral de rápida disseminação possuía todas as características para se tornar uma pandemia. As premunições foram confirmadas e, em poucas semanas, assistimos ao processo de propagação do vírus SARS-COV-2 por todos os continentes, com a Organização Mundial da Saúde — OMS — reconhecendo em 11/03 o caráter global da epidemia.

Para uma doença — Covid-19 — que não possui tratamento medicamentoso, cuja transmissão se dá de pessoa a pessoa, sendo o vírus disseminado tanto pelo ar, quanto pelo contato físico, a melhor profilaxia é o distanciamento social. Essa medida, especialmente por restringir a difusão do patógeno, busca assegurar uma propagação lenta da doença, possibilitando que os governos tenham tempo para preparar as medidas sociais e econômicas de contenção da epidemia, além de manter a higidez do sistema de saúde, garantindo a suficiência dos recursos materiais e humanos a médio e longo prazos.

O reconhecimento da situação de emergência pelo governo federal se deu com a Portaria n. 188, de 03 de fevereiro de 2020, por meio da qual o Ministério da Saúde declarou "emergência em saúde pública de importância nacional". Na sequência, o Congresso aprovou a Lei n. 13.979, em 06 de fevereiro de 2020, dispondo sobre algumas medidas para enfrentamento da doença. A providência seguinte veio na segunda quinzena de março, com vistas à liberação da União, Estados, Municípios e Distrito Federal do cumprimento da Lei de Responsabilidade Fiscal, quando passou a viger o Decreto Legislativo n. 06.

A Lei n. 13.979 é importante para o presente trabalho na medida em que determina que o presidente da república, mediante decreto, disporá sobre atividades essenciais que deverão ser mantidas na adoção da quarentena e do isolamento social. É necessário observar que essa competência presidencial não constava do texto aprovado pelo Congresso Nacional, tendo sido incluída por intermédio da Medida Provisória n. 926, de 20 de março[2].

O texto legal, desde a origem, impôs o isolamento social e a quarentena apenas a pessoas suspeitas de contaminação, contaminadas ou doentes, medidas reunidas sob o apelido de "isolamento vertical" (BIERNATH, André; 2020). A norma em referência ia no sentido das declarações presidenciais a favor da continuidade das atividades econômicas.

Seguindo as indicações da OMS, corroboradas por decisão do Supremo Tribunal Federal — STF — que, na ADI n. 6.341, impetrada contra a Lei n. 13.979,

(2) A MP foi aprovada na Câmara dos Deputados em 15.07.2020 e no Senado Federal em 20.07.2020. Na data de fechamento da escrita do presente artigo (28.07.2020) ela estava aguardando a sanção presidencial para ser convertida em lei.

reconheceu a competência concorrente dos entes da federação no que diz respeito à proteção e defesa da saúde, muitas das unidades federadas determinaram a quarentena, ampliando o rol de pessoas destinatárias da medida voltada ao distanciamento social, incluindo também aquelas não contaminadas ou já curadas da Covid-19. Em várias regiões do Brasil foi determinado o encerramento temporário de grande parte das atividades econômicas, conservando em funcionamento apenas aquelas consideradas essenciais à manutenção da vida.

O chefe do executivo federal não esperou um dia sequer para exercer a competência entalhada pela MP n. 926 na lei de 06 de fevereiro. Ao mesmo tempo em que se auto atribuiu o poder de dispor sobre as atividades e serviços essenciais (MP n. 926, de 20.03.20), editou um decreto para defini-los (Decreto n. 10.282, de 20.03.20). No que diz respeito às atividades de mineração, sua redação original previa como essencial "o monitoramento de construções e barragens que possam acarretar risco à segurança".

Embora a atividade extrativa mineral não tenha sido reconhecida como essencial no decreto de 20.03, o Ministério de Minas e Energia, extrapolando sua competência regulamentar, editou a Portaria n. 135, de 28 de março de 2020, liberando a execução de extenso rol de atividades compreendidas na pesquisa, lavra, beneficiamento e processamento de recursos minerais, além de garantir a transformação, comercialização e escoamento de produtos gerados na cadeia produtiva e o transporte e entrega de cargas de abastecimento das etapas de produção.

Na tentativa de sanar o abuso de poder regulamentar relacionado à especificação das atividades e serviços essenciais por intermédio de uma portaria de Ministro de Estado, em 28 de abril, a presidência da república editou o Decreto n. 10.329, inserindo cerca de 21 novas operações como essenciais naquele decreto presidencial de 20.03, dentre as quais as "atividades de lavra, beneficiamento, produção, comercialização, escoamento e suprimento de bens minerais".

Realizada essa descrição, que teve por objetivo elucidar a ordem de ocorrência dos fatos vinculados às medidas para (1) garantir o distanciamento social e (2) a caracterização normativa das atividades econômicas essenciais; passaremos a analisar a constitucionalidade das normas que estabelecem as bases para a continuidade da atividade econômica minerária no Brasil em tempos de pandemia, lançando especial olhar sobre a vida das trabalhadoras e dos trabalhadores que se dedicam à atividade. Elas e eles, tradicionalmente, têm a saúde respiratória debilitada em razão da exposição às poeiras minerais, o que sugeriria, por precaução, que fossem afastadas e afastados dessa atividade nas fases graves da pandemia. Além do que, para chegar às minas passam por situações de aglomeração, seja nos pontos de ônibus à espera do transporte, dentro do meio de transporte (vans ou ônibus) e no transbordo na entrada das minas, quando mudam de veículo para serem transportadas e transportados até seus postos de trabalho. O afastamento sugerido coadunaria, inclusive, com a interpretação já dada pelo STF ao termo "atividades essenciais", as quais estão ligadas àquelas indispensáveis à comunidade que, se não atendidas, colocam em perigo a sobrevivência, a saúde e/ou a segurança da população.

Nesse percurso, não deixaremos de abordar, também, as condições ambientais do labor na mineração, que tornam trabalhadoras, trabalhadores e demais membros da comunidade ao redor de uma mina mais suscetíveis às doenças que afetam o sistema respiratório, com destaque para as pneumoconioses, colocando-as e colocando-os, se comparadas e comparados à média social, em situação de maior risco de complicações caso contraiam a Covid-19.

A reflexão será permeada pelo paradoxo criado pelo distanciamento social exigido pela crise sanitária: o modelo de produção e de distribuição de mercadorias adotado globalmente mostrou-se incompatível com a única medida comprovadamente capaz de preservar a saúde das pessoas que produzem e consomem essas mesmas mercadorias. Bens de envergaduras distintas estão sendo colocados em disputa: de um lado temos o livre desenvolvimento das relações de mercado e, de outro, temos a manutenção da vida.

2. Atividades essenciais à luz do ordenamento jurídico nacional

De antemão, pedimos desculpas às leitoras e aos leitores pela reflexão a seguir posta, permeada da dogmática jurídica. Rogamos que não desistam da leitura pelo aperreamento de termos e teorias que existem justamente com o objetivo de afastar as pessoas de seu objeto. Em nossa defesa, temos a dizer que a reflexão é necessária para fornecer o primeiro dos dois argumentos que trabalharemos nesse artigo: a inconstitucionalidade da Lei n. 13.979 quando autoriza que os serviços públicos e as atividades essenciais sejam determinados por decreto presidencial. Discutiremos, ainda, a inconstitucionalidade por arrastamento do Decreto n. 10.329, dada a relação de dependência normativa havida entre eles(3). Para iniciarmos essa análise, devemos lançar mão de um instituto jurídico que fornece tanto o sustentáculo, quanto o amálgama necessário à coerência do ordenamento jurídico(4). Estamos aqui a falar do princípio

(3) Os atos regulamentares de medidas provisórias não convertidas em lei não subsistem autonomamente, eis que nelas reside, de modo direto e imediato, o seu próprio fundamento de validade e de eficácia. A ausência de conversão legislativa opera efeitos extintivos radicais e genéricos, de modo a afetar todos os atos que estejam, de qualquer modo, causalmente vinculados a medida provisória rejeitada ou não transformada em lei, especialmente aqueles que, editados pelo próprio poder público, com ela mantinham, ou deveriam manter, estrita relação de dependência normativa e de acessoriedade jurídica, tais como as instruções normativas. (ADI n. 365 AgR, rel. min. Celso de Mello, j. 7.11.1990, P, *DJ* de 15.3.1991)

(4) Longe de nós acreditar que é possível o exercício pleno da ordem democrática nos marcos da sociabilidade capitalista. Se utilizamos aqui este argumento é tão somente pelo uso tático do direito, por sua aptidão em gerar palavras de ordem que, em última medida, ajudam a escancarar a fragilidade e a incapacidade deste regime de entregar suas promessas.

da legalidade, dado à luz juntamente com o Estado de Direito, sendo que a existência de um é o que garante a sobrevida do outro. Este princípio é o ponteiro a indicar tanto os limites de atuação das mulheres e homens que compõem determinada sociedade, quanto o caminho a ser seguido pela administração pública nas três esferas de Poder, apontando sempre para a concretização do Estado de Direito regido de forma democrática. Uma sociedade organizada, do ponto de vista jurídico, depende da observância do princípio da legalidade, já que é ele que garante a segurança jurídica, assegurando previsibilidade às relações sociais.

No que se refere ao direito público, nosso campo de investigação no presente trabalho, o princípio da legalidade deve ser percebido a partir da supremacia da lei sobre os atos de administradoras e administradores públicos, já que ela possui em sua natureza o traço da perenidade, ultrapassando gestões, tendo o poder de submeter a vontade volátil das autoridades que, no regime político democrático, são transitórias. Como desdobramento do princípio da legalidade, temos o princípio da reserva legal, segundo o qual somente a lei em sentido estrito (aquela elaborada pelo Poder Legislativo) poderá regulamentar determinadas matérias previamente apontadas pelas constituintes e pelos constituintes.

O ordenamento jurídico brasileiro, por força do art. 9º, § 1º, da Constituição da República, confere atribuição ao Poder Legislativo para definir o que são atividades essenciais. Na prática, as legisladoras e os legisladores constituintes determinaram que é atribuição do Poder Legislativo dizer o que são "atividades essenciais". Em atenção ao dispositivo constitucional referenciado, foi promulgada a Lei n. 7.783, em 28.06.1989.

Não é nosso objetivo aqui discutir as restrições ao exercício do direito de greve que a lei em questão colocou, a despeito da plenitude prescrita pela Constituição. A pretensão é tão somente analisar a limitação que tem amparo constitucional, ou seja, aquela relacionada à fixação das atividades essenciais ligadas ao atendimento das necessidades inadiáveis da comunidade. É que no atual momento de pandemia, a expressão "serviços e atividades essenciais" determina quais são as atividades econômicas que se manterão em funcionamento com vistas a assegurar as necessidades inarredáveis do povo brasileiro.

Observe-se que a constituinte e o constituinte determinaram que o tema da essencialidade das atividades deve ser tratado por intermédio de lei, uma espécie de norma cuja aprovação depende de requisitos específicos, passando pela aprovação dos representantes do povo que compõem as duas casas legislativas. Em atenção à ordem constituinte, a Lei n. 7.783/89 determinou quais são as atividades essenciais a serem mantidas por trabalhadoras e trabalhadores em greve para que as destinatárias e os destinatários de determinado serviço não tenham sua saúde e vida colocadas em risco em razão de movimento paredista.

É importante notar que a atividade de mineração não consta no rol das atividades essenciais da Lei n. 7.783/89, o que está, inclusive, em consonância com o parágrafo 545 da "recompilação de decisões e princípios do comitê de liberdade sindical do conselho de administração da OIT[(5)]", segundo o qual "não constituem serviços essenciais no sentido estrito do termo [...] metalurgia e o conjunto do setor de mineração". Destacamos que ao definir serviços essenciais, a OIT afirma que o critério predominante "é a existência de uma ameaça iminente à vida, à segurança ou à saúde de toda a população ou parte dela" (parágrafo 540).

Voltando à legislação nacional, a Lei n. 13.979/20, em sua redação original, ou seja, tal como votada pelo Congresso Nacional, silenciou acerca da delimitação de atividades essenciais. O presidente da república, aproveitando que a constituição lhe garante competência para editar medidas provisórias em situações de relevância e urgência, incluiu na lei um dispositivo atribuindo-lhe a possibilidade de dispor "mediante decreto, sobre os serviços públicos e atividades essenciais" (§ 9º do art. 3º). Contudo, a constituição determina que tal tema deve ser tratado por lei. Dito de outra forma, a constituição não concede discricionariedade à Administração Pública para regulamentar a matéria.

É importante chamar a atenção para o fato de que não vamos tratar aqui da aberração, do ponto de vista da moralidade administrativa, que envolve o chefe do executivo, unilateralmente, "pegar carona" em uma lei para ampliar suas competências normativas. Tampouco nos debruçaremos sobre o fato de que art. 1º do Dec. Legislativo n. 06 de 2020 declara o estado de calamidade pública "exclusivamente para os fins do art. 65 da Lei Complementar n. 101, de 4 de maio de 2000", autorizando o trato excepcional apenas de que matérias relacionadas a gastos além dos limites da Lei de Responsabilidade Fiscal (LRF). Não falaremos que, seguindo essa orientação do decreto legislativo, a exposição de motivos da MP n. 926 é totalmente dedicada a justificar as razões pelas quais os gastos públicos no momento pandêmico não precisariam observar balizas legais relacionadas à licitação, e a atenção aos limites da LRF, silenciando sobre a competência que atribui ao presidente da república para dispor sobre atividades essenciais. Esse artigo não trata das distorções que uma MP, alterando recém-publicada lei, projeta no campo das relações políticas entre os Poderes Executivo e Legislativo.

Não fazemos esses juízos de valor porque o objetivo do presente texto não é contestar o legalismo formalista que aquiesce sobre esses tipos de extravagância, senão tecer nosso argumento a partir dessa forma tacanha de interpretação. Partimos, portanto, da premissa de que o presidente da república por ser autoridade competente

(5) Disponível em: <https://www.ilo.org/wcmsp5/groups/public/---americas/---ro-lima/---ilo-brasilia/documents/publication/wcms_231054.pdf Acesso em: 02 de junho de 2020>.

para editar medidas provisórias, nos termos do art. 62 da CR/88 tem permissão constitucional para inserir autorizações normativas em lei recém editada pelo Congresso Nacional. Os requisitos extrínsecos estão, portanto, atendidos.

O absurdo, contudo, fica por conta da possibilidade de haver delegação de competência normativa para que o tema de "serviços essenciais" seja tratado por meio de decreto presidencial, a despeito de a Constituição ter reservado o assunto à lei. Ora, por mais que a MP n. 926 seja válida no que diz respeito à forma exigida para se veicular uma obrigação no ordenamento jurídico nacional, ao conceder ao chefe do executivo a competência para, por meio de decreto, estabelecer as atividades essenciais a serem mantidas durante a pandemia, desrespeita os requisitos intrínsecos para a veiculação da norma de direito, na medida em que o conteúdo "serviços e atividades essenciais", por força da reserva legal, está autorizado a ser tratado por intermédio de lei e não por decreto presidencial. A sua constitucionalidade está, dessa forma, prejudicada.

Uma vez reconhecido o desrespeito à ordem constitucional, a norma deve perder a vigência, cabendo ao Supremo Tribunal Federal, ao declarar a inconstitucionalidade, por força do art. 27 da Lei n. 9.868/99, pronunciar-se sobre as relações jurídicas realizadas à luz do dispositivo objurgado. Outra forma de deixar de produzir efeitos no ordenamento jurídico se dá na hipótese de a medida ser rejeitada, expressa ou tacitamente. Ora, caso não sejam convertidas em lei, ultrapassados os 60 dias de validade (prorrogáveis por igual período), as medidas provisórias perderão a eficácia desde sua edição. Nesse caso, o "Congresso Nacional [deverá] disciplinar, por decreto legislativo, as relações jurídicas delas decorrentes" (CR/88, art. 62, § 3º).

Prevendo a hipótese de mora legislativa, especialmente prenunciável no caso de o Congresso Nacional não ter sequer dado conta de votar a conversão da MP em lei no prazo legal, a constituinte e o constituinte estabeleceram que:

> CR/88 – Art. 62, § 11. Não editado o decreto legislativo a que se refere o § 3º até sessenta dias após a rejeição ou perda de eficácia de medida provisória, as relações jurídicas constituídas e decorrentes de atos praticados durante sua vigência conservar-se-ão por ela regidas.

Portanto, mesmo que a MP não seja convertida em lei e ainda que não sobrevenha o decreto legislativo regulamentando os resultados que tenha gerado, ela seguirá produzindo efeitos no que se refere às relações jurídicas decorrentes de atos praticados durante os 60 ou 120 dias de sua vigência.

3. Livre desenvolvimento das relações de mercado e manutenção da vida: uma equação negativa às trabalhadoras e trabalhadores da mineração

Mesmo sendo este artigo destinado a tecer comentários acerca da continuidade do trabalho na mineração durante a pandemia da Covid-19, as trabalhadoras e os trabalhadores pouco apareceram nos parágrafos anteriores. É que buscamos, primeiramente, trazer à luz o arcabouço legal que embasou a continuidade das atividades econômicas no cenário atual, sem nos furtarmos de fazer um juízo acerca de sua legalidade.

Passaremos, agora, ao segundo momento da nossa argumentação, lançando um olhar específico sobre o exercício da atividade de extração de minério de ferro em um momento de crise de saúde pública, cuja continuidade foi autorizada pelo já mencionado Decreto n. 10.329, de 28.04.2020. Para tanto, delimitaremos a região do quadrilátero ferrífero de Minas Gerais como recorte empírico e assumiremos a Teoria Marxista da Dependência (TMD) para explicitar elementos da dependência brasileira aos países de capitalismo central, dentre os quais a superexploração da força de trabalho, e o papel cumprido pelo Estado neste contexto, dando ênfase para a posição assumida pelas representantes e pelos representantes do poder executivo municipal e do judiciário. Relacionada a este marco teórico e aos elementos expostos, também apresentaremos a categoria minério-dependência por entender que ela contribui no entendimento do contexto e realidade que ora delimitamos para análise.

Ruy Mauro Marini, importante formulador da TMD, cunha categorias para explicar a forma e modo com as relações sociais e econômicas acontecem na América Latina e no Brasil, considerando o espraiamento e hegemonia das relações capitalistas no globo, tais como: dependência, superexploração da força de trabalho, subimperialismo, troca desigual, transferência de valor, dentre outras. O autor afirma que é a divisão internacional do trabalho que determinará o sentido do desenvolvimento da América Latina e

> é a partir de então que se configura a dependência, entendida como uma relação de subordinação entre nações formalmente independentes, em cujo marco as relações de produção das nações subordinadas são modificadas ou recriadas para assegurar a reprodução ampliada da dependência (MARINI, 2005, p. 141).

A relação de dependência e dominação econômica entre nações se dará e acentuará a partir da troca desigual, ou seja, da relação "entre nações que trocam distintas classes de mercadorias, como manufaturas e matérias-primas" (MARINI, 2002, p. 152). Decorre dessa situação que:

> As nações desfavorecidas pela troca desigual não buscam tanto corrigir o desiquilíbrio entre os preços e o valor de suas mercadorias exportadas (o que implicaria um esforço redobrado para aumentar a capacidade produtiva do trabalho), mas procuram compensar a perda de renda gerada pelo comércio internacional por meio do recurso de uma maior exploração do trabalhador (MARINI, 2005, p. 153).

Assim, no clássico ensaio intitulado 'Dialética da dependência' o autor apresenta três mecanismos pelo qual a superexploração da força de trabalho se põe e se manifesta a partir do problema colocado pela troca desigual, são eles: "a intensificação do trabalho, a prolongação da jornada de trabalho e a expropriação de parte do trabalho necessário ao operário para repor sua força de trabalho" (MARINI, 2005, p. 156).

Convém explicitar que tais relações de dependência entre nações que ocupam distintas posições na divisão internacional do trabalho, incluindo a modulação da superexploração da força de trabalho pelas proprietárias e proprietários dos meios de produção, dão-se a partir de uma relação estreita entre o Estado e as representantes e os representantes do capital. Essas concertações são firmadas e condicionadas por meio das relações mercantis, das legislações e das pactuações estabelecidas formal e informalmente. Como consequência, assistimos a mais dependência e subordinação, o que ganha expressões dramáticas em tempos de pandemia da Covid-19 em razão do expressivo nível de alinhamento entre estes expoentes do capital e os do Estado, o que acaba por reafirmar e reforçar ainda mais a superexploração da força de trabalho na mineração.

A título de exemplificação empírica do acima exposto, evidenciamos a posição assumida pelos prefeitos[(6)] integrantes da Associação dos Municípios Mineradores de Minas Gerais e do Brasil (AMIG) em ofício enviado ao Instituto Brasileiro de Mineração (IBRAM) no dia 12.06.2020, período em que a doença já assumia proporções alarmantes no país em relação ao número de contaminações e óbitos.

> Os gestores públicos das cidades mineradoras reconhecem e afirmam que não é de responsabilidade das empresas que atuam no segmento da exploração mineral o aumento de diagnóstico da Covid-19 em seus respectivos territórios. O que tem acontecido é que a "importante testagem" realizada pelas empresas e suas terceirizadas tem trazido à tona a realidade da pandemia nos municípios mineradores (PORTAL DA MINERAÇÃO, 2020).

Inscrevemos essa posição assumida pelos representantes dos poderes públicos locais em contradição à realidade vivenciada nos municípios minerados, e nos quais exercem a posição de representantes do povo. Traremos em evidência a situação de Itabira-MG, uma vez que ela é emblemática por apresentar também a intervenção do poder judiciário em relação à pandemia de Covid-19 e à continuidade das atividades laborais nas minas, e por ter como resultante a manutenção das atividades após curto período de paralisação, indicando que o atendimento dos interesses das mineradoras se sobrepôs ao necessário cuidado para a manutenção da vida das trabalhadoras e dos

(6) Não flexionamos a palavra nos gêneros feminino e masculino porque são todos homens, os prefeitos dos 31 municípios que compõem a AMIG na atual legislatura — 2016/2020.

trabalhadores do setor. Nas palavras de representantes da Superintendência Regional do Trabalho e Emprego de Minas Gerais (SRTE/MG) "Estamos numa escalada de disseminação do vírus e a Vale não toma as medidas necessárias. É gravíssimo. O que a gente quer é a segurança de todas as pessoas" (ANGELO, 2020).

Até 25 de maio, último dado disponível e fornecido pelo Ministério Público do Trabalho, a Vale realizou 2.142 testes nos trabalhadores em Itabira. A incidência foi de 8,78%, índice comparável aos encontrados nos locais com maior prevalência da contaminação pelo novo coronavírus no Brasil (ANGELO, 2020).

O mesmo autor ainda afirma que cerca de 188 trabalhadoras e trabalhadores da mineradora foram diagnosticados com Covid-19 na última semana de maio, o que significava mais da metade dos 361 casos confirmados no município até aquela data.

Diante desse cenário, a Superintendência Regional do Trabalho de MG, após realização de uma auditoria no complexo da Vale em Itabira-MG, que é formado por três minas e emprega cerca de 10 mil pessoas, pediu a interdição das operações. Importa destacar que o Ministério Público do Trabalho de Minas Gerais (MPT/MG) também ajuizou ação civil pública junto à 2ª Vara da Justiça do Trabalho em Itabira-MG a fim de paralisar as atividades da Vale S.A. no município (ANDRADE, 2020).

Após tomar conhecimento desses trâmites, a mineradora recorreu da decisão e a resultante lhe foi favorável: "na mesma noite em que a interdição foi lavrada, a Vale entrou com ação pela suspensão do ato na Justiça do Trabalho em Itabira, obtendo, de madrugada, liminar assinada pelo juiz Adriano Antônio Borges, para manter suas minas em funcionamento" (ARAÚJO, 2020). O que ocorreu foi que, após análise de dois juízes da 2ª Vara do Trabalho em Itabira-MG, o pedido de liminar foi indeferido tomando por elementos o fato de que na cidade ainda não havia pacientes internados pela Covid-19 e "por não enxergar elementos que apontem negligência ou desamparo por parte da Vale com os trabalhadores" (ANDRADE, 2020).

Após esta decisão desfavorável aos interesses e segurança das mulheres e homens que trabalham para a empresa,

> O Ministério Público do Trabalho (MPT) obteve, por meio do Tribunal Regional do Trabalho da 3ª Região (TRT3), em Minas Gerais, decisão favorável em um mandado de segurança e derrubou liminar da 2ª Vara da Justiça do Trabalho de Itabira que impedia a interdição das operações da Vale no município (ANDRADE, 2020).

Desse trâmite resultou a interdição do complexo da Vale S.A. em Itabira por cerca de 10 dias. Após esse período, a Vale S.A. conseguiu reverter tal decisão e o trabalho nas minas prossegue em tempos de pandemia, melhor dizendo em tempos em que os índices de contaminações e óbito aumentam exponencialmente tanto no país como em Minas Gerais.

Trouxemos este relato de uma situação concreta para reafirmar que as premissas da dependência, da superexploração da força de trabalho, são uma constante no contexto laboral e produtivo da mineração no país. Ao reconhecer esta atividade como essencial, o presidente da república endossa o genocídio da classe trabalhadora. Reafirma que a sobrevivência dos CNPJs e a manutenção de seus lucros, neste caso uma multinacional controlada majoritariamente pelo capital internacional, são mais importantes do que garantir, em meio a uma pandemia, a vida de milhares de pessoas, seja das trabalhadoras e dos trabalhadores diretos, de seus familiares e da comunidade em geral, considerando que a propagação da Covid-19 é via comunitária.

Compreendemos que este cenário explicita a chamada minério-dependência enquanto marca dos municípios minerados brasileiros. A dependência das economias locais à atividade da mineração as coloca em situação de vulnerabilidade em relação a interesses que são alheios aos das mulheres e homens que habitam as regiões mineradas e que produzem a riqueza nessa atividade, conforme buscamos demonstrar nas páginas anteriores. Nesse sentido, a minério-dependência é definida enquanto:

> situação na qual, devido à especialização da estrutura produtiva de um município, região ou país na extração de minerais, os rumos da estrutura local são definidos em centros decisórios alheios [...]. Esta relação de subordinação faz com que as decisões sobre o que ocorrerá na estrutura produtiva local sejam tomadas em centros políticos externos, tanto empresas multinacionais mineradoras e/ou mercados de commodities minerais, como centros consumidores dentro de um mesmo país ou a demanda internacional, sem se considerar, ou considerando de maneira periférica, os interesses de trabalhadores do setor e dos moradores das regiões mineradas. A minério-dependência gera subordinação frente a mercados globais de commodities, onde são definidos os preços dos minérios exportados, instabilizando social e economicamente os locais minerados devido a flutuações, cíclicas ou não, dos preços (COELHO, 2018, p. 253).

A relação de subordinação envolve várias dimensões: Na medida em que a dependência econômica se aprofunda, a ingerência do poder econômico sobre o poder político se intensifica, ficando cada vez mais óbvio o seu caráter de gestor dos interesses da burguesia. Relacionando essa premissa com a situação concreta vivenciada em Itabira-MG, destacamos um trecho de reportagem publicada por Angelo (2020), oportunidade em que o autor afirma:

> Em resposta à reportagem, a Prefeitura de Itabira afirmou que "tem realizado um constante alinhamento com a Vale na busca por melhores soluções de proteção dos cidadãos itabiranos, incluindo funcionários da

> empresa". Segundo a gestão municipal, a Vale é obrigada a informar à secretaria de saúde os resultados dos testes realizados por ela e tem feito isso. Quando questionei sobre os dados atualizados e específicos da Vale, no entanto, a prefeitura não respondeu.

A falta de alternativa econômica faz com que trabalhadoras e trabalhadores "desejem um posto de trabalho no setor", ainda que a inserção das pessoas locais seja nas funções com "piores condições de trabalho, menores salários e menor necessidade de qualificação" (COELHO, 2018, p. 255). Ao mesmo tempo, a insegurança é muita já que "os postos de trabalho podem ser fechados de acordo com as quedas dos preços nos mercados globais de commodities, tornando essas regiões extremamente sensíveis à instabilidade de dinâmicas que ocorrem em mercados financeiros globais" (COELHO, 2018, p. 254). Esses fatores, que guardam entre si uma relação dialética de causa e consequência, produzem e reproduzem o ciclo da dependência nos territórios minerados.

Essa (breve) digressão teórica fornece o pano de fundo para compreendermos não só as origens dos rompantes antidemocráticos manifestos no abandono aos princípios que deveriam reger um Estado de Direito, já trabalhado no tópico anterior, mas também a prevalência dos interesses econômicos nesta sociabilidade, ainda que isso coloque em risco a saúde e sobrevivência de milhares de pessoas, notadamente, as que compõem a classe trabalhadora.

A mineração é uma atividade insalubre por essência. A legislação brasileira aponta isso quando, por exemplo, concede àquelas e àqueles que trabalham na atividade o direito a uma aposentadoria em tempo menor. É diminuto justamente porque essas mulheres e homens estão mais expostas e expostos a agentes que diminuem sua expectativa de vida, seja pelo grande número de acidentes que invalidam ou matam as trabalhadoras e trabalhadores, seja pelas doenças do trabalho "desencadeadas em função de condições especiais em que o trabalho é realizado" (art. 20, II, Lei n. 8.213/91). Uma leitura da norma regulamentadora n. 22 também permite a percepção de como as trabalhadoras e trabalhadores da mineração estão sobremaneira expostos às poeiras minerais, o que gera tanto doenças alérgicas, quanto enfermidades mais severas, como a silicose. Outras morbidades típicas de trabalhadoras e trabalhadores da mineração são as cardiovasculares que possivelmente estariam associadas

> [...] a algumas ocupações específicas, como motorista de caminhão ou operador de escavadeira, em que o trabalhador fica sentado por muitas horas. Comorbidades dessa natureza podem aumentar o risco de adoecimento no caso de infecção por Sars-CoV-2. Por fim, deve ser levado em consideração o trabalho em turnos que, em alguns casos, podem durar até 12 horas. Muitas das atividades em uma mina envolvem, além

> da poeira, exposição a elevados níveis de ruído e vibração. As atividades também se relacionam com muita tensão devido à operação de máquinas pesadas e do elevado risco de acidentes. A exposição prolongada a ambientes insalubres e ao elevado estresse pode também ter impactos negativos sobre o sistema imunológico dos trabalhadores (MILANEZ, 2020).

Não é necessário ser profissional da saúde para saber que várias das doenças respiratórias inflamatórias do pulmão são combatidas com corticoides. Esse medicamento anti-inflamatório gera como efeito colateral a debilidade do sistema imunológico de quem o utiliza, já que é, em essência, um imunossupressor, e faz com que a paciente e o paciente, além de acometidos por pneumopatias, apresentem também organismos imunossuprimidos, o que as torna e os torna mais suscetíveis a apresentarem as formas graves da Covid-19 (Iamarino, 2020, min. 4).

Em termos de proporção entre o número de funcionárias e funcionários dedicados à atividade e o número de mortes e acidentes de trabalho, a mineração, em dados de 2012, foi o segundo setor mais nocivo da economia, perdendo apenas para o transporte terrestre (SANTOS, 2012, p. 49-50). Portanto, se a fragilidade respiratória da mineira e do mineiro não for argumento suficiente para mantê-los em isolamento social nessa pandemia, que partamos do elevado índice de acidentes de trabalho. É que os acidentes impelem a condução das vítimas ao serviço de saúde, fazendo uso de uma infraestrutura que deve ser preservada ao máximo em momento pandêmico.

> Considerada pelos próprios mineiros como "comedores de homens", o trabalho nas minas sempre ofereceu grande riscos aos seus trabalhadores como: soterramentos, afogamentos, atropelamentos, intoxicações, contração de doenças típicas da atividade extrativa tais como: pneumonia, tuberculose e pneucominioses, em especial a silicose (SOUZA *apud* SANTOS, 2012, p. 09).

Vale destacar que já pesa sobre várias dessas comunidades compostas pelas cidades mineradas e aquelas limítrofes com as quais guardam relações sociais e econômicas fortes, as heranças deletérias do rompimento da barragem de Fundão, que gerou "aumento da demanda aos estabelecimentos de saúde [...], como é notório no contexto de Barra Longa onde houve acréscimo dos atendimentos associados a problemas respiratórios decorrentes da exposição à poeira dos rejeitos" (GESTA, 2016, p. 17).

Analisando a mortalidade profissional neste setor, no período entre 1979 e 2005, pesquisadora e pesquisadores do Instituto de Estudos em Saúde Coletiva da Universidade Federal do Rio de Janeiro concluíram que as trabalhadoras e os trabalhadores brasileiros das minas possuem "uma porcentagem de óbitos mais elevada quando comparado à população geral, tanto para o conjunto de todas as neoplasias quanto para neoplasias selecionadas [cânceres de pulmão/brônquio/traqueia e estômago]" (VERÍSSIMO *et all*, 2013, p. 283). O artigo com os dados da pesquisa conclui que:

> Os mineradores brasileiros apresentaram um risco de morte elevado para as causas selecionadas [cânceres de pulmão/brônquio/traqueia e estômago] e as maiores magnitudes foram encontradas entre os trabalhadores mais jovens. Além disso, houve tendências de aumento do risco ao longo dos três períodos estudados entre os grupos de mineiros de todas as idades (20+ anos). Mineiros das regiões Sul e Sudeste exibiram uma elevação no risco de morte por alguns cânceres, principalmente entre os mais jovens. Na região Sudeste, a população de mineiros chegou a apresentar um risco duas vezes maior de morte por câncer de estômago quando comparada aos trabalhadores não mineiros. Nossos resultados sugerem que mineiros brasileiros apresentam risco elevado de morte por câncer (VERÍSSIMO *et all*, 2013, p. 286).

Não bastasse o risco em que são colocadas essas mulheres e homens no ambiente laboral, a família inteira acaba sendo exposta. Precisamos entender que a Covid-19, ao invadir os ambientes de trabalho, acaba invadido as casas, as famílias, as vizinhanças, colocando em risco trabalhadoras, trabalhadores e as comunidades em que se inserem. Os números chamam a atenção:

> [...] Parauapebas é o principal município em termos de operação mineral no país. De acordo com dados do sistema de registro civil, no mês de maio, o número de mortes por doenças respiratórias passou de 7 em 2019 para 45 em 2020, um aumento de 500%. Em Paragominas, outro importante polo minerador paraense, o número de mortes saltou de 12 para 35 (190%). Em algumas cidades de Minas Gerais onde há importantes atividades minerais o padrão se repete. Em Itabira houve variação de 9 para 19 (100%) e em Ouro Preto de 6 para 14 (130%). Esses são os dados de óbitos, que são mais confiáveis. Existe uma quantidade muito maior de pessoas hospitalizadas e as que precisam ficar em casa porque estão muito doentes (MILANEZ, 2020).

Nesse sentido, em um momento de grave crise sanitária, as atividades consideradas pela Lei n. 7.783/89 deveriam ser revistas para restringir ainda mais o que realmente se considera como essencial à manutenção da vida, visto que o risco, agora, não é imposto apenas às consumidoras e aos consumidores, mas também às trabalhadoras e aos trabalhadores e às comunidades que frequentam. Contraria a lógica do ordenamento jurídico uma lei que, diante dos conhecimentos científicos dando conta do modo de transmissibilidade e indicando a melhor profilaxia, amplia consideravelmente o rol de atividades essenciais, incentivando o contato de trabalhadoras e trabalhadores nos locais de labor, potencializando a possibilidade de essas mulheres e homens serem vetores do vírus, adoecendo a si e às comunidades em que se inserem.

Conforme lições de Homero Batista Mateus da Silva (2017), o tema da saúde e segurança do trabalho deve ser estudado tendo por base as interações do indivíduo com o mundo real, o que quer dizer que é fundamental que a segurança dos seres humanos que laboram seja enxergada desde uma abordagem coletiva e organizacional. O fenômeno não pode ser estudado a partir de uma análise individual, porque para se prevenir acidentes e adoecimento no ambiente de labor, é impositivo que se considere a interação havida entre as mulheres e homens que trabalham; sua relação com a sociedade em que se inserem; a influência que os valores dessa sociedade exercem sobre elas e eles e as consequências que as doenças e acidentes de trabalho causam sobre as famílias e sobre a sociedade.

O autor mencionado invoca a decisão do STF na ADI n. 3.540, julgada em 1º.09.2005, que ficou notória por reconhecer que no ordenamento jurídico brasileiro a atividade econômica está subordinada à defesa do meio ambiente, compreendendo, inclusive, o meio ambiente laboral. Naquela oportunidade, o STF reconheceu que "a incolumidade do meio ambiente não pode ser comprometida por interesses empresariais nem ficar dependente de motivações de índole meramente econômica".

Diante do exposto, percebe-se que há um árduo a intenso embate entre classes sociais antagônicas e que recebe a intermediação do Estado em seu ocorrer. Apesar de haver espaço para a disputa no seio do próprio Estado, das legislações e dos poderes públicos, o que tem prevalecido é a perspectiva do Capital em detrimento dos interesses da classe trabalhadora, fazendo com que a vida e morte andem lado a lado neste tempo de pandemia.

4. Reflexões finais

A sociedade se uniu em torno de valores que se tornaram caros à própria sobrevivência da humanidade ao longo dos séculos, os quais simbolizam a nossa evolução civilizacional. Esses valores, contudo, neste modelo de sociabilidade, são regidos pela hegemonia do capital. Importa destacar alguns valores declarados na Constituição republicana de 1988, que explicitam uma perspectiva mais coerente com a evolução civilizacional a que nos apegamos, alinhada aos interesses públicos: solidariedade; estado social; ordem democrática; igualdade; construção do bem de todos, de uma sociedade justa, sem miséria e igualitária.

Mesmo inscritos em e a partir de uma sociabilidade capitalista, esses valores servem como um farol a iluminar os caminhos que tomamos enquanto civilização, e deles não podemos nos afastar quando da elaboração de políticas para o enfrentamento responsável e ético dos problemas econômicos e sociais criados pela disseminação do SARS-COV-19 em âmbito mundial e nacional. O ordenamento jurídico é um todo coerente e lógico. As normas infraconstitucionais devem ser elaboradas e interpretadas à luz dos textos constitucionais.

Não minimizamos o lugar da mineração para o fomento e impulsionamento da economia brasileira, porém, a percebemos sob a lógica da dependência em relação aos países de capitalismo central. Isso implica reconhecer a dependência econômica do país em relação a essa atividade, uma vez que o Brasil é historicamente um fornecedor de bens naturais e matérias-primas para o mercado internacional e um consumidor de produtos manufaturados.

Não podemos, especialmente em um momento de crise sanitária, esquecer os inúmeros e gravíssimos impactos negativos que a atividade traz à saúde daquelas e daqueles que a ela se dedicam por não terem outra perspectiva de sobrevivência senão a venda da sua força de trabalho no contexto produtivo, econômico e social que se funda na minério-dependência.

Parafraseando um *tweet* de Bruno Milanez, "a mineração fornece matéria prima para a produção de alguns bens que são essenciais, mas isso não quer dizer que ela seja essencial em sua essência", o que justifica que siga não constando entre as atividades essenciais, o que justifica, acima de tudo, a necessidade de garantir a vida das trabalhadoras e trabalhadores, se seus familiares e comunidades diretamente envolvidas nesse complexo produtivo que historicamente se perpetua como devorador de vidas humanas e destruidor da natureza.

Referências bibliográficas

ANDRADE, Rodrigo. *Ministério Público do Trabalho pede paralisação da Vale em Itabira.* Disponível em <https://defatoonline.com.br/ministerio-publico-do-trabalho-pede-paralisacao-da-vale-em-itabira/>. Acesso em: 27 jul. 2020.

ANGELO, Maurício. "Itabira (MG), berço da Vale, vive "surto descontrolado" de Covid-19 causado pela mineradora". Disponível em: <https://observatoriodamineracao.com.br/itabira-mg-berco-da-vale-vive-surto-descontrolado-de-Covid-19-causado-pela-mineradora/?fbclid=IwAR2DMn35SIgmULx43TtiqYOqLFpEU9ulzlOkOPAQaipxkMihhYrkL_9V2lU>. Acesso em: 27 jul. 2020.

ARAÚJO, Cíntia. "Vale afirma que trabalha nas ações necessárias para cumprir decisão sobre paralisação em Itabira". Disponível em <https://defatoonline.com.br/vale-afirma-que-trabalha-nas-acoes-necessarias-para-cumprir-decisao-sobre-paralisacao-em-itabira/>. Acesso em: 27 jul. 2020.

BIERNATH, André. "O que é isolamento vertical (e por que essa não é uma boa ideia)?". Disponível em <https://saude.abril.com.br/medicina/o-que-e-isolamento-vertical>. Acesso em: 10 jun. 2020.

COELHO, Tádzio. Minério-dependência e alternativas em economias locais. *Versos — Textos para Discussão PoEMAS*, 2018. Disponível em <https://www.researchgate.net/publication/338584250_Minerio-dependencia_em_Brumadinho_e_Mariana>. Acesso em: 20 jul. 2020.

GESTA. "Parecer sobre o Cadastro integrado do programa de Levantamento e Cadastro dos Impactados (PLCI) elaborados pelas empresas Samarco e Synergia Consultoria Ambiental". 2016. Disponível em: <https://conflitosambientaismg.lcc.ufmg.br/wp-content/uploads/2017/02/GESTA-UFMG-Parecer-sobre-Cadastro-Integrado-do-PLCI-Samarco-Synergia.pdf>. Acesso em: 20 jul. 2020.

IAMARINO, Atila. "Atualizações e essa tal imunidade de rebanho". *Live*. 24 jul. 2020. 1h11min35s. *Youtube*. Publicado no canal Atila Iamarino. Disponível em: <https://www.youtube.com/watch?v=KjFt7jPSJ2M&t=832s>. Acesso em: 25 jul. 2020.

MARINI, Ruy Mauro. "Dialética da Dependência". In: TRASPADINI, Roberta; STEDILE, João P. (Org.s). *Ruy Mauro Marini:* vida e obra. São Paulo: Expressão Popular, 2005. p. 137-180.

MILANEZ, Bruno. "A atuação das mineradoras na pandemia de Covid-19". Entrevista concedida a Patricia Fachin. *Instituto Humanitas Unisino*. 14 jul. 2020. Disponível em <http://www.ihu.unisinos.br/600924-dividas-evasao-fiscal-e-campanhas-de-propaganda-na-forma-de-doacao-de-mascaras-e-alcool-em-gel-a-atuacao-das-mineradoras-na-pandemia-de-Covid-19-entrevista-especial-com-bruno-milanez>. Acesso em: 23 jul. 2020.

SANTOS, Yolacir Carlos de Souza. *Segurança e Saúde Ocupacional na Indústria da Mineração:* Aspectos Técnicos das Legislações e Estatísticas de Acidentes". Monografia apresentada ao Departamento de Engenharia Ambiental da Universidade Federal do Espírito Santo, como requisito parcial para obtenção do título de Especialista em Engenharia de Segurança do Trabalho. Vitória, 2012. Disponível em: <http://www.fundacentro.gov.br/biblioteca/biblioteca-digital/acervodigital/detalhe/2013/4/seguranca-e-saude-ocupacional-na-industria-da-mineracao-aspectos-tecnicos-das-legislacoes-e>. Acesso em: 20 jul. 2020.

SILVA, Homero Batista Mateus da. *Curso de Direito do Trabalho Aplicado*. v. 3 – Saúde e segurança do Trabalho. 3. ed. RT: São Paulo, 2017.

VERÍSSIMO, Gesiele; Mendonça, Raphael; Meyer, Armando. "Mortalidade de mineiros brasileiros por câncer entre 1979–2005". *Cad. Saúde Colet.*, 2013, Rio de Janeiro, 21 (3): 281-8. Disponível em <https://www.scielo.br/pdf/cadsc/v21n3/v21n3a08.pdf> Acesso em: 20 jun. 2020.

Os Sacrifícios de uns Para o Isolamento de Outros: A Saga dos Trabalhadores do Atendimento em Tempos de Pandemia

Lorena Rodrigues Boaventura

"Como resolverão o conflito entre o dever de alimentar a família e o dever de proteger sua vida e a vida dos seus? Morrer de vírus ou morrer de fome, eis a escolha."
Boaventura de Sousa Santos

Introdução

Diferente do que muitos defendiam no começo da crise do coronavírus, a pandemia não mata indiscriminadamente. Aqueles que habitam um espaço reduzido onde inexiste saneamento básico, precisam trabalhar e dependem de transporte público certamente enfrentam a pior face da atual conjuntura. O sociólogo Boaventura Souza Santos[1] aponta que a incapacidade do Estado neoliberal em responder a crise, em razão do desmonte dos sistemas público de saúde, aliado ao discurso da extrema direita de ocultar informações, desprestigiar a ciência e minimizar o risco humano só tendem a agravar a tragédia experimentada pela maior parte do mundo. No mesmo sentido, aponta David Harvey[2] ao classificar a crise como "terremoto de classe" por afetar de forma diferente as classes, raças e gêneros.

(1) SANTOS, Boaventura de Sousa. *A cruel pedagogia do virus*. São Paulo: Boitempo, 2020.

(2) HARVEY, David. *Política anticapitalista em tempos de coronavirus*. Disponível em: <https://blogdaboitempo.com.br/2020/03/24/david-harvey-politica-anticapitalista-em-tempos-de-coronavirus/>. Acesso em: 08 jul. 2020.

A Covid-19, causada pelo coronavírus SARS-CoV-2, classificada como pandemia pela Organização Mundial de Saúde (OMS) por ter atingido 216 países, já acometeu 15.257.287 pessoas, das quais 628.240 foram a óbito[(3)]. Para o enfrentamento desta doença Organismos Internacionais, como a OIT e CIDH-OEA, emitiram resoluções sobre a importância do respeito aos direitos humanos e, em especial, o trabalho decente diante do desafio imposto pelo vírus. Neste mesmo sentido, a OMS[(4)] emitiu protocolos explicitando os riscos ao quais os trabalhadores estarão expostos, assim como possíveis soluções. Dentre estas recomendações, destacam-se a importância da coordenação da resposta nacional e subnacional e da necessidade de planejamento das contingências para garantir a continuidade de funções e serviços tidos como essenciais. Em relação a realidade dos trabalhadores o documento ainda aponta para a imprescindibilidade do estabelecimento de medidas preventivas e protetivas do local de trabalho afim de reduzir os riscos, além de fixar um padrão de conduta consistente no distanciamento físico, lavagem das mãos, etiqueta respiratória e monitoramento da temperatura corporal.

No Brasil, segundo dados do Ministério da Saúde já somam-se 2.012.151 casos confirmados e 76.688 óbitos[(5)],[(6)], estatística esta sub mensurada em razão das frequentes subnotificações. As medidas para enfrentamento da emergência de saúde pública de relevância internacional foram disciplinadas pela Lei n. 13.979 de 06/02/2020, diploma regulamentado pelo Decreto n. 10.282 de 20.03.2020 que define as atividades essenciais. Esta norma passou por quatro atualizações (Decreto n. 10.292, de 24.04.2020; Decreto n. 10.392, de 28.04.2020; Decreto n. 10.343, de 07.05.2020 e Decreto n. 10.344 de 08.05.2020) que caminharam no sentido de ampliar a lista de atividades tidas como essenciais. A possibilidade de ampliação deste rol se justifica na indeterminação do conceito jurídico de essencialidade e, portanto, os interesses econômicos e políticos interferem nas opções legislativas. Assim, atualmente, na esfera federal somam-se sessenta e sete atividades das quais, pelo menos treze, podem refletir em trabalhadores ativados no atendimento ao público.

---

(3) WORLD HEALTH ORGANIZATION. *Corona vírus disease (Covid-19) pandemic*. Disponível em: <https://www.who.int/emergencies/diseases/novel-coronavirus-2019>. Acesso em: 23 set. 2020.

(4) WORLD HEALTH ORGANIZATION. *Covid-19 strategy update*. Publicado em: 14 abr. 2020. Disponível em: <https://www.who.int/docs/default-source/coronaviruse/covid-strategy-update-14april2020.pdf?sfvrsn=-29da3ba0_>. Acesso em: 15 maio 2020.

(5) MINISTÉRIO DA SAÚDE. Dados da Covid-19, atualizado até 16 de julho de 2020. Disponível em: <https://covid.saude.gov.br/>. Acesso em: 17 jul. 2020.

(6) O consórcio formado por veículos de imprensa aponta que, até 16.07.2020, o Brasil apresenta 2.014.738 casos confirmados dos quais 76.882 resultaram em mortes. Disponível em: <https://g1.globo.com/bemestar/coronavirus/noticia/2020/07/14/casos-e-mortes-por-coronavirus-no-brasil-em-14-de-julho-segundo-consorcio-de-veiculos-de-imprensa.ghtml> Acesso em: 18 ago. 2020.

Ciente da gravidade do cenário brasileiro, o professor Ricardo Antunes[7] defende em seu livro que a crise sanitária ampliará o processo de miserabilidade da classe trabalhadora que irá se deparar com o fogo cruzado entre a subsistência e a contaminação virótica. Se por um lado a pandemia é um tragédia social, por outro ela joga luzes na centralidade do trabalho no modelo capitalista. Assim, diante da necessidade de uma resposta local que atendesse aos interesses regionais, os Estados editaram normas de enfrentamento à crise sanitária que definiam as atividades essenciais para cada um deles. Todavia as determinações regionais, em tese, poderiam se chocar com o disposto no Art. 3º, § 9º, da Lei n. 13.979, incluído pela MP n. 926 que reservava a competência ao Presidente da República.

Este debate chegou ao Supremo Tribunal Federal, por meio da ADI n. 6.341, que referendou a medida cautelar deferida pelo Rel. Min. Marco Aurélio e fixou interpretação conforme à Constituição ao dispositivo legal o que resultou na preservação da atribuição de cada esfera em matéria de saúde, conforme disciplina o Art. 198, I, da Constituição Federal. Com esta decisão, os decretos estaduais ganharam destaque no cenário político, sanitário e trabalhista. Apesar da relevante decisão da Corte, com o passar dos dias, o que se observa são os embates entre Estados e Municípios que se deparam com o dilema entre impor medidas restritivas eficazes e arcar com o custo político desta opção nas vindouras eleições municipais de 2020.

Na esfera da saúde e segurança do trabalho, as normas internas determinam a elaboração do Plano de Prevenção de Riscos Ambientais (PPRA)[8] que tem o mister de avaliar os riscos e implementar medidas de controle e monitoramento da exposição. Cabendo ao Programa de Controle Médico e de Saúde Ocupacional (PCMSO)[9] acompanhar a saúde ocupacional por meio de exames periódicos. Ocorre que diante da pandemia o Ministério da Economia expediu o Ofício Circular SEI n. 1.088/ME[10] em 27 de março de 2020, com base na MP n. 927, que afronta esta sistemática ao suspender a obrigatoriedade de exames médicos ocupacionais e treinamentos periódicos, por até 60 e 90 dias respectivamente, após o encerramento do estado de calamidade. Este ofício também desaconselha o uso de máscara, quando não indicado tecnicamente, por trazer a falsa sensação de segurança. Assim o que se constata é um esforço

---

(7) ANTUNES, Ricardo. *Coronavírus — trabalho sob fogo cruzado*. São Paulo: Boitempo, 2020.

(8) SECRETARIA ESPECIAL DE PREVIDÊNCIA E TRABALHO. *Portaria SEPRT n. 1.359, de 9 de dezembro de 2019*. Norma Regulamentar n. 9 — Programa de prevenção de riscos ambientais. Disponível em: <https://enit.trabalho.gov.br/portal/images/Arquivos_SST/SST_NR/NR-09-atualizada-2019.pdf>. Acesso em: 18 jul. 2020.

(9) MINISTÉRIO DO TRABALHO. *Portaria Mtb n. 1.031, de 6 de dezembro de 2018*. Norma Regulamentar n. 7 — Programa de controle medico de saúde ocupacional. Disponível em: <https://enit.trabalho.gov.br/portal/images/Arquivos_SST/SST_NR/NR-07.pdf>. Acesso em: 18 jul. 2020.

(10) MINISTÉRIO DA ECONOMIA. *Ofício Circular SEI n. 1088/ME, de 27 de março de 2020*. Orientações gerais aos trabalhadores e empregadores em razão da pandemia da Covid-1. Disponível em: <https://seac-rj.com.br/files/oficioSITSTRAB.pdf>. Acesso em: 18 jul. 2020.

legislativo de desarticulação do sistema de proteção a saúde do trabalhador por meio de medidas provisórias. Nesta mesma lógica, a MP n. 927 dá um passo a mais ao suspender as atividades dos auditores fiscais do trabalho e exigir a comprovação do nexo causal para o enquadramento da Covid-19 como acidente de trabalho. A matéria se tornou objeto de várias ADIs (ns. 6.342, 6.344, 6.346, 6.248, 6.352, 6.354, 6.375 e 6.380), tendo o Pleno entendido, liminarmente, pela suspensão dos arts. 29 e 31, o que, na prática, permitiu o retorno das atividades fiscalizatórias e dispensou a impossível comprovação do nexo causal.

Em face de todo o exposto, o presente artigo pretende compreender a dimensão da categoria dos trabalhadores do atendimento ao público em atividades essenciais por meio do levantamento das legislações estaduais. Para além disso, ciente da pouca visibilidade do grupo, pretende-se identificar os riscos decorrentes do exercício laboral, bem como contribuir para a construção de respostas eficientes fundadas na proteção e prevenção destes trabalhadores flagrantemente vulneráveis.

1. A influência da definição da essencialidade na dimensão da categoria dos trabalhadores que atendem ao público

O grande dilema do quadro pandêmico é conciliar o isolamento social com a necessidade da continuidade de alguns serviços e atividades que garantem o funcionamento da sociedade. O Decreto n. 10.282/2020 aponta que são considerados essenciais as ocupações indispensáveis ao atendimento de necessidades inadiáveis da comunidade, assim consideradas aquelas que, se não atendidos, colocam em perigo a sobrevivência, saúde ou segurança da população. Como efeito, pelo menos em tese, o enquadramento como essencial passa pelo filtro do perigo à sobrevivência, saúde e segurança.

Na realidade, o que se observa é que a indeterminação dos conceitos de essencialidade e necessidades inadiáveis abre portas para a discricionariedade dos chefes dos poderes executivos em definirem quais atividades são relevantes. No decorrer dos meses nota-se que na ponderação entre questão econômica e preservação de vidas, a tendência de todas as esferas caminha no sentido de ampliar o rol em razão das pressões econômicas e políticas. Buscando uma interpretação jurídica para disciplina da essencialidade, Felipe Daud[(11)] defende em seu artigo que a compreensão desse conceito deve partir de uma postura restritiva, cabendo ao gestor público considerar a fundamentalidade da vida e, ao optar pela inclusão de determinada atividade, precisa indicar as condições de funcionamento para que seja preservado o bem estar social.

Por meio da análise conjunta dos regulamentos federais e estaduais, levantou-se 41 atividades (Tabela 1) que inserem seus trabalhadores no atendimento ao público,

(11) DAUD. Felipe. Direito no combate ao coronavírus. *Jota*, São Paulo, 03 abr. 2020. Disponível em: <https://www.jota.info/especiais/o-direito-no-combate-ao-coronavirus-03042020>. Acesso em: 20 jun. 2020.

Tabela 1: Relação das atividades essenciais que implicam em atendimento ao público segundo o Decreto n. 10.282 de 20.03.2020 e Legislações Estaduais

		NORTE							NORDESTE									CENTRO-OESTE				SUDESTE				SUL		
		AC	AP	AM	PA	RO	RR	TO	AL	BA	CE	MA	PB	PI	PE	RN	SE	DF	GO	MT	MS	ES	MG	RJ	SP	PR	RS	SC
	ATIVIDADES ESSENCIAIS	20/03	03/04	24/03	16/03	20/03	23/03	15/05	19/03	22/05	19/03	11/04	20/03	23/03	03/04	01/04	24/03	23/03	13/03	25/04	22/07	09/05	22/03	18/03	22/03	21/03	19/03	17/03
Atividades do Decreto Federal	Trânsito e transporte de passageiros	x	x	x	x	x		x		x					x	x	x		x	x	x		x	x	x	x	x	
	Comércio de produtos de saúde, higiene, limpeza, alimentos, bebidas e materiais de contrução	x	x	x	x	x	x	x	x	x	x	x	x	x	x	x	x	x	x	x	x	x	x	x	x	x	x	x
	Serviços funerários	x				x		x	x	x	x	x	x		x	x	x	x	x	x	x		x		x	x		x
	Serviços de pagamento de crédito e de saque							x				x									x				x	x		
	Serviços postais							x								x				x					x	x		
	Serviços de entrega de cargas							x		x				x	x	x	x			x	x		x	x	x	x		
	Comercialização de combustível, biocombustíveis, GLP e demais derivados	x	x	x		x	x	x	x	x	x	x	x	x	x	x	x	x	x	x	x	x	x	x	x	x		x
	Atividades de representação judicial e extrajudicial		x					x							x						x				x	x		
	Unidades lotéricas	x	x	x		x		x	x	x	x	x		x	x			x		x					x	x		
	Comercialização, reparo e manutenção de pneumáticos	x	x					x				x		x	x	x	x	x	x	x		x	x		x			
	Atividades acessórias para garantir a logística do transporte de cargas e pessoas	x				x		x				x			x	x	x		x	x		x	x	x	x	x		
	Locação de veículos							x															x		x			
	Atividades da cadeia de elevadores, escadas rolantes e equipamentos de refrigeração							x									x			x					x			
	Atividade de agências bacárias, cooperativas de crédito e côngeneres	x	x	x	x			x	x	x	x	x		x	x		x		x	x			x		x		x	
	Salões de beleza																								x			
	Academias de esporte																								x			
Atividades das legislações estaduais	Empresas das atividades agropecuárias	x	x	x		x		x	x		x	x	x		x	x	x		x	x	x	x	x			x		
	Lavanderia	x							x		x	x	x	x	x		x						x			x		
	Chaveiros	x																										
	Hoteis	x				x								x	x	x	x		x1									
	Móteis	x																										
	Óticas	x										x											x					
	Concessionárias	x	x									x						x		x			x					
	Oficinas mecânicas	x	x	x		x		x	x			x			x	x	x	x	x	x	x	x	x		x	x		
	Pet shops e clínicas veterinárias	x	x	x		x		x	x		x	x	x		x	x	x	x	x	x		x	x			x		
	Produtos de caça e pesca		x																									
	Oficinas para reparo de eletrodomésticos		x																									
	Centros de atendimento espiritual		x													x										x		
	Restaurantes em estabelecimentos de hospedagem		x			x			x		x		x	x		x			x					x				
	Serviços de seguro e profissionais liberais			x		x		x												x	x					x		
	Atividades imobiliárias																				x							
	Atividades essenciais em shoppings				x	x			x		x5	x				x2,6		x5		x2		x3		x5			x	
	Segurança privada							x	x	x	x	x	x		x	x	x		x	x	x				x	x		x
	Atividades de empresas ligada ao combate de vetores							x				x				x	x				x		x			x		
	Lojas de tecidos, aviamentos											x											x					
	Serviço de guincho																x											
	Higienização veicular		x														x											
	Cartórios extrajudiciais																		x		x							
	Serviços de reparos em edificações			x											x								x					
	Comércio de EPIs																							x				
	Serviços de tecnologia da informação	x	x	x				x			x				x		x	x		x	x		x					x
	Restaurantes		x6	x6	x6	x6	x6		x6		x6		x6	x6		x6	x6	x6	x6	x7	x6	x4	x7	x7	x6		x4	

Legenda: x1 – Atendimento exclusivo de profissionais das atividades essenciais ou da saúde, inclusive os restaurantes; x2 – Funcionamento irrestrito de todas as atividades; x3 – Funcionamento de todas as atividades, mas impõe restrições; x4 – Imposição de restrições: x5 – Funcionamento exclusivo de serviços relacionados à saúde; x6 – Atendimento exclusivo por *delivery*; x7 – Atendimento por *delivery* ou retirada no balcão.

o que representa um grande grupo de profissionais expostos à diferentes realidades no exercício laboral. Todos os Estados incluíram na essencialidade o comércio de produtos de saúde, higiene, limpeza, alimentos, bebidas e materiais de construção. Por outro lado, a maioria entendeu como relevante a manutenção do funcionamento de serviços funerários, postos de combustível, oficinas mecânicas, clínicas veterinárias e restaurantes na modalidade *delivery*.

Merece comento os tratamentos jurídicos dados aos *shoppings* e restaurantes. Em relação ao primeiro empreendimento a maioria dos Estados optou pela suspensão completa das atividades, enquanto outros restringiram o funcionamento de forma a limitar ao comércio de atividades essenciais ou apenas serviços relacionados à saúde. Uma solução menos restritiva foi dada pelo Estado do Rio Grande do Norte ao possibilitar as vendas exclusivamente por *delivery* desde o começo de abril, medida posteriormente adotada por outros Estados, como Goiás. Em relação aos restaurantes, a maioria dos Estados suspendeu o atendimento presencial e resumiu o exercício aos sistemas de *delivery*, apenas o Rio Grande do Sul e o Espírito Santo permitiram o funcionamento presencial, desde que respeitado algumas restrições como o distanciamento entre as mesas e a redução da capacidade.

Desta feita, diante da indeterminação do conceito jurídico da essencialidade a lista das atividades que continuarão funcionando passa por constante ampliação, o que acaba por interferir no aumento da dimensão do grupo de trabalhadores que atuam no atendimento ao público. A adoção de uma postura restritiva aliada ao reconhecimento da preponderância da vida provavelmente não teria incluído, pelo menos em um primeiro momento, atividades como concessionárias, higienização de veículos, academias e salões de beleza.

2. Os Organismos Internacionais frente ao enfrentamento da crise sanitária de 2020

A Comissão Internacional de Direitos Humanos (CIDH) ciente das desigualdades sociais consolidada nas Américas publicou a Resolução n. 1/2020[(12)] a respeito da Pandemia e Direitos Humanos nas Américas onde defende a relevância da observância dos direitos diante de um cenário que exige a implementação de medidas restritivas. A Comissão aponta que os trabalhadores que tenham que continuar ativos devem ser protegidos do aumento do risco ao qual estão expostos, sendo primordial a proteção ao trabalho, salário, pensões e todos os direitos sindicais. Merecendo atenção especial os indivíduos inseridos em grupos mais vulneráveis como aqueles com condições médicas pré existentes, idosos, mulheres, negros, povos indígenas, pessoas com deficiência, LGBTI, migrantes e refugiados.

(12) COMISSÃO INTERAMERICANA DE DIREITOS HUMANOS. *Resolução n. 1, de 10 de abril de 2020.* Pandemia e Direitos Humanos nas Américas. Disponível em: <https://www.oas.org/pt/cidh/decisiones/pdf/Resolucao-1-20-pt.pdf>. Acesso em: 10 maio 2020.

No mesmo sentido a Organização Internacional do Trabalho (OIT) publicou um protocolo de enfrentamento da crise sanitária *"A policy framework for tackling the economic and social impact of the Covid-19 crisis"*(13) para a comunidade internacional como um todo. O documento é estruturado na observância de quatro pilares pra atravessar a crise e o período subsequente: a) proteção financeira à empresas; b) proteção ao trabalhador, incluindo proteções sociais; c) proteção do meio ambiente do trabalho e d) fortalecimento do diálogo social nas tomadas de decisões.

Assim como a CIDH, a OIT defende que o trabalho decente deve ser assegurado sobretudo diante da crise pandêmica, desta forma, seria de responsabilidade das empresas a elaboração e a implementação de planos de resposta a situações de emergência que considerem novos surtos e contaminações decorrentes do trabalho. Em busca da efetividade estes protocolos devem ser integrados aos sistemas nacionais de saúde e segurança do trabalho de forma a contemplar o monitoramento contínuo do risco, bem como, as respostas adequadas à prevenção, evolução do contágio e período pós contaminação. O documento ainda acrescenta a relevância de políticas públicas que assegurem a licença remunerada ao trabalhador que precisar se ausentar para cuidar de familiares contaminados.

A Organização Mundial de Saúde (OMS)(14), grande protagonista em matéria de saúde no cenário internacional, classificou em 11 de março de 2020 a Covid-19 como doença pandêmica e, na mesma oportunidade, apontou como estratégias nacionais de enfrentamento a doença: a) coordenação entre resposta nacional e subnacional; b) engajamento e mobilização das comunidades afetadas e em risco; c) implementação de medidas públicas adequadas ao contexto para diminuir a transmissão e controlar os casos esporádicos; d) preparação do sistema de saúde para prevenção e tratamento; d) planejamento de contingências para garantir a continuidade de funções e serviços públicos essenciais.

A exposição relacionada ao trabalho possui a característica da imprevisibilidade por poder ocorrer durante o percurso de ida e retorno do trabalhador, no local de trabalho ou mesmo durante a prestação de serviços externos. Como medida preventiva a OMS recomenda, como mínimo, o distanciamento físico, lavagem das mãos, etiqueta respiratória e monitoramento de temperatura, devendo-se atentar às condições

---

(13) INTERNATIONAL LABOUR ORGANIZATION. *A policy framework for tracking the economic and social impacto of the Covid-19 crisis.* Publicado em: maio 2020. Disponível em: <https://www.ilo.org/wcmsp5/groups/public/@dgreports/@dcomm/documents/briefingnote/wcms_745337.pdf>. Acesso em: 07 jun. 2020.

(14) WORLD HEALTH ORGANIZATION. *Considerations for public health and social measures in the workplace in the contexto of Covid-19.* Publicado em: maio 2020. Disponível em: <https://www.who.int/publications/i/item/considerations-for-public-health-and-social-measures-in-the-workplace-in-the-context-of-Covid-19>. Acesso em: 10 maio 2020.

pessoais de cada trabalhador. Ademais, deve-se considerar que dentro de uma mesma empresa existem diferentes níveis de risco, sendo necessário a avaliação por tarefa. De forma geral, para todos os locais de trabalho, seria aconselhável a implementação do tripé consistente em: treinamento que incluísse técnicas de higienização das mãos, dos instrumentos de trabalho e do uso correto de EPIs; cursos a respeito dos riscos, formas de contágio, bem como estratégias de prevenção e combate e, por fim, a implementação de protocolo de desinfeção do meio ambiente laboral. Sabendo que a probabilidade de contaminação está diretamente relacionada ao contato entre pessoas ou entre estas e objetos e superfícies contaminadas, a OMS propõe uma gradação de exposição ao risco ao propor medidas preventivas (Tabela 2).

Tabela 2: Risco do ambienta laboral conforme determinação da OMS;

RISCO	DEFINIÇÃO	EXEMPLOS
Baixo risco de exposição	Inexiste contato frequente com público e com colegas	Trabalhadores em regime de teletrabalho
Médio risco de exposição	Existe contato próximo e frequente com o público em geral ou colegas, mas que não pressupõe o contato com pessoas que já testaram positivo para doença	Trabalhadores do atendimento ao público em atividades essenciais
Alto risco de exposição	Existe contato com pessoas suspeitas eu já contaminadas, bem como com objetos e superfícies possivelmente contaminadas	Trabalhadores do transporte de pacientes, agentes funerários

Fonte: Elaborada pela autora conforme o protocolo da OMS (Considerations for public halth and social measures in the workplace in the context of Covid-19).

A entidade entende que para aqueles expostos ao risco médio seria recomendável: aumento da desinfeção do ambiente; implementação de barreiras quando o distanciamento mínimo não puder ser respeitado; incluir no EPI luvas e proteção para os olhos; aumentar a ventilação do local de trabalho de forma a evitar a recirculação do ar. Por outro lado, para àqueles submetidos a um alto risco, seria necessário um treinamento específico de prevenção e controle da disseminação aliado ao uso de EPI, sendo recomendável, diante destes cenário, o afastamento dos trabalhadores idosos, com condições médicas pré existentes e grávidas.

Apesar da OMS inserir os trabalhadores que atendem ao público em atividades essenciais como expostos ao risco médio, deve-se considerar a realidade brasileira em que a testagem da população é extremamente baixa, o sistema de controle de temperatura é medida facultativa e a constante campanha presidencial de desestímulo ao isolamento social. Consequentemente, estes trabalhadores devem ser relocados na categoria de alto risco em função do contato com pessoas pré assintomáticas ou assintomáticas.

3. Trabalhadores do atendimento ao público e respostas ao enfrentamento da crise

Apesar do elevado risco ao qual esta categoria está exposta, pouco se observa a respeito do fundamental processo de treinamento do grupo sobre como utilizar adequadamente o EPI e como evitar a contaminação decorrente do contato com indivíduos ou superfícies contaminadas. Neste sentido aponta o médico associado da área da saúde do trabalhador da UNICAMP Sérgio Roberto de Lucca(15):

Os demais trabalhadores de serviços essenciais também estão permanentemente expostos no atendimento da população usuária dos serviços e também sob maior risco de contaminação. Em situação de pandemia, eles também deveriam receber treinamentos específicos e equipamentos de biossegurança. Entretanto, observa-se que a maioria dos trabalhadores de supermercados, farmácias, motoristas, entre outros, estão desprovidos de barreiras físicas e da utilização de máscaras individuais durante o exercício das suas atividades de trabalho

A respeito da invisibilidade destes trabalhadores no processo de elaboração de estratégias públicas de enfrentamento da pandemia José Marçal Jackson Filho *et al* (16) apontam a falha nas estatísticas apresentadas pelas autoridades sanitárias ao não incluírem o microindicador que relaciona os indivíduos contaminados às suas respectivas ocupações. Tais dados, além de serem relevantes no aprimoramento dos protocolos de saúde de cada atividade, ainda seriam úteis na elaboração de políticas públicas que previnam a contaminação decorrente do uso dos serviços essenciais. Desta maneira defendem que:

> Medidas preventivas são necessárias para atividades com maior risco de exposição como é o caso dos trabalhadores da farmácia, entregadores (*delivery*), carteiros, trabalhadores do transporte de cargas e de passageiros e pessoal de apoio, frentistas de postos de combustíveis, serviços de abastecimento e vendas de alimentos e de produtos; serviços residenciais, porteiros e zeladores, pessoal de limpeza, empregados(as) domésticos(as); vigilantes, policiais, bombeiros; cuidadores de idosos e de pessoas dependentes; de manutenção de serviços públicos e privados de telefonia, eletricidade, água, gás, *internet*, segurança pública, serviços funerários e coleta de lixo; e provavelmente outras atividades aqui não mencionadas.

---

(15) LUCCA. Sérgio Roberto de. Proteção dos trabalhadores com maior risco de contaminação deve ser priorizada. *Revista Eletrônica de Jornalismo Científico*, Campinas, 27 abr. 2020. Disponível em: <http://www.comciencia.br/protecao-de-trabalhadores-com-maior-risco-de-contaminacao-deve-ser-priorizada/>. Acesso em: 10 jul. 2020.

(16) JACKSON FILHO. José Marçal *et al*. A saúde do trabalhador e o enfretamento da Covid-19. *Revista Brasileira de Saúde Ocupacional 2020*; 45:e14. Disponível em: <https://www.scielo.br/pdf/rbso/v45/2317-6369-rbso-45-e14.pdf>. Acesso em: 10 maio 2020.

Para melhor compreender os riscos e, consequentemente, estruturar um plano defensivo eficiente, seguindo as diretrizes do protocolo da OMS[(17)], é interessante compreender os trabalhadores do atendimento ao público em atividades essenciais sob duas realidades: os que atendem diretamente o público e os que atendem indiretamente ao público por se conectarem a estes por meio do *delivery*.

O grupo dos que atendem diretamente ao público pode ser fracionados em três subgrupos: os que atuam no interior de estabelecimentos comerciais, os prestadores de serviços externos e aqueles que trabalham em rodovias e hotéis. Os pertencentes ao primeiro subgrupo estão expostos ao risco de contaminação em função: a) da inviabilidade de distanciamento mínimo durante toda a jornada; b) do constante contato com superfícies potencialmente contaminadas como mercadorias, cartões e dinheiro e c) da ineficácia ou ausência do sistema de troca de ar no interior de ambientes fechados. Para mitigar os riscos podem ser instaladas estações de higienização das mãos e do meio ambiente, bem como, controle do fluxo de pessoas, utilização de barreiras para separar os trabalhadores dos consumidores e uso obrigatório de luvas e óculos de proteção. Nesta situação estão os empregados do comércio (farmácias, supermercados, postos de gasolina), das lotéricas e bancos, das locadoras de veículos, dos salões de beleza, das academias de esporte, das lavanderias, das concessionárias, dos cartórios extrajudiciais e dos restaurantes, no caso dos Estado que permitiram o funcionamento presencial destes estabelecimentos.

Os trabalhadores que atuam nas atividades externas acabam se deparando com a dificuldade de higienização das mãos e dos instrumentos de trabalho, além da necessária troca periódica dos EPIs[(18)]. Por atuarem fora do local de trabalho, este subgrupo está potencialmente em contato com pessoas e locais que não se adequam às medidas de higiene apontadas pela OMS. Neste caso, é relevante que o plano de prevenção inclua instrumentos móveis de higienização e acompanhamento periódico da saúde, incluindo testagem destes profissionais. Estão inseridos nesta realidade os trabalhadores do transporte de pessoas e mercadorias; os dos serviços funerários; os que realizam o reparo de pneus; os que são responsáveis por manutenção de elevadores, escadas rolantes e refrigeradores; os que atuam no controle de vetores; os que fazem serviço de guincho; os profissionais da segurança privada e os das atividades imobiliárias.

(17) WORLD HEALTH ORGANIZATION. *Considerations of public health and social measuares in workplace in the Covid-19.* Publicado em 10/05/2020. Disponível em: <https://www.who.int/publications/i/item/considerations-for-public-health-and-social-measures-in-the-workplace-in-the-context-of-Covid-19>. Acesso em: 10/05/2020

(18) A Organização Pan-Americana da Saúde recomenda que a máscara seja trocada sempre que ficar úmida seguindo um protocolo prévio de higienização das mãos e descarte do EPI. ORGANIZAÇÃO PAN-AMERICANA DE SAÚDE. *Orientação sobre o uso de máscaras no contexto da Covid-19 de 06 de abril de 2020.* Disponível em: <https://iris.paho.org/bitstream/handle/10665.2/51994/OPASBRACOVID1920041_por.pdf?sequence=1&isAllowed=y>>. Acesso em: 05 jun. 2020.

Por fim, merece comento, a situação dos trabalhadores que atuam na rede hoteleira e em rodovias. Inexistindo uma política nacional articulada com a estadual cada um dos governadores emitiu decretos que respondessem às realidades e aos interesses regionais. Entretanto quando se pensa em uma atividade que pressupõe o contato com pessoas vindas de diversos Estados, e por isso, submetidas às restrições e flexibilidades distintas, o trabalhador é exposto a um cenário de incerteza e, por consequência, suporta um risco ainda maior.

Dentro do grupo do trabalhadores do atendimento indireto, o risco está no contato habitual entre empregados do estabelecimento e entregadores que atuam em ambientes externos. Estes, principalmente quando se pensa nos infoproletariados, não têm a disposição estrutura de EPI, meios de higienização ou controle da saúde(19). O recomendável é, portanto, a implementação de medidas que reduzam o risco de contaminação decorrente deste contato e a inclusão dos entregadores, ainda que terceirizados, na logística de enfrentamento da pandemia das empresas que se valem dos serviços de *delivery*.

Como se percebe, apesar das estratégias de prevenção serem de relativamente fácil implementação, em razão dos interesses políticos, do constante discurso a respeito da preponderância dos fatores econômicos no contexto da crise e da desarticulação entre os entes federados nota-se frequente desrespeito à vida dos trabalhadores. Tal constatação se reforça com a informação trazida pelo MPT(20) de que nos primeiros 100 dias da crise somam-se 4,2 mil inquéritos civis trabalhistas, dos quais a primeira grande leva abordava a omissão dos empregadores no fornecimento de EPIs.

Considerações finais

No contexto da pandemia tanto a OIT quanto a CIDH defendem a necessidade de observância dos direitos humanos, em especial o direito do trabalho, quando se pensa em uma cenário de restrições. Para tanto, faz-se necessário a responsabilização das empresas pela implementação de protocolos de resposta que considerem novos surtos e contaminações decorrentes do trabalho em articulação com os já consolidados instrumentos nacionais de proteção à saúde e segurança do trabalho.

A conjuntura política brasileira, até o presente momento, se mostrou ineficiente no combate à pandemia. No embate entre a necessidade de preservação de vidas e a

(19) A atuação do MPT junto a Secretaria de Saúde de São Paulo resultou em portaria que determina que as plataformas forneçam *kits* de higienização e máscaras. ROCHA. Camilo. *A mobilização dos entregadores durante a Covid-19*. Jornal Nexo, São Paulo, 17 jun. 2020. Disponível em: <https://www.nexojornal.com.br/expresso/2020/06/17/A-mobiliza%C3%A7%C3%A3o-dos-entregadores-de-app-durante-a-Covid-19>. Acesso em: 20 jun. 2020.

(20) MAIA. Flávia. Covid-19 gerou 4,2 mil inquéritos civis trabalhistas em 100 dias, contabiliza MPT. *Jota*, Brasília, 17 jun. 2020. Disponível em: <https://www.jota.info/tributos-e-empresas/trabalho/Covid-19-gerou-42-mil-inqueritos-civis-trabalhistas-em-100-dias-contabiliza-mpt-17062020>. Acesso em: 20 jun. 2020.

realização de um possível crescimento econômico, parece que é dado maior importância a este último. Na esfera federal, as opções legislativas caminham no sentido de somar novas atividades ao rol das essenciais, ao mesmo tempo em que se reduz os direitos e as garantias trabalhistas por meio da transferência dos riscos da crise à classe trabalhadora. Coube ao Supremo Tribunal Federal impor limites a uma série de desvios legislativos que desconsideraram a dignidade da pessoa humana como um norte. Assim, além de descentralizar as respostas de saúde ao cenário pandêmico, foi reestabelecido a obrigatoriedade de realização de exames ocupacionais, assim como, a atuação dos auditores fiscais do trabalho.

A dimensão da categoria dos trabalhadores do atendimento ao público passa pela indeterminação do conceito de essencialidade. Como inexiste uma articulação entre os entes federados, as escolhas foram despidas de uma postura restritiva e, na maioria dos casos, não apresenta um regramento específico sobre a forma de funcionamento da atividade, conforme propôs Felipe Daud. Para além disso, os inúmeros Decretos e Portarias publicados por cada Estado acabam se tornando um entreve à informação da população. Durante a pesquisa das legislações estaduais e federais levantou-se 41 atividades que pressupõe o atendimento ao público.

Diante da complexidade do grupo em estudo, para elaboração de estratégias de prevenção, é interessante separar a realidade dos que atendem diretamente o público daqueles que se conectam ao consumidor indiretamente. No primeiro subgrupo estão inseridos os que atuam no interior dos estabelecimentos, os que fazem serviços externos e os que atuam em hotéis e rodovias. Enquanto no segundo se inserem os serviços que continuaram funcionando em sistema de *delivery*. Resta claro que os trabalhadores que atuam em contato com o público estão expostos a um risco maior de contaminação e, portanto é fundamental que a proteção ao grupo adquira relevância não apenas trabalhista, mas como medida de política pública de enfrentamento a crise sanitária. Na esfera privada caberá aos empregadores, por meio da análise particular de cada tarefa, inserir em seus instrumentos de proteção à saúde e segurança do trabalho a Covid-19 como um risco, devendo ser considerado as recomendações da OMS como um patamar mínimo.

Referências bibliográficas

ANTUNES, Ricardo. *Coronavírus — trabalho sob fogo cruzado*. São Paulo: Boitempo, 2020.

BRASIL. *Decreto n. 10.282, de 20 de março de 2020*. Regulamenta a Lei n. 13.979 de 7 de fevereiro de 2020, para definir os serviços públicos e as atividades essenciais. Disponível em: <http://www.planalto.gov.br/ccivil_03/_ato2019-2022/2020/decreto/D10282.htm>. Acesso em: 10 jul. 2020.

______. *Lei n. 13.979 de 6 de fevereiro de 2020*. Dispõe sobre medidas para enfrentamento da emergência de saúde pública de importância internacional decorrente do coronavírus responsável pelo surto de 2019. Disponível em: <http://www.planalto.gov.br/ccivil_03/_ato2019-2022/2020/lei/l13979.htm>. Acesso em: 10 jul. 2020.

COMISSÃO INTERAMERICANA DE DIREITOS HUMANOS. *Resolução n. 1, de 10 de abril de 2020.* Pandemia e Direitos Humanos nas Américas. Disponível em: <https://www.oas.org/pt/cidh/decisiones/pdf/Resolucao-1-20-pt.pdf>.

DAUD. Felipe. Direito no combate ao coronavírus. *Jota*, São Paulo, 03 abr. 2020. Disponível em: <https://www.jota.info/especiais/o-direito-no-combate-ao-coronavirus-03042020>. Acesso em: 20 jun. 2020.

HARVEY, David. *Política anticapitalista em tempos de coronavirus.* Disponível em: <https://blogdaboitempo.com.br/2020/03/24/david-harvey-politica-anticapitalista-em-tempos-de-coronavirus/>. Acesso em: 08 jul. 2020.

INTERNATIONAL LABOUR ORGANIZATION. *A policy framework for tracking the economic and social impacto of the Covid-19 crisis.* Publicado em: Maio/2020. Disponível em: <https://www.ilo.org/wcmsp5/groups/public/@dgreports/@dcomm/documents/briefingnote/wcms_745337.pdf>. Acesso em: 07 jun. 2020.

JACKSON FILHO. José Marçal *et al.* A saúde do trabalhador e o enfretamento da Covid-19. *Revista Brasileira de Saúde Ocupacional 2020*; 45:e14. Disponível em: <https://www.scielo.br/pdf/rbso/v45/2317-6369-rbso-45-e14.pdf>. Acesso em: 10 maio 2020.

LUCCA. Sérgio Roberto de. Proteção dos trabalhadores com maior risco de contaminação deve ser priorizada. *Revista Eletrônica de Jornalismo Científico*, Campinas, 27 abr. 2020. Disponível em: <http://www.comciencia.br/protecao-de-trabalhadores-com-maior-risco-de-contaminacao-deve-ser-priorizada/>. Acesso em: 10 jul. 2020.

MAIA. Flávia. Covid-19 gerou 4,2 mil inquéritos civis trabalhistas em 100 dias, contabiliza MPT. *Jota*, Brasília/DF, 17 jun. 2020. Disponível em: <https://www.jota.info/tributos-e-empresas/trabalho/Covid-19-gerou-42-mil-inqueritos-civis-trabalhistas-em-100-dias-contabiliza-mpt-17062020>. Acesso em: 20 jun. 2020.

MINISTÉRIO DA ECONOMIA. *Ofício Circular SEI n. 1.088/ME, de 27 de março de 2020.* Orientações gerais aos trabalhadores e empregadores em razão da pandemia da Covid-19. Disponível em: <https://seac-rj.com.br/files/oficioSITSTRAB.pdf>. Acesso em: 18 jul. 2020.

MINISTÉRIO DA SAÚDE. *Dados atualizado até 16 de julho de 2020.* Disponível em: <https://covid.saude.gov.br/>; Acesso em: 17 jul. 2020.

MINISTÉRIO DO TRABALHO. *Portaria MTb n. 1.031, de 6 de dezembro de 2018.* Norma Regulamentar 7 – Programa de controle medico de saúde ocupacional, disponível em: <https://enit.trabalho.gov.br/portal/images/Arquivos_SST/SST_NR/NR-07.pdf>. Acesso em: 18 jul. 2020.

ORGANIZAÇÃO PAN-AMERICANA DE SAÚDE. *Orientação sobre o uso de máscaras no contexto da Covid-19 de 06 de abril de 2020.* Disponível em: <https://iris.paho.org/bitstream/handle/10665.2/51994/OPASBRACOVID1920041_por.pdf?sequence=1&isAllowed=y>. Acesso em: 05 jun. 2020.

ROCHA. Camilo. A mobilização dos entregadores durante a Covid-19. *Jornal Nexo*, São Paulo, 17 jun. 2020. Disponível em: <https://www.nexojornal.com.br/expresso/2020/06/17/A--mobiliza%C3%A7%C3%A3o-dos-entregadores-de-app-durante-a-Covid-19>. Acesso em: 20 jun. 2020.

SANTOS, Boaventura de Sousa. *A cruel pedagogia do vírus*. São Paulo: Boitempo, 2020.

SECRETARIA ESPECIAL DE PREVIDÊNCIA E TRABALHO. *Portaria SEPRT n. 1.359 de 9 de dezembro de 2019*. Norma Regulamentar 9 – Programa de prevenção de riscos ambientais. Disponível em: <https://enit.trabalho.gov.br/portal/images/Arquivos_SST/SST_NR/NR-09-atualizada-2019.pdf>. Acesso em: 18 jul. 2020.

WORLD HEALTH ORGANIZATION. *Considerations for public health and social measures in the workplace in the contexto of Covid-19*. Publicado em: maio 2020. Disponível em: <https://www.who.int/publications/i/item/considerations-for-public-health-and-social-measures-in--the-workplace-in-the-context-of-Covid-19>. Acesso em: 10 maio 2020.

______. *Corona vírus disease (Covid-19) pandemic*. Disponível em: <https://www.who.int/emergencies/diseases/novel-coronavirus-2019>. Acesso em: 23 jul. 2020.

______. *Covid-19* strategy *update*. Publicado em: 14 abr. 2020. Disponível em: <https://www.who.int/docs/default-source/coronaviruse/covid-strategy-update-14april2020.pdf?sfvrsn=-29da3ba0_>. Acesso em: 15 maio 2020.

ANEXO – Normas estaduais que determinam o rol de atividades essenciais

ESTADO DO ACRE. *Decreto n. 5.496, de 20 de março de 2020*. Estabelece novas medidas para enfrentamento da emergência de saúde pública decorrente da doença Covid-19, causada pelo coronavírus SARS-CoV-2. Disponível em: <https://www.legisweb.com.br/legislacao/?id=391186>. Acesso em: 10 jul. 2020.

ESTADO DE ALAGOAS. *Decreto n. 69.541, de 19 de março de 2020*. Rep. – Declara a situação de emergência no Estado de Alagoas e intensifica as medidas para enfrentamento da emergência de saúde pública de importância internacional decorrente do Covid-19 (Coronavírus) no âmbito do Estado de Alagoas, e dá outras providências. Disponível em: <https://www.legisweb.com.br/legislacao/?id=391188>. Acesso em: 10 jul. 2020.

ESTADO DO AMAPÁ. *Decreto n. 1.497, de 03 de abril de 2020*. Dispõe sobre novas medidas de restrição de aglomeração de pessoas com a finalidade de reduzir os riscos de transmissão do novo Coronavírus (Covid-19), institui o Comitê de Decisões Estratégicas e adota outras providências. Disponível em: <https://www.legisweb.com.br/legislacao/?id=392406>. Acesso em: 10 jul. 2020.

ESTADO DO AMAZONAS. *Decreto n. 42.106, de 24 de março de 2020*. Dispõe sobre os estabelecimentos comercias e serviços considerados essenciais sem suspensão de funcionamento, e dá outras providências. Disponível em: <https://www.legisweb.com.br/legislacao/?id=391509>. Acesso em: 10 jul. 2020.

ESTADO DA BAHIA. *Decreto n. 19.722, de 05 de maio de 2020*. Estabelece medidas complementares de prevenção ao contágio e de enfrentamento da propagação do novo coronavírus, causador da Covid-19, na forma que indica. Disponível em: <https://www.legisweb.com.br/legislacao/?id=395882>. Acesso em: 10 jul. 2020.

ESTADO DO CEARÁ. *Decreto n. 33.519, de 19 de março de 2020.* Intensifica as medidas para enfrentamento da infecção humana pelo novo coronavírus. Disponível em: <https://www.legisweb.com.br/legislacao/?id=390941>. Acesso em: 10 jul. 2020.

DISTRITO FEDERAL. *Decreto n. 40.550, de 23 de março de 2020.* Dispõe sobre as medidas para enfrentamento da emergência de saúde pública de importância internacional decorrente do novo coronavírus, e dá outras providências. Disponível em: <http://www.sinj.df.gov.br/sinj/Norma/2daec529965741e29602314371cc37bf/exec_dec_40550_2020.html#art12>. Acesso em: 10 jul. 2020.

ESTADO DO ESPIRITO SANTO. *Decreto n. 4.636-R, de 19 de abril de 2020.* Institui o mapeamento de risco para o estabelecimento de medidas qualificadas para enfrentamento da emergência de saúde pública decorrente do novo coronavírus (Covid-19) e dá outras providências. Disponível em: <https://www.legisweb.com.br/legislacao/?id=393218>. Acesso em: 10 jul. 2020.

______. *Portaria n. 80-R, de 09 de maio de 2020.* Dispõe sobre o mapeamento de risco para o estabelecimento de medidas qualificadas para enfrentamento da emergência de saúde pública decorrente do novo coronavírus (Covid-19), instituído pelo Decreto n. 4636-R, de 19 de abril de 2020, e dá outras providências. Disponível em: <https://coronavirus.es.gov.br/Media/Coronavirus/Legislacao/PORTARIA%20080-R_2020%20-%20MAPA%20DE%20RISCO%20-%20REV%2003.pdf>. Acesso em: 10 jul. 2020.

ESTADO DE GOIÁIS. *Decreto n. 9.633, de 13 de março de 2020.* Dispõe sobre a decretação de situação de emergência na saúde pública do Estado de Goiás, em razão da disseminação do novo coronavírus (2019-nCoV). Disponível em: <https://www.legisweb.com.br/legislacao/?id=390750>. Acesso em: 10 jul. 2020.

______. *Decreto n. 9.633, de 13 de março 2020.* Dispõe sobre a decretação de situação de emergência na saúde pública do Estado de Goiás, em razão da disseminação do novo coronavírus (2019-nCoV). Disponível em: <https://www.legisweb.com.br/legislacao/?id=390750>. Acesso em: 10 jul. 2020.

ESTADO DO MARANHÃO. *Decreto n. 35.371, de 11 de abril de 2020.* Dispõe sobre as regras de funcionamento das atividades econômicas no Estado do Maranhão, em razão dos casos de infecção por Covid-19 e dá outras providências. Disponível em: <https://www.legisweb.com.br/legislacao/?id=392934>. Acesso em: 10 jul. 2020.

ESTADO DO MATO GROSSO. *Decreto n. 425, de 25 de março de 2020.* Consolida as medidas temporárias restritivas às atividades privadas para prevenção dos riscos de disseminação do Coronavírus (Covid-19) e dá outras providências. Disponível em: <https://www.legisweb.com.br/legislacao/?id=391758>. Acesso em: 10 jul. 2020.

ESTADO DO MATO GROSSO DO SUL. *Deliberação do Comitê Gestor Prosseguir n. 2, de 22 de julho de 2020.* Publica a classificação das atividades e dos serviços, por faixa de risco, considerados essenciais, não essenciais de baixo risco, não essenciais de médio risco, não essenciais de alto risco e não recomendados, no âmbito do Estado do Mato Grosso do Sul, aprovada pelo Comitê Gestor do Programa de Saúde e Segurança da Economia (PROSSEGUIR). Disponível em: <http://aacpdappls.net.ms.gov.br/appls/legislacao/secoge/govato.nsf/1b758e65922a-

f3e904256b220050342a/401c3f6aefc29ca1042585ae00472bbc?OpenDocument>. Acesso em: 25 jul. 2020.

ESTADO DE MINAS GERAIS. *Decreto NE 113, de 12 de março de 2020.* Declara SITUAÇÃO DE EMERGÊNCIA em Saúde Pública no Estado em razão de surto de doença respiratória – 1.5.1.1.0 – Coronavírus e dispõe sobre as medidas para seu enfrentamento, previstas na Lei Federal n. 13.979, de 6 de fevereiro de 2020. Disponível em: <http://jornal.iof.mg.gov.br/xmlui/handle/123456789/231275>. Acesso em: 10 jul. 2020.

______. *Decreto n. 47.886, de 15 de março de 2020.* Dispõe sobre medidas de prevenção ao contágio e de enfrentamento e contingenciamento, no âmbito do Poder Executivo, da epidemia de doença infeccionsa viral respiratória, causa pelo agente Coronavírus (Covid-19), institui o Comitê Gestor do Plano de Prevenção e Contingenciamento em Saúde do Covid-19 – Comitê Extraordinário Covid-19 e dá outras providências. Disponível em: <http://jornal.iof.mg.gov.br/xmlui/handle/123456789/231851>. Acesso em: 10 jul. 2020.

______. *Deliberação 17 do Comitê Extraordinário Covid-19, de 22 de março de 2020.* Dispõe sobre medidas emergenciais de restrição e acessibilidade a determinados serviços e bens públicos e privados cotidianos, enquanto durar o estado de CALAMIDADE PÚBLICA em decorrência da pandemia Coronavírus – Covid-19, em todo o território do Estado. Disponível em: <http://www.pesquisalegislativa.mg.gov.br/LegislacaoCompleta.aspx?cod=190719&marc=>. Acesso em: 10 jul. 2020.

ESTADO DO PARÁ. *Decreto n. 609, de 16 de março de 2020.* Dispõe sobre as medidas de enfrentamento, no âmbito do Estado do Pará, à pandemia do corona vírus Covid-19. Disponível em: <http://www.pge.pa.gov.br/sites/default/files/decreto_no_609_novo.atual_.pdf>. Acesso em: 10 jul. 2020.

ESTADO DA PARAÍBA. *Decreto n. 40.135, de 20 de março de 2020.* Dispõe sobre a adoção, no âmbito da Administração Pública direta e indireta, de medidas temporárias e emergenciais de prevenção de contágio pelo Covid-19 (Novo Coronavírus), bem como sobre recomendações aos municípios e ao setor privado estadual. Disponível em: <https://paraiba.pb.gov.br/diretas/saude/coronavirus/arquivos/novo-decreto-coronavirus-20-03-20-1-pdf.pdf/view>. Acesso em: 10 jul. 2020.

ESTADO DO PARANÁ. *Decreto n. 4.317, de 21 de março de 2020.* Dispõe sobre as medidas para a iniciativa privada acerca do enfrentamento da emergência de saúde pública de importância decorrente da Covid-19. Dispõe sobre as medidas para a iniciativa privada acerca do enfrentamento da emergência de saúde pública de importância decorrente da Covid-19. Disponível em: <https://www.legisweb.com.br/legislacao/?id=391239>. Acesso em: 10 jul. 2020.

ESTADO DE PERNAMBUCO. *Decreto n. 48.882, de 03 de abril de 2020.* Altera o Decreto n. 48.809, de 14 de março de 2020, que regulamenta, no Estado de Pernambuco, medidas temporárias para enfrentamento da emergência de saúde pública de importância internacional decorrente do coronavírus, conforme previsto na Lei Federal n. 13.979, de 6 de fevereiro de 2020, para definir os serviços e atividades essenciais no âmbito do Estado de Pernambuco. Disponível em: <https://legis.alepe.pe.gov.br/texto.aspx?tiponorma=6&numero=48882&complemento=0&ano=2020&tipo=&url=>. Acesso em: 10 jul. 2020.

ESTADO DO PIAUÍ. *Decreto n. 18.902, de 23 de março de 2020.* Determina a suspensão de atividades comerciais e de prestação de serviços, em complemento ao Decreto n. 18.901 de 19 de março de 2020, que determina as medias excepcionais que especifica, voltadas para o enfrentamento da grave crise de saúde pública decorrente do Covid-19, e dá outras providências. Disponível em: <https://www.pi.gov.br/wp-content/uploads/2020/03/IMG-20200323-WA0032.jpg>. Acesso em: 10 jul. 2020.

ESTADO DO RIO DE JANEIRO. *Decreto n. 46.989, de 24 de março de 2020.* Dispõe sobre o funcionamento de pequenos estabelecimentos de venda de alimentos, bebidas, e dá outras providências. Disponível em: <https://www.legisweb.com.br/legislacao/?id=391608>. Acesso em: 10 jul. 2020.

______. *Decreto n. 47.001, de 26 de março de 2020.* Dispõe sobre o funcionamento de estabelecimentos destinado a venda de material de construção, ferragem e de equipamento de proteção individual, e dá outras providências. Disponível em: <https://www.legisweb.com.br/legislacao/?id=391831>. Acesso em: 10 jul. 2020.

______. *Decreto n. 47.006, de 27 de março de 2020.* Dispõe sobre as medidas de enfrentamento da propagação decorrente do novo Coronavírus (Covid-19), em decorrência da situação de emergência em saúde, e dá outras providências. Disponível em: <https://www.legisweb.com.br/legislacao/?id=391908#:~:text=%C2%A7%205%C2%BA%20Fica%20autorizado%20em,venda%20de%20alimentos%2C%20bebidas%2C%20materiais>. Acesso em: 10 jul. 2020.

ESTADO DO RIO GRANDE DO NORTE. *Decreto n. 29.583, de 1º de abril de 2020.* Consolida as medidas de saúde para o enfrentamento do novo coronavírus (Covid-19) no âmbito do Estado do Rio Grande do Norte e dá outras providências. Disponível em: <http://diariooficial.rn.gov.br/dei/dorn3/docview.aspx?id_jor=00000001&data=20200402&id_doc=678994>. Acesso em: 10 jul. 2020.

ESTADO DO RIO GRANDE DO SUL. Decreto n. 55.128, de 19 de março de 2020. Declara estado de calamidade pública em todo o território do Estado do Rio Grande do Sul para fins de prevenção e de enfrentamento à epidemia causada pelo Covid-19 (novo Coronavírus), e dá outras providências. Disponível em: <https://saude-admin.rs.gov.br/upload/arquivos/202003/19125910-decreto-55-128-20.pdf>. Acesso em: 10 jul. 2020.

ESTADO DE RONDÔNIA. *Decreto n. 24.887, de 20 de março de 2020.* Declara Estado de Calamidade Pública em todo o território do Estado de Rondônia, para fins de prevenção e enfrentamento à pandemia causada pelo novo Coronavírus – Covid-19 e revoga o Decreto nº 24.871, de 16 de março de 2020. Disponível em: <https://www.legisweb.com.br/legislacao/?id=391697>. Acesso em: 10 jul. 2020.

ESTADO DE RORAIMA. *Decreto n. 28.635-E, de 22 de março de 2020.* Declara estado de calamidade pública em todo o território nacional do Estado de Roraima para fins de prevenção e de enfrentamento à epidemia causada pelo Covid-19 (coronavírus), e dá outras providências. Disponível em: <http://www.transparencia.rr.gov.br/phocadownload/legislacao/decretos/Decreto%20n%2028.635-E%20de%2022%20de%20marco%20de%202020%20-%20declara%20estado%20de%20calamidade%20-%20COVID19.pdf>. Acesso em: 10 jul. 2020.

ESTADO DE SANTA CATARINA. *Decreto n. 515, de 17 de março de 2020.* Declara situação de emergência em todo o território catarinense, nos termos do COBRADE n. 1.5.1.1.0 — doenças infecciosas virais, para fins de prevenção e enfrentamento à Covid-19, e estabelece outras providências. Disponível em: <https://www.legisweb.com.br/legislacao/?id=390995>. Acesso em: 10 jul. 2020.

ESTADO DE SÃO PAULO. *Decreto n. 64.881, de 22 de março de 2020.* Decreta quarentena no Estado de São Paulo, no contexto da pandemia do Covid-19 (Novo Coronavírus), e dá providências complementares. Disponível em: <http://www.pge.sp.gov.br/acompanhe/covid/arquivo/DecretoN64881.pdf>. Acesso em: 10 jul. 2020.

ESTADO DE SERGIPE. *Decreto n. 40.567, de 24 de março de 2020.* Atualiza, consolida e estabelece novas medidas de enfrentamento e prevenção à epidemia causada pelo Covid-19 (novo Coronavírus) no Estado de Sergipe, e dá outras providências. Disponível em: <https://www.legisweb.com.br/legislacao/?id=391536>. Acesso em: 10 jul. 2020.

ESTADO DO TOCANTINS. *Decreto n. 6.095, de 15 de maio de 2020.* Dispõe sobre a suspensão total de atividades não essenciais, em municípios tocantinenses para o enfrentamento e a contenção do avanço da pandemia do novo Coronavírus (Covid-19), e adota outras providências. Disponível em: <https://www.legisweb.com.br/legislacao/?id=395506>. Acesso em: 10 jul. 2020.

Categorias Mais Afetadas – Trabalhadores Em Teletrabalho

Carla Denise Theodoro

Resumo: O artigo visa alertar que, com a crise Pandêmica do Covid-19, houve uma aceleração da transferência do local de trabalho, da sede do empregador para o lar dos trabalhadores e trabalhadoras, desconsiderando dados sociais de defasagem habitacional, somada ao desrespeito e violência crescente em face das mulheres, ignorando a sobrecarga que advêm da somatória do trabalho, do cuidado do lar, dos entes que coabitam a residência, da educação dos filhos e muitos outros que ainda se encontram invisibilizados.

Palavras-chave: Teletrabalho — *Home-office* — Teletrabalho e a sobrecarga das mulheres — Teletrabalho e os espaços do lar.

1. Introdução

O teletrabalho parece ter se tornado uma obsessão para o modelo capitalista atual, desde o início desse sistema de produção, houve apropriação da força de trabalho, em especial a parte não paga, agora o foco são os espaços, a invasão dos ambientes domésticos, o lar.

Pode ser uma saída para manutenção do emprego em épocas de isolamento social em decorrência da pandemia declarada pela Organização Mundial de Saúde em 11 de março de 2020[1], mas, não sem grande repercussão prática na vida, na saúde mental e invasão da intimidade dos trabalhadores e trabalhadoras, parte não pensada desde a reforma trabalhista de 2017 e, neste momento, se torna evidenciada, no propósito da MP n. 927.

A equação pode parecer simples. Temos que fazer o isolamento social, então os(as) trabalhadores(as) passam exercer suas atividades dentro de suas casas, assim, junta-se o útil ao agradável. Há isolamento e o trabalho é executado. A pergunta é, o

(1) Disponível em: <https://www.paho.org/bra/index.php?option=com_content&view=article&id=6120:oms-afirma-que-Covid-19-e-agora-caracterizada-como-pandemia&Itemid=812>.

sistema do teletrabalho é útil e agradável para quem, se levarmos em consideração os dados estatísticos da vida da população brasileira? Será que o art. 5º. XI[2] da nossa Constituição Federal permite a invasão de nossa casa pelo empregador, unilateralmente, sem pagar pelos custos daí advindos?

2. Breve histórico

O teletrabalho parece uma evolução natural do trabalho em domicílio, quando prevalecia o trabalho mecânico, dependente da força física e de pequenas máquinas ou ferramentas, como a costura no ramo da indústria têxtil, apenas se amoldando à evolução do tempo e da forma, como a utilização de equipamentos informatizados ditados pela era da hiper tecnologia.

A CLT, desde sua implementação, já tinha previsão para o trabalho fora do ambiente empresarial, conforme preceituado o art. 6º [3], sofrendo alteração em 2011 e posteriormente, em 2017, com a entrada em vigor da reforma trabalhista, implementada pelo governo de Michel Temer. Inseriu-se um capítulo específico para disciplinar o denominado TELETRABALHO, consoante arts. 75-A a 75-E.

Assim, o teletrabalho, pretensiosamente remodelado, foi definido no art. 75-A como "a prestação de serviços preponderantemente fora das dependências do empregador, com a utilização de tecnologias de informação e de comunicação que, por sua natureza, não se constituam como trabalho externo".

Pois bem, a constatação de que o trabalho seria realizado com a utilização de tecnologias (comunicação e informação) não revelou nenhuma originalidade, porém, o grande assombro partiu da declaração de que, este trabalho não está sujeito ao pagamento de horas extras, assim como, pelas características de ausência de controle, o mesmo ocorre com o adicional noturno, hora noturna reduzida, intervalos intrajornada, intervalo extra jornada e suas integrações, porque a essa modalidade de trabalho, está dito que deverá ser aplicada a exceção do inciso III inserida no art. 62 da CLT, considerando o trabalho fora da possiblidade de controle, em tese, não sendo devidas assim, horas extras e outros títulos citados.

A decretação da Pandemia pela Organização Mundial da Saúde e o reconhecimento pelo Governo Federal do estado de calamidade pública, por meio do Decreto

(2) XI – a casa é asilo inviolável do indivíduo, ninguém nela podendo penetrar sem consentimento do morador, salvo em caso de flagrante delito ou desastre, ou para prestar socorro, ou, durante o dia, por determinação judicial;

(3) Art. 6º Não se distingue entre o trabalho realizado no estabelecimento do empregador, o executado no domicílio do empregado e o realizado a distância, desde que estejam caracterizados os pressupostos da relação de emprego.

Parágrafo único. Os meios telemáticos e informatizados de comando, controle e supervisão se equiparam, para fins de subordinação jurídica, aos meios pessoais e diretos de comando, controle e supervisão do trabalho alheio.

Legislativo no. 6 de 20 de março de 2020, assim como as Medidas Provisórias que seguiram, abreviaram o tempo de adaptação dos(as) trabalhadores(as) para o trabalho fora do ambiente laboral, por isso as consequências desta avença, se é que assim pode se dizer, restará ainda em análise ao longo do tempo.

Cabe enfatizar que a MP n. 927, cuja vigência expirou sem conversão em lei, em seu o art. 4º[(4)], permitia a mudança do trabalho presencial para o teletrabalho (remoto ou a distância) bem como, a sua reversão, com aviso de 48 horas, conforme previa o § 2º[(5)].

Quem achou que o capital não encontraria um meio de livrar-se de pagamento de horas extras, adicional noturno, responsabilidade pela saúde do trabalhador, claramente se equivocou, pois o empregador fez da casa do(a) trabalhador(a) a extensão do local de trabalho, vale dizer, do seu empreendimento, sem se preocupar minimamente em proporcionar qualquer melhoria das condições de vida para aqueles que necessitam.

Não se verifica nos arts. 75-A e seguintes, na MP n. 927 ou em qualquer outra legislação, a obrigação do empregador em oportunizar ao(a) trabalhador(a) em teletrabalho, condições mínimas de moradia, nem muito menos, qualquer forma de proteção ou combate a violência doméstica.

3. A casa um asilo inviolável

O art. 5º da Constituição Federal é absolutamente claro ao proteger a casa da invasão por quem quer que seja, até o Poder Judiciário tem limites para isso.

O que se quer dizer é que a Constituição reconheceu a casa como um direito inviolável e fundamental, conforme nos ensina o ilustre professor José Afonso da Silva[(6)]:

> (...) o homem tem direito fundamental a um lugar em que, só ou com sua família, goze de uma esfera jurídica privada e íntima, que terá que ser respeitada como sagrada manifestação da pessoa humana. (...) Aí também o direito fundamental da privacidade, da intimidade, que esse asilo inviolável protege. O recesso do lar é assim, o ambiente que resguarda

---

(4) Art. 4º Durante o estado de calamidade pública a que se refere o art. 1º, o empregador poderá, a seu critério, alterar o regime de trabalho presencial para o teletrabalho, o trabalho remoto ou outro tipo de trabalho a distância e determinar o retorno ao regime de trabalho presencial, independentemente da existência de acordos individuais ou coletivos, dispensado o registro prévio da alteração no contrato individual de trabalho.

(5) § 2º A alteração de que trata o *caput* será notificada ao empregado com antecedência de, no mínimo, quarenta e oito horas, por escrito ou por meio eletrônico.

(6) SILVA, José Afonso. *Comentário Contextual à Constituição*, 2. ed. São Paulo: Malheiros, ?ANO?. p.102.

a privacidade, a intimidade, a vida privada. A casa como asilo inviolável comporta o direito de vida doméstica livre de intromissão estranha — o que caracteriza a liberdade das relações familiares (a liberdade de viver junto sob o mesmo teto), as relações entre pais e seus filhos, as relações entre os dois sexos (intimidade sexual).

O referido art. 4º da MP n. 927, em caráter unilateral, possibilitou o empregador, sem anuência do trabalhador e da trabalhadora, alterar o local de trabalho de presencial para o teletrabalho[7], porquanto, em face da pandemia e da necessidade de isolamento social, a prestação dos serviços que era na sede do empregador, passou a ser na casa do(a) trabalhador(a).

Mas seria necessário, antes de se tomar uma medida que coloque os(as) trabalhadores(as) laborando na casa deles, conhecer, detidamente o país em que vivemos, e assim, poder analisar as possibilidades existentes e comparar com os resultados alcançados.

O governo parece ignorar por completo o estado de vida dos brasileiros e brasileiras, com um IDH de 0,0761[8], 48% (quarenta e oito) por cento da população brasileira não tem acesso a saneamento básico[9], (redação feita em 25.09.2019, 13h10. Fonte: Agência Senado).

---

(7) Art. 4º Durante o estado de calamidade pública a que se refere o art. 1º, o empregador poderá, a seu critério, alterar o regime de trabalho presencial para o teletrabalho, o trabalho remoto ou outro tipo de trabalho a distância e determinar o retorno ao regime de trabalho presencial, independentemente da existência de acordos individuais ou coletivos, dispensado o registro prévio da alteração no contrato individual de trabalho.

(8) O Brasil caiu uma posição no *ranking* global do Índice de Desenvolvimento Humano (IDH), em 2018, e ocupa o 79º lugar, em um grupo de 189 países. O relatório mundial divulgado, nesta segunda-feira (9), pela Organização das Nações Unidas (ONU), mostra que o IDH brasileiro foi de 0,761, ante 0,760 em 2017. Quanto mais próximo de 1, melhor é a qualidade de vida do país.

Estatisticamente, esse crescimento é considerado muito baixo, já que entre 2010 e 2017, por exemplo, a média do crescimento anual do IDH no Brasil foi de 0,004. O índice é feito com base em dados de expectativa de vida ao nascer, escolaridade e renda *per capita*.

No *ranking* atual, o Brasil fica empatado com a Colômbia e atrás de países como Chile, Argentina, Uruguai, Tailândia, Granada e Sri Lanka, por exemplo. O país é apenas o 4º melhor IDH da América do Sul. O *ranking* global é liderado por Noruega, Suíça e Irlanda. Na outra ponta, o Níger tem o pior índice, de 0,377. Disponível em: <https://www.redebrasilatual.com.br/cidadania/2019/12/brasil-idh-2018/>. Acesso em: 15 maio 2020, 14h41.

(9) A Comissão de Serviços de Infraestrutura (CI) discutiu nesta quarta-feira (25) a universalização do saneamento básico no Brasil. Durante audiência pública, os expositores alertaram para o fato de que 48% da população brasileira ainda não têm coleta de esgoto. Eles pediram a atenção do Senado e do governo para mudar essa realidade. Fonte: Agência Senado. Disponível em: <https://www12.senado.leg.br/noticias/materias/2019/09/25/brasil-tem-48-da-populacao-sem-coleta-de-esgoto-diz-instituto-trata-brasil>. Acesso em: 15 maio 2020, 14h47.

A desigualdade social aumenta ano a ano, dados de 17.05.2020[(10)] correspondente aos anos de 2014 a 2019, demonstram que a renda da metade dos mais pobres da população caiu 40%, ao mesmo tempo, segmento dos 10% mais ricos acumulam 3,3% a mais da renda do trabalho, concentrando 52% de toda renda produzida[(11)]

Dados de 07.11.2019 indicam que 13,5 (treze virgula cinco) milhões de brasileiros e brasileiras vivem abaixo do nível da miséria, o maior índice em 7(sete) anos.[(12)]

A população precisa de moradia, saneamento, saúde, acesso à educação, alimentação, aqueles direitos sociais básicos estabelecidos no art. 6º da Constituição Federal [(13)], nunca implementados, por isso, transferir o ambiente empresarial, aonde se realiza o trabalho para dentro do lar, unilateralmente, mediante um pré-aviso de 48 horas, conforme o § 2º do art. 4º da MP n. 927[(14)], sem a apresentação de um plano de melhoria das condições de vida dos(as) trabalhadores(as) dentro de sua casa, ignorando esses dados, é mais uma vez, imputar aos(as) trabalhadores(as), a responsabilidade para saída do caos econômico e social, que se agravou, ao se instalar no país, lembrando, mais uma vez, que os(as) trabalhadores(as) não contribuíram para esse caos.

Ficou estabelecido, ainda, no inciso I do § 4º, art. 4º, da MP n. 927, que se o empregado não possuir os equipamentos tecnológicos e a infraestrutura necessária e adequada à prestação do teletrabalho, do trabalho remoto ou do trabalho a distância o empregador poderá fornecer os equipamentos em regime de comodato e pagar por serviços de infraestrutura, que não caracterizarão verba de natureza salarial.

Como se observa, apesar de todo o quadro atual demonstrado, no que tange à vida do(a)s trabalhadores(as), não foi determinada a obrigação do empregador em

---

(10) São Paulo – De 2014 a 2019, os 10% mais ricos da população elevaram de 49% para 52% a fatia da renda do trabalho, no Brasil, apesar da crise econômica vivida pelo país. Por outro lado, os 50% mais pobres, que antes da crise ficavam com 5,74% da renda do trabalho, viram esse percentual cair para apenas 3,5%, no primeiro trimestre, segundo levantamento do Instituto Brasileiro de Economia da Fundação Getúlio Vargas (Ibre-FGV) divulgado hoje pelo jornal *El Pais Brasil*.

Segundo o levantamento, após o período de recessão, quando o Produto Interno Bruto (PIB) caiu cerca de 9%, entre 2014 e 2016, os 10% mais ricos já acumularam crescimento na renda de 3,3%, se tornando mais ricos que antes da crise. Ao mesmo tempo, os 50% mais pobres perderam 20% da renda no período pós-recessão, agravando o quadro de desigualdade. 15.05.2020, 15h16.

(11) Disponível em: <https://www.redebrasilatual.com.br/economia/2019/06/desigualdade-aumenta-com-queda-de-quase-40-na-renda-da-metade-mais-pobre-da-populacao/>. Acesso em: 15 maio 2020, 15h14.

(12) Disponível em:<https://agenciadenoticias.ibge.gov.br/agencia-noticias/2012-agencia-de-noticias/noticias/25882-extrema-pobreza-atinge-13-5-milhoes-de-pessoas-e-chega-ao-maior-nivel-em-7-anos>. Acesso em: 15 maio 2020, 14h57.

(13) "Art. 6º São direitos sociais a educação, a saúde, a alimentação, o trabalho, a moradia, o transporte, o lazer, a segurança, a previdência social, a proteção à maternidade e à infância, a assistência aos desamparados, na forma desta Constituição."

(14) "§ 2º A alteração de que trata o *caput* será notificada ao empregado com antecedência de, no mínimo, quarenta e oito horas, por escrito ou por meio eletrônico."

fornecer os equipamentos necessários ao desenvolvimento da atividade, como fornecer aos trabalhadores meios de tornar o ambiente doméstico apto para receber as determinações de trabalho, até porque, ele poderá fornecer, não se disse deverá (não há a obrigação).

Utilizar a residência dos(as) trabalhadores(as) requer adaptação, investimento em infraestrutura imediata, como a organização de um local adequado para os profissionais.

Cabe demonstrar, a trágica distribuição da miséria por Estado da Federação, para lembrarmos das dificuldades em se transferir o local de trabalho para dentro da casa dos(as) trabalhadores(as):

Figura 1(15)

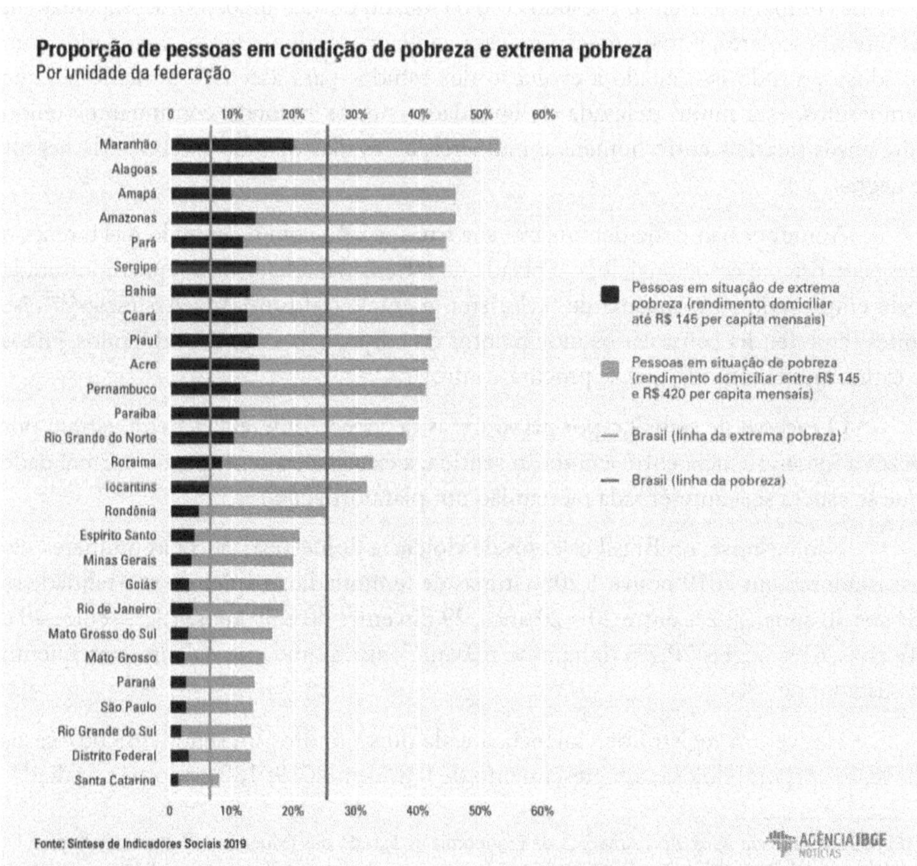

(15) Disponível em: <https://agenciadenoticias.ibge.gov.br/agencia-noticias/2012-agencia-de-noticias/noticias/25882-extrema-pobreza-atinge-13-5-milhoes-de-pessoas-e-chega-ao-maior-nivel-em-7-anos>.

Veja que, já estávamos vivendo um caos social. A pandemia decretada em função da disseminação do vírus Covid-19 somente agravou a situação, com a convergência de vários desastres sociais, relacionados à saúde, à economia, ao desemprego, ao desalento, à educação, à precarização de todas as formas de trabalho, à péssima distribuição de renda, à crescente miserabilidade da população, que estavam maximizados com a reforma de 2017 (Lei n. 13.467/17).

Aliás cabe lembrar da PEC n. 55, batizada como a PEC do fim do mundo, já estava acentuando o desequilíbrio social, ceifando investimentos e o desenvolvimento do país, a reforma trabalhista veio dar continuidade aos desmontes sociais implementados.

4. Divisão sexual do trabalho — Um recorte de gênero no teletrabalho

Fazendo aqui um recorte de gênero, existe no país um total desequilíbrio na divisão sexual do trabalho. As mulheres são as mais sobrecarregadas, diante da necessidade de compatibilizarem o trabalho com o cuidado dos(as) filhos(as), acompanharem as tarefas escolares, a manutenção da casa, cuidado da alimentação, o cuidados com os idosos, e tudo isso aliado a evolução dos estudos para ascensão profissional, que lembramos, está muito defasada da igualdade com os homens, continuamos tendo diferenças salariais entre homens e mulheres, agravadas quando tratamos de negros e negras.

A mulher não pode demonstrar sua irresignação com o acúmulo das tarefas, o desgaste físico e emocional, logo é taxada de estressada, tem a sua psique monitorada pelo empregador, um sistema de taylorismo mental conforme Ada Assunção [16], "se antes se pretendia controlar os movimentos do corpo, agora são os raciocínios, juízos e expressões emotivas", que se procura controlar.

O excesso de trabalho por plataformas de vídeo conferência, demonstram por vezes a incongruência entre a emoção sentida, a exaustão, o cansaço, e a normalidade que se espera seja apresentada na reunião por plataforma *online*.

Não bastasse, no Brasil os casos de violência doméstica contra as mulheres são assustadores, em 2019 houve 1.206 vítimas de feminicídio, o ápice da mortalidade se dá aos 30 anos, 28,2% entre 20 e 29 anos, 29,8% entre 30 e 39 anos, 18,5% entre 40 e 49 anos, 61% negras 70,7% tinham no máximo ensino fundamental, um crescimento assustador de 4%.

Houve um registro de violência a cada dois minutos[17], sendo 263.067 casos de lesão corporal dolosa, um crescimento de 0,8% em 2019; 180 estupros por dia[18],

(16) ASSUNÇÃO, Ada Ávila. Aproximações da Ergonomia ao Estudo das Exigências Afetivas das Tarefas. In: *Saúde Mental no Trabalho da Teoria à Prática*, p. 214.

(17) Disponível em: <http://www.forumseguranca.org.br/wp-content/uploads/2019/09/Anuario-2019-FINAL-v3.pdf>. Acesso em: 04 ago. 2020.

(18) *Idem.*

sendo 81,8% são do sexo feminino, 53,8% tinham até 13 anos, 50,9% negras e 48,5% brancas, 4 meninas de até 13 anos estupradas por hora.

Dados do Anuário Brasileiro de Segurança Pública de 2019[(19)], por estados da Federação nos mostram esta devastadora realidade:

Figura 2

Brasil e Unidades da Federação	Homicídios – Vítimas do sexo feminino – Ns absolutos 2017	Ns absolutos 2018	Taxas 2017	Taxas 2018	Variação	Feminicídios – Ns absolutos 2017	Ns absolutos 2018	Taxas 2017	Taxas 2018	Variação	Proporção de Feminicídios em relação aos homicídios de mulheres – Em percentual (%) 2017	2018
Brasil	4.540	4.069	4,3	3,8	-11,1	1.151	1.206	1,1	1,1	4	25,4	29,6
Acre	37	36	9	8,6	-4,2	13	14	3,2	3,4	6	35,1	38,9
Alagoas (2)	74	63	4,3	3,6	-15,4	34	21	2	1,2	-38,6	45,9	33,3
Amapá (7)	28	17	7,1	4,2	-40,4	2	5	0,5	1,2	145,2	7,1	29,4
Amazonas	74	89	3,7	4,4	18,5	16	4	0,8	0,2	-75,4	21,6	4,5
Bahia (2)	474	422	6,1	5,4	-11,4	74	75	1	1	0,8	15,6	17,8
Ceará (2,4)	353	448	7,7	9,7	26,1	22	27	0,5	0,6	21,9	6,2	6
Distrito Federal	41	45	2,6	2,8	7,5	18	28	1,1	1,7	52,3	43,9	62,2
Espírito Santo	133	93	6,6	4,6	-30,8	42	31	2,1	1,5	-27	31,6	33,3
Goiás	197	173	5,8	5	-13,2	23	35	0,7	1	50,4	11,7	20,2
Maranhão	113	99	3,2	2,8	-13	51	44	1,4	1,2	-14,3	45,1	44,4
Mato Grosso	84	85	5,1	5,1	0	76	42	4,6	2,5	-45,4	90,5	49,4
Mato Grosso do Sul	59	63	4,4	4,6	5,6	29	36	2,1	2,6	22,7	49,2	57,1
Minas Gerais (5)	376	326	3,5	3,1	-13,8	150	156	1,4	1,5	3,4	39,9	47,9
Pará	285	309	6,9	7,4	7,2	49	63	1,2	1,5	27,1	17,2	20,4
Paraíba	52	46	2,5	2,2	-12,1	22	34	1,1	1,6	53,5	42,3	73,9
Paraná	184	146	3,2	2,5	-21,2	41	61	0,7	1,1	47,7	22,3	41,8
Pernambuco	298	228	6,1	4,6	-24	76	74	1,6	1,5	-3,3	25,5	32,5
Piauí	59	49	3,6	3	-17,2	26	27	1,6	1,6	3,5	44,1	55,1
Rio de Janeiro	382	348	4,4	4	-9,3	68	71	0,8	0,8	3,9	17,8	20,4
Rio Grande do Norte (2)	149	101	8,4	5,6	-32,8	23	28	1,3	1,6	20,6	15,4	27,7
Rio Grande do Sul	305	205	5,3	3,5	-33	83	117	1,4	2	40,5	27,2	57,1
Rondônia	54	33	6,1	3,7	-39,5	-	9	0	1	100	-	27,3
Roraima	10	27	3,9	10,4	165,7	3	4	1,2	1,5	31,2	30	14,8
Santa Catarina	111	95	3,2	2,7	-15,5	52	42	1,5	1,2	-20,2	46,8	44,2
São Paulo	511	461	2,2	2	-10,4	120	136	0,5	0,6	12,5	23,5	29,5
Sergipe (6)	64	37	5,5	3,1	-42,8	6	16	0,5	1,4	163,9	9,4	43,2
Tocantins (7)	33	25	4,3	3,2	-25,1	32	6	4,2	0,8	-81,5	97	24

Não foi pensado numa logística adequada para transferir o ambiente de trabalho das trabalhadoras para a residência delas, não existe políticas protetivas e de segurança contra violência doméstica, vivenciadas diuturnamente dentro das residências, conforme dados supra mencionados.

Resta evidente a facilidade com que se transfere o ônus da atividade empresarial para os trabalhadores, em especial para as trabalhadoras, com a ocupação dos espaços que deveriam ser a última fronteira de invasão, e pior, sem obrigatoriedade da contraprestação pelo uso do espaço familiar, e ainda, sem se cogitar na compensação pelo desgaste psicológico e acumulo das tarefas.

(19) Disponível em: <http://www.forumseguranca.org.br/wp-content/uploads/2019/09/Anuario-2019-FINAL-v3.pdf>. Acesso em: 04 ago. 2020.

A MP n. 927 que mais uma vez modificou a fisionomia do teletrabalho, possibilitou a alteração de um espaço para outro com um aviso pífio de 48(quarenta e oito) horas, sem qualquer responsabilidade pela vida e segurança dessas trabalhadoras.

5. Conclusão

O capital não perde, está se apropriando de novos espaços, sempre se apossou do corpo, da mente, e agora é a casa, a última margem para a exploração. O que se pretende é transformar a casa na prorrogação da empresa, sem custo para o capital, sob o enganoso subterfúgio que há comodismo para a classe trabalhadora, evita-se deslocamentos, perda de tempo com transporte público, diminui custos com vestimentas entre outros dados infundados, porém não leva em consideração a acúmulo do trabalho da mulher.

O teletrabalho afasta os(as) trabalhadores(as) do convívio social, da troca de experiências da vida, desestrutura a capacidade de luta por melhores condições de trabalho, quebra a ambição individual por ascensão profissional, não permite visibilizar as diferenças de tratamento entre homens e mulheres.

A invasão da casa não leva à melhoria das condições de vida do(a) trabalhador(a), porque não há investimento na estrutura e desenvolvimento desses espaços, apenas leva à diminuição dos custos do capital, com a redução de despesas e obscurece o desenvolvimento organizacional.

O teletrabalho, ou, como muitos preferem, home office, pode parecer algum benefício para o(a) trabalhador(a) a curto prazo, talvez até para alguns(as) seja interessante, mas não é para a maioria, conforme demonstrado com as estatísticas acima.

Ainda é cedo para provar, mas notícias dão conta que inúmeras empresas estão devolvendo parte de suas instalações físicas porque implantaram o teletrabalho definitivamente. O tempo nos dirá como está a saúde mensal e física desses(as) profissionais, porque há uma nítida mistura da vida doméstica, familiar, do cuidado, com o trabalho, fora os riscos evidentes de violência doméstica.

Por fim, cabe mencionar que a MP n. 927 não foi convertida em Lei, assim, sua vigência está restrita ao período de 22.03.2020 a 19.07.2020, porém seus efeitos serão sentidos ao longo de anos.

Referências bibliografia

ASSUNÇÃO, Ada Ávila. Aproximações da Ergonomia ao Estudo das Exigências Afetivas das Tarefas. In: *Saúde Mental no Trabalho da Teoria à Prática*, p. 214.

SILVA, José Afonso. *Comentário Contextual à Constituição*. 2. ed. São Paulo: Malheiros, p. 102.

Links consultados

<https://www.redebrasilatual.com.br/cidadania/2019/12/brasil-idh-2018/> Acesso em: 15 maio 2020, 14h41.

<https://www12.senado.leg.br/noticias/materias/2019/09/25/brasil-tem-48-da-populacao--sem-coleta-de-esgoto-diz-instituto-trata-brasil> Acesso em: 15 maio 2020, 14h47.

<https://www.redebrasilatual.com.br/economia/2019/06/desigualdade-aumenta-com-queda--de-quase-40-na-renda-da-metade-mais-pobre-da-populacao/> Acesso em: 15 maio 2020, 15h14.

<https://agenciadenoticias.ibge.gov.br/agencia-noticias/2012-agencia-de-noticias/noticias/25882-extrema-pobreza-atinge-13-5-milhoes-de-pessoas-e-chega-ao-maior-nivel-em-7-a-nos> Acesso em: 15 maio 2020, 14h57.

<https://agenciadenoticias.ibge.gov.br/agencia-noticias/2012-agencia-de-noticias/noticias/25882-extrema-pobreza-atinge-13-5-milhoes-de-pessoas-e-chega-ao-maior-nivel-em-7-a-nos> Acesso em: 10 ago. 2020, 16h40.

<http://www.forumseguranca.org.br/wp-content/uploads/2019/09/Anuario-2019-FINAL--v3.pdf> Acesso em: 04 ago. 2020.

Categorias Mais Afetadas: Trabalhadores em Frigoríficos

Luana Duarte Raposo

Notas introdutórias sobre as condições de trabalho em frigoríficos

> "O filho do homem que vendia por dia a carne de apenas cinco bois, hoje abate 10.000 diariamente nas dez unidades espalhadas pelo país. <u>Numa conta matemática que despreza os intervalos para almoço e jantar, troca de turnos, feriados e dias santos</u>, isso dá um animal a cada 8 segundos."[(1)] (g.n.)

É dessa forma que a reportagem da Revista Exame apresenta um dos maiores produtores de carne do Brasil, responsável, à época, por 19% de toda a carne brasileira exportada, a Friboi[(2)]. A reportagem revela o avanço exponencial do mercado de frigoríficos no Brasil e escancara, no trecho transcrito acima, a dinâmica de produção condicionada ao preço da mercadoria no plano internacional, consubstanciada na superexploração de trabalhadores e trabalhadores daquele ramo econômico.

São conhecidas as circunstâncias degradantes de trabalho em frigoríficos, relacionadas a extensas jornadas, ritmo de trabalho fadigoso, envolvendo controle rigoroso de tempos e de movimentos na execução de operações sequenciadas, além da adoção de posturas nocivas. Tudo isso acarreta elevado índice de doenças ocupacionais, que envolvem lesões físicas a distúrbios mentais. Sobre o tema:

> Os limites físicos e psíquicos dos trabalhadores são postos à prova diariamente. A dor, as angústias, o cansaço, as doenças e os acidentes expressos nos depoimentos revelam essa realidade. O trabalhador que adoece é vítima de danos não apenas físicos e psicológicos decorrentes

(1) Os bilionários da carne. *Revista Exame*. Disponível em: <https://exame.com/revista-exame/os-bilionarios-da-carne-m0051790/>. Acesso em: 1º ago. 2020.

(2) De acordo com o perfil corporativo descrito em sua página de *internet* oficial, a JSB Friboi é a **maior produtor de proteínas do mundo** e a **segunda maior empresa de alimentos do mundo**. Disponível em: <https://ri.jbs.com.br/a-jbs/perfil-corporativo/>. Acesso em: 1º ago. 2020.

> da precarização e da intensificação da atividade laboral, mas também morais, já que o adoecimento é percebido como um sinal de fraqueza pessoal. Há nas empresas a construção de uma lógica perversa que culpa a vítima: o trabalhador torna-se o culpado pro seu adoecimento. Essa é a lógico da produção capitalista, que requer e determina incessantemente a extração nas linhas de produção, sejam elas tayloristas-fordistas, híbridas ou derivadas do modelo japonês.(3)

Não é por outra razão que, historicamente, os frigoríficos valem-se de força de trabalho de pessoas em situações vulneráveis, como é o caso dos imigrantes. É o que aponta a pesquisa da socióloga Letícia Mamed:

> Para Letícia Mamed, no caso da agroindústria da carne no Brasil, de um lado temos o movimento econômico que posicionou o país como maior exportador mundial de carne, gerando grande número de trabalhadores para cumprir as altas demandas de produção; por outro, em razão das circunstâncias do trabalho em um frigorífico, com longas jornadas e elevado índice de doenças ocupacionais (lesões físicas, distúrbios mentais, quadros depressivos e pensamentos suicidas, entre outros), o setor tem tido dificuldades para contratar brasileiros. Por isso eles têm reforçado nos últimos anos a contratação de imigrantes, como haitianos e muçulmanos em geral, como senegaleses e bengalis.(4)

Nem mesmo a edição da Norma Regulamentadora n. 36(5) foi de capaz de resolver os problemas enfrentados pelos trabalhadores e trabalhadores do setor, conforme anuncia a trabalhadora Gisele Adão, dirigente sindical e empregada de empresa frigorífica:

> A NR foi uma conquista dos trabalhadores, melhorou muito as condições de trabalho, sobretudo quanto ao descanso. Mas, ela também trouxe um ritmo de trabalho maior, porque foi mecanizada a produção. O tempo de descanso foi compensado pelos empregadores na mecanização.(6)

---

(3) NELI, Marcos Acácio; NAVARRO, Marcos Acácio. Reestruturação Produtiva e Saúde do Trabalhador na Agroindústria Avícola no Brasil. O caso dos trabalhadores de uma unidade produtiva de abate e processamento de aves. In: ANTUNES, Ricardo (Org.). *Riqueza e Miséria do Trabalho no Brasil II*. São Paulo: Boitempo, 2013. p. 304.

(4) Haitianos são maioria entre imigrantes no mercado de trabalho formal no Brasil. Disponível em: <https://amazonia.org.br/2014/11/haitianos-s%C3%A3o-maioria-entre-imigrantes-no-mercado-de-trabalho-formal-no-brasil/>. Acesso em: 1º ago. 2020.

(5) Fruto da luta dos trabalhadores do setor, a NR-36, Portaria MTE n. 555, de 18.04.2013, instrumentalizou diversas regras de segurança e saúde no trabalho em empresas de abate e processamento de carnes e derivados.

(6) Resenha Trabalhista – Programa XXII: "Frigoríficos: moendo gente na pandemia?". Disponível no canal do *Youtube* História Contemporânea do Trabalho no Brasil. Acesso em: 18 jul. 2020.

No mesmo sentido denuncia o trabalhador Anderson Zanelato, empregado da JBS, em Rolândia, Paraná:

> O abate não diminuiu, pelo contrário, foi feito investimento em máquinas e a produção continua a mesma. Foi reduzido o quadro de funcionários. Existe uma grande rotatividade, em razão do trabalho exaustivo. O que mudou foi em relação aos acidentes, há uma preocupação maior com acidentes. Hoje o SESMT funciona. Existe um departamento médico que atua, mas ainda há muitos problemas.(7)

Estima-se que a indústria frigorífica ocupa o primeiro lugar em acidente de trabalho em indústrias do ramo alimentício. São registradas 54 ocorrências, em média, por dia. Em 2017, foram 20.595 acidentes nos frigoríficos, um aumento de 7,90% em relação ao número de 2016, que totalizaram 19.087. (8)

Além da adoção de modelo produtivo que utiliza ritmo de produção elevado, relacionado à repetitividade e à sobrecarga muscular, o trabalho em frigoríficos envolve a permanente exposição a ambiente frio (máximo de 12º C), exposição à umidade, a riscos biológicos (carne, glândulas, vísceras, sangue e fezes), o que potencializa a proliferação de doenças altamente infecciosas como a Covid-19.

Nessa senda, durante a maior crise sanitária e humanitária do século, os trabalhadores e as trabalhadores em frigoríficos veem-se ainda mais vulneráveis. A pandemia trouxe ainda mais um risco à saúde desses trabalhadores. Destaca-se que as indústrias frigoríficas não foram interrompidas durante a pandemia, tendo sido considerada atividade essencial pelo Decreto Federal n. 10.342/2020, entendimento que foi replicado nas diversas legislações estaduais e municipais, também em decisões judiciais. Decorre de tal panorama um número alarmante de trabalhadores infectados por Covid-19 em frigoríficos. Avalia-se que o índice de contaminação seja três vezes maior do que o que acomete o ambiente hospitalar.

Frigoríficos como foco da Covid-19

A partir das condições de trabalho observadas no setor de frigoríficos, abrangendo estabelecimentos com grande contingente de pessoas, que laboram em proximidade e em ambiente úmidos e fechados, nasce um importante foco facilitador para transmissão rápida do vírus. O número de pessoas que laboram em frigoríficos e que foram infectadas pelo novo coronavírus é alarmante. Há, ainda, um número maior considerando a contaminação indireta, ou seja, de parentes ou pessoas próximas aos empregados, pessoas que não fazem parte do quadro de empregados das empresas. Vale lembrar

---

(7) *Idem.*

(8) Canpat: frigoríficos estão entre os ambientes com mais riscos. *Associação Nacional de Medicina do Trabalho.* Disponível em: <https://www.anamt.org.br/portal/2019/04/12/canpat-frigorificos-estao-entre-os-ambientes-com-mais-riscos/>. Acesso em: 30 ago. 2020.

que esse não é um problema que ocorre apenas no Brasil, outros países, como Estados Unidos, Alemanha, Reino Unido, França e Espanha também verificaram grande número de contaminações em frigoríficos.

A alta contaminação em frigoríficos é responsável, ainda, pela proliferação da doença no interior do país. A interiorização da Covid-19 pelos frigoríficos é apontada em estudo realizado pelo técnico de planejamento e pesquisa do Instituto de Pesquisa Econômica Aplicada (Ipea) Ernesto Pereira Galindo:

> Usando dados do Censo, da Rais e do Caged (Cadastro Geral de Empregados e Desempregados), Galindo levantou informações sobre o município de residência e trabalho dos empregados do setor — que muitas vezes são diferentes — e cruzou com informações fornecidas pelo MPT sobre os trabalhadores infectados pelo coronavírus.
>
> Os resultados preliminares apontam que os municípios que abrigam frigoríficos e aqueles em seu entorno, que muitas vezes fornecem mão de obra para as fábricas, são as áreas do interior com maior incidência de contaminação pelo novo coronavírus.[9]

A situação dos imigrantes Haitianos

No ramo de produção de proteínas, parte importante da força de trabalho do setor é provida por imigrantes. De acordo com dados da Relação Anual de Informações Sociais (Rais), o setor de frigoríficos é o que mais emprega imigrantes. Dentre os imigrantes contratados, encontra-se no topo do *ranking* os de nacionalidade haitiana.[10]

Conforme visto acima, as características do trabalho, com destaque para alta rotatividade e precariedade, leva à contratação de força de trabalho vulnerável. A situação dos trabalhadores imigrantes, indocumentados, oriundos de um Estado em crise social, atrai a contratação por empresas frigoríficas. Nesse sentido:

> O direcionamento de parte dessa população para o trabalho nos frigoríficos, além das questões demográficas relativas à queda da fecundidade (CCGE, 2008). Também precisa ser pensado à luz das características do trabalho nesse segmento. Tal como no corte de cana, o trabalho nos frigoríficos se destaca pela alta rotatividade e precariedade (VASCONCELOS; PIGNATII; PINGATI, 2009; MAGALHÃES, 2017).[11]

---

(9) Covid-19 se alastra em frigoríficos e põe brasileiros e imigrantes em risco. *BBC Brasil*. Disponível em: <https://www.bbc.com/portuguese/brasil-53477319. Acesso em: 1º ago. 2020.

(10) Conforme RAIS de 2018, dentre os 15.730 trabalhadores imigrantes do setor de frigoríficos, 11.201 são de nacionalidade haitiana.

(11) DEMETRIO, Natália. Pandemia, agronegócio, migrações internas e internacionais no Brasil: Notas pra uma agenda de pesquisa. In: BAENINGER, Rosana; VEDOVATO, Luís Renato; NANDY, Shailen (Orgs.). *Migrações Internacionais e a pandemia de Covid-19*. Nepo/Unicamp, 2020 (versão digital).

A pandemia se torna ainda mais acentuada aos trabalhadores imigrantes, uma vez que, não raro, moram em residências compartilhadas, já que a remuneração percebida tem que ser economizada para o envio aos familiares que permaneceram no país de origem. Tem-se, pois, mais um fator agravante para a disseminação do vírus.

Medidas governamentais em relação à Covid-19 e seus impactos no setor de frigoríficos

Traçado, ainda que brevemente, um panorama da situação dos trabalhadores e das trabalhadoras em frigoríficos, cumpre-nos analisar as medidas oriundas do Estado voltadas à pandemia de coronavírus direcionadas ou não ao setor de frigoríficos.

Inicialmente, ressalta-se que a atividade do setor de frigoríficos foi considerada atividade essencial pelo Decreto Federal n. 10.342/2020. Nos âmbitos Estadual e Municipal também foram editados decretos que corroboraram a essencialidade do serviço. Assim, os frigoríficos não sofreram interrupção de atividades, antes o contrário, com a alta do dólar a produção de proteína animal e as exportações elevaram-se no período.

No início da pandemia no País, em 22 de março de 2020, foi editada a Medida Provisória n. 927, que trouxe diversas alterações na legislação trabalhista, incluindo desregulamentações relacionadas à saúde e segurança do trabalho. A decisão do Governo Federal, na contramão de qualquer recomendação que visasse à prevenção da doença, foi a de suspender exames médicos ocupacionais, clínicos e complementares, com exceção de exames demissionais, durante o estado de calamidade pública. Além disso, a MP desobrigava as empresas de realizar treinamentos periódicos e eventuais, e limitava os poderes de fiscalização dos auditores fiscais do trabalho. A MP perdeu vigência, contudo, em 19 de julho de 2020, uma vez que não foi votada, no prazo, pelo Congresso Nacional.

Algumas regulamentações foram formuladas especificamente para o setor de frigoríficos. No âmbito estadual destacam-se as Resoluções ns. 855/2020 do Paraná, 312/2020 de Santa Catarina, e 283/2020 do Rio Grande do Sul. Os três Estados do Sul do País concentram grande parte dos frigoríficos brasileiros, e se depararam com o avanço da contaminação oriundas desse setor produtivo. As resoluções citadas abrangem medidas preventivas que possuem mais consonância com as recomendações da Organização Mundial de Saúde (OMS) e, por essa razão, sofrem pressões do setor produtivo, que visam à sua revogação. Não é por outra razão que, em 16 de julho de 2020, o Estado do Paraná revogou a Resolução n. 855/2020.

A Portaria n. 855/2020, do Paraná, estabeleceu medidas de controle e prevenção da transmissão do vírus, entendendo que os frigoríficos atuam como foco de disseminação da doença. Naquele Estado, há aproximadamente 300 frigoríficos de diversos tamanhos, que empregam mais de 100 mil pessoas"[12]. Todavia, na mesma semana em que o Estado do Paraná atingiu os maiores números de infectados, houve a revogação da Resolução n. 855/2020, pela Resolução n. 913/2020, contrariando todos os fundamentos do ato anterior, o que representou verdadeiro retrocesso no patamar de proteção social à saúde do trabalhador.

No âmbito federal, também houve a edição de Portaria específica para o setor frigorífico em relação à pandemia. Trata-se da Portaria conjunta n. 19, de 18 de junho de 2020, que veio estabelecer medidas a serem observadas "visando à prevenção, controle e mitigação dos riscos de transmissão da Covid-19 nas atividades desenvolvidas na indústria de abate e processamento de carnes e derivados destinados ao consumo humano e laticínios".

Entretanto, verifica-se que a Portaria não contempla efetiva prevenção, controle ou mitigação dos riscos de transmissão. Extrai-se do seu texto que não há previsão de redução do número de trabalhadores em cada turno de atividade nas empresas do setor frigorífico, não obriga a testagem em massa dos trabalhadores, além de inexistir imposição de distanciamento seguro, tendo referido o limite de 1 (um) metro[13], podendo ser flexibilizado, em caso de inviabilidade, *in verbis*:

> 4.2.1 Se o distanciamento físico de ao menos um metro não puder ser implementado para reduzir o risco de transmissão entre trabalhadores, clientes, usuários, contratados e visitantes, além das demais medidas previstas neste Anexo, deve-se adotar:
>
> a) máscara cirúrgica;
>
> b) divisória impermeável entre os postos de trabalho ou fornecer proteção facial do tipo viseira plástica (face shield) ou fornecer óculos de proteção; e
>
> c) medidas administrativas adicionais, tais como:
>
> I – a adoção de turnos ou escalas de trabalho diferenciadas;
>
> II – minimizar contato face a face, colocando trabalhadores para trabalhar lado a lado, transversalmente ou de costas;
>
> III – definir equipes com os mesmos trabalhadores para os turnos e setores de trabalho;
>
> IV – no rodízio de trabalhadores, quando necessário, priorizar sua realização no mesmo setor de trabalho.

Desse modo, observa-se que, à semelhança da condução caótica que vem sendo exercida pelos governantes brasileiros durante a pandemia, também no setor de

(12) Disponível em: <http://www.saude.pr.gov.br/Noticia/Sesa-normatiza-medidas-de-prevencao-e-controle-do-novo-coronavirus-em-frigorificos>. Acesso em: 30 jul. 2020.

(13) O Governo do Reino Unido aconselha que as pessoas fiquem a 2 metros de distância de qualquer pessoa fora de sua casa. O Centro dos EUS para controle e Prevenção de Doenças (CDC) sugere uma distância de 6 pés (cerca de 1,8 metros).

frigoríficos impera o descaso com as vidas humanas e o desrespeito à dignidade do trabalhador e da trabalhadora. Trata-se de verdadeira afronta à Constituição da República, na medida em que ela assegura aos trabalhadores o direito à "redução dos riscos inerentes ao trabalho" e o direito ao "meio ambiente adequado", no qual está incluso o meio ambiente do trabalho (art. 7.º, incisos XXXII e 225 da Carta Magna).

(Re)ação dos atores sociais: trabalhadores, sindicatos, Ministério Público do Trabalho e Judiciário

Diante da situação de extrema precariedade do setor, ante o aumento dos casos de trabalhadores contaminados e face à premente necessidade de obstar a disseminação do vírus, os diversos atores sociais movimentaram-se frente ao problema.

Em pesquisas pelos sítios dos Tribunais Regionais do Trabalho e do Tribunal Superior do Trabalho, nota-se o crescente número de ações civis públicas ajuizadas pelo Ministério Público do Trabalho ou pelos sindicatos profissionais, que denunciam o descumprimento de normas mínimas de prevenção e segurança aos trabalhadores do setor de frigoríficos. As objeções das empresas quase sempre coincidem, correspondem à insurgência contra a obrigação de imposição de distanciamento de 1,5m (um metro e meio), contra o fornecimento de EPIs, sobretudo quando questionada a necessidade de troca diária de máscaras. Sobre o tema, aliás, é interessante destacar, mais uma vez, o pronunciamento da trabalhadora e dirigente sindical Gisele Adão:

> (...) a gente sai de casa já com medo...o pessoal tá ficando doente, mas você fica naquela indecisão, ou você vai trabalhar ou você não tem a sua renda...A máscara PFF2, eles permitem uma semana de uso, isso é um crime contra os trabalhadores...como o frigorífico é um lugar úmido... a máscara fica toda "babada" e com o frio a máscara "assa" o rosto das pessoas.

Há, ainda, grande resistência por parte das empregadoras em realizar testagem em massa de seus empregados, sendo esse objeto de inúmeros mandados de segurança impetrados pelas empresas ou de ações civis públicas propostas por sindicatos ou pelo Ministério Público do Trabalho. Salienta-se que tanto a Organização Mundial da Saúde (OMS) quanto o Ministério da Saúde (MS) reconhecem que é possível a transmissão do Covid-19 entre pessoas assintomáticas, o que torna imprescindível a ampla testagem dos trabalhadores.

O Ministério Público do Trabalho, através da Coordenadoria Nacional de Defesa do Meio Ambiente do Trabalho (CODEMAT) elaborou, em 31 de março de 2020, um documento com recomendações destinadas ao setor, onde foram estipuladas diversas medidas de prevenção e mitigação de riscos. Dentre elas, destaca-se a recomendação de aceitar a autodeclaração do empregado a respeito do seu estado de saúde relacionado a sintomas da Covid-19, com o afastamento do trabalhador. A medida objetiva evitar proliferação do vírus, dispensando o trabalhador de passar por médico próprio da empresa; recomenda a não realização de horas extras, durante o período de reconhecimento da pandemia; além da testagem em massa, recomenda medidas de vigilância ativa e passiva para identificação precoce de sintomas compatíveis com a Covid-19.

Contudo, em grande parte das empresas do setor, não se percebe a adoção voluntária de providências com vistas a assegurar a saúde de seus empregados. Pelo contrário, considerando o alto número de infectados, é evidente a insuficiência das ações adotadas para prevenção e reversão do quadro de contaminação.

Tanto é assim, que, em julho de 2020, o MPT possuía 213 investigações ativas para apurar denúncias nas empresas do setor, em 22 estados, incluindo e incluem inquéritos civis, em fase mais avançada, e verificação de cumprimento de Termos de Ajustamento de Conduta (TACs). Nem todas as investigações culminaram em judicialização, uma vez que muitas empresas acabam firmando Termos de Ajustamento de Conduta (TACs). Foram propostas mais de 40 ações civis públicas contra empresas frigoríficas. Vale ressaltar que as ações, normalmente, são fruto de denúncias realizadas pelos empregadores e somente são ajuizadas após esgotadas as tentativas de regularização do ilícito pela via extrajudicial. Salienta-se, também, que os pedidos realizados nas ações civis públicas dizem respeito ao mínimo que se espera de uma empresa no cuidado com o ambiente de trabalho durante uma crise sanitária. Houve, ainda, interdições de plantas industriais por curto período[(14)].

Percebe-se, pois, que os Sindicatos, o Ministério Público do Trabalho e o Judiciário possuem um importante papel no enfretamento da pandemia, especialmente no o que toca à proteção das pessoas que trabalham em frigoríficos.

Conclusão

Não restam dúvidas de que a prevenção ao Covid-19 passa, inegavelmente, pelo setor frigorífico. Nesse sentido, verificamos que os frigoríficos são ambientes de trabalho propícios para disseminação da Covid-19, sobretudo em razão do elevado número de trabalhadores nas unidades, o que leva a pontos de aglomeração, por exemplo, nos refeitórios e locais para a realização das pausas térmica e psicofisiológica; além disso, possuem ambiente frio e úmido, com baixa taxa de renovação de ar no ambiente. Trata-se de mais uma barbárie enfrentada pelos trabalhadores e trabalhadoras do setor, que já se encontram em um segmento demasiadamente inóspito e causador de doenças.

(14) É o caso da interdição de frigorífico de Passo Fundo, no Rio Grande do Sul, que teve grande repercussão nacional e internacional. Disponível em: <https://portelaonline.com.br/2020/04/27/interdicao-de-frigorifico-da-jbs-em-passo-fundo-vira-noticia-internacional/>. Acesso em: 30 jul. 2020.

É de rigor a adoção de medidas voltadas a proteção desses trabalhadores em face aos efeitos da pandemia. A imposição constitucional de "redução dos riscos inerentes ao trabalho por meio de normas de saúde, higiene e segurança" contida no art. 7º, XXII, da Constituição, abrange todas as medidas necessárias à proteção da integridade física e mental dos trabalhadores. Impõe-se a adoção de políticas sociais e econômicas que visem à redução do risco da doença, nos termos do art. 196 da Constituição da República. No mesmo sentido o art. 157, I, da CLT e Convenção n. 155 da OIT.

É incabível o debate forjado e inconstitucional sobre uma suposta escolha entre economia (lucro) e vida, sobretudo no caso analisado, em que não se vislumbra perdas financeiras ao setor frigorífico, antes o contrário. A tutela do meio ambiente do trabalho é corolário dos direitos fundamentais à saúde (art. 6º da CF) e à "redução dos riscos inerentes ao trabalho, por meio de normas de saúde, higiene e segurança" (art. 7º, XXII, da CF). Constitui, ainda, forma de proteção e promoção da própria dignidade da pessoa humana, fundamento do Estado, e meio de concretização do valor social do trabalho, outro de seus fundamentos (art. 1º, III e IV, da CF). Destaca-se, também, que o meio ambiente de trabalho é indivisível, portanto, as medidas de segurança que cabem aos frigoríficos em favor de seus empregados, também abrangem a força de trabalho terceirizada e eventuais prestadores de serviço (arts. 4º-C e 5º-A da Lei n. 6.019/1974).

Bibliografia

DEMETRIO, Natália. Pandemia, Agronegócio, Migrações Internas e Internacionais no Brasil: Notas para uma agenda de pesquisa. In: BAENINGER, Rosana; VEDOVATO, Luís Renato; NANDY, Shailen (Orgs.). *Migrações Internacionais e a pandemia de Covid-19*. Nepo/ Unicamp, 2020 (versão digital).

NELI, Marcos Acácio; NAVARRO, Marcos Acácio. Reestruturação Produtiva e Saúde do Trabalhador na Agroindústria Avícola no Brasil. O caso dos trabalhadores de uma unidade produtiva de abate e processamento de aves. In: ANTUNES, Ricardo (Org.). *Riqueza e Miséria do Trabalho no Brasil II*. São Paulo: Boitempo, 2013.

OLIVEIRA, Paulo Antonio Barros; MENDES, Jussara Maria Rosa. Processo de trabalho e condições de trabalho em frigoríficos de aves: relato de uma experiência de vigilância em saúde do trabalhador. *Ciênc. saúde coletiva* [*online*]. 2014, vol.19, n. 12.

Sites consultados:

<https://exame.com/revista-exame/os-bilionarios-da-carne-m0051790/>. Acesso em: 1º ago. 2020.

<www. https://ri.jbs.com.br/a-jbs/perfil-corporativo/>. Acesso em: 1º ago. 2020.

<https://amazonia.org.br/2014/11/haitianos-s%C3%A3o-maioria-entre-imigrantes-no-mercado-de-trabalho-formal-no-brasil/. Acesso em: 1o ago. 2020.

<https://www.anamt.org.br/portal/2019/04/12/canpat-frigorificos-estao-entre-os-ambientes-com-mais-riscos/. Acesso em: 30 ago. 2020.

<https://www.bbc.com/portuguese/brasil-53477319>. Acesso em: 1º ago. 2020.

<http://www.saude.pr.gov.br/Noticia/Sesa-normatiza-medidas-de-prevencao-e-controle-do-novo-coronavirus-em-frigorificos>. Acesso em: 30 jul. 2020.

<https://portelaonline.com.br/2020/04/27/interdicao-de-frigorifico-da-jbs-em-passo-fundo-vira-noticia-internacional/>. Acesso em: 30 jul. 2020.

Mulheres e a Divisão Sexual do Trabalho: O Advento da Precarização como Herança Social da Modernidade

Karine Rodrigues Fagundes
Yasmin Silveira Martins

1. Considerações iniciais

O presente artigo terá o objetivo de discutir a divisão sexual do trabalho, com o intuito de demonstrar que a precarização dos dias atuais no que concerne o trabalho das mulheres tem seu fundamento nas condições impostas pelo capitalismo, advento da modernidade.

Nesse sentido, cabe destacar que a construção de uma nova ordem patriarcal, que subsumia as mulheres à meras servas da força de trabalho masculina foi fundamental para que houvesse o desenvolvimento da sociedade capitalista[(1)]. Foi sobre essa nova base que se tornou possível a imposição de uma nova divisão sexual do trabalho, diferenciando não apenas as tarefas dos homens e das mulheres, mas também ditando como seria a relação desses indivíduos com o capital. Desse modo, estabeleceu-se uma nova relação de poder e uma divisão dentro da força de trabalho.[(2)]

Além disso, a diferença entre homens e mulheres, com o seguido rebaixamento do trabalho feminino, sob a pecha da inferioridade natural das atividades de cuidado, serviram, inclusive, para desviar o antagonismo de classes para um antagonismo de gênero, entre homens e mulheres. O que, por sua vez, fragmentou os trabalhadores e trabalhadoras entre si, contribuindo para sua alienação.[(3)]

Nesse sentido, pode-se dizer que essa tradição de exploração das mulheres pelo capital se manteve, apenas passando por adaptações durante os séculos. Temos que,

---

(1) FEDERICI, Silvia. *Calibã e a Bruxa:* mulheres, corpo e acumulação primitiva. Trad. Coletivo Sycorax. São Paulo: Elefante, 2017. p. 232.

(2) *Idem.*

(3) *Ibidem*, p. 234.

nas décadas mais recentes, devido à crescente globalização da economia, houve uma grande crise na reprodução social da população africana, asiática e latino-americana. A referida crise se assenta na nova divisão internacional do trabalho, em que se aproveita da mão de obra feminina dessas regiões com o fito de assegurar a reprodução da força de trabalho nas metrópoles, isto é, os países centrais do capitalismo[(4)].

Dessarte, isso significa dizer que as mulheres têm exercido uma dupla função produtiva, pois, não obstante produzirem através de sua própria força de trabalho, também produzem os trabalhadores, que mais adiante serão mão de obra cooptada pelo mercado.

2. Uma análise em perspectiva da reprodução social da mulher na história

Historicamente, a mulher sempre possuiu uma representação social secundária e inferiorizada. As mulheres perderam a voz para dispor sobre o próprio corpo, sobretudo, de escolher quando e quantos filhos ter, o modo de criá-los e de educá-los[(5)]. Esses filhos representavam uma futura e aguardada massa de trabalhadores a serem explorados e diante disso, Silvia Federici evidencia, inclusive, que o papel reprodutivo das mulheres em detrimento do capital não foi objeto de análise de Marx:

> [...] o corpo feminino foi transformado em instrumento para a reprodução do trabalho e para a expansão da força de trabalho, tratado como uma máquina natural de criação, funcionando de acordo com ritmos que estavam fora do controle das mulheres. Esse aspecto da acumulação primitiva está ausente na análise de Marx. Com exceção de seus comentários no Manifesto Comunista acerca do uso das mulheres na família burguesa — como produtoras de herdeiros que garantiam a transmissão da propriedade familiar —, Marx nunca reconheceu que a procriação poderia se tornar um terreno de exploração e, pela mesma razão, um terreno de resistência. Ele nunca imaginou que as mulheres pudessem se recusar a reproduzir ou que esta recusa pudesse se transformar em parte da luta de classes.[(6)]

Nesse sentido, tendo o corpo feminino sido objeto de exploração do capital, isto é, visto como uma máquina reprodutora de mão de obra produtiva ao longo do tempo, motivou perseguições e violências. Diante disso, ao final do século XVII, se

(4) FEDERICI, Silvia. *O ponto zero da revolução:* trabalho doméstico, reprodução e luta feminista. São Paulo: Elefante, 2019. 388 p. Trad. Coletivo Sycorax. p. 140.

(5) BHATTACHARYA, Tithi. O que é a teoria da reprodução social. *Revista Outubro*, ed. 32, 2013, p. 111. Disponível em: <http://outubrorevista.com.br/o-que-e-a-teoria-da-reproducao-social/> Acesso em: 18 maio 2020.

(6) FEDERICI, Silvia. *Calibã e a Bruxa:* mulheres, corpo e acumulação primitiva. Trad. Coletivo Sycorax. São Paulo: Elefante, 2017. p. 178-179.

viram frente a outro impasse para sua emancipação: a desvalorização do seu trabalho. Logo, não eram bem vistas caso saíssem de casa para produzir, suas tarefas deveriam, portanto, estar centralizadas ao lar(7). Em razão disso, o mesmo trabalho realizado por homens e mulheres eram gratificados de formas distintas – a ponto de fazer com o que elas recebessem não fossem o suficiente para sobreviver. Sendo, portanto, considerado uma "tarefa doméstica" todo trabalho realizado dentro de casa por mulheres(8).

É fundamental compreender que a autonomia feminista não se resume apenas à independência em relação aos homens, mas também ao Estado e ao capital. A institucionalização do feminismo e a redução da sua política aos instrumentos da agenda neoliberal da Organização das Nações Unidas promove a perda progressiva de iniciativa do movimento feminista. Como bem traz Silvia Federici, em *O ponto zero da revolução* "quatro conferências mundiais sobre mulheres [...] não produziram qualquer melhoria na vida da maioria das mulheres, nem uma crítica ou mobilização feminista séria contra o domínio corporativista das riquezas do planeta e da própria ONU"(9). Pelo contrário, esse tipo de celebração de "empoderamento feminino" anda lado a lado de políticas que custaram a vida de milhões, "expropriaram terras e águas costeiras, onde foi despejado lixo tóxico, e transformaram populações inteiras em refugiadas".(10)

Uma prova do impacto que as agências internacionais têm sobre mulheres, fica mais evidente ao notarmos que muitas mulheres migram de seus respectivos países do Sul do globo para o Norte, onde o único emprego que elas normalmente encontram é o trabalho doméstico. "Na verdade, são as mulheres do 'Sul' que hoje em dia tomam conta das crianças e dos idosos nos Estados Unidos e em muitos países da Europa, um fenômeno que alguns descrevem como 'maternagem global' e 'cuidado global'".(11)

No mais, a dificuldade em se discutir o salário doméstico pelas mulheres advém do fato dele ser considerado — e reduzido — a uma coisa, um valor em dinheiro ao invés de tratá-lo a partir de uma questão política. Dessa forma, ao analisar o salário doméstico a partir de uma ótica de coisa e não de perspectiva, significa "separar o resultado final de nossa luta da luta propriamente dita e não compreender a importância disso para desmistificar e subverter o papel ao qual as mulheres têm sido confinadas na sociedade capitalista".(12)

---

(7) FEDERICI, Silvia. *Calibã e a Bruxa:* mulheres, corpo e acumulação primitiva. Trad. Coletivo Sycorax. São Paulo: Elefante, 2017. p. 182.

(8) Ib*Idem*, p. 184.

(9) FEDERICI, Silvia. *O ponto zero da revolução:* trabalho doméstico, reprodução e luta feminista. São Paulo: Elefante, 2019. 388 p. Trad. Coletivo Sycorax. p. 31.

(10) Ib*Idem*, p. 31-32.

(11) Ib*Idem*, p. 187.

(12) Ib*Idem*, p. 40.

O trabalho doméstica atual, fruto dessa herança colonial racista, ainda é realizado majoritariamente por mulheres negras, as quais, segundo o IPEA[13] representam 17,7% desta categoria e "que há décadas não constitui o setor de atividade econômica que mais emprega brancas, ficando atrás do comércio e da indústria". Vale ressaltar que essa atividade só obteve regulamentação em 2013 por meio da Emenda Constitucional n. 72, fruto de muita luta dessa parcela da classe trabalhadora. Desse modo, entende-se que a exploração do trabalho de mulheres negras representa a manutenção de uma lógica racista, mas também está estritamente ligada a questões econômicas. Acerca disso, Silvio Almeida levanta a discussão sobre e a partir de qual centralidade às questões de raça e classe deveriam ser analisadas, mas segundo o autor, estas são *sobredeterminadas*, isto é, estão internamente relacionadas e, para exemplificar essa questão, retrata a situação de mulheres negras no país:

> recebem os mais baixos salários, são empurradas para os "trabalhos improdutivos" — aqueles que não produzem mais-valia, mas que são essenciais, a exemplo das babás e empregadas domésticas, em geral negras que, vestidas de branco, criam os herdeiros do capital -, são diariamente vítimas de assédio moral, da violência doméstica e do abandono, recebem o pior tratamento nos sistemas "universais" de saúde e suportam, proporcionalmente a mais pesada tributação. A descrição e enquadramento estrutural desta situação revelam o movimento real da divisão de classes e dos mecanismos institucionais do capitalismo[14].

Evidenciando tal cenário, de acordo com a *Síntese de Indicadores Sociais: uma análise das condições da vida da população brasileira 2019*, desenvolvida pelo Instituto Brasileiro de Geografia e Estatística (IBGE) em 2018:

> [...] a população ocupada de cor ou raça branca recebia um rendimento-hora superior à população preta ou parda segundo qualquer nível de instrução, sendo a diferença maior no nível de instrução mais elevado, R$ 32,80 contra R$ 22,70, ou seja, 45,0% a mais para branca"[15]

Em relação ao rendimento médio no trabalho, "no balanço geral, em 2018, os brancos ganhavam em média 73,9% mais do que pretos ou pardos e os homens

---

(13) PINHEIRO; LIMA JR.; FONTOURA; SILVA. Mulheres e trabalho: breve análise do período 2004-2014. *Ipea*, Brasília, n. 24, mar. 2016. Disponível em: <https://www.ipea.gov.br/portal/images/stories/PDFs/nota_tecnica/160309_nt_24_mulher_trabalho_marco_2016.pdf>. Acesso em: 20 abr. 2020.

(14) ALMEIDA, Silvio. *O que é racismo estrutural?* Belo Horizonte: Letramento, 2018.

(15) INSTITUTO BRASILEIRO DE GEOGRAFIA E ESTATÍSTICA. IBGE. Síntese de indicadores sociais: uma análise das condições de vida da população brasileira. *Estudos e Pesquisas-Informação Demográfica e Socioeconômica*, n. 40, Rio de Janeiro, IBGE, 2019, p. 28. Disponível em: <https://biblioteca.ibge.gov.br/visualizacao/livros/liv101678.pdf>. Acesso em: 05 maio 2020.

ganhavam, em média, 27,1% mais que as mulheres"[(16)]. Outro recorte utilizado na pesquisa decorre da população que tinha disponibilidade de trabalhar, mas que não tomou iniciativa para a ocupação, em relação a isso, 19,7% afirmaram que não procuraram postos de trabalho por ter que se dedicar ao trabalho do cuidado, com filhos e/ou de parente, além do trabalho doméstico. Sem o recorte de gênero, a principal justificativa para ausência de trabalho, totalizando cerca de 61,1% das respostas, foi a de não conseguiam trabalho adequado por não terem experiência profissional ou algum tipo de qualificação, por serem considerados muito jovens ou muito idosas ou por falta de trabalho adequado na região[(17)].

Sendo assim, tem-se que o trabalho doméstico — ou do cuidado, realizado por mulheres, majoritariamente negras, é visto com um trabalho inferiorizado e que, por ser considerado de tal forma, abre margem para situações exploratórias e precárias. À vista disso, Silvia Federici acredita que discutir o salário doméstico, representa a única forma revolucionária dentro do movimento feminista[(18)].

Dessa forma, ainda que a análise pretendida no presente trabalho não seja propriamente a discussão do trabalho doméstico, entendemos que essa pré-contextualização seja fundamental para se discutir sobre a precarização herdada pelas mulheres hoje. Isso, pois, as atividades de cuidado foram relegadas às mulheres como advento da modernidade, determinando, assim, o papel da mulher na divisão sexual do trabalho. Logo, compreender tal condição sócio histórica é fundamental para um debate atual sobre as medidas precarizadoras no trabalho feminino para além do doméstico.

3. As facetas assumidas pelo trabalho feminino além do tempo

A partir da reestruturação e da flexibilização da produção e relações de trabalho, tem-se como consequência a precarização, que se relaciona à perda de direitos sociais vinculados ao contrato de trabalho, à maior intensificação das atividades produtivas, queda nos níveis de segurança no emprego e até mesmo à perda da capacidade de organização dos sindicatos[(19)]. Entretanto, a precarização atinge não apenas o setor do trabalho, mas todos os setores da vida social, visto que implica em uma reordenação

---

(16) INSTITUTO BRASILEIRO DE GEOGRAFIA E ESTATÍSTICA. IBGE. Síntese de indicadores sociais: uma análise das condições de vida da população brasileira. *Estudos e Pesquisas-Informação Demográfica e Socioeconômica*, n. 40, Rio de Janeiro, IBGE, 2019, p. 27. Disponível em: <https://biblioteca.ibge.gov.br/visualizacao/livros/liv101678.pdf> Acesso em: 05 maio 2020.

(17) *Idem*.

(18) FEDERICI, Silvia. *O ponto zero da revolução:* trabalho doméstico, reprodução e luta feminista. São Paulo: Elefante, 2019. 388 p. Trad. Coletivo Sycorax. p. 41.

(19) ARAÚJO, Iara Maria; LIMA, Jacob Carlos; BORSOI, Izabel Cristina Ferreira. Operárias no Cariri cearense: fábrica, família e violência doméstica. *Estudos Feministas*, Florianópolis, v. 3, n. 19, p. 705-732, 6 out. 2010. p. 705-706.

da vida dos trabalhadores e trabalhadoras acerca da forma como irão gerir sua própria existência. [20]

Com o advento do capitalismo, ao ser negado às mulheres o controle sobre seus corpos, "o Estado privou-as da condição fundamental de sua integridade física e psicológica, degradando a maternidade à condição de trabalho forçado, além de confinar as mulheres à atividade reprodutiva de um modo desconhecido por sociedades anteriores."[21] Inclusive, nessa época, as mulheres perderam espaço em empregos que já ocupavam tradicionalmente, como na fabricação de cervejas e na realização de partos. Aquelas que ousaram trabalhar fora do lar, em um espaço público e para o mercado, foram representadas como megeras sexualmente agressivas ou até mesmo como "putas" ou "bruxas".[22]

Ademais, com o intuito de demonstrar como as mulheres foram excluídas da concepção de trabalho, pode-se mencionar que, na Espanha, a primeira lei que tratou sobre a matéria laboral, especificamente sobre acidentes de trabalho, trouxe uma conceituação legal que suprimiu boa parte das atividades que eram executadas à época. Nesse sentido, a mulher foi excluída dessa concepção, na medida em que só era visto como trabalho aquilo que era executado pelos homens, enquanto uma atividade manual fora do domicílio, suprimindo, pois, o trabalho doméstico.[23]

Além disso, temos que, no período escravocrata, havia uma grande preocupação por parte das mulheres de elite com seus trajes e os demais tecidos da casa. Diante disso, havia as mulheres que cuidavam dessas questões: mucamas, costureiras e lavadeiras. Com a aproximação da abolição, tal representação social se alterou, e a branca imigrante tomava o lugar da escrava negra que era responsável pelos afazeres da casa.[24] A partir do século XIX, quando mulheres da elite saem às ruas, tal cenário se amplia, isto é, o cuidado com as roupas torna-se ainda mais forte e aumentando-se, portanto, a demanda para esse tipo de atividade. Nesse sentido, a mão de obra estrangeira feminina que estava disponível passa a desempenhar funções voltadas para a confecção de roupas em ateliês e lojas.

---

(20) ARAÚJO, Iara Maria; LIMA, Jacob Carlos; BORSOI, Izabel Cristina Ferreira. Operárias no Cariri cearense: fábrica, família e violência doméstica. *Estudos Feministas*, Florianópolis, v. 3, n. 19, p. 705-732, 6 out. 2010. p. 706.

(21) FEDERICI, Silvia. *Calibã e a Bruxa:* mulheres, corpo e acumulação primitiva. Trad. Coletivo Sycorax. São Paulo: Elefante, 2017. p. 182.

(22) *Idem*.

(23) SILVA, Sayonara Grillo Coutinho Leonardo da; FERRITO, Bárbara; LEAL, Luana Angelo. Desigualdade e discriminação: um olhar sobre o mercado de trabalho brasileiro sob a ótica da interseccionalidade. *Revista dos Tribunais*, Rio de Janeiro, v. 25, n. 199, p. 133-161, mar. 2019.

(24) MONTELEONE, Joana de Moraes. Costureiras, mucamas, lavadeiras e vendedoras: o trabalho feminino no século XIX e o cuidado com as roupas (Rio de Janeiro, 1850-1920). *Estudos Feministas*, v. 27, n. 1, p. 1-11, 2019. p. 02.

Com a introdução do uso de máquinas de costuras, as mucamas que sabiam manuseá-las valiam alto no mercado de venda de escravos e, em razão disso, era comum o anúncio delas em locais de circulação.[25] No século XX iniciou-se o pagamento de salário, mesmo que ínfimo, à costureiras, mucamas e lavadeiras. O trabalho realizado por elas era extremamente pesado, dado a quantidade de roupas que precisavam cuidar, além de tecidos usados na casa, como guardanapos, lençóis etc., assim, cada tecido possuía um processo específico de limpeza e forma de ser manuseada se alterava de acordo com a região do país.[26]

Dessa forma "mucamas, lavadeiras, costureiras, vendedoras se tornaram profissões femininas por excelência, por vocação natural das mulheres no trato com roupas".[27] E tal estereótipo, segue ainda na sociedade atual com raízes coloniais e escravocratas latentes, haja vista que o trabalho relacionado a essas atividades custaram a receber o devido amparo legal e ainda são mal remunerados, frente aos outros.

Com a revolução industrial, as mulheres começaram a ocupar novos postos de trabalho, saindo da esfera privada de suas casas e partindo para a esfera pública, mas agora, com uma nova representação social. Desse modo, as mulheres passaram ser consideradas parte de uma população economicamente ativa.[28] Contudo, na era Collor e a inserção da prática de realizar contratos de trabalhos sem anotação na carteira de trabalho, isto é, trabalhos informais, contribuiu para elevar a precarização já existente dos trabalhos da época[29], sobretudo, os exercidos por mulheres — como o do cuidado.

Nesse sentido, embora as mulheres passassem a ocupar novos ambientes de trabalho e ter, frequentemente, sua presença nesses locais, a violência de gênero também ganhou espaço. Essa conduta de inferiorização da mulher em razão da sua condição, que está enraizada na sociedade atual, exprime a tendência em reduzir a mulher unicamente à sua capacidade de reprodução, "naturaliza, assim, a condição "feminina" que se expressa na maternidade, base para a diferenciação social entre os papéis femininos e masculinos, papéis esses que se convertem em desigualdades hierárquicas entre homens e mulheres"[30].

---

(25) MONTELEONE, Joana de Moraes. Costureiras, mucamas, lavadeiras e vendedoras: o trabalho feminino no século XIX e o cuidado com as roupas (Rio de Janeiro, 1850-1920). *Estudos Feministas*, v. 27, n. 1, p. 1-11, 2019. p. 04.

(26) Ib*Idem*. p. 04-05.

(27) Ib*Idem*, p. 09.

(28) GONÇALVES, Renata. Precarização do trabalho feminino: aspecto importante da exploração capitalista de classe. In: SIMPÓSIO NACIONAL DE HISTÓRIA. *Anais do XXVI Simpósio Nacional de História*. São Paulo, 2011. p. 07.

(29) *Idem*.

(30) MACDOWELL SANTOS, C.; PASINATO IZUMINO, W. Violência contra as Mulheres e Violência de Gênero: Notas sobre Estudos Feministas no Brasil. *Estudios Interdisciplinarios de América Latina y el Caribe*, v. 16, n. 1, 1º jan. 2005. p. 149.

4. Considerações finais

Diante do que foi apresentado anteriormente, temos que, com a afirmação do modo de produção capitalista na sociedade, as mulheres foram retiradas dos seus espaços, perdendo acesso às atividades que anteriormente já executavam, sendo-lhes atribuídas as atividades de reprodução e cuidado. Desse modo, foi sendo promovido uma constante cisão entre o que era trabalho feminino e o que era masculino, dando corpo ao que viria a ser a divisão sexual do trabalho.

Com isso, as condições dadas ao trabalho desenvolvido pelas mulheres nos dias atuais, recebem forte influência de um período anterior marcado por colonização, escravidão e expropriação, haja vista que, ainda hoje, no século XXI, mulheres ainda recebem salários menores do que os homens. Além de que o trabalho doméstico no Brasil, por exemplo, o qual é majoritariamente executado por mulheres, levou décadas para ser regulamentado por lei e trazer o mínimo de direitos para as trabalhadoras. E, mesmo que atualmente já conte com regulamentação, a remuneração é bem inferior quando comparado aos demais trabalhos.

Dessa forma, ainda que a análise idealizada para o presente trabalho não seja propriamente discutir o trabalho doméstico, entendemos que para que seja discutido sobre a precarização herdada pelas mulheres hoje é fundamental conhecer as bases dessa precarização. Portanto, concluímos com nossa breve análise que, as medidas precarizadoras do trabalho das mulheres hodiernamente se deve, também, ao fato de ter sido relegado a elas as atividades de cuidado e reprodução – enquanto trabalhos não remunerados, definindo, assim, o seu papel na divisão sexual do trabalho.

Referências bibliográficas

ALMEIDA, Silvio. *O que é racismo estrutural?* Belo Horizonte: Letramento, 2018.

ARAÚJO, Iara Maria; LIMA, Jacob Carlos; BORSOI, Izabel Cristina Ferreira. Operárias no Cariri cearense: fábrica, família e violência doméstica. *Estudos Feministas*, Florianópolis, v. 3, n. 19, p. 705-732, 6 out. 2010.

BHATTACHARYA, Tithi. O que é a teoria da reprodução social. *Revista outubro*, ed. 32, 2013. p. 111. Disponível em: <http://outubrorevista.com.br/o-que-e-a-teoria-da-reproducao-social/>. Acesso em: 18 maio 2020.

FEDERICI, Silvia. *Calibã e a Bruxa:* mulheres, corpo e acumulação primitiva. São Paulo: Elefante, 2017. 464 p. Trad. Coletivo Sycorax.

______. *O ponto zero da revolução:* trabalho doméstico, reprodução e luta feminista. São Paulo: Elefante, 2019. 388 p. Trad. Coletivo Sycorax.

GONÇALVES, Renata. Precarização do trabalho feminino: aspecto importante da exploração capitalista de classe. In: SIMPÓSIO NACIONAL DE HISTÓRIA. *Anais do XXVI Simpósio Nacional de História.* São Paulo, 2011.

INSTITUTO BRASILEIRO DE GEOGRAFIA E ESTATÍSTICA. IBGE. Síntese de indicadores sociais: uma análise das condições de vida da população brasileira. *Estudos e Pesquisas-Informação Demográfica e Socioeconômica.* n. 40. Rio de Janeiro: IBGE, 2019. Disponível em: <https://biblioteca.ibge.gov.br/visualizacao/livros/liv101678.pdf>. Acesso em: 05 maio 2020.

MACDOWELL SANTOS, C.; PASINATO IZUMINO, W. Violência contra as Mulheres e Violência de Gênero: Notas sobre Estudos Feministas no Brasil. *Estudios Interdisciplinarios de América Latina y el Caribe*, v. 16, n. 1, 1º jan. 2005.

MONTELEONE, Joana de Moraes. Costureiras, mucamas, lavadeiras e vendedoras: o trabalho feminino no século xix e o cuidado com as roupas (Rio de Janeiro, 1850-1920). *Estudos Feministas*, v. 27, n. 1, p. 1-11, 2019.

PINHEIRO; LIMA JR.; FONTOURA; SILVA. Mulheres e trabalho: breve análise do período 2004-2014. *Ipea*, Brasília, n. 24, mar. 2016. Disponível em: <https://www.ipea.gov.br/portal/images/stories/PDFs/nota_tecnica/160309_nt_24_mulher_trabalho_marco_2016.pdf>. Acesso em: 20 abr. 2020.

SILVA, Sayonara Grillo Coutinho Leonardo da; FERRITO, Bárbara; LEAL, Luana Angelo. Desigualdade e discriminação: um olhar sobre o mercado de trabalho brasileiro sob a ótica da interseccionalidade. *Revista dos Tribunais*, Rio de Janeiro, v. 25, n. 199, p. 133-161, mar. 2019.

As Centrais Sindicais em Relação ao Covid-19: Central Única dos Trabalhadores (CUT), Central Sindical e Popular Conlutas (CSP-Conlutas) e Força Sindical

Amanda de Souza Camargo

Introdução

A pandemia do novo coronavírus representa uma das mais profundas crises humanitárias já vivenciadas em escala global. Diante de sua rápida disseminação e dos altos níveis de contágio do novo vírus, as principais medidas necessárias para a contenção da doença — isolamento social para evitar contaminação, quarentena de pessoas infectadas, restrição da mobilidade de pessoas e bens, dentre outras — afetaram o núcleo duro do sistema capitalista: a produção e o consumo, engendrando um processo de recessão econômica profunda que rapidamente atravessou as fronteiras e hoje representa um desafio para boa parte dos países.

A personificação deste núcleo duro afetado pela crise sanitária e econômica, aqueles que produzem, consomem e vivem de seu próprio trabalho, foram, portanto, protagonistas deste complexo cenário em que a disseminação do vírus precisava ser contida prioritariamente a partir da restrição da circulação humana, trazendo à tona "velhas" e persistentes questões, como a centralidade do trabalho para a reprodução do capital e a importância da organização da classe que trabalha para conter o seu avanço destrutivo ou, como lucidamente nomeou Antunes, para barrar o "metabolismo antissocial do capital"[(1)].

Com níveis de desemprego, precarização e informalidade já extremamente altos antes do surgimento do novo coronavírus, a crise sanitária representou para o Brasil um momento em que a questão do trabalho e da organização dos e das trabalhadoras

(1) ANTUNES, Ricardo. *Coronavírus:* o trabalho sob fogo cruzado. 1. ed. São Paulo: Boitempo, 2020.

— para reivindicação de pautas como o atendimento de saúde público e de qualidade, o acesso à renda emergencial e a proteção do trabalho face às "novas" investidas de fragilização de normas protetivas — se tornaram peças chaves para o enfrentamento da crise.

Nesse contexto, as centrais sindicais do país, na qualidade de polos de aglutinação e de direção política de diversas categorias de trabalhadores(as), perfizeram trajetórias que por vezes se tangenciaram no que diz respeito às principais reivindicações de suas bases, mas que em determinados pontos se distanciaram, como no caso de pautas políticas como o "Fora Bolsonaro".

Esse movimento de aproximação e distanciamento corresponde, em boa medida, aos perfis das centrais sindicais e dos setores que representam, às suas localizações históricas quanto às questões referentes ao mundo do trabalho, bem como a aspectos estruturais da vida política do país. Aqui, a bricolagem de diversas e numerosas entidades retrata o cenário mais amplo da fragmentação não só das organizações sindicais, mas da própria classe trabalhadora no Brasil.

No presente artigo, iremos analisar as principais bandeiras e reivindicações levantadas durante a pandemia do novo coronavírus por três centrais sindicais: a Central Única dos Trabalhadores (CUT), a Central Sindical e Popular Conlutas (CSP-Conlutas) e a Força Sindical. Trata-se de centrais que dialogam com distintas bases sociais e categorias profissionais e que, no período histórico recente, se posicionaram de formas diferentes a respeito de temas relevantes para a política brasileira, tais como o *impeachment* da presidenta Dilma Rousseff em 2014, a Reforma Trabalhista de 2017, a Reforma da Previdência e, já no contexto da pandemia, sobre as medidas propostas em diferentes níveis de governo para mitigar os impactos da Covid-19 sobre as condições de trabalho e renda dos/as trabalhadores/as.

Assim, partindo de uma revisão bibliográfica sobre o tema e após uma análise detida das principais reivindicações fomentadas por estas centrais sindicais com o advento da pandemia, buscaremos compreender se e de que maneira essas pautas se aproximaram ou se distanciaram, tendo em vista as características e perfil dessas entidades, e o que esse movimento nos informa sobre o cenário atual da organização sindical dos e das trabalhadoras no país.

Crise sanitária e o mundo do trabalho

O cenário internacional da expansão do novo coronavírus se agravou vertiginosamente, e em 11 de março a OMS declarou o *status* pandêmico da doença, diante do rápido avanço geográfico doença, dos níveis alarmantes de contaminação e, ainda, em face da falta de ação dos governos de diversos países afetados.

O Brasil foi um desses países que, intensamente afetado ao longo do processo de disseminação da doença, foi palco de ações por vezes contraditórias e em geral ineficientes para o combate da disseminação do novo coronavírus. Aqui se destaca a negligência do Poder Executivo federal, personificado pelo presidente Jair Bolsonaro, que apesar da declaração inicial da emergência nacional de saúde e da publicação da assim chamada Lei da Quarentena (Lei n. 13.979 de 6 de fevereiro de 2020), dispondo a respeito de medidas para enfrentamento da Covid-19[(2)], desde o início adotou a postura de negar a periculosidade do vírus, chamando a doença de mera "gripezinha"[(3)] e estimulando a adoção de tratamentos não validados pelas organizações internacionais e nacionais de saúde, como o uso da hidroxicloroquina.

O presidente também antagonizou diretamente as medidas de isolamento social e quarentena promovidas nas esferas estaduais[(4)] e, por força dos tensionamentos relacionados às medidas adotadas pelo governo federal para a contenção da pandemia no país, após trocas seguidas de Ministros da Saúde[(5)] — até o momento[(6)] esta pasta ministerial segue sem um responsável titular.

Os duros efeitos da pandemia sobre a população brasileira foram, assim, complexificados pela crise política latente do governo Bolsonaro, eleito em 2018 em um contexto de grande polarização política, beneficiado pelo avanço do antipetismo e de movimentos de extrema direita no país e que, uma vez empossado, adotou uma série de medidas que aprofundam a "ofensiva neoliberal restauradora" por meio da retirada sistemática de direitos sociais, sobretudo os direitos trabalhistas[(7)], quadro que se agravou no contexto da pandemia.

---

(2) A legislação foi alvo de críticas de diversos setores em razão das suas alterações posteriores, por meio da Medida Provisória n. 926, responsável pela regulamentação de procedimentos para aquisição de bens, serviços e insumos destinados ao enfrentamento da emergência de saúde pública de importância internacional decorrente do coronavírus, e da MP n. 928, que restringia o acesso à informação da população. Ambas as medidas foram alvo de ações diretas de inconstitucionalidade (ADI n. 6.341 e ADIs ns. 6.347 e 6.351, respectivamente), sendo que a MP n. 928 exauriu sua vigência sem renovação ou incorporação à legislação. Cf. BRASIL. Lei n. 13.979 de 06 de fevereiro de 2020. Dispõe sobre as medidas para enfrentamento da emergência de saúde pública de importância internacional decorrente do coronavírus responsável pelo surto de 2019.

(3) BETIM, F. "Em cadeia de TV, Bolsonaro minimiza coronavírus para insuflar base radical". In: *El País*. São Paulo, 25 mar. 2020.

(4) OLIVEIRA, J.; ROSSI, M. "Vídeo da reunião de Bolsonaro evidencia descaso do Governo com pandemia que já matou mais de 21.000". In: *El País*. São Paulo, 22 maio 2020.

(5) JUCÁ, B. "Brasil perde segundo ministro da Saúde sob pressão de Bolsonaro para abrir economia e por uso da cloroquina". In: *El País*. São Paulo, 15 maio 2020.

(6) Este artigo foi elaborado entre 01 e 10 de agosto de 2020.

(7) MARCELINO, P.; GALVÃO, A. "O sindicalismo brasileiro frente à ofensiva neoliberal restauradora". In: *Tempo Social*, 32(1), p. 157-182, maio 2020.

O assim chamado "mundo do trabalho" foi diretamente afetado pelas consequências socioeconômicas da Covid-19 em todo o mundo[(8)]. Os altos índices de mortalidade, o aumento exponencial da pobreza e do desemprego afetaram diretamente a "totalidade da classe trabalhadora"[(9)].

No Brasil, lugar em que a classe que vive de seu trabalho sempre enfrentou condições intensas de exploração e que mesmo antes da pandemia encontrava-se imersa no mercado informal de trabalho (Antunes, 2020) — o cenário não poderia ser diferente.

Foram 7,8 milhões de postos de trabalho perdidos em apenas três meses, dos quais 5,8 eram trabalhadores/as informais[(10)]. Pela primeira vez, menos da metade da população em idade de trabalhar está ocupada e o desemprego acumulado atingiu o percentual de aproximadamente 13% da população economicamente ativa[(11)].

Também a renda média efetivamente recebida pelos/as trabalhadores/as teve profunda queda. No caso dos trabalhadores e trabalhadoras informais (aproximadamente 40% da força de trabalho), a redução foi a mais severa: receberam apenas 60% do que habitualmente recebiam. Majoritariamente concentrados nos setores de serviços, portanto, os/as trabalhadores/as mais atingidos/as pela pandemia foram justamente aqueles/as que gozam de menor proteção legislativa e que, ainda, apenas raramente se organizam em formatos tradicionais como os sindicatos[(12)].

Outro aspecto que deve ser mencionado diz respeito ao perfil desse grande contingente de trabalhadores e trabalhadoras. Contrariando o mito de que doenças são fenômenos "democráticos", a disseminação do novo coronavírus é, como elucida Harvey, "altamente seccionada por gênero, raça e etnia na maior parte do mundo"[(13)], o que se vislumbra nos Brasil pelos altos números de contaminação em zonas urbanas periféricas[(14)], em setores econômicos específicos — como a cadeia produtiva dos

---

(8) ANTUNES, R. *Coronavírus:* o trabalho sob fogo cruzado. 1. ed. São Paulo: Boitempo, 2020.

(9) Ib*idem*, p. 7-8.

(10) ALVARENGA, D.; SILVEIRA, D. "Desemprego sobe para 12,9% em maio e país tem tombo recorde no número de ocupados". In: *G1*. São Paulo, 30 jun. 2020.

(11) Com base na Pesquisa Nacional por Amostra de Domicílios (PNAD) Contínua, no trimestre terminado em maio de 2020, o IPEA aponta em seu relatório que a população ocupada (PO) no país diminuiu 7 milhões em comparação ao mesmo trimestre do ano anterior, e os dados do Cadastro Geral de Empregados e Desempregados (Caged) mostram, no acumulado de 2020, um saldo negativo de mais de 1,1 milhão de empregos formais. Conferir em: IPEA. "Mercado de trabalho: conjuntura e análise". *Instituto de Pesquisa Econômica Aplicada;* Ministério do Trabalho, v.1, n. 0, 2020.

(12) CARDOSO, A. M. "Dimensões da crise do sindicalismo brasileiro". In: *Caderno CRH*, Salvador, v. 28, n. 75, p. 493-510, dez. 2015.

(13) HARVEY, D. Política anticapitalista em tempos de coronavírus. *Blog da Boitempo*, 2020.

(14) ROSSI, M. "Periferia lidera as mortes por coronavírus na cidade de São Paulo, e as mulheres adultas são as mais infectadas". In: *El País*. São Paulo, 18 abr. 2020.

frigoríficos[(15)], e pode ainda ser observado nos percentuais de desocupação elevados desde o início da pandemia[(16)], principalmente para as mulheres[(17)].

Considerando esse quadro alarmante, destaca-se a importância da atuação sindical na organização dos/as trabalhadores/as e na defesa de seus interesses, como movimentações essenciais para qualquer tentativa de barrar a ofensiva neoliberal plenamente em curso e salvaguardar os direitos duramente conquistados pela classe que vive do trabalho no Brasil, sobretudo em um contexto tão complexo como uma pandemia global.

Assim, é preciso analisar de que maneira as centrais sindicais brasileiras tem se posicionado desde o advento da Covid-19 no Brasil, em especial sobre os temas aqui levantados, e de que maneira esses posicionamentos dialogam com as estratégias políticas adotadas historicamente por essas entidades, com ênfase no período acima abordado.

Para fazê-lo, analisaremos os principais posicionamentos e pautas de reivindicações levantadas por três centrais sindicais: a Central Única dos Trabalhadores (CUT), a Central Sindical e Popular Conlutas (CSP-Conlutas) e a Força Sindical, uma vez que cada uma dessas entidades dialoga com distintas bases e, ainda, se situaram de modos diferentes em relação às principais transformações das relações de trabalho no Brasil desde 2016.

As centrais sindicais e a proteção ao trabalho antes e durante a crise do Covid-19

Em janeiro de 2020, quando esparsas notícias surgiam sobre o novo coronavírus, as três centrais sindicais que aqui abordaremos — CUT, CSP Conlutas e Força Sindical — possuíam um importante calendário de lutas programado, buscando unidade após uma série de derrotas.

O ano se iniciava na ressaca da aprovação Reforma da Previdência em novembro de 2019, uma derrota que significou, em sua versão final, a instituição de idade mínima como condição para o acesso à aposentadoria e o rebaixamento do valor dos

(15) MOTA, C. V. "Covid-19 se alastra em frigoríficos e põe brasileiros e imigrantes em risco". In: *Bbc News Brasil*. São Paulo, 22 jul. 2020.

(16) IPEA. "Mercado de trabalho: conjuntura e análise". *Instituto de Pesquisa Econômica Aplicada*; Ministério do Trabalho, v. 1, n. 0, 2020, p. 4.

(17) Nos últimos três anos, a maioria das mulheres estava na força de trabalho. Entretanto, na segunda quinzena de março de 2020, constatou-se que a maioria delas ficou fora da força de trabalho, sem trabalhar nem procurar trabalho, o que não ocorria há pelo menos três décadas (IPEA. "Mercado de trabalho: conjuntura e análise". *Instituto de Pesquisa Econômica Aplicada*; Ministério do Trabalho. v. 1, n. 0, 2020, p. 9).

benefícios pela alteração da regra de cálculo que antes eliminava 20% das contribuições mais baixas[18].

Como relatam Marcelino e Galvão[19], a grande maioria das centrais sindicais, inclusive CUT, CSP Conlutas e Força Sindical, se uniram para tentar barrar a Reforma da Previdência, se opondo ao regime de capitalização proposto inicialmente, às mudanças mencionadas acima e denunciando os impactos sobre as mulheres e trabalhadores/as rurais.

Contudo, a unidade entre as centrais não é uma experiência que se reproduziu em muitas oportunidades nos últimos quatro anos, período de avanço da ofensiva restauradora neoliberal no país. Como exemplo, veja-se que das três, apenas a CUT se posicionou desde o início contra o *impeachment* da presidenta Dilma Rousseff em 2016.

Quanto à liberação da terceirização irrestrita das atividades empresariais, o projeto foi apoiado pela Força Sindical e sofreu duras críticas da CUT e CSP-Conlutas, além de gerar grande reação sindical, com manifestações e paralisações em 2015, quando o projeto foi colocado em regime de votação no Congresso Nacional[20].

Já em relação à Reforma Trabalhista, aprovada em julho de 2017 pelo governo Temer, as três centrais se posicionaram firmemente contrárias ao seu conteúdo, uma vez que, além de flexibilizar os direitos trabalhistas e consagrar o "negociado sobre o legislado", a lei fragilizou diretamente os sindicatos ao admitir formas precárias de contratação (fragmentando as bases de representação), dispensar a intermediação sindical nas rescisões contratuais e condicionar a cobrança do imposto sindical à autorização prévia do(a) trabalhador(a).

As aproximações e distanciamentos aqui rapidamente analisados refletem aspectos históricos dessas centrais sindicais que merecem ser recuperados, ainda que de maneira breve.

---

(18) MARCELINO, P.; GALVÃO, A. "O sindicalismo brasileiro frente à ofensiva neoliberal restauradora". In: *Tempo Social*, 32(1), p. 157-182, maio 2020, p. 168-169.

(19) MARCELINO, P.; GALVÃO, A. "O sindicalismo brasileiro frente à ofensiva neoliberal restauradora". In: *Tempo Social*, 32(1), p. 157-182, maio 2020, p. 169. A única central que não participou da assinatura do manifesto conjunto das centrais contra a reforma lançado na Assembleia Nacional da Classe Trabalhadora em defesa da previdência pública e contra o fim da aposentadoria em 20 de fevereiro de 2019 foi a UGT (União Geral dos Trabalhadores).

(20) A Força Sindical foi a única central que não participou dos protestos, de modo que "retomando, em parte, os argumentos favoráveis à flexibilização de direitos que marcara seu posicionamento nos anos 1990 (Trópia, 2009), essa central ficou isolada na defesa do projeto". (MARCELINO, P.; GALVÃO, A. "O sindicalismo brasileiro frente à ofensiva neoliberal restauradora". In: *Tempo Social*, 32(1), p. 157-182, maio 2020, p. 164)

Fundada em 1983 em um contexto de ascenso do sindicalismo brasileiro conhecido como "novo sindicalismo"[(21)], a Central Única dos Trabalhadores é a maior central sindical do Brasil e em sua origem defendia "uma organização sindical construída pela base, classista, autônoma, independente do Estado, além de assumir a defesa de uma sociedade sem exploração entre capital e trabalho"[(22)].

Na década de 1980, a CUT esteve ao lado dos movimentos sociais e do então recém criado Partido dos Trabalhadores, levantando pautas como a campanha por eleições presenciais diretas, organizando greves gerais que negavam o espírito de conciliação de classes[(23)], incidindo na Assembleia Nacional Constituinte em defesa dos interesses dos/as trabalhadores/as , atuação que culminou com a garantia do direito de greve, a possibilidade de organização sindical de servidores/as públicos/as e a preservação de conquistas históricas da classe trabalhadora, dentre outra lutas[(24)].

Com o advento da década de 1990 e a instalação do projeto neoliberal que enfim chegava ao Brasil — pautado na reestruturação produtiva, na financeirização e desregulamentação da economia, na privatização e na flexibilização da legislação trabalhista, a nova realidade imposta aos/às trabalhadores/as importou também em um cenário mais defensivo e moderado para o sindicalismo, priorizando cada vez mais a negociação. Nas palavras de Antunes, "os anos de ouro do novo sindicalismo começavam a ser substituídos por práticas de concertação"[(25)].

Nesse contexto, em 1991 foi criada a Força Sindical, que surgiu, ao contrário da CUT, para lutar por um sistema capitalista "menos selvagem", baseado em princípios como a competição, prosperidade, produtividade, democracia e participação[(26)]. De forma resumida:

> (...) a Força Sindical incorpora os principais componentes de um "liberalismo social" (embora o termo não seja utilizado) com vistas a uma sociedade democrática no interior da qual um espaço importante deveria ser reservado aos trabalhadores, tanto do prisma político (participação nas decisões e órgãos deliberativos do Estado) como do prisma econômico (ampliação da participação dos assalariados na renda nacional).[(27)]

---

(21) ANTUNES, R. *O privilégio da servidão:* o novo proletariado de serviços na era digital. São Paulo: Boitempo, 2018, p. 180 e seguintes.

(22) Ib*Idem*, p. 184.

(23) Ib*Idem*, p. 196.

(24) Ib*Idem*, p. 184-185.

(25) Ib*Idem*, p. 187.

(26) CARDOSO, A. M.; RODRIGUES, L. M. *Força Sindical:* uma análise sociopolítica. Rio de Janeiro, Centro Edelsteins de Pesquisas Sociais, 2009.

(27) Ib*Idem*, p. 02.

Assim, desde sua criação, a Força Sindical disputou diretamente com a CUT os espaços políticos e bases sindicais, se colocando por vezes na defesa de interesses mais próximos aos da classe burguesa brasileira, como foi o caso mais recente do *impeachment* de 2016 e da terceirização irrestrita (que favorecia sua base sindical), mas também do apoio dado pela entidade às privatizações e à desregulamentação do mercado de trabalho implementadas na década de 1990[(28)].

Segundo Antunes, ambas as centrais, em que pesem os antagonismos que caracterizaram seus projetos fundacionais, se aproximaram no decorrer das décadas de 1990 e 2000 "ao defender uma política sindical voltada centralmente para a negociação e para a defesa da cidadania em detrimento dos valores da classe trabalhadora". Nesse processo, afirma o autor, suas diferenças passaram a "desvanecer"[(29)] na grande linha da conciliação de classes.

Com a vitória do Partido dos Trabalhadores nas eleições presidenciais de 2002 e a manutenção pelo que seriam catorze anos de governo petista dos pilares do neoliberalismo (o tripé macroeconômico: câmbio flutuante, metas de inflação e metas fiscais), mesmo com a adoção de políticas sociais e trabalhistas (Bolsa Família; Minha Casa, Minha Vida; Mais Médicos; regulamentação do trabalho doméstico; entre outras)[(30)], essa aproximação entre as políticas adotadas pelas centrais ficou mais evidente, uma vez que a CUT se transformou em uma central totalmente alinhada com o governo federal e, portanto, com o ideário neoliberal, "ainda que em sua nova variante social-liberal"[(31)], se distanciando da defesa de um projeto político alternativo ao capitalismo, presente em sua origem.

De fato, foi nos governos petistas que CUT e Força Sindical ocuparam diversos espaços da burocracia estatal, reforçando um sindicalismo atrelado ao Estado, denominado por Antunes de "sindicalismo negocial de Estado"[(32)], lastreado ainda na expansão das formas de financiamento das centrais mediadas pela atuação do Estado — como o imposto sindical e o Fundo de Amparo ao Trabalhador.

Fruto de um processo de deslocamento de bases da CUT em razão da configuração assumida por esta central em especial durante os governos petistas, a Central

---

(28) TRÓPIA, P. V. "A adesão da Força Sindical ao neoliberalismo". In: *Ideias — Revista do Instituto de Filosofia e Ciências Humanas da UNICAMP*, Campinas, n. 9, 2002, p. 159-160.

(29) ANTUNES, R. *O privilégio da servidão:* o novo proletariado de serviços na era digital. São Paulo: Boitempo, 2018, p. 211.

(30) MARCELINO, P.; GALVÃO, A. "O sindicalismo brasileiro frente à ofensiva neoliberal restauradora". In: *Tempo Social*, 32(1), maio/2020, p. 160.

(31) ANTUNES, R. *O privilégio da servidão:* o novo proletariado de serviços na era digital. São Paulo: Boitempo, 2018, p. 202.

(32) Ib*idem*, p. 213-214.

Sindical Popular CSP-Conlutas foi criada em 2004, parte de um "processo de reconfiguração do sindicalismo brasileiro" em curso desde 2002, e se situando no "campo político-ideológico de esquerda no sindicalismo" [(33)].

A central se constituiu a partir de correntes ligadas ao Partido Socialista dos Trabalhadores Unificado (PSTU) e algumas ao Partido Socialismo e Liberdade (PSOL), que criticavam o apoio da CUT ao governo Lula e se opunham à participação da central nos organismos tripartites criados pelo governo para discutir as reformas previdenciária, tributária, trabalhista e sindical[(34)].

Aglutinando movimentos sociais e sindicatos[(35)], a CSP Conlutas criticava, portanto, desde sua origem, a prática da conciliação de classes, recusando-se participar de negociações que pudessem implicar em concessões ou perdas de direitos dos/as trabalhadores/as[(36)] e privilegiando lutas que refletissem seu projeto político de construção do socialismo e de combate às políticas neoliberais[(37)].

Nesse sentido, conforme relata Galvão *et al.*, esta central possui um amplo espectro de bandeiras e reivindicações[(38)] que não se resumem a questões tradicionais da pauta econômica referentes à classe trabalhadora — aumento salarial, benefícios, proteção a direitos referentes a relação de trabalho, etc. Pelo contrário, no decorrer de sua existência e funcionamento, a Conlutas passou a expandir sua atuação para abarcar questões como gênero, raça e etnia, educação, meio ambiente, dentre outras, articuladas na luta anticapitalista.

As três centrais aqui analisadas, como visto, possuem trajetórias bastante distintas e apresentam projetos políticos também diversos, que por vezes se transformaram no decorrer do tempo e no contexto das reestruturações do capital implementadas no Brasil. Esses projetos, mais facilmente observados nas práticas adotadas pelas centrais do que em seus discursos, podem também ser identificados nas pautas, reivindicações e estratégias desenvolvidas pelas centrais com o advento da pandemia de Covid-19 no país.

---

(33) GALVÃO, A.; MARCELINO, P.; TRÓPIA, P. V. *As bases sociais das novas centrais sindicais brasileiras*. 1. ed. Curitiba: Appris, 2015. p. 23.

(34) Ib*Idem*, p. 23-24.

(35) GALVÃO, A.; MARCELINO, P.; TRÓPIA, P. V. *As bases sociais das novas centrais sindicais brasileiras*. 1. ed. Curitiba: Appris, 2015. p. 48. Além disso, as autoras relatam que: "A Conlutas constitui uma experiência inovadora no Brasil, na medida em que abrange não apenas entidades sindicais, mas também organizações populares e movimentos sociais urbanos e rurais. O movimento estudantil, por exemplo, tem grande presença em seu interior. Essa composição abrangente se justifica por uma concepção de classe ampla e pela compreensão de que o proletariado não deve ser organizado apenas no local de trabalho. " (Cf. GALVÃO, A.; MARCELINO, P.; TRÓPIA, P. V. *As bases sociais das novas centrais sindicais brasileiras*. 1. ed. Curitiba: Appris, 2015. p. 58).

(36) GALVÃO, A.; MARCELINO, P.; TRÓPIA, P. V. *As bases sociais das novas centrais sindicais brasileiras*. 1. ed. Curitiba: Appris, 2015. p. 60.

(37) Ib*Idem*, p. 59.

(38) Ib*Idem*, p. 51-52.

Já dissemos aqui que a pandemia chega ao Brasil e encontra o sindicalismo fragilizado. Segundo Campos, o foco das entidades se restringia "à busca da preservação das estruturas"(39), sem que houvesse uma estratégia para refletir acerca da sua representatividade junto aos trabalhadores ou mesmo seu papel na sociedade.

Assim, buscando resistir ao projeto da MP n. 905 de Bolsonaro (chamada de MP da "Carteira Verde e Amarela"); e a reforma sindical anunciada pelo governo federal(40), as três centrais abordadas construíram um calendário de atos unificados no início do ano com o objetivo de defesa do emprego, da reindustrialização do país e contra os ataques à classe trabalhadora. Desde então se anunciava um primeiro de maio unificado entre todas as centrais, para fazer frente a esses processos.

Porém, ao final de fevereiro de 2020, um mês depois do estabelecimento desta agenda unificada, em um contexto de profundas tensões entre Poder Executivo, Poder Legislativo e Poder Judiciário, o presidente Jair Bolsonaro divulgou vídeo em que apoiava uma manifestação contra o Congresso Nacional e o Supremo Tribunal Federal(41).

Diante do agravamento da crise política no âmbito do governo federal, as centrais sindicais se uniram novamente para se posicionarem "em defesa das liberdades democráticas"(42), estabelecendo um novo calendário unificado(43) e conclamando todas as "forças sociais" para um ato no dia 18 de março de 2020.

---

(39) Para Campos: "A principal agenda de resistência estava organizada em torno da sobrevivência dos sindicatos, ameaçada por razões de ordem financeira. A contribuição sindical obrigatória caiu 90% entre abril de 2017 e abril de 2018. A queda na arrecadação decorrente do fim da obrigatoriedade do imposto foi de grande magnitude, situação agravada pela crise econômica e consequente deterioração do mercado de trabalho (desemprego, queda da renda e informalidade". Conferir em: CAMPOS, A. "Sindicalismo no contexto de pandemia no Brasil: primeiras impressões". *Cesit*, 2020.

(40) Ao final de 2019, a Força Sindical discutia uma proposta de reforma sindical em substituição das reformas anunciadas pelo Governo Bolsonaro. A entidade apoiava então o fim da intervenção do Estado na relação entre sindicatos e trabalhadores, mas se opunha ao fim da unicidade sindical, defendendo a representação por categoria sob pena de insegurança jurídica. Conferir em: FORÇA SINDICAL. "Proposta de reforma sindical acaba com registro e fiscalização do governo". Dez. 2019.

(41) JIMENEZ, C. "Bolsonaro expõe apoio a protestos a seu favor e contra o Congresso". In: *El País*. São Paulo, fev. 2020.

(42) FORÇA SINDICAL. "Centrais sindicais definem calendário de ações em defesa dos direitos e da democracia". Fev. 2020.

(43) O novo calendário era o seguinte: "03.03.2020 — reunião dos partidos e organizações da sociedade civil em defesa do Estado Democrático de Direito e das instituições republicanas que ocorrerá no Congresso Nacional as 10hs; 08.03.2020 — atos em defesa dos direitos das mulheres (Dia internacional da mulher); 14.03.2020 — atos em memória da luta da vereadora Marielle Franco (RJ); 18.03.2020 — ato em defesa dos serviços públicos, empregos, direitos e democracia; 1º.05.2020 — 1º de Maio Unificado das Centrais" (cf. FORÇA SINDICAL. "Centrais sindicais definem calendário de ações em defesa dos direitos e da democracia". Fev. 2020. E ainda: CSP-Conlutas. "Nota pública das centrais sindicais". Mar. 2020)

O ato seria posteriormente suspenso, em razão dos riscos apresentados pela aglomeração de pessoas, mas suas pautas foram mesmo assim estabelecidas pelas centrais e divulgadas para as bases[(44)].

Ao orientar suas bases para não realizarem atos de rua ou manifestações, em 16 de março de 2020, CUT, Força Sindical, CSP Conlutas e outras centrais também apresentaram uma proposta unificada de medidas para a crise sanitária e econômica no Brasil[(45)]. Consta no documento 38 medidas, dentre as quais se destaca: a suspensão do teto de gastos públicos (Emenda Constitucional n. 95/2016) para garantir o fortalecimento dos serviços públicos; a suspensão do pagamento da dívida pública e destinação dos recursos à seguridade social; garantia de estabilidade para trabalhadores/as no período da crise e garantia de renda para trabalhadores/as formais e informais; medidas de isolamento social e proteção à saúde no ambiente de trabalho; garantia de remuneração média pelas empresas de aplicativos a trabalhadores/as afastados em razão da Covid-19; ultratividade da negociação coletiva até a superação da crise causada pelo coronavírus; congelamento de preços de primeira necessidade e redução de itens como gás; criação de comitês entre sindicatos e entidades patronais para acompanhamento e promoção de iniciativas conjuntas de combate à crise, dentre muitas outras.

Resultado de um esforço de unidade, a proposta refletia diversos aspectos defendidos individualmente com mais ênfase por determinadas centrais. De fato, analisando as manifestações institucionais a respeito das medidas necessárias para conter a crise, observa-se que a Força Sindical focou seus esforços sobre garantia de emprego, renda e crédito para pequenas empresas; medidas básicas de acesso à água, energia, alimentação; incentivo de acordos coletivos para preservar salários e empregos, e a necessidade de um diálogo amplo entre Estado, empresas e representantes da classe trabalhadora. Foi nesses termos que se manifestou a Força a respeito da MP n. 927[(46)], já discutida anteriormente.

Já a CUT, em meados de março apresentava enquanto exigências para a proteção da classe trabalhadora durante a crise ações como a suspensão imediata do teto de

(44) Reivindicação da suspensão das discussões no Congresso Nacional sobre medidas que atingiriam direitos dos/as trabalhadores/as, como a MP n. 905, demanda por diálogo na definição das medidas para conter a crise sanitária e econômica; reivindicação pela adoção de iniciativas emergenciais de proteção à toda classe trabalhadora, além de medidas específicas para trabalhadores/as da área de saúde, educação e transporte público, mais expostos ao contágio do novo coronavírus. Cf.: FORÇA SINDICAL. "Nota pública das Centrais Sindicais". Mar. 2020.

(45) CUT. "Medidas de proteção a vida, a saúde, ao emprego e a renda dos trabalhadores e trabalhadoras". Mar. 2020.

(46) FORÇA SINDICAL. "Que o Congresso Nacional assuma o protagonismo e devolva a cruel MP n. 927". Mar. 2020.

gastos (EC n. 95/2016); a constituições de "comitês bipartites de crise para o acompanhamento, transparência e iniciativas visando reduzir a propagação da doença nos locais de trabalho", além das medidas já indicadas de proteção de emprego e renda e suspensão das discussões legislativas que tivessem incidência sobre os direitos trabalhistas e a organização sindical[(47)]. Apesar de defender a saída de Bolsonaro do poder desde a realização de seu 13º congresso[(48)], a CUT nesse momento não dava ênfase à articulação das demandas de enfrentamento à crise com a derrubada do governo Bolsonaro.

Em seu esforço de conciliação, Força Sindical e CUT buscaram dialogar com figuras políticas que pudessem endossar suas pautas, como o presidente do Supremo Tribunal Federal Dias Toffoli[(49)] e o presidente da Câmara dos Deputados, Rodrigo Maia[(50)]. No entanto, como esclarece campos, o programa desenhado pelas centrais foi em boa medida ignorado pelos grandes meios de comunicação empresariais e pelo governo federal, deixando de ser tratadas no debate público e, assim, de ter real incidência política [(51)].

A CSP Conlutas, por seu turno, apesar de construir a unidade das centrais nesse momento inicial, desde o princípio da pandemia vem pautando questões que refletem seu perfil de central que aglutina entidades sindicais e movimentos sociais amplos, abrangendo questões relacionadas à classe trabalhadora em todos os seus aspectos[(52)], tais como a violência e desigualdade de gênero[(53)], ao racismo,[(54)] ao meio ambiente[(55)], entre outras.

Quanto às medidas necessárias para combater a crise, mesmo antes da pandemia a CSP Conlutas denunciava o governo Bolsonaro por suas medidas nocivas a

---

(47) CUT. "CUT exige medidas do governo e do congresso no combate ao novo coronavírus sem prejuízos a classe trabalhadora". Mar. 2020.

(48) CUT. "Materiais do 13º CONCUT". Maio 2019.

(49) FORÇA SINDICAL. "Centrais sindicais pedem apoio a Toffoli contra mps que mudam contrato de trabalho". Mar. 2020.

(50) FORÇA SINDICAL. "Sindicalistas da Força e CUT entregam propostas para conter avanço do coronavírus e para preservar empregos". Mar. 2020.

(51) Segundo Campos, a exceção foi o caso do auxílio emergencial, uma vez que com a pressão exercida pelas centrais e pela sociedade civil, a proposta de auxílio original de R$ 200,00 feita pelo governo Bolsonaro foi ao final superada pela aprovação do valor de R$ 600,00, com teto de R$ 1.200,00 por núcleo familiar. Cf.: CAMPOS, A. "Sindicalismo no contexto de pandemia no Brasil: primeiras impressões". *Cesit*, 2020.

(52) CSP-CONLUTAS. "CSP Conlutas aprova resolução sobre conjuntura internacional, nacional e aprova plano de ação". Fev. 2020.

(53) CSP CONLUTAS. "Neste 8 de março, vamos as ruas contra violência e a retirada de direitos. Derrotar Bolsonaro e Damares Já!". Fev/2020.

(54) CSP-CONLUTAS. "Manifestações contra governo Bolsonaro, Mourão, o racismo e a violência policial tomam conta do país". Jun. 2020.

(55) CSP-CONLUTAS. "Conlutas entra com pedido de afastamento de Ricardo Salles em dia nacional do meio ambiente". Jun. 2020.

toda a classe trabalhadora, sob a palavra de ordem "Derrubada de Bolsonaro e Mourão Já!"[(56)]. Com o avanço da doença e a postura negacionista do governo federal, essa pauta se tornou o eixo de atuação desta central sindical para barrar a crise, aliada à medidas como: o investimento no sistema único de saúde (SUS) a partir da suspensão imediata do pagamento da dívida pública, das reformas econômicas ultraliberais implementadas pelo Ministro da Economia Paulo Guedes, a revogação (e não suspensão) do teto de gastos públicos; investimento nas universidades públicas e na ciência brasileira; fim das privatizações e reestatização das empresas privatizadas, com controle dos/as trabalhadores/as; controle da rede privada de saúde pelo Estado com fim da carência contratual nos planos de saúde; garantia de trabalho e renda, com estabilidade e direitos — inclusive para empresas de aplicativos; isenções de tarifas de aluguel, água, gás e luz aos mais pobres e controle de preços para alimentos e materiais de limpeza; a suspensão e revogação de ações de reintegração de posse e despejos; ações de proteção social nas regiões mais pobres e para as pessoas em situação de rua e imigrantes; garantia de direitos e liberdades democráticas e transparência nas informações sobre a pandemia no país, entre outras[(57)].

Nota-se, pelo "pacote" de medidas mais enfaticamente defendidas por cada uma das centrais, que não havia um acordo sobre quais as melhores estratégias para combater a crise. A Força Sindical — compromissada com a manutenção de um capitalismo "menos selvagem" não pautava questões como a suspensão do teto de gastos públicas ou pagamento da dívida públicas, a CUT pleiteava estas medidas como forma de investimento nos equipamentos de saúde pública no curso da crise e dava ênfase à negociação via "comitês bipartites" nas empresas e a CSP Conlutas pautava não apenas a revogação completa do teto de gastos, a suspensão da dívida pública, como também temas claramente contrários à agenda neoliberal, como o fim das privatizações e a reestatização de empresas, além da saída de Bolsonaro e Mourão do governo federal.

Apesar do consenso entre as três centrais a respeito dos efeitos nocivos das principais medidas implementadas pelo governo federal no início da crise sanitária —

(56) CSP-CONLUTAS. "CSP Conlutas aprova resolução sobre conjuntura internacional, nacional e aprova plano de ação". Fev. 2020.

(57) CSP-CONLUTAS. "Exigimos recursos e políticas públicas para defender nossas vidas". Mar. 2020. Posteriormente, em 24 de março de 2020, a CSP Conlutas seria a única central sindical a assinar um manifesto com outras entidades e figuras públicas do mundo do trabalho sobre medidas para enfrentar o coronavírus. Nesse documento constam outras pautas, como a revogação da Reforma da Previdência de 2019. Conferir em: CSP CONLUTAS. "Entidades e personalidades lançam medidas responsáveis para enfrentar coronavírus". Mar. 2020.

as MPs ns. 905(58), 927(59) e 936(60) — as diferenças acima elencadas, espelho bastante fiel do perfil das entidades, representaram desafios permanentes à unidade de ação das centrais no decorrer da pandemia.

O melhor exemplo dessa tensão latente entre os compromissos fundamentais de cada uma dessas organizações foi a realização do 1º de maio. Realizado em um momento em que o número de infectados/as e mortos/as em razão do Covid-19 ainda não era tão expressivo, o ato do 1º de maio, historicamente um momento de luta e reflexão da classe trabalhadora, foi anunciado em fevereiro como um ato unificado entre todas as centrais para a defesa de "direitos, salário, a soberania nacional e as liberdades democráticas"(61).

Sem embargo, o mês de abril de 2020 e seus complexos acontecimentos colocariam essa pretensão em xeque. Publicada em 02 de abril de 2020, a MP n. 936 representou, para a CUT em especial, um momento de assumir com mais difusão a reivindicação da saída de Bolsonaro do poder como uma das medidas necessárias para o enfrentamento da crise. Entretanto, em 20 de abril do mesmo mês, quando Jair Bolsonaro participou de ato que defendia a volta da ditadura, o fechamento do Congresso e do STF, entre outras reivindicações antidemocráticas, o máximo de síntese possível entre as centrais — e que não contou com o apoio da Conlutas — foi uma nota conjunta anunciando a necessidade de "barrar o golpe de Bolsonaro" e "garantir a democracia", sem propor, contudo, estratégias concretas nesse sentido(62).

De toda sorte, até 24 de abril, seguia a organização unificada do 1º de maio, com o tema "Saúde, Emprego, Renda: um novo mundo é possível com solidariedade"(63), momento em que as centrais poderiam apresentar suas bandeiras e propostas para o conjunto da classe trabalhadora.

As chances de unidade se tornariam menores, contudo, quando foram noticiados convites para participação do evento para figuras como João Dória (PSDB, governador do Estado de São Paulo), Rodrigo Maia e Davi Alcolumbre (DEM), Wilson Witzel (PSC, governador do Rio de Janeiro), o ex-presidente Fernando Henrique

(58) FORÇA SINDICAL. "Nota das Centrais Sindicais sobre a aprovação da MP n. 905". Abr. 2020. CSP-CONLUTAS. "Centrais Sindicais repudiam aprovação da MP n. 905". Abr. 2020.

(59) CSP-CONLUTAS. "É preciso rejeitar toda a medida 927 de Bolsonaro". Mar. 2020.

(60) CSP-CONLUTAS. "Com MP do arrocho e desemprego, Bolsonaro autoriza corte de até 70% nos salários e suspensão de contratos", Abr. 2020. FORÇA SINDICAL, "Nota das Centrais Sindicais: o acordo coletivo é fundamental para superar a crise". Abr. 2020.

(61) CSP-CONLUTAS. "Centrais sindicais discutem preparativos para o 1º de maio unificado". Fev. 2020.

(62) FORÇA SINDICAL. "Nota das Centrais Sindicais: barrar o golpe de Bolsonaro para garantir a democracia". Abr. 2020. CUT. "Trabalhadores defendem barrar o golpe e garantir democracia". Abr. 2020.

(63) CSP-CONLUTAS. "1º de maio: a atividade unitária das centrais e a necessidade de botar pra fora Bolsonaro e Mourão". Abr. 2020.

Cardoso, entre outras figuras polêmicas, historicamente responsáveis por medidas desfavoráveis à classe trabalhadora[64].

Nesse contexto, a CSP-Conlutas se manifestou publicamente para reforçar a importância da unidade das centrais e do protagonismo dos/as trabalhadores/as nesse momento difícil de pandemia e redução de direitos, e enfatizando a necessidade de colocar o "Fora Bolsonaro" no topo das reivindicações das centrais. Para esta entidade, não atender a esses dois aspectos significaria uma movimentação "pelo terreno da conciliação de classes", em detrimento de uma luta classista, democrática, combativa e "independente de patrões e governos" [65]. A denúncia feita pela CSP-Conlutas colocava Força e CUT no campo do signo da conciliação e, assim, "contra as reais necessidades da classe trabalhadora brasileira", sob o desígnio de inserção do calendário das eleições de 2020.

O 1º de maio de 2020 então, em meio a uma profunda crise sanitária, política, social e econômica, foi palco de uma ruptura que decorreu, como já dito, dos compromissos fundamentais das centrais sindicais aqui analisadas. Agindo absolutamente "dentro da ordem", isto é, buscando soluções para reivindicações dos/as trabalhadores/as que não excedam os limites do modo de produção capitalista, CUT, Força Sindical e outras centrais mantiveram os convites às figuras comentadas acima e não alocaram a pauta da saída de Bolsonaro do poder no centro do debate do 1º de maio. Assim, a CSP Conlutas[66], em conjunto com a Intersindical, na postura crítica à tentativa de conciliação de classes e em defesa de seu compromisso com a superação do capitalismo e da construção do socialismo, decidiram construir um 1º de maio autônomo "classista, de luta e independente".

Se o 1 de maio representou uma derrota nos esforços de unidade das centrais, o aumento exponencial de casos da pandemia e a postura do governo federal durante o mês de maio — com a saída do Ministro da Saúde Henrique Mandetta — levaria à uma necessária retomara do diálogo entre as entidades e o lançamento, em 18 de maio, de campanha unificada de todas as centrais sindicais sob o tema "Pela democracia, emprego e renda, ForaBolsonaro".

Nas palavras de Campos:

> (...) de forma inédita, as onze centrais sindicais lançaram unificadamente uma campanha pela saída do presidente Jair Bolsonaro. (...) Sem acreditar que o Congresso pode levar à frente um processo de *impeachment*,

---

(64) CSP-CONLUTAS. "1º de maio de luta: Fora Bolsonaro e Mourão". Abr. 2020.

(65) CSP-CONLUTAS. "Sobre as ações das centrais sindicais no Brasil em meio à crise e a pandemia da Covid-19". Abr. 2020.

(66) CSP-CONLUTAS. "Organizar um 1º de maio classista! Fora Bolsonaro e Mourão já!". Abr. 2020.

> as centrais apostam na mobilização da classe trabalhadora para derrotar o governo. A aposta é que a mobilização repercuta e fomente manifestações populares. É uma movimentação unitária inédita, uma vez que, desde o surgimento da maioria das centrais, na primeira década de dois mil, suas posições foram diversas em relação aos governos federais.(67)

Mesmo no âmbito do lançamento da campanha unificada, contudo, vê-se claramente as tensões entre os posicionamentos destas três centrais sindicais. Com efeito, enquanto a CSP Conlutas defendia quarenta nacional de trinta dias e greve geral dos/as trabalhadores/as em defesa da vida(68), CUT e Força Sindical, apesar de aderirem ao "Fora Bolsonaro", não levantaram bandeiras de confronto aberto para lastrear suas reivindicações, privilegiando o diálogo entre todas as "forças democráticas" para saída da crise(69).

Nesse sentido, Força Sindical e CUT, com outras centrais, apresentaram em 22 de junho de 2020 um novo documento intitulado "Medidas de Proteção à vida, à saúde, ao emprego e à renda dos trabalhadores e trabalhadoras"(70). Muito diferente das primeiras propostas unificadas, que contaram com a participação da CSP-Conlutas, as medidas pleiteadas em junho consistiam resumidamente na manutenção do auxílio emergencial até dezembro de 2020; ampliação das parcelas de seguro-desemprego até o final da crise sanitária, sem carência; proteção de emprego nas micro e pequenas empresas; investimento público para retomada da economia e medidas de reconversão industrial.

Vê-se, portanto, que mesmo mantida a complexa materialidade da pandemia, com alto número de infectados/as e mortos/as, em especial nas zonas mais pobres do país, foram abandonadas pelas centrais majoritárias bandeiras como a suspensão do pagamento da dívida pública, a suspensão do teto de gastos públicos, dentre outras medidas mais estruturais e de longo prazo inicialmente defendidas em um esforço de unidade de todas as centrais.

---

(67) CAMPOS, A. "Sindicalismo no contexto de pandemia no Brasil: primeiras impressões". *Cesit*, 2020, p. 7.

(68) CSP-CONLUTAS. "Para salvar vidas no Brasil, 30 dias de quarenta imediatamente e fora Bolsonaro e Mourão já!". Maio 2020. O programa defendido pela CSP Conlutas foi assim sintetizado pela central: "Defender a vida e o Brasil; 30 dias de quarentena geral, já; estabilidade e reintegração de todos os demitidos; 2 salários mínimos de auxílio por família e isenção de aluguel, água e luz; empréstimo emergencial aos pequenos proprietários; teste em massa, convocar todos os concursados da saúde e garantir EPIs aos profissionais essenciais; estatização dos hospitais privados; assistência às mulheres vítimas de violência e punição aos agressores; política de desencarceramento de presas e presos, fim das operações policiais nas comunidades, basta de genocídio!" Conferir em: CSP CONLUTAS. "Temos diferenças, mas o Fora Bolsonaro lançado pelas centrais sindicais é importante". Maio 2020.

(69) FORÇA SINDICAL. "Nota das centrais sindicais: defender a democracia e deter o golpismo do governo Bolsonaro". Maio 2020.

(70) FORÇA SINDICAL. "Medidas de Proteção à vida, à saúde, ao emprego e à renda dos trabalhadores e trabalhadoras". Jun. 2020.

Conclusão — Por um primeiro de maio diferente?

O cenário retratado até aqui permite afirmar com segurança de que a unidade entre as centrais sindicais brasileiras constitui um grande desafio. Confrontadas com uma classe trabalhadora extremamente diversa e em sua maioria na informalidade, as entidades representativas possuem a tarefa inadiável de avaliar seus posicionamentos e compromissos fundacionais à luz das principais demandas de seus/suas representados(as), hoje submetidos(as) a relações de trabalho precarizadas, flexibilizadas e sem perspectiva de vitórias sólidas sobre esse quadro no horizonte(71).

A experiência da pandemia, tão avassaladora e trágica, pode também sugerir caminhos possíveis. Nessa linha, Campos destaca a busca das entidades sindicais pela recuperação do papel de representantes legítimas "dos interesses da classe trabalhadora, com o objetivo de influenciar na correlação de forças atual para proteger o emprego, a renda, a saúde e a segurança dos trabalhadores"(72), por meio de estratégias como:

> (...) pressão sobre o Congresso Nacional; alianças em forma de frente políticas com movimentos sociais, que erguem bandeiras gerais em defesa de políticas públicas; negociações coletivas; via esforço de manutenção da organização dos trabalhadores desde as suas bases; e desenvolvimento de ações solidárias junto à população mais vulnerável à crise.(73)

Nesse movimento, surgem pistas para a possível superação do desafio de incidência na vida política do país em defesa de um projeto que reflita os anseios da classe trabalhadora brasileira.

Em face da constante luta pela preservação dos direitos, característica dos últimos anos de ataques profundos à classe trabalhadora no contexto do avanço da restauração neoliberal conservadora, como ensina Souto Maior(74), os/as trabalhadores/as brasileiros/as perderam parte de sua identidade histórica, segmentados entre formais/informais, autônomos/celetistas, terceirizados/as ou contratados/as diretos/as, tantas fragmentações que só fizeram se agravar no contexto da pandemia e que poderiam ser resumidas entre aqueles/as que ainda contam com alguns poucos direitos e aqueles/as totalmente desprovidos/as de qualquer proteção jurídica.

---

(71) Segundo Krein e Borsari: "o cenário mais provável que nos espera é uma crise mais prolongada, com recuperação lenta após pandemia, ao meio de transformações tecnológicas e do modo de vida. E, principalmente, se continuarem prevalecendo as atuais orientações de política econômica, de insistir na manutenção da austeridade fiscal e da agenda de retirada de direitos e de diminuição do sistema de proteção social, a tendência é de desgaste ainda maior no tecido social e o agravamento dos efeitos mais deletérios sobre as pessoas que precisam trabalhar para sobreviver". Cf.: KREIN, J. D.; BORSARI, P. "Pandemia e Desemprego: análises e perspectivas". *CESIT*, 2020.

(72) CAMPOS, A. "Sindicalismo no contexto de pandemia no Brasil: primeiras impressões". *Cesit*, 2020. p. 16.

(73) *Idem*.

(74) SOUTO MAIOR, J. L. "O primeiro 1º de maio". *Blog Jorge Souto Maior*. Maio 2020.

Partindo desse contexto, o mais sóbrio diagnóstico possível — feito pelo próprio Souto Maior — é de que realmente não há mais "direitos a exaltar". Permanece, porém, a condição insuperável de que apenas o trabalho humano (e quem trabalha) produz e que, para transformar a maneira pela qual se produz e as relações sociais que determinam esse processo, só há a certeza da luta(75).

Essa luta, luta por transformação (e não por direitos), dependerá da transformação também das centrais sindicais — em especial, de seus compromissos e estratégias, para que seja possível organizar e agir politicamente com e para a classe que vive do trabalho, além das noções de categorias profissionais e das segmentações comentadas, a fim de que se torne possível dialogar com aspectos da experiência de classe que extrapolam a relação de trabalho, mas que a informam e delineiam — como as questões de gênero, raça e etnia, e construir lutas conjuntas — um 1º de maio — diferente no porvir.

Referências bibliográficas

ALVARENGA, D.; SILVEIRA, D. "Desemprego sobe para 12,9% em maio e país tem tombo recorde no número de ocupados". In: *G1*. São Paulo, 30 jun. 2020. Disponível em: <https://g1.globo.com/economia/noticia/2020/06/30/desemprego-sobe-para-129percent-em-maio.ghtml>. Acesso em: 10 ago. 2020.

ANTUNES, R. *O privilégio da servidão:* o novo proletariado de serviços na era digital. São Paulo: Boitempo, 2018.

______. *Coronavírus:* o trabalho sob fogo cruzado. 1. ed. São Paulo: Boitempo, 2020.

BETIM, F. "Em cadeia de TV, Bolsonaro minimiza coronavírus para insuflar base radical". In: *El País*. São Paulo, 25 mar. 2020. Disponível em: <https://brasil.elpais.com/brasil/2020-03-25/em-cadeia-de-tv-bolsonaro-minimiza-coronavirus-para-insuflar-base-radical.html>. Acesso em: 06 ago. 2020.

BRASIL. *Lei n. 13.979, de 06 de fevereiro de 2020.* Dispõe sobre as medidas para enfrentamento da emergência de saúde pública de importância internacional decorrente do coronavírus responsável pelo surto de 2019. Disponível em: <http://www.planalto.gov.br/ccivil_03/_ato2019-2022/2020/lei/l13979.htm>. Acesso em: 07 ago. 2020.

CAMPOS, A. "Sindicalismo no contexto de pandemia no Brasil: primeiras impressões". *Cesit*, 2020. Disponível em: <https://www.cesit.net.br/wp-content/uploads/2020/06/Sindicalismo-no-contexto-de-pandemia-no-Brasil_andersoncampos.pdf>. Acesso em: 12 ago. 2020.

CARDOSO, A. M. "Dimensões da crise do sindicalismo brasileiro". In: *Caderno CRH*, Salvador, v. 28, n. 75, p. 493-510, dez. 2015.

CARDOSO, A. M.; RODRIGUES, L. M. *Força Sindical:* uma análise sociopolítica. Rio de Janeiro: Centro Edelsteins de Pesquisas Sociais, 2009.

---

(75) Inspiramo-nos na contribuição de Gramsci, apesar de formulada em outro contexto temático. Ver: GRAMSCI, A. *Cadernos do cárcere*. v. 1. 3. ed. Rio de Janeiro: Civilização Brasileira, 2004.

CSP-CONLUTAS. “1º de maio de luta: Fora Bolsonaro e Mourão”. Abr. 2020. Disponível em: <http://cspconlutas.org.br/2020/04/1o-de-maio-de-luta-fora-bolsonaro-e-mourao/>. Acesso em: 13 ago. 2020.

______. “1º de maio: a atividade unitária das centrais e a necessidade de botar pra fora Bolsonaro e Mourão”. Abr. 2020. Disponível em: <http://cspconlutas.org.br/2020/04/1o-de-maio-a-atividade-unitaria-das-centrais-e-a-necessidade-de-botar-pra-fora-bolsonaro-e-mourao1o-de-maio-a-importancia-da-atividade-unitaria-das-centrais-e-a-necessidade-de-botar-pra-fora-bolsona/>. Acesso em: 14 ago. 2020.

______. “Centrais sindicais discutem preparativos para o 1º de maio unificado”. Fev. 2020. Disponível em: <http://cspconlutas.org.br/2020/02/centrais-sindicais-discutem-preparativos-para-o-1-de-maio-unificado/>. Acesso em: 14 ago. 2020.

______. “Centrais Sindicais repudiam aprovação da MP n. 905”. Abr. 2020. Disponível em: <http://cspconlutas.org.br/2020/04/centrais-sindicais-repudiam-aprovacao-da-mp-905-e-denunciam-retirada-de-direitos-e-desemprego/>. Acesso em: 14 ago. 2020.

______. “Com MP do arrocho e desemprego, Bolsonaro autoriza corte de até 70% nos salários e suspensão de contratos”, Abr. 2020. Disponível em: <http://cspconlutas.org.br/2020/04/mp-do-arrocho-e-desemprego-bolsonaro- autoriza-corte-de-ate-70-nos-salarios-e-suspensao-de-contratos/. Acesso em: 15 ago. 2020.

______. “Conlutas entra com pedido de afastamento de Ricardo Salles em dia nacional do meio ambiente”. Jun. 2020. Disponível em: <http://cspconlutas.org.br/2020/06/csp-conlutas-entra-com-pedido-de-afastamento-de-ricardo-salles-em-dia-nacional-do-meio-ambiente/>. Acesso em: 14 ago. 2020.

______. “CSP Conlutas aprova resolução sobre conjuntura internacional, nacional e aprova plano de ação”. Fev. 2020. Disponível em: <http://cspconlutas.org.br/2020/02/csp-conlutas-aprova-resolucao-sobre-conjuntura-internacional-nacional-e-plano-de-acao/>. Acesso em: 13 ago. 2020.

______. “É preciso rejeitar toda a medida 927 de Bolsonaro”. Mar. 2020. Disponível em: <http://cspconlutas.org.br/2020/03/nao-se-engane-mesmo-com-revogacao-do-artigo18-e-preciso-rejeitar-toda-a-medida-927-de-bolsonaro/>. Acesso em: 10 ago. 2020.

______. “Entidades e personalidades lançam medidas responsáveis para enfrentar coronavírus”. Mar. 2020. Disponível em: <http://cspconlutas.org.br/2020/03/entidades-e-personalidades-lancam-medidas-responsaveis-para-enfrentar-coronavirus/>. Acesso em: 11 ago. 2020.

______. “Exigimos recursos e políticas públicas para defender nossas vidas”. Mar. 2020. Disponível em: <http://cspconlutas.org.br/2020/03/urgente-exigimos-recursos-e-politicas-publicas-para-defender-as-nossas-vidas/>. Acesso em: 12 ago. 2020.

. “Manifestações contra governo Bolsonaro, Mourão, o racismo e a violência policial tomam conta do país”. Jun. 2020. Disponível em: <http://cspconlutas.org.br/2020/06/manifestacoes-contra-governo-bolsonaro-mourao-o-racismo-e-a-violencia-policial-tomam-conta-do-pais/>. Acesso em: 13 ago. 2020.

______. "Neste 8 de março, vamos as ruas contra violência e a retirada de direitos. Derrotar Bolsonaro e Damares Já!". Fev. 2020. Disponível em: <http://cspconlutas.org.br/2020/02/neste-8-de-marco-vamos-as-ruas-contra-violencia-e-a-retirada-de-direitos-derrotar-bolsonaro-e-damares-ja/>. Acesso em: 12 ago. 2020.

______. "Nota pública das centrais sindicais". Mar. 2020. Disponível em: <http://cspconlutas.org.br/2020/03/coronavirus-nota-publica-das-centrais-sindicais/>. Acesso em: 15 ago. 2020.

______. "Organizar um 1º de maio classista! Fora Bolsonaro e Mourão já!". Abr. 2020. Disponível em: <http://cspconlutas.org.br/2020/04/organizar-um-1o-de-maio-classista-fora-bolsonaro-e-mourao-ja/>. Acesso em: 14 ago. 2020.

______. "Para salvar vidas no Brasil, 30 dias de quarenta imediatamente e fora Bolsonaro e Mourão já!". Maio 2020. Disponível em: <http://cspconlutas.org.br/2020/05/para-salvar-vidas-e-o-brasil-30-dias-de-quarentena-imediatamente-e-fora-bolsonaro-e-mourao-ja/>. Acesso em: 14 ago. 2020.

______. "Sobre as ações das centrais sindicais no Brasil em meio à crise e a pandemia da Covid-19". Abr. 2020. Disponível em: <http://cspconlutas.org.br/2020/04/sobre-as-acoes-das-centrais-sindicais-no-brasil-em-meio-a-crise-e-a-pandemia-da-Covid-19-por-atnagoras-lopes/>. Acesso em: 14 ago. 2020.

______. "Temos diferenças, mas o Fora Bolsonaro lançado pelas centrais sindicais é importante". Maio 2020. Disponível em: <http://cspconlutas.org.br/2020/05/temos-diferencas-mas-o-fora-bolsonaro-lancado-pelas-centrais-sindicais-e-importante-por-at-lopes/>. Acesso em: 14 ago. 2020.

CUT. "CUT exige medidas do governo e do congresso no combate ao novo coronavírus sem prejuízos a classe trabalhadora". Mar. 2020. Disponível em: <https://www.fup.org.br/ultimas-noticias/item/25043-cut-exige-medidas-do-governo-e-do-congresso-no-combate-ao-novo-coronavirus-sem-prejuizos-a-classe-trabalhadora>. Acesso em: 15 ago. 2020.

______. "Materiais do 13º CONCUT". Mai/2019. Disponível em: <https://www.cut.org.br/noticias/materiais-do-13-concut-902c>. Acesso em: 14 ago. 2020.

______. "Medidas de proteção a vida, a saúde, ao emprego e a renda dos trabalhadores e trabalhadoras". Mar. 2020. Disponível em: <https://admin.cut.org.br/system/uploads/ck/Nota%20Centrais%20coronavirusvf.pdf.pdf>. Acesso em: 15 ago. 2020.

______. "Trabalhadores defendem barrar o golpe e garantir democracia". Abr. 2020. Disponível em: <https://www.cut.org.br/noticias/trabalhadores-defendem-barrar-o-golpe-de-bolsonaro-e-garantir-a-democracia-8c46>. Acesso em: 15 ago. 2020.

FORÇA SINDICAL, "Nota das Centrais Sindicais: o acordo coletivo é fundamental para superar a crise". Abr. 2020. Disponível em: <https://fsindical.org.br/forca/nota-das-centrais-sindicais-o-acordo-coletivo-e-fundamental-para-superar-a-crise>. Acesso em: 14 ago. 2020.

______. "Centrais sindicais definem calendário de ações em defesa dos direitos e da democracia". Fev. 2020. Disponível em: <https://fsindical.org.br/imprensa/centrais-sindicais-definem-calendario-de-acoes-em-defesa-dos-direitos-e-da-democracia>. Acesso em: 14 ago. 2020.

______. "Centrais sindicais pedem apoio a Toffoli contra mps que mudam contrato de trabalho". Mar. 2020. Disponível em: <https://fsindical.org.br/imprensa/centrais-pedem-apoio-a-toffoli-contra-mps-que-mudam-contratos-de-trabalho>. Acesso em: 14 ago. 2020.

______. "Medidas de Proteção à vida, à saúde, ao emprego e à renda dos trabalhadores e trabalhadoras". Jun. 2020. Disponível em: <https://fsindical.org.br/arquivos/propostascentrais_camaradeputados_22junho20.pdf>. Acesso em: 14 ago. 2020.

______. "Nota das Centrais Sindicais sobre a aprovação da MP n. 905". Abr. 2020. Disponível em: <https://fsindical.org.br/forca/nota-das-centrais-sindicais-sobre-a-aprovacao-da-mp-905>. Acesso em: 15 ago. 2020.

______. "Nota das Centrais Sindicais: barrar o golpe de Bolsonaro para garantir a democracia". Abr. 2020. Disponível em: <https://fsindical.org.br/forca/nota-das-centrais-trabalhadores-defendem-barrar-o-golpe-de-bolsonaro-e-garantir-a-democracia>. Acesso em: 14 ago. 2020.

______. "Nota das centrais sindicais: defender a democracia e deter o golpismo do governo Bolsonaro". Maio 2020. Disponível em: <https://fsindical.org.br/forca/nota-das-centrais-sindicais-defender-a-democracia-deter-o-golpismo-do-governo-bolsonaro>. Acesso em: 15 ago. 2020.

______. "Nota pública das Centrais Sindicais". Mar. 2020. Disponível em: <https://fsindical.org.br/forca/nota-publica-das-centrais-sindicais>. Acesso: 14 ago. 2020.

______. "Proposta de reforma sindical acaba com registro e fiscalização do governo". Dez. 2019. Disponível em: <https://fsindical.org.br/imprensa/proposta-de-reforma-sindical-acaba-com-registro-e-fiscalizacao-do-governo>. Acesso em: 14 ago. 2020.

______. "Que o Congresso Nacional assuma o protagonismo e devolva a cruel MP n. 927". Mar. 2020. Disponível em: <https://fsindical.org.br/forca/que-o-congresso-nacional-assuma-o-protagonismo-devolva-a-cruel-mp927>. Acesso em: 11 ago. 2020.

______. "Sindicalistas da Força e CUT entregam propostas para conter avanço do coronavírus e para preservar empregos". Mar. 2020. Disponível em: <https://fsindical.org.br/imprensa/sindicalistas-da-forca-e-cut-entregam-propostas-para-conter-avanco-do-coronavirus e para preservar-empregos>. Acesso em: 12 ago. 2020.

GALVÃO, A.; MARCELINO, P.; TRÓPIA, P. V. *As bases sociais das novas centrais sindicais brasileiras*. 1. ed. Curitiba: Appris, 2015.

GRAMSCI, A. *Cadernos do cárcere*. v. 1. 3.. ed. Rio de Janeiro: Civilização Brasileira, 2004.

HARVEY, D. Política anticapitalista em tempos de coronavírus. *Blog da Boitempo*, 2020.

IPEA. "Mercado de trabalho: conjuntura e análise". *Instituto de Pesquisa Econômica Aplicada*; Ministério do Trabalho. v.1, n.0, 2020.

JIMENEZ, C. "Bolsonaro expõe apoio a protestos a seu favor e contra o Congresso". In: *El País*. São Paulo, Fev. 2020. Disponível em: <https://brasil.elpais.com/politica/2020-02-26/bolsonaro-expoe-apoio-a-protestos-a-seu-favor-e-contra-o-congresso.html>. Acesso em: 14 ago. 2020.

JUCÁ, B. "Brasil perde segundo ministro da Saúde sob pressão de Bolsonaro para abrir economia e por uso da cloroquina". In: El País. São Paulo, 15 maio 2020. Disponível em: <https://brasil.

elpais.com/brasil/2020-05-15/brasil-perde-segundo-ministro-da-saude-sob-pressao-de-bolsonaro-para-abrir-economia-e-por-uso-da-cloroquina.html>. Acesso em: 07 ago. 2020.

KREIN, J. D.; BORSARI, P. "Pandemia e Desemprego: análises e perspectivas". CESIT, 2020. Disponível em: <https://www.cesit.net.br/pandemia-e-desemprego-analise-e-perspectivas/>. Acesso em: 11 ago. 2020.

MARCELINO, P.; GALVÃO, A. "O sindicalismo brasileiro frente à ofensiva neoliberal restauradora". In: Tempo Social, 32(1), p. 157-182, maio/2020. Disponível em: <https://www.revistas.usp.br/ts/article/view/167468>. Acesso em: 08 de agosto de 2020.

MOTA, C. V. "Covid-19 se alastra em frigoríficos e põe brasileiros e imigrantes em risco". In: Bbc News Brasil. São Paulo, 22 jul. 2020. Disponível em: <https://www.bbc.com/portuguese/brasil-53477319>. Acesso em: 24 jul. 2020.

OLIVEIRA, J.; ROSSI, M. "Vídeo da reunião de Bolsonaro evidencia descaso do Governo com pandemia que já matou mais de 21.000". In: El País. São Paulo, 22 maio 2020. Disponível em: <https://brasil.elpais.com/brasil/2020-05-23/video-da-reuniao-de-bolsonaro-evidencia-descaso-com-pandemia-que-ja-matou-mais-de-21000.html>. Acesso em: 06 ago. 2020.

ROSSI, M. "Periferia lidera as mortes por coronavírus na cidade de São Paulo, e as mulheres adultas são as mais infectadas". In: El País. São Paulo, 18 abril 2020. Disponível em: <https://brasil.elpais.com/brasil/2020-04-18/no-mapa-do-coronavirus-na-cidade-de-sao-paulo-a-periferia-lidera-as-mortes-e-as-mulheres-adultas-sao-as-mais-infectadas.html>. Acesso em: 06 ago. 2020.

SOUTO MAIOR, Jorge Luiz "O primeiro 1º de maio". *Blog Jorge Souto Maior*. Maio 2020. Disponível em: <https://www.jorgesoutomaior.com/blog/o-primeiro-1-de-maio>. Acesso em: 12 ago. 2020.

TRÓPIA, P. V. "A adesão da Força Sindical ao neoliberalismo". In: *Ideias — Revista do Instituto de Filosofia e Ciências Humanas da UNICAMP*, Campinas, n. 9, 2002.

Práticas de Mobilização Realizadas por Trabalhadores no Surto da Covid-19

Clarissa Maçaneiro Viana

1. Introdução

A pandemia de Covid-19, doença causada pelo vírus SARS-CoV-2, transformou o ano de 2020 em um momento sem paralelos na história recente da humanidade. Acompanhar dados relativos à ocupação de leitos de UTI, taxa de contágio, restrições no funcionamento de comércios, escolas e transporte público, adquirir máscaras e álcool gel, higienizar sacolas de mercado e se preocupar ao menor sinal de febre ou tosse — vários são os novos hábitos e rotinas incorporados nesse momento singular.

Mas tais rotinas não afetam de forma homogênea os indivíduos. Os efeitos da pandemia, como não poderia deixar de ser, se expressam de distintas formas a depender da sua classe social, gênero, raça e localização geográfica. No Brasil, em especial, país periférico governado por um presidente que declaradamente repudiou medidas sérias de contenção da propagação do vírus e desdenhou de sua letalidade ("é só uma gripezinha"), à revelia de toda a comunidade científica, a possibilidade de cumprir as recomendações de isolamento social e evitar o contágio foi submetida a várias condicionantes. Nessa conjuntura, as desigualdades, fundantes e sempre presentes em uma sociedade capitalista, foram escancaradas e mostraram sua faceta mais cruel.

Enquanto a parcela (cada vez menor) de trabalhadorxs que possui acesso à proteção do regime celetista contou com mínimas possibilidades de minimizar os riscos de contágio — mediante, por exemplo, a conversão do exercício de suas atividades laborais para meios remotos (o agora tão conhecido *home office*) ou mesmo pela suspensão temporária do contrato de trabalho nos termos do Programa Emergencial de Manutenção do Emprego e Renda — à maioria essa faculdade não foi possível, seja pela inusitada e controvertida ampliação do rol de atividades consideradas essenciais (*vide* Decretos ns. 10.282/20, 10.329/20 e 10.344/20), seja pela pressão dos empregadores sob ameaças de demissão ou mesmo por estarem alocados no mercado de trabalho informal — o qual, vale recordar, no segundo semestre de 2019, atingiu o recorde histórico de 41,3% dos ocupados contra 40,9% de empregados formais, segundo dados da PNAD Contínua realizada pelo IBGE.(1)

A formulação do auxílio emergencial destinada precipuamente aos informais e desempregados, por outro lado, embora tenha consistido em uma medida importante, se mostrou insuficiente para garantir a subsistência dessa parcela de trabalhadorxs e assegurar o cumprimento do distanciamento social, seja em razão do seu baixo valor (inferior ao salário mínimo) ou pelas notórias dificuldades encontradas por larga parcela da população em ter acesso ao benefício.

Paralelamente, os índices de subutilização da força de trabalho também atingiram os maiores níveis da série histórica da PNAD Contínua. Os dados recolhidos durante o trimestre encerrado em junho de 2020 demostram que, somando desempregados, subocupados (aqueles que trabalham menos horas do que gostariam) e desalentados (os que desistiram da busca por uma nova ocupação), a taxa composta de subutilização totalizou o importe de 29,1%, maior índice registrado desde 2012, ano em que o Instituto iniciou a compilação de tais dados.(2)

Tem-se, então, um diagnóstico do mercado de trabalho que é, no mínimo, problemático. A parcela mais precarizada da classe trabalhadora tem sido exposta diuturnamente ao contágio da Covid-19 e, dadas as dificuldades encontradas pelo já sucateado Sistema Único de Saúde em atender a demanda, à sua faceta letal em razão do trabalho. A classe dominante, agindo conforme o imperativo que a define, prioriza a maximização de lucros, custe o que (e quem) custar.

Sob o argumento de evitar a acentuação da crise econômica, mesmo a pequena parcela de segmentos econômicos aos quais foram impostas restrições de funcionamento (*shoppings centers*, comércios, etc.), pressionaram e foram exitosos na retomada das atividades presenciais — medida injustificável diante do avanço da pandemia. A locomoção por meio de transporte público, bem como o contato com colegas de trabalho e clientes, facilita enormemente a contaminação, e mesmo aqueles empregados que contam com planos privados de saúde se veem na iminência de contrair uma doença cuja imunização ainda não foi desvendada pela ciência.

---

(1) ESTADÃO. *País tem recorde de 38.683 milhões trabalhando na informalidade, mostra IBGE.* 2020. Disponível em: <https://economia.uol.com.br/noticias/estadao-conteudo/2019/08/30/pais-tem-recorde-de--38683-milhoes-trabalhando-na-informalidade-mostra-ibge.htm>. Acesso em: 05 ago. 2020.

(2) AGÊNCIA IBGE. *PNAD Contínua:* taxa de desocupação é de 13,3% e taxa de subutilização é de 29,1% no trimestre encerrado em junho de 2020. 2020. Disponível em: <https://agenciadenoticias.ibge.gov.br/agencia-sala-de-imprensa/2013-agencia-de-noticias/releases/28478-pnad-continua-taxa-de-desocupacao-e--de-13-3-e-taxa-de-subutilizacao-e-de-29-1-no-trimestre-encerrado-em-junho-de-2020>. Acesso em: 05 ago. 2020.

Em um paradoxo deveras cruel, as pessoas que possuem uma ocupação formal atualmente sequer são as que estão em pior situação, dado o já mencionado índice crescente de subutilização e, com o fim do pagamento do auxílio emergencial, a potencial inexistência de qualquer fonte de renda suficiente para garantir a subsistência de inúmeras famílias brasileiras, em especial aquelas cujos arrimos estão na informalidade. A situação de maior vulnerabilidade desse segmento não é novidade: como já dito, a pandemia maximizou os desequilíbrios que já existiam anteriormente.

Em resposta a esse cenário caótico, a postura do Executivo Federal e sua bancada de apoio no Congresso Federal vai na contramão do caminho traçado por diversos outros países, inclusive no âmbito da América Latina. Mesmo iniciativas básicas como a política de linha de crédito emergencial para as microempresas (geradoras da maior quantidade de empregos formais no Brasil) não tiveram a sua efetividade assegurada — ao relegar a concessão do crédito ao aval de bancos privados, se possibilitou, na prática, a restrição do acesso a empréstimos, privilegiando a sua concessão às grandes empresas.(3) A agenda de medidas de austeridade na economia tampouco arrefeceu neste período, com a aprovação das Medidas Provisórias ns. 927/2020 e 936/2020, que autorizaram a suspensão do contrato de trabalho e a redução do salário proporcional à redução da jornada, concomitantemente aos anúncios de privatizações de refinarias da Petrobrás(4) e de subsidiárias da Caixa Econômica Federal.(5)

A despeito da ineficácia empiricamente observável do receituário neoliberal em uma situação sem precedentes como a atual — vale recordar, nesse sentido, a mudança de postura de governos de todo o mundo anunciando pacotes de subsídios a trabalhadorxs e empresas e intervindo diretamente na economia, inclusive via estatização de empresas privadas(6), — o Ministério da Economia se manteve inflexível na manutenção dessas diretrizes.

Não obstante o cenário perverso sintetizado acima, a nítida acentuação da precarização da vida ensejou mobilizações por parte de parte de trabalhadorxs, que, expostos ao risco do contágio, obrigados a trabalhar em situações adversas sem

(3) NEXO. *As ações do BC para liberar o crédito a pequenas empresas*. 2020. Disponível em: <https://www.nexojornal.com.br/expresso/2020/06/24/As-a%C3%A7%C3%B5es-do-BC-para-liberar-o-cr%C3%A9dito-a--pequenas-empresas. Acesso em: 15 jul. 2020.

(4) FUP. *Em meio ao caos, gestão da Petrobras acelera privatização*. 2020. Disponível em: <https://www.fup.org.br/ultimas-noticias/item/25209-em-meio-ao-caos-gestao-da-petrobras-acelera-privatizacao>. Acesso em: 14 jul. 2020.

(5) G1. *Bolsonaro edita MP que facilita venda de ativos da Caixa*. 2020. Disponível em: <https://g1.globo.com/politica/noticia/2020/08/07/bolsonaro-edita-mp-que-facilita-venda-de-ativos-da-caixa.ghtml>. Acesso em: 14 jul. 2020.

(6) A Alemanha e a Itália anunciaram que, passada a pandemia, estatizarão as companhias aéreas Lufthansa e Alitália, respectivamente. Na Espalha, o Ministério da Saúde anunciou a estatização de hospitais privados com vistas a ampliar o atendimento durante a pandemia.

medidas que garantam sua integridade física e sob risco iminente de demissão ou redução de seus vencimentos, encontraram na organização coletiva uma possibilidade de enfrentamento a essas adversidades. Debruçar-nos-emos aqui na análise de tais mobilizações sob dois enfoques que se mostraram expressivos durante a pandemia no Brasil: a organização fomentada pelas entidades sindicais e a paralisação dos entregadores de aplicativos.

2. As mobilizações organizadas por sindicatos

Não é de hoje que os estudos sobre a organização da classe trabalhadora fazem menção à crise do sindicalismo e às dificuldades encontradas por essas organizações em dialogar com a base das categorias e negociar as condições de trabalho com o patronato. Em especial nos períodos de implementação aberta de medidas neoliberais, as análises acadêmicas demonstram que historicamente a deterioração dos indicadores econômicos e sociais, aliada ao aumento do desemprego e da precariedade, enfraquece os sindicatos e seu poder de barganha, o que integra um cenário que dificulta a resistência sindical às medidas flexibilizadoras, além de oferecer elementos para o governo justificar a austeridade a apresentando como solução para a informalidade e o desemprego.(7)

A tônica do receituário neoliberal perpassa pela defesa da não intervenção do Estado nas relações individuais de trabalho, de modo a priorizar que cada trabalhador, individualmente, negocie com o empregador a venda da sua força de trabalho.(8) É com base nesse movimento que se observa, desde os anos 1980 na Europa ocidental e 1990 no Brasil, uma tendência de fragilização da regulação pública (aquela que estabelece limites, legais ou negociais, à forma que o capital utiliza a força de trabalho com base na ação dos trabalhadorxs) em favorecimento da regulação privada (definição das regras com base no mercado autorregulado).(9) A redefinição do papel do Estado na sociedade busca ampliar o espaço para o empregador determinar as condições de uso e remuneração do trabalho, e a fragilização das organizações sindicais facilita sobremaneira esse processo de rebaixamento dos custos com o trabalho.

A aprovação da Lei n. 13.467/2017, conhecida como a (contra)reforma trabalhista, está em consonância com essa tendência identificada, vez que colaborou com o agravamento da já constatável crise do movimento sindical. Com o fim da contribuição sindical obrigatória, a receita de maioria dos sindicatos sofreu brusca redução, a qual,

---

(7) GALVÃO, Andreia. *Neoliberalismo e reforma trabalhista no Brasil*. Rio de Janeiro: Revan; Fapesp, 2007. p. 208.

(8) HARVEY, David. *Condição pós-moderna*. Trad.: Adail Ubirajara Sobral. São Paulo: Edições Loyola, 1994. p. 143.

(9) KREIN, José Dari. O desmonte dos direitos, as novas configurações do trabalho e o esvaziamento da ação coletiva: consequências da reforma trabalhista. In: *Tempo Social*, revista de sociologia da USP, v. 30, n. 1, p. 79.

aliada com a pré-existente baixa taxa de sindicalização, conforma um cenário de baixas respostas dessas entidades aos ataques perpetrados contra a classe trabalhadora nos locais de trabalho.[(10)]

Com a pandemia, somam-se a esses obstáculos a impossibilidade de organizar grandes reuniões presenciais pelo risco de contaminação e a paralisação de várias atividades, de modo que os dados compilados pelo DIEESE demonstram que 2020 apresenta o menor número de greves em quase uma década.[(11)] No primeiro semestre, 160 greves foram feitas por servidores públicos e 194 por trabalhadorxs de empresas privadas, representando uma diminuição de 39% em relação ao mesmo período de 2019. Destas, as pautas relacionadas a atraso de salário, décimo terceiro e férias representaram 37% do total de mobilizações, ao passo que 16% das paralisações foram deflagradas em razão das condições de segurança e fornecimento de equipamentos de proteção individual.

Um exemplo no âmbito das estatais foram as paralisações realizadas pelos funcionários dos Centros de Distribuição Domiciliar dos Correios, que se queixaram sobre estarem expostos a riscos sanitários pelas más condições de higiene e trabalho em grandes aglomerações.[(12)] O Sindicato dos Metroviários de São Paulo, por sua vez, chegou a decretar greve no final de julho de 2020 em razão do anúncio de corte de 10% na folha salarial dos funcionários e do descumprimento de várias disposições constantes do Acordo Coletivo de Trabalho da categoria, porém a suspenderam em assembleia virtual após o aceite do governo do estado da proposta formulada pelo Ministério Público do Trabalho.[(13)]

Para além dos serviços que se mantiveram em funcionamento durante toda a pandemia, dada sua natureza, o retorno presencial dos demais setores estatais têm gerado contendas entre os funcionários e o Poder Público. A Federação das Entidades de Servidores Públicos do Estado de São Paulo (Fespesp) decretou no mês de julho greve sanitária e ambiental contra o anúncio de retomada dos trabalhos presenciais pelo Tribunal de Justiça de São Paulo. Em ofício encaminhado à Presidência do Tribunal, a Federação relata que "os servidores se sentem inseguros e diríamos até mesmo

---

(10) GALVÃO, Andreia *et al. Dossiê reforma trabalhista.* Campinas: Cesit/IE/Unicamp, 2017. Disponível em: <http://www.cesit.net.br/dossie-reforma-trabalhista>. Acesso em: 15 jul. 2020.

(11) FOLHA. *Número de greves é o menor em quase uma década. 2020.* Disponível em: <https://www1.folha.uol.com.br/mercado/2020/07/numero-de-greves-e-o-menor-em-quase-uma-decada.shtml>. Acesso em: 30 ju.l 2020.

(12) As informações sobre os índices de greve, pautas de reivindicação dos movimentos e dados comparativos foram compilados e gentilmente cedidos para a elaboração desta pesquisa por Rodrigo Linhares, técnico do DIEESE.

(13) G1. Metroviários de SP dec*Idem* suspender greve; estações têm lotação após atraso na abertura. 2020. Disponível em: <https://g1.globo.com/sp/sao-paulo/noticia/2020/07/28/metroviarios-de-sp-dec*Idem*-suspender-greve.ghtml>. Acesso em: 30 jul. 2020.

aterrorizados com a possibilidade de contaminação durante o trabalho presencial, haja vista que o deslocamento para o local de trabalho significa risco iminente de contaminação dos servidores e de seus familiares e que, mesmo assintomáticos poderão estar infectando os que estão a sua volta".(14)

Semelhante foi a mobilização do Sindicato dos Professores do Ensino Oficial do Estado de São Paulo (APEOESP), que ameaçou decretar greve no mesmo mês caso o governo estadual deliberasse pelo retorno às aulas presenciais. Em comunicado, questionam que "se o governo não garante materiais, instalações adequadas e condições estruturais nas escolas em situação de normalidade, como acreditar que garantiria agora álcool em gel, medidores de temperatura, funcionários em número suficiente e todas as demais condições para a volta segura das aulas presenciais?".(15)

No setor privado, destacam-se as greves no segmento de transporte rodoviário coletivo, que representaram 41% das greves ocorridas em junho de 2020. As denúncias da categoria de atraso no pagamento dos salários, ameaças de demissões e diminuição da remuneração são justificadas pelas empresas pela queda brusca da receita em razão da diminuição de passageiros. Digna de menção, também, são as mobilizações entre xs trabalhadorxs do teleatendimento, motivadas pelo trabalho em ambientes com grande aglomeração de pessoas, limpeza insuficiente e baixo fornecimento de produtos de higienização.

No que diz respeito aos métodos utilizados pelos sindicatos para dialogar e mobilizar a base durante o isolamento domiciliar, a necessidade de fechamento temporário das sedes dos sindicatos e suspensão das atividades presenciais de muitas empresas maximizou o peso dado à utilização dos meios virtuais. É possível constatar que houve a ampliação do uso de mecanismos virtuais como a realização de transmissões ao vivo, disponibilização de cursos online sobre temas variados, compartilhamento de imagens, áudios e vídeos por meio das redes sociais e a convocação de reuniões e assembleias via aplicativos e sítios eletrônicos próprios para esse fim.(16)

Ainda, várias ações de solidariedade foram alavancadas pelos sindicatos com vistas a arrecadar recursos e fundos voltados para a distribuição de refeições, cestas básicas, itens de higiene pessoal, máscaras e álcool em gel. Os sindicatos adquiriram centralidade para a expansão das ações solidárias em razão de possuírem estruturas

---

(14) FESPESP. *Ofício n. 12/2020.* Disponível em: <https://www.conjur.com.br/dl/retomada-servidores-tj-sp-anunciam.pdf>. Acesso em: 30 jul. 2020.

(15) APEOESP. *InformaUrgente* n. 95, 08/2020. Disponível em: <http://www.apeoesp.org.br/publicacoes/apeoesp-urgente/n-95-mais-de-700-pais-maes-professores-e-funcionarios-rejeitam-a-volta-das-aulas-presenciais/>. Acesso em: 07 ago. 2020.

(16) CAMPOS, Anderson de S. *Sindicalismo no contexto de pandemia no Brasil:* primeiras impressões, fl. 12. Disponível em: <https://www.cesit.net.br/wp-content/uploads/2020/06/Sindicalismo-no-contexto-de-pandemia-no-Brasil_andersoncampos.pdf>. Acesso em: 03 ago. 2020.

física, financeira e de pessoal para organizar e potencializar esse tipo de iniciativa, além de terem uma capacidade de articulação e mobilização de diversos setores sociais.[17]

3. O 'breque dos *Apps*' e a organização dos precários

É perceptível que a classe trabalhadora brasileira tem sofrido, nos últimos anos, com um processo de precarização suas condições de trabalho e piora nos índices de empregabilidade. A redução das ofertas de trabalho formal já se arrastava há pelo menos 3 anos e, com a pandemia do coronavírus, atinge seu ápice na história recente do mercado de trabalho brasileiro.

Virgínia Fontes relembra que nas últimas décadas houve uma intensificação das expropriações secundárias dos contratos de trabalho, onde formas já existentes de subordinação passam a assumir papel de destaque, como o trabalho por peças, o trabalho em domicílio, os estágios, e a subcontratação (por meio das terceirizações). As velhas formas de curto-circuitar direitos ligados ao emprego por meio do uso direto da força de trabalho sem mediações de direitos são reativadas pelas próprias empresas e, em geral, posteriormente rejuvenescidas e "legalizadas" pelo Estado, apresentadas com uma fachada de novas necessidades do crescimento.[18] Coloca-se em marcha um processo de subordinação direta dxs trabalhadorxs às mais variadas formas de capital, sem a mediação da figura jurídica do emprego ou do contrato de trabalho,[19] e busca-se apagar as determinações de classe ao se impor, pela via estatal, como necessárias e incontornáveis essas exigências do capital frente à classe trabalhadora.[20]

Essa tendência é bem representada pelo processo que tem sido conhecido como uberização do trabalho. Conforme trazido por Ludmila Costek Abílio, a uberização "consolida a passagem do estatuto de trabalhador para o de um nanoempresário-de-si permanentemente disponível ao trabalho; retira-lhe garantias mínimas ao mesmo tempo que mantém sua subordinação; ainda, se apropria, de modo administrado e produtivo, de uma perda de formas publicamente estabelecidas e reguladas do trabalho".[21]

Nos últimos anos, os crescentes níveis de desemprego levaram milhares de brasileiros e brasileiras a buscar outras fontes de renda, sendo uma das mais comuns

(17) CAMPOS, Anderson de S. *Sindicalismo no contexto de pandemia no Brasil:* primeiras impressões, fl. 12. Disponível em: <https://www.cesit.net.br/wp-content/uploads/2020/06/Sindicalismo-no-contexto-de--pandemia-no-Brasil_andersoncampos.pdf>. Acesso em: 03 ago. 2020.

(18) FONTES, Vírgínia. Capitalismo em tempos de uberização: do emprego ao trabalho. In: Colóquio Marx e o Marxismo 2016: Capital e poder. *Anais*, Niterói, v. 5, n. 8, jan./jun. 2017, p. 50.

(19) *Ibidem*, p. 52.

(20) *Ibidem*, p. 53.

(21) ABÍLIO, Ludmila Costek. *Uberização do trabalho:* subsunção real da viração. 2017. Disponível em: <http://passapalavra.info/2017/02/110685>. Acesso em: 04 ago. 2020.

o trabalho para plataformas que operam entregas (*delivery*) via aplicativos de celular, tais como *Rappi*, *iFood*, *99* e a *Uber*. Dados do IBGE de 2019 estimavam que, naquele ano, 3,8 milhões de brasileiros trabalhavam para essas empresas, fazendo destas, quando somadas, o maior empregador do país.[(22)]

Com a implementação de medidas de isolamento social durante a pandemia e consequente fechamento do atendimento presencial ao público pelo comércio por vários meses, a demanda pelos serviços das empresas de aplicativo, especificamente os que realizam entrega de refeições e alimentos, aumentou exponencialmente — somente no mês de março de 2020, primeiro mês da quarentena no Brasil, o número de *downloads* aumentou 30% em relação ao mês anterior. A atividade foi, inclusive, considerada como essencial pelo Governo Federal[(23)] e pela maioria dos estados e municípios.

Junto da escalada do desemprego e impossibilidade de funcionamento de parte do mercado informal, aumentou também a quantidade de entregadores. A empresa *iFood* identificou que o número de inscritos para a função mais do que dobrou em março de 2020 — foram 175 mil inscritos, enquanto em fevereiro haviam sido 85 mil.

A categoria, que já se queixava das precariedades das condições de trabalho antes da quarentena, viu sua rotina de trabalho piorar significativamente durante esse período. Estudo promovido pela Rede de Estudos e Monitoramento da Reforma Trabalhista (REMIR), da Unicamp, apontou que, mesmo com o aumento da demanda pelos serviços, os entregadores sofreram redução nos rendimentos auferidos durante a pandemia.[(24)]

Junto da baixa remuneração e arbitrariedade no bloqueio de trabalhadorxs pela plataforma, emergiram também denúncias de não fornecimento de equipamentos de proteção individual. Segundo investigação procedida pelo Ministério Público do Trabalho, as empresas de aplicativos não forneceram de forma suficiente máscaras de proteção e insumos para higienização das mãos e do material de trabalho, tampouco oferecendo qualquer apoio financeiro apto a possibilitar o isolamento dos entregadores que compõem grupos de riscos ou daqueles que se contaminaram com a doença.[(25)]

---

(22) ESTADÃO. *Apps como Uber e iFood se tornam "maior empregador" do Brasil:* Apps de serviços são fonte de renda para 4 milhões de brasileiros; se reunidas em uma mesma folha de pagamento, ela seria mais longa do que a dos Correios. 2019. Disponível em: <https://exame.abril.com.br/economia/apps-como-uber-e-ifood--sao-fonte-de-renda-de-quase-4-milhoes-de-pessoas/>. Acesso em: 03 ago. 2020.

(23) Conforme consta no art. 3º, § 1º, XII, do Decreto n. 10.282/2020.

(24) MANZANO, Marcelo; KREIN, André. *A pandemia e o trabalho de motoristas e de entregadores por aplicativos no Brasil.* Disponível em: <https://www.cesit.net.br/wp-content/uploads/2020/07/MANZANO-M-KREIN--A.-2020_A-pandemia-e-os-motoristas-e-entregadores-por-aplicativo.pdf>. Acesso em: 15 jul. 2020.

(25) CONAFRET. *A pandemia e o trabalho em plataformas digitais:* a atuação do Ministério Público do Trabalho. Disponível em: <http://www.prt10.mpt.mp.br/im-

Os entregadores, então, com auxílio da ferramenta Whatsapp, iniciaram um movimento intitulado "Breque dos Apps". O método adotado foi o de decretar a paralisação das atividades no dia 1º de julho de 2020, inclusive engajando os usuários de aplicativos para que não realizassem pedidos pelos aplicativos. Também foram realizados atos em pelo menos 14 estados, inclusive em São Paulo, onde a manifestação na capital reuniu milhares de pessoas na Avenida Paulista e seguiu por vários pontos da cidade, destacando-se a parada feita em frente à sede do Tribunal Regional do Trabalho para a entrega de uma pauta de reivindicações.

Dentre os pontos trazidos pelo movimento, estão: o aumento do valor pago pelo quilômetro percorrido e a previsão de um reajuste anual programado; o fim dos bloqueios indevidos feitos pelas empresas arbitrariamente, impedido o entregador de continuar a trabalhar para a plataforma; a entrega de equipamentos de proteção individual aptos a garantir condições sanitárias adequadas durante a pandemia; a previsão de auxílio financeiro caso o entregador sofra acidentes ou contraia doenças, como a Covid-19.

Uma segunda mobilização da categoria aconteceu em 25 de julho, levantando as mesmas pautas, porém contou com menos adesão que a anterior. De qualquer forma, impende destacar o impacto gerado pela articulação, que, a despeito de não ter sido a primeira, certamente logrou calcar um espaço inédito, tendo sido noticiada em todos os principais veículos de comunicação e contado com expressivo apoio popular.

Dentre os movimentos que constroem a paralisação, o coletivo intitulado Entregadores Antifascistas tem se destacado por trazer o debate numa perspectiva de classe, denunciando o falseamento da condição de empreendedores atribuída aos entregadores pelas empresas e promovendo a auto-organização da categoria. Uma de suas lideranças, Paulo Lima, mais conhecido como Galo, repete em suas entrevistas que "existe força de trabalho sem patrão, mas não existe patrão sem força de trabalho".[(26)] Embora não seja possível afirmar que o movimento conta com a adesão da maioria dos entregadores, ele tem tido bastante repercussão midiática e ampliado sua intervenção, contando com integrantes em vários estados.

4. Conclusão

O cenário sem precedentes provocado pela pandemia, como não poderia deixar de ser, deixa suas marcas também nos processos de organização da classe trabalhadora,

---

ages/NOTA_DE_ESCLARECIMENTOS_DA_CONAFRET_-_ATUACAO_DO_MPT_SOBRE_APLICATIVOS_2_1.pdf>. Acesso em: 15 jul. 2020.

(26) CARTA CAPITAL. *Entregadores antifascistas:* A uberização vem pra suprimir direitos. 2020. Disponível em: <https://www.cartacapital.com.br/sociedade/entregadores-antifascistas-a-uberizacao-vem-pra-suprimir-direitos/>. Acesso em: 08 ago. 2020.

nas formas utilizadas para mobilização e nas suas pautas de reivindicações.

Em um momento de fragmentação e pulverização da classe trabalhadora, ataques constantes à regulamentação trabalhista e à organização sindical e franca implementação de medidas neoliberais, as dificuldades encontradas para fomentar uma reação aos ataques já não eram poucas. A pandemia acrescentou a este bojo a suspensão das atividades presenciais de vários setores que historicamente são bastante mobilizados e a impossibilidade de organizar atos de rua e espaços presenciais de debates com a envergadura necessária para promover o real enfrentamento às ofensivas do capital. Não à toa, o número de greves caiu vertiginosamente durante a quarentena.

Nota-se, então, que os meios virtuais têm sido adotados como estratégia que, embora não logre suplantar a capacidade organizativa que é própria do convívio entre as pessoas, possibilita um certo grau de articulação entre elas. No caso do Breque dos Apps, os relatos dos integrantes da categoria denotam que a mobilização virtual foi essencial para a existência do movimento, mormente pelas características da atividade por eles exercida, que é bastante atomizada e individualizada. Também os sindicatos têm encontrado nas ferramentas remotas formas de manter o contato com suas bases, promover ações de solidariedade e até mesmo deflagrar paralisações.

No que tange às demandas apresentadas, tanto os trabalhadores que se mobilizaram pela via dos sindicatos como os que laboram para aplicativos possuem pautas em comum, diretamente relacionadas às circunstâncias do momento: aquelas atinentes à renda (diminuição ou suspensão no pagamento de salários) e às condições de segurança (como o fornecimento de EPIs, higienização do posto de trabalho e a não aglomeração de funcionárixs). Ainda, a parcela formalizada acresceu a estas reivindicações a proteção ao emprego, notadamente pela possibilidade de demissões massivas em vários segmentos.

Os tempos são hostis, porém os processos que transcorreram durante a pandemia demonstram que nem mesmo uma pandemia é capaz de impedir a reação da classe trabalhadora aos desmandos patronais. Diante da incerteza de quando o cotidiano voltará à normalidade, o avanço das organizações tradicionais de trabalhadores no uso da *internet* como forma de mobilização e as novas formas que despontam com o auxílio desse meio trazem indícios de como é possível manter um grau de articulação da classe em um período tão adverso e de tantos retrocessos sociais.

5. Referências bibliográficas

ABÍLIO, Ludmila Costek. *Uberização do trabalho:* subsunção real da viração. 2017. Disponível em: <http://passapalavra.info/2017/02/110685>. Acesso em: 04 ago. 2020.

CAMPOS, Anderson de S. *Sindicalismo no contexto de pandemia no Brasil:* primeiras impressões, fl. 12. Disponível em: <https://www.cesit.net.br/wp-content/uploads/2020/06/Sindicalismo-

-no-contexto-de-pandemia-no-Brasil_andersoncampos.pdf>. Acesso em: 03 ago. 2020.

CONAFRET. *A pandemia e o trabalho em plataformas digitais:* a atuação do Ministério Público do trabalho. Disponível em: <http://www.prt10.mpt.mp.br/images/NOTA_DE_ESCLARECIMENTOS_DA_CONAFRET_-_ATUACAO_DO_MPT_SOBRE_APLICATIVOS_2_1.pdf>. Acesso em: 15 jul. 2020.

FONTES, Virgínia. Capitalismo em tempos de uberização: do emprego ao trabalho. In: Colóquio Marx e o Marxismo 2016: Capital e poder. *Anais*, Niterói, v. 5, n. 8, jan./jun. 2017.

GALVÃO, Andreia. *Neoliberalismo e reforma trabalhista no Brasil.* Rio de Janeiro: Revan; Fapesp, 2007.

GALVÃO, Andreia *et al. Dossiê reforma trabalhista.* Campinas: Cesit/IE/Unicamp, 2017. Disponível em: <http://www.cesit.net.br/dossie-reforma-trabalhista>. Acesso em: 15 jul. 2020.

HARVEY, David. *Condição pós-moderna.* Trad.: Adail Ubirajara Sobral. São Paulo: Edições Loyola, 1994.

KREIN, José Dari. O desmonte dos direitos, as novas configurações do trabalho e o esvaziamento da ação coletiva: consequências da reforma trabalhista. In: *Tempo Social*, revista de sociologia da USP, v. 30, n. 1, p. 79.

MANZANO, Marcelo; KREIN, André. *A pandemia e o trabalho de motoristas e de entregadores por aplicativos no Brasil.* Disponível em: <https://www.cesit.net.br/wp-content/uploads/2020/07/MANZANO-M-KREIN-A.-2020_A-pandemia-e-os-motoristas-e-entregadores-por-aplicativo.pdf>. Acesso em: 15 jul. 2020.

OITAVEN, Juliana Carreiro Corbal *et. al. Empresas de transporte, plataformas digitais e a relação de emprego:* um estudo do trabalho subordinado sob aplicativos. Brasília: Ministério Público do Trabalho, 2018.

Análise dos Atos Negociais: Asseio e Conservação

Mesmo depois de abolida a escravidão
Negra é a mão
De quem faz a limpeza
Lavando a roupa encardida, esfregando o chão
Negra é a mão
É a mão da pureza
Negra é a vida consumida ao pé do fogão
Negra é a mão
Nos preparando a mesa
Limpando as manchas do mundo com água e sabão
Negra é a mão
De imaculada nobreza.
Gilberto Passos Gil Moreira

Helena Pontes dos Santos

Falar em trabalho de asseio e conservação antes da pandemia já era tratar de trabalhadoras(es) super exploradas(os), expostas a cruel realidade da terceirização[1]. Terceirização que é figura, nada nova ou moderna, cujo objetivo é escamotear relação de emprego existente entre trabalhadora e a empresa que se aproveita de sua força de trabalho (tomadora de serviço) por meio de uma empresa interposta (terceirizada),

(1) Santos e Fonseca (2019, p. 293) apontam que a terceirização, figura surgida para dividir a classe trabalhadora ainda mais e dificultar sua organização e contraria a relação binomial, entre empregado e empregador, alcançou sua positivação pela Lei n. 13.429/2017, sendo que a Lei n. 13.467/17 lhe potencializou a expansão.

cuja atividade empreendedora se resume ao fornecimento de força de trabalho de alheio.

O que se vende no negócio efetuado entre a tomadora de serviço e a terceirizada é o trabalho de outrem como uma mera mercadoria, distanciando-se do trabalho livre, seguro e descente, ao arrepio da Declaração de Filadélfia, que dispõe em sentido diametralmente oposto.

Sendo técnica administrativa para diminuir os custos com mão de obra pela transferência de responsabilidade da empresa tomadora de serviço para a terceirizada, deveria seguir considerada como ilícita como recomendava o Enunciado n. 256 do Tribunal Superior do Trabalho, visto que incompatível com os princípios históricos do Direito do Trabalho e com a Constituição Federal de 1988 e os valores ali assumidos, dentre os quais o do não retrocesso social e da proteção da pessoa trabalhadora dos abusos do capital pela necessária garantia da relação de emprego e dos direitos a ela inerentes.

Ao se furtar em reconhecer a relação de emprego dual, enfiando no meio desta contrato com empresa interposta fornecedora de mão de obra, o que se tem é uma figura que nega ao mesmo tempo o Direito do Trabalho e a ordem constitucional existente[(2)].

Operadores do Direito encontraram uma forma de tornar mais palatável a terceirização pela na criação da ideia da "atividade-fim" e "atividade-meio", uma definição altamente sombria, que lança trabalhadores a desproteção social:

> A Súmula n. 331 do TST, em seu item III especificamente, retirou dos quadros das empresas trabalhadoras do setor de limpeza assim como sacramentou o expurgo do vigilante da categoria dos bancários. Tratou-se, é bom que se destaque, de verdadeiro retrocesso para significativa parte da classe trabalhadora tal jurisprudência. Se, como defendem alguns, o trabalho de limpeza e de segurança não fossem essenciais para a empresa — sendo por isso chamados atividade-meio — tais serviços seriam cortados ao invés de se buscar meios de barateá-los.[(3)]

Assim, desde muito antes da Lei n. 13.429/2017 a categoria de asseio e conservação é vitimada por esta modalidade de precarização do trabalho humano que tem,

---

(2) SOUTO MAIOR, Jorge Luiz; SEVERO, Valdete Souto. Conclusão: Por que resistir à terceirização? Ou: há terceirização lícita? In: SOUTO MAIOR, Jorge Luiz. SEVERO, Valdete Souto (Coords.). *Resistência III:* O direito do trabalho diz não a terceirização. 1. ed. São Paulo: Expressão Popular, 2019. p. 764.

(3) BARBOSA, Beatriz Telis; SANTOS, Cristiane Anizeti dos; SILVA, Fernanda Crystina Messias; SANTOS, Helena Pontes dos; RAPOSO, Luana Duarte; ANASTÁCIO, Patrícia Souza. Mulheres segras e Terceirização — a carne mais barata do mercado. In: SOUTO MAIOR, Jorge Luiz; SEVERO, Valdete Souto (Coords.). *Resistência III:* O direito do trabalho diz não a terceirização. 1. ed. São Paulo: Expressão Popular, 2019. p. 674.

dentre muitos dos aspectos negativos arrolados, a alienação dos demais empregados da empresa em que presta serviços, seja pública ou privada.

Trabalha-se vinte anos num tribunal, por exemplo, e não se é uma servidora pública, mas uma mera "tia da limpeza", sem nome, sem matrícula, sem funcional, sem estabilidade, sem proteção, sem férias. A cada ano trabalhando para uma nova firma terceirizada, contratada pelo mesmo tomador de serviço: uma nova vendedora do seu trabalho para o mesmo tomador.

Não bastasse, era tratar, também, da precarização imposta a uma categoria sobre a qual se dificulta o acesso a dados oficiais através da possibilidade de uma grande variedade de Códigos Brasileiro de Ocupações (CBOs) para se enquadrar as mesmas funções exercidas, o que não acontece em outras profissões e não nos parece ser mero descuido.

Apesar disso, para não deixar de, baseada em dados, visualizar, ainda que brevemente, o perfil das pessoas que trabalham com asseio e conservação, aproveita-se aqui o Perfil da Categoria realizado pelo DIEESE junto ao SIEMACO-SP(4), publicado em 2011, sobre quem labuta nesse segmento:

- maior parte das pessoas representadas pelo SIEMACO-SP exercem função de limpezas em empresas ligadas ao comércio e à indústria, bem como na área de serviço, ou seja, em Asseio e Conservação;
- há maioria feminina, com presença de 58,8% de mulheres e 41,2% de homens;
- a maioria das pessoas são não brancas e 72,7% são pessoas negras (no Brasil a população negra era cerca de 52,7%(5), o que revela uma concentração de membros da população negra, acima da média populacional, nos trabalhos de Asseio e Conservação);
- 58,8% têm de 30 a 49 anos;
- 57,2% não têm ensino médio completo.

Esse estudo, ainda que antigo — data de 2011 — é o mais recente que temos. Para a categoria a sua atualização é de grande importância, visto que a municia a luta. O perfil trazido confirma o que olhos atentos às encruzilhadas de opressões, em especial gênero-raça-classe, observam cotidianamente e o que juristas imbuídos da tarefa

(4) Perfil dos trabalhadores em asseio e conservação e limpeza urbana de São Paulo. São Paulo: Sindicato dos Trabalhadores em Empresas de Prestação de Serviços de Asseio e Conservação e Limpeza Urbana de São Paulo, 2011. Disponível em: <https://www.dieese.org.br/perfildecategoria/2011/perfil...>. Acesso em: 19 set. 2019.

(5) Em pesquisa realizada pelo IBGE de 2012-2016, havia 7,4% da população que se declarava negra e 45,3% parda, números que utilizamos aqui por se aproximarem da data do perfil traçado pela DIEESE da categoria dos representados pela Siemaco. Disponível em: <http://bit.ly/2oLjL4K>. Acesso em: 02 jul. 2019.

desafinar o coro dos contentes no Direito do Trabalho já expunham: é uma categoria composta por uma maioria de mulheres negras pobres, sem acesso à educação, que seguem à margem dos Direitos Trabalhistas.

O trabalho de asseio e conservação, mesmo em tempos de pandemia, no qual muitas(os) profissionais foram alçadas(os) ao *status* de heroína(ói) — esperando-se, inclusive, que tivessem super poderes para se defenderem do novo coronavírus, já que EPIs, não raramente, eram/são negados pelos empregadores(6) —, segue pouco reconhecido em sua importância social, sendo as membras de tal categoria não raramente expostas a preconceitos e humilhações, em que pese a óbvia importância dele para o bem viver coletivo.

Atravessamos um período de ressaca, em que muitos dos problemas relacionados ao mundo do trabalho que estavam dispersos foram trazidos em bloco para nossa praia. O que outrora estava escondido embaixo do tapete ou mantidos sob controle, hoje está a vista de todes/todas/todos e cada uma/um.

O respeito ao previsto da CLT nunca foi adequadamente fiscalizado pelo Estado e respeitado pelos patrões urbanos e rurais na totalidade. Da mesma forma a Constituição Federal de 1988 (com todas as limitações de devir não cumpríveis dentro dos parâmetros do sistema capitalista) e seus avanços no que se refere a direitos sociais — que são resultados de luta árdua de membras(os) da classe trabalhadora, pois sem esta não haveria "concessão" alguma das elites brasileiras e dos capitalistas estrangeiros exploradores da nação — nunca foi concretizado pelo Estado e tampouco pelos empregadores.

Chegamos à crise humanitária, acelerada pela pandemia, sem termos enfrentado, enquanto sociedade, as precarizações trabalhistas impostas pela ditadura empresarial-militar pós-1964(7) e sem termos realizado a Constituição Federal de 1988. Ambas não chegaram na realidade da periferia, nem para a maioria das mulheres ou para a população negra. Nesses territórios, para essas pessoas trabalhadoras a ditadura nunca acabou, portanto, como repete incansavelmente a lutadora social Débora Maria, do Movimento Independente Mães de Maio.

A questão se agrava de maneira considerável quando pensamos em pessoas trabalhadoras que partem, abrindo caminhos para sua sobrevivência, da encruzilhada de opressões gênero-raça-classe e sofrem os efeitos do sistema capitalista de forma ainda mais desgraçada, pois sua descartabilidade não é mais disfarçada.

---

(6) Resenha Trabalhista – Programa V: "Enfermeiras: heroínas ou trabalhadoras?". Disponível em: <https://www.youtube.com/watch?v=JgGMIca3ViQ>. Acesso em: 10 jun. 2020.

(7) As Leis ns. 5.107 de 1966 (que acabou com a estabilidade decenária), 6.019 de 1974 (que criou o trabalho temporário e passou a permitir uma empresa mediar a relação entre verdadeiro empregador e empregado) e 7.102 de 1983 (que passou a permitir a terceirização da vigilância em bancos) continuaram a viger apesar do fim do regime ditatorial.

Essas, que encontravam "abrigo" justamente nos empregos precarizados via terceirização — esta subcontratação cujo objetivo principal é o enfraquecimento das organizações coletivas de trabalhadoras, para reduzirem salários, aumentarem a instabilidade, explorarem os mais vulneráveis socialmente(8) — passaram a ter, com a Medida Provisória n. 936 de 2020, que enfrentar também "acordos" individuais no momento de pandemia.

O acordo individual ou livre estipulação das partes interessadas, permitido desde a Contrarreforma Trabalhista (Lei n. 13.467/2017), que encontrou terreno para ser aprovada com o Golpe de 2016 e com a certeza de que não haveria levante popular contra ela — pois a maior parte da população não conheceu o pleno emprego e nunca foi protegida pelos direitos trabalhistas(9).

Tal avença poderia ser realizada quando não se contrapusesse às regras de proteção ao trabalho, contratos coletivos ou decisões de autoridades competentes, sobrepujando o legislado no caso de ser o empregado portador de diploma de nível superior e receber salário mensal igual ou superior a duas vezes o limite máximo dos benefícios do Regime Geral de Previdência Social, nos termos do art. 444 da CLT.

Para quem não preenchesse tais requisitos, caberia ao empregador negociar com comissão de trabalhadoras(es) ou sindicato. Os assuntos que poderiam ser alvo dessa absurda negociação entre a parte detentora dos meios de produção ou do empreendimento e a parte que vive da venda de sua força de trabalho (como se estivessem em pé de igualdade) não são todos, mas limitados aos arrolados no art. 611-A da CLT.

A MP n. 936/2020, convertida na Lei n. 14.020/20, prevê realizações de acordos individuais com posterior comunicação ao sindicato, também contrariando a Constituição Federal e a própria lógica defendida pelo empresariado nacional, que se esforça na defesa da imposição da lógica do negociado coletivamente sob o legislado como mecanismo de fortalecimento do sindicato.

Em contato com o SINDILIMPEZA — Sindicato das Trabalhadores em Empresas de Asseio da Baixada Santista — nos foram fornecidas algumas informações

---

(8) COUTINHO, Grijalbo Fernandes. *Terceirização:* máquina de moer gente trabalhadora. São Paulo: LTr, 2015. p. 70.

(9) Como alerta o Mestre João Victor Marques da Silva, autor do artigo "A invisibilidade do racismo no direito do trabalho", não houve universalização dos direitos sociais, sendo poucos os protegidos de fato pelo Direito do Trabalho no Brasil, se observarmos a marginalidade e informalidade do mercado de trabalho; em suas palavras: "há uma baixa ou inexistente capilaridade da proteção social decorrente do Direito do Trabalho para uma gama de trabalhadores e trabalhadoras informais, subocupados, desalentados e por conta própria, notadamente negros". A Constituição Federal de 1988 não enfrentou o problema de exclusão das pessoas negras do pleno emprego e o Direito do Trabalho ainda não reconheceu a necessidade de se assumir que a Abolição da Escravidão segue inacabada, como historicamente denunciam os movimentos negros, mantendo-se a histórica exclusão.

sobre os acordos individuais pactuados com base nos arts. 7º e 8º da MP n. 936/2020. Muitos desses acordos, de empregados diferentes de uma mesma empresa, são idênticos, demonstrando que não houve nenhuma negociação entre as partes, não configurando acordo e sim contrato de adesão imposto ao empregado individualmente.

É o caso das empresas NIP Limpeza e Conservação Eireli ME e Cobra Desentupidora Limpadora e Dedetizadora Eireli. Neles as empresas informam que as(os) empregadas(os) irão durante o período de suspensão do contrato de trabalho gozar do Benefício Emergencial de Preservação de Emprego e da Renda, previsto no art. 5º da referida MP, no caso da primeira empresa, e terem redução da jornada de trabalho com redução de intervalo intrajornada e salarial, no caso da segunda..

Houve, ainda, empresas que, como a Servitec — Hidrojateamento e Aspiração — apresentou proposta de suspensão de contrato de trabalho para que o empregado aderisse com seu aceite, consignando que este poderá, caso queira, contribuir individualmente à Previdência Social como contribuinte individual, quando a MP fala em segurado facultativo.

A empresa Verzani & Sandrini Ltda que segundo dados oficiais do Ministério da Economia se valeu da MP n. 936 para afastar 1.341 empregados de seus quadros, só na base territorial do SINDILIMPEZA afastou 58 pessoas trabalhadoras de 19.04.2020 a 19.05.2020. Segundo a lista apresentada ao sindicato a maioria dessas pessoas trabalham em *Shoppings* da região, empreendimentos rentáveis portanto, ao longo dos últimos anos.

Agrícola e Construtora Monte Azul Ltda., segundo lista em caminhada ao sindicato, por sua vez, diminuiu a jornada para 6 horas e, proporcionalmente, reduziu salário de 130 empregados seus.

A Tejofran de Saneamento e Serviços EIRELI suspendeu o contrato de trabalho de 16 empregados seus que trabalhavam dentre outras empresas, principalmente junto a Smart Fit Academia na região.

Nesses casos de suspensão de contrato de trabalho e redução de jornada por conta da Pandemia de Covid-19 não há o que justifique, ante a tecnologia existente para reuniões virtuais e exigência de teletrabalho em outras categorias (não raramente pelas mesmas empresas), ser realizado individualmente. O auxílio do sindicato caso não agregasse maiores garantias a parte hipossuficiente da relação de emprego pela negociação coletiva que, afinal, vale mais que o legislado, ao menos traria à pessoa trabalhadora a sensação de menor vulnerabilidade.

Como relatado pela trabalhadora da categoria Paloma dos Santos em Resenha Trabalhista XVII, "Terceirização como instrumento de negação" as empresas estão se aproveitando da pandemia e da vulnerabilidade das pessoas para aumentar ainda mais seus ganhos.

Essa foi a rota que tomamos para chegar ao ponto onde estamos: mulheres que abrem seus caminhos a partir da encruzilhada de diversas opressões, em meio a uma pandemia, quando atravessamos uma recessão econômica, colocadas juridicamente em pé de igualdade com seus empregadores (que não são as pessoas para quem realmente trabalham e com quem convivem cotidianamente).

Assim concluímos que ao não enfrentarmos o fim da estabilidade decenária e não expurgarmos a terceirização do ordenamento jurídico no momento da redemocratização, tornamos o Direito do Trabalho inacessível para um grande contingente de pessoas trabalhadoras.

A ideologia colonial, racista e misógina determinou quem teria ou não direito ao pleno emprego e quem estaria condenado ao vínculo precário junto a empresas terceirizadas ao separar atividade-meio de atividade-fim. Ao não tornarmos o Direito do Trabalho acessível a todos através do pleno emprego, não completamos a Abolição da Escravidão.

Mesmo depois de abolida a escravidão, negra é a mão de quem faz a limpeza e lhe garantido os devidos direitos sociais lhe restauramos a justa imaculada nobreza, que só pertence a quem trabalha e tudo produz.

Referências bibliográficas

CESIT. *Contribuição crítica a reforma trabalhista.* Campinas: Unicamp, 2017.

COUTINHO, Grijalbo Fernandes. *Terceirização:* máquina de moer gente trabalhadora. São Paulo: Ltr. 2015.

CRESHAW, Kimberle. *A interseccionalidade na discriminação de raça e gênero.* Disponível em: <https://bit.ly/2WJv34s>. Acesso em: 15 jun. 2019.

DAVIS, Angela. *Mulheres, Raça e Classe.* 1. ed. São Paulo: Boitempo, 2016.

DRESCH, Gabriella Ane; FAUX, Stéphanie; VIEIRA ZANARDINE, Lincoln Renato. As trabalhadoras da limpeza de uma instituição pública de ensino superior: gênero, terceirização e precarização. *Revista Vernáculo*, [S.l.], nov. 2014. ISSN 2317-4021. Disponível em: <https://revistas.ufpr.br/vernaculo/article/view/38003>. Acesso em: 19 maio 2019.

GONÇALVES, Renata. Dinâmica sexista do capital: feminização do trabalho precário. *Lutas Sociais*, [S.l.], n. 9/10, p. 125-132, jun. 2005. ISSN 2526-3706. Disponível em: <https://revistas.pucsp.br/ls/article/view/25776>. Acesso em: 07 jul. 2018.

GONZALEZ, E a trabalhadora negra, cumé que fica?. *Mulherio*, ano II, n. 7, maio/jun. 1982. p. 09.

MAEDA, Patrícia. *A terceirização tem rosto de mulher.* Disponível em: <http://www.justificando.com/2016/11/23/terceirizacao-tem-rosto-de-mulher/>. Acesso em: 16 abr. 2017.

NOGUEIRA, Claudia Mazzei. As relações sociais de gênero no trabalho e na reprodução. *Revista Aurora*, v. 3 n. 2 (2010). Disponível em: <http://revistas.marilia.unesp.br/index.php/aurora/article/view/1231>. Acesso em: 07 jul. 2018.

SANTOS, Helena Pontes dos. URANO, Claudia. A avonização das relações de emprego: um estudo acerca das manobras precarizantes do capital tendo as trabalhadoras como seu primeiro alvo. In: *Vivencias e horizontes teoricos no repensar de um direito do trabalho critico* [recurso eletronico]. Organizado por Aysla Sabine Rocha Teixeira, Flavio Malta Fleury, Pedro Augusto Gravata Nicoli. Belo Horizonte: Initia Via, 2019. (Anais do IV Encontro da RENAPEDTS; v. 1)

SAFIOTI, Heleieth. *A mulher na sociedade de classes, mito e realidade.* 3. ed. São Paulo: Expressão Popular, 2013.

SILVA, João Victor Marques da. *A invisibilidade do racismo no direito do trabalho.* Disponível em: <http://www.justificando.com/2020/08/12/a-invisibilidade-do-racismo-no-direito-do-trabalho/>. Acesso em: 12 de ago. 2020.

Sindicato dos Trabalhadores em Empresas de Prestação de Serviços de Asseio e Conservação e Limpeza Urbana de São Paulo. *Perfil dos trabalhadores em asseio e conservação e limpeza urbana de São Paulo.* São Paulo: Sindicato dos Trabalhadores em Empresas de Prestação de Serviços de Asseio e Conservação e Limpeza Urbana de São Paulo, 2011. Disponível em: <https://www.dieese.org.br/perfildecategoria/2011/perfil...>. Acesso em: 19 de set. 2019.

SOUTO MAIOR, Jorge Luiz. *Curso de direito do trabalho:* a relação de emprego, volume II. São Paulo: LTr, 2008.

______. A terceirização sob uma perspectiva humanista. *Revista do Tribunal Superior do Trabalho*, Porto Alegre, RS, v. 70, n. 1, p. 119-129, jan./jun. 2004.

______. SEVERO, Valdete Souto. (Coords.). *Resistência III:* O direito do trabalho diz não a terceirização. 1. ed. São Paulo: Expressão Popular, 2019.

VIVEROS VIGOYA, M. (2016). La interseccionalidad: una aproximación situada a la dominación. *Debate feminista*, 52, 1-17. Disponível em: <https://doi.org/10.1016/j.df.2016.09.005>.

PARTE IV

Perspectivas para o Direito do Trabalho

Exceção e Regra no Direito do Trabalho

Danilo Uler Corregliano

1. Introdução

Tem-se a impressão que o novo normal da regulação do trabalho no Brasil significa aceitar a insegurança jurídica e social e, a cada vez que o Supremo Tribunal Federal colocar em pauta uma matéria trabalhista, respirar fundo. É bem verdade que, ultimamente, as empresas e suas entidades representativas não têm muito mais motivos para se preocupar, visto que as soluções interpretativas e de controle de constitucionalidade emanadas por aquela instância superior não são tão surpreendentes assim. Pudera, pois ali parece ter vencido, nessa quadra histórica, a livre iniciativa e seus arremedos teóricos: um consequencialismo mal explicado e uma má teoria econômica do direito (afinal, se se pretendesse seriamente analisar a relação entre direito e economia, ter-se-ia a obrigação de enfrentar a abstrata relação entre dada estrutura jurídico-política e a estrutura econômica do modo de produção capitalista, não sem concretizar a análise para captar as determinações existentes em certa formação social). Não parece forçoso dizer que, em algumas matérias, nossa Suprema Corte foi colonizada pelo *Law and Economics*.

Mas, ao exercer a atípica função tranquilizante às imediatas ansiedades do mercado, não fica muito claro quem, de fato, está efetivamente ditando as escolhas regulatórias de toda uma sociedade: se é o poder não eleito dos juízes ou se são as não eleitas federações patronais, os conglomerados econômicos, as associações ruralistas ou os organismos internacionais. De toda sorte, são poderes não eleitos que escolhem, e os resultados aparecem como verdades irrefutáveis, como se não pudesse ser de outra forma porque o mundo atual não se parece mais com o mundo de há cinco anos. Vejamos os efeitos que as ameaças das plataformas de trabalho *on demand* tem produzido no Judiciário, desviando-se da proteção social sob a justificativa da inovação disruptiva e do não cabimento de qualquer regulação (inclusive ambiental, urbanística, tributária etc.) no "modelo de negócio" — este sim, intocável.

E quando é o parlamento ou o chefe do Executivo quem dita as escolhas, isto é, poderes eleitos, as soluções regulatórias do mercado de trabalho também têm se mostrado socialmente regressivas, saudosistas do tempo liberal em que havia pouca ou nenhuma regulação e era possível ao empregador pagar quanto, como e quando quiser, sob condições tais que ao Estado não diziam respeito. Em outras palavras, um bucólico retorno ao tempo do pau de arara (enquanto meio de transporte ou de tortura), em que a regra somente poderia ser a livre iniciativa, a eficiência econômica imediata e o aumento da competitividade da empresa. Período esse superado pelos reajustamentos do modelo capitalista de produção que, mantendo-se a mesma base contratual de exploração de trabalho alheio, culminou na consolidação das regras protetivas do Estado Social e nas exceções da autonomia da vontade — ou a desabsolutização desta autonomia que caminhou *pari passu* com a função social da propriedade.

O fato é que as mais recentes escolhas institucionais brasileiras (como também, ressalvando-se particularidades, tem-se observado na experiência internacional) estão direcionadas a algum futuro do passado, onde a excetiva e obsoleta solução liberal parece estar fazendo a regra. E essa preocupante tendência recente do Direito do Trabalho brasileiro, qual seja a de tomar a exceção pela regra, deve ser compreendida em seus termos, estranhada, desafiada e superada. Para tornar possível tal superação, façamos o caminho analítico que objetiva a compreensão do fenômeno, o que redundará em um percurso expositivo que passará pela discussão envolvendo neoliberalismo, democracia, austeridade e direito do trabalho de exceção (e do inimigo).

2. A exceção à democracia e a regra neoliberal

Do ponto de vista da regulação econômica, o neoliberalismo se associou aos discursos dominantes do *rule of law* em sua formatação constitucional, agitando as bandeiras das privatizações, desregulamentações, austeridade, terceirizações e corte de impostos. E o resultado disso foi a substituição da justiça pública das leis pela solução particular dos árbitros, sob a promessa de retomada da eficiência econômica e dinamização dos mercados. Afinal, o Estado passa a ser visto (cinicamente, diríamos) como inerentemente moroso, corrupto, perdulário e inimigo da autodeterminação dos sujeitos. E se o Estado assumir uma função econômica e social, será o bastante para que a constitucionalização do *rule of law* breque qualquer intento redistributivo sob o pálio da liberdade econômica.

> A teoria política e econômica do neoliberalismo pode ser considerada o produto de uma ideologia econômica conservadora [...]. O estado social, longe de ser considerado pelos neoliberais como uma das mais avançadas fronteiras que poderia ser alcançada pela civilização no interior do capitalismo, é tratado como uma organização burocrática desprezível, que deve ser abandonada tão logo seja possível. A regulação estatal —

> um sistema legislativo que organiza a estrutura do estado social, coordena a relação entre o indivíduo e as organizações públicas e cuida da sociedade por meio da regulação da distribuição da riqueza — é tachada de corrupta, como se fosse capturada por interesses especiais. Ela é tratada como um fator corruptor de uma ordem legal natural, espontânea, baseada em *case-laws*, que protege os direitos de propriedade e se baseia nas cortes como os foros centrais de solução de problemas envolvendo particulares no interior de um mercado livre. [...]. Como nos tempos de Sir Edward Coke, um governo progressista e proativo que tente redistribuir alguma riqueza pública entre as classes sociais em prol dos interesses dos menos favorecidos é apresentado como uma violação do *rule of law.*(1)

Mas o neoliberalismo não se reduz à esfera estritamente econômica. Se o diagnóstico de Christian Laval estiver correto, estende-se a uma série de práticas e discursos presentes nas políticas governamentais dos países, caracterizadas "pela extensão da lógica de concorrência a todas as relações econômicas". Igualmente, a generalização de uma cultura de empreendedorismo até mesmo nas instituições públicas, transformando as relações humanas e as subjetividades "com base no modelo do 'capital humano'"(2). Nesse modo de encarar a conformação contemporânea do capitalismo, o neoliberalismo seria uma quadro lógico normativo que faz com que os indivíduos se devorem em relações competitivas, adotando condutas de acumulação de capital humano: cria-se a subjetivação neoliberal, em que os indivíduos se assumem (ou são levados a agir assim) como empresas de si mesmos, isto é, como sujeitos autônomos que não se reconhecem como integrantes de uma classe social. O resultado prático desse processo generalizado de "auto-empreendedorismo" é tornar possível a superexploração do trabalho, pois o "o sujeito mantém consigo uma relação de autovalorização que é também uma relação de exploração, uma relação sempre crescente de extração pelo capital real, que retira o que lhe é devido(3)".

Isso é uma parte da história. Enriqueçamos tal abordagem ao correlacionar o neoliberalismo à exceção que já está prevista no modelo político democrático-liberal, uma vez que o capitalismo se estrutura na possibilidade das exceções. Como nos lembra Mascaro, seria um erro supor que o modelo político democrático seja uma regra que comporta eventuais exceções ditatoriais ou fascistas, pois o capitalismo incorpora a

---

(1) MATTEI, Ugo; NADER, Laura. Plunder: when the rule of the law is illegal. Malden: Blackwell, 2008. *Apud:* LOPES, João Gabriel Pimentel. Do direito protetivo do trabalho ao direito do trabalho de exceção: o caso do trabalho intermitente. In: *Teoria Jurídica Contemporânea*. v. 4, n. 2. Rio de Janeiro: PPGD/UFRJ, jul./dez. 2019. p. 48. Disponível em: <https://doi.org/10.21875/tjc.v4i2.24372>. Acesso em: 14 jul. 2020.

(2) SANVICENTE, Elisa Torres. Entrevista com Christian Laval: novo neoliberalismo, autoritarismo e os novos caminhos do sindicalismo. In: *Teoria Jurídica Contemporânea*. v. 4, n.1. Rio de Janeiro: PPGD/UFRJ, jan./jun. 2019. p. 318-9. Disponível em: <https://doi.org/10.21875/tjc.v4i1.27700>. Acesso em: 13 jul. 2020.

(3) Ib*idem*, p. 322.

exceção como regra: "[t]oda vez que a sociabilidade capitalista pode ser superada, mecanismos antidemocráticos se apresentam e interferem nesse processo"[(4)]. Haveria, em verdade, uma impossibilidade de convivência entre democracia e neoliberalismo: aquela resta revogada quando encontra a competitividade econômica e as análises de custo-benefício. De modo a ser razoável supor que a exceção é constante no modo de ser neoliberal, o que subverte a soberania popular em soberania do mercado (e nesse jogo, quem mais ganha é o mercado financeiro).

Por outro lado, quando se apresenta um neoliberalismo marcado pelo Estado fraco, há que se ter um cuidado analítico. Afinal, o neoliberalismo apresenta uma impotência da política perante e economia e uma superior potência da política em face da sociedade[(5)]. Trocando em miúdos, um Estado forte contra os pobres e fraco contra o mercado, ao formular políticas públicas redistributivas.

Tal processo encontrou no direito do trabalho um campo bastante fértil para as reformas estruturais flexibilizadoras. Desde os anos 70, as instituições financeiras internacionais (que, é sempre bom lembrar, figuram como poderes não eleitos) propagandearam e venderam o paradigma da austeridade, fazendo com que os Estados nacionais sucumbissem aos imperativos do mercado. António Casemiro Ferreira é preciso nesse diagnóstico, ao identificar um deslocamento do direito do trabalho do campo dos direitos sociais: transita-se de uma ética do trabalho para uma ética do consumo[(6)].

E mais: para compensar a crise do Estado de Bem-Estar Social diante das medidas de austeridade, o ativismo judicial passa, inicialmente, a ser aplaudido como um "escudo" de defesa dos direitos sociais. Quando a democracia se mostra com baixa intensidade, as pessoas procuram no Poder Judiciário a salvaguarda de seus direitos, legitimando essa esfera diante do novo equilíbrio entre os poderes causado pelas políticas de austeridade[(7)]. Ocorre, todavia, que esse entusiasmo já pode encontrar razões para se inibir, pois, como veremos, as Cortes Constitucionais se tornaram espaços reprodutores da exceção à democracia (que nada mais seria que a regra neoliberal).

3. A exceção do direito do trabalho e a regra da austeridade

Recentemente, Casagrande e Fernandes publicaram um breve artigo sobre a má utilização dos precedentes judiciais pelo STF[(8)], a fim de sustentar posições

---

(4) MASCARO, Alysson Leandro. *Estado e forma política*. São Paulo: Boitempo, 2013. p. 88.

(5) VALIM, Rafael. *Estado de exceção:* a forma jurídica do neoliberalismo. São Paulo: Editora Contracorrente, 2017. p. 31.

(6) FERREIRA, António Casemiro. *Política e sociedade*. Teoria social em tempos de austeridade. Porto: Vida Económica Editorial, 2014. p. 35-6.

(7) Ib*idem*, p. 277-296.

(8) CASAGRANDE, Cássio; FERNANDES, João Renda Leal. O caso Janus *v.* AFSCME no STF: um amor incompreendido. In: *Jota*. Publ.: 10 jul. 2020. Disponível em: <https://www.jota.info/opiniao-e-analise/artigos/o-caso-janus-v-afscme-no-stf-um-amor-incompreendido-10072020>. Acesso em: 14 jul. 2020.

antidemocráticas. O contexto: os Ministros Luiz Fux e Alexandre de Moraes, ao justificarem seus votos pela constitucionalidade do fim do imposto sindical (ADI n. 5.794/DF), citaram a decisão da Suprema Corte dos EUA "Janus *v.* American Federation of State, County, and Municipal Employees, 585 U.S. ___ (2018)". E, quando do julgamento da ADI n. 6.363 (que discutia a constitucionalidade da MP n. 936/2020), esse precedente voltou ao debate, como se fosse um coringa.

Todavia, se por má-fé ou ignorância, como Casagrande e Fernandes procuram demonstrar, tal precedente é totalmente inespecífico, pois se refere ao setor público e se relaciona com um sistema próprio de relações coletivas do trabalho. O que poderia ser compreendido como um certo deslize, em nossa opinião seria um bom começo de conversa nesse tópico: a adoção de modelos exógenos, para além do vira-latismo colonizado e das impropriedades técnicas, figuram como sutis mecanismos que endossam a austeridade para com os direitos sociais, fazendo com que o direito do trabalho vire o seu contrário — ou, como alguma tradição já parece reconhecer, constitua um direito do trabalho de exceção. E isso nos conduz à relação entre a austeridade e o direito do trabalho de exceção.

O autor português António Casemiro Ferreira, ao pensar a regulação trabalhista nos dias de hoje, estabelece uma produtiva conexão com a "austerização" das sociedades, enquanto processo de implementação de políticas e medidas tendentes à disciplina, rigor e contenções de ordem social, econômica ou cultural. A austeridade seria um conceito sociológico que, através das mensagens repetidas pelos governos de que "não há alternativa", os disciplinamentos individuais e as privações subjetivas aparecem como a única solução para as sociedades conterem a "crise composta pela nebulosa dos mercados financeiros, do défice público do Estado e dos modelos económicos e sociais seguidos nos últimos anos"[(9)]. Sendo o medo e a culpa alçados aos principais dos afetos, a austeridade figuraria como um "padrão que liga" os problemas sistêmicos, majoritariamente financeiros, às interpelações dos indivíduos, famílias e organizações sociais. Imputam-se responsabilidades aos trabalhadores que, na qualidade de consumidores, endividaram-se — não é o preço do feijão ou o valor do plano de saúde (ou a própria necessidade de ter de arcar com isso) que são exorbitantes, senão o modo de vida imprudente dos trabalhadores[(10)].

No fundo, trata-se de uma "ética cínica", eis que, em nome da superação da crise, resulta indiferente à exclusão social, às desigualdades, às misérias e aos déficits democráticos que tais políticas geram. Neste sentido, as políticas de contenção das

(9) FERREIRA, António Casimiro. A sociedade da austeridade: poder, medo e direito do trabalho de exceção. In: *Revista crítica de ciências sociais*, v. 95, dez. 2011, p. 119. Disponível em: <https://estudogeral.slb.uc.pt/handle/10316/33446>. Acesso em: 16 jul. 2020.

(10) *Idem*. Sociedade da austeridade e direito do trabalho de exceção. Porto: Vida Económica Editorial, 2012. p. 35.

despesas estatais, privatizações, achatamento dos salários, aumento dos impostos e flexibilização do direito do trabalho acabam por, sociologicamente, naturalizar a desigualdade. Os Estados possuidores do "monopólio da austeridade legítima", muito mais pautados pelos não eleitos (como o Banco Mundial, o FMI e a *Troika*, na experiência europeia) são orientados por um processo de legitimação fundado no medo e na culpa. Somente assim se justifica o rateio popular para conter a sangria dos mercados pós-crise de 2008: as lógicas consequencialistas e utilitaristas vão nos convencer quanto à necessidade de um "sacrifício em nome do bem comum"(11).

Pensemos na inefetividade do direito do trabalho para assegurar a saúde da classe trabalhador enquanto efetivo padrão de dominação. Pensemos no medo do desemprego e da estagnação econômica que, prometendo os fluxos de investimentos externos (que nunca afluem(12)), convidam essa terapeuta chamada "Reforma Trabalhista". Pensemos no medo da carestia e do caos social gerados pela pandemia do Covid-19 que ensejam as criminosas Medidas Provisórias ns. 927 e 936 (esta convertida na Lei n. 14.020/2020 e aquela felizmente naufragada). O padrão naturalizado é o desrespeito à lei, e a ilegalidade vira regra. O diagnóstico de Ferreira é preciso, pois a legitimação pelo medo, induzido através de previsões de cenários catastróficos, afirma-se como mecanismo de conversão da narrativa da austeridade em modelo político-social dominante, assegurando a prioridade absoluta dos valores morais do neoliberalismo económico e laboral(13).

Será que não foi o medo quem levou um certo sindicato de trabalhadores do transporte urbano em Santa Catarina a firmar um acordo coletivo mais prejudicial que a própria MP n. 936/2020, ao estabelecer que os trabalhadores "que tiverem seu contrato de trabalho suspenso, gozarão de estabilidade somente enquanto perdurar a suspensão do contrato de trabalho, não se aplicando o disposto no inciso II, do art. 10, da Medida Provisória n. 936, de 1º de abril de 2020(14)"?.

A Reforma Trabalhista (Lei n. 13.467/2017), concebida nos marcos das políticas de austeridade, sem dúvida foi o mais evidente processo de exceção no direito do trabalho (e olha que a concorrência também fez sua parte, desde a Lei do FGTS,

---

(11) Ib*idem*. A sociedade da austeridade..., p. 123.

(12) TEIXEIRA, Marilane Oliveira. Os efeitos econômicos da Reforma Trabalhista. In: KREIN, José Dari; OLIVEIRA, Roberto Véras de; FILGUEIRAS, Vitor Araújo. *Reforma trabalhista no Brasil:* promessas e realidade. Campinas: Curt Nimuendajú, 2019. p. 72-3. Disponível em: <https://drive.google.com/file/d/1ewj22c5E6UA-8gB3Bp2Z3rNpl2VfFFnuh/view>. Acesso em: 16 jul. 2020.

(13) FERREIRA, António Casemiro. *A sociedade da austeridade...*, p. 132.

(14) BRASIL. Ministério do Trabalho e Emprego. Sistema Mediador. *Registro SC000484/2020*. Proc. n. 10263.101207/2020-15. Data do protocolo: 24.04.2020. Disponível em: <http://www3.mte.gov.br/sistemas/mediador/>. Acesso em: 16 jul. 2020.

passando pelo trabalho temporário, pelas restrições ao expediente grevista, pelo trabalho em regime parcial etc.). Dentro dessa "reforma", visualizemos como trabalho intermitente referendou a exceção.

Legalizando a ilicitude, o contrato de trabalho que poderá resultar em zero horas de trabalho (portanto, zero horas de salário) ao fim do mês é fonte de insegurança para a subsistência. E o impacto subjetivo no tocante à regularização da exceção neoliberal faz com que o empregado se converta em um

> sócio simbólico do negócio desenvolvido pela empresa. Esta domina-lhe o tempo, subordina-o e o dirige. Ao operário, cabe responsabilizar-se pelo chamado e também pela falta do chamado, buscar outros e ilimitados vínculos que igualmente se assenhorem da sua vida útil, transformando em dinheiro o que seria descanso. Qual o sentido, afinal, das férias ou do repouso semanal, para o trabalhador intermitente? Cumprida a obrigação patronal de pagamento das parcelas remuneratória correspondentes, imediatamente após a prestação de serviços, que diferença fará a este empregador se, no tempo que seria livre, o empregado estará prestando outros serviços, para outras empresas, de modo a assegurar um mínimo capaz de lhe garantir a sobrevivência, desdobrando- se em um multifuncional multioperário de multiempresas?(15)

O Poder Judiciário tem sido pródigo na padronização da exceção: o RE n. 590.415/SC, em que o STF referendou a quitação geral e irrestrita dos planos de demissão voluntária (abrindo o corredor para a institucionalização legislativa posterior — art. 477-B, CLT); o enfraquecimento da proteção laboral através dos deslocamentos de competência; o RE n. 895.759/PE, donde se reconheceu a validade de norma coletiva supressora das horas itinerárias (do mesmo modo, a legislação posterior acabou por suprimir as próprias horas — art. 58, § 2º, CLT). A lista de impropérios não cessaria aqui. Analisando o quadro mais amplo, houve uma certa preparação judicial do terreno para a padronização da exceção pela via legislativa.

Neste sentido, outro infeliz caso de exceção encontramos no processo de negação do direito do trabalho (em seu caráter bilateral) a partir da progressiva permissividade da terceirização. Historicamente, visualizamos o marco inicial no art. 10, § 7º, do Decreto-lei n. 200/67, que permitiu a transferência de atividades executivas da Administração Pública para a iniciativa privada. Como o sabemos, era um período de exceção democrática, e excepcionalmente também foi legalizado o trabalho temporário (Lei

---

(15) LOPES, João Gabriel Pimentel. Do direito protetivo do trabalho ao direito do trabalho de exceção: o caso do trabalho intermitente. In: *Teoria Jurídica Contemporânea*, v. 4, n. 2, Rio de Janeiro, PPGD/UFRJ, jul./dez. 2019, p. 53-4. Disponível em: <https://doi.org/10.21875/tjc.v4i2.24372>. Acesso em: 14 jul. 2020.

n. 6.019/74) e o trabalho de vigilância patrimonial e transporte de valores (Lei n. 7.102/83)[(16)].

Porém, o que nasce como exceção logo é pressionado para se tornar regra: fotograficamente, vejamos as restrições da Súmula n. 256 serem alargadas pela Súmula n. 331, ambas do TST, admitindo-se a terceirização não somente para os serviços de vigilância e trabalho temporário, senão para atividades de conservação e limpeza, além de outros relacionados à atividade-meio da empresa.

Seguimos de perto, aqui, o histórico traçado por Renata Queiroz Dutra e Bianca Silva Matos[(17)], relembrando as investidas administrativas, legislativas e judiciais que, pouco a pouco, foram cada vez mais transformando a exceção em regra: a interpretação literal do art. 25, § 1º, da Lei n. 8.987/95 e do art. 94, II, da Lei n. 9.472/97 (Lei Geral das Telecomunicações); a ADC n. 16/DF que confirmou a constitucionalidade do § 1º do art. 71, Lei n. 8.666/93 (o que fez com que fosse reformulado um item e inseridos mais dois novos itens na Súmula n. 331 do TST); o RE n. 760.931/DF (tema de Repercussão Geral n. 246) que desonerou o Poder Público de responsabilização subsidiária, salvo culpa *in vigilando* ou *in eligendo* que deverá ser provada pelo trabalhador; finalmente, as Leis ns. 13.492/2017 e 13.467/2017 que, com a confirmação do STF através da ADPF n. 324 e da ADI n. 5.685 (julgada em 16.06.2020), admitiu a terceirização irrestrita.

Comentando a tese vencedora no STF da ADPF n. 324, as supracitadas autoras retomam a ideia de Carl Schimitt, retrabalhada por Rafael Valim, donde o soberano — mercado — é quem decide sobre os rumos do Estado (de exceção), mesmo que represente materialmente interesses restritos e ocultos. E, o mais relevante, é esse soberano mercado quem indica ao Estado os inimigos a serem combatidos, eis que:

> no modelo schmittiano de exceção, estaríamos a vislumbrar, na tese vencedora do STF, o mercado, na condição de soberano, a proteção social (aqui abrangidos o direito do trabalho, a Justiça do Trabalho e eventualmente até a Previdência social) na condição de inimiga pública assumida pelo mercado, e o Poder Judiciário, como braço estatal de combate assertivo desse inimigo, amparado num construto semântico apto a responsabilizar os "arroubos" protetivos pelo insucesso econômico do país,

(16) É bem verdade que a CLT já continha em sua redação de 1943 a possibilidade da empreitada (art. 455), mas a terceirização somente encontrou uma institucionalização mais robusta com a lei do trabalho temporário.

(17) DUTRA, Renata Queiroz; MATOS, Bianca Silva. A terceirização, o STF e o estado de exceção. In: *Teoria Jurídica Contemporânea*, v. 4, n. 2, Rio de Janeiro, PPGD/UFRJ, jul./dez. 2019, p. 225-249. Disponível em: <https://doi.org/10.21875/tjc.v4i2.24402>. Acesso em: 14 jul. 2020.

de modo completamente alheio aos patamares civilizatórios estabelecidos constitucionalmente[18].

No tópico seguinte, coloquemos mais um grão de sal em nossa discussão para vermos como o inimigo já foi definido no direito do trabalho.

4. A exceção e o inimigo no direito do trabalho

Já que estamos a falar do estado de exceção, debate próprio à seara penal (com os requintes autoritários das operações midiático-policialescas que, em nome do combate à corrupção, desmantelam o próprio Estado), por que não concluir com a sugestiva construção doutrinária do direito do inimigo para a esfera trabalhista[19]?

Ou seja, talvez tenha algum sentido a construção teórica de um direito do trabalho em que o trabalhador é visto como inimigo, processo este legitimador da deterioração das garantias sociais historicamente conquistadas. É bem verdade que essa abordagem, à primeira vista, possa parecer forçosa. Mas, se olharmos as coisas bem de perto, para além do clássico diagnóstico acerca das relações entre o cárcere e a fábrica[20], ou mesmo as mais recentes investigações sobre as implicações do sistema punitivo no acesso ao emprego no mercado de trabalho[21], perceberemos que é possível extrair dessa perspectiva alguns significantes para a compreensão das tensões existentes em nossa realidade.

Por exemplo, fica bastante evidente a percepção do inimigo no direito coletivo do trabalho, como aquele trabalhador grevista e sua agremiação militante que transtornam a produção social e prejudicam o "sagrado" direito do consumidor. No plano individual, o inimigo é o obreiro não dócil às arbitrariedades do poder empregatício e que, por participar ativamente do sindicato, da comissão da empresa ou de qualquer discussão concernente ao meio ambiente laboral (*e.g.*, CIPA), é simplesmente desligado imotivadamente — quando muito, obtém um *feedback* da chefia: "seu perfil não se adequa ao trabalho". E também as buscas por referências de trabalhos prévios, as listas sujas, os monitoramentos de comunicações eletrônicas dos empregados e gravações ambientais do trabalho não alimentam essa veia punitivista do trabalho?

(18) DUTRA, Renata Queiroz; MATOS, Bianca Silva. A terceirização, o STF e o estado de exceção. In: *Teoria Jurídica Contemporânea*, v. 4, n. 2, Rio de Janeiro, PPGD/UFRJ, jul./dez. 2019, p. 246. Disponível em: <https://doi.org/10.21875/tjc.v4i2.24402>. Acesso em: 14 jul. 2020.

(19) HERNÁNDEZ, Karena Caselles. Derecho laboral del enemigo. Apuntes para la discusión. In: *Revista de Derecho Social Latinamérica*, n. 3-4, Albacete (Espanha), Editorail Bomarzo, 2017, p. 59-78.

(20) RUSCHE, Georg; KIRCHHEIMER, Otto. *Punição e estrutura social*. 2. ed. Trad. Gizlene Neder. Rio de Janeiro: ICC/Revan, 2004. *passim*.

(21) LEVIN, Benjamin. Criminal Employment Law. In: *Cardozo Law Review*, Forthcoming. n. 1, abr. 2017, p. 102-161. Disponível em: <https://ssrn.com/abstract=2944840>. Acesso em: 13 jul. 2020.

Em nossa livre significação, extraímos um direito do trabalho do inimigo quando a própria relação empregatícia é colocada como vilã: para que todos caibam na sociedade e que tenham uma ocupação que lhes garanta a subsistência, propugna-se um relaxamento da carga de direitos que os empregados atualmente possuem. Estes, vistos como privilegiados, são os inimigos que egoisticamente impedem que outros acessem trabalhos. Hipocritamente, basta lermos friamente a exposição de motivos da Reforma Trabalhista (Lei n. 13.467/2017) para pegarmos no pulo essas falácias.

Eis que, para manter a atividade produtiva, seria preciso "desburocratizar" a empresa, aliviar a carga tributária na folha de pagamentos e adequar o leque de direitos aos novos tempos. E se as mudanças legislativas ou jurisprudenciais não alcançarem o fim colmatado, qual seja a produção de mais empregos/ocupações e redução da pobreza, sempre haverá outro fator engessador que clamará por novas flexibilizações. Lérias!

Como se vê, todos aqueles que colocam em risco a liberdade da empresa e a livre iniciativa são inimigos: vejamos como o sindicato de trabalhadores, ao entabular uma convenção coletiva de trabalho com o sindicato da categoria econômica em que se impedia a contratação de porteiros terceirizados, foi declarado inimigo da livre concorrência do mercado (princípio que se sobrepõe à dignidade):

> [...] PROIBIÇÃO, AOS CONDOMÍNIOS RESIDENCIAIS, DE CONTRATAREM EMPREGADOS TERCEIRIZADOS PARA A EXECUÇÃO DE SERVIÇOS DEFINIDOS PELOS CONVENENTES COMO ATIVIDADE FIM DO REFERIDO SEGMENTO. NULIDADE. OFENSA AO PRINCÍPIO CONSTITUCIONAL DA LIVRE CONCORRÊNCIA. [...]. As cláusulas 43 da CCT 2014/2014 e 44 da CCT 2015/2015, [...] ao disporem que as atividades de zelador, garagista, porteiro, vigia, faxineiro e outras constituem atividades fim dos condomínios residenciais, proibindo a contratação de empregados terceirizados para a execução desses serviços, além de afastarem o permissivo previsto na Súmula n. 331 desta Corte, apresentam ingerência evidente na esfera de atuação dos Sindicatos autores, implicando em restrição de mercado e atingindo a livre iniciativa empresarial para a consecução de um objetivo considerado regular e lícito, podendo até interferir na própria sobrevivência das empresas prestadoras de serviços [...].(22)

Em síntese, percebemos aqui como um modelo autoritário de relações de trabalho e um mercado de trabalho desestruturado jogam a favor desse ideário do inimigo. E, onde deveria primar a regra da dignidade do trabalhador, vigora a exceção: em nome da liberdade da organização empresarial, praticamente são socialmente aceitos os assédios morais organizacionais, as dispensas retaliativas, a invasão do tempo de

---

(22) BRASIL. Tribunal Superior do Trabalho. Seção Especializada em Dissídios Coletivos. *Acórdão.* Proc. n. RO-121-39.2014.5.10.0000. Rel. Min. Mauricio Godinho Delgado. Redatora Min. Dora Maria da Costa. DEJT: 23.03.2018. Disponível em: <http://aplicacao4.tst.jus.br/consultaProcessual/consultaTstNumUnica.do?consulta=Consultar&conscsjt=&numeroTst=121&digitoTst=39&anoTst=2014&orgaoTst=5&tribunalTst= 10&varaTst=0000&submit=Consultar>. Acesso em: 13 jul. 2020.

trabalho no tempo da vida e o apelo que a pressão do desemprego gera para a aceitação, pelos que estão dentro, de aviltantes condições de trabalho. A jurisdição trabalhista já chegou ao absurdo de naturalizar a exceção do assédio sexual, arbitrando a condenação da indenização em apenas cinco mil reais porque isso seria socialmente tolerável:

> [...] Justifico o valor módico não por entender pela pouca repercussão que o fato possa ter tido na vida da autora, mas sim por considerar que tais atitudes lamentavelmente encontram alguma tolerância social e nem sempre são compreendidas como a violência que efetivamente o são contra a pessoa da mulher (ou de quem quer que seja, posto que ninguém deve ser obrigado a submeter-se a destemperos ou desatinos de outrem). [...].(23)

Estamos todos diante desse processo excetivo do direito do trabalho, em que a regra da regulação trabalhista tem figurado como a própria interdição da proteção jurídica ao trabalhador — fundamento último desse tipo regulatório, e o trabalhador aparece como privilegiado inimigo, culpado pela crise em que vivemos.

É tempo de revisar essa lógica do inevitável. É tempo de construir alternativas responsáveis para com as futuras gerações, inclusive do ponto de vista socioambiental. E isso passa necessariamente pelos freios à exploração humana, cujo pilar principal é a regulação trabalhista. Por que não encararmos o direito do trabalho não como mero custo de transação, senão como investimento a longo prazo?

Referências Bibliográficas

CASAGRANDE, Cássio; FERNANDES, João Renda Leal. O caso Janus v. AFSCME no STF: um amor incompreendido. In: *Jota*. Publ.: 10 jul. 2020. Disponível em: <https://www.jota.info/opiniao-e-analise/artigos/o-caso-janus-v-afscme-no-stf-um-amor-incompreendido-10072020>.

DUTRA, Renata Queiroz; MATOS, Bianca Silva. A terceirização, o STF e o estado de exceção. In: *Teoria Jurídica Contemporânea*. v. 4, n. 2. Rio de Janeiro: PPGD/UFRJ, jul-dez/2019, p. 225-249. Disponível em: <https://doi.org/10.21875/tjc.v4i2.24402.

FERREIRA, António Casemiro. *Política e sociedade*. Teoria social em tempos de austeridade. Porto: Vida Económica Editorial, 2014.

______. *Sociedade da austeridade e direito do trabalho de exceção*. Porto: Vida Económica Editorial, 2012.

(23) BRASIL. Tribunal Regional do Trabalho da 15ª Região. Proc. n. RO-0001678-95.2006.5.15.0002. *Acórdão*. Rel. Tárcio José Vidotti. DEJT: 12 fev. 2010. Disponível em: <http://portal.trt15.jus.br/jurisprudência>. Acesso em: 14 jul. 2020.

______. A sociedade da austeridade: poder, medo e direito do trabalho de exceção. In: *Revista crítica de ciências sociais*, v. 95, dez. 2011, p. 119-136. Disponível em: <https://estudogeral.sib.uc.pt/handle/10316/33446>.

HERNÁNDEZ, Karena Caselles. Derecho laboral del enemigo. Apuntes para la discusión. In: *Revista de Derecho Social Latinamérica*, n. 3-4, Albacete (Espanha), Editorail Bomarzo, 2017, p. 59-78.

LEVIN, Benjamin. Criminal Employment Law. In: *Cardozo Law Review*, Forthcoming, n. 1, abr. 2017, p. 102-161. Disponível em: <https://ssrn.com/abstract=2944840>.

LOPES, João Gabriel Pimentel. Do direito protetivo do trabalho ao direito do trabalho de exceção: o caso do trabalho intermitente. In: *Teoria Jurídica Contemporânea*, v. 4, n. 2, Rio de Janeiro: PPGD/UFRJ, jul./dez. 2019. Disponível em: <https://doi.org/10.21875/tjc.v4i2.24372>.

MASCARO, Alysson Leandro. *Estado e forma política*. São Paulo: Boitempo, 2013. p. 88.

RUSCHE, Georg; KIRCHHEIMER, Otto. *Punição e estrutura social*. 2. ed. Trad. Gizlene Neder. Rio de Janeiro: ICC/Revan, 2004.

SANVICENTE, Elisa Torres. Entrevista com Christian Laval: novo neoliberalismo, autoritarismo e os novos caminhos do sindicalismo. In: *Teoria Jurídica Contemporânea*, v. 4, n. 1, Rio de Janeiro, PPGD/UFRJ, jan./jun. 2019, p. 318-9. Disponível em: <https://doi.org/10.21875/tjc.v4i1.27700>.

TEIXEIRA, Marilane Oliveira. Os efeitos econômicos da Reforma Trabalhista. In: KREIN, José Dari; OLIVEIRA, Roberto Véras de; FILGUEIRAS, Vitor Araújo. *Reforma trabalhista no Brasil:* promessas e realidade. Campinas: Curt Nimuendajú, 2019. Disponível em: <https://drive.google.com/file/d/1ewj22c5E6UA8gB3Bp2Z3rNpl2VfFFnuh/view>.

VALIM, Rafael. *Estado de exceção:* a forma jurídica do neoliberalismo. São Paulo: Editora Contracorrente, 2017.

O Desemprego Estrutural Tecnológico ou a "Crônica de Uma Morte Anunciada"

Daniel Teixeira Silva

Em 1981, o colombiano Gabriel Garcia Márquez publicou um de seus tantos livros espetaculares e que o título deste texto faz menção. Ali, já nas duas primeiras linhas descobrimos que Santiago Nasar, o personagem principal, será assassinado. Ao longo da obra, através de uma reconstrução jornalística, a história nos vai sendo contada.

Essa fatalidade do destino de Santiago, derivada da jura de vingança dos irmãos Pedro e Pablo Vicario, embora seja de conhecimento da comunidade do lugarejo onde se desenrola a narrativa, não gera uma indignação capaz de alterar o rumo dos fatos. Prevalecem sentimentos como a descrença, o egoísmo e a indiferença. A maior parte dos personagens alegam que possuíam coisas mais importantes para fazerem.[1]

É como ocorre em relação ao denominado desemprego estrutural tecnológico, o objeto central deste texto. Mas isto será adiante tratado. De antemão, torna-se necessário estabelecer as relações entre trabalho e tecnologia. É vital perquirir sobre o discurso tecnológico e modernizante do capital e os seus impactos no mundo do trabalho e sobre os sujeitos.

Entrecruzar esses dois pilares acima indicados gera um apoio para afirmação de que há um conteúdo ideológico no discurso do capital, que atuando sob um manto calcado no avanço tecnológico e na modernização industrial, não pretende outra coisa senão a majoração da extração do mais-valor e da dominação do mundo do trabalho.

(1) As informações constantes aqui no início deste texto em relação ao livro "Crônica de uma morte anunciada" não revelam absolutamente nada que abale o interesse na leitura da obra. Pelo contrário, o paralelo traçado busca justamente despertar alguma motivação e curiosidade em relação ao conteúdo deste livro tão fascinante, assim como outros da pena de Garcia Márquez.

As categorias trabalho e tecnologia apresentam inegável força na realidade, visto que atingem diretamente o cotidiano da classe trabalhadora e impactam a economia. Em razão disso, necessário se faz um recorte de tempo e espaço para a investigação da temática e aqui se elege a realidade brasileira contemporânea.

A exposição precisa necessariamente iniciar pelos conceitos presentes na obra central de Marx, O Capital, especialmente aqueles contidos no Livo I, pois nenhum outro autor tão bem trabalhou o tema da exploração da força de trabalho no modo de produção capitalista, além de passar pela temática dos "avanços" tecnológicos nos países dependentes.

O trabalho se insere na natureza, que é a fonte da criação de toda e qualquer riqueza pelos humanos. Deste modo, quando os homens transformam a natureza com o trabalho estão a construir o espaço onde vivem, se relacionam e dão significado à sua própria existência. Segundo Engels, portanto, "o trabalho criou o próprio homem".(2)

Essa forma como os humanos se relacionam com a natureza e suprem as suas necessidades a partir da produção de riquezas orienta o modo como se desenvolvem em sociedade, visto que

> (...) o desenvolvimento do trabalho, ao multiplicar os casos de ajuda mútua e de atividade conjunta, e ao mostrar assim as vantagens dessa atividade conjunta para cada indivíduo, tinha de contribuir forçosamente para agrupar ainda mais os membros da sociedade.(3)

A sociedade se baseia no trabalho. É este que edifica o homem com um ser social e o diferencia dos outros animais, pois, embora alguns até possam utilizar instrumentos que os auxiliam em sua busca por alimentos, somente nós, de acordo com Engels, podemos construir ferramentas para uma ação planejada futura ou, ainda, produzir sem mesmo utilizá-las, como por exemplo, dentro de uma já imaginada divisão social do trabalho.

A tomada de consciência do que se pretende produzir, do planejamento para a execução dessa produção, das relações daí decorrentes, irá promover a distinção do animal humano dos demais animais.(4) É o reconhecimento da distinção do seu corpo do restante da natureza, ou seja, a evidenciação de que é parte dotada de autonomia.

---

(2) ENGELS, Friedrich. Sobre o papel do trabalho na transformação do macaco em homem. [1896]. In: ANTUNES, Ricardo (Org.). *A Dialética do trabalho: escritos de Marx-Engels.* São Paulo: Expressão Popular, 2011. p. 11.

(3) Ib*Idem*, p. 15.

(4) Lukács produziu uma análise a respeito disso no volume II da sua obra intitulada "Por uma ontologia do ser social", principalmente no primeiro capítulo — O trabalho. Cf. LUKÁCS, György. *Por uma ontologia do ser social II.* São Paulo: Boitempo, 2013. p. 41-158.

Como sem o trabalho nada é produzido, ocorre uma mudança da centralidade da riqueza natural pela riqueza socialmente produzida, com a prevalência de meios de subsistência pelo desenvolvimento do trabalho.[5]

O trabalho pode assim ser delineado como garantidor da existência humana e produtor da realidade. Ele promove causalidades sociais que aliadas às causalidades naturais irão determinar a sociedade. Confere-se ao trabalho um papel central do qual derivarão outros elementos como a linguagem, a cultura e as outras tantas formas de fazer típicas do viver dos humanos.

Visto isso, cabe a verificação das particularidades que permeiam o trabalho explorado enquanto produtor de valor, principalmente com o enfoque na América Latina, como já alardeado.

Marx em seus longos estudos sobre a economia política, o que verdadeiramente tomou como seu projeto de vida, desenvolveu o que ficou conhecido como a teoria do valor-trabalho. Sua principal contribuição foi permitir a compreensão de como o processo de exploração da força de trabalho desenvolve-se no modo de produção capitalista.

Aqui, em breves linhas, pretende-se delinear alguns de seus traços gerais, visto que são de extrema relevância para qualquer debate que aborde o tema do trabalho.

Na teoria do valor-trabalho, Marx traz que o modo de produção capitalista se assenta em uma sociedade produtora de mercadorias. A riqueza da sociedade nada mais é então, do que uma "imensa coleção de mercadorias"[6]. Inclusive, o trabalho humano torna-se uma delas, representado pela força de trabalho. Para o autor, é a mercadoria que ocupa um papel de destaque na compreensão da economia política do capital.

Essas mercadorias possuem seus valores de uso, ou seja, suas utilidades, mas também seus valores de troca, que se traduzem nas proporções quantitativas pelos quais esses valores de uso são trocados.

Cabe advertir, de início, que a produção de valores de uso pelos homens surge mesmo antes do período histórico do modo de produção capitalista. A partir daí, é possível perquirir sobre este primeiro elemento constitutivo da mercadoria.

Esta consiste em um artefato externo com características aptas e propícias à realização das necessidades humanas, seja como objeto de consumo ou como meio de produção para outras mercadorias.

---

(5) MARX, Karl. *O capital:* crítica de economia política. Livro I: O processo de produção do capital. Trad. Rubens Enderle. São Paulo: Boitempo, 2014. p. 581.

(6) MARX, Karl. *Op cit.*, p. 113.

São as propriedades presentes no corpo da mercadoria que definem seu valor de uso. Logo, torna-se diretamente ligado a uma determinada quantidade de trabalho dos humanos despendida na elaboração desta mercadoria, mas, notadamente, da qualidade deste trabalho. O valor de uso das mercadorias irá se realizar no consumo e uso das mesmas, portanto, é ele que detém o conteúdo material da riqueza. Enfim, o valor de uso é "portador material do valor de troca" (7).

Dessa ideia, pode-se desenvolver a segunda, que é tão cara à constituição das mercadorias: o valor de troca. Esta pode ser definida "como a relação quantitativa, a proporção na qual valores de uso de uma espécie se trocam contra valores de uso de outra espécie, uma relação que muda constantemente no tempo e no espaço"(8).

É, portanto, uma expressão quantitativa do valor. Um exemplo dado por Marx refere-se a um produto que terá relações com outras mercadorias em distintas proporções:

> [...] 1 quarter de trigo, por exemplo, é trocada por x de graxa de sapato, ou por y de seda, ou por z de ouro etc., em suma, por outras mercadorias em diferentes proporções. O trigo tem, assim, múltiplos valores de troca em vez de um único.(9)

Disso, o autor apresenta duas conclusões: i) para a troca de mercadorias com valores de uso distintos é necessário que exista algo em comum entre elas; ii) também é relevante ter o poder de distinção daquilo que se encontra em todas as mercadorias.

Este algo comum sugerido, por certo, não pode ser uma característica corpórea. Isto porque, como exposto, essa característica é própria dos valores de uso das mercadorias e, nesta hipótese, supõem-se mercadorias com valores de uso diferentes.

O trabalho é que, segundo Marx, se traduz nesse elemento pertencente a todas as mercadorias e que está na base dos seus valores de troca, tornando possível as trocas entre elas de acordo com sua proporção quantitativa.(10) Nesta linha, a quantidade de trabalho empregada em cada mercadoria expressará seu valor de troca.

É fundamental trazer à luz a diferença do trabalho concreto e o trabalho abstrato quando se fala em valor como quantidade de trabalho despendido na fabricação de determinada mercadoria.

O primeiro, concreto, consiste nas transformações que resultam no conteúdo do valor de uso. São atividades particulares necessárias àquela cadeia produtiva e são

---

(7) Ib*idem*, p. 114.

(8) *Idem*.

(9) Ib*idem*, p. 114-115.

(10) Ib*idem*, p. 115.

determinados pela característica do valor de uso. Assim, quando se realizam atividades de trabalho para a construção de um machado, de modo algum o resultado final será uma caneta. O trabalho concreto necessita de atividades de trabalho específicas.

Ao seu turno, o trabalho abstrato próprio da sociedade capitalista é o trabalho em que:

> [...] desaparece o caráter útil dos trabalhos neles [nos produtos e serviços] representados, e, portanto, também as diferentes formas concretas desses trabalhos, que não mais se distinguem um dos outros, sendo todos reduzidos a trabalho humano igual, a trabalho humano abstrato. Consideramos agora o resíduo dos produtos do trabalho. Deles não restou mais do que uma mesma objetividade fantasmagórica, uma simples geleia [Gallerte] de trabalho humano indiferenciado, i.e., de dispêndio de força de trabalho humano, sem consideração pela forma de seu dispêndio.(11)

É a quantidade de trabalho gasta em cada mercadoria que permitirá sua troca e o conhecimento se esta é realizável ou não. Da análise do valor de troca é que os humanos concluem não ser viável trocar um automóvel por um simples porta-retratos.

O ponto é que essa noção advém, todavia, do preço e não do valor das mercadorias em tempo de trabalho, que permanece obscurecido. É o valor das mercadorias materializado nas proporções de trabalho que devem se equivaler nas trocas, visto que dessa forma a grandeza de valor de uma mercadoria será o quantum de "trabalho socialmente necessário"(12) cristalizado nela.

Para não alongar nesse ponto e atingir algo aqui essencial, cumpre chamar a atenção para a advertência de Marx que "o que o operário vende não é propriamente o seu 'trabalho', mas a sua 'força de trabalho', cedendo temporariamente ao capitalista o direito de dispor dela"(13).

Daí que a característica marcante do modo de produção capitalista é que a força de trabalho comercializada pelo trabalhador por um lapso temporal é também uma mercadoria e, por isso, tem seu valor de uso, qual seja, produzir novos valores de uso ou mercadorias e assim produzir valor e mais-valor, bem como detém seu valor de troca, que é a quantidade de trabalho necessário para sua produção. Este pode ser notado pelos salários pagos aos trabalhadores, pois exprimem a quantidade de mercadorias

---

(11) MARX, Karl. *Op cit.*, p. 116.

(12) Ib*idem*, p. 117.

(13) MARX, Karl. Salário, preço e lucro. In: ANTUNES, Ricardo (Org.). *A Dialética do trabalho:* escritos de Marx e Engels. São Paulo: Expressão Popular, 2011. p. 69.

necessárias à reprodução da força de trabalho e sua família(14), ou seja, uma quantidade de valor responsável pela sobrevivência do trabalhador.

Enfim, atinge-se o ponto fulcral tangenciado até então: a mercadoria força de trabalho não é uma mercadoria como qualquer outra, vez que ela é detentora de uma característica bastante peculiar: é a única capaz de produzir mais valor do que aquele pago pela sua reprodução. Dito de outro modo, o trabalhador recebe como salário a quantidade de valor correspondente ao tempo de trabalho socialmente necessário para sua reprodução e o capitalista fica com o valor correspondente ao tempo excedente da jornada executada pelo trabalhador. Esse tempo excedente, a diferença entre o que o trabalhador produziu e o que ele recebeu como salário, fruto da extração de trabalho excedente, Marx denominou de mais-valor.(15)

A extração desse mais-valor está umbilicalmente ligada à jornada de trabalho e sua complexidade. Isto porque

> [...] a jornada de trabalho está desde o início dividida em duas partes: trabalho necessário e mais-trabalho. Para prolongar o mais trabalho, o trabalho necessário é reduzido por meio de métodos que permitem produzir em menos tempo o equivalente do salário.(16)

O debate se prolonga para a distinção entre o mais-valor absoluto e o mais-valor relativo. Entretanto, torna-se necessário direcionar o texto para a problemática do avanço tecnológico(17).

Se é possível dizer que as tecnologias atuam significativamente na vida das pessoas, transformando as concepções e relações pessoais e sociais, é importante compreender como ela interfere no mundo do trabalho e como a classe trabalhadora se adequa e se atualiza às emergências de novas tecnologias no contexto de supressão de vagas de emprego, além de como se estreita a relação homem-máquina.

Na medida em que novas tecnologias ganham espaço e se tornam cotidianas, como os homens se adaptam?

---

(14) Sobre este ponto, é importante explanar que a partir do ingresso de mulheres e crianças no mercado de trabalho, vendendo sua força de trabalho, o valor de reprodução da força de trabalho diminuiu. Isto porque este valor, inicialmente, era traduzido pela jornada de apenas um trabalhador masculino — que servia ao sustento de toda a família — foi dividido agora em várias jornadas de trabalho (crianças e mulheres), distribuindo, portanto, o valor da quantidade de mercadorias destinadas à reprodução da força de trabalho por mais jornadas e reduzindo o valor individual recebido por cada trabalhador, ou seja, os salários. Cf. MARX, Karl. *O capital:* crítica de economia política. Livro I. p. 468.

(15) Marx trata detalhadamente da temática a partir da Seção III do Livro I, *d'O Capital*.

(16) MARX, Karl. *O capital:* crítica de economia política. Livro I. p. 578.

(17) Sobre o debate acerca do tema da tecnología recomenda-se a monumental obra: VIEIRA PINTO, Álvaro. *O conceito de Tecnologia*. Rio de Janeiro: Contraponto, 2005. 1v e 2v.

Aqui se busca uma reflexão, de ordem ontológica, destinada à verificação das dinâmicas da tecnologia no contexto do trabalho e seus impactos na sociedade. Outras verificações, como por exemplo, aquelas relacionadas à compreensão dos sentidos da intimidade e da privacidade no contexto tecnológico não serão aqui refletidas.

A contribuição teórica inicial para a questão da tecnologia parte de Heidegger, principalmente no ensaio *A questão da técnica* (*The Question Concerning Technology*). O autor indica que a concepção de neutralidade da tecnologia nos torna cegos para sua essência.[18] Para Heidegger, ainda, o sujeito moderno se depara com a tecnologia no risco de tê-la como o único parâmetro de medidas, se realizando no sentido de controle e de disponibilidade.

Herbert Marcuse, continuando a ideia acima, traz o conceito de unidimensionalidade, sugerindo o caráter político da tecnologia. Para o autor, o pensamento unidimensional pode ser e é utilizado pelo poder político como promoção e manutenção de dominação.[19] Nesse sentido, nos mostra que:

A racionalidade tecnológica revela o seu caráter político ao se tornar o grande veículo de melhor dominação, criando um universo verdadeiramente totalitário no qual sociedade e natureza, corpo e mente são mantidos num estado de permanente mobilização para a defesa desse universo.[20]

Como explica Jürgen Habermas, Marcuse demonstrou que o desenvolvimento técnico-científico não se realizou, falhando na função original de dar legitimidade crítica ao desenvolvimento político. Ao contrário, as forças produtivas têm se tornado o próprio fundamento de legitimação.[21] É o desenvolvimento por si mesmo, a completa confusão entre fins e meios.

Esse modelo político-social ficou conhecido na teoria crítica como tecnocracia. O modelo tecnocrático se vale de uma perda dos critérios subjetivos da vida social em prol dos objetivos, favorecendo uma gerência tecnológica que não é explícita quanto às suas funções políticas. O fator subjetivo, aquele que deriva das percepções sociais e das orientações de ação, é marginalizado em detrimento de um tecnicismo institucional, um administrativismo que dá as costas para a opinião pública e para o agir político racional. Esse modelo atua no sentido da eficiência funcional, automatizando o aparato

(18) HEIDEGGER, Martin. A Questão da Técnica. In: *Ensaios e Conferências*. Tradução Emmanuel Carneiro Leão; Gilvan Fogel; Márcia Sá Cavalcante Schuback. 7. ed. Petrópolis: Vozes; Bragança Paulista: Editora Universitária São Francisco, 2006. p. 11.

(19) MARCUSE, Herbert. *A ideologia da Sociedade Industrial:* O homem unidimensional. Tradução Giasoni Rebuá. Rio de Janeiro, Zahar, 1973. p. 31.

(20) Ib*idem*, p. 37.

(21) HABERMAS, Jürgen. Técnica e Ciência enquanto "ideologia". In: *Benjamin, Habermas, Horkheimer, Adorno:* Textos escolhidos. São Paulo: Abril Cultural, 1983. p. 315.

estatal e privado e, ao fazer isso, acaba por reduzir as condicionantes sócio-políticas que suportam o processo de legitimação das instituições públicas.(22)

Costurando esses dois tecidos até aqui expostos, ou seja, trabalho e tecnologia, torna-se possível retomar o problema do desemprego estrutural. Este pode ser entendido como a falta de trabalho causada pelas mudanças estruturais na economia. São alterações que surgem da criação de novas tecnologias nos processos produtivos, novos padrões de consumo, transformação nos modelos de negócio, entre outros fatores que impactam o mercado.

No mundo contemporâneo, marcado pela globalização e a expansão da digitalização da vida, esse tipo de desemprego é impulsionado pelo avanço da automação e novas formas de organização do trabalho. Embora essas dinâmicas também gerem novas atividades e demandas, acarretando, por conseguinte, o surgimento de novas profissões, muitas vezes o ritmo de extinção dos postos de trabalho é mais intenso, levando ao aumento do número de desempregados, cabendo ainda mencionar que as profissões surgidas necessitam, em geral, de conhecimento especializado sobre as novas tecnologias, o que inviabiliza a oportunidade da imensa maioria da massa trabalhadora, que não detém o acesso ao saberes necessários.

Forma-se, portanto, um ciclo que aprofunda desigualdades. A principal característica do desemprego estrutural é sua longa duração, que reduz as chances de reintegração dos trabalhadores no mercado. Esse contingente de pessoas é empurrado para o trabalho informal, que se torna a principal fonte de renda da população cada vez mais alijada de oportunidades. No Brasil, segundo dados divulgados na última Pesquisa Nacional por Amostra de Domicílios Contínua (PNAD Contínua) realizada pelo Instituto Brasileiro de Geografia e Estatística (IBGE), a taxa de informalidade no mercado de trabalho está em torno de 40%, o que representa cerca de 38 milhões de pessoas(23).

Neste sentido, percebe-se que a mudança tecnológica é uma variável importante no processo de acumulação capitalista. A cada grande transformação das forças produtivas ocorrem mudanças não só quantitativas, mas também qualitativas de inserção do homem na produção. E o debate sobre o avanço tecnológico criar ou não desemprego estrutural não é uma novidade, posto que se inicia antes mesmo da primeira revolução industrial.

Em 1856, Marx advertiu em seu discurso proferido no aniversário do jornal cartista de *The People´s Paper*, que a máquina é "dotada do maravilhoso poder der

---

(22) OFFE, Claus. O dilema político da tecnocracia. In: Dreitzel, H. P. *Tecnocracia e Ideologia*. Rio de Janeiro: Tempo Brasileiro, 1975. p. 78.

(23) Disponível em: <https://www.ibge.gov.br/estatisticas/sociais/trabalho/9173-pesquisa-nacional-por-amostra-de-domicilios-continua-trimestral.html?edicao=27704&t=destaques>. Acesso em: 10 jul. 2020.

encurtar e de fazer frutificar o trabalho humano", entretanto, em função da forma social de sua aplicação, conduz à "fome e ao excesso de trabalho".(24) Essa opressão ao trabalhador não se origina da maquinaria, mas do dono dos meios de produção.

Tal contradição entre as potencialidades emancipadoras da técnica e a frustração destas mesmas potencialidades, entre outras coisas, leva à reflexão de que, na verdade, não se trata de uma crise do trabalho, mas da forma social de sua exploração, ou seja, é mais uma crise das relações e do modo de produção capitalista. Logo, a crise do trabalho é somente uma expressão fenomênica de uma crise maior.

A materialidade presente no discurso do capital se volta para a proposição de um avanço tecnológico com viés de ampliação da dominação já existente nas relações de trabalho em geral, aumentando a extração do mais-valor, o que, ao final, gera maior precarização destas relações.

Todavia, essa exploração desmedida não vem sem consequências. Esse crescente aperfeiçoamento da maquinaria moderna vai impulsionando o capitalista industrial a aumentar sempre mais sua força produtiva. Porém, de outro lado, a ampliação dos mercados não acompanha o ritmo de ampliação da produção. Essa estratégia conduz o sistema capitalista a um inevitável impasse, pois o aumento significativo da massa de desempregados força os padrões salariais dos trabalhadores a níveis tão baixos que, como consequência direta, reduz drasticamente os mercadores consumidores para a compra dos produtos.

Tal problema tanto Marx quanto Engels advertiram em diversas passagens. Mas não somente. Diversos outros autores também demonstraram preocupação. Como exemplo, menciona-se o consagrado economista John Maynard Keynes, que no período da Grande Depressão publicou o texto "*Possibilidades econômicas para os nossos netos*", onde apresentou, dente outras questões, sua visão em relação ao desenvolvimento da tecnologia e seus possíveis reflexos sobre o nível de emprego, como pode ser observado a seguir:

> Nós estamos sendo afligidos por uma doença nova em cujo nome alguns leitores podem ainda não ter ouvido falar, mas com a qual eles lidarão nos anos vindouros — a saber, o "desemprego tecnológico". Isto significa desemprego devido a nossas descobertas de meios de economizar o uso da mão de obra ocorrendo em ritmo maior que o passo no qual nós podemos achar novos usos para a força de trabalho.(25)

---

(24) Disponível em: <https://www.marxists.org/portugues/marx/1856/04/14.htm>. Acesso em: 15 jul. 2020.

(25) KEYNES, John Maynard. *Possibilidades econômicas para nossos netos*. Disponível em: <http://www.geocities.ws/luso_america/KeynesPO.pdf>. Acesso em: 15 jul. 2020.

Diante disso, retomando a reflexão que abre esse texto, em tempos atuais, se bem observarmos, os destinos dos trabalhadores e do emprego não se diferenciam em nada daquele reservado ao personagem Santigo Nasar. Aliás, a reação dos "personagens principais" do nosso mundo político, econômico e jurídico, ante a prévia anunciação da "morte" de trabalhadores e seus empregos, em quase nada se difere daquela observada nos personagens oriundos da obra de Gabriel Garcia Márquez. Mais uma vez impera a descrença, o egoísmo e indiferença ante o cenário que se avizinha.

A ausência de condução de políticas públicas sérias e eficientes destinadas à inclusão dos trabalhadores no mercado de trabalho formal e geração de emprego, é somada a flexibilização cada vez mais crescente da legislação trabalhista, tida como entrave ao desenvolvimento econômico no discurso propagado pelo capital e seus agentes.

Como se não bastasse, tem-se no país um poder judiciário trabalhista que, de maneira dominante, finge desconhecer o princípio da proteção e maneja estrategicamente o processo do trabalho como forma de atender interesses econômicos. O que não dizer das inúmeras decisões prolatadas, em diversas instâncias, não reconhecendo o vínculo de emprego em casos de "uberização"?[(26)]

Porém, ainda há tempo de mudar o rumo da história. Salvemos nosso Santiago! Com base no conhecimento prévio da vítima e de seus algozes, é possível modificar, mesmo que tardiamente, o destino fatal. A barbárie institucionalizada não pode prevalecer sobre os monumentos de luta por direitos. Abandonemos a indiferença! Como o São Tiago bíblico consideremos a necessidade da ação, pois "*a fé sem obras é morta*"[(27)]!

Referências bibliográficas

BÍBLIA. São Tiago, 2:26. Disponível em: <https://www.bibliaonline.com.br/acf/tg/2>. Acesso em: 20 jul. 2020.

ENGELS, Friedrich. Sobre o papel do trabalho na transformação do macaco em homem. [1896]. In: ANTUNES, Ricardo (org.). *A Dialética do trabalho: escritos de Marx-Engels.* São Paulo: Expressão Popular, 2011. p. 11-28.

HABERMAS, Jürgen. Técnica e Ciência enquanto "ideologia". *In: Benjamin, Habermas, Horkheimer, Adorno:* Textos escolhidos. São Paulo. Abril Cultural. 1983. p. 313-343.

(26) Como exemplo fatídico, pode-se citar a primeira decisão sobre o tema advinda do Tribunal Superior do Trabalho (TST) que, em sua 5a Turma, em sessão de julgamento realizada no mês de fevereiro de 2020, reverteu decisão oriunda do Tribunal Regional do Trabalho da 2a Região e declarou a inexistência do vínculo de emprego no caso em apreço entre o motorista de aplicativo e a empresa Uber. É o acórdão dos autos de n. 1000123-89.2017.5.02.0038 (RR), que se encontra disponível em: <http://aplicacao4.tst.jus.br/consulta Processual/ consultaTstNumUnica.do?consulta=Consultar&conscsjt=&numeroTst=1000123&digitoTst=89&anoTst=2017&orgaoTst=5&tribunalTst=02&varaTst=0038&submit=Consultar>. Acesso em: 10 fev. 2020.

(27) BÍBLIA. São Tiago, 2:26. Disponível em: <https://www.bibliaonline.com.br/acf/tg/2>. Acesso em: 20 jul. 2020.

HEIDEGGER, Martin. A Questão da Técnica. In: *Ensaios e Conferências.* Tradução Emmanuel Carneiro Leão; Gilvan Fogel; Márcia Sá Cavalcante Schuback. 7. ed. Petrópolis: Vozes; Bragança Paulista: Editora Universitária São Francisco, 2006.

KEYNES, John Maynard. *Possibilidades econômicas para nossos netos.* Disponível em: <http://www.geocities.ws/luso_america/KeynesPO.pdf>. Acesso em: 15 jul. 2020.

LUKÁCS, György. *Por uma ontologia do ser social II.* São Paulo: Boitempo, 2013.

MARCUSE, Herbert. *A ideologia da Sociedade Industrial:* O homem unidimensional. Tradução Giasoni Rebuá. Rio de Janeiro: Zahar, 1973.

MÁRQUEZ, Gabriel Garcia. *Crônica de uma morte anunciada.* 39. ed. Rio de Janeiro: Record, 2009.

MARX, Karl. *O capital: crítica de economia política.* Livro I: O processo de produção do capital. Trad. Rubens Enderle. São Paulo: Boitempo, 2014.

______. Salário, preço e lucro. In: ANTUNES, Ricardo (Org.). *A Dialética do trabalho:* escritos de Marx e Engels. São Paulo: Expressão Popular, 2011. p. 57-99.

OFFE, Claus. O dilema político da tecnocracia. In: Dreitzel, H. P. *Tecnocracia e Ideologia.* Rio de Janeiro, Tempo Brasileiro, 1975. p. 70-84.

VIEIRA PINTO, Álvaro. *O conceito de Tecnologia.* Rio de Janeiro: Contraponto, 2005. 1v e 2v.

Tendências Postas ao Direito do Trabalho: Autonomia Individual da Vontade Como Regra

Daniel de Faria Galvão

Você deve notar que não tem mais tutu
e dizer que não está preocupado
Você deve lutar pela xepa da feira
e dizer que está recompensado
Você deve estampar sempre um ar de alegria
e dizer: tudo tem melhorado
Você deve rezar pelo bem do patrão
e esquecer que está desempregado
Você merece, você merece
Tudo vai bem, tudo legal
Cerveja, samba, e amanhã, seu Zé
Se acabarem com o teu Carnaval? (Bis)
Você deve aprender a baixar a cabeça
E dizer sempre: "Muito obrigado"
São palavras que ainda te deixam dizer
Por ser homem bem disciplinado
Deve pois só fazer pelo bem da Nação
Tudo aquilo que for ordenado
Pra ganhar um Fuscão no juízo final
E diploma de bem comportado
Você merece, você merece
Tudo vai bem, tudo legal
Cerveja, samba, e amanhã, seu Zé
Se acabarem com o teu Carnaval?

Letra da música "*Comportamento Geral*", de Gonzaguinha[1]

---

(1) Música do álbum "Luiz Gonzaga Jr.", de Gonzaguinha. EMI-Odeon, 1973.

Introdução

O art. 8º, da recente Lei n. 14.020, de 6 de julho de 2020[2], afirma que "Durante o estado de calamidade pública (...) o empregador poderá acordar a suspensão temporária do contrato de trabalho de seus empregados". Afirma ainda que esta suspensão "(...) será pactuada, dentre outras formas, por acordo individual escrito entre empregador e empregado", ou seja, sem a necessidade de anuência do ente sindical. No entanto, uma análise mais acurada das transformações estruturais que o direito laboral brasileiro tem experimentado revela que, ao contrário de uma suposta perenidade, a autonomia individual da vontade veio para ficar. Como apontado por Márcio Túlio Viana, em artigos como "Direito Civil e Direito do Trabalho: Caminhos que se cruzam"[3], já há algum tempo o direito trabalhista tem sofrido com uma espécie de "encivilizamento". Trata-se de um processo de apagamento da memória social do direito trabalhista que afasta qualquer resquício de seu caráter coletivo para que, movido por um ímpeto privatista, seja equiparado a uma matiz do direito civilista. Nesse sentido, a gritante desigualdade econômica (e de força) entre as classes empresariais e trabalhadoras, com a participação dos sindicatos nos atos negociais como forma de equiparação mínima, passa a ser tratada como inexistente. Passando por uma breve análise das crises sanitária e civilizatória e de seu impacto sobre o Direito Coletivo do Trabalho, o que o presente artigo irá defender é que o cenário que se posta não indica a autonomia individual da vontade como exceção. O que se aponta é um processo de consolidação da sua lida como regra.

1. As crises sanitária e civilizatória e a consolidação da devastação social

Um ponto comum à maioria das análises da imprensa sobre a pandemia da Covid 19 é o seu tratamento como algo inesperado, ou mesmo fortuito. Discute-se a presente crise sanitária como se ela ocorresse de forma autônoma, sem qualquer relação com as transformações históricas e sociais ocorridas no mundo nos últimos anos. Mas um adequado entendimento desse processo exige ir além dessa aparente superficialidade, revelando suas estreitas conexões com uma lógica capitalista secular, mas que escancara suas mazelas de forma muito mais visível nas últimas décadas.

Para o pensador e ativista franco-brasileiro Michael Löwy, desde a década de 1970, vivenciamos a crise da civilização capitalista, industrial e moderna[4], com o esfacelamento de um sistema cujas estruturas encontram-se corroídas desde a base. A tônica da produção pela produção, centrada precipuamente na insaciabilidade do

(2) BRASIL. *Lei n. 14.020, de 6 de julho de 2020*. Disponível em: <https://legis.senado.leg.br/norma/32432200/publicacao/32432811>. Acesso em: ago. 2020.

(3) *Rev. Fac. Direito UFMG*, Belo Horizonte, n. 65, p. 745-755, jul./dez. 2014.

(4) LÖWY, Michael. Crise ecológica, crise capitalista, crise de civilização: A alternativa ecossocialista. *Caderno CRH*, Salvador, v. 26, 67, Jan./abr. 2013.

capital por mais-valor, encara o seu próprio desgaste, concretizado no desequilíbrio sócio-ambiental e suas resultantes, o aumento excessivo da temperatura (que beira a catástrofe climática) e o esgotamento da classe trabalhadora[(5)]. Em nosso ver, a desarmonia ecológica ocasionada pelas forças do capital se mostra ainda por uma outra questão: uma "sucessão de novas doenças que irromperam no "terreno virgem" (...) do sistema imunológico inexperiente da humanidade"[(6)].

Elucidando melhor essa questão, o militante comunista e professor da Universidade da Califórnia, Mike Davis, irá nos colocar diante de fatos importantes. Segundo ele, tanto "a gripe aviária, que se propagou aos humanos em 1997"[(7)], e a "SARS, que surgiu no final de 2002"[(8)], "apareceram primeiro em Guangdong, o centro de produção mundial"[(9)]. E, não por coincidência, o aparecimento da Sars-CoV-2 (ou Covid-19), segue a mesma trama: surge na cidade chinesa de Wuhan, um dos principais polos produtivos da atualidade. Mas as conexões entre uma insana forma de conduzir a vida e a Covid-19 vão além de sua influência no surgimento da doença. O impedimento de um fim mais célere à crise decorre de uma lógica financista, que, durante anos, pouco fez pela "pesquisa e desenvolvimento de novos antibióticos e antivirais"[(10)] e pela ampliação de leitos hospitalares[(11)]. Acima de tudo, o que se observa é que as crises civilizatória e sanitária atuam na consolidação da deterioração social, aprofundando mazelas, até então, parcialmente abertas. E como se verá à seguir, o desmanche das proteções sociais pelas crises também resvala no processo de maturação da perda da memória coletiva e do encivilizamento do Direito do Trabalho.

2. Apagamento da memória coletiva e encivilizamento do Direito do Trabalho

Tratamos no tópico anterior de como o esquecimento da história produz reflexos na presente atualidade. Essa prática, que joga para debaixo do tapete as lutas e opressões dos vencidos, serve de mote para que o sistema de exploração, imposto pelo capital, seja tratado como a única saída. Mas, como pretendemos abordar aqui, esse não é um processo de abrangência restrita. Essa forma de silenciamento parece se aplicar a todo e qualquer instituto que, apesar de moldado para a sustentação sistêmica, guarde alguma potencialidade disruptiva, tendo como exemplo importante o próprio Direito do Trabalho.

(5) LÖWY, Michael. *op. cit.*

(6) DAVIS, Mike. A crise do coronavírus é um monstro alimentado pelo capitalismo. In: DAVIS, Mike, *et al*: *Coronavírus e a luta de classes*. Terra sem Amos: Brasil, 2020. p. 5.

(7) *Idem.*

(8) *Idem..*

(9) *Idem.*

(10) Ib*Idem*, p.11.

(11) Ib*Idem*, p. 7.

Como explica Gustavo Seferian, em sua tese de doutorado, a doutrina trabalhista majoritária tem, por décadas, se esquivado de evidenciar a veia social deste campo jurídico(12). Sob as escusas do mito da outorga, vende a ideia de que o surgimento do direito trabalhista brasileiro em nada guarda relação com as lutas de classe. Quando muito, ele seria fruto de uma artimanha política, apaziguando ímpetos revolucionários e inibindo a ocorrência de futuros conflitos(13). Mas essa narrativa hegemônica, que invisibiliza a luta para limitar as perspectivas protetivas desse campo jurídico, tem, aos poucos, enfrentado oposições importantes. E na órbita dessas resistências é que situa a denúncia feita por Márcio Túlio Viana, sobre um crescente "encivilizamento" do direito laboral.

Traçando uma análise comparativa entre o Direito do Trabalho e o Direito Civil, afirma Márcio Túlio que esses dois campos jamais poderão ser equiparados, pois seus processos de construção social e histórica são completamente diversos. No que se refere ao direito laboral, o jurista mineiro aponta que "quem construiu, basicamente, as normas trabalhistas, não foram os que detinham as rédeas do poder, mas aqueles que o poder oprimia"(14). A sua função precípua é "de anteparo ao choque profundo e sem fim entre o capital e o trabalho, vale dizer, entre os que têm e os que não têm os meios de produção"(15). Assim é que o caráter solidário encontra-se no seu núcleo, materializado em um Direito Coletivo do Trabalho que atuará como "veículo de construção do próprio Direito Individual"(16). No Direito Civil, de modo inverso, a formação não é guiada pelo espírito da coletividade. Sendo um direito imposto de cima para baixo, ele se mostra mais preocupado com as suas garantias de liberdade e com a obtenção de uma igualdade meramente formal (do que material). As palavras de Márcio Túlio são certeiras ao situar o Direito Civil como uma "espécie de versão jurídica da 'mão invisível' de Adam Smith"(17). Mas as mudanças sociais das últimas décadas parecem ter impactado tais naturezas(18).

---

(12) SEFERIAN, Gustavo (1). *Direito do Trabalho como barricada:* sobre o uso tático da proteção jurídica dos trabalhadores. Tese (doutorado) defendida junto à Faculdade de Direito da Universidade de São Paulo, 2017.

(13) DALAZEN, João Oreste. "Discurso do presidente do TST, Ministro João Oreste Dalazen, em homenagem aos 70 anos da Justiça do Trabalho". In: *Revista do Tribunal Superior do Trabalho*, Brasília, v. 77, n. 2, abr./jun. 2011, p. 22.

(14) VIANA, Márcio Túlio. *op. cit.*, p. 747.

(15) *Idem.*

(16) *Idem.*

(17) Ib*Idem*, p. 746.

(18) Importante ressaltar que, de acordo com Márcio Túlio Viana, apesar das diferenças significativas, "De fato, tanto o Direito Civil como o Direito do Trabalho, cada qual a seu modo, deram ao capitalismo sua base jurídica e também ideológica". Nesse sentido, por mais que o Direito do Trabalho tenha na coletividade um de seus pilares, não se pode esquecer que "o Direito do Trabalho nunca desejou a igualdade plena, pois ela implicaria romper com um sistema do qual ele é filho — um filho rebelde, mas não desnaturado." VIANA, Márcio Túlio. *Op. cit.*, p. 745-746.

De forma assemelhada à "um sistema de vasos comunicantes"[19], ainda que de modo bastante desproporcional, esses dois campos tem se auto-contaminado. Do lado do Direito Civil, notam-se influências esparsas da solidariedade trabalhista. A criação de ramos como o do Direito do Consumidor, em que a hipossuficiência assume papel relevante, parece ser parte desse processo. Mas, no caso do Direito do Trabalho, a influência do campo civilista vai muito além de breves acenos. O que se observa é um verdadeiro "encivilizamento" do direito laboral, com a temática individual se sobrepondo à coletividade [20], o que pode ser exemplificado por fatos importantes.

Como menciona Gustavo Seferian, experiências históricas, como a da instituição do Fundo de Garantia Por Tempo de Serviço, já sinalizavam nesse sentido. A criação do FGTS, pela Lei n. 5.107, de 13 de setembro de 1966, longe de significar uma vitória, representava consideráveis passos atrás na busca pela igualdade material. Sob uma falsa alegação de ganho de autonomia, o que se presenciou foi a uma perda obrigatória da estabilidade no emprego pelos trabalhadores brasileiros sentida até hoje[21]. O argumento de que uma maior autonomia/liberdade imputaria em um acréscimo de igualdade para as classes oprimidas também serviu de base para o cometimento de outras atrocidades, como o fim do imposto sindical e a criação da figura do trabalhador hiperssuficiente. Nesses casos, o custo criado por essa falsa expectativa foi o desmanche da estrutura sindical brasileira e a intensa precarização dos empregados portadores de diplomas de nível superior[22]. Mas nenhuma dessas derrotas seria capaz de prever a crise que se despontava.

O art. 8º, da recente Lei n. 14.020, de 6 de julho de 2020[23] prevê que "Durante o estado de calamidade pública (...) o empregador poderá acordar a suspensão temporária do contrato de trabalho de seus empregados" e que esta suspensão "(...) será pactuada, dentre outras formas, por acordo individual escrito entre empregador e empregado". Trata-se de um ataque profundo. O que se assiste não é apenas à ausência do principal ente representativo dos trabalhadores das negociações coletivas. A gritante desigualdade econômica (e de força) entre as classes empresariais e trabalhadoras passa a ser tratada como inexistente, equiparando o Direito laboral a uma matiz do direito civilista. E, tristemente, não há qualquer motivo para acreditar na

(19) VIANA, Márcio Túlio. *Op. cit.*, p. 750.

(20) A realidade é que "No que diz respeito ao seu conteúdo civilista, o Direito do Trabalho se expande; não se flexibiliza, não recua, não transige. Ao contrário, parece cada vez mais forte e coerente". VIANA, Márcio Túlio. *Op. cit.*, p. 750.

(21) SEFERIAN, Gustavo (2). Palestra proferida na mesa "Direito ao trabalho", integrante do I Ciclo Internacional de Direitos Humanos: do isolamento à insurgência. Disponível em: <https://www.youtube.com/watch?-v=rz3hZT56B8s&feature=youtu.be>. Acesso em: ago. 2020.

(22) SEFERIAN, Gustavo (2). *Op. cit.*

(23) BRASIL. *Lei n. 14.020, de 6 de julho de 2020*. Disponível em: <https://legis.senado.leg.br/norma/32432200/publicacao/32432811>. Acesso em: ago. 2020.

perenidade dessa situação. O posicionamento do STF, ao julgar pela constitucionalidade dessa medida, aponta claramente para sua tendente continuidade. A crise, em sua multiplicidade de efeitos, ajuda a pavimentar a mais um processo: a extirpação do direito laboral do mundo jurídico.

3. Conclusão

Não há qualquer exagero. A falsa noção de que uma maior autonomia implica também em maior liberdade tem conquistado as mentes e os corações das classes trabalhadoras, ditando o fim de uma de suas parcas barreiras protetivas. Mas ainda que esse caminhar rumo à extinção pareça inevitável, não se quer, com esse artigo, apagar possíveis sinais de esperança. Acreditamos que, mesmo no apagar das luzes, seja possível uma reviravolta nos rumos dessa narrativa. No entanto, essa mudança não se dará de forma silenciosa. Sejamos nós, acadêmicxs, advogadxs, juízxs, mas, sobretudo, trabalhadorxs, artífices desse processo, utilizando de todos os meios cabíveis para denunciar e lutar contra essa tormentosa realidade antes que seja tarde demais.

Referências bibliográficas

BRASIL. *Lei n. 14.020, de 6 de julho de 2020.* Disponível em: <https://legis.senado.leg.br/norma/32432200/publicacao/32432811>. Acesso em: ago. 2020.

DALAZEN, João Oreste. "Discurso do presidente do TST, Ministro João Oreste Dalazen, em homenagem aos 70 anos da Justiça do Trabalho". In: *Revista do Tribunal Superior do Trabalho*, Brasília, v. 77, n. 2, abr./jun. 2011.

DAVIS, Mike. A crise do coronavírus é um monstro alimentado pelo capitalismo. In: DAVIS, Mike, *et al. Coronavírus e a luta de classes.* Terra sem Amos: Brasil, 2020.

LÖWY, Michael. Crise ecológica, crise capitalista, crise de civilização: A alternativa ecossocialista. *Caderno CRH*, Salvador, v. 26, 67, jan./abr. 2013.

SEFERIAN, Gustavo (1). *Direito do Trabalho como barricada:* sobre o uso tático da proteção jurídica dos trabalhadores. Tese (doutorado) defendida junto à Faculdade de Direito da Universidade de São Paulo, 2017.

______ (2). Palestra proferida na mesa "Direito ao trabalho", integrante do I Ciclo Internacional de Direitos Humanos: do isolamento à insurgência. Disponível em: <https://www.youtube.com/watch?v=rz3hZT56B8s&feature=youtu.be>. Acesso em: ago. 2020.

VIANA, Márcio Túlio. Direito Civil e Direito do Trabalho: Caminhos que se cruzam. *Rev. Fac. Direito UFMG*, Belo Horizonte, n. 65, p. 745-755, jul./dez. 2014.

Tendências Postas ao Direito do Trabalho: Fragilização das Entidades Sindicais

Giovana Labigalini Martins
Juliana Benício Xavier

Mas uma vez passada a crise pandêmica, não podemos voltar ao "normal". Devemos exigir que, em vez do capitalismo colocar nossas vidas em crise, coloquemos em crise a sua dinâmica de lucro sobre a vida, transformando a vida em crise.(1)

Resumo: O presente trabalho tem como objetivo, a partir de revisão bibliográfica, realizar breve estudo sobre os impactos da crise sanitária na atuação das entidades sindicais, cujos misteres de articulação da classe trabalhadora e de enfrentamento ao capital já vinham sendo fortemente minados, inclusive pela contrarreforma trabalhista de 2017. Para isso, visa demonstrar que o mundo do trabalho vem sendo profundamente atingido pela pandemia, o que evoca um chamado urgente para a concepção do sindicalismo de confronto, que seja capaz de propor dinâmicas transformadoras para a construção de uma nova sociedade.

Palavras-chave: Sindicalismo — Crise sanitária — Luta de classes.

Notas introdutórias

O papel das entidades sindicais é discutido há décadas por aquelas e aqueles que se debruçam sobre a análise da luta de classes. Ainda no século XIX, Karl Marx identificou a tarefa econômica dos sindicatos, indicando que cabe a eles "impedir que

---

(1) ROQUETA, Marta, *et al: Coronavírus, gênero e a luta de classes*. Editora Terra sem Amos: Brasil, 2020. p.39.

o nível de salários desça abaixo da soma paga tradicionalmente nos diversos ramos da indústria e que o preço da força de trabalho caia abaixo do seu valor[(2)]". Ele reconheceu que a questão econômica é o amálgama para a coalizão das trabalhadoras e trabalhadores e que, uma vez formadas as associações em razão desse interesse, elas adquirem caráter político.

Os organismos da classe trabalhadora têm a função de, nas épocas de estagnação política, "desenvolver a consciência, a força e a capacidade combativa da classe avançada" capacitando as sujeitas e os sujeitos para resolverem "na prática as grandes tarefas quando chegarem os grandes dias em que 'se condensem vinte anos'"[(3)]. Nessas fases, portanto, devemos usar taticamente os instrumentos legais de luta, dentre os quais, as entidades sindicais. Este uso manifesta-se no estímulo à "energia democrática", essencial à experiência da classe com vistas a compreender os limites da legalidade burguesa.

Destacamos que Marx defendeu que há momentos em que, ainda que a desigualdade de forças deixe transparecer que a derrota da classe trabalhadora é iminente, suas direções não podem desistir do enfrentamento. Isso porque, a capitulação sem luta tem efeitos deletérios no período histórico subsequente, deseducando e baixando o ânimo da classe. Exatamente em razão desse efeito prospectivo, mesmo tendo sido considerada prematura a iniciativa revolucionária do proletariado francês em 1871, ela foi saudada com entusiasmo por Marx:

> Nessa situação, como em muitas outras, a derrota da ação revolucionária representava — do ponto de vista do materialismo dialético de Marx, na marcha geral e no efeito da luta proletária — um mal menor em comparação com o que teria representado a renúncia às posições já conquistadas, a capitulação sem luta: esta capitulação teria desmoralizado o proletariado e diminuído sua combatividade.[(4)]

Precisamos fazer a ressalva de que, conforme nos ensina Paulo de Carvalho Yamamoto[(5)], antes de serem uma criação normativa, os sindicatos são "um fenômeno social, cuja atuação se dá, originariamente, à margem da lei. 'À margem da lei', num primeiro momento, no sentido de não ser previsto pela lei; 'à margem da lei', no momento seguinte, no sentido de ser proibido e criminalizado".

---

(2) AGUENA, Paulo (Org.). *O Marxismo e os sindicatos*. São Paulo: Editora instituto José Luís e Rosa Sunderman, 2008. p. 64.

(3) LENIN, Vladimir Ilich Ulianov. *Sobre os sindicatos*. São Paulo: Editorial Livramento, 1979. p. 08.

(4) Ib*idem*, p. 08.

(5) YAMAMOTO, Paulo de Carvalho. *Trabalhadores unidos, direito em ação:* Crítica da legalização da classe operária brasileira sob o sindicalismo de Estado pós-88. Dissertação de mestrado apresentada no ano de 2016 ao programa de Pós-Graduação em Direito, da Faculdade de Direito da Universidade de São Paulo. p. 208.

Quando o estado traz para si a caracterização e a delimitação das entidades sindicais, já é no exercício de uma tática de conferir forma jurídica e aprisionar sob o regime da legalidade burguesa as associações classistas que são, na origem, espontâneas. Não é por outro motivo que a entidade sindical já nasce no Brasil como instituição destinada a garantir um "espírito de harmonia entre patrões e operários" [...]:

> Art. 8º Os syndicatos que se constituírem com o espirito de harmonia entre patrões e operários, como sejam os ligados por conselhos permanentes de conciliação e arbitragem, destinados a dirimir as divergências e contestações entre o capital e o trabalho, serão considerados como representantes legais da classe integral dos homens do trabalho e, como tais, poderão ser consultados em todos os assumptos da profissão.(6)

Partindo dessa breve digressão teórica, temos por objetivo apontar reflexos da escolha conciliatória que tem se tornado a tônica da atuação dos sindicatos brasileiros, capturados nos meandros da legalidade burguesa. Pretendemos lançar reflexões sobre os impactos desse processo de arrefecimento das lutas sindicais sobre a conjuntura do ano de 2020, inclusive sob a ótima da crise sanitária, com foco na utilização da via negocial em detrimento do enfretamento ao capital.

No transcurso da nossa reflexão, não poderemos deixar de citar a contrarreforma trabalhista, Lei n. 13.467/2017, especialmente por ter difundido a possibilidade de trabalhadoras e trabalhadores negociarem seus contratos de trabalho individualmente com as empregadoras e os empregadores, sem que tais pactuações passem pela chancela do sindicato. Tal tendência, com a legitimação do Poder Judiciário — em especial Supremo Tribunal Federal (STF), foi aprofundada pelas Medidas Provisórias n. 927 e 936, editadas durante a crise sanitária instalada no Brasil e no mundo, no ano de 2020.

A partir da breve reflexão acima desenvolvida, percebemos que vivemos em um tempo em que estão constituídos todos os elementos para a retroalimentação de um ciclo que só afasta as entidades sindicais de suas potencialidades contestatórias ao modo de produção vigente: legalização da classe operária; esvaziamento das atribuições legais da entidade sindical; sindicatos anêmicos, que legitimam a exploração da força de trabalho. Essas etapas constituem o objeto da nossa análise nos tópicos subsequentes.

Desenvolvimento

O ano de 2020 tem início com notícias de que um vírus que havia sido identificado na China no final do ano anterior estava se espalhando pelo mundo, marcado por uma alta taxa de mortalidade. No final de fevereiro, o Brasil confirmou a primeira

---

(6) BRASIL. *Decreto n. 1.637, de 5 de janeiro de 1907.* Crea syndicatos profissionaes e sociedades cooperativas. Diário Oficial, Rio de Janeiro, 11 jan. 1907, p. 251. Disponível em: <http://www2.camara.leg.br/legin/fed/decret/1900-1909/decreto-1637-5-janeiro-1907-582195-publicacaooriginal-104950-pl.html>. Acesso em: 12 ago. 2020.

contaminação de um nacional pela Covid-19, nome dado à doença causada pelo vírus SARS-CoV2. Desde então, assistimos à contaminação de 3.164.785, com a morte de 104.201 pessoas, segundo publicado pela BBC Brasil(7) em 12 de agosto.

Em março, a Organização Mundial da Saúde (OMS) reconheceu o surto da doença como uma pandemia. Pouco antes, o governo brasileiro editou a Portaria n. 188, de 03 de fevereiro de 2020, por meio da qual o Ministério da Saúde declarou "emergência em saúde pública de importância nacional". Três dias depois, o Congresso aprovou a Lei n. 13.979, dispondo sobre algumas medidas para enfrentamento da doença.

Não obstante essas iniciativas legislativas, somadas ao Decreto Legislativo n. 06, que liberou os entes federativos do cumprimento da Lei de Responsabilidade Fiscal, o governo federal editou uma série de medidas provisórias em matéria trabalhista, supostamente com o objetivo de "mitigar os danos sociais e econômicos" e contribuir "para a manutenção dos vínculos empregatícios"(8) durante o período em que perdurasse o isolamento social como medida necessária à contenção da transmissão do vírus.

A crise sanitária já deixa marcas profundas para a classe trabalhadora. Além do número de vidas e laços perdidos, seus efeitos no mundo do trabalho demonstram como os impactos operam de forma desigual, ao considerarmos classe, gênero e raça.

A Organização Internacional do Trabalho (OIT) apresentou estudo sobre o longo alcance da Covid-19 no mundo do trabalho, com aumento substancial no desemprego e subemprego, além da perda dos postos de trabalho e o aumento das pessoas em situação de pobreza. Segundo informa, a pandemia gerará "um aumento no desemprego global entre 5,3 milhões de pessoas (cenário 'baixo') e 24,7 milhões (cenário 'alto')"(9).

No Brasil, o nível de ocupação no emprego entre março e abril ficou abaixo de 50%, ou seja, mais pessoas estavam sem trabalho do que trabalhando em todo o País, segundo a Pesquisa Nacional por Amostra de Domicílios (PNAD-Covid) do Instituto Brasileiro de Geografia e Estatística (IBGE)(10).

Os dados compilados pelo Departamento Intersindical de Estatística e Estudos Socioeconômicos (DIEESE)(11) na segunda quinzena de julho de 2020, tratando dos

---

(7) BBC. Brasil passa de 105 mil mortos por Covid-19; novos casos foram 60 mil em 24h. Disponível em: <https://www.bbc.com/portuguese/brasil-51713943>. Acesso em: 13 ago. 2020.

(8) BRASIL. *Exposição de motivos da MP n. 936, de 1º de abril de 2020.*

(9) OIT BRASIL. *Como a Covid-19 afetará o mundo do trabalho?*. Disponível em: <https://www.ilo.org/brasilia/noticias/WCMS_740753/lang--pt/index.htm>. Acesso em: 10 ago. 2020.

(10) BRASIL, IBGE. Disponível em: <https://covid19.ibge.gov.br/pnad-covid/>. Acesso em: 09 ago. 2020.

(11) DIEESE. *Boletim Emprego em Pauta*, Número 15, 20 jul. 2020. Disponível em: <https://www.dieese.org.br/boletimempregoempauta/2020/boletimEmpregoEmPauta15.html>. Acesso em: 14 ago. 2020.

primeiros impactos da pandemia no mundo do trabalho, demonstram que 18,5 milhões de brasileiras e brasileiros não trabalharam e não procuraram ocupação devido à pandemia, 19 milhões de pessoas foram afastadas do trabalho e 30 milhões tiveram alguma redução no rendimento, sendo que estas perdas foram maiores no setor de serviços, do comércio e da construção e entre as trabalhadoras e os trabalhadores informais.

As informações acima anotadas permitem que percebamos que a crise sanitária acentua uma crise econômica a qual, por sua vez, encontra a classe trabalhadora e suas entidades profundamente debilitadas. Um marco recente do processo de fragilização das entidades sindicais foi a contrarreforma trabalhista, de 2017, que funcionou como a coroação de uma marcha em que já era possível perceber o esvaziamento das atribuições legais da entidade sindical, bem como a dissolução de suas bases de representação. Conforme afirma Andreia Galvão:

> As mudanças nas formas contratuais (terceirização, pessoa jurídica, micro-empreendedor individual, autônomo em uma relação de emprego disfarçada), porém, precederam a implantação da reforma e impactaram na base de representação. Quando a lei da reforma trabalhista entrou em vigor, encontrou sindicatos mais fragilizados para resistir, devido à redução de suas bases e ao clima de instabilidade disseminado entre os trabalhadores. Tal condição tornou mais desfavorável o processo de negociação com os empregadores[(12)].

Sabemos que, tanto a mobilização da classe trabalhadora quanto a greve são, por essência, fatos sociais, os quais, todavia, têm sido transpostos para o imaginário coletivo e se afirmado ao longo dos anos como um ato jurídico em que a vontade ali expressa é a da pessoa jurídica entidade sindical. Em sendo assim, na medida em que as entidades sindicais são anemizadas, depois de um longo período em que se arrogam a representação e a liderança das mulheres e homens que trabalham, a correlação de forças fica desfavorável à classe trabalhadora.

Na medida em que (1) as lutas em torno do direito do trabalho têm o papel de tensionamento das estruturas da ordem social; (2) essas tensões ficam sob a responsabilidade das entidades sindicais; (3) essas associações são imobilizadas; os necessários golpes nas estruturas, capazes de abalá-las e [talvez] conduzir a sua superação, deixam de ser dados.

É nesse cenário em que é editada a Medida Provisória (MP) n. 936, de 1º de abril de 2020, que "institui o Programa Emergencial de Manutenção do Emprego e

---

(12) GALVÃO, Andreia. Reforma Trabalhista: efeitos e perspectivas para os sindicatos. In: KREIN, José Dari; OLIVEIRA, Roberto Véras de; FILGEUIRAS, Vitor Araújo (Orgs.). *Reforma trabalhista no Brasil:* promessas e realidade. Campinas: Curt Nimuendajú, 2019. p. 210.

da Renda e dispõe sobre medidas trabalhistas complementares para enfrentamento do estado de calamidade pública reconhecido pelo decreto legislativo 6, de 20 de março de 2020, e da emergência de saúde pública de importância internacional decorrente do coronavírus, de que trata a Lei n. 13.979, de 06 de fevereiro de 2020[(13)]".

Os objetivos, conforme consta do art. 2º da referida MP seriam: (i) preservar o emprego e a renda; (ii) viabilizar a atividade econômica, diante da diminuição de atividades; e (iii) reduzir o impacto social em razão das consequências do estado de calamidade pública e de emergência de saúde pública.

A fim de atingir o intuito da Medida Provisória, a medida previu a redução proporcional da jornada de trabalho e de salário, bem como a suspensão temporária do contrato de trabalho por acordo individual escrito entre empregada, empregado e empregadora, empregador, com alijamento das entidades sindicais e afronta ao art. 7º da Constituição Federal, que impede a redução salarial, exceto quando estabelecida em convenção ou acordo coletivo.

O Partido político "Rede Sustentabilidade" ingressou com a Ação Direta de Inconstitucionalidade (ADI) n. 6.363, por meio da qual questionou a possibilidade de implementação das medidas supracitadas por meio de acordos individuais de trabalho.

Em sede liminar, o Ministro Ricardo Lewandowski deferiu em parte a cautelar e afirmou que os acordos são legítimos, com efeito imediato, mas que a entidade sindical deveria ser comunicada no prazo de dez dias para que, caso queira, inicie a negociação coletiva. Na hipótese de Acordo Coletivo de Trabalho ou Convenção Coletiva de Trabalho, os instrumentos coletivos prevaleceriam sobre os acordos individuais, que, por outro lado, subsistiriam, na inércia de atuação da entidade sindical.

Em 17.04.2020, o plenário do STF, contudo, não referendou a decisão liminar, tendo adotado o voto divergente do Ministro Alexandre de Moraes. Este garante ser desnecessário o consentimento sindical, alegando que as determinações constitucionais previstas no art. 7º, inciso VI, só teriam funcionalidade em situação de normalidade e na superveniência de conflito. A disposição da MP n. 936, segundo o ministro, não exige a ratificação sindical em razão do momento excepcional em que tem vigência. Ele, ainda, afirma inexistir conflito entre as partes, deixando suspensa no ar a ideologia da união entre as classes sociais em torno da superação dos efeitos deletérios da crise, ou seja, que o corpo laboral deve dar sua cota de sacrifício para manter a saúde da empresa. Mostrando um grande desconhecimento sobre a realidade da classe trabalhadora nacional, ameaçada pelo desemprego e pela pobreza, o ministro sustenta seu argumento, na suposta prerrogativa da empregada e do empregado de não aceitação do acordo individual de trabalho.

(13) A MP n. 936/20 foi convertida em 06 de julho de 2020 na Lei n. 14.020/2020, seguindo, portanto, existente a possibilidade de negociação individual entre trabalhadora e trabalhador com as empregadoras e empregadores.

Afirma que o acordo individual seria suficiente para flexibilizar o contrato de trabalho já que, supostamente, a empregada e o "empregado pode [m] não aderir ao acordo individual e, assim, assumir o risco da demissão"(14). Além disso, para o Ministro, a segurança jurídica e a proteção social ao emprego e a proporcionalidade estariam prejudicadas pelo crivo posterior do sindicato.

Ainda que sem o julgamento do mérito da ADI n. 6.363, a apreciação da medida cautelar chancela a negociação individual da trabalhadora e do trabalhador, em detrimento à negociação coletiva. De um lado, há uma intensificação do processo de perda do protagonismo sindical na defesa da classe trabalhadora; de outro, coloca-se em mãos individuais um problema que só é possível de ser enfrentado se feito de forma coletiva. Tudo isso se traduz, então, em piores condições de labor e de vida, tendo em vista o desequilíbrio entre a empregada e o empregado ao serem comparados com a empregadora e o empregador.

Em consonância com estudo realizado pelo DIESSE(15), a atuação da entidade sindical nas negociações coletivas é capaz de assegurar Acordos Coletivos de Trabalho superiores, com mais garantias de direitos e com condições melhores às verificadas quando a pactuação se dá na seara individual, tal como quis a medida provisória editada pelo Governo Federal.

A pandemia e a MP n. 936 mudaram a correlação de forças das negociações coletivas no primeiro semestre de 2020. Apesar de a MP viabilizar a negociação individual, dados colhidos pelo DIEESE apontam que não ter havido alteração no número de instrumentos registrados em comparação ao ano de 2019. Todavia, a simples possibilidade de uso do mecanismo serviu para se firmarem acordos rebaixados em que "o número de cláusulas relativas a reajustes salariais foi 28% inferior ao negociado no mesmo período de 2019".

No total, foram 7.398 instrumentos coletivos entre março e junho de 2020, sendo que 55% deles continham cláusulas normativas relacionadas à Covid-19 e 42% mencionam a MP n. 936(16). Percebe-se que a pandemia nitidamente afetou a atividade sindical e deu o tom das negociações coletivas no primeiro semestre deste ano.

(14) VITAL, Danilo. Acordo Individual trabalhista na crise não depende de sindicato, diz STF. *Conjur*. 17 abril de 2020. Disponível em <https://www.conjur.com.br/2020-abr-17/acordo-trabalhista-crise-nao-depende-sindicato-stf>. Acesso em: 18 de agosto de 2020.

(15) DIEESE. *Estudos e Pesquisas n. 91 –16/04/2020.* Acordos negociados pelas entidades sindicais para enfrentar a pandemia do coronavírus – Covid-19. Disponível em: <https://www.dieese.org.br/estudosepesquisas/2020/estPesq91AcordosCovid.html>. Acesso em: 14 ago. 2020.

(16) DIEESE. *De olho nas negociações*. Número 1 – Agosto de 2020. Disponível em: < https://www.dieese.org.br/boletimnegociacao/2020/boletimnegociacao01.pdf>. Acesso em: 14 ago. 2020.

Vale esclarecer que não há contradição entre reconhecer que a institucionalização dos sindicatos fragiliza os processos reivindicatórios das trabalhadoras e dos trabalhadores e, ao mesmo tempo, defender o fortalecimento das entidades sindicais. É que como bem condensou Paulo Yamamoto em sua dissertação de mestrado:

> Acreditamos que a forma jurídica bem como o aparelho sindical atuem para limitar e impedir que os trabalhadores se reconheçam enquanto protagonistas da "transformação revolucionária da sociedade inteira". Entretanto, o movimento expansivo do capital ao ameaçar constantemente o pouco que é garantido à classe operária, coloca a luta por direitos e a organização sindical — e, sindical, agora, fazendo referência a algo muito mais amplo do que o sindicato oficial de Estado ou então o tradeunionismo, vale dizer, como "centros de organização da classe trabalhadora" — como um imperativo fático. Com isso, enquanto o capitalismo não destrói definitivamente a humanidade, persiste a possibilidade de, no processo de luta e organização, a classe trabalhadora reconhecer seu protagonismo e a limitação das formas sociais burguesas e, enfim, nos libertar da barbárie.(17)

Dessa forma, a MP n. 936 figura como mais um ataque as entidades sindicais, com impacto direto na luta de classes e aprofundamento da precarização das condições do trabalho e do futuro do país.

Reflexões finais

Nesse momento histórico, é necessário reconhecer o papel vital das organizações de trabalhadoras e trabalhadores na resposta às crises, levando em consideração a Convenção n. 87 sobre Liberdade Sindical e Proteção ao Direito de Sindicalização, de 1948, e a Convenção sobre Direito de Sindicalização e de Negociação Coletiva n. 98, de 1949, conforme assinalado na Nota Técnica Conjunta n. 06/2020 PGT/CONALIS(18).

Demonstramos que a pandemia foi utilizada como subterfúgio para a acentuação do ataque à classe trabalhadora, com a fragilização das entidades sindicais. Por outro lado, afirmamos que o movimento sindical, marcado pela institucionalização, não responde ao seu papel histórico. Nesse sentido:

> A necessária superação do capitalismo — necessária, entenda-se bem, não por ser inexorável, mas por ser a única alternativa viável frente a

(17) YAMAMOTO, Paulo. *Op. cit.*, p. 291.

(18) BRASIL, MPT. *NOTA TÉCNICA CONJUNTA N. 06/2020 – PGT/CONALIS*. Disponível em: <https://mpt.mp.br/pgt/noticias/nt-6-2020-conalis-mpt.pdf>. Acesso em: 10 ago. 2020.

> barbárie em que vivemos — não será protagonizada por juristas, nem tampouco por acadêmicos, mas antes pelos próprios trabalhadores(19).

Portanto, notamos ainda mais pertinentes e urgentes as indagações a respeito dos desafios colocados aos sindicatos, tal "como se efetiva, no contexto de uma situação defensiva, uma ação sindical que dê respostas às necessidades imediatas do mundo do trabalho, preservando elementos de uma estratégia anticapitalista e socialista?"(20).

Para propor o enfrentamento da questão, resgatamos os ensinamentos de Marx, no sentido de que "o sindicato é guerrilha contra os efeitos do sistema, mas deve ir além para alavancar a emancipação final da classe operária"(21). Dito de outra forma: não devemos nos apegar à conciliação dos silenciosos acordos coletivos de trabalho, precisamos incentivar e dar vazão aos enfrentamentos realizados pela classe trabalhadora em torno de objetivos que visem a reduzir a exploração a que está submetida, tanto em suas manifestações de fato, quanto por intermédio de suas organizações institucionalizadas.

O horizonte, todavia, deve sempre ser (1) a emancipação da classe trabalhadora, (2) a superação dessa ordem social marcada pela separação das produtoras e produtores em relação aos meios de produção, (3) a construção de uma nova sociedade em que mulheres e homens não tenham que vender sua força de trabalho.

Pois paz sem voz, paz sem voz não é paz é medo.(22)

Referências bibliográficas

AGUENA, Paulo (org.). *O Marxismo e os sindicatos.* São Paulo: Editora instituto José Luís e Rosa Sunderman. 2008.

ANTUNES, Ricardo Luis Coltro. *Adeus ao Trabalho?:* ensaio sobre as metamorfoses e a centralidade do mundo do trabalho. 15. ed. 3. reim. São Paulo: Cortez, 2011.

BBC BRASIL. *Brasil registra 1.175 novas mortes e mais 55 mil casos de Covid-19 nas últimas 24 horas.* Disponível em <https://www.bbc.com/portuguese/brasil-51713943>.

______. *Brasil passa de 105 mil mortos por Covid-19; novos casos foram 60 mil em 24h.* Disponível em: <https://www.bbc.com/portuguese/brasil-51713943>. Acesso em: 13 ago. 2020.

BRASIL, *Decreto n. 1.637, de 5 de janeiro de 1907.* Crea syndicatos profissionaes e sociedades cooperativas. Diário Oficial, Rio de Janeiro, 11 jan. 1907, p. 251. Disponível em: <http://

(19) YAMAMOTO, Paulo. *Op. cit.*, p. 291.

(20) ANTUNES, Ricardo Luis Coltro. *Adeus ao Trabalho?:* ensaio sobre as metamorfoses e a centralidade do mundo do trabalho. 15. ed. 3. reimp. São Paulo: Cortez, 2011. p. 172.

(21) MARX, Karl. A luta entre o capital e o trabalho e os seus resultados. In: AGUENA, Paulo (Org.). *O marxismo e os sindicatos:* Marx. Engels. Lenin e Trotsky. São Paulo: Editora Instituto José Luís e Rosa Sundermann, 2008.

(22) YOUKA, Marcelo. *Minha Alma (A Paz Que Eu Não Quero) — O Rappa*. Disponível em: <https://www.youtube.com/watch?v=vF1Ad3hrdzY>. Acesso em: 18 ago. 2020.

www2.camara.leg.br/legin/fed/decret/1900-1909/decreto-1637-5-janeiro-1907-582195-publicacaooriginal-104950-pl.html>. Acesso em: 12 ago. 2020.

______. *Exposição de motivos da MP n. 936, de 1º de abril de 2020.*

______. IBGE. Disponível em: <https://covid19.ibge.gov.br/pnad-covid/>. Acesso em: 09 ago. 2020.

______. MPT. *NOTA TÉCNICA CONJUNTA N. 06/2020 – PGT/CONALIS.* Disponível em: <https://mpt.mp.br/pgt/noticias/nt-6-2020-conalis-mpt.pdf> Acesso em: 10 ago. 2020.

DIEESE. *De olho nas negociações.* Número 1 – Agosto de 2020. Disponível em: <https://www.dieese.org.br/boletimnegociacao/2020/boletimnegociacao01.pdf>. Acesso em: 14 ago. 2020.

______. *Boletim Emprego em Pauta. Número 15 – 20 de julho de 2020.* Disponível em: <https://www.dieese.org.br/boletimempregoempauta/2020/boletimEmpregoEmPauta15.html>. Acesso em: 14 ago. 2020.

______. *Estudos e Pesquisas n. 91 –16/04/2020.* Acordos negociados pelas entidades sindicais para enfrentar a pandemia do coronavírus – Covid-19. Disponível em: <https://www.dieese.org.br/estudosepesquisas/2020/estPesq91AcordosCovid.html>. Acesso em: 14 ago. 2020

GALVÃO, Andreia. Reforma Trabalhista: efeitos e perspectivas para os sindicatos. In: KREIN, José Dari; OLIVEIRA, Roberto Véras de; FILGUEIRA, Vitor Araújo (Orgs.). *Reforma trabalhista no Brasil:* promessas e realidade. Campinas: Curt Nimuendajú, 2019.

LENIN, Vladimir Ilich Ulianov. Os Revolucionários Devem Atuar nos Sindicatos Reacionários?. In: [*Do Livro:* A Doença Infantil do Esquerdismo no Comunismo]. Maio de 1920. Disponível em: <https://www.marxists.org/portugues/lenin/livros/sindicato/04.htm>. Acesso em: 18 out. 2017.

______. *Sobre os sindicatos.* São Paulo: Editorial Livramento. 1979.

MARX, Karl. A luta entre o capital e o trabalho e os seus resultados. In: AGUENA, Paulo (Org.). *O marxismo e os sindicatos:* Marx. Engels. Lenin e Trotsky. São Paulo: Editora Instituto José Luís e Rosa Sundermann, 2008.

OIT BRASIL. *Como a Covid-19 afetará o mundo do trabalho?.* Disponível em: <https://www.ilo.org/brasilia/noticias/WCMS_740753/lang--pt/index.htm>. Acesso em: 10 ago. 2020.

ROQUETA, Marta, *et al. Coronavírus, gênero e a luta de classes.* Ed.: Terra sem Amos: Brasil, 2020.

VITAL, Danilo. Acordo Individual trabalhista na crise não depende de sindicato, diz STF. *Conjur.* 17 abr. 2020. Disponível em <https://www.conjur.com.br/2020-abr-17/acordo-trabalhista-crise-nao-depende-sindicato-stf>. Acesso em: 18 ago. 2020.

YAMAMOTO, Paulo de Carvalho. *Trabalhadores unidos, direito em ação: Crítica da legalização da classe operária brasileira sob o sindicalismo de Estado pós-88.* Dissertação de mestrado apresentada no ano de 2016 ao programa de Pós-Graduação em Direito, da Faculdade de Direito da Universidade de São Paulo.

YOUKA, Marcelo. *Minha Alma (A Paz Que Eu Não Quero) — O Rappa.* Disponível em: <https://www.youtube.com/watch?v=vF1Ad3hrdzY>. Acesso em: 18 ago. 2020.

Tendências Postas ao Direito do Trabalho: Projeção aos Trabalhadores e Trabalhadoras Quanto aos Ônus Econômicos da Crise Sanitária

Caio Silva Melo

Nas veias abertas da América Latina
Tem fogo cruzado queimando nas esquinas
Um golpe de estado ao som da carabina, um fuzil
Se a justiça é cega, a gente pega quem fugiu.
Sulamericano – Baiana System

Introdução

Para traçarmos um panorama, ainda que breve, das tendências que os trabalhadores assumirão quanto ao ônus da crise econômica, é fundamental, antes de tudo, que tomemos uma perspectiva multidisciplinar em relação às áreas que nas quais a academia tradicionalmente divide o conhecimento. Dentro desse artigo trabalharemos com conceitos e conclusões próprios às áreas da Economia, Sociologia e Direito, além de utilizarmos dados demográficos, econômicos e sociais para embasar nossa análise.

Para além das áreas acadêmicas que perpassarão a análise desse artigo, outro elemento necessário a uma análise da realidade é o desenvolvimento histórico, até porque o fundamento desse artigo é apontar tendências futuras. Nesse sentido, ainda que não caiba nos estendermos na metodologia praticada aqui, ela partirá dos fundamentos estabelecidos por Karl Marx em diversas obras e sistematizadas na Introdução dos

Grundrisse[1], que estabelece as bases para o método materialista histórico-dialético que posteriormente será aplicado no Capital[2]. Essa última obra foi objeto de estudo em anos recentes por parte do Grupo de Pesquisa Trabalho e Capital no Direito Social (GPTC) e, como esse artigo está inserido numa obra organizada por membros desse grupo, preferimos deixar essa breve introdução metodológica para que não fiquem dúvidas que tanto a escolha do objeto de análise quanto da metodologia, buscamos realizá-las sob um ponto de vista de defesa da classe trabalhadora.

A exposição será separada em três momentos históricos que não necessariamente podem ser delimitados cronologicamente. O primeiro deles é anterior a pandemia, no qual o Brasil e o Mundo se encontravam em uma fraca recuperação econômica, conjugada com retiradas de Direitos Trabalhistas e Sociais e mudanças significativas no mundo do trabalho. A incapacidade de reversão da situação deflagrada em 2008 nos Estados Unidos, não somente no âmbito econômico, mas também na lógica com que se aprofundaram ataques aos direitos e mudanças nas relações trabalhistas, combinou-se com a deflagração da pandemia e suas consequências, que serão objeto do segundo momento histórico de nossa análise.

Quanto ao terceiro momento histórico, abordaremos tendências no curto, médio e longo prazo para diversos setores da classe trabalhadora. Nesse momento buscaremos aprofundar uma questão chave das discussões do GPTC que é diversidade da classe trabalhadora nas questões de gênero, raça e de ocupações. Dado o espaço que temos para desenvolver os assuntos no artigo, não nos restou outra opção senão deixar referências a obras que aprofundam as consequências da crise econômica anterior para diferentes setores da classe trabalhadora.

Cabe, por fim, destacar que também não poderemos explorar com profundidade as relações entre o Brasil e o restante do Mundo no que tange aos destempos tanto da crise econômica, quanto às mudanças jurídicas e no mundo do trabalho. Partimos do princípio de que o desenvolvimento do capitalismo na etapa imperialista aprofundou a relação entre os países de maneira desigual e combinada[3] e que os tempos da crise econômica, as mudanças jurídicas na proteção social e trabalhista e as mudanças no mundo do trabalho no Brasil têm relação com o movimento global, mas encontram especificidades que não são o escopo desse artigo[4]. Por isso abordaremos, para cada momento histórico, a situação no Brasil e no Mundo sem delimitar essas mediações, sem o intuito, contudo, de afirmar que as tendências postas para o Mundo se darão automaticamente para o Brasil ou que as tendências expressas em nosso país são expressões automáticas de tendências mundiais[5].

(1) MARX, Karl. *Grundrisse*. São Paulo: Boitempo; Rio de Janeiro: Ed. UFRJ, 2011.

(2) MARX, Karl. *O Capital*. São Paulo: Boitempo, 2019.

(3) TRÓTSKI, Leon. *História da Revolução Russa*. São Paulo: Sundermann, 2007

(4) SANTOS, Theotonio dos. *Teoria da Dependência*. Balanço e Perspectivas. Florianópolis: Insular, 2015.

(5) Disponível em: <https://www.esquerdadiario.com.br/O-discreto-desencanto-da-burguesia>.

Antes da pandemia: a degradação do trabalho como fruto de uma recuperação sem sustentação

O processo de acumulação criado na década de 1970 com a ruptura do Padrão-Ouro e a expansão dos serviços financeiros e creditícios encontrou um limite inexpugnável em 2008. Muito embora a Crise Asiática (1997) e das empresas de tecnologia (2001) já apontavam as debilidades de crescimento da produtividade e o baixo investimento a nível mundial(6), foi apenas com a falência do banco Lehman Brothers e as quedas nas bolsas que se seguiram, que o modelo neoliberal encontrou um limite dentro dele próprio.

Para além dos efeitos imediatos da crise a nível mundial, com uma queda no PIB mundial de 1,67%(7) com consequentes reduções no comércio, investimento real e, logo, na geração de empregos e no nível dos salários(8). A Crise Econômica se estendeu e atingiu diferentes países em momentos distintos. Como tendência geral assistimos um aumento vertiginoso do endividamento do Estado em consequência de políticas "anticíclicas", sendo o "Quantitative Easing"(9) um dos principais mecanismos.

O mecanismo de salvamento das empresas, por meio da "socialização das perdas" para o Estado, levou ao crescimento exorbitante da relação dívida/PIB. Essa processo também foi acompanhado pelas empresas (com aumento da alavancagem) e pelas famílias (hipotecas, empréstimos e financiamentos(10). A economista argentina Paula Bach assim define esse processo:

> "O certo é que a debilidade econômica do pós crise 2008/2009 aniquilou o substituto débil do 'progresso' oferecido pelo neoliberalismo em troca da 'globalização' e a destruição das conquistas do chamado 'Estado do Bem-Estar'. De alguma maneira e em particular no curso das décadas de 1990 e 2000, a proliferação do crédito ao consumo — incluídas as hipotecas subprime, a mitigação da desigualdade entre países — habilitada pelo ascenso dos chamados BRICS, a redução relativa da pobreza — entendida em termos do Banco Mundial, o 'sonho chinês', o indiano e até certo ponto o brasileiro, entre outros, atuaram como fatores compensatórios frente ao aumento — global e no interior da maioria dos países — da desigualdade. Este 'intercâmbio diabólico' é o

(6) Disponível em: <http://www.laizquierdadiario.com/ideasdeizquierda/la-larga-depresion-y-el-futuro-del-capitalismo/>.

(7) Disponível em: <https://data.worldbank.org/indicator/NY.GDP.MKTP.KD.ZG>.

(8) Disponível em: <https://databank.worldbank.org/source/world-development-indicators>.

(9) Disponível em: <https://www.esquerdadiario.com.br/O-vindouro-diluvio-das-dividas>.

(10) Disponível em: <http://www.megamoveleiros.com.br/inadimplencia-das-empresas-bate-recorde-em-2019-segundo-estudo-do-serasa-experian/>.

que, no curso da última década, foi diluindo primeiro no 'centro' e mais tarde na 'periferia'."[11]

As contratendências pontuais da crise econômica, que no Brasil foram denominadas pelo ex-presidente Lula como "marolinha", não foram capazes de impedir que a crise seguisse seu curso. Primeiro a pauta de exportação foi afetada pela queda do consumo externo, junto a isso os custos de importação aumentaram devido às políticas de estímulo que elencamos acima: os governos propagandearam que a "injeção de liquidez" daria mais segurança para que os investimentos retornassem, mas na realidade o que se mostrou foi um enorme "entesouramento" direcionando dólares para os países centrais e seus principais bancos; com isso, a moeda brasileira se desvalorizou.

Esse primeiro movimento, iniciado em 2008 e aprofundado em 2013, aumentou o endividamento estatal brasileiro até níveis exorbitantes em 2015[12], ano em que se iniciam uma série de cortes em serviços estatais e começam a se esboçar mudanças nas proteções trabalhistas e sociais, como a Medida Provisória n. 680/2015 que criou o Programa de Proteção ao Emprego.

Em 2017, já sob o governo de Michel Temer, foi aprovada a Reforma Trabalhista, instituída pela Lei n. 13.467/2017. Essa lei, proposta pelo executivo a despeito de qualquer voto popular em defesa desse programa, demonstrou que o Estado Brasileiro (Executivo, Legislativo e Judiciário) estava disposto a se indispor com a grande maioria da população para seguir a cartilha que estava sendo aplicada no mundo. Além da ruptura democrática estabelecida com essa mudança (acompanhando a própria mudança no governo) bem como todas as seguintes ("PEC do Teto" e "Reforma da Previdência", para exemplificarmos), também se dará um tom messiânico para todas as mudanças nas legislações trabalhistas e no financiamento dos serviços do Estado, que serão propagandeados como necessários para que o país saísse da crise[13].

O resultado da combinação de fatores (choque internacional, saída de capitais, avanço da deterioração econômica e do Estado) corresponde aos ditames da burguesia nacional e internacional, e culmina na eleição de Jair Bolsonaro. Todos esses fatores serviram para mudanças significativas no mundo do trabalho.

Uma dessas mudanças apontada por diversos estudiosos foi a "uberização", denominados assim os trabalhos que envolvem qualquer plataforma tecnológica

(11) Disponível em: <https://www.esquerdadiario.com.br/O-discreto-desencanto-da-burguesia>.

(12) Disponível em: <https://databank.worldbank.org/source/world-development-indicators>.

(13) Disponível em: <https://economia.estadao.com.br/noticias/geral,retomada-da-confianca-na-economia-foi-a-aposta-do-primeiro-ano-de-temer,70001775167>.

semelhante a UBER, e aumento da precariedade dos contratos de trabalho[14]. O aumento significativo de trabalhadores "Conta Própria", de trabalhadores sem carteira assinada e de pequenos empregadores, foram algumas das tendências que no mundo do trabalho resultaram dessa combinação de fatores.

Quadro 1 – Principais mudanças nos indicadores da População Economicamente Ativa[15]

Empregados sem carteira assinada	Pico	Vale
	4º tri 2019	**1º tri 2015**
Estimativa	11.855.000	9.952.000

Empregados com carteira assinada	Pico	Vale
	2º tri 2014	**1º tri 2018**
Estimativa	36.716.000	32.655.000

Trabalhadoras domésticas	Pico	Vale
	3º tri 2013	**4º tri 2019**
Estimativa	6.356.000	5.833.000

Trabalhadoras domésticas com carteira assinada	Pico	Vale
	1º tri 2016	**4º tri 2019**
Estimativa	2.163.000	1.741.000

Trabalhadores Conta Própria	Pico	Vale
	3º tri 2019	**3º tri 2012**
Estimativa	24.597.000	2.122.000

Empregadores	Pico	Vale
	4º tri 2018	**1º tri 2012**
Estimativa	4.520.000	3.413.000

No quadro acima buscamos comparar os momentos de melhores e piores resultados de um dado índice (para os trabalhadores). Coincidentemente, todos apontam para o ano de 2018 e 2019 como os anos de tendência negativa.

Em relação a renda, no final do ano de 2019 o rendimento médio do trabalho de todos os brasileiros era de R$ 2.261,00 (2,28 salários mínimos) segundo dados do IBGE[16], mas quando o comparamos à inflação acumulada no período da crise, seu valor é equivalente a R$ 1.649,13 (deflacionando pelo IPCA acumulado) em valores do início do ano de 2014, quando o mesmo rendimento nominal da época alcançava R$ 1.662,00 (2,29 salários mínimos de 2014).

O maior impacto, considerando a situação do perfil de produção, está nos setores mais dinâmicos da indústria, aqueles com maiores cadeias de produção e que também possuem melhores garantias e salários. De 2013 até 2018 houve queda no número de Pessoal Ocupado em quase todos os últimos estratos da indústria (exceto no segmento farmacêutico), segundo a Classificação Nacional de Atividade Econômica,

(14) Disponível em: <https://blogdaboitempo.com.br/2017/02/22/uberizacao-do-trabalho-subsuncao-real-da-viracao/>.

(15) Quadro elaborado com base em dados estimados pela Pesquisa Nacional por Amostra de Domicílios Contínua, elaboração própria

(16) Disponível em: <https://sidra.ibge.gov.br/tabela/5429#resultado>.

com o pior resultado no último estrato da indústria (aeronaves, equipamentos militares e embarcações), com 40% de queda:

Quadro 2 – Variação de Pessoal Ocupado na produção entre 2013 e 2018, subsetores de metal-mecânica e química[17]

20 Fabricação de produtos químicos	21 Fabricação de produtos farmoquímicos e farmacêuticos	23 Fabricação de produtos de minerais não-metálicos	24 Metalurgia	26 Fabricação de equipamentos de informática, produtos eletrônicos e ópticos
-2,94%	7,83%	-24,29%	-18,67%	-29,48%

27 Fabricação de máquinas, aparelhos e materiais elétricos	28 Fabricação de máquinas e equipamentos	29 Fabricação de veículos automotores, reboques e carrocerias	30 Fabricação de outros equipamentos de transporte, exceto veículos automotores
-25,48%	-26,21%	-19,50%	-40,67%

A problemática específica no que tange a queda no número de pessoas ocupadas concomitante à queda na produção, expressa na tabela acima com os setores mais dinâmicos da economia, foi longamente estudada pela CEPAL, tendo Octavio Rodriguez como um dos autores que melhores sintetizaram o papel da indústria na economia latino-americana:

> "a acumulação de capital será exígua na periferia, tendo em vista os baixos níveis de produtividade e renda médios que nela prevalecem; mas, além disso, ao se traduzir em investimentos de alta densidade e grande escala, a acumulação será insuficiente para absorver a oferta de mão de obra que provém do crescimento vegetativo da PEA e para, ao mesmo tempo, ir reabsorvendo o subemprego instalado em setores de baixa produtividade, em novas condições de produtividade elevada."[18]

Mesmo nas condições do "Milagre Econômico" da década de 1970, com expressivo crescimento da indústria de metal-mecânica e química, a acumulação não foi capaz de absorver a mão de obra nos setores mais avançados. No período do lulismo[19] a capacidade foi ainda menor, como expõe Marcio Pochmann[20].

---

(17) Dados extraídos da Pesquisa Industrial Anual — Empresa do IBGE, elaboração própria.

(18) RODRÍGUEZ, Octavio. *O estruturalismo latino-americano*. Rio de Janeiro: Civilização Brasileira, 2009. p. 109.

(19) SINGER, André. *Os sentidos do lulismo:* reforma gradual e pacto conservador. São Paulo: Cia. das Letras, 2012.

(20) *O mito da grande classe média:* capitalismo e estrutura social. Marcio Pochmann. São Paulo: Boitempo, 2014

Quando consideramos a queda no número de empregados com carteira-assinada, a parcial absorção desse contingente "desempregado" por outras formas de contrato, ou até mesmo se assumindo como "Conta Própria", com a queda do número de pessoas empregadas nos setores mais dinâmicos da indústria, e a proliferação dessa condição por outros setores que não detalharemos nesse artigo, encontramos a chave da manutenção da média de rendimentos do trabalho é o aumento da desigualdade econômica.

Esse aspecto é fundamental para compreendermos a dinâmica intra e pós-pandemia. Um dos aspectos que ficaram mais visibilizou a desigualdade no mercado de trabalho brasileiro durante a pandemia foi a possibilidade ou não de teletrabalho. Essa desigualdade terá menor ou maior impacto quando relacionadas às categorias de gêneros, de raças e de outros mecanismos de opressão.

Pandemia

A economista argentina Paula Bach assim define as contradições que a economia encontra na fusão da crise econômica anterior com a pandemia:

> "Os ritmos da pandemia determinarão, em parte, os tempos e a dinâmica de uma recuperação econômica que, naturalmente, emergirá em algum momento. Contudo, diversas circunstâncias fazem esperar que seja — ao menos no médio prazo — ainda mais débil que a do período pós Lehman, sem que a economia consiga retornar à tendência prognosticada antes da crise. (...) Uma das definições mais interessantes do período atual reside na constatação de que o capitalismo se encontra com falta de uma estratégia clara de substituição. A debilidade econômica lacerante e a ausência de estratégia, reforçadas agora pela pandemia e o Grande Confinamento, vem dando lugar a duas circunstâncias que, consideradas conjuntamente, tem o aspecto de novidade histórica."(21)

A China, primeiro foco de contaminação, era e continua sendo uma das impulsionadoras da economia global. O surgimento do vírus nesse lugar já afetava a economia brasileira antes mesmo de termo casos confirmados em solo brasileiro(22). O impacto inicial na China e posteriormente nas principais economias europeias e norte-americanas levou às piores quedas na bolsa de 1929(23).

---

(21) Disponível em: <https://www.esquerdadiario.com.br/O-discreto-desencanto-da-burguesia>. (grifos da autora)

(22) Disponível em: <http://www.esquerdadiario.com.br/A-Balanca-Comercial-Ja-estava-em-queda-antes-do-Coronavirus>.

(23) Disponível em: <https://www.infomoney.com.br/mercados/o-mes-dos-6-circuit-breakers-serie-do-infomoney-mostra-a-evolucao-da-crise-do-coronavius-no-mercado-e-nos-negocios/>.

Quando os primeiros casos são confirmados no Brasil, implementam-se políticas de "quarentena"(24) inicia-se um debate que segue até hoje sobre os trabalhos "essenciais", decretos estaduais e municipais definem uma ampla gama de trabalhadores que devem ou não sair para trabalhar, com casos como do Estado do Pará onde o governador definiu que as empregadas domésticas constituem parte dos "serviços essenciais" (25)A falta de rigor para a definição de quais serviços devem ou não funcionar, ajustados aos interesses políticos em ano eleitoral, contribuiu para que o vírus se espalhasse e deixou marcas no mercado de trabalho.

A dicotomia criada entre "economia ou saúde" só faz sentido quando a economia é entendida dentro da busca por lucro, da valorização do valor, que só pode ser realizada no sistema capitalista por meio do trabalho vivo, nessa concepção, será evidente que os mecanismos de combate à pandemia entrarão em conflito com os interesses daqueles que precisam do trabalho de outros para lucrarem.

Ocorre que, nos setores com mais garantias trabalhistas, e em geral com melhores salários, geralmente servidores públicos estatutários, funcionários de escritórios ou aqueles que possuem cargos de gestão, estabeleceu-se o home office (MP n. 927), que pode afastar até 25% dos trabalhadores (20 milhões de pessoas) do país dos riscos do contágio (<https://valorinveste.globo.com/mercados/brasil-e-politica/noticia/2020/06/03/home-office-pode-alcanar-20-milhes-de-trabalhadores-diz-ipea.ghtml>), mas os estão submetendo a pressões de produtividade, obrigando-os a adquirir ferramentas de trabalho(26) e levando a adoecimentos por não contarem com a estrutura, física e emocional, para exercer o trabalho em casa(27).

Se apenas 25% os trabalhadores podem exercer seu trabalho em home office, embora nem todos o façam (o IBGE estima em 8,8 milhões de trabalhadores), os outros 75% necessariamente terão que se expor e expor suas famílias, não por um acaso, dentre os 75% estão aqueles que trabalham nos setores com contratos mais precários e sem nenhuma formalização: aqueles que compreendem todos os critérios da CLT mas não possuem Carteira Assinada, além de um grande contingente de "Conta Própria" precários. Os dados parciais estimados para junho mostram(28) que as maiores quedas proporcionais encontram-se nos setores de trabalhadores informais e, mais

---

(24) Disponível em: <https://www.bbc.com/portuguese/brasil-52090643>.

(25) Disponível em: <https://g1.globo.com/pa/para/noticia/2020/05/07/lockdown-no-para-tem-servico-domestico-como-essencial-contrariando-governo-federal-e-mpt.ghtml>.

(26) Disponível em: <https://valor.globo.com/empresas/noticia/2020/07/20/com-quarentena-e-dolar-note-book-tem-maior-alta-de-preco-em-7-anos.ghtml>.

(27) Disponível em: <https://www.impacto.blog.br/site/wp-content/uploads/2020/08/RELATORIO-TECNI-CO_SAUDE-E-BEM-ESTAR-HOME-OFFICE_GV-SAUDE_I_ao.pdf>.

(28) Disponível em: < https://sidra.ibge.gov.br/tabela/6320#resultado>.

especificamente, pelo grande contingente que esse "subsetor" representa, nas trabalhadoras domésticas informais, as quedas são de 21,63% e 23,74%, respectivamente. Só no setor de trabalhadores informais, o IBGE estima em 3,4 milhões de trabalhadores que foram dispensados ou tiveram que deixar seu trabalho por algum outro motivo.

Dos grandes grupos de trabalho levantados pelo IBGE — trabalhadores do setor privado com ou sem carteira assinada, trabalhadores domésticos, servidores públicos e funcionários de empresas pública, estatutários ou com carteira assinada, empregadores e conta própria — só o segmento de servidores públicos teve aumento em todos os subgrupos, principalmente devido ao esforço de contratação de trabalhadores da saúde e auxiliares durante a pandemia(29).

Mas os dados ainda não dão conta de como se reconfigurará o trabalho durante a pandemia, como bem questiona Ricardo Antunes:

> "Como ficarão em isolamento social *os/as desempregados/as, os/as informais, os trabalhadores/as intermitentes, os/as uberizados, os/as subutilizados/as, os/as terceirizados/as*, isto é, aqueles que não têm direitos sociais e que recebem salários somente quando executam algum trabalho? E quanto ao pequeno empreendedor, que em meio à pandemia não tem o que vender, nem renda, nem previdência, nem convênio de saúde? Como será possível driblar o trabalho dito *flexível, digital, "moderno"*, que tenderá a se intensificar enormemente se o *capital pandêmico* continuar a comandar o mundo segundo seus interesses?"(30)

As tendências, mesmo que parciais, apontam que a precarização das relações de trabalho se dará sob os setores que já amargavam as piores condições, tendo que se readequar aos trabalhos de plataforma, com maior competição e com menores salários, a isso somado, como aponta Ricardo Antunes, os ataques aos Direitos Sociais, como moradia e saneamento, tão necessários no momento de pandemia, até saúde e educação.

Como o sistema capitalista sempre construiu em sua história, a precarização do trabalho e da vida será maior para as mulheres, para as negras e os negros e para todos aqueles oprimidos que amargam diariamente as consequências dessa estratégia. Essa precarização contribuiu para a divisão subjetiva dentro das fileiras dos trabalhadores. Esse efeito atinge os setores em home office, principalmente as mulheres que têm que cuidar de parentes, filhos e outros em casa, nas duplas e triplas jornadas de trabalho que recaem principalmente sob elas (Pão e Rosas). Não obstante, o setor maior queda

---

(29) Disponível em: <https://www.gov.br/casacivil/pt-br/assuntos/noticias/2020/maio/enfrentamento-ao--coronavirus-mais-de-mil-profissionais-temporarios-foram-contratados-para-reforco-nos-hospitais-universitarios>.

(30) ANTUNES, Ricardo. *O trabaho sob fogo cruzado*. Boitempo, São Pauo, 2020. *E-book*. [grifos do autor]

proporcional de trabalhadoras foi em trabalhadoras domésticas sem carteira assinada, um setor majoritariamente de mulheres negras, demonstrando o profundo racismo estrutural que o Brasil foi erguido.

As debilidades estruturais do período pré-pandemia afloraram ainda mais. O autoritarismo que marcou o regime político brasileiro recente abriu margem para maiores retiradas de direitos e para uma aplicação generalizada de novas legislações, ainda mais perversas que a Reforma Trabalhista, quase sem resistência. Infelizmente, a tendência mundial apontada pela economista Paula Bach também pode ser vaticinada no Brasil:

> "Em termos mais gerais, a constatação da debilidade de crescimento econômico e de investimento 'real' junto com o aumento de todo tipo de dívidas — pessoais, públicas, corporativas, a 'ameaça' tecnológica e o aumento acelerado da desigualdade, transcende distintas vertentes ideológicas e emerge como uma espécie de 'nova normalidade'."[31]

Breves pinceladas no pós-pandemia

Longe de vaticinar quais serão exatamente as condições que os trabalhadores encontrarão no próximo período, até porque partimos do princípio de que a história é escrita a partir do movimento que as distintas classes sociais dão a ela, resumiremos alguns relatórios de organismos internacionais que buscam tendências mais baseadas em modelos matemáticos do que sociológicos-políticos, ainda assim, são um importante guia.

O Observatório da OIT sobre o mundo do trabalho[32] evidencia como as diferenças sobre quem pode ou não pode ficar em casa foram uma problemática enfrentada em todo o mundo. Aponta ainda que os países mais ricos tiveram mais sucesso nessa estratégia de contenção ao vírus. Destarte, a quarentena também foi mais onerosa às mulheres, que tiveram que largar seus trabalhos e cuidar de seus parentes.

A diminuição no patamar de horas trabalhadas constitui uma inflexão ainda inconclusa sobre a capacidade de retomada. Os índices ainda não apontam se necessariamente houve uma perda de força de trabalho ou se ela só está subutilizada, e essa diferença é fundamental para que ao menos se retome ao patamar de produção anterior à crise.

---

(31) Disponível em: <https://www.esquerdadiario.com.br/O-discreto-desencanto-da-burguesia>.

(32) Disponível em: <https://www.ilo.org/global/topics/coronavirus/impacts-and-responses/WCMS_749399/lang--en/index.htm>.

Diversos órgãos que compõem a ONU preveem que só esse ano a subnutrição pode aumentar em 130 milhões de pessoas[(33)]. As previsões apontam um maior crescimento na África, que já contém 250 milhões de subnutridos, mas impactará a Ásia, que atualmente conta com 380 milhões de subnutridos, e a América Latina e Caribe, com 48 milhões de subnutridos.

Na mesma linha, a FAO vem atualizando diariamente seu acompanhamento de preços dos alimentos em 2020[(34)] e mundialmente esse aumento chega a 10%. A situação é ainda mais perigosa em países agroexportadores como o Brasil, já que, nesse ano, anuncia-se uma safra recorde, maximizando a tendência de que a área plantada seja voltada ao agronegócio, com consequente aumento nos dos alimentos básicos em virtude da pressão para que esses sejam competitivos em relação aos preço dos produtos exportados[(35)]

O FMI, que mantém atualizado seu "World Economic Outlook Reports"[(36)] prevê uma queda na economia mundial acumulada para 2021 de 6,5% quando comparamos ao período pré-pandemia. O impacto mais profundo será nas rendas dos trabalhadores, com uma previsão de que a pobreza volte a níveis anteriores à década de 1990. O título de seu último relatório é desolador: "*A Crisis like no other, an uncertain recovery*" ("*Uma crise como nenhuma outra, uma recuperação incerta*", tradução nossa).

As crescentes desigualdades, cada vez mais comparáveis aos patamares do início do século XX, nos fazem rememorar as afirmações de regressão das proteções trabalhistas e sociais ao mesmo período[(37)]. Essas tendências postas em relação ao aumento da desigualdade e aos ambientes políticos cada vez menos democráticos diminuirão a capacidade de proteção aos mais desfavorecidos. O único exemplo histórico de saída de uma crise tão profunda, que foi a crise de 1929, carrega consigo as mazelas de uma destruição humanitária sem precedentes (Mandel) na Segunda Guerra Mundial. Dependerá da organização dos trabalhadores uma saída que não envolva mais empobrecimento, exploração e opressão. Como vaticinou Rosa Luxemburgo: "Socialismo ou barbárie".

---

(33) Disponível em: <https://news.un.org/en/story/2020/07/1068261.>

(34) Disponível em: <https://datalab.review.fao.org/dailyprices.html#>.

(35) DA SILVA, J. G. A formação de preços dos produtos agrícolas: notas para discussão de uma abordagem alternativa. *Nova Economia*, [S. l.], v. 5, n. 2, 2013.

(36) Disponível em: <https://www.imf.org/en/publications/weo>.

(37) Disponível em: <https://www.unicamp.br/unicamp/ju/noticias/2017/06/30/reforma-trabalhista-representa-retrocesso-ao-seculo-xix>.

Tendências Postas ao Direito do Trabalho: Contrarreformas por Medida Provisória

Valdete Souto Severo

1. Introdução

O Direito do Trabalho vem sendo desrespeitado desde sua construção. Mesmo o período mais recente de abertura democrática, que inicia em meados da década de 1980, não escapa a essa lógica. Ao contrário, a década de 1990 foi marcada por leis e entendimentos jurisprudenciais precarizantes e pela retomada do discurso de extinção da Justiça do Trabalho, que só foi superado — em parte — com alterações de competência capazes de fazer desse ramo do Poder Judiciário um útil arrecadador de contribuições previdenciárias.

O período histórico que inicia com o processo de impedimento da presidenta Dilma Rousseff em 2016 e, pois, com a ruptura com uma política pública de inclusão por consumo, redução de desigualdades e aposta (ainda que parcial e sujeita a críticas) nos direitos sociais, coincide com o início de uma política abertamente contrária à existência do Direito do Trabalho e da própria Justiça do Trabalho, que é encampada pelo governo interino de Michel Temer e que vence as eleições de 2018, colocando na presidência da República o ex-deputado federal Jair Bolsonaro.

Quanto à atuação coletiva da classe trabalhadora, força capaz de conter a ânsia autoritária que se aprofunda, é de notar que Michel Temer extinguiu o Ministério da Previdência Social, transferindo suas atribuições para o Ministério da Fazenda. Ato contínuo, extinguiu o Ministério do Trabalho e incorporou suas funções ao Ministério da Economia, através de medida provisória já da lavra de Jair Bolsonaro, em 2019.

A redução da bancada sindical, de 51 membros em 2014, para 40 membros em 2019 é mais um indicativo da política que ganhou a disputa eleitoral nas urnas de 2018 e que resultou um Congresso Nacional subserviente, que tem se prestado a converter em lei parte das medidas provisórias editadas pelo atual governo.

Em dezembro de 2016, Michel Temer conseguiu aprovar no parlamento uma Emenda à Constituição que congelou gastos com saúde, educação e investimento público em abertura de postos de trabalho, por 20 anos (EC n. 95). Em 2017, as Leis ns. 13.429 e 13.467 alteraram mais de 200 artigos da CLT.

A extinção do imposto sindical com a Lei n. 13.467 implicou perda de arrecadação de cerca de 85%, de R$ 3,64 bilhões em 2017 para R$ 500 milhões em 2018. Dos R$ 2,24 bilhões arrecadados no ano de 2017 o repasse passou para R$ 207,6 milhões em 2018, apenas em relação aos sindicatos de trabalhadores. A redução para os sindicatos patronais foi menor, de R$ 806 milhões para R$ 207,6 milhões(1). Isso fez com que alguns sindicatos anunciassem o encerramento de suas atividades(2), enquanto outros admitissem a necessidade de venda de imóveis e despedida de empregados para sobreviver(3).

Em 2019, a Lei n. 13.874 promoveu novas alterações lesivas. Outra Emenda à Constituição (EC n. 103) promoveu ampla descostura no sistema de seguridade social. Nesse período, várias medidas provisórias buscaram alterar a regulação das relações de trabalho, uma delas (MP n. 936) já convertida na Lei n. 14.020. Todas essas mudanças afetaram tanto o direito material quanto o direito processual do trabalho, fazendo com que a pandemia encontrasse um país de desalentados.

Este texto tratará da tendência de alteração da legislação trabalhista por meio de medida provisória, problematizando-a como um traço antirrepublicano e autoritário, a indicar o afastamento das nossas instituições em relação à racionalidade contida na Constituição de 1988.

2. Em que medida usurpamos a ordem constitucional? As MPs na contramão da democracia

A medida provisória é uma disposição emanada pelo Poder Executivo. Como o nome diz, é *provisória*, destinada a ser analisada pelo parlamento e, então, confirmada e transformada em legislação, com filtro democrático. Caso não seja confirmada, perde efeito. O art. 62 da Constituição estabelece que o Presidente da República só pode editar Medida Provisória em caso de relevância e urgência. Jamais subrogando-se à atividade legislativa ou com o intuito de corrigir "defeitos" de uma lei.

(1) Disponível em: <https://economia.uol.com.br/noticias/estadao-conteudo/2019/03/05/sindicatos-perdem--90-da-contribuicao-sindical-no-1-ano-da-reforma-trabalhista.htm?cmpid=copiaecola>. Acesso em: maio 2019.

(2) Disponível em: <https://www.jornalnh.com.br/_conteudo/noticias/rio_grande_do_sul/2019/03/2388941-sindicato-dos-empregados-no-comercio-de-porto-alegre-encerra-atividades.html>. Acesso em: maio 2019.

(3) Disponível em: <https://veja.abril.com.br/economia/em-agonia-sindicatos-demitem-e-vendem-imoveis--para-sobreviver/>. Acesso em: maio 2019.

Não é o que tem ocorrido no Brasil. Desde que a Constituição foi editada, várias medidas provisórias foram feitas, sem que houvesse sequer o argumento da urgência e relevância. Dois exemplos muito significativos, no âmbito das relações de trabalho, são as medidas provisórias que logo após a Constituição, deram origem à Lei n. 7.783/89, que regulou (e limitou) o direito de greve, à Lei n. 8.036/90 que disciplinou o FGTS e à Lei n. 9.601/98 que, entre outras coisas, introduziu na CLT uma nova forma de compensação de jornada apelidada de "banco de horas". Nada de urgente e relevante, portanto.

Trata-se de um instrumento autoritário. Desde a Constituição de 1937, editada durante a ditadura do chamado Estado Novo, convivia-se no Brasil com o instituto do Decreto-lei, um decreto que em vez de tratar de questões administrativas, tinha força de lei e, pois, significava a atuação do Executivo substituindo-se ao poder Legislativo. É o caso da CLT (DL n. 5.452). Apenas na Constituição de 1988, como resposta à tentativa de romper em alguma medida com a lógica autoritária, a ordem jurídica abandona a figura do Decreto-lei.

Em seu lugar, porém, surge a previsão de edição de medidas provisórias, que acabam representando emblematicamente a inexistência de verdadeira ruptura com a ordem autoritária e repressiva que caracterizu as duas décadas de ditadura civil-empresarial-militar.

Com escopo aparentemente diverso, as medidas provisórias deveriam constituir algo residual, a ser utilizado apenas em casos excepcionais, justificados pela relevância e, sobretudo, pela urgência do tema. Além disso, a determinação de imediata submissão da medida ao parlamento pretendia evitar uma prática até então adotada, de produção legislativa por parte do poder executivo, com uma concentração de poder nada saudável para uma democracia.

Ocorre que a previsão do art. 62 da Constituição e o uso que dele se tem feito prova, uma vez mais, que a racionalidade não se altera por texto legal. Apenas em 1988, 24 medidas provisórias foram editadas. Até 1991, já havia 301 MPs. Desde a primeira MP, fica evidente o descompromisso com os limites impostos à atividade legislativa do Poder Executivo. Há MP sobre remuneração, impostos, reajuste de aluguel na locação predial, negociação de reajuste de mensalidades escolares, entre outras matérias[(4)].

Até o fim de 1999 já eram 1929 medidas provisórias, várias delas relativas a matérias trabalhistas. Com a EC n. 32/2001, que alterou a redaçao do art. 62 da Constituição, iniciou-se nova contagem. Desde então, já foram publicadas 993 medidas provisórias.

(4) Disponível em: <http://www4.planalto.gov.br/legislacao/portal-legis/legislacao-1/medidas-provisorias/1988-a-1991>.

A primeira questão a ser problematizada, portanto, quando se pensa na tendência a promover alterações em direitos sociais por meio de medidas provisórias, diz com o reconhecimento do caráter autoritário da disposição constitucional contida no art. 62 da Constituição, e o ainda mais autoritário e anti-democrático uso desse instituto, por parte dos governos que se sucederam a partir de 1988.

A democracia liberal pressupõe a tripartição de poderes, com o chamado sistema de freios e contrapesos, pelo qual os poderes do Estado são supostamente autônomos, mas ao mesmo tempo interligados de modo que se controlem mutuamente. O objetivo é evitar demasiada concentração de poder. Um objetivo bem mais retórico do que real, quando pensamos que o Estado de Direito é "uma miragem extremamente conveniente para a burguesia, porque ela substitui a desvanecida ideologia religiosa, ela oculta às massas o fato da dominação"(5). Ou seja, quando percebemos que o Estado de Direito é um mero disfarce da dominação que se opera, sobretudo, através da produção e, pois, da troca entre trabalho e capital.

No caso do Brasil, à lógica de dominação da sociedade do capital, cuja tendência é o exercício do poder pelo Estado, repartindo-o entre suas três cabeças ou concentrando-o nas mãos do Executivo conforme sua conveniência e oportunidade, soma-se ainda uma história de déficit democrático. Nascemos como colônia, construindo nossas povoações sobre os corpos da população originária, morta e escravizada. } Desenvolvemos nossa economia à custa do sangue, do suor e da vida do povo africano tratado como mercadoria. E mesmo quando nos autodenominamos República, seguimos permitindo que as mesmas famílias se revezassem no poder, fazendo do Estado um instrumento de exclusão social e produção sistemática de miséria.

Sob a retórica liberal do Estado de Direito, o Poder Judiciário, que deve garantir a eficácia de regras inspiradas na busca da Justiça(6), mesmo que isso desagrade quem ocupa, por exemplo, o mais alto cargo do Poder Executivo, ou o Legislativo, composto por pessoas que representam interesses sociais diversos e órgão responsável por estabecer as regras de convívio social, perdem sentido quando passam a servir exclusivamente para a reafirmação do interesse de quem domina.

O fato de que essa retórica é apenas um disfarce pode ser demonstrado pela circunstância de que as regras que estabelecem freios e contrapesos entre os poderes da República são distorcidas ou simplesmente ignoradas, de acordo com a vontade da minoria que efetivamente dita as regras do jogo. Basta colocar na Constituição que a atividade legiferante do Poder Executivo está sujeita à lógica da urgência e relevância, para que um instituto autoritário como o Decreto-lei reapareça com nova roupagem na "Constituição cidadã".

---

(5) PACHUKANIS, Evgeni. *A teoria geral do direito e o marxismo e ensaios escolhidos (1921-1929).* Coordenação Marcus Orione, Tradução Lucas Simone. São Paulo: Sundermann, 2017. p. 178.

(6) DALLARI, Dalmo de Abreu. *O poder dos Juízes.* 2. ed. rev. São Paulo: Saraiva 2002. p. 48.

Qualquer análise, portanto, sobre a tendência de alteração do Direito do Trabalho por medida provisória deve partir do pressuposto de que o Estado "quando questionado de forma essencial, não encontra problemas em assumir formas opressivas e excluir os mecanismos democráticos, tal como nas várias formas de Estado de tipo fascista"(7). Isso explica muito do que estamos vivendo atualmente, inclusive a predileção do atual governo pela edição de medidas provisórias. Mais do que isso, explica a apatia e omissão das demais instituições republicanas, diante do evidente abuso no uso do art. 62 da Constituição.

3. Alguns exemplos da tendência em editar medidas provisórias que promovem desmanche do Direito do Trabalho

A MP n. 808, de 2017, é exemplo do abuso na edição de medidas provisórias. Como já tive oportunidade de escrever, a MP n. 808 é "uma ofensa direta ao Estado de Direito, um arroubo autoritário"(8). Em outro texto(9), escrevemos que a MP n. 808 evidenciou que há "explicita a inconformidade com relação à resistência constitucional anunciada no seio do Poder Judiciário trabalhista, que demonstrou sua indisposição para ceder aos comandos do poder econômico". A MP n. 808 foi uma espécie de represália às críticas feitas, pela jurisprudência e pela doutrina, à Lei n. 13.467. Essa MP alterou 85 artigos já atingidos pela Lei n. 13.467/17. Por mobilização das entidades ligadas ao mundo do trabalho, não foi convertida em lei.

A MP n. 881, publicada em 30 de abril de 2019, instituiu a "Declaração de Direitos de Liberdade Econômica" provando que, como nação, perdemos completamente a vergonha de desrespeitar a Constituição da República. Foi apresentada pelo governo no dia 01 de maio, em ato claramente simbólico da forma como a memória da luta dos trabalhadores e trabalhadoras é tratada pelo atual governo. Estabelece *normas de proteção* à livre iniciativa e ao livre exercício de atividade econômica. Embora remeta aos termos do art. 170 e 174 da Constituição, nega o fato de que nossa ordem constitucional está pautada na dignidade da pessoa humana e nos ***valores sociais*** do trabalho e da livre iniciativa (art. 1º, III e IV) e que tem por objetivo a construção de uma "sociedade livre, justa e solidária" e a erradicação da pobreza e da marginalização, além da redução das desigualdades sociais e regionais (art. 3º).

Já convertida em lei (n. 13.784), essa MP cumpriu seu papel de promover o desmanche de direitos sociais, sem atenção alguma aos requisitos de urgência e relevância contidos na Constituição.

---

(7) NAVES. Marcio Bilharinho (Org.). *O Discreto Charme do Direito Burguês:* Ensaios sobre Pachukanis. Coleção Ideias 8. Campinas: Instituto de Filosofia e Ciências Humanas – UNICAMP, 2009. p. 23.

(8) SOUTO MAIOR, Jorge Luiz; SEVERO, Valdete Souto. Manual da Reforma Trabalhista. *Pontos e contrapontos*, São Paulo, Associação dos Advogados Trabalhistas de São Paulo – AATSP, Sensus, 2017.

(9) Disponível em: <https://www.jorgesoutomaior.com/blog/a-reforma-ja-era-parte-v-mp-808-a-balburdia-total>.

A MP n. 883, também publicada em 2019, buscou impedir os sindicatos de receberem a arrecadação da contribuição sindical. Alterou artigos que já haviam sido alterados pela Lei n. 13.467. Exigiu "prévia, voluntária, individual" e expressa autorização pelo empregado (art. 578) que "participar de determinada categoria econômica ou profissional ou de profissão liberal" (art. 579) para o desconto da contribuição ao sindicato. Além da atecnia, pois sabidamente empregados não participam de categorias econômicas, a MP revela a verdadeira intenção de toda essa mobilização estatal para a alteração da legislação trabalhista: inviabilizar a atividade sindical. Também aqui é muito claro o desrespeito aos art. 62 e 8º da Constituição. Além de não haver urgência e relevância que justifique a edição de MP n. 873, o texto constitucional estabelece claramente que a "assembleia geral fixará a contribuição que, em se tratando de categoria profissional, será descontada em folha, para custeio do sistema confederativo da representação sindical respectiva, independentemente da contribuição prevista em lei" (art. 8°, IV). Essa MP também perdeu vigência, em razão da mobilização de entidades ligadas ao mundo do trabalho.

Por fim, a MP n. 905 merece destaque. Revogada pelo governo em seu último dia de vigência, em uma tentativa de fugir à regra do parágrafo décimo do art. 62 da Constituição[10], os dispositivos dessa medida retornaram em textos de conversão das MPs ns. 927 e 936. Não foram convertidos em lei em razão de forte embate no parlamento. No texto do PLC n. 15/2020, que converteu em lei a MP n. 936, por exemplo, foram enxertadas regras que estavam no texto da MP n. 905, dentre a quais: 1) alteração do critério de correção monetária de débitos trabalhistas, que passariam a ser atualizados apenas a partir da data da condenação; 2) a modificação da forma de cálculo dos juros de mora dos débitos trabalhistas, que passariam a corresponder aos juros de poupança; 3) fragilização ainda maior da garantia representada pelo depósito recursal com estímulo à realização de contrato bancário de seguro-fiança; 4) majoração da jornada dos bancários; 4) retirada do caráter salarial da alimentação concedida direta ou indiretamente pelo empregador; 5) autorização de renúncia fiscal.

A MP previa, ainda, a criação de um novo tipo de contrato de trabalho, o "contrato verde e amarelo", com menos direitos do que aqueles previstos na CLT, uma das poucas promessas feitas durante a campanha eleitoral, pelo presidente eleito.

3. 2020: a chegada da Covid-19 e as novas pequenas e profundas "reformas" por MPs

Em 26 de fevereiro de 2020, o primeiro caso de contaminação por Covid-19 foi registrado no Brasil. Em 10 de agosto já havíamos ultrapassado 100.000,00 mortos e

(10) Art. 62, § 10. É vedada a reedição, na mesma sessão legislativa, de medida provisória que tenha sido rejeitada ou que tenha perdido sua eficácia por decurso de prazo.

3 milhões de pessoas infectadas. O governo do Brasil, diante da pandemia, decretou estado de calamidade pública.

A partir disso, intensificou sua prática de legislar por meio de medidas provisórias, mas não para de algum modo conter a pandemia ou garantir possibilidades de vida digna. A pandemia acabou sendo apenas a desculpa de ocasião, pois a tendência autoritária de produzir legislação sem filtro democrático já estava muito clara no primeiro ano do atual governo, durante o qual 47 medidas provisórias foram publicadas.

Em 2020, no início de agosto e, pois, passado apenas um semestre deste ano, já são 77 medidas provisórias publicadas, várias delas tratando de questões ligadas aos direitos sociais. A MP n. 927, cuja vigência se exauriu sem conversão em lei também por conta de ampla mobilização de entidades ligadas ao mundo do trabalho, autorizava teletrabalho sem que o empregador tivesse de garantir condições técnicas e ergonômicas para a realização do trabalho; férias sem pagamento; compensação do período de isolamento com horas de trabalho; extensão sem limites da jornada dos profissionais de saúde, entre outras alterações.

Apenas a extensão da jornada para profissionais da saúde, que implica maior tempo de exposição à Covid-19 e mais exaustão, já provocou, como efeito prático, o afastamento de profissionais da saúde, por contaminação e adoecimento. De acordo com o Boletim Epidemiológico do governo federal, até o final de junho de 2020, 173.440 profissionais ligados à saúde haviam sido contaminados; 1.219 internados com crise respiratória aguda e 176 haviam falecido[(11)].

Outra medida adotada pelo governo federal (MP n. 936) já foi aprovada nas duas casas do Congresso Nacional e sancionada (Lei n. 14.020). Essa lei autoriza redução de salário e jornada, por acordo individual, oferecendo em troca um valor indenizatório e irrisório de complementação emergencial de renda. Sob o argumento de que com isso o governo evitaria o desemprego, a lei autoriza a perda de até 70% do salário, por meio de acordo individual, ou suspensão completa do pagamento, enquanto durar a pandemia, de modo que o vínculo se mantém, mas a renda não. Mesmo assim, o resultado concreto foi o atingimento, nos últimos meses, de número recorde de pessoas desempregadas e de pessoas que simplesmente pararam de procurar emprego. Pela primeira vez desde que esse índice é considerado, o Brasil tem mais pessoas economicamente ativas (PEA) desempregadas do que contratadas. São 88 milhões de adultos sem emprego e 86 milhões empregados. A taxa oficial de desemprego subiu para 12,9% no trimestre encerrado em maio/2020, atingindo 12,7 milhões de pessoas.

---

(11) Disponível em: <http://saude.gov.br/images/pdf/2020/July/08/Boletim-ep*idem*iologico-COVID-21-corrigido-13h35.pdf>. Acesso em: jul. 2020.

Foi registrado um fechamento de 7,8 milhões de postos de trabalho em relação ao trimestre anterior(12).

Até o dia 29 de junho o Ministério da Justiça havia registrado acordos de redução de salário envolvendo 11.698.243 de trabalhadoras e trabalhadores(13). Pessoas que estão certamente contingenciando gastos básicos com alimentação e vestimenta, quando não contraindo empréstimos bancários para dar conta das despesas ordinárias. O fato de a medida haver sido considerada constitucional pelo STF (ADI n. 6.363) e transformada em lei em tempo recorde, pelo parlamento, corrobora o que antes foi dito sobre a função de cada um dos poderes de Estado no disfarce que caracteriza a democracia liberal.

A MP n. 945, publicada em 04 de abril, altera condições de trabalho dos portuários, chegando a autorizar, no art. 4º, a substituição de trabalhadores grevistas por outros, "com vínculo empregatício por tempo determinado para a realização de serviços de capatazia, bloco, estiva, conferência de carga, conserto de carga e vigilância de embarcações", desrespeitando a literalidade da lei de greve. A MP n. 936 extingue o PIS-PASEP.

A MP n. 964 altera a Lei n. 13.475/2017, que trata do trabalho de tripulante de aeronave, para dispor que quando o operador da aeronave for órgão ou entidade da administração pública, no exercício de missões institucionais ou de poder de polícia, não se aplica a regra de formalização do vínculo por contrato de trabalho.

A MP n. 968 autoriza prorrogação de contrato a prazo determinado no âmbito da Ministério da Justiça, a MP n. 974 no Ministério da Saúde e a MP n. 993 no âmbito do INCRA, extrapolando o limite de tempo previsto na lei específica, que é de 1993 (Lei n. 8.745) e que se refere à necessidade excepcional do serviço público. O incentivo à burla à regra constitucional de contratação mediante concurso público é tão evidente que a MP n. 974 autoriza prorrogação de contratos firmados a partir do ano de 2018 e a MP n. 993, daqueles contratos firmados a partir de 2 de julho de 2014. Portanto, não guardam relação com a pandemia.

Não há como ignorar a profunda "reforma" trabalhista, o verdadeiro desmanche, que vem sendo operado por medidas provisórias, com a aquiescência dos demais poderes e o silêncio cúmplice da grande mídia.

---

(12) Os dados são da Pesquisa Nacional por Amostra de Domicílios Contínua Mensal (PNAD Contínua) divulgada nesta terça-feira (30) pelo Instituto Brasileiro de Geografia e Estatística (IBGE). Disponível em: <https://www.ibge.gov.br/estatisticas/sociais/trabalho/17270-pnad-continua.html>. Acesso em: jul. 2020.

(13) Disponível em: <https://agenciabrasil.ebc.com.br/economia/noticia/2020-06/programa-de-reducao-de-salario-preserva-117-milhoes-de-empregos>. Acesso em: jul. 2020.

4. Conclusão

Os efeitos sociais da escolha política de conduzir o desmanche por meio de medidas provisórias já é mensurável. Em 2019, a população que trabalha e empreende sofreu uma redução de sua capacidade de consumo, que se acentuou nos primeiros meses deste ano. Não se trata de uma necessária consequência da pandemia, mas da ausência de renda, da perda de emprego, da majoração da jornada e dos cortes de salário, frutos de opções políticas comprometidas com o setor financeiro da economia e que se materializaram nas medidas provisórias antes analisadas.

Há, também, um claro descompromisso com a ordem constitucional e com a própria noção de Estado Social, o que se evidencia não apenas pelo que está sendo imposto através de medidas provisórias que estimulam a inobservância do dever constitucional de contratação mediante concurso, como também por outras que estimulam privatização ou a contratação de modo excepcional, como é o caso da MP n. 961, que autoriza pagamentos antecipados em licitações e contratos, além de ampliar o uso do Regime Diferenciado de Contratações Públicas — RDC.

Desde a abertura democrática e a promulgação da nossa atual Constituição, em 1988, o Direito do Trabalho e a noção ali inscrita de Estado Social vêm sendo desrespeitados. Ainda assim, é a partir de 2016, quando a presidenta Dilma Rousseff é retirada do poder sem prova de crime de responsabilidade, que o investimento em alterações legislativas que afetam direitos sociais tornou-se bem mais profundo e claramente hostil à ideia mesma de construção de uma sociedade solidária e inclusiva. Tudo o que foi aqui retratado e que representa a situação do mundo do trabalho no Brasil, faz concluir que estamos diante de uma política pública de viés autoritário e antissocial, sujeitos a um governo absolutamente refratário à adoção de políticas públicas para melhoria das condições sociais de quem vive do trabalho, caracterizando-se, mesmo, como um governo genocida(14).

A concentração de poderes em mãos de quem ocupa o cargo de presidente da República, que se sub-roga ao parlamento através da frenética edição de medidas provisórias, ao mesmo tempo em que confronta e desmerece a legitimidade do Poder Judiciário, é um claro sinal de exceção que precisa ser compreendido e enfrentado, com urgência. Essa compreensão passa, inclusive, pela percepção de que o uso abusivo da regra do art. 62 da Constituição não é resultado da distorção do que foi idealizado e escrito em 1988. É, ao contrário, uma consequência desejada e mesmo perseguida por

(14) Essa é, pelo menos, a visão expressada em vários artigos, tais como: <https://ponte.org/artigo-governo-bolsonaro-e-genocida-e-deve-ser-assim-chamado/>; <https://ponte.org/artigo-governo-bolsonaro-e-genocida-e-deve-ser-assim-chamado/>; <https://www.brasildefato.com.br/2020/07/15/nao-ha-como-conviver-mais-2-anos-com-um-governo-genocida-diz-frei-betto>; <https://www.redebrasilatual.com.br/politica/2020/05/bolsonaro-pandemia-experimento-genocida/>.

uma sociedade que, talvez inconscientemente, não acertou contas com seu passado autoritário, racista, misógino e excludente.

Referências bibliográficas

DALLARI, Dalmo de Abreu. *O poder dos Juízes*. 2. ed. rev. São Paulo: Saraiva 2002.

NAVES. Marcio Bilharinho (Org.). *O Discreto Charme do Direito Burguês:* Ensaios sobre Pachukanis. Coleção Ideias 8. Campinas: Instituto de Filosofia e Ciências Humanas – UNICAMP, 2009.

PACHUKANIS, Evgeni. *A teoria geral do direito e o marxismo e ensaios escolhidos (1921 – 1929)*. Coordenação Marcus Orione, Tradução Lucas Simone. São Paulo: Sundermann, 2017.

SOUTO MAIOR, Jorge Luiz; SEVERO, Valdete Souto. Manual da Reforma Trabalhista. *Pontos e contrapontos*, São Paulo, Associação dos Advogados Trabalhistas de São Paulo – AATSP, Sensus, 2017.

<http://saude.gov.br/images/pdf/2020/July/08/Boletim-epidemiologico-COVID-21-corrigido-13h35.pdf>.

<http://www4.planalto.gov.br/legislacao/portal-legis/legislacao-1/medidas-provisorias/1988-a-1991>.

<https://agenciabrasil.ebc.com.br/economia/noticia/2020-06/programa-de-reducao-de-salario-preserva-117-milhoes-de-empregos>.

<https://economia.uol.com.br/noticias/estadao-conteudo/2019/03/05/sindicatos-perdem-90-da-contribuicao-sindical-no-1-ano-da-reforma-trabalhista.htm?cmpid=copiaecola>.

<https://ponte.org/artigo-governo-bolsonaro-e-genocida-e-deve-ser-assim-chamado/; https://www.brasildefato.com.br/2020/07/15/nao-ha-como-conviver-mais-2-anos-com-um-governo-genocida-diz-frei-betto; https://www.redebrasilatual.com.br/politica/2020/05/bolsonaro-pandemia-experimento-genocida/>.

<https://veja.abril.com.br/economia/em-agonia-sindicatos-demitem-e-vendem-imoveis-para-sobreviver/>.

<https://www.ibge.gov.br/estatisticas/sociais/trabalho/17270-pnad-continua.html>.

<https://www.jorgesoutomaior.com/blog/a-reforma-ja-era-parte-v-mp-808-a-balburdia-total>.

<https://www.jornalnh.com.br/_conteudo/noticias/rio_grande_do_sul/2019/03/2388941-sindicato-dos-empregados-no-comercio-de-porto-alegre-encerra-atividades.html>.

Contrarreformas Trabalhistas e (Mais)Valorização da Negociação Coletiva no Contexto da Crise Sanitária

Gustavo Seferian

Introdução

A contrarreforma trabalhista instituída pela Lei n. 13.467/2017 não gerou poucas polêmicas. Seja pelo rechaço popular, pelo açodado processo de tramitação e aprovação, ou pelos efeitos que pretendeu projetar na realidade social e econômica brasileira — e que de fato não podem ser alcançados, ao menos por seus próprios meios —, segue desde o momento inicial de sua propositura no centro das atenções de trabalhadoras, trabalhadores e empregadores brasileiros.

Dentre as mais de duas centenas de alterações advindas da contrarreforma (SEVERO, SOUTO MAIOR, 2017), destacamos pelos agudos impactos potenciais no Direito do Trabalho — em parte já experimentados nestes mais de dois anos que se encontra em vigor — a alteração dada aos efeitos da negociação coletiva, ou aquilo que se convencionou chamar de *prevalência do negociado sobre o legislado.*

Muito embora a tônica posta na conformação dos arts. 611-A e 611-B, da CLT, sinalize acolhida do discurso da "valorização" da negociação coletiva, colocando na ação dos agentes coletivos as melhores soluções para o arranjo das relações laborais, sobretudo na busca pela preservação de postos de trabalho, o que se verifica em verdade é que tal instituto tem serventia exclusiva de fragilização da proteção social posta pelo Direito do Trabalho, proporcionando a maximização da exploração pelo assalariamento. A explicitação desta intenção colocada em marcha nos processos de contrarreformas se denota, sintomaticamente, no período da pandemia da Covid-19: a autonomia coletiva da vontade é solenemente descartada em prol de um instrumento ainda mais eficaz nesta busca:a negociação individual.

Com o presente artigo, pretendemos assim lidar com o processo que desembocou em tal alteração no texto Consolidado, bem como com os desdobramentos do trato da negociação coletiva e individual para fins de retração de direitos no bojo da crise sanitária, sobretudo tendo em conta a Medida Provisória n. 936, de 1º de abril de 2020, e o julgamento pelo Supremo Tribunal Federal da Ação Direta de Inconstitucionalidade n. 6.363, ainda no mês de abril de 2020.

Amparando-se no método materialista dialético e histórico, e desenvolvendo formulação de caráter teórico crítico à dogmática do Direito Coletivo do Trabalho, buscaremos (i) expor o movimento histórico — ou seja, de luta classista — que serviu à alteração da CLT pela Lei 13.467/2017, proporcionando a prevalência da negociação coletiva sobre a legislação; (ii) revelar as aberturas estruturais proporcionadas pela mudança, mostrando-as como relevante mecanismo de flexibilização de Direitos Trabalhistas, avesso às premissas constitucionais pátrias; (iii) discutir o conteúdo da ideia da "valorização" da negociação coletiva, que nada se associa ao seu prestígio, mas sim à lógica de exploração perpetrada pelo capital, que se intensifica com os novos efeitos da negociação coletiva, viabilizando a ampliação do mais-valor extraído pelos tomadores da força de trabalho; (iv) demonstrar como, sintomaticamente, a adoção da Medida Provisória n. 936/2020 e o julgamento da ADI n. 6.363 demonstrar ser a legalização do negociado sobre o legislado uma fissura apta a ensejar flexibilizações ainda mais agudas, a exemplo da ampliação da autonomia individual da vontade em matéria trabalhista.

1. A legalização da prevalência da negociação coletiva sobre o legislado e sua contrariedade ao texto constitucional

Incorporada em nosso ordenamento jurídico de forma mais sólida pela inclusão dos arts. 611-A e 611-B, no texto da CLT, bem como pela alteração no texto do art. 620, do mesmo diploma normativo, a prevalência do negociado coletivamente sobre o legislado merece ser discutida previamente em alguns de seus aspectos dogmáticos.

O texto do artigo 611-A, que mal tendo entrado em vigor a Lei n. 13.467/2017 passou por alterações decorrentes da Medida Provisória n. 808/2017[(1)], voltou a vigorar com sua redação original em 23 de abril de 2018, dispondo que "a convenção coletiva e o acordo coletivo de trabalho têm prevalência sobre a lei", exceptuado no que refere aos títulos trazidos no também recente art. 611-B, Consolidado — que, em larga medida, elenca o conjunto de Direitos Trabalhistas previstos no art. 7º, da Constituição da República.

Já o art. 620, da CLT, que desde a redação dada pelo Decreto n.229/1967 estipulava que "as condições estabelecidas em Convenção, quando mais favoráveis [ao trabalhador e à trabalhadora, C.S.], prevalecerão sobre as estipuladas em Acôrdo",

(1) A referida Medida Provisória incluía ao *caput* do art. 611-A, da CLT, a necessidade de observância do art. 8º, III e VI, da Constituição Federal, nas negociações coletivas em menção.

passou a sinalizar que "as condições estabelecidas em acordo coletivo de trabalho sempre prevalecerão sobre as estipuladas em convenção coletiva de trabalho".

Referidas alterações, que subvertem as clássicas regras de validade normativa trabalhistas e que de curto a médio prazo expressam tendência precarizadora dos arranjos da contratação da força de trabalho no país — em parte já confirmada (BATISTA, SEFERIAN, 2020) —, foram acompanhadas por um conjunto de outras mudanças na CLT para lhes dar corpo e viabilizar sua aplicação prática. Exemplo maior foi a decorrente da extinção da contribuição sindical e o estabelecimento de nova mecânica arrecadatória aos sindicatos, alterando os arts. 578 e 579, da CLT. Referidas mudanças proporcionaram duro impacto no financiamento e manutenção das atividades de muitos sindicatos, fato que teve por consequência imediata a míngua das condições negociais de categorias mais frágeis ou com pouco histórico de articulação sindical, e a concentração de atos negociais trazendo favorecimento aos trabalhadores e trabalhadoras em categorias com maior tradição e índices mais altos de sindicalização (BATISTA, SEFERIAN, 2020).

Todavia, é certo que tais mudanças normativas não surgiram no bojo da contrarreforma instituída pela Lei n. 13.467/2017 como um raio em céu azul. Consolidam-se pautadas em um esforço histórico das classes proprietárias — mas também, contraditoriamente, de setores das classes trabalhadoras amparados em perspectivas conciliatórias de classe — em minar alguns dos sustentáculos mais rijos da conformação clássica do Direito do Trabalho. E por históricos, vale frisar, não atrelamos apenas à compreensão de que derivam da afirmação de uma classe sobre outra (MARX, ENGELS, 2010, p. 40), mas também em um sentido menos rigoroso, dada a ancestralidade da iniciativa: já há muito tais investidas vinham sendo encampadas, assumindo vulto sobretudo nos momentos de maior fulgor do ascenso neoliberal, sendo que no célere processo de aprovação da Lei n. 13.467/2017 viram-se fortalecidas pelos discursos defensores da "modernização" da legislação do trabalho e "valorização" da negociação coletiva.

É de se ter em conta que a sistemática colocada em marcha para o trato da negociação coletiva no Brasil não admitia fossem os ajustes firmados entre representantes obreiros e patronais hábeis a subtrair direitos trabalhistas, sejam os estabelecidos em lei, sejam os já aderentes ao contrato individual de trabalho — a exemplo do conteúdo da Súmula n. 277, do Tribunal Superior do Trabalho, que vertebrara enquanto instituto a ultratividade das normas coletivamente compostas, hoje afrontado pelo art. 614, parágrafo terceiro, da CLT. Indiferentemente do instrumento de composição coletiva, a lógica prevalente apenas permitia a incorporação de novos direitos aos trabalhadores e trabalhadoras.

Não é de se estranhar, pois, que o texto consagrado em nossa Constituição — mais especificamente no art. 7º, *caput*, combinado com seu inciso XXVI —, fruto, entre outros tantos processos sociais, do ascenso de classe experimentado desde 1978 no país, sinalize que pela negociação coletiva só se admita melhorias das condições econômicas e sociais das pessoas que trabalham:

> Art. 7º São direitos dos trabalhadores urbanos e rurais, além de outros que visem à melhoria de sua condição social:
>
> (...)
>
> XXVI - reconhecimento das convenções e acordos coletivos de trabalho;

Da mesma sorte, dimana a compreensão dada desde 1967 ao art. 620, da CLT, que, como exposto, apontava a prevalência das convenções coletivas frente aos acordos no caso das primeiras trazerem normas mais favoráveis às trabalhadoras e trabalhadores, em que pese a especialidade dos acordos firmados diretamente com os empregadores individuais.

Em suma, a hierarquização normativa imperante quanto a negociação coletiva sempre seguiu a tônica comum impressa às normas trabalhistas: avessa aos marcos exclusivos de temporalidade, especificidade ou hierarquia, que dimanam das regras gerais de aplicação do Direito previstas no Decreto-Lei n. 4.657/1942, o Direito do Trabalho estruturou suas próprias regras de hierarquização e validade normativas, calcadas, sobretudo, na perspectiva da mais ampla proteção aos trabalhadores e trabalhadoras.

Teoricamente, esta mecânica se manifesta de melhor modo na clássica lição de Américo Plá Rodriguez (2000). Esta anuncia que o mais importante dos princípios juslaborais — o Princípio da Proteção — se alicerça no tripé do *in dubio pro operario*, da norma mais favorável, da condição mais benéfica. E é justamente quanto ao segundo referencial estruturante do princípio que as inflexões que ora voltamos nosso olhar crítico atentam, alterando a compreensão geral e tradicional no âmbito juslaboral no sentido de que "não se aplicará a norma correspondente dentro de uma ordem hierárquica predeterminada, mas se aplicará, em cada caso, a norma mais favorável ao trabalhador (PLÁ RODRIGUEZ, 2000, p. 52).

Tal sistemática protetiva — que fora coroada pelo supracitado art. 7º, da Constituição da República, com a afirmação do princípio da vedação do retrocesso social —, combinado ao citado inciso XXVI, denota não só o estímulo e o reconhecimento dos instrumentos de negociação coletiva, como também a circunscrição de seus efeitos, sinalizando a impossibilidade sistêmica de admissão, ao menos à luz constitucional, de alterações coletivamente compostas que resultem em prejuízo aos trabalhadores e trabalhadoras.

Mesmo diante desse repertório normativo e principiológico, intentou a contrarreforma trabalhista operacionalizada pela Lei n. 13.467/2017 colocar profundas alterações na sistemática das negociações coletivas vigente há décadas no país, daí resultar tamanho o impacto potencial na regulamentação da contratação da força de trabalho.

É sabido que a estrutura sindical pátria foi juridicamente assentada com o intuito de fomentar a lógica de pacificação social por meio da conciliação de classe. Nada de novo sob o sol, aliás. Apenas a expressão de uma tendência forte manifesta no seio das sociedades capitalistas centrais e periféricas no sentido de interditar, pelo controle da luta organizada da população assalariada e estímulo a práticas negociais, as possibilidades de convulsão social.

Desde as primeiras leis brasileiras acerca da matéria sindical, ainda no início do séc. XX, percebe-se a intenção do poder estabelecido em regulamentar o exercício das entidades de classe, sinalizando suas finalidades sociais — a exemplo do Decreto n. 1.673, de 5 de janeiro de 1907, que em seu art. 8º menciona estar no escopo da ação dos sindicatos revestidos de legalidade "*constituírem com o espírito de harmonia entre patrões e operários, (...) conselhos permanentes de conciliação e arbitragem, destinados a dirimir as divergencias e contestações entre o capital e o trabalho*" — e limites de horizonte de suas práticas, em explícito movimento de captura e legalização da classe (EDELMAN, 2016). A tônica segue vigorosa nos períodos históricos seguintes. Com o transcorrer das recomposições marcadas pelo regime de gestão do capital em modelo corporativo, forjam-se os traços estruturantes da organização sindical brasileira — dita por Boito Júnior (1991) como sendo a de um *sindicalismo de Estado* —, que perdura com poucas variações até os dias de hoje (sendo a mais marcante advinda também da Lei n. 13.467/2017, com o fim da contribuição sindical), servindo de permanente mecanismo de constrição à auto-organização combativa das trabalhadoras e trabalhadores.

Ainda que tais intentos neutralizadores dos potenciais políticos despontem como características centrais da organização sindical pátria, também de forma indelével se notam os registros do enfrentamento das trabalhadoras e trabalhadores ao processo de captura institucional da ação sindical, fato que aflora inclusive da leitura dos textos jurídicos. Foi essa tradição conformativa de lutas obreiras, em caráter de resistência ou ofensiva, que consubstanciou as balizas negociais coletivas a partir do respeito aos princípios juslaborais — forjados, da mesma sorte, nesse processo histórico —, sinalizando que só poderiam os atos negociais interclasses ensejar a ampliação de direitos daquelas e daqueles que vivem da venda da força de trabalho, mantendo os direitos consagrados na CLT como referencial mínimo e intransponível destas pactuações.

Não por outra razão o traço normativo de maior pujança neste sentido — o já mencionado texto do art. 7º, da Constituição Federal — tenha sido a resultante de um processo de ascenso popular de trabalhadores e trabalhadoras, iniciado no fim dos anos 1970 com a as greves nas regiões do ABC paulista e da exploração da borracha no Acre, irradiando-se por todo o país e impulsionando outros movimentos sociais, que não de natureza sindical.

Compreendendo que a natureza dos efeitos das cláusulas coletivamente compostas é fruto de um processo político — decorrendo sobretudo do poder afirmativo das classes trabalhadoras em luta, e que mesmo administradas juridicamente pela regulamentação sindical, fazem valer seus genuínos interesses na lógica negocial —, não podemos perder de mente que as proposições advindas da Lei n. 13.467/2017 são também fruto do processo de luta classista, e demonstrar a ofensiva burguesa contra os direitos historicamente conquistados pelas classes trabalhadoras (e contra as próprias classes trabalhadoras!) pela nada sutil alteração nos limites da autonomia da vontade coletiva em seara laboral.

É de se ressaltar que desde 11 de novembro de 2017, sob a discursividade de estímulo à liberdade e à negociação sindicais, percebe-se que os interesses patronais alçam-se a um novo patamar de possibilidades, isso diante da legalização da prevalência absoluta do coletivamente negociado frente ao legislado.

A nova lógica se afirma baseada nas perspectivas de que a negociação coletiva, ao ser fomentada, deve atender aos anseios mais amplos de sustentabilidade empresarial e viabilização da atividade econômica, ao arrepio da lógica de proteção que sempre se colocou enquanto tônica do Direito do Trabalho e marca da negociação coletiva. Tudo isso sob o lustro de que, em verdade, apenas se estaria estimulando as práticas negociais como forma de solução de conflitos coletivos de trabalho.

Convém mencionar que a expressão ideológica que defende os intentos flexibilizadores pela negociação coletiva projetaram a tais práticas de subtração negociada de direitos uma carga "protetiva" às trabalhadoras e trabalhadores, sobretudo quando estamos diante do fato de que a minoração das salvaguardas de renda, os limites de jornada e os meios de não exposição a riscos à saúde, segurança e higiene no labor resultariam na manutenção de postos de trabalho e, logo, a atenção aos anseios de renda mínima e reprodução pura e simples da vida social, supostamente tão reclamados pelos trabalhadores e trabalhadoras.

Esta ginástica teórica, porém, não denota um exercício protetivo. Na verdade, se caracteriza como afronta à afirmação do poderio dos trabalhadores e trabalhadoras nesse certame tão arisco às vencidas da história que é a juridicidade. Redirecionar a lógica protetiva juslaboral à proteção da empregabilidade não se reflete, pois, uma alternativa viável à atenção dos interesses de quem trabalha.

2. Normatização acessória à prevalência precarizadora da negociação coletiva

Combinado a esses novos referenciais normativos que pretendem ampliar os efeitos da negociação coletiva a fim de violentar os direitos historicamente conquistados pelas classes trabalhadoras, é de se perceber toda uma série de outras alterações que retroalimentam a afirmação dos interesses patronais no bojo da negociação coletiva.

Nota-se da Lei n. 13.467/2017 um conjunto de mudanças que se voltaram à redação do art. 8º, da CLT, e que por duas mãos pretende atingir o trato da negociação coletiva no Brasil. De um lado, houve a exclusão do texto Consolidado a menção ao império dos "princípios fundamentais" do Direito do Trabalho na interpretação e aplicação juslaboral, sobretudo no trato de normas estranhas às da CLT. De outro, alça-se o "princípio da intervenção mínima na autonomia da vontade coletiva" como guia na abordagem dos negócios jurídicos entre sindicatos.

Com a primeira alteração, o que se percebe é uma tentativa de evitar que a tradição historicamente forjada de aplicação principiológica ao Direito do Trabalho seja perenizada, criando óbices sobretudo à atuação do Judiciário na aplicação de normas estranhas ao texto da CLT e que proporcionem a ampliação protetiva das trabalhadoras e trabalhadores. Como vemos, a vedação aos efeitos deletérios a quem trabalha por meio da negociação coletiva mantém lastro forte nos "princípios fundamentais" cuja aplicação se intenta interditar, motivo que seria já bastante e suficiente para denotar a intencionalidade patronal com a referida alteração normativa.

Varridos os "princípios fundamentais" juslaborais do texto da lei, subsiste — ou se coloca como inovação textual-normativa — a menção ao "princípio da intervenção mínima na autonomia da vontade coletiva". Referido "princípio" — que brota no texto Consolidado sem qualquer maturação teórica, jurisprudencial ou histórica — permanece enquanto referência indispensável à salvaguarda dos interesses burgueses no trato trabalhista por sinalizar a impossibilidade de questionamento, por qualquer esfera ou poder, aos termos negociais coletivos que venham a ser firmados.

Uma vez mais, é o Poder Judiciário Trabalhista o principal destinatário da norma: em sendo possível e esperado o agir incisivo dos magistrados e magistradas frente a acordos e convenções coletivas que infrinjam Direitos Trabalhistas constitucional e legalmente garantidos, uma tomada próxima ao absoluto da autonomia da vontade coletiva levaria à interdição de mecanismos de controle protetivos encampados pelo supracitado Poder.

Ocorre, porém, que já se sinaliza que essa "intervenção mínima" comporta modulações. Primeiro, em razão de se aplicar apenas à negociação coletiva, e não a toda estrutura organizativa sindical. Em segundo lugar, a aplicação pelo Judiciário do dito princípio, mesmo na negociação coletiva, vige não a partir de algum grau de intangível objetividade, mas conforme a conveniência de interesses de classe. E no momento, não são os interesses das classes trabalhadoras que se mostram em ofensiva ou mesmo no compor hegemônico da Justiça do Trabalho, mas sim, explicitamente, o das classes proprietárias que assumem a dianteira.

Podemos entender que, em abstrato e atrelado a outros fatores sociais, referido princípio de não-intervenção modulada, ou seja, de intervenção mínima, seria de todo salutar. O que ocorre, porém, é que o atual arranjo das organizações sindicais pátrias, aliado com a perspectiva de crescente fragilização dos sindicatos de Estado burocratizados e dependentes de contribuições compulsórias, tende a fomentar perspectivas de crescente viabilização de manutenção dos aparelhos burocráticos por vias negociais, seja por caminhos lícitos — como o estabelecimento de contribuições nas negociações coletivas — ou ilícitos — com a "venda", pelas diretorias pelegas, de direitos historicamente conquistados pelas categorias que avocam representar, ou ao menos formalmente representam.

3. Os passos que precedem a legalização da precarização negociada

A prevalência do negociado coletivamente sobre o legislado guarda uma história recente bastante mais dinâmica do que os curtos meses de tramitação do Projeto de Lei n. 6.787/2016.

É fundamental ter em conta que a referida alteração legislativa, ao revés da maior parte dos ataques advindos da Lei n. 13.467/2017, foi objeto de discussões e defesas por diversos segmentos da sociedade, inclusive, para o assombro de desavisadas e desavisados, de setores tidos por combativos do movimento sindical. É o exemplo do encampar, por parte do Sindicato dos Metalúrgicos do ABC, do outrora chamado Acordo Coletivo Especial, que em sua essência guarda as mesmas características desse traço da contrarreforma (MEIRELLES, 2012).

A entidade de classe precursora no ascenso social que ensejou o Novo Sindicalismo serviu também de ponta de lança à experimentação de uma série de medidas inovadoras na prática sindical, muitas decorrentes do exercício criativo de seu forte corpo jurídico. Exemplo disso foi o estímulo às trabalhadoras e trabalhadores de sua base representativa para que constituíssem cooperativas com vistas a autogerir empresas falidas no curso da década de 1990 (MAUAD, 1999). A defesa do Acordo Coletivo Especial, porém, é um tanto mais perversa aos direitos laborais que o exercício cooperativo, já que em verdade revela uma percepção distorcida da realidade: pautada na apreensão da situação particular de um sindicato forte e historicamente consolidado, capaz de se colocar em patamar de maior proximidade — ainda que jamais em pé de igualdade — para negociar com o setor patronal, pretendia pretendia ampliar para a completude das entidades da classe trabalhadora uma mesma abertura de possibilidades, ainda que estar não gozem da mesma rijeza e capacidade de barganha, levando-as a invariavelmente ajustar pactos que possam preterir direitos historicamente conquistados.

Todavia, as inflexões conjunturais — impactadas sobretudo pela crise global da finança neoliberal na realidade brasileira e o golpe de Estado ocorrido em 2016 — levaram o Sindicato em menção a deixar de lado referida pauta, que então passava a também figurar, sob outra alcunha e entre outras tantas propostas, o programa político golpista de título *Uma Ponte para o Futuro*(2).

Ainda que já aventada em momentos anteriores pelos governos de cariz social-liberal(3), tendo dado passos modulados nesse sentido com a instituição do Plano de Proteção ao Emprego, foi apenas após o golpe que foram encaminhados concretamente os esforços para implementação dessa alteração legal. E afora as articulações no campo da pequena política, indispensáveis para a aprovação da Lei n. 13.467/2017, foram inúmeros os esforços discursivos e ideológicos na busca de legitimação de tal alteração legislativa.

4. A "mais-valorização" da negociação coletiva

Assume destaque o argumento, no fluxo de ideias que se voltam à "modernização" das relações de trabalho (SEFERIAN, 2017b, p.57, 2019, p.18), da "valorização da negociação coletiva". Trabalhada há muitos anos pelo Ministro e articulador de interesses patronais no Tribunal Superior do Trabalho Ives Gandra Martins Filho (2006), esta "valorização da negociação coletiva" em nada se compatibiliza com as premissas sindicais classicamente assentadas nas práticas social e jurídica brasileiras, sobretudo ante as demandas de trabalhadores e trabalhadoras. Não se volta a prestigiar o papel dos agentes coletivos na promoção de Direitos Sociais. Trata-se de uma negociação recomposta para conferir plenipotência à autonomia da vontade coletiva, viabilizando o favorecimento de interesses capitalistas ao se agregar com a fragilização dos sindicatos de trabalhadoras e trabalhadores.

(2) PMDB. *"Uma ponte para o futuro"*. Disponível em: <https://www.fundacaoulysses.org.br/wp-content/uploads/2016/11/UMA-PONTE-PARA-O-FUTURO.pdf>. Acesso em: 24 abr. 2018.

(3) Jacques Wagner, então Ministro da Casa Civil do governo Dilma Rousseff, ao apagar de luzes de 2015 anuncia a necessidade de toda uma série de contrarreformas que viriam a ser encampadas no ano que o golpe se efetivou no país: "Ele [Wagner, G. S.] não deu detalhes sobre os eixos mas disse que poderão ser sobre, além da previdência, a simplificação tributária, livre negociação de questões trabalhistas entre empregador e empregadores, medidas de desburocratização", grifo nosso, in: *FOLHA DE S. PAULO*, "Governo agora acena com reforma trabalhista e previdenciária e simplificação tributária". Disponível em: <http://www1.folha.uol.com.br/mercado/2015/12/1722056-equipe-economica-quer-definir-na-proxima-semana-medidas-para-2016.shtml>. Acesso em: 24 abr. 2018.

Ao proporcionar uma fratura no trato Princípio da Proteção e sinalizar a possibilidade de que a negociação coletiva não se destine apenas à incorporação de novos direitos aos trabalhadores e trabalhadoras, a prevalência do negociado sobre o legislado afigura-se como importante ferramental à implementação de uma renovada lógica de acumulação de capitais que, em curto prazo e buscando inocuamente sobrevida ao cenário de crise do capital, se tentou e tenta implementar no Brasil.

Esse caráter classista poderia ser objeto de simples diagnóstico pautado na conjuntura, que não deixa esconder que a Lei n. 13.467/2017 decorre de imposição patronal em um dos momentos históricos recentes de maior ofensiva burguesa frente aos interesses das trabalhadoras e trabalhadores, que, infelizmente, não encontram meios para suster seus adequados e suficientes meios de resistência.

Parte desse resgate se deu pela burguesia organizada, vocalizada por suas principais entidades representativas. Em seu canal oficial de comunicação, por exemplo, a Confederação Nacional da Indústria, poucos meses antes da aprovação da Lei n. 13.467/2017, externou sua posição acerca da temática frisando quais seriam "7 *motivos para valorizar a negociação entre empresas e trabalhadores*"(4).

Percebe-se que a nota programática não deixa de evidenciar a intenção de proporcionar ganhos patronais, pressupõe indevidamente a possibilidade flexibilização

---

(4) **"1. Concilia necessidades do empregado e empregador** Por meio do diálogo, as condições de trabalho são ajustadas. Definem-se as rotinas e locais de trabalho (home office, por exemplo), benefícios, jornadas flexíveis e outras condições compatíveis com a realidade da empresa e do empregado. É a melhor forma de propiciar ganhos para ambas as partes. **2. Não elimina ou reduz direitos do trabalhador** Não mexe nos direitos assegurados pela Constituição, como 13º salário, FGTS, INSS, hora extra e férias. Mas permite, por exemplo, que sejam feitos ajustes na jornada de trabalho, que pode ser flexível e registrada por formas alternativas de ponto eletrônico.**3. Agilidade para adaptação à realidade econômica** Assim como um bom momento da economia propicia conquistas, tempos de crise exigem que empresas se adequem à realidade para enfrentar dificuldades. Ajustes rápidos, feitos de comum acordo, podem ajudar na preservação de empregos e na preparação para a retomada do crescimento. **4. Adequação a realidades regionais** Empresas e trabalhadores têm necessidades que variam de acordo com seu porte, com o setor que atuam e com a região onde se encontram. Pela negociação, as partes podem discutir problemas e demandas e chegar a um consenso dentro da capacidade da empresa e que seja reciprocamente benéfico. **5. Melhora do ambiente de trabalho** A negociação das rotinas e condições de trabalho fortalece o diálogo entre empresas e trabalhadores e contribui para a construção de soluções equilibradas e benéficas para os dois lados. Também pode aumentar a satisfação da equipe, ao definir rotinas flexíveis que busquem o equilíbrio entre a vida pessoal e a profissional. **6. É a boa prática internacional** Em sua Convenção n. 154, a Organização Internacional do Trabalho (OIT) estimula "todas as nações do mundo" a alcançar o "reconhecimento efetivo do direito de negociação coletiva", como melhor forma de equacionar os interesses de empresas e trabalhadores. O Brasil ratificou a Convenção em 1992. **7. O conflito judicial gera custo para toda a sociedade** A negociação coletiva é um instrumento essencial para que empresas e trabalhadores encontrem soluções de conflito por meio do diálogo, evitando a esfera judicial, que onera o contribuinte. Para se ter ideia, há 8,4 milhões de processos na Justiça do Trabalho (2014), o equivalente a uma ação para cada seis trabalhadores formais. AGÊNCIA CNI. "7 motivos para valorizar a negociação entre empresas e trabalhadores". Disponível em: <http://www.portaldaindustria.com.br/agenciacni/noticias/2016/03/7-motivos-para-valorizar-a-negociacao-entre-empresas-e-trabalhadores-1/>. Acesso em: 23 abr. 2018.

de jornada — que ao avesso do alegado, é também estabelecida e protegida pela Constituição — e reclama supostos benefícios comuns impossíveis de se sustentar haja vista os próprios imperativos sistêmicos do capital, em que a indispensabilidade da exploração — dada pela apropriação dos frutos da força do trabalho tomada por subterfúgios formais e acobertada pela juridicidade — frustra qualquer perspectiva de comunhão entre as classes que antagonizam o fundamental conflito na sociedade capitalista.

No item 3 do seu rol formulado, chega a entidade patronal ao ápice do cinismo ao apontar que a "valorização" da negociação coletiva não teria finalidade outra que não otimizar, dinamicamente, os arranjos e rearranjos da funcionalização exploratória do capital. É esse, pois, o intuito maior de tal alteração legislativa. A viabilização de alterações normativas *in pejus* a quem trabalha, juntamente com a ruptura da rigidez das normas protetivas que regulam as relações de assalariamento e a abertura para novas e precarizantes medidas juslaborais que acabam por se manifestar como um canal ímpar de funcionalização à valorização do valor.

Tal se diz pelo fomento à reprodução ampliada da relação social do capital, proporcionando uma otimizada adequação a cada ciclo de acumulação — tanto individual quanto no que se refere a cada período histórico de afirmação capitalista —, fato que traz benefícios sobremaneira às classes proprietárias e deixa todos os encargos e ônus de tais mudanças aos trabalhadores e trabalhadoras.

Deste modo, ao abrir margens para flexibilização de condições elementares à constituição de relações de assalariamento — como é o caso de jornadas de trabalho e remuneração —, ou até mesmo situações objetivas que nenhum ajuste de vontades poderiam trazer inflexão — como são os casos dos graus de insalubridade e o reconhecimento ou não dos impactos à saúde, segurança e higiene laborais por decorrência de alterações de intervalos —, sinaliza-se um horizonte em que os marcos de exploração da força de trabalho pela minoração dos custos de contratação e ampliação da mais-valia absoluta (pela ampliação da jornada de trabalho) e relativa (pela intensificação da produtividade) venham a ser fomentados.

Daí não hesitarmos em chamar este processo de *mais-valorização da negociação coletiva*, haja vista seu papel fabuloso a proporcionar, dinamicamente, os rearranjos predatórios conforme a conveniência circunstancial do capitalista.

5. Descarte da negociação coletiva ante a conveniência emergencial

Mas a *mais-valorização da negociação coletiva* não esgota seus efeitos em si. Ao inaugurar um novo desenho na lida com as relações sindicais, bem como quanto ao trato do Direito do Trabalho em geral no país, as alterações advindas da Lei n. 13.467/2017, mais do que qualquer outra coisa, proporcionaram fissuras nos alicerces protetivos juslaborais, aptas a viabilizar o avanço dos interesses patronais imediatos quanto ao trato da regulamentação das relações trabalhistas. Não expressam, pois, de modo algum uma crença na concertação social por meio da negociação coletiva, mas sim o rebaixamento objetivo da proteção social, que serve de nova referência aos futures ataques classistas.

Esse fato se denota de forma evidente no curso da crise sanitária sem precedentes experimentada no curso do ano de 2020, resultante da pandemia da Covid-19. O reclamado isolamento social, com vistas à contenção da pandemia, trouxe evidentes impactos econômicos, que levaram ao debate público inconcebível querela, própria do binarismo que pauta a racionalidade moderna: ou se estaria a salvaguardar a economia e os empregos, ou se estaria a fomentar políticas sanitárias de maior urgência.

Neste duro cenário, uma vez mais o temário da negociação coletivo foi posto na ordem do dia. E primeiramente, com o tensionamento negativo à sua prevalência. Percebemos pela previsão do art. 2º, da Medida Provisória n. 927, de 22 de março de 2020, que a livre pactuação entre empregado e empregador no estabelecimento de condições que visem a preservação de seus postos de trabalho seria a saída vislumbrada pelo poder executivo para lidar com um dos mais profundos problemas econômicos potencializados pela crise sanitária. Essa livre pactuação individual pode alcançar questões como a alteração do local de trabalho, do período de gozo de férias e feriados, jornada de trabalho, entre outras condições de labor, sendo certo que a mais grave delas resulte do permissivo para suspensão dos contratos de trabalho, previsto no art. 18 do mesmo instrumento normativo. Todavia, diante da grande polêmica que resultou tal proposição, foi logo revogada, dias depois, pela Medida Provisória n. 928.

Esta perspectiva de negociação individual de maior abrangência foi retomada, em poucas semanas, como cerne de nova Medida Provisória, esta de n. 936. Referido ato normativo não só institui Benefício Emergencial de Preservação do Emprego e da Renda, como também retomou a perspectiva de que a negociação para redução de jornada e salários, ou então suspensão do contrato de trabalho, deva ser entabulada individualmente, cabendo aos sindicatos apenas ser informados destes ajustes, na forma de seu art. 11, § 4º.

Tão logo publicada, a medida foi objeto de Ação Direta de Inconstitucionalidade — tombada sob o n. 6.363 — proposta pelo partido político Rede Sustentabilidade. No bojo da referida ADI, no dia 6 de abril de 2020, o seu relator Ministro Ricardo Lewandowski, deferiu em parte medida cautelar pretendida com a ação, isso para exigir que os acordos individuais não fossem apenas participados aos sindicatos representativos de categoria profissional, mas que também devessem estas entidades de classe se manifestar pela anuência ou não quanto ao pactuado, isso no prazo de 10 dias (STF, 2020).

Não entrando nos meandros da situação desconfortável e, entendemos nós, completamente inapropriada a que o decidido projetou às entidades sindicais — que passaram circunstancialmente a ficar com a responsabilidade completa em chancelar medidas precarizadoras, ou assumir então os ônus políticos de dispensas ou outras consequências trabalhistas que poderiam se projetar aos trabalhadores e trabalhadoras, ainda mais em um contexto em que a mobilização em moldes costumeiros se coloca impraticável —, é fundamental registrar que que tal mecânica não vicejou. Em 17 de abril de 2020, o Pleno do Supremo Tribunal Federal entendeu por não referendar a liminar conferida pelo relator, sendo a tônica maior dos votos — vencidos o relator, a Ministra Rosa Weber e Ministro Edson Fachin — a da indispensabilidade de valorização da autonomia individual da vontade e a dispensabilidade, neste momento de crise, do exercício da vontade coletiva para o delineamento de práticas flexibilizadoras da legislação trabalhista.

Uma vez mais buscando a prevalência do argumento da manutenção dos empregos a todo custo — que se esgota, efetivamente, na discursividade, não revelando qualquer experiência histórica em sentido análogo nesse resultado concreto almejado —, o Supremo Tribunal Federal esgarça a fenda que fora quilhada pela Lei n. 13.467/2017, tanto no que se refere à ampliação da autonomia individual quanto coletiva das vontades. Esta última, bem verdade, aparece como um Cavalo de Tróia que traz à ordem do dia o argumento de caráter patronal, que se reveste de lustro de favorecimento obreiro, saindo de cena e abrindo alas a uma mais perversa e profunda tônica de precarização, que projeta à individualidade do trabalhador e da trabalhadora a responsabilidade de assumir os ônus pela continuidade dos préstimos laborais, o que se dá em condições profundamente impactadas pela sua subalternidade social, política e sobretudo econômica.

Conclusões

As conclusões preliminares decorrentes da pesquisa sinalizam que o discurso da "valorização da negociação coletiva" vela a natureza historicamente firmada pelo enfrentamento das trabalhadoras e trabalhadores na composição dos instrumentos negociais, tentando ressignificá-lo a partir de marcos patronais. Mostra-se pois fundamental trabalhar, no âmbito da dogmática crítica, a afirmação da insustentabilidade jurídica das alterações legais implementadas pelos arts. 611-A e seguintes da CLT, bem como a atual redação do art. 620, Consolidado, haja vista sua incompatibilidade com o art. 7º, *caput*, da CF/1988.

De mais a mais, é certo que a abertura do permissivo à negociação coletiva, percebida como uma *mais-valorização da negociação coletiva*, abre fissuras a uma ainda mais intensa precarização das relações laborais. No momento emergencial proporcionado pela pandemia da Covid-19, até mesmo os marcos de precarização pela negociação coletiva foram tidos por superados, assumindo a negociação individual *status* de suficiência para precarização de vínculos, viabilizando redução de jornada e remuneração, bem como a suspensão de contratos de trabalho por tal meio.

Os sindicatos, que conferiam impessoalidade e peso coletivo à negociação de condições entre tomador e vendedor da força de trabalho, são escanteados e tidos por obsoletos no trato das relações laborais. Esta obsolescência que exsurge do julgamento da ADI n. 6.363, cumpre dizer, é apenas discursiva, sendo certo que o sindicato é instrumento de luta e composição social próprio da modernidade, e subsiste com importante papel no arranjo — e também na superação, dependendo de seu uso político — do modo de produção capitalista.

Assim, tomando em conta que a negociação coletiva jamais pode ser entendida como *telos* maior da luta sindical — mas sim de mecanismo de mediação para assentar formalmente conquistas politicamente arrancadas pela classe trabalhadora —, firmamos que esta, enquanto meio tático para superação do modelo atual de organização, não pode comportar funcionalização voltada a retrocessos dos interesses sociais, econômicos e, sobretudo, político-revolucionários das trabalhadoras e trabalhadores (SEFERIAN, 2017a, p. 326), pelo que não só uma leitura voltada à inconstitucionalidade destas medidas deve ser formalmente defendida, como também sua insubsistência deve ser politicamente encampada.

Referências

AGÊNCIA CNI. "7 motivos para valorizar a negociação entre empresas e trabalhadores". Disponível em: <http://www.portaldaindustria.com.br/agenciacni/noticias/2016/03/7-motivos-para-valorizar-a-negociacao-entre-empresas-e-trabalhadores-1/>. Acesso em: 23 abr. 2018.

BATISTA, Flávio Roberto; SEFERIAN, Gustavo. Financiamento sindical, direito do trabalho e crise: aproximações empíricas à funcionalidade do direito do trabalho para o capitalismo. *Direito & Práxis*, v. 11, n. 4, 2020.

BOITO JÚNIOR, Armando. *O sindicalismo de Estado no Brasil:* uma análise crítica da estrutura sindical. São Paulo: Hucitec, 1991.

EDELMAN, Bernard. *A legalização da classe operária*. Trad. Marcus Orione *et alii*. São Paulo: Boitempo, 2016.

FOLHA DE S. PAULO, "Governo agora acena com reforma trabalhista e previdenciária e simplificação tributária". Disponível em: <http://www1.folha.uol.com.br/mercado/2015/12/1722056-equipe-economica-quer-definir-na-proxima-semana-medidas-para-2016.shtml>. Acesso em: 24 abr. 2018.

MARTINS FILHO, Ives Gandra. "Valorização da negociação coletiva e flexibilização das normas legais trabalhistas". *Revista Jurídica*, Brasília, v. 8, n. 79, p. 01-07, jun./jul. 2006.

MARX, Karl. ENGELS, Friedrich. *Manifesto Comunista*. Trad. Álvaro Pina. São Paulo: Boitempo, 2010.

MAUAD, Marcelo José Ladeira. *Cooperativas de Trabalho:* sua relação com o Direito do Trabalho. São Paulo: LTr, 1999.

MEIRELLES, Davi Furtado. "O acordo coletivo especial". *Revista do Tribunal Regional do Trabalho da 2ª Região*, São Paulo, SP, n. 12, p. 39-47, 2012.

SEVERO, Valdete Souto; SOUTO MAIOR, Jorge Luiz. *Os 201 ataques da "reforma" aos trabalhadores*. Disponível em: <https://www.jorgesoutomaior.com/blog/os-201-ataques-da-reforma-aos-trabalhadores>. Publicado em 08 maio 2017, acesso em: 09 mar. 2018.

PMDB. "Uma ponte para o futuro", disponível em: <https://www.fundacaoulysses.org.br/wp-content/uploads/2016/11/UMA-PONTE-PARA-O-FUTURO.pdf>. Acesso em: 24 abr. 2018.

RODRIGUEZ, Américo Plá. *Princípios do Direito do Trabalho*. 3. ed. Trad. Wagner D. Giglio. São Paulo: LTr, 2000.

SEFERIAN, Gustavo. *Direito do trabalho como barricada:* sobre o papel tático da proteção jurídica do trabalhador. Tese de doutorado defendida junto à FDUSP, 2017a.

______. Leitura neoliberal do Direito do Trabalho e ideologia: cenas de ontem, hoje e amanhã. In: MURADAS, Daniela (Coord.). *Manipulações capitalistas e o Direito do Trabalho*. Belo Horizonte: RTM, 2017b.

______. Sobre o uso da miséria historiográfica e a relevância da investigação histórica na aplicação do Direito do Trabalho. *Revista da Faculdade de Direito da UFG*, n. 43, 2019.

STF. *Medida cautelar na Ação Direita de Inconstitucionalidade n. 6.363.* Distrito Federal. Disponível em: <www.stf.jus.br/arquivo/cms/noticiaNoticiaStf/anexo/ADI6363.pdf>, Publicado em: 04 abr. 2020. Acesso em: 20 abr. 2020.

Direito, Cidadania e Trabalho: Possibilidades, Contradições e Contra Tendências da Renda Mínima em Sociedades Capitalistas

Rayann Kettuly Massahud de Carvalho
Yasmin Silveira Martins

1. Considerações iniciais

O presente trabalho tem o objetivo de contribuir para uma reflexão sobre as contradições e as contra tendências postas no mundo em relação à política de renda mínima em sociedades capitalistas e de economia dependente como a América Latina. Como desdobramento, buscar entender como referida política possivelmente pode afetar o mundo do trabalho e o direito do trabalho.

Essa temática e as reflexões em seu entorno ganham novamente centralidade em países periféricos em decorrência do diagnóstico de época. Isto é, um momento de crise social que, nesse momento, assume com mais nitidez duas facetas: uma crise do modo de produção capitalista cumulado com uma crise sanitária.

Pois, a pandemia causada pela Covid-19 evidenciou as mazelas e as sequelas do movimento do referido modo de produção: uma desigualdade abissal,(1) a exploração contínua e brutal da mão de obra e dos recursos naturais das regiões periféricas,(2) uma política de Estado fraco(3) — em que se deixa de cumprir as demandas sociais,

---

(1) MASSAHUD DE CARVALHO, R. K. *Colonialidade, transmodernidade e diferença colonial:* para um direito situado na periferia. Dissertação (Mestrado) – Universidade Federal de Minas Gerais, Belo Horizonte, 2020. p. 41-42.

(2) DUSSEL, Enrique. *1492:* o encobrimento do outro (a origem do "mito da modernidade") – Conferências de Frankfurt. Tradução de Jaime A. Clasen. Petrópolis: Vozes, 1993. p. 51.

(3) GOMES, David F. L. *Brasil, 2020:* tentativa de diagnóstico. Manuscrito — Texto escrito para integrar o livro GOMES, D.; CATTONI DE OLIVEIRA, M. 30 anos, e agora? Direito e política nos horizontes da República de

por exemplo, de saúde, de educação, de melhores condições de trabalho,[(4)] de uma maior e melhor distribuição de renda —, e passa a ser guiado por uma lógica externa às expectativas da sociedade,[(5)] uma lógica de produção e de reprodução do modo de produção capitalista.[(6)]

Mais especificamente sobre o Brasil, o debate sobre a renda mínima ganha destaque devido à recente aprovação do projeto de lei n. 9236/17, em primeiro de abril de 2020, estabelecendo a constituição de uma política de Renda Básica Emergencial, buscando diminuir ou limitar os impactos sociais e econômicos gerados pela pandemia. O projeto visa conceder um valor de 600 reais mensais (1.200 reais para mulheres que provêm sozinhas o sustento dos filhos), por um período de 3 meses, à indivíduos vulneráveis, tidos como baixa renda, trabalhadores e trabalhadoras informais, desempregados e desempregadas, microempreendedores e microempreendedores individuais, durante a crise sanitária do Covid-19.[(7)]

Sua necessidade se mostra clara devido ao fato que um enorme número de trabalhadores e trabalhadoras passaram a não poder prestar seus serviços[(8)], haja vista que os órgãos de saúde recomendaram o procedimento de quarentena e isolamento social para evitar a propagação do vírus.[(9)] Além disso, um número considerável de trabalhadores e trabalhadoras também foram demitidos e demitidas de seus empregos, ficando sem nenhuma fonte de renda para sustentarem a si e as suas famílias ou tiveram seus salários reduzidos, por força da Medida Provisória n. 936.[(10)] Nesse sentido, a Renda

1988 – Em homenagem a Juarez Guimarães. Belo Horizonte: Livraria Conhecimento, com previsão de publicação para 2020. Disponível em: <https://www.academia.edu/42749730/Brasil_2020_tentativa_de_diagn%C3%B3stico>. Acesso em: maio 2020, p. 04.

(4) CARVALHO NETTO, Menelick de ; SCOTTI, GUILHERME. O direito do trabalho e o estado democrático de direito: uma reflexão sobre o individual e o coletivo no exercício da autonomia do trabalhador. In: VIANA, Márcio Túlio; ROCHA, Cláudio Jannotti da (Orgs.). *Como aplicar a CLT à luz da Constituição:* alternativas para os que militam no foro trabalhista. 1. ed.São Paulo: LTr, 2016. p. 70.

(5) QUIJANO, Aníbal. Colonialidade, Poder, Globalização e Democracia. In: *Novos Rumos*, n. 37. 2002, p. 11-12.

(6) MARX, Karl. Prefácio da primeira edição. In: MARX, Karl. *O Capital — Crítica da economia política.* Livro 1, O processo de produção do capital. Trad. Rubens Enderle. São Paulo: Boitempo, 2013. p. 553.

(7) CREMA, Gabriella Lenza. *Renda Básica Emergencial:* o que é? 2020. Disponível em: <https://www.politize.com.br/renda-basica-emergencial/>. Acesso em: 12 jun. 2020.

(8) BARBOSA, Rogério J. *et al. A importância da Renda Básica no país:* o emergencial e o futuro. 2020. Disponível em: <https://www.nexojornal.com.br/ensaio/debate/2020/A-import%C3%A2ncia-da-Renda-B%C3%A1sica-no-pa%C3%ADs-o-emergencial-e-o-futuro>. Acesso em: 12 jun. 2020.

(9) OMS reforça que medidas de isolamento social são a melhor alternativa contra o coronavírus: mas a Organização Mundial da Saúde cobrou dos governos a garantia da renda e do bem-estar da população. 2020. Disponível em: <https://g1.globo.com/jornal-nacional/noticia/2020/03/30/oms-reforca-que-medidas-de-isolamento-social-sao-a-melhor-alternativa-contra-o-coronavirus.ghtml>. Acesso em: 12 jun. 2020.

(10) BARBOSA, Rogério J. *et al. A importância da Renda Básica no país:* o emergencial e o futuro. 2020. Disponível em: <https://www.nexojornal.com.br/ensaio/debate/2020/A-import%C3%A2ncia-da-Renda-B%C3%A1sica-no-pa%C3%ADs-o-emergencial-e-o-futuro>. Acesso em: 12 jun. 2020.

Básica Emergencial impede que uma imensa maioria da população sofra de forma mais radical com os impactos gerados pela crise sanitária do Covid-19.

Ligado à isso, no período anterior à referida crise sanitária, em decorrência da sua condição de um país de economia capitalista dependente, o Brasil vivenciava uma forte limitação da atuação do Estado(11) e um momento de maior precarização do trabalho. Isso se evidencia, em caráter exemplificativo, com a aprovação tanto da Emenda Constitucional n. 95 quanto da contrarreforma trabalhista,(12) bem como o aumento do trabalho informal.

Devido ao exposto, o trabalho será organizado apresentando, primeiramente, a alteração da noção de cidadania no Estado Democrático de Direito, em que houve um deslocamento da cidadania do exercício do trabalho à condição de sujeito humano membro da comunidade. Além disso, será realizada uma análise sobre os limites e as contradições da renda mínima, enquanto política distributiva, em sociedades organizadas em torno do modo de produção capitalista e os seus possíveis impedimentos. Por fim, será apresentada a possibilidade da referida política de renda mínima ser utilizada pela classe trabalhadora em sua luta por melhores condições de vida e contra o capitalismo.

2. Trabalho como cidadania ou cidadania e trabalho

A relação entre "Trabalho, Constituição e Cidadania" permite compreender uma parte significativa dos desafios e dos dilemas enfrentados contemporaneamente pelos trabalhadores e pelas trabalhadoras(13) e que são objeto de reflexão do direito do trabalho e da teoria social.

Nesse sentido, o objetivo do presente tópico é apresentar, ainda que de maneira breve, a alteração da concepção de cidadania no transcurso do tempo, alterando de uma concepção conectada ao trabalho para a forma que assume na atual ordem constitucional — vinculada a condição de ser um espécime da espécie humana que se organiza na forma de comunidade.

---

(11) GOMES, David F. L. *Brasil, 2020:* tentativa de diagnóstico. Manuscrito — Texto escrito para integrar o livro GOMES, D.; CATTONI DE OLIVEIRA, M. 30 anos, e agora? Direito e política nos horizontes da República de 1988 – Em homenagem a Juarez Guimarães. Belo Horizonte: Livraria Conhecimento, com previsão de publicação para 2020. Disponível em: <https://www.academia.edu/42749730/Brasil_2020_tentativa_de_diagn%C3%B3stico>. Acesso em: maio 2020, p. 04.

(12) GOMES, D. F. L.; MASSAHUD DE CARVALHO, R. K. Boaventura Santos, direito e crítica: da regulação à possibilidade de emancipação. *Libertas:* Revista de Pesquisa em Direito, v. 6, n. 1, p. e-202002, 15 maio 2020, p. 27.

(13) CARVALHO NETTO, Menelick de; SCOTTI, GUILHERME. O direito do trabalho e o estado democrático de direito: uma reflexão sobre o individual e o coletivo no exercício da autonomia do trabalhador. In: VIANA, Márcio Túlio; ROCHA, Cláudio Jannotti da (Orgs.). *Como aplicar a CLT à luz da Constituição:* alternativas para os que militam no foro trabalhista. 1. ed.São Paulo: LTr, 2016. p. 65.

Pois,

> [...] no atual paradigma do Estado Democrático de Direito, se direitos básicos e específicos são reconhecidos ao trabalhador, o são precisamente porque passam a ser vistos agora como imprescindíveis para que ele tenha condições de afirmar e exercer a sua autonomia enquanto sujeito de direitos, a sua cidadania. Se normas protetivas do trabalho contra o poder do capital continuam a ser requeridas, elas, contudo, não mais podem significar a desqualificação daquele que, dado à sua situação material, precisa, a princípio, da proteção jurídica das normas de ordem pública [...].[14]

Anteriormente, a cidadania era uma categoria teórico-social vivenciada e compreendida de outra forma. Ela estava relacionada ao exercício do trabalho — uma forte herança do paradigma do Estado Social.

A cidadania — a condição de membro e de membra da comunidade política — estava umbilicalmente conectada à proteção exercida pelo Estado aos cidadãos e às cidadãs e vinculada ao acesso deles e delas à direitos sociais. No entanto, não era uma condição de todos e de todas no interior de um dado território, mas cidadão e cidadã — sujeitos à tutela do Estado e com acesso à direitos — eram tão somente aqueles e aquelas que exerciam uma atividade remunerada, que era organizada e regulada pelo Estado. Isto é, somente possui cidadania aquele e aquela que exerce trabalho formal e, por isso, pode acessar à proteção e aos direitos concedidos pelo Estado.[15]

Nesse quadro, a cidadania era entendida como uma condição de concessão realizada pelo Estado ao povo incapaz que precisava ser tutelado, uma concepção extremamente limitada e limitante. Evidenciando, assim, a relação entre cidadania e trabalho, ou melhor da cidadania como trabalho.

No entanto, com o transcorrer do tempo a sociedade foi alargando a concepção de cidadania. No Estado Democrático de Direito, ela passou a ser de "cidadania como processo, como participação efetiva"[16] e não mais associada ao trabalho. A condição

(14) CARVALHO NETTO, Menelick de; SCOTTI, GUILHERME. O direito do trabalho e o estado democrático de direito: uma reflexão sobre o individual e o coletivo no exercício da autonomia do trabalhador. In: VIANA, Márcio Túlio; ROCHA, Cláudio Jannotti da (Orgs.). *Como aplicar a CLT à luz da Constituição:* alternativas para os que militam no foro trabalhista. 1. ed.São Paulo: LTr, 2016. p. 66.

(15) SANTOS, Wanderley Guilherme dos. *Cidadania e justiça:* a política social na ordem brasileira. 2. a ed. rev. e atual. Rio de Janeiro: Campus, 1987.

(16) CARVALHO NETTO, Menelick de. A contribuição do Direito Administrativo enfocado da ótica do administrado para uma reflexão acerca dos fundamentos do Controle de Constitucionalidade das Leis no Brasil: um pequeno exercício de Teoria da Constituição. *Fórum Administrativo*. 2001, p. 17.

de cidadão e de cidadã, a partir de 1988, é entendida e vivenciada como associada à condição de ser humano,[17] de ser membro e de ser membra da comunidade.

Com referido descolamento, houve também uma alteração na concepção sobre a relação entre o acesso e a proteção aos direitos e a sociedade. Os direitos sociais deixaram de ser compreendidos como meras concessões estatais à uma sociedade inapta e passaram a ser entendidos como sendo o meio que as afirma como cidadãs e "os afirma como cidadãos".[18]

Com referida alteração da concepção de cidadania, se torna possível a realização de políticas públicas como a analisada no presente trabalho. Ou seja, a condição de possibilidade para políticas em que há acesso à direitos e uma garantia de proteção estatal não mais é vinculada e relacionada ao trabalho, mas ligada à condição de ser cidadão e de ser cidadã — da sua existência enquanto sujeito membro e membra de uma dada comunidade política.

3. Renda básica como justiça distributiva: limites e possibilidades na ordem capitalista

Depois de ter apresentado como a alteração da noção de cidadania possibilita a realização de políticas distributivas para uma maior parte da população — uma vez que cidadania e trabalho passaram a estar desacoplados, podendo o Estado garantir, em alguma medida, melhores condições de vida, bem como podendo contribuir para a redução das desigualdades abissais, na limitação dos impactos e das mazelas geradas pelo modo de produção capitalista —, passa a ser necessário questionar: agora que elas são possíveis, quais são os limites dessas políticas distributivas — como a renda básica — em sociedades assentadas na lógica de produção e de reprodução do modo de produção capitalista? Quais são as possibilidades dessas políticas contribuírem efetivamente para combater as sequelas deixadas pelo referido modo de produção?

Em um primeiro momento, é preciso evidenciar que o modo de produção capitalista está organizado a partir da separação entre capital e trabalho[19] e é guiado por

(17) REGO, Walquiria Domingues Leão.; PINZANI, Alessandro. *Vozes do Bolsa Família:* autonomia, dinheiro e cidadania. São Paulo: UNESP, 2013.

(18) CARVALHO NETTO, Menelick de; SCOTTI, GUILHERME. O direito do trabalho e o estado democrático de direito: uma reflexão sobre o individual e o coletivo no exercício da autonomia do trabalhador. In: VIANA, Márcio Túlio; ROCHA, Cláudio Jannotti da (Orgs.). *Como aplicar a CLT à luz da Constituição:* alternativas para os que militam no foro trabalhista. 1. ed.São Paulo: LTr, 2016. p. 66.

(19) MARX, Karl. *Grundrisse:* manuscritos econômicos de 1857-1858: esboços da crítica da economia política. Trad. Mario Duayer e Nélio Schneider. São Paulo: Boitempo, 2011. p. 412-413.

uma lei imanente, sendo ela, a busca incessante por autovalorizar o capital[20] ou pela autovalorização do valor.[21]

Nesse ínterim, nas sociedades capitalistas só há uma explicação para a riqueza e para o aumento de riqueza, sendo ela, a possibilidade de extração e acumulação do mais-valor.[22] Isto é, é necessário que se encontre no mercado uma mercadoria que, sem ferir o pressuposto de equivalência das trocas, ao ser utilizada produza uma quantidade maior de valor do que ela possuía inicialmente, referida mercadoria é a força de trabalho[23] e essa quantidade maior de valor produzida é denominado como mais-valor.[24]

Sendo assim, o fundamento da riqueza e do aumento da riqueza não está no comércio ou na circulação de mercadorias, e "foi em geral um erro transformar a assim chamada *distribuição* em essencial e pôr nela o acento principal".[25] Pois, em sociedades capitalistas, em verdade, o âmbito da economia em que se produz riqueza é a produção.[26]

Para além disso, é também necessário evidenciar que mesmo o modo de produção capitalista seja guiado por referida lei imanente, ele é dialético, uma vez que está ancorado na separação entre capital e trabalho,[27] o mesmo movimento que produz riqueza e possibilita o seu aumento — a exploração da força de trabalho e a produção de mais-valor — tende a produzir — simultaneamente e em aparente contradição — pobreza extrema e, como desdobramento, uma desigualdade abissal.

Desse modo, ao compreender que o capitalismo funciona guiado pela lei imanente de busca por autovalorizar a si mesmo, que isso somente é possível no âmbito da produção e que a condição de possibilidade do aumento de riqueza é exatamente a concomitante produção de pobreza, a realização de políticas públicas que busquem combater ou findar essas mazelas não devem estar limitadas à esfera da circulação, da distribuição ou do consumo, mas devem impreterivelmente ser destinadas ao âmbito da produção.[28]

---

(20) MARX, Karl. *O Capital — Crítica da economia política.* Livro 1, O processo de produção do capital. Trad. Rubens Enderle. São Paulo: Boitempo, 2013. p. 553.

(21) Ib*Idem*, p. 406.

(22) Ib*Idem*, p. 227.

(23) Ib*Idem*, p. 242-243.

(24) Ib*Idem*, p. 227.

(25) MARX, Karl. *Crítica do programa de Gotha*. Tradução de Rubens Enderle. São Paulo: Boitempo, 2012. p. 33. Destaque do original.

(26) *Idem.*

(27) MARX, Karl. *Grundrisse:* manuscritos econômicos de 1857-1858: esboços da crítica da economia política. Trad. Mario Duayer e Nélio Schneider. São Paulo: Boitempo, 2011. p. 412-413.

(28) MARX, Karl. *Crítica do programa de Gotha.* Tradução de Rubens Enderle. São Paulo: Boitempo, 2012, p. 33-34.

Pois políticas públicas de distribuição, como a renda mínima, não obstante a relevância e o impacto social, possuem uma eficácia limitada em sociedades capitalistas, uma vez que não atingem a raiz do problema — ela "herdou da economia burguesa o procedimento de considerar e tratar a distribuição como algo independente do modo de produção".[29]

Assim, no melhor dos cenários, por mais que sejam efetivas e consigam equalizar as desigualdades presentes no mundo, o modo de produção capitalista ao continuar funcionando segundo os mesmos critérios, a lei imanente de autovalorização do valor,[30] tende uma vez mais, a ser deixada sem limitações e amarras, a gerar pobreza e desigualdade social.

Sendo assim, a única possibilidade dessas políticas de distribuição serem realmente efetivas e porem fim às referidas mazelas típicas do modo de produção capitalista é atingindo a produção, afetando a sua lei imanente e, consequentemente, constituindo uma forma de organização social outra, uma sociedade pós-capitalista, pois.[31]

Nas palavras de Karl Marx:

> A distribuição dos meios de consumo é, em cada época, apenas a consequência da distribuição das próprias condições de produção; contudo, esta última é uma característica do próprio modo de produção. O modo de produção capitalista, por exemplo, baseia-se no fato de que as condições materiais de produção estão dadas aos não trabalhadores sob a forma de propriedade do capital e de propriedade fundiária, enquanto a massa é proprietária somente da condição pessoal de produção, da força de trabalho. Estando assim distribuídos os elementos da produção, daí decorre por si mesma a atual distribuição dos meios de consumo. Se as condições materiais de produção fossem propriedade coletiva dos próprios trabalhadores, então o resultado seria uma distribuição dos meios de consumo diferente da atual.[32]

Portanto, a luta não é e não pode ser apenas por uma melhor repartição dentro dos quadros e dos limites do capitalismo, é necessário atacar a raiz dos problemas, se voltar à produção e ter como horizonte a supressão do referido modo de produção. Se faz urgente um modo de repartição e de distribuição que seja pós-capitalista.[33]

---

(29) MARX, Karl. *Crítica do programa de Gotha*. Tradução de Rubens Enderle. São Paulo: Boitempo, 2012, p. 33.

(30) MARX, Karl. *O Capital — Crítica da economia política*. Livro 1, O processo de produção do capital. Trad. Rubens Enderle. São Paulo: Boitempo, 2013. p. 406.

(31) MARX, Karl. *Crítica do programa de Gotha*. Tradução de Rubens Enderle. São Paulo: Boitempo, 2012. p. 34.

(32) *Ibide,*, p. 33-34.

(33) LUXEMBURGO, Rosa. *Reforma ou Revolução?*. São Paulo: Expressão Popular, 2000. p. 90-91.

Nesse momento duas ressalvas se tornam necessárias. Em primeiro lugar, isso não significa que é preciso abrir mão dessas políticas de distribuição ou que seja preciso decretar a sua inutilidade. Elas podem contribuir para a constituição de melhores condições materiais para aqueles e aquelas que são dominados e explorados no bojo do modo de produção capitalista. Assim, mesmo que as políticas de distribuição não possam sozinhas resolver os problemas, as melhores condições de vida fornecidas por elas — desde que se tenha o horizonte de uma transformação radical da sociedade e, nesse sentido, não sejam meramente reformistas[(34)], em verdade, deve haver "um laço indissolúvel entre as reformas sociais e a revolução, sendo a luta pelas reformas o meio, mas a revolução social o fim"[(35)] — podem contribuir em lutas sociais contra o capitalismo. Isso se dá na medida em que as melhores condições de vida são condições de possibilidade de que a própria sociedade, a classe trabalhadora ou os vencidos e as vencidas da história — para usar a chave benjaminiana — tenham condições e possam, assim, transformar a sociedade, pois emancipação ou libertação social somente se realiza em primeira pessoa, na medida em que a "libertação do oprimido é realizada pelo oprimido".[(36)]

A segunda ressalva é que nesse momento seria razoável que alguém entendesse que referidas políticas de distribuição são uma expressão do próprio movimento do modo de produção capitalista se desdobrando do tempo. Assim, ao realizar políticas redistributivas, o capitalismo estaria buscando garantir o seu desenvolvimento, pois ao distribuir renda seria possível que mais pessoas consumissem e isso permitiria que o capitalismo continuasse se reproduzindo. Contudo, essa interpretação não encontra guarida na obra de Karl Marx, sendo, então, ou de um marxismo vulgar ou de uma outra tradição. Pois, como dito anteriormente, em sociedades capitalistas a autovalorização ocorre no âmbito da produção e não da circulação e do consumo. Sendo assim, as políticas redistributivas não garantiriam a contínua produção e reprodução do modo de produção capitalista.

No mesmo sentido, se estiver correto o entendimento que o capitalismo funciona segundo lei imanente e não como um ser consciente que faz escolhas e toma decisões, essas políticas distributivas ou redistributivas, que melhoram as condições de vida dos explorados e das exploradas, não parecem ser um desdobramento da busca pela autovalorização do valor, mas uma reação da sociedade quando "ameaçada em suas raízes vitais".[(37)] Pois, o Capital não tem preocupação alguma com a vida dos

(34) LUXEMBURGO, Rosa. *Reforma ou Revolução?*. São Paulo: Expressão Popular, 2000. p. 17.

(35) *Idem.*

(36) DUSSEL, Enrique. *Filosofia da libertação na América Latina.* São Paulo: Loyola, 1977. p. 100.

(37) MARX, Karl. *O Capital — Crítica da economia política.* Livro 1, O processo de produção do capital. Trad. Rubens Enderle. São Paulo: Boitempo, 2013. p. 481.

trabalhadores e das trabalhadoras.(38) Essas políticas são provenientes de uma outra lógica que, no limite, podem contribuir para tentar limitar as mazelas do referido modo de produção.(39)

Por fim, uma terceira ressalva é que essas políticas distributivas são mais possíveis de serem realizadas no centro do que na periferia do capitalismo. Ou melhor a condição para que essas políticas sejam realizadas no centro ou no Norte global é exatamente a existência da periferia ou do Sul global e a sua contínua e permanente exploração pelo Norte. Em outros termos, há uma dificuldade maior de realizar políticas distributivas em sociedades periféricas devido à forma de organização hodierna do modo produção capitalista, bem como em decorrência do papel desempenhado pelas elites nacionais dessas regiões.(40)

4. Considerações finais

Diante do que foi apresentado, podemos concluir que, com a alteração da concepção de cidadania, isto é, quando essa deixa de ser vinculada ao trabalho e passa a ser associada à condição de ser um espécime da espécie humana e membro de uma comunidade, os direitos sociais passam a ser entendidos como meio de afirmação da condição de cidadãos e de cidadãs, não mais meras concessões estatais à uma sociedade estática. Logo, as já descritas alterações de concepção tornam possível a implementação de políticas públicas distributivas como, a da Renda Básica Emergencial (Lei n. 9.236/17). Isso, pois, quando a concepção de cidadania se torna mais abrangente, um maior número de indivíduos pode gozar dos direitos sociais adquiridos e das políticas públicas a eles associados.

Não obstante, conforme foi trazido anteriormente, ainda que, no tempo presente, tais políticas distributivas sejam possíveis de serem implementadas, existe um limite no seu potencial transformador, tendo em vista o modo de produção ao qual nos inserimos, qual seja, o capitalista. Sendo esse modo de produção guiado por uma lei imanente, a da autovalorização do valor, a riqueza é produzida pela exploração dos trabalhadores e das trabalhadoras e pela expropriação de seu trabalho não pago.

Desse modo, tem-se que o fundamento da produção e da acumulação de riquezas não está na circulação ou no consumo de mercadorias, mas no processo de

(38) MARX, Karl. *O Capital — Crítica da economia política*. Livro 1, O processo de produção do capital. Trad. Rubens Enderle. São Paulo: Boitempo, 2013. p. 342.

(39) GOMES, D. F. L. *A Constituição de 1824 e o problema da modernidade:* o conceito moderno de Constituição, a história constitucional brasileira e a teoria da Constituição no Brasil. Tese (Doutorado) – Universidade Federal de Minas Gerais, Belo Horizonte, 2016. p. 205.

(40) Sobre as especificidades assumidas nas regiões periféricas, conferir o artigo *"Crise do capitalismo e os seus impactos nos Direitos Sociais no contexto latino-americano"* dessa mesma obra.

produção delas. Esse mesmo movimento, em aparente contradição, produz concomitantemente pobreza e desigualdade. Portanto, a realização de políticas públicas que busquem combater ou findar referidas mazelas não deve estar limitada à esfera da circulação, da distribuição ou do consumo, mas devem impreterivelmente ser destinadas à raiz do problema, ao âmbito da produção.

Pensando na ótica do Direito do Trabalho, este precisará de rigidez para acompanhar as mutações do sistema, com o fito de proteger seus trabalhadores e trabalhadoras, do mesmo modo como o capital se movimenta para acumular riquezas em poucas mãos. Trata-se de um momento crucial no cenário político-trabalhista, em que todo esforço se faz necessário para que seja possível ao menos mitigar as tendências precarizantes advindas com a crise sanitária.

O desafio, portanto, é entender o papel das políticas públicas distributivas enquanto instrumento da classe trabalhadora para elevar a condição dessa de produção e reprodução de sua vida social, ou seja, dar melhores meios de vida para aqueles e para aquelas que são explorados e exploradas diariamente pelo "Capital". Dessa maneira, a implementação de políticas distributivas deve romper com o mero reformismo e visar, em última medida, atingir o horizonte revolucionário, de modo que os próprios indivíduos sejam capazes de produzir a sua emancipação, sob pena dela não ser verdadeira. Assim, entendemos que essas políticas devem ser usadas enquanto meio para atingir o fim, qual seja, a superação do modo de produção capitalista e a constituição de uma sociedade pós-capitalista.

Referências bibliográficas

BARBOSA, Rogério J. *et al. A importância da Renda Básica no país:* o emergencial e o futuro. 2020. Disponível em: <https://www.nexojornal.com.br/ensaio/debate/2020/A-import%C3%A2ncia-da-Renda-B%C3%A1sica-no-pa%C3%ADs-o-emergencial-e-o-futuro>. Acesso em: 12 jun. 2020.

CARVALHO NETTO, Menelick de; SCOTTI, GUILHERME. O direito do trabalho e o estado democrático de direito: uma reflexão sobre o individual e o coletivo no exercício da autonomia do trabalhador. In: VIANA, Márcio Túlio; ROCHA, Cláudio Jannotti da (Orgs.). *Como aplicar a CLT à luz da Constituição:* alternativas para os que militam no foro trabalhista. 1. ed. São Paulo: LTr, 2016. p. 65-71.

CARVALHO NETTO, Menelick de. A contribuição do Direito Administrativo enfocado da ótica do administrado para uma reflexão acerca dos fundamentos do Controle de Constitucionalidade das Leis no Brasil: um pequeno exercício de Teoria da Constituição. *Fórum Administrativo*, 2001, p. 11-20.

CREMA, Gabriella Lenza. *Renda Básica Emergencial: o que é?* 2020. Disponível em: <https://www.politize.com.br/renda-basica-emergencial/>. Acesso em: 12 jun. 2020.

DUSSEL, Enrique. *Filosofia da libertação na América Latina.* São Paulo: Loyola, 1977.

______. *1492:* o encobrimento do outro (a origem do "mito da modernidade") – Conferências de Frankfurt. Tradução de Jaime A. Clasen. Petrópolis: Vozes, 1993.

GOMES, D. F. L. *A Constituição de 1824 e o problema da modernidade:* o conceito moderno de Constituição, a história constitucional brasileira e a teoria da Constituição no Brasil. Tese (Doutorado) – Universidade Federal de Minas Gerais, Belo Horizonte, 2016.

GOMES, David F. L. *Brasil, 2020:* tentativa de diagnóstico. Manuscrito — Texto escrito para integrar o livro GOMES, D.; CATTONI DE OLIVEIRA, M. 30 anos, e agora? Direito e política nos horizontes da República de 1988 – Em homenagem a Juarez Guimarães. Belo Horizonte: Livraria Conhecimento, com previsão de publicação para 2020. Disponível em: <https://www.academia.edu/42749730/Brasil_2020_tentativa_de_diagn%C3%B3stico>. Acesso em: maio 2020.

______; MASSAHUD DE CARVALHO, R. K. Boaventura Santos, direito e crítica: da regulação à possibilidade de emancipação. *Libertas: Revista de Pesquisa em Direito*, v. 6, n. 1, p. e-202002, 15 maio 2020.

LUXEMBURGO, Rosa. *Reforma ou Revolução?* São Paulo: Expressão Popular, 2000.

MARX, Karl. *Crítica do programa de Gotha.* Tradução de Rubens Enderle. São Paulo: Boitempo, 2012.

______. *Grundrisse:* manuscritos econômicos de 1857-1858: esboços da crítica da economia política. Trad. Mario Duayer e Nélio Schneider; col. Alice Helga Werner e Rudiger Hoffman. São Paulo: Boitempo, 2011.

______. *O Capital — Crítica da economia política.* Livro 1, O processo de produção do capital. Trad. Rubens Enderle. São Paulo: Boitempo, 2013.

MASSAHUD DE CARVALHO, R. K. *Colonialidade, transmodernidade e diferença colonial*: para um direito situado na periferia. Dissertação (Mestrado) – Universidade Federal de Minas Gerais, Belo Horizonte, 2020.

OMS reforça que medidas de isolamento social são a melhor alternativa contra o coronavírus: mas a Organização Mundial da Saúde cobrou dos governos a garantia da renda e do bem-estar da população. 2020. Disponível em: <https://g1.globo.com/jornal-nacional/noticia/2020/03/30/oms-reforca-que-medidas-de-isolamento-social-sao-a-melhor-alternativa-contra-o-coronavirus.ghtml>. Acesso em: 12 jun. 2020.

QUIJANO, Aníbal. Colonialidade, Poder, Globalização e Democracia. In: *Novos Rumos*, n. 37, 2002.

REGO, Walquiria Domingues Leão.; PINZANI, Alessandro. *Vozes do Bolsa Família:* autonomia, dinheiro e cidadania. São Paulo: UNESP, 2013.

SANTOS, Wanderley Guilherme dos. *Cidadania e justiça:* a política social na ordem brasileira. 2. ed. rev. e atual. Rio de Janeiro: Campus, 1987. 89p. (Série Campus política).

Contra-Tendências Possíveis ao Direito do Trabalho: Reconhecimento da Minoração Produtiva como Possível Meio de Sociabilidade

Marcelle Conegundes

Resumo: Diante da crise ecológica e sanitária que se alastra, é urgente forjar outros futuros, contra tendenciosos, às relações de trabalho e ao Direito do Trabalho. A partir disso, dedicamo-nos neste trabalho a pensar e discutir novas possibilidades, a partir do reconhecimento da minoração produtiva como meio de sociabilidade. Para tanto, partiremos do resgate da dimensão histórica e ontológica do trabalho nas concepções marxiana e lukacsiana. Adiante, pretende-se apresentar como se dá a sociabilidade no capitalismo e como ela é moldada pelos modos de produção e consumo vigentes no âmbito da produção e da reprodução social. Além disso, para dar aporte à minoração produtiva, buscar-se-á proposições acerca da readequação do ideário de consumo, bem como a discussão das perspectivas de decrescimento.

Palavras-Chave: Trabalho; sociabilidade; minoração produtiva.

Resumen: En vista de la crisis ecológica y de salud generalizada, es urgente forjar otros futuros, contra las tendencias, a las relaciones laborales y la legislación laboral. En base a eso, nos dedicamos en este trabajo a pensar y discutir nuevas posibilidades, basadas en el reconocimiento de la minoría productiva como un medio de sociabilidad. Por lo tanto, comenzaremos desde el rescate de la dimensión histórica y ontológica del trabajo en las concepciones marxistas y lukacsianas. Más adelante, se pretende presentar cómo se produce la sociabilidad en el capitalismo y cómo está moldeado por los modos de producción y consumo vigentes en el ámbito de la producción y la reproducción social. Además, para contribuir a la reducción productiva, se buscarán propuestas sobre el reajuste de las ideas de consumo así como una discusión sobre las perspectivas de decrecimiento.

Palabras-Chave: Trabajo; sociabilidad; reducción productiva.

Introdução

A última fase de reestruturação produtiva do capital, aos moldes do receituário neoliberal, levou ao agravamento do desemprego estrutural, da precarização do trabalho, a destruição da natureza em escala globalizada e a incorporação, no imaginário coletivo, de uma nova racionalidade global, que infunde o indivíduo em uma gestão liberal de si. Na concepção lacaniana, o discurso capitalista, em nível da construção da subjetividade, leva a alterações das estruturas simbólicas dos indivíduos e por consequência, afeta a constituição da sociabilidade.

Uma marca da crise civilizatória atual, em que há o esgotamento do modelo de civilização capitalista e globalizado, é a primazia da necessidade de ter algo, em detrimento das possibilidades de ser. O esgotamento desse ser social, leva a uma lógica de consumo predatória, tanto em relação aos recursos naturais quanto do ponto de vista da exploração dos trabalhadores e trabalhadoras envolvidos no processo de produção. Assim como observa Azam "O capitalismo agravou o despojo dos meios de vida, a submissão do trabalho ao capital e a mercantilização da natureza. Esse projeto de domínio racional do mundo, dos humanos e da natureza está em pleno colapso."(1)

As consequências disso são experienciadas de forma aguda na sociabilidade contemporânea. E por isso, é necessário buscar compreender o problema sob as chaves da perspectiva ontológica do trabalho e do questionamento do capitalismo enquanto catalisador dessa crise civilizatória. Para a partir disso, pensar nossas possibilidades de sociabilidade.

Neste sentido, este artigo tem um caráter ensaístico de fomentar as discussões acerca de sociabilidade e trabalho no cenário da crise civilizatória atual, e propor alternativas sociais para a recuperação da sociabilidade, tendo como horizonte metodológico e ideológico a perspectiva ecossocialista.

O trabalho e sociabilidade no modo de produção capitalista

Na tradição marxiana, a realização do ser social é objetivada através da produção e reprodução de sua existência, o que se efetiva pelo trabalho. Ou seja, a produção e a reprodução da vida humana realizam-se pelo trabalho. Assim, é a partir do trabalho que o homem torna-se ser social, sendo o componente fundamental e estruturante da sociabilidade humana.

Contudo, no capitalismo, só é considerado produtivo aquele trabalho que permite ao capitalista extrair mais-valia e, portanto, o capital mantém o trabalho reprodutivo

(1) AZAM, Geneviève. Decrescimento. In: SOLÓN, Pablo (Org.). *Alternativas sistêmicas:* bem viver, decrescimento, comuns, ecofeminismo, direitos da mãe terra e desglobalização. Bem Viver, decrescimento, comuns, ecofeminismo, direitos da Mãe Terra e desglobalização. São Paulo: Elefante, 2019. p. 82

na esfera privada, sem remunerá-lo. É importante ressaltar que ao buscar-se a compreensão do trabalho, tomamos como elementos não apenas o trabalho produtivo, mas também o trabalho reprodutivo, aquele que forma a própria base do capitalismo, uma vez que reproduz o trabalhador.

Dada a impossibilidade de existência de um processo social de produção apartado da reprodução da vida social, já apontada por Marx(2), é possível dizer que a produção e a reprodução da vida social são momentos diferenciados de uma mesma forma social. E diante do caráter inter relacional entre trabalho e reprodução social, o modo capitalista de produzir e o trabalho afetam diretamente a sociabilidade. E por isso, abordar o trabalho como eixo fundamental da sociabilidade humana é essencial como chave de compreensão deste texto.

Em Marx(3) e Lukács(4), o trabalho é categoria fundante do ser social, sendo o trabalho a única forma de relação do homem com a natureza que é capaz de produzir permanentemente o novo. Contudo, na sociabilidade capitalista, o trabalho é estranhado, como aponta Antunes:

> Se na formulação marxiana o trabalho é o ponto de partida do processo de humanização do ser social, também é verdade que, tal como se objetiva na sociedade capitalista, o trabalho é degradado e aviltado. Torna-se estranhado. O que deveria se constituir na finalidade básica do ser social — a sua realização no e pelo trabalho — é pervertido e depauperado.(5)

Ainda conforme Antunes(6), a forma de trabalho na sociedade capitalista resulta na desrealização do ser social "O que significa dizer que, sob o capitalismo, o trabalhador repudia o trabalho; não se satisfaz, mas se degrada; não se reconhece, mas se nega."(7)

Se no modo de produção capitalista o trabalho, que é elemento constitutivo da sociabilidade, é estranhado, podemos dizer que a sociabilidade também passa por um viés de estranhamento. Uma vez que o trabalho não pode se realizar como fruição e como realização das capacidades humanas mais elevadas, mas sim como relação social no ato das trocas, a sociabilidade se submete à lógica de mercadoria.

---

(2) MARX, Karl. *Grundrisse:* manuscritos econômicos de 1857-1858: esboços da crítica da economia política. São Paulo: Boitempo; Rio de Janeiro: Ed. UFRJ, 2011.

(3) *Idem.*

(4) LUKÁCS, G. *Para uma ontologia do ser social.* São Paulo: Boitempo, 2013.

(5) ANTUNES, Ricardo. *Adeus ao trabalho?* Ensaio sobre as Metamorfoses e a Centralidade do Mundo do Trabalho. 13. ed. São Paulo: Cortez, 2008. p.145.

(6) *Idem.*

(7) *Idem.*

O desemprego como projeto

Há um segundo ponto a ser analisado do ponto de vista da sociabilidade: aqueles trabalhadores e trabalhadoras que estão alijados do mercado de trabalho. Marx[(8)] conceituou como "exército industrial de reserva" a força de trabalho que excede as necessidades da produção. Esse configura-se como um elemento central para a garantia do processo de acumulação e, consequentemente, do bom funcionamento do sistema de produção capitalista.

Nos Manuscritos econômico-filosóficos, Marx[(9)] parte da compreensão de que, na sociedade capitalista, para se configurar como ser humano, o indivíduo precisa ter acesso material à sua subsistência. E uma vez que esse acesso se dá por meio da venda de sua força de trabalho, é possível afirmar que, no sistema capitalista, para ser considerado ser humano em sua fruição e em suas potências, o indivíduo precisa ser um trabalhador.

Diante do projeto de desemprego estrutural presente, a tendência é que as reais possibilidades de configuração dos indivíduos excluídos do trabalho produtivo se configurarem como seres humanos são drasticamente reduzidas. E o que resta é o embrutecimento e a desumanização e na, melhor das hipóteses, a sujeição à precarização do trabalho, como um dos impactos da "nova ordem sociometabólica do capital'[(10)] no plano mundial.

Assim, na ausência do pleno emprego e da desconsideração do trabalho reprodutivo, impera uma sociabilidade marcada por: 1) A gestão liberal de si, em busca de uma performance total, onde perde-se a capacidade simbólica e a construção das subjetividades, ao tentar encaixar-se constantemente naquilo que é desejado pelo sistema. 2) O domínio pelo medo, em que a competição pelos postos de trabalho, ainda que precários, leva à aceitação de condições de subordinação exploratórias, dado o exército industrial de reserva, pronto a ocupar os postos desocupados. 3) A desconsideração enquanto sujeito das envolvidas no trabalho reprodutivo (em maioria mulheres). E repensar a sociabilidade passa, necessariamente, pela discussão desses três elementos.

Reduzir o consumo para reduzir a produção

Se por um lado a sociabilidade constitui-se a partir do trabalho, de outro, as relações de consumo também fazem parte dessa constituição. As relações sociais estão

---

(8) MARX, K. *O capital:* crítica da economia política — Livro 1: O processo de produção do capital. São Paulo: Boitempo, 2013.

(9) MARX, K. *Manuscritos econômico-filosóficos*. São Paulo: Boitempo, 2004.

(10) ALVES, Giovanni. Trabalho e reestruturação produtiva no Brasil neoliberal: precarização do trabalho e redundância salarial. *Revista Katálysis*, [s.l.], v. 12, n. 2, p. 188-197, dez. 2009. FapUNIFESP (SCiELO). Dispsonível em: <http://dx.doi.org/10.1590/s1414-49802009000200008>.

submetidas à lógica das mercadorias e assim, alienadas. Essa alienação configura-se em dois sentidos: as necessidades humanas comparecem de modo cada vez mais débil na produção social e, por outro lado, a produção perdulária e destrutiva torna-se a expressão predominante da desumanidade do capital.(11)

Portanto, diante da relação dialética existente entre produção e consumo, destacada por Mészáros(12), buscamos a compreensão de que para resgatar a sociabilidade, é necessário alterar não somente o modo de produção, mas também passar por uma reestruturação das formas e relações de consumo. Marx já diagnosticou, no Grundrisse, como o consumo é o fundamento ideal e internamente impulsor da produção. "O consumo cria o estímulo da produção; cria também o objeto que funciona na produção como determinante da finalidade"(13)

O cerne da questão não se trata do consumo excessivo em abstrato, mas, como aponta Löwy(14) refere-se ao consumo caracterizado pela propriedade ostensiva o desperdício maciço, a acumulação obsessiva de bens e a aquisição compulsiva de pseudo-novidades impostas pela "moda". Nesse sentido, o autor orienta que uma nova sociedade seria guiada por uma produção em direção à satisfação das necessidades autênticas, como água, comida, roupa e habitação e por serviços essenciais relativos à saúde, educação, cultura e transporte.

Isso implica colocar um fim ao desperdício monstruoso de recursos provocado pelo capitalismo, o qual está fundado numa produção em grande escala de produtos inúteis e/ou danosos. [...] com obsolescência programada — que não têm outra utilidade que a de gerar lucro para as grandes empresas.(15)

Assim, por meio da readequação da nossa ideia de consumo, as maneiras de produção ganham novos contornos, e com elas, a discussão da minoração produtiva. É importante ressaltar, no entanto, que não se busca através da redução do consumo, alimentar o discurso do chamado "consumo consciente" ou "desenvolvimento sustentável" dada a impossibilidade de tais discursos dentro do regime capitalista.

Uma das ideias propagadas pelo capital é a de que nos pensemos enquanto consumidores e consumidoras e não mais enquanto cidadãos e cidadãs. Assim, as

---

(11) LESSA, Sergio. Trabalho, sociabilidade e individuação. *Trab. educ. saúde* [*online*]. 2006, vol. 4, n. 2, p. 231-246. ISSN 1981-7746. Disponível em: <https://doi.org/10.1590/S1981-77462006000200002>.

(12) MÉSZÁROS, István. Produção destrutiva e estado capitalista. *Cadernos Ensaio*, São Paulo: Ensaio, 1989.

(13) MARX, Karl. *Grundrisse:* manuscritos econômicos de 1857-1858: esboços da crítica da economia política. São Paulo: Boitempo; Rio de Janeiro: Ed. UFRJ, 2011.

(14) LÖWY, Michael. Ecossocialismo, democracia e nova sociedade. *Outras Palavras*. [s.l], ago. 2019. Disponível em: <https://outraspalavras.net/crise-civilizatoria/ecossocialismo-democracia-radical-e-nova-civilizacao/>.

(15) *Idem*.

alternativas de intervenção que se buscam estão permeadas pela esfera do consumo. É necessário, portanto, causar uma ruptura com essa chave de análise, como um movimento de resistência política. Ao readequar a ideia de consumo, busca-se a redução da velocidade de produção como alternativa ecológica e social. E aqui, entra a discussão da minoração produtiva.

Minoração produtiva e perspectivas de decrescimento:

Como afirma Marx[(16)], todo processo social de produção é ao mesmo tempo, em seu fluxo contínuo de renovação, processo de reprodução. Ou seja, as condições da produção são simultaneamente as de reprodução. Portanto, pensar novas formas de sociabilidade implica em repensar o modo de produção e questionar o capitalismo.

As propostas passam por trabalhar menos, sem o prejuízo da redução da remuneração em relação a de jornada de trabalho e por novas formas de organização do trabalho, que não priorizem o lucro, mas sim, o atendimento às necessidades humanas e sociais. É possível pensar, por exemplo, nas redes de economia solidária e cooperativas locais que foram fortalecidas durante a pandemia, seja pela necessidade de evitar deslocamentos para além das localidades ou pelo sentimento de solidariedade coletiva que acometeu parte da sociedade, ao optar por pequenos produtores locais em detrimento das grandes corporações.

Na sociedade capitalista, a produção tem por objetivo não as necessidades humanas, mas o lucro. Em contrapartida, na perspectiva da teoria do decrescimento, a melhoria das condições de vida pode ser obtida sem o aumento do consumo. A cada reestruturação produtiva pela qual passamos, novas modalidades de subordinação do trabalho se instalaram. Acredita-se que o colapso causado pela pandemia pode abrir possibilidades de discussão acerca da minoração produtiva, uma vez as formas de consumo passaram por mudanças e assim, pela remodelação do ideário de consumo e de produção, novas alternativas se aproximam.

Referências

ALVES, Giovanni. Trabalho e reestruturação produtiva no Brasil neoliberal: precarização do trabalho e redundância salarial. *Revista Katálysis*, [s.l.], v. 12, n. 2, p. 188-197, dez. 2009. FapUNIFESP (SCIELO). Disponível em: <http://dx.doi.org/10.1590/s1414-49802009000200008>.

ANTUNES, Ricardo. *Adeus ao trabalho?* Ensaio sobre as Metamorfoses e a Centralidade do Mundo do Trabalho. 13. ed. São Paulo: Cortez, 2008.

AZAM, Geneviève. Decrescimento. In: SOLÓN, Pablo (Org.). *Alternativas sistêmicas:* bem viver, decrescimento, comuns, ecofeminismo, direitos da mãe terra e desglobalização. Bem Viver, decrescimento, comuns, ecofeminismo, direitos da Mãe Terra e desglobalização. São Paulo: Elefante, 2019. p. 65-83.

(16) MARX, K. *O capital:* crítica da economia política — Livro 1: O processo de produção do capital. São Paulo: Boitempo, 2013.

LESSA, Sergio. Trabalho, sociabilidade e individuação. *Trab. educ. saúde* [*online*]. 2006, vol. 4, n. 2, p. 231-246. ISSN 1981-7746. Disponível em: <https://doi.org/10.1590/S1981-77462006000200002>.

LÖWY, Michael. Ecossocialismo, democracia e nova sociedade. *Outras Palavras*. [s.l], ago. 2019. Disponível em: <https://outraspalavras.net/crise-civilizatoria/ecossocialismo-democracia-radical-e-nova-civilizacao/>.

LUKÁCS, G. *Para uma ontologia do ser social*. São Paulo: Boitempo, 2013.

MARX, Karl. *Grundrisse: manuscritos econômicos de 1857-1858:* esboços da crítica da economia política. São Paulo: Boitempo; Rio de Janeiro: Ed. UFRJ, 2011.

______. *O capital:* crítica da economia política — Livro 1: O processo de produção do capital. São Paulo: Boitempo, 2013.

MÉSZÁROS, István. Produção destrutiva e estado capitalista. *Cadernos Ensaio*, São Paulo: Ensaio, 1989.

Contra Tendências no Direito do Trabalho — O Patrão tem que Pagar a Conta: O Acesso à Previdência Social pelo Trabalhador Contribuinte Individual Subordinado e Parasubordinado às Empresas de Aplicativos de Entrega, Logística e Similares

Claudia Caroline Nunes da Costa

Introdução

A primeira parte deste texto tem por objetivo construir uma suscinta análise da obra de Byung-Chul Han, Sociedade do cansaço. Buscaremos, para isto, esclarecer alguns conceitos trazidos pelo autor, bem como sua tese principal, para então traçar um paralelo entre as conclusões do filósofo e as formas de trabalho precário que instalaram na atual fase capitalista.

Em uma definição clássica, Maurice Dobb[1] traduz o pensamento de Max Weber ao entender o capitalismo *presente onde a provisão industrial para as necessidades de um grupo humano seja executada pelo método da empresa* e *um estabelecimento capitalista racional* como *um estabelecimento com contabilização do capital.* Adiante, Dobb destaca que, com o tempo,

> [...] o capitalismo não era mais um sistema de produção para o mercado — um sistema de produção de mercadorias, como Marx o denominou — mais um sistema sob o qual a própria força de trabalho se tornara uma mercadoria e era comprada e vendida no mercado como qualquer outro objeto de troca.

(1) DOBB, Maurice. *A Evolução do Capitalismo.* Rio de Janeiro: Editora Guanabara, 1987. p. 6.

Em sentido complementar, Marcelo Badaró Mattos(2) expõe que para Marx, no *Capital*, o processo de acumulação primitiva do capital sucede,

> [...] a criação de uma classe de trabalhadores livres como pássaros para serem explorados pelo capital. 'Livres' das amarras a senhores e/ou terra [...] nada mais possuiriam a não ser sua força de trabalho, que passavam a tentar vender em troca de salário que lhes permitiria manterem-se vivos.

À esta sociedade, em que a mão de obra já se transformara em mercadoria, Byung-Chul Han dá o nome de sociedade disciplinar. Para o autor, esta conformação social que era feita *de hospitais, asilos, presídios, quartéis e fábricas* e, sob a qual se consolidou o modo de produção capitalista clássico, *não é mais a sociedade de hoje*(3).

> Em seu lugar, há muito tempo, entrou uma outra sociedade [...] **uma sociedade de desempenho. A mudança de paradigma da sociedade disciplinar para a sociedade de desempenho aponta para a continuidade de um nível. Já habita naturalmente, o *inconsciente social*, o desejo de maximizar a produção**. [...] Para elevar a produtividade, é substituído o esquema positivo do poder, pois a partir de um determinado nível de produtividade, a negatividade da proibição tem um efeito de bloqueio, impedindo um maior crescimento. A positividade do poder é bem mais eficiente que negatividade do dever.(4)

Sobre esta sociedade disciplinar que precedeu a de desempenho, formulou Foucault, 1987 *apud* Chaves Júnior, 2020(5), ser a vigilância que acaba internalizando a autodisciplina do cidadão e do trabalhador, posto que, naquela conformação social a potência da vigilância sempre era mais eficiente, abrangente e econômica do que o ato de punição.

Já na sociedade de desempenho os indivíduos não são mais *sujeitos da obediência, mas sujeitos de desempenho e produção. São empresários de si mesmos.* No entanto, *o poder não cancela o dever. O sujeito de desempenho continua disciplinado.*(6)

---

(2) MATTOS, Marcelo Badaró. *A classe trabalhadora:* de Marx ao nosso tempo. 1. ed. São Paulo: Boitempo, 2019. p. 18.

(3) HAN, Byung-Chul. *Sociedade do cansaço.* Tradução de Enio Paulo Giachini. 2. ed. ampl. Petrópolis: Vozes, 2017. p. 22-24.

(4) Han, *op. cit.*, p. 22-24.

(5) FOUCAULT, Michel. *Vigiar e punir:* nascimento da prisão. Tradução de Raquel Ramalhete. Petrópolis: Vozes, 1987. p. 253-264. *Apud* Chaves Júnior, José Eduardo de Resende. Controle e contrato hiper-realidade: a relação de emprego na era da economia orientada a dados. In: CARELLI, Rodrigo de Lacerda; CAVALCANTI, Tiago Muniz; FONSECA, Vanessa Patriota da (Orgs.). *Futuro do trabalho:* os efeitos da revolução digital na sociedade. Brasília: ESMPU, 2020. ISBN 978-65-88299-01-2. p. 104. Disponível em: <file:///C:/Users/c.costa/Downloads/Livro_Futuro+do+Trabalho.pdf>. Acesso em: 13 ago. 2020.

(6) Han, *op. cit.*

Por isso o sujeito *empresário de si mesmo* não está submisso a ninguém ou, melhor *está submisso apenas a si mesmo* e, para o autor, é nisso que ele se distingue do sujeito de obediência. Sobre este ponto, Han acrescenta um paradoxo, no qual liberdade e coerção se entrelaçam[(7)],

> **A queda da instância dominadora não leva à liberdade. Ao contrário, faz com que liberdade e coação coincidam. Assim, o sujeito de desempenho se entrega à liberdade coercitiva ou livre coerção de maximizar o desempenho. O excesso de trabalho e desempenho agudiza-se numa auto exploração.**

No mesmo raciocínio, em outro trecho interessante, o autor destaca que a exploração *de si mesmo* é muito mais *eficiente* que a exploração *pelo outro, pois caminha de mãos dadas com sentimento de liberdade.*[(8)]Assim, traduzindo a natureza conflituosa de tal liberdade afirma:

> O sujeito de desempenho da modernidade tardia não se submete a nenhum trabalho compulsório. Suas máximas não são obediência, lei e cumprimento do dever, mas liberdade e boa-vontade. **Do trabalho espera acima de tudo alcançar prazer. Tampouco se trata de seguir o chamado de um outro. Ao contrário, ele ouve a si mesmo. Assim, ele se desvincula da negatividade das ordens do outro. Mas essa liberdade do outro não só lhe proporciona emancipação e libertação. A dialética misteriosa da liberdade transforma essa liberdade em novas coações.**[(9)]

Em sentido similar, Deleuze, 1992 *apud* Chaves Júnior, 2020[(10)] defende que o que Han chama de sociedade de desempenho, é uma *sociedade de controle*, na qual as tecnologias disruptivas, que emergem com força no século XXI, potencializam a capacidade relativa de se flexibilizar a acumulação do capital, seja na perspectiva da regulação territorial, seja no plano da produção ou até na esfera do ordenamento jurídico trabalhista.

Para além, se valendo da definição de Arendt, Han entende que a sociedade moderna, enquanto sociedade do trabalho, degrada o homem a um *animal laborans* — um animal trabalhador[(11)], o que por sua vez se transpõe em um *mundo pobre em*

---

(7) Ib*idem*, p. 29-30.

(8) *Idem*.

(9) Ib*idem*, p. 83-85

(10) DELEUZE, Gilles. *Conversações, 1972-1990*. Trad. Português Peter Pál Pelbart. São Paulo: Ed. 34, 1992. p. 219-226. *Apud* CHAVES JÚNIOR, José Eduardo de Resende. *Op. cit.*, p. 106.

(11) Han, *op. cit.*, p. 41.

alteridade e em sua resistência. Para ele, *a virtualização e a digitalização estão levando cada vez mais ao desaparecimento da realidade que nos possa oferecer resistência.*(12)

Conclui-se, portanto, que o sujeito de desempenho pós-moderno não está submisso a ninguém. Sobre isso, Han acrescenta ao dizer que, *propriamente falando,* ele não *é mais sujeito, uma vez que esse conceito se caracteriza pela submissão,* o que por sua vez, *não suprime as coações. Em lugar da coação estranha, surge a autocoação, que se apresenta como liberdade.*(13)

A sociedade de desempenho proposta por Han *está estreitamente ligada as relações de produção capitalista* e, no atual estágio de evolução, a *auto exploração é essencialmente mais eficiente, muitos mais produtiva que a exploração estranha*(14). Sobre isso temos a afirmação de Fumagalli e Lucarelli, 2007 *apud* Chaves Júnior, 2020(15) que destaca:

> Estamos em transição para o capitalismo do compartilhamento, no qual a acumulação é baseada na captura do produto da cooperação social, como resultado do incremento da socialização da produção, principalmente pela atividade produzida nas redes sociais e plataformas econômicas.
>
> Na mesma essência, Comparato(16), propõe interessante metáfora:
>
> **Nessa fase de hegemonia incontrolada do capitalismo financeiro, verifica-se, no mundo todo, uma inquietante redução dos investimentos produtivos, em relação ao total das riquezas produzidas.** Todos esses fatos compõem o quadro típico de uma verdadeira crise, no original sentido hipocrático do termo: o momento exato em que o olhar experiente do médico observa uma mudança súbita no estado do paciente, para o bem ou para o mal; o instante em que se declaram, nitidamente, os sintomas da moléstia, permitindo o diagnóstico e o prognóstico.

Sobre as crises do capitalismo, David Harvey expõe nestes momentos *a irracionalidade do capitalismo se torna evidente para todos. Capital e mão de obra excedentes existem lado a lado sem haver aparentemente forma de uni-los no meio de um imenso sofrimento*

---

(12) Ib*Idem*, p. 91.

(13) Ib*Idem*, p. 83-85.

(14) *Idem*.

(15) FUMAGALLI, Andrea; LUCARELLI, Stefano. A model of cognitive capitalism: a preliminary analysis. *European Journal of Economic and Social Systems*, Les Ulis, v. 20, n. 1, p. 117-133, 2007. Disponível em: <https://mpra.ub.uni-muenchen.de/28012. *Apud* CHAVES JÚNIOR, José Eduardo de Resende. *Op. cit.*, p. 107.

(16) COMPARATO, Fábio Konder. Capitalismo: civilização e poder. *Estud. avançados*, São Paulo, v. 25, n. 72, p. 251-276, 2011. Disponível em: <http://www.scielo.br/scielo.php?script=sci_arttext&pid=S0103-40142011000200020&lng=en&nrm=iso>. Acesso em: 25 fev. 2020.

humano e necessidades não realizadas(17). O sujeito de desempenho se torna o sujeito de cansaço e adoecimento, o capital segue acumulando desenfreadamente.

1. A sociedade de desempenho brasileira

No caso do Brasil, os representantes do mercado financeiro e do capital estrangeiro valendo-*se do impeachment, empurraram goela abaixo do país o desmonte total da proteção trabalhista.*(18) A recente aprovação da EC n. 103/2019 faz parte de um pacote de medidas que vêm sendo implementadas no país desde a aprovação da EC n. 95/16, seguida da lei da Terceirização (Lei n. 13.429/2017) e da Reforma Trabalhista (Lei n. 13.467/2017).

Longe do prometido, nenhuma dessas medidas contribuiu para a redução do número de desempregados e desocupados, ao revés, aumentou a informalidade e a precarização das condições de trabalho, ocasionando a redução das contribuições vertidas à Seguridade Social e agudizando, assim, as já indignas condições de trabalho do *sujeito de desempenho.*

De acordo com a Pesquisa Nacional por Amostra de Domicílios Continua (PnadC), em cinco anos (entre 2014 e 2019), o contingente de desocupados aumentou de 6,7 para 12,6 milhões, elevação de quase 90%. A taxa de desocupação passou de 6,8%, em 2014, para 11,9%, em 2019, alta de 75%.(19)

Além do desemprego maior, o mercado de trabalho do país sofre também com crescimento do número de trabalhadores por conta própria. Em 2014, havia 21,1 milhões de autônomos. Em 2019, 24,2 milhões, acréscimo de 3,1 milhões em cinco anos. Desse total, 80% não tinham CNPJ, proteção trabalhista ou ainda, em muitos casos, não contribuíam com a previdência(20).

Na metáfora utilizada por Comparato, o paciente Brasil atingiu estado de colapso social que se traduz em altos índices de informalidade no mercado de trabalho. Estimulados pelo monopólio predatório das empresas de aplicativos de entrega e logística, de aplicativos de transporte de passageiros ou qualquer plataforma digital que intermedeie e regule as demandas de oferta e procura por serviços e produtos, os *sujeitos de desempenho* modernos se avolumam na sincronizada *auto exploração.*

---

(17) HARVEY, David. *O enigma do capital:* e as crises do capitalismo. Tradução de João Alexandre Peschanski. – São Paulo: Boitempo, 2011. p. 175.

(18) NASSIF, Luis. Os novos modos de produção e a destruição do emprego. *GGN*. Publicação original 03 jul. 2020. Disponível em: <http://www.dmtemdebate.com.br/os-novos-modos-de-producao-e-a-destruicao-do-emprego/>. Acesso em: 20 jul. 2020.

(19) Boletim DIEESE n. 23 sobre Conjuntura, jul./ago. 2020.

(20) *Idem.*

Em uma conceituação mais precisa do trabalho informal, Ferreira, 2014 *apud* Tulcán *et al*, 2019(21) explica:

> [...] **este constituye al grupo cada vez mayor y diverso de trabajadores y empresas, (urbanas o rurales), que operan de manera independiente.** Incluyendo trabajadores por cuenta propia dedicados a actividades de subsistencia (vendedores ambulantes, lustrabotas, traperos, chatarreros, etc.). Según la OIT (2002) **"el trabajo informal es una forma urbana de hacer las cosas, con características como: pocas barreras a la entrada para el empresario, en términos de habilidades y capital requerido; empresas de propiedad familiar; operación en pequeña escala; producción de trabajo intensiva con tecnología adaptada, y un mercado no regulado y competitivo".** Teniendo en cuenta lo referido por la OIT (2002) el trabajo o economía informal se conceptualiza como **"todas las actividades económicas de los trabajadores y las unidades económicas que —legalmente o en la práctica— no están cubiertas o están insuficientemente cubiertas por las disposiciones institucionales formales".**

Ludmila Costhek Abílio(22) contribui para reflexão acerca dos processos tecnológicos que impactaram e vêm impactando o mercado de trabalho mundial, especialmente sobre o fenômeno da uberização.

> [...] **a uberização nomeia um processo de informalização do trabalho que corre junto com práticas voltadas à monopolização dos setores de atuação das empresas-aplicativo. Trata-se, por um lado, de centralizar o controle sobre a distribuição do trabalho, o que, no caso do delivery de alimentos, vem subordinando não só os entregadores, mas restaurantes e outros estabelecimentos.** Por outro, vemos a formação da multidão de trabalhadores informais. **Desprovidos de qualquer direito associado a seu trabalho, arcam com os riscos e custos de sua atividade. O viver do trabalhador *just in time* uberizado é feito de uma total ausência de garantias, inclusive sobre sua própria remuneração ou tempo de trabalho.**

---

(21) Tulcán, Sonia Maritza Matabanchoy; Muñoz, Diego Fernando e Gaviria, Dilver Orlando Pérez. Calidad de vida laboral y sector informal. In: *El presente del futuro del trabajo II:* Psicología y organización del trabajo XVI. Psicolibros Universitario: Montevideo. Ago. 2019. ISBN 978-9974-94-722-1. p. 358. *Apud* FERREIRA, M. (2014). Las nociones de trabajo informal y trabajo precario en el análisis de la calidad del empleo en Colombia. Revista Lebret, (6). 29-58.e Organización Internacional del Trabajo — OIT. (2002). Effect to be given to resolutions adopted by the International Labour Conference at its 90th Session. Ginebra: OIT.

(22) ABÍLIO, Ludmila Costhek. Breque no despotismo algorítmico: uberização, trabalho sob demanda e insubordinação. *Blog da Boitempo*, publicação original 30 jul. 2020. Disponível em: <http://www.dmtemdebate.com.br/breque-no-despotismo-algoritmico-uberizacao-trabalho-sob-demanda-e-insubordinacao/?fbclid=IwAR0S0kn0e7HTMuYaQhvYOs4GG33OB8hBcwGMA9Zk8DLFgpT5PG0mRKQX5j0>. Acesso em: 02 ago. 2020.

Nesta modalidade de relação contratual, os trabalhadores são livres para serem coibidos à exploração sem qualquer regulamentação pelo Estado. Assim, consideremos por um minuto o argumento da *sociedade de desempenho*. Entregadores de aplicativos de entrega e logística por demanda, *uberes* e afins são todos autônomos, *empresários da própria força de trabalho* e, portanto, em termos previdenciários, contribuintes individuais. Como tal, esses trabalhadores são considerados segurados obrigatórios.

Para Severo e Barros[23] o que se percebe é que a tendência da economia de plataforma faz emergir a figura do trabalho fantasma, que passam a ser arregimentados de forma massiva, com alto grau de aleatoriedade, baixíssima comutatividade e captura da sua energia de cooperação social. Para ela, o resultado é a exponencial redução da porosidade desse labor, com a consequente derrubada da renda do trabalho.

Com a eclosão da pandemia de Covid-19 essa tendência à informalidade se intensificou, agravando ainda a política remuneratória praticada pelas empresas-aplicativos.

Conforme se verá a seguir, pela análise do escopo constitucional e infraconstitucional não há outra conclusão senão aquela que assegure algum nível de tutela estatal sobre a relação — no mínimo, controversa — entre as empresas de tecnologia e os trabalhadores. É necessária a regulamentação concreta do dever de informação e transparência das empresas-aplicativos quanto à precificação dos serviços, eventual bonificação, limitação de horas diárias, etc.

2. Os Direitos Sociais como pilares democráticos civilizatórios

Em uma perspectiva mais pragmática, propõe-se breve dissertação para construção argumentativa do dever social das empresas-aplicativos ao pagamento das contribuições previdenciárias dos trabalhadores a elas vinculados.

Pela interpretação sistemática e principiológica do ordenamento jurídico nacional, tem-se que todos os trabalhadores que prestam serviço de forma autônoma, a uma ou mais empresas, têm direito à contribuição previdenciária na forma da legislação federal, o que lhes garantirá o acesso aos benefícios não programáveis por incapacidade laboral ou às aposentadorias programáveis.

Apesar da legislação prescrever serem devidos tributos e contribuições previdenciárias (IR, ISS, INSS) incidentes sobre a remuneração mensal auferida pelo trabalhador autônomo, especialmente na prestação de serviços a uma ou mais empresas, o cotidiano desses trabalhadores ainda é marcado pela desregulamentação total das atividades.

---

(23) SEVERO, Valdete Souto; BARROS, Isabela Pimentel de. *Trabalho e adoecimento psíquico em tempos de pandemia*. Uma breve análise Brasil e Espanha — UERJ Labuta. Disponível em: <https://uerjlabuta.com/2020/08/13/trabalho-e-adoecimento-psiquico-em-tempos-de-pandemia-uma-breve-analise-brasil-e-espanha/>. Acesso em: 13 ago. 2020.

A nociva tendência pela desregulamentação das relações de trabalho não é superior à Carta Maior. Segundo o art. 195 da Constituição Federal, a Seguridade Social, composta pela previdência e assistência sociais e o sistema de saúde deve ser financiada por toda a sociedade, de forma direta e indireta, mediante recursos provenientes dos orçamentos da União, dos Estados, do Distrito Federal e dos Municípios, e das contribuições sociais.

Observando, entre outros, os princípios da universalidade da cobertura e do atendimento, da uniformidade e equivalência dos benefícios e serviços às populações urbanas e rurais, na seletividade e distributividade na prestação dos benefícios e serviços, e na equidade na forma de participação no custeio.

Por seu turno, os arts. 6º e 7º da Constituição Federal definem os direitos sociais (educação, saúde, alimentação, trabalho, moradia, transporte, lazer, segurança, previdência social, proteção à maternidade e à infância, assistência aos desamparados), bem como às garantias aos trabalhadores urbanos e rurais.

Em tempo, não há como não trazer a redação do art. 201 da Carta Maior, uma vez que estabelecem os princípios, as fontes, a forma de custeio e as diretrizes de cobertura orientadoras para todo o sistema do seguro social.

Neste giro, para além da legislação brasileira, há grande amparo à garantia do mínimo existencial e à solidariedade na divisão dos riscos sociais nos documentos, tratados e convenções internacionais, a saber: as Convenções da Organização Internacional do Trabalho, ns. 155, 29, 105, 87, 98, 100, 111 e 138; as oito convenções que compõem o conjunto reconhecido em 1988 como "Princípios e Direitos Fundamentais no Trabalho" e a Agenda de Trabalho Decente (Declaração de Princípios de 1998) da OIT.

Além dessas convenções da OIT, a Convenção Americana dos Direitos Humanos, adotada na Conferência Especializada Interamericana sobre Direitos Humanos, em San José da Costa Rica, em 22/11/69 e aprovada pelo Brasil pelo Decreto Legislativo n. 27, de 25.09.92, com posterior promulgação pelo Decreto n. 678, de 06.11.92; o Protocolo adicional à Convenção Americana de Direitos Humanos em matéria de Direitos Econômicos, Sociais e culturais, adotado pela Assembleia Geral da Organização dos Estados Americanos em 17.11.88, aprovado pelo Brasil pelo Decreto Legislativo n. 56, de 19.04.95, com promulgação pelo Decreto n. 3.321, de 30.12.99.

Se verifica que a proteção aos direitos sociais, entre eles o direito à seguridade social, é característica do estado de bem estar social. Moraes(24) acrescenta que, em regra, as normas que consubstanciam os direitos fundamentais democráticos e individuais são de eficácia e aplicabilidade imediata.

(24) MORAES, Alexandre de. *Direito Constitucional*. 15. ed. atual. com as reformas previdenciária, EC n. 41/03 e tributária, EC n. 42/03. Imprensa: São Paulo, Atlas, 2004. p. 450.

No mesmo sentido, Lenir Santos defende que *o indivíduo em sua atividade de trabalho tem o direito de não ser submetido a riscos, pouco importando se a atividade é executada no mercado formal ou informal, com ou sem carteira de trabalho, em ambiente urbano ou rural etc.*(25)

No caso dos trabalhadores informais que vendem sua força de trabalho através das empresas-aplicativos, há compatibilidade entre as atividades desenvolvidas e a definição legal de contribuinte individual.

O art. 12, inciso V, alíneas *'g'* e *'h'*, da Lei n. 8.212, de 24 de julho de 1991, elenca entre os segurados obrigatórios da Previdência Social os contribuintes individuais que, prestam serviço de natureza urbana ou rural, em caráter eventual, a uma ou mais empresas, sem relação de emprego e/ou a pessoa física que exerce, por conta própria, atividade econômica de natureza urbana, com fins lucrativos ou não.

Por sua vez, em redação idêntica, o art. 9, inciso V, alíneas *'i'* e *'j'*, do Decreto n. 3.048/99, alterado pelo Decreto n. 10.410 (Regulamento da Previdência Social), também classifica como segurados obrigatórios os trabalhadores contribuintes individuais, trazendo alguns exemplos de atividades laborais caracterizadas como tal.

Como as categorias descritas pela norma não são exaustivas, há possibilidade de aplicação da legislação previdenciária por analogia, ao incluir os cerca de 38 milhões de *empresários da própria sorte brasileiros* como contribuintes individuais da previdência social.

A aplicação da norma não depende qualquer regulamentação ou esclarecimento, como visto, os direitos sociais de todos e todas à saúde, à integridade física são comandos constitucionais de aplicação imediata.

É imperativa a viabilização de acesso dos trabalhadores e trabalhadoras à previdência social, afastando a argumentação que relega esses segurados à condição de facultativos. Desse modo, devem ser consideradas outras disposições do Regulamento da Previdência Social.

3. Acesso à Previdência Social pelo Contribuinte Individual

Acerca das empresas que acumulam seu lucro através do desenvolvimento e disponibilização de plataformas digitais, regulando a demanda de força de trabalho necessária às suas operações e a procura dos consumidores finais pelos produtos intermediados, se pode sem dificuldade enquadrá-la na definição de empresa do art. 12, inciso I do Regulamento.

---

(25) Saúde do Trabalhador e o Sistema Único de Saúde: Conflito de Competência. União, Estados e Municípios. Interface Ministério do Trabalho e Emprego, Ministério da Saúde e Ministério da Previdência Social". *Revista de Direito do Trabalho*, vol. 99, São Paulo, RT. 2000, p. 123.

Por sua vez, nos termos do art. 18, inciso IV, alíneas *"a"* a *"c"*, e art. 19, § 11 do Regulamento, o trabalhador deve estar inscrito e filiado ao Regime Geral de Previdência Social para acessar as coberturas do sistema previdenciário, estando o tomador da força de trabalho do autônomo legitimado a promover o repasse das informações e contribuições previdenciárias à autarquia federal.

Ainda, sem prejuízo da possibilidade de regularização retroativa pela empresa tomadora de serviços ou pelo próprio segurado, a devida e temporânea contribuição se traduz no reconhecimento do tempo contributivo para fins de carência e de aquisição de benefícios, na forma do art. 19-C, inciso IX, §§ 2º e 3º, do Regulamento.

Aqui vale um comentário. Com a aprovação da Medida Provisória n. 871, convertida na Lei n. 13.846 de 18 de junho de 2019 e da Emenda Constitucional n. 103 de 2019 (Reforma da Previdência) a legislação infraconstitucional precisou ser atualizada.

Com isso foram instituídas restrições sensíveis aos trabalhadores autônomos, contribuintes individuais. A saber, se destaca a redação dos arts. 13, § 8º, 14, 19-E, §§ 1º a 7º, 19-F e 20, § 1º, 21 e 22 do Regulamento da Previdência Social, que declaram novas limitações à manutenção da qualidade de segurado e disciplinam a compensação e regularização de competências mensais em atraso.

Os contribuintes individuais, por exemplo, apenas poderão regularizar o pagamento de eventual saldo devido para alcançar o percentual mínimo exigido por competência com acréscimo de severa multa moratória, correção e atualização monetárias, na forma prevista nos arts. 238 e 239 do Regulamento.

Ainda, tendo em vista a natureza tributária das contribuições dos segurados obrigatórios, nos termos do art. 3º do CTN, de acordo com os arts. 65, 66 e 67 da Instrução Normativa RFB n. 971 de 13 de novembro de 2009 (atualizada em 2012 e 2019), o salário de contribuição é a quantia auferida pelo segurado contribuinte individual no exercício de sua atividade de trabalho, quanto à contribuição previdenciária incidente, se observa o limite máximo de 20% (vinte por cento) na prestação de serviços para entidade beneficente de assistência social isenta das contribuições sociais patronais e de 11% (onze por cento) pelos serviços prestados por uma ou mais empresas.

Para além, desde a publicação do Decreto n. 4.729/03 integrou o ordenamento jurídico disposição legal a respeito da responsabilidade da empresa em efetuar a contribuição destinada à Seguridade Social pelo total das remunerações pagas ou creditadas, no decorrer do mês, aos segurados contribuintes individuais que lhe prestem serviços, conforme o art. 216, incisos I, alíneas *'a'* a *'c'*, e XII, além do § 5º do mesmo artigo do Regulamento.

Com destaque, o inciso XII traz comando legal que exige conduta ativa da empresa, sendo esta *obrigada a fornecer* ao trabalhador autônomo *comprovante do pagamento do serviço prestado consignando, além dos valores da remuneração e do desconto feito, o número da inscrição do segurado no Instituto Nacional do Seguro Social.*

Dessa maneira, pelo texto constitucional, à disciplina dos tratados e convenções de direitos humanos que é signatário o Brasil e pela legislação infraconstitucional é incontestável o dever das empresas pela devida contribuição previdenciária incidente sobre as verbas pagas ao trabalhador autônomo, inclusive, sendo devido o fornecimento de recibos adequados e transparentes aos segurados, constando eventuais descontos legais retidos na fonte, bem como a discriminação de cada rubrica.

3.1. Entregadores por aplicativos

Mais intensamente no ano de 2020, em razão do destaque das operações de entrega e logística na pandemia, os entregadores por aplicativos assumiram protagonismo de suas demandas e estão promovendo intenso debate com a sociedade civil, além da promoção de greves e atos públicos.

Ao contrário dos motoristas de passageiros (que através da Lei n. 13.579/2012 e do Decreto n. 9.792/2019 lhes foi transferida a responsabilidade exclusiva por sua contribuição previdenciária) para os entregadores por aplicativo não existem disposições específicas na legislação previdenciária ou tributária. Assim, genericamente, esses trabalhadores podem ser incluídos na argumentação do item 3, em razão da premissa de desempenho de que são autônomos e empresários de si mesmos.

Acontece que essa falta de regulamentação pode, igualmente, gerar o debate sobre o enquadramento destes nas regras específicas de motoristas de passageiros, e assim, relegando a essa classe já tão precarizada o dever de recolhimento de suas contribuições previdenciárias e ao recolhimento dos demais tributos sobre o rendimento, como o ISS e o IR.

A Constituição Federal garante a livre iniciativa para a exploração da atividade econômica, em harmonia com uma série de princípios (CF, art. 170). Característica à sociedade capitalista, um dos principais traços da livre iniciativa é o risco. Os negócios implicam risco. Na livre iniciativa, a ação do empreendedor está aberta simultaneamente ao sucesso e ao fracasso.

Risco nessa acepção jurídica significa perigo, potencialidade de dano, previsibilidade de perda ou de responsabilidade pelo dano, compreendidos os eventos incertos e futuros inesperados, mas, temidos ou receados que possa trazer perdas ou danos.

Para a responsabilidade objetiva, a que independe de culpa, não importa o causador do dano. O elemento relevante nesta concepção é o risco. Assim, na ocorrência de um dano e uma atividade perigosa, basta que se encontre o nexo de causalidade entre esses dois elementos para que se tenha a responsabilidade civil.

Por este prisma se pode afirmar que as empresas-aplicativos enquanto partes contratantes não podem impor aos interessados na celebração do negócio jurídico, que compreende na venda de sua força de trabalho, condições que transfiram os riscos de suas operações aos trabalhadores. A responsabilidade cível das empresas por qualquer infortúnio causado ou agravado no desenvolvimento de sua atividade econômica é objetiva e, portanto, independe de culpa.

Avançando na disciplina e no olhar cível e negocial da relação entre trabalhador autônomo entregador e capital empresa-aplicativo, há que se destacar ser devida a observância do princípio da boa-fé contratual.

> Com efeito, o princípio da boa-fé representa, no modelo atual do contrato, o valor da ética: lealdade, correção e veracidade compõem o seu substrato, o que explica a sua irradiação difusa, o seu sentido e alcance alargados, conformando todo o fenômeno contratual e, assim, repercutindo sobre os demais princípios, na medida em que a todos eles assoma o repúdio ao abuso da liberdade contratual a que tem dado lugar a ênfase excessiva no individualismo e no voluntarismo jurídicos[26].

A boa-fé contratual, que encontra suas bases em dispositivos constitucionais (art. 1º, III e IV; art. 3º, I; art. 170) e civilistas (arts. 112, 113, 187 e 422 do Código Civil), serve de instrumento interpretativo e integrativo do direito na inexistência de normas específicas que regulem determinada relação contratual. Com implicações concretas da diretriz da boa-fé objetiva, o Código Civil prescreve que *"A interpretação do negócio jurídico deve lhe atribuir o sentido que (...) for mais benéfico à parte que não redigiu o dispositivo, se identificável"* (art. 113, § 1º, IV).

Nesta linha, o desenvolvimento tecnológico deve ser precedido de condições sociais, políticas e econômicas que o suportem, deve estar atrelado à proteção do ser humano, do meio ambiente e do consumidor. Há que se repartir os prejuízos e riscos sociais de forma equânime, responsabilizando o capital pela incorporação dos custos sociais da exploração da atividade econômica.

Ainda, há que reforçar o caráter solidário e civilizatório da Seguridade Social e o direito ao mínimo existencial do trabalhador autônomo no desempenho de sua jornada laboral, por corresponder a direito ligado ao superprincípio da dignidade humana. Exigindo-se, portanto, cuidados na sua observância pela empresa-aplicativo contratante, não devendo prevalecer qualquer cláusula que estabeleça ser exclusivamente do trabalhador autônomo a gestão de riscos ocupacionais e dos tributos e contribuições previdenciárias.

---

(26) NEGREIROS, Teresa. *Teoria dos contratos — novos paradigmas*. 2 ed. Rio de Janeiro: Renovar, 2006. p. 116.

A estrutura constitucional e legal previdenciária não comporta conclusão em contrário. Com referência, se destaca novamente a redação do art. 216, incisos I e XII, e § 5º, do Regulamento da Previdência Social, que disciplina as normas gerais a serem observadas na arrecadação e o recolhimento das contribuições e de outras importâncias devidas à seguridade social.

A núcleo verbal da redação da norma é claro, a empresa **é obrigada a arrecadar** a contribuição do contribuinte individual a seu serviço, descontando-a da respectiva remuneração (mediante apresentação de comprovante de pagamento serviço prestado consignando, além dos valores da remuneração e do desconto feito, o número da inscrição do segurado no Instituto Nacional do Seguro Social). O dever da empresa, inclusive, se presumirá feito, oportuna e regularmente, não lhe sendo lícito alegar qualquer omissão para se eximir do recolhimento, ficando os mesmos diretamente responsáveis pelas importâncias que deixarem de descontar ou tiverem descontado em desacordo com este Regulamento.

Mesmo que a conformação social atual, através de suas superestruturas de poder, rechace o reconhecimento do vínculo laboral entre empresas-aplicativos e os trabalhadores entregadores, há elementos sólidos no direito privado e previdenciário-tributário que dão conta da garantia de civilidade nas relações entre o capital e os sujeitos de desempenho. O Estado *não é só um materializador de direitos sociais*, mas deve se apresentar como *terceiro necessário*[27], na intermediação e regulação das trocas entre capital e mão de obra. Ehalt *apud* Amaral[28] vai além ao reiterar *a necessidade de regulação coletiva da economia e da atividade social.*

É urgente a regulamentação de condições decentes de trabalho para os entregadores por aplicativos de entrega e logística. Não para retirar-lhes mais direitos e imputar-lhes responsabilidade pelo risco do empreendimento capitalista, mas para resguardar sua solvência tributária e seu direito de acesso aos benefícios e serviços da Seguridade Social, com destaque aos benefícios por incapacidade não programada e à aposentadoria.

No que toca a boa-fé contratual, esta deve ser efetivamente praticada pelas empresas-aplicativos com: 1. alteração nos contratos abusivos de adesão que transferem responsabilidade tributária-previdenciária aos trabalhadores, 2. no fornecimento de EPIs regulares e suficientes enquanto perdurar o estado de calamidade pública pela pandemia de Covid-19, 3. na transparência quanto aos critérios de remuneração,

---

(27) CARAMURU, Gabriela. Direitos Sociais e Previdência Social na reprodução do modo de produção capitalista. In: FERNANDES, Ana Paula; SANTOS, Roberto de Carvalho; SERAU JUNIOR, Marco Aurélio (Coords.). *Direito previdenciário em tempos de crise.* Belo Horizonte: IEPREV, 2019. p. 145.

(28) AMARAL JUNIOR, Alberto do. O contrato sob o direito social. *Crítica: novos estudos*, 7, n. 54, 1999, p.180.

discriminando o cálculo exato de cada corrida, bem como 4. na retenção e repasse, em comprovante de pagamento, das contribuições previdenciárias e tributos devidos.

Slavoj Žižek[29] propõe uma forma de superação da crise sanitária, econômica, política e social pela construção de uma sociedade solidária e cooperativa, afirmando que,

> Pero quizás otro virus ideológico, y mucho más beneficioso, se propagará y con suerte nos infectará: el virus de pensar en una sociedad alternativa, una sociedad más allá del estado-nación, una sociedad que se actualiza a sí misma en las formas de solidaridad y cooperación global.

Certamente, esta nova sociedade haverá de superar a disciplinar e a de desempenho, operando mecanismos sociais e jurídicos para a garantia de dignidade ao sujeito pós-moderno.

(29) ŽIŽEK, Slavoj. *et. al. El coronavirus es un golpe al capitalismo a lo Kill Bill.* Sopa de Wuhan. ASPO (Aislamiento Social Preventivo y Obligatorio): 1. ed., mar. 2020.

Contra-Tendências Possíveis ao Direito do Trabalho: Garantia de Emprego como Regra

Valdete Souto Severo

1. Introdução

Tenho defendido há muito tempo que a proteção contra a perda do emprego é elemento central da regulação estatal, em uma sociedade capitalista de produção[1]. Uma sociedade, portanto, de trabalho obrigatório. Na realidade material das relações de trabalho, não existem direitos trabalhistas se não houver efetiva proteção contra a despedida. Esse é, portanto, o direito das trabalhadoras e trabalhadores que figura como condição de possibilidade de todos os demais.

A história das relações de trabalho em nosso país é atravessada pela lógica patriarcal colonialista. Prova disso é que nossa certidão de nascimento é marcada pela chegada dos portugueses e, ato contínuo, a dizimação genocida da população que aqui residia. Em 1532, houve a fundação do primeiro núcleo de povoamento no Brasil e já em 1535 chegou a Salvador da Bahia o primeiro navio com pessoas negras escravizadas. Portanto, ao genocídio indígena seguiu-se o genocídio negro, que perdurou de modo institucionalizado por 353 anos e foi supostamente extinto por uma lei que não promoveu inclusão social e que, portanto, pode também ser definida como parte de uma política genocida, pois as pessoas escravizadas foram jogadas à própria sorte. Isso fica ainda mais claro quando se vê que o Estado, logo após a Lei Áurea em 1888, criou um Código Penal (1890) prevendo punição para o crime de vadiagem.

A escravidão institucionalizada inseriu-se no sistema de trocas, como uma das principais mercadorias de comércio. Fomos um país burocrático, com estrutura de estado, em que categorias de trabalhadoras e trabalhadores já organizados (padeiros,

(1) SEVERO, Valdete Souto. *O Dever de Motivação da Despedida na Ordem Jurídico-constitucional brasileira.* Porto Alegre: Livraria do Advogado, 2011.

tipógrafos etc) lutaram ao lado dos escravizados rebelados, tanto por melhores condições de trabalho quanto pelo fim da escravização. A lei áurea é simbólica de toda a história recente do nosso país. Tem apenas um artigo fixando que fica abolida a escravização no país, mas não promove política pública alguma de inclusão. Esse é um marcador fundamental do modo como até hoje enxergamos a relação de trabalho de modo geral e a relação de trabalho de cuidado (em âmbito doméstico), de modo especial. Portanto, dialoga com nossa dificuldade em compreender a necessidade de segurança social e previsibilidade, em uma sociedade fundada na troca de trabalho por capital.

A realidade da construção da sociedade brasileira é, portanto, peculiar em relação à formação de outros povos; está atravessada pela lógica da colonização, da subjugação por meio da servidão por dívidas, da escravização institucionalizada e do machismo estrutural. Essa é uma das chaves de leitura fundamentais para que compreendamos porque, apesar da literalidade do inciso I do art. 7º da Constituição, até hoje não há o reconhecimento sequer do dever de motivação da despedida.

Historicamente, portanto, à violência que decorre da troca entre capital e trabalho, soma-se a violência de uma estrutura colonial, machista e racista, que constrói — sem que haja previsão legal para isso — a possibilidade do exercício de poderes por parte do empregador, como aquele da chamada "despedida ad nutum": uma expressão em latim para explicar a maior violência que pode ser cometida no âmbito de uma relação de trabalho, a violência de despedir sem motivação alguma.

No contexto atual, essa violência ganha contornos diversos, pois se a proteção contra a despedida é indispensável em uma sociedade capitalista com pleno emprego, essa afirmação é ainda mais verdadeira em uma realidade de recessão econômica, exclusão social e crise sanitária aguda, como a que vivemos no Brasil de 2020. Este texto tratará, portanto, da necessidade de reconhecer efetividade a normas de proteção contra a despedida, como uma contra-tendência indispensável para o enfrentamento do momento presente.

2. Por que garantir o emprego?

O sistema do capital baseia-se na troca entre capital e trabalho. Se o trabalho que o empregador "compra" (ou toma, não importa o verbo) é necessariamente "alguém trabalhando", é indispensável — e aprendemos isso duramente ao longo da história das relações de trabalho nos últimos dois séculos — estabelecer direitos mínimos que impeçam a completa redução de quem trabalha à condição de objeto. A assimilação da força de trabalho como fator de produção, eliminando a condição humana de quem o presta, é uma tendência da troca. Para limitá-la (sem combatê-la), os direitos trabalhistas foram reconhecidos. Esses direitos, porém, não têm eficácia alguma, sem a existência de normas que protejam contra a perda do trabalho.

Sem a garantia de que permanecerá no emprego, ninguém pode, concretamente, exigir que sejam respeitadas as condições de trabalho nos patamares constitucionais. Basta pensarmos em exemplos simples como a exigência de realização de horas extras, troca de horários, solicitação de tarefas alheias à atividade para a qual determinada pessoa foi contratada. Sem estabilidade, não há como reagir contra toda a sorte de abusos que podem ocorrer durante a execução de um vínculo de emprego. Por isso mesmo, todos os países que adotam o modo de produção capitalista reconhecem, em maior ou menor grau, a necessidade de proteger contra a despedida, como medida de manutenção das regras do jogo, e, pois, da possibilidade mesma da troca entre capital e trabalho, mas também como medida de efetividade dos direitos de quem vive do trabalho.

O Brasil, na linha da evolução dessa compreensão acerca da necessidade de proteger contra a despedida, após muito debate durante o processo constituinte, promulgou Constituição na qual garante, como direito fundamental "relação de emprego protegida contra despedida arbitrária ou sem justa causa, na forma da lei, que preverá indenização, dentre outros direitos". A vontade expressada pelos parlamentares constituintes, que pode ser extraída dos excertos dos Anais do processo constituinte, quando da discussão acerca da redação do inciso I do art. 7º da Constituição, era de estabelecer no Brasil, finalmente, o dever de motivação da dispensa, de modo a exigir justificação lícita para o ato do empregador que pretende pôr término a uma relação jurídica de emprego. Esse preceito, entretanto, não vem sendo observado.

É preciso que se diga, ainda, que a proteção contra a despedida interessa a toda a sociedade. Empregos estáveis permitem capacidade de consumo a médio e longo prazo, fidelizam e permitem maior tranquilidade. A consequência é a redução gradual da violência e da miséria, a maior capacitação de quem trabalha e a estabilidade nas relações sociais.

Ao contrário, facilitar a despedida e fomentar vínculos precários significa colocar trabalhadoras e trabalhadores em posição de ainda maior assujeitamento, impedindo-lhes, a um só tempo, de ter uma profissão construída ao longo dos anos, de programar-se e de consumir a médio ou longo prazo. A banalização do ato de dispensa, como uma denúncia vazia de um contrato, elimina da perspectiva das discussões jurídicas tudo o que envolve a perda de um emprego(2) e que certamente não se limita às questões já enunciadas, diretamente relacionadas ao sistema de convívio social que adotamos.

---

(2) Wandelli afirma que a perda do lugar de trabalho é o momento em que a maldade praticada no ambiente de trabalho se aguça. Um "mal" que tem o conveniente nome de poder diretivo e que é aceito de forma praticamente unânime, como mera decorrência da necessidade de organizar e dirigir o empreendimento. O autor conclui que a despedida "sem justa causa" é o ponto máximo dessa banalidade, traduzindo-se como um silêncio eloquente na doutrina e na jurisprudência, em face do atual texto constitucional. WANDELLI, Leonardo Vieira. *Despedida Abusiva*. São Paulo: LTr, 2004. p. 92.

Para além dessa precariedade social que a facilitação da despedida provoca, existem consequências individuais, de ordem emocional, que não podem ser ignoradas[3]. É aqui que a equiparação da pessoa à mercadoria torna-se mais evidente, pela clara tentativa de "neutralização da face do Outro"[4]. O discurso do cotidiano revela, sem esforço, essa realidade. Os avisos de término do contrato geralmente fazem constar "não precisamos mais dos seus serviços", "gratos pela colaboração", "comunicamos que a partir desta data sua presença não será mais necessária", como se estivessem simplesmente devolvendo uma mercadoria que não serve mais.

Ocorre que o trabalho não é apenas o meio pelo qual se retira o sustento necessário à sobrevivência[5], mas também aquele em que se vive, criam-se laços de amizade e hábitos; constrói-se uma identidade. Perder o emprego, portanto, é perder referências, espaço de atuação, hábitos[6]. Por isso mesmo, há estudos demonstrando que a perda do emprego é fator de aumento expressivo de uso de drogas e suicídio[7], bem como de doenças relacionadas à depressão e estresse[8], cujas consequências sociais são inegáveis.

A alta rotatividade no emprego, o aumento do número de empregos "informais", assim como o alto índice de desemprego no Brasil agravam a situação subjetiva de adoecimento e mesmo de perda de referências de quem perde o emprego. Por isso mesmo, a proteção contra a despedida, mais do que uma condição para viver bem em um país capitalista, é de interesse público; interessa, pois, mesmo da perspectiva do sistema.

O senso comum de conferir ao empregador um poder potestativo de extinguir o contrato sem qualquer motivação[9] constitui-se uma opção política, que revela o compromisso do Estado com a lógica do capital, ao mesmo tempo em que desvela a

---

(3) No momento em que despede, sem sequer justificar seu ato, o empregador age como se fosse possível uma "simples e neutra descartabilidade da pessoa". WANDELLI, Leonardo Vieira. *Despedida Abusiva*. São Paulo: LTr, 2004. p. 109.

(4) BAUMAN, Zygmunt. *Vida para Consumo*. A Transformação das Pessoas em Mercadoria. Rio de Janeiro: Zahar Editor, 2008. p. 115.

(5) No mesmo sentido, em obra específica sobre o tema: "Enquanto para o empregador, necessariamente, dispensa-se para aumentar a produção e melhor organizar a produtividade, não importando os motivos concretos, o pedido de demissão, pelo empregado, representa exercício de sua liberdade individual. SILVA, Antônio Álvares da. *Proteção Contra a Dispensa na Nova Constituição*. Belo Horizonte: Del Rey, 1991. p. 53.

(6) MARTINS CATHARINO, José. *Em Defesa da Estabilidade*. São Paulo: LTr, 1966. p. 29.

(7) Nesse sentido: GIDDENS, Anthony. *Mundo em Descontrole*. 4. ed. Rio de Janeiro: Record, 2005; BAUMANN, Zygmund. *Identidade*. Trad. Carlos Alberto Medeiros. Rio de Janeiro: Jorge Zahar Editor, 2004; KEHL, Maria Rita. *O Tempo e o Cão*. A Atualidade das Depressões. São Paulo: Boitempo, 2009; SENNET, Richard. *A Corrosão de Caráter*. Consequências Pessoais do trabalho no novo capitalismo. Rio de Janeiro: Record, 2008.

(8) É exemplo: <http://www.ensp.unl.pt/saboga/soc/pulic/04_01_sco_depressao_desemprego.pdf>.

(9) WANDELLI, Leonardo. *Op. cit.*, p. 335.

falácia do discurso jurídico. Sob a perspectiva do sistema, sob a fórmula de um Estado Democrático de Direito, as instituições devem necessariamente servir ao propósito democrático, o que implica, dentre tantas coisas, a diminuição da desigualdade social e econômica, perpetrada por meio da regulação e da limitação dos poderes privados, bem como a outorga de condições materiais para uma vida boa e segura. E não há segurança para quem não tem garantia de emprego.

Há, portanto, também uma razão política para que as possibilidades de despedida sejam limitadas. Como referem Pérez e Baylos, as visões tão frequentes do ato de despedida, como um ato politicamente neutro derivado de exigências organizativas e objetivas sobre a atividade de quem trabalha, ou como um ato que deriva da racionalidade e de cálculos econômicos de gestão empresarial, são perspectivas que se inscrevem em um projeto político de dominação social(10). Buscam esconder o fato de que a facilitação da dispensa é uma forma de exacerbação da vulnerabilidade que, ao fim e ao cabo, impede qualquer tentativa de emancipação social.

É exatamente por isso que precisamos nos habituar a ver a despedida como um ato de violência privada, um ato de agressão que, de maneira direta e imediata, pretende alterar o *status* de cidadania de uma democracia constitucional, afetando toda a sociedade. Eis porque, ainda na linha do que defendem Pérez e Baylos, é necessária a existência de uma compensação democrática por meio da limitação dos poderes privados e do fortalecimento da organização coletiva dos trabalhadores, de sorte a tornar possível a persecução dos ideais de um Estado Democrático. Ou seja, eis porque mesmo sob a perspectiva liberal, garantir contra a despedida é condição de possibilidade para uma sociedade democrática.

3. A violência no ato de despedir e a realidade da pandemia e do desmanche

É essencial compreender essa violência inscrita no ato de despedida, a fim de desmistificar todo o discurso que legitima um suposto poder potestativo de pôr fim ao vínculo de emprego, bem como a banalização que se evidencia no trato judicial da matéria. A despedida é um ato de força, de autotutela do empregador que, por meio da privação ao trabalho, expulsa a pessoa de uma esfera social. Esse ato tem repercussões nos vínculos afetivos, familiares e sociais(11), como já pontuei. Não se trata, portanto, de romper um contrato.

Em uma realidade de desemprego estrutural, na qual o trabalho e os benefícios previdenciários passam a ser inacessíveis, como é o caso do Brasil em 2020, o que se

(10) BAYLOS, Antonio; PÉREZ REY, Joaquín. *El Despido o La violencia Del Poder Privado*. Madrid: Editorial Trotta, 2009. p. 49.

(11) Ib*Idem*, p. 42-3.

produz é uma quantidade significativa de pessoas que não terá como, por mais que se force, tornar-se "incluída". Há cada vez menos empregos disponíveis. A precariedade que Ricardo Antunes vai identificar como o "privilégio da servidão"(12) gera não apenas uma população efetivamente descartável, mas também a "sensação de ser dispensável ou de ser descartado", a sensação de ser uma pessoa fracassada, que não consegue se adequar, agradar ou se sujeitar de modo suficiente para fruir do "privilégio" de ser explorado.

Quando passamos a afirmar, com Hegel, que ser livre é poder dispor, inclusive de si mesmo(13), passamos a sustentar que todas as pessoas sem essa condição não gozam de liberdade. E a ausência dessa condição é a ausência do trabalho remunerado, seja pela impossibilidade de trabalhar, seja pela ausência de oferta de trabalho. Perder o emprego é, portanto, sob a retórica liberal moderna, perder liberdade, perder a capacidade de sujeito de direitos, a via de inserção na realidade social, a forma de acesso a bens materiais básicos.

Há, aqui, uma violência estrutural e objetiva, pois a sociedade do capital nunca foi para todas as pessoas. A precarização das condições de trabalho, através do desmanche de direitos sociais trabalhistas e previdenciários torna essa realidade ainda mais verdadeira e cruel. Soma, portanto, à violência objetiva que decorre da perda do emprego em uma sociedade de trabalho obrigatório, a violência que decorre do desamparo de viver em um país no qual perder o emprego significa perder a possibilidade de sobrevivência física.

No Brasil, a perda do emprego sempre significou risco imediato à manutenção das possibilidades de vida decente e mesmo de sobrevivência. O período extremamente curto de seguro-desemprego torna praticamente impossível a obtenção de novo posto de trabalho antes da perda definitiva de qualquer renda. O valor limitado disso que denominamos "benefício", mas que em realidade constitui um direito que se impõe em uma realidade na qual é preciso ter dinheiro para ter acesso a alimentos, roupas, moradia, também causa — de plano — uma perda nas condições de vida de quem perde o emprego.

Essas circunstâncias, presentes mesmo em período de pleno emprego — que, aliás, não significa emprego para todos, é bom que se registre — agravam-se em épocas de recessão econômica, como a que vivemos atualmente. As "reformas" promovidas nos últimos anos (EC n. 95, Lei n. 13.429, Lei n. 13.467, Lei n. 13.784, EC n. 103, Lei n. 14.020) facilitaram ainda mais as despedidas, precarizaram os vínculos, reduziram os direitos, majoraram jornada e dificultaram o acesso à justiça e a luta coletiva da classe trabalhadora. O resultado foi o aumento da rotatividade e do desemprego.

---

(12) ANTUNES, Ricardo. *O privilégio da servidão:* o novo proletariado de serviços na era digital. São Paulo: Boitempo, 2018.

(13) HEGEL, Georg. Wilhelm Friedrich. *Princípios da Filosofia do Direito.* São Paulo: Martins Fontes, 1997. p. 65.

Quando o primeiro caso de Covid-19 foi diagnosticado no Brasil em fevereiro de 2020, a classe trabalhadora já estava, portanto, desamparada. A retirada de direitos sociais trabalhistas teve como resultado o aumento da taxa de desemprego, que em 2019 tingiu o patamar de 13,7 milhões de pessoas desocupadas e um total de 27,9 milhões de pessoas subutilizadas, maior índice desde 2012. Apenas no primeiro trimestre do ano passado, mais de 1,2 milhão de pessoas entraram para a categoria de desocupadas, na comparação com o último trimestre de 2018[14]. Os prognósticos, diante da forma como o governo está lidando com a pandemia, são assustadores[15].

A PNAD Contínua 2019 mostra que o rendimento do 1% de pessoas que ganha mais em nosso país equivale a 33,7 vezes o da metade da população que ganha menos. Enquanto o rendimento médio mensal de quem ganha mais com o trabalho é de R$ 28.659,00, o de quem ganha menos é de R$ 850,00[16]. E o fato de tratar de "rendimento médio" dá conta da quantidade de pessoas que sobrevivem no Brasil com menos de oitocentos reais por mês, algo naturalizado de tal forma que se comemorou recentemente, como uma "conquista social", a majoração do valor de auxílio emergencial inicialmente proposto pelo governo, de R$ 200,00 para R$ 600,00[17].

A presença do racismo estrutural e da misoginia nessa realidade de capitalismo periférico que aposta na desigualdade social como forma de dominação revela-se também nos números. O mesmo estudo mostra que em 2019, o rendimento médio mensal dos trabalhos das pessoas brancas era de R$ 2.999,00, enquanto das pardas era de R$ 1.719,00 e das pretas de R$ 1.673,00. O rendimento médio mensal de todos os trabalhos dos homens era de R$ 2.555,00, enquanto o das mulheres era de R$ 1.985,00. O índice Gini, indicador que mede concentração e desigualdade econômica e varia de 0 (perfeita igualdade) até 1 (máxima concentração e desigualdade), se manteve em 0,509 em 2019. Entre 2012 (0,508) e 2015 (0,494) essa desigualdade havia sido reduzida, mas voltou a subir nos anos posteriores, atingindo seu recorde.

---

(14) Disponível em: <https://agenciadenoticias.ibge.gov.br/agencia-noticias/2012-agencia-de-noticias/noticias/24283-desemprego-sobe-para-12-7-com-13-4-milhoes-de-pessoas-em-busca-de-trabalho>. Acesso em: 26 maio 2019.

(15) Disponível em: <https://www.correiobraziliense.com.br/app/noticia/economia/2020/04/05/internas economia,842458/5-milhoes-podem-entrar-na-fila-do-desemprego-em-apenas-tres-meses.shtml>. Acesso em: 05 maio 2020.

(16) Disponível em: <https://agenciadenoticias.ibge.gov.br/agencia-sala-de-imprensa/2013-agencia-de-noticias/releases/27594-pnad-continua-2019-rendimento-do-1-que-ganha-mais-equivale-a-33-7-vezes-o-da-metade-da-populacao-que-ganha-menos>. Acesso em: 07 maio 2020.

(17) Elevação que só ocorreu em razão da aprovação de uma lei dispondo nesse sentido, pois o governo não se aceitou, em momento algum, majorar espontaneamente a importância por ele proposta, de duzentos reais. Enquanto isso, a cesta básica, com 13 produtos, em janeiro de 2020 custava R$ 502,98, mais de 13% a mais do que a doze meses atrás. Disponível em: <https://gauchazh.clicrbs.com.br/economia/dicas-de-economia/noticia/2020/03/cesta-basica-fica-1389-mais-cara-em-12-meses-ck7e0j4jr01ie01pqqxxllbwt.html>.

A pesquisa mostra, também, que as famílias estão ganhando menos, em relação aos anos anteriores(18).

Não é difícil concluir que reduzir salário ou despedir gerará um efeito dominó de proporções catastróficas, especialmente para quem empreende e gera emprego em nosso país, pois significa, concretamente, retirar capacidade de consumo, impor o endividamento e potencializar o adoecimento físico e psíquico. Portanto, o caminho deve ser inverso: é preciso fortalecer regras e compreensões que preservem postos de trabalho.

4. A contra-tendência: garantir emprego

Existem diferentes formas de garantir o emprego. A primeira delas é o reconhecimento do dever de motivação inscrito no inciso I do art. 7º da Constituição. A necessidade de explicitar o motivo da dispensa, que será evidentemente sujeito ao crivo judicial, promove uma inversão importante nas posições que os sujeitos da relação de trabalho assumem. Quem emprega deverá demonstrar em juízo o motivo lícito pelo qual optou por despedir. Com isso, terá condições de se prevenir adequadamente contra alegações infundadas de assédio ou discriminação, por exemplo, e, ao mesmo tempo, dará condições para que se discuta processualmente a causa da saída, de modo constitucionalmente adequado, ou seja, respeitando-se o direito ao contraditório e à ampla defesa. A despedida sem motivação retira, inclusive, esse direito fundamental de quem trabalha. Sem que se conheçam os motivos para determinado ato, não há como contrapô-lo. A importância da motivação da despedida é reconhecida em âmbito internacional, tanto pela Recomendação n. 166 da OIT(19), quanto pela Convenção n. 158 da OIT(20), que estabelece exatamente o dever de motivação do ato de despedir.

Há, no Brasil, legislações ordinárias que conferem parâmetros mais do que suficientes para a plena eficácia desse dever fundamental. No âmbito interno, temos a literalidade do art. 165 da CLT, que contém o conceito de despedida arbitrária(21),

---

(18) Disponível em: <https://agenciadenoticias.ibge.gov.br/agencia-sala-de-imprensa/2013-agencia-de-noticias/releases/27594-pnad-continua-2019-rendimento-do-1-que-ganha-mais-equivale-a-33-7-vezes-o-da-metade-da-populacao-que-ganha-menos>. Acesso em: 07 maio 2020.

(19) Disponível em: <http://www.ilo.org/ilolex/spanish/recdisp2.htm>. Acesso em: 21 out. 2010.

(20) Couto Maciel refere relatório do Deputado Lysâneas Maciel, quando da aprovação da Convenção n. 158 da OIT, referindo que "a proteção trabalhista assegurada em lei perde substância diante da possibilidade de demissão imotivada. O trabalhador que tenta buscar um direito não cumprido expõe-se a perder o direito maior: o emprego" (*Op. cit.*, p. 122).

(21) Art. 165 – Os titulares da representação dos empregados nas CIPA (s) não poderão sofrer despedida arbitrária, entendendo-se como tal a que não se fundar em motivo disciplinar, técnico, econômico ou financeiro.

e que acabou sendo reforçado pela regra do art. 510-D, § 3º, introduzido pela Lei n. 13.467/2017(22). Ou seja, já tínhamos no ordenamento jurídico trabalhista o conceito de despedida arbitrária. O que a Constituição de 1988 fez foi estendê-lo a todas as trabalhadoras e trabalhadores brasileiros. É possível afirmar, pois, que a ordem constitucional, a partir de 1988, adota a "justificação social da dispensa"(23).

A Convenção n. 158 da OIT foi ratificada e denunciada pelo Brasil e o STF até hoje não julgou a ADI n. 1.625, proposta em 1998, acerca da inconstitucionalidade dessa denúncia, embora já existam votos suficientes nesse sentido. Isso, evidentemente, não impede sua aplicação em âmbito interno, seja em razão do que estabelece o art. 8º da CLT(24), seja em razão da literalidade do art. 5º, § 2º, da Constituição(25). Esse dispositivo bem poderia referir que os direitos e garantias ali expressos não excluem outros decorrentes de tratados internacionais ratificados pela República Federativa do Brasil, já que prevê um procedimento para a ratificação das normas internacionais, adotando a chamada teoria dualista. Não o fez. Optou por alçar à condição de direito fundamental aqueles previstos em tratados de que o Brasil seja parte e nosso país é parte na Convenção n. 158, pois participou da sessão que aprovou sua redação em 1982. Importa anotar que foi aprovada tese na 1ª Jornada de Direito Material e Processual na Justiça do Trabalho, realizada em Brasília, pelo TST e pela ANAMATRA, em 23.11.2007, no sentido da plena aplicação da Convenção n. 158 da OIT em âmbito interno(26)

---

(22) Art. 510-D, § 3º Desde o registro da candidatura até um ano após o fim do mandato, o membro da comissão de representantes dos empregados não poderá sofrer despedida arbitrária, entendendo-se como tal a que não se fundar em motivo disciplinar, técnico, econômico ou financeiro.

(23) A "dispensa socialmente justificada constitui o cerne e o ponto central da proteção contra a dispensa. Significa a restrição concreta do livre direito de despedir", e está acolhido. SILVA, Antônio Álvares da. *Proteção Contra a Dispensa na Nova Constituição.* Belo Horizonte: Del Rey, 1991. p.130.

(24) Art. 8º As autoridades administrativas e a Justiça do Trabalho, na falta de disposições legais ou contratuais, decidirão, conforme o caso, pela jurisprudência, por analogia, por eqüidade e outros princípios e normas gerais de direito, principalmente do direito do trabalho, e, ainda, de acordo com os usos e costumes, o direito comparado, mas sempre de maneira que nenhum interesse de classe ou particular prevaleça sobre o interesse público.

(25) § 2º Os direitos e garantias expressos nesta Constituição não excluem outros decorrentes do regime e dos princípios por ela adotados, ou dos tratados internacionais em que a República Federativa do Brasil seja parte.

(26) FONTES DO DIREITO – NORMAS INTERNACIONAIS. I – FONTES DO DIREITO DO TRABALHO. DIREITO COMPARADO. CONVENÇÕES DA OIT NÃO RATIFICADAS PELO BRASIL. O Direito Comparado, segundo o art. 8o da Consolidação das Leis do Trabalho, é fonte subsidiária do Direito do Trabalho. Assim, as Convenções da Organização Internacional do Trabalho não ratificadas pelo Brasil podem ser aplicadas como fontes do direito do trabalho, caso não haja norma de direito interno pátrio regulando a matéria.

II – FONTES DO DIREITO DO TRABALHO. DIREITO COMPARADO. CONVENÇÕES E RECOMENDAÇÕES DA OIT. O uso das normas internacionais, emanadas da Organização Internacional do Trabalho, constitui-se em importante ferramenta de efetivação do Direito Social e não se restringe à aplicação direta das Convenções ratificadas pelo país. As demais normas da OIT, como as Convenções não ratificadas e as Recomendações,

Há uma necessidade urgente de que essa racionalidade se dissemine, seja em razão da impossibilidade de exercício efetivo dos direitos trabalhistas durante a vigência de um vínculo sem qualquer proteção, seja diante das "reformas" precarizantes de que o Direito do Trabalho tem sido alvo, seja em face da realidade de crise aguda aprofundada pela pandemia. Essa, porém, não é a única medida de garantia de emprego.

É preciso também reconhecer que despedidas durante uma pandemia constituem ato obstativo não apenas à obtenção de novo posto de trabalho, mas a própria sobrevivência física de quem depende do trabalho para sobreviver. Se há uma determinação, inclusive, de fechamento de atividades industriais e comerciais, bem como de isolamento social, é mesmo evidente que a perda do emprego significará, concretamente, a ausência de fonte de renda, pois muito dificilmente se obterá novo posto de trabalho em meio à pandemia. A garantia contra a despedida, em tal caso, é corolário do direito à vida.

Nesse sentido, há decisões importantes, vedando dispensa coletiva durante o estado de calamidade pública que decorre da disseminação da Covid-19[(27)] e determinando a reintegração no emprego, exatamente em razão da impossibilidade de obtenção de um novo posto de trabalho, no momento atual[(28)].

Por fim, há necessidade urgente de reconhecer a não recepção do art. 482 da CLT pela ordem constitucional vigente. Pelos termos da CLT, o empregado que pratica justa causa perde direito ao aviso prévio, ao pagamento das férias (remuneração com acréscimo de 1/3) proporcionais, da gratificação natalina proporcional, do acréscimo de 40% sobre o FGTS. Perde, também, o direito de acesso aos valores depositados em sua conta vinculada ao FGTS e ao benefício do seguro-desemprego. Além, é claro, de perder o emprego. Sofre, portanto, múltiplas punições pela falta cometida.

Já o empregador, quando comete falta grave, nada sofre. Pode deixar de pagar salário, promover um ambiente adoecedor, exigir jornada ilegal, assediar. Terá como consequência a possibilidade jurídica de discutir sua conduta em um processo que o trabalhador terá que ajuizar e que pode durar anos. Ao final do processo, o Estado determinará, caso provada a justa causa, que o empregador efetue exatamente o mesmo pagamento a que o empregado teria direito, na hipótese de despedida sem o cometimento da falta grave. O trabalhador, entretanto, receberá menos, pois terá de

---

assim como os relatórios dos seus peritos, devem servir como fonte de interpretação da lei nacional e como referência a reforçar decisões judiciais baseadas na legislação doméstica.

(27) Disponível em: <https://www.ajd.org.br/decisoes/Covid-19/2593-decisao-sindicato-acao-civil-coletiva-para-dispensa-coletiva-sp>.

(28) Disponível em: <https://www.ajd.org.br/decisoes/trabalho/2553-titulo-liminar-reintegracao-trabalhadores-demitidos-em-razao-da-pandemia-Covid-19>.

pagar o advogado que o assistiu durante o procedimento judicial. E durante o tempo do processo, via de regra, o trabalhador não terá assegurado seu trabalho, sua fonte de subsistência. Ao contrário, suportará prejuízo concreto e irreversível, não apenas da perspectiva econômica, mas sobretudo da perspectiva emocional, social e humana.

Toda a retórica de que a relação de trabalho é uma relação contratual, que sustenta a tese do tal direito potestativo de despedir, é esquecida quando o assunto é a possibilidade de múltipla punição de quem trabalha, em face do cometimento de alguma irregularidade durante o vínculo. A previsão do art. 482 entra em rota de colisão com o art. 5º da Constituição, por não prever ampla defesa e contraditório[(29)]. Também contraria o art. 7º, *caput*, quando garante a progressividade social[(30)] e o art. 227 da Constituição, quando estabelece como dever da sociedade (e, pois, do empregador), assegurar o direito à vida, à saúde, à alimentação, etc, bens materiais que, em uma sociedade capitalista, só se obtém através do trabalho[(31)]. Ainda, é completamente dissociado dos fundamentos da República (art. 1º) e de seus objetivos (art. 3º). Se temos uma ordem jurídica fundada na dignidade humana e no valor social do trabalho, em uma sociedade de trabalho obrigatório, não é mais possível, desde 1988, sustentar a aplicação de múltiplas penalidades que retirem de quem trabalha não apenas a possibilidade de trabalhar e de, através do trabalho, sustentar-se, mas também a possibilidade de sobreviver com dignidade até encontrar novo posto de trabalho.

Daí decorre que a ocorrência de falta grave deve ser considerada como justificativa lícita (motivo disciplinar) para o término do contrato, na forma do art. 165 da CLT. Ou seja, deve ter o efeito exclusivo de afastar a arbitrariedade do ato de dispensa. Ainda assim, precisam ser reconhecidos como devidos à pessoa dispensada, todos os (poucos) direitos que decorrem da perda do emprego, porque tais direitos não configuram prêmio por bom comportamento, mas a condição material de possibilidade de sobrevivência física da pessoa trabalhadora e, em regra, também de seus familiares.

E para quem pensa que a trabalhadora ou trabalhador que comete falta grave precisa ser penalizada, para ser "disciplinada" e não repetir tal conduta, mas não se incomoda com o fato de não haver previsão similar para o empregador faltoso, lembre-se que perder o emprego em uma sociedade de 13 milhões de pessoas desempregadas e quase 5 milhões de desalentadas, especialmente (mas não apenas) durante uma pandemia, é já uma penalidade e tanto.

---

(29) Art. 5º, LV – aos litigantes, em processo judicial ou administrativo, e aos acusados em geral são assegurados o contraditório e ampla defesa, com os meios e recursos a ela inerentes.

(30) Art. 7º São direitos dos trabalhadores urbanos e rurais, além de outros que visem à melhoria de sua condição social

(31) Art. 227. É dever da família, da sociedade e do Estado assegurar à criança, ao adolescente e ao jovem, com absoluta prioridade, o direito à vida, à saúde, à alimentação, à educação, ao lazer, à profissionalização, à cultura, à dignidade, ao respeito, à liberdade e à convivência familiar e comunitária, além de colocá-los a salvo de toda forma de negligência, discriminação, exploração, violência, crueldade e opressão.

Conclusão

Há um silêncio ensurdecedor em torno da (necessária) eficácia do inciso I do art. 7º da Constituição e bem assim uma resistência à aplicação de regras que imponham a manutenção de vínculos de emprego, especialmente em período de crise aguda como o que vivemos atualmente.

A banalização da violência da despedida compromete a realização efetiva de todos os demais direitos assegurados no art. 7º da Constituição. Não há direito à jornada máxima, à irredutibilidade de salário, à vedação de alterações lesivas, a um ambiente saudável de trabalho, ao fornecimento de EPI´s, enquanto não houver o reconhecimento do dever de motivar a despedida. Por uma razão bem simples: o empregado que reclamar, diretamente ou por meio do Estado, lesão a direito fundamental que lhe é garantido pela Constituição, poderá ser (e quase certamente será) despedido, perdendo sua fonte de subsistência, sem outra razão que não o fato de haver exercido seu direito à cidadania.

Essa realidade, em uma lógica de exceção como a que enfrentamos no Brasil, em plena crise econômica e sanitária aguda, implica comprometer a própria vida. Em um tal ambiente, a possibilidade de que a relação de trabalho torne-se ainda mais assediadora é imensa, pois a pessoa que trabalha estará impossibilitada concretamente de reivindicar o cumprimento de seus direitos.

É urgente o reconhecimento de que o Direito do Trabalho pode e deve exercer sua tarefa histórica com ainda mais radicalidade em momentos de crise como o que estamos enfrentando. Isso impõe atitudes concretas por parte de seus intérpretes aplicadores. E sequer se trata de atitudes revolucionárias. Aplicar a Constituição, reconhecendo o dever de motivação, ampliando a compreensão acerca das hipóteses de impedimento da despedida ou superando a noção de justa causa, constitui atitude que já determina mudanças na realidade prática de um número expressivo de pessoas que dependem do trabalho para sobreviver.

Referências bibliográficas

ANTUNES, Ricardo. *O privilégio da servidão:* o novo proletariado de serviços na era digital. São Paulo: Boitempo, 2018.

BAUMANN, Zygmunt. *Vida para Consumo.* A Transformação das Pessoas em Mercadoria. Rio de Janeiro: Zahar Editor, 2008.

______. *Identidade.* Trad. Carlos Alberto Medeiros. Rio de Janeiro: Jorge Zahar Editor, 2004.

BAYLOS, Antonio; PÉREZ REY, Joaquín. *El Despido o La violencia del Poder Privado.* Madrid: Editorial Trotta, 2009.

GIDDENS, Anthony. *Mundo em Descontrole.* 4. ed. Rio de Janeiro: Record, 2005.

HEGEL, Georg. Wilhelm Friedrich. *Princípios da Filosofia do Direito.* São Paulo: Martins Fontes, 1997.

KEHL, Maria Rita. *O Tempo e o Cão.* A Atualidade das Depressões. São Paulo: Boitempo, 2009.

MARTINS CATHARINO, José. *Em Defesa da Estabilidade.* São Paulo: LTr, 1966.

SENNET, Richard. *A Corrosão de Caráter.* Consequências Pessoais do trabalho no novo capitalismo. Rio de Janeiro: Record, 2008.

SEVERO, Valdete Souto. *O Dever de Motivação da Despedida na Ordem Jurídico-constitucional brasileira.* Porto Alegre: Livraria do Advogado, 2011.

SILVA, Antônio Álvares da. *Proteção Contra a Dispensa na Nova Constituição.* Belo Horizonte: Del Rey, 1991.

WANDELLI, Leonardo Vieira. *Despedida Abusiva.* São Paulo: LTr, 2004.

<http://www.ensp.unl.pt/saboga/soc/pulic/04_01_sco_depressao_desemprego.pdf>.

<http://www.ilo.org/ilolex/spanish/recdisp2.htm>. Acesso em: 21 out. 2010.

<https://agenciadenoticias.ibge.gov.br/agencia-noticias/2012-agencia-de-noticias/noticias/24283-desemprego-sobe-para-12-7-com-13-4-milhoes-de-pessoas-em-busca-de-trabalho>. Acesso em: 26 maio 2019.

<https://www.ajd.org.br/decisoes/Covid-19/2593-decisao-sindicato-acao-civil-coletiva-para-dispensa-coletiva-sp>.

<https://www.ajd.org.br/decisoes/trabalho/2553-titulo-liminar-reintegracao-trabalhadores-demitidos-em-razao-da-pandemia-Covid-19>

<https://www.correiobraziliense.com.br/app/noticia/economia/2020/04/05/internas_economia,842458/5-milhoes-podem-entrar-na-fila-do-desemprego-em-apenas-tres-meses.shtml>. Acesso em: 05 maio 2020.

Contra-Tendências Possíveis ao Direito do Trabalho: Consideração do Tempo de Transporte ao Labor Como Tempo de Trabalho

Daniel de Faria Galvão

Eu às vezes fico a pensar
Em outra vida ou lugar
Estou cansado demais
Eu não tenho tempo de ter
O tempo livre de ser
De nada ter que fazer
É quando eu me encontro perdido
Nas coisas que eu criei
E eu não sei
Eu não vejo além da fumaça
O amor e as coisas livres, coloridas
Nada poluídas
Ah, Eu acordo prá trabalhar
Eu durmo prá trabalhar
Eu corro prá trabalhar
Letra da música "*Capitão de Indústria*"[1]

Introdução

Ainda era o início dos anos 2000, quando a saudosa Cássia Eller entoava, através dos versos escritos por Nando Reis, na música "Relicário", que "O mundo está ao

(1) Composição de Marcos Valle e Paulo Sérgio Valle, presente no álbum *"9 Luas"*, da banda *"Os Paralamas do Sucesso"* (EMI, 1996).

contrário e ninguém reparou". E essa pretensa falta de atenção a anormalidade, citada na música, parece descrever muito bem a presente atuação das classes dominantes brasileiras. No momento em que o Brasil alcança a preocupante marca de mais de 55.054 mortes e 1.233.147 casos provocados pela Covid-19[(2)], em um ato de verdadeiro descompasso, empresários e políticos tem alavancado a retomada ampla das atividades laborais. E como aponta Ricardo Antunes, esse retorno se dá, de forma concomitante e conjugada, com uma tentativa de eliminar quaisquer separações entre tempo de trabalho e tempo de vida[(3)]. A realidade é que o cenário pandêmico tem servido de mote para intensificar os mecanismos de sustentação sistêmica. A sucção do suor e sangue do trabalho vivo tem se sobreposto mesmo aos pequenos intervalos de vida, necessários para a reprodução da força de trabalho. Não há tempo para amar, pensar e nem mesmo para comer. Para o capital, o único espaço/tempo possível é o da exploração do mais-trabalho (e da extração do mais-valor). Diante deste cenário, em que as concepções de tempo, trabalho e vida postas pelo capital parecem querer se impor, é que se faz necessário recobrar a força das lutas pela redução das jornadas de trabalho e pelo reino da liberdade.

Como Marx não deixa esquecer, o tempo de trabalho e as suas divisões são conceitos sob disputa, passíveis de serem desconstruídos e transformados a favor das classes trabalhadoras desde uma perspectiva política[(4)]. E a partir dessa perspectiva, pensamos que essa luta possa se iniciar pela consideração do tempo de trajeto ao trabalho como tempo à disposição do empregador (integrando a jornada laboral). Embora o objetivo inicial seja a remuneração do tempo de deslocamento, dissociado do seu viés monetizante, poderá este instituto servir como passo importante para o aumento do tempo livre do trabalhador, potencializando a sua capacidade de transformação social.

Assim é que dividiremos este artigo em duas partes. Na primeira, falaremos das lutas travadas entre as classes a respeito do tempo de trabalho e de sua profunda relação com o modo capitalista de produzir. Em um segundo e conclusivo momento, o foco estará nas disputas pelo tempo de trabalho na atualidade brasileira e no importante papel transicional que a integração do tempo de trajeto à jornada pode exercer.

Sigamos viagem!

---

(2) UOL. Brasil passa 55 mil mortos por covid, diz consórcio; 1 em cada 4 foi em SP. Disponível em: <https://noticias.uol.com.br/saude/ultimas-noticias/redacao/2020/06/25/coronavirus-covid-casos-mortes-atualizacao-25-junho.htm>. Acesso em junho de 2020.

(3) ANTUNES, Ricardo (1). *Coronavírus:* o trabalho sob fogo cruzado. 1. ed. São Paulo: Boitempo, 2020. p. 26.

(4) MARX, Karl (1). *O Capital:* crítica da economia política, Livro 1: o processo de produção do capital. Trad. Rubens Enderle. São Paulo: Boitempo, 2011. p. 702.

1. Entre o capital e a humanidade, o embate pelo tempo: Marx e as lutas pela redução da jornada de trabalho

Antes de tratarmos das disputas sobre a jornada na atualidade brasileira e da importância que a integração do tempo de trajeto assume em uma dinâmica de transição social, se faz necessário refletir sobre as questões estruturais que permeiam a exploração do tempo de labor. E as nuanças dessa forma exploratória são muito bem expostas por Karl Marx, principalmente no Capítulo 8, do tomo 1, de O Capital, intitulado "A jornada de trabalho".

Já no início do capítulo, Marx não deixa titubear e, de pronto, nos apresenta à verdadeira face do capital. Segundo ele, "O capital é trabalho morto, que, como um vampiro, vive apenas da sucção de trabalho vivo, e vive tanto mais quanto mais trabalho vivo suga"(5). Em páginas posteriores, o autor atribui ao capital a "voracidade de lobisomem por mais-trabalho"(6). O que essas passagens revelam é que embora o capital tenha a intenção de parecer se reproduzir de forma automática, isso jamais será possível. O algo que lhe falta é, justamente, a natureza humana, essencial para a extração do mais-valor(7). É o caráter humano, marcado pela existência da energia vital, que irá atribuir à força de trabalho um aspecto divergente de mercadorias outras (afeitas à lei de trocas). Considerando que o dispêndio cotidiano dessas energias se dá em um movimento que não admite retorno, será necessário impor limites físicos e sociais ao seu uso irrestrito. Sobre essas limitações, Marx considera que:

> Durante uma parte do dia, essa força tem de descansar, dormir; durante outra parte do dia, a pessoa tem de satisfazer outras necessidades físicas, como alimentar-se, limpar-se, vestir-se etc. Além desses limites puramente físicos, há também limites morais que impedem o prolongamento da jornada de trabalho. O trabalhador precisa de tempo para satisfazer as necessidades intelectuais e sociais, cuja extensão e número são determinados pelo nível geral de cultura de uma dada época.(8)

Assim, ainda que por um raciocínio meramente utilitarista, era de se esperar que as jornadas fossem limitadas pela capacidade máxima de desgaste do/da trabalhador/trabalhadora. No entanto, não é a lógica da limitação natural que guia o espírito do capital, o que pode ser explicado por diversos fatores. Em uma primeira mirada, a falta

---

(5) MARX, Karl (1). *Op. cit.*, p. 392.

(6) Ib*Idem*, p. 403.

(7) Nesse sentido, afirma Michael Löwy que: "Almejando representar em uma imagem, em uma alegoria, o caráter desumano, insaciável e monstruoso do capital, Marx o compara, em diversas ocasiões, a um vampiro. É claro que se trata de um julgamento moral, mas a imagem tem um sentido preciso: o capital é trabalho morto (na forma de máquinas, edifícios, dinheiro) que suga o trabalho vivo do operário". LÖWY, Michael (1). Marx e a luta pela redução da jornada de trabalho. Tradução: Fabio Mascaro Querido. *Lutas Sociais*, São Paulo, vol. 21 n. 38, p. 10-23, jan./jun. 2017. p. 15.

(8) MARX, Karl (1). *Op. cit.*, p. 390.

de importância que o capital atribui à saúde e à vida dox trabalhadorxs (e que reflete em jornadas cada vez mais extensas) parece se sustentar na existência de uma superpopulação, "isto é, um excesso de população em relação às necessidades momentâneas de valorização do capital"(9). Ainda que tempos de pandemia, como os atuais, ceifem inúmeras vidas, uma massa de desvalidos parece estar sempre disposta a se submeter às agruras capitalistas. Mas, é importante notar que a existência dessa superpopulação é precária. A insaciabilidade do capital por mais-valor faz reduzir a "vida útil" da força de trabalho de tal modo que uma "degeneração da população industrial"(10) já se faz próxima. E não é que os capitalistas não estejam cientes disso. Eles apenas parecem não se importar:

> O capital, que tem tão "boas razões" para negar os sofrimentos das gerações de trabalhadores que o circundam, é, em seu movimento prático, tão pouco condicionado pela perspectiva do apodrecimento futuro da humanidade e seu irrefreável despovoamento final quanto pela possível queda da Terra sobre o Sol. Em qualquer manobra ardilosa no mercado acionário, ninguém ignora que uma hora ou outra a tempestade chegará, mas cada um espera que o raio atinja a cabeça do próximo, depois de ele próprio ter colhido a chuva de ouro e o guardado em segurança. Après moi le déluge! [Depois de mim, o dilúvio] é o lema de todo capitalista e toda nação capitalista.(11)

A conclusão de Marx diante do imediatismo capitalista, cego ao ponto de desconsiderar a vida como aspecto central para seus negócios, é que a mudança da realidade depende de uma tomada de posição(12). Passará pelo enfrentamento, pela classe trabalhadora, da batalha pelo domínio do tempo, com a reconstrução das "barreiras erguidas pelos costumes e pela natureza, pela idade e pelo sexo, pelo dia e pela noite"(13). À força política dessa classe recairá a obrigação de impelir um Estado, dominado pelo capital, a legislar em prol de uma jornada de trabalho que observe as condições mínimas de sobrevivência(14). Será também dessa força, a missão de fazer com que as proteções edificadas em lei não se tornem letra morta. Mais importante ainda, caberá à luta da classe, no âmbito político, o papel de se valer dessa "concessão conquistada"(15) para conduzir a busca por uma outra forma de sociabilidade. Neste emblemático excerto do tomo 3, de "O Capital", Marx é enfático ao dizer que:

---

(9) MARX, Karl (1). *Op. cit.*, p. 431.

(10) *Idem.*

(11) Ib*idem*, p. 432.

(12) *Idem.*

(13) Ib*idem*, p. 439.440.

(14) Como Marx relata, ao tratar das legislações fabris Inglesas, editadas entre 1833 e 1844, "Sua formulação, seu reconhecimento oficial e sua proclamação estatal foram o resultado de longas lutas de classes". MARX, Karl (1). *Op. cit.*, p. 446.

(15) MARX, Karl (1). *Op. cit.*

> O reino da liberdade só começa, de fato, onde cessa o trabalho determinado pela necessidade e pela adequação a finalidades externas; portanto, pela própria natureza da questão, isso transcende a esfera da produção material propriamente dita. Assim como o selvagem tem de lutar com a Natureza para satisfazer suas necessidades, para manter e reproduzir sua vida, assim também o civilizado tem de fazê-lo, e tem de fazê-lo em todas as formas de sociedade e sob todos os modos de produção possíveis. Com seu desenvolvimento, amplia-se esse reino da necessidade natural, pois se ampliam as necessidades; mas, ao mesmo tempo, ampliam-se as forças produtivas, que as satisfazem. Nesse terreno, a liberdade só pode consistir em que o homem social, os produtores associados, regulem racionalmente esse seu metabolismo com a Natureza, trazendo-o para seu controle comunitário, em vez de serem dominados por ele como se fora por uma força cega; que o façam com o mínimo emprego de forças e sob as condições mais dignas e adequadas à sua natureza humana. Mas este sempre continua a ser um reino da necessidade. Além dele é que começa o desenvolvimento das forças humanas, considerado como um fim em si mesmo, o verdadeiro reino da liberdade, mas que só pode florescer sobre aquele reino da necessidade como sua base. A redução da jornada de trabalho é a condição fundamental.(16)

A questão posta aqui é que a importância das lutas pela redução da jornada de trabalho apenas se concretiza quando inserida em um projeto de transformação social radical. E, nesse sentido, o próprio trabalho e suas formas de mensurar o tempo deverão ser profundamente modificados. Como pondera David Harvey, uma luta de classes centrada apenas na busca por direitos e desnaturada de seu caráter anti-sistêmico serve apenas para dar estabilidade a um sistema opressor desde a raiz(17).

2. A luta pela redução da jornada no tempo de agora: a necessária reinvenção das *"horas in intinere"* no Brasil em meio às crises sanitária e civilizacional

Não é necessário muito esforço para perceber que a realidade do esgarçamento das jornadas laborais descrita por Marx, em O Capital, ainda está viva. A contínua insaciedade do capital por mais-trabalho, e mais-valor, é elemento chave para entender

---

(16) MARX, Karl (2). *O Capital, Livro III, Volume II.* Trad. Regis Barbosa e Flávio R. Kothe. São Paulo: Nova Cultural, 1986.

(17) "Se os trabalhadores se organizam como classe e, com isso, forçam os capitalistas a mudar seu comportamento, o poder coletivo dos trabalhadores ajuda a salvar os capitalistas de sua própria estupidez e miopia individuais, forçando-os a reconhecer seu interesse de classe. Isso implica que a luta de classes pode atuar como um estabilizador na dinâmica capitalista". HARVEY, David. Para entender *O Capital* – Livro I. Trad: Rubens Enderle. São Paulo: Boitempo, 2013. p. 170-171.

o alto índice de acidentes laborais ocorridos em diversos setores profissionais[18]. Mas é preciso dizer que, no caso brasileiro, a assustadora frequência de jornadas que ultrapassam os limites da razoabilidade não é só o resultado de mecanismos globais de exploração. A forma de desenvolvimento do capitalismo nos países situados à margem das grandes potências econômicas diz muito sobre essas ocorrências. Diante de uma troca desigual com os países centrais, baseada na venda de matérias-primas/alimentos e na compra de industrializados, o capitalista das nações desfavorecidas se vale de um artifício[19]. Ele passa a superexplorar a força de trabalho local por meio de intensas e prolongadas jornadas, compensando a cessão gratuita de parte do valor que produz[20]. Assim é que, por mais que o sistema capitalista esteja fundado na exploração do sobretrabalho, esta chaga incide de forma particular sobre as massas trabalhadoras periféricas, como a brasileira.

O aprofundamento da crise da civilização capitalista, industrial e moderna, principalmente a partir da década de 1970, é outro aspecto que influencia o aumento das jornadas na atualidade. É que os óbices à reprodução do capital, produzidos por sua própria lógica de "expansão ilimitada", como o cataclisma socioambiental[21], não refreiam o impulso por mais devastação. Em sentido contrário, é diante do enfrentamento de seus próprios limites que o sistema reitera a sua forma[22]. E esse raciocínio também será posto em prática durante a pandemia da Covid-19[23].

Não se pode negar que a ocorrência de um processo pandêmico, como o atual, apresenta entraves importantes à marcha sistêmica. A imperiosa paralisação do labor decorrente do alto risco de contágio e morte pela doença engessa a máquina capitalista, nos fazendo lembrar que "Sem *trabalho*, é impossível a geração de *coágulos de valor* e de

---

(18) Sobre a prática de jornadas desumanas e sua influência na acidentalidade, aponta o auditor-fiscal do trabalho, Mário Parreiras de Faria, que na atividade da mineração: "a jornada de trabalho é muito pesada, ininterrupta, com rotação de jornada *(mudança de turno a cada dois dias)*. Muitos acidentes na mineração acontecem quando o trabalhador está fazendo hora extra. Já analisei acidente no qual o empregado havia trabalhado 11 horas por dia por três meses seguidos". Mário Parreiras de Faria em depoimento a Cássia Almeida. A TRISTE ROTINA DE UM AUDITOR DO TRABALHO NA TRAGÉDIA DE BRUMADINHO "Choro um pouco e vou trabalhar". Disponível em: <https://epoca.globo.com/a-triste-rotina-de-um-auditor-do-trabalho-na--tragedia-de-brumadinho-23438382>. p. 5.

(19) Que remonta aos primórdios da indústria capitalista moderna, com os processos de independência colonial na América Latina e o desenvolvimento da revolução industrial inglesa. MARINI. Ruy Mauro. Dialética da dependência, 1973. 10. ed. México: Editora Era, 1990 (1. ed. 1973). Tradução: Marcelo Carcanholo, Universidade Federal de Uberlândia – MG. In: TRASPADINI, Roberta; STEDILE, João Pedro (Orgs.). *Ruy Mauro Marini: Vida e Obra*. 2. ed. São Paulo: Expressão Popular, 2011.

(20) MARINI. Ruy Mauro. *Op. cit.*, p.

(21) LÖWY, Michael (2). CRISE ECOLÓGICA, CRISE CAPITALISTA, CRISE DE CIVILIZAÇÃO: a alternativa ecossocialista. *CADERNO CRH*, Salvador, v. 26, 67, p. 79-86, jan./abr. 2013. p. 80.

(22) LÖWY, Michael (2). *Op. cit.*

(23) ANTUNES, Ricardo (1). *Op. cit.*, p. 24.

riqueza social"[24]. Mas o espírito do capital, mesmo em situações de ameaça concreta à vida, age sem quaisquer condolências. De um lado, repisa a crença em seu sistema como a única via possível e pressiona "pela volta da produção, pelo fim do isolamento, pela "retomada da normalidade"[25]. De outro, diante da incapacidade de retornar ao passado, almeja criar um presente (e um futuro) em que as bases exploratórias permaneçam intocadas, instaurando um regime de "*escravidão digital*"[26]. Formas de trabalho *online* (como o *home-office*, o EAD e o teletrabalho) intentam estabelecer o "fim da separação entre *tempo de trabalho e tempo de vida*"[27]. Porém, reconhecer as adversidades do atual cenário para a classe trabalhadora não significa concordar que a história esteja posta. Como vimos, as relações concernentes ao tempo de trabalho estão sob disputa, possibilitando uma retomada da narrativa pelos explorados. E entendemos que essa reconstrução dos rumos históricos possa se iniciar pelo computo nas jornadas do tempo despendido até o trabalho, também chamada de "horas *in itinere*".

Embora o labor *online* possa ser vislumbrado como uma das principais marcas de um mundo pós pandêmico,[28] é preciso ressaltar que diversos setores continuarão a depender do trabalho "*in loco*" (e do não pagamento do tempo de trajeto) para a extração do mais-valor. Mesmo quando o trabalho em locais de difícil acesso ou sem transporte público regular, recorrentes em atividades como a mineração, ensejava a integração do tempo de deslocamento[29], a prática era a do seu não cumprimento. A título de exemplo, em 2015, a mineradora VALE chegou a ser condenada pelo Tribunal Superior do Trabalho (TST) por ter deixado de pagar as "horas *in itinere*" de um ex-empregado por 29 anos[30]. Mas o fim da previsão normativa, pela contrarreforma trabalhista de Temer, traria imensa alegria para o empresariado (e, especialmente, para as empresas do ramo extrativista mineral). À época, a Associação de Empresas Brasileiras de Pesquisa Mineral considerou a exclusão do direito como "um dos maiores

(24) ANTUNES, Ricardo (1). *Op. cit.*, p. 24.

(25) Ib*Idem*, p. 25.

(26) ANTUNES, Ricardo (2). *O Privilégio da Servidão:* o novo proletariado de serviços na era digital. São Paulo: Boitempo.

(27) Resultando na sobreposição dos trabalhos produtivo e reprodutivo, "com clara incidência da intensificação do trabalho feminino, podendo aumentar ainda mais a *desigual divisão sociosexual e racial do trabalho*." ANTUNES, Ricardo (1). *Op. cit.*, p. 26.

(28) *Idem*.

(29) BRASIL. *Decreto-lei n. 5.452, de 1º de maio de 1943*. Antiga redação do art. 58, § 2º. Disponível em: <http://www.planalto.gov.br/ccivil_03/decreto-lei/del5452.htm>. Acesso em: jun. 2020.

(30) TRIBUNAL SUPERIOR DO TRABALHO (TST). Vale terá de pagar a ex-empregado horas de deslocamento até mina em Mariana (MG). Disponível em: <http://www.tst.jus.br/noticias/-/asset_publisher/89Dk/content/vale-tera-de-pagar-a-ex-empregado-horas-de-deslocamento-ate-mina-em-mariana-mg-?redirect=http%3A%2F%2Fwww.tst.jus.br%2Fnoticias%3Fp_p_id%3D101_INSTANCE_89Dk%26p_p_lifecycle%3D0%26p_p_state%3Dnormal%26p_p_mode%3Dview%26p_p_col_id%3Dcolumn-2%26p_p_col_count%3D2>. Acesso em: jun. 2020.

avanços dos últimos vinte anos"[31], o que, do lado da classe trabalhadora, representou um evidente retrocesso. Calcula-se que, em decorrência da medida, os salários dxs trabalhadrxs do setor minerário foram rebaixados no importe de 10% à 20%[32]. Mas é preciso olhar a questão sobre outros aspectos e pensar na luta pelas "horas *in itinere*" de forma integrada às lutas pela redução da jornada e pelo reino da liberdade.

O que se quer propor aqui não é a retomada das "horas *in itinere*" por seu aspecto salarial. Assim como Marx, entendemos que a forma-salário age de forma insidiosa, ajudando a escamotear a extração de mais-valia e embaçando a visão daqueles que vivem do trabalho[33]. Por isso, um caminho rumo a uma nova sociabilidade somente será possível com a superação deste artifício. Também, não se está propondo que o cômputo nas jornadas do tempo de trajeto represente o fim da exploração[34]. O que se acredita é que a elevação dos custos empresariais, pela integração do período de deslocamento, possa forçar os empregadores a reduzirem as jornadas (e a extração de mais-valia absoluta) e, por consequência, gerar um aumento do tempo livre dox trabalhadores. Este acréscimo nas horas destinadas ao ser e ao viver será fundamental para a conscientização de classe e para uma futura ruptura com a atual forma sistêmica.

É certo que a reformulação das "horas *in itinere*" não se dará de forma fácil. As perspectivas de luta que se anunciam são bastante nebulosas e repletas de percalços. Mas é preciso estar atento aos pequenos sinais de mudança que começam a despontar, entre os quais se insere a revogação da Medida Provisória n. 905, a chamada MP do Contrato Verde e Amarelo. Entre os inúmeros prejuízos previstos por este pacote de maldades, encontrava-se o fim do "acidente de trajeto". O argumento utilizado pelos congressistas era que a extinção das "horas *in itinere*", pela contrarreforma de 2017, implicaria na ausência de qualquer responsabilidade estatal/empresarial pelo trajeto até o trabalho, inclusive quanto aos acidentes ocorridos no percurso[35]. No entanto, em uma vitória[36] que pode ser atribuída à força política da classe trabalhadora, o

(31) ASSOCIAÇÃO BRASILEIRA DAS EMPRESAS DE PESQUISA MINERAL (ABPM). Reforma trabalhista contribui para maiores avanços na mineração. Disponível em: <http://www.abpm.net.br/noticia/reforma-trabalhista-contribui-para-maiores-avancos-na-mineracao>. Acesso em: jun. 2020.

(32) O GLOBO. Empresas de etanol e mineração negociam parar de pagar por horas que trabalhadores ficam no transporte. Disponível em: <https://oglobo.globo.com/economia/empresas-de-etanol-mineracao-negociam-parar-de-pagar-por-horas-que-trabalhadores-ficam-no-transporte-22172862>. Acesso em: jun. 2020.

(33) MARX, Karl (1). *Op. cit.*

(34) Não há dúvida que a extração de mais-valia, ainda que na forma relativa, baseada na intensificação do trabalho, persistirá. SARTORI, Vitor. Marx e o Direito do trabalho: a luta de classes, o terreno jurídico e a revolução *R. Katál*, Florianópolis, v. 22, n. 2, p. 293-308, maio/ago. 2019.

(35) Nesse sentido, a ocorrência de acidente no trecho não ensejaria ao trabalhador o direito à garantia provisória de emprego e à concessão do auxílio-acidentário.

(36) Ainda que parcial, já que há promessas do envio de uma nova versão da MP ao Congresso Nacional ainda nesse ano.

Senado Federal decidiu pela não votação da medida, obrigando o Presidente da República a revogá-la (sob pena de caducidade). Assim é que, desde o fim de abril, com a revogação da MP n. 905, o empresariado e o Estado voltaram a ser responsabilizados pelos incidentes ocorridos no trajeto até o trabalho. E espera-se que essa alteração sirva como uma janela de oportunidades para uma "nova" responsabilização empresarial pelo tempo despendido pelo trabalhador até o trabalho.

É importante ressaltar que o retorno das "horas *in itinere*" à lei deverá se pautar pela ampliação do direito para toda a classe trabalhadora. Não há qualquer sentido lógico, que não seja a própria insaciedade do capital por mais-valor, em limitar a integração do tempo de deslocamento aos trabalhos em locais de difícil acesso ou sem transporte público. Todo e qualquer trabalho, independentemente das condições em que seja prestado, é merecedor do reconhecimento de seu tempo de deslocamento como tempo de trabalho.

Ainda, não se deve esquecer que mesmo a previsão legal das "horas *in itinere*" está longe de garantir uma mudança significativa nas formas de produzir e de viver. A superação de uma lógica sistêmica pautada na exploração do mais-trabalho (e na reprodução do mais-valor) apenas será alcançada diante de uma sociabilidade profundamente transformada.

Conclusão

Não se pretendeu, com esse artigo, criar falsas expectativas. As tendências que se apresentam para o período pós-pandêmico são de uma exploração cada vez maior do tempo de trabalho, com a subsunção dos tempos livres do ser e do viver à esfera meramente residual. Em um sistema baseado na lógica da "expansão ilimitada", o desenvolvimento das capacidades humanas será sempre jogado para escanteio. É cediço, no entanto, como deixam claros os estudos inaugurados por Marx, há mais de 200 anos, que essa forma de explorar e fragmentar a vida não é o único caminho possível. A batalha pela história ainda está sendo travada e pode ter na reconquista e redefinição das "horas *in itinere*" um passo importante (ainda que limitado).

Referências bibliográficas

ANTUNES, Ricardo (1). *Coronavírus:* o trabalho sob fogo cruzado. 1. ed. São Paulo: Boitempo, 2020.

ANTUNES, Ricardo (2). *O Privilégio da Servidão:* o novo proletariado de serviços na era digital. São Paulo: Boitempo.

ASSOCIAÇÃO BRASILEIRA DAS EMPRESAS DE PESQUISA MINERAL (ABPM). Reforma trabalhista contribui para maiores avanços na mineração. Disponível em: <http://www.abpm.net.br/noticia/reforma-trabalhista-contribui-para-maiores-avancos-na-mineracao>. Acesso em: jun. 2020.

BRASIL. Decreto-lei n. 5.452, de 1º de maio de 1943. Antiga redação do art. 58, § 2º. Disponível em: <http://www.planalto.gov.br/ccivil_03/decreto-lei/del5452.htm>. Acesso em: jun. 2020.

HARVEY, David. *Para entender O Capital* — Livro I. Trad: Rubens Enderle. São Paulo: Boitempo, 2013.

LÖWY, Michael (1). Marx e a luta pela redução da jornada de trabalho. Tradução: Fabio Mascaro Querido. *Lutas Sociais*, São Paulo, vol. 21 n. 38, p. 10-23, jan./jun. 2017.

LÖWY, Michael (2). CRISE ECOLÓGICA, CRISE CAPITALISTA, CRISE DE CIVILIZAÇÃO: a alternativa ecossocialista. *CADERNO CRH*, Salvador, v. 26, 67, p. 79-86, jan./abr. 2013. p. 80.

MARINI. Ruy Mauro. *Dialética da dependência, 1973*. Editora Era, México, 1990, 10. ed (1. ed. 1973). Tradução: Marcelo Carcanholo, Universidade Federal de Uberlândia – MG. In: TRASPADINI, Roberta; STEDILE, João Pedro (Orgs.). *Ruy Mauro Marini: Vida e Obra*. 2. ed. São Paulo: Expressão Popular, 2011.

Mário Parreiras de Faria em depoimento a Cássia Almeida. A TRISTE ROTINA DE UM AUDITOR DO TRABALHO NA TRAGÉDIA DE BRUMADINHO "Choro um pouco e vou trabalhar". Disponível em: <https://epoca.globo.com/a-triste-rotina-de-um-auditor-do-trabalho-na-tragedia-de-brumadinho-23438382>.

MARX, Karl (1). *O Capital:* crítica da economia política, Livro 1: o processo de produção do capital. Trad. Rubens Enderle. São Paulo: Boitempo, 2011. p. 702.

______ (2). *O Capital, Livro III, Volume II*. Trad. Regis Barbosa e Flávio R. Kothe. São Paulo: Nova Cultural, 1986.

O GLOBO. Empresas de etanol e mineração negociam parar de pagar por horas que trabalhadores ficam no transporte. Disponível em: <https://oglobo.globo.com/economia/empresas-de-etanol-mineracao-negociam-parar-de-pagar-por-horas-que-trabalhadores-ficam-no-transporte-22172862> Acesso em: jun. 2020.

Os Paralamas do Sucesso. *"Capitão de Indústria"*. Composição de Marcos Valle e Paulo Sérgio Valle. *9 Luas* (EMI, 1996).

SARTORI, Vitor. Marx e o Direito do trabalho: a luta de classes, o terreno jurídico e a revolução *R. Katál.*, Florianópolis, v. 22, n. 2, p. 293-308, maio/ago. 2019

TRIBUNAL SUPERIOR DO TRABALHO (TST). Vale terá de pagar a ex-empregado horas de deslocamento até mina em Mariana (MG). Disponível em: <http://www.tst.jus.br/noticias/-/asset_publisher/89Dk/content/vale-tera-de-pagar-a-ex-empregado-horas-de-deslocamento-ate-mina-em-mariana-mg-?redirect=http%3A%2F%2Fwww.tst.jus.br%2Fnoticias%3Fp_p_id%3D101_INSTANCE_89Dk%26p_p_lifecycle%3D0%26p_p_state%3Dnormal%26p_p_mode%3Dview%26p_p_col_id%3Dcolumn-2%26p_p_col_count%3D2>. Acesso em junho de 2020.

UOL. Brasil passa 55 mil mortos por covid, diz consórcio; 1 em cada 4 foi em SP. Disponível em: <https://noticias.uol.com.br/saude/ultimas-noticias/redacao/2020/06/25/coronavirus-covid-casos-mortes-atualizacao-25-junho.htm>. Acesso em: jun. 2020.

Solidariedades em Perspectiva: Paradigmas em Conformidade com o Estado Capitalista e Práxis Contra-Hegemônicas em Diálogo com o Direito Do Trabalho

Rodrigo Junio Soares

1. Introdução

Neste breve artigo é proposta uma elaboração crítico-reflexiva sobre como diferentes perspectivas de solidariedade serviram de base e influência aos paradigmas modernos que historicamente vieram formatando o Estado capitalista desde meados do século XX e, concomitante a isso, a relação desse Estado para com a sociedade civil. Dentre as três perspectivas abordadas, as duas primeiras se dão intercaladas com as categorias de solidariedade trabalhadas pelo autor Frederico Silva em seu artigo "A Definição dos Direitos da Solidariedade". De início, dialogando com o Estado social tendo como referência a obra de Jorge Reis Novais "Contributo para uma Teoria do Estado de Direito", e atribuindo alguns conceitos com uma concepção de solidariedade social calcada em políticas sociais efetivas a serem implementadas a cargo do Estado buscando responder à perspectiva liberal tradicional do papel e limitações do Estado que veio a se tornar obsoleta. Em seguida, traçar uma concatenação entre a crise do Estado moderno e aceleração da globalização trabalhadas na obra de Jacques Chevalier "O Estado Pós-Moderno", com a perspectiva de solidariedade cosmopolita, que adquire um caráter globalizante e de assimilação entre atores sociais diversos nas organizações interinstitucionais, apreendidos nos valores universais de fraternidade e desenvolvimento humano ainda cooptados pela ideologia neoliberal em ascensão. Entretanto, busca-se abordar uma outra perspectiva, a solidariedade política, forjada a partir das lutas sociais, modos de viver e se relacionar em contraposição e resistência à ordem hegemônica do capital tendo como referencial teórico a abordagem de solidariedade interseccional, internacionalista e classista refletida dentro do compilado de entrevistas e discursos da autora Angela Davis "A Liberdade é uma Luta Constante" e da socióloga Sabrina Fernandes "Sintomas Mórbidos: A Encruzilhada da Esquerda

Brasileira", e enquanto referencial prático as formas de resistência cotidianas que expressam a organização coletiva das classes trabalhadoras e subalternizadas.

De todo modo, esse texto também se propõe a uma reflexão sobre como essas diferentes perspectivas de solidariedade vieram sendo solapadas com a internacionalização da economia neoliberal capitalista de maneira ofensiva aos direitos sociais, sobremaneira nas relações juslaborais tangentes ao Direito do Trabalho respaldado nas elaborações teóricas e artigos produzidos pelo professor e pesquisador do Direito do Trabalho Gustavo Seferian.

Por fim, através dessas reflexões introdutórias e calcadas em uma leitura crítica das tensões materiais e históricas no desenvolvimento da economia e sociedade capitalista, traçando um breve recorte brasileiro, me proponho nesse texto a defender o uso tático das formas de solidariedade social e cosmopolita como ferramentas mediadoras do Direito do Trabalho para minorar a máquina de destruição neoliberal e capitalista combinado com o fortalecimento e visibilidade das perspectivas de solidariedade política, que são marginalizadas e desvinculadas do aparelho burocrático e estatal de modo a induzir um Direito do Trabalho que não apenas venha apaziguar as retrações da ordem social capitalista no âmbito trabalhista, mas que opere a favor de uma contração e construção juslaboral advinda das classes subalternizadas, que viabilize outras maneiras de relação em comunidade que possa servir de instrumento para uma desarticulação com o modelo ideológico, político e econômico neoliberal capitalista.

2. Solidariedade social: direitos sociais, econômicos e culturais e a recomposição do Estado Social de Direito

A solidariedade assume, dentro do Estado Social de Direito, de acordo com Silva, a perspectiva de uma "política social concreta, onde se quer ultrapassar a fase das simples garantias sociais". Nessa concepção, a solidariedade adquire uma dimensão que, para além de assegurar constitucionalmente as garantias fundamentais pautadas nos direitos sociais, econômicos e culturais, ela deve ser implementada a partir de políticas efetivas dentro do Estado. É a esse caráter que se definem os "direitos da solidariedade", que na visão de Frederico "quer designar os direitos sociais, econômicos e culturais, protegendo a igualdade, mais propriamente a igualdade em seu sentido material — os chamados direitos de segunda dimensão."(1)

Os direitos da solidariedade surgem enquanto uma resposta às diversas contradições que foram sendo escancaradas no contexto de desenvolvimento do capitalismo industrial entre os séculos XIX e início do século XX, marcadas notoriamente pelas lutas e reivindicações populares cada vez mais pulsantes principalmente na Europa

(1) SILVA E SILVEIRA, Frederico. A Definição dos Direitos da Solidariedade. Revista do Direito Social. In: CRUZ CHAGAS, Ariele; SARMENTO, George; SEIXAS MATOS, Taysa (Orgs.). *Direitos Humanos Fundamentais:* Estudos sobre o art. 5º da Constituição de 1988. São Paulo: Saraiva, 2014. p. 69-114.

demandando melhores condições laborais, redução nas jornadas de trabalho, aumentos de salário, protestando contra a insalubridade, a exploração do trabalho infantil, feminino, entre inúmeras outras distorções. Soma-se a isso a falência do paradigma liberal do Estado de Direito e a decorrência da crise econômica que vai desencadear na I Guerra Mundial e nas experiências antiliberais de extrema-direita e a radical socialista, a exemplo do Estado fascista na Itália e nazista na Alemanha, além da experiência socialista na União Soviética respectivamente(2). Todas essas experiências tiveram suas particularidades e conteúdo singulares, que não cabe aprofundar nesse artigo, mas que convém aponta-las como modelos de inclinações político-ideológicas opostas e que se propuseram a servir de alternativa concreta ao Estado liberal de Direito.

Entretanto, os direitos da solidariedade possuíam um caráter de reforço do Estado de Direito, ganhando sua corporificação dentro do Estado Social visando pautar uma orientação de reinterpretação dos parâmetros que condicionam o entendimento desde as liberdades individuais ao papel do Estado para com a sociedade, deixando de possuir um conteúdo negativo de intervenção na vida dos particulares assumindo, em contrapartida, um aspecto positivo, sobretudo no que tange à promoção da igualdade dos sujeitos que, diante das disparidades sociais da sociedade capitalista industrial moderna, se encontram em condições de desigualdade material indubitáveis.

Sendo assim, os direitos da solidariedade ou a solidariedade vista como implementadora de direitos sociais, podendo ser entendida dessa maneira como solidariedade social pela sua vinculação garantista e estritamente voltada à uma composição institucional e calcada no Estado Social, se presta, descrita no 22º artigo da Declaração Universal dos Direitos Humanos, à seguinte finalidade:

> Toda pessoa, como membro da sociedade, tem direito à segurança social e à realização, pelo esforço nacional, pela cooperação internacional e de acordo com a organização e recursos de cada Estado, dos direitos econômicos, sociais e culturais indispensáveis à sua dignidade e ao livre desenvolvimento da sua personalidade.(3)

A partir desse entendimento, pode-se vincular a solidariedade com o princípio da "nova socialidade" apontado por Novais, que se propõe a uma "intervenção positiva destinada a criar as condições de uma real vivência e desenvolvimento da liberdade e personalidade individuais."(4)

Esse Estado Social vem, então, com a proposta de restaurar o Estado de Direito e reconfigurá-lo diante da falência de uma perspectiva liberal dos direitos fundamentais, calcada na liberdade negativa dos indivíduos perante o Estado e na individualização

---

(2) NOVAIS REIS, Jorge. *Contributo para uma Teoria do Estado de Direito*. Coimbra: Almedina, 2006. p.179.

(3) ONU. Declaração Universal dos Direitos Humanos (1948). Artigo XXII. Disponível em: <https://nacoesunidas.org/wp-content/uploads/2018/10/DUDH.pdf>. Acesso em: 13 mar. 2020.

(4) NOVAIS REIS, Jorge. *Contributo para uma Teoria do Estado de Direito*. Coimbra: Almedina, 2006. p.198.

das relações. Nesse sentido, é através desse princípio que se conforma em um processo de alteração global das relações entre sociedade e Estado(5), que se dão as bases para a plena realização do Estado social de Direito, enquadrado não mais como um agente exterior ao indivíduo e limitador da sua liberdade plena, mas agora como um Estado que visa o alcance da justiça social, ao menos nos seus ditames formais. (6)

No entanto, em diversas constituições que se pautam pela garantia e implementação dos direitos sociais, econômicos e culturais não se procura romper, seja na forma positiva dos direitos fundamentais seja na efetivação desses direitos, com a lógica que predomina desde o paradigma liberal clássico do Estado de Direito que se baseia na conservação da propriedade privada dos meios de produção. Sendo assim, o que o Estado Social pressupõe contrapor é, ao máximo, uma intervenção mínima ou nula do poder público na esfera do mercado, mas, de toda forma, não se limita a dissociar-se de garantir a livre iniciativa e sua intervenção na economia política e nas relações sociais. Prova disso se fundamenta na própria Constituição da República Brasileira de 1988 no seu art. 1º, inciso IV, que fundamenta os princípios dos "valores sociais do trabalho e da livre iniciativa"(7), buscando conciliar uma harmonização entre elementos liberais de autorregulação do mercado com princípios sociais fundamentais que passaram a impelir a sociedade depois de experiências autoritárias e a insuficiência da intervenção negativa do Estado na esfera privada, mas deixemos a crítica um pouco mais apurada às limitações do Estado Social, e subsequentemente, da solidariedade social em sua perspectiva garantista para os tópicos seguintes.

3. Solidariedade cosmopolita: transnacionalização de direitos frente ao Estado social em crise e a conformação ao modelo hegemônico neoliberal mundial

A internacionalização da economia de mercado cada vez mais emergente em consonância com a percepção de insuficiência do Estado Providencial que teve bastante influência da ideologia neoliberal difundida pela Europa e EUA, influenciada pela Escola de Chicago e de autores como Margaret Thatcher, Ronald Reagan e Milton Friedman, vão ser fatores decisivos em um "movimento de retração estatal" no final do século XX. Somado a esses aspectos, houve também o colapso da União Soviética, modelo de transformação social socialista que mais incidiu impactos de enfrentamento ao modelo capitalista de Estado no século passado, ao qual o autor caracteriza como modelo de "Estado totalitário"(8), conceito esse que possuo desacordo com o seu emprego visto o seu uso ser constantemente utilizado de maneira a reduzir experiências

(5) Ib*idem*, p.184.

(6) Ib*idem*, p.183.

(7) BRASIL. *Constituição (1988)*. Constituição da República Federativa do Brasil. Título I — DOS PRINCÍPIOS FUNDAMENTAIS, Art. 1º, Inciso IV. Disponível em: <http://www.planalto.gov.br/ccivil_03/constituicao/constituicao.htm>. Acesso em: 13 mar. 2020.

(8) CHEVALLIER, Jacques. *O Estado Pós-Moderno*. Belo Horizonte: Editora Fórum, 2009. p. 29.

de centralização do poder ao redor do globo que obtiveram conteúdos e especificidades distintas e complexas de tal maneira que carecem de uma maior profundidade de análise para serem adequadamente situadas sem recorrer a comparativos vazios e para que não recaiam, por sua vez, numa abordagem anticomunista como muitas vezes são equivocadamente atribuídas em narrativas construídas no campo da historiografia e da sociologia.

Não obstante, as sociedades passam a vivenciar um período de globalização nas mais diversas esferas: cultura, tecnologia, comunicações, ideologia. Assim como de uma abertura cada vez maior para com uma "base de valores comuns" universais que vão se difundindo a partir das organizações internacionais(9) como a Organização das Nações Unidas, a Organização Mundial da Saúde, a Organização Internacional do Trabalho e a Organização Mundial do Comércio que expandem a concepção cada vez mais vigente de "sociedades globais" em contraposição aos "Estados-nação". Esse giro de perspectiva altera, inclusive, a abordagem de solidariedade no período pós-II Guerra e com o desmonte do modelo de Estado Social capilarizado pela solidariedade social como abordado no tópico anterior.

Com essa nova configuração se destravando nas engrenagens da globalização, há uma readaptação do conceito de solidariedade que passa a vigorar como central nessa nova fase que finda o século XX em contrapartida ao modelo de Estado social, surge, então, os "direitos de solidariedade", que na discussão feita por Silva, buscam garantir direitos a serem realizados em escala global, por todos os Estados e atrelados à fraternidade(10). Desse modo, essa nova composição de solidariedade se baseia em princípios que transcendem os limites do Estado nos seus moldes tradicionais, alinhando-se com uma ideia de universalidade de direitos, ou transnacionalização, voltados não apenas ao cumprimento material e efetivo dos Estados para com a sociedade civil no seu sentido estrito e institucionalizado, mas como um compromisso geral estendido a toda a sociedade no seu conjunto com o intuito de prover direitos em um aspecto mais coletivizado e com valores conjugados enquanto universais desde o direito à paz, ao meio ambiente, à autodeterminação dos povos, entre outros.

Essa forma de solidariedade, embora desborda para uma nova ordem transnacional, se mantém vinculada aos acordos, tratados e formulações ditadas por agentes dos Estados que buscam uma interação e formas de diplomacia constantes dentro do formato dessas organizações internacionais, transfronteiriças, de modo a operarem mantendo intactas os contornos institucionais e reproduzindo o modelo de Estado em que vigora o sistema hegemônico capitalista, mesmo que em crise com as contradições da sociedade globalizada. Chevallier ressalta o quanto a ideologia da

---

(9) Ib*idem*, p. 33.

(10) SILVA E SILVEIRA, Frederico. A Definição dos Direitos da Solidariedade. Revista do Direito Social. In: CRUZ CHAGAS, Ariele; SARMENTO, George; SEIXAS MATOS, Taysa (Orgs.). *Direitos Humanos Fundamentais:* Estudos sobre o art. 5º da Constituição de 1988. São Paulo: Saraiva, 2014. p. 69-114.

globalização se deu bastante imbricada com a ideologia liberal(11) e que a aderência de países e Estados às organizações internacionais implicam, necessariamente, a uma abertura destes para com os fundamentos voltados às políticas de relações internacionais, comerciais, econômicas e de alianças adotadas pelos Estados que compõem essa nova ordem transnacional, gerando um fenômeno que o autor chama de "interdependência recíproca", em que os interesses de mercado e do Estado se combinam e se interconectam tornando confusa a separação entre público e privado. Entretanto, sob a égide de um capitalismo que se impõe, historicamente, aos países da América Latina de maneira imperialista e colonial, é notável que o que ocorre, na verdade, se dá por intermédio de uma imposição, e não pactuação, desses modelos econômicos pautados em um projeto neoliberal a serem aplicados nesses países, como no caso da realidade brasileira, localizados na periferia do capitalismo os submetendo, com isso, a uma economia capitalista dependente e que não possibilita autonomia política e econômica aos povos que ali habitam e àqueles que foram trazidos e escravizados da África e que, sobretudo, jamais alçaram liberdade e integração plena à sociedade de mercado que se instalou no Brasil, ainda com traços coloniais, logo após a abolição da escravatura de 1988 conquistada depois de intensas revoltas e insurreições populares dos povos negros e aquilombados que constrangeram as classes possuidoras para uma readaptação do rearranjo estatal, produtivo e social brasileiro(12). Desse modo, países periféricos com uma economia capitalista dependente ficam a cargo de medidas como a política econômica do Banco Mundial e do Fundo Monetário Internacional conhecida como "Consenso de Washington"(13).

A essa solidariedade, aqui compreendida enquanto uma solidariedade que transnacionaliza a sua defesa e ampliação de direitos, que concerne apreço e busca a materialidade do que são valores construídos nos ideais de fraternidade, o direito ao meio ambiente, à natureza, à paz e à independência em seu caráter universalizante; que se alicerça em uma conjugação global de interação entre Estados modernos, em uma perspectiva de sociedade civil global, que encabeça pontes entre organizações interestaduais e internacionais, é caracterizada, portanto, enquanto uma solidariedade cosmopolita. A este formato específico de solidariedade, embora voltado a lidar com novas formas de organização social embasadas em gestões mais democráticas e por vezes menos hierárquicas em determinados aspectos, intrainstitucionais e com valores

(11) CHEVALLIER, Jacques. *O Estado Pós-Moderno*. Belo Horizonte: Editora Fórum, 2009. p.29.

(12) MARQUES Expedito Maria, Bruna; SEFERIAN Scheffer Machado, Gustavo. Considerações históricas sobre o mal-estar estrutural do Estado Social brasileiro. In: COSTA, José Ricardo Caetano; SERAU JR., Marco Aurélio; SOARES, Hector Cury (Orgs.). *O "Estado de mal-estar social" brasileiro*. 1. ed. Belo Horizonte: IEPREV, 2020. v. 1, p. 94-113.

(13) PAULANI MARIA, Leda. Uma ponte para o abismo. In: CLETO, Murilo; DORIA, Kim; JINKINGS, Ivana (Orgs.). *Por Que Gritamos Golpe?:* Para entender o *impeachment* e a crise política no Brasil. São Paulo: Boitempo, 2016. Não paginada.

cada vez mais imbricados com a igualdade, equidade e o pluralismo, ainda é uma solidariedade que se conforma, se adequa e se adapta ao sistema político e econômico vigente da sociedade capitalista, que se coaduna nessas novas propostas de diplomacia e de organização relacional entre os países, porém continua a reificar essas relações e se apropriar dos seus modelos em benefício próprio de sua autorreprodução.

4. Solidariedade política: práxis emergentes e de resistência ao modelo hegemônico capitalista neoliberal

Até aqui pode-se perceber como que a solidariedade contribuiu em visões paradigmáticas que marcaram diferentes momentos da modernidade, seja na proposição e efetivação de direitos e garantias fundamentais substanciadas pelo Estado, seja em uma contemplação de novos atores sociais representativos e deliberativos supraestatais pautando-se em novas perspectivas identitárias e de reconhecimento, assim como visando um aspecto globalizante e cosmopolita. Todavia, há de se resgatar uma outra forma de solidariedade que subsistiu através de todas as implementações institucionais, interinstitucionais e/ou instrumentalizadas pelo poder estatal, mesmo que de maneira clandestina e marginalizada haja vista ter se constituído de maneira suficientemente resistente aos processos de cooptação e capitulação ao establishment e ao modelo hegemônico capitalista. Essa solidariedade, em oposição ao individualismo atomizado da sociedade neoliberal, recupera aquilo que o Marx vai abordar enquanto "citoyen"(14), o cidadão abstrato, que se encontra no ser social e não se vê mais separado da sua força política, — manifestada na sociedade burguesa enquanto o homem individual, egoísta — mas, de outro modo, se vendo enquanto parte integrante de sua comunidade e que encontra nas suas próprias agências o protagonismo social capaz de conduzi-la a uma emancipação plena.

Essa solidariedade, aqui compreendida e defendida enquanto solidariedade política, que se forja desconstituída dos laços institucionalizados, burocratizados e vinculados ao aparato centralizador do poder estatal e das organizações "humanitárias" que seguem alçando suas proposições seguindo a cartilha neoliberal, se constitui, em contrapartida, a partir de um bojo de lutas sociais, movimentações de resistência contra as opressões, práticas e modos de vida em oposição ao modelo hegemônico capitalista neoliberal, orientadas, por sua vez, por formas de relações laborais, econômicas e de sociabilidade com uma perspectiva comunitária e humanista, via táticas de ação não violentas(15), embora profundamente radicais e que vislumbram horizontes revolucionários de transformação social e para uma reorganização do modo de produção social.

---

(14) MARX, Karl. *Sobre a questão judaica*. São Paulo: Boitempo, 2010. p. 53.

(15) DAVIS, Angela. As lutas progressistas contra o insidioso individualismo capitalista. In: BARAT, Frank (Org.). *A Liberdade é uma Luta Constante*. São Paulo: Boitempo, 2018. p. 19-27.

É, portanto, uma solidariedade política, canonizada pelas vivências práticas, cotidianas, nas condições objetivas, construídas coletivamente, nas comunidades e territórios locais, mas em interconexão e diálogo com outras formas de resistências ao redor do globo. É por isso, interseccional[16], por se confirmar a partir de abordagens e posturas antirracistas, ecofeministas, ecossocialistas, abolicionistas, descoloniais, contra todas as formas de opressão, anticapitalistas e, por sua vez, internacionalistas[17].

As lutas em solidariedade aos povos indígenas atingidos pelo agronegócio e pela pecuária no Brasil se conectam com a luta em solidariedade pela Palestina, ou a luta contra a violência policial nos morros e periferias brasileiras se cruzam com as revoltas nos EUA com o Black Lives Matter. São práticas das mais diversas que caracterizam lutas que criam elos com a cidade, o campo e floresta, que dialogam entre si e se fortalecem compreendendo os fatores estruturais que são determinantes em diversas dessas circunstâncias. Dessa maneira, práticas como:

> [...] assembleias populares, visitas domiciliares individuais, centros comunitários e de resistência, mutirões solidários, cooperativas, hortas locais, grupos de apoios, creches voluntárias e iniciativas de economia solidária não somente têm o mesmo valor de assembleias sindicais e diretórios partidários, mas caráter fundamental.
>
> As atividades de solidariedade e construção diária ajudam a trazer sentido para a tarefa de organização da classe trabalhadora.[18]

Tem-se por exemplo, no Brasil, iniciativas como os Mutirões do Bem Viver em resposta à pandemia do Covid-19, que se propõem a direcionar alimentos produzidos por famílias de pequenos agricultores, assim como de movimentos de ocupação por reforma agrária como o MST, sem agrotóxicos para a mesa de populações vulneráveis como as comunidades quilombolas, indígenas, as populações de rua através de cestas agroecológicas com o intuito de manter o mínimo de sustento em um contexto de crise econômica e sanitária global. Tem-se, também os "entregadores antifascistas", que é um movimento de trabalhadores de aplicativos de entrega informais de empresas multinacionais como *Rappi* e *iFood*, e que sofrem profundamente com os impactos da uberização do trabalho, que reivindicam condições mínimas para trabalhar e se posicionam politicamente contra medidas que visam intensificar a exploração a que

(16) DAVIS, Angela. Ferguson nos lembra da relevância do contexto global. In: BARAT, Frank (Org.). *A Liberdade é uma Luta Constante*. São Paulo: Boitempo, 2018. p. 29-42.

(17) Embora também se deem de forma articulada com organizações de fora e pela apropriação da tecnologia, ao invés da solidariedade política instrumentalizar dessas ferramentas de modo a se ajustarem às condições coercitivas da sociedade e econômica mercantilizada, ela se depreende em ações coletivas e contra-hegemônicas para ressaltar valores antissistêmicos e antiglobalização pela via do capitalismo, o que difere de como as organizaçoes nao governamentais ou interinstitucionais se articulam e se apropriam da transnacionalidade e da globalização pautadas pela solidariedade cosmopolita.

(18) FERNANDES, Sabrina. *Sintomas Mórbidos:* A Encruzilhada da Esquerda Brasileira. São Paulo: Autonomia Literária, 2019. p. 362.

estão submetidos no contexto laboral e denunciar a política neoliberal e autoritária do atual governo Bolsonaro. Soma-se a iniciativas como essa, em contorno internacional, o BDS[19] (boicote, desinvestimento e sanções) em solidariedade à Palestina e outras formas de fortalecer vínculos entre os setores subalternizados que fomentam formas de relação e sociabilidade antagônicas ao individualismo neoliberal e expandem os horizontes para uma imaginação revolucionária sobre organização e reprodução da vida e socialização possíveis em outros modelos de produção e sistemas alternativos.

Contudo, o grande potencial transformador da solidariedade política se faz presente por trazer nas suas experiências e construções uma consciência crítica e reflexiva constante através de um movimento dialético que provoca o sujeito e o conduz a uma práxis libertadora, que o faça entender a sua condição de oprimido na sociedade capitalista, e não apenas enquanto indivíduo, mas enquanto um ser social, inserido dentro de uma estrutura que o oprime, mas que possui, a bem da verdade, a força social ao estar conectado, organizado e mobilizado com a sua comunidade para se libertar dessa estrutura opressora, libertar a si mesmo e a todos os demais de modo a alcançarem, portanto, um novo horizonte de possibilidades para se chegar a uma emancipação plena, a uma emancipação humana.

5. Neoliberalismo: desmonte do Estado social, dos direitos trabalhistas e corrosão das perspectivas de solidariedade em conformidade com o capital

Em um contexto de economia neoliberal globalizada, em que pese a realidade brasileira que se encontra em uma miríade de profundos ataques e retrocessos às garantias sociais históricas consolidadas através das ingerências de trabalhadores e trabalhadoras via intermédio das mais diversas ferramentas de ação direta combinadas como a organização sindical, os partidos de esquerda, os comunistas e os anarquistas, as greves e levantes populares, tais ataques coadunam em distorções ainda mais catastróficas às classes subalternas depois de eventos políticos recentes que inverteram a lógica de solidariedade, mesmo nos seus aspectos garantistas e formais, a exemplo da Reforma Trabalhista e a Emenda Constitucional n. 95 no governo golpista de Michel Temer e, por conseguinte, a Reforma da Previdência e a MP n. 927[20] durante o governo de Jair Bolsonaro. Essas medidas atacam frontalmente os mais diversos direitos sociais conquistados pela classe de trabalhadores e, de uma certa forma, previstas e asseguradas pela Constituição da República de 1988. Não obstante, reflete, de todo o

---

(19) DAVIS, Angela. As lutas progressistas contra o insidioso individualismo capitalista. In: BARAT, Frank (Org.). *A Liberdade é uma Luta Constante*. São Paulo: Boitempo, 2018. p. 19-27.

(20) A Medida Provisória n. 927 que intensifica ainda mais a flexibilização das leis trabalhistas proposta pelo governo Bolsonaro como uma ofensiva econômica neoliberal à classe de trabalhadores durante o contexto de pandemia do Covid-19, que teve alguns dos seus artigos barrados pelo STF, até o momento da finalização desse artigo ainda se encontra em tramitação para votação no Congresso Nacional.

modo, na abordagem juslaboral do Direito do Trabalho que também é parte da breve análise e crítica desse texto.

Indo na contramão dos princípios da igualdade material, da justiça social, de proteção e tutela a serem implementados pelo Estado, assim como de uma aspiração mais abrangente e global de direitos humanos universais e supraestaduais, o que a ofensiva neoliberal burguesa nos traz é uma desconstituição não só de valores sociais-liberais voltados à garantias mínimas de sobrevivência sem romper com a lógica de desigualdade estrutural concernente aos conflitos de classe existentes, mas como, também, das premissas atribuídas pelas perspectivas de solidariedade social e cosmopolita abordadas em parágrafos anteriores. Para tanto, a política ideológica e econômica neoliberal promove um redesenhamento do Estado de tal maneira que se traduz em um rearranjo da lógica produtiva do capital baseada em uma "intensa lógica de financeirização da economia, minoração do Estado na salvaguarda de Direitos sociais e recrudescimento de seu papel na contenção de enfrentamentos de classe por meio de seu aparelho repressivo."(21)

A partir disso, Seferian aponta como a leitura neoliberal juslaboralista se subjaz à ideias fundamentadas na "flexibilização fragilizadora dos meios de renda, e organização das trabalhadoras e trabalhadores"(22), a primazia da intervenção mínima do Estado nas relações juslaborais(23)em defesa da sobreposição do negociado sobre o legislado entre o patrão e o trabalhador, o que na prática, submete a classe de trabalhadores aos termos delimitados exclusivamente pelos seus empregadores, visto a relação contraditória entre capital-trabalho que é estabelecida nessas situações e que expressa a submissão de quem é assalariado, de maneira formal ou não, e vende a sua força de trabalho a quem detém os meios de produção para fins de necessidade e sobrevivência. Além disso, é difundida uma ideia de pacificação social e de classes(24) de modo a buscar abafar os conflitos de classe existentes nas relações de trabalho a partir de uma ideologia que corrobora uma visão de "parceria" entre empregador e empregado, nutrindo entre si uma espécie de "cooperação" dentre as suas funções confabulando, portanto, um clima e gestão de serviços tendo em vista uma compatibilidade de interesses entre os envolvidos ao invés de uma lógica voltada ao lucro e acumulação de riquezas. De todo modo, esse fundamento implica em uma tentativa de maquiar as

(21) SEFERIAN Scheffer Machado, Gustavo. Leitura neoliberal do Direito do Trabalho e ideologia: cenas de ontem, hoje e amanhã. In: MURADAS, Daniela (Org.). *Manipulações capitalistas e Direito do Trabalho.* 1. ed. Belo Horizonte: RTM, 2018. v. 1, p. 43-70.

(22) *Idem.*

(23) *Idem.*

(24) SEFERIAN Scheffer Machado, Gustavo. Leitura neoliberal do Direito do Trabalho e ideologia: cenas de ontem, hoje e amanhã. In: MURADAS, Daniela (Org.). *Manipulações capitalistas e Direito do Trabalho.* 1. ed. Belo Horizonte: RTM, 2018. v. 1, p. 43-70.

reais intenções embutidas nos interesses da classe burguesa e a realidade objetiva a que o trabalhador está submetido ao vender a sua força de trabalho ao proprietário através de um discurso construído romantizando a exploração pela mais-valia com uma visão empreendedora, de neutralidade, moderna ou de sociabilidade, de cooperação coletiva e que "supera" uma disparidade abissal entre as classes existentes no capitalismo e as tensões evidenciadas pela acumulação de capital.

6. Os levantes populares organizados como precursores da consolidação das leis trabalhistas e as limitações do Estado Social

A síntese de que os direitos sociais, ou até mesmo, o Estado Social não se configurou da mesma maneira como nas experiências vivenciadas na Europa do pós-II Guerra se assenta na análise de que, historicamente, houve uma série de lutas sociais e greves de trabalhadores que escancararam as contradições entre capital-trabalho e constrangeram as classes proprietárias a concederem determinadas garantias sociais, numa escala que precede, inclusive, a Consolidação das Leis Trabalhistas na Era Vargas e durante a Primeira República[(25)]. Na esteira dessa interpretação, Seferian e Gois analisam que a legislação trabalhista, assim como toda a constituição da Justiça do Trabalho, baseada na lógica conciliadora e mediadora dos conflitos entre classes antagônicas tangenciou-se em virtude:

> A necessidade de apaziguar o conflito de classes que então se estabelecia entre os industriais que viam a trabalhadora e o trabalhador ainda com olhos escravocratas e as ideias de liberdade que, nascidas da união entre o histórico de lutas pela emancipação das negras e negros escravizados e com os ideais anarquistas, socialistas e comunistas trazidos da Europa geravam um potencial profundamente destrutivo para uma ordem social altamente hierarquizada e desigual.[(26)]

São lutas decorrentes de processos históricos de levantes populares e lutas dos trabalhadores e trabalhadoras organizados, das forças sindicais e que sofreram, por sua vez, uma inflexão contrarrevolucionária burguesa com o regime militar instaurado a partir de 1964 que rearticula um outro tipo de agenda política e econômica no Brasil que, além de aparelhar o Estado, intensifica a violência e repressão nas ruas, aos movimentos sociais e grupos de esquerda, retrocede em diversos direitos sociais, assim

(25) MARQUES Expedito Maria, Bruna; SEFERIAN Scheffer Machado, Gustavo. Considerações históricas sobre o mal-estar estrutural do Estado Social brasileiro. In: COSTA, José Ricardo Caetano; SERAU JR., Marco Aurélio; SOARES, Hector Cury (Orgs.). *O "Estado de mal-estar social" brasileiro.* 1. ed. Belo Horizonte: IEPREV, 2020. v. 1, p. 94-113.

(26) SEFERIAN Scheffer Machado, Gustavo; GOIS, Tainã. E se a Justiça do Trabalho não existisse?. In: SOUTO MAIOR, Jorge Luiz; SEVERO, Valdete Souto (Orgs.). *Resistência 2:* defesa e crítica da Justiça do Trabalho. 1. ed. São Paulo: Expressão Popular, 2018. v. 1, p. 439-446.

como leis trabalhistas que foram colocadas em curso com uma política de arrocho salarial e o fim do direito à greve(27). Sendo assim, não é possível fazer uma associação de tamanha similaridade às experiências europeias, tendo em vista o histórico não apenas de lutas sociais, populares por garantias sociais, mesmo que em um viés reformista, que advém desde o início do século XX e ganham força no contexto de redemocratização no país, mas, somado a esses aspectos, o próprio processo de desenvolvimento interno do capitalismo brasileiro com características profundas de um passado colonial, de uma economia agrária, que se foi desvelando na forma complexa de urbanização no Brasil para um capitalismo industrial moderno inserido em uma nova ordem social competitiva(28), mas que ainda assim dependente e periférica.

Os direitos sociais, e em decorrência deles, o Direito do Trabalho, são, por sua vez, resultado de uma intensa luta de classes no país, mas que estão umbilicalmente atrelados à ordem capitalista hegemônica por não romperem com aspectos estruturais das desigualdades subjacentes à propriedade privada dos meios de produção e redistribuição aos trabalhadores, ao racismo estrutural que permanece com suas entranhas intactas através do aparelho repressor do Estado e que não rompem radicalmente com a lógica assistencialista e corporativista advinda do modo de produção agrário-industrial idiossincrático que se convencionou na sociedade brasileira e que ainda se reproduz ora com traços de servidão nas relações juslaborais, ora com diversos trabalhadores expostos à situações análogas à escravidão, sobretudo as populações negras.

Entretanto, são esses direitos a ferramenta mínima de garantia que os setores mais precarizados do sistema possuem para se ater a uma ínfima perspectiva de dignidade e política juslaboral inclusiva através do Direito do Trabalho e pelo Estado. Esses direitos sociais, sejam numa perspectiva de solidariedade social, com políticas efetivas e institucionais relegadas ao Estado, ou cosmopolita, com atribuições globais como encargos a todas as nações através de Tratados, Convenções ou Declarações precisam ser instrumentalizados taticamente para que se viabilize condições mínimas de sobrevivência e existência à classe de trabalhadores que não se configurem em uma barbárie social de miserabilidade dentro do Estado neoliberal. Nesse momento, esses direitos somados a uma combinação da luta pela solidariedade política, devem servir às classes subalternas como um instrumento para reorientar as bases de conformação juslaboral que vigoram no Direito do Trabalho, fortificando ainda mais os princípios de proteção e tutela juslaboral pelo Estado em uma conjuntura onde o desmantelamento de qualquer perspectiva social atribuída ao Estado se dá pela forma mais violenta e

(27) MARQUES Expedito Maria, Bruna; SEFERIAN Scheffer Machado, Gustavo. Considerações históricas sobre o mal-estar estrutural do Estado Social brasileiro. In: COSTA, José Ricardo Caetano; SERAU JR., Marco Aurélio; SOARES, Hector Cury (Orgs.). *O "Estado de mal-estar social" brasileiro*. 1. ed. Belo Horizonte: IEPREV, 2020. v. 1, p. 94-113.

(28) FERNANDES, Florestan. *A Revolução Burguesa no Brasil:* Ensaio de interpretação sociológica. 2. ed. Rio de Janeiro: Zahar Editores, 1976.

acelerada passando com toda a força por cima da classe de trabalhadores pelo sistema como se fosse uma motosserra desmatando as florestas e destruindo nossos biomas.

6. Considerações finais

É decerto que a crise do Estado social, com reflexos mundiais e características singulares no contexto brasileiro que se configura, subsequentemente, enquanto uma crise das relações de trabalho são inflexões de uma crise que é política, social, econômica e que, por sua vez, como bem coloca Michael Lowÿ, destrói a saúde dos trabalhadores e do meio ambiente. É, por si mesma, uma crise do capitalismo e ecológica e, por isso, uma crise civilizatória.(29) As respostas para lidar com essa crise não se dão pelas vias reformistas balizadas nas perspectivas de solidariedade social ou cosmopolita. Todavia, são essas ferramentas úteis e funcionais para minimizar as derrotas e retrocessos alavancados pela ofensiva neoliberal burguesa e capitalista. Elas são, porventura, instrumentos táticos a serem utilizados pelo Direito do Trabalho a serem condicionados para a defesa da proteção e tutela de garantias mínimas e imediatas de subsistência e existência da classe de trabalhadores. Porém, sem ilusões quanto a isso, elas não fazem mais do que seguir alimentando o ciclo vicioso, violento e predatório da distopia capitalista do século XXI.

No entanto, outras formas de luta e solidariedade podem e devem ser cultivadas permanentemente, mesmo quando se utiliza da solidariedade social ou cosmopolita para não permitir a dissolvição total do Direito do Trabalho e os direitos sociais, assim como a garantia de pressão de mecanismos e órgãos internacionais para pressionar os Estados a seguirem diretrizes menos bárbaras, a solidariedade política que é, no seu cerne, classista, perdura e persiste nas formas de sociabilidade e de vínculos entre os setores mais oprimidos carregando consigo a capacidade e o ensejo de uma nova envergadura para a composição de um Direito do Trabalho com uma abordagem vinda dos de baixo, com referencial ecossocialista e anticapitalista.

A solidariedade política deve ser cada vez mais desenvolvida e fortalecida, principalmente em períodos de crise e assentamento de bases autoritárias a serem intensificadas na periferia do capitalismo, sendo, portanto, nossa esperança de coesão e auto-organização dos trabalhadores.

É a solidariedade política que deve servir, finalmente, como indutora para uma unidade dialética de um Direito do Trabalho que potencializa a juslaboração popular, proletária e protagonizada pelas classes subalternas na sua elaboração e leitura, podendo, assim, canonizar referenciais teórico-práticos sintonizados com as lutas territoriais e institucionais para um novo rearranjo social a ser construído.

---

(29) LÖWY, Michael. Crise Ecológica, Crise Capitalista, Crise de Civilização: a alternativa ecossocialista. *Cad CRH*, Salvador, v. 26, n. 67, p.7 9-86. jan./abr. 2013.

Referências

BRASIL. *Constituição (1988)*. Constituição da República Federativa do Brasil. Título I — DOS PRINCÍPIOS FUNDAMENTAIS, Art. 1º, Inciso IV. Disponível em: <http://www.planalto.gov.br/ccivil_03/constituicao/constituicao.htm>. Acesso em: 13 mar. 2020.

CHEVALLIER, Jacques. *O Estado Pós-Moderno*. Belo Horizonte: Editora Fórum, 2009.

DAVIS, Angela. As lutas progressistas contra o insidioso individualismo capitalista. In: BARAT, Frank (Org.). *A Liberdade é uma Luta Constante*. São Paulo: Boitempo, 2018. p. 19-27.

______. Ferguson nos lembra da relevância do contexto global. In: BARAT, Frank (Org.). *A Liberdade é uma Luta Constante*. São Paulo: Boitempo, 2018. p. 29-42.

FERNANDES, Florestan. *A Revolução Burguesa no Brasil:* Ensaio de interpretação sociológica. 2. ed. Rio de Janeiro: Zahar Editores, 1976.

FERNANDES, Sabrina. *Sintomas Mórbidos:* A Encruzilhada da Esquerda Brasileira. São Paulo: Autonomia Literária, 2019.

LÖWY, Michael. Crise Ecológica, Crise Capitalista, Crise de Civilização: a alternativa ecossocialista. *Cad CRH*. Salvador, v. 26, n. 67, p. 79-86. jan./abr. 2013.

MARQUES Expedito Maria, Bruna; SEFERIAN Scheffer Machado, Gustavo. Considerações históricas sobre o mal-estar estrutural do Estado Social brasileiro. In: COSTA, José Ricardo Caetano; SERAU JR., Marco Aurélio; SOARES, Hector Cury (Orgs.). *O "Estado de mal-estar social" brasileiro*. 1. ed. Belo Horizonte: IEPREV, 2020. v. 1, p. 94-113.

MARX, Karl. *Sobre a questão judaica*. São Paulo: Boitempo, 2010.

NOVAIS REIS, Jorge. *Contributo para uma Teoria do Estado de Direito*. Coimbra: Almedina, 2006.

ONU. Declaração Universal dos Direitos Humanos (1948). Artigo XXII. Disponível em: <https://nacoesunidas.org/wp-content/uploads/2018/10/DUDH.pdf>. Acesso em: 13 mar. 2020.

PAULANI MARIA, Leda. Uma ponte para o abismo. In: CLETO, Murilo; DORIA, Kim; JINKINGS, Ivana (Orgs.). *Por Que Gritamos Golpe?:* Para entender o *impeachment* e a crise política no Brasil. São Paulo: Boitempo, 2016. Não paginada.

SEFERIAN Scheffer Machado, Gustavo. Leitura neoliberal do Direito do Trabalho e ideologia: cenas de ontem, hoje e amanhã. In: MURADAS, Daniela (Org.). *Manipulações capitalistas e Direito do Trabalho*. 1. ed. Belo Horizonte: RTM, 2018. v. 1, p. 43-70.

______; GOIS, Tainã. E se a Justiça do Trabalho não existisse?. In: SOUTO MAIOR, Jorge Luiz; SEVERO, Valdete Souto (Orgs.). *Resistência 2:* defesa e crítica da Justiça do Trabalho. 1. ed. São Paulo: Expressão Popular, 2018. v. 1, p. 439-446.

SILVA E SILVEIRA, Frederico. A Definição dos Direitos da Solidariedade. Revista do Direito Social. In: CRUZ CHAGAS, Ariele; SARMENTO, George; SEIXAS MATOS, Taysa (Orgs.). *Direitos Humanos Fundamentais:* Estudos sobre o art. 5º da Constituição de 1988. São Paulo: Saraiva, 2014. p. 69-114.

Atividades Essenciais: da Greve à Pandemia

Fabrício Máximo Ramalho

1. Introdução

A ideia de atividade essencial foi, quase sempre, trazida para o debate jurídico com o foco exclusivo na limitação do direito fundamental de greve. O ano de 2020, contudo, fez com que as atividades essenciais passassem a ser vistas uma de forma diferente.

Nesse sentido, o presente artigo pretende fazer breves apontamentos sobre as atividades essenciais, ditadas pela Lei n. 7.783/1989 e agora pelo Decreto n. 10.282/2020, que regulamentou a Lei n. 13.979/2020.

Busca-se, aqui, indagar se ainda haveria razão para se fazer a divisão das atividades, em essenciais e/ou não essenciais, para limitar o direito de greve, o qual possui, entre outros objetivos, a melhoria das condições de vida dos trabalhadores.

2. A greve e as atividades essenciais

Este tópico trata das atividades essenciais, aqui consideradas aquelas previstas na Lei n. 7.783/1989, que dispôs, entre outras coisas, sobre o exercício do direito de greve, não obstante a greve seja um fato social que independe de lei para existir.

O direito de greve está assegurado no art. 9º da Constituição Federal de 1988, competindo aos trabalhadores decidir sobre a oportunidade de exercê-lo e sobre os interesses que devam por meio dele defender. O texto constitucional autoriza a realização de várias espécies de greve, como a greve ambiental, greve sanitária, greve de solidariedade, a chamada greve política etc., cabendo apenas aos próprios trabalhadores decidir quais interesses desejam defender e quando ela deve acontecer.

Todavia, logo após a promulgação da CF/88, boa parte da doutrina trabalhista enfraqueceu todo o resultado de uma luta histórica dos trabalhadores, em especial a havida em torno da derrubada da ditadura (1964-1985), e passou a redigir textos que neutralizavam o texto constitucional, o que refletiria na lei de greve publicada no ano seguinte.[1]

O *caput* do art. 9º da CF/88 assegura o direito de greve de forma bastante ampla. Os §§ 1º e 2º deste dispositivo constitucional estabelecem apenas que "A lei definirá os serviços ou atividades essenciais e disporá sobre o atendimento das necessidades inadiáveis da comunidade" e que "Os abusos cometidos sujeitam os responsáveis às penas da lei".

A Lei n. 7.783, de 28.06.1989, em seu art. 10, considerou essenciais, de forma taxativa, os seguintes serviços ou atividades:

> I – tratamento e abastecimento de água; produção e distribuição de energia elétrica, gás e combustíveis;
>
> II – assistência médica e hospitalar;
>
> III – distribuição e comercialização de medicamentos e alimentos;
>
> IV – funerários;
>
> V – transporte coletivo;
>
> VI – captação e tratamento de esgoto e lixo;
>
> VII – telecomunicações;
>
> VIII – guarda, uso e controle de substâncias radioativas, equipamentos e materiais nucleares;
>
> IX – processamento de dados ligados a serviços essenciais;
>
> X – controle de tráfego aéreo;
>
> XI – compensação bancária.

O art. 11, *caput,* e parágrafo único desta lei, dispôs que, nos casos de serviços ou atividades essenciais, os sindicatos, os empregadores e os trabalhadores devem obrigatoriamente, de comum acordo, garantir, durante a greve, a prestação dos serviços indispensáveis ao atendimento das necessidades inadiáveis da comunidade, as quais são conceituadas como aquelas que, não sendo atendidas, coloquem em perigo iminente a sobrevivência, a saúde ou a segurança da população.

O art. 12 estabelece que no caso de inobservância ao art. 11 o Poder Público deverá assegurar a prestação dos serviços indispensáveis.

E o art. 13, por fim, estabelece que no caso de greve em serviços ou atividades essenciais as entidades sindicais ou os trabalhadores devem comunicar a decisão aos empregadores e aos usuários com antecedência mínima de 72 horas da paralisação.

---

(1) GARCIA, Igor Cardoso; RAMALHO, Fabrício Máximo. A desconstituição da Constituição: 1988-1989. In: PIOVESANA, Claudia Urano Machado [*et al.*] (Coords.). *Seminário quem é quem no direito do trabalho*. São Paulo: LTr, 2019. p. 86-89.

Não se pode concluir, a partir da leitura destes dispositivos legais, que sempre que houver greve em atividades essenciais o Poder Judiciário deva restringir o direito fundamental de greve, por exemplo fixando, sem previsão legal, um percentual (muitas das vezes de quase 100%) de trabalhadores que deverão trabalhar durante a greve, simplesmente porque tal categoria está inserida no rol de atividades essenciais.

Do mesmo modo, não pode o Poder Judiciário considerar atividade essencial aquela que não está prevista no rol exaustivo do art. 10 da Lei n. 7.783/89, embora isto ocorra com certa frequência. Para ilustrar, em 2011, o Tribunal Superior do Trabalho considerou essencial a atividade postal mesmo ela não estando prevista na lei de greve:

> Ressalte-se que a atividade operada pela ECT não está elencada no art. 10 da Lei n. 7.783/89, e, portanto, segundo este Relator, não se enquadra como serviço ou atividade essencial, pelo que desnecessário o preenchimento dos demais requisitos previstos na Lei de Greve (Lei n. 7.783).
>
> De todo modo, ainda que se estendesse o conceito do art. 10 da Lei de Greve à ECT, os requisitos mais rigorosos ali previstos também estariam atendidos. Registre-se que a comunicação da greve foi feita com mais de 72 horas (art. 13 da Lei de Greve), sendo que o fato de a greve, segundo a ECT, ter se restringido a um montante inferior a 30% do pessoal, atende, indiretamente, ao disposto no art. 11 da Lei de Greve (manutenção, durante a greve, da "prestação dos serviços indispensáveis ao atendimento das necessidades inadiáveis da comunidade").
>
> Em consequência, ainda que se aplique, por analogia ou interpretação extensiva, à ECT o enquadramento de "serviços ou atividades essenciais" (art. 10, Lei de Greve) — com a ressalva deste relator —, não há como se declarar abusivo o presente movimento paredista.
>
> Registre-se que a d. Maioria considerou que a atividade da ECT, embora não seja propriamente atividade essencial, é um serviço público transcendental e, portanto, uma atividade similar à essencial, equiparada à essencial, ou análoga.
>
> Ressalva do entendimento do Relator, que considera inviável realizar-se interpretação extensiva ou procedimento analógico para restringir direito individual e coletivo constitucional fundamental (art. 9º, CF).
>
> (TST - DC: 6535-37.2011.5.00.0000, relator: Mauricio Godinho Delgado, Data de Julgamento: 11.10.2011, Seção Especializada em Dissídios Coletivos, Data de Publicação: DEJT 17.10.2011)

Tal exceção conferida naquele ano pelo TST se repetiria nos anos seguintes, consolidando-se, assim, numa verdadeira regra criada por esta Corte.

Contudo, não é aceitável dar uma interpretação extensiva a um dispositivo legal se o seu resultado implicar em restrição de direito constitucional fundamental!

Conforme pontuado por Alessandro da Silva, "o direito de greve não pode ser restringido em nome da manutenção da atividade econômica ou em nome da defesa de pretensos interesses da sociedade, não considerados fundamentais pela Constituição Federal". Para ele, "os limites que podem ser impostos ao direito de greve somente podem se fundar em outros valores constitucionais igualmente relevantes, como o direito à vida, à liberdade e à segurança, assim como é vedada toda forma de violência".(2)

Objetivando evitar a imposição de restrições indevidas ao exercício do direito de greve, o autor acima destaca a distinção que deve ser feita entre as atividades essenciais em sentido lato — aquelas arroladas no art. 10; a única obrigação que a lei determinou é a comunicação prévia da paralisação com 72 horas de antecedência — e as atividades essenciais em sentido estrito — aquelas cuja suspensão coloque perigo à sobrevivência, a saúde ou a segurança da população; além da comunicação prévia, os sindicatos, os empregadores e os empregados deverão garantir a manutenção da prestação dos serviços; caso essas providências não sejam tomadas pelas partes, o Poder Público deverá assegurar a prestação dos serviços indispensáveis.(3)

Além da mencionada consideração de determinadas atividades como essenciais imposta pelo Poder Judiciário, nos últimos 2 anos o legislador vem acrescentando cada vez mais atividades ao rol do art. 10 da Lei n. 7.783/89.

A Lei n. 13.846, de 18.06.2019, acrescentou alguns incisos ao art. 10 da Lei n. 7.783/89, tornando essencial os seguintes serviços ou atividades:

> XII – atividades médico-periciais relacionadas com o regime geral de previdência social e a assistência social;
>
> XIII – atividades médico-periciais relacionadas com a caracterização do impedimento físico, mental, intelectual ou sensorial da pessoa com deficiência, por meio da integração de equipes multiprofissionais e interdisciplinares, para fins de reconhecimento de direitos previstos em lei, em especial na Lei n. 13.146, de 6 de julho de 2015 (Estatuto da Pessoa com Deficiência); e
>
> XIV – outras prestações médico-periciais da carreira de Perito Médico Federal indispensáveis ao atendimento das necessidades inadiáveis da comunidade.

A Lei n. 13.903, de 19.11.2019, alterou a redação do inciso X do art. 10 da Lei n. 7.783/89 para incluir como atividade essencial a navegação aérea.

Por fim, a Medida Provisória n. 945, de 04.04.2020, incluiu o inciso XV ao art. 10 da Lei n. 7.783/89, tornando essenciais as atividades portuárias.

Vale lembrar, o § 1º do art. 9º da CF/88 estabeleceu que a definição de serviços ou atividades essenciais deve ser feita por lei. No caso, a MP n. 945/2020 foi adotada

(2) SILVA, Alessandro da. Atividades essenciais em sentido lato e em sentido estrito: uma distinção imprescindível ao pleno exercício do direito de greve. In: *Revista LTr: legislação do trabalho*, vol. 79, n. 12, dez. 2015, p. 1.519.

(3) Ib*Idem*, p. 1.520.

pelo presidente da República para dispor sobre medidas temporárias em resposta à pandemia decorrente da Covid-19 no âmbito do setor portuário e sobre a cessão de pátios sob administração militar.

3. A pandemia e as atividades essenciais

É notório que o mundo, e principalmente o Brasil, vem sendo acometido por uma epidemia causada pela contaminação de pessoas pelo novo coronavírus, infelizmente com um número crescente de casos.(4)

Em 06.02.2020, quando ainda não havia nenhum caso confirmado de Covid-19 no Brasil, foi publicada a Lei n. 13.979, que dispôs sobre as medidas para enfrentamento da emergência de saúde pública de importância internacional decorrente do coronavírus responsável pelo surto de 2019.

Em 20.03.2020, foi publicado o Decreto n. 10.282, que, por sua vez, regulamenta a Lei n. 13.979/2020, para definir os serviços públicos e as atividades essenciais.

O art. 3º do Decreto n. 10.282/2020 dispôs que as medidas de enfrentamento ao coronavírus deverão resguardar o exercício e o funcionamento dos serviços públicos e atividades essenciais. Tal dispositivo não possui o poder de impedir uma greve em atividade essencial, por exemplo numa situação em que a empresa não adotar medidas de prevenção e/ou combate ao novo coronavírus.

O § 1º do art. 3º deste decreto definiu os serviços públicos e atividades essenciais como "aqueles indispensáveis ao atendimento das necessidades inadiáveis da comunidade, assim considerados aqueles que, se não atendidos, colocam em perigo a sobrevivência, a saúde ou a segurança da população" e listou um extenso rol exemplificativo:

> I – assistência à saúde, incluídos os serviços médicos e hospitalares;
>
> II – assistência social e atendimento à população em estado de vulnerabilidade;
>
> III – atividades de segurança pública e privada, incluídas a vigilância, a guarda e a custódia de presos;
>
> IV – atividades de defesa nacional e de defesa civil;
>
> V – transporte intermunicipal, interestadual e internacional de passageiros e o transporte de passageiros por táxi ou aplicativo;
>
> VI – telecomunicações e *internet*;
>
> VII – serviço de *call center*;

(4) Até o momento da finalização deste texto, em 08/08/2020, nosso país havia atingido ao triste registro de 100 mil pessoas mortas por Covid-19, ao mesmo tempo em que se via o crescente abandono do distanciamento social.

VIII – captação, tratamento e distribuição de água;

IX – captação e tratamento de esgoto e lixo;

X – geração, transmissão e distribuição de energia elétrica e de gás;

XI – iluminação pública;

XII – produção, distribuição, comercialização e entrega, realizadas presencialmente ou por meio do comércio eletrônico, de produtos de saúde, higiene, alimentos e bebidas;

XIII – serviços funerários;

XIV – guarda, uso e controle de substâncias radioativas, de equipamentos e de materiais nucleares;

XV – vigilância e certificações sanitárias e fitossanitárias;

XVI – prevenção, controle e erradicação de pragas dos vegetais e de doença dos animais;

XVII – inspeção de alimentos, produtos e derivados de origem animal e vegetal;

XVIII – vigilância agropecuária internacional;

XIX – controle de tráfego aéreo, aquático ou terrestre;

XX – compensação bancária, redes de cartões de crédito e débito, caixas bancários eletrônicos e outros serviços não presenciais de instituições financeiras;

XXI – serviços postais;

XXII – transporte e entrega de cargas em geral;

XXIII – serviço relacionados à tecnologia da informação e de processamento de dados (data center) para suporte de outras atividades previstas neste Decreto;

XXIV – fiscalização tributária e aduaneira;

XXV – transporte de numerário;

XXVI – fiscalização ambiental;

XXVII – produção, distribuição e comercialização de combustíveis e derivados;

XXVII – produção de petróleo e produção, distribuição e comercialização de combustíveis, biocombustíveis, gás liquefeito de petróleo e demais derivados de petróleo;

XXVIII – monitoramento de construções e barragens que possam acarretar risco à segurança;

XXIX – levantamento e análise de dados geológicos com vistas à garantia da segurança coletiva, notadamente por meio de alerta de riscos naturais e de cheias e inundações;

XXX – mercado de capitais e seguros;

XXXI – cuidados com animais em cativeiro;

XXXII – atividade de assessoramento em resposta às demandas que continuem em andamento e às urgentes;

XXXIII – atividades médico-periciais relacionadas com o regime geral de previdência social e assistência social;

XXXIV – atividades médico-periciais relacionadas com a caracterização do impedimento físico, mental, intelectual ou sensorial da pessoa com deficiência, por meio da integração de equipes multiprofissionais e interdisciplinares, para fins de reconhecimento de direitos previstos em lei, em especial na Lei n. 13.146, de 6 de julho de 2015 — Estatuto da Pessoa com Deficiência;

XXXV – outras prestações médico-periciais da carreira de Perito Médico Federal indispensáveis ao atendimento das necessidades inadiáveis da comunidade.

Não bastasse o longo rol não taxativo de atividades essenciais previstas no § 1º do art. 3º do Decreto n. 10.282/2020, o § 2º do mesmo dispositivo também considerou essenciais as atividades acessórias, de suporte e a disponibilização dos insumos necessários a cadeia produtiva relativas ao exercício e ao funcionamento dos serviços públicos e das atividades essenciais. E o § 3º vedou a restrição à circulação de trabalhadores que possa afetar o funcionamento de serviços públicos e atividades essenciais, e de cargas de qualquer espécie que possam acarretar desabastecimento de gêneros necessários à população.

Além disso, dia após dia, ao mesmo tempo em que o número de infectados e de óbitos por Covid-19 aumentava, o rol de atividades assim consideradas essenciais também foi aumentando, a partir da edições de decretos.

O Decreto n. 10.292/2020, de 25.03.2020, alterou a redação e incluiu novos incisos ao § 1º do art. 3º do Decreto n. 10.282/2020:

X – geração, transmissão e distribuição de energia elétrica, incluído o fornecimento de suprimentos para o funcionamento e a manutenção das centrais geradoras e dos sistemas de transmissão e distribuição de energia, além de produção, transporte e distribuição de gás natural;

XX – serviços de pagamento, de crédito e de saque e aporte prestados pelas instituições supervisionadas pelo Banco Central do Brasil;

XXV – produção e distribuição de numerário à população e manutenção da infraestrutura tecnológica do Sistema Financeiro Nacional e do Sistema de Pagamentos Brasileiro;

XXVII – produção de petróleo e produção, distribuição e comercialização de combustíveis, gás liquefeito de petróleo e demais derivados de petróleo;

XXXIII – atividades médico-periciais relacionadas com a seguridade social, compreendidas no art. 194 da Constituição;

XXXIV – atividades médico-periciais relacionadas com a caracterização do impedimento físico, mental, intelectual ou sensorial da pessoa com deficiência, por meio da integração de equipes multiprofissionais e interdisciplinares, para fins de reconhecimento de direitos previstos em lei, em especial na Lei n. 13.146, de 6 de julho de 2015 — Estatuto da Pessoa com Deficiência;

XXXV – outras prestações médico-periciais da carreira de Perito Médico Federal indispensáveis ao atendimento das necessidades inadiáveis da comunidade;

XXXVI – fiscalização do trabalho;

XXXVII – atividades de pesquisa, científicas, laboratoriais ou similares relacionadas com a pandemia de que trata este Decreto;

XXXVIII – atividades de representação judicial e extrajudicial, assessoria e consultoria jurídicas exercidas pelas advocacias públicas, relacionadas à prestação regular e tempestiva dos serviços públicos;

XXXIX – atividades religiosas de qualquer natureza, obedecidas as determinações do Ministério da Saúde; e

XL – unidades lotéricas.

O Decreto n. 10.329, de 28.04.2020, ampliou ainda mais o rol de serviços públicos e atividades essenciais, nos seguintes termos:

V – trânsito e transporte interestadual e internacional de passageiros;

X – geração, transmissão e distribuição de energia elétrica, incluídos:

a) o fornecimento de suprimentos para o funcionamento e a manutenção das centrais geradoras e dos sistemas de transmissão e distribuição de energia; e

b) as respectivas obras de engenharia;

XII – produção, distribuição, comercialização e entrega, realizadas presencialmente ou por meio do comércio eletrônico, de produtos de saúde, higiene, limpeza, alimentos, bebidas e materiais de construção;

XIV – guarda, uso e controle de substâncias, materiais e equipamentos com elementos tóxicos, inflamáveis, radioativos ou de alto risco, definidos pelo ordenamento jurídico brasileiro, em atendimento aos requisitos de segurança sanitária, metrologia, controle ambiental e prevenção contra incêndios;

XXII – serviços de transporte, armazenamento, entrega e logística de cargas em geral;

XXIV – fiscalização tributária e aduaneira federal;

XXVII – produção de petróleo e produção, distribuição e comercialização de combustíveis, biocombustíveis, gás liquefeito de petróleo e demais derivados de petróleo;

XXXVIII – atividades de representação judicial e extrajudicial, assessoria e consultoria jurídicas exercidas pela advocacia pública da União, relacionadas à prestação regular e tempestiva dos respectivos serviços públicos;

XLI – serviços de comercialização, reparo e manutenção de partes e peças novas e usadas e de pneumáticos novos e remoldados;

XLII – serviços de radiodifusão sonora e de sons e imagens;

XLIII – atividades de desenvolvimento de produtos e serviços, incluídas aquelas realizadas por meio de *start-ups*, para os fins de que trata o art. 3º da Lei n. 13.979, de 2020;

XLIV – atividades de comércio de bens e serviços, incluídas aquelas de alimentação, repouso, limpeza, higiene, comercialização, manutenção e assistência técnica automotivas, de conveniência e congêneres, destinadas a assegurar o transporte e as atividades logísticas de todos os tipos de carga e de pessoas em rodovias e estradas;

XLV – atividades de processamento do benefício do seguro-desemprego e de outros benefícios relacionados, por meio de atendimento presencial ou eletrônico, obedecidas as determinações do Ministério da Saúde e dos órgãos responsáveis pela segurança e pela saúde do trabalho;

XLVI – atividade de locação de veículos;

XLVII – atividades de produção, distribuição, comercialização, manutenção, reposição, assistência técnica, monitoramento e inspeção de equipamentos de infraestrutura, instalações, máquinas e equipamentos em geral, incluídos elevadores, escadas rolantes e equipamentos de refrigeração e climatização;

XLVIII – atividades de produção, exportação, importação e transporte de insumos e produtos químicos, petroquímicos e plásticos em geral;

XLIX – atividades cujo processo produtivo não possa ser interrompido sob pena de dano irreparável das instalações e dos equipamentos, tais como o processo siderúrgico e as cadeias de produção do alumínio, da cerâmica e do vidro;

L – atividades de lavra, beneficiamento, produção, comercialização, escoamento e suprimento de bens minerais;

LI – atividades de atendimento ao público em agências bancárias, cooperativas de crédito ou estabelecimentos congêneres, referentes aos programas governamentais ou privados destinados a mitigar as consequências econômicas da emergência de saúde pública de que trata a Lei n. 13.979, de 2020, sem prejuízo do disposto nos incisos XX e XL;

LII – produção, transporte e distribuição de gás natural; e

LIII – indústrias químicas e petroquímicas de matérias-primas ou produtos de saúde, higiene, alimentos e bebidas.

O Decreto n. 10.344, de 08.05.2020, por fim, acrescentou as seguintes atividades ao rol já bem extenso do Decreto n. 10.282/2020:

LIV – atividades de construção civil, obedecidas as determinações do Ministério da Saúde;

LV – atividades industriais, obedecidas as determinações do Ministério da Saúde;

LVI – salões de beleza e barbearias, obedecidas as determinações do Ministério da Saúde; e

LVII – academias de esporte de todas as modalidades, obedecidas as determinações do Ministério da Saúde.

Ao que pareceu, a ideia de atividade essencial contida nos decretos, menos do que querer atender a alguma necessidade inadiável da comunidade, esteve mais associada ao atendimento dos desejos do presidente da República — o qual sempre negou e/ou subestimou os efeitos cruéis da Covid-19 — e de um grupo de empresários, em detrimento da vida e da dignidade humana dos trabalhadores em meio à pandemia do novo coronavírus.(5)

Importante salientar, o Decreto n. 10.282/2020 não ampliou o rol do art. 10 da Lei n. 7.783/89. Ele não trata de greve, nem poderia.

Apesar disso, é fato também que na definição que o decreto deu aos serviços públicos e atividades essenciais foi utilizada parte da redação da lei de greve, naquilo que cuidava das atividades essenciais em sentido estrito, aqui consideradas aquelas que, não sendo atendidas, colocam em perigo a sobrevivência, a saúde ou a segurança da população.

4. Considerações finais

Embora não tenha sido exatamente este o objetivo do governo federal, ao editar decretos colocando um grande número de atividades como essenciais, revelou-se certa contradição ínsita à ideia de atividade essencial, a partir da percepção da essencialidade de todas as atividades no momento de isolamento social.

Se todas as categorias podem ser tidas por essenciais, a topologia própria da lei de greve não se sustenta mais.

O ordenamento jurídico não pode considerar que algo seja tratado como regra e exceção ao mesmo tempo.

Conforme destacado por Jorge Luiz Souto Maior — ao criticar a Lei n. 13.429/17, que, segundo diziam, possibilitou a terceirização da atividade-fim — as exceções no ordenamento jurídico devem ser devidamente justificadas:

> A questão é que uma regulação jurídica não pode ser e, ao mesmo tempo, não ser. Não pode ser o imperativo de um dever-ser e também do seu inverso. Não é possível que um ato se insira na órbita da licitude e ao mesmo tempo seja considerado um ilícito.
>
> O ordenamento não pode estabelecer um padrão jurídico e, em paralelo, criar outro padrão contraposto ao primeiro. A ordem jurídica, por razões

(5) "O decreto foi editado no mesmo dia em que Bolsonaro, acompanhado de um grupo de empresários e ministros, foi ao Supremo Tribunal Federal (STF) pedir que medidas restritivas nos estados, motivadas pela crise do coronavírus, sejam amenizadas". Fonte: <https://g1.globo.com/politica/noticia/2020/05/07/coronavirus-bolsonaro-inclui-construcao-civil-e-industria-em-lista-de-atividades-consideradas-essenciais.ghtml>. Acesso em: 08 ago. 2020.

"O povo tem que voltar a trabalhar. E quem não quiser trabalhar que fique em casa, porra. Ponto final. Agora, para ser politicamente correto, muita gente não fala nada ou fica adotando essas medidas de isolamento total", disse o presidente na saída do Palácio da Alvorada, residência oficial da Presidência. Fonte: <https://www.poder360.com.br/governo/quem-nao-quiser-trabalhar-que-fique-em-casa-porra-diz-bolsonaro>. Acesso em: 08 ago. 2020.

> até de lógica, se estabelece a partir do parâmetro de regra e exceção, sendo que as exceções, direcionadas a fatos específicos, não regulados pela regra, precisam, além disso, ser claramente justificadas.
>
> Falando de modo mais direto, não é possível que a ordem jurídica estabeleça a relação de emprego como regra geral da vinculação entre o capital e o trabalho e se permita, ao mesmo tempo, que a relação de emprego não seja esse mecanismo de vinculação do capital ao trabalho, vendo-a tão somente como o efeito de um ajuste de vontades, que possibilita ao capital se distanciar, quando queira, do trabalho pela contratação de entes interpostos.
>
> Quando uma lei diz que toda atividade de uma empresa pode ser terceirizada, o que de fato está dizendo é que o capital não precisa se vincular diretamente com o trabalho, institucionalizando, pois, a mera intermediação de mão de obra.
>
> Persiste, no entanto, em contraposição, a regra da vinculação direta determinada pela relação de emprego, pela qual se busca fixar uma responsabilização social do capital em razão da exploração do trabalho.
>
> Essas duas regras generalizantes contrapostas não podem coabitar o mesmo ordenamento, exigindo-se, por conseguinte, que se busquem fundamentos jurídicos e lógicos para que, eliminando o conflito, se privilegie uma regra em detrimento da outra.(6)

As edições de tantos decretos com a consideração de diversas atividades como essenciais configuraram, assim, uma verdadeira implosão da ideia de atividade essencial contida na lei de greve.

Hoje é possível que mais pessoas percebam que todo trabalho é socialmente essencial.

Conforme reflete Aldacy Rachid Coutinho:

> Em tempo de coronavírus, novos e mais intrincados desafios devem ser enfrentados por todos; mas sobretudo e principalmente no ambiente de trabalho, pois é certo que a centralidade do trabalho vem reconhecida à unanimidade. Trabalho como condição de subsistência, pela obtenção de renda; trabalho como condição de vida, na experiência de construção da própria subjetividade e identidade do trabalhador, que se vê e se

---

(6) Fonte: <https://www.migalhas.com.br/depeso/261103/terceirizacao-da-atividade-fim-e-o-fim-da-terceirizacao#:~:text=Quando%20uma%20lei%20diz%20que,de%20m%C3%A3o%2Dde%2Dobra>. Acesso em: 08 ago. 2020.

> constitui em ato; trabalho como condição de sobrevivência, pela divisão de trabalho explicitada na solidariedade e na divisão social do trabalho.(7)

Em sentido semelhante, Souto Maior:

> O isolamento social implementado mundialmente como modo de contenção do contágio da doença Covid-19 permitiu que se percebesse:
>
> 1) a centralidade do trabalho: sem o trabalho a economia não subsiste. Não há tino para os negócios, não há competência gerencial, não há inteligência empreendedora e não há astúcia em investimentos e comércio que, de forma generalizada, façam a economia girar sem envolver o trabalho;(8)

Assim, se todas as atividades são essenciais, há ainda algum sentido em fazer a distinção entre elas para limitar o direito fundamental de greve dos trabalhadores?

Referências

COUTINHO, Aldacy Rachid. Pandemia, trabalho e responsabilidade criminal. *Revista do Tribunal Regional do Trabalho 3ª Região*, Belo Horizonte, edição especial, t. I, p. 103-132, jul. 2020.

GARCIA, Igor Cardoso; RAMALHO, Fabrício Máximo. A desconstituição da Constituição: 1988-1989. In: PIOVESANA, Claudia Urano Machado [*et al.*] (Coords.). *Seminário quem é quem no direito do trabalho*. São Paulo: LTr, 2019. p. 86-95.

SILVA, Alessandro da. Atividades essenciais em sentido lato e em sentido estrito: uma distinção imprescindível ao pleno exercício do direito de greve. In: *Revista LTr: Legislação do Trabalho*, vol. 79, n. 12, dez. 2015, p. 1.516-1522.

SOUTO MAIOR, Jorge Luiz. *Terceirização da atividade-fim é o fim da terceirização*. 29 jun. 2017. Fonte: <https://www.migalhas.com.br>. Acesso em: 08 ago. 2020.

______. Que a doença nos cure: há esperança?. *Revista do Tribunal Regional do Trabalho 3ª Região*, Belo Horizonte, edição especial, t. I, p. 235-246, jul. 2020.

(7) COUTINHO, Aldacy Rachid. Pandemia, trabalho e responsabilidade criminal. *Revista do Tribunal Regional do Trabalho 3ª Região*, Belo Horizonte, edição especial, t. I, jul. 2020, p. 105.

(8) SOUTO MAIOR, Jorge Luiz. Que a doença nos cure: há esperança? *Revista do Tribunal Regional do Trabalho 3ª Região*, Belo Horizonte, edição especial, t. I, jul. 2020, p. 237.

"Vacina Pouca, Meu Braço Primeiro"

Jorge Luiz Souto Maior

"Quem perdeu o trem da história por querer
Saiu do juízo sem saber
Foi mais um covarde a se esconder
Diante de um novo mundo."
(*Canção do Novo Mundo* – Beto Guedes e Ronaldo Bastos)

Em meio a tantas desgraças trazidas (e acrescidas aos graves problemas sociais, econômicos e humanos que já vivenciávamos) pela pandemia nos é dada a rara oportunidade de vislumbrar a necessidade urgente de conceber um novo mundo pautado por valores humanos que abandonem a lógica de relações sociais identificadas com a produção, a circulação e o consumo de mercadorias, ou, dito de outro modo, de superação de uma sociedade de seres humanos que vivem para adquirir coisas que não precisam, para impressionar pessoas com as quais não se preocupam.

Diante das características de disseminação do novo coronavírus e dos efeitos devastadores da pandemia, se apresentam como inquestionáveis: a centralidade do trabalho; a condição humana de quem, com a venda da força de trabalho, produz a riqueza social; a relevância da ciência; a compreensão de que toda vida importa; a essencialidade da solidariedade; a importância do Estado Social como gestor responsável da política pública e promotor das instâncias regulatórias e de fiscalização.

Essa percepção nos impõe, como consequência ética inevitável, o desafio de buscar a concretização de um modelo de sociedade que seja compatível com a preservação e a reprodução de todos esses aprendizados.

A construção desse novo mundo só pode começar com o reconhecimento básico de que toda solução para os problemas identificados, notadamente no que diz respeito à defesa da vida, tem sua legitimidade vinculada ao pressuposto da igualdade, à qual se integra, certamente, a diferenciação dos desiguais, na medida em que, em razão das suas vulnerabilidades, se desigualam, o que justifica, inclusive, a fixação de prioridades objetivamente definidas.

No que se refere à vacinação, essencial para que se supere este momento, essa diferenciação, objetivamente definida, deve estar integrada a um plano social organizado e gerido pelo Estado e não em conformidade com os critérios subjetivos de entidades privadas, indivíduos e grupos sociais.

Dito de modo mais claro, a vacinação deve ser publicamente organizada e distribuída de forma gratuita e republicana, sempre sob o pressuposto da igualdade acima delineado.

O postulado teórico básico para o devido enfrentamento da tragédia que estamos vivenciando é a compreensão de que só sairemos dessa situação juntos, por meio de visualização coletiva do problema e dos instrumentos de sua solução.

A grande questão é que desde o início o governo federal, que seria o principal responsável pelo desenvolvimento da política pública de saúde, se postou negando a ocorrência da gravidade da pandemia, estimulando as práticas individuais contrárias ao interesse coletivo.

Então, quando deveriam florescer a solidariedade, o altruísmo e o compromisso com os projetos públicos e as ações coletivas para o enfrentamento da situação, o que se verificou, com o incentivo vindo de quem deveria estimular e até impor práticas diversas, foi a proliferação de comportamentos egoístas que não só agravaram a pandemia, no aspecto da disseminação da doença, como, agora, dificultam a eficiência do processo de vacinação, por meio da utilização de diversos subterfúgios para tentar "furar a fila" da vacinação.

O grande problema desses comportamentos é que eles são impeditivos da implementação das diversas e necessárias transformações que se precisam concretizar em nossa organização social, vez que isso requer, como dito, novos seres humanos, que expressam e praticam valores desvinculados da lógica do convívio reificado.

No entanto, quando, em uma pandemia, se verificam, de forma ampla e não apenas isolada, a realização de ações que desprezam as medidas coletivas que seriam necessárias para a preservação de vidas, o que se deve concluir é que a postura negacionista do governo não apenas promoveu a disseminação da doença, provocando a morte de milhares de pessoas, como também constituiu um vírus corrosivo da difusão da solidariedade e da admissão da relevância da ação coletiva.

E, no presente momento, em que a atitude negacionista repercute na ausência de um plano efetivo de vacinação e na completa falta de perspectivas reais de se obterem vacinas suficientes para a imunização de toda a população, o que se produz é uma espécie de complementação do "projeto" destruidor do futuro.

É isso mesmo! A irresponsabilidade, o desprezo consciente do conhecimento e a vaidade, integrados a um "plano" de governo, estão nos negando um futuro.

Para mudar o rumo dessa história, primeiro é preciso reconhecer que esse processo está em curso e que é extremamente grave, estando, inclusive, em estágio bastante avançado, uma vez que foi acelerado pela pandemia. E, segundo, é importante não se alinhar a tal processo, sendo que, para tanto, é essencial que cada um se perceba no contexto social, isto porque as estruturas engendradas são capazes de moldar as pessoas, transformando-as em seres humanos iguais àqueles que desencadearam o processo destrutivo.

Se todos e todas, ou a grande maioria das pessoas, reproduzirem os mesmos raciocínios fugidios da realidade, para justificarem práticas egoístas, não solidárias e descompromissadas com o todo, sequer restarão argumentos válidos para se combaterem os negacionismos e a desumanização.

Cabe perceber que a ausência de vacinas pode se constituir uma grande cilada (ainda que não propositalmente planificada), para que, diante do desespero e do risco de vida, por meio de justificativas que igualmente desprezam o conhecimento, negam a solidariedade e estimulam o individualismo e o egoísmo, os comportamentos egoístas se generalizem mesmo entre os adversários do negacionismo governamental, equiparando uns aos outros e eliminando, com isso, a legitimidade da crítica e, de forma ainda mais grave, as possibilidades concretas de uma reação, também porque o efeito da difusão dessa espécie de "egoísmo esclarecido" pode nos levar, muito rapidamente, ao colapso da humanidade.

Está cada vez mais claro que uma responsabilização — seguida do devido afastamento — dos agentes políticos que contribuíram para o genocídio no país é o passo fundamental e urgente para iniciar esse processo de edificação de uma sociedade solidária baseada no respeito à vida de todos e todas e na efetivação de seus direitos como cidadãos e cidadãs.

No entanto, deve estar muito claro que isso não basta.

É crucial que todos e todas que se entendem comprometidos com a agenda da necessária construção de outra sociedade, baseada em diversos e renovados laços sociais, se movam na direção contrária a quaisquer iniciativas que, mesmo sob o pretexto de contribuírem para a imunização geral, desprezem o pressuposto da urgente construção de um efetivo e eficaz plano público de vacinação.

Só teremos chances efetivas de sairmos da situação em que nos encontramos com a formalização de um pacto em torno da vacinação igualitária, que atinja, indistintamente, e de forma gratuita, a todas as pessoas.

E que se esclareça! Não falo apenas dos atos individuais e até institucionais que buscam meios (que chegam a se concretizar) para "furar a fila" da vacinação pública, que além de ofensivos e grotescos, são, antes de tudo, criminosos.

Falo, também, e com maior ênfase, das iniciativas voltadas a uma vacinação privada, com oferecimento livre de vacinas no mercado ou tendentes à vacinação de grupos específicos (tais como magistrados, advogados, militares, trabalhadores de empresas determinadas etc.) não integrados à racional e razoável definição de atividades essenciais, e que se tentam justificar pela ausência de uma política estatal a respeito.

Essas iniciativas não resolvem o problema da imunização e, pior, trazem consigo todo o conjunto de valores obstativos das transformações sociais que precisamos implementar, conforme acima explanado.

O que nos compete, além de exigir a punição dos responsáveis e antes de propor qualquer outra iniciativa, por mais relevante que possa parecer, é cobrar e estimular, inclusive financeiramente — para quem tiver condições de o fazer — a elaboração e a execução de um plano público de vacinação (desprovido de interesse eleitoral e de vaidades pessoais), que pressupõe, inclusive, a produção local das vacinas (com quebra de patentes, sendo isto necessário[(1)]) e no qual se preveja uma vacinação igualitária e gratuita.

Todo o resto, sobretudo no contexto da ausência de um plano público de vacinação, com o devido respeito (pressupondo aqui a boa-fé de tantos que defendem as iniciativas de vacinação privada), pode ser entendido, conforme se diz, como "farinha do mesmo", reprodutora da preocupação egoísta traduzida no conhecimento popular na expressão "farinha pouca, meu pirão primeiro".

Fato é que não será com a aceitação e estímulo da luta de todos contra todos, o reforço das desigualdades de oportunidades e a naturalização dos privilégios que se conseguirá a necessária repactuação social. E cada um de nós tem grande parcela de responsabilidade nesta história.

Como fruto de uma dinâmica, estabelecida de forma consciente ou inconsciente, estamos sendo postos à prova. A nossa capacidade de sermos humanos realmente solidários e dispostos a vivenciar uma realidade na qual a vida de todos e todas importa com exatamente a mesma intensidade está sendo testada.

Já perdemos muitas chances para essa redenção e se a perdemos novamente, talvez não tenhamos outra. Isto, é certo, pode valer, ao menos, para muitos de nós!

Estamos, mais do que nunca, diante da definição do que vamos deixar para as gerações futuras: solo plantado ou as ruínas de um caos. Aliás, tudo isso foi muito mais bem dito por Beto Guedes e Márcio Borges:

> "Esperança viva
> Que o sangue amansa
> Vem lá do espaço aberto
> E faz do nosso braço
> Um abrigo

(1) Conforme defendido pela reitora da Unifesp, Soraya Smaili. Disponível em: <https://noticias.uol.com.br/saude/ultimas-noticias/redacao/2021/01/21/coronavirus-vacina-oxford-covishield-astrazeneca-reitora-unifesp-patente.htm>.

Que possa guardar
A vitória do sentimento claro
Vencendo todo medo
Mãos dadas pela rua
Num destino de luz e amor
Vem agora
Quase não há mais tempo
Vem com teu passo firme
E rosto de criança
A maldade já vimos demais
Olha
Sempre poderemos viver em paz
Em tempo
Tanto a fazer pelo nosso bem
Iremos passar
Mas não podemos nunca esquecer
De mais alguém
Que vem
Simples inocentes a nos julgar
Perdidos
As iluminadas crianças
Herdeiras do chão
Solo plantado
Não as ruínas de um caos
Diamantes e cristais
Não valem tal poder
Contos de luar
Ou a história dos homens
Lua vaga vem brincar
E manda teus sinais
Que será de nós
Se estivermos cansados
Da verdade
Do amor
Esperança viva
Que a mão alcança
Vem com teu passo firme
E rosto de criança
A maldade já vimos demais"

"Contos da lua vaga."

São Paulo, 22 de janeiro de 2021.